启真馆 出品

剑桥日本史

（第5卷）
19世纪

The Cambridge History
of Japan,
Volume 5:
the Nineteenth Century

［美］马里乌斯　B.詹森　主编

王　翔　译

ZHEJIANG UNIVERSITY PRESS
浙江大学出版社

目　录

总 编 序

　　自 20 世纪以来，由于这种在各卷编者指导下由多位专家所撰写的多卷本系列著作的方式，剑桥的历史叙述已经在英文阅读的世界中建立起一种模式。撰写《剑桥日本史》的计划开始于 20 世纪 70 年代，并于 1978 年宣告完成。这一任务可并不轻松。对于西方的历史学家来说，日本历史的详细情况并不是尽人皆知的事情。日本的文化模式与西方的文化模式有很大不同，尤其是在专业术语和语言文字方面还存在着一些令人望而却步的问题。然而，值得庆幸的是，在以现代概念性和方法论的术语重新阐释日本历史方面，国外的学者一直得到 20 个世纪的日本学者们所取得的卓越成果的帮助。

　　在日本的文化和思想构成中，历史一直扮演着一个主要的角色，而日本的历史记录也是悠久和完整的。自古以来，日本的统治者就已经在神话和历史的传说中寻找其合法性，而日本的思想家们也是从他们国家的过去探索出民族道德和价值观念的体系。历史的这种重要性还因早期阶段即已进入日本的大陆文化的影响而越发加强。随着日本人的思想意识转为关心王朝的起源问题，随着日本人在时间和现实方面逐渐表现出佛教的观点，随着日本人为了武士阶级的统治寻找理由，日本的历史表述也在不断发生变化。到了 18 世纪，当时的历史言说又需要解释政体的神性，需要证明统治者的地位来自于他们的美德和仁慈，还需要说明政治变迁已经导致形成了一种神道教、佛教和儒教规范的高度自觉的融合。

　　在 19 世纪，日本人开始熟悉西方的历史表述方式，并且感觉到有必要使自己国家的历史适合一种更为普遍的世界历史的叙事范式。由于现代日本国家接受了它在其他国家中的位置，日本的历史述说也就面临着把狭隘的过去与更为普遍的现在调合起来的任务。历史学家们了解了欧洲文明进程的种种往事，并把 19 世纪的日本描述为脱离武士统治、重归君主政体之下文官制度的过程，而这正是更为普遍的、世界性模式的一个组成部分。巴克尔（Buckle）、基佐（Guizot）、斯宾塞（Spencer），以及之后的马克思（Marx），都相继提供了历史叙事的框架结构。

不过，20 世纪的天皇制民族国家的意识形态，起到了抑制普世主义在历史叙事中充分表演的作用。帝国领域的扩张及其意识形态的膨胀迫使历史学家们循规蹈矩，尤其是在有关日本国家起源的问题上不得越雷池一步。

日本在第二次世界大战中的失败带来了这些压制因素的解放，取而代之的是在一段时间内对帝国的自负进行强制性的谴责。很快，高等教育的发展带来了日本学术界在研究尺度和多样性上的种种变化。历史研究的自由如今得到了大范围的扩展。朝向西方世界的新开放，带来了对于西方诸般历史表述方式的浓厚兴趣，以往那些小心谨慎并耽于考证的历史学者们也开始以更为广阔的视野来重新思考历史的资料。

也正是在这一时刻，对于日本历史的认真研究开始在西方世界兴起。在第二次世界大战之前，英语世界中唯一著名的关于日本历史的综合评述是 G. B. 桑塞姆（Sansom）的《日本：简明文化史》，该书首版于 1931 年，此后一直在销售。英国和美国学习日本学的大学生，许多曾在战时语言培训项目中接受过训练，很快就能前往日本学习游历，并与日本学者一起参与合作研究计划。国际性的讨论会和专题研讨会所产生的多种论文集，成了衡量日本史研究的理论焦点和叙事技巧进步的标杆。就日本国内而言，历史学术的繁荣，图书出版的普及，以及历史浪漫情怀的流露，都提高了一个国家的历史意识，见证了这个国家正在发生的种种引人瞩目的变化。

1978 年，作为检验日本史研究水准的一项工程，编纂这部日本史系列著作的计划被提上了日程。当代西方历史学家能够利用现代日本历史研究成果的坚实基础。把这部系列著作的卷数限制在六卷之内的决定，意味着诸如艺术史、文学史、经济史的一些方面、科学和技术史，以及地方史等一些丰富的内容将不得不忍痛割爱。本系列著作既得益于日本，也得益于西方世界那些严肃认真的研究及其出版物。

虽然多卷本系列著作自 20 世纪初以来就在日本多次出现，但直到 20 世纪 60 年代，西方世界接受过专业训练的日本史学者的数目仍然太少了，不足以支撑起这样一项事业。虽然这样的历史学家的数目有所增长，本丛书主编仍然认为最好的办法是利用日本的专家来撰写他们有明显优势的那些部分。在这样的情况下，翻译行为本身也就包含了一种编撰合作的形式，这种合作需要历史学家们训练有素的技能，这些历史学家的姓名理应得到承认和鸣谢。

展现在读者面前的这部多卷本日本史的主要目标是优先考虑英语读者的需要，而提供一部尽可能完备的关于日本历史的记录。但是，日本的历史之所以引起我们的注意，还由于其他一些原因。从某些方面来说，似乎我们对日本了解得越多，我们就越会被其与西方历史表面上的相似性所吸引。关于日本历史发展过程的悠久而连续不断的记载，使得历史学家们禁不住想要寻找日本与西方世界在政治模式和社会组织之间的相似之处。现代日本民族国家的迅速崛起，曾经占据了日本和西方相当多历史学家的注意力。另一方面，专家们也都有意愿指出通过似是而非的相似性而误入歧途的危险。

我们在认识日本历史方面所取得的显著进步将会不断持续并加速。关注这一重大而复杂的研究目标的西方历史学家将会继续努力推进自己的研究事业，他们也必须这样做，因为日本所扮演的世界角色已经变得越来越重要。我们这个世界需要更加广泛和更加深入地认识日本，这将继续是一件显而易见的事情。日本的历史属于世界，这不仅是因为人们具有认知的权利和必要性，同时也是因为这是一个充满兴味的研究领域。

约翰·W.豪尔

马里乌斯·B.詹森

金井　圆

丹尼斯·特威切特

第 5 卷前言

书中日文名称根据日语罗马字拼法的赫伯恩系统而罗马字化，中文名称则依照韦德－贾尔斯系统罗马字化。除了引用以英文写作的日本人名之外，日本和中国的人名都遵循其本国的构成形式，姓氏置于名字之前。在存在个人姓名非止一种文本的情况下，作为专门名词，它们将在词汇索引表中以英文和日文两种形式加以表现。脚注中引用的参考文献，依据本卷末尾引用的著作目录的作者姓名，按字母表顺序排列。至于日期，在 1872 年日本采用西方历法之前，日本和西方的纪年并不完全吻合。在 1872 年之前的纪年，一般给出的是日本阴历的月份和日期，同时加上与之最为吻合的西方年份和月份（例如，1848 年 4 月）。在月份和日期已经转换为西方日期的情况下，它们则将以西方的形式加以表达（例如，1868 年 4 月 6 日）。

我们衷心感谢日本基金会承担了本卷书稿撰述及日本专家所写章节翻译的全部费用，还有书稿编辑与会议讨论所需的花费。在本卷撰写过程中的那些年里，许多年轻的学者曾经通过在文字处理机上打印文稿、使术语用法规范化，以及汇编参考书目和词汇索引等，给予了我们很大的帮助。若林正（Bob Tadashi Wakabayashi）对于本卷编辑的帮助尤其显得重要。卢克·罗伯茨（Luke Roberts）和李·巴特勒（Lee Butler）汇集了引用书目的清单。大卫·哈维尔（David Howell）和托马斯·斯凯洛（Thomas Schalow）编译了词汇索引表。在此，我们谨对他们，并对斯科特·米勒（Scott Miller）和康斯坦丁·瓦帕里斯（Constantine Vaporis），特别是对本卷的各位撰写者致以谢意，感谢他们的耐心和宽容。

马里乌斯·B. 詹森

导论

普林斯顿大学　马里乌斯·B.詹森

本卷论述的是 19 世纪的日本。那些认为明治维新是日本历史一个转折点的 1历史学家们，通常会把这个世纪在四分之三处拦腰斩断，而我们则将这个世纪视为一个整体。明治维新当然标志着日本社会历史的一个分水岭，但如果没有对其前后所发生事情的透视，也就不可能分析维新运动的种种要素。

我们看到，19 世纪的日本从一个国土分封、政治分立、社会分裂和国际分离的国家开始了转型。由于它对冲绳、千岛群岛和北海道的主权尚未确立，此时的日本边界尚未明晰。在政治上，日本仍然实行着自 17 世纪初就开始的土地分封的架构。德川将军握有对产出全国稻米产量大约四分之一的土地的支配权，而这是测量生产力的唯一标尺。但是，虽然他为其家族保留了大约一半土地，即所谓"天领"，其余部分还是分封给了诸藩。国家的平衡被大约 260 个封建领主瓜分，这些领主再依次将其握有的部分土地分配给自己的家臣。诸藩在其内部管理上实际是自治的：各藩都有自己的军队，自己的行政体系，以及自己的都城，在那些较大的藩里，这些城市已经在大名城堡的周围成长起来。作为领主之首，幕府将军并不对领主和诸藩征税，它的税收来源仅限于自己的领地。

不过，大名们被期待扮演忠于幕府将军的角色，在没有战争的时日，服侍幕府已经成为以交替到场的规程所表现的仪式化行为，由此大名们在幕府都城江户的寓所耗费了他们的一半时间。在江户，许多大的屋苑，通常为三间一处，闲置起来以供大名们居住，大名们建造这些房屋作为他们及其家臣执勤停留期间的寓所和要塞。当大名回到自己领地时，大名家庭及其最重要家臣的家庭，被要求留在江户作为人质。于是，大名们通过在幕府领地逗留期间的开支对将军的财富做出贡献，而他们在自己藩内大体上是自治的，甚至当他们居留江户期间也享有几 2分治外法权。但是，他们的家庭留为人质的事实，意味着在第一代大名之后，统治精英都在江户出生和成长，仅在继承统治权后方能了解其领地，比起自己领地上的问题和现实来，他们更熟悉江户的奢华和都城的礼仪。反过来，在大多数场合下，大名也要求自己的家臣长期居住在本藩的城下町。结果，主要军事力量成为一个循环的、高度城市化的身份集团。政治形态被预设在农村居民解除武装和驯服依从的基础之上，农民们受到16世纪晚期一些法制措施的约束。当时，丰臣秀吉及其同侪立法区别武士和农民，解除农村居民的武装，并执行地籍登记制度，为未来农村的管理和生产力发展考虑提供了一个可靠的基础。

日本社会也是分裂的。尽管德川时代的生活福祉相对有所发展，产生了一些值得注意的变化，但确立于17世纪早期的士、农、工、商四个社会群体，仍然继续维持着明显的身份类型，表现在服饰、外貌、规矩习惯和行为方式，以及居住条件上。特别是武士，作为一种替换早期领地分封极端措施的合理化管理，他们的封地多半已被其领主所支付的俸禄所取代，在经济增长期间依赖固定收入维持生活，而当其领主需要附加额外收入时，就会压缩他们的俸禄标准。领主及其封臣经常以同样方式向商人负债，这些商人通过已经有所发展的商品市场机制，把他们的稻米收入变为可使用的货币。和平的岁月已经消磨了武士们的战争癖好，为领主服务的时光把武士们从一种未受教育、不守规矩的暴力机器转变为受过教育、循规蹈矩的官僚，急切地为他们可能得到的职位而相互竞争。武士阶级已经成为一种学非所用的、非生产性的社会精英。尽管如此，虽然武士在下层等级中进进出出，乃至出卖他们的身份资格，1800年定位的武士俸禄仍然大致保留在两个世纪之前的水准。

1800年，大多数日本人都是农民，生活在7万多个乡村里，这些乡村把一些孤立的小村庄约束为行政单位。德川幕府希望全体农村居民都勤劳苦干，遵从他们自己精英的指示，这些精英是拥有土地的农民，他们具有村庄成员资格，有权得到供水，并能在裁决有关共同利益事务的村庄集会上发表见解。村庄被作为一个单位承担税负，这一负担在那些同样拥有土地的家庭间分派，而这项工作由一个接受任命或选举出来的首领领导。村民家庭被安排为5个组，以便相互监督和责任共负。尽管税负沉重，起初平均占到产量的50%，但村庄仍是相当自治的，这要感谢武士官吏的缺席，他们生活在城下町里，而且只和村庄的头头打交道。新土地的开垦，农业生产的改进，以及少报收成等等，使得农村居民较为繁荣，也使他们较少回应那些对其课税的期望。到1800年，农民地位的假定一致性已经让路于更为多种多样的景象，身处管理层的农民正在从各地成长起来的商品性农业中获益，他们把经济作物用船运到大阪和江户这些巨大的中心都市。文化知识在乡村领袖中的普及，促进了生机勃勃的交易活动，也促使有关农业的文字和城市印刷术提供的其他产品一道，在农村居民中广泛传布。一种单一文化正越来越重塑着整个日本的所有社会群体，即使仍在继续按照过去的身份分类对人口进行划分。经济的变化已经造成了社会现实的变化，但在正式的社会关系中尚未体现出来。

在 19 世纪初，日本脱离外部世界的孤立状态也继续着从 17 世纪 30 年代开始以来的状态。仅与朝鲜维持着国与国的关系，在德川时代，朝鲜共派出 12 次使节前往日本，可是这种关系却由于通过对马岛（Tsushima）大名来执行而受到削弱和掩蔽，对马岛大名在不平等和有伤朝鲜尊严的情况下维持着位于釜山的贸易据点。在长崎，荷兰东印度公司一直维持着一个贸易据点，1799 年被废止，后由爪哇殖民当局延续下来，荷兰人从巴达维亚派出商船，它们的代理机构驻在处于幕府官员的严密监视之下的一个人工堆造小岛——"出岛"上。长崎还保留着一个中国的贸易站点，私人贸易商把运来的商品卖给幕府授权的行会代表。萨摩藩南部通过其控制的琉球王国，也有获得中国商品的通路。然而，随着多年来日本银矿、铜矿的耗竭，特别是日本自己手工业的发展，替代了在贸易中备受欢迎的中国丝绸和刺绣织物，从而减少了来自中国和荷兰的商船数量；与实际需要相比，贸易已经变得更像是一场仪式。

到了本卷结尾的 19 世纪末，日本已是一个高度中央集权的国家，它的政府几乎不能容忍地方的多样性和分歧。一个强有力的政府部门（内务省）任命县长和市长。国家警察系统用一张遍布全国的警察站点网络和无数用来装相互检举街坊邻居奇怪言行材料的木盒，取代了以往形形色色的地方控制。文部省为每间学校规定课文，教育系统是如此步调一致，以至于可以料到全国各地的学生将在同样的时间，使用同样的教科书，讲授同样的课文。阶级和身份的严格区分已经让位于一个雷同化的平民国家。封建时代的贱民群体虽已在法律上得到了平民的身份，却继续遭受着歧视之苦；以往地位最高的精英人士已被公开宣布为新的贵族（华族），以便对以新的方式构建起来的帝国议会中可能的激进主义提供一种保守的平衡力量。这个国家正在培养对于身着军服的君主的感激和崇拜，天皇的照片正开始出现在甚至最卑下家庭的墙上。

以往各种各样区域的和个人的差异都被政府抛掷一旁，取而代之的是坚定地建立商法、民法以及刑事诉讼程序的规范。封建土地占有和义务的多样性，也已让位于基于坚实法定权利和同样坚实的纳税义务之上的个人所有制。武士阶级已被废除，发给年金让其退职，武士的军事职能改由应征入伍的平民军队承担，他们的行政角色也转由帝国大学英才教育训练出来的人士担当。天皇朝廷在德川时代幸存于公众注意的边缘，影响和实权都在不断衰减，如今"王政复古"重获统治地位。出版物、学校、陆海空三军和警察竞相鼓吹对天皇的忠诚和效忠。末代德川将军经受住了退位及其家族与少数华族并列、有资格和皇室通婚的耻辱，他的继承人还曾主持过元老院的议事。日本不再是封建的、分权的、身份约束的，而是统一的、均质的、资本主义的。一个完成了这些变化的世纪，需要被作为一个整体来进行历史分析。

5   到19世纪末，日本与外部世界的关系已经发生了深刻的变化。以往与外部强国的稀疏联系以及日本主权的朦胧轮廓已被有区分的坚实纽带和边界所取代。在南方，琉球群岛已被作为一个县合并到日本。在北方，与俄国进行的一次有争议的领土交换，导致日本获得了整个千岛群岛。更为重要的是，北海道岛完全被日本占有，并开始了对这块土地的开发。与中国的关系比较正式，1894—1895年，日本在一场以今后对朝鲜的控制为中心的竞赛中战胜了它的庞大邻居。那些19世纪60年代与西方列强签订的带有协定关税、治外法权和最惠国待遇的屈辱性条款的条约，在努力了四分之一世纪之后，于1894年得以修订。日本令人震惊地战胜了中国，侵占了台湾，并完全成为帝国主义俱乐部中的一员，使其具有了进一步剥削中国、进一步与俄国争夺朝鲜和中国东北的机会。

于是，1900年的日本已不再是1800年的日本。这个过去与世隔绝的岛国已经成为国际政治中一个活跃并富有侵略性的参与者，日本为自己取得的成就和不断提升的国际地位而感到自豪，准备加入欧洲的联盟体系，并且渴望在亚洲大陆取得立脚点。

然而，如果过度声称这个世纪标志着特别的意义，如果过分强调这个世纪开端和结尾的年份，那也是愚蠢的。在某些方面，有一些较好的参数可用来说明从1790年开始到1890年结束的时代划分：1790年发生了由幕府官员松平定信指导的宽政改革。这些改革反映了在田沼意次执政期内政策松动之后德川幕府巩固其统治秩序的最后重大尝试。在松平定信的先辈、领导过18世纪20年代享保改革的德川吉宗时代，就已经有过这样的情况，做出过坚决的努力以重返早先时代

尚武的简朴。不过，松平定信所采取的措施实际上有助于说明，自这个世纪的第
一个 25 年以来，商业化已经发展到了什么样的程度。幕府采取的步骤目的在于
支撑关东平原的经济，将其从大阪商人资本的支配中释放出来。各项法令颁布出
来，提供给城市里贫困潦倒的债务人，各种严厉的措施被采用，以控制江户这个
巨大东部都市的经济活动。更为突出的，是给予武士阶级教育和培训的关注，使
他们做好成为政府官员的准备，以适应新颖而复杂的官僚生涯。儒家教义中意识
形态的正统说教被颁布为幕府学术机构的法令，这一行动迅速为诸藩学校的管理
者们所依样画瓢。松平定信也显示出他意识到西学的重要性正不断上升，开始采
取行动给予官方赞助，这导致 19 世纪 50 年代马修·佩里到达日本后不久，一个
西学中心就创建起来。在松平定信改革的余波里，幕府首次强调它直截了当地拒
绝与外国打交道，是德川幕府最初创建人的遗赠。在这些事物上，新的僵硬态度
进一步得到种种惩罚措施的加强，只要假定西学研究者将就日本面临的可能危险
发表他们的见解，就会对之施以严厉的惩罚，政府公告中顽固和陈旧的道德专制
主义与上述种种结合起来，使得 1790 年的宽政改革成为日本 19 世纪的真正开端。
在国际事务上同样如此，日本对俄国在北方的探测活动的反应，表明它们产生了
新的意识：需要做好准备应对可能的军事对峙。

　　到一个世纪后的 1890 年，明治制度框架已经通过《明治宪法》的履行和《教
育敕语》的下达而得以完成。再一次，政府在坚持它正在做什么的时候，表明了
它所期待的东西和道德完全是与日本的传统相互关联的。公民的品行是一种公众
责任，而不是私人事务。在宪法颁布前天皇于皇宫所做的誓约，解释说宪法"皆
绍述贻赐皇祖皇宗后裔之统治洪范，朕躬身以逮润得与时俱行，无不倚借皇祖皇
宗及我皇考之威灵"。以大致相同的方式，松平定信也曾争辩说，他的改革措施
与幕府创立者的意愿是一致的。

　　在正统说教和连续性的这些自信断言之间，存在着使其透明和对之质疑的空
间。也正因为如此，就有可能从日本的过去发现正当的理由。正如平川教授所说
的那样，"转向西方"和 1868 年《五条誓文》所允诺的"求知识于世界"，都能
使人联想到此前一千年里朝向中国大陆寻求政治和文化制度的先例。1853 年，幕
府首席老中阿部正弘面对佩里海军准将建立条约关系的要求，心甘情愿地征询
大名们的意见，这反映了间接决策的模式，这一传统也在《五条誓文》中得以重
复："广兴会议，万机决于公论。"这个允诺导致了 20 余年关于"民权"达到制度

6

7　化的最好方式的激烈争论。不过，到 19 世纪末，大部分日本领袖都满意于适当的"知识"和制度已被发现和设定，议会应被用来辅助，而不是领导帝国的统治。

　　当然，1890 年并不意味着变革的终结，因为新制度体系的启用，需要连续不断地适应和实验。在 1890—1900 年的 10 年间，"民权"运动的领袖们一步步地试图进入统治体系，并逐渐构建起内阁的结构。19 世纪末，新制度最重要的设计师伊藤博文发现，需要组建他自己的政党，如其所说，以便于通过组建自己的军队来使自己不再依靠雇佣兵。

　　议会政体的巩固，使得日本可以集中精力谋求国际平等地位，寻求新的更大的海外目标。1894 年，在努力了四分之一世纪之后，种种不平等条约终获修订，带来了外交上的平等和尊严，并提供了 1911 年实行关税自主的前景。日本在1894—1895 年的中日甲午战争中的胜利，给它带来了帝国主义在中国的宴会桌上的一席之地，"台湾"的获取和战争的赔偿促进了日本重工业的迅速发展，八幡钢铁联合企业的建立是其中的一个代表。进一步目标指向控制朝鲜。在本卷结尾处入江昭教授关于日本上升到强国地位的讨论中，19 世纪的最后十年和 20 世纪的最初十年显得十分突出。同样在这 20 余年里，发出了开始大规模工业发展和社会不满的信号，以及引起 20 世纪官僚政治的领袖们全神贯注的种种问题，这在本书第六卷有详细描述。1900 年，获得选举权的纳税资格降低，代表了收编和引导资产阶级和劳工运动的首次成就，并把日本带进了 20 世纪。

一个终结，一个开始和一个转型

　　一个开始也是一个终结。雅克布·布克哈特理解为预示文艺复兴来临的现代欧洲早期的诸般变化，相比约翰·赫伊津哈所说的中世纪衰败具有更多的意义，同样，德川幕府统治的最后数十年，也能被看作是一种武家统治的逐渐衰落。也就是说，幕末，就像其字面意义一样，也可看作是一个现代国家的前奏。德川体制明显地呈螺旋状下降。松平定信在宽政改革中巩固幕府统治的努力取得了某些

8　成功，尤其就关东地区的教育、经济和行政来说是这样，但是对于水野忠邦的改革尝试就不能这样说了，哈罗德·包利瑟教授于本书第二章讨论了天保（1830—1844）时期的课题。水野忠邦企图使主要都市中心周围的土地占有合法化和集中化的尝试，只是疏远了那些领地受到影响的领主，而带来的是自己的迅速垮台。

水野忠邦通过命令最近的移民返回村庄以打击城市贫困人群的企图，以及颁布反对奢侈、炫富的法令，也都使他极为不得人心，以至于江户市民们往他的住宅扔石头以表示对他的蔑视。具有意识形态动机的信仰复兴运动，1837年大盐平八郎的起义，也只是焚毁了大阪的大部分地区，反而加重了大盐平八郎力图缓解的苦难。

天保晚期实际上非常值得注意，因为它证明了日本统治者方面效能的削弱。灾荒在国土上蔓延。官僚政治的猜忌连同意识形态的僵化，造成了对那些关心西学的学者们的清洗。1844年，天保时期结束后的一年，荷兰国王写信给幕府将军，警告他西方力量正在增长，而日本将无力抵抗新的潮流。幕府解释说它之所以无力做出反应，只是因为从未有过如此国际交往的先例。事实恰恰相反，1825年幕府即已下达命令，不管外国船只的目的是什么，都要毫不犹豫地将其驱回。比斯利教授在第四章"西力东渐"里对这些和另外一些僵硬的政策进行了讨论，认为德川体制确实已经渐渐山穷水尽，不太可能以想象力和有效性应对未来的挑战。

林屋辰三郎的一篇探讨性文章，引起了对德川幕府末期与早先镰仓、足利幕府末期之间进行一些有趣的比较。林屋辰三郎指出，早先的两个幕府在无法给予奖赏和施加惩罚之后，都失去了对其封臣的控制。两者的衰败都伴随着继承纠纷，而且两者都发生过对外贸易中不断增长的交织纠缠。在所有情况下，一种带有乞灵于缔造者智慧的急躁情绪的增长，都表明了变化着的社会价值和具有非传统、非正统新观点的当务之急。[1]

在镰仓幕府的场合，经过1274年和1281年抵挡蒙古入侵的巨大努力之后，紧接着就是抵御可能的第三次入侵的长期动员，而没有任何新增的领土用来奖赏幕府的臣属。在此之前，与宋朝中国贸易的增长已经伴随着商业化的发展，而蒙古人征服中国大陆之后贸易的中断给幕府制造了困难。镰仓幕府的北条摄政造成了自己的孤立。不断增长的不满伴随着中坚分子中社会价值的改变，形成了以一种虚有其表而结构松散的非常规新时尚为标志的趋势。"婆娑罗"这个同时代人为这种逾轨现象杜撰出来的词汇，用来告诫人们不要违背幕府企图用来约束其臣属的《贞永式目》，但徒劳无效。

室町时代晚期，足利幕府甚至更明显地卷入了大陆贸易、商业化，以及到最

---

[1]　Hayashiya Tatsusaburō, ed., "Bakumatsuki no bunka shihyo", in *Bakumatsu bunka no kenkyū* (Tokyo: Iwanami shoten, 1978), pp 3-39. See also Professor Harootunian's reference in Chapter 3.

后由西方人带来的武器之中。足利义满接受了作为明朝皇帝臣属的头衔，他的继承者努力吸引明朝货币的更大供应，凡此种种，为其臣属经营与中国的"勘合贸易"，展开争夺大陆货物的混乱竞争提供了舞台。最终，室町幕府又进一步遭到贸易和西方船只带来的技术的打击。这次，代表不合常规、不合传统的文化改换的词汇是"歌舞伎"，这个词汇使人们想起离情别绪和享乐主义，在随后时代的舞台流派中被奉为经典。足利幕府没有能力控制自己的臣属，伴随着幕末时代的那些广泛的失序，直接导致了16世纪的暴力和混乱。

德川幕府明显与这些现象相类似。商业化的发展及其社会变迁贯穿于德川时代，当然，这不是由于与大陆贸易的不断增长，而是通过国内的经济发展和变革达成的。但是，1859年对西方国家开放口岸，带来了大批外国商品和货币，也为日本的茶叶和丝绸打开了广阔的市场。日本和外部世界之间金银兑换相对价值的差异，导致了一种迅速耗尽日本贵金属的货币流动。这种贸易引起了疯狂的通货膨胀，造成了武士阶级的固定收入所力不能及的物价飞涨，堵塞了国内工匠获得原材料的通道，而这些原材料是他们进行生产所必不可少的。幕府垄断贸易利润的努力，招来了那些能够利用外国抗议的有力臣属们的激烈反抗，从而加速了幕藩之间信任和控
10 制的流失。对于西方列强在中国的胜利所引发的警讯，江户幕府甚至比中国政府更为敏感。大陆的动荡造成了精英们的迅速反应，他们充分通报了这些事件。对于某些人来说，日本的安全事实上曾依赖于中国的稳定。条约口岸制度向日本的延伸，外国使节和军队来到日本的土地，成为对"征夷大将军"自负的一种难堪耻辱。

这反过来产生了对非常规、非传统的新事物的迷恋。德川幕府晚期，对公认规范的违反成为那些激进分子们所期待的事情，而这些激进分子在新的政治氛围中数量激增。赌徒和冒险家这样的下层社会重要性的不断增长，提供了一种政治上的积极性得以发挥作用的环境。戏剧和文学以其塑造的邪恶和怪诞形象而令人深深着迷。所有这些都有利于帮助和掩护那些"草根"思想家，为了品尝政治混乱的醉人红酒，他们抛弃了自己对家庭、团体和领主的常规义务。对"侠义冒险家"（侠客）的颂扬，显示出对那些非法的、在组织严密的时代里结局可悲行为的赞美，而据中国的侠士和后来明治维新期间的右翼极端分子所称，这是一种幸存下来的传统。

当然，现代西方国家的力量和自信还是造成了德川幕府末期比先前的两个时期更为极端和偏激。思想家们已经超越幕府体制，考虑新的政治组织形式。早在

19 世纪 60 年代，像长州藩的久坂玄瑞和土佐藩的武市瑞山这样的尊皇派激进分子，就已经提出了将古典奈良——平安时代作为制度样板，以集权于朝廷中心的政治制度。尊皇派志士砍去了京都足利将军雕像的首级，他们成为那些改写全部早期日本历史，号召为了天皇统治不惜以武力改朝换代的人们的先驱。

不过，从一个更广泛的意义上说，19 世纪通常更被视为一个开端。王政复古的岁月被极好地描述为日本从封建晚期向近代的过渡。从武家政治向平民政治的过渡，即使这是一个由以往武士阶级的成员所指导的平民政治，也特别值得注意，这令人回想起林屋辰三郎对先前几个世纪文职政治向武家政治过渡所做的比较。与此前一千年里从邪马台国向模仿中国的"律令"秩序过渡的过程，同样可以进行比较。可能引起注意的第三个过渡，是 17 世纪早期德川幕府身份结构和幕藩体制的稳定化过程。[1]

所有这些过渡，都有一个漫长的预备期作为前奏。武士家族正式建立统治地位出现于 12 世纪，但由于日本的贵族领袖转向专业的武士寻求支持和保护，平安时代引人注目的和平秩序已经历了持续的变化。在又一次转换为文职和官僚体系之前，武士统治曾经历过三次将军政治和三个幕末时期。不过，其间也提前发生过德川幕府和平年代的武士阶级官僚化；宽政改革后采取措施的影响很有教育意义，进一步促使这一制度走向成熟。天保改革不顾一切地努力恢复偿付能力，促使幕府和重要大名采取更为强有力的步骤指导经济增长，采取重商主义政策，一方面发展了区域的自给自足，同时也促进了对其他藩的出口。这些步骤对于一种新型武士官僚的产生起到了积极作用，而它们所提供的经验和期望，则使得一些历史学家把天保改革视为走向现代官僚政治国家的一个出发点。

每一次重大的转换，无论是从文职统治向武家统治的转换还是从武家统治向文职统治的转换，由于新政府试图建立它们的合法性，都会伴随着复古怀旧的言论和行动。林屋辰三郎指出了早期镰仓幕府的修补者极为重视奈良宏大寺庙的整修工程。19 世纪自称复古的运动，产生了更为接近，也更为惊人的事例：京都平安神宫的建造，东京中心明治神宫的建立——包括用来自全国各地的树木栽植的一片森林——以及古代宫廷文化格调的发掘。这套做法在德川晚期已被使用，幕府不断地

---

[1]　关于这些比较，参见 Marius B. Jansen and Gilbert Rozman, eds., *Japan in Transition: From Tokugawa to Meiji* (Princeton, N.J.: Princeton University Press, 1986), pp. 13ff.

示范着他们对于古代宫廷的尊重，还修复了邪马台国伟大"帝王"的陵墓，但在明治政府的文化政策中这些努力更是有过之而无不及。"明治"年号选自《易经》，其性质则常被指明为"维新"，或"复位"，从直截了当的"更新"改变为如今标准的"维新"，则取自提及周王朝授权管理体制复兴的《诗经》。"明治"首次使用在12 征兵诏书中，这种正字法使人们记住了它的含义："圣人""向明而治"。需要提及的明治时期文化和宗教上其他的复古企图还有很多；对封建文化和佛教文化的攻击是如此之猛烈，以至于引起一个学生把这场运动描述为"伟大的文化革命"。[1]

转型的舞台

19 世纪开始于文化（1804—1818）和文政（1818—1830）年间。回顾往事，这数十年里似乎相当平静，风调雨顺，连年丰收，政治也由于松平定信强有力改革的余波而显得十分稳定；在频繁的农民示威和起义于 18 世纪 80 年代达到顶峰后，出现了一段时间的沉寂。不过，在一片平静之中也显现出麻烦到来的征兆，因为 1804 年俄国特使雷扎诺夫来到长崎，指望允许在那里进行贸易，他的要求被断然拒绝，这招致了他的年轻随从们在北部海岸的一系列劫掠行动。拿破仑一世时期荷兰在长崎贸易据点的孤立，使得荷兰人雇用美国船只为他们供应给养，这反过来又导致幕府打听欧洲国家体系内所发生的广泛变化的信息。几年之后，一艘英国船只"费顿"号，冒失地闯进了长崎港，受惊的日本当局设法扣押其物资，但被其夺回。1824 年，一群英国水手在水户登岸，困惑不解而又大受惊吓的地方官员轮流前往谈判，居然错把他们当成了俄国人。幕府以增加欧洲语言的学习和强化北海道防卫作为回应的措施。1826 年，藤田东湖在江户看到了 5 位荷兰人，他们对将军朝廷作每 4 年一次的拜访。由于他们的装束很像 20 年前雷扎诺夫事件中的俄国人，藤田东湖感到大为震惊，他推断俄国人肯定已经征服了荷兰，日本已经陷入重围，从北到南，都处于同一个邪恶外部力量的包围之中。他的副手会泽安（会泽正志斋），曾在水户参与过对英国水手的询问，开始把种族、宗教的主题与民族主义思想结合在一起，于 1825 年写成了影响广泛的《新论》。

---

[1] Alan Grappard, "Japan's Neglected Cultural Revolution: The Separation of Shinto and Buddhist Deities in Meiji (*Shinbutsu bunri*) and a Case Study: Tonomine", *History of Religions* 23, (1984): 240-265.

水户大名德川齐昭受到了这些警讯的震动。在 10 年时间里他一直要求幕府允许 13
他接管虾夷地（北海道），在这样的要求被幕府拒绝后，他成为封建领主中严厉
排外的最麻烦的倡导者，一直保持到他于 1860 年死去为止。

19 世纪 20 年代是一个对西学的兴趣不断增长的时期。1823—1828 年，德国
医生菲利普·弗朗茨·冯·谢尔伯德在长崎的荷兰商馆任职。他在长崎的逗留既
标示出人们对西方事物的高度兴趣，他获准在长崎建立学院，相当多有能力的年
轻学者加入其中；同时也是官方对这种现象发生恐惧的开始，因为官方惧怕这会
导致意识形态的颠覆和污染。由于发现他从任职幕府天文方的朋友处收到了一份
地图，谢尔伯德遭到伤害，被迫离开。这位朋友名叫高桥景保，因这次事件而丧
生。不过，他本人正是 1825 年严厉的《无二念打拂令》的执笔者，这道法令要
求立即驱逐任何未经许可企图进入日本的异邦人。

在这一时期，虽然已有迹象显示将来问题会出在国际事务领域，但是，公众
和私人对外国事物兴趣的不断增长却说明了当时的相对宽大和自信。在这几十年
里，都市文化的繁荣、公众阅读面的扩大、出版机构的数量都达到了空前的程度。
与即将来临的政治紧张相比，这个时代有可能被冠以"愉快感受年代"的特征。

在繁荣、自信的外表背后，也有经济危机即将到来的征兆。在一个持续很久
的物价稳定期之后，逐渐上升的通货膨胀于 1820 年左右开始显性化，一直持续
了半个多世纪。造成这种情况的原因有许多。最为显而易见的是将军德川家齐
（1787—1837 年在位，但直到他 1841 年去世为止一直未受质疑）漫长而奢华的
统治期内幕府开支的增长。这个因素导致了始于 1818 年的 20 年通货紧缩，在这
一过程中，某些硬币的贵金属含量减少了不下 50%。虽然价格有点落后于这些变
动，但显然在不断上升，等到 19 世纪 30 年代歉收的时候，物价便扶摇直上。造
成物价上涨的另一个因素，是日本欠发达地区伴随经济增长出现的人口膨胀。作
为 18 世纪末数十年灾荒的结果，人口和经济的增长一度似乎静止了，但在世纪
末的最后几年里，开始了一个向上的反转，除了天保时期的灾年之外，经济和人 14
口处于不断增长之中。[1]

不过，造成长期通货膨胀的主要原因或者说其结果，是日本中部和北部不可

---

[1]　对这些趋势的讨论，已有人做了简要的总结。参见 Nishikawa Shunsaku, *Nihon keizai no seichōshi* (Tokyo: Tōyō
　　Keizai Shinpōsha, 1985), pp. 30ff.

阻挡的商业化发展。在关东地区，江户在经济生活中的中心性导致了商品性的农业，增加了产品商业性制造的机会，增加了消费品的种类，同时也造成了劳动力成本的上升。村庄正在丧失它长期保持的自给自足状态。村民们可以根据自己的禀赋和能力对此做出反应；商业化与其说是一种选择，不如说是一个不争的事实，即使一些人得益于这一趋势，也有其他人会遭受其苦。流浪、迁徙、移民，以及撂荒耕地，都证明了一种社会和经济的分化，这种分化清楚地表现为村庄内部的纷争和暴力行为。在1827年的文政改革中，幕府企图通过设计一种新的控制体系来解决这些问题，它们在关东（江户）平原设立了一种新的调查机构，把几个村庄组合为经济和地理单位，而不管它们名义上的封建领主是谁，从而使得行政管理合理化。幕府要求村官们报告农民方面的就业情况，努力减少商业化不太必要、不太合适的方面，比如当铺、酒馆、赌场，以及与"非法"和"奢侈"生活方式有关的东西。然而，更大的混乱局面就要来临了。

年表，文化—文政时期

1804年，雷扎诺夫到达长崎，开通贸易的请求被拒绝。
1805年，幕府警告地方大名警惕俄国舰船入侵。
1806年，幕府宣布北海道西部为幕府领地。
俄国船只攻击日本北方一些地区。
1808年，幕府指派6名男子在长崎学习法语，6人学习英语，命令所有翻译人员学习俄语。
1811年，幕府天文方设立译书处。
1813年，在65个组合中，向10个主要行会发放1195个许可证。
1815年，《通布（"哈尔马"）字典》（Doeff Jiten）完成；其他许多兰学著作纷纷出版。
1822年，长崎爆发霍乱疫情，蔓延到日本中部。
1824年，英国捕鲸船在水户登陆。
1825年，幕府命令驱逐外国船只（《无二念打拂令》）。
1828年，在离境时，谢尔伯德被发现持有地图，于1829年被驱逐出境。

资料来源：Selected from Hayashiya Tatsusaburo, ed., *Kasei bunka no kenkyu* (Tokyo: Iwanami Shoten, 1976).

危机岁月：天保（1830—1844）、
弘化（1844—1848）和嘉永（1848—1854）年间

接下来的 20 年里看到了这些问题的激化。农业的歉收以及随之而来的饥荒，　15
如同包利瑟教授所描述的那样，已经成为 19 世纪中叶日本统治者生活经历中摆
脱不掉的梦魇。在 19 世纪 30 年代的头几年里，许多藩开始进行改革，但幕府本
身却由于将军德川家齐的长期影响而益发故步自封，以至于幕府的改革只能在
1841 年德川家齐死后才开始。水户藩的德川齐昭，曾于 1834 年向幕府要求江户
的资源和职位，并在 40 年代的大多数时间里一直坚持这样的要求，他无疑意识
到了自己的侍从极为小心地安排自己的队列在本藩行进，以避免看到沿途因饥荒
而倒毙的尸体。在他留给继承人的指令中，他把自己时代的不幸分类为"蛮夷、
窃贼和饥荒"。无论他在水户藩提倡的改革，还是他向幕府提出的建议，都没能
取得成功。德川齐昭自己先是被命令待在水户 5 年多时间，接着又被幕府召回，
软禁在江户的寓所里。

在其他一些藩，尤其是西南部的几个藩，天保年间发起的经济改革较为成
功。日本的中部和北部饥荒极为严重，不过，即使在这些地区，在短暂的人口下
降之后，经济的增长和商业化的进展也都重新开始了。在经济史学家的眼里，天
保改革期间至关重要的事情是迫使大名政府承担起编制计划的功能。藩营专卖体
制被建立起来，以集中和剥削发展着的商业化经济；反过来，它们又加速了经济
商业化的进程。这通常不利于地方上的生产者，他们正确地看出自己只是一枚移
动的棋子，各藩政府借此设法成为藩营企业的主要受益者。于是，这些"改革"
伴随着那些生计受到改革影响的人们频繁的抗议，也就并不令人感到惊讶；抗议
和请愿给改革过程打上了醒目的标记。这些抗议往往在对于幕府财政必不可少的
中部地区较易奏效，而在较为偏远和"外样"大名军事化程度较高的藩里则不易
成功。这些藩试图从垄断中获利，同时又想抑制它们经济的商业化。他们成为全
国性通货膨胀的受益者：萨摩藩着手减少藩的债务，通过藩营机构在市场上销售　16
其产品，就得到了通货膨胀的帮助。幕府的改革来得较晚，它的改革又不得不在
商业化程度较高而较少呼应官府控制的地区推行，因而遭到更多抵制和反抗，显
得尤为蹒跚难行。老中水野忠邦可以被视为在改革中起到重要作用的象征，但他
的任期却很不幸，自己遭到了德川幕府封臣们的反对，倒台后住所又被江户的市

民们扔石头。

幕府困境最为突出的证据，是 1837 年发生在大阪的武士官员大盐平八郎起义。这次起义发生在位于日本中心的主要商业都市，造成了遍及全国的反响。由于参加者绝大多数是大盐平八郎所办学校的学生和追随者，表明了可以指望有政治动机的教师和学者发挥积极作用的某种可能性，这次事件也就成为未来数十年里将要到来的其他起义的一个前兆。[1]

年表，天保—嘉永年间

1830 年，	熊本藩禁止输入和使用其他藩的产品。
	萨摩藩制定砂糖优先计划。
1831 年，	德川幕府领地禁止出售国内生产的纸张。
1832 年，	德川齐昭迫切要求幕府制造大炮。
	水户藩设立机构，在江户销售本地出产的商品。
1837 年，	大盐平八郎在大阪发动起义。
	莫里森驶入浦贺湾，遭到炮击。
1839 年，	渡边华山"蛮社之狱"中被判有罪（1841 年 10 月自杀）。
1840 年，	幕府要求荷兰人提供有关中英鸦片战争的所有解释。
	幕府命令天文方独家翻译荷兰的医学、天文学和科学技术书籍。
1841 年，	幕府天保改革号召重振享保、宽政改革的精神。
1842 年，	幕府禁止藩营专卖体制。
1843 年，	幕府撤回了要求诸藩说明情由的命令；水野忠邦被撤职。
	杉田成卿被命令翻译荷兰宪法。
1846 年，	幕府就外国舰船来日通报朝廷，被告知应予警戒。
1850 年，	朝廷命令在七个神社和庙宇举行仪式以防止外国舰船来犯。
	处罚关于鸦片战争的非法出版物。

资料来源：Selected from Hayashiya Tatsusaburo, ed., *Kasei bunka no kenkyu* (Tokyo: Iwanami Shoten, 1976), and *Bakumatsu bunka no kenkyu* (Tokyo: Iwanami Shoten, 1978).

---

[1] Okubo Akihiro, "Bakumatsu ni okeru seijiteki hanran to shijuku", in Kano Masanao and Takagi Shunsuke, eds., *Ishin henkaku ni okeru zaisonteki sho chōryū* (Tokyo: San'ichi Shobo, 1972). pp.110-133.

外交危机（1854—1860）

威廉·比斯利在第四章里讨论了 1853 年马修·佩里海军准将的到来。危机意识逐渐成为安政时期（1854—1860）的特征，已然十分强烈，并不完全是什么新东西。1837 年，莫里森乘坐美国舰只驶入浦贺湾，企图通过遣返日本失事船员建立与幕府的接触，结果遭到海岸炮台的驱逐，这不但引起了西学学者们的再三警告，也导致官方发出指令，要求人们就日本的迫切问题上呈意见书。一些与预备上书有牵连的人成为颠覆幕府指控的目标：1839 年，渡边华山被审判和定罪，两年后自杀。1844 年，荷兰国王试图劝告幕府将军放弃无用的与世隔绝和盲目排外政策，未能如愿。两年后，海军准将詹姆斯·比德尔来到日本，努力建立美国和日本的正式关系，也没能成功。除了这些直接与日本接近的行动之外，中国在鸦片战争中败北的消息也迅速在日本知识阶层中流传。对长崎荷兰人的讯问证实了西方军事技术的优势，盐野谷洞院，一个儒家学者，编辑了魏源《海国图志》的日文版，以此作为他对西方进行近乎歇斯底里谴责的前奏。[1]

在给总统的报告中，佩里预示了日本的发展前景，称之为"商业国家圈子中的小妹妹"。他写道，只要列强"仁慈地提携她，帮助她蹒跚而行，直到她充满活力，能以自己的力量稳步前行"，就会很快建立起牢固的商业和外交联系。很不幸，1856 年接着到达的汤森·哈里斯发现日本的手经常紧握着而不是松开，他于 1858 年谈判订立的通商条约激起了极其强烈的反对，以至于条约的签订动摇了德川幕府统治的根基。针对这些重大事件，许多将外交事务与国内政治牵连起来的学术研究集中在京都发生的那些事件上，这些事件导致朝廷反对莫里斯条约——这在接下来的比斯利和詹森所写的两章中得以讨论——并且把幕府的衰落与其无力应对西方的入侵联系起来。

尾藤正英的研究为如今人们已经熟知的事实提供了额外的资料。幕府的首席老中阿部正弘在大名和朝廷中散发佩里持来的美国国书，意在形成一种他知道是不可避免的一致决议。通过这一活动，他帮助激活了一种似乎长期处于休眠状态的政治形式，其后数年里，我们看到政治参与的涟漪从政治家族的首领向外扩

[1]　Marius B. Jansen, *Changing Japanese Attitudes Toward Modernization* (Princeton, N.J.: Princeton University Press, 1965), p. 57; and Ōba Osamu, "Ahen sensō to *Kaikoku zushi*", in *Edo jidai no Ni-Chū hiwa* (Tokyo: Toho shoten, 1980), pp. 242ff.

散到他们的家臣，再扩散到若干社会群体的平民百姓之中。正如尾藤正英所指出的，这个续发事件在 19 世纪 40 年代已有预兆，当时正是阿部正弘作为幕府老中执政的时期。阿部正弘曾与水户大名德川齐昭讨论对 1844 年荷兰国王信件的回应，德川齐昭指责荷兰国王信中的措辞，并敦促阿部正弘应将未来事务提交主要的外样大名[1]、御三家、谱代大名[2]们讨论，以做"民意"调查。德川齐昭催促说，这将"对日本有益，并有助于保证耻辱不降临吾国"。天皇朝廷也得到了参与政治的机会。1846 年，朝廷就曾指示过幕府加强海岸防御，所以对于阿部正弘来说，如何应对美国建立条约关系的要求，把天皇朝廷包括在征求意见的范围之内是很自然的事。

几年之后，当 1858 年的《哈里斯通商条约》提上日程、堀田正睦试图重复阿部正弘的做法时，同样的步骤却造成了灾难性的后果。到这时，意见分歧已经十分明显，因为《哈里斯条约》的条款对于实际贸易的要求已经远远超过《佩里条约》原来的要求。更糟糕的是，一些强藩意识到了幕府统治核心的虚弱，企图通过把批准条约与选择德川齐昭的儿子一桥庆喜作为将军继承人捆绑在一起，来影响德川家族的继承权。随着井伊直弼就任幕府大老，幕府内部的专制主义形成一股强大的反冲力，诉诸兴起 1858—1860 年的"安政大狱"。1860 年春井伊直弼被刺，导致了一个暴力剧增的十年，直到 1868—1869 年的戊辰战争方告结束。就这样，日本的开国再次激化了日本社会各个层面的政治活动。

在尾藤正英看来，阿部正弘采取的行动有助于在参照公众舆论（公论）和由井伊直弼所追求的中央集权独裁主义之间造成一种对立。尽管幕府尝试广泛征询意见，尽管幕府表白其对天皇的尊重，但它还是发现自己遭到了责难，责难来自那些关注这些问题的人，他们把问题归结为是否驱逐不受欢迎的外国人。公论的更高道义通过 19 世纪 60 年代的政治争论奋力打开了一条出路，随着初期明治政府的宣誓（在 1868 年的《五条誓文》中）而再度出现，转而成为明治时期"民权"运动的要求。改进对这些问题的解释，有助于使这些问题成为一体，并有助

[1] 指与幕府联系不甚紧密的大名。——编者注
[2] 指与幕府联系紧密的世袭大名。——编者注

于说明 19 世纪的过渡年代。[1]

1860 年暗杀者随身携带的《斩奸旨趣书》中对井伊直弼的痛斥，提供了一个明显的例证，说明民间已是怨声载道。他们指控井伊直弼滥用权力，无视"民意和道义"（公论正义）。斥责井伊直弼抛弃了宗教标准，违反了国家政策的准则；决定与外国签署条约、放弃要求外国人践踏基督画像的既有做法都是对国家利益的背叛；简而言之，"已经以牺牲国家荣誉为代价，做出了太多向外国妥协的决定"。依据道德绝对主义的标准来判断政治决策，这使得洽商或和解都几乎没有余地。

德川幕府的倒台

1868 年的明治维新，这是 19 世纪 60 年代政治混乱的结果。井伊直弼的"安政大狱"已经使许多人由怀疑变为确信，其继任者在方向上的迟疑不决，造成了一种曲折反复的轨迹，甚至使得德川幕府的封臣们都无法确定他们应往何处去。与已经变得更加重要的天皇朝廷建立新关系的努力涉及所有派别。在这个十年的大多数时间里，幕府能够与京都朝廷保持紧密的联系，但忠诚的表白并没有换来天皇周围大多数能干朝臣们的积极支持。幕府以挑选一位皇家公主作为年轻的德川家茂（1858—1866 年任幕府将军）的配偶开始了"公武合体"的进程，接着长州藩就拟定了天皇参与政治活动的计划，这一计划很快就被萨摩藩和土佐藩提出的建议书所加强。文久年间（1861—1864）的政治重组引起了德川家族旁支成员重新定位，他们设法谋取外部大名头面人物的合作。这些步骤成功地削弱了以江户为中心的因循守旧者的控制，但并没得到那些计划吸收进政权中枢的大名的牢靠支持。参觐交代制已被废弛，决不能重新恢复，政治活动集中于京都朝廷，开始把这个古代帝都变为取代江户的全国中心。在江户，幕府尽管仍然具有极大的权力，但已经开始更像是一个地区性的势力了。

1859 年的开港给日本带来了一些额外的问题。与外国的关系给幕府提供了强

20

---

[1] Bitō Masahide, "*Bushi and the Meiji Restoration*", *ActaAsiatica* 49 (Tokyo: Tōhō Gakkai, 1985), pp. 78-99; and in expanded form, Bitō Masahide, "Meiji ishin to bushi: 'kōron' no rinen ni yoru ishinzō saikōsei no kokoromi", *Shiso* 735 (September 1985). 不过，哈罗德·包利瑟坚持对阿部正弘的这种评价，认为阿部正弘误判了形势，追求一种本质上会削弱自己的磋商过程，而井伊直弼及其所做的清洗，与其背后所体现的专制政府的观念一样，代表了未来发展的潮流。参见 Harold Bolitho, "Abe Masahiro and the New Japan," in Jeffrey P. Mass and William B. Hauser, eds., *The Bakufu in Japanese History* (Stanford, Calif.: Stanford University Press, 1985).

化自我和改良军备的机会，但与外国的接触同样很快就使得诸侯中的持不同政见者有可能进口现代的武器。天保年间已经建立起来的藩专卖体制，带来了对幕府控制和垄断对外贸易的抵制，各藩开始通过条约口岸直接与外国供应商和消费者打交道。它们也开始不顾横向联系的禁令而相互接触，比如长州与福井、小仓、后藤（1862年）、对马（1864年）等藩，萨摩与冈山、广岛、和歌山、鸟羽、土佐等藩。在接下来的几年里，另外的横向联系也得到了发展。[1]对于幕府来说，更为严重的是大都市区域突然出现的剧烈通货膨胀。日本和中国海岸之间金银比价的背离，造成了日本贵金属的迅速外流。日本商品国外市场的突然扩大，尤其是生丝和茶叶，带来了价格的上涨，并给国内使用者和依靠固定收入生活的武士们带来了困苦。一些较大的藩开始尝试在军备、造船和纺织生产中使用现代科技。

政治进程由于外部力量的存在和压力而不断恶化。义愤填膺的武士造成了许多攘外事件，幕府对此不得不做出赔偿，这使幕府的声望和国库付出了沉重的代价。外国人对这些攘外事件的反应导致长州和萨摩藩对攘外激进分子进行惩罚，但两者之间行动并不统一。在萨摩，官僚政客击败了雄心勃勃的激进分子，而在长州，经过一个复杂得多的过程，那些激进分子夺取了藩政的领导权。幕府动员舆论反对长州，第一次获得成功，随后归于失败：当幕府第二次惩罚长州的努力于1866年惨败之时，它的末日也就在眼前了。

德川齐昭的儿子德川庆喜，1858年曾被提议作为将军继承人但遭到拒绝，1866年，在德川家茂死后成为第十五任、也是最后一任德川幕府将军。他从未有一次自由地离开京都回到江户和他真正的权力基地，而且他也从未与中央的谱代大名完全地协调一致。他对外国的威胁深信不疑，而当新的对手阵营中首次出现了一个具有吸引力的明显机会时，1867年，他同意了土佐藩提出的建议，辞去了将军职位。德川庆喜被萨摩领袖们及其朝廷里要求只有一个帝王的同盟者用计谋击败，他放弃了自己的领地和官职，然后将军又企图从大阪向京都进军。这次进军以灾难而告终，他撤退回江户，这里很快就被萨摩武士西乡隆盛率领的新组成的"皇军"所包围。新政府军继续向北挺进，在经历几场必需的战斗之后，战争于1869年暮春时节渐告结束。

这些喧闹的政治事件造就了近代日本国家的领导人，催生出现代日本民族主

---

[1] Nishikawa Shunsaku, *Nihon keizai no seichōshi*, pp. 137.

义的英雄，但同样它们也遮蔽了正在发生着的有趣而有重要发展势态的光彩。公众的不满以一种新的时常采取反讽太平盛世的反抗情绪表现出来。19世纪60年代后期的谷物歉收造成了艰难困苦的局面，这使得日本各地政府的任务变得十分复杂。由军事动员和战争行动引起的生活扰乱，造成了疲于提供更多劳役和物资的平民百姓的怨恨和对立。在准备第二次征讨长州期间，幕府军队长期驻扎在大阪地区，引起了表现为不顾死活的纵火和暴动的激烈反抗。新建成的"皇军"得以通过提供减税和他们所宣称即将到来的美好时代的仁政，来利用民众的这种不满和失望。

幕府使战略精英适应时代要求的尝试也造成了通信系统的大幅改进。以往来自荷兰和中国商人的隐秘报告，如今让位于官方主办的早期报纸上外国事件的新闻。这种做法产生了一个意料之外的结果，就是对幕府晚期的政治形成了一种见解一致、各界共同的判决，因为没有别的国家像日本这样行政分裂，这已成为日本的特征，而政治的重新稳固需要产生一个单一而有效的国家决策中心。就实现政治变革需要做些什么而论，在幕府和其对手之间有着重大的一致性，而在由谁来领导的问题上的不一致，则只能通过消灭德川幕府来加以解决。

虽然一些商人同情者资助了、在必要时还掩护了维新志士，虽然很多地方的著名人士把自己的子弟奉献给维新战争，但对于大多数普通日本人来说，在以上描述的种种事件中则几乎没有扮演重要的角色。这并不是说他们对所发生的事情不了解或不赞成，而是因为他们没被武装起来，没有卷入运动。曾参加过1864年炮击下关的英国人这样评论平民百姓的客观性：他们在安全距离外观察事件进展，并在危险过去之后帮助登陆人员载运物资，或帮助毁坏长州炮台。1868年，当"皇军"攻打会津藩若松城下町时，在战事间歇期间，老百姓也拿着夏季水果前来出卖。随着维新军队逼近江户，外国人记述说一种怪异的平静和安宁笼罩了这座通常喧闹的城市，尽管平时的警察力量突然销声匿迹，但城市仍维持着完好的秩序。在这方面，情况并未很快改观。1876年，在长州领导人前原一诚不幸的"荻之乱"以后，木户孝允在日记里写道：市民们对叛乱造成的破坏极为愤恨，以至于虽然"前原一诚在事件中遭到宽大对待，但荻市民却在说他们自己想要砍掉前原一诚的脑袋"，市民们还说，"除非付现金，他们不会卖给士族一张纸或一块布"。[1] 1867年，热情奔放的千禧年狂欢起到了帮助维新志士搞乱公共秩序的

[1]　Sidney D. Brown and Akiko Hirota, trans., *The Diary of Kido Takayoshi*, Vol. 3: *1874-1877* (Tokyo: University of Tokyo Press, 1986), pp. 395, 402.

作用，但无论何时，有政治动机的骚乱都不能使民众献身于这一过程。他们无关痛痒地走人了，却给其他似乎没有关联的人留下了一场斗争。

外交关系大事年表，19世纪60年代

1858年，井伊直弼强行批准《日美通商条约》，"安政大狱"发生。

1859年，荷兰终止了在长崎出岛的商站，于江户建立领事馆。

横滨、长崎和函馆被开放为条约口岸。

幕府允许进口军事物资。

1860年，派遣使节前往华盛顿批准通商条约。

井伊直弼被暗杀。

1861年，俄国人占据对马岛。

长州藩首次提出"公武合体"计划。

官方主办的《巴达维亚新闻》开始出版。

1862年，"蕃书调所"改名为"洋书调所"。

宣布"文久改革"。

理查森事件（生麦事件）发生。

"参觐交代制"缓行，人质被释放。

幕府派出15名留学生前往欧洲。

1863年，长州藩在下关海峡炮击外国军舰。

长州藩军队被逐出京都。

"洋书调所"改名为"开成所"。

英国军舰炮轰鹿儿岛。

一些外样大名被任命为朝政参与。

1864年，长州藩武士企图夺占京都皇宫，被幕府守军击退。

幕府命令35个藩出力进行征讨长州的战役。

英、法、美、荷4国舰队炮轰下关的长州炮台。

1865年，萨摩藩派遣15名留学生前往欧洲。

幕府命令第二次征讨长州。

1866年，萨摩—长州联盟建立。

第二次征讨长州之役开始。

德川家茂将军和孝明天皇去世。

1867年，德川庆喜大政奉还。

23

政治集权化

19 世纪 70 年代最重要的任务是结束政治和社会的分裂状态，以使日本成为一个有效的政治单元。明治维新后好几年，各藩一直原封不动。由萨摩藩和长州藩支配的政权，很快就收编了土佐藩和佐贺藩作为盟友，宣告进入到一个"向明而治"（明治）的新时代，把政府的努力目标说成是尚是孩童的天皇睦仁的意愿。不过，政府实际上限制了被保留下来的那部分德川领地。唯一确定的事情是德川幕府已经被打倒了。

很多人担忧出现一个新的霸主，就像此前幕府时代的模式一样，而且人们同样担心可能在萨摩和长州之间发生一场争夺这种霸权的混战。土佐领导人把四国地区其他各藩组织起来，形成一个区域性联盟，制定了在发生这样的暴力事件时抢夺并"保护"年幼天皇的应急计划。在北部，一个曾经在内战的最后数月阻碍"皇军"前进的诸藩联盟再次充满活力，与其说它们是忠于德川幕府，不如说是怀疑南方领主的意图，因为他们声称自己对天皇的"忠诚"与其对手不相上下。的确，甚至在德川阵营内部，也不曾有过关于天皇权威的争论，因为即使在战争爆发之后，最后一任将军仍向外国代表保证，不会有一个人质疑天皇的神圣。

问题在于，一个政权的存在如此与生俱来地依赖于它的武力，而且它的大部分资源都依赖于两个渴求全国霸权的西南强藩。更糟的是，这两藩的领导人直到最近还是相互极不信任，就像他们不喜欢德川幕府一样。这些人任职于京都和东京（1868 年由江户改称）的政治中枢，很快就由于对其藩主不够忠诚而遭致家乡同僚的批评，因为没能满足其藩主对全国声望的渴求。有几个因素有助于抵消这一责难。在萨摩、长州二藩，实行有效的领导是那些在 19 世纪 60 年代实践中赢得声誉的武士参谋们的责任。也许更重要的是，他们还控制着本藩的武装力量以及伴随军队指挥权而来的武士的忠诚。尽管如此，这种情况却难以长期维持，必须迅速采取行动。

开头几个月的政治实践，在威廉·比斯利关于政治制度的讨论中有所描述，可以看出在表面上"开放"的制度模式背后明治政府领袖们的策略，他们把宫廷贵族和各藩大名置于头等位置，而将自己置于二等地位。早期的公告，比如 1868 年 4 月 6 日天皇的《五条誓文》，就允诺所有的决策都将在"公论"的基础上达

24

成，为达此目的将"广兴会议"，从而"官武一途以至庶民"都能享受平等的机会，实现他们自己合理的愿望。其后，随着战事告终，制度建构又作调整，以减轻旧精英的沉重负担，更准确地说，是将政治责任收窄为只有萨摩—长州中层武士才能扮演的角色。这是一个令人神魂颠倒的身份转换时刻。正是因为天皇朝廷提供了将忠诚从幕府和大名转向国家的聚焦点，皇室官职和朝廷装束成为某种掩饰，实质上是从武士的分级效忠转向一个为帝国服务的更为接近平等主义（就武士方面来说）的新制度。当然，这并未立即取得成功。当土佐藩主轻视一个似乎是坚持立场的家臣时，这个家臣回嘴说，他虽然曾是一个武士，但现在是天皇的官员。另一方面，迟至1876年，木户孝允仍表达了他的愤慨，因为萨摩藩主拒绝平等对待一位天皇的官员："县令得到的对待就好像他仍是一个家臣，不能与岛津（藩主）平起平坐，岛津（藩主）待他极为傲慢。"[1]

25   政治统一的过程采取了两个主要的步骤。1869年，萨摩、长州和土佐等藩的武士领袖劝说其藩主恳求朝廷接受他们的版籍奉还。"我等署名者所居住之所乃是君上之土地，"他们的呈请书写道，"我等治下之民众也乃君上之子民，为何我等要私下拥有这些？"接下来，他们恳求：

> 天皇政府发布命令：各藩领地予以整顿；此外，各种章则、法律秩序、组织结构、军事事务，甚至制服样式和仪容器具，亦须天皇政府颁行，总之，国家事务之处理，无论大小均须置于统一监管之下。

值得注意的是，那时正是日本要"抵抗外部强权"之际。朝廷在接受这一恳求之前的几个月里犹豫不决。在此期间，其他诸藩担心在显示忠诚方面落于人后，也开始连番呈递类似请愿书，所以当这一请求公之于众时，它已经不再主要是萨摩—长州二藩的主意了。

责任随着权力而来，朝廷回应了这一请求，任命前藩主为藩知事。政府指示各藩采取统一的规程，其中一条规定是藩主可以保留他们收入的十分之一用于自己所需。公私之间这样一种初期的区别，被安排进了制度设计中。随后到来的是

---

[1] 参见 Albert M. Craig, "The Central Government", and Michio Umegaki, "From Domain to Prefecture," in Jansen and Rozman, eds., *Japan in Transition*, pp. 36-67 and 91-110; and Kido, *Diary*, pp. 480。

将以往复杂的武士等级规范化和简单化。藩主和朝廷贵族被称为"华族"，武士称为"士族"，下级武士称为"卒"。在理论上，中央政府如今已对武士的薪俸负责，而它很快就发现这一负担与国家的有效管理难以合拍。与此同时，有些藩恳请向国家奉还领地。这些请求被搁置了一段时间，但说明许多人都知道行政单位合理化的必然性。

对萨摩和长州的领袖们来说，设计更加有效的中央集权管理有不少很好的理由。只要他们的藩还存在，对他们心愿的猜疑就会继续。只要他们单独拥有有效的军队，军队的开支对他们来说就是一笔沉重的负担。因此，在萨摩、长州、土佐诸藩合并其军队，组建一支万人"御亲兵"之前不久，作为其前奏，颁布了裁撤各藩，建立 75 个（其后减为 47 个）行政单位的法令。变成了藩知事的藩主们被召至东京"咨询"意见，中央政府任命名正言顺的县令去管理新设定的县。这发生于 1871 年。

明治政府如今已把所有责任放在自己身上，它将需要新的激烈措施来保证新 26
制度的成功。政府立即开始制定一系列的计划，包括建立一种单一而合理的土地占有与课税的制度，一种取代武士作为国家军队的征兵制度，以及一种覆盖全部国土的单一学校制度，替换在德川时期最后半个世纪里数量激增的或以类聚、或以群分的混合学制。

这些措施于 1872 年后期和 1873 年公布。而在此之前，48 名新政府的领袖人物从横滨出航，以履行《五条誓文》的又一个承诺，"求知识于世界，大振皇基"。接下来的一个长达 18 个月的旅行，对于日本未来选择性现代化的政策是极其重要的。美国的情况充分说明了公立学校的重要性。"我已下定决心，"木户孝允在美国写道，"将自己的毕生心血贡献给军队和教育事业。"他还写道："我们很清楚，如果我们打算把我们的国家发展成为一个文明的国度，就必须拥有学校，增进一般民众的知识，树立国家的力量，并保持我们的独立和主权。""我们的人民"，他继续说，"与今日美国和欧洲的民众没有什么不同；那完全是拥有教育和缺乏教育的问题。"[1] 他的萨摩同仁，大久保利通，推断日本仅仅落后于"先进的"西方 30 到 40 年时间，在 18 世纪末和 19 世纪初，西方也是既不知道铁路，

---

[1] Quoted in Irokawa Daikichi, *The Culture of the Meiji Period*, translation edited by Marius B. Jansen (Princeton, N.J.: Princeton University Press, 1985), pp. 54-55.

也不了解现代武器。

　　岩仓使团就这样说服它的成员，一旦返航就应该根据自己国家的需要采纳西方的制度，教育和提升日本人民积极参与军事、工业和政治活动，并保持这些事务的优先权。例如，木户孝允在启程前倾向于征讨朝鲜的军事行动，但归来后却坚信采取这样的行动为时过早。在了解世界的其他部分之前，使团成员都倾向于怀疑减少武士的供养是否具备道义和才智，但归来后都确信，需要设计一种制度，把这个不事生产的阶级转变为能对富国强兵有所贡献的人。使节们归国后，发现由于朝鲜拒绝了建立现代国际关系的提议，他们的同僚在制定显示对朝强硬的计划上已经走得很远，但归国的使节们取消了这些计划。很快，大久保利通就炮制出一个替代方案，以较小规模的军队对台湾动武，而早先好战的"征韩论"者木户孝允，此时对这个方案也表示了强烈反对，尽管未获成功。

　　归国使节们逆转同僚的决定，造成了统治集团的分裂。一些人请愿成立一个选举产生的委员会，以较为民主地达成决议；与之相反，也有另外一些人愤而辞职。史蒂芬·佛拉斯特在第六章里论述了这一为期十年的反对派运动。就像他所指出的，这些反对派运动可以区分为农民的、武士的和自由主义的抗议运动。农民被变革所惊吓，因税制重定带给他们的苦难而与新政权疏远，这种税制重定是在更为基于先例并灵活裁量的乡村调查之后就快速决定的；同时，农民还受到了新型国家的恐吓，这种新型国家可以利用有效的警察力量来强制执行它的要求。当农村面对新秩序的现实之际，那些相信太平盛世的宗教领袖们曾经鼓吹的对乌托邦未来的乐观预期便黯然消退，尽管一些这样的预期幸存下来直到19世纪80年代的民权运动。新政权已经证明它拥有自己所期望的意识形态，这引起了与许多民间教派信仰的冲突。[1]

　　武士的运动构成了对新政权更加严峻的考验。这些运动集中在那些导入过王政复古的藩里，因为1868—1869年的内战已经浇熄了北方武士的期望。1877年，由维新英雄西乡隆盛领导的大规模萨摩叛乱，给予了新政权最为困难的考验，因为需要耗费大量的财政和军事资源。随着萨摩叛乱的失败，可以说明治维新的第一个十年也就走向结束。从此以后，区域的和阶级的分裂主义也就注定没有前

---

[1] Kano Masanao, "Yonaoshi no shisō to bunmei kaika", in Kanao Masanao and Takagi Shunsuke, eds., *Ishin henkaku ni okeru zaisondeki shochōryū* (Tokyo: San'ichi Shobō, 1972), pp. 288-324.

途，因为如果连萨摩都失败的话，其他任何藩也就都不可能成功。武士阶级的本性有助于解释这些叛乱失败的原因。1876年，政府颁行《货币俸禄公债证书发行条例》，规定所有领取俸禄的武士均须献出俸禄，作为代价，可从政府领取有息的"货币俸禄公债券"，这一决定有可能造成武士个人固有利益的损失。与此同时，武士佩戴刀剑的特权也被废止。凡此种种，都令武士们愤愤不平。封建的障碍和相互戒备也使得不同的藩之间不可能进行有效的合作，所以叛乱一来，就被各个击破。除了萨摩叛乱的事例之外，各次叛乱都宣称只是事关荣誉——朝鲜政策、刀剑使用、真实或想象的对地方风俗和领袖的失礼等，而且卷入的人数相对较少。这些叛乱通常太过骄傲，以至于不去寻求援助；范围也太过狭小，以至于不能激发广泛的支持。

28

19 世纪 70 年代大事年表

> 1868 年，江户改名东京，纪元改称"明治"，一世一元。
>
> 1869 年，萨摩、长州和土佐三藩请求朝廷接受它们的版籍奉还。
>
> 　　　　靖国神社建成，作为明治维新中死难者的纪念馆。
>
> 1870 年，平民获准取得姓氏。
>
> 1871 年，来自萨摩、长州、土佐的军队组建万人"御亲兵"。
>
> 　　　　朝廷召集所有藩知事，宣布"废藩置县"。
>
> 　　　　岩仓使团启程出航。
>
> 1872 年，允许土地永久出卖。
>
> 　　　　颁布征兵法令和教育法令。
>
> 1873 年，撤销对基督教的禁令。
>
> 　　　　天皇画像分发各县，以建立对他的崇拜。
>
> 　　　　地税改革。
>
> 　　　　板垣退助、副岛种臣、江藤新平、西乡隆盛等退出政府，请愿建立宪政。
>
> 1875 年，日本与俄国进行库页岛和千岛群岛的交换。

（待续）

（续表）

1876 年，医疗制度改革，确认 14807 名中医，5097 名西医，还有 2524 名折中派医生。
1877 年，萨摩叛乱爆发。
1878 年，颁布地方政府诸项法令。
1879 年，琉球王国被改名为冲绳县。
陆军改革，设立总参谋部，直接对天皇负责。

资料来源：Hayashiya Tatsusaburo, ed., *Bunmei kaika no kenkyu* (Tokyo: Iwanami Shoten, 1979), pp. 3-42.

19 世纪 80 年代：缔造政治制度

在 1868 年政治倾覆后的那个十年中，三个维新政府的主要领袖在两年里接连死去。木户孝允死于疾病，西乡隆盛死于他一手造成的萨摩叛乱的失败，而大久保利通于 1878 年死于暗杀。政府领导人早期阶段使用过"太政官"制度，但决策中心由天皇参议们，而非徒有其名的大臣部长组成。早期三头统治的痛逝和对地方主义的镇压，使得考虑更为持久的统治形式成为必要，这种统治形式要能够更好地为一个现代民族国家服务。

1868 年的《五条誓文》曾经谈到"广兴会议"，正如威廉·比斯利对明治政治制度的讨论所显示的，1876 年，试验性的却没有实权的"元老院"开始考虑一种更为长久的国家构架形式。1874 年离开政府的武士领袖们决定请愿设立民选议院，很快就形成一股支持这一目标的汹涌潮流。1875 年，政府企图通过把土佐领袖板垣退助拉拢到自己的行列，来收编这股热潮中的某些积极分子；同时，设立了地方行政长官会议，为讨论问题提供了一个论坛，但是这些会议都没有什么效果。府县会确实为基于纳税资格挑选出来的选民提供了选举的经验和议会制度的实践，但这还远远不够。

"民权"运动的武士领导人成立了一系列的组织。最初这些组织建立在武士同仁需要的基础之上，但不久之后"民权"运动就获得了地方精英利益的同声附和，这些地方精英包括村庄的要人、乡下的野心家以及见多识广的农夫。1880 年 3 月到 10 月，一系列全国性会议在大阪召开；一年后的 1881 年，在第二次会议上宣告结成自由党，一场全国性的政治运动在大阪浮现出来。到这时，政府发现它在几个方面已经陷入困境。抛售用来开发北海道的政府资产的计划遭到揭露，引起了广泛的不满。这种不满随着请愿的展开和军队高级军官的辞职而达到高点。中央政府中的非萨摩—长州籍官员正在讨论挑战那些更有权势的同僚的方案，动荡不安甚至蔓延到了有权接近年轻天皇的朝廷官员。随着不满情绪的不断发酵，大藏大臣大隈重信直接向朝廷递交建议，要求早日采用英国式的宪政制度。

1881 年秋，萨摩—长州籍领袖利用年轻的天皇招安了这场公众运动，并笼络住了运动的领导人。抛售北海道官产的计划也被取消。大隈重信被迫退出政府，由松方正义接替，在这个十年的其余年份，松方正义一直执掌着大藏省。一道也许是这个时代最为重要的诏书，宣布国民大会将于 1890 年召开，并委任"朕之朝廷的官员"负责所有的筹备工作。关于这次大会及其章程，诏书写道，"朕将亲自做出公正决定，并在适当时候昭告天下"。这道诏书在结尾处警告，要对那些企图加快时间表，从而可能危害"朕之伟大而高瞻远瞩的计划"的人给予惩罚。很快，伊藤博文被任命为一个委员会的首脑，率团前往欧洲学习其他国家的宪章。这个委员会的劳动成果，1889 年的《明治宪法》，打下了普鲁士和奥地利体系的深刻烙印。直到 1945 年战败为止，这一宪法一直规范着日本的政治生活。

与此同时，起初以武士为中心的民权运动已经深深地渗透进了日本的公众意识，特别是在日本的中部和北部地区。好几百个地方知名人士的组织聚在一起，热烈讨论以选举约束专制政府的替代性方案。明治领导人看到自己正在与时间赛跑，以阻止他们视之为无政府状态而他们的对手称之为自由主义的出现。1882—1884 年间发生的一些暴力活动，证实了明治领导人的担忧，也使自由党的领袖们感到恐惧。在预备立宪的最后阶段，这些暴力活动遭到了无情镇压，政治活动步入下降通道。当宪法文件制定完毕，政党领袖们作为选举机关的候选人恢复了政治活动。在 20 世纪，政党代表持续占有最高的内阁职位；他们完全融入了政府结构，与其先前的对手一道，竞相赞美允许颁行宪法的开明君主的治国术。

与被制定出来的政治体系一样，这十年的经济政策对现代日本国家的影响也极为深远。19 世纪 70 年代的中央集权管理及其和解代价高昂。承担起武士的债务，提供给武士的补偿金和债券，镇压叛乱，以及创设实验性产业和试点工厂，都迫使政府发行数量不断增长的纸币，结果就是一股强劲的通货膨胀浪潮。

这使得那些产品在价值上有所增长的土地拥有者从中受益，但是通货膨胀伤害了农村的佃农、城市的工人和从前的武士，对政府的伤害尤大，政府很快就发现自己已经周转不灵。政府内部的争论围绕着两个极点发生了分化。来自佐贺藩的参议大隈重信赞成一种加快发展的政策，主张借用外国贷款支持现行通货和低息货币的连续性。他的对手则提出了通货紧缩的政策，以降低物价水平并增加地税的实际价值。1881 年，在大隈重信被逐出政府之后，他作为板垣退助的竞争者加入了政党运动。萨摩的松方正义接替大隈重信继任大藏大臣。松方正义追随正统的财经政策，通过抑制货币供应为将来资本主义的发展提供了一个基础，并由此引起了剧烈的通货紧缩。这造成了农村的困苦，并有助于导致农民参与政党运动。这些方面连同政府策略的反应迟钝和自大傲慢，形成了1882—1884 年间暴力活动的导火线。通过把日本银行和其他金融机构建筑在健全的基础之上，松方正义的政策也确立了资本主义发展的基础设施，并为日本于 1898 年采用金本位制扫清了道路。在这一过程中，政府于 19 世纪 70 年代创设的许多临时的实验工厂被出售给私人财团，以使国库摆脱重负。在许多领域为投资者提供的机遇，有助于大型联合企业的产生，而这些大型联合企业则使人们想起熟知的贬损性词汇"财阀"。西德尼·E.克劳科尔在第九章"经济变化"中详细地讨论了这些发展。

19 世纪 80 年代还出现了地方政府机构的发展。这是在时任内务大臣的军事领袖山县有朋的指导下完成的。在地方上，就像在全国一样，标准和模式都能在普鲁士和奥地利的范例中找到。正如《明治宪法》的起草者借鉴德国法律专家赫尔曼·罗斯勒，山县有朋则将艾伯特·莫瑟作为他的向导。他们一起设计了一系列措施，去构架在任命制的地方长官指导下的地方参与，期望以此提供一种针对"民权"激进主义蔓延的基层防御机制。在看来不合需要时，地方长官可以限制地方的积极性；他们可以决定地方的税收而无须立法机构的批准。像《明治宪法》一样，这套町村、郡区和府县组织法直到 1945 年为止一直基本未变地保留着。

国内的改革成为 19 世纪 80 年代的当务之急，但外交事务方面的问题并没有偏废。日本与西方强国之间条约内容令人难堪的不平等也成为明治领导人优先考虑的问题。一系列争取修订条约的努力均未取得成功，因为列强拒绝考虑废除现代法律规范中所没有的治外法权。明治政府领导人自动在这几点上妥协，转而建议与外国法官分享司法权，这使得民族主义的舆论声势高涨，为此一位外务大臣失去了他的职位，甚至生命。政府努力在与朝鲜的关系上寻求一种心理满足，结果却激起了朝鲜保守派对日本干涉的愤恨。1882—1884年间，朝鲜的骚乱引起日本和清朝的对抗，清朝试图保持其在朝贡贸易体系下与朝鲜的宗藩关系。当伊藤博文和李鸿章于天津签订条约之时，日本和中国同意在朝鲜相互脱离，并相互承诺若不向对方正式照会，便不得派兵进入朝鲜。于此埋下了十年后冲突的种子，这一回，日本的现代政治制度可谓得其所哉。

32

19 世纪 80 年代大事年表

1881 年，政府宣布抛售北海道开拓使官产；大隈重信离职。
天皇诏书承诺九年立宪。
1882 年，伊藤博文前往欧洲学习宪政制度。
日本银行建立。
福岛事件牵扯到自由党领袖河野广中。
1884 年，前任大名和朝廷贵族统称"华族"。
秩父事件导致数以千计的反对者遭镇压；自由党解散。
1885 年，内阁制度建立；太政官制取消。
1886 年，警察局所网络遍布全国。
1887 年，伊藤博文及其委员会隔离工作，起草宪法。
政府禁止 570 名反对派领袖在皇居周围 3 英里内拥有住所。
地方政府体系完成。
成立枢密院以解释宪法，伊藤博文为其议长。
1888 年，陆军和海军总参谋部系统分立。
1889 年，宪法公布。
1890 年，第一次全国选举举行。
帝国议会开幕。

宪政政体

明治国家的建设于 19 世纪 90 年代完成。1890 年，宪法开始生效，首次选举举行，人们发现政治党派胜过了保守势力，尽管这些保守势力怀着彻底击败政党的希望设计偷工减料的合并。贵族院里坐着1884年由早先的朝廷贵族和封建大名构成的新贵族成员，还有一批从政府领导人中间任命的新同事。通过为"各府县中在土地或工商业上缴纳高额国税者"留出一些席位，规定的条款也完全适用于那些富豪统治集团的代表；加上"敕选议员"，便完整构成了贵族院的主体。不过，在对天皇统治权的尊重之外，宪法也对行政权做出了不很明确的规定，而且内阁也由幕后挑选出来。十年里，在萨摩和长州籍人士之间轮流执政，在某种程度上也是在文职和军队首脑间轮流执政，成为中央政府的一大特点。不过，在这个十年的后期，新宪法的设计师伊藤博文推断，值得去组建他自己的政党，以避免依赖与其他党派领袖的合作。这代表了一种进入许可，尽管只是一种障碍，但这种被设计来"辅助"而非直接处理事务的新机构，还是提供了真正的政治参与机会。

33

西方世界的许多学者对日本公众有限参与的政治实验带有深深的疑问，他们不能确定西方几个世纪制度发展的结果能被移植到一个亚洲国家。明治领导人清楚地意识到了这一点，决心告诉这些外国人他们错了。明治领导人知道，一旦他们如此行动，废除不平等条约的前景就会有大幅进展。事态的进展证明他们是正确的。1894年，"西方"政治和法律制度的存在使得日本有可能说服英国，接着又说服了其他列强，进行自19世纪70年代以来就时时追求的条约修订。入江昭在本书第十二章对日本跻身强国地位的讨论中记述了明治时期外交进程。这一过程开始于描述明治早期的国家边界，结束于日本1895年战胜中国、1905年战胜俄国，以及对朝鲜的合并，使得日本进入了帝国主义强国俱乐部。

当然，聚焦于文化和知识的发展趋势将产生一个不同的时代划分，对这些领域来说，把明治时期的几十年作一个区分，并不比一般通史把日本的悠久历史分段为几个世纪那样更令人满意。在第十一章里，肯尼思·B.派尔对19世纪80年代晚期明治保守主义出现的讨论阐明了这一问题。他的诠释提醒我们，在19世纪80年代有着远比制度建设进展多很多的问题。在这一时期，政府领导人试图推进文化西化的"速成"计划，这是一个主张加速变革以赢得外国好感的方案。他们在达成改定条约目的上的失败，加上谄媚列强招致的广泛批评，引起了强调民族主义的有力反弹。当志贺重昂和其他作者试图清晰地发出文化认同，并定位日本传统扮演的角色时，这个问题就变得更为有趣了。精力充沛的大辩论及其随

后出版的书籍，丰富了明治时代的文化生活。这种发展最好被视为公众和官方许 34
多周期性的热情之一。对一些在 19 世纪 80 年代初主张"西化"观点的明治人物
来说，其后的十年变革潮流奔涌得太快了，他们担心这一"西化"潮流很快就会
过于强大，以致无法控制。公众对于民权的热情使得出于保守主义而驾驭日本传
统显得十分紧迫。根据卡罗尔·克拉克的说法，皇权中心意识形态的华丽服饰是
在明治时期的最后，而不是一开始就被展开。[1] 在天皇统治的初年，他的文告勉励
他的臣民进行改革和现代化，到其任期结束时，天皇的谕旨听上去也更加传统了。

聚焦于经济发展，如同西德尼·E.克劳科尔在讨论中所指出的，可能会提出
另一份年表。19 世纪 80 年代会是一个建设现代资本主义基础设施的准备期，真
正的工业发展只是在 20 世纪第一个十年里才变得可以计量。明治领导阶层所陈述
的目标和优先考虑的事情是集中于通过现代政治制度建立起中央政府的强势，尽
管如此，对于这些努力来说，已经采用的分期方法把经济发展区分为国家统一时
期、工业化预备时期、工业化完成时期的不同阶段，保持了经济发展过程的连贯
性和有效性。

19 世纪 90 年代大事年表

1889 年，山县有朋担任明治宪法体制下的第一届内阁首脑。
《民事法典》公布，因过于西化激起反对，推迟生效。
1893 年，天皇诏书要求议会支持海军军费。
1894 年，英日条约成功修订。
在朝鲜与中国作战。
1895 年，签订《马关条约》。
自由党加入伊藤博文内阁。
1896 年，与中国签订的商业条约，为列强争取到许多优惠。

（待续）

---

[1] Carol Gluck, *Japan's Modern Myths: Ideology in the Late Meiji Period* (Princeton, N.J.: Princeton University Press, 1985).

（续表）

1898 年，修订过的《民事法典》被采用，家长握有极大权力。
1899 年，官僚受到保护，不受政治约定的打击。
伊藤博文开始巡回演讲，组建政党。
1900 年，军职内阁大臣限于服现役的陆军和海军将领。
在伊藤博文领导下成立立宪政友会。
日本加入西方干涉中国的义和团起义。
选民纳税资格从 15 日元降为 10 日元。

历史学家与 19 世纪的日本

在现代日本发展的解释中，需要历史学、政治学以及价值观念的交互并用。
35 若非如此，几乎不能对之做出正确的解释。这个从 19 世纪的传统中摆脱出来的
国家如此急剧地从议会立宪主义转向军国主义，接着又转向和平主义，从通过战
争追求国力强盛转向通过贸易追求民富国强，凡是有责任感的历史学家都会追
问：这到底是为什么？当代日本人距他们明治维新的祖先仅仅两代人。昭和天皇
裕仁（1901—1989），现代日本的创建者明治天皇之孙，时常把战后的民主和平宪
法追溯至 1868 年的《五条誓文》中所做的承诺。德川—明治时代的传统不可避免
地会以当代的看法和问题意识被重新审视，而且已经被做出了不同的解释和评估，
起初是从军事成功的欢欣，最近又更多地从政治失败的创伤来加以诠释。处在历史
自觉中的日本，对明治维新的理解似乎已经成为每一代人需求和希望的中心。

官方的观点，即政府领导人想要的看待事物的方式，被固定在一种忠勇行为
的道德表演的模具之中。王政复古的"大业"包括两个方面：一是大权重归君
主；一是忠诚于长期遭受忽视的天皇家族的公众情感不断深化，达于顶点。一旦
天皇大权在手，他的大臣们的种种政策也就得以发展成型。天皇的诏书鼓励和表
扬着他的人民和大臣。[1] 所有的成功都被归因于天皇的圣明，而由于他的仁慈，
所有的困苦也都得到缓解。政府领袖们因拥有担当天皇臣仆的特权而倍感荣耀。
在谈话中和讨论记录中，政府领袖们通常都会强调他们依赖于天皇的恩宠和魅

---

[1] 关于这些诏书及其所起的作用，参见 Marius B. Jansen, "Monarchy and Modernization in *japan*", *Journal of Asian Studies* 36 (August 1977): 611-22。

力，告诫自己不得沾沾自喜。

明治政府不久就沿袭起官方编纂历史的中国传统，当然是以他们自己的方式。早在 1869 年就为此设立了一家机构，这一年年幼的天皇授权时任太政大臣的三条实美创设了史料编辑国史校正局，负责日本历史的适当保存和编纂，其意大概是想把历史编纂从幕府的偏见中解放出来，因为那些在武士世界里遭到扭曲的历史写作如今已经过时了。《复古记》（王政复古年表）就是"确立领主和臣民的功绩，显示国内文明行为及外部的野蛮行径，从而有助于王国美德的养成"[1]指令的一个结果。这项工程的编委会集中了明治维新中央政府的主要领导，显然这些人的利益是不会被忽略的。1911 年，天皇谕旨于文部省内设立维新史料编纂局。当该项法令被拿到帝国议会批准时，政党代表们表达了他们对一项历史工程可能具有的政治性质的担心，因为这项工程是由掌控着政府的萨摩—长州人士赞助的。作为回答，政府发言人保证政府无意书写历史，甚至连编辑文件档案也不会做。虽然如此，咨询委员会（长州的山县有朋、萨摩的大山岩和松方正义、土佐的土方久元、田中光昭和板垣退助）的性质还是表明当局是多么注意保护他们的利益。主要大名和朝廷贵族的代表出任顾问，也给这种担心提供了额外的证据。金子坚太郎男爵和长州的井上馨共同主持编纂委员会，他们亲自检查史料，并在关键点上干预明治维新过程的概述，1938 年，十六卷本的《维新史》出版发行。[2]

不过，在大多数方面，这些机构尚能信守它们对编纂发起者的承诺，避免进行解释性叙述。编纂局工作人员总数逐渐达到近 50 位专家，他们收集和检查相关文件，其中许多是家族档案集，整理成世界上最庞大的文件汇编之一。[3]这项工程在文部省的指导下继续进行，直到 1949 年为止，一直坐落在东京帝国大学（1946 年后改称东京大学）校园内，此后它作为史料编纂会隶属于东京大学。现

36

[1] *Fukko ki*, 16 vols. (Tokyo: Naigai Shoseki, 1929-1931). 这是一部原文为手稿的印刷版本，开始于 1872 年，完成于 1889 年，其后封藏在东京帝国大学的收藏品内。编纂者为"帝国大学纪旨编年史编纂挂"，这是东京大学史料编纂机构的先驱。

[2] 有些部分甚至叙述了编纂局的设置对无政府主义运动的关心，这场运动导致了 1911 年幸德秋水和其他无政府主义者的死刑，因为他们参与了一个刺杀天皇的密谋，而《维新史》出版于中日战争全面爆发之时。参见 Tōyama Shigeki, *Meiji ishin to gendai* (Tokyo: Iwanami Shoten, 1968), pp. 16-17.

[3] 就一部著作的简介来说，对于出版物有点过于庞大了。参见 Conrad Totman, *The Collapse of the Tokugawa Bakufu, 1862-1868* (Honolulu: University of Hawaii Press, 1980), pp. 549-52, 作者称这部著作是"人类史料编纂的伟大胜利之一"。

37 在的方向掌握在东京大学历史教授会的手中，他们对文件的真实可信执行严格的标准。直到1945年日本投降后私人收藏向研究者开放为止，虽然接近它们要受到限制，但这些记录提供了日本19世纪中叶历史的主要来源。

直到明治时代后期为止，以一种较为普及的水平叙述和解释这些材料仍未受到重视。当整个教育系统已经建立之时，为中小学校准备教科书要求使用官方批准的日本历史版本，在这样的历史教科书中，忠诚天皇被视为美德。日本教科书的状况表明了一种以有关国家创立的史诗神话来教育日本年轻人的有意识的努力。不可避免的，政府领导人会成为这一努力的重要受益者。人们很少视同时代的人为英雄，而这正是威望层级结构在明治时代发展起来之前的状况。1872年，在岩仓使团和华盛顿日本使馆的年轻主管之间有着明显的分歧，迟至1898年，已经进入议会政府时代，驻华盛顿公使星亨仍然拒绝执行外务大臣的指示。

通过制度拔高天皇完成于1890年——宪法、皇室典范、教育敕语等颁布——这也就必然造成对天皇大臣们的拔高。到1895年带有光滑插图的一般流行杂志《太阳》创刊之时，人们已能经常看到国务大臣们身着华丽帝国服饰的照片。有位很早就担任基督教牧师的小崎弘道，他在熊本的同事曾分享过他对明治领袖们的厌恶，后来他也能带着满足感地记下，在他的集会中包括一名高官的夫人"桂公爵夫人"。

不过，到了明治晚期，19世纪60年代的斗争已经不再造成不和，而是适当地兼容并蓄。德川文化和幕府都城江户都已经成为一种浪漫、怀旧情结的一部分。最后一任将军德川庆喜，1880年因奉还大政而恢复名誉，1884年被任命为新贵族阶级的最高等级——公爵，1898年以私人身份觐见天皇。王政复古的军事英雄西乡隆盛，他的功绩始于1868年的江户投降，终于1877年萨摩叛乱失败后的自杀，1889年也得到了天皇对他的死后赦免。这是一个充满善意的时代，某种像美国一样把内战敌对双方变得含糊不清的怀旧薄雾环绕着维新时代的人和事。

38 明治维新的暴力活动逐渐成为一部民族史诗，这对于创造一个有能力抵御外来威胁的国家结构是必不可少的。这部史诗的人物，无论失败者还是胜利者，都被纯粹的忠君概念所激活，尽管在某些情况下也会出错。德川庆喜的回忆录《昔梦会笔记》，记于1907—1911年间，强调了他的忠诚动机的一致性。以天皇为中心的国家结构，即"国体"的创世纪神话的充分加工，实质上是20世纪明治国家晚期的产物。以一个最近研究的观点来说，"无论1890年前完成的是什么，更真实的是，国民心中的思想意识只是刚刚开始"。[1]

在某种意义上，对明治晚期国民意识形态的强调被创造出来，是用以抵消一种较早前广泛流传的观点，即人们更为关心的是使日本的经验符合于世界的经验和西方的历史，而不是强调它自己的独特性。福泽谕吉的《文明论概略》出版于1875 年，论及忠君具有首要的价值，因为它能激起国民努力改进自己的国家。他争辩说："我们应当崇敬这种天皇和我们国民联盟的国体，不是因为它倒退回日本历史的起点，而是因为它的保留将帮助我们保持现代日本的主权，并推进我们的文明。一个事物不是因其本身有价值，而是因其功能才有意义。"他又说："每个国家都有它自己的政治合法性；日本的政治合法性曾经时常发生变化，在这一点上它与其他国家没有什么不同；因此没有理由为此自吹自擂。"要紧的是一个国家的文明状态，及其国民响应时代潮流的能力。这已经成为世界上每个国家历史的一个因素："即使美国人民被击败和暂时后退，他们也会造就 480 个伟大领袖人物（作为最初 48 位领导人的继承者）和 10 个乔治·华盛顿。"[2]对于福泽谕吉和 19 世纪 80 年代的作家们来说，问题是使日本的经验适应更大的西方历史的模式。福泽谕吉在亨利·托马斯·巴克尔和弗朗索瓦·基佐的著作中发现了他的模型。他使用"革命"这个词汇来定义明治的变革，虽然其中包含了公众的不满作为导致幕府倾覆的一种要素，但他的观点还是更接近于经典的儒家学说，认为一次转换起因于一次时代潮流的变化，结果导致一个政府丧失了它的托管使命。福泽谕吉写道："最终，公众舆论集中围绕着'倒幕'这个口号，整个民族的聪明才智被指向这个单一的目标，最终结果是 1867 年的革命成功。"[3]

随后十年，一批作者对明治维新的看法多少有了一些不同。专心致志于他们时代的民权运动，这些作者把 19 世纪 60 年代和 70 年代的种种事件视为一种政治变革新阶段的预备期，把明治维新视为一个尚待完成的进程的第一步。像中江兆民这样的政治理论家满怀信心地这样言说，但对这一主题最为彻底的处理，却是由那些为大众受众写作的通才们所完成的，他们包括：德富苏峰、田口卯吉、

39

---

[1] Gluck, *Japan's Modern Myths*, pp. 26.

[2] Fukuzawa Yukichi, *An Outline of a Theory of Civilization*, trans. David A. Dilworth and G. Cameron Hurst (Tokyo: Sophia University Press, 1973), pp. 33, 24, 27, 60.

[3] 同上，p. 15. 也可参见丸山真男的最新评论，*"Bunmeiron no gairyaktt" o yomu*, 3 vols. (Tokyo: Iwanami Shoten, 1986)。

浮田和民、山路爱山和竹越与三郎。[1]

　　这些作者曾经受到麦考利和卡莱尔的思想影响，他们寻找日本的变革将会继续导致生活改善的迹象，就像紧随英国革命之后所发生的情况那样。大众民主运动的出现似乎表明，事实上日本也可以跟随西方自由主义和启蒙运动的道路。不幸的是，承诺依然未被履行。政治倾覆之后并未发生社会革命，而政府则依然由一个有限的地区派系所支配。这些"辉格党"的历史作家们——这是彼得·杜阿斯对他们的称呼——认为他们的任务是树立一种为"二次维新"而努力的情操，从而以一个平民社会取代他们生活的这个社会。例如，德富苏峰依据赫伯特·斯宾塞的著作，争辩日本成为一个"工业社会"的必然性，在这样的社会里，大众的情感和能力将成为建设一个强大的"太平洋上浮动码头"的基础，日本的天空将会被"成千上万烟囱升腾的烟雾所熏黑……只是因为这种可贵自由的存在，所有这些才会到来"[2]。德富苏峰感觉到他的国家正在为此做着准备，因为物质和社会发展已经为真正有意义的进步扫清了道路。社会进步的无情规律已经导致幕府的垮台；明治维新的原因应当在对德川社会种种不满的发酵中寻找，因而明治维新的进程较少由领导人的才华来决定，更多是由于遭受压迫的人民不再忍受迫害从而产生了社会无序状态。这些作家的作品中满含着对农村土地所有者阶级（他们很多人就出身于这个阶级）力量的认可，而这个阶级不断积累着对城市武士官僚的愤恨。这些"乡绅"（田舍绅士）曾是熊本社会的支配性力量，这里正是德富苏峰与浮田和民在美国内战时期的炮队长 L.L. 简斯的指导下度过年轻的学校生活的地方，简斯的学校曾经培养出基督教西化派的"熊本帮"。[3]

　　德富苏峰、竹越与三郎、浮田和民、田口卯吉、山路爱山，及其他"辉格党"历史学家们提出了明治变革的"进步性"观点。他们认为，各种成就的取得可能是由于社会发展的推动，而不是出于领导阶层的业绩；他们对这些领导阶层仅仅表示了有限的尊重。事实上这些历史学家们怀疑，在面对公众不断高涨的政治参与要求时，领导阶层反对改革而决心保持对权力的独占，为此他们编造出自

[1] 参见 Peter Duus, "Whig History, Japanese Style: The Min'yusha Historians and the Meiji Restoration", *Journal of Asian Studies* 33 (May 1974): 415-436.

[2] John D. Pierson, *Tokutomi Sohō 1863-1957: A Journalist for Modern Japan* (Princeton University Press, 1980), p. 114; and Irokawa Daikichi, *Meiji seishinshi* (Tokyo: Chikuma Shobō, 1964).

[3] F. G. Notehelfer, *American Samurai: Captain L. L. Janes and Japan* (Princeton, N.J.: Princeton University Press, 1985).

己的历史作为政治宣传。反过来，如同肯尼思·B.派尔教授对明治保守主义的研究所显示的那样，他们对于激起一个更为保守的反对派起到了很大影响，这一派别比他们还要有过之而无不及，把日本传统的价值定位得更高。关于那一激情年代的各种争议观点反映在了官方有关日本近代历史的教科书中。这是一种超越了明治变革本身的竞争，因为被渲染的绝对忠诚使得许多历史的重写成为必要，因为要选择嘉言懿行作为顶礼膜拜的对象。在 20 世纪的第一个十年里，政治上的考虑使得重新整理有关 14 世纪政治史成为明智的行为，从而导致帝国大学里的课程名称也被改写。[1]

在任何与天皇朝廷有关的事物都被政治化的局面下，研究学术的历史学家们通常只能满足于离开 19 世纪的事件，而把它留给其他学科的学者。处于教育结构顶尖的国立大学没有近代历史的教席，学生们为毕业论文寻找议题通常也被告知，明治维新的事件距离现在仍然太近了，比较适合于政治学或新闻学。[2]在极大程度上，这一领域被留给了像吉野作造和尾佐竹猛这样的法律史和制度史专家，他们引进了为官方机构所忽视的文集和一手出版物，[3]经济史学家也集中关注社会和经济的变迁，而不是以政治事件为焦点。[4]

20 世纪 20 年代和 30 年代，一个新的作者群出于政治诉求，正好被 19 世纪的主题所吸引。由于日本的制造厂商抓住了西方国家全神贯注于相互战争的机会，第一次世界大战及其余波带来了日本产业发展的一个新阶段。产业发展的后果造成了新的社会问题；战后的衰退产生了空前数量和规模的劳资纠纷。同时，俄国的布尔什维克革命与它在欧洲的影响一起，给予马克思主义经济理论一个新的理论上的关联性。如今，叙述外国（资本主义）对日本的威胁、对日本近代（资本主义）发展的威胁，已经成为可能，因此需要将各个分散的领域整合起来。这些关注集中于经济史，这是在早先关于德川幕府晚期发展的研究中已经引入的领域。由于这样的环境，产生了两个观点相互分歧的解释学派，并支配着接下来十年的大多数写作。它们的观点虽集中在德川晚期经济的性质上，却与日本的政

---

[1] 参见 H. Paul Varley, *Imperial Restoration in Medieval Japan* (New York: Columbia University Press, 1971).

[2] Tōyaira, *Meiji ishin to gendai*, pp. 17.

[3] Yoshino Sakuzō, *Meiji bunka zenshū*, 24 vols. (Tokyo: Ninon hyōronsha, 1927-30).

[4] 例如本庄荣治郎所著《日本经济史概说》和《近世封建社会研究》，两书都出版于 1928 年。尾佐竹猛也是一位公认优秀的维新史作家，于第二次世界大战后出版了四卷本的《明治维新》（东京，百洋舍，1946—1949 年）。

41

治现状和未来发展紧密相关。

一个学派这样看待明治维新：由于统治阶级成员成为领导阶层以及公众参与的缺乏，导致出现了以天皇为中心的专制主义，因此，进一步社会变革所必需的步骤，就是向资产阶级革命发展。提出这种观点的经典文献是《日本资本主义发展史讲座》，[1] 因而给它的追随者冠以"讲座"学派的名称。另一个学派这样看待19世纪的变革：虽然不够完备，毕竟形成了一个资产阶级的运动，因此通过现存的政治制度，可能对深一层的社会进步起到作用。这一学派的追随者多与劳工和农民团体一起共事，因而在出版物和政治组织中被贴上了"劳农"学派的标签。20世纪20年代晚期和30年代不断增加的政治压力，使得这些马克思主义的命题难以得到更清晰的探究，于是，研究者们不得不通过把他们的文章以散文的面目出现来应付审查制度和政治迫害，而这些散文也越来越晦涩难懂、复杂费解。这场论战与日本"左派"的战略有直接的关联。"天皇制"这一词汇把帝国的制度聚焦为各利益集团——"封建"地主阶级、军阀和大企业集团或财阀——利益互补结构中的关键一环，它们结合起来阻挡民主制度的进展。对日渐迫近的军国主义和大陆战争的恐惧给予学术研究新的关联与催促。1932年，在侵犯中国东北和再次镇压日本左派之后不久，日本共产党呼吁进行的一个新命题，是将批判天皇制作为国家面临的中心任务。这在时间上与《日本资本主义发展史讲座》第一卷的问世惊人一致。作为一个词语，"天皇制"早先时候即已使用，但从这时起它具有了更特殊的定义。在历史研究方面，这一论辩的重要性在于做好了准备，迫使参与者超越政治史，并进一步探究那些早先学者们主要关注的政治史，以追踪社会发展潮流，探查明治维新的双方关系，以便强调历史发展的连续性。战时的镇压和举国一致几乎不鼓励这些论题的进展，但却有助于为学术活动的蓬勃发展做好准备，这就是1945年日本投降之前随着各种禁忌的逐渐放开，围绕帝国状态所进行的讨论。

在战后日本，军事帝国主义的幻灭和毁损化合为对马克思主义的尊崇，因为马克思主义曾经试图抵制军事帝国主义的秩序，并且预言了它的灾难性结局。事实上马克思主义在一段时间里几乎未受挑战，因为旧秩序的真正的或表面上的支持者都已遭到解职和清洗，已经无法发声。加于近代历史讨论上的种种禁忌的突

42

---

[1] *Nihon shihon shugi hattatsushi kōza* (Tokyo: Iwanami Shoten, 1932).

然放开，使得人们明显抛弃了日本战前的正统价值观念，尤其是曾经作为这种价值观念核心的忠君主张。对"天皇制"的新的猛烈谴责，导致人们努力去寻找其根源。文学批评家竹内好写道，这是"一种整体的精神和心灵结构"，每个日本人都或多或少在其影响下成长。他争辩说，"将其视为我们意识的一个部分，是将我们从其中解放出来的先决条件"。[1]

日本战败后转向了对社会史的研究，绝大多数逐步采用了马克思主义的范畴，这表现在许多方面。在战败初期的艰难岁月，几乎不具备学术研究的物质条件，而马克思主义的范畴提供了一个分析手头事实的有吸引力的框架。但是，随着经济和社会的复苏，一批引人注目的成果源源不断地在文献研究、地方研究和区域研究中展现，努力为理解近代日本如何误入歧途提供了一个更好的基础。20世纪 30 年代"讲座派"和"劳农派"的论战重获活力，其间成果激增，产生的文献如此卷帙浩繁，以至于有好几本关于论战史的书写成出版。[2] 在这一论战过程中，各种见解逐渐得到精确，逐渐相互融合，甚至逐渐颠倒过来，到后来，除了最坚定的参与者之外，他们的系谱对所有人都变得冗长乏味。有些论点再次与当代政治产生了关联。在 1950—1953 年的朝鲜战争期间，作者们看到了当局采取的反共产主义措施，而在关于战后宪法修订、复活军国主义和极端民族主义的重整军备等辩论中，都使得批判过去成为他们的任务。明治维新和明治国家在当代依然留存，仍在发生影响，而这包含着某种征兆，预示着一个令人担忧的未来。

20 世纪 60 年代，许多美国历史学家和一些日本历史学家试图通过以"现代化"的视角取代"资本主义"和"专制主义"的视角，来使历史叙述从看来已经枯燥乏味的范畴中解脱出来。日本的经济复苏及其在改进了的宪政秩序下的稳定性，使它看起来更接近发达的、现代化的西方政体，也使它与正在经历动荡不安的所谓"第三世界"国家，尤其是中国形成了鲜明对照。"现代化"在词源上是一个中性词汇，旨在描述科技知识，存在于学校、工作场所和政治活动中的官僚组织，大众教育、城市化、工业化和国际化的成熟过程。对于大多数使用这个词汇的人来说，这个词汇代表了一种避免政治化、把历史视为一种各个方面普遍化

43

---

[1] 引见 Irokawa, *The Culture of the Meiji Period*, p. 13。

[2] 有关最近的讨论，参见 Yasukichi Yasuba, "Anatomy of the Debate on Japanese Capitalism", *Journal of Japanese Studies 2* (Autumn 1975): 63-82; and Germaine A. Hoston, *Marxism and the Crisis of Development in Prewar Japan* (Princeton, N.J.: Princeton University Press, 1986).

过程的努力，希望以此来证明这样的历史叙述较为客观、较为包容。

用现代化这个范畴来看，随着教育、城市化、国际化和官僚化的发展，19 世纪的日本变得更接近一个统一体；德川后期通过主要强藩所展示的合理规划模式表现出来的自强努力，在明治统一过程中被集中和强化了，而德川社会后期的商业化也为明治日本的资本主义制度扫清了道路。由于日本在 20 世纪转向构建一个名副其实的帝国，这可能而且确实导致了不幸的后果，但这些恰恰表明，在看来仍然重要的当代日本民主建设的推进中，批评仍然具有重大价值。在一系列讨论结集中，西方专家探讨了这些产生了重大影响的课题，因为他们已经沿着这些轨迹调整了思路。[1]

与此同时，持有使用主要资料的新方法和统计学、人口学分析新工具的日本的经济史学家，对经过修正的关于德川时期日本生活水深火热的长期假设进行计量分析，反过来刺激了对西方学者各种新假说的澄清。[2]

如所预料，这些进展遭到了许多日本学者，特别是那些坚定站在中左政治立场一边的学者的质疑。对用"积极的"观点替代以前"消极的"观点来评价 19 世纪的发展，他们好像感到很不舒服。虽然那些把现代化当作写作题材的作者把这个词汇视为中性的——毕竟，希特勒的第三帝国也是一个现代化社会的产物——但他们的评论却充满了支持当代资本主义日本的弦外之音，并且拒绝了进行价值中立分析的可能性，甚至是价值中立分析的意愿。此外，对于许多日本人来说，"现代"是一个战前的文化和文学作品已经给它带来了污名的词汇，当时日本精神的思想家们已经呼吁人们努力"超越"现代性和西方的物质主义。也许，更为直接的是，他们被这一课题可能的政治功能所警醒，因为日本占统治地位的保守党人看来正在重建战后的国体，其表现是催促修订 1947 年的宪法，恢复国家主义的节日，以及更为严重的军备重整。随着 1968 年明治维新百年纪念

[1] 讨论结集全由普林斯顿大学出版社出版发行，包括：*Changing Japanese Attitudes Toward Modernization*, ed. Marius B. Jansen (1965); *The State and Economic Enterprise in Japan*, ed. William W. Lockwood (1965); *Aspects of Social Change in Modern Japan*, ed. R. P. Dore (1967); *Political Development in Modern Japan*, ed. Robert E. Ward (1968); *Tradition and Modernization in Japanese Culture*, ed. Donald H. Shively (1971); and *Dilemmas of Growth in Prewar Japan,* ed. James W. Morley (1971).

[2] 代表作有：Hayami Akira, *Nihon keizaishi e no shikaku* (Tokyo: Tōyō Keizai Shimpōsha, 1968); and Shinbō Hiroshi, Hayami Akira, and Nishikawa Shunsaku, *Sūryō keizaishi nyūmon* (Tokyo: Nihon Hyōronsha, 1975); Susan B. Hanley and Kozo Yamamura, *Economic and Demographic Change in Preindustrial Japan, 1600-1868* (Princeton, N.J.: Princeton University Press, 1977).

的来临，有影响的历史学家远山茂树指出了现代化分析与战前民族主义写作相互一致的地方（对工业化的高度评价，任意开列替代民主化的条件，缺乏对帝国主义的重视，以及疏于叙述现代化向帝国主义的发展），并明确表示需要在任何有关明治维新的阐述中批评政府的政策。[1]

到 20 世纪 60 年代晚期，经历了越南战争的新一代美国学者的成见，产生出了一种几乎完全一样的对"现代化"学派及其著作的否认。如今的著作集中论述日本人民及其邻居为现代化所付出的代价，并且试图寻找这样的结果与美国外交政策的关系。[2] 不过，太平洋两岸的世代冲突正在发挥作用，因为虽然年青一代的美国日本问题专家正在年长的日本学者的马克思主义著作中发现新价值，但是他们在日本的同龄人，厌倦于 20 世纪 60 年代几乎没有结出果实的校园争斗，正对他们导师的公式化谴责感到厌烦。

事实上，20 世纪 50 年代后期和 60 年代的新君主制的日本看来并不符合马克思主义者的画像。充分的公民政治权力已经得到了扩大；结社自由即将到来；公民权利有了完备的法律保障；然而，这些似乎并未被公众所利用。阻止批准日美安保条约的运动随着 1960 年的多次示威而达于顶点，也并未使日本更接近于马克思主义的范式。新的政治参与运动关注着诸如污染之类的地方性、实用性问题，而不再是宏大的意识形态目标。争辩和论战似乎开始变得陈旧过时，漠不相干。日本共产党，在 1960 年的斗争之后从它的队伍里开除了数千名知识分子，从而丧失了它的优势和吸引力。对于日本新的城市大众来说，这段历史必须找到新的叙述内容。

于是，一个完全"现代化"的日本，意识到与自己的过去满拧和断裂，转而重新思考民族之根和特殊性的问题。聚焦于重要领袖人物的战前史需要重写，但以往那种枯燥乏味的马克思主义的言说终究没给人的活动留下多少余地。取而代之的是，"民众的历史"的研究新潮流逐渐崭露头角。到 1968 年，一度强硬不变的马克思主义历史研究会（"历史学研究会"）也把年会议题设定为"民众的思想史"，并且在接下来的数年里，越来越多地致力于发掘、出版和分析普通日本民

[1] Tōyama Shigeki, *Meiji ishin to gendai*, pp. 6-8.
[2] Mikiso Hane, *Peasants, Rebels and Outcastes: The Underside of Modern Japan* (New York: Pantheon, 1982); and John W. Dower, *Origins of the Modrn Japanese State: Selected Writings of E. H. Norman* (New York: Pantheon, 1975), pp. 3-101.

众生活、思想和各项活动的资料。在这一类型评估的过程中，对 19 世纪往事的看法再一次发生了改变。当大冢久雄于 20 世纪 50 年代翻译和讨论马克斯·韦伯的著作时，他的论点是，德川时代的"礼俗社会"共同体是个人主义的障碍和民主政治发展的妨害，这一观点后来被马克思主义者和自由主义者以同样的方式接受。20 世纪 60 年代，由于经济高速增长、城市化和工业化给日本带来了令人印象深刻的环境污染，由于在平常言谈中现代化已与资本主义紧密相关，从而为反思和重估一度遭到蔑视的以往的"共同体"做好了准备。如果不能保存前近代村庄用以维系自己的侧向内聚和社会团结，个人主义就像是一个含混不清的祷告。20 世纪的日本必须遵守的法定差别，以及环境质量下降和现代社会混乱，使得无论在事实上还是作为基本概念，现代化都减少了它的魅力。

在 20 世纪 60 年代和 70 年代知识分子的潮流中，上述考虑与不断增长的对文化人类学和民俗学的兴趣并行不悖。这种情况与对柳田国男（1875—1962）兴趣的复苏有关，并在他百年诞辰纪念时达到高点。柳田国男是一位诗人兼学者，也担任过一段时间的政府官员，将其一生致力于把民俗学建成学术研究的一门学科。他力图通过探索和记录全国各地的口头传统来阐明日本的历史，从而补充和强化了那些依赖文献的历史学者所做的工作。"如果没有古老的记录，"柳田国男写道，"我们就必须在一直存活到今天的事实中寻找"。[1] 柳田国男对普通民众生活和传说的研究，为观察一个这样的日本提供了材料：这个日本既不"好"、又不"坏"；既不"成功"、又不"失败"；既蕴含着无理性的可能，又存在着严整的官僚机构。他的工作对那些主张"民众的思想"的历史学家们贡献多多。这些学者原来和马克思主义者一样，并不认为通过理解民族早先怪异传说的根源就能避开未来错误的陷阱。在马克思主义的历史编纂学中也一样，同样关心起"人类的历史"，并以此作为研究的重点，这一趋势取代了对历史上阶级斗争的僵化强调。

47　　对于这些历史学家来说，德川幕府统治的几百年里，日本农村发生了重大的变化，使得近代早期的村庄与以前大不相同。同样，也不同于 20 世纪资本主义制度下由地主支配的村庄。如果曾经有过对军人的谄媚和顺从的话，那么在武士长期离开城下町期间也已消散无踪。农村已经产生出一个由地方知名人士组成的

[1] R. A. Morse, trans., "Introduction," *The Legends of Tōno by Kunio Yanagita* (Tokyo: Japan Foundation, 1975), p. xxv.

精英阶层，他们所受的教育和责任感使他们做好了或是成为知识分子，或是成为地方领袖的准备。政府越来越多地依赖于传统道德，这种道德取决于各阶级间的相互尊重，而村社名人也通过表明他们保护与争取地方需要和期望的意愿，自觉地承担起一种责任。在农村的道德经济中，勤勉和礼仪受到期待，来自上层的压迫和贪婪则会招致反抗，而这种反抗通常会取得成功。换言之，与马克思主义支持者声称的水深火热相比，生活显得并不那么粗野和严酷，与地方精英曾被丑化的形象相比，他们也并不那么贪得无厌和索取无度。另一方面，明治资本主义和现代法律体系下义务分明的规定，通过无处不在的现代警察制度得以强制执行，随着地方精英们移居新的城市，以及明治历史学家所描述的"田舍绅士"（乡绅）被剥削性雇主所取代，或自身就蜕变为剥削性雇主，已经使这些情况变得恶化。[1]

不过，对 20 世纪日本社会发展的令人沮丧的评估，已经通过一些对近代日本租佃关系的最新研究而得以调和。[2] 那些关心民众生活的历史学家曾经描绘过一个更为繁荣、更有同情心的农村，他们所说的"道德经济"或许只是一种对美好过去的怀旧之情，但是，对农村不满于明治政策的具体研究，以及乡村精英曾经从事政治活动并正在热切投身 19 世纪 70 年代后期和 80 年代民权运动的活生生证据，已经改变了人们对日本农村的理解。[3] 虽然多少还是有些缄默，但这些争论和关注已经在西方关于 19 世纪日本的著作中得到了反映。一部把经济学家和人口学家的统计工作与关于社会组织的讨论，以及社会科学家对某些研究方法的建议结合在一起的讨论会文集，呼吁人们继续努力，把 19 世纪的日本作为一个整体来对待，把明治维新的经历视为一个过渡，而不是翻天覆地的创新。[4]

对于追求各自课题的每一代学生来说，19 世纪的日本是各不相同的，而日本人民也在继续从中寻找它所提供的过去和未来日本社会的线索。探究"民众的历史"的运动已经发掘出挤满我们书架的种种文献和私人资料。了解到边远山村中地方领袖们定期聚会，讨论 80 年代宪政模式的内容，由私人文集所提供的证据

[1] 参见 Carol Gluck, "The People in History: Recent Trends in Japanese Historiography", *Journal of Japanese Studies* 38 (November 1978): 25-50.

[2] Ann Waswo, *Japanese Landlords; The Decline of a Rural Elite* (Berkeley and Los Angeles: University of California Press, 1977); and more particularly, Richard J. Smethhurst, *Agricultural Development and Tenancy Disputes in Japan, 1870-1940* (Princeton, N.J.: Princeton University Press, 1986).

[3] Irokawa Daikichi, *Meiji no bunka* (Tokyo: Iwanami Shoten, 1970), translation edited by Marius B. Jansen as *The Culture of the Meiji Period* (Princeton, N.J.: Princeton University Press, 1985).

[4] Jansen and Rozman, eds., *Japan in Transition*.

也显示了许多人极为热切地参与，以使日本的制度变迁更为完善，所有这些，都使那种开明的领导人把他们落后的同胞带入现代世界的长期以来的标准概括，有了重新思考的必要。[1] 阐明这种对明治领袖大为不敬的出版物的潮流，乃至普通民众写信并责备其领导人的难以管束的沟通，都揭穿了关于"平民的惰性"、"平民没有大的问题意识"等笼统归纳的不可信。[2]

还原历史的真相，如今已经成为历史学家的真理。顺从的乡下人聆听大都市学者的标准画面如今正在发生改变，纪念"民权运动开创 100 周年暨 19 世纪 80 年代民权运动里程碑"大会的召开，吸引了数以千计的参与者。1981 年，自由党建党 100 周年纪念活动有 7000 人参加；1987 年，一个民权运动复兴的纪念活动再次吸引了同样多的人。"民众的历史"的创立者们惊讶地发现他们的国家里散布着一个地方性"民众历史"的社团网络，这个网络与 19 世纪 80 年代"民权"社团的分布一样广泛。就像百年前的情况一样，这些社团近一半的成员是地方上各种学校的教师，在那些日本近代史的庆典活动中，近一半参与者也是地方学校的教师，学术专家只不过占了其中很小一部分。在这样一个 E.H. 诺曼近半个世纪前所描绘的丰饶、休耕、等待耕耘的领域，已经在许多年里为耕种者带来了与众不同的收获，但它的丰饶仍远未耗尽。我们希望，以下各章将会鼓励那些尚未行动的人来一起分享它的慷慨馈赠。[3]

49

[1] Irokawa, *The Culture of the Meiji Period*.

[2] 参见 William W. Kelly, *Deference and Defiance in Nineteenth-Century Japan* (Princeton, N. J.: Princeton University Press, 1985)，其中有来自庄内藩的详细插图。应该指出，重印普通民众写给政府的六大卷意见书，确是一项浩大工程。见 Irokawa Daikichi and Gabe Masao, eds., *Meiji kenpakusho Shūsei* (Tokyo: Chikuma Shobō, 1986-).

[3] E. H. Norman, *Japan's Emergence As a Modern State* (New York: Institute of Pacific Relations, 1940) pp. 222.

第一章　19世纪初的日本

马里乌斯·B.詹森

19世纪的前三分之一时段，日本受到那些在18世纪最后十年登场的人物 50
和政策的支配。松平定信的改革措施及其将军德川家齐的个人喜好，给文化
（1804—1818）和文政（1818—1830）年间带来了相当大的连续性。

与18世纪80年代的谷物歉收带来的灾难和饥荒相比，接下来的四分之一世
纪似乎是德川幕府统治的一次回光返照。好收成成了这些岁月的标记。在位半个
世纪的德川家齐是德川氏15个将军中执政时间最长的，这种长期的连续性反映
在幕府和大名的领地上都缺少政治奇闻。农业方面和向大都市江户提供物资供应
方面的经济增长，学校教育的显著扩展，以及令人印象深刻的向不断增加的阅读
大众提供材料的成就，全都促成了这种幸福安康的印象。在一个经济变革和增长
的时期中，由17世纪的幕府创始人所规定的专制主义身份分类已经变得不合时
宜。在武士等级的顶层，世代相传的财产和特权保证他们能过上一种持续稳定的
生活，但那些财势雄厚的城市商人生活与那些较小的大名[1]有得一拼，而下层武
士的境况则比中等商人和工匠更加不如。在农村，拥有土地的村社领袖与无地
农户和租地农户之间的清晰分野，正在成为这个社会制度所标榜的"农民"理
念的绝大讽刺。

这些发展还促成了18世纪出现其他的社会群体。阶级界限的模糊并未伴随
着任何制度上的解决，其结果是新的有能力的人通常会遭受挫败，原因是向他们
开放的机会有限。读写能力的扩散和阅读材料的生产遭遇到一系列审查和质疑， 51

---

[1]　大名，日本古时封建制度对领主的称呼。

这排除了任何对公共事务和国家政策的讨论，从而迫使作家只能书写那些朝生暮死和荒诞可笑的作品。正如哈洛特宁在下面一章中所说，一种演剧文化也是逃避的途径之一。实际上，面对革新的要求，这个政权以越发强硬的态度做出回应，从而僵化了一种它声称要坚决保卫的传统。受到关于外部世界知识的扩散带来的威胁，幕府以加强审查制度的措施作为回应，并且对一些相关的学者处以流放之刑。幕府对西方船只的造访感到困惑，便把"锁国"提升为一种基本国策。因此，本章所叙述的这几十年里，可以看到知识和商品的增加，及其与身份隔膜和互不信任所造成的僵硬体制之间的矛盾，以及这种矛盾所导致的表现在私有化和个体生活多样化方面的挫折。

将军与摄政者

第 11 任将军德川家齐，1773 年出生于可被选为将军的一桥家（"御三家"），1781 年被指定为德川家治的继承人，1787 年接任将军。德川家齐在位 50 年，是德川时代在位时间最长的将军，甚至在他为支持德川家庆（从 1837 年到 1853 年任将军）而退位之后，仍然从幕后操纵政治，直到 1841 年去世为止。他的统治时期以松平定信的改革开始，这场改革启幕时将军只有 13 岁，接下来的一段时期，他的个人生活奢侈豪华，这使他很不受后来历史学家们的待见。

在德川幕府的将军里，德川家齐是一个异数，他的长期在位连同他的任性个性，使他支配了半个世纪的政治生活。德川家齐一开始就不满意田沼时期的官员和政策。他用松平定信的改革取代了田沼意次的行政机构，但是改革的主持者很快就与固执的德川家齐发生了争吵。部分原因在于，松平定信曾阻拦过京都朝廷的光格天皇给予其父荣誉称号和头衔，以适应退位君主身份的努力（即"头衔事件"），如今也不想达成德川家齐将其父一桥治济（Hitotsubashi Harusada）安置于千代田城堡，并给予相当于退位将军的荣誉的愿望。在京都朝廷的事情上，松平定信先是提出辞职，在被拒绝之后，他只是提高了天皇父亲的收入，而未满足其渴望得到的地位。从那时以后，他采取断然措施，通过确定对那些鼓励朝廷与幕府对抗的贵族的惩罚，来强调幕府对礼仪和地位的关心。但是，当德川家齐要求给予其父荣誉地位时，事情就不是那么容易处理了。1793 年，松平定信递交了辞去"老中"一职的辞呈，很快就被接受。随后，年轻的将军开始以自己的方式安排了其父的宅邸。

　　基于其他理由，德川家齐似乎也不满意松平定信对京都朝臣的处理。在其统治期间，他累计娶了40个妻妾，生了55个孩子，维持了可能是德川幕府历史上最大的后宫（"大奥"），这一纪录使得一些历史学家把他的统治的特征描绘为"大奥时代"。由于拥有如此众多的棋子，使得德川家齐以前所未知的规模从事婚姻政治的实践，让他的儿子和女儿与大名和"公家"联姻。他最重要的配偶是一个萨摩外样大名、首先被重臣近卫家所收养的岛津重豪（1745—1833）的女儿，同时他也承认了德川御三家与天皇家族的类似联姻。德川家齐还进一步接受了在朝廷登记制度中的头衔和官职，1816年继任右大臣，1822年成为左大臣，1827年就任太政大臣。结果，那些由德川幕府的创立者们于17世纪制定出来的、在德川家族和朝廷贵族及外样大名之间关系上的传统限制如今都被废弃了，有利于形成一个更为四海一家的并且基本上是没有什么差别的贵族统治。在德川幕府统治的最后数十年里，许多主要的大名之间都有密切的关联，有时还是同父异母或同母异父的兄弟。这在收成丰饶和政治平稳的文化和文政年间有助于国家的稳定，但是这也很可能在幕府末年的危机时期，使幕府团结其支持者的努力变得更为困难。

宽政改革

　　松平定信所进行的改革，经常被用来与其祖父德川吉宗将军于享保（1716—1736）年间所进行的那些改革加以比较。像德川吉宗一样，松平定信力图使整体回归到早先岁月更为简单的武士阶级的标准。也和德川吉宗一样，松平定信未能达成他的目标。但是，虽然当松平定信1793年退出国家政治生活之后改革的严厉程度得以缓和，改革造成的冲击却在他短暂执政之后仍然延续。尽管1818年田沼意次派系的成员重新回到幕府高位，但宽政改革期间制定的法律从未被完全或正式取消。松平定信改革中关于教育和行政能力的大部分政策都比他作为首席执政的任期要长久得多。这样，宽政改革便在19世纪的文化生活和制度建设上打下了重要而又长久的烙印。

　　松平定信决心控制贪污腐败等他视之为田沼意次时代的恶政，并把他的改革建基于公职人员廉洁正直的儒家理想之上。[1] 此外，正如关于天皇父亲的事件所显示的那样，他也关心江户超越京都朝廷的首要性；同样，他也关切江户对于日本西部的经济依赖。来自其他地区的进口商品已经增加了江户对于那些安排商品进口的商人的依赖，而控制这些商人的利润就成为松平定信施政目标的一个必然结果。松平定信通过采取令人印象深刻的紧缩措施来回应这些问题，要求削减行政支出，限制商人行会，并且取消1784年前武士与商人的贷款合同及所欠债务。1791年，在一系列降低米价的努力之后，松平定信命令各种商品价格下降。他限制对外贸易，减少停靠长崎的外国船只数量，并延长荷兰代理商访问江户的间隔时间。同时，他致力于更有效能的行政管理，要求官方儒学教育的一致性，并把幕府的学校教育扩展为全国性的制度。

正如第九章所描述的，随着江户从一个关西地区产品的进口者成长为一个生产者和关东平原上经济生活的仲裁者，这个政治中心在德川时期经济上的重要性在整个18世纪一直不断增长。松平定信的改革措施反映并助长了这些趋势。为了减少江户对于食物进口的依赖，他命令最近来到城市的移民返回他们的村庄，并采取措施限制商人行会的数量，削弱商人行会的垄断权力。通过增加贵金属比例的重铸货币行动和设法降低大阪的价格优势，使通货得以加强。为武士服务的江户稻米经纪人（札差）受到了抑制，取消了他们向武士的贷款，阻拦了他们控制利率的步伐。江户的房租也得到了控制，主要的商人宅邸被挑选出来作为官府的财务代理机构，以图降低运输稻米和其他生活必需品的成本。

诸如此类的种种措施被设计来削减都市的规模，削弱商人团体的独立性，但是它们也表明了这些商人在市民生活中的重要性，并在事实上为商人企业提供了新的机会。松平定信的官员发布指令，目的在于鼓励当地发展原本由日本西部进口的酒、油、棉布、纸张等物资，可是这些指令却强化了江户商人的地位，并使得这座城市及其周边平原成为一个非常具有活力的经济区域。用于社会控制和情报收集的官职和衙门不断增加，江户对于幕府政治的重要性也得以体现。18世纪80年代累积起来的社会不安的迹象引起了松平定信的关切，他建立起一种行政结构，试图解决贫困和无家可归的现象。江户町会所的规模随着社会服务和官员职

---

[1] 关于这一改革，亦见 Isao Soranaka, "The Kansei Reforms — Success or Failure," *Momanenta Nipponica* 33 (Summer 1978): 154-164.

责的增长而不断扩大。新的机构改进了记账、监督和安保。在分析了改革之前数年江户的行政管理支出以后，松平定信命令将行政费用削减十分之一。他留出的十分之一行政开支被作为退还给那些付清地租者的折扣，其中70%用于帮助和救济穷人。商人宅邸被列表以增加供应量。这在很大程度上是想尽力求得被储藏在专门建造的谷仓里的稻米，而现金储备的余额则被用来作为紧急贷款生利。在这种官僚政治和商人经营之下，这样积累起来的资金到19世纪20年代已经增加到接近50万两，还有另外的25万两用于贷款，以及接近50万石的备用稻米。这样，这位谴责在其前任治理期间官员贪污的首席老中，以国家行动的方式开始了他的行政改革，而这或许有可能保证"政府的品行端正"，也可能鼓励新的过分贪腐行为。为了采取新的措施保护和修复城市的许多桥梁，改进和澄清法庭的职责，合理调整记录保存，防火防盗，以及加强秘密监督，这些都需要设立额外的行政官职。流动的巡视官员奉命去观察和报告嘉言善行，发现和推举长寿老人，同时也举报那些违反道德和法律的行为，特别是要注意那些阴谋毁灭国家的计划。其结果是比起从前来，一座城市可以更加小心翼翼而又有预见地进行统治。[1]

对于官员清廉的要求扩展到了幕府控制的农村地区。对"代官"，即负有农村行政责任的官员进行了甄别和清洗，史载两年内惩罚了8位官员，其中有些人是由于其父母和叔伯所做的坏事而受罚。那些挺过清洗或新被任命的官员受到激励，去现身说法充当儒家行政官员的典范。一个这样的官员，负责管理关东平原北部遭受饥荒破坏的182个村庄，由于提高出生数据的计划和着手控制溺婴造成的婴儿死亡率的下降，给他带来了良好的名声，死后被奉祀为神（"大明神"）。"代官"被要求做好准备向村社长老宣读政令，需要具有令人鼓舞的能力，勤奋刻苦，克己忘我，拥有良好的口碑，并奖赏那些孝行和忠诚的突出事例，以便普及适当的儒家行为。当然，这样的做法并非什么新东西；其他地区的一些杰出大名也已采取了相似的措施。不过，在松平定信改革之后，这样的措施普及得更为广泛，谈论得也更为普遍。[2]

宽政年间教育方面和思想方面的参考文献提供了最为显著的事例，可以看出

---

[1]　Minami Kazuo, *Edo no shakai kōzō* (Tokyo: Hanawa Shobō, 1969), pp. 22-35.

[2]　Kumakura Isao, "Kasei bunka no zentei: Kansei kaikaku o megutte," in Hayashiya Tatsusaburō, ed., *Kasei bunka no kenkyū* (Tokyo: Iwanami shoten, 1976), pp. 62-63.

松平定信扭转假想中的 18 世纪晚期的衰落趋势，以及重申和确认德川幕府"传统"的决心。自从第一代将军执政以来，儒家学者林氏家族的成员就担任了掌管教育的官员（"大学头"），并且管理着一个强调朱熹儒家学说教育的"大学寮"。这种情况加上幕府的任命，使人们相信这种哲学派别得到了幕府的支持，而其他的学派从未受到过重视。不过，早期的将军们相对来说对哲学上的差别并无兴趣，常常赞成某种佛教和神道教相混合的价值观念。德川家康死后在日光被奉祀为东方大神（"东照大权现"），尽管他个人与佛教净土宗关系友好，而在制度上他又皈依了天台禅宗，可以作为这种折中主义的证据。就个人喜好而言，松平定信对宋代新儒学也并没有多少显著的热情。重要的是，在即将掌权之前，他写下的是一个人应该如何生活和举止；务实的行政官员不应该为哲学推理消磨时间。[1]

但是，一旦就任老中，松平定信就不得不按既定程序处理事务，很快就决定日本在 18 世纪中相互抵触的哲学宗派的旺盛生长明显背离了业经批准的轨道。在 1716 年到 1788 年的 72 年间，诸藩学校里朱熹儒学的教师仅仅在数量上比其他宗派的教师略多（约为 273 人：224 人）；其他宗派的教师中，很大一部分是注重严格文献学教育的荻生徂徕的信徒（约 118 人），还有一些是伊藤仁斋的追随者（49 人）。对松平定信来说，这似乎意味着多样性的存在，意味着今后免不了一番争斗。受到某些更为严格、更有自信的朱熹儒学拥护者的怂恿，松平定信对之热情大增。那些朱熹儒学的拥护者多与山崎暗斋（1618—1682）的学塾有关联，这些人认为他们自己是"正统"，而其他人都是"异端"。他们争辩说，对儒家学说解释上和强调上不断增长的多样性，将会导致道德品行的混乱。

1790 年，发布了关于异端邪说的禁令（"异学之禁"）。松平定信指令林氏家族开始清洗学塾中不信奉朱熹学说的教师。他在指令中宣称，自从早期德川时代以来，朱熹学说就一直享受着"一代代将军家"的信任，而由于"近来种种新奇学说"到处宣扬，异端邪说盛行已经毁坏了社会公德。林氏得到命令，接受新指派给他的教师，必须仔细地与之商量，"严厉禁止向学生散布异端邪说"，并须作

---

[1] Kumakura, "Kasei bunka no zentei," p. 51.

出种种努力与其他学塾达成一致，以钻研正统的学问，培育"才能优长之士"。[1]
就这样，松平定信以实际上是他发明的"传统"的名义，开始使幕府官员恪守对
朱熹正统学说的承诺。在德川时代的其后岁月里，这一直成为幕府的官方政策。
诸藩学塾也效仿德川幕府的榜样，开始了一个相互摩擦和重新任命的过程。从此
以后，对宋代新儒学正式恪守承诺就成了一个准则，即使在那些较为喜好将其他
解释折中起来的学者中间，这也成了规范，而把各家学派折中起来曾是18世纪
盛极一时的现象。

　　这一变化限定了官方对于林氏学塾的干涉，使之成为一个前所未有的国立公
共机构。这一发展并不意味它可以自由决定自己的管理者。自此之后，这个新机
构以"昌平簧"著称于世，很快就包含了来自德岛和大阪的教师。林氏去世后，
幕府挑选岩村大名的第三个儿子担任昌平簧的新头，先是让他被林氏家族所收
养，然后从1793年到1839年一直掌管学校。这样，在昌平簧的学生和教师在整
个日本更具代表性的同时，儒家学说却由于必须听从来自上头的指令，而变得更　57
为狭隘，更受限制。

　　松平定信的目的可以他在指令中的结束语来表示，即提升"人们的才智"。
教育与行政管理有着直接关联。松平定信建立了对军事技能的测试，同时也设置
了对文学才能的检验。在不断变化的情况下，官员们重新拿起了书本。有些故事
说的是一些年长的封臣决心转而进行科目学习，以证明他们自己配得上新的任命
或能胜任原有职位。在一定程度上，对官员的考核是对中国官员考核制度的模
仿，但松平定信的幕僚们设法钝化了他的目的，并且取消了有关中国八股和诗文
的问题。尽管如此，儒家学说的学习还是逐渐成为幕府官职晋升的重要因素。

　　幕府是这样，诸藩也是如此。设立学校的高涨热情遍及日本，武士和官员的
读写能力得到了全国性的提升。在这个方面，改革反映了早在松平定信执政之前
就已开始的趋势：在1781—1803年间，开办了59个藩的学校。但是很快这一步

---

[1]　See Robert L. Backus, "The Motivation of Confucian Orthodoxy in Tokugawa Japan" and "The Kensei
Prohibition of Heterodoxy and Its Effects on Education," *Harvard Journal of Asiatic Studies* 39 (December 1979):
275-338, and 39 (June 1979): 55-106. For Yamazaki Ansai, see Herman Ooms, *Tokugawa Ideology: Early Constructs,*
1570-1680 (Princeton, N.J.: Princeton University Press, 1985).

伐就开始加快。在接下来的40年里，可以看到又有72所另外的学校设立。[1]藩学的兴盛代表了对于不断增长的社会完备性和复杂性的回应，在这个社会中，平民的读写能力正在迅速提高。在这些年里，对平民提供教育的私人学堂和教区学校的设立也引人注目地加快了。1788年前的那些年里只设立了57所私人学堂（私塾），但在1788年到1829年间，则开办了207所，从1830年到德川幕府统治结束，又有796所私塾开办。教区学校（寺子屋）的发展走向与此相同。宽政年代之前有241所；而1789年到1829年间，新设立1286所；1830年到1867年间又开办了8675所。[2]虽然官员们为自己设定了更高的标准，但是被他们统治的人们也观察到了学习对于自己的重要性。

由于整个教育结构造就的道德品行和价值观念明显趋于一致，所以这些趋势能够容纳多种学说而并行不悖。确实，国学可能在知识分子中间造成对于中国学问和日本学问孰优孰劣的尖锐争执。尽管从国家地位来说，凭借日本天皇的神明英武和万世一系，日本的学问代表了更为高贵和更为终极的真理版本，但是，许多神道的学说却来源于山崎暗斋对朱熹学说和神道信条的混合，而详尽的词源学解释可被用来证明真相的最终认同。对于出现于18世纪后半叶的作为一种特别学科的荷兰的学问（"洋学"或"兰学"）而言，也是如此。对于那些头脑清楚的专家来说，由于兰学出众的关于物理世界的知识，似乎需要抛弃许多传统的中国学识，但是对于其他人来说，兰学的实用重点在于医药学和弹道学，在这两个领域最为适用，看起来完全可由东方的道德加以同化。

不断增长的识字率和生机勃勃的都市文化也对德川幕府的统治提出了挑战。虽然这在对待外部世界的知识方面表现得尤其明显，但在处理通俗文学方面同样引人注目。为平民社会受过教育的成员生产阅读材料，充满生机地开始于一个世纪之前的元禄时代，随之书籍便开始了商业化生产。出版商和租赁图书店的运作，加快了读物的流转。到18世纪晚期，许多通俗文学读物已由武士知识分子所创作。事实上，松平定信自己也曾写过这样的作品，那是一部关于一个华而不

---

[1] R. P. Dore, *Education in Tokugawa Japan* (Berkeley and Los Angeles: University of California Press, 1965), 关于经典学习的章节；亦见 Herman Ooms, *Charismatic Bureaucrat: A Political Biography of Matsudaira Sedanobu, 1758-1829* (Chicago: University of Chicago Press, 1975)。

[2] Richard Rubinger, *Private Academies of Tokugawa Japan* (Princeton, N.J.: Princeton University Press, 1982), p. 5.

实的大名的讽刺剧。[1] 这样的故事，通常配以精妙的插图，也经常包括附加了限于圈内人的参考资料（可以理解这仅对新加入者）的娱乐素材，还有环境形成的诙谐的话语表演。当然，它们有时能够转而成为隐晦表达的讽刺作品，把矛头对准现存的社会秩序。正是在这点上，它们成了专制政体的担心所在。

德川幕府时期的出版物从未避开审查制度。从一开始就有三类出版物受到关注。涉及基督教的书籍是 17 世纪的主要目标，随着威胁的减少，对基督教的恐惧也就逐渐减轻。第二类出版物是对政治秩序造成损害的书籍。这类出版物在这一时期开始时尚不多见，但在 18 世纪里逐渐变得越来越频繁。第三类出版物，事关社会风气，提供了对色情文学作品进行审查的制度基础。在 1720 年之前，被禁的著作中第一类的有 58 部，第二类的有 13 部，第三类的有 28 部。[2] 18 世纪带来了更加严厉和细密的法规。1720 年的德川吉宗法规取消了关于国体的讨论，警告不得煽动民心，禁止出版那种将会令人回想起世代相传精英人物的家系表，并且含糊地指出了"新奇之物"（令人惊讶的事物）的危险。这些新奇之物可能易于产生误导，造成无知公众的迷失。于是可以预见，宽政改革时代将重申和扩充这些排除条款。陆续颁布的法令规定，所有出版物都须附有版权页标记，写明核发机关；对指导方针的违反将招致迅速的惩罚。新的指导方针发出警告，毋做无用的新奇之物或多余的出版物增发，并且要求得到行政长官公署的批准；他们规定一切事物当时的新闻业者都不得报道，也不许发生兴趣，警告不得把读者引入歧途，并且禁止用色情描写扰乱社会风气。

这些指导方针内容广泛适用，为惩办林子平案提供了基准，因为林子平的著作探讨了俄国的进步。这些条规也理想地适合于对作家山东京传的审判，因为他刚刚出版了 3 部受欢迎的著作，隐晦地讽刺了这次改革。核准这些著作出版的审查员遭到解职，作者和出版者则遭到严厉惩罚。出版者的一半财产被没收，山东京传被判戴枷 50 天。其他一些作者也遭到类似的惩罚。自此之后，那些从事写作的武士注意转换到其他的主题，而像山东京传这样的平民作者则通过开发虚构的替换形式，避免在表面上重犯他们的错误。

59

[1] Haruko Iwasaki, "Portrait of a Daimyo: Comical Fiction by Matsudaira Sadanobu," *Monumenta Nipponica* 38 (Spring 1983): 1 - 48.

[2] Ekkehard May, *Die Kommerzialisierung der japanishen Literatur in späten Edo-Zeit* (1750-1868) (Wiesbaden: Harrassowitz, 1983), p. 58.

宽政改革，就像哈罗德·包利瑟在本书第二章所探讨的天保改革一样，并没有得到历史学家的好评。虽然松平定信得到了现代日本政府在官方训导和道德宣教时期的慷慨赞扬，但在第二次世界大战后的数十年里实际上是被忽略的。不过，近来的研究有助于阐明松平定信性格和地位的复杂性。他表现得像是一个敏感的知识分子，对待自己就像对待他的国民一样严厉。他为自己设定了不可能达到的清廉和真诚的标准，决心克服种种欲望和自我满足。他深信儒家榜样对于国家的重要性，私下里想要让神道教回归到德川早期的标准，并认真地考虑过使自己作为一尊神祇奉祀庙中。他的法令绝非史无前例，尽管这些法令得到强制执行的严格程度确实标示到了一个新的高度。他统治政策的各个方面——治理江户经济、鼓励发展教育，及其风化审查制度——代表了一种已在发展中的趋势的整合，要超过以往戏剧性的政策转换。

但是，无论证据的连续性如何，选择宽政改革作为 19 世纪的趋势开端的理由是合理的。松平定信的措施接受了现存的制度，继续前行直到碰到种种问题为止。他采取的各种动作使得传统制度化和固定化了，增强了政府的控制力，同时留下了一个较少灵活性的政府，这个政府更加自觉地重视保存一种如今已被明确定义的传统。对文学的控制和对官员们受教育的要求，使得武士中那些通俗文学的作者丧失了创作的勇气，却为他们中的一些人在文学政治的世界里打开了缺口。同样的控制增强了对于西方学问的支持，虽然它们也被纳入需要政治上认可的路径。在每个领域，缓和的周期都即将来临，但根据先例和政策，在德川幕府统治的最后半个世纪里，宽政改革的措施还是对未来的能量和资源配置做出了持久的贡献。

虽然没有什么创造，宽政时代还是标示了日本社会生活和教育事业中较大的丰富性和多样性。德川幕府对教育的支持，迅速为各藩所遵行，导致要求受过教育的职位明显增加。越来越多的学者因为他们的能力而得到聘用，很多时候这种聘用是来自外藩。在这些学者所扮演的雇佣知识分子的新角色中，虽然给予他们封建的身份津贴，这些学者仍然只是新领主名义上的家臣，才能要比身份和出生地更有价值。赖春水（1746—1816）为广岛藩所雇用，而他是一个出身于商人家庭的学者。他的儿子赖山阳（1780—1832），一名古怪而博学的学者兼诗人，违反了大部分儒生的行为规范，却用汉字写出了一部非官方的日本历史（《日本外史》），这部著作成为 19 世纪尊皇精神最重要的来源之一。1827 年，赖山阳把本

书的一份抄件呈递给退职已久的松平定信；1842 年，本书印行，此后又出过许多
版本。[1] 身份的意识和意义在逐渐削弱。一些武士的学塾被认为对艺术家们也很平
等。田原的渡边华山（1793—1841）和松前的蛎崎波响（1763—1826），主要不
是依靠他们的政治活动，而是凭借他们的绘画才能著称于世。九州日田的广濑淡
窗（1782—1856），具有商人血统，他完全拒绝官府的任命，却能吸引许多武士
的子弟来他的私塾学习。同一阶层的纽带开始与分层级的义务相互竞争，契约关
系开始取代世代相传的义务。大名与来访的学者和传教士订约，让他们向整个藩
国宣讲，教育工作者也能四处奔走，传播知识。随着 19 世纪的推移，这一趋势
变得越发明显，大名与幕府相互竞争，希望在经济和军事政策上得到行家里手的
帮助。

　　在新的学术氛围中，一旦始终不变的遗传义务不及能力和意愿来得要紧，在
社会关系上便为更多的个人主义、友谊和人道保留了空间。松崎慊堂（1771—
1844）的情况可以作为一个例子。他出身于肥后藩的一个农民家庭，在接受了早
期的中国经典教育之后，决心成为一个和尚。15 岁时他改变了自己的决定，旅行
到江户开始从事儒学研究。在江户，一家佛寺接受了他，并帮助其进入幕府的昌
平黉，在那里，他在与后来成为该校教师的佐藤一斋（1772—1859）进行的学术
竞赛中名声大振。学习一结束，松崎慊堂就接受了挂川领主（幕府高级顾问班子
的一名成员）的雇佣，并用第一笔薪水履行了与一位特许营业女士的婚约，这位
女士在他求学的岁月里曾以收入资助过他。松崎慊堂与这位女士的婚姻给他带来
的不是耻辱而是赞扬。他的正式薪水从相当于 20 人的配给量增加为 50 人的配给
量，挂川领主还拒绝了肥后藩（如今的熊本县）要求他服务的出价。在学术生涯
中，松崎慊堂同样始终不渝地秉持自主决定的公正标准，他尖锐地批评佐藤一斋
小心谨慎地拒绝为渡边华山之事向幕府求情。此事详细经过将在后文叙述。[2]

　　教育的普及也导致了中国知识和汉字书写的普及。宽政年代之后，产生了日
本迄今所知最伟大的汉诗涌流。在首都和诸藩，汉诗写作的圈子和社团既包括了
领头的平民，也包含有武士，直到明治时期，汉诗专家们仍在纠正和评论地方诗

[1] Burton Watson, *Japanese Literature in Chinese*, 2 vols. (New York: Columbia University Press, 1976), vol. 2, pp. 122 ff.; and Noguchi Takehiko, *Rai San'yo: Rekishi e no kikansha* (Tokyo: Tankōsha, 1974).
[2] Shin'ichirō Nakamura, "New Concepts of Life of the Post-Kansei Intellectuals: Scholars of Chinese Classics," *Modern Asian Studies* 18 (October 1984): 622.

人们渴望改善他们诗律技巧的作品。汉诗摆脱了日本传统的三十一音节和歌或十七音节俳句的局限，提供了诗歌长度和哀伤修辞的资源，从而使得那些短诗延长为"处理哲学、社会和政治等日本本土诗歌不能，或按照惯例不会涉及的主题"的描述。汉诗成为"那些领导运动走向明治维新的学者和爱国者们艺术表达的最为重要的方式"。[1] 相当多的诗人，包括赖山阳之子赖三树三郎（1825—1859），为他们的政治见解和政治活动付出了生命。宽政年代的正统性成为幕府僵硬保守主义的一个因素，但是，宽政年代的知性主义及其对中国的仿效，也有助于推进革命的承诺和变革的潮流。

就在与佩里签订条约之后不久，下田地区遭到了毁灭性地震的袭击。佛教和尚月樵，长州藩拥护者的朋友，写下了几行汉字，欢呼这一灾难消息的到来："河岸边七英里，狗儿在觅食，羊群在吃草；春色重访了地震袭击后的废墟。只有樱花盛开，不顾野蛮的恶臭，向着朝阳呼吸民族之魂的芳香。"[2]

城镇，旅行和城市文化

城市在晚期德川社会中所扮演的角色在吉尔伯特·罗兹曼教授撰写的本书第八章中加以讨论。在文化—文政时代的数十年里，可以看到都市中心区具有重要意义的变化。大阪和京都这些关西的大都市，发展有所停滞，人口也开始减少。江户也于18世纪晚期达到了某种稳定状态，但是随着关东经济的发展以及江户对于这片平原支配力的增长，江户在经济上的重要性也随之增加。到1800年，"江户列入世界上约莫70个居民超过100000人的城市（其中5个在日本）之一，列为世界上大约20个人口超过300000人的城市（其中3个在日本）之一，并且可能是世界上唯一一个人口确定超过1000000人的城市。"[3] 江户城市发展到如此之大的规模，原因在于幕府设置的大名参觐交代制度[4]的政治需要。由家臣、仆役和随从人等所伴随，这些环流不息的社会名流刺激了服务行业和贸易组织的巨

[1] Watson, *Japanese Literature in Chinese*, vol. 2, pp. 12,14.
[2] Watson, *Japanese Literature in Chinese*, vol. 2, p. 67.
[3] Gilbert Rozman, "Edo's Importance in Changing Tokugawa Society," *Journal of Japanese Studies* 1 (Autumn 1974): 94.
[4] 德川幕府时期，中央政府要求藩主每隔一年到幕府将军的所在地——江户居住一年，其妻子则要长期住在江户作为人质，这就是所谓的"参觐交代制"。

大发展，以提供他们居住场所和生活需求；同时，也吸引了寻求城市更高收入的平民百姓向都市中心区移居。以城市郊区为中心的就业有助于使源源不断的新来者逐渐渗入都市社会，而每个大名的住所往往会吸引一批外省在当地的服役人口，这些人成群聚集在大名租住场所的围墙之外。

那些大名的煊赫声势令许多评论者感到不满，传统主义者们更是对这种过度的浪费口诛笔伐。《世事见闻录》的作者，他可能曾是一名江户的浪人，1816年以"武阳隐士"的笔名写下了"所见所闻世态"的记录，概述了他对武士、农民、僧侣、医生、占卜者、盲人和法官的观察。这位作者提供了松平定信改革和水野忠邦执政期间国家事务的许多具体事例。他回想起早年岁月假想的朴实和正直，而谴责自己同时代人的奢侈浪费和唯利是图。没有什么比拉平阶级界限和差别更让他感到烦恼的了。他写道，早年岁月里，武士们尚有可能指责京都贵族们铺张和懒惰的生活方式，但如今，唉，他们自己也是同样堕落。就连身处高位的武士顾问们，似乎都倾向于使他们给予大名的建议能带来眼前的收益和利润。武士们看来花钱过多，奉承谄媚，逢迎巴结他们的领主；他们被迫出卖家里的贵重物品，时常出入于典行当铺，为一份3个月贷款的高达20%的利率拼命挣扎。当他们不在江户兵营里当值的时候，一些武士甚至堕落到出租他们在兵营里的铺位。债务人和债权人之间的关系是他们所唯一精通的角色，而放债者是他们所知道的唯一敌人。收养是出于获取利益而不是为了提升能力。作者写道，即使连幕府自己的侍卫，一个月也不过仅仅供职四五天，而把其余的时间用来设法挣得一些额外的铜板。他们对于武器的性能几乎没有什么了解。当机会来临之时，他们甚至会毫不犹豫地随意使用领主的物品。由于他们把自己的资产白白浪费在那些对于京都贵族更为合适的奢侈品上，所以他们的各种需求不断增长。结果是，武士们不再能够引起世人的尊重或敬畏。整个江户的军事设施在效能和力量上都已衰落；实际情况是，江户宅邸的金碧辉煌掩盖了居住其中的那些人的软弱无力。

大名保有的屋苑规模不再受到限制。在以往年月，大名们必须考虑他们能够随身带往江户的人数，所以他们的宅邸不必太大；那时，他们对自己显然有一个适当的限制。他们说大名过去曾经相当注意自己带来的人数，因为如果他们随从的队列太大，可能就会在他们自己的城下町造成混乱；同样，藩国也会因发生的费用而招致麻烦。但是如今，虽然设施大过以往的5倍或 64

10倍，虽然建筑物富丽堂皇，待在这些宅邸里的武士却柔弱无力，他们大约只相当于以往武士力量的五分之一甚至十分之一。因此，如今人数虽多，按实际力量计算却比以往还要小。大名为参觐交代制度而随身携带的全部力量更小了，他们在江户得到的补助也更少了，只有更少的马匹，更少的武器，以及更少的马匹装备。由于这些数额的缩减，他们的生活方式，一个十万石的大名还赶不上以往年月的一个五万石领主，一万石的大名相当于以往的五千石大名，而一千石的大名则大致相当于以往的五百石大名。[1]

警觉性、勇气、忠诚，以及祖先的仪式都已被弃之不顾：武士已经变得像是女人，像是商人，或像是劳工；他们大多数都既不懂得羞耻，也不履行职责，十中只有二三尚在坚守信念。

江户、大阪和京都的生活充满诱惑与光彩炫目，这些城市都作为"天领"的一个部分处于幕府的控制之下，沿着国道和沿海水域运行的延续不断的物品流通供应着这些大都市，使得它们成为私人游玩和快乐旅行的诱人目的地。日本国内旅行的情况虽然曾在17世纪90年代使在日本游历的恩格尔贝特（Kaempfer，一位德国博物学家和医生，17世纪90年代来日本游历两年，留下的手稿于1727年出版。——译者注）感到震惊，但直到19世纪初期道路和驿站比以往更为完备，国内旅行才逐渐发展起来。封建领主们对这种情况的考虑很是狭隘，他们认为：一个旅行者，除非他为这座城市带来了货物，否则就是不务正业，没有成效。到19世纪初，大多数藩国都在制定法令，反对任何能够嗅出为了取乐而旅游的味道的事情。对于旅行来说，唯一可以接受的理由是出于宗教或医疗的原因。一个人可以是某个例行攀登富士山的团体的成员，可以前往一个又一个庙宇做朝圣环行，甚至偶尔也可以加入前往伊势神宫的众人漫游。虽然无须怀疑众多选择这些路线的旅行者中的大多数人的真挚和坦诚，但封建领主们或许还是得到了充分的规劝：当他们通常按律行事之时，就像盛冈在1813年所做的那样，要注意"这些日子以来，许多请愿允许访问畿内神圣场所的人实际上是想去观光"。[2] 1830年，

---

[1] Buyō Inshi, *Seji kenbun roku*, ed. Honjō Eijirō and Takigawa Seijirō (Tokyo: Seiabō, reprint, 1966), p. 96.

[2] Yokoyama Kazuo, "'Han' kokka e no michi," in Hayashiya, ed., *Kasei bunka no kenkyū*, pp. 102-9, 该文谈到了"旅游文化"的兴起，还提供了许多意在加以限制的插图。亦见 Carmen Blacker, "The Religious Traveller in the Edo Period," *Modern Asian Studies 18*(October 1984): 593-608.

伊势朝圣之旅十分红火，估计当年约有 450 万朝圣者在 3 月至 8 月间朝拜了伊势 65
神宫，这场宗教热情的大爆发几乎造成了法令规程的完全崩坏，对于许多人来
说，这是一次由家族和政治责任通往个人自主的仪式和典礼。

在正常时间里，各藩的限制措施可以通过颁发留有个人"手印"的通行证来
限制旅行时间（例如在冈山：男人为 20 天，男孩为 10 天；妇女为 15 天，女孩
为 7 天）。但是在群众热情高涨的时期，旅行者们会悄悄离开村庄并越过检查站，
在他们经过的路途上依赖于沿途村民的慷慨和大方。"守规矩"旅行者数量也在
增长，他们随身带着旅行账簿和旅行指南，这些指南上描述着各地的膳宿、食
品、风景以及风月场所。随着旅行指导手册的流行，出现了由受欢迎的艺术家所
绘制的风景名胜图片。沿着几条主要国道，特别是东海道旅行的经典图录，很快
就在日本国内被公认为杰作，并在这个世纪的其后时间里受到西方收藏家的极大
好评。[1]

大城市，特别是江户，成为来自其他地区的旅行者们所欢迎的目的地。作为
一种便宜小册子，印行旅行指南的传统开始于 17 世纪，它按照日本假名表的顺
序印刷，使得城市的著名景观为普通旅行者们所了解。京都是被纳入这套旅行指
南的第一个对象；京都的 400 座寺庙，加上城市周围的 3000 多座神社，具有不
言而喻的吸引力。到 17 世纪中期，旅行指南标出了京都的 88 个处所，随后又标
出了超过 300 个处所，作为这座都城最值得注意的景点。同样的旅行指南也有描
写大阪的，记录着商人的特性、地方的物产，以及妓院和艺伎；很快，艺术家的
技巧就被添加到了旅行指南的说明上。到 19 世纪初，江户也在流行小说和旅行
指南中声名鹊起。随着地方性的较小中心城镇成长得不够尽如人意，大城市的都
市吸引力开始再度显现，尽管城市本身默默无言，却使其他地方的人们心向往
之；也就是说，城市文化逐渐具有了全国性的特征。读写能力的增强、旅行在全
国范围内的扩展，以及各地之间生气勃勃的经济交流，已经改变并连接起了德川
时代初期尚处于分离状态下的各文化区域。

趣闻和传说强化了 3 个大城市，即所谓"三都"的个性特征。京都以它的河 66
流、蘑菇、庙宇、女人、纺织品和豆腐而闻名；大阪出名的是它的船运、护城河
及桥梁、清酒、行会，以及石料和树木；江户则以它的水产品、各地大名的宅

---

[1] Blacker, "The Religious Traveller."

邸、洋葱和尼姑引人注目。京都以它勤勉小心的工匠和商人闻名，大阪著名的是它的工艺品和吝啬成性的商贩，江户引人侧目的则是那里的武士对节俭漠不关心，这种毛病感染自江户的商人，并导致武士们破产。每座城市都有不同的人口构成：京都是它的能工巧匠、皇家朝廷、寺院僧侣，以及私人学者和医生；大阪是它的豪商巨贾，这里的护城河沿着货栈延伸，各地大名用船只运来余粮，把粮米交付给他们；江户则是它的武士群体。虽然大阪和京都名义上不准统治阶级进入，但武士们的兴趣实际上无所不在。即使他们自己不能进入这座城市，却仍有86个大名在京都维持着他们的站点，以便得到西阵织工生产的丝绸，也有许多大名派代表驻扎大阪，因为这对他们的债务问题至关重要。[1] 但是江户却很特别。到19世纪时，江户已经变成日本的聚会中心，在旅行指南中声名卓著，在商业手册中也得到了系统介绍，这些书籍为那些必须与武士阶级的客户打交道的商人们列出了各地大名的纹饰、旗帜、收入以及在这里居住的日期。

江户城市的发展长期应对着外来移民的增长，但到19世纪，新来者的浪潮已经放缓，在江户出生者正在数量上成为同乡群体中间值得注意的现象。（拜人质抵押制度之所赐，在这种制度下，大名家庭及其嗣子必须呆在江户，以致长久以来大多数大名都出生于江户。）所谓"江户之子"，即江户的孩子，意指这样一种城市平民，他们的双亲也都出生于这座城市，有点时下流行的小聪明，他们的人数约占到江户人口的一成左右。对一个前近代的、劳动密集型经济来说，来自农村地区的新成员继续履行着种种必要的服务功能，诸如门房、送信、小贩、巡夜，等等。不过，"江户之子"还会成为许多流行小说通常的关注焦点。此时小说的重点，已经较少关注曾在18世纪的风流韵事中充当主角的市井纨绔子弟的口味，而更加重视表现城市平民无礼且自信的生机与活力。对于已经成长起来的市民阶级来说，不再向武士阶级谄媚奉承，可能也证明了武士阶级的贫穷困顿、繁文缛节和自大浮夸。"斩り捨て御免"，即武士具有杀死一个无礼平民的权力，在这座城市里已经成为过去。江户的町人（即城市平民）认为自己与同时代的武士对这个国家来说具有同等的重要性，他们还认为自己要比其他城市的平民优越，因为自己身处这个国家的政治和经济中心。江户的生活费用也许比京都和大

67

---

[1] Donald H. Shively, "Urban Culture," 该文为提交给1981年在伦敦举行的"江户文化及其现代遗产"讨论会的论文。

阪要高出一到两倍；在江户迷宫一般的商业场所租住一个前店后坊的住处，可能就要耗费一个能工巧匠的大部分薪金，但是，"江户之子"对于他们的地位和价值却相当自信。[1]

通俗小说，便宜的木板印刷品，以及每日的流言，使得剧院里和娱乐界的丑闻引起了全体居民的注意。即使仅仅因为读写能力对于日常生活和事业进展必不可少，那也可以说，在全国城市中，江户居民的读写能力最高，学校也最为普及。R. P. 多尔估计，到德川时代晚期，"大约有超过 40% 的日本男孩和大约 10% 的日本女孩正在他们的家庭之外接受某种形式的正规教育"[2]，而江户受教育男女的比例可能比其他地方的数据更高。如果江户的生活费用很高，这里的生活水平也就较高。《世事见闻录》的作者武阳隐士写道，在他那个时候，父母们都在变得过于自负，以致不会让他们的女儿外出帮工；即使那些帮佣的女孩，衣着也不比她们的雇主穿得差；而且父母们还会继续支持她们学习适销对路的艺术和技能，希望能使她们得到适当的，或至少是花费无多的工作。城市里的生活包括高标准的衣着，这意味着无限多样的款式和织物，还有丰富繁多的喜好。食物也变得更为多样化了，各色各样的面条和海味佳肴开始接近现代的标准。首都的生活在节日庆典的频率和规律性上也是不同寻常的。当这些阴暗的、群生着卑劣事物的、从事卖淫的半违法"恶所"（邪恶的场所）可供使用时，或每日经历的嘈杂喧闹与总是居住在这个城市的百余个大名中的一个发生联系时，便给予江户的生活因个人的嗜好而各不相同，而江户的居民则对此引以为荣。

比旅行指南更为重要的，是那些虚构小说的出版商所流露出的设法诱导读者趣味的意图。在江户的居民中间，对读物有一种满足不了的渴望，他们着迷于出版商所提供的任何一件东西。读写能力的普及和印刷成本的降低，连同木版雕刻 68 技艺的进步，使得以本土假名所写的书刊成为城市平民力所能及的读物。式亭三马（1776—1822）偶尔说起送个男孩去书店当学徒的故事，他自称故事来源于他在公共浴池里与别人的闲聊，那些人的孩子早就在家里贪婪地阅读各种书刊。[3]

---

[1] 参见 Kitajima Masamoto, *Bakuhansei no kumon*, vol. 18; *Nihon no rekishi* (Tokyo: Chūō Kōronsha, 1967), pp. 264-265。

[2] Dore, *Education in Tokugawa Japan*, p. 254.

[3] Dore, *Education in Tokugawa Japan*, p. 111; and Robert W. Leutner, *Shikitei Sanba and the Comic Tradition in Late Edo Period Popular Fiction* (Cambridge, Mass.: Harvard University Press, 1985). 还应注意一位母亲的评论，"如果你有两个儿子，最好的境遇就是把较年轻的那个过继给别的家庭作继承人，难道不是吗？"

虽然如此，但就全体而论，对于大多数人而言还是羞于允许拥有图书的公共场所的增加。最简单的"假名草子"（以假名书写的书籍）的版本，可能会销到多达7000份复制本，但是对于那些主旨深奥和装帧讲究的作品而言，销量多少则要依赖于出租书籍的图书馆的扩展。

　　幕府的规则记载了1716年京都允许成立一个图书租借行会的情况。到18世纪末，这种租借图书的店铺在江户和各藩已经随处可见，各处的阅读公众还能从背上驮着书箱的流动书贩那里得到他们想看的书籍。泷泽马琴，也许是最伟大和最成功的长篇读物（"读本"）作者，记述说他的读本甚至在边远的佐渡岛上都有人借阅。江户有大约800家租借图书的店铺（"贷本屋"），文化年间这些"贷本屋"被组织成12个行会，他们每次租借图书的周期是15天。假设每年大约24个租阅周期都能得到充分的利用，那么750本图书可能就会达到19200人次的读者。[1]为图书所做的序言经常表明，作者们瞄准的正是这些租阅读者人群。

　　出版商与图书作者密切协作，以求方便地定期推出新的书籍，而连载的章节也必须按时准备就绪，以防止市场趣味的摇摆。读本的章节有一个15天的创作周期，但"人情本"（写风流韵事的图书）需要的时间更短，只允许3天的时间。在这种压力之下，一个成功的作者多是一个生产团队的核心，身边有数目不等的助手和雕版师傅来完成收尾工作和插图说明。泷泽马琴在日记里记述了他和山东京传可能是接受定期付款形式的第一对作者，与此前仅送些表示感谢的礼物，或举办感谢宴会的常态做法形成鲜明的对照。当然，像为永春水和十返舍一九69 （1765—1831）等人，他们也都是极为成功、多产和富有才华的（泷泽马琴写道，他们创作的图书甚至连大名们都在阅读）。[2]作者们也必须小心谨慎。山东京传在宽政年间受到的惩处，在天保改革中又落在了为永春水头上，这告诫人们必须时刻对审查制度保持警惕。这也对作品内容产生了影响。由于不可能讨论时下的事务、从其他国家传来的消息，以及过往未久的历史，所以作者们被限制在一些粗

---

[1] Ekkehard May, *Die Kommerzialisierung der japanischen Literatur*, p. 55; 亦见 Peter F. Kornicki, "The Publishers Go- Between: Kashihonya in the Meiji Period," *Modem Asian Studies* 14 (1980): 331-344; Konta Yōzō, *Edo no hon'yasan: kinsei bunkashi no sokumen* (Tokyo: NHK Books no. 299,1977).

[2] 也许，存在最久、最为有名的"滑稽本"是十返舍一九的《东海道中膝栗毛》（东海道上的步行游记）。该书出版于1802年至1822年间，后被译成英文。参见 Thomas Satchell as *Hizakurige or Shanks' Mare: Japan's Great Comic Novel of Travel and Ribaldry* (Kobe: 1929 and subsequent reprints). 亦见 Donald Keene, *World Within Walls: Japanese Literature of the Pre-modem Era, 1600-1867* (New York: Holt, Rinehart and Winston, 1976), pp. 412-414.

俗下流和稀奇古怪的题目上。式亭三马在作品中开发出了江户日常生活里的市井幽默，这些作品是在公共浴池流言蜚语的环境里产生的。这些幽默并不精巧微妙，而是由情境所生，就像常常成为十返舍一九作品中主人公的那些闲逛的市井混混的情况那样，或是怂恿别人进入装满滚烫沸水的浴缸，或是向路边小旅馆里的女郎大献殷勤。所有这些都是高度商业化的。通过在编后记中许诺作者们将会提供更为扣人心弦的下文，出版商们竭尽所能地保持读者们对于续集的关注。较小的版本，比如80mm的，其次是84mm的，《水浒传》的日文译本就是以这样的版本发行的，这提供了另一个降低风险和持有一批类似出版物的方法。难以觉察的广告经常与文字相伴相随，例如山东京传为他的烟草店所做的广告，为永春水为图书所做的广告，以及式亭三马为医药所做的广告。

这种讽刺性的、因情境而生的幽默，尽管缺乏深度，却还是能被视为对江户社会中的过度紧张和种种限制的一种回应。它颠覆了常态，却接受了教科书中关于责任和道德的陈词滥调，而城市平民们正是从这些教科书学会阅读的。山东京传、式亭三马、十返舍一九，以及其他作者描写了一个充满了喧闹笑声、肉体放纵和粗鲁举动的世界。式亭三马的公共浴池的老顾客，是一群衣冠不整、满身疥疮、浮夸自负、随意辱骂并粗野无礼之人。他们所生活的是这样一个世界，人们把生命耗尽在狭隘的住处，而他们只许居住，也只可能住在这样的住所里。在这样的社会里，追求肉体的狂欢通常要优先于关心理智和精神的健全。

曲亭马琴（1767—1848），至今所介绍的人物中最为重要的一个，列举了占据他大部分生活的商业、旅行，以及已被描述过的所受挫折的主题。具有武士血统的曲亭马琴，辞去了他本可得到的委任和收入，以便成为一个职业作家，不料竟会奉献他努力创作的产品为他儿子投身明治维新筹措经费，在他儿子死后，他的孙子又重获武士身份。虽然作为一个"黄表纸"（照字面意思是"黄色的封面"，这是一种有插图的故事读本，以其幽默、反讽和讥刺而著称。这种"黄表纸"读本与山东京传关系密切，他甚至在宽政改革时期戴铐50天的情况下，仍为他的良师益友写作读本小说）作家，曲亭马琴取得了相当大的成功，但他实际上看不起轻佻文学，而热切希望将他的精力集中在严肃的素材上。他的"读本"依赖于儒学的价值标准和中国的判断惯例，通过创作德川时代之前一系列高尚、无私的忠勇战士来赞美日本的武士传统。曲亭马琴生涯的重大事件之一，是一次前往京都和大阪的观光旅行，他把这次经历详细地描写在一部游记里，其中充满了对食物和女人的成本和质量的评论。他时常出入于江户的文学艺术社团，结识了兰学家杉田玄白，并在调查研究"蛮语"时请求杉田玄白的帮助。他也与画家渡边华山熟识，但是当1839年渡边华山在扫荡西学的风潮中遭到清洗时，曲亭马琴却显得很明白事理，并未与渡边华山站在一起。

曲亭马琴最成功的作品是他的杰作《南总里见八犬传》，他为此一直从1814年写到1841年。书中描写被围困在城堡中的大名里见义实，允诺将其女儿伏姬公主嫁给任何能够夺取敌人首级的人，随之便陷入窘境，因为他的义犬满足了他允诺的条件。大名的一个家臣急切地想要把伏姬从这个奇怪的联姻中解救出来，他误杀了伏姬，这时，8颗念珠，每个都代表一种儒学的美德，从伏姬的腹中出现并升到了天空随即四散而去。后来这8颗珠子分别依附于8名武士，带领他们共同拯救了里见家。曲亭马琴对已经销声匿迹的往昔武士荣誉的招魂大受欢迎。1837年，饥荒日益深重，书商以很少数量印行了该书的一部分章节，结果引起成百上千未能购到者到处寻找，要求书商提供更多的图书。

不过，曲亭马琴需要金钱，以便满足其孙子尚未得到满足的提高武士地位的愿望。1836年，他颇有几分不情愿地同意举办一个在他那个时代相当普通的答谢晚宴。他坐在轿子里在城中到处奔波，散发请柬，并为宴会几乎包下了一家大饭店。结果，这次宴会成为一场诗人、艺人、出版商、艺术家、作家、制版工匠、雕版师、图书和租赁行会代表，以及政府官员的聚会，用去了1184份餐点。来宾带来了礼物，答谢他们所受到的招待，这使曲亭马琴的资产状况终于安全无
71 虞。虽然如此，他的烦恼仍未完结。1841年，当水野忠邦以一系列与半个世纪前的松平定信改革相类似的措施揭开了天保改革的幕布时，曲亭马琴长期极受欢迎的小说几乎成为一个应予惩罚的适当靶子，而无论这些小说的内容如何。一个昌平黉儒官实际上建议取缔《南总里见八犬传》，但经过适度的劝说，结论是该书唯一的错误在于几个会产生异议的插图。逃过了这一劫的曲亭马琴，把他剩余的时光都致力于完成他的巨著。在双目失明之后，他终于被迫只能向他的妻子口述，最终他还是完成了这部世界上最长的小说之一的作品。然而，所有这些都是徒劳：他20岁的孙儿，终于成了一名武士，却只比他多活了仅仅一年。[1]

---

[1] Leon M. Zolbrud, *Takizawa Bakin* (New York: Twayne, 1967).

农村：增长，盈余，以及管理的难题

　　在 19 世纪初的数十年里，日本农村仍然保留着德川时代早期的单色特性。在大多数村庄里，都有一到两座坚固的建筑物标示着地方精英的存在，要么是"豪士"（乡下的武士），要么是"豪农"（富裕的农民）。有这样一些人，他们的影响和做派使得儒家学说的政治经济学家心烦意乱。他们的财富、读写能力，以及与地方当局的关系，使得他们无论是在村庄学堂的建立、村民舆论的表达方面，还是在村庄活动经费的提供方面，都成为天生的领袖。在他们风化灰暗的住宅之外，凸现着墙上涂以灰泥的仓库；高大挺拔的常青树木，占据着他们小小的庭院。同样明显的是，这使得他们的住宅成为村民的愤怒偶尔爆发的目标：在这样的时候，仓库、松木和存放清酒的大瓮，都可能在民众变得不守规矩之后被毁于一旦。尽管这样的事件时有发生，但总的说来村庄还是了无生气的。《俭约令》揭去了屋顶的瓦片，没有剩下多少装饰物，几乎没有窗户、移门或花木。

　　在某种意义上，"化政时代"，就像文化—文政年代经常被叫作的那样，是以富足的收成、松平定信的严格限制措施得以缓和，以及物质财富和文化艺术在大城市中心区开花结果而著称于世的。与欧洲这几十年间的动荡不安相比，或与满族的势力在中国的缓慢衰减相比，日本看来经历了一个喘息的时期。各藩的学校比此前任何时候都更快地建立起来；私塾学堂像雨后的蘑菇一样遍及各处；一千多所面向平民的教区学校（"寺子屋"）也层出不穷。像亨德里克·通布和菲利普·弗朗茨·冯·谢尔伯德这两个热心人士一样的欧洲观察者，这几十年正在日本游历，满怀钦佩地述说着他们所看到的秩序安定和社会繁荣。当时的艺术家、著名的葛饰北斋（1760—1849）和歌川广重（1797—1858）通过他们的绘画技巧和浮世绘印行的数量而家喻户晓，也留下了记录农村平和而欢快景象的画作，此后这些画面一直吸引着各处的旅行者。

　　然而，历史学家们却对这一时期的社会和经济状况提出了大量质疑，指出了表面上平静的生活所掩饰的真相。如果 18 世纪日本的主要事实是城市的发展可能造成了商人力量和影响的增长，那么，19 世纪的日本政府则依旧为此而感到苦恼，因为他们意识到类似的商业主义正在整个农村地区，特别是大阪、江户等大城市附近发展起来。商业主义的伸展伴随着村庄中财富分化的加剧，伴随着农民对于地方政府更为敏感的反抗，伴随着由于幕府和大名试图保护和控制价格与分

72

配所导致的农村和都市之间关系的紧张，也伴随着幕府和各藩之间关系的紧张，因为幕府抛出了自己的应急措施以回应经济变化的趋势，却未能尊重各藩和大名的意愿。

德川时期历史的主要事实是，幕府在它统治的两个半世纪里始终没有能力改善弊端重重的政治控制。通过接受自己作为最大封建领主的角色，幕府放弃了自己设计一种更为合理的中央集权架构的可能性。与此同时，它的政治控制，以参觐交代制度为中心，导致了市场经济中越来越大的集权化管理。随着只对大都市负责而不是重视那些支撑着这些城市的地区，幕府不得不面对经济集中化的后果，而未能以有效的措施对资源配置和控制做出回应。此外，16世纪时将武士与土地分割开来的政策，也使得幕府牢固控制农村地区的设想变得不切实际。德川统治初期相当正确的地籍登记，继续提供着大名们礼制和服役义务的基础，而经济的长期增长，已经使这些变得陈腐过时。在一块处于和平时期的土地上，礼制和身份构成了政治关注的中心，这些方面的重新组合将会造成种种反响，足以与同时代的民主社会里密切关注立法机构中席次重新分配的影响相比。而大名们自己也很少比幕府更为幸运。那些被迫将领地割让给德川幕府胜利者的大名，如今拥有的武士已经为他们的城下町所难以容纳；萨摩藩将这些武士分散于领地各处并保持着封建的管理体制，一直延续到19世纪。与此相反，幕府和它最主要的诸侯们曾经历过一次领地的大量增加，而在人力资源上却没有相应的增加。因此，大城市的周围，最为商业化，最有生产力，还有最少的守卫，在谈判转嫁税收和形成垄断方面有最好的手段，成了最少"封建性"的区域。于是，在政治首位与经济依靠之间，在政治合理化与传统分散化之间发生了分裂。一种以稻米为基础的税收，用一种粮食税收入支撑着一个政体，当好的收成带来稻米降价的年份，这种税收制度就会发现自己处于不利地位。"化政时代"证明了这一点。

作为民族主义表现的隔离措施的强化，对经济思想和政策产生了额外的冲击。18世纪晚期，日本的一些作者曾经设想过新经济措施的可能性，认为这将会促成生产能力的扩张和增长。欧洲的书籍对于本多利明和其他"经世家"这样的作者来说具有很大影响力，就像这些政治经济学家们自己所称的那样，这是一种措施的革命，可能会带来生产力的增长和公众福利的增加。不过，在松平定信的改革中具体化了反对这种创新的决策，他根据传统规定了强制隔离的措施，以此为标志，表明了在现存制度下生产力总体水平所可能具有的上限。结果是似乎任何部门的增长都只能以其他部门作为代价。就像那些武士评论家们所看到的那样，农村的福祉，尤其是丰裕，只能意味着村民们取得了比他们的份额更多的部分，意味着武士们居住的城市变得贫乏。如果是这样的话，那么规划就要求采取措施，以从武士那里拿回属于农民的东西，并将商业冒险保持在授权经营的渠道内。这种意见影响到了村庄内的斗争，农村和城市之间的斗争，有时还是各藩与幕府之间的斗争。这种错误的推测是某种在分析家的视野中长期缺席的东西：无论是明治时期的历史学家还是 20 世纪的经济决定论者，都同样倾向于接受一种隐含在幕府规划者行动中的关于晚期封建秩序潜能的令人沮丧的观点。不过，最近的分析家们通过分析人口学的统计资料，掌握了在 19 世纪开始时，长时期停滞不前的经济再次开始缓慢发展。此前落后的地区开始分享城市所在的平原地区较早时所经历过的经济成长。一种生产力增长的新趋势在化政年间开始发动，并持续到了明治时期。[1] 然而，同时代的人并未感觉到这一点，他们的认知基础仍是粮食和物资的固定总量，并依此行事。

74

人们已经观察到，在社会高层之下，阶级和身份的界线比从前更为模糊。由于教育变得更为广泛有效，不可避免地会造成以能力来寻求回报，而且有时确实会获得回报。大多数武士所握有的由世袭的薪金和禄米构成的固定收入，使得武士身份对于有才干的青年人来说很难令人满意，但与此同时，政治和地位的额外津贴又使得武士身份对那些想要通过捐赠成为武士养子的商人很具吸引力。武士家庭认领养子，以及部分武士放弃身份的情况频繁发生，这已受到了广泛关注。许多当时人对于武士的军事能力做出了令人气馁的估计；这将需要世纪中叶的民族危机来重新唤起勇士的精神。对于许多人来说，只有通过取消固定不变的社会地位的限制，才有可能实现他的雄心壮志。歌川广重，一个在箭术上颇有造诣的津轻藩武士的后代，成了江户城中消防队的一员。他很快就把自己在消防队里的职责传给了一个儿子，以便自己能够集中精力于喜爱的艺术。同时，很多平民也发现，购买武士的身份是可能办到的。

身份安排上的这种灵活性，也许显得对许多人都很便利，但传统主义者却认为这可悲可叹且令人担忧。我们已经引用过武阳隐士在他的《世事见闻录》中对大名和武士生活方式所表达的不满，接下来他又把矛头对准了农学家。他描写了

---

[1]　Nishikawa Shunsaku, *Edo jidai no poritikaru ekonomii* (Tokyo: Nihon Hyōronsha, 1979).

农村在富人和受剥削者之间出现的令人吃惊的分化。富人们似乎忘记了他们的合适身份：

> 他们的生活像城市贵族一样奢侈。他们的房屋与那些普通人房屋的不同犹如日夜之别，或云泥之别。他们给房子建造了最具规模和最富丽的大门、门廊、横梁、壁龛、装饰屏风和书房。有些人拿钱给官府，买来了佩剑和使用姓氏的权力……他们转着华丽的服饰，不时在诸如婚礼、庆典和葬仪等公众场合模仿武士的作风和样子。[1]

作者强调的是人们对于身份地位的可悲的漠不关心；他认为一个秩序井然的社会，而这个社会是曾经存在过的，应该建立在身份地位的基础之上："领主以美德教养民众，而民众则通过缴纳收获的谷物和绝不背离'人生'戒律来尊敬领主。"[2] 但是，随着这个社会的破裂，"百人中五十人"在抓住机遇改善自己的处境，却以其余的50人作为代价，某些人会让自己逢迎官员，在确定税额时收买官员，以使税额估定以他们最糟的稻田为基准，从而迫使其他人承受更沉重的负担。农民已经变得喜好争讼，常将各种判定提起上诉，受到一点点激怒就会向法庭寻求解决。[3] 穷人忍受着越来越多的压迫，没有任何依靠，只能离开村庄迁往城市；一旦离开了农业，他们就再也回不去了。村庄里的富有人士不仅导致了武士的贫困，而且贫困还正在驱使人们去犯罪。少数人的幸福是以多数人的不幸为代价才达到的。并不令人吃惊的是，这种情况在大城市附近表现得最为明显。江户附近繁荣的农民会毫不犹豫地前往法庭，他们也不再对地方官府存有丝毫敬畏。

必须承认，有证据支持这种关于19世纪中发生社会分裂的观点。数十年后一些村庄耆老对领主要求额外借款的反应，显示了这种社会瓦解所达到的程度。1856年，一个拥有价值700石俸禄田产的旗本向属下的村庄索取金钱，3位村民领袖在回应中挑战他的要求的正当性，要求他证明他确实需要并理应得到这笔额

---

[1] Nishikawa, *Edo jidai no poritikaruii ekonomii*, p. 100. Noted also by Thomas C. Smith, *The Agrarian Origins of Modern Japan* (Stanford, Calif.: Stanford University Press, 1959), p. 176.

[2] Buyō Inshi, *Seji kenmon roku*, p. 125.

[3] Buyō Inshi, *Seji kenmon roku*, p. 108. See also on this point, Dan Fenno Henderson, *Village "Contracts" in Tokugawa Japan* (Seattle: University of Washington Press, 1975), for discussion and examples of justiciable arrangements in the late Tokugawa decades.

外款项。村民的声明指出他从未做过努力缩减开支，他正在供养的一个兄弟是个"好逸恶劳的懒汉"，他役使的女仆和男仆也超过了他的需要。这些村民领袖威胁说，如果旗本不立刻整治好他的家庭，他们就不会再为他做事了。[1]

1816 年时，事情可能尚未达到这种程度，但是在武阳隐士心中几乎没有怀疑，事情正在朝这个方向发展。他满怀渴望地回顾了松平定信改革的精神，感到在自己的时代，社会里找不到一点安慰。他的悲诉转而成为对商人财富的抱怨、对舞台上和书本里的通俗娱乐所造成的花费和使人堕落的效果的指责。在结尾处他哀叹，封建秩序虽然明显是个极好的制度，却正在被奢侈享受和盲目迷信所颠覆。佛教僧侣也在武阳隐士的攻击范围之内，他也批评了京都城市的形象，认为这座城市不事生产的奢华和自命高雅的虚荣做作，是一种特别的毒药。换句话说，《世事见闻录》提供了一幅当时日本的画卷，这是那些自我形象受到社会变迁不利影响的人士对这种社会变迁的耳闻目睹。

我们应该感谢许多当时人所感受到的各种不同证据，这些证据表明，经济变化的达成不仅建立在经过认可的销售渠道发生转移的基础之上。关于经济管理和经济增长的书籍是这一时代的重要产品，并在文化和文政年间得以大量流通。大藏永常（1768—1856）在关西和关东地区广泛游历，记下提高棉花和水稻产量的方法，并鼓励植桑育蚕。他充当了一个私人评论员，同时也担任着几个大名的顾问。他主张派出专家深入乡村，留出地块进行实验，以便给予农民机会，亲眼看见新耕作方法的效果。这样就能够说服那些村庄的领袖们，并通过他们去教育和劝说其他人。大藏永常和其他作者强调，农民家庭的收益——这恰好是《世事见闻录》中所严厉谴责的——将会激励他们的读者。显然这些新技术将会最直接地使有才能和有力量的农家受益，而大藏永常也记述了广大农民劳动的节省和收入的增加。换句话说，像他这样的农学家们，并没有接受那种官方道德说教者感到欢欣鼓舞的农业生产力的固定统计数据。随着读写能力在平民中的普及，这类作品随着那些背上驮着书箱的流动小贩和出借图书者的走村串户而广泛流传。一本

76

---

[1]　参见 Kozo Yamamura, *A Study of Samurai Income and Entrepreneurship* (Cambridge, Mass.: Harvard University Press, 1974), pp. 47-48.

关于养蚕业的图书第一版就印行了 3000 本。[1]

77　　　这种材料在日本大城市附近的流传非常有规律，而且随着创作这些书籍的人们到处旅行，他们在许多地区都有了读者。虽然如此，在关西、关东平原地区农村精英的心悦诚服与其他地区较为严酷的条件所允许的态度之间，还是有着巨大的差别。例如，在九州肥后藩的沿海地带，并不缺少商业化生产，但村庄层级的形成，更多的却是由于低地稻田优越于新近开发的高地和边缘地块。村务委员会由那些拥有较长时间稻田的人支配。18 世纪时，该藩开始以出卖武士佣金作为增加收入的一个手段，而富有的农户能够以此改变他们的法律地位，作为并无多少价值的固定薪俸的交换，尽管这种身份可给他们带来佩刀和拥有姓氏的权力。19世纪，企图获取这种身份转换的行为并未给人留下深刻印象，文化年间只售出了 30 次，而文政年间也只有 30 次。然而，这里并不缺少商业化的发展。通过建立一家存储处，该藩的行政机构发展起一个银行系统，发行存款凭证，提供贷款，储存商品和承诺期货。1802 年，藩库中令人绝望的货币短缺使其不可能偿还藩的债务，造成了债务人和债权人信心的崩溃，从而引起了一场骚乱，位于城堡场地的"银行"建筑"遭到数以百计民众从早到晚的围困，他们试图尽可能地挽救他们的损失，甚至设法以他们的方式强行进入'银行'"。[2]该藩官员通过公开焚烧存放的物资，明确表示将毫不客气地对闹事者采取行动，才终止了这场骚乱。次年，该藩又试图恢复它的声望，想把征税估值制度从一年一检改为平均税制，并使用之前 30 年的数据作为估值的基础。这引起了一波新的抗议声浪，如今是由农村的领袖们所领导，他们大概是害怕这种固定税将会导致缺乏灵活性。也可能，他们是担心将要进行的纳税调查会造成新的税率。这在该藩是很盛行的。

　　　情况正在恶化，领主权威正在加强，这在熊本藩比在大城市区域表现得更为明显。来自城下町的税务稽核人员的造访，具有极为吹毛求疵的性质。穿着正式

78　礼服的村庄耆老们，用精心准备的饭菜殷勤接待这些税务稽核人员，希望能够软化他们苛刻的要求。在丰收年景里，卫兵们配置在所有道路上，以确保没有人能

[1] Thomas C. Smith, "Ōkura Nagatsune and the Technologists," in Albert M. Craig and Donald H. Shively, eds., *Personality in Japanese History* (Berkeley and Los Angeles: University of California Press, 1970), pp. 127-154; and Iinuma Jirō, "Gōriteki nōgaku shisō no keisei: Ōkura Nagatsune no baai," in Hayashiya Tatsusaburō, ed., *Kasei bunka no kenkyu* (Tokyo: Iwanami Shoten, 1976), pp. 397-416.

[2] Heinrich Martin Reinfried, *The Tale of Nisuke* (Wiesbaden: Harrassowitz, Studien zur Japanologie Band 13,1978), p. 189.

在未经许可的情况下离开村庄；当税米被交付给官府时，村民们引领驮马的队列必须准备好接受严苛的质量检验过程。

这种关系的紧张是一位武士官员关注的主题，1803 年，由于一次虚构的讨论，他记下了村民们的苦难与艰辛。这次讨论，被称为"仁助的故事"，参加者是一名当地官员，一名富裕的乡民，一名乡村医生和教师，还有两名普通的农夫，他们成为那些聪明的同代人指导和教训的对象。三个有地位的人在一点上有强烈的共识：佛教僧侣代表着懒惰、浪费和迷信。不过，他们强调说，农民仍然无论什么风险都承担不了，连超自然力的介入也可能给他们带来凡人的不幸。作者记述了村民们对领主植树造林政策的抵抗，以及设法减轻从松柏类植物流出的有毒物质将会污染他们稻田的恐惧。他试图向他们保证平均税是公平的，并解释了平均税的可行性。但他不得不承认这个制度的其他方面是有害的：征收产量税的贪婪官员，以及利用村民的危难以毁灭性的利率提供附加贷款的官员和商人。

虽然如此，但对之加以一般概括还是困难的，因为在一个分成数百个藩国的日本，地方差异无可避免地极为巨大。在本州岛西北部海岸的庄内藩，存在着相当多的藩内反差。原有的土地税很轻，该藩的精英们对此亦表赞同，而更多新近开垦的土地则要负担重得多的税率。商人的财富变为地主的财富，到 19 世纪早期，本间家族占有的财产具有了一种性质，使得提供大量贷款给该藩政府成为一种定期的行为。[1]北部日本——盛冈藩和津轻藩——也许是所有藩国中商业化最不发达的。盛冈藩，尽管气候不适合水稻生产，却能使用它的铁矿、木材和马匹资源来平衡它的预算。位于日本中心地带的商人住宅的角色很是重要。早在 1716 年，就有一份记载说一个大阪商人付了 55000 两取得砍伐柏树的权利；而一份 1806 年的记载说，只在一个地方就几乎收获了 700000 株树木。[2]该藩努力得到附加税收入，因为该藩处于困境的农民经常得不到多少收成，这导致了一系列的农民造反。与商人资本的合作为行政管理的稳定提供了一条更好的通道。盛冈藩对进口商品课税和出卖武士等级身份，早在 1783 年，该藩就为出售武士身份

79

---

[1]　William W. Kelly, *Deference and Defiance in Nineteenth-Century Japan* (Princeton, N.J.: Princeton University Press, 1985), a close study of Shonai finance and politics in the nineteenth century.

[2]　Susan B. Hanley and Kozo Yamamura, *Economic and Demographic Change in Preindustrial Japan, 1600-1868* (Princeton, N.J.: Princeton University Press, 1977), p. 135.

的便利提供了一份价目表，从 50 两获得佩刀权，到 620 两获得全部武士地位。[1]
当然，这样的付款超过了大多数居民的能力，而且由于幕府迫使该藩出资防卫北
部疆域，盛冈藩的财政状况逐渐恶化。尽管如此，还是可以看到社会多样化稳定
发展，以及旧式奴役身份衰落的轨迹。经济史学家们发现了证据，名护藩最为贫
困的农业家庭所占的比例已有所下降。[2] 甚至在日本的东北部，当时人也在抱怨，
村庄里的奢侈生活与武阳隐士所写的关东地区的方式差不多。1830 年，一个盛冈
人写下了关于仙台的一段文字：

> 人们已经遗忘了正义的道路。如今每个人都在为了求利而工作。……在
> 一些村庄里，如今我们有了美发师和公共浴池。如果你参观人们的住房，那
> 你就会看到那里正在演奏长笛、三味线和击鼓。那些居住在租赁而来的住房
> 中的人、无地产的人，甚至连那些伺候人的仆役，都身着和服，手持和伞，
> 脚穿厚底短袜和木屐。若你在这些人前往庙会的路上看见他们，那你便会发
> 现他们穿得比他们的东家还要好。[3]

就连武阳隐士也不会表达得比这更好。

19 世纪早期，对这些趋势的加速产生了一些反应。一个反应是内在于村庄内
部的。在长期臣服于世袭的首领或只不过是定期轮换的首领之后，村民们开始要
求在选择他们自己的知名人士时拥有更多话语权。通常对这样一种要求的激励，
是由那些唯藩主或幕府当局马首是瞻的首领做出的，他们的行动或是迟钝笨拙，
或是谄媚奉承。在这个国家商业化程度更高的地区，一连串的要求和示威证明村
民们大体上拥有他们自己的办法。村庄办事处的首领越来越倾向于对村民的愿望
怀有某种程度的尊重，那些知名人士会对村民的生活和生计产生影响。[4]

另一个结果表现为村民示威和抗议活动的改变。在文化年间，整个日本平均

[1] Susan B. Hanley and Kozo Yamamura, *Economic and Demographic Change in Preindustrial Japan, 1600-1868* (Princeton, N.J.: Princeton University Press, 1977), p. 140.

[2] Susan B. Hanley and Kozo Yamamura, *Economic and Demographic Change in Preindustrial Japan, 1600-1868* (Princeton, N.J.: Princeton University Press, 1977), p. 156.

[3] Susan B. Hanley and Kozo Yamamura, *Economic and Demographic Change in Preindustrial Japan, 1600-1868* (Princeton, N.J.: Princeton University Press, 1977), p. 158.

[4] Kitajima, *Bakuhansei no kumon*, p. 240.

每年发生村民示威 16.6 次。文政年间数字稍微下降到每年 13.3 次，但抗议活动的性质开始发生微妙的变化，反映了村庄共同体内部的相互埋怨和紧张关系。这些示威活动，多半会以愤怒的人群焚烧或破坏有钱人富丽堂皇的住宅而告结束。一位饱受惊恐的当事人记录了这一幕。1815 年，退休以后的松平定信写下了这样一段话： 80

> 当农民造反到来之时，没有必要仅仅因为大量民众的卷入就忧心忡忡。他们对组头和低级官吏（役人）的欺压感到痛苦，从而起来抗议，这不是什么大不了的事。但是，当他们由于饥荒而濒于饿死的境地，从而决定与其饿死不如起来造反，并且攻击富人和粮商的宅邸，或是将一切付之一炬时，那就必须当心了。领主的政府越糟糕，他们的反抗就越强烈，因为这时他们把领主当作了敌人。此外，当长期存在着横征暴敛、流放他乡、强迫劳役和强制借贷行为的暴虐统治引发额外的抱怨之时，这些造反行动就会导致最坏的后果。[1]

乡村的紧张状态也能受到自治组织的影响。某种程度的青年组织（"若者组"或"仲间"）的成长，反映了面对中央政府和商品经济越来越多的入侵之时乡村自治的要求。这种组织已经开始作为村庄内部社交活动的媒介，但是在 19 世纪初年，它们也成为公共强制的代理人。它们要求额外的休息日，在这些休息日，村民不得下地干活；它们自我决定应该如何进行节日庆典；它们还力图保证以对歌舞伎演员和舞蹈家流动剧团捐资的形式，来统一公众对娱乐活动的渴求。

"若者组"也对公共劳役的服役责任进行评估。在日本的许多地区，在社区中达到完全成员资格的条件，就是加入这样一个组织。这些组织使用各种仪式、礼节，以及敬畏心理，来放大这一程序的重要性和隐秘性。19 世纪的农村生活处于一种紧张状态，表现为某种规范的公共格式与对家庭利益和财富积累的妒忌心理；而无可避免地是，家庭财产被放在了更为优先的地位。诸如救援遇难船只、防止火灾、运送税米、上山伐木，以及水利工程等公共义务的安排，都利用确保

---

[1] Sadanobu's *Kama hisetsu*, in Tsuda Hideō, *Tenpō kaikaku*, vol. 22 oiNihon no rekishi (Tokyo: Shogakkan, 1975), pp. 80-81.

公平和效率的原则，建立起各种组织。频繁从村庄山地和草滩获取收入的任务，被村社集会分派给"若者组"。有时，"若者组"也可能有他们单独和特定的土
地，以通过他们的劳作获取稳定的收入来供养自己。休息日的设置给予了"若者组"影响村社共同体的特别力量。一些地区的记载表明，一年当中分布着70个以上的假日，被留出作为休息日，任何违反这一规定而想去工作的村民都很有可能会为此感到后悔。[1]

这样一些风俗带来了村庄的青年组织与村社精英人物的冲突，有许多还造成了公共利益与统治当局的直接冲突。最终，一些中央政治权威人士厌烦了这些摩擦，决定对农村的青年组织加以取缔。[2]

收紧规则的努力，发生在一个需要法律和秩序的环境里。武阳隐士曾经抱怨阶级分化和经济不均正在农村中造成无法无天的现象，而事实上确实可以看到农村中盗匪和赌博行为的增多，关东地区尤其是这样。在有些场合，人们在近来的公众娱乐庆典中，根据传说中具有神奇声望的侠盗形象来装扮庆典上的英雄。传说中的国定忠治，是一个强盗、土匪和帮派首领，立刻就成为歌舞伎舞台上的常客。"侠客"（侠义人物）这一称呼，既表达了一种非法行为，也表达了一种理想主义。德川晚期的歌舞伎剧作家，尤其是鹤屋南北，就专门描写这种类型的人物。传统的道德规范已经逝去无踪，常规的法律标准也就难以为继。鹤屋南北的戏剧，经常表现奇特的盗匪与名门千金的不当姻缘，他的毕生之作的高峰，是1825年《东海道四谷怪谈》的公演。[3] 一个礼仪史学家不可能不注意这种剧作所具有的异乎寻常的魔力，不可能不试图去了解这种对儒家门徒眼中罪恶的痴迷。对男演员的崇拜，以及卖淫场所（"恶所"，即"罪恶场所"）从得到许可的地区扩散到大城市的其他部分，就反映了这一点。文身时尚的流行也反映了这一点。1837年，当一位关东地区的大名因文身而被勒令引退之时，说明这一时尚已经影

---

[1] Michiko Tanaka, "Village Youth Organizations (*Wakamono Nakama*) in Late Tokugawa Politics and Society," Ph.D. diss., Princeton University, 1982.

[2] Kitajima Masamoto, "Kaseiki no seiji to minshū," (Tokyo: Iwanami Shoten, *Iwanami Koza Nihon rekishi*, 1963), pp. 313ff.

[3] Keene, *World Within Walk*, pp. 456-469; Noguchi Takehiko, "*Aku*" *to Edo bungaku* (Tokyo: Asahi Shimbunsha, 1980), pp. 76ff. Abe Yoshio, in *Meakashi Kinjūrō no shōgai* (Tokyo: Chūō Kōronsha, 1981). 该书提供了一份引人入胜的关于一个18世纪的小告密者46年职业生涯的近景描写。这个小告密者游走于警察和赌徒之间，他的生涯传记表明了一个前近代的政府不得不与违法活动达成妥协。

响到社会的最高阶层。[1]

19 世纪 20 年代，幕府开始颁布从管制交通到实行广泛的治安措施等各种法令法规，来收紧对社会的控制。控制商品的流通和人民的流动已经成为必要。就商业来说，官方对大都市行会的制裁对于保持利润十分重要。这些行会有可能会被命令对政府的特别课税提供捐纳，而这些行会也希望由此得到城堡中统治者的保护。这一过程在发生于关东地区之前，就已经在关西平原开始进行了。 82

早在 1797 年，在摄津、河内、泉这样一些藩国里，幕府就曾禁止靠近大阪的村庄零售油菜籽。油菜籽只能出售给大阪的批发商，而农民们也被命令只能从大阪的经销商处购买他们所需要的油。同年，41 个村庄联合要求这些商品可以自由买卖，不料竟遭到拒绝。随着都市棉布行会为专卖权而压迫村民的情况日益严重，村民们请愿活动的次数也在增加。外部商人被禁止进入有关藩国，而农民则苦于自己商品生产的市场狭小，开始组织起来进行抗议。1822 年，幕府颁布了一系列法令法规，宣布废除原本处理日本西部 13 个藩国运往兵库和江户委托物资的行会，取而代之以大阪作为唯一合法的蔬菜和油料的交易中心。次年，1107 个村庄联合请愿，要求这些产品可以自由交易，结果是它们的请愿不被接纳。接下来，摄津、河内和泉这些藩国的 1307 个村庄再次发动请愿。尽管请愿的村庄已经占到上述三地村庄数的四分之三，但幕府还是拒绝了村民的要求。在所有这些情况下，抗议活动的组织者都是村庄的领袖，因此这些活动仍然保持在允许的范围内，使用的也是合法的诉求管道。不过，虽然幕府正式拒绝了这些请愿，但规制松弛还是逐渐一步步地到来，尤其是在又一次 1007 个村庄的请愿之后，对棉花的管制开始放松。应该注意的是，提出这些要求的地区是如此之广阔，参与请愿活动的分属不同行政辖区的村庄是如此之众多，这些都使它们意识到经济集中化趋势的增长，并使它们考虑到其"领主"在日常经济生活中的重要性已经大打折扣。[2]

在这些年里，幕府开始采取广泛的控制措施来回应关东地区土地占有模式的不合理。从一开始，江户附近的土地占有就被设计成百衲衣般零零碎碎，这使得治安监控很是困难。这一区域构成了将军"天领"的一大部分，其中错落交叉着 83

[1]　关于国定忠治，参见 Kitajima, *Bakuhansei no kumon*, p. 248；关于文身的时尚，参见 p. 271.

[2]　参见 Kitajima, *Bakuhansei no kumon*, p. 240ff.

许多较小谱代大名的领地，以及众多旗本和大御家人的村庄。神社和庙宇也在这一区域内星罗棋布。"天领"的大部分由关东郡代管理，这一职位长期在某一家族内部世代相传，监督着其他的幕府"代官"（地方管理官员）。这一重要职位，直接对"老中"负责，维持着对主要税收的控制，达成政府对农民和商人的贷款，并且通过一系列严密的监视措施指导治安，然而它的职员，包括仆役和步兵在内，总共只有380人。到19世纪早期，商业化产生了越来越多的商业旅行和游山玩水，由此带来了温泉和丝绸市场的兴盛，也就不可避免地造成了流浪者、盗贼和赌徒的增多。在日本各地，虽然假设不同行政辖区人民之间的争端都会提交到江户的幕府法庭来裁决，但关东行政辖区是如此之混淆不清，以至于一些村庄竟由许多地产占有者组成，因此使得许多村庄里的隔壁邻居却分属不同的小领主。结果，几乎所有的村民争端都有可能最终闹到将军的法庭上去。此外，在这一片混乱之中，还要再加上幕府对于挪动和转移土地所有者的嗜好所造成的影响。江户平原西部的一个村庄里，德川统治的后期有111户家庭、536口人和1239石的额定产量。这个村庄被分割为6块地产，每块地产都与一个小领地所有者相关，而他们都希望实行直接治理以维持其在江户的生活水平。于是，小领地所有者就不得不去做地方上知名人士的工作，而他们对于他的"统治"的态度与其说是敬畏，不如说是容忍。[1]

1798年，长期占据关东郡代一职的家族被解除了职务，因为当局谋求实行更严密的控制。1805年，开始采取步骤强化地方治理的法律，任命的官员必须对其所辖区域负责，而不管辖区内村庄的管理事务。每个官员都指派有助手，在某些情况下由平民百姓来担当，赋予他们定期巡行大片地区的职责。这一制度也被证明不够充分，因为与这些新的卫兵们比起来，那些"不受法律制约"的势力（通常指定为"盗贼与赌徒"）组织得更好，人数可能也更多。结果，1827年采取了一系列措施，通常被称为"文政改革"，来处理这一问题。第二年，"若物仲间"被禁。地方自治也被重新定义。

文政改革公开宣布的目的是为"五人组"（5户家庭互负连带责任）的复活提供指导方针，并利用"五人组"来根除盗匪活动和流浪漂泊。村庄也将得到帮助以控制开支。对男性青年组织的禁令使其有可能抑制各种假日的增多，目的在

---

[1] Tanaka, "Village Youth Organizations," pp. 202-207.

于不再把村庄的资财消耗在诸如歌舞伎、相扑、跳舞和人偶剧等娱乐活动上。这些法令法规也具有明显的反宣传效果。文政时期的法规建立了一种垂直的司法体系，在这样一个体系中，一个由30到40个村庄组成的，以一个主要村庄作为核心的大村庄联盟，将指导那些较小的1到6个村庄组合的各项活动。各村的代表将每6个月集会一次，以协商财务管理，采取措施维持法律和秩序。在社会的基础层面，各项法则要求保持警觉，以维护相互监视和控制的"五人组"制度。

颁布的法令法规将要在村庄集会上宣读，并且要求男性村民相互传递，签名表示承诺服从。这些措施看来可能有助于防止大规模的遍及整个地区的暴乱，地方上的知名人士也可能在这一结构中找到某种有限参与地方政权的手段。[1]

这些法令法规提供了关于社会情状的令人着迷的证据。"在所有村庄里，都有家庭成为富户，因为他们甚至在休息日里都在工作"，这些法规先是陈述社会现实，接着就转入禁止年轻人骚扰这些村民，无论是散布关于这些富户女儿的谣言，还是污损他们的水井和住宅，都是不允许的。"除了捕鱼、伐木和其他传统交易之外，不得建立任何新的行业"，另一项法规这样说道；而接下来的注释则讨论了简单生产的优点。"报告说不同的工匠常常集会，以要求更高的工资"，另一项法令这样说，但这是被禁止的；工资应当缩减而不是允许其增加。"乞丐的数量正在急速上升，这造成了全体居民的困难"；拟议的解决方案是不对乞丐提供帮助，若是他们对村民强要硬讨的话就逮捕他们。"传言一些地方的官员沉迷赌博"，如果确实如此，那么赌博就根本不会受到控制，所以这些官员将要受到公开抨击。所有的抽奖活动都是违法的。又有法规指出："据说村里的职业诉讼代理人经常扰乱乡村的安宁。"对此的应对之法是避免诉讼和保持和谐，并向当局举报这些想要成为律师的人。更有法令对囚犯的兜裆布、囚犯的运输工具，以及囚犯的食物制定出严格的标准。这些法令通常会以对孝顺之道和感恩之心的劝告作为结尾：

> 天皇怜悯吾民，心系和平……将军任命新的官员，以更好服务吾民……没有言辞能够表达吾等对于将军仁慈的感激之情。村官们应该理解这一情势，置身于麻烦之外，努力工作，奖励农耕，以使汝等能够上缴更多税米。

85

---

[1] Tanaka, "Village Youth Organizations," pp. 208ff., and Kitajima, "Kaseiki no seiji to minshū," pp. 311ff.

汝等村庄也就随之繁荣昌盛。[1]

我们将会看到，享保改革、宽政改革，以及其后的天保改革中，这种家长式的、儒家式的精神都非常盛行。不过，把这些内容对照起来阅读，还是可以看出，这些法令法规中包含着大量关于关东平原社会和经济变迁的素材。

对于乡村中的贫困人群，还提出了其他一些更具建设性的解决方案。像二宫尊德（1787—1856）和大原幽学（1797—1858）这样的耕地改良家，前者具有农民血统，因其建立在初期合作社基础之上的公共自助规划而闻名。二宫尊德幼年丧父，突然陷于贫困，他先是为自己和兄弟们的生活辛勤劳作，接着让这个家庭发财致富，然后他转而倡导农艺改良，宣传更节约的生活，主张建立信用合作社。二宫尊德以一种高尚的传道强调做着这样的事情，吸收了社会价值观中的合适成分，包括对于努力劳作、节约俭省的肯定和褒扬，以及对于祖先馈赠、领主授予和大自然给予的各种恩惠的感激之情。在19世纪30年代的大饥馑及相伴而来的道德堕落之后，他的"报德"（美德的报答）合作社对农村经济的复兴和繁荣显得很有成效，以至于附近各藩都来请求他的帮助，最后连幕府自己也慕名前来。

二宫尊德为了农村的合理行动与节俭生活所做的福音传道，使他成为那些后来传道者心目中的英雄，即使在第二次世界大战之前日本的反动岁月里也是如此。但是，他的思想远远超越了单纯如糖似蜜的腔调，已经被写进了教科书中。他教导人们为获得最佳产量应学会精确计算所需的浇水量和施肥量。他说服官员减少税收以激励人们更加努力，达到更高的生产力。大原幽学也是如此，他出生于名古屋近郊，曾经在农村里到处行走，教授农业技术和土地改良方法。他也提倡节俭生活和勤奋劳作，在这些说教之外还辅之以一系列信用合作社，其成员都将参与某种投资和分配。这些已被说成是世界上最早的产业合作社之一，其目的不仅在于对小农家庭提供支持，同时也促进农业生产的改良。尽管他们共享着同一高度的自助与合理行动的思想，这两个改革家的人生际遇却大为不同：二宫尊德成为后来这个国家道德家的一个理想典型，而大原幽学则以颠覆罪嫌疑接受调查，在长时间的起诉中心力交瘁，最后自杀身亡。用二宫尊德一句名言来说：

[1] Tanaka, "Village Youth Organizations," pp. 272-309, 提供了这些禁令的译文。

"谨小慎微是大自然达成伟大成果的必由之路。"[1]

在这些年里，合理发家致富的学说甚至找到了一个更为有效的代言人——海保青陵（1755—1817），他是一个政治经济学家，论证了算计和逐利的正义和道德。虽然生来就具有身份和特权，但海保青陵还是选择了一条家庭教师、私人顾问和旅行家的人生道路，也许这是由于眼看其父从藩老跌为浪人使其感到幻灭所致。在接受了获生徂徕儒家学说的有效训练之后，海保青陵收到了邀请却拒绝了为官的机会，以便于周游日本，研究各地地理、资源、产品和风俗。到文化初年，他已在加贺藩就当地的产品和经济问题，对商人和武士提出建议；接着，他回到京都，在那里开办了自己的学塾。

海保青陵的著作非常具有表达能力，他使用了许多政治经济学前辈们所使用的概念，但却把这些概念转换为一种合理化行为的强力表述。他认为，任何事物，从物质材料到个人服务，都是具有交换价值的商品。交换活动将建立在一种精确计算原则的基础之上，要使名实相符，就要允许客观的度量，这将有助于决定一种正当的利润或利息。[2] 这些对于他有关仔细计划以便增殖财富、获取利润的主张来说，只是一段前奏曲。他认为这对各藩的统治者和那些靠物资交换获取利益，或靠农业生产赢得财富的平民来说，具有同样的重要性。海保青陵注意到，投资合作社正在从城市向农村地区扩展，他举出一些深思熟虑的商人家族作为样板，指出他们对利润的获取立基于勤勉不懈地注重细小事务，久而久之，就产生了一种综合效应。实际上，各藩本身也应被视为一种企业，它的事务应以收益最大化和浪费最小化为目的来加以管理。

所有这些都与普遍原理并无二致。对于海保青陵来说，这要比那些已经成为武士生活和理想特征的道德上的故作姿态、对经典的矫揉造作，以及不合理的奢侈浪费更有意义。确实，常见的对于商人行为的贬损明显是错误的，城镇和交易中心既不是寄生性的，也不是问题所在，而可能更加适合人类事务的历史进程，

87

---

[1] Kitajima, *Bakuhansei no kumon*, pp. 253-260; 关于二宫尊德，参见，Thomas R. H. Havens, *Farm and Nation in Modern Japan* (Princeton, N.J.: Princeton University Press, 1974), pp. 25-27. 应该指出的是，在这些年里，国学本土主义者也编写了许多耕地改良和农艺实用书籍，并在农民之间传播其学说。

[2] 参见 Tetsuo Najita, "The Conceptual Portrayal of Tokugawa Intellectual History," in Tetsuo Najita and Irwin Scheiner, eds., *Japanese Thought in the Tokugawa Period: Methods and Metaphors* (Chicago: University of Chicago Press, 1978), pp. 23-24, 有关海保青陵的讨论，参见 Najita's more recent *Visions of Virtue in Tokugawa Japan: The Kaitokudo Merchant Academy of Osaka* (Chicago: University of Chicago Press, 1987).

反观武士阶级，除了那些最有权势和最为富裕的阶层之外，却发现他们自己陷入了无法负担得起的消费模式。

这种观点，通过由西方世界的到来而引起的国家紧急状态的转换，便可能与各藩和幕府致富求强（富国强兵）的努力产生联系。在海保青陵主张这些观点的时候，这些观点曾形成为一些重要的例证，揭示了一条政治经济学家得以致力于处理德川时代晚期现实问题的途径。

西方世界的形象

宽政和文化、文政年间，开始萌生出一种外患来自西方世界的新意识。这一意识开始于对俄国从北方向东亚推进的认知，并且由于拿破仑战争曾经造成欧洲国家体系混乱的情报而得到强化。这种情报的主要来源是设在长崎出岛的荷兰人贸易站，在那里，荷兰人被要求定期提交报告（"和蘭風説書"）。

前面已经说过，德川体制由于宽政改革而得以强化和系统化。对于锁国制度而言同样如此。的确，仅仅到了19世纪，人们才非常自觉地把这些法令法规视为一种制度。"锁国"这一词汇是1801年由志筑忠雄发明的，当时他正在翻译英格柏·坎珀《日本史》一书最后一章中关于防卫制度的内容。[1]但是，在那个时代，西方人只能从几个有限的孔径观察日本，这反而吸引了观众要求开放，并期望借此加深对日本的认识。就像已经发生的那样，荷兰人的造访和随之而来的商品，这些曾在德川时代早期引起过小小的好奇心，如今开始使通过结构性安排来获取书籍和情报成为可能。

从1641年起，荷兰人的贸易站从平户被迁至出岛，这是一块填海造成的土地，用来作为日本面向世界的窗口和世界窥视日本的孔径。长崎也有一块稍大，但同样封闭的地块，提供给中国商人。此外，在对马岛，17世纪时朝鲜商品可以由此进口，提供了日本接触重要儒家经典的渠道。[2]不过，与中国的贸易组织

---

[1] Ronald P. Toby, *Stale and Diplomacy in Early Modern Japan: Asia in the Development of the Tokugawa Bakufu* (Princeton, N.J.: Princeton University Press, 1984), p. 13.

[2] 关于德川时期日朝贸易情况，参见 Tashiro Kazui, *Kinsei Ni- Chō tsūko bōekiski no kenkyu* (Tokyo: Sōbunsha, 1981)；更为简略的内容，参见 Kazui Tashiro, "Foreign Relations During the Edo Period: *Sakoku* Re-examined," *Journal of Japanese Studies* 8 (Summer 1982): 283-306.

性较差，也缺乏给予荷兰东印度公司那样的官方地位。出岛的面积大约长 650 英尺，宽 550 英尺，通过一个严密守卫的石桥与本土相连。出岛的每一边都有石墙围绕，以防人员进出。岛上建有两排两层的房屋，荷兰的商队将其作为仓储和生活空间。这种商队由首席代理商（即 "kapitan"，因为日本人用早前与葡萄牙贸易中的词汇称呼荷兰语 opperhoofd）领头，在 315 年里曾有过 163 人。通常还会有一些文员，一个理发师，一个黄油制作者——总共约有 10 到 15 个人。

荷兰商船通常夏季到达秋季离开，其数量随时间的变化而有所不同，但一直在逐步减少。这些船只带来了中国和东南亚的丝绸、香料和新奇事物，回程则装载着日本的铜。德川幕府的政治经济学家们担心铜的流出对日本的铸币产生冲击，便对来船的周期加以严格规定，并于 18 世纪头尾两次进行改革，措施包括减少与荷兰贸易的数量与频率。新井白石于 1715 年，松平定信于 1790 年，两次发起了对日荷贸易的限制。被允许来日的荷兰船只的数量从每年 5 艘减至 3 到 4 艘，3 艘，2 艘，最后只剩 1 艘。同样，较小的中国船只的数量，也从每年 70 艘缩减至 30 艘，最后减至 10 艘。即使如此，在 1621 年到 1847 年间，还是有总数为 715 艘的荷兰船只到达了日本。

荷兰人在长崎经商，但作为一种制度性的安排，日方要求他们定期前往江户以表效忠，并为将军幕府提供服务。和日本的大名一样，这种旅行的费用由荷兰人自己承担。他们将要为 20 多种官员和招待人员准备适当品质和价值的礼物，上至将军、老中，下到驿站里为他们开药方的医师，都需要打点。荷兰人不得不雇用挑夫，带上给那些官员和负责保卫他们的卫兵所需的东西，同时也需要带上自己的所需。随行人员缓慢地通过这个国家，所经之处，都会受到当地大名派出代表的迎接、陪同和送行。从 1633 年到 1764 年，这样的访问每年进行一次；从 1764 年到 1790 年，每两年一次；从 1790 年到 1850 年，最后的旅行每 4 年一次。[1]

每年，荷兰人都被期待提交一份关于外部世界所发生事情的报告。多年以来，这些报告在内容上都是敷衍塞责，几乎没在日本引起过什么好奇心，但是当日本开始沿着从北至南的海岸线体验与外部世界的直接接触时，这些报告就开始受到了更仔细的审视。荷兰人也输入书籍。许多年来，这些书籍都首先受到检

89

---

[1] 这种旅行的经典说明可见英格柏·坎珀于 17 世纪 90 年代所写的《日本史》第 3 卷（J. G. Scheuchzer 译，Glasgow: James MacLehose and Sons, 1896）。这种联系方式的实际场景描写，见 Kanai Madoka, *Nichi-Ran kōshōshi no kenkyū* (Tokyo: Shibunkaku, 1986).

查，以确保其不含有任何基督教的精神污染。这一原则同样适用于中国商人带至长崎的书籍，在长崎已经做出了系统安排，以检查和批准来自海外的物资。幕府官员对书籍首先进行挑选，就像他们对商品的处理一样，到 19 世纪，幕府官员已经能够通过他们提交给荷兰人的订单，订购指定的书籍。这一过程产生出大量精通外国事务的专家。起初订购的是一些相关的中文书籍，因为其中或直接或间接地包含有耶稣会传教士在中国的一些成果。作为教材的中国书籍在整个 18 世纪贸易都很兴盛。19 世纪来自中国的书籍里包括一些新教传教士著作的译本，在这个世纪的 40 年代，还包括了关于鸦片战争的中文记录。对于受过教育的日本人来说，这些书籍更易理解，然而这些书籍在唤醒日本人的危机意识中所扮演的角色，却并未在西方的著作中得到多少强调。[1] 无论如何，在 18 世纪晚期和 19 世纪早期，还是荷兰的书籍与日本人对西方形象的认知最为相关，随着能够阅读这些书籍的群体不断成长，一种研究关于荷兰的学问（"兰学"）及其后研究关于"西方的学问"（"洋学"）的独特学派逐渐在知识分子和政治事务中产生了影响。

为了理解 19 世纪日本人关于外部世界形象认知的发展，需要讨论与之相关的荷兰书籍的传入、研究与翻译，及其政府的政策等问题。有两个群体的知识分子曾经直接与荷兰人有过接触。在长崎，有一些职业的（而且是世袭的）翻译。其中 4 个资深翻译（荷兰语称呼他们为 oppertolke）配有助手，收有徒弟和学生，监督着好几个职业共同体。17 世纪 90 年代时，英格柏·坎珀的书中说这个群体"数达 150 多人"；在 19 世纪早期，有 52 名翻译，依照资历被分为 3 种等级，到幕府末期的数十年里（当然，对此需要另文阐述），福地源一郎曾描写过数量达 140 多人的这个群体。这些人享有以政府所允许的种种方式接近居留在此的荷兰人的权利，他们使这种制度安排符合自己的利益，并独占这种利益。但是，接近荷兰人并不总是有益的。外国人群中可能包括一些明白事理和富有情趣的人，但经常并非如此。只有两个首席商务代表留下过资料，这些资料表明日本人对这些事务抱有多么强烈的兴趣。伊萨克·蒂进（1779—1884 年间生活在日本，曾 3 次在日本国内旅行，其中包括两次前往江户的朝贡之旅）和亨德里克·通布

---

[1] Ōba Osamu, *Edo jidai ni okeru Tōsen mochiwatansho no kenkyū* (Suita: Kansai University, 1967)，提供了关于从中国进口书籍的基础性研究；Ōba Osamu, *Edo jidai no Ni-Chū hiwa* (Tokyo: Tōhō Shoten, 1980)，则包含了一些与鸦片战争有关的来海外的资料。

（1799—1817 年间多次来日，1803 年后担任首席商务代表，由于与荷兰的联系中断而无法离开）做出了主要的贡献。伊萨克·蒂进在日本期间锁国政策有所松弛，因此他得以会见许多学者和大名。在他离开日本后，仍与江户的学者和长崎的翻译们通信。[1] 早年曾在伦敦、巴黎、维也纳研究过地理学的约翰内斯·埃德温·尼尔曼，1838 年曾作为首席商务代表访问过江户，并会见了渡边华山。然而，更为重要的是附属于荷兰人居留区的医生们在其中所扮演的角色，他们须定期陪伴首席商务代表前往江户访问。3 个最著名的医生都是其他国家的侨民。这 3 人是英格柏·坎珀，他是一个德国医生，1690—1692 年生活在日本，期间曾两次访问江户，著有著名的《日本史》；卡尔·佩特·屯贝里，他是一位瑞典知识分子，后来成为乌普萨拉大学的教授，1775 年生活在日本；尤为著名的是德国人菲利普·弗朗兹·冯·西博德，他于 1823—1830 年间生活在日本，其间他在长崎建立了一所医学院校，自己担任校长。[2]

91

　　长崎的翻译群体可以经常接触这些外国人，而江户的相关人士则仅限于在几个受到控制的场合，即荷兰人来到江户期间，在使团下榻的驿馆"长崎屋"与之见面。在江户，存在着一个大得多的由医生们所组成的"兰学"学者群，他们渴望学习更多西方的医学和科学知识。

　　在日荷贸易处于最佳状态的 17 世纪，却可以发现日本人对于西方的兴趣处于低点。经过一个世纪的演变，随着日荷贸易在数量和利润上的衰落，载运来的文化用品却变得身价倍增。在进口商品中，书籍逐渐取代了中国丝绸，而日本的出口商品也逐渐以有田陶瓷器皿唱起了主角，这种瓷器因载运其出口的伊万里港而闻名，对荷兰西部制陶名城代尔伏特和其他欧洲制陶城市的发展多有贡献。[3] 日本进口的书籍对于它的未来发展极为重要。幸亏有了这些书籍，"兰学"在其后的 18 世纪成为一种至关重要的知识传统，并在 18 世纪末成为政府所关心的事情。[4]

[1]　C. R. Boxer, "Isaac Titsingh, 1745-1812," chap. 7 of *Jan Compagnie in Japan 1600-1850* (The Hague: Martinus Nijhoff, 1950).

[2]　Kure Shūzō, *Shiiboruto sensei, sono shōgai oyobi kōgyō* (Tokyo: Hakuhōdō Shoten, 1926) . 关于菲利普·弗朗兹·冯·西博德的研究，曾出过一本专刊，参见 *Shiiboruto kenkyū* (Tokyo: Hōsei University).

[3]　T. Volker, *Porcelain and the Dutch East India Company 1602-1682, and The Japanese Porcelain Trade of the Dutch East India Company After 1683* (Leiden: Brill, 1954 and 1959).

[4]　Marius B. Jansen, "*Rangaku* and Westernization," *Modern Asian Studies* 18 (October 1984): 541-553.

不过，荷兰只是偶然地成了日本学者通往西方的一座适当的桥梁。它很小，不具威胁性，正好处在欧洲文化交流的中间位置，对欧洲学问的发展反应敏捷，许多这种欧洲学问都被迅速译成了荷兰语。日语翻译的主要成就，大部分都是转译自荷兰人从英语和其他欧洲语言翻译来的作品。第一部里程碑式的伟大译著，1774 年刊行的《解体新书》，就是 3 位医生合作努力的结果，他们是：杉田玄白（1733—1818），前野良泽（1723—1803）和中川淳庵（1739—1786）。他们的成就是把莱顿大学教授吉拉德·迪克汀的著作译成了日文。吉拉德·迪克汀曾经翻译过德国医师约翰·亚当·库尔玛斯的著作《解体图谱》，这部著作有描述性的插图，却未加说明。杉田玄白和他的同伴在观察了一个死刑犯人的解剖之后弄明白了这个学科，并且证实了他们的疑惑，认定西方的资料远比他们曾经据以训练的那些中国教材精确得多。杉田玄白后来回忆起此事，在 1815 年的回忆录中写道：

> 在回家的路上，我们兴奋地谈论这次实验。自从我们作为医生服务领主以来，我们就因自己对人体真实形态的无知而深感羞愧，而对人体真实形态的认识实为医术之根本。为了无愧于我们作为医生的资格，我们发誓要通过解剖实验寻求人体的本来面目。

三人同意不再寻求帮助，便开始了一个冗长乏味的译书过程："我们通过推测来进行翻译，一个字一个字地译，渐渐地越积越多……在经过两到三年的刻苦研究之后，每件事情都变得豁然开朗；这次译书的乐趣就像是咀嚼甘甜的糖蔗。"[1]

在中国的教材里，人体被视为一个恰当平衡的宇宙的组成部分，已经存在一些更早的事例，表明日本医生曾经意识到解剖的实际情况与中国教材之间的矛盾，但是杉田玄白及其同伴的行为仍然非常重要，且具有历史意义。有人记下过日本医生们的羞耻感，作为有特殊技能的专业人士，他们却辜负了自己领主的期

---

[1] Donald Keene, *The Japanese Discovery of Europe* (Stanford, Calif.: Stanford University Press, 1969), pp. 22 ff.; Grant Goodman, "Dutch Studies in Japan Re-examined," in Josef Kreiner, ed., *Deutschland-Japart Historische Kontakte* (Bonn: Grundmann, 1984), pp. 69-88. 用日语写成的权威著作是 Satō Shōsuke, *Yōgakushi kenkyū josetsu* (Tokyo: Iwanami Shoten, 1964) 和 *Yōgakushi no kenkyū* (Tokyo: Chūō Kōronsha, 1980).《解体新书》书中的说明，后来在一本改进后的译文中由大槻玄泽添补。

望。他们决心以后将通过实验来寻求答案，通过推理来追随真相，这或许标志着将导向一种真正的转变。这导致了一种预备状态，准备好把中国的学问降格，虽仍作为一种极好的学识来源，但已不再是唯一的了。当批评者毁谤杉田玄白译书的结论并迫使他做出反省之时，他在一次对话中表达了他的看法，他争辩说，中国只是东洋的一个国家，而真正的医学知识必定是建立在全世界基础之上的。到杉田玄白写下他的回忆录《兰学事始》时为止，对这种真实世界的知识的探究越来越多地指向了西方书籍，杉田玄白可能会感到惊讶，因为他曾在不经意间开启了一个译书的时代。正如他所说：

> 如今所谓兰学，已经非常普及。有人认真地学习它，而无知之人也轻率 93
> 地谈论它……我从未想象过兰学会变得如此重要，也没想到它会取得如此进
> 展。我认为汉学只取得了缓慢进步，而兰学则更为明晰，进步更为迅速，因
> 为它们是由朴实无华和直截了当的语言书写的。

可是，在结论部分，杉田玄白表现出一种惊人的自觉意识，把他曾参与其中的这种思想和奋斗的潮流，与此前一千年里引进中国学识的更加厚重的努力加以对比，如他所说，或许正是此前的汉学的训练"养育了我们的心灵"。[1]

江户的医生是一个远比长崎的翻译要大得多的人群。通过他们为之服务的各位领主，他们有机会要求和借入兰学书籍，而通过他们在大都市里的存在和共同关注，他们也成为一个颇有地位的重要群体。江户是武士们学习和社交的中心，那里的引起人们好奇心的信息可以很容易地影响到其他地方，激起回响，并引来对更为雄心勃勃努力的赞助。与此同时，一个西方人提出的疑问，无论是否被夸大或误解，在江户也会产生出比长崎更多的结果。

新的外患意识开始于关于俄国人的消息。在日本发现此事的一个世纪之前，俄国人就已经开始了对北方的探索。在 17 和 18 世纪，俄国人曾经缓慢地推进在西伯利亚和黑龙江流域的扩张活动。俄国与中国签订的早期条约（1686 年的《尼布楚条约》和 1727 年的《恰克图条约》），在相对平等的基础上正式开始了贸易

---

[1] Marius B. Jansen, *Japan and Its World: Two Centuries of Change* (Princeton, N.J.: Princeton University Press, 1980); Haga Toru, "Introduction," in *Nihon no meicho: Sugita Genpaku, Hiraga Gennai, Shiba Kokan* (Tokyo: Chūō Kōronsha, 1971), pp. 9-84.

活动。俄国的大篷车在边境贸易站点和北京与经过认可的中国商人交易，这和把外国人的沿海贸易限制在广州一地的方式，多少有些类似。[1] 由于中国在"满洲"的存在，俄国人被迫向黑龙江流域北部移动，通过堪察加半岛从北面接近日本，1700 年以后到达了千岛群岛。1702 年，彼得大帝命令把堪察加半岛作为俄国属地，并收集关于日本的情报，以准备开展贸易。通过千岛群岛的前行并未经过计划或协调，但在 1725 年彼得一世死后这一行动仍在继续。由白令和斯潘伯格（这是两个在俄国效劳的丹麦人）率领的两支探险队，勘探了北部海岸和多岛的海区，以与日本发生接触。俄国人对海豹毛皮的喜爱，促使他们进一步向南前行，与千岛群岛上的阿伊努人发生了联系。到 1770 年，俄国人已经完成了他们的初步勘探，到达过千岛群岛的每一个岛屿。[2] 在同样的岁月里，日本商人和探险家也在从北海道南部向北推进，与阿伊努人展开贸易，由此逐步地使阿伊努人实际上归属于松前藩的大名。反过来，松前藩大名也授权来自大阪、江户和仙台的商人与阿伊努人进行商业贸易。到 18 世纪后半期，日本人已经注意到了北方的"赤虾夷"，而俄罗斯人根据他们与阿伊努人贸易中获得的知识，也意识到日本是他们南下过程中要碰到的主要国家。一位仙台的医生工藤平助，在 18 世纪 80 年代早期写下了两部作品，主张向北开拓虾夷地并扩展与俄国人的贸易。这刺激着老中田沼意次开始编制计划，准备采取行动。不过，松平定信上台执政后终止了这一发展势头，因为他担心资源向北分流将会导致南方的大名财力枯竭。[3]

　　1771 年，日本人认清了俄国人的到来意味着什么。当年，一名在堪察加半岛的流放中逃脱的匈牙利贵族莫里茨·冯·本尧斯基，出现在日本南部，他警告说俄国人正在计划从千岛群岛的新堡垒对虾夷地（北海道）展开攻击行动。这一警告，虽然完全没有事实上的根据，却在传送中遭到进一步的扭曲，并在听说这一消息的人中引起了极大恐慌。这些消息使人们重视起仙台藩的学者林子平（1738—1793）的论点，他写过两本书，《三国通览图说》和《海国兵谈》，书中警告了俄国人的图谋，主张加强北部海防。一位取向更为广泛的政治经济学学者

[1] Joseph Fletcher, "Sino-Russian Relations, 1800-1862," chap. 7 of John K. Fairbank, ed., *The Cambridge History of China* (Cambridge, England: Cambridge University Press, 1978), vol. 10: *Late Ch'ing*.

[2] John J. Stephan, *The Kuril Islands: Russo-Japanese Frontiers in the Pacific* (Oxford, England: Clarendon Press, 1974), p. 50

[3] Satō, *Yōgakushi no kenkyū*, pp. 118 ff. for Tanuma's plans and their failure; John W. Hall, *Tanuma Okitsugu (1719-1788): Forerunner of Modern Japan* (Cambridge, Mass.: Harvard University Press, 1955), pp. 100ff.

本多利明（1744—1821），对此的回应是计划赞助商人北向行动，并发展日本在
那里的潜在力量。就此话题他连着向松平定信呈递了几份奏折，虽未产生效果，
但他的著作、旅行和关于北方的知识，尽管从未通过公开发表而传播开来，还是
幸存了下来，并对后来的思想者产生了影响。[1] 林子平的遭遇不是很好，因为他
鲁莽地出版了他的著作，以图对自己的经济状况有所补偿。1787 年，林子平加强
海防的主张开始以一些抄本的形式出现，当全书于 1791 年完成时，他因触犯宽
政年间禁止出版物论及当代事务的法令而遭到逮捕。在监禁了一段时间后，他
被发送回仙台藩，自由受到限制，其书的刻版也被下令焚毁。次年，林子平就
去世了。[2]

　　但是，俄国人的探查活动并没有停止。1792—1793 年间，又一支探险队被叶
卡捷林娜大帝派出，这次是由亚当·拉克斯曼率领。拉克斯曼企图利用送回因海
难流落在外的日本人为借口，以试探打开与日本的商务关系的可能性。他在北海
道北部受到了有礼貌地对待，在那里度过了一个冬天，1793 年夏，他继续与松前
藩主协商前往江户访问的事宜，而此前幕府派往此地的代表已经断然拒绝了任何
类似的计划。日本人接受了因海难流落国外者，但不肯接受拉克斯曼携带的国书
和女皇信件。松平定信对拉克斯曼所提要求的回答是，日本"自古以来"一直秉
承天命，捕获或摧毁那些来自没有正式关系国家的船只。外国船只，即使是来送
还流落国外的日本人，也只能到访长崎，其他外国人则将被转交给荷兰人遣送回
国，强行闯入的船只必定遭到摧毁，船上人员将会永久囚禁。不过奇怪的是，拉
克斯曼还是得到了允许进入长崎，由此他得出了一个误导性的结论，以为松平定
信也许打算在那里与他沟通，而拉克斯曼把这当成为日本愿意开展贸易的一个迹
象。然而，实际情况可能是，与松平定信改革所开具的正统儒家药方一样，他当
时已经制定了一个新的政策——武力驱逐西方人——这也正是德川幕府传统的一
个组成部分。[3]

　　1798 年，随着松平定信再一次丧失权力，幕府决定派出一支探险队去调查北

---

[1]　本多利明是唐纳德·基恩《日本发现欧洲》一书的主要研究对象。

[2]　Satō, *Yōgaku kenkyū shi josetsu*, pp. 106 ff.

[3]　Bob Tadashi Wakabayashi, *Anti- Foreignism and Western Learning in Early-Modern Japan* (Cambridge, Mass.: Harvard University Press, 1986)；George Alexander Lensen, *The Russian Push Toward Japan: Russo-Japanese Relations, 1697-1875* (Princeton, N.J.: Princeton University Press, 1959).

96　方的情况，第二年，幕府把半个北海道，包括国后岛和择捉岛，置于它的统治之下；8 年以后北海道的其余部分和萨哈林岛也被幕府颁布法令，成为"天领"，而松前藩则在别处重新划定。这一调整一直持续到 1821 年，此时松前藩被允许再次接管。在此期间的大多数时候，通过提供衣物、食品、金属，建造道路，执行着安置和为阿伊努人提供帮助的规划，希望以此巩固日本人的统治，并建立起抵御俄国人从得抚岛南进渗透的壁垒。

　　拉克斯曼所得到的进入长崎的许可，导致了俄国人在下一个 10 年的进一步动作。1799 年，俄美公司获准建立，以管理北部领地并拓展贸易，它的主管被赋予采取新行动接近日本的职责。1802 年，一支野心勃勃的探险队被派出，全力扩大俄国在海上与太平洋海岸的联系，作为这一计划的组成部分，尼古拉·雷扎诺夫船长于 1804 年到达长崎，随身携带亚历山大一世的信件，正式要求与日本通商的特权。1804 年 10 月到 1805 年 4 月期间，雷扎诺夫一直在长崎港等待日方的答复，但他的要求连同带来的礼物都被幕府拒绝。[1]雷扎诺夫愤而离开，并鼓励两名年轻的中尉，科斯托夫和达乌多夫，采取更加强硬的措施，以误打误撞地推动这一问题的解决。于是，他们在 1806 年和 1807 年间，在萨哈林岛和千岛群岛南部进行了一连串的劫掠活动，奇怪地以为这将迫使幕府屈服，从而开始贸易谈判。最后一次劫掠发生在择捉岛，选择的目标是岛上措手不及的日本驻军，结果导致了备感耻辱的驻军指挥官的自杀。这些劫掠活动并不反映正式的俄国政策，甚至也不能说明俄国远东总督所抱有的热情和野心。然而，日本作出了回应。北部大名们接到了动员的命令，1808 年，一支超过 1000 人的军队在国后岛和择捉岛登陆。如今，幕府以为早早就会发生冲突，于是放弃了它在这一地区发展经济的计划。

　　三年以后，一支由船长瓦西里·高勒夫宁指挥的远征考察队奉命出发，渴望避免与日本人之间的难题。这对他们几乎没有帮助。在一次距函馆很远的查找岸上物资的行动中，高勒夫宁被俘虏，被关押在函馆两年，直到他的远征队绑架了一名日本商人，才被交换回来。他写下的《日本被囚记（1811—1813)》，记录了
97　他与看守他的卫兵之间不断增长的相互容忍，后来差不多成了朋友。双方在当地的指挥官都意识到了达成某种协定以区分俄国和日本利益的急迫性。当高勒夫宁

---

[1]　东京大学史料编纂学会所有的一个卷轴，展示了雷扎诺夫的队伍前往长崎奉行官衙接受幕府答复的场景，这是他在长崎期间最形象的插画之一。

被释放时，伊尔库茨克的俄国总督和鄂霍次克海的俄军指挥官都写信表达了对几年前袭击行动的遗憾，并敦促确立一道分界线，但并未就此采取行动。日本关注的焦点逐渐向南方转移。1821 年，北部的地方行政机构回归松前藩大名管辖，此后直到 1853 年，北方几乎没有出现过异常行动或紧张局势。

从南边来的欧洲人上升成为更大的问题。在北方的日本国防被证明不够充分的同年，它在南方也受到了挑战。1808 年，英国护卫舰"辉腾"号驶入长崎港，威胁说如果不对其提供食物就会攻击停泊在那里的船只，尽管日方指挥官命令将对其实行攻击，但"辉腾"号还是为所欲为，达成目的。这虽是拿破仑战争年代欧洲人在日本的一次小试锋芒，却引起了广泛的恐慌。

在 18 世纪 90 年代，一些英国船只曾经尝试沿着日本海岸进行贸易，但未获成功。英国东印度公司对与日本开展贸易的兴趣不大，也不抱期望。大英帝国似乎不太愿意干扰日本的离群索居。驻在"出岛"的荷兰首席商务代表也不热心改变这种情势，他在"风说书"中尽量缩小法国革命带来的欧洲混乱状态。荷兰人意识到，诸如法国革命军已经入侵荷兰，拿破仑的兄弟已经登上荷兰王位，荷兰国王已经流亡英国避难之类的消息，确实将会令荷兰十分难堪。在巴达维亚的荷兰人可以包租美国的船只来为自己的贸易服务。在 1797 年到 1807 年的 10 年里，悬挂荷兰国旗的美国船只曾九次访问"出岛"，此外还有 5 艘欧洲的船只被租用。与此同时，荷兰人也会根据他们的需要，多少报告一些在欧洲发生的事件。1794 年的"风说书"报告了"大群暴徒包围了法国政府，杀害了国王和王储，使法国陷于混乱。附近国家包括荷兰在内，不得不拿起武器，严阵以待"。[1] 1797 年，又提供了进一步的信息，保皇党人已取得最后胜利，法国革命已被扑灭，但荷兰卷入了与英国的战争，失去了一些殖民地。

无需感到吃惊，这些骗术并未蒙住日本人很久。美国的舰船看上去就不一样，上面的船员说的语言也不同，它们载运的货物也不一样：长崎的日本翻译很快就意识到肯定有什么事情出了差错。1803 年，荷兰人承认当年进入长崎港的船只是一艘租用的美国船舶，但没提供更多的细节。由于其他的美国舰船很快出现，请求通商，事情变得越发糟糕。1811 年，爪哇沦于英国之手，从此时到

98

---

[1] Iwao Seiichi, *Oranda fūsetsugaki shūsei*, 2 vols. (Tokyo: Nichi-Ran Gakkai, 1976 and 1979). For 1794, vol. 2, p. 94.

1816年，"出岛"成了荷兰国旗仍在飘扬的唯一场所。

更为糟糕的是，幕府并未认识到美国已经成为一个独立的国家，仍然以为它是英国的一个殖民地。在1808年"辉腾"号事件的余波中，受到干扰的幕府命令长崎的官员就世界事务准备一份专题报告，事实真相才得以澄清。接到命令之后，翻译石桥助左卫门和本木庄左卫门一次就询问了驻在"出岛"的荷兰商务代表亨德里克·通布好几天时间。最终了解到美国这个殖民地已经成功地摆脱了英王的统治，并且了解到美国国家结构的大致情形，了解到一个名叫托马斯·杰弗逊的杰出人物，特别是了解到一个名叫乔治·华盛顿的伟大指挥官，他的声望如此之隆，以至于在他去世五六年后，他的同胞还建造了一座以他的名字命名的新首都。如今，第一次有可能解释那些流言了：这些停靠"出岛"的舰船可不是英国的。[1]

荷兰在拿破仑一世时期之后一度中断的对东印度群岛的统治权得以恢复，因为英国政府对那里殖民地的财政困难不感兴趣。当托马斯·莱佛士担任巴达维亚总督时，他曾企图使自己的国家替代荷兰与日本进行贸易，但他并未得到上级的首肯，也未从英国东印度公司本身得到多少支持。有人曾经建议英国夺取小笠原群岛，使之成为接触日本和中国的基地，但这些建议都被置若罔闻。[2]

这些事情在对于西方的研究上的影响，以及这些研究对于政府政策的影响，如今已经变得十分清晰。另一方面，幕府对于西方研究的控制和限制，也通过松平定信对林子平的惩罚而展现了出来。虽然对本多利明反应迟钝，但作为林子平的指控者，松平定信对西洋式学问的价值却不能熟视无睹。他在自传中写道：

> 我大约在1792年或1793年开始收集荷兰的书籍。这些野蛮的国家在科学上技能娴熟，从他们的天文学和地理学著作中也许能够获取相当大的利益，从他们的军事武器和内外科医学方法中也能得到莫大的好处。但是，他们的书籍服务于激发病态的好奇心，或表达一些有害的思想……因此，这样的书籍和其他外国事物不应被允许大量传播，以致入于不可靠人士之手；较为理想的是把它们收藏在政府的图书馆里。[3]

99

[1] Satō, *Yōgakushi no kenkyū*, pp. 145-149.
[2] W. G. Beasley, *Great Britain and the Opening of Japan 1834-1858* (London: Luzac, 1951), p. 30.
[3] 引自 Keene, *Discovery of Europe*, pp. 75-76。

松平定信还曾缩减准许进入长崎港的荷兰船只数量，并将荷兰人访问江户的间隔期限从 2 年一次延长至 4 年一次，当他们来到江户时也限制人们与之接近。早先江户的学者曾经可以自由地带他们的学生找荷兰的医生答疑解惑，但宽政年间以后，就只有大名的医生才被允许接近荷兰人了。这自然造成了交流的困难。1794 年，在江户的大槻玄泽未能找到机会向荷兰人请教他早已想问的一个问题，他强忍不满地想到，他将不得不为下一次得到解答的机会而等上整整 4 年。[1]

某些"兰学"学者的作品，也许可以用来说明松平定信之所以作出控制接触"兰学"这一决定的理由。工藤平助关于向北方发展的著作上文已经提及；杉田玄白也会被人们想起，他早在 1775 年就已写下一个对话录，其中把中国从东亚文化传统的中心分离了出去。他公然宣布："地球是一个单一的大球，无数国家分布其上。每个地方都是中心。一个人可以称任何国家为中心国。中国也只是一个东洋边缘上的小国。"他接着说："中国的书籍涉及的是技术而非原理；它们并不缺乏原理，但是这些原理的出处并不明晰。"而荷兰医学，既奠基于事实的基础之上，也建立在原理的基础之上，这些原理等同于圣人的真实教诲，即以此改善人类的生活。于是，西方医药科学的实用性就与信守圣人之道完全适应，也与东亚传统的本质完全相配。

但另一方面，1807 年，杉田玄白在《野叟独语》中说得很明白，他认为日本和中国一样，也背离了这一伟大传统的智慧。在一次对话中（大概没有出版，因为遭受禁令，只能秘而不发），杉田玄白呼吁在国家病入膏肓之前应当恢复"忠孝"之道。问题的征兆将会在俄国侵入日本北部海岸时发现，随后又在雷扎诺夫 1804 年进入长崎时显现。正是由于日本允许拉克斯曼进入长崎的心口不一的允诺，以及雷扎诺夫发现上当后的勃然大怒，才导致了科斯托夫和达乌多夫在北部的劫掠。杉田玄白的对话者在对话中解释道，说到底，俄国人是年少轻狂和精力充沛的，自从它在彼得大帝的统治下开始拓疆开土以来，俄国的对外扩张狂热令人感到吃惊。事实上，俄国表现出来的活力，可与日本在丰臣秀吉和德川家康时代所显示出来的相比。如今日本的领袖们面临着非此即彼的选择：或是给予俄国人的要求以积极回应，或是准备因拒绝俄国人的要求而引起战争。不幸的是，在

[1] Tadashi Yoshida, "The Rangaku of Shizuki Tadao: The Introduction of Western Science in Tokugawa Japan," Ph.D. diss., Princeton University, 1974.

经历了数代人的和平之后，日本人的战斗技能已经衰退。"武士道精神已经一步步地消逝，结果是甚至在本该最先自告奋勇的旗本和御家人中间，十之七八也都像个女人。他们的精神卑劣，与商人无异，他们似乎已经失去了作为武士的荣誉感。"幕府的武士已经无法把箭射出两英尺远，甚至"当马匹已经不是战马，而是猫咪之时"也不会骑马作战；他们无可救药地耽溺于都市的奢侈生活，债务缠身无法自拔；他们甚至无法有效地对付乡下手无寸铁的乌合之众。与此相反，俄国人近来甚至能够坚持对抗康熙皇帝的威力，以至于签订了《尼布楚条约》。[1]

类似的论证在往后的辩论中一再出现。迫在眉睫的危险被有意夸大（实际上俄国人有将近半个世纪未再出现），但其警示作用却并非完全没有道理，因为西方作为一个整体，不久就变得越来越更具侵略性。杉田玄白意识到日本实际上防务空虚，却苦无解决之道。像佩里来航之后的德川齐昭一样，杉田玄白建议利用一切方式，坚持"培育民众，训练军队，改革并保持我们的习俗，使一切秩序井然……我们的当务之急是拯救我们的世界；如果我们被迫现在就开放贸易，那么即使这使我们蒙受耻辱，我们也要咬牙去做；将来总有一天我们将会挽回我们的荣誉"。

然后，杉田玄白提出了进行体制改革的建议书，内容却是把时钟倒退回往昔的岁月：武士应该重返土地；商业精神应该减少；城市应该缩减规模。幕府应该取消外样大名和谱代大名的区别，以便激励一种危机和责任共担的意识，应该使更高的权位归于更有能力的人，即使他们的武士等级可能较低。就这样，知识分子的西方意识伴随着要求退回以往制度的呼吁，以为这样便可以使西方人陷于绝境。半个世纪以后，同样的推论成了导向一系列改革的第一个步骤，而这些改革造成了现代日本的诞生。

对于"兰学"家们来说，宽政年间对于类似林子平这样非法出版物的惩罚，是一次对权威当局的靠近认同。由于松平定信及其继任者们收集图书，评估书籍价值，政府的雇用提供了获得支持和安全的最好途径。不可避免的，这同样会带来态度上的变化。大槻玄泽的例子很有启发性。1803 年，大槻玄泽和一个朋友接受指令，翻译拉朗德的天文学表。过后不久，长崎的官员企图利用他作为沟通江户的权力掮客的渠道。1809 年，希望缓解由于与荷兰的贸易中断而导致的商人

---

[1]　Haga, ed., *Sugita Gempaku, Hiraga Gennai, Shiba Kokan*, pp. 269-95.

财务上的困窘，长崎官员指使长崎的翻译同意大槻玄泽的建议，批准与琉球群岛的贸易以作为与荷兰贸易的替代品。大槻玄泽与当局的接触，随着1811年天文方里一个单独翻译机构的成立，很快就成了一种正式的社交活动。于是开始招聘其他语言学家，从事一项选译1743年荷兰语版诺埃尔·秋迈尔《经济词典》的大型工程。虽然这项工程从未完成，在135卷日本人的手稿本中还是收入了300余篇文章。对于这些政府雇用的学者们来说，西方的学问（从此时起，也开始以荷兰语为媒介转译其他欧洲语言的书籍了）不再是一种简单的以此为乐的个人兴趣了，也不仅仅是一种由此追寻知识扩展的方法了，它还包含了个人喜好从属于官方需要的内容。对于某些人来说，大槻玄泽是他们中的一个，这导致了无比的自豪，因为以往被看作是空谈闲置的个人爱好，如今可以用来为国家服务了。大槻玄泽改变了他以往抨击中国医学的态度，批评某些人肤浅地偏爱荷兰每样东西的现象，他认为这正是像司马江汉之类一知半解者的特点，[1]并且指出新的学问应被允许用来补充以往的学识，这样它的优越性才能得到清晰的证明。他甚至支持做出安排以控制和监视知识的输入，以防其被那些追求时尚和浅尝辄止的人利用，否则这些人可能会通过迎合公众对新奇事物的喜好而增加一批追随者。[2]

102

大槻玄泽的表现也许不很普遍，但假定这是那些专家群里的经常反应也不是没有道理，这些专家以他们的学问终于得到政府赞助人的认可而感到自豪，也为自己地位的提高而自得。像林子平这样好管闲事的一介布衣，曾经掌握在手的只是不完善的、经常是过时的知识，而像司马江汉这样的通才，可能会对他们从荷兰书籍中获取的艺术和科技的混合知识感到非常好奇，以致他们开始把西方看作为一个遥远的仁慈善行、学问知识和幸福康乐的乌托邦。负责此事的官员则应该是由特别坚韧的材料所制成，他们分享着长官的政治优先权，并以自己对这个晚期封建国家的服务而感到骄傲。

由更好的书籍传达的关于西方事务的新视野，却又被西方的入侵所不时打断，这向日本提出了一个越发尖锐的挑战。早先的幕府法令曾经允许对遭难船只提供给养，以使它们能够和平地离开。但是，1825年这些法令被宣布无效，取而代之的是对外国船只立即进行攻击。幕府如今变得比松平定信警告拉克斯曼还要

---

[1] Calvin L. French, *Shiba Kōkan: Artist, Innovator, and Pioneer in the Westernization of Japan* (New York: Weatherhill, 1974).

[2] Satō, *Yōgaku kenkyūshi jōsetsu*, pp. 117ff.

有过之而无不及：

> 自此以后，无论何时，只要看到外国船只接近我国海岸的任何地点，所有在场人员都应向其射击，把它赶走。如果船只驶向远海，你等无须追赶；许其逃跑。但是如果外人强行登岸，你等可以将其捕获并监禁，如其母舰靠近，你等可以酌情将其摧毁……不得错误地向荷兰船只射击以生愧疚；若有船只国籍存疑，则应毫不犹豫加以驱逐。切不可疏于防范。[1]

103　　这种狂热立场的制度化，得到了幕府翻译局主管的鼓励。高桥景保（1785—1829）是高桥至时的长子，他是一个著名的数学家和官方天文学家，宽政时期曾被委任实行历法改革，并曾监督大槻玄泽对拉朗德著作的翻译。他还赞助过一个杰出的学者，地理学家伊能忠敬（1745—1818）。伊能忠敬对日本北方的地理调查成为贯穿整个19世纪的日本地图的基础。高桥景保开始于其父对他进行的汉学和日本数学与天文学的训练，1804年继任家族首领和官方天文学家的职位。他指导和支持了比他年长的伊能忠敬的探险旅行。他精通荷兰语，翻译了英格柏·坎珀《日本史》的部分内容，还从事于满语、英语和俄语著作的翻译工作。他从"出岛"获得了克鲁泽斯特恩在北方探险的记录，他还得到并翻译过一部论述拿破仑战争的作品。1824年，这样一个德川幕府时代具有最牢靠国际背景的翻译局主持者提出建议，要求立即发布把外国船只驱逐出日本的命令。《无二念打拂令》代表了锁国体制的极端状态。高桥景保的理由是，非法捕鲸船越来越成为一种威胁。它们正在利用日本的仁慈，唯一的解决方案是完全隔离或完全驱逐两者择一。外国人的非法登陆及其与日本平民之间的非正式接触，将不可避免地导致造成破坏，在这一过程中，西方人将会利用无知平民的轻信，虏获他们的心灵以传播基督教。高桥景保争辩说，动员大量人力来对付偶发的入侵是不经济的，而解决此事的较好办法实际上是采取国际性的步骤："当来自一个无论是否与之保持外交关系的国家的船只试图进入我国时，就应从岸上最近的炮台发射空弹，这是一种惯例，在以这种方式通知来船不得进入之后，那些船只就会离开海港。"幕府下达的命令，在禁止外国船只非法进入之时，添加了一段恐吓平民的话语：

---

[1]　Wakabayashi, *Anti-Foreignism*, p. 60. 此即"无二念打拂"（想也不要想，就把它们赶走）令。

"如果掩饰与外国人的接触，那么当真相大白之时，有关人员将会遭受最为严厉的惩罚。"

高桥景保的故事充满了讽刺性。他个人与居住在出岛的荷兰人之间的关系完全是诚恳由衷的。拿破仑战争时期荷兰驻日本的首席商务代表亨德里克·通布，应高桥景保的要求，给他取了个约翰内斯·格劳比乌斯的西方名字，以对他的地理学成就表示尊敬。于是，幕府在与外国人接触上影响最大的禁令，并不是出自一个迂腐之士的无知或冷漠，而是来自当时最好的西学学者的建议。这不能用"神圣祖先"的戒律作为理由来加以说明，而只能说明高桥景保对当时的国际准则是如何理解的。[1]

甚至更加具有反讽意味的是，高桥景保自己接下来也与不得将受限信息提供给外国人的禁令发生了冲突，并在调查西博德事件的余波中死去。上文曾提及，菲利普·弗朗兹·冯·西博德是附属于出岛荷兰商站的最重要的医生之一，他于1823年抵达长崎。他作为一个医生和知识分子的卓越表现，让他的荷兰雇主雇用了他，并给他博得了一个专门的头衔"主修外科医生"，被授权对这一领域的自然史进行调查。招待他的日本主人很快就承认了他的优良品质。长崎的治理十分松弛，足以使他有机会在一间位于城郊的学院"鸣泷塾"里担任教职。他还包养了一个日本情妇，并和她生了一个女儿。在长崎，西博德上课的学生总数达56人。像半个世纪以后许多在日本的外国教师一样，西博德和他的学生用荷兰文书写关于他们国家的随笔，这些随笔为他自己关于日本的出版物提供了素材。有39篇这样的随笔被保存了下来。西博德自己为他的学生起草毕业证书，以证明他们的能力。在他的朋友中，最能显示他交往范围的，是高桥景保。

从西博德这里，高桥景保得到了英国探险家和克鲁泽斯特恩的探险记录的荷兰文译本；作为交换，他把伊能忠敬绘制的日本地图的复制品给了西博德。在江户时，西博德也曾每日与最上德内见面，这是数十年前18世纪晚期对北方进行探险的一名成员，能够告诉西博德很多关于阿伊努人生活、语言，以及北方地理的情况。当西博德打算离开日本时，经过最上德内，政府已经了解到他曾与高桥景保交换材料的事情，接下来的调查发现了他手中的北方地图。由于这个原因，西博德的23名学生于1828年遭到拘留监管。高桥景保，这个发布禁止将材料交

104

---

[1]　Wakabayashi, *Anti-Foreignism and Western Learning in Early Modern Japan*, pp. 102ff.

105   与外人之手的地位最高、最负责任之人，死于刑讯。他的尸体则以浓盐水加以保存，送往江户进行正式的斩首。西博德自己被关在出岛，将近一年后才被允许离开日本。由于他的朋友曾警告他即将到来的是什么，西博德抓紧可用的时间，复制了这些地图的最重要部分，以使这些地图能够躲过没收和对他行李的检查而幸存下来。[1]

    高桥景保的案例有助于说明外国专家工作的约束条件，也显示了某些日本人士的矛盾心理，这种正反感情并存的矛盾心态，已经并行进入了对他们扮演角色的历史评估。虽然有些作者着重指出了当时的现代化趋向，并释放出在西方专家阅读和书写的著作中所潜藏的涵义，但也有一些人则宁愿强调幕府吸收和同化西方文化的能力，指出幕府正逐渐把注意力集中在国防事务上。19世纪不断增长的危机，有助于情报工作的实际应用，而这些情报最初只是作为第一批"兰学者"的私人兴趣，经常是出自一种随意的好奇心。然而，这一时期自始至终，学者们都表现出对于他们所接触的外国人士的尊重，甚至当条件许可时，与外国人士结成友谊。尽管总体说来，他们可能把这种友谊与对于"蛮夷"的轻蔑和排斥掺杂在一起。杉田玄白认为俄国人是野蛮人，但是能干且危险，高桥景保也在他的上书中使用了令人不快的字眼，把蛮夷比作是麇集在日本饭碗上的苍蝇。尽管如此，高昂的求知欲还是持续不断地表现在翻译西方著作的努力上，而这种翻译工作必然是私人的，实际上还是秘密的，从而也是无计划和无组织的。所有这一切的最令人印象深刻的产品，是志筑忠雄把一篇关于牛顿的荷兰文通俗作品译成了日文，这部译作因一名长崎翻译的信件而起。在信中，这名长崎翻译询问江户的朋友，是否了解"那里有没有任何书籍描述令人刺激和引起兴趣的物理学或天文学理论，无论是中文还是西文均可。你说正在撰写关于对数的数学书，我将特

---

[1] Keene, *Japanese Discovery of Europe*, pp. 147ff. 该书对这一事件进行了同情性的报道。将近20年后，佩里的小型舰队出发前往日本之时，美国国务院要求他的使节前往海牙寻求这些地图的副本，据说西博德曾随身将它们带出日本，但无论是殖民地事务部还是荷兰皇家海军都不了解此事。西博德的书当时仍在出版社，尚未印行（参见 Manfred C. Vernon, "The Dutch and the Opening of Japan," *Pacific Historical Review* 27，February 1959）。后来，西博德于1844年帮助荷兰国王威廉二世起草了给幕府将军的信，并且概略叙述了荷兰现代条约的线索（见 J. A. van der Chijs, *Neerlands Streven tot Openstelling van Japan voor den wereldhandel*, Amsterdam: Muller, 1867）。1859年，西博德作为荷兰政府官员再次访问日本。10年之后，他的儿子亚历山大也为英国政府所雇用。在这件事情上，日本人对西学的怀疑毫无疑问将会显得有些道理，因为这似乎印证了他们对于一个庞大的欧洲阴谋的最坏担忧。

别乐于见到该书问世"。[1] 这种求知欲并非与为政府服务互不相容,因为官方赞助 106
项目的资源提供了最好的机会。在德川时代晚期,未来的东京帝国大学校长加藤
弘之,回忆了他进入"蕃书调所"(这是一个研究蛮夷之书的机构,成立于佩里
来航之后)以后的情况:"我发现了其他一些书籍,这些书籍其他地方的任何人
都无法利用。当我对它们进行研究时,发现它们十分有趣:我生平第一次看到了
关于哲学、社会学、道德学、政治学和法学等的书籍……由此,我的思想开始发
生了变化。"这些材料的利用,能够充分地兼顾私人的良知和"国家公益",而官
场对什么是"国家公益"的解释则要狭隘得多。于 1862 年被派往荷兰莱顿的西
周,在写给指导教师的信中说,除了指定的学习课程之外,他还希望检验那些由
笛卡尔、洛克、黑格尔和康德所提出的学说,因为"在我看来,在这些学科的研
究中,有很多东西将会有助于促进我们的文明发展……"[2]

但是,由于公众不可能拥护这种普遍性的口味,这就必然会给许多人带来挫
败感。杉田玄白认为自己是"兰学"创立者,他的乐观精神并没能延伸给他的孙
子杉田成卿(1817—1859),杉田成卿曾被聘从事肖梅尔翻译计划。大槻如电的
《西学史》记载,杉田成卿在他的阅读中已经开始了解自由的理念,并且意识到
了学者的命运:

> 他意识到将会因为传播外国的思想而被捕,担心他也是在自找麻烦。他
> 努力控制自己,非常小心地不让"自由"一词从自己口中滑出。他能找到的
> 安慰自己精神抑郁的唯一办法就是醉酒,但是当他喝醉之时,却又抑制不住
> 地大声呼喊:"自由!""自由!"[3]

在西博德事件之后的十年里,处于德川幕府控制之下的"兰学"的可能性
和局限性得到了戏剧性的证明,后来以 1839 年的"蛮社之狱"("蛮夷学者的清
洗")而为人所知。正如杉田玄白对雷扎诺夫使团遭拒的担心一样,"蛮社之狱" 107
也在被误导的学者中引起了无端的恐惧,认为幕府拒绝了曾被打道回府的西方的

---

[1] Yoshida, "The *Rangaku* of Shizuki Tadao."

[2] Marius B. Jansen, "New Materials for the Intellectual History of Nineteenth Century Japan," *Harvard Journal of Asiatic Studies* 20 (December 1957): 592.

[3] Satō, *Yōgakushi kenkyū*, p. 200, quoting Ōtsuki's *Ydgakushi nehpyō*.

接近，是在冒带来灾难的风险。官僚的竞争和警察的调查导致了沉重的负担和严重的惨案。1838 年，一艘美国商船"莫里森"号，带着 7 名因海难漂流在外的日本人，从澳门驶往日本。船上除了载有商品、礼物和文件之外，还有 3 名中国海岸的传教士，皮特·帕克、郭士立（Charles Gutzlaff）和 S.威尔斯·威廉姆斯（他后来作为一名文件解释者为马修·C.佩里服务）。就像威廉姆斯后来所写的那样：

> （他们希望那些因海难漂流在外的日本人）会成为出现在（日本）帝国海港里的一个上佳借口……（以创造一种）对外国人的良好印象，并可能诱导日本政府放松其反社会的政策……我们希望由于从没有一艘外国船只访问过除长崎之外的任何港口，那个国家的排外政策会有某种削弱，同时也希望，由于好奇心的影响和这次使命的性质，至少会获得一种彬彬有礼的对待。[1]

幕府并未受到感动；岸上的炮台发炮赶走了来船，先是在江户，接着在鹿儿岛，这艘船带着传教士返回了广州，那些日本漂流民也仍在船上。大约一年以后，荷兰首席商务代表以一份新加坡报纸的新闻报道为基础，向幕府报告了这艘船的身份，错误地把这艘船的国籍说成是英国。现在，英国人会卷土重来成了幕府圈子里议论的主题，而这一故事或其中的某些东西也很快在学习西方事务的学生圈子里传布开来。

这个圈子的中心人物是渡边华山（1793—1841），田原藩的"家老"。田原藩这个三河海岸上的小谱代大名，从此开始致力于它的海岸防御。渡边华山是一个才华横溢的知识分子和艺术家，出生在江户，也在那里接受的教育。1832 年，在他被任命为该藩老中之后，即致力于加强它的海岸防御，并把早期对于西洋画的兴趣扩展到一般的西方学问上。他对荷兰语并不熟练，因此资助和依赖那些精通荷兰语的人们。他的事例标志着兰学研究上的一个新步骤，即把对科学技术的翻译扩展到那些有影响、有地位的政治家。渡边华山的智囊是小关三英（1787—1839）和高野长英（1804—1850）。小关三英是隶属于翻译局的一名医生，翻译局在高桥景保受审后曾经短暂废除，随后又重新设立。高野长英是西博德最好的

---

[1] S. Wells Williams's account, "Narrative of the Voyage of the Ship Morrison, Captain D. Ingersoll, to Lewchew and Japan, in the Months of July and August, 1837" (Canton: *The Chinese Repository*, vol. 6, nos. 5,8 [September, December 1837]; 1942 Tokyo reprint).

学生之一；他曾于 1828 年从长崎逃走，以躲避高桥景保事件的牵连，其后在江　108户开办了一家私人诊所，几年后开始与小关三英和渡边华山会面。一个名叫江川英龙的幕府代官，负责治理幕府将军在伊豆和相模等处的领地，这些领地中有绵延的海岸，由于在海岸防御方面有着共同的利益，这使他对渡边华山的圈子产生了兴趣。这是一个包罗广泛，阅历丰富，四海为家，且富有经验的团体。

高野长英对"莫里森"号事件的回应是写出了一本小册子《戊戌梦物语》，该书以手抄本的形式广泛流传。在书中，高野长英谴责幕府驱逐外船的决定，他认为这艘船只仍在航行途中。此外，他还对幕府提出了抗议：

> 英国不是日本的敌人……如果幕府对它们诉诸于武力驱逐，日本就会被看作为一个不辨是非的野蛮国度。我们是个非正义国家的恶名将会传播开来，而日本将会失去它作为一个礼仪之邦的美誉。结果将难以预料会有什么灾难降临在我们头上。[1]

高野长英的差错，包括他想象这次外船来航是由中国学者和传教士罗伯特·莫里森所指挥的无稽之谈，与他企图通过更为彬彬有礼的方式来保持锁国状态的意图相比，无足轻重：他认为幕府应该接受漂流海外的日本人，应该对来船的船长解释锁国制度，并把使节送回去。因为就像他说的那样，对他来说，"兰学"是"有用的并且迫切需要实践的学问"。如他在回忆此事时所说，他觉得《戊戌梦物语》这本小册子是完全合理公道的。为"兰学"而死是一回事，但是，"为《戊戌梦物语》而死，则是我无法不带遗憾之情的另一回事"。[2] 高野长英被判无期徒刑，但于 1844 年脱逃，藏匿起来生活，通过翻译作品供养自己，又活了 6 年。小关三英则更为紧张不安，很快就丧失了信心，他不愿面对严酷的刑讯和牢狱之灾，选择了自杀身亡。渡边华山由于在幕府里有一些朋友，在政治和艺术圈里也有许多熟人，对他的起诉是一场更大也更加重要的较量，使得对他的起

---

[1] *Yume monogatari* appears in translation in D. C. Greene, "Osano's Life of Takano Nagahide," *Transactions of the Asiatic Society of Japan* 41 (1913), p. 3.

[2] Satō Shōsuke, *Nihon shisō taikei* (Tokyo: Iwanami Shoten, 1971), vol. 55, p. 182. Also D. S. Noble, "Western Studies and the Tokugawa World View: Watanabe Kazan, Takano Choei, and the *Bansha no goku*," unpublished manuscript, January 1982.

诉成为对幕府儒家学者投诉抱怨的一种安慰。[1]

109

　　渡边华山曾经为他的朋友江川英龙写过一本关于国际事务的政论集，但在江川英龙的请求下，他缓和了在初稿中的批评。但在他被捕后，对他住处的搜查发现了原始的版本和另一本小册子《慎机论》（意为"适时的警告"），这是他自己写出，尚未示人的。他写道：西方国家是无情、强大且危险的；而日本是世上唯一企图拒绝与这些西方国家发生联系的国度。"乞灵传统只能导致无关紧要的争吵，最后只是给了它们一个满足其欲壑的借口。人们也许可以把西方人叫作蛮夷，但它们也不至于没有借口就诉诸武力。"尤其是英国，只是在"等待时机，正在小心谋划，加强他们的爪牙。英国就像苍蝇一样一直盯着它想从我们这儿拿走的东西，人们可能会把它们赶走，但它们总是会气势汹汹地再次回来"。

　　然而，渡边华山对危机深层根源的讨论则值得注意，预示了基本思想的重新定位。日本陷入今日困境的原因，在于它不加批判地恪守"从中国引进的盛大而崇高的空泛概念"。由于他就世界形势撰写论说文，渡边华山显示出他已经做好准备使文明普遍化。5种伟大的教义——犹太教、佛教、基督教、伊斯兰教和儒教——全都起源于亚洲。但不幸的是，亚细亚的文明土地已经变得软弱和颓废，而"世界正在进入由北方蛮夷所控制的时代"。在亚洲，只有日本仍然保持着独立性。中国已经被满人所征服，而今天的蛮夷已经变得比昔日的游牧民有学问得多。尤其是西方的这些国家，得益于它们在事物研究、科学意识方面的造诣和与时俱进，已经跟以前的掠食者很不一样。"这一切，都植根于它们关于世界的详尽知识。"特别是俄国和美国，表现出一种新的活力。在彼得大帝的推动下，俄国已经被提升为一个具有原始力量的强大国家。至于美国，渡边华山讨论了美国革命与合众国的建立，以说明美国已经成为"世界上最富裕的国家，这显然是在仅仅50年的时间跨度里就做到的"。他继续讨论报纸的功能，公众教育问题，以及美国在"举贤任能"方面的成功，而这正是日本的儒家改革者所苦苦寻求的。渡边华山所羡慕的西方知识结构，包含着某种一致性，其中"自然科学的基本目

110

的，是帮助其他3个分别由宗教和伦理、政府治理以及医学所代表的主要知识分支扩充基础，在其之上还有从属于它的其余各种艺术和技术"。对这些进行补充的是一种社会的灵活性（而这对于渡边华山来说是难以做到的，他本人是个艺术

---

[1]　鸟居耀藏，是学者中主要的控告者，他是林氏家族昌平黉的一名成员。

家，却因为武士身份而被迫进入政府为官），他写道：

> 在西方个人可以依据其天生资质和行业禀赋选择他自己的人生目标。一方面，可以致力于研究伦理道德和为官之道；另一方面，也可以研究艺术和技术。因此，没有人的愿望会被人看不起，只有在未能使自己适应天生适合的工作之时，人们才会受到责难。

如上所述，渡边华山对西方世界的研究最终将会导致其走上按照西方模式进行改革的道路。[1]

在渡边华山被捕后紧接着的调查中，他拒不接受对他进行的审判和惩罚，罪证是一些乱七八糟的残章断简，而这是他早就打算丢弃的；作为他的支持者，江川英龙也决定不以任何方式向政府提交有关渡边华山的正式报告。知识分子的分歧也和官员们一样：松崎古道上书和写信，争辩说对渡边华山的处理不公正，而佐藤一斋则对渡边华山完全不施援手，袖手旁观昌平黉的同事对渡边华山提起控告，故意装作看不见。渡边华山被判在田原藩永久"蛰居"，两年后，他以自杀结束了这种乡村生活。在此之前，他曾把一些画作送往江户出售，表明他已经摆脱了被监禁的待遇。[2]

幕府内部的斗争仍在继续。控告渡边华山的人获得了当局的支持，对境外材料的翻译和传播实行更加严厉的限制。一系列的法令表明，这种工作将会被限制在与天文学、军事艺术和医学有关的事项上。然而，这些措施只有暂时的抑制作用，最终还是归于失败。反动派从未完全控制幕府执政部门。在渡边华山被捕的几个月内，中国发生鸦片战争的消息到达日本，使得收集关于西方世界的情报变得更为紧迫；对于受过教育的日本人来说，进入长崎的中国书籍非常容易得到，有时会以日语版本重新发行，而这尤为重要。但是，对西学的研究也从这种新的紧迫性中获益。通过那些了不起的学校，"兰学"研究进一步扩散开来，例如绪方洪庵 1838 年开办于大阪的"适塾"，就成为全国各地学生心目中的麦加圣地。　111
据不完全统计，约有 637 个记录下姓名的学生走进它的校门，而学生总数很可能

---

[1]　Satō, in *Nihon shisō taikei*, vol. 55, p. 634.

[2]　Bonnie F. Abiko, "Watanabe Kazan: The Man and His Times," Ph.D. diss., Princeton University, 1982, pp. 180ff.

超过 1000 人。"兰学"已经成为内科医生训练标准的一部分，而它与国防的关联性也使许多藩国的武士对它越来越发生兴趣。[1] 绪方洪庵的学生中，有许多在后来日本 19 世纪的现代化过程中扮演了核心的角色。

综合考察

我们的讨论把 18 世纪 90 年代作为一个测定基准点，以之来认知都市和乡村所发生的诸般变化，这些变化造成了封建秩序内部关系的日益紧张，对于这种紧张程度的关心，集中于 19 世纪中那些与西方的威胁相关的问题上。虽然文化—文政时期的数十年似乎是一个迈向 19 世纪中期政治危机和发生巨变的稳定期，但也提供了许多预示即将到来之事的征兆。在农村，大量不情愿的村民被迫接受了包含着经济成本的政治强制，这表明未来的解决方案将需要对封建戒律的相对缓和，而不能建立在更加紧绷的基础之上。但是，在任何实际情况下，收紧封建戒律的努力都似乎并未生效。武阳隐士对他那个时代武士阶级的准确描写，可以在杉田玄白的见解中找到共识。制度尚未发生改变，但社会正在发生变化，变得更加现代化，更加多样化，更加碎片化。

我们所缺乏的仍然是一种全景式的综合考察，通过这种综合考察，能够把多股思路的要素结合起来提供一种想象力，据此或许可以建构出未来的行动方案。这种全景式的综合考察正在形成中，而且也是稳固地建立在 18 世纪思想的基础之上的。

在本卷第三章，哈利·哈洛特宁论述了德川时代晚期民族主义思想的政治化。但是，对于我们讨论的目标而言，它也可以用来满足在文化—文政年代的背景下，建构对会泽正志斋（1781—1863）《新论》的综合考察。

112　　　水户藩主曾经对儒学研究给予资助。明朝遗民朱舜水在中国明清易代之后，被允许居住在水户藩一些年，他主张始终不渝地效忠君主的重要性，在他的建议下，水户藩资助了一部日本史巨著的编纂，这部日本史沿着中国王朝的历史加以建构，把中国的历史与德川时代联系起来。随着这一项目接近完成，一群杰出的

---

[1] Rubinger, *Private Academies*, chaps. 4, 5; Ban Tadayasu, *Tekijuku o meguru hitobito: rangaku no nagare* (Osaka: Sōgensha, 1978), p. 89; Tekijuku, *Ogata's academy*; Tazaki Tetsurō, "Yōgakuron saikōsei shiron," *Shiso* (November 1979): 48-72.

学者逐渐开始崭露头角，藤田幽谷（1774—1826），他的儿子藤田东湖（1806—1855），还有会泽安（后改名会泽正志斋），他们使一个地区的学术传统成为具有全国范围和影响的学术流派之一。

水户学派的儒家学说及其对忠君的强调，为日本的国学所大量吸收。以本居宣长（1730—1801）为集大成者的一群学者，致力于把文学批评和文献学考证结合起来，重新点燃了人们对本土神道的宗教热情。国学的政治化及其进一步传播显然是平田笃胤（1776—1843）富有成效的工作，他设法从其他传统中拿来了可供利用的资源，并成功地得出结论：日本的国学比所有其他的学问都要优越，因为它综合了其他那些学问的要素。不过，与此同时，平田笃胤也完全同意，日本的本土传统，以万世一系的天皇家族作为最好的象征，将日本置于一个特别有利、注定得到天宠的位置。除了把国学政治化之外，平田笃胤还把它变得生机勃勃。他发展出一种把国学与农业指南手册相连接的做法，以求指导国内许多地方的村民。平田笃胤编辑并间或出版发行的这些农业手册，提供了接近农村知名人士的机会，有助于人们认为国学的思想意识与农艺学一脉相承。[1]

然而，即使除了这种故意为之的宣传手段之外，也还有许多证据表明，对民族传统兴趣的恢复，对天皇朝廷意识的提升，到19世纪早期已经充满了农村领袖们的头脑。例如，在四国的土佐藩，部分村民领袖（"庄屋"）对于他们定期遭受下级武士和城市官员的严厉斥责感到十分怨恨，这使他们在1832年提出要求，希望拥有姓氏和佩刀的尊严。在强调他们对于行政管理的重要性的过程中，这些村民领袖利用忠君的意识形态作为最终的权威意识。他们抱怨城镇官员的"自大行为"，指责他们正在受到的待遇构成了"对皇道的严重冒犯"。在19世纪40年代，土佐的村民领袖继续结成联盟，散发一份秘密文件，令人吃惊地声明管理村庄的村民领袖实际上要比城市化了的武士更加重要。"'庄屋'是平民首领，他难道不比作为贵族手足的家臣更优越吗？"[2]

作为德川家族的分支之一，水户藩与日本其他地区的发展有着紧密的联系，它的学者们也对来自外国的危险十分关心。水户人参与了幕府对北方的探险，他

[1] Jennifer Robertson, "Sexy Rice: Plant Gender, Farm Manuals, and Grass-Roots Nativism," *Monumenta Nipponica* 39 (Autumn 1984): 233-60.

[2] Marius B. Jansen, "Tosa During the Last Century of Tokugawa Rule," in John W. Hall and M. B. Jansen, eds., *Studies in the Institutional History of Early Modern Japan* (Princeton, N.J.: Princeton University Press, 1968), p. 340.

们设法得到了本多利明著作的副本，内容是探讨日本在千岛群岛、堪察加半岛和库页岛的发展潜力。[1] 步入老年时，会泽正志斋回想起，他曾就俄国人在北方所做的那些令人不安的探测活动，请教过导师藤田幽谷。他回忆说，作为一个11岁的孩童，他曾以用鞭子抽打亚当·拉克斯曼的粗劣画像为乐。19岁时，会泽正志斋的学识已经足以写出一篇关于千岛群岛的文章，他在文中解释说，俄国是由于它的敌人堵塞了它在欧洲的通道，才对亚洲进行扩张。他相信俄国人对堪察加半岛的占领已经使日本丧失了一度拥有的部分领土。他还写到了西伯利亚转归俄国控制的事情。会泽正志斋把俄国人的活力归功于彼得大帝的才能，是彼得大帝改造了他的国家，并扩大了他的疆域。俄国所做到的这一切，没有多少是通过征服，而大多是通过劝诱或行贿的策略，在这一过程中，无知的当地居民接受了俄国人的礼物，作为回报则是要效忠于他们的新主人。会泽正志斋相信，俄国人特别善于利用基督教来夺占北方领土，他还写道，俄国人如今声称全部北海道都属于他们所有。这种巧妙的手法也可以归因于彼得大帝，因为他拥有伟大的献身精神和令人肃然起敬的能力，而这看起来恰恰是危险之所在。

当一对英国捕鲸船登陆水户藩大津滨海岸时，在几年时间里，会泽正志斋得以经常询问某些西方人士。会泽正志斋不懂英语，以为他们是俄国人，为此他还曾学过一些短语。但是在努力了一些日子之后，得到的印象只不过更坚定了他对西方人侵略意图的怀疑。这增强了他对欧洲人扩张的忧虑。他作出结论："如今，欧洲人正竭力吞并地球上的所有国家，耶稣的邪恶教义是这种野心的一个帮凶。在贸易或诸如此类的借口之下，他们接近所有地方的人民，假装与之成为朋友，同时秘密地探查那些国家的强弱虚实。"[2]

接下来的一年，会泽正志斋在《新论》中把上述看法糅合在了一起。他不认为简单的幕府法令，即使是"不二念打拂令"，就能使外国人离开。外国人既不是求知心切，也不是遭人误解，而是下定决心要伤害日本。"虽然翻译们能够听懂蛮夷的讲话，能够读懂他们的书籍，但他们无法弄懂蛮夷的真正本质。"[3] 像高桥景保这样的人就曾低估了蛮夷问题的严重性，因为西方人依靠精神和物质的刺激，建立起了强大的影响力。日本的危险较少来自武装入侵，而更多是通过基督

[1] Wakabayashi, *Anti-Foreignism*, pp. 76-80.

[2] Wakabayashi, *Anti-Foreignism*, p. 90.

[3] Wakabayashi, *Anti-Foreignism,* p. 106.

教义、文化同化和经济一体化，使它的人民发生腐化和堕落。西方的将军们首先会夺取一些桥头堡，散布他们的货物，然后就会用许多被他们俘获或欺骗的人来扩大他们的军队。很可能，西方国家会利用阿伊努人来反对日本人，然后再用日本人来对抗中国人。

对于日本来说，唯一可能的解决方案，是采取宗教与文化转型结合富国强兵的反击战略。在西方国家，利用基督教作为一种国教，以及通过教育和征兵实现的公众参与，都只能通过日本在相同方面的充分发展才能得以抵消。日本必须强调它的"国体"，即国家的本质。

《新论》开门见山就是一段富有挑战性的断言："太阳在我们神圣的土地上升起，根本的能量就来源于此。天照大神的子嗣自古以来就登上了皇位。"通过这样的重点强调，作者认为，有可能（虽然考虑到无知民众智慧未开而仍有某种危险性）征募农民来补充武士的征召。会泽正志斋的补救办法，即改革幕府制度和政策，以允许大名追求加强军事力量，到这个世纪的中叶都不会得到满足，但在1825年，日本就形成了一套建立在传统体系转化基础上的混合对策。会泽正志斋的思想观念——对一种国家宗教的强调——使他看起来像是在预言19世纪末日本帝国发展起来的一种关于国家的教条灌输。若林正概括了西学对于会泽正志斋的重要性，表现为这样几点：虽然很模糊，但识别出了正在浮现的国家的性质，辨认出了新国家有求于其国民的途径，提出了在寻求国家强大的过程中吸引民众自愿支持的必要性，并且揭示了日本令人绝望的现实处境及其不得不如此行动的事实。以政府与宗教、礼仪、惯例和信仰相一致为特点的西方国家，形成了对日本的威胁，日本也将不得不回到它的真实本质，以回复初始的单一性。[1]

在会泽正志斋的思想意识中，吸收了几种不同的传统：首先是儒家学说，日本学者已经吸收和驯化了儒家的经典，并且宣称他们自己的国家作为"中华"的席次和地位，认为自己国家是中华正统的全盛期；其次是甚至更为重要的神道教，它对天照大神符咒和天皇神性及连续性的尊崇，形成了对国家优越性和独特性的诉求；第三是西学，因为这提供了一种未来国家危机的末日审判者的形象。

以这种方式发展起来的西方入侵，以及以这种方式发展起来的了解西方的通道，都将产生一个结果，即对日本的重要性和日本传统价值的不断增长的肯定。

[1] Wakabayashi, *Anti-Foreignism*, p. 122.

第二章　天保危机

哈佛大学东亚语言和文明系　哈罗德·包利瑟

1830 年 12 月 16 日这一天，日本进入了一个新的年代。巧合的是，当天下午，在离开涩谷不远处的一间农舍里，儒家学者松崎古道观察到一群白鹤，从青山方向"掠过群山"（他在日记中这样写道）[1]。次日清晨，松崎古道再次看到这群白鹤出现，"在阳光下飞舞向北"。他的兴高采烈表明，他认为这些庄严而吉祥的鸟儿在这样的时候出现，是一件十分令人欣慰的事情。没有一个时代曾经拥有这样一个吉祥的开端。令松崎古道同样高兴的是，这个新时代被命名为"天保"，即"上天垂佑"的意思。众所周知，选择年号是一项十分精细的工作，因为任何细微的粗心大意——汉字的使用已经受到那些心怀不满的团体，或是那些带有明显妄想狂征兆的人的牵累——都有可能大大损害整个国家的繁荣。既然如此，似乎没有什么好担心的。"天保"这两个汉字，根据老一辈学者的解释，是对之前两个时代的赞颂，第一个是天和时代（1681—1683 年），第二个就是享保时代（1716—1735 年）。松崎古道没有必要提醒自己，至少是对于学者而言，这两个时期都曾经辉煌灿烂，使人联想起新的希望、弊政的革新和正义的回归。同时，这也预示着未来的吉祥如意。

不幸的是，在接下来的 14 年里，这些期望都破灭了。实际上，天保时代作为日本史上最伟大的改革时期之一而载入史册。在德川幕府的中央政府中，天保改革与享保改革、宽政改革一同列为"三大改革"之一，而且同样重要的是，在全国各藩，当地统治者，即"大名"，也被席卷到充满改革热情的浪潮之中。从

---

[1]　Matsuzaki Kōdō, *Kōdō nichireki*, 6 卷本 . (Tokyo：Heibonsha, 1970-1983).

文化的角度上来说，天保时代同样被认为是日本文化繁花似锦的时期之一。这毕竟是葛饰北斋绘出《富岳三十六景》、《近江八景》和著名的瀑布系列的时代；
117 歌川广重（他的《东海道五十三次》于 1832 年刊行）、歌川国芳、溪斋英泉和歌川国贞也都在他们的鼎盛时期。日本的一些最有名的画家，像是田能村竹田、谷文晁和渡边华山都活跃在 19 世纪 30 年代。著名的《江户名所图会》出现在天保时期，德川时期日本逃亡文学的两大代表作，分别是泷泽马琴的《南总里见八犬传》和柳亭种彦的《偐紫田舍源氏》，也出现于这一时期；第三种完整的版本也是如此，为永春水的《春色梅儿誉美》于 1832 年刊行。此外，还有诸如平田笃胤、二宫尊德和会泽正志斋等各种不同思想家的活动，我们能够由此得出此一时期与德川日本任何时期都有所不同并清晰可辨的文化轮廓。

然而，尽管具有幸运的开端，进行了名垂史册的改革，以及取得了丰厚的文化成就，天保时代却仍会被证明对于日本百姓和统治者来说都是一个灾难。从民众苦难和社会混乱方面来看，仅有天明时代（1781—1788 年）造成了更大的浩劫，但它给予德川日本政治系统所造成的损害，却无法与天保时代同日而语。事实上，松崎古道很快就变得疑虑重重。就在仙鹤们盘旋着飞离青山的数小时之后，他发现自己正在考虑两个离奇的现象：第一，京都发生了地震，而这些地震在这座城市里实际上却未被感知；第二，樱花不可思议地竞相怒放，而此时并非樱花盛开的季节。他对于这些征兆既困惑又害怕，"我们的君主高尚善良，我们的习俗合乎正道，"他写道，"所以不应有任何发生灾难的理由……我们所能做的一切，就是为昨日的新年号而祈祷上天垂佑。"两天之后，他仍然感到心神不安，将先前记录的地震添补到他的日记中。

天保饥馑

事实上，他的不安还为时过早，因为真正的悲剧直到 1833 年，即天保四年才降临到日本，而灾难的到来证明与地震无关。问题在于天气。1833 年春耕时节，天气异乎寻常的寒冷，在夏季农作物生长季节尤其如此（天气寒冷到这种地步，以致一些地区的农民不得不拿出厚重的冬装来御寒），而秋季则反常地早早
118 降雪。同时，这年的春季大旱，这本身就是一个不祥的迹象，夏天则不幸地潮湿多雨，高水位每次都会淹没青苗四五天时间。结果便是普遍的农作物歉收，其中

水稻对于任何反常的情况都特别敏感，成了主要的受害者，而其他主要农作物，如小麦、大麦，甚至连竹笋也同样遭受了严重的灾害。[1]

和以前的情况一样，这次灾害最坏的影响也是发生在日本的东北部。这里寒冷的气候只能勉强适于农业耕作，而水稻种植，因为在七八月份的关键生长期需要 20 摄氏度的平均气温，总是特别容易发生危险。1833 年，日本东北部只获得了相当于正常年份 35% 的收成，而且在某些特定区域——例如仙台——收成比这还要少得多。再远一些到南部和西部，在一些像广岛这样的地区，收成也很差。[2]

就其本身而言，一次糟糕的收成是一个刺激而不是一个悲剧。无疑，很多人最初都会做出反应，就像 1834 年初的那位仙台农民一样，在他的日记中简略写道："没有新年庆典；也没有酒。"[3] 暂时性的痛苦总是可以由食物和种子的分配而得到缓解。但不幸的是，1833 年只是一连串坏收成的第一年。其后两年，只是略有好转，而 1836 年的收成更是坏到了极点，甚至在当年江户，就像松崎古道在日记中所记的那样，整个夏天几乎不停地下雨，天气异常寒冷。7 月 13 日和 14 日（农历的 5 月 30 日和 6 月 1 日），松崎古道不得不穿上他的冬衣披肩，而在 8 月 25 日（农历七月 13 日）夜间，他的一个朋友既然看到城市屋顶覆盖的瓦片上形成了霜冻。这种非同寻常的天气影响再一次主要发生在日本的东北部，估计那里的收获只能达到正常年景的 28%，不过，这次天灾遍及到了更广泛的地区。在水户藩，75% 的水稻和 50% 的小麦和大麦作物歉收，与此同时在日本海沿岸的鸟取藩，只获取了 40% 的收成。事实上，对于农作物歉收的抱怨已经远播广岛，甚至是在九州的小仓。

正如同时代的人所知晓的一样，关于这个问题存在着同样严酷的另一种记载。松崎古道就做过这样的事情，他在日记中写道："今年的天气和 1786 年几乎没有什么两样"。二宫尊德在观察他所谓的"50 年间最坏收成"时[4]，也做过同样的事情，他指出就在 50 年前的 1786 年，类似的天气灾害曾经引发天明饥馑，

119

---

[1]　举例来说，Saitō Shōichi, *Ōyama-cho shi* (Tsuruoka: Ōyama-cho shi kankō iinkai, 1969), p. 101; *Miyagi-chō shi, shiryō-hen* (Sendai: Miyagi-ken Miyagi-chō, 1967), p. 700.

[2]　*Rekishi kōron* (Tokyo, 1976), vol. 9, pp. 33-34.

[3]　*Miyagi-chō, shiryō-hen*, p. 802.

[4]　Kodama Kōta, ed., *Ninomiya Sontoku*, vol. 26 of *Nihon no meicho* (Tokyo: Chūō Kōronsha, 1970), p. 452.

导致村庄荒芜，挖墓掘尸，甚至还有同类相食的传说。这次的收成几乎同样糟糕。实际上，在某些方面情况变得更坏，恶劣的天气影响更为广泛，连一些未受先前灾荒影响的地区也难逃浩劫，例如鸟取藩，那里的官员估计，1836年发生的事情"要比恐怖的天明饥馑更为糟糕"[1]。

正如苏珊·汉利和山村耕造曾经指出的那样[2]，要估计有多少人死于德川时期的饥荒是非常困难的。我们被告知，在1836年，日本东北部有超过10万人饿死，次年在越前地区的死亡率是正常年份的3倍。在鸟取藩，官员们声称共有50000人受困，20000死亡。当然，困难在于因为实际上没有机会清点人数，这些数据通常是基于仓促和混乱的印象而形成的。此外，官员们在知识和能力上的可靠性从未有人查验，他们往往会夸大自己管辖地区承受的苦难；实际上他们也很难不去这么做，因为援助通常只提供给看起来最为急需的地方。[3]

不过，有充分的证据表明，如果无法提供证明或是量化数据，在1836到1837年达到高峰的饥荒仍是一次非同寻常的危机。民众以树叶和野草为食，甚至连蓑衣都吃的各种报告都提供了某种证据，在某些地区流行的尽快埋葬路边的饿殍，而无须等待官方许可的指令也可以证明危机的严重性。没有任何理由怀疑那些关于民众逃离农村运动的报告的真实性，人们像是"雨点"一样来到城镇和都市，如果足够幸运的话，会得到粥铺的施舍，否则就会被紧张不安的户主用竹棒匆匆驱走。同时，也有一些可以信赖的数字证据。1833年，饥馑刚刚开始，德川幕府在其幅员辽阔的领地收取了125万石的税米；1836年，当收成普遍恶化之时，数额降到了103万石，这是一个事物逸出了常规的迹象。米价也具有提示意义，在大阪，1837年夏的米价是1833年的3倍。在越后国，生活成本涨了五倍。不久之后，在江户也是万物腾贵，前所未有。[4]

到处都可以感受到天保饥馑造成的影响。最先受到影响的是乡村，那些失收的农民被迫拿出他们所能搜罗的一点点现金去争夺骤然减少的食物供给。接下来，随着物价飙升，城市也成为受害者。"我该怎么办呢？"感到绝望的松崎古

---

[1] *Tottori-han shi* (Tottori: Tottori kenritsu toshokan, 1971), p. 610.

[2] Susan B. Hanley and Kozo Yamamura, *Economic and Demographic Change in Preindustrial Japan, 1600-1868* (Princeton, N.J.: Princeton University Press, 1971), p. 147.

[3] *Rekishi kōron op. cit; Touori-han shi*, pp. 615,621.

[4] Imaizumi Takujirō, ed., *Essa sōsho* (Sanjo: Yashima shuppan, 1975), vol. 2, p. 311; Ōguchi Yūjirō, "Tempō-ki no seikaku," in *Iwanami koza Nihon rekishi* (Tokyo: Iwanami Shoten 1976), vol. 12, p. 329.

道在日记中自问，因为稻米陡然变得极其昂贵。那些武士们也不会安然置身事外。日本各地的藩国政府，预计收入更低而开支更高，在灾荒过程中只好勒紧腰带，并缩减武士的薪俸。此外，还有一个与饥荒相联系的严峻问题。1834 年，前面提到的那个仙台农民提心吊胆地写道"疾病蔓延"。整个 19 世纪 30 年代，各种不明来由的疾病，以各种各样的形式——瘟疫、天花、麻疹、流感——在人群中传播开来，人们太虚弱了，根本无法抵抗。[1]

民众骚乱

毫不奇怪，那些在 19 世纪 30 年代受饥荒影响最大的人群很快就会发泄他们的不满。每当饥荒期间，普遍的动乱就会如同雨后春笋般层出不穷，19 世纪 30 年代证明也不例外。如今有所不同的只是怨恨展示的深度，就公众抗议的频率、规模以及暴力行为来说，天保时代超过了日本历史上以往的任何时期。人们在 19 世纪 30 年代表现得异常焦躁，他们的行为也印证了这一点。实际上，甚至在这次饥荒之前，就已经存在着反常动乱的征兆，例如，早在 1830 年，就发生过非同寻常的"祈福参拜"事件，这是一种集体歇斯底里的特殊形式。在此期间，数量众多的民众，其中大多是青年农民，自发地前往伊势神宫进行朝圣之旅。就其本身而言，这并没有什么不寻常之处。"祈福参拜"活动已经发生过很长时间，大约每隔 60 年就会发生一次；上一次发生在 1771 年。因此，到 1830 年，60 年轮回已经完成了一个循环过程，日本理应进入到另一个周期，所以发生"祈福参拜"活动没有什么可奇怪的。同样，当时关于神宫的护身符从天空飘然而下之类神迹的各种报道，也没有什么好奇怪的。在村际间传播不休的有关此类奇迹的流言，只不过是呼吁朝圣之旅的习惯手法。与之不同的是，1830 年爆发的"祈福参拜"活动的规模极为非比寻常。在 1771 年，有 200 万人参拜了伊势神宫；如今短短 4 个月内，就有 500 万人，拥挤着、歌唱着、喊叫着、乞讨着（间或偷盗着），所有人都想尽一切办法要进入神宫。[2]

当局自然是非常紧张。每当不守规矩的农民成群离开村庄闲荡，破坏了恬静

121

[1] Fujikawa Yū, *Nihon shuppei shi* (Tokyo: Heibonsha, 1969), pp. 62-63,110-111.
[2] Fujitani Toshio, "*Okagemairi*" *to* "*eejanaika*" (Tokyo: Iwanami Shoten, shinsho ed., 1968），pp. 32, 78-79.

的农业生活，当局就会感到坐立不安。但是，尽管他们没有预料到，更糟的事情还是来了。1830 年的"祈福参拜"活动很快就由于后续事件的到来而显得相形见绌，这些后续事件也许远远谈不上有多么壮观，但是却比"祈福参拜"活动更具威胁。从 1831 年开始，特别是在 1836 年，日本遭受到一次前所未有的民众抗议浪潮的冲击。对于抗议活动发生的次数有意见分歧，但据迄今对这一课题做过最为细致研究的青木弘司所说，天保时代共发生 465 次农村纠纷，445 次农民起义和 101 次城市暴动，后两类统计，如同天保饥馑一样，都在 1836 年达到了顶峰。[1] 人们普遍同意，无论究竟发生了多少事件，无论它们被如何分类，日本此前从未见过这样的民众骚乱。

然而，仅仅是数字本身，尚无法解释天保时期的骚乱为何会如此引人注目。为了理解这一点，有必要看看事件本身的某些方面，因为它们具备了一些显示新的和警示性信息的功能。例如，农民起义，看起来就好像是一种新的类型。以前，这种抗议活动最后都会跟随着一个大致不出所料的结局，会有一些代表（通常由传统的村社领袖组成）代表着一个相当有限的地区（最多是几个村庄），他们向地方当局呈递一份要求的清单，内容通常包括要求税款减免，要求以最高价格出卖产品的自由，或是要求更换那些看起来腐败和缺乏同情心的官员。在一场展示团结一致的仪式过后，这些要求将会得到有礼貌地对待，期待至少会得到官方的某些让步。这些传统的因素在天保时代仍然持续不断，但却被一些全新事物所展现出的标志性现象弄得黯然失色。[2]

122　　首先，规模不同。如今已不是几个村庄，而是整个地区都行动起来。例如，1831 年，在长州，一场针对当局棉花垄断政策的惯常示威活动突然演变为 14 起同类事件，有 10 万多人参与其中，使整个地区都感受到了威胁。[3] 同样，在 1836 年的饥荒期间，富士山以北的郡内地区也发生了一场突发事件，有大约 30000 名愤怒而饥饿的抗议者参加进来，根据时人所说，这"即便在以往的军事史和编年史中"，都可以算是一次独一无二的事件。短短一个月后，另一批 10000 人的示威者使三河藩陷入骚乱。而在 1838 年，几乎整个佐渡岛——总共约有 250 个村

---

[1]　Aoki Kōji,*Hyakushō ikki sōgō nenpyō* (Tokyo: San'ichi Shobō, 197i),app. pp. 31-32.

[2]　Miyamoto Mataji, ed.,*Han shakai no kenkyū* (Kyoto: Minerva shobō, 1972), p. 535.

[3]　Aoki, *Hyakushō ikki sōgō nenpyō*, pp. 225,277-284.

庄——都揭竿而起。[1]

这样的数字，不可避免地会造成传统村社领袖丧失对于抗议者行动方向的控制。对这样规模的暴动进行有效的控制几乎是不可能的，当暴民们将这场骚乱发起者之一的房屋也付之一炬之时，这位发起者感到分外沮丧。此外，由于几乎所有参与者都贫困无告，所以往往会不顾一切，显然并不会按照相对富裕的伙伴的意愿行事。确实，郡内地区的骚乱是由一个老年农民（村里最穷的人之一）和一个走村串户的数学教师发起的，穷人既是领袖也是追随者，但这并不是全部。这个事件的特点之一是其他地区民众的热情参与，时人评论说，"不仅是穷人"，"还有赌徒、流浪汉和那些冒充浪人的人参与其中"。[2]农村抗议活动的新规模可能在一定程度上反映了天保危机时期特有的难题，但是构成成分的变化富于表现力地说明了社会的两极分化，由此日本各地都无可挽回地陷入贫富分裂的境地。暴力活动也说明了这一点，这些事件毫无绅士风度，不再温文尔雅，表明乡绅们已不再是农村冲突的领导者。事实上，乡绅阶级往往是暴民们痛恨的对象。在天保时期的动荡岁月，正是乡绅阶级的房屋、商店、粮仓、酒坊，还有当铺遭到洗劫和焚毁。这样的事情发生在长州、三河，以及郡内地区（在这里，超过 500 处建筑被这样摧毁）；甚至在佐渡岛，也有 130 名乡绅感到了地方上不满的压力。[3]

或迟或早，这些事件都会被平息或是镇压，当局留有自由介入的余地，举例来说——它们会严刑拷打一些人，迫害绞杀另一些人，还会对有些人施行流放或黥墨的刑罚。但是，所有地方当局都被这种新型的农村抗争搞得忧心忡忡。"如果我们再有另一个糟糕的收成，"水户的大名德川齐昭在 1837 年这样警告道，"我想我们还会有麻烦。"[4]他们还会发现，城市的动荡不安与农村不相上下。德川时期的日本，拥有世界上最大城市中的 3 个——人口超过 100 万的江户，以及人口约在 50 万上下的大阪和京都——同时还有 50 个左右实际上的地方中心城市，所有这些城市都至少拥有 10 万以上的居民。这样的人口密度，其中大部分很容易受到粮食短缺或是价格波动的影响，这样的不稳定性在之前的天明饥馑期间曾经得到过证明。在 19 世纪 30 年代的饥荒中，这样的不稳定性再次得以显现，自

[1]　Aoki, *Hyakushō ikki sōgō nenpyō*, pp. 242.

[2]　Aoki Michio, *Tempō sōdōki* (Tokyo: Sanseidō, 1979), pp. 194, 197.

[3]　Thomas C. Smith, 现代日本的农业起源，（斯坦福大学，加利福尼亚：斯坦福大学出版社，1959），页 180-200.

[4]　见 Kitajima Masamoto, *Mizuno Tadakuni* (Tokyo: Yoshikawa Kobunkan, 1969), p.208.

1833 年秋季开始，发生了连续不断的骚乱，或 "打砸抢" 事件。大阪当局不得不应对了 11 起这样的事件。即使在江户，尽管这里的武士人数多得吓人，老百姓还是 3 次闹事。其他地方——京都、仙台、长岛、长崎，还有金泽——也都发生了动乱。在金泽，1836 年，一群由 300 名愤怒饥饿的妇女组成的暴民冲到钱屋五兵卫的商店，要求得到大米和钱币。虽然各种估计的数据不同，但北岛真元声称天保时期的城市暴动不会少于 74 次，这占到整个德川时代所有这类事件的 20%，可说是完全不成比例。[1]

这已经够糟糕的了，但更可怕的是，在 1837 年的大阪看到了精心策划的——而且很显然已经执行了的——在所有的城市骚乱中最具威胁性的事件，其规模是自 1651 年 "庆安之变" 以来最大的。这次事件的始作俑者是大盐平八郎，他是一位前政府官员，当年 45 岁。据称，几年前因对大阪官府同僚的贪污腐败非常失望，大盐平八郎放弃了警务生涯，转而投身于阅读、写作和教学，同时显然也在收藏武器。然后，1837 年初，正当饥荒高峰时期，他向大阪四周的乡民散发一篇愤怒的檄文，号召民众发动对城市的攻击。[2] 虽然大盐平八郎小心翼翼地否认自己挑战政府，但他的意图其实非常明显。"首先，我们要惩办那些官员，因为他们残酷地折磨民众，"大盐平八郎写道，"然后，我们要处死那些傲慢而富有的大阪商人。我们要分发他们藏在酒窖里的金、银、铜币，还有他们藏在仓库中的稻米。"由于大盐平八郎先前的等级和现今的声誉，这些观点变得极具煽动性。于是，接下来就是发动起义，大盐平八郎和 300 名支持者试图接管这座城市。大盐平八郎起义在 12 个小时之内就被镇压了，其对穷人状况的改变仅限于烧毁了 3300 座房屋和毁坏了大约 4 万到 5 万石的稻米。[3] 尽管如此，它还是激起了广泛的反响。它的流风余韵传播到了整个日本，凡是有关大盐平八郎的流言传布和大盐平八郎的《檄文》偷偷散发的地方，都会感受到这种影响。在官员阶级中，藤田东湖写下了 "不安在增长"；在普通民众中，则普遍流淌着一股兴奋的潜流。效仿大盐平八郎，在尾道、三原、能势发生了较小规模的起义。3 个月后，在本州岛西海岸的柏崎，一群起义民众，再次在一名来自武士阶级的学者领导下，向

124

---

[1] Kitajima Masamoto, *Bakuhan-sei no kumon*, vol. 18 of *Nihon no rekishi* (Tokyo: Chūō Kōronsha, 1967), p. 418.

[2] 我用的是包含于 *Koga-shi shi* 中的版本：*shiryō kinseihen* (hansei) (Koga: 1979), p.695-697.

[3] Ōguchi, "Tempō-ki no seikaku," in *Iwananri kōza Nihon rekishi*, vol. 12, p. 336; *Koga-shi shi*, p. 698.

政府机关发动进攻。[1]

外部威胁

在这种日渐不安之中，日本不得不去面对另一种困难，即来自国外的威胁。17 世纪初实施的锁国政策，已经原封不动地实行了两百年，但是到了天保时代开初，似乎有理由相信，这一政策不会再维持多长时间了。外国船只日渐频繁的进入日本海域，这一情景证实西方国家正在步步逼近。为了对付这种情况，德川幕府早在 1825 年就发布指令，命令一旦看到这样的舰船，就要将其驱逐出境，但往往是说来容易做起来难。天保时代刚一开始，松崎古道就在他的日记中记载了发生在虾夷地的一次外国船员和当地居民之间的武装冲突。

不过，第一个真正严重的冲击，发生于 1837 年的夏天，那时当局正在处理大盐平八郎起义的余波。当年 8 月，一艘私人拥有的美国船只"莫里森"号从澳门驶向日本。在船上的是一个以航海为理想的美国商人查尔斯·金恩，和他的同胞，传教士萨姆埃尔·威尔斯·威廉姆斯；这些上帝和财富的代表身边，还有 7 名因海难而漂泊国外的日本人。几天之后，在小笠原群岛中的一个集合点，查尔斯·古茨塔夫博士加入了这艘船，他是一个德国传教士，曾经去过英国，如今在广州担任翻译。表面上看，莫里森的使命是要遣返这些因海难漂泊国外的日本人，但是上帝、财富还有美国政府这三种因素的结合，或许使他产生了其他的愿望。不管这些愿望是什么，都将不再有机会得以实现，就此而言，连那些因海难漂泊国外的日本人也都未能被送还他们的祖国。8 月 29 日，莫里森抵达江户湾，这简直就像是踏在了德川幕府的门阶上。第二天早上，没有接到任何警告，船只就被来自岸边炮台的炮火赶走了，几天后，在鹿儿岛重新为它举行了一场同样的欢迎仪式。[2]

就其本身来说，莫里森事件尽管令人不安，但对于日本人并没有什么重大的意义。诚然，在接下来的一年，当了解到在他们驱逐非法入境的外国船只时，也无意中宣判了 7 名同胞的永久放逐，这使他们大吃一惊。这绝不会被解释为一种儒家的仁慈善行，稍后产生的负罪感，以一种非常扭曲的形式使他们感到困扰。

[1] Okamoto Ryōichi, "Tempō kaikaku," in *Iwamani kōza Nikon rekishi* (Tokyo: Iwanami Shoten, 1963), vol. 13, p. 218.

[2] W. G. Beasley, *Great Britain and the Opening of Japan, 1834-1858* (London: Luzac, 1951), pp. 21-26.

尽管如此，关于莫里森事件的记忆还是被更为不祥的事态发展清扫一空。同年晚些时候，有传言说大英帝国打算吞并日本以南大约600英里处的小笠原群岛，而众所周知这个国家被誉为拥有巨大的财富、辽阔的帝国和无限的武力。这个消息，就像经常发生的那样，被证明是言过其实。英国的商人和官员们曾就这个问题的可能性时断时续地讨论了一些年，但在1837年的一个调查，明白地证实了他们所有的疑虑：吞并小笠原群岛是没有意义的。[1] 尽管如此，对于日本来说，了解到英国进行过这个调查却不知其结果如何，不可能不对之感到忧心忡忡。

1840年，长崎的官员们接到了中英之间首次发生武装冲突的消息，这种担心激化为恐慌。这次，传言并未言过其实，先前一年发生在英国和中国广州之间的一个小冲突发展成为一次真正意义上的战争。长崎的官员如实向江户报告，英国通过派遣一支分遣舰队，就取得了这场战争的胜利，这无疑使日本人认为他们伟大而强盛的邻邦面临着一次耻辱的失败。1843年的秋天，《南京条约》签订的消息证实了日本人最坏的担忧。大英帝国已经来到了远东并站住了脚，而日本，由于坚持奉行一种锁国政策，如今承受着野蛮的名声（因为只有一个野蛮的国家，才会对自己遭受遣返的国民和那些帮助他们的人开火），可以预期它将会面临前所未有的外部压力。实际上，一段时间以来在长崎的荷兰人已经告诉了日本政府很多这方面的消息。无论英国对日本的政策是否使这种担忧合理（据W. G. 比斯利令人信服的论证，这样的担心其实并不需要）[2]，但事实是，在距离日本海岸仅仅500英里的地方确实驻扎着英国的舰队，这提醒日本人记住他们常常会遗忘的事情——日本是多么的弱小和孤立无援。

批评家及其批评

天保时期产生了两个主要的问题：一方面，是民众蠢蠢欲动，他们的不满（尤其是在处于饥饿状态之时）会驱使他们采取前所未有的暴力行为；另一方面，是外交形式更为复杂，比17世纪初以来的任何时候都更加形成威胁。这些难题的任何一项，都足以使日本的统治者感到沮丧。两者结合起来，就导致了德川历

---

[1] W. G. Beasley, *Great Britain and the Opening of Japan, 1834-1858* (London: Luzac, 1951), pp. 16-20.

[2] W. G. Beasley, *Great Britain and the Opening of Japan, 1834-1858* (London: Luzac, 1951), pp. 16-20.

史上无可比拟的危机，撼动着日本社会的根基。

　　这场危机必然会在这个国家的大约 50 万名武士阶级中引起最为敏锐的感应。作为国家的官员，武士们既要为德川幕府效命，也要为 264 个大名政府的任何一个工作，民众的和平与繁荣都掌握在他们的手中。[1] 蔓延的饥馑和社会的混乱已经对他们治理国家的政策提出了质疑。同样，作为日本的常备军，致力于守护国家是他们的责任。不过，随着外交风云变幻莫测，他们的军事能力也成了人们担心的对象。这是一个多少使人有些难堪的局面。两个多世纪以来，他们一直表示有资格获得地位、薪俸和特权，声称自己与生俱来的智慧和勇敢赋予了他们引导和保护民众的权利，这种权利也正是他们的义务。如今，在天保时代的危机袭来之时，他们却发现自己无力应对任何一项难题。武士阶级确实处于一个非常消沉的低潮期。

　　首先，自从 1637 年的岛原起义以来，就没有看到过武士阶级拍案而起，对国内动乱施以打击，因而他们已经距离能打硬仗很远。再者，他们很少操练，装备简陋，这仅仅是因为训练和装备都要花钱，而没有人有多少闲钱。对于一个男人来说，天保时代的武士要比他们先前的祖先贫穷得多。[2] 他们有自己的薪俸，但是通货膨胀和不断上升的通胀预期结合起来对他们进行嘲弄。从德川时代以来，武士的薪俸充其量可以说是没改变过；但实际上常常被加以缩减，无论是暂时的或是半永久性的，因为大名们要用来应付一些突发的特殊情况。对于绝大多数武士——也许是全部——来说，只有放债者才能提供些许喘息之机，甚至连这也只不过是饮鸩止渴，因为债务（除非单方面由政府宣布取消）迟早总是要偿还的。这样，到了天保时代，虽然武士们的政务技能有所增长，但他们还是像曾经的那样，成为一种破破烂烂的残留物：贫穷，怯战，沉溺于赌博，他们的士气是如此之低落，以致常常因醉酒而擅离职守。

　　那些得到武士服务的人，不管是幕府的将军还是 264 个大名中的一个，也都面临着相同的问题并出于相同的原因：通货膨胀与更加奢华的生活方式结合在一起造成的侵蚀。但更为重要的是，他们的收入已经萎缩。这其中一部分是由于时不时发生的火灾、水灾、地震，当然还有饥荒造成的破坏。但是其他的因素，尽

127

---

[1]　*Daibukan* (Tokyo: Meicho Kankokai, 1965), vol. 3, pp. 798-808, lists 264 daimyo in 1833.

[2]　Kozo Yamamura, 武士收入与创业研究，（剑桥，马萨诸塞州：哈佛大学出版社，1974), 页 26-69.

管不很明显却更加致命，是在于治理的失败。幕府将军和他的大名已经不再像曾经那么有效地利用他们领地上的资源，因为他们无法将税收与农业变革的速度和方向很好地加以协调。尤其在整个日本中部地区，稳定的（特别是有纳税能力的）、能够维持生计的农民很久以前就开始消失，同时消失的还有他们单一种植水稻的耕作方式。取而代之的，是一种新型的、划分为两级的农业社区，一端是富有的土地所有者，还有一端是他们的佃户和雇工。农民们现在不再是为自己的需求而生产，而是种植经济作物——棉花、烟草、油菜、靛蓝，等等——都是为了在市场上出售。一些人靠这个发家致富，其他人则并未如此；事实是，正如我们已经看到的那样，这种两极分化有助于改变民众骚乱的性质。但是无论贫富，相比起他们17世纪的祖先来说，向他们征税都要困难得多。[1]

因此，日本各处的大名们，是在常年超支和累累债务的境况下遭遇到了天保危机。这方面的例子不胜枚举，一个更比一个离奇。江户的幕府政府在19世纪30年代的开支，每年都比它的收入超出50多万金币。在土佐，同一时期里，领地的收入从来不足其运行成本的75%，其他地区也好不到哪里去。几乎不可避免的是，他们全都通过自己的方式找人借债。例如，在长州，积累的债务价值相当于该藩20年收入的总和；在加贺，每年税收的三分之一要用来归还贷款。这些并不是日本武士阶级可选择来应对天保危机的有利条件，而他们自己也对之心知肚明。一位大名愁眉苦脸地承认，"即使在正常情况下我们都难以维持，更何况在这样一个非常时期"。[2]不幸的是，这个非常时期恰恰是他们如今不得不面对的。

一般的窘况并不新鲜。大名的债务在18世纪就很常见，幕府的财政支绌也是如此；所以，正是由于这个原因，腐败的迹象在武士阶级内部蔓延。早在17世纪，大部分武士都离开了农村，居住在城下町，在那里，他们抱怨着城市生活的腐蚀性影响，比如超常的压力、浩繁的开支，以及各种各样的诱惑。城市与乡村的隔离必然削弱武士进行有效的管理，同样，新的生活方式也必然削弱武士的作战能力。在俄国的威胁于世纪之交袭来之时，杉田玄白记下了武士的这种衰落，他写道："今天的武士已经在奢华中生活了二百多年……已经有五六代人未

[1] Smith, *Agrarian Origins*, p. 160.

[2] 引自 Miyamoto, *Han shakai no kenkyū*, p. 548。

经战阵。他们的军事技能已经消失……十有七八像女子一样懦弱。"[1]

天保时期，形势更加糟糕，因为俄国的威胁消退得过于迅速，对日本的国防未能产生任何持久的影响，以致日本还是像往常一样国防空虚：沿海的几处据点只有几门陈旧的大炮（其中许多已经几十年未用），稀稀落落地分布着几座摇摇欲坠的瞭望塔，仍然被不合时宜地称为"唐船蕃书"，即中国船舶的瞭望台。实际上，日本的舰船、大炮和轻武器也都与200年前的一般无二。他们仍然可以宣称国家的防御富有成效，乃至在一些礼仪的场合举行貌似可信的军事展示，但是他们无法轻易地使自己转化成为一支有效率的战斗力量。武士阶级需要整顿，需要新的思想、新的武器和适当的训练，才能够拥有击退外国侵略者或镇压国内造反派的信心。这些都需要额外花钱，而钱恰恰是武士，不管是作为整体还是作为个人，都极为缺乏的东西。

没有人会比武士自己更了解这种情况。他们比任何其他人都有更多获取信息的机会，这要感谢他们所受的教育，以及他们所具有的较为宽广的历史知识，这使他们能够意识到所面临问题的严峻程度。由于他们了解得实在太清楚了，那么对此做点什么便是他们的职责所在，因此在天保时期，武士阶级一直在执著地表达他们的焦虑，在某种程度上，这是德川日本的历史上前所未有的。富有讽刺意义的是，这种批判本身以其数量、规模和多样性，又往已经不稳定的局势上添加了一种新的不确定因素。

从某种意义上说，这种批判是多种多样的。毕竟，这些批判来自于社会地位和生活经历各不相同的人士。水户藩的统治者、高贵的大名德川齐昭就作了很多这样的批评，而很多地位比较低微的人，比如乡村学校校长广濑淡窗，地方文职官员高岛秋帆，还有退职的大阪警官大盐平八郎，也都做了同样的事情。艺术家渡边华山，生理学家高野长英，流浪学者佐藤信渊，还有火炮瞄准手佐久间象山，也都对社会现实做出了他们自己的批评。[2] 当然，对于这场危机的感知方式是各不相同的。对于大盐平八郎来说，主要的问题是饥荒和那些冷酷无情官僚的

129

---

[1] Numata Jirō, et al., eds., Yōgaku (I), vol. 64 of *Nikon shisō taikei* (Tokyo: Iwanami Shoten, 1976), p. 296.

[2] 这一部分的材料来自于：*"Satō Nobuhiro,"* vol. 45, and *"Watanabe Kazan"* and *"Sakuma Shōzan,"* vol. 55 of *Nikon shisō taikei* (Tokyo: Iwanami Shoten, 1974 and 1977); *Koga-shi shi*, pp. 695-697; Arima Seibo, *Takashima Shūhan* (Tokyo: Yoshikawa Kōbunkan, 1958); Konishi Shigenao, *Hirose Tansō* (Tokyo: Bunkyō shoin, 1943); Nakajima Ichisaburō, *Hirose Tansō no kenkyū* (Tokyo: Dai-ichi Shuppan kyōkai, 1943)。

不当处置。另一方面，渡边华山则一心一意地专注于日本的外交处境，骇人听闻地将之比作"遗失在路边的一大块肉"，而西方掠食者正在周围悄悄潜行。佐久间象山也关注着同样的问题，害怕国家可能不得不进行一场"几乎没有获胜希望"的战争。至于德川齐昭，他的幕僚会泽正志斋1825年出版了著名的《新论》，在天保时期广泛流传，这正是内外因素结合而成危机的时期。德川齐昭在1838年的奏折中警告，"正如诸位所知，历史告诉我们，内部混乱遭致外部磨难，而外部问题也会引起内部不安"。同样，这些批判采取的形式也各不相同。大盐平八郎的《檄文》是一个公开的呼吁，从一个村庄传到另一个村庄。另一方面，广瀬淡窗和佐藤信渊的观察结论主要是以手稿的形式流传，而渡边华山的手稿则一直秘而不宣，直到1839年在一次捕快的搜查中被发现。其他的一些批判则披上了正式请愿书的外衣（就像佐久间象山的情况），呈送给大名、特定的官员（比如高岛秋帆），或是藩主本人（比如德川齐昭）。这些批评的语气也有区别。大盐平八郎的《檄文》尖锐而富于煽动性，因为他期望使之成为一个战斗的号令。而在另一方面，学者风度的分析和官方样式的奏折，则适合于各自披着学术礼仪和恭顺关系的外衣。

130

然而尽管存在差异，在天保时期的批判思想中还是贯穿着某些共同的脉络，其中之一就是对政府的不满。大盐平八郎指出："当国家由不相称的人掌管，灾难就会接踵而至。"虽然他的言论比其他人更加坦率尖锐，但其观点却仍被普遍认可。其他人也认同了大盐平八郎对政府官员"厚颜无耻接受贿赂"的指控；渡边华山在他秘不示人的《慎机论》（意为"适时的警告"）中，德川齐昭在1838年的奏折中，都谈到了相同的事情。实际上，后者经过慎重考虑，认为"我们的当务之急就是杜绝腐败，除非把这个事情做好，否则不会取得任何成功"。广瀬淡窗在他写于1840年的《赘言》中，将批判的锋芒扩展到了各地的大名和整个武士阶层，提醒他们注意因自己的自大傲慢和愚昧无知所造成的罪过。有些人，如渡边华山和高野长英，则谴责日本的锁国政策，认为这对国家当今的利益没有什么好处。另一方面，高岛秋帆和佐久间象山则赞成上述说法，并希望由此引起对可悲的国防状态的关注。

政府通常都不容易接受批评，德川幕府也不例外。自从17世纪早期以来，不利的批评意见就一直受到强行抑制，并做得相当成功，这使天保当局对于如今从四面八方蜂拥而至的批评意见简直感到手足无措。他们还是以传统的方式来加以回应。渡边华山和高野长英，及他们的一些同志，因为涉嫌业余学习西方知识而被逮捕。高野长英随后被判入狱。在另一个不同的场合，高岛秋帆也被投入监狱。佐藤信源被勒令远离江户。渡边华山遭到流放，从江户回到他的领地。与佐藤信源命运相同，甚至连德川齐昭也在 1841 年被逐出江户，回到他在水户的领地居住。当然，大盐平八郎由于发动起义，自己签署了自己的死刑执行令。他曾经躲避了 6 个月的追捕，最终还是亲手结束了自己的生命。

尽管如此，批判本身依然存在。天保危机所唤醒的担忧和抱怨依然存在，而 131 且在不停地口耳相传。要求改革的呼声也是如此，尽管各不相同，但都同样激动人心，揭示出一个普遍的信念，即只有采取非常手段，才有望治愈这个国家的恶疾。在这里，大盐平八郎要求对腐败官员大量处以极刑，就是他所要采取的非常手段；但是日本还没有完全为此做好准备。不过，其他以各自方式要求的变革同样激进。若干批评家——广濑淡窗、佐久间象山还有他们之中的德川齐昭，都敦促将武士从城市遣回乡村，以领导那里的国防事业，而普通民众也将参与其间。实际上，这个建议冲击了德川社会秩序的根基。外交秩序也受到了诸如渡边华山和高野长英等人要求的挑战，他们敦促国家向世界打开大门。

还有一些建议是攻击德川日本的政治秩序，呼吁质疑整个幕府体制。在这一体制之下，政治权力由天皇（无论他喜欢与否）委托给将军，即德川家族的首领。将军虽然统帅自己的机构以行使外交和国防等某些国家功能，但须转而将地方治理的大多数职能委托给 264 位当地的统治者。至少，从理论上而言，这些大名（或是他们的官僚机构）统治着自己的领地，征收自己的税捐，并保有自己的军队。作为将军的臣属，他们有义务给予将军任何可能提出的援助，不管他们将付出怎样的代价。如果他们被证明玩忽职守或罪大恶极，他们的土地和秩禄就会被加以剥夺。然而，到了天保时代，200 年的停滞状态已使将军和他的政府权威明显衰落，而大名们实际上的独立性却在增长。很少有人被要求为效忠将军而贡献一切，更少有人会仍然对幕府的不快而感到纠结。因为这一制度的大多数方面都运行良好，就像日本历史上德川幕府时期的大部分时间都显得波澜不惊一样，然而，从另一方面来说，这一制度也缺乏必需的协调机制来应对国家的紧急状态。天保危机，以严重的饥荒和普遍的社会动荡，再一次暴露出这一制度将地方权力分割成 265 个相互分离的行政辖区的缺陷。

然而，更为值得注意的是，这场危机引起了对另一个特别严重问题的关注。

德川幕府时期的日本不能保护自己抵抗外来的侵略——这不仅因为武士阶级作为

132 一个整体来说已经变得贫困和软弱，更是因为这一制度本身不允许武士阶级力量
的强大。德川幕府很久以前就已经认定，只有限制大名的军事能力，才能维持
自己的权威，保持国家避免内战。因此，早在 17 世纪初，幕府就对各地大名施
加了一些限制措施。轮流在江户居住的"参觐交代"制就是其中的一项措施，目
的在于保持各地大名每两年须有一年居住在江户，从而限制他们反叛的机会。还
有人质抵押制度，旨在通过威胁大名们的妻子儿女，来保证各地大名的忠诚和善
行。不过，与限制大名的军事能力关系更密切的，还是禁止各地大名修筑防御工
事，也不许他们建造成规模的战船。

　　所有这些限制措施，对德川幕府的统治起到了很好作用。如果没有这些措
施，德川幕府时期的日本的历史不会如此平静。然而，在天保危机中，人们开始
意识到，为了避开相互之间的内战，他们也使自己变得毫无防御能力。因此，对
于许多批评者来说，这些制度显然必须加以改变；确实，会泽正志斋的《新论》
（写于 1825 年，但是很明智地直到 1857 年才发表）已经提出这个问题，要求巩
固疆域，要求装备更好的武器，建造更大的舰船。会泽正志斋的靠山，德川齐昭
花了下一个 20 年里的很多时间来说明同样的问题。佐久间象山也认为，旧有的
限制已经到了该放松的时间了。他写道，拟定禁止建造大型船舶的法令，本是相
信这"会在未来维持国家的和平"，但是由于情况发生了急剧的变化，"为了公
众的利益，我们必须毫不迟疑地修正以往的法律；为了公众的利益，我们必须毫
不迟疑地引进新的法律"。所有这些建议的背后，都隐含着这样的推断，即德川
幕府时期的日本为了安全已经太过集中权力了。会泽正志斋指责日本的防御体系
"强调中心而忽略周边"，佐久间象山也建议说，幕府应该"减轻强加于大名肩上
的负担，以便各藩的财政得以改善，使之能够致力于国防"。

　　然而，对于他们所要求的权力下放，还有一个替代性的选择，这可以在佐藤
信渊的著作中找到。他的《垂统秘录》[1] 及其随后的阐述和注释，并不建议给大
名松绑，让其照看自己的防御，而是恰恰相反。佐藤信渊所主张的是，创造一个
远比以往日本更加中央集权化的国家（或者，更确切地说，是到 30 年之后的明

133 治新体制才看到的国家），这个国家在国民生活的每一个方面，包括国防，都将

---

[1] 最容易理解的版本可在《日本思想大系》第 45 卷，第 488-517 页的"佐藤信渊"一章中找到。

完全服从于统一的中央控制。国家生活包括国防的方方面面都将统一，完全受到中央的控制。

各种批评意见都在以自己的方式呼吁日本在还为时不晚时进行改革——实现更加坦诚的政府，恢复以往的俭朴习俗，试行新型的外交或社会组织，并获取新型的更加精良的武器。幕府对这一呼吁并未置若罔闻，就像天保时代的改革所显示的那样，但是它也产生了始料未及的结果，这在国家体制这一问题上表现得尤为明显。这个特殊的问题，优先于所有其他事务，被证明是最为棘手的，最终，也是最有分歧的。

藩政改革

从传统上看，在德川幕府时代的日本，危机之后往往跟随着改革，而天保危机也没有理由会有什么不同，尽管它表现出了种种异乎寻常的特点。改革，在日文中有各种各样的表述，诸如"改革"、"改新"等等，都是常见的表述，带有某种令人感到安慰的乐观精神，也有某种令人感到舒服的模棱两可。毕竟，谁会去抗拒这样一个以发展经济、提倡俭朴和拔擢"贤才"为中心（就像以往的这些改革一样）的改革呢？对或多或少都处于财政危机中的各藩来说，改革不可能不具有吸引力，而除了把财政危机的原因归咎于人性的弱点，也不可能怪罪于任何方面。无论如何，经济和节俭都是最有弹性的抽象空谈，可以在很多方向上加以引申，而"贤才"这一术语的使用则是尤其带有主观意味的；在实践中，大多数人都有以之来为他们自己及其好友所用的倾向。

实际上，"改革"这一概念是模糊不清的，它足以容纳各种各样的回应，无论是进步人士还是反动分子，无论是空想家还是务实派，无论是利己主义者还是利他主义者，甚至连那些根本没有反应的人，都可以高谈改革，用恰当的华丽辞藻来高雅地遮掩他们的真实意图。"改革"这一词汇究竟多么具有灵活性，可以从对天保时代各种事件各种各样的反映中看出来，因为尽管没有一个地方未受这些事件的影响，但日本 264 藩的大名的反应却是各不相同的。当然，也没有任何理由指望他们给出同样的反应。各个大名的领地，经济、气候和地形具有很大差异性，因而危机对它们产生影响的方式是不同的，影响的程度也有差别。例如，在日本中部，农村动乱的问题就与那些商品经济发展较慢的地方不太一样。此

134　外，饥荒及其影响在东北地区也表现得更为可怕，造成的灾难看上去比其他地方要严重得多；另一方面，西南各藩则有更多的理由关心外国的舰船及其入侵的威胁。沿海各藩，无论处于什么位置，也倾向于更加注重防御事务，而不是远离大海，寻求一个比较安全的间隔。一定不要忘记，各藩都有各自的问题，所以它们也有自己的选项排列，以及具有个人选择权的藩政官员。

　　基于这些原因，天保改革，正如在各藩展现的那样，其多样性几乎已经表现得淋漓尽致。[1]对某些藩来说，就一些批评者而论，看起来问题的核心在于武士阶级的失败。举例来说，田原藩就是如此，渡边华山的改革重点在于教育，希望武士们可以再次掌握他们的传统道德，具有忠诚和孝顺的美德。在其他地方，类似的要求常常伴随着对城市生活阴险诱惑的警告。1833年，冈山当局告诫自己的武士，"你们每个人在所有事情上都必须节俭，避免浪费的开支，并纠正你们的行为"。

　　在经济政策方面，许多藩的改革者们也没有提出超越传统的补救措施。紧缩经济的规制非常普通，和往常一样，一个最易于措手之处，看来是从削减武士的薪俸开始。这些一直是最为容易的博弈，因为只会冒很小的反抗风险。虽然在某些情况下武士对大名的反抗会得到宽恕，但武士的道德从来都不会允许为钱做这样卑鄙的事情。因此，就像越前等藩一样，它们能够信心十足地开始自己的改革计划，在3年时间里把所有的武士薪俸减半。不过，这条似乎导向财政健康的坦途并不是没有风险。首先，这是一把双刃剑，因为那些在危机中被扣减薪俸的武士会降低工作效率。在田原藩，就发现简单地克扣薪俸会驱使武士们弃藩而去；毕竟，他们不得不失去的全部东西，就是他们的地位以及剩下来的那些薪俸，而武士的地位显然不值什么，剩下来的薪俸就更不值一提。与以往一样，重债缠身

135　的大名依旧会将拒付债务作为选项。至少在理论中，拒付债务是得到认可的，因为提供贷款的商人与向其借钱的大名之间存在着鸿沟；对于那些决心赖账不还的大名，商人不可能向其追索补偿。因此，像长州、福冈这样的藩，很乐意利用这一应急手段；而萨摩和佐贺则变得非常亲密，前者宣布，尽管它的债务（约

---

[1] "天保改革"一词，通常使用得相当宽松，不仅包括天保时代（1830—1844年）的那些改革措施，还包括在其前后发生的那些改革。这里显示的信息来源广泛，其中最重要的是 Miyamoto, *Han shakai no kenkyū*; Ōkubo Toshiaki, ed., *Meiji ishin to Kyūshū* (Tokyo: Heibonsha, 1968); Inui Hiromi and Inoue Katsuo, "Chōshū han to Mito han," in *Iwanami kōza Nihon rekishi* (Tokyo: Iwanami shoten, 1976), vol. 12.

有 500 万两金币）最终会被偿还，但这个过程可能需要一些时间——事实上是
250 年。在佐贺，该藩当局宽宏大度地主动提议与它们在江户的债权人之一清理
债务，但条件是他只能得到其本金的五分之一。然而，就像大幅削减武士的薪俸
一样，这种做法也有它的危险，因此在实践中拒付债务的权力必定是被谨慎地行
使。很少有大名会冒疏远工商业界的风险，各藩的经济生活时常要依赖于这些工
商业者的专业知识、良好信誉和协力合作。

在日本的很多地区，天保危机都似乎是一个反转经济时钟的信号，即对根源
于土地之上的幕藩体制的再确认。改革者们争论说，这一点可以通过限制私营商
业的发展来实现，因为私营商业的发展使得很多村庄发生两极分化，同时也就极
大地削减了各藩的税收。这一政策的要素在水户、萨摩、长州和佐贺等藩都有发
现，而这些藩在地理上、经济上和社会上都颇不相同。在一些藩里——例如佐贺
与小仓——重点是开垦荒地，这是所有增加收入的方法当中最为传统的一个。不
过，还有另外一个恢复财政健康的传统步骤，而这是大名们常常选择性忽略的。
各藩本可以增加或扩充地租，以使课税太低的旱地的地租增加到与水田一样重。
毕竟，在日本的绝大部分地区，税收已经有一百多年没做重新调整了。但是，甚
至连天保危机都不能诱使大名们采取这样一种危险的步骤。这个问题在各处都被
讨论，但最终都未获采纳。一方面，天保饥馑的后果使其显然不是采取行动的最
佳时机；另一方面，众所周知，更多的税收对村民们来说就意味着改变传统或背
信弃义，而这会激起巨大的——甚至是极端的——反抗。

除了许多藩政改革中的这些保守主义因素之外，也有一些新的举措出现，表
明天保危机受到了何等严肃的对待。当然，全心全意地转向革新是不多见的。更
多的时候是一种与传统的奇特调和，有时甚至是一种相互对立的调和，但尽管如
此，新的要素仍是显而易见的。首先，由于天保危机，各藩的财政问题已由令人
恼怒的不便发展到极端危险的范畴，如今则出现了一些迹象，显示出长期困扰各
藩的财政问题有了新的解决方法。从根本上说，这表明了一种态度，即鼓励商业
发展——当然，指的是在适当的保护下追求适当的利润。例如，城下町对于各藩
经济具有举足轻重的影响，这在日本的很多地方都得到承认。在福冈发生了一次
重要的裁决，证明藩政改革的方向发生了离奇的逆转。在其他地方，当局都在敦
促（通常是强迫）它们的武士厉行节俭，但在试图发展其中心市镇的福冈，却鼓
励这里的武士光顾当地的剧院，观看相扑比赛，并购买彩票。同样，在久留米，

136

对于节俭的要求也极其马虎，勉强将其列为藩政改革内容的最后一项。

一些藩对于工商业发展的态度看起来也在发生变化。这些藩时不时地采取某种强制措施，其官员不再是甜言蜜语地向商人借钱，而是做好准备迫使商人拿出钱来，不管作为"贷款"，还是作为"捐赠"——就像在越前、小仓和府内地区所发生的那样。尽管它表现为合作的形式，时常由武士阶层主动向工商业者提出要求，以之作为武士阶层提供专业建议和各种帮助的回报，但这种"捐赠"确实不断增长，且越来越引人注目。在那些业已从事自己的藩营企业，或打算开始经营藩营企业的藩里，商业知识显得非常珍贵。自从17世纪以来，就有一些大名设法在他们管辖地域里垄断某些关键的产品，除了得到授权的购买者，这些产品不得出售给任何人，除了官方认可的常常是人为压低的价格，不得以任何其他价格售卖。确实会经常看到，生产者被付给该藩自己根据需要加以印制的货币，但这些货币在日本的其他任何地方都基本上是毫无价值的。然后，产品被销往大阪或是江户，实现的利润则带回藩里，以硬通货的形式储存起来，否则就会没有价值。仙台的大米，阿波的靛青，鸟取的蜡，以及来自津和野和唐津的纸张都赚得了大笔的金钱，有助于缓解这些藩里普遍的财政困境。在阿波，靛青专营确实在1830年带来了100万金币的利润，从而成为该藩财政的主要组成部分。

可以理解，这种专营越古老，它们就会越成功。后来的人将这种专营制度强
137 加于那些爱惜其利润并不愿被干预的生产者，就会经常激起反抗，最显著的就是1831年的长州骚乱。在一些藩里的天保改革措施，实际上已可看到这些专营措施的松弛，以图安抚农民的不满：长州、臼杵和船井等地全都被迫照此办理。然而，控制各地商业生产的期望过于强大，也有许多大名起而抵制，所以天保时代产生出许多专营机构。这些专营机构通常只限于那些业经确定的产品——诸如棉花、蜡和种子油等，但大名们经常会情不自禁地期望把专营的范围扩展到一些新产品上。例如，水户藩希望增加一些新的生产纸张、烟草和蒟蒻等该藩土特产品的御用商店，还打算开建一些陶瓷、漆器的御用商店和茶园。萨摩藩也在加强了它的糖业专营（顺便说一句，该藩在天保年间糖业专营利润已经翻了一番）的同时，还想引进丝绸，纸张、靛青、番红花、硫磺以及中草药的生产。

由于各藩长期地努力关注它们的防御事务，在这一方面也有一些新鲜的举措。呈现在它们眼前的，几乎没有什么值得高兴的事情：士兵装备的武器——刀剑、长矛、鸟铳、破旧的土炮——这些都与他们17世纪的祖先没有什么区别，

与之相匹配的，还有陈旧的战略和战术思想。显然，必须做出某些重大的改变。一些藩满足于重新引入军事演练，或是像 1842 年宇都宫所做的那样，恢复已经间隔了 26 年的打靶训练（在以往的岁月里，这被认为是过于烧钱的行为）。[1] 其他的一些藩，感觉更加强烈，采取的措施更为有力，它们改革了指挥系统，重建了火力更强的火枪队，甚至还把武士迁出城市，驻守海岸边的要塞，并且成立农民自卫组织，正如天保时代的批评家们所敦促的那样。在水户，会泽正志斋曾一直呼吁采取这样的措施，在 19 世纪 30 年代成为最早开始照此办理的藩之一。像高岛秋帆和佐久间象山这样的人认为，日本需要新的技术和新的装备来应付危机，这在西南诸藩中尤其值得注意。1837 年，在鹿儿岛湾与莫里森的那次摩擦之后，萨摩藩开始从长崎经销商那里进口武器，试图自己制造迫击炮、榴弹炮和野战炮，并派人到高岛秋帆的西式枪炮学堂去训练西式枪炮操作。福冈、长州和熊本也做了同样的事情，佐贺也是如此，这里藩政改革的主要着力点就是推进自我防御能力。1832 年，佐贺开始研究替代性的火炮技术，从 1835 年起，就生产出了大量高品质的自制大炮。

　　对于天保危机，各藩的反应多种多样，这是十分明显的。然而，在各地的改革中，有两个因素是共同的，可以说是非常普遍。其中之一，是改革措施的程度，尽管改革这一概念本身听起来令人安心，但还是引起了激烈的争论，尤其是当改革带来的创新就意味着要放弃长期形成的惯例时。不可避免的是，在普遍存在的危机氛围中，各藩都有自己的怀疑论者，他们有时消极悲观，有时却又高调张扬，因而需要通过说服或恐吓让他们保持沉默。这些改革总是需要取得大名们的高度支持，举例来说，长州和福井就是如此，直到对改革更坚定和更具韧性的人继任大名，改革才得以开始。正是这个因素，耽误了诸如广岛或是鸟取这样藩里的改革，直到天保时代结束尚无动静。[2] 其他地方，如佐贺，改革也要等到新的大名到任才得以推行。也有很多情况，给人以生机勃勃和超越常规的印象，改革的实际执行会被委任给一位新人，此人往往出身贫寒，在一种行政管理改组的大背景下来参与改革。例如，在福冈，改革的重要人物是一个医生；在水户，是一个学者；在田原，是一个画家；在中津和萨摩，则是一个茶道侍者；在土佐，

138

[1]　Tokuda Kōjun, ed., *Shiryō Utsunomiya han shi* (Tokyo: Kashiwa Shobō, 1971), p. 172.

[2]　Yamanaka Hisao, "Bakumatsu hansei kaikaku no hikaku hanseishiteki kenkyū," *Chihōshi kenkyū* 14(1954):2-3.

甚至是一个转向心学的学者。随着时局的不断严峻，像大原幽学、二宫尊德这样的技术专家，也可以从其他藩引入主持改革。可以理解的是，派系将会形成，各种意见也会汹涌而来。每当改革开始之时，就会看到改革者自然而然地自视为知名的"贤才"；他们习惯把自己的对手看作是没有思想的，甚至是极其愚笨和堕落的人。另一方面，对于他们的批评者来说，那些自我标榜的改革者，说保守点是低三下四和追逐私利，说严重点则是醉心权力和空谈误国。在天保危机期间，政治是一种灼热得会伤人的事务，有很多人，当身陷囹圄反思他们的过错时，方开始了解这一点。甚至连大名也并不总能毫发无损地逃脱，水户的德川齐昭就是一个差点被罢黜的人，因为他被认定无论在品格还是在政治上都不能胜任对该藩的统治。

139   在各藩的改革中，另外一个共同因素有如下述。天保危机暴露出了这些藩国令人不快的真相：他们对于普通民众的控制相当脆弱，他们的社会经济状况临近崩溃，他们应对外部攻击的能力孱弱不堪。这种情况也使这些藩国意识到，如果想要妥善处理这种新的险情，就必须付出极大的努力。没有其他人能够帮助他们，幕府也不行，幕府有它自己更大的问题。这些藩国将不得不节约使用自己的资源，将不得不铸造自己的货币，并且不得不自己照料自己的防务。无疑，这是一个有益的教训；当然，它可能会促使日本考虑一些其他的政府形式。事实上，这种情况造成了对幕藩体制来说最为严重的后果，这一体制是一种分散的封建制度，即德川幕府和各地大名共同统治这个国家。天保危机前所未有地强迫各藩依靠自己的资源，并迫使它们把注意力转向内在层面，即各藩自己的情况以及自己的需求。结果就导致了各藩汹涌澎湃的地域民族主义。这种地域民族主义在饥荒时期越发明显，一些藩国拒绝将食物运出边境，不管其他地方的情况是多么让人绝望。[1]一些藩国开始利用自己的垄断地位哄抬价格和利润，以同其他各藩和幕府竞争，在这个过程中，200年来有序的商业惯习受到了破坏[2]。这种情况也在开始于天保时代的军备竞赛中露出了水面，各藩争相获取新的武器和新的技术，从而打破了日本自从1615年处于和平状态以来一直维持的脆弱权力平衡。这种态势，可能比它由之产生的危机更具破坏性，因为它的存在比天保时代和幕藩体制本身都更加长久。

---

[1] *Tottori hen shi*, vol. 6, pp. 610,613.

[2] Osaka shisanjikai, ed., *Osaka-shi shi* (Osaka: Seibundō, 1965), vol. 5, pp. 640ff.

幕府改革

天保危机及其各藩对危机的反应都引起了江户的注意。将军及其幕府居住在江户，以这里作为他们的基地，面对各地所有的共同问题——饥荒、内乱、防御薄弱，以及一支人数不足、报酬过低和装备低劣的军队。在这些方面，将军与其他的大名没有什么两样。

但是，这里有个关键的区别：将军通过他的政府管理着比任何其他大名都要大得多的区域——几乎比最大的藩国还要大 6 倍。从他担负的职责来说，在征集税捐、供养人口、管辖地域和防卫海岸等方面，也都显得繁重得多。将军领地的资源——行政上的、财务上的和军事上的——协调利用也要困难得多。因为大多数大名的领地都是界限清楚的地理单位，而德川家族的土地则散布于日本 68 个区域中的 47 个。因此，税收流失和饥荒救济（无论是在农村中减少税收，还是在城市里免费发放稀粥）严重地啃噬着幕府的财政，终于在一百多年之后的 1836 年耗尽了幕府的元气。[1]内部的动乱局面，1836 年发生于郡内，1837 年发生于大阪、江户和柏崎，1838 年发生于佐渡，也沉重地打击了幕府控制下的地区。

外交事务的危机也是幕府特别关注的问题。将军的全称头衔，即平定蛮夷的最高统帅（"征夷大将军"），使他承担了比其他任何人都更为特别的责任。长崎的港口，是德川日本与外界的联系门户，也是将军领地的一部分，所有关于国家外交的决定都是在将军私人的行政机构——幕府里制定的。各种与调度和协调所有武士相关的决定也由幕府制定，无论这些武士是德川的封臣还是其封臣的附庸。因此，随着 19 世纪 30 年代外国势力的迫近，随着 200 年来未曾见过的局面即将来临，这一职责的负担也就变得更为沉重。

当时，德川将军的政府卷入天保危机的程度远超于任何单个的大名领地。然而与之矛盾的是，幕府对这个危机的反应起初却似乎是缺乏紧迫性的。这并不是说它在面对民众饥饿、内部骚乱、财力枯竭、外国侵入和防卫虚弱的状况时无动于衷。没有一个政府会这样做。幕府也对这些状况作出了回应，但它的做法却恰

140

---

[1] Furushima Toshio, "Bakufu zaisei shūnyū no kōkō to nōmin shūdatsu no kakki," in Furushima Toshio, ed., *Nihon keizaishi taikei* (Tokyo: Tokyo Daigaku Shuppankai, 1973),vol. 4, pp. 28-31.

恰是沿袭旧的习惯，比如在饥荒地区减少税收，确保城市的粮食供应，分发口粮给需要的人，平息动乱，贬值货币，并派遣调查团前往沿海防御工事考察实际情形。这些反应是对处理它所熟悉的紧急情况做出的实际努力，但是当如今的形势需要新的应对方策之时，这些做法就显得不合时宜了。在日本国内的其他地方，正如上文所看到的一些大名领地，19世纪30年代的危机激发出了许多新的举措。但是当许多大名通过进入市场，或是通过武装农民来背离某些传统做法的时候，德川幕府似乎仍然顽固地盯住一些传统不放。只有到1841年的中期，当天保危机时代已经过去了四分之三的时候，幕府才开始了它的改革计划。

141

从表面上看，这种延误看起来似乎令人费解。举个例子来说，没有理由去想象，幕府官员对他们面临的问题一无所知。臣僚个人几乎不可能对民众的不安视若无睹，也绝对不是对海外事态的发展麻木不仁。就此而言，他们也不可能对幕府糟糕的财政状况假装视而不见，因为如今财政匮乏已经到了只有经常依靠货币贬值输血，才能勉强缓解的境地。在任何情况下，从大盐平八郎到德川齐昭的天保时代的批评家们，都早已做好了准备，随时警告政府注意克服它的缺点。

事实上，很多幕府官员已经认识到这些，并开始想办法来解决这些问题。但是，在能够采取任何行动之前，他们必须等待一个时机，这个机会在1841年到来了。就像经常发生的一样，这是从政府中的一个变化开始的。在长州和福井这些藩里，改革也曾等待一个新统治者的继位才开始，而幕府的改革，则在老一代将军的去世之后拉开了序幕。故去的将军是杰出的第十一代将军德川家齐，他曾长期主宰德川幕府的政治领域。没有另一个德川家族的首领能像他那样在整整50年里支配任何事情。也没有一个德川家族的首领能活得像他这么长久，因为德川家齐去世时已届79岁高龄。显然，没有人活得能像他那么充实；就是说，至少以妻妾（估计有40位）和子嗣（55人）的数量来看，可以说明他有一个充实的人生。[1]在幼年时期，德川家齐就已经受到松平定信的影响，但是他抵制道貌岸然的导师塑造他的个性的企图。相反，在接下来的50年里，德川家齐在其家族成员的帮助下，做了许多自己想做的事情。甚至在1837年退位后，他依然没有放松对政治的掌控。不过，在1841年初，德川家齐患上了腹部绞痛的重症，3个星期内，尽管在日光寺和增上寺都做了祷告，他最终还是去世了，身后留下了一

---

[1]　Kitajima, *Bakuhansei no kumon*, p. 295.

些悲痛的妻妾，还有一个突然被授予了权威与主动性的政府。在一段时间里，几乎没有发生变化的外部迹象。因为在将军葬礼期间，宫廷禁止奏乐；官员要剃头修面；并要颁布一个义不容辞的服丧期。然而，在3个月内，就出现了某些新事物的第一个征兆。德川家齐最宠爱的3个官员，人称"三大佞臣"，突然遭到解职。川路圣谟在他的日记[1]中写道，"尽管我与他们不是特别亲密友好，但我还是十分吃惊"，反映出了一种普遍的惊讶和不安。在接下来的几个星期中，几十个官员被以种种借口解职或辞职，他们的职位由新的继任者所取代。最高级别的官员也发生了突然的变动。1841年初，5个主持政务的资深阁僚中只有两位留任到年终。他们的3个同僚都以健康欠佳而辞职。健康欠佳是一个经常使用，偶尔也是正当的借口，在此情况下，3个身陷麻烦的阁僚中的一人，仅一周后就病入膏肓，证明了他的称病告退确有几分真实。不过，另外两人的情况则有不同，其中之一是井伊直亮，直到1850年才去世；另一个是太田资始，看起来身体无恙，精神矍铄的他大约17年后官复原职。

时人注意到了这些变化正在加速（一位观察者写道："自从德川家齐死后，好像每个人都火烧眉毛似的。"[2]），要解释这些现象似乎也没什么困难。这是一次清洗，以这种方式成为政策上发生相应戏剧性变化的前兆。政策上的变化很快就到来了。1841年5月15日，就在井伊直亮离职两天后，幕府很奇怪地发表了一个轻描淡写的文告，敦促其官员坚持传统原则，特别是"不要偏离享保和宽政时代的政策"。[3]文告中只是提到这样两个先前的改革时期——一个发生于18世纪早期第八代将军德川吉宗时代，另一个发生于15年之后的松平定信执政时期，以此宣布如今开始了一场新的改革。但是并没有迹象显示，这次幕府将把改革推进到比先前的改革更为深入的层面，而只是表明一场新的改革即将到来。

然而，这样的改革实际上已经持续了许久。1841年夏，当幕府开始天保改革之时，尽管问题山积，时间紧迫，但它最为急切的似乎是申明自己对于所有儒教

---

[1] Kawaji Toshiakira, *Shimane no susami* (Tokyo: Heibonsha, 1973), p. 327.

[2] Quoted in Kitajima, *Mizuno Tadakuni*, p. 302.

[3] 尽管并不意味着全部，但有关幕府改革的资料很大程度上来自以下文集：Kuroita Katsumi, ed., *Zoku Tokugawa jikki* (Tokyo:Yoshikawa Kōbunkan, 1966), vol. 49; Naitō Chisō, *Tokugawa jūgodaishi* (Tokyo: Shin Jinbutsu ōraisha, 1969), vol. 6; Hōseishi Gakkai, eds., *Tokugawa kinreikō*, 11 vols. (Tokyo:Sōbunsha, 1958-1961); Kitajima, *Mizuno Tadakuni*; Okamoto, "Tempō kaikaku"; Tsuda Hideo, "Tempō kaikaku no keizaishitekiigi," in Furusbima Toshio, ed., *Nihon keizaishi taikei* (Tokyo: Tokyo Daigaku Shuppankai, 1965), vol. 4。

国家都永恒不变的关心。在这方面，如今的许多法规都是由德川幕府的官僚机构在 50 年或 100 年前颁布的。事实上，根据一些确凿无误的参考材料来判断，在许多情况下，这些法规中有不少是对从享保和宽政年间传下来的法规的直接重复。

举例来说，幕府看起来似乎非常关心它治下臣民的道德健康。城市生活带来了很多的诱惑——酗酒，赌博，卖淫，色情，还有其他种种无聊的事情——这些在这个国家最大的城市，同时也是幕府领地中心的江户，表现得尤为明显。没有任何一个处于改革中的政府会忽略这些问题，而在天保改革中最强有力也是最早采用的措施之一，就是以一种曾经得到德川吉宗和松平定信共同认可和赞赏的方式，对这些问题努力加以管制。老中水野忠邦写道："如果我们利用这次改革的机会来清除这些恶习，并且恢复我们行为准则的尊严……我们就会在拨乱反正中取得成功。"[1]

卖淫是一个恰当的例子。自从意识到这一任性放纵的产业不可避免，而只能尽力缩小它对社会的冲击，德川幕府早就采取了隔离的措施：先是把这一行业限制在吉原地区，其后又把它限制在新吉原地区，这些都在江户城市的东北边缘，行业本身也处于经官方认可的一群老鸨的控制之下。不过，尽管德川幕府时代的日本已经达到了这种程度，到了天保时代这一齐整的体系还是被打破了。随着江户的城区向西、向南扩展，除了那些最为淫秽的场所之外，正式的花街柳巷也就逐渐蔓延到所有那些步行可达的地区。因此，人们很自然地会在距家较近的地方寻求慰藉。自由企业的势力，在这一领域和其他领域都是压抑不住的，自然也就会调动起来提供这种服务。结果，天保年间的政府不得不去处理违反规则和未经许可的卖淫活动，这种活动分散在遍布城市的茶室和饭馆里，那里的女招待都以"淫娃荡妇"著称。1842 年，这些场所被命令关闭，同时公开宣布，任何用于这种目的场所也都会遭没收。对于其他一些妇女可以用来从事色情活动的方式，政府也试图加以限制，为此禁止妇女从事某些职业，诸如流动发型师、音乐教师、箭术陪从、医生和歌舞伎（以歌舞伎为业的妇女被认为是"不知羞耻地登台演出，对顾客演唱很不得体的'义大夫'情歌"，而显然不管她们是否真有音乐爱好）。[2]

---

[1] *Tokugawa jūgodaishi*, vol. 6, pp. 2869-2870.

[2] Saitō Gesshin, *Bukō nenpyō* (Tokyo: Heibonsha, 1968), vol. 2, p. 102.

男女混浴也被取缔，以求同时恢复往日的洁净与虔诚。 144

　　同样，对于城市居民来说还有其他的危险；而幕府，正如它一直在做的那样，也对人们提出警告。赌博再一次遭到禁止，特别是在武士中间，彩票也是如此。还有，装饰性的文身习惯也被禁止，因为它被认为是赌博性生活方式的一个重要元素。出版业也招致了幕府的干预。某些出版物——例如，那些以"人情本"著称的中篇小说，要么被指责为"对道德具有恶劣影响"，要么被指责为色情作品（甚至更糟），要么被指责为某些异端宗教的著作，要么被指责为对当代道德观念朝生暮死、毫无帮助——都被禁止了，而其他的著作也被要求事先获得许可，并须加印作者和出版者双方的名字。那些描写优伶或妓女的印刷品也被严加禁止。对于娱乐业，幕府也不会忽略，特别是对于那些未经许可的大量歌舞场所，这里往往提供一些低级趣味的娱乐活动。这些场所在数量上受到限制，它们上演的节目也被限制在一些宗教和历史题材的激励人心的故事上。合法的剧院（就其本身而言，这是一个德川时代的日本不会认可的概念）也同样逃脱不了幕府的关注。1842 年，发布了一个全国性的指令，指责那些流动演出的剧团"所到之处，败坏道德"，命令他们随时要向当局报告，而 6 个月前，江户主要的剧院都被强行迁移出闹市区。新剧院被安置在浅草，靠近一个特许区域，而那里有两大危险因素——火灾和正派民俗的熏染——与之为伴，这将会减少这些剧院造成的后果。

　　在对轻浮的社会风气和伤风败俗行为进行攻击的同时，幕府继续着它对其他方面非礼行为的持久战争，特别是想消除那种始终存在的社会不安的根源，即广泛存在的人们一直以一种与他们身份不相称的方式去生活和开销的事实。很久以来，传统的身份制度虽已千疮百孔，但仍然作为立法和行政实践上的主要原则之一而存留了下来，而天保年间的改革表明了这一点。当时颁布了一连串的禁奢令：有些是广泛适用的；有些是专门针对武士的奢侈行为的；还有一些是针对农民的，在他们中间，哪怕最少的自我放纵都似乎特别会妨害治安。在宣布恪守改革承诺之后不到一周时间，幕府就警告它的地方官员阻止农民把太多的钱花在食 145
物、衣服，或是任何公私节庆仪式上。总之，随着宣布奢侈为有罪，幕府还会时时对那些较为特别的方面给予关注——比如，七夕节豪华的装饰，精心制作的帽子和风筝，不惜血本的儿童玩具，某些品牌的烟花，奢侈华丽的服饰，特别制作的美食，以及价格昂贵的房子和庭院设施（包括灯笼、花盆和树木），等等。与此相联系的，就是幕府强制要求人们不仅要根据自己的身份来花钱，还要以适当的方式表现出来——于是，比如普通市民学习武术或佩刀（这些本是武士的特权）就是行为不当，而农民脱离农业生产（和纳税）转而成为工场工人，也会被视为不合规矩，因为这个职位被认为既无价值，也非生产性的，所以不会被课税。

凡此种种，都不是什么耸人听闻的小说家言。幕府早就一直希望实现社会的平衡稳定和恪守礼仪，为此它不辞辛劳地细心教导民众什么应做，什么不应做。这在那些自觉改革的时期表现得尤其明显，但在大多数正常岁月里也仍然如此。例如，19世纪30年代，可以看到这样的指令源源不断地出现。而怎么能确定1841年是幕府改革期的开端呢？首先，是心情急切，此前十年源源不断发出的各项指令，如今像山洪暴发一样频频涌现；其次，是乐意制造一些以不体面方式行事的典型，这在幕府的历史上是颇不寻常的。发生了大规模逮捕的情况——例如，1841年，有36人因涉及女性歌舞伎表演而被捕；次年，又有来自浅草的30名衣着过分华丽的女孩被监禁3天。此外，幕府还故意把矛头对准一些名人，在这一过程中歌川国芳和为永春水都成为了目标，被戴上了镣铐。为永春水的罪名是创作"淫秽的小说"，歌川国芳的罪名则是以漫画讽刺将军及其首席大臣。畅销书《偐紫田舍源氏》的作者柳亭种彦也受到了惩罚，女戏迷的偶像五代目市川海老藏（即七代目市川团十郎）则遭到流放，因为他的生活方式很不切合经济和节俭的准则。

这些都是德川幕府改革中为人熟知的事情，一系列喋喋不休的诫谕目的在于教导人们如何循规蹈矩，从而使这个国家的道德结构复归淳朴，这种淳朴的道德结构奠定了200年的和平，而放纵则造成了惨重的后果。享保和宽政年间的改革具有同样的确切目标。不过，在其他领域，幕府的天保改革则具有较多创新性，而不仅仅是想要重建某个传奇黄金时代的状态。随着情况的变化，幕府更关心的是要达成一种和解，而不管这对它来说有多么痛苦。

在外交事务的处理上，可以看到这些新态度的迹象。诚然，就防御问题而言，1841年幕府的政策并未发生显著的变化，因为对于任何随之而来的外国威胁来说，处理的方法都与从前如出一辙，即慌慌张张地对防御能力进行短暂神经质的调查，并以之为基础或多或少地拟定一个应急计划，但几乎得不到什么实际效果。不过，对于外交事务的一般问题，特别是在德川时代的日本极度仇外的问题上，天保改革虽然努力甚微，却意义重大，因为它改变了事情的方向。在 19 世纪 30 年代，政府看上去相当固执，在这个十年的一开头就处决了一名官员，因为他把日本地图交给了一个外国人；而在这十年结束时，则逮捕了一些欧洲学问的业余爱好者，其中就有渡边华山和高野长英。但是，1841 年，就在天保改革宣布前的一个月，幕府似乎突然态度软化。曾经上书敦促政府采用西方军事技术的高岛秋帆，受到高官接见；接着，几天以后，被允许在德丸原举行一次演示，使用了 20 门迫击炮，1 门榴弹炮，3 门野战炮和 85 名士兵。[1] 幕府对之颇为赞赏，奖给高岛秋帆 200 银币，买了他最好的两把枪，并安排他将技术传授给一些幕府官员。江川英龙就是其中之一，他在次年被委以重任，以欧式方法训练 100 名火枪手。

这本质上是一个彻底的改变，但更多的变化还在后面。1842 年，就在英国报告已对日本的锁国政策失去耐心之后，幕府颁发了以下指令：

> 1825 年，我们曾经发布《无二念异国船打拂令》。但是，为了适应现今的广泛改革，我们正在重建享保和宽政年间的政策，将军已经仁慈地宣布了他的意愿，希望能够表现出他的宽容。因此，在外国人遭受风暴损害或遭遇海难，前来寻求食物、燃料和淡水的情况下，将军并不认为将他们不分青红皂白地任意加以驱逐是一种适当的应对方法。[2]

此后，外国的船只将会被供给它们所需要的诸种物资（自然接下来还会被送走），这是一个肯定会令某些人感到满意的进展，例如高野长英（当时正被监禁在传马町狱中），以前就曾激烈批评过幕府对莫里森事件的处理。让这样的批评者们同样感到高兴的是，就在第二年，幕府改变了它对海上遇难的日本人被遣返回国的态度，他们现在可以乘坐荷兰或是中国的船只回国——这显然是对"莫里森"号被赶走之后所激起的对日本政府不人道指控的回应。显然，幕府如今也感觉在长崎的荷兰人和中国人居住区有了它们的用处，因为在同一年里，调查问卷被分发给这两个外国人社区，要求他们提供任何所能提供的关于英国武装力量的规模、优势和配置的信息。

147

---

[1]　Arima, *Takashima Shūhan*, pp. 146-151.

[2]　*Tokugawa kinreikō*, vol. 6, document 4085.

在幕府从事的经济事务上，也发生了一些显著的转向，尽管这些转向要用更长的时间才能显现出来。德川时代没有哪届政府可以完全回归传统，特别是没有哪届政府敢于僭越改革的高贵外衣，所以在很大程度上天保时期的政府起初只是简单地延续着传统的政策。经常也会有一些断断续续的尝试，其中有些过分微小，比如在缩减开支上，包括提醒现任官员和炊事人员注意他们的费用，要求人人避免不必要的穿着，避免在江户城堡的榻榻米上奔跑。对于幕府收入下降的原因，也会进行习惯性的调查，继而主动采取一些有目的，同时也是符合惯例的行动。比如，政府会做出决定，"天领"，即将军自己的领地，需要更有效率的管理。这样的结论已经成为每次改革的一部分，而既然如此，考虑到自从18世纪中期以来赋税收入的逐步下降，这就很难说是不合理的。在来自小田原的农业顾问二宫尊德的帮助下，幕府选择首先对地方官员的任用加以改革——那些自鸣得意、缺乏效率，以及对于税收下降明显不说实话的人被认为应对此负责——在1842年，日本东部（包括所有关东地区）有超过一半的官员被调离或革职。当年晚些时候，这些官员中有12人被明令离开舒适的江户住所，回到他们自己的领地，同时被警告必须把土地税收恢复到原来的水平。

还有历史悠久的强制垦荒的行为，从改革之初直到结束，幕府一直敦促地方官员寻找那些可被清理或排水的荒地。事实上，他们都知道，机会的把握就在眼前：沿着利根川下游，大约在江户东北方40英里，就有1万英亩未来的肥沃稻田在等待开垦。困难在于它所在的地方水泽环绕，这里是印幡沼，日本最大的沼泽地带，如果能够有效地排水，那么可以相信，每年将会多生产出100000石的水稻——差不多是一个大名领地的平均产量。前景十分诱人。1724年，第八代将军德川吉宗已经接受劝告，开始垦发印幡沼；60年以后，田沼意次也曾经企图着手于此。虽然他们都没有成功，但幕府并没气馁，1843年，开始了第三次，也是最新的一次尝试。

其他一些行动方案同样司空见惯。比如，幕府还注意到，税收的下降要归因于人们无所事事和官员腐败堕落所造成的纳税人数量的下降。大批农民一直在卖掉自己的土地，开始成为农业雇工，或是成为某种农村工业的雇工，从而消除了他们的纳税人身份。还有一些农民则完全抛荒自己的土地，迁入各地的城镇。或者，更糟糕的是，迁入江户。正如政府在1842年所记录的，在江户"有许多流浪汉和地痞正在城市里闲荡，他们中有相当多的人从事各种可疑的活动"。[1]尽管这一时期的日本大部分地区，农村人口减少是很普遍的，但尤其严重的是在江户周围一带，而幕府则把每个无家可归的流民都视为消耗城市资源的排水管，视为一个潜在的罪犯和弃保潜逃的偷税者，认为不应对之加以鼓励。因此，如果可能的话，制止甚至扭转这种对农业生产的疏远，就成为一件相当急迫的事情。幕府尝试了一些通常的补救办法，这些办法有很多出自宽政时代——诸如在农村的制造业中禁止雇工，取缔乞讨的组织，最后，驱使或引诱农民回归他们原来的村庄。

当然，幕府的经济责任并未止于此处。幕府还决心保护这些农民免受剥削，而不管遭受剥削是出于他们自己的愚蠢（政府希望，这些可以通过禁止奢侈的法规来加以控制）还是来自别人的贪婪和欺骗。在这方面，总体上，天保时代的治理走的还是一条旧有之路。例如，在19世纪30年代，幕府面对的是一个越来越不稳定的市场，大米的价格尽管剧烈波动，但上升了3倍，而其他商品的价格也轮流波动，越来越难以预料。对此，幕府所做的基本上是它的前任曾经做过的事情——指责工商业界。幕府相信，这些问题的解决就在于对商界进行彻底的监管，包括降低某些商品的价格，冻结另一些商品的价格——当然，粮食，还有澡堂浴资、燃料，甚至马匹（售价不得高于30金币，只有在马匹品质确属顶级时方可例外）都被包括在内。同样，炒卖大米期货或囤积居奇也被明令禁止，同时，利息率、典当业的手续费、金银兑换率，以及店铺租金的水平也受到了强行限制。为了确保这些措施得到遵守，幕府派出了专门的巡视小组去巡查江户和大阪的街道与商店。

这些活动并无任何特别新鲜之处，在很大程度上都发源于幕府历来的标准政策，这一点不仅表现在其说教腔调上（经常只是对宽政时代的简单附和），也表现在推出这些政策的一般意图上，即希望使这个制度像它的创立者所打算的那样富有成效。然而，还是可以看到一些明显的重大变化。例如，货币贬值曾为以往的改革者所深恶痛绝，现在则变得异常重要，根本不可能弃而不用。事实上，在19世纪30年代里，货币贬值给幕府提供了收入的三分之一。因此，尽管在天保改革时期没有推出新的铸币，但也没有出现任何沿用享保和宽政时代的做法进行

[1]　*Tokugawa jūgodaiski*, vol. 6, p. 2926.

货币改革的建议。幕府对待工商业界的方式也在发生类似的变化。尽管这仍然被视为一种损害，但确实已经不再像以往那样严厉了，因为幕府像一些大名一样，已经发现工商业可能成为一种收入来源。因此，尽管这种做法不合传统，幕府还是在 1843 年做出决定，"为了帮助幕府改革"，将迫使 37 名来自大阪的商人，还有其他一些来自大阪附近城镇的商人，把大大超过 100 万的金币"贡献"给国库。同样不合规矩的是，为了帮助它的武士（通常公认，这些武士"已经好几代人身陷困境、债务缠身"），政府采取措施避免了普遍的武士赖账不还的行为。宽政时期的改革者曾经使用过这种赖账不还的办法，但并没有取得持久的效果，只不过产生了一个既未被期待也不受欢迎的结果：稻米经纪人的严重财务困境。而整个武士薪俸体系都依赖于这些人的服务，政府对此心知肚明，所以这次基本上对他们未加干预，取而代之的是，政府本身也开始干起了放贷业务。武士们可以从设在猿屋町的一个机构借钱，利率为 7%（还不到稻米经纪人正常利率的一半），此外，还应考虑到在支付了 25 年的利息之后，武士所欠的债务就会被取消。

毫无疑问，偏离传统经济实践最突然的表现在价格控制领域。在过去，只要有可能，幕府曾经试图通过建立一种制度来管制商业行为，在这种制度里，手工业行会，商业行会和各种同业（像已经表明的一样，包括那些最古老的行业）缴纳年费，以换取政府的保护。费用本身并不特别多，但是却非常重要：这一制度的价值在于它为政府提供了一个监管的途径。然而，到了天保时代，地方上独立的，或多或少有些秘密的交易网络的出现，已经降低了这些半官方垄断组织的效能；反之，对于价格的普遍不安甚至使得一个改革中的政府准备去质疑 200 多年的传统。

因此，幕府才会对德川齐昭 1841 年的一次投诉十分敏感，德川齐昭是当时这个国家最主要的批评者之一，他攻击了那些最有势力的垄断组织中的一个，即"十组问屋"，这是一个辛迪加式的企业集团，把诸如棉布、药品、纸张和粮食之类的商品从商业首都大阪船运至消费的都会江户。像以往一样，德川齐昭以最公正的措辞表达他的观点："难道这对物价的上涨不会产生某种影响吗？"他提出建议："如果把它们（即'问屋'）完全废除，那么是不是所有的货物就可以从全国各地运往江户，并自由地出售呢？"[1] 当然，德川齐昭的说法是相当狡猾的，因

---

[1] *Mito-han shiryō* (Tokyo: Yoshikawa Kōbunkan, 1970), app. vol. 1, p. 140.

为他的敌意并不是针对一般的垄断组织，而只是指向那些妨碍他自己利益的垄断组织。无论幕府是否意识到这一点，它还是赞同了德川齐昭的建议，斥责这些未公开点名的"问屋"很不公正，并剥夺了这些"问屋"的特权。谕令宣告："将不会再有更多的自称'问屋'、'仲间'或'组合'的行会组织了，因此，普通民众可以自由交易那些以往经由船运的任何货物，或者自由经营来自国内任何地方的任何商品。"具体的细节，明确表述在次年颁布的两个公告中，其中的第二个公告开门见山就说"近来价格日益上升，民众因而极为困苦"，并在结尾处预言物价将会变得更便宜，很明确地是将解散这些垄断行会与政府的物价政策联系在了一起。

稳定物价的需要也成为另一个相关措施的原因，尽管对此并非没有争议。在担任大阪行政长官的 20 个月里，一个名叫阿部正藏的政府高级官员，曾经就商品价格情况进行调查，并给出了自己的答案。他说，价格是不稳定的，因为大阪曾经一度是各种商品的集散地，现在不再是这样了。货物正在流向别处，阿部正藏将之归咎于两个罪魁祸首。其一是独立的农村企业家，有成千上万这样的人从事买卖，进行生产和加工，却没有顾及传统的以大阪为基础的市场体系。其二是各地的大名，如今他们比以往任何时候都想要从商业中获利，并为此不遗余力。阿部正藏在报告中写道："此前的商品都是由农民和商人送往大阪的批发商，最近这些年来都被大名买下来了……（他们还）买下了来自其他各藩的商品，却声称这些商品是从自己的领地中收购的，在很多情况下很可能还把这些商品卖到他们想去的任何地方，并且不止一次地将它们卖到自己满意的地方去……对于一个武士来说，他们所做得一切真的是很不相称的。"[1]

反观江户，政府先前已经排除了阿部正藏报告中所指出的第一个罪魁。与阿部正藏希望强化政府主持的专卖制度相反，幕府一度表现得有些踌躇，随后干脆加以废除。第二个罪魁则令人印象深刻。1842 年末，在解散商人垄断组织后的一年，政府又转而对那些由各地大名掌控的垄断部门采取行动。呼应着阿部正藏的调查结果，幕府在谕令中写道：

> 近来，畿内、中国、西国和四国的大名已经采取各种手段，不仅全部买下了本藩的产品，还尽量收购其他各藩的商品……把这些商品运往自己的仓

[1] Quoted in Harold Bolitho, *Treasures Among Men* (纽黑文市 康涅狄格州 : 耶鲁大学出版社，1974), p. 26.

库储藏起来，待到市场价格高涨之时卖出……结果是他们正在利用自己作为大名的权威，对商业造成了严重的伤害……这是极不合法的行为，更何况我们曾一再发布指令，要求降低物价。

有鉴于此，任何继续其垄断行为的大名必须受到检举，而且可以断言，他们将会为自己的行为感到后悔。[1]

也许很难马上看出这个指令是多么的不同寻常。毫无疑问，任何一个像此时的幕府一样致力于价格管制的政府，可能或迟或早都会将注意力转向各藩的垄断经营。就此而言，几乎没有哪届德川政府乐于看到武士进行买卖活动，特别是在商业活动的各个方面常常遭受分外挑剔检查的改革时期，就更加不愿意看到这种现象。然而，在天保时代的社会环境里，这个特殊的禁令是相当值得注意的。对于财政运行来说，垄断经营是极为重要的，因此也关系到许多藩国的安全；对于其他一些藩来说，垄断经营代表了一个希望——也许是唯一的希望——预示着一个稳定的前途。幕府本身也是由大名来担当管理人的，自然不可能忽略这一点。由此看来，对藩营垄断部门的禁令所表达的含义，与价格控制所直面的问题完全风马牛不相及。幕府的禁令首先意味着对地方上的需要和意愿的某种忽视，而更重要的是，它还意味着对幕府和各藩大名之间关系的某种重新考量。

在 1642 年，本来已经以为在各藩事务上不会再有什么不幸的冲突发生，但是在 1842 年，经过 200 年的和平共处，大名们却真的以为可以不受惩罚，因为他们相信一个强大的中央政府已经时过境迁。事实上，就在一年前，幕府也曾不得不公开而羞愧地承认了这一点：它命令 3 位大名交换它们的领地，接着又突然收回成命，因为遭到了来自全日本大名的强烈反抗。"这是第一次发生这样的事情，"《德川十五代史》的编纂者写道，"从中可以看出，幕府的权威已不再像它曾经拥有的那样了。"

尽管如此，无论是否合乎预期，无论是否不合时宜，幕府通过禁止触碰商业利润，又重新主张了控制各藩大名的权力。在接下来的半年时间里，从 1842 年末到 1843 年中期，幕府变本加厉，一再变换手法不断挑战各藩的独立性，就好像要把好几代人未做的事情一朝完成。不仅仅是垄断经营的问题，还有象征着各

---

[1] *Tokugawa jūgodaishi*, vol. 6, p. 2924.

藩经济独立的货币，也很快就受到了威胁。在当年年底之前，货币兑换商接到指令，不得处理各藩铸造的任何铜币，同时下令对"藩札"进行调查，而这是一种在各藩垄断经营基础上有效使用的当地纸币。

这次突袭与发生在 1843 年春的那次比起来在形式上稍有不同，德川幕府第12 代将军德川家庆，离开城堡 8 天时间，去祭拜他的伟大先祖德川家康和德川家光的陵墓；德川家康是建立王朝的人，德川家光是巩固了幕府的人。这一向 90 英里之外的日光山的官方行进，看起来似乎在孝道的张扬上没有什么比它更值得称道了。然而，它的真实意图与表面现象是非常不一样的。首先，这次行动把沉重的负担加于一些大名身上。其中的岩槻、古河、宇都宫三个大名，不得不在前往日光和返回江户的路上为将军及其扈从起造行宫。宇都宫藩的记录中说起此事引起了"难以形容的动荡和混乱"，暗示这可是一件很不容易应付的差事。[1] 其他大名也不得不为将军提供护卫，总数达到 150000 人。还有一些大名也被赋予礼仪上的责任，有些在将军外出时守护江户的城堡，有些则在关东的战略要点——碓冰峠、浦贺、大井川和箱根等地配置人马（仅在箱根一地，仙台大名就派出了 6000 人），由于所耗费的巨款无人能够担负，这次祭祖行程令那些直接参与的大名备感头疼，对于其他那些大名来说此事也很令人担忧，因为即使此次未被征召，将来也很可能轮到自己。不过，除去眼前的财务问题之外，隐约可见某种虽然难以触摸，却预示着很大凶险的事情，至少从大名的立场上看是如此。将军前往日光神社的巡行，一度是幕府礼仪生活的一个重要部分，尽管是时断时续。无论是其表面目的——一种对德川幕府的创立者表示敬意的行为，还是作为一种把各藩大名的大量人力置于将军支配之下的手段，这都是一种德川家族统治的象征性庆典，是对德川家族权威的再次确认。在将近 70 年的岁月流逝之后，如今，这一昂贵和靡费的仪式由一个在其他方面致力于节约和俭省的政府加以重新复活，对于其严重性已经刺激幕府积极采取行动的天保危机来说，这无疑是另一种雪上加霜。

到了那年的中期，情况已经很清楚了。在 14 天的时间里，幕府的改革者们宣布了他们的意图，即不仅要恢复传统的道德和经济的稳定，还要重建 17 世纪早期幕府将军和它的大名之间的固有关系，这种关系的特点，一方面是幕府无可

[1] Tokuda, *Shiryō Utsunomiya han shi*, p. 177.

争议的权威；另一方面是各藩大名无条件地服从。幕府的一个指令是计划开发印
旛沼，这个工程旨在增加将军自己的可耕地，其实施却由 5 个大名来支付费用，
总共要分担超过 200000 金币的代价。这是 60 年来，大名们再次被迫要为幕府的
利益承受如此沉重的负担。

　　这还不是全部。印旛沼开发计划的公布，正值幕府 200 多年来最为雄心勃勃
的对大名领地进行调整的期间。1843 年 6 月 1 日，一些大名和旗本接到了一个不
寻常的通知。在不同的记载中，通知的细节虽有差别，但其措辞大致相同：

154　　　　为便于加强管理，我们现在公布一个措施：所有邻近江户城堡的土地
　　　都收归幕府所有。因此命令你，从你位于 XX 藩 XX 郡的封地交出至少能够
　　　生产 XX 石稻米的土地。在这一过程中，你可以得到 XX 地方的土地作为交
　　　换……。[1]

　　简而言之，幕府正在收回原来作为封地给予大名们的土地。首轮土地调整
涉及的土地可以生产 15000 石稻米，而接下来的 10 天里，有更多土地受到影响，
全都位于江户附近地区。在第 11 天，这一场面暂时移向了西部海岸，从长冈藩
占用了产量为 600 石稻米的土地。长冈是一个相对较小的藩，但却是一个非常重
要的藩，因为它是日本最大的海港——新泻——的所在地。然后，在第 15 天，
进一步发布了一系列通告，这次处理了封地靠近大阪城堡的 16 位大名，命令他
们交出总产量为 100000 石稻米的土地。

　　从国家战略上看，这些统称为"上知令"的措施相当具有合理性。事情很清
楚，如果国家面临外来的威胁，那么环绕它的两个最大堡垒的土地理应受到统一
的控制，而不是像大阪的情况那样，分处于 165 个不同权力来源的控制之下。类
似的情况也适用于把新泻与其他主要港口连接在一起，这些港口包括大阪、江
户、长崎和函馆，都处于德川幕府的监管之下。尽管如此，正如诸侯物产专卖禁
止令一样，这些"上知令"的措施在其他方面也具有重大意义。例如，幕府毫不
犹豫的承认，调整这些大名领地，目的是牺牲大名的利益来改善幕府自身的财政
状况。幕府的官方文告指出："如果现在诸藩拥有比幕府产量更高的土地，那是

---

[1]　Quoted in Kitajima, *Mizuno Tadakuni*, p. 425.

不合适的。"[1] 因此，大名们被要求放弃他们靠近江户和大阪的能够带来丰厚收入的土地，以换取一些由幕府提供的产量很低的土地，这种不公平的交换为数巨大。这些措施再次在幕府的高压之下得以运行；那些原来赐予大名的土地，如今也可能被收回。然而，将近两个世纪的免遭干预使大名们相信，尽管他们对将军及其政府有着正式的从属关系，但他们世袭的领地是不可侵犯的，会永久地保有。可如今他们被人提醒，事情并非如此。更为不祥的是，他们得到通知，幕府打算进一步扩展这些"上知令"，以大规模地使它的土地占有合法化。对于任何大名来说，由于收入减少而受未能履行所有管理责任的谴责，这显然不是一个令人振奋的前景。

　　历史学家们经常把幕府的天保改革贴上保守的标签。在许多方面，这场改革 155 确实如此。如此之多的天保改革的法规都在自觉地重复往日的做法，而与日本面临的危机漠不相关。然而，幕府改革的某些方面却又极其不同寻常，在重建对大名的中央权威上花费了前所未有的努力，从而恢复了某种政治和经济的首要地位。当然这也可以被看成是保守的，因为它是以恢复自 17 世纪中期就开始休眠的若干权力作为基础的。尽管如此，它仍然代表了与以往的改革模式戏剧性的背离，因为以往的改革没有一次在任何重大方面与大名的自治权利达成妥协。在这里，我们至少可以看到幕府对于天保危机所提要求的适当反应——从某种观点来看，这种反应确是"适当的"。由于国家对内部动乱和外部入侵的惧怕，一个中央政府——特别是像德川幕府这样软弱的中央政府——可以合理地要求更多的权力。不幸的是，同样感受到严峻压力的各藩大名，再也不像从前那样言听计从。天保危机促使各藩可能采取某种新的分裂行为；而德川幕府当时的所作所为也与此相差无几。不仅如此，这种分裂行为还造成了各藩和幕府之间意愿的相互对立，这种对立以一种特别难以调和的形式表现出来，双方都不可能对它们的所见所闻感到放心。

水野忠邦

　　如果幕府的改革是非同寻常的，那么主持这些改革的人就更加与众不同。从

---

[1] *Tokugawa jūgodaishi,* vol. 6, pp. 2955 ff.

传统上看，在德川幕府的编年史中，改革者往往承当着他们与生俱来的角色，用一种不可思议的速度，展现出他作为一个应运而生的人所具有的各种品质。享保改革的发起者德川吉宗，是一个坚忍不拔、严于律己、朴素节俭的人；宽政改革之父松平定信，则多才多艺，认真谨慎，才智超越同侪。相比之下，水野忠邦（1794—1851），天保改革的设计师，就实在太普通了。比方说，他相当贪婪。虽然以京都风味烹制的海鳗是他最喜爱的美味，但他对于食物的来者不拒却是众人皆知，因而德川齐昭预料可以用鲑鱼寿司和野鸭天妇罗来赢得水野忠邦的喜爱。水野忠邦还有其他的弱点，他的贪欲绝不会仅仅停留在口腹之欲上。1840年，就在水野忠邦发起恢复国家道德健康的运动不到一年之前，据说他还沉迷女色。

156 "我一直在暗中调查（水野忠邦）的爱好，"德川齐昭的一个代理人报告说，"但是目前来说，除了女人，他不关心任何事情，"他补充道，"这个高级参政常常向侍从支付钱财，让他们尽量保证供应，确保随叫随到。"[1]

在口腹之欲和男女之欲上的弱点，无论这在一个儒教改革家的身上多么出人意料，却并非不可原谅。但问题在于，既然如此，也就还会有别的更加严重的缺陷。德川齐昭尽管拒绝指责水野忠邦沉迷女色，但他还是认为，对于公职人员来说这是不合时宜的；他批评水野忠邦"对军人的事情漠不关心，却喜好朝臣的逢迎拍马；他的兴趣在于宫廷的礼仪和古文物的信息，而不是军队的装备……"水野忠邦曾经公开承认自己的野心，在他职业生涯的一开始，就表示"要尽快成为高级执政，然后就修身养性"，由此可见，德川齐昭的这一判断并非毫无根据。然而，除此之外最为严重的问题，就是水野忠邦对于金钱显而易见的癖好。作为一位年轻的大名，先是在唐津藩，后来在滨松藩，财务状况一直是他主要关心的事情之一，他自己也乐于公开承认，他自信能够通过使财务状况脱出困境来开始自己的官员生涯。在某种程度上，他是对的，官职为他带来了一座位于青山的富丽堂皇的豪宅，周围环绕着布满奇花异草和珍稀石块的花园——"如此豪华的宅邸，"时人这样写道，"令人目瞪口呆。"同样，这些也会带来一些不受欢迎的东西：一种唯利是图的名声，而这是大多数政治家，特别是改革者，都避之唯恐不及的。1840年，德川齐昭的一个密探写道："过去，人们曾经讨（水野忠邦）的

[1] Tsuji Tatsuya, "Tokugawa Nariaki to Mizuno Tadakuni," *Jinbutsu sōsho furoku*, no. 154(Tokyo: Yoshikawa Kōbunkan).

欢心，而这正是他的本性，因为他强迫人们这样做。他还公然大量收取贿赂，尽管今春以来他变得小心谨慎，并送还了所有提供给他的礼物。"虽然水野忠邦的行为开始变得谨慎小心，但德川齐昭还是认为他甚至比臭名昭著的田沼意次还要更加腐败。

不可否认，把这样一个人同正统的儒家性质的改革联系起来很是困难。深入德川时代道德品行的表层之下，可以看到伪善从来都是若即若离。但是，对于自制的劝勉，肯定会在以贪吃、堕落、浅薄和受贿闻名的人口中引出比通常更多的虚伪。然而，若把水野忠邦与天保改革的那些非传统方面联系起来，就更为困难。他毕竟是一个大名，也要屈从于天保危机的压力。更重要的是，他对这个问题的同情，此前从未受到过怀疑。作为唐津和后来滨松的大名，他一贯优先考虑藩的利益。他于 1815 年进入幕府，曾经一直忍耐、而非赞同德川家齐的统治。等到德川家齐死后，他转而以自己的任性和专制手段来清洗那些听从第十一代将军的人。显然，对于水野忠邦来说，如同几乎所有前任幕府高官一样，最好的政府是一个将军的特权受到高级官员们制约的政府，而这些高官，正是看到了区域自治价值的大名们自己。1841 年，在水野忠邦上呈第十二代将军的奏折背后的意图正是如此，他说服新任将军通过阁僚来施政，而不是像他的父亲曾经做过的那样，依靠其个人密友来治理国家。[1]

看起来这不像那种突然转向并反噬其本阶级的人，但他确实这么做了。他于 1842 年底到 1843 年中期发布的指令——废止行会和藩营垄断机构，将军前往日光祭拜，"上知令"，还有疏浚印旛沼等——全都直接或间接地威胁到了各藩的独立性，而这种独立性是大名们自 17 世纪中叶以来就一直享受的。他为什么发生这样的变化？发出这样的疑问是合乎情理的，也是简单明了的，但不幸的是，这个问题不可能得到任何最终的答案。就像除了少数几个人的大多数德川时代的政治家一样，水野忠邦也没有为我们留下了解其内心世界的有实质内容的线索。个人传记提供了一些帮助，但依旧很不充分。他们所提供的不过是一些暗示性的内容。水野忠邦在一个习惯于相互隔离的社会逐渐成长起来，他的背景或他的早期生涯都没有任何东西能使他就做出艰难的外交决策做好准备。相反，等待着他的，却是天保时代的各种流言，以及即将大祸临头的社会氛围。同德川齐昭、渡

157

---

[1] Bolitho, *Treasures Among Men*, p. 215.

边华山、高岛秋帆、佐久间象山及其他批评家一样，他应该会对1838年的外国入侵感到担忧。这种担忧起初是无形的，随后由于英国发动对华鸦片战争的消息传来而变得具体了。在一封写给下属的信中，水野忠邦描述了发生在中国的战乱，他写道："这是正在一个外国发生的事情，但是我相信，它也包含了对我们的警告。"[1] 由于其职责所在，以及得到的信息远比任何天保时代的批评家都要广泛，水野忠邦所关心的事应该也不会少于任何天保时代的批评家。水野忠邦也不可能忽略中国的惨痛经历的含义，如果一个庞大的中央集权的国家都能被如此轻易地击败，那么，弱小、无力、实际处于分裂状态的日本还有什么机会呢？关于"幕藩体制"的令人不快的事实，就像政治家和批评家们都开始意识到的那样，对于一个受到外来入侵威胁的国家来说，它是不能适应需要的。原因或是由于太过中央集权（因为大名都被迫挥霍他们的资源以讨江户将军的欢心），或是由于不够中央集权（因为幕府并没有对大名实行牢固的控制）。

有迹象表明，纵然水野忠邦有他的出身背景和个人喜好，但他还是逐渐倾向于赞同后一种观点。这一点可以从幕府转变对待佐藤信渊的态度上窥见端倪。佐藤信渊是一个批评家，他比其他任何批评家都支持更加强有力的中央政府。这并不是一种能为他赢得很多朋友的立场；正好相反，1832年，他被下令不得进入江户周围20英里。不过，10年之后，由于政府开始反思鸦片战争的教训，佐藤信渊的著作逐渐被幕府的官员们再次阅读，水野忠邦也是其中之一。1843年初，佐藤信渊获得赦免，并获准回到江户，1845年，应水野忠邦的个人要求，佐藤信渊编纂了一部简略版的《垂统秘录》，在这部作品中，他为一个统一的民族国家绘制了一幅蓝图。

就这件事情本身来说，尚远远谈不上任何心灵变化的决定性证据。然而，若是与水野忠邦的政策联系起来考虑，就像这些政策从1842年末到次年中期的发展一样，却也提示出两条可能的发展方向，由此"幕藩体制"也许会被加以修正——或是朝着更多的区域自治，或是朝着更大的中央控制——而水野忠邦作为其中一个方向的代表，做出了他的选择。30年后的事件证明了他的判断是正确的，但对于水野忠邦来说，这来得太晚了。在那些极其缺乏先见之明的人手中，他过早地为这个选择付出了高昂的代价。

---

[1] 引自 Inoue Kiyoshi, *Nihon gendaishi* (Tokyo: Tōkyō Daigaku shuppankai, 1967), vol. 1, p.89。

余 波

这是德川时期改革的奇特性之一，就是这些改革从来没有达到一个正式的结局。怎么可能得到呢？这些改革全都开始于对那些至善美德——诚实正直、朴素节俭、任用贤才——的公开承诺，而在传统道德里这些被视为具有至高价值；没有哪个政府会承认自己不再对此类事情感兴趣。不过，所有这些改革都是周期性的发作，其发生与平息同样迅速。在幕府，享保和宽政年代的改革潜移默化地退变为元文、享和年代的停滞。在土佐这样的藩里，元和、宽文、天和、享保、天明和宽政年间都曾宣布改革，但这些改革全都停顿了下来。这是一个得到普遍公认却从未得到公开承认的事实。在黄金时代重建和人类本性改变之前，还有很多事情要做，在这个时候就坦白承认改革已经最终完成，那可谈不上是明智之举。

天保改革也不例外。在改革完全结束的一些藩里，有些藩因为渐被遗忘而牢骚满腹；另一些藩则力量大增，达到顶点，而它的改革家们却被弃之一旁（例如1837年田原藩的渡边华山），有时甚至会被投入监狱（就像1843年土佐藩的马渊嘉平）。不管结局如何，他们都被忽略不顾，直到19世纪50年代和60年代被作为新一轮改革的模型而转世重生。

在德川幕府，改革的高潮就更堪称奇观。1843年底，刚好是水野忠邦宣布他改革意图后的两年，也是他首次向藩政自主权开火后的一年，更是"上知令"颁布后的一个月，水野忠邦就被赶下了台，并在一次保守派极度厌恶的辱骂中蒙羞受辱。水野忠邦被指控犯有"欺诈"罪，他的离职据说造成了一伙暴民冲进街道向他的房屋投掷石块。同样的事情也曾经在田沼意次身上发生过，他也曾试图以大名的损失为代价来强化幕府的权威。不过，与田沼意次不同，水野忠邦的职业生涯并没有立刻终结。不过9个月，到1844年中期，他又官复原职，对他的"欺诈"和不得人心的指控在另外一场外交危机的混乱中被遗忘了。因为此前荷兰人刚刚转交给幕府他们国王的一份重要信函，水野忠邦被召回来解决这个问题。然而，他的官复原职十分短暂（才8个月），且并不完满，一直受到健康状况不佳（真病，不是装的）的拖累。水野忠邦的复职再一次以耻辱告终，他被迫第二次也是最后一次辞职。在1845年底，他被迫引退，并被剥夺了20000石的地产。仅有的另外一个曾经给予水野忠邦全力支持的老中堀亲寯，也受到了大致相同的对待；而水野忠邦的两个得力下属随后也相继入狱，还有一个下属则被处死。幕府的天保改革，就这样，在随后的弘化二年（1845）真正地画上了句号。而事实上，这些改革在水野忠邦于1843年闰九月第一次被免职后，就再也没有真正幸存下来。

天保改革是成功了还是失败了？对这个问题的回答，取决于一个人对于改革目标的理解以及他对成功或失败的定义。以这些改革特有的措辞来看，它们是失败了。因为这些改革未能对人类的本性产生持久的影响，也没有做到使日本人民从此复归正义，从此返回据称他们曾经享受的淳朴生活。但是，没有一次改革曾经这样做到过。在日本，其他国家也是一样，人性总是准备忽略或是绕开那些强加于某些不可剥夺的权利之上的武断限制，其中包括花钱的权利，喝酒的权利，赌博的权利和追求性满足的权利，而无论这种满足是在澡堂、茶室，还是在街角巷尾得到。无可救药的是，公众继续乐于阅读那些轻浮和淫秽的书籍，出版商们，尽管在短暂的检查期间有所收敛，过后也会继续提供这些东西。还有版画印制商们，看上去大多也都无视政府的禁令。还有例子表明，在江户，各种各样的剧场到1845年比以往更多，演员们也广受公众瞩目。事实上，对于这类活动的阻抑，无论是源自幕府还是各藩政府，都是注定要失败的。

就天保改革来说，其目的在于使日本人民在天保危机之后重归和平与繁荣，旨在恢复和平措施和唤醒处于天保危机的日本人民走向繁荣，从某种程度上来说，这些改革取得了一定的成功。不过，这大部分是由于偶然因素，风调雨顺，粮食丰收，比其他任何东西都来得有效。而政府干预，无论发生在什么情况下，往往就是灾难性的。举例来说，在幕府解散商人行会，只许这些商人最终服从政府命令（即使这些命令疑点重重）的情况下，效果看起来并不完全像是官员们所预期的那样。在某些地区，它削弱了传统商业网络和惯习，正如一位村官在日记中所抱怨的，使得"每个从事贸易的人都极为不便"。[1] 解散商人行会的措施加重了贸易混乱，商品短缺和经济衰退——甚至，具有讽刺意味的是，还造成了物价高涨，这可正是幕府希望加以解决的事情；另一方面，这一措施也在某种程度上使得工商业活动更加难以控制，不管是对独立的农村企业还是各藩的藩营企业来说都是如此。因此，一当这个企图失败，幕府就立刻恢复采取更为熟悉的措施，而听任那些改革尝试付之东流。简单说来，这种情况的发生只是由于政府并不具

---

[1] *Essa sōsho*, p. 312.

备实施其限价政策的条件，直到 1845 年初，政府才开始不仅对限价政策的可行性，而且对这一政策的必要性产生怀疑，或多或少地意识到"根据市场环境和可供商品的数量，物价会自然的上升或下降"。[1] 可以肯定的是，在水野忠邦的整个任职期间，物价一直居高不下，而在 1845 年里，这个问题仍然是官方抱怨的主要目标，而这已是他在政治舞台上最终谢幕的前夕了。

其他的社会问题，也依然未受触动。例如，政府努力驱使或劝诱人们离开城市返回原籍村落究竟取得了什么结果，对此是有争议的。一些学者否定曾出现过任何影响；另一些学者则发现，在 1842 年到 1843 年间大阪的人口下降了 5 个百分点，但即使如此也不能说明什么，因为这些措施的目的与其说是为了减少城市居民的数量，不如说是为了补充日本的农业人口。[2] 无论是哪种情况，人们都不禁要问，在如此明显地忽视其原因的情况下，采取措施医治农村衰落的症状，有可能会达到什么样的持久影响。同样的，幕府贷款给武士的制度，似乎除了曾在历史上留下一些痕迹之外也没落了下来，尽管在这种情况下，很难判断这种制度究竟可能会产生何种影响，但就像水野忠邦创议的许多政策一样，这一制度毕竟只勉强运行了一年时间，就被他的继任者们匆忙撤销了。

至于幕府和各藩通过降低债务，减少支出，以及增加收入来寻求财务平衡状况的判断也有点不很确切。总体而言，很难令人摆脱这些措施遭到失败的印象，例如，在水户，尽管它在扩大和增加其经济基础多样性方面做出了很多努力，但却没有解决什么问题。还有越前，持续入不敷出，甚至促使冷漠的由利公正都发出抱怨："在福井，你绝不会看到一分钱。"这种情况到 19 世纪 50 年代发起另一场改革为止，一直没有根本的改善。

然而，能够看出，至少在某些藩里，改革还是起了作用，在这方面，历史学家们通常会列举那几个西南强藩，最为著名的是萨摩、长州、土佐和肥前。考虑到这些藩后来的经济实力和它们相当可观的政治影响力，这种做法不是没有道理的；但是，这种做法也是值得商榷的。萨摩也许是个例外。该地区的农业商品化和农村企业家的出现从来就未成为问题，至于农民叛乱的事情，这里事实上也闻所未闻。新的农作品种和加工工业因此能被引进，并被置于萨摩政府的严密监

[1] Quoted in Okamoto, "Tenpō kaikaku," pp. 239-240.
[2] 例如，作为比较，可参见津田和冈本的观点：Tsuda，"Tenpō kaikaku," p. 316; and Okamoto, "Tenpō kaikaku," p. 222。

162

管之下，却没有激起当地的任何反抗，其原因在于这里的农民显然并不渴望他们
从未享受过的自由。不过，在其他诸藩却仍有质疑的空间。土佐在天保年间经历
了不是一场而是两场改革，但两场改革都因不受欢迎而告终——第一场改革由于
1843 年大名的辞职而偃旗息鼓，第二场改革则在几个月后，随着该藩的理财专家
马渊嘉平的入狱而告结束。长州也被迫于 1843 年放弃了当地产品的市场营销计
划，其首席改革家村田清风于 1844 年辞职，他的《三十七年计划》就此成为泡
影。像越前藩一样，长州的财政重建不得不等到 19 世纪 50 年代的进一步改革。[1]

　　至于幕府，则可能不会有这样的疑问。水野忠邦想要恢复幕府财源的打算并
不比他发起的任何别的事情更为成功。开发和控制幕府领地生产力的想法，消散
在农村抗议的风暴之中，农民更喜欢将农业剩余保留在自己的手中，于是他们袭
击政府机构，毁坏那里的账册。其他的诸种举措，比如重铸货币，对工商业界征
税，开垦印旛沼以增加幕府的领地，全都因其创始人的失去权位而成效甚微。因
此，最后的结局就是幕府未能恢复它的财务健全。这将在未来造成灾难性的后
果，特别是因为像萨摩这样的强藩已经走在了前面。就目前来说，这一后果同样
严重，仅仅因为缺钱，就阻止了幕府重整国防。当然，有人会说，如果水野忠邦
能够在位时间长点的话，局势可能会有所好转。然而实际情况却是，他只在防务
上花了 2739 个金币，还不到将军前往日光祭拜先祖花费的百分之三。

　　还有一些措施决定着天保改革的成败。天保危机把大名和幕府卷入社会动
荡、财政支绌、外患日近和将要兵戎相见的境地，迫使他们不得不作出回应。由
于各自职责所在，他们只能依其各自完全不同的立场采取行动，导致最终的互不
相容。诸藩考虑的是它们自己的财源和它们自己的防务，感到需要摆脱幕府的控
制；幕府则同样对此全神贯注，开始重申它的权利——这的确也是它的责任——
以控制各藩，而它们已经历经数代未受控制了。那么，在这种关乎根本利益的搏
斗中，哪边会占上风？

　　从某种意义上看，占上风的是各藩大名。凡是水野忠邦政策中可以被忽视或
绕过的地方，他们就会这样做——当然最为明显的是藩营垄断机构，尽管幕府严

163

禁，却在各地都存在。若是反抗显得不再可能，那么就会出现大名们协调一致的
行动——有些是在幕府内部，有些则在外呼应——以把水野忠邦赶下台，并废除

[1] 引自 Rekishigaku kenkyūkai, eds., *Meiji ishinshi kenkyū kōza* (Tokyo: Heibonsha,1968),vol.2,p.216。

他正在执行的政策。举例来说，"上知令"在其创立者被罢免之前 6 天，就已被取消了；如此严重地威胁各藩自治权的措施，当然不可能让它持续下去。印旛沼的开垦也在水野忠邦离职并永不起用的 10 天之后宣告终止，尽管这一工程很快就将完工。因此，幕府限制大名特权的行动所造成的影响，只是将军前往日光祭拜行程所留下的某些回忆和财政创痛。

在水野忠邦的首席老中的职位上，反对水野的势力安置了一个容易控制得多的继任者。这就是阿部正弘，他的各种品质随即令自己人感到放心。他冷静、正直、善于调和，而且完全缺乏首创精神。阿部正弘确信，一旦消除了水野忠邦改革中引人争议的成分，他就不会再做冒犯任何人的事。[1]他的政府转而忽视财务问题，同时也忽视国防事务和外交政策。水野忠邦无论多么不会通融，却试图为此做些事情；而阿部正弘却没完没了地协商来协商去，最终什么也不做。财政、国防和外交这三大问题被清出政府的视野之外，是因为这些问题涉及有争议的幕府和大名之间的相对权力。渡边修二郎是阿部正弘的传记作者，他指出，在阿部正弘统治时期，"所有的大名都感到满意"。[2]我们也许可以肯定情况确实如此。但是从另一方面说，由于把所有关于日本政治结构的艰难决定都弃之一旁，这使得大多数日本人为这种满意付出了昂贵的代价；1853 年，当日本面对前来叩关的佩里海军准将时，却没有一个货真价实的中央政府。

不过，在另一种意义上，天保改革的结果并非如此轮廓分明。诚然，幕府的改革已经遭到破坏，曾经采取的损害大名利益的措施也不再具有进一步的威胁，但是，水野忠邦已经显示出幕府并不是完全丧失了爪牙，一些藩一段时间以来还留有遭受爪牙撕咬的痕迹。例如，德川齐昭就永远不会忘记，并一直令他想起这种伤害，因为正是幕府的干预导致了水户藩改革的流产。在长州藩，人们也学到了教训：村田清风就曾精明地限制该藩的商业活动，以避免与幕府发生公开的冲突。结果是长州的改革毁于一旦，村田清风自己也被迫辞职。水野忠邦尽管已经下台，但他却使各藩大名警惕，幕府将仍然会是一个多么可怕的对手。本想提升　164

---

[1]　对于阿部正弘的学术评价歧义纷纭，而且无疑会继续下去。W. G. Beasley 在他的《外交政策文件精选，1853—1868》（伦敦：牛津大学出版社，1955 年）第 21 页中，将阿部正弘评价为"几乎是应付这场危机最不适合的人选"。相比之下，Conrad Totman，在《德川幕府的衰落》（檀香山：夏威夷大学出版社，1980）中提到，对于阿部正弘"一再显示的政治技巧"感到印象深刻，认为他是一个"精明"的政治家。

[2]　Watanabe Shūjiro, *Abe Masahiro jiseki* (Tokyo, 1910), vol. 1, p . 52.

幕府这个庞然大物的权威，却又完全未能达成，天保改革仍然未能解决日本的根本困境。这个国家如何组织起来应对未来的麻烦？在下一个30年里，天保危机的这份特别遗产仍然使日本备受困扰。危机的其他方面能够得以解决，至少从表面上看是这样，天气的好转带来了作物的丰收，但日本的根本困境依然如故。外部问题，连同随之而来的各种内部困难，已经不期而至。即使再多的丽日晴天，也不可能加以改变。

启　　示

天保时代是日本历史上关键性的重要时期之一。即使那些时常力持异议的历史学家们都同意，在这些危机年代，开启了一系列的事件，这些事件在30年后达到顶端，终至脱掉了日本古代社会制度的外衣。当然，除此之外，意见就不那么一致了。一些历史学家，也许是多数，认为天保时代对于日本其后发展的最大贡献，就是达成了跨越阶级壁垒的非正式同盟，一方面是乡村的精英，另一方面是武士阶级的某些阶层——即所谓下级武士，由这些人组成的同盟，于1868年推翻了一个排斥他们的体制，并使他们自己登上了权位。[1] 对于其他学者来说，明治维新是政治进步远甚于社会发展的结果，以萨摩之类的藩政改革的成功与幕府改革的失败相比，就会在一方富裕、另一方贫困中发现未来不安定的种子。

我个人倾向于后者的看法，但并非无需修改。对于幕藩体制来说，萨摩藩新近实现的富足当然会产生严重的影响。在天保时代的外交危机中，财富早已等同于获取军事力量的能力：新武器，新舰船，以及新的训练，这些都是迫切之需，但由于这些东西代价高昂，很少能够负担得起。如果萨摩藩可以而幕府不可以，那么使得日本处于和平状态200多年的力量平衡就会面临危险。此外，还有一个更为严重和更为普遍的威胁。萨摩藩在天保改革中所取得的成功是一个特例。其他各藩，其中包括水户和长州，也都做过同样的尝试却归于失败，它们对于财富和权力的渴望受到了中央政府的阻塞，这个中央政府太虚弱了以致无法给它们提供保护，同时却又太强大了以致不允许它们自己励精图治。事情很清楚，

---

[1] 关于天保改革这方面的意义，已由日本历史学家做过许多分析，其中很多人对此解释成朝向"专制主义"的发展趋势。我建议有兴趣的读者可以参考 Ishii Takashi, *Gakusetsu hihan Meiji ishin ron* (Tokyo: Yoshikawa Kobunkan, 1968)。

这些藩对其经济的孱弱和随之而来的军事无能感到分外恼火。天保危机已经向各藩显示，传统的权力平衡完全不再切实可行，必须采取这样或那样的方式来加以改变；为达此目的产生了各种观点及其对立面，但由于改革如此复杂难测，却并未提供某种综合性的建议。这种两难困境确实存在。显然日本需要加强其国防，但没有任何人能够决定应该做些什么，因为这个问题缠绕着太多令人不安的争议。谁来支付日本所迫切需要的舰船、大炮和小型武器的费用？谁来指挥这支军队？这些武装将如何使用？能够保证这些在幕府手中的武器不会被用来攻击大名自己吗？能够保证幕府不会凭借武力来完成水野忠邦已经发布了法令的过程吗？反之，如果大名们获得了这些武器，他们能够不再陷国家于动乱之中吗？所有这些，对于一个一直把区域自治视为至高无上的国家来说，都是严重的问题，而对于天保时代来说，这些问题就过于沉重了，以致无法得到一个解决方案。

事实上，水野忠邦执政时的幕府已经心知肚明，日本面临着两个选择：要么是把自己武装到牙齿，要么是对外来的侵略无力对抗。比较起来，幕府宁愿选后者而不愿选前者，因为前者意味着对国内稳定的威胁。对此，可以从1843年德川齐昭和水野忠邦政府之间值得注意的书信往还中看得十分清楚。德川齐昭在信中争辩说"如果你允许大名和船主建造坚固的舰船，将不会花费您的一个铜板"，其后又说，如果仅仅因为可能会被滥用就禁止建造大型舰船，这就好像"因为一个疯子曾在宫中舞刀弄剑，就强迫所有的人都只能佩戴木刀"。德川齐昭的争辩确有合理之处，但水野忠邦的抗辩又何尝不是呢？他在回信中反驳说："如果我们允许每个人都能建造战舰，谁能告诉将会随之发生什么恶果？西南诸藩和别处的大名也许会开始图谋建造逾轨的舰船，而这将对我们的法律实施产生严重的影响。"[1]

这个回答既诚实又确切，但它不可能满足任何准备抵御外来入侵的大名的要求。幕府做出的形形色色禁令也是如此。例如，幕府试图让高岛秋帆不要把射击技术传授给来自大名领地的武士；幕府还曾警告天文方（西方著作在这里翻译）："历法、医学书籍、天文学著作，以及所有实用性事务的书籍……均不得随便分发。"[2]对此，许多大名以怀疑、作假和找寻借口来加以回应——试制三桅舰

166

---

[1] *Mito han shiryo*, pp. 173-182.
[2] *Tokugawa jūgodaishi*, pp. 2855-2856.

船，通过长崎的军火走私者秘密进口外国的武器和使用说明，并为身怀特殊技艺的逃亡者提供庇护（如宇和岛为越狱而出的高野长英所做的那样，萨摩也曾为长崎的炮术教师鸟居平七这样做）。这是一种时代的氛围，在这种氛围中，前任大老井伊直亮曾于1843年秋在他的藏书室里放进一部荷兰书的译本，并亲手在盒子上写下指令："此须长期保密。"[1] 这还是一种时代的氛围，在这种氛围中，流言兴盛，特别是涉及那些已被幕府倍加猜疑的"西南诸藩大名"的流言，更是广为流传。例如，谣传萨摩藩1837年曾鼓动大盐平八郎从大阪逃到萨摩，躲进一艘船中；6年之后，又有流言说萨摩藩策划了水野忠邦的离职。幕府末期军备竞赛的一些原因，可以从这种彼此猜疑的氛围中发现，而这种军备竞赛使得幕府和诸藩陷入了相互对立的灾难性境地。

新的政治联盟也在天保危机中发轫。在这些年里，水户大名德川齐昭变成了一个全国性的政治人物，在他身边聚集着一些在未来20年里主导国家政治的人士。很快成为宇和岛藩大名的伊达宗城，1839年与德川齐昭的女儿成婚。新近成为越前藩大名的年轻的松平庆永，1843年拜访了德川齐昭在小石川的宅邸，随身带着一份藩政问题的清单，从此以后两人之间一直定期通信，交换看法。从19世纪30年代后期开始，作为佐贺和黑羽的大名，岛津齐彬就曾访问过德川齐昭。资深老中阿部正弘是幕府里的好好先生，他虽然与德川齐昭拥有一些共同的朋友——特别是岛津齐彬和松平庆永（松平庆永的养女成为阿部正弘的第二任妻子）——还是花了很长时间才与德川齐昭热络起来，但尽管如此，到1846年这两人还是成了盟友。德川齐昭门下有两个学者，会泽正志斋和藤田东湖，他们可不是闲着无事。当他们的主人忙于打造维护大名特权的阵营时，会泽正志斋和藤田东湖则通过设置某种思想上的堤坝来大力加以支持，这些思想被时人称为"水户学"，甚至吸引了来自遥远的佐贺和久留米藩的学生。

正如是19世纪50年代和60年代中的政治事件所证明的那样，各种势力的这一结盟产生了特别重大的结果。军备竞赛的影响也是如此。如果没有政治结盟和军备竞赛，日本的历史就会表现得完全不同。然而，天保危机造成的影响，远比以上两者更具决定性的意义。1837年，大盐平八郎已经发布了他的《檄文》，叹息天皇在国家政治生活中的消失。他写道："从足利时代开始，天皇就已经遭

---

[1] *Hikone-shi shi* (Hikone: Hikone shiyakusho, 1962), vol. 2, p. 673.

到隔离，已经丧失了施行赏罚的大权；人民因此而投诉无门。"在又一个十年行将过去之前，形势发生了戏剧性的变化，因为对于那些希望证明政治上的反对行动是正义行为的人来说，皇室的象征成了明显的避难之所——甚至是唯一可能的避难之所。在天保时代里，政治反对派越来越多地寻求皇室的庇护，其中没人比德川齐昭坚持得更久。私下里，他在京都对宫廷进行游说；公开地，他通过要求幕府修缮皇家陵墓来展现他对天皇的无限崇敬。同时，他门下的学者也在热情地著书立说，提醒国民注意，通过皇室授权建立起来的政府，也可以通过同样的手段加以废除。

1846 年，就在水野忠邦去职一年以后，这场运动开始初露端倪。16 年前，松崎古道观察着仙鹤舞蹈，曾经浮想联翩。说到底，仙鹤是幸福和长寿的传统象征。通过一项同样庄严的约定，仙鹤也是天皇的一个象征。在宫廷华丽的语言中，天皇的宫殿被称为"鹤宫"，天皇的指令，被称为"鹤旨"，天皇的声音，被称为"鹤音"。此时此刻，1846 年，发生了德川幕府历史上前所未有的重大事件，"鹤音"以正式的措辞表达了天皇对于国家事务的关心：德川幕府领导下的国家，正处于严重的危险之中。这一次，鹤音没有预示千年的安乐；恰恰相反，它启动了日本 20 多年的动荡，在这一过程中摧毁了天保时代的最后遗迹。

第三章　德川晚期的文化与思想

芝加哥大学　H.D.哈洛特宁

游戏的文化

168

在日本的历史编纂学中，德川幕府晚期（"幕末"）的开端通常被定在19世纪30年代，在这十年里，幕府政权和几个大名着手进行了一系列改革，目的在于挽回经济颓势，重建公众信心。历史学家们全神贯注于搞清楚财务失败的征兆，这种失败导致了"天保改革"的施行，以应付面临的重重危机。一些历史学家已经确认，1837年发生于大阪的大盐平八郎起义是德川历史的转折点。不过，尽管关于幕末时期的开端有着多种意见，但大多数人关于幕府时代末期的论述，还是使用经济现象、政治事件，或两者的结合，来作为时代划分的标准。然而，若以19世纪30年代作为幕末时期的开端，就会迫使我们接受一种相伴共生的假设，即文化事件只不过构成社会活动的第二层级；那些避免使用"经济基础与上层建筑"两分方法来看待世界的人们，也仍然把文化和思想看成是受物质力量所决定。于是，文化就被用来作为表现经济和政治进程的一种非独立变量，而研究者们也就不再认为，文化的产生事实上可能具有其自己的逻辑，这一逻辑所试图解决的问题，属于与经济和政治领域完全不同种类的事件和事实。

如果我们不是把文化仅仅看作在物质领域较早发生的那些变化的苍白反映，我们就会认识到，幕末这一特定时期的文化并非开始于19世纪30年代（乃至更

163

晚），而可能开始于 18 世纪晚期或 19 世纪初期。[1] 19 世纪 30 年代的某个时刻，
169　在自我认知的新形式（这构成了文化的内容）与临界性的政治和经济事件（开始
对幕藩体制的生存能力形成冲击）之间，出现了一种具有历史意义的事态。很可
能只有在构想了自我认知的新形式，并确立了相互表达事物的新样式之后，人们
才有充分的理由意识到，社会秩序正在失去稳定性。

　　一部由林屋辰三郎教授编著的文集，提出了使用"幕末"这一概念作为一种
隐喻说法或一种史学修辞的可能性。[2] 通过利用镰仓幕府、室町幕府和德川幕府
时代晚期的一般经历，林屋辰三郎建构起一种"幕末"的样式，他已经确认了一
些由这三个幕府所共同经历过的情况，并且已经鉴别出一些当时人试图借此表达
他们自己末日感觉的文化手法，由此可以看出时人已经意识到他们正在度过一个
发生深刻变革的时期。这样，林屋辰三郎教授的隐喻说法力图把政治、社会、经
济、外交和文化上的动态熔为一炉。在所有这三个案例中，政治秩序的瓦解都伴
随着军事贵族权威的移位，伴随着更多的人在一个宽广权力竞技场上的更为广泛
的参与。这一解释预设了一种"危机"理论，基本上是用来表达"叛乱"事件的
发生。林屋辰三郎注意到了紧随这些政治事件而来的广泛社会变革，这些变革意
味着价值观念和行为规范的构造也在迅速发生转换，而在此之前，则是同样重要
的经济力量的发展，诸如土地占有模式的改变，货币的发行和流通，以及各种
国内外贸易和交换的新形式的出现。最后，林屋辰三郎把这种情况与浮现出来
的文化样式联系在了一起，这些文化样式具有当时社会、政治和经济转型的特
征，同时也塑造着这一转型。这些新样式的特征，表现为诸如镰仓时代的"婆娑
罗"（*basara*）、室町时代的"歌舞伎"（*kabuki*）和德川时代的"伎"（*ki*）、"艺"
（*i*），等等。"婆娑罗"指的是对华丽浓艳、过度纹饰、任性放纵、非法僭越的喜
爱，一些武士首领借此为他们的同侪树立了榜样；"歌舞伎"的意思是"倾向于
（かぶく）"或产生出奇异风格和幽默嬉戏，通常与纵情酒色和任性变态联系在一
起；在德川晚期，"伎"唤醒的是陌生、古怪和反常的行为，而"艺"则以动作

---

[1] Naramoto Tatsuya, *Nihon kinsei no shisō to bunka* (Tokyo: Iwanami Shoten, 1978), pp. 65-214; Maruyama Masao, *Nihon seiji shisōshi kenkyū* (Tokyo: Tokyo Daigaku Shuppankai, 1953); 较近的论著，见 Sugi Hitoshi, "Kaseiki no shakai to bunka," in Aoki Michio and Yamada Tadao, eds., *Kōza Nihon kinseishi*, vol. 6: *Tempōki no seiji to shakai* (Tokyo: Yūhikaku, 1981), pp. 17-70.

[2] Hayashiya Tatsusaburō, ed., *Bakumatsu bunka no kenkyū* (Tokyo: Iwanami Shoten, 1978).

表现出与众不同、世所罕有和域外风情。这样，在每一个幕末时期，占主导地位
的人生态度都通过它的文化样式表现出来，而人们的行为也同样表现得与众不同
和有违规范，甚至难以想象和不可思议。

　　重要的是应该意识到这些新的样式并不单纯是更为基础的物质力量的反映。
相反，这些隐喻的真正功能，是在物质条件与象征符号或文化表现之间建立起不
同的关联。历史上的词汇使我们得以瞥见一个标准统一的世界，在这个世界里，
各种现实的断片以某种方式相互连接缠绕，从而在那些乍一看来似乎风马牛不
相及的事物中呈现出一个关联性的网络。历史学的表述设法在物质世界和精神
世界之间建立起一种短暂的和谐，却并没有设定谁更具有优先性，而是使我们
相信并承认这些全然相异的因素在这样的关系中是相等的，由是，每一种因素都
是决定的，同时也是被其他因素所决定的。这看上去是一种类似于辩证表达形式
的交互作用，允许在社会变迁和文化形式的语言之间相互转换。[1] 这样一条把握
德川晚期文化的路径，有助于我们解读社会经济宏观世界的内容，通过各种形式
和表现手法来显示大量"真实"存在事物的各种意义。"幕末"这一概念，表达
了一个历史学的节点，一种时间的形式，使一种特定的真实有序化，但恰恰在
这样的时候，最不相干的事实会被围绕着某种样式加以整理，然后再赋予它们
"意义"。

　　在德川晚期，我们可以观察到生产过程转变的真实内容与新的文化形式产生
之间的一种合流，由此使我们有可能搞清社会生活中正在发生的事变。然而，在
努力满足新的生产力和社会关系的影响与企图稳定政治和文化两者意义之间的关
系上，难以简单地把一个说成是"基础"，而把另一个说成是"上层建筑"。社会
进程的大量变化被解读为文化领域的事件，从而在德川日本的社会想象与其文化
行为的概念之间造成了巨大的紧张。[2] 政治组织被迫去满足那些相互对立的要求，
也就是说，在对社会福利的需要做出反应的同时，又要使私人积累的条件稳定
化。一项研究表明，在一个变化了的环境中，当城市扩展和文化分享要求新的定
义时，事物的意义和人们的自我认知便需要仁爱之心和较充分的政治参与。伴随
城市发展而来的文化生产的新样式，共同指向了我们所说的"游戏的文化"，此

170

171

---

[1] Frederic Jameson, *Marxism and Form* (Princeton, N.J.: Princeton University Press, 1971), pp. 3-59.

[2] 关于"社会想象"思想的提出，参见 Comeilus Catoriadis, *L'Institution imaginaire de la société* (Paris: Seuil, 1975); 亦见 Claude Le Fort, *Les Formes de l'histoire: Essais d'anthropologie politique* (Paris: Gallimard, 1978)。

语来自一种嬉戏玩闹的文学样式（"戏作"）。到了18世纪末，这种"戏作"已经超越了它的自我约束，以隐晦暧昧的表现手法来展现建构一种社会形象的可能性，而这种社会形象与德川幕府所认可的大相径庭。于是，游戏的文化便变成一种文化的游戏，致力于通过整体重组，来发现那些可能最适应新的需求和期望的稳定而永久的形式。

在这一时期，文化发展的中心是对新的、不同的知识形式的探求，以及对达致新知识途径的找寻。在德川幕府晚期的日本，新的知识形式的激增，越来越难以归入现存的政治体制藩篱。18世纪晚期出现的那些新的知识形式（先是在城市得到认可，很快便向农村扩散），说明统治者与被统治者，外部与内部，都已经耗尽了它们的生产能力，乃至无力建构起一种可以适应城市社会环境复杂性和多元性的政治愿景。诸如江户、大阪、京都和名古屋这样的都市，更不用说那些起着区域性市场中心功能的较小的城下町，它们在物质上和人口上的扩张，及其由之而来的社会和文化生活的变异，被当作是"社会过剩"的一种奇特现象，与儒学思想家所构想的"理性"和德川时代井然有序的"秩序"结构并列共存。[1]根据林屋辰三郎所说，这一看法在吉田松阴对"差异"和"奇特"的呼吁中表现了出来。它表现在不计其数的与新的游戏文化相关的实践活动中，而它对政治意识形态想象的怀疑，则来源于相似的逻辑。[2]这一逻辑在统治者（"劳心者"）和被统治者（"劳力者"）之间，熟练地将政治以及文化的领域加以区分。前者被认为应使其"知之"，而后者则被认为应使其"由之"。被统治者的社会认同被固定在一个封闭的层级链条中，类似于那些处于一个稳定结构中的元素，而这种结构正是自然原则的体现。然而，江户作为一个物质生活中心的不断扩张，超出了人们的想象，使之可能通过不断增加的人们地位的变化对这些固定的身份认同提出挑战。需求的增加和服务的分化有助于城市的扩张，相伴而来的，则是统治者与被统治者之间固定区别的弱化。[3]

位于"游戏文化"中心的是一种意义系统，这一系统认为，随着社会变得越来越庞大，越来越复杂，那些以往建立起来用以引导民众的固定界限和社会认同

[1] "社会过剩"这一术语，是我对社会政治场景的解读，而不是林屋辰三郎教授的说法。

[2] 关于这种相似的逻辑，参见 H. D. Harootunian, "Ideology As Conflict", in Tetsuo Najita and J. Victor Koschmann, eds., *Conflict in Modern Japanese History* (Princeton, N.J.: Princeton University Press, 1982), pp. 25-61.

[3] Hayashiya Tatsusaburō, *Kasei bunka no kenkyū* (Tokyo: Iwanami Shoten, 1976), pp. 19-42.

已经变得越来越靠不住了。那种适应于社会空间和地位分化的新的意义系统，使得大多数早先的社会区分措施失去了效用。通过观察那些居住在城市中的已经取得了多样身份的民众生活，"游戏文化"对这个社会的身份认同形成了威胁。例如，18世纪晚期，当德川幕府下令严禁异端邪说之时，他们实际上是在承认正在形成中的新文化样式对社会认同的威胁。但是，甚至连发布《异学禁令》的松平定信也承认，"原则"和"书本"并没有抓住"时代的激情"，并没有用合适的工具驾驭被统治者，使他们心甘情愿地履行职责。[1] 于是，他所发布的法令就成了一份对"社会过剩"的承认书，而这种"社会过剩"，似乎规避了以一种固定的统治者与被统治者的两分法来表现社会的传统样式。他呼吁通过仍被认为是理所当然的标准政治分类的社会层级，来增进人们的天资和能力。具有讽刺意味的是，这些法令有助于产生过剩和差异的问题，却不利于这些问题的解决，因为松平定信希望以实际技能来把握"时代激情"，增进领导能力，从而鼓励和赞助了科学、医学，以及日本和西方学识方面技能的发展。

如果18世纪晚期的日本出现了社会过剩和认同模糊的现象，那么，它表达游戏精神的文化行为则不仅寻求取代那些反映着真实存在的固有界限，而且表明了真实的情况是居住在城市的已产生分化的民众需要新的表现样式。游乐（"遊び"）指的是一种存在于"四个等级"（这种士、农、工、商的等级划分在"太平"年代运行无碍）之外的主体形式。[2] 一种获得解放的感觉（这种感觉与日本中世纪晚期自由城市的那种不联系、不服从的自治精神颇有几分相似，它以无休止的流动为条件，寻求从固定的社会位置中解脱出来），在远足的故事和游历的传说中得到了最好的表达。[3] 而关于流动，仍然表明了与游乐相关的另一层意思，那就是对跨越既定的地理和社会界限的认可。根据海保青陵的说法，这种玩乐主题的理想是"凝视断裂和分离"：一旦"精神"与"肉体"分离，它就可能"不受约束的游乐"。[4] 作为一个"浪人"（无主武士），海保青陵曾经放弃了固有的身份和地位，以便在"太平"年代尽情"游乐"；作为一个旅行者，他一生的行程超过了30多个藩国。像海保青陵这样的知识分子，他们所坚持的"游乐"

[1] Hayashiya Tatsuzaburō, *Kasei bunka no kenkyū* (Tokyo: Iwanami Shoten, 1976), pp. 43-80, 343-395.

[2] Hiraishi Naoaki, "Kaiho Seiryō no shisōzō", *Shisō* 677 (November 1980): 52.

[3] 关于这个问题的论证，参见 Amino Yoshihiko, *Muen, kugai, raku* (Tokyo: Heibonsha, 1978)。

[4] Hiraishi, "Kaiho Seiryō no shisōzō", pp. 52-53.

概念，总是与"游乐"文学的生产相关，包括故意堕落的"疯狂诗文"，滑稽有趣的诗节韵文，以及对与众不同和异国情调的过度喜好。这种类型的个人自主，摆脱了集体主义的束缚，在某种意义上就像是那些在商业资本主义的条件下买卖商品的个人一样。在许多场合，当海保青陵宣称对自我身体的热爱是人类之本性时，他对许多同时代人的所信所行作了最好的表达。他看到了一个受到实质性普遍原则支配的世界，即事物与身体的交互作用。在这样的安排下，事物或物体越来越等同于商品，而每个人都行使着作为买者和卖者双方的功能。以往构建起社会的那些规则，如今表现得比对身份地位的道德祈使更要精打细算和自私自利，而且它们通过商品交换而得到了强制执行。

德川晚期的文化实践看起来好像集中于身体这一点上，使得那些至今一直保持着私密性的事情公开化了，无论男人还是女人，他（她）的饮食、说话、睡觉，乃至如厕，通常都通向来自于肉体欢乐的巨大嗜好。尽管各种形式的文学作品在 18 世纪晚期激增，迎合了口味、爱好的迅速多样化以及巨大的消费需求，游戏文化的内容仍然总是集中在身体的活动上。这涉及身体的自主性问题，用海保青陵的话来说是"无拘无束的精神"运动，这种身体自主性构成了大多数文学作品和木版插图的主旨。游戏文化的突出特征之一，是其倾向于将身体的一部分，无论是四肢、器官、面孔乃至身体本身，与一个更大的实体并列，而不是作为对整体的替代，最多不过是提供了一种可供替代的选择而已。以这种方式对整体进行解构，显然是打了折扣的。以人的身体及其活动为中心，强调了身体和体力的重要性；通过同样的表征，它引起了人们对精神超越体力和技能的质疑，而正是通过对精神超越肉体的强调，统治者与被统治者、内部与外部，以及公众与私人之间的传统区别才得以维持其权威。最后，对于身体作为事物的制造者和消费者的强调，把日常生活放在了最重要的位置，并赋予了构成日常生活的种种事物以应有价值。18 世纪晚期的日本是一个令人们想起马克思的时代，"旧世界的框架已被打破"，"眼下……正值新世界的开创……"当人们的探索开始找到与真实历史相连接的途径，日常生活就会回到真实的世界中来。[1]

游戏文化的文学作品所首先公开的，是一个新型的时代以及这一时代与尘世

---

[1] 引自 M. M. Bakhtin, *The Dialectic Imagination,* trans, and ed. Michael Holquist and Caryl Emerson (Austin: University of Texas Press, 1981), p. 206.

生活的关联。这导致了赋予那些平凡个人和寻常日子以个性，把它们从等同于社会整体的集体生活时代分离出来，而正是在那一时刻出现了唯一的标尺，用以衡量这个或那个私人生活的举动能否成为历史事件。当平田笃胤试图描述一个讲述民间集体主义传说的故事时，他实际上是在对一种已经把时间分割为各种分立单元的文化做出反应，是在把个人生活的情节——恋爱、婚姻、旅行，等等——从历史场景中区别开来。在提供了"历史"情节和个人私密空间的教科书里，这两个层面的相互作用仅仅发生在某些节点——战争、君主之死、犯罪——然后还是按照它们各自不同的方法而告结束。虽然政治经济学家试图重新理解自然生命与人类生活之间的关系，以保留自然的种类，而本土主义者则设法使文化重归自然，以求恢复它的首要地位，这两者在新的社会制度下正越来越分离开来。如今，构成日常生活的各种事件——饮食、性交、出生、死亡——都被变换了性质，都从一种整体生活的概念中分离出来，变成了个人生活的不同方面。生存状态被加以区分，并被专门化了。

　　因此，在德川晚期文学中的生活叙述，便用来记录个体的独立经历及个人的不同命运。社会的构造正在分化为阶级、群体和专门的社区，它们每个都遵循 175 着价值的功能天平，都拥有着自己的发展逻辑。专注于身体性能的日常生活内容失去了它们与共同劳动和社会整体的联系；相反，它们变成了私人的和琐碎的事项，作者仿佛是通过一个窥视孔来对之加以记录。[1] 当时的人们逐渐注意到了这个作为嗜好或习惯的窥视行为，并且不遗余力地把它的范围和种类加以分别整理。然而，为了对之进行发现和标示，所以也假定了一个整体的、社会本身的概念，即使那些"戏作"的作家们也始终如一地把个人的事情理解为只不过是具有个性的事件而已，这暗示着他们对更大的整体或更大的意义完全没有什么概念。[2]"刺穿"习俗外壳的冲动迫使作家们对细节加以密切的关注。多半是那种触及感，而非一种可辨别的故事大纲，扮演着推动叙事情节发展的角色，通常被用来讲述作者希望深深打动人心的故事。任何缺乏多种"叙事方法"的真实故事，都有利于就事物的交互作用持续对话，这并不能证明其文学水准的降低，反而说明它们

---

[1] Nakamura Yukihiko and Nishiyama Matsunosuke, eds., *Bunka ryōran*, vol. 8 of *Nikon bungaku no rekishi* (Tokyo: Kadokawa, 1967), p. 60；亦见 Mizuno Tadashi, *Edo shōsetsu ronsō* (Tokyo: Chūō kōronsha, 1974), p. 17; Nakamura Yukihiko, *Gesakuron* (Tokyo: Kadokawa, 1966), p. 137.

[2] Nakamura, *Gesakuron*, p. 137.

很有竞争力。这些游戏文化的文学作品，努力传达出对于叙事惯例匮乏的强烈不满。作家们似乎确信，疏于对诸如事物安排、人们打扮、食品提供之类细节的关注，便有丧失任何洞察事物内核机会的风险。读者们被要求识别不同层面的含义，以便探测实际上的隐蔽意图。通过创作那些占据日常生活的好像是"陌生"的常见对象，作者说服读者相信他们一直犹如井底之蛙，不知天下之大，好像生活在凹槽中，受到周围环境的遮蔽而未能认识事物的本来面目。式亭三马和十返舍一九的文本（"滑稽本"）提供了一系列漫无止境的生活小照，表现了市镇居民在他们的日常生活中和旅途上所遭遇到的最世俗、最熟悉和最琐碎的活动内容。但是通过把这些生活内容重新编排，作者们表现出了人们所不熟悉的东西，通过迫使读者观看他们日常生活中的各种活动和他们认为理所当然的各种对象，作者们能够刺激读者以一种新的和不同的眼光来看待各种风俗习惯。这些作品所赢得的笑声，正是对把熟悉的事物表现得陌生乃至全然不同的认可。十返舍一九所描

176　写的东海道上旅行者的世界充满了有个性的人物角色，当这些人未能如意诱奸一个少女，或没有付钱就从小客栈溜走的时候，他们斤斤计较的是谁放屁了，腰间的衣服弄脏了，以及诸如此类一连串的琐碎小事。式亭三马在理发店和洗澡堂记录下来的对话，涉及到的都是读者们日常生活中最为世俗的事务，就像这些读者如今看着和听着他们自己在说话。这两位作家都强调在交谈和运动中的生活的细节和个性，诸如吃饭、洗澡、喝酒、打嗝、放屁，诸如此类，读者们能够由此意识到他们的平凡生活。即使在泷泽马琴的比较严肃的历史冒险故事和全神贯注于爱情磨炼的情感著作（"人情本"）中，效果仍然是要让读者在完全不同的情境中面对他们所熟悉的史实。例如，泷泽马琴在著名的《南总里见八犬传》中对怪异风格和奇思妙想进行了探索，他写了一只值得称赞的狗，这只狗极其忠诚并为此要求回报，而它要求的对象又恰恰是领主的女儿。柳亭种彦的《偐紫田舍源氏》在不同的历史情境中重述了源氏的故事，把18世纪末19世纪初的风俗和言谈投射到15世纪。在某种意义上，这部作品依然保持着幕府将军德川家齐的世界，而在当时，这个时代是被等同于以往贪污腐败的一个公认案例。

　　虽然对于身体作为事物的制造者和消费者的重视强调了部件的作用，但它最终吸引了对整体思想和社会秩序概念的注意力，而这与官方所支持的说法相比，明显具有新的不同的意义。在文字的和插图的两种文本中，身体的意象都用一种优先为江户市民考虑的反转过来的标尺，指向某种不一样的社会现实。它

成为了一种规则，在这种规则中，以往的脑袋成了生殖器或肛门，以往的心脏则变成了胃肠。通常说来，文学作品描写身体，主要是用嘴巴和手臂来发挥强烈的吸引注意力的作用；人类的表现就像身体，不是通过固定的社会地位和循规蹈矩的意向，而是通过他们的孔口与世界发生着联系。而且，身体的需求永远不会满足，也永远不会完成；人们需要继续吃、喝、说话、做爱，并不停地排泄，没有任何结束的可能。对一次聚会中所涉及的无数细节的描写，或是随意写到空的酒杯、呕吐的秽物，以及凌晨之后半满的酒瓶，或是密切注意食品、进食和随之而来的谈话——全都被认为是可以用来表现的适当主题——这使一个充满活泼事物的世界变得戏剧化，从而不再提及在此范围之外的其他任何事情。德川晚期的文学作品和木版插图实施了一种新的世界观，这种世界观人们已经通过在经验表现中把它重新定位于最重要的位置，而习惯性地成为一种认识世界的背景。它也提供给人们一些替代公共事务和官方意识形态的方案。对于"天道"的要求，通常受到作家们的讽刺，它以解剖式表现法提供了进行戏耍、欢笑和激情的场景，这是一种名副其实的民众乌托邦，是一种肉体的狂欢，是一个玩笑，也是身体所经历的痛苦，是一种由连续不断的消费和废弃物的排放所带来的无休止的快乐。就这一点而言，德川晚期的小说挪用了那些靠惯性运转和占支配地位的共同思想意识，以便在游戏的世界里用它来表达那些陌生的事物，并重铸官方所期望的阴冷要求。通过利用直接的经验作为主题，通过使人民了解他们的日常生活和周围事物，作家们得以把每日的经历转化为一种知识的体系，而这种知识体系即使连最普通的民众也能够拥有和掌握。以这种方法，文学作品和插图艺术使身体成为一种教材，并使阅读成为一种消费知识的行为。

最后，德川晚期的大量读者对于鉴别和认识同时代风俗习惯的兴趣，要远远超过从历史中汲取道德教训的意愿，因为这种历史表述定于一家之尊，很可能会强奸他们的感情。[1] 例如，像式亭三马和为永春水这些 19 世纪早期的作家，独具只眼写下了江户不同城区中当时生活的细节和细微差别。他们的"戏作"作品有助于明确互相耦合的社会环境，虽然这种环境一贯使个别与整体彼此对立，但它也表明通过人群的经常相互交往，通过制造和消费，将会推进境况的改变。19 世纪早期的歌舞伎剧作家鹤屋南北，描写了一个他所说的受到"现存风俗"（"生世

[1] Sugiura Mimpei, *I shin zenya no bungaku* (Tokyo: Iwanami Shoten, 1967), pp. 3-22.

話"）限制的"世界"。但是，鹤屋南北的世界经常因暴力、杀戮和冲突变得阴郁黑暗，因而仍然只不过是一种暗示，告诉人们社会生活就是一个舞台，当代的人依据风俗习惯在这个舞台上表演他们的遭遇。游戏文化的这种不断增长的洞察力，以及与社会血脉相连的戏剧世界——生活跟随艺术——都受到了当时人们的关注，他们心悦诚服地说，"生活的情节就像是受他人操纵的戏剧"，"生活的世界就像是歌舞伎的社会剧"。[1]

文化的游戏

178 当时有一些道德家和思想家，比如武阳隐士（？—？）和司马江汉（1747—1818），曾警告国人，浸淫于由戏剧世界所激发的游戏和享乐的社会观念中，必然会对传统的道德规范带来威胁。这种新型的社会批评造成了一种关于社会整体（即所谓"世间"或"世事"）的构想，这种构想能够适应游戏文化宣称的生活的变异和分化。无论这些批评家是公然反对当时的社会生活（如武阳隐士），还是把笑声视为一个引起麻烦的问题而不去寻求解决方案（如平田笃胤），或者设想做出一些新的安排，以适应 18 世纪中叶以来所发生的种种变化（如司马江汉），他们都相信游戏文化已经耗尽了自身的生产能力，已经危及了维持公共秩序稳定的前途。他们似乎都同意恢复社会整体观念的必要性，借以抵消社会生活不断的分裂化和私人化，但是，在社会整体观念应该如何重建的问题上要达成一致意见显得尤为困难。批评家们所最为关心的，是"风气"在通过什么途径生成社会关系的新型组合，在通过什么途径侵蚀社会团结的旧有保证。武阳隐士在他所写的记录当代历史的《世事见闻录》（1816）中控诉说，世事的诸般变化不可避免地破坏了政治秩序，因为它教唆人们对自己的公共责任感到厌烦，而追求私人的肉体快感。[2]司马江汉的《春波楼笔记》（1818）记录了一次前往南方远足的经历，从而成为关于当时日本社会所发生的种种变化的持久证据，它责难私欲的泛滥，认为与其说是道德的破产，不如说是知识的贫乏，因为人们在毫无觉察的状态下

---

[1] 引自 Maeda Ichirō, ed., *Kōza Nihon bunkashi* (Tokyo: Misuzu Shobō, 1971), vol. 6, p. 121。

[2] Buyō Inshi, "Seji kenmonroku," in *Nihon shomin seikatsu shiryō shūsei* (Tokyo: Misuzu Shobō, 1969), vol. 8, p. 656. 亦见 Aoki Michio, *Tempō sōdōki* (Tokyo: Sanseidō, 1979), pp. 1-9；Sugiura, *I shin zen'ya no bungaku*, pp. 23-46。

易于受到自我放纵的诱惑。[1]没有人否认，社会生活的种种变化已经分解了文化上的自知之明与政治目的之间的关联。然而，许多人相信，危机的解决需要经过系统的努力重建社会的自我认识，只有通过这样的方式，才能以构建公共秩序的整体能力来再次重组社会生活的各个领域。武阳隐士这样的批评家回溯到17世纪乃至更为遥远的过去，以求为当今社会找回理想的典范；与之相反，像司马江汉这样的批评家，则在其他地方训练他们的观察能力，并且开始正视政治与文化最终重新统一的新的可能性。

　　使许多批评家感到焦虑的明确不满，是对私人欲望的无止境追求造成了一个利益破碎化的过程，使人们意识不到集体目标的必要性。每个地方的人们似乎都在内心转向满足自己的私欲和人类的原始需求。而这种行为已经构成一种公共行动，以至于自我认知逐渐变成了自我放纵。这种自我认同的危机突出了寻找新的认知和理解方式的重要性，因为这些新的认知方式能够提供新的社会环境的意义所在，而不是向秩序和稳定性的机会做出让步。任何知识的重新审议，都不得不对18世纪中叶以来日本社会所发生的广泛变化做出重新解释，而这些变化已经通过"游戏的文化"吵吵闹闹地表现出来：日常生活的发现和限定，事物和对象的共同世界，经验的特殊性，当今的非历史化，对肉体的无穷痴迷，以及建构知识科目的可能性。在德川幕府晚期接踵而起的，则是"文化的游戏"，它承担着发现代表同一性的稳定方式的重任，并需要以一种生动和清晰的声音表达它的意义。虽然像武阳隐士和司马江汉这样的社会批评家指出了知识在解决身份认同危机上的重要性，但是他们对其所包含的内容也产生了广泛的意见分歧。可以预料到的是，武阳隐士提倡重返以往的道德规范，认为这是抵制市民阶层"低级趣味"的可靠解毒剂，但是，这意味着要将平民排除在"知者"的范围之外，以便把他们彻底改造为被统治者的角色，并再次使当代看起来像是过去一样。相比之下，通过学习西洋画法，司马江汉赞成一种经验主义的调查研究观念，这种调查研究建立在观察对象时的多元化视角之上，以便开辟通向新的知识体系和社会组织原则的道路。司马江汉的观点逐渐为人们所接受，从而提供了使知识可以归属于任何群体和个人的前景。[2]

---

[1]　Shiba Kokan, *Shunparō hikki,* in *Nihon zuihitsu hikki* (Tokyo: Yoshikawa Kobunkan, 1936), vol. 1, pp. 404ff., 435.

[2]　Shiba, *Shunparō hikki,* p. 444; 亦见 Numata Jirō, Matsumura Akira, and Satō Shosuke, eds., *Nihonshisō taikei*, vol. 64: (1) *Yōgaku* (Tokyo: Iwanami Shoten, 1976), pp. 449, 484-485。

这种文化的游戏所激发的是一种对新的知识形式的广泛探究，这种新的知识形式适于解释某一社会群体的精彩表演，解释以往的社会形象为什么不再适用
180 于19世纪初期。一旦这些新的知识形式得以结构化，它们就将能够认可文化选择的成立，认可各种利益和要求的表达，而迄今为止，这些利益和要求的表达一直未被准予进入官方的话语体系。然而，几乎与此同时，这些新的知识组合也在力图找到与它们希望指明的文化内容相匹配的政治形式。文化的游戏之所以大大不同于游戏的文化，原因正在于这种想象新的文化选择与稳定和永久的政治形式相一致的能力。通过国内秩序尽人皆知的迅速恶化，以及那些随处可见的看起来预示着衰落不可避免的事件，这种文化与政治实现了强制性的，甚至是加速度的耦合。诸如暴力活动、遍及关东地区和其他地方的淫雨、越后和出羽的地震(1833)、城市的"打毁破坏"运动，以及到处发生的农民反抗，这样的灾难性事件被当作是无法控制和难以处理的崩溃征兆。如今占主导地位的政治形式似乎不足以阻止混乱，也不足以向贫困的农民们提供帮助、救济、安宁和安全的保证。正是在这样的框架之内，早已开始于世纪之交时的外力入侵，又成为一种新的更加严重的因素，似乎更加证实了当时人们普遍相信的观感，那就是国家已经注定归于失败。于是，与某些社会群体抱着形成话语权的愿望而努力表达他们自己的知识相反，新的学说总是力图寻找文化与政治之间的对应关系。这种活动大量滋生、滚滚不息，力图阻止混乱的发生，努力向人们提供安慰、保证和帮助。事实上，德川幕府晚期的所有新学说——"水户学"、"国学"、"洋学"和新宗教——都试图把文化和政治混为一谈。这种冲动肯定会反映在水户学派对仪式和政体的认同上，反映在国学者对"政务"（"礼仪政体"）的认同上，反映在新宗教对信众团体摆脱等级制度的强调上，也反映在富国强兵的倡导者对科学和道德的明确表达上。此外，当这些新的学说涉及至关重要的秩序与安全、安慰与帮助、平等与公正等问题时，它们不仅是在强调一种作为知识构成的利益表达要求，也是在强调可以就各种问题直接发言以影响选择解决方案的权利。渐渐的，它们的"生计"，它们的利益，也就变成了社会的事情，正如它们的文化与政治组合的概念变成了一种对于整体性社会构造的替代品。对参与和解决共同关心事务（指生
181 存、秩序和国防等）的权利的要求，成为一个必要条件，在德川幕府晚期的社会里创造出了一个公共领域。

新的要求通常都发生于生产能力和安全形势的领域。无论这些要求是寄希望

于幕府将军的权力安排，还是寄希望于一种自然秩序合法性的原则，每当提出这些新要求时，便有意无意地把某些社会群体导向了挑战德川社会的既有权威。这样的行动总是会导致对中央德川幕府的背离，每次当局都会发现难以应对他们自己的职责，也难以满足对"秩序"和"安慰"的要求。如果人们确信德川幕府不能尽到它的职责，通常就会引起这种离经叛道的行为，在这样的情况下，各个社会群体就将不得不自己照顾自己。于是，从19世纪30年代以后所出现的情况，是一种从中心向边缘的持续撤退，这虽然不是明确的革命暴力行为，却也是一种对现有体制履行其道德责任的能力越来越不信任的表现。由于德川政权如今无法履行它的职责，这些新的学说便为某些群体执行自己的任务提供了正当的理由。这就需要自治组织的形成，而有些自治组织公然违抗自然秩序的观念，无视这种观念依据各个群体自然的和期待于它的功能，对各个群体所作出的明确功能限定。引起这种强烈的撤退冲动的理由，是通过建构当时历史的方式提供的，而这又掌握在那些采取行动通过自我认知来武装他们自己的人手中。人们转而强调财富的生产、日常事务的集中化、公众团结对于本土思想和新兴宗教的重要性，以及所有社会群体普遍关心的帮助和安慰、相互支援、平等分配资源等问题，连同才能、能力和效用等方面的主张，凡此种种，似乎并不足以"反映出"多少幕末的情况来"解释"这样的事实和事件。最后，所有这些新的文化话语都力图融于知识的权力之中，而这种知识权力是建立在排除了对象和民众的内在性原则基础之上的。对于不同社会群体都能理解的新知识的追求，意味着谈论不同的权力观念。每个这样行事的社会群体都把它自己以及它对现实问题的反应视为一种解决社会问题的方案，并且都想象它所代表的那一部分可以替代无须面对的整体。人们相信，适当的知识将会导致困扰社会的问题的解决。所有人都假设，一个部分的决定将会揭开整体的真相。所以，"水户学"求助于由"国体"所认可的大名自治的重要性；"国学"专注于村社的自给自足，因为这经过了与最初造物主关系的检验；"洋学"朝思暮想的是出现一个新生的重商主义国家，它的发展由美德和科学来推动；而新兴宗教则宣布，在它们的努力下所建立起来的宗教社群主义的新形式，赋予了神明显圣和人间天国观念以永恒的魅力。

所有这些新学说都在19世纪初期明确表达了出来。所有群体都打算重新理解这个世界，并通过提供它们自己的方案来解决社会所面临的问题。然而，它们对于解决幕末社会问题的贡献，也仅限于提出了它们的解决方案。这些方案的产

182

生全是出于一种意愿，即认识那种模糊不清的更为根本的权力考量。新的学说力图确定构成规则和学派内容的每一个动作，随之而来是它们都公开表明了对知识和学问基础的几乎义不容辞的关心。每一次关于知识和学问地位的讨论，都不可避免地提出了"知者"应该具有什么身份，以及什么应该被认知的问题。

嘉言懿行及其支配能力

规定文化的环境以及为之找到一种适当政治形式的问题，首先是由一批来自水户藩的武士知识分子（藤田幽谷、他的儿子藤田东湖、会泽正志斋、丰田天功和该藩大名德川齐昭）与他们的精神同伴大桥讷庵、吉田松阴及真木和泉所从事的。早在18世纪晚期，水户学派的作家们就开始有系统地研究阐明实用学科和教育程序的方法。水户藩曾经长期作为雄心勃勃的《大日本史》编纂工程的中心，这成为他们以新儒学的范式进行认真哲学思考的避雷针。但是，在早期水户学者们的沉思冥想与后期水户学派的论述之间，学识的连续性上如果没有发生某种断裂的话，也出现了一些明显的差异。[1] 与早期水户学派的作家们坚持贴近一种相当正统的新儒家学说不同，晚期的水户学派思想家们选择了一种融会贯通的方法，把新儒家的部分思想、本土主义的宗教与神话传说的元素糅合在一起，产生出一种综合的学说，在构成内容和目的用途上都非常不同于此前流行的各种学说。在政治上，水户藩乃是德川家族的三支旁系亲属之一，由此占有着接近权力中心的相当优越的位置。但是在经济地位上，水户藩像18世纪晚期和19世纪早期的许多藩一样，遇到了一些传统解决方案看起来无法应付的问题。藤田幽谷（1774—1826）作为一个在水户历史编纂处接受训练的中等家臣，提醒人们注意本藩逐渐衰减的财政资源及其对人民和政府带来的后果。后来，他的学生会泽正志斋（1781—1863）详细说明了当代"危机"产生的原因，他指出危机的原因起源于使武士离开土地迁往城镇的决定，随之而来的是货币使用的增加和对市场的依赖。水户学派的作家们特别关心这些变化对于统治阶级的经济影响，指出统治阶级为了满足日常开支已经深陷债务泥沼，因为他们接受了因追逐私利所激发的

---

[1] Bitō Masahide, "Mito no tokushitsu," in Imai Usaburō, Seya Yoshihiko, and Bito Masahide, eds., *Nihon shisō taikei*, vol. 53: *Mitogaku* (Tokyo: Iwanami Shoten, 1973), p. 561.

奢侈生活方式。这些批评家们所担心的是，这些变化的路径似乎已经影响到了农业生产力，并且促成了商人和高利贷者权力的增长，而这些社会阶级权力的增长正是得益于武士阶级对现金的需要。[1] 此外，他们仍然对暗地里破坏农业生产的饥馑和其他自然灾害的反复发生极其敏感。武士阶级和农民阶级都遭受着由这样的事件所引起的艰辛困苦。藤田幽谷在他的《劝农或问》中指出，水户藩的税收相当繁重，而人口则自世纪中叶以来一直在稳步下降。

在当时，这样的动态并非独一无二，甚至并无什么特别之处，但是水户学派的作家们把它们解释为行将发生的崩溃的征兆。藤田幽谷抱怨说，对于金钱和暴利的喜爱已经在本藩导致了一些瓦解性的胡作非为。在他的详细清单中，到目前为止最严重的现象是农民起义的频率越来越快。就此，他建议统治阶层正视自己的责任所在，进行"合乎道德的统治"。所需要的不是乞灵于法律条例，因为这些常常是控制松弛的迹象，而是必须提升管理艺术，增强领导技能。在 18 世纪晚期的历史背景下，这意味着对美德进行实用性的重新定义，意味着对统治者进行训练，以使其能够理解时代的需要。几年以后，会泽正志斋表达了对投机的赌徒和游手好闲的人进入水户藩的严重忧虑，把这些人的存在视为一种道德衰退的表现。他得出结论说，这些令人讨厌的客人之所以已经被允许进入水户，原因在于本藩的行政管理松弛，官员愚昧无知，不知道这些人可能造成乡村道德的败坏，怂恿农民放弃工作追求酗酒、赌博和昂贵的美食。潜藏于这种现象之下的，是认为"逐利"是普通民众的天性，无论什么时候，只要具备最小的机会，他们就会急于满足个人的私利。会泽正志斋还担心诸如"富士教"这样的新宗教的影响，该教近来在水户藩兴起，正开始在农民中吸收大量信徒。[2] 但比较起来，他还是对基督教作了最为严苛的评判，认为这是一个"残忍而不公正的宗教"，虏获了无知民众的心灵，使他们脱离了公正诚实的道德之路。

水户学派的作家们相信，对该藩的公正廉明形成威胁的问题，起因于统治阶层的不恰当言行。如果民众迷失了方向，那是因为管理民众的阶级放弃了树立道

184

---

[1] J. Victor Koschmann, "Discourse in Action: Representational Politics in the Late Tokugawa Period," Ph.D. diss., University of Chicago, 1980, p. 30. 其后以如下书名正式出版：*The Mito Ideology: Discourse, Reform, and Innovation in Late Tokugawa Japan, 1790-1864* (Berkeley and Los Angeles: University of California Press, 1987).

[2] "Shinron," in *Mitogaku*, p. 105. 译文见 Bob Tadashi Wakabayashi in *Anti-Foreignism and Western Learning in Early-Modern Japan* (Cambridge, Mass.: Harvard University Press, 1986).

德样板的职责。[1] 藤田东湖（1806—1855）哀悼忠孝之道的荡然无存。他指出，通过再次阐明这些原则，通过使统治者恰当治国，秩序能够得以恢复。但是，这将需要对部分与整体、统治者与民众、各藩与国家关系的透彻理解。

对水户学者努力解决现存危机的认可，就潜藏在知识与学说的重新统一之中。藤田幽谷这样的作家论证了懂得如何"正名"的必要性（"正名论"），并矫正了职责的排列，以使"名""实"相符（"名分论"）。在"正名"的过程中，他把造成社会腐败的一般问题看作是语言表达的失败。在这个问题上，藤田幽谷引申了18世纪学说中的一些假设，这种学说已经引起了人们对语言和这些语言想要表达的事物之间不确定关系的注意。由于名分和地位不再与事实相符，那么进行重新排列使名实相符，就显得势在必行。[2] 依据这样的思路，运用语言进行重新组合，可能会给人们以重新获得忠孝之道典范的希望。据藤田幽谷所说：

185

> 各藩之中，有领主和家臣，亦有上下等秩。如果领主和家臣的名分不正，贵族阶级和非贵族阶级之间的分野便会模糊不清，上下等秩之间的差别也会消失不见。强者便会逐渐鄙视弱者，而民众将会陷入混乱，无所适从。[3]

他的儿子藤田东湖甚至走得更远。藤田东湖仿效当时的国学者，指出虽然古代尚无指称特定事物的忠孝之道名称，但每个人都自然而然地懂得和理解他的应尽职责。尽管在那遥远的年代尚无著述存在，但忠孝之道的意义却通过歌谣和诗歌得以流传（这一点已由较早的贺茂真渊在《国意考》中说过），并在礼仪、风俗、行为、教育和政府中表现出来。然而，当终于努力以书面文字对忠孝之道作出表达时，它的"真实性和原始性便已受到伤害"。[4] 藤田幽谷和藤田东湖都相信，在他们的时代里，以语言来解救忠孝之道是统治阶层至高无上的责任，也是教育的第一原则。水户学派的忠孝概念不同于新儒学的既定观点，他们确信忠孝之道无法在自然界发现，而只能通过人类的努力才能达到，18世纪的哲学家荻生徂徕也曾提出过这样的想法。维克多·考契曼（Victor Koschmann）已经说过，在

[1] Koschmann, "Discourse in Action," p. 34.
[2] "Seimeiron," in Mitogaku, p. 10.
[3] Takasu Yoshijirō, ed., Mitogaku taikei (Tokyo: Mitogaku taikei kankōkai, 1941), vol. 3, p. 382.
[4] Koschmann, "Discourse in Action," p. 52.

这一点上，"那种表述恰恰意味着'自然'状态（天道，乃是天上人间的统一体）通过某种形式的'非自然'（语言、器乐、演示，等等）行为的客观化。通过人类的中介加以表达的对象乃是天道本身，而不是一种暂时的安排。"[1]

通过唤起对"正名"操作的注意，水户学派的作家们得以解释，本藩为何要率先作为实现必要名实比对的一个适当地点。他们的许多规划都受到一种战略构想的驱动，那就是把各个部分减少到一种必要的程度，而原初的整体则被视为国家的主要起源，就像"国体"（国家的政体或形体）这一词汇所表达的那样。"国体"被认定为各个部分所赖以存在的整体。对于水户学派的作家们来说，这一概念表现了地位与忠诚行为（"忠孝之道"），以及名分与责任的相应网络之间不可分割的联系。他们的目的在于，以此表明如何才能在该藩实施名分与责任的重新组合，以及如何才能通过呼吁"国体"这一理念使该藩获得复兴。由此看来，显然是打算以一个在道德上实现重建的水户藩来作为整体的替代品。毫无疑问，这正是藤田幽谷在他的《正名论》中所阐明的纵向忠诚纽带的意义之所在，这种忠诚纽带从天皇一直向下延伸至下层社会。不过，同样十分明显的是，在这一等级体系的链条中，起关键作用的是藩主。藤田幽谷问道："我们怎样才能加强名分和责任的矫正？幕府的国家如今应该如何加以治理？……我们上有神圣天皇家族后人的荫庇，下有各种各样领主的照管。"[2]

带着这样的战略构想，水户学派的作家们有能力解释那些在 19 世纪早期所遭遇的事件，并自以为有能力减少类似的现实问题。看得出来他们一直在曲折前行，其终极目标是扭转民众心中深藏的不信任，并赋予他们的善行和怜悯以道德的意义。在他们的著作里所一再表达的焦虑和担忧中，最为急迫和可怕的，似乎是即将到来的受到外国入侵影响的大规模农村无序状态。此外，他们还暗示，德川幕府腐朽无能，无力阻止大规模内乱越来越严重的威胁。他们相信，自从 18 世纪晚期以来，日渐增长的农民造反（"一揆"）的发生率与各藩本身地位的不健全有着密切关系，这种农民"一揆"反映出一种普遍现象，即一般而言统治机器已经不再具备合适的功能。水户学派的作家们经常抱怨，德川幕府已经背离了它早期的角色，那时它的地位与诸藩相同，只不过拥有最大的领地而已。水户学者

186

---

[1] Koschmann, "Discourse in Action," p. 61.

[2] Takasu, *Milogaku taikei*, vol. 3, p. 388.

们还指责幕府蓄意采取不当的政策，旨在削弱各藩的军事和财政自主权。到了 18 世纪末，情况已经很清楚了，这些政策已经使得各藩更加依赖于幕府。要想解决各藩的衰落状态，需要说服幕府接受一种在权力布局中并非唯我独尊的地位。但是，水户学派所设想的这一步骤，把正名、定责和摆正名分强调为进行制度道德重组的一个必要条件，认为如果幕府能够满足与它的名分相关的各种期望，它就会停止以自私自利的方式为人处事。

一旦幕府与各藩之间的关系得到矫正，那就有可能致力于解决被统治者的问题。会泽正志斋宣称，只有当统治者依赖于忠孝之道，民众才可能受其统治。这个命题并非简单立基于模糊不清的人性观点之上——德川幕府日本的大多数统治阶级成员都视之为一种信条——而是建立在更为复杂的信念基础之上，因为农业人口对于秩序的生存和安宁来说必不可少，所以它必须承认农业生产的职责是一种道德的责任。这也是藤田幽谷曾经表示过的意思，他曾经提议"以人民作为国家之根基。如果他们构成了坚实的基础，那么国家就会安如磐石"。[1] 会泽正志斋虽然时常以贬损的词语提到民众，但他也相信，尽管人民是一群没有头脑的群氓，可他们也绝不会阻止某种美德的获得，因此他们只能接受别人的领导。而领导人民意味着确保他们能够从事生产。"人民只应该适当地依赖规则；而用不着去了解这些规则。"[2]

在这种特权观念的支持下，水户学派的作家们振振有辞地解释民众为何"天然"被排除在知识之外，为何必须接受统治，即为何必须"劳力"。会泽正志斋解释说，如果让普通民众自己决定自己的命运，如果不劝说他们履行自己的适当责任，他们就会像孩童一样行动，就会一有机会便追求利益，追求快乐，追求个人的奢侈生活。知识的拥有给予少数人以统治的权力，而大多数人只能听从。无论是强迫力的运用，还是财富的积累，都不能与知识的拥有相提并论，只有知识才有资格成为实施统治权的必备条件。那些"不可使知之"的人必然永远依赖于那些见多识广的"知之"者指引。这种"知之"和"知者"的概念使得水户学派的作家们严厉地看待所有有组织地吸收信众的宗教，指责它们的教义总是在推销那些易为所有人群所接受的非排他性的知识形式。藤田东湖在他的《弘道馆记述

---

[1] Takasu, *Mitogaku taikei,* vol. 3, p. 179.

[2] "Shinron," in *Mitogaku,* p. 147.

义》中相当激动地公开宣称，异端教义持续"迷惑人民"，"使世间不知所措"。由此，他辨别出了对真理之道信仰淡漠与信任纽带瓦解之间的因果关系，而这种信任关系的终结目前正反映在日渐增多的农民"一揆"事件上。但是他相信，这些困惑只是某种新知识形式的临床表现，而这些新知识实际上迷惑和催促民众走上了行为不检的道路。

因此，水户学派的作家们把种种困惑都视为私人利益的不同表达，认为这些私人利益受到了可以任性追求的新机会的鼓励，也受到了许诺给予任何人报偿的新宗教教义的蛊惑。为了抵消这样的威胁，他们推荐建立一种专注于仁爱和同情的社会制度，奉劝统治阶层"爱护"和"敬畏"人民。他们相信，一旦这种"爱护"和"敬畏"以坚定不移的措施真实表现出来，统治阶级的担忧就会随之减少，而农村中"愁苦"的发生率也会随之消失。尽管会泽正志斋几乎不隐瞒他对"低劣民众"的蔑视，但他还是注意到，"爱护人民"需要统治阶层切实承担起责任。藤田幽谷早前曾经提倡过一个增进民众福利的计划，如今会泽正志斋和他的老师一样，也主张"扶助弱者，抑制强者，赡养老者，爱护幼者，禁止怠惰和闲散……"[1] 他站在将于 1829 年接任藩主的德川齐昭一边，宣称新任藩主实行改革的诺言反映了领导者爱护和关心民众的责任。德川齐昭也公开表示"美德是根，商品乃枝"，一个善良的统治者"不能避而不向人民表示感谢"。

水户学派的作家们努力想要解决的问题，是如何提高生产力并进行更充分的社会控制。会泽正志斋相信，唯有统治阶层才能理解礼仪和文明的"良好教化"作用，而这种"良好教化"是秩序稳定和财富保有的保证。通过把"爱民"之心与该藩上下的身份伦理及恰当区分相提并论，水户的思想家们得以声称，如果统治阶层能够"给予人民适当的荫庇"，该藩就会实现大治。然而，根据藤田东湖的说法，如果统治者抛弃"良善教义"，人民也就会"像躲避敌人那样避开政治规章。他们对私利的渴望也就犹如孩童之望母爱"。藤田东湖指出，回想起 1837 年发生于大阪的大盐平八郎之乱，如果民众不能处于道德的控制之下，"他们就会宛如一个最先腐败的果实，接着便会长出蛆虫。那些被异端邪说蛊惑的民众与病人没有什么差别。被疾病折磨之人最想要的是恢复健康；而驱除了异端邪说的人最想要的是陶冶大道"。德川齐昭和后来的观察者们继续声称，"如果农民心怀

188

---

[1] Takasu, *Mitogaku taikei,* vol. 3, p. 179.

不满或怨恨上等阶层，就不会对他们表示敬畏"。由于这个原因，便需要提供帮助来对民众进行道德控制，即像上文提及的那样，在水户藩重建秩序。"如果我们成功地把注意力集中在维护民众的福祉上，就能使民众与我们心灵相应……"而要实现对民众的控制，则需要通过提供帮助和救济，使民众重返土地，并增进他们的有效劳动。在此之前，藤田幽谷曾经在《劝农或问》中提出过一项"富藩"计划，稍后，19世纪30年代晚期，德川齐昭和藤田东湖也设计出一项综合性的土地政策，包括进行土地测量，改定税收配额，做出更大努力以吸引农民与地方官员更紧密地团结，以及从江户召回本藩的武士。这最后一项内容揭示出水户藩的注意力正从中心回撤，转而依赖于自己身处边缘的各种资源，这一措施造成了许多家臣大感不安，因为他们早已习惯于在江户的城市生活。

水户藩主认为，19世纪30年代，"各藩的复兴"已经时机成熟，进行"统一的风俗改革"的条件亦已具备。19世纪30年代晚期，德川齐昭宣布实施经济和教育改革，目的在于阻止曾经遍布全藩的社会生活的支离破碎。这种支离破碎的社会生活与"有害"的风俗相关，而这种状况的消除则需要经济和教育的革新。会泽正志斋早已在《新论》（1825）中指出，当忠孝合一之时，"民众的教育和风俗的改良也就不用多说一句话就能够实现。信仰与政体相称，而政体也具有教育的功能。这样，在政体与民众教化之间就没有什么本质区别"。[1] 通过辨别教育和教义而实现这种统一感，成为水户藩学术机构"弘道馆"的一项特殊任务，即通过乡村学校的网络，指导武士和平民怎样"改良风俗"，怎样恢复民众的道德。藤田东湖的评论以齐整的口号强调了这种统一感，旨在消除观念上的分歧以达到本质上的一致："神道与儒学统一"，"忠与孝不可分离"，"尊皇攘夷"（这一新词首先使用在建立学校的公告中；它意味着革新国内的制度，以期能够抵御外部的干涉），"军事艺术与民用技能的结合"以及"学习与实践不可分割"。学校的用途就是重新统一教义和政体，因为这些在长时间的和平时期已经变得相互割裂。职责和名分必须重新配合，而风俗则需与道德一致。

遵从藤田幽谷和会泽正志斋的学说，德川齐昭使用的语言也堪称注重基础，而反对非本质的东西。对于当前问题的解决，他所设想的办法是回归本质。这意味着再次运用儒家经典《大学》的训示：对于水户藩来说，"藩国的基础在家庭，

---

[1] "Shinron," in *Mitogaku*, p. 56.

家庭的基础在道德训练"。在紧固道德关系方面，该藩需要在"风俗"和"军备"上进行意义深远的改革。会泽正志斋在《新论》中注意到，长期的和平已经导致了风气的奢侈、领主的放纵和"穷人的苦难"，德川齐昭也写道：

> 身处平安之世，断不能忘扰攘之时……我等已经忘记今日之和平所给予之殷切希望，我们所关心的只有锦衣美食。武士已经变得柔弱，一旦遭遇风雪炎热就会疾病缠身。他们成了四个阶级中的懒人和废品。[1]

这样，水户学派逐渐认识到，本藩真的可能具有一种"复兴"的前景。丰田天功在 1833 年的一部主张复兴的文集中写道，虽然"古人总是说'复兴'难以达成，但在今天它甚至变得更加困难"。[2]尽管如此，他仍然坚信如今是谋求复兴的正确时间和地点。古人曾经把复兴的达成与一场叛乱的平定联系在一起，而丰田天功则把近来水户藩的起衰振颓视为有待完成的同样艰巨的任务。在 18 世纪晚期，藤田幽谷就曾对"复兴"这一概念的逻辑做过明确的表达，其后又由会泽正志斋雄辩滔滔地再次重申，他把此时此地视为千载难逢的唯一机会。会泽正志斋相信幕府正在任性固执地遵循一种强干弱枝的自利政策。[3]他指控说，这种政策扭曲了德川家康的初衷。德川家康曾经加强中央削弱外围，为的是防止叛乱和无政府状态。他通过把武士聚集在城市（在那里，武士的薪俸遭到削减），通过遮蔽武士的军事存在而达到了目的。[4]"武士遭到了削弱，民众也被变成了傻瓜。"但是，会泽正志斋相信，如今已经到了逆转这一政策的时代，应该通过对大名的"滋养"和"加强"来达到既强干又强枝的目的。[5]藤田幽谷早先曾经断言，如果大名们被允许扮演天皇最初指派给他们的角色，他们就能致力于整顿自己领地的任务。虽然会泽正志斋承认德川幕府的封建君主权位，但他还是在《迪彝篇》中 191 认为领主与臣民之间存在一种互反关系。于是，由藤田幽谷描述出轮廓的纵向关系，便在会泽正志斋和德川齐昭所构想的藩政改革的语境中获得了新的力量。将

---

[1]　"Kokushiden,"in *Mitogaku*,　p. 211.

[2]　"Chūkō shinsho," in *Mitogaku,* p. 197.

[3]　"Shinron,"in *Mitogaku*, p. 73 .

[4]　"Shinron,"in *Mitogaku*, pp. 73-4 .

[5]　"Shinron,"in *Mitogaku*, p. 78.

军理应帮助朝廷，打理领地，就像地方领导人在他们的领地内应该支持天皇，服从幕府的法令一样。而那些"服从大名指令的人们，实际上也正是在遵从幕府的法令"。[1] 由于幕府受到朝廷的制约，它便不会具有超越水户藩的权威。对于水户学派的思想家来说，这意味的是本藩地位的提高，以及"基础—顶端"隐喻的实际逆转。

知识分子们对水户学派话语中所设想的这种新架构的认可，表现为对某种被称为"国体"的神秘东西的整体认同。对这种富有创意思想的详细阐述，主要是由会泽正志斋在他的《新论》中提供的。虽然这一构想是普遍的和绝对的，但它能够调动起日本神话传说中的丰富资源：

> 天祖肇建鸿基，位即天位，德即天德，以经纶天业，细大之事无一非天者……天胤之尊，严乎其不可犯。君臣之分定而大义已明矣。[2]

会泽正志斋继续写道，正如天皇尊奉其"天祖后裔"的美德一样，一般民众也与生俱来地接受了其祖先的情感，永世尊奉和服务于天皇陛下。当天皇接受其祖先的意愿时，历史就不可能发生什么变化。同样，把祖先奉为天照大神的天皇本身，也已经意识到孝道之准则，并向人民揭示了这一义务。由于忠孝之道原本存在而无须人为言说，所以日常惯例——身体的习惯——就表明了信仰、仪式和统治的不可分割性。

这种理想典范曾经一直体现在礼仪之中。在《新论》的第一篇里，会泽正志斋就讨论了古代的统治者如何通过参拜祖先陵墓，如何履行隆重的典礼和仪式来展示他们的孝道。[3]这些礼仪之中最重要的是"大尝祭"，即由每个新任天皇在继位后的第一次收获之际所履行的提供大量食品的宗教仪式。这一仪式包括向太阳女神（"天照大神"）供奉新的谷物，而这一仪式的重要意义在于其不断反复的原型主题，诸如天赐神圣国土，天照大神对其子民的仁慈，等等。会泽正志斋注意到，在实际的仪式中，臣民和君主都体验到了天照大神的存在感，并最终"感到

192

---

[1] Koschmann, "Discourse in Action," p. 171; 亦见 Masao Maruyama, *Studies in the Intellectual History of Tokugawa Japan,* trans. Mikiso Hane (Princeton, N.J.: Princeton University Press, 1974), p. 305.

[2] Koschmann, "Discourse in Action," p. 79.

[3] "Shinron," in *Mito gaku,* pp. 81 ff.

好像神的子孙一样"。在这片刻之间，历史凝固了；过去流入了现在；通过君主（以其可能得到的财富代表其神圣的祖先）和臣民（必须报答神的"庇佑"）之间的交流而戏剧化了的忠孝之大道，也被说成是永恒的规范。通过援引这一隆重仪式的例证，会泽正志斋得以说明，仅仅作为一种情况变化记录的历史是如何区别于一直追溯到神话起源的永恒真理的。"大尝祭"宣告了历史的无效；原初的瞬间使每个参与者都恢复了存在感和认同感。仪式应该把君主、臣民及其子孙统一起来，从而消解治国与祭拜之间的分离。"如果整个国家都敬畏天神，那么所有的人都会懂得如何去尊敬天皇。"如果日本的文明要抵制历史的侵蚀，那么至关紧要的就是使人民懂得如何去表示对仪式所代表事物的尊敬。会泽正志斋说，如今正是那个命定的时刻，是"告知人民这一原理和净化民众精神"的极其难得的机会。当这一伟大的事业得以完成之时，也就是过去与现在相统一，君主与人民相统一的时候。

　　正是以这样的方式，基本的"国体"（一种神秘主义的象征性起源以及持续不断的存在）确认了水户藩对恢复忠孝大道的吁求。对于水户学的作家们来说，"国体"的构想在几个层面上发挥着作用。它代表了各个部分　——即各藩——所能认同的整体；它也通过承诺恢复永恒的原则，提供了对各藩充当整体的替代物的认可。"国体"说的提出，服务于使每代人回想起必不可少的开端，所有事物都由此而来，所有事物又都归结于此。这无疑正是水户学派的作家们奉劝其同时代人"莫忘根基"和"回归本源"时所表示的意思。尽管这种"国体"无影无形、模糊不清、神秘莫测，但又有什么能比国体更重要的呢？会泽正志斋问道："这种国体究竟是什么？"他回答说："如果国家没有国体，人们也就无从将其缔造出来；如果一个国家没有国体，那又如何能够称其为国？"[1] 会泽正志斋把这种 193 "国体"设想为一种形式，正是这一形式把理想的统一王国从混沌状态区别开来。其目的，在于把整体意识与由自治各藩所代表的新的政治空间联系起来。他对改革的实际建议并无什么出奇之处，而是重复藤田幽谷早先的建议和德川齐昭后来的措施。然而，他们都坚定地相信言论与行动、学问与实践的不可分割性。

　　当代历史中的种种变化改变了水户学的特质。这并不是说水户学的作家们改变了他们对自己观察问题准确性的想法，而仅仅是说水户学的话语中不同重点发

---

[1] "Shinron," in *Mito gaku*, p. 69.

生更替的可能性。在 19 世纪 40 年代，鉴于水户学的话语被暂时征用来通过一系列的改革（发生于 19 世纪 50 年代和 60 年代）重建该藩，随着这个地方政治空间的逐步扩大，改革的冲动开始针对整个国家的事务，开始主张采取直接行动。改革的早期目标在于抵制幕府的必然干预而重建该藩；与之相反，其后的行动过程则使得德川幕府的覆灭成为实现各藩自治的一个条件。在天保时期被水户学所吸引的一代武士知识分子（这里不是指水户藩本身的那些家臣），逐渐转向以呼吁王政复古和推翻幕府的直接行动方式来表达他们的理想。1860 年，水户藩的家臣们参与了刺杀幕府大老井伊直弼的行动，从而把藩政事务纳入自己的掌握之中。4 年以后，水户藩又被内战所撕裂。但是，像吉田松阴、大桥讷庵、真木和泉这样的思想家和行动家，仍然在理论上提供了对于包括直接行动在内的扩大表达的辩护。总的来说，在 19 世纪 50 年代新的政治竞技场上，尤其是在 1854 年国门开放，以及随之与西方各国签订通商条约之后，幕府既不再拥有权威、也不再具备意愿代表国家发言，水户学的这种行动理论便获得了长足进展，为越来越多的人所重视。正如水户学派的作家们在早前关于纵向关系的讨论中曾经提出的那样，代表国家的权威始终属于天皇，而如今正是必须由他来领导这一伟大的革新运动。

　　吉田松阴（1830—1859）是一个长州藩的兵学专家，他把通商条约的签订视为幕府遭到失败的引人注目的机会。他所要求幕府将军的，是能够在抵抗外来接触的同时确保国内秩序。他意识到由于优柔寡断和恐惧担心，幕府已经屈服于与西方列强签订的条约。但是这些新签订的条约将会影响日本整个国家，而不单单是幕府或诸藩。当时他就写道："如果问题只在将军的领地上发生，这些问题肯定由将军来解决；如果是在各藩的领地上发生，那自然也由藩主来解决。"[1] 这种说法与水户学派对权力的排列及其相应的权限定义完全一致。1856 年到 1857 年间日本所面临的问题，并不仅仅限于幕府将军或各藩藩主，而是与两者都有关系，因为如今他们都与国家领土的安全密切相关。只有天皇，而非将军，才有权就外国的要求做出权威性的决定，因为危机使得整个日本都陷于危险之中。"此事（签订条约）发生在天皇的版图之内"，因此，幕府的表现不仅软弱畏葸，而

---

[1] 引见 H. D. Harootunian, *Toward Restoration* (Berkeley and Los Angeles: University of California Press, 1970), p. 219.

且以其冒犯君主的行为而实际上犯下了出卖国家的大罪。

　　幕府曾经固执地"偷偷"行动，同意与西方进行条约谈判。吉田松阴提出要惩办进行谈判的官员，并取消谈判的机构，因为这些官员和机构无视天皇要求立即"攘夷"的命令。幕府还曾犯下了空前严重的罪行："它公然蔑视天地，亵渎神灵……它酿成了今日的国家危机，把国耻遗传给子孙后代……如果天皇命令得以执行，国家将会重归大道。消灭卖国贼乃是忠义之举。"为了达此目的，吉田松阴在其生命的最后岁月里（他在1859年的"安政大狱"中遇难）制定了一项计划，自认将会最好地履行直接行动和忠义之举的要求。他呼吁"草莽"志士起来造反，主要是恳求武士和独立的村民心甘情愿地离开他们的家庭，去完成他所说的有价值的事业。

　　　　如果没有独立自主的爱国者挺身而出，（王政复古的事业）也就不会获得成功。这些独立自主的人们如何才能恢复圣洁天皇和贤明领主的权威？那些遵从我的思想的我藩男儿，必须揭竿而起。通过起义摧枯拉朽的力量，小人会被驱除，恶人将被赶走，贤明之君将能得归其位。[1]

　　吉田松阴呼吁建立一个愿意采取直接行动的组织，这也是大桥讷庵（1816—1862）对当时形势进行思考的结果。来自小藩宇都宫的大桥讷庵与水户藩长期交往，在吉田松阴号召自己的追随者武装反抗德川幕府的同时，一直思考着采取直接行动的可能性。大桥讷庵更为始终如一地坚信经典新儒学的学说，重视东方文明与西方人所代表的野蛮之间的差别。但是，这种哲学上的保守主义仅仅把水户学派的理念解释为排外主义（"攘夷论"）。大桥讷庵关于王政复古的思考，首先是主张从幕府高级官员中清除那些尸位素餐者。这一剥夺幕府最高领导职位的努力（也为吉田松阴所赞成），显示了后来主张王政复古的人是如何放大贤明领导人的问题的，又是如何使幕府陷于瘫痪的。这一策略的失败，后来鼓舞了其他人考虑组织一支小型军队，以天皇的名义开展反对幕府将军的活动，其间的一些计划就是由萨摩藩家臣有马新七在1862年最先提出，又由真木和泉在一年后所身

195

---

[1] 引自 H. D. Harootunian, *Toward Restoration* (Berkeley and Los Angeles: University of California Press, 1970), p. 237。

体力行的。大桥讷庵关于王政复古的最明确的表述，体现在他于1861年完成的著作《政权恢复秘策》中。这一著作的撰写，是为了回应1860年幕府通过奏请和宫下嫁将军而实现"公武合体"的企图。他的计划延展了他早期作品中的文化理念。

> 自从外夷东侵、商业发展以来，幕府地位已岌岌可危；它对外来威胁妥协退让，而蛮夷之傲慢则越发猖獗……幕府官员害怕夷人……开始即使只有一个蛮夷被允许进入，如今已有几国争先恐后而来……虽然开放贸易不过三年，但商品价格上涨，各藩资源枯竭，下层阶级贫困，肯定已经酿成灾难。[1]

大桥讷庵还确信，幕府正在有系统地暗中破坏"忠勇的武士"和"勇敢的各藩"。他推断道，唯一的解决方案就是在"天皇号令的旗帜"下发出战斗的召唤。

与吉田松阴一样，大桥讷庵也相信，这一决定将会使日本脱于蛮夷掌握而归属天皇朝廷。因此，他公开宣布，出于对天皇的热爱，所有人民都应俯首聆听"朝廷的威严乐章……就像隆隆作响的滚滚雷声，一旦天皇发出号令，所有的人都会立即行动，因为他们都将受到鼓舞。其势将如阻塞大湖之堤坝溃决，一泻千里"。大桥讷庵相信，幕府已经违反了"名分"之限，已经把对朝廷的轻视付诸言表。他确信每十个人中就有九人对德川幕府的权力运作不满。他力劝道："我国之民必需抛弃德川幕府，以免为时过晚，我国之民必须强化他们献身朝廷的精神，并致力于天皇权力的复兴。时不可失，时不再来。"

最终，大桥讷庵关于王政复古的观点与一小群密谋者的组织结合了起来，这些密谋者就是吉田松阴所说的"草莽志士"，他们从水户藩和宇都宫藩招募人手，渴望执行刺杀首席老中安藤信正的计划。这一密谋于1862年得以实施，史称"坂下门外之变"。大桥讷庵既把暗杀视为一次唤醒爱国者的机会，又把它看作一个发布天皇诏令以谴责幕府的场合。虽然他在这场未遂暗杀事件（安藤信正只被击伤）中并未扮演直接的角色，但他还是情愿承担在这一密谋中的部分责任。

大桥讷庵关于王政复古理论的失效，导致了工作重点向第二种方法的转移，

---

[1] 引自 H. D. Harootunian, *Toward Restoration* (Berkeley and Los Angeles: University of California Press, 1970), p. 270。

即组建一支效忠天皇的军队，准备进行一场尊皇倒幕的战争。这一方法主要受到久留米的神职人员真木和泉（1813—1864）的推动，他是一个水户学的热情追随者。活动召集的主要场所，也从江户转移到了朝廷和天皇所在的京都。与大桥讷庵所强调的是水户学中较为正规的新儒学元素不同，真木和泉由于其"神道"教的教育背景，则着重强调水户学中本土神话历史的内容。同时，真木和泉也不满于新儒学中耽于冥想和寂静无为的倾向，认为这种倾向几乎没有什么实用价值。像禅宗一样，新儒学也过于抽象了，以至于无法用来理解当前的局势。真木和泉的意图，正是要以直接行动来取代消极被动、玄思冥想和自我教化。

由于在久留米藩的活动，真木和泉遭到了数年软禁，此后他于19世纪60年代初期积极投身国内政治活动。他几乎立即就开始了对王政复古理论的发展，力主阻止蛮夷之人的"无礼"行为，并惩罚幕府摇摆不定的"懦弱"之举。他相信朝廷的职责所在正是夺取主动权，并积极采取行动。他在1861年写道，如今正是激励天皇发布攘夷政策的时机，这将宣告朝廷权威的复归。在一封写给京都朝臣的信里，真木和泉概括了达成王政复古的几种途径：（1）选拔贤能之士担当政治责任；（2）以身份和地位奖赏那些忠于朝廷之士；（3）通过"回归古代之成功"而保存"帝国之伟大国体"。在这里，真木和泉把两大主题——"国体"与天皇诏令——结合了起来，这两者都是水户学中常见的概念，却被用来达成系统阐述新的天皇制理论的任务。塑造一个用自然道德的权威和民族祖先的神性所武装起来，并以历史（这是水户学的作家们未能发扬的策略）使之个人化的天皇，成为真木和泉倡导王政复古的必备条件。他的理论力图通过提出古代天皇的历史独特性（水户学仅仅提出了皇室权威的原理，而未能指出其中的首要当事人），以实现水户学的代表性构想，就像他说过的那样，为了把天皇从朝廷的幽暗之处解放出来，使之回归政治舞台，必须把他的宝座从"云端之外"抢救回来。他相信，"天皇"这一观念，如今符合衍生自真实历史的坚实原理，要比新儒家设想的乏味而抽象的形象更紧密地适应于当前政治现实的需要。[1]

真木和泉认为，现在正是实现其所谓"大业"的关键时刻。后来，他把"大业"转述为推翻幕府的"勤王倒幕"。他保证这种"勤王倒幕"的想法将会带来皇权的复兴，因为历史上的无数例证都证明了这一点。以往的天皇曾经满足过上

197

---

[1]　Matsumoto Sannosuke, *Tennōsei kokka to seiji shisō* (Tokyo: Miraisha, 1969), pp. 72-82.

天对于行动的要求。"神武天皇曾经建立起伟大的封建制度，建立起神道的教义，统一过民众的精神……天武天皇千方百计扩展技能。他为实行中央管理制定计划，扫除朝廷中的积弊，建立起地方行政体系。"古代天皇的事迹告诉当今时代的人们，现在的情况需要类似的反应，真木和泉称之为"神圣国体的劳作"。但是，要完成这一行动，在当前需要献身精神和英雄气概。在1860年和1861年，真木和泉构想了一个组织勤王倒幕的计划，目的在于推翻德川幕府的统治。在一篇名为《大梦记》的随笔中，他指出如今已经到了这样的时刻，天皇应当直接行使权力，发布诏书，指称幕府将军为卖国贼和篡权者。诏书还将号召进行一场勤王倒幕之战，这场战役将由天皇从建立在箱根群山中的一个新的行动基地亲自领导。天皇将定居在那里，并召集幕府官员进行惩办。接下来，天皇将传唤年轻的将军德川家茂，要求他归还以前天皇的财产。最后，天皇将进入江户，夺取将军的城堡，使江户成为新的帝国首都，并颁布"公告"，"宣布一个伟大新时代的开端"。由于真木和泉勤王倒幕的整个目的就是推翻幕府统治，所以他建议回归到幕府将军和军事贵族尚未作为一种统治模式出现的古代，虽然他赞成在形式上保留封建秩序。至于勤王倒幕战役的谋划，他在《义举三策》中建议，基本原则必须是招募忠于天皇的各藩领主。在呼吁封建领主的支持之外，真木和泉也注意争取小型游击队的帮助，这些游击队由武士和上层农民组成，有能力实施迅雷不及掩耳的行动。最后，真木和泉与来自长州藩的人们一起，试图于1864年在京都的皇宫里实行王政复古。这是一个孤注一掷的计划，以失败而告终。但是，真木和泉关于勤王倒幕的理念，则成为1868年那场真实和成功大戏的预演。在真木和泉这里，曾经以儒学的治国之道来开始藩政改革的水户学，已经转而成为提供神道教神话的确认，来致力于全国范围的改革和以天皇为中心的革命。

崇拜的复兴与作品

正如水户学解读当前现实，为的是以"合乎实际"与"适当合理"来作为藩政自治的理由，"国学者"们也提出了一种自给自足的村社理论，以之作为不堪面对的整体状况的部分替代。国学者们在同样的约束条件下进行操作，但与水户学派相反，他们所致力于代表的是一种不同的社会群体，这一群体来自于农村富有阶层，比如中上层农民和村社领袖。他们也从这一假设出发，即文化内容上的巨大变化需要寻找一种适应于这种转变的政治形式。像水户学一样，国学起源于较早时候的 17 世纪晚期，最初只是专心致志于复兴日本文学和美学传统的那些标志性作品。国学研究代表了一种建构我们可以称之为本土知识的努力，而且在诸如贺茂真渊（1697—1769）和本居宣长（1730—1801）等学者的指引下，在 18 世纪就已经发育成熟。在他的生命快要走到尽头的时候，本居宣长开始显示出对于当代情况的敏感认知，并且提出了避免社会崩溃的途径。虽然他是一个最具天赋和最具原创性的国学实践者，是一个兴趣范围非常广泛的人，但恰恰是一个自称他学生的人——平田笃胤（1776—1843），在 18 世纪晚期和 19 世纪早期把国学变成为一门表达特定爱好的学科。

　　这一变化导致了国学研究对象的根本转移，即从诗歌研究（由本居宣长的养子和继承人本居大平所从事）转向专心致志于日常事务，转向强调知识和学问的实用性。在平田笃胤的重塑之下，国学离开了城市（在那里，诸如本居宣长这样的人曾经给富裕的市民和武士讲课），来到了农村，在这里，以往信息常常被个人占有，甚至会被农村的富裕阶层加以扭曲，使之变为一种显然对控制系统无能为力的反应方式和解决方案，而这个控制系统本应提供针对无序状态的安全保证，并对普通农民给予帮助。农民不满的直接靶子总是村庄的领袖和乡下的富人。于是，由于国学变成了一种以农村作为主要基础的学问，从而造成了国学与其最初宗旨和性格的决裂。这并不是说平田笃胤及其追随者抛弃了他们最初的原则。平田笃胤曾经作为一个常见的国学学生开始他的学术生涯，而他在这个学科中的最早作品也是专注于诗歌和美学。19 世纪初，他与国学的主流断绝了关系，开始强调一种不同的姿态，但仍然非常依赖于贺茂真渊和本居宣长这样的早期学科构建者。平田笃胤倾向于重视和强调本土思想中的理念和元素，而在此前的研究中，这些理念和元素仍是处于隐性状态的。结果是产生出了一种新的本土主义的映像，它的思想结构的图标使其明显与众不同。平田笃胤所描绘的图画实际上已经转变为一个新的学科，即关于日本精神的研究（"大和心的学问"），这门学科的研究对象如今将是"古代之道"（"古道论"），而不再是语言文字和诗歌艺术。其后，诸如大国隆正（1792—1871）这样的追随者再次改造了这些新的构想，使之成为一个大国隆正称之为"本学"（基础之学）的系统知识领域，或是成为一种标准统一的学说，矢野玄道（1823—1887）将其归类为"本教学"（基本教义之学）。

199

在被一个医生家庭收养之后，平田笃胤于 18 世纪晚期开始崭露头角，并于江户开办了一所学校。他声称曾从本居宣长受教，但没有记录证明他曾这样做过。差不多他刚为人所知，就成为一个当代道德观念和都市习俗的直言不讳的批评者。平田笃胤这个人好酒到了过分的地步，易于激动却又很有自制力，他虽然把各种各样的学者都当作靶子，但对儒家学者（"文人"）和粗俗的神道教信奉者尤其不留情面，认为这些人与那些口头文学的作家们没有什么两样。在关于拜神习俗的讨论（《玉襷》，1828）中，他严厉批评当今全神贯注于拙劣的诗歌模仿、字斟句酌的文字游戏，以及"戏作"的虚构小说。由此看来，虽然他严厉指责口头文学的作家们淆乱人心，但他自己的关注点还是集中在以更有效的方式提供平凡普通的民间传说。一般民众既充当他讲课的主题，又充当听众或对象。他向他们谈论有关他们自己及其日常生活的事情。像《伊吹于吕志》和《玉襷》这样的文章，使用的都是日常说话的语言，经常会看到出现在"戏作"中的同样俚语，还大量使用方言语态，这些都与老百姓（"凡人"）和构成他们世界的事物密切相关。然而，平田笃胤恰恰是希望，能够用这种"平凡"与"非凡"（由本居宣长在关于美感的讨论中加以强调）之间的共置并列，来强化其对当时的学者、诗人和作家的非难和指责。为了强调这一立场，他拒绝为自己加上学者的身份，好像这样一来他就能够连接起他与街市乡村中普通听众之间的纽带。

> 这个谦卑之人厌恶学者……江户的学者做不到使人民团结起来。尽管如此，普通民众却并不令人恶心。由于团结人民是件好事，所以我喜欢这种联系。如果你问一个平民，他就会说，通常他并不喜欢听那种博学的故事。

平田笃胤自夸说，他很受那些并不把自己看作学者的朴素老百姓的欢迎。[1]尤其是，"学者是那些侈谈'大道'的吵闹聒噪的家伙。像儒家学者、和尚道士、神道教徒和直觉论者都是这样的人，他们无限地扩大了坏人的名单……"学者们害怕按照"国民令人敬畏的真实关心"行事，并在他们的研究中有意避开"对朝廷的强调"。最后，平田笃胤补充道，学者毒害了民众的思想，无视天皇的存在。"虽然社会上有很多人自称从事学问，但他们全都是傻瓜！"造成这种"习性"

---

[1] Haga Noboru, "Edo no bunka," in Hayashiya, ed., *Kasei bunka*, pp. 183 ff.

的原因在于，有太多的人"鄙视眼睛而尊重耳朵"。而更重要的是，研究"近旁的人在说些什么，做些什么，而不是专注于外国人说些什么，或只是信守古人所表达的言行"。平田笃胤的批评力图表明，被学者们所垄断的晦涩难懂的知识与大多数民众毫无关联；直接比间接更为有用，而"近旁"的知识要优于遥远、偏僻和外国的知识。

    毫无疑问，平田笃胤不喜欢同时代的那些学者，认为他们对于当前的事物懵然无知，他把自己看作是一个献身于探究"真实之道"的人，看作是一个掌握了"广博实际知识"的人。[1] 他相信，尽管所谓的饱学之士麇集江户，但大多数人都沉溺于锦衣美食，热衷于晦涩难懂的学问和陌生奇特的事物。他们基本上对普通民众所赖以生活的真正学问完全无知。他自己的讲课先是把注意力放在小镇上的普通民众身上，而到了 19 世纪 30 年代，又把注意力集中在农村居民身上。"高层人士有闲暇时间去阅读大量书籍，而这对于引导民众来说十分重要；中层人士没有时间读书，因而没有能力引导民众……"然而，被统治者必须得到帮助，理应有听闻大道的机会，事实上这对那些可能无法好好阅读或没有闲暇时间的人来说，关系至为重大。他对听众宣布："我将把一个读书的人变换为听讲的人，因为那些闻道之人比那些读书之人取得了更大的成就。"[2] 显然，平田笃胤所强调的是向底层民众提供一种不同种类知识的必要性，本居宣长曾经将此视为理想，却几乎未作详细说明，也很少努力加以实践。平田笃胤的策略是创造一种为普通人所设计的学问，从而引导学界风气向探讨"古道"转移；同时，平田笃胤也表明，这门学问的内容与人们的日常生活没有什么不同。他说："大日本是所有国家的母国；是神圣祖先的国家。从这一立场出发，我们天皇的神圣血统得以世代传递，成为所有国家的最高统治者。所有国家的规则都由这个统治者所操控。"德川幕府及其统治阶级有责任使"日本的精神"得到满足，这意味着通过"服务"与"研究古道"，来实现"德川家康内心的神圣职责"。

    平田笃胤思想的直接目标是减轻公众对于死亡的恐惧，向人民提供慰藉。他相信，公众的心智曾经由于种种流行学说而变得困惑不解，这使人民易于受到放荡纵欲和利己行为的诱惑。正是由于这个原因，18 世纪 90 年代之后，平田笃胤

---

[1] Haga Noboru, "Edo no bunka," in Hayashiya, ed., *Kasei bunka*, p. 184.

[2] Muromatsu Iwao, ed., *Hirata Atsutane zenshū*, vol. 1: *Ibuki oroshi* (Tokyo: Hakubunkan, 1912), p. 2. 下引同书，省略为 *Hirata zenshū*, 1912.

明显地把他的注意力转向了普通民众的日常生活。但是，若说安抚今日之民众就是他的唯一目的，恐怕又不尽然。通过把普通民众置于学问的中心，平田笃胤提供了一个采取独立行动的强有力的正当理由。[1]

平田笃胤向普通民众提供安慰的目标包含着一个综合性的战略，即证明所有事物之间的联系，并为这一联系建立起一个谱系。这种关联性显示出家族的相似性，而家族相似性则表明过去和现在所有事物的关联性，这要归功于造物主（"神皇产灵神"）所常见的创造能力。通过向忧心忡忡的同时代人承诺具有安慰性的前景，平田笃胤及其追随者诉诸一种系统分类法，使之有能力表达所有事物之间的联系。他自己所喜爱的关联方式以一种宇宙论（已有许多19世纪的思想家探索过）的推测表现出来，这种宇宙论的假设解释了人死之后精神为什么不可能坠入令人惧怕的污秽世界（"黄泉"）而永远沉沦。这种思考方式的目的，在于向大量普通民众提供安慰。平田笃胤相信，民众恐惧死亡，因而以农民起义、逃往城市，以及在游戏文化的个人乐趣中自我放纵等方式来表达他们的焦虑。平田笃胤的解释（明确表达在《灵之真柱》一文中，1818），植根于"有形之事"（"显事"）与"隐匿与神秘之事"（"神事"）之间的一种基本区别。虽然有形之事与无形之事间的这种分类首先由《日本书纪》所认可，但如今需要理解和领会这些现象正是以部分—整体关系的形态表现出来，这种关系允许削减一个事物，以运转作为替代的另一个事物。国学者们自认能够造成这种转移，因为他们相信这两类事物最终都是由造物主（"神皇产灵神"）创造的。但是，相比日常生活的有形世界，他们赋予了"隐形之事"的世界以更高的价值，并使前者依赖于后者的行为。由于无形的世界一上来就被认为等同于"神灵"之事，因此自然就会被视之为生活事务现象世界的源泉。正是通过这样的方式，把有形世界和无形世界连接起来，并结合以后者来判断前者，平田笃胤与他在农村的追随者们得以提出了自己的理论，乃至想要以此规范社会群体的生活，而这些群体以往一直停留在官方学说之外，或处在官方学说的边缘地带。绩效的判断建立在一种道德评价的基础之上，见多识广的行为通常意味着工作和生产劳动。每个个体都有义务根据其与生俱来的个人禀赋来履行自己的职责。不管一个人过着怎样的生活，他都是重要

203

---

[1] 尽管平田笃胤在表面上是想稳定普通民众的情绪，但许多同时代的人还是同意作家曲亭马琴的判断：平田笃胤并不怎么关心平民，他更重视的是自我扩张。

的和必不可少的。

如今，平田笃胤用古老的名称"苍生"来称呼普通民众，他精心阐述的宇宙论要比简单地命令被统治者听话就范和努力工作高明得多。[1] 平田笃胤重塑神的意志与人类目标之间的联系，产生的一个重大结果就是把迄今一直被当作客体的人转变为能够认识世界和履行职责的主体。因此，普通民众如今能够通过他们平凡的生活和每日的生产便获得一种自给自足的地位。通过论证灵魂和神明居住的无形世界的实在性，平田笃胤得以证实存在着造物与产品之间的不停转换。虽然这两个领域被认为是彼此分离的，但它们在所有起决定作用的方面都大致相似，因为生物就是灵魂和神明的衍生品。如果造物最初是神明的工作，那么，它的维持则要通过人类连续不断的创造，以履行他们的神圣职责，回报神明的祝福和庇佑。两个最初的造物神于天地开辟之际便建立了这两个领域的联系。[2] 对平田笃胤这样的思想家来说，创造力与生产力，既定分野，事件和事物的级别，内部与外部事物，人与神，有形与无形，诸如此类相互"连接"（結び）的概念，都证明了生活互相协调的整体性及其代代相传的连续性。直到今天，创造宇宙的造物神的原型仍然继续在多方面证明着它的"必要性"：物种的繁衍、商品的生产，以及人类社区情况的常态复制，等等。"连接"也带有联系、把事物捆绑在一起的行为，以及联合的意思，由大国隆正所做的一份观察报告提出了和谐（"和合"）理论构想的主要原则。

高于一切的，作为造物神持续行动的最明确的标志，是农业生产。劳作构成了每一代人得以进行再生产的基本保证，看起来也是维持人类社会团结的基本保证。在这里，国学者们把劳作视为保证社会团结的一种方案，这在政治正确上也充分有效，因为劳作是与神灵联系在一起的。用这种方法，平田笃胤及其追随者们成功地把重点从表现令人满意的特定行为规范，转移到生活行为自身的本质。于是，经由造物活动原型的验证，劳作便成为有形世界里一切真实行为的量度尺。通过把建立在具有支配力量关系的抽象原则基础之上的论据转换为稳定、具体和世俗、实际的活动，国学者们找到了强调社会再生产的方法，并使之成了一

204

---

[1] 参见 Matsumoto Sannosuke, *Kokugaku seiji shisō no kenkyū* (Osaka: Yūhikaku, 1957)，这本书表明了"国学"是如何被用来为统治阶级的意识形态服务的。

[2] Tahara Tsuguo, et al., eds., *Nihon shisō taikei*, vol. 50: *Hirata Atsutane, Ban Nobutomo, Ōkuni Takamasa* (Tokyo: Iwanami Shoten, 1973), p. 18. 下引本书，省略为 *Hirata Atsutane, Ban Nobutomo, Okuni Takamasa*。

门内容广泛的学问。

在日本的农村地区，这些国学者的介入产生了巨大的影响。一度为众神之域的无形世界，如今变成等同于活着的人那些逝去的先辈。这种对神明世界与人的灵魂所占据空间的认同，越来越鼓励民众的宗教实践，这些宗教活动强调的是守护神、氏族神和坚定的信仰。然而，它也诱导了社会专注于自己在造物的宏大叙事中的中心地位，诱发了风俗习惯的再生产。在《玉襷》这样的文章以及对日常拜神活动的刻板禁令中，平田笃胤相当详细地概括出了日常生活与拜神活动交互作用的最为世俗的形式，并叙述了普通民众的生活与活动是如何表现为一种宗教时刻的。把日常生活汇聚为这样一门学问，并使之与拜神和宗教仪式联系起来，使得拟古主义（"古道论"）对于日本农村地区的广大受众来说具有深远的意义。诚然，平田笃胤把这些世俗活动想象成了古代先例的活生生例证，想象成了现在并未真正从民谣吟咏的古典时期分离开来的权威证据。在他对"古道"的说明中，曾经一度把真诚和道德与诗歌和戏剧相提并论，从而把"古道"的标签优先给予了当代普通民众的生活。当那些经过平田笃胤教诲的农民领袖带着对农村不安的洞察，把注意力同时集中在工作与拜神、生活与劳作两个方面时，"古道论"便似乎提供了一种对于正在恶化的社会破裂、人群分离和生产力递减威胁的解决方案，同时也给他们的领导能力增加了一种表达的方式。通过把普通民众从官方学说的边缘解救出来，国学得以在上层和底层农民中推进了一种社区的利益，并且克服了在乡村领袖及其追随者之间关系上的明显歧义。

由祖先的身份及其向心性所提供的这种联系，通过村社神祇把村庄的各个部分结合为一个整体。同时，在它们所构成的世界里，关系远比在公共权力的有形世界里所发现的更为真实和基本。在祖先和守护神的无形世界与劳作和社会关系的有形世界之间，相互的连接、互动和交流揭示了彼此利益和目的的共通性，这种共通性超越了先赋的地位和世俗的伦理责任。农村环境中劳作和拜神之间的这种逻辑关系，已由平田笃胤系统化的祖先崇拜说表述得明明白白，而这种祖先崇拜说被置于更大的民间宗教实践的框架之中。在这些传道授业的过程中，平田笃胤把人们与他们的祖先和造物神联系在一起，解释了氏族之神（"氏神"）和守护之神（"产土神"）的主要价值，并且说明了为什么造物神对于农耕事业来说如此之关系重大。这些解说也成为形成村庄修复和自我强化理论的重要元素。通过识别不断增加的生产能力和带有宗教奉献意味的农业劳动，通过使劳作本身成为报答诸神庇佑的一种礼拜形式，也通过突出一种许诺灵魂不朽和死后必然回归无形世界的起安慰作用的理论，平田笃胤及其追随者得以深深地叩击着德川晚期农村的敏感和弦，并呈现出解决农村问题和重新沿着不同路线再塑生活的前景。

与村民生活最明显的联系是由造物神以及继续农业生产的必要性所提供的。像佐藤信渊（1769—1850）和六人部是香（1798—1863）这一类的作者，通过展示财富如何在农业生产中起源，农村生活如何符合于宇宙的道理，而进一步探究着这种联系。在《玉襻》一文中，平田笃胤已经在造物神、祖先和家庭之间建立起必要的联系，视之为复制社会存在方式的不可或缺之物。他证明说，死者的灵魂与活人居住在同样的地方，他们在无形世界和有形世界之间确立了本质上的相似点。在一篇关于他日常祈祷的详细目录的编后记中，平田笃胤写道，对人们的祖先形成某种祭拜仪式与祭拜其他神灵的仪式同样重要。履行家庭职责的人也有义务祈祷家宅之神，并有责任保留祖先的牌位。一个人还应该祭拜各种各样的氏族神和行业神。[1]

在平田笃胤无形世界的概念中，如果家庭代表了最基础和最根本的单位，那么，村庄则规定了它最外面的界限。村庄、家庭、灵魂（祖先），以及包括造物神在内的遥远神灵，构成了一系列的同心圆，一环套着一环，通过亲属关系而连接起来。正如平田笃胤对祖先的祈祷是为了使家庭得到保佑和好运，他对守护神和护法神的祈求，也是为了使村落共同体获得保佑和繁荣。祷告词吟诵道："请把一切保佑给予我们的村庄（'里'），我们恭谨地匍匐在伟大的守护神面前。请日夜保佑我们的村庄，使它繁荣兴旺。"[2]平田笃胤把这些村庄的守护神与无形世界联系了起来。"地域之魂（'国魂'）和守护神一直把注意力贯注在分担地域的治理，并对'大国主神'提供帮助。'大国主神'的统治基础是隐蔽的治理。"权威就呈现在各种场所的守护神的神社里。当神灵赐予保佑和繁荣之时，心怀感激的村落共同体应主动祈祷，发出恳求，并努力劳作。祈祷和劳作意味着在保持完整（秩序）与社会分裂和生产力衰落（脱序）之间的差异。的确，在平田笃胤的思想中，从正式的宗教仪式向更为经久不衰的致谢和劳作形式的转移是理所当然的事情。对于拜神与劳作的这种认同，虽然系由其他人提炼出来，但显而易见的

---

[1] 《平田笃胤全书》刊行会编：*Hirata Atsutane zenshū* (Tokyo: Meicho Shuppan, 1977)，vol. 6, pp. 4-19. 下引本书省略为 *Hirata zenshū*, 1977。

[2] *Hirata zenshū*, 1977，p. 217.

是，平田笃胤把劳作设想成为了尊崇神灵的另一种方式。他的劳作概念植根于回报神灵庇佑的思考之中。这意味着向曾经赐予过福祉的众神提供回报，是人们所承担的一种责任。这种责任，正如他所指出的，既意味着赖以生产食物的土地，也指那些赖以制成衣物遮风挡雨的物质。

这种存在着一个神通广大无形世界，而无形世界主宰现世命运的意识，在结构上表现出一种与家庭及农村社会世界的相似性。这个世界由守护神神社（它们代表着无形世界的显性化）的权威和村庄的所在地作为象征，虽然在公共管理的领域中隐匿无力，但却因其"实在"的活动而充满生机。在这里，国学者们像水户学派的作家们一样，对江户这个城市感到厌恶，亲近自然和本源，反对幕府的"代官"、大名、将军，乃至天皇所组成的垂直世界。村民、众神、祖先及其后代的隐性世界，要比权力和消费的有形世界更为"真实"。没有隐性世界的支持，村庄自治的理想就将没有可能实现。在这一理论的最基本的层面上，国学者所设想的世界是一个相互连接的具有亲属关系的世界。它是这样的一个领域，在这里，家庭和村庄之类的微观世界充当了宏观世界的替代品，在所谓的"国土"之上，作为现世之神的天皇遇见了守护的众神和受到"大国主神"管理的各位祖先；同时，公共机关的垂直要求也与农村生活的横向要求发生着碰撞。

在关于农村问题的论述中，国学者们认可用村庄的崇高来作为整体的一个替代，这点与水户学曾经的设想差相仿佛。关于村庄自主自治和自给自足的争论，剔除了中央权力，依赖于人们对其自身所承担责任的自觉，即回报造物神（顾名思义，万事万物都由其赐予）的"庇佑"。这意味着通过农业劳作和人口繁殖来复制造物神所扮演的原型角色。最后的判决与权威存在于由"大国主神"所管理的隐性世界里，而并不是天皇这个"现世之神"。如上文所述，责任被描写成为一种关乎实际结果的管理工作形式，即造物神把一些东西作为责任，赐予其他诸神，赐予帝王后裔，也赐予土地自身。履行责任需要以劳作来回报神赐的礼物。在德川晚期，像宫内吉永（1789—1843）、宫负定雄（又名宫广贞雄）（1797—1858）这样的"国学者"们全是神道教职人员或村民领袖，他们把这种信托的理念视为强调农村生活中心价值的手段。正是由于这个原因，宫负定雄，下总国的一个村庄领袖，争辩说日本这个国家是建立在农业生产上的，而村庄是组织人们在农村中合作的适当工具。其他国学者对村庄的认识也是同样的。宫内吉永回应说，他所相信的是农村生活破碎化的标志，他把这种破碎视为忽略了两位造物神所授予的至高无上学说的例证。证据显示到处都在"反叛"、"脱序"和"损耗"，宫内吉永把这些现象的产生归因于统治阶层的错误。诸如大国隆正这样的理论家，则把合适的村庄领导阶层这样的概念与一种承诺关照人民的管理理念结合在一起。所有同意"国学"的人，都有一套解决农村问题的办法。甚至连走上了造反之路的生田万（1801—1837）这样的高层武士国学者，也相信如果好的学说和好的领导能够给予农村帮助的话，那农民的骚乱就会停止。这样的办法由于具有一种救济和援助的设想（这种设想也为新的宗教团体所使用）而更加引人注目，他们打算为管理工作制定计划。最终，管理工作和委任信托成了村庄自给自足的基础，也成了从中心脱离开来的理由。[1]

　　在农村的国学者看来，如果有合适的知识可供利用，所有这些都是可能的。例如，宫内吉永就把知识恰当地定义为秩序的边界，认为凭借知识所有人都可以懂得他们必须去做什么，他们的生活需要些什么。当人们违反了这道既定边界时，他们就会招来灾难。"一个人如果不（通过劳作）扩展这道由天神所施加的界线，他就肯定会忽略他的生产责任，并且肯定会对自己的责任毫无耐心……最终这会毁灭他的家庭，成为灾难的源头。"[2]宫内吉永敏感地注意到农民造反和农村骚乱频率的增加，他于1834年著文，目的在于了解这些反乱的原因所在，以便阻止反乱的发生。自私自利毫无疑问会使人们脱离既定的分类，会使人们逾越自己的本分。这种过分的行为逾越了既定的界限，只会导致苦恼和毁灭。那些"逾越自己本分"、忽视家庭责任的人，已经不再"努力"，并且停止了劳作。为家庭而劳作会带来秩序；而脱离了这一环境则意味着混乱。这种责任代表了来自父母以及父母之上的祖先和神灵的"托付"。遵从平田笃胤的引领，宫内吉永嘱咐人们不仅要辛勤劳作，还要祭拜祖先神明，并去守护神的神社祈祷。像其他农村的国学者一样，他试图提醒同时代的人，由于人们已经变得如此之习惯于使用金钱，所以他们早就忘记了财富的真正来源。珍品财宝（"宝物"）是许多国学者用来标示乡下人（"百姓"）的一个词语，他们以此来肯定那些在田间劳作的人们。这样的人自会得到神灵的庇佑，反之，那些冒犯神圣禁令的人则会因玷污神

208

---

[1]　村庄自给自足的理念在一些论著中得到了发展，其中最著名的是 Haga Noboru, "Bakumatsu henkakuki ni okeru no undō to ronri," in Haga Noboru and Matsumoto Sannosuke, eds., *Nihon shisō taikei*, vol. 51: *Kokugaku undō no shiso* (Tokyo: Iwanami Shoten, 1971), pp. 675-684. 下引同书，略作 *Kokugaku undō no shisō*。

[2]　*Kokugaku undō no shisō*, p. 333.

209　灵的罪行而受到惩罚，这些"罪人"就像害虫一样麇集在一起，破坏着人们的家庭。这样的关注使得宫内吉永把守护神神社的功能视为生活、劳作和祭拜的一个中心，因为神社不断地提醒人们必须"回报"神灵长年累月的祝福和保佑。

这种推动农村围绕守护神社重建村民团结的力量十分强大，以至于成为19世纪40年代一场全国性运动的基础。另一位神道教的神职人员，六人部是香，致力于以其主要论著来阐明这些神社与两位造物神之间的关系。在论述宇宙哲学的《显幽顺考论》中，六人部是香提出，作为人类繁衍生息起源的造物神与那些守护神社的众神息息相关。"这些神灵居住在它们老家的郡、县、村里，它们的意志将会受到守护神的调控。"[1] 在别的论著里他也争辩说，根据固定的界线和代表着国家不同地区的神灵所做的区分，意味着每个地方都有它自己的守护神。他公开宣称，这些神灵存在的用途，就在于定期通知人们关于生产和管理的"秘密规制"。"在这些地方，人们在生活中每日都被来自神社的活跃或沉静的魂灵所左右。"[2] 虽然凡人无法看到这种隐形的支配力量，但它显然会象征性地体现在神社之内。这些神社代表了无形世界与有形世界之间的连接，是前者在现实世界里继续存在的一种保证。六人部是香写道："守护神的神社极为重要，因此我们首先必须每日去向这些神灵祈祷；其次我们应该定期去神社祭拜。"[3] 当这些奉献和尊敬得到了忠实执行时，神灵就会保佑事业的兴旺和生活的充裕。遵循着这样的信念，六人部是香迅速于19世纪40年代呼吁发起了一场承诺祭拜守护神的全国性运动。

与宫内吉永和六人部是香这样的作者相反，那些强调祭拜仪式重要性的神社神官，如形容自己是一个"挖土豆村吏"的宫负定雄，则强调村吏所扮演的至关重要的角色。他对领导阶层及其工作的关心，还以另一种方式反映了出来，即在谈论祭拜和敬神的重要性的同时，着重强调使村庄成为一个自给自足的经济和政治单位的必要性。通过劝说农民理解和维护"名主"的指令，而这些指令"与

210　（领主颁布的）公共条例并无什么不同"，宫负定雄按照水户学派的作家们所设想的藩政领导的式样，把村庄领袖的角色看作是一种由天皇、将军和大名所表示的信托的替代品，而不是一种对官方权力机构的挑战。他的意图仅仅是承认在村庄

---

[1]　Mutobe Yoshika,"Ken-yūjun kōron," *Shintō sōsho* 3 (October 1897): p. 2-3.

[2]　同上，p. 3。

[3]　*Kokugaku undō no shisō*, p. 229.

的管辖权限之内，官员们"必须使农民的治理成为他们的主要职责"。大多数农村的国学者们都公认，村庄必须为扩大对农民的救济和援助担负起责任，在天灾人祸的年代尤其如此。这一想法早先是由二宫尊德和大原幽学这样意见分歧的派别所推进的。但是，在 19 世纪 30 年代和 40 年代的艰难岁月里，援助和救济才真正成为农村生存的必要条件，同时也强调了集体目标超越私人利益的优先性。它被视为一条途径，按照家庭的样式，村庄借此得以依靠自身的资源和自身的努力，以生产社会生活的必要条件，从而达到一种整体意识。农村救济和相互帮助乃当务之急，由此可以导致达成村庄的自主自治和自给自足，这合乎逻辑地吸引了地方领导阶层高端人士的注意力。推出严厉的经济政策，并不意味着驱迫农民勒紧裤带，而是要敦促农民为了村庄共同体的整体利益而增加生产，这当然须在见多识广的农村贤明之士的指引下方能达成，这些贤明之士通常包括村吏、耆老和地方名流（"名望家"）。但是，这样的领袖人物，例如二宫尊德、大原幽学及那些宫负定雄所信任的乡村国学者们，必须拥有关于农村事务的合适知识，方能有效地行使他们的权威。

对于乡村的国学者而言，知识指的是"了解神明"。而要"了解"神明，意味着也要懂得普通民众。换句话说，关于普通民众日常生活的知识可以等同于有关神灵的知识，反之亦然。村庄领袖有义务既要了解神灵的意图，也要懂得日常生活的情况，这才可能令造物主感到满意。宫负定雄把他自己的职位描绘成一种神圣的使命，使他——及其所有村吏——都有责任促进村庄的自给自足和经济的自力更生。这种有关神灵和人类知识同一性的构想，表现了早期由平田笃胤提出的一种思想的转型。19 世纪 50 年代，与大国隆正把上述构想转化成为一门学科不同，乡村国学者们已经使它的"内容"成为进行合适而权威统治的一种评判标准。宫负定雄在他的《国益本论》中建议，地方上的富人应恰当地引导民众走上神明之道。他分享了二宫尊德和大原幽学之类思想家的信念，认为必须通过展示民众的日常生活如何与一个比他们每日生活和缴税的世界更为广阔的天地相联系，来向民众反复灌输辛勤劳作的精神。这意味着要教育人们了解生儿育女以增加劳动力并减轻农村人口财政负担的必要性。[1] 出于同样的原因，村庄领袖们必须注意饥荒、自然灾害，以及其他有关共同体一般福祉的事情。他声称："不经

211

---

[1] *Kokugaku undō no shisō*, p. 293.

济的政策结果将造成村庄的耻辱，而村庄的耻辱也会成为领主的耻辱。"[1] 错误的领导总是泄露出知识的缺乏和虔诚敬神的不够。宫负定雄所最感到担心的，是村庄内部经常存在冲突和分裂的威胁。为此，村吏们应该增进村庄的和谐，并"引导无知的农民"。在艰难的时光里，农民们甚至会变得更加依赖于村吏，因为村吏已经"取代了代官"。宫负定雄指出："在收成糟糕的年月，人们指望不上当地领主和官员的帮助，只能用他自己的积蓄和努力来自我救助。一个人必须懂得，在困难时光不应该烦扰或依赖他们的领袖。"[2] 有鉴于此，那就应该承认在农村中实行地方自治，树立地方权威。

　　铃木重胤（1812—1863）是平田笃胤塾校里的一个有主见的学生，也是19世纪60年代尊攘运动爆发的一个殉道者，他对地方领导阶层的责任、知识和管理工作所作的评判甚至更为尖锐和犀利。在《延喜式祝词讲义》（1848）中，他提出了官员不可违逆天皇的思想，因为实际上他们有义务"在神圣的政策中相互提供协助，有责任维持由神赐予的家庭生计，并为衣食住行而努力生产"。[3] 铃木重胤还提到了那些农村精英，他们被指派管理那些拥有管辖权的村社共同体。虽然他接受了社会内部的分裂，但他确信每个阶层运用神的信任，就能实现神的旨意，"在艰难时世中为他人做些事情"。铃木重胤的学生桂誉重（1816—1871），是新潟地方的一个村庄领袖，他搭建起一套论据，借此，铃木重胤"使'国土'适合人类居住"的设想得以被用来推进村庄管理的首要地位。像铃木重胤及其学生这样的作者，虽然在简单地谈论村庄，实际上却把它比作为更大的单位（"国土"）。总的来说，他们把村庄设想为大致相等并足以胜任的政治形式，而把地方领袖视为农民的榜样。这就要求无须依靠强制手段或法律条例，而是依靠信任来约束统治者和被统治者。这种信任由耆老和上级通过"讲道"和"劝告"传达给人民。他解释了为什么要这样做：

　　　　首先，对"神明"旨意的依赖将会加深和扩展人们对"神"的认识……这种认识会从那些思想已与神明同一的朝臣（神官）下传到地方的大名、郡县官员、村庄首领，再到普通农民。农民也会接受这种思想，并把它传递到

212

[1]　Miyao Sadao, "Minke yōjutsu," in *Kinsei jikaia keizai shiryō* (Tokyo: Kyōbunkan, 1954), vol. 5, p. 317.

[2]　同上，p. 304。

[3]　Suzuki Shigetane, *Engishiki norito kōgi* (Tōkyo: Kokusho Kankokai, 1978), pp. 13-14.

每个了解神明的家庭。[1]

"国学"被系统化为一门知识学科，是由大国隆正完成的，他力图表明"关于神的学问"为什么实际上就是"关于普通民众的学问"。他相信，"国学"这一术语所涉及的正是关于日本这个国家自身的学问。他在《本学举要》中写道，在众神时代，曾经有过三次信托的实例，在人类时代，也有过两次。这些信托的实例，第一次是天神托付伊邪那美和伊邪那岐；第二次是伊邪那美和伊邪那岐托付天照大神（日月之形成）；第三次是天照大神托付天皇的祖先琼琼杵尊。[2]对于人类世界来说，两次伟大的授权是托付少彦名和"大国主"，使其统一国家，并使之适于居住。在这里，这一理论的基础适应了地方领袖们寻求权威的需要，以便为了富有成效与和睦协调的生活而建立起一种相互救助的安排，同时也为王道复古寻求更广泛的支持。在神话传说的层面，这种联系被表现为向"大国主"授权的例子，以便把国土复原，给予人类耕作和居住，而在基于史实的层面，它则表现为要求地方领导阶层和广大农民不要辜负这种信任。

大国隆正在一门学科的框架内建构了这些信托和义务的关系。他把神的知识与普通民众的知识联系在一起，这一创造使得任何一方都具有意义，也使得"谈论国家治理不会毫无作用"。一个人必须始终以普通民众的观点来认识时代。在神的习惯与普通民众的风俗之间不会产生什么真正的不同。在《大和之心》（1848）中，大国隆正写道，人类被分为两个种类。中国人称这两类人为"大人"和"小人"，而在日本则表现为关于神的学问和关于普通人的习俗。"当一个人学习了解神明的时候，即使'小人'也会变成领主和'大人'，而当领主和'大人'学习普通人习俗的时候，他们也就会变成普通人。"[3]因此，用来教导官员的关于神国起源（"元"）的知识为本，而人们的衣食住行则为末。同时，两者之间又构成了一种互反关系。他继续说道，近代以来，普通民众已经颠倒了事物的秩序，已经开始考虑"以末为本"。如此这般便导致了寻欢作乐和忽视家庭责任等弊端。而且，这种习性已经影响到领主。大国隆正警告统治阶层注意下层社会反对效仿上层社会习惯的现象，建议他们好好学习"关于神的习俗"。他极为担心社会的

213

---

[1] Katsura Takashige, *Yotsugigusa tsumiwake* (Niigata, 1884)，未标页数。

[2] Hiram Atsutane, *Ban Nobutomo, Ōkuni Takamasa*, pp. 408-409.

[3] Nomura Denshirō, ed., *Ōkuni Takamasa zenshū* (Tokyo: Yuko shako, 1937-1939), vol. 3, pp. 18, 43.

失调和冲突，分裂和阻隔。虽然人们有着不同的面孔和外表，但他们在根本上仍然是同样的，因为他们都是人。[1]多亏有了神的旨意，所有的人才会通过相互关心而互相联系。当人们遵照神的旨意时，盛世就会来到；而当人们违背神的旨意时，灾难就会降临。

"神的业绩把本与末联系在一起。"神的旨意在现实中的贯彻，产生了人类群落的组织。而人类行为之末则表现为利用神所赐予的土地等自然物质来从事生产。如果"普通民众的习俗"（辛勤劳作、相互帮助、相互救济）能够成功地与神的习性相互重合，就像古书上所说的那样，那么和谐统一的真实意义就会重现，就会在现实中显现出来。确实，神的习性就相当于"神的要求"。人类帮助他人的冲动就表明了神的要求和行为。如果对神的行为与人类本性的识别构成了大国隆正关于政治活动思想的核心，那么，建立一个和谐社会，通过互相帮助把所有人都团结起来，就成为他为达此目的而设想的取代当时制度体系和行政机构的方式。由于人类社会的这种形式存在于所有历史的、政治的结构和条例之前，而只是曾经在时间的长河里遭到遗忘，所以，当今时代的人们便被赋予了恢复古道的使命，理应根据对往古的记忆来解决当前的"危机"。

214　　"国学"关于辛勤劳作和互相帮助的设想，得到了铃木雅之（1837—1871），另一个来自下总国的农村作者的补充和完善。铃木雅之的主要著作，是写于明治维新前夜的《撞贤木》。他力图解释辛勤劳作是生活之根本，劳作及其效能代表了神的意图的履行。他把"所有生物的产生"首先归功于最初的造物神，然后归功于祖先的魂灵。他相信，祖先的魂灵实际上就是此前一度为人的"神"。因此，造物的意思就与"生命的诞生"有关。自从天地开辟以来，万物都"同样为了诞生生命的事业而奋力竞争"。这一事业避免了冲突和矛盾。铃木雅之写道，只要人们通过辛勤劳作和延续生命来追求道德的完善，每个地方的过度荒淫行为就都可以得到避免。然而，生命的延续离不开相互帮助，铃木雅之所列举的人们相互帮助的方式，很多都已由大国隆正所概念化了。铃木雅之写道，"一般说来，一个人独自劳作不能实现"生命延续这一伟大事业。[2]与许多国学者一样，铃木雅之求助于以身体作为例子，不是用来指没完没了地追欢逐乐，而是指以家庭和村

---

[1] Nomura Denshirō, ed., *Ōkuni Takamasa zenshū* (Tokyo: Yukō Shako, 1937-1939), vol. 5, pp. 32 ff.

[2] Sagara Tōru, ed., "Tsukisakaki," vol. 24 of *Nihon no meicho* (Tokyo: Chūō Kōronsha, 1972), p. 387.

庄作为象征的团结一致。他声称，眼看，耳听，口说，手握，脚走，身体的每个部分都依赖于"相互之间的关系"，方能完成整体——身体——的操作。接着，铃木雅之利用这一比喻来说明人们之间的合作与共事，将此视为实现延续生命伟大事业的关键所在。如果任何部分未能相互帮助，身体就会陷于功能紊乱，正如在工作中疏于互惠互助就会终止"生命的延续"，使家国陷于混乱。

　　铃木雅之相信，工作伦理的荡然无存将会驱使家国陷入混乱和反叛，将会迫使人们转而相互对抗，并会把日本变为像中国那样的场景。不过，中断生命延续活动的终极责任要由领主，而不是村吏来负，因为领主经常妨碍并阻止人们履行工作职责。铃木雅之比大多数国学者都更进一步地描述了统治者与被统治者之间关系的破裂和断绝，并显示出在创造一门以生产者——被统治者——为中心的学问方面，"国学"将如何掌握领导责任，以干预那些对于生命延续是必不可少的活动。领主和农民一样，提供着生命延续活动的条件；而土地构成了这一活动的基础。但是，虽然这一安排体现了一种积极的善行，但它也可能转变为邪恶的举动。劳作和生产有可能被领主为了自私自利的目的而滥用。私人的欲望会驱使家国坠入"深渊"。对于土地和神明的更高忠诚应该得到生命延续事业的回报。铃木雅之对"私欲"的解释停留在这样一种信念上，那就是困惑和混乱是由"歪门邪道"造成的。因而必须"抛弃外国（中国）的邪恶而错误的学说，而回归神的初衷和本意……必须摆脱当前的辱骂习性，以便于学习古人的思想"。在他最后的关于明治维新后地方政府的文章中，铃木雅之把村庄形容为一口从事生命延续活动和自主自治管理的坩埚，视之为正确学说的天然防御阵地。

济世救民的宗教

在评论当时的宗教情况时，《世事见闻录》的作者痛斥道：

> 今日之世，神道教和佛教信徒无异国贼。所有神祇已经飞升；佛陀也已去了西天；所有现世和他世都已经废弃。天意和报应已经耗尽。所有僧侣都已坠入地狱，成为罪人。

武阳隐士对于文化—文政年间宗教生活的严厉谴责，就像他完全拒绝承认当时的社会生活一样，可能会有所夸张，但反映出了社会秩序的普遍脱轨。在这样一个人们开始寻求新的意义和信仰的时代，就会出现更多的宗教形式。平田笃胤已经在江户的大街上斥责过粗俗不堪的神道教神官、欺世盗名的佛教僧侣和"迂腐可笑的儒家学者"。地方上的生活开始对更为基础、更为本土主义的宗教实践形式表现出新的兴趣。1830年春，来自日本几个地区的大量人群汇聚伊势神宫。这股群众运动，参加的人数成千上万，成为周期性的前往天照大神神宫朝圣活动中最近的一次。朝圣之旅孕育着无序和暴力。这种活动本来就不具备所须遵守的秩序结构（虽然很多团体是出于明确的目的组织起来的），而且，这些活动的组织者也无从查考。但是，人们——男人、女人，甚至还有孩子——争先恐后地离开他们的家庭和村庄，去进行一场前往伊势神宫的路途漫长且经常充满危险的艰苦跋涉。朝圣者中绝大多数是来自下层社会的人们，即使他们曾被剥夺了造访伊势神宫的权利，但他们仍然强制自己放下工作，抛开家庭、孩子、父母、妻子和丈夫，走上前往伊势神宫的危险旅途。有些学者提出，这一朝圣之旅反映了德川晚期旅游冲动的扩大。即便这一朝圣之旅确实会使人们在旅途中体验瞬间的宣泄，产生一种自由自在乃至互不统属的感觉，但从强度上讲，这一朝圣之行可以说是一种宗教的或政治的活动。由宗教热情所推动的朝圣之旅，提供了从粗鄙单调的日常生活（对于这种生活，"国学"者们在他们的新学说中曾经大加肯定）中暂时宣泄的机会。它也增强了人数众多的社会群体得以操控的权力意识。"我们受到了一场地震的刺激，解除了伊势神宫威严伦理的束缚；心灵推动了日本。在朝圣之旅中，我们不再受到威严天意征兆的约束，而这就被称为一次地震；被称为心灵推动了日本这个国家"，所以这被作为时代之谜而一直使人们感到困惑。[1]1830年的朝圣之旅，也使社会过剩、社会分裂、社会贫困，以及更大的社会混乱前景等问题变得引人注目了。人们有许多理由继续踏上这一朝圣之旅。即使有些人在旅途中玩耍游乐，但驱使更多人上路的，是希望得到神的安慰和帮助，是渴望交上好运。这一经历既表明了一种宗教热情，也显示出一种随之而来的对于新的共同体形式的追求。它也揭示出，对于大量普通民众来说，稳定的生活进程已经变得令人焦虑，令人烦扰。

正是在这种群众性的寻求神的帮助和慰藉，并追求公有社会和自愿联盟的新

---

[1]　引自 Fujitani Toshio, *Okagemairi to ee ja nai ka* (Tokyo: Iwanami Shoten, 1968), pp. 168-169。

形式的背景下，一些新的宗教团体在德川晚期的数十年里应运而生。随着这些新兴的、融合性的宗教组织的建立，一些老的教派，比如"念佛宗"和"富士讲"，也经历了复兴和再生。但重要的是应该注意，像"水户学"和"国学"一样，这些新宗教代表了对以往的既定宗教形式的背离，许多人相信，以往的宗教形式已经失去了应有的作用。像德川晚期的其他学说一样，新的宗教预言也运用了一种策略，那就是利用以往的思想、原理和职能，使之结合为新的组织。像天理教、金光教、黑住教和丸山教这样的新宗教组织，都力图实现其自愿组合（与之形成对照的是由"本性"所要求的非自愿组合）的承诺，并通过把它们自己重建为自治性社团而建立起横向的联系。这些新的宗教组织除了主要向下层社会发出呼吁外，还从广泛的社会阶层中招收其信众。它们对信众的吸引，表明了人们想以一种学说（通过把自己和自己的生活作为中心议题）来表达他们自己的愿望，同时也表明了人们对德川社会状况的批评。关于这一点，安丸良夫教授曾经指出：

> 总的来说，从大众意识的角度来看，由于大众意识易于使谦卑、屈从和威权主义成为它的实质性元素，所以为了批评社会，便必须有一个大的跨越。有可能扮演促成这一跨越的媒介角色的，在许多情况下，是宗教。新的大众宗教提供了一种思想……这种思想胜过了当时封建体制的权威。[1]

与"国学"一样，许多新宗教都具有这样一种倾向，那就是把神话元素与当代历史相混合，作为一种手段来创造新的表达和解释形式。此外，它们也同样经常受到探知"真相"的冲动驱使。它们的解决方案甚至会导致更加激进的脱轨，这揭示出它们对于自治的痴迷，也表明了它们希望使其信众免受当代历史的影响，免受社会中心阶层腐败的污染。这种痴迷的最极端的例子，是"世界更新"（"世直し"）运动和德川末年爆发的"难道不可以吗？"（"ええじゃないか"）运动，参与这些运动的民众，通常也正是"水户学"和"国学"力图通过提供救济和帮助来对之进行保护的那些人。通过借鉴由"水户学"和"国学"所揭示的意图，这些新宗教一贯表现出一种非政治的立场，以推进建立在不同知识观念基础之上的新规划和新关系，即使它们的活动会导致某种政治性的后果。这些教派的

---

[1] Yasumaru Yoshio, *Nihon kindaika to minshū shisō* (Tokyo: Aoki Shoten, 1974), p. 90.

追随者，经常把他们自己看作在资源匮乏和苦难深重的环境下生产能力和安慰救济的提供者，而不把自己视为政治活动和公共权力既定规则的挑战者。但是，当他们力图通过把教众全体融合进一个宗教自治共同体来消除政治分歧的时候，它们反而促成了实质上的政治分裂，而这种政治分裂正是它们所一直设法避免的。在追求建立自治权和整体性的原则方面，新宗教给出了它们自己对于当代历史的解释，而不是被动地接受它。处于社会边缘的它们相信，它们将会发现一个足以消除俗世侵蚀的天地，从而建立起抛弃了文化内容的新的政治形式。以这种方式表现出来的对于世界的忧虑，就相当于要改变世界，以便保护那些符合新的知识形式与人性观念的必要公共安排。这种付诸行动和改变世界的承诺，在这些宗教团体渴望"世界更新"（"世直し"）的呼声中表达得最为淋漓尽致了。

如果这些新宗教努力利用民众的这种新颖体验，那它们便还会相信，为它们的信仰所验证了的同一阶层的人际关系，要优先于"姓名歧视"和德川时代身份制度所要求的纵向纽带。这是他们在德川晚期的社会大辩论中所做出的最与众不同，也是最具危险性的贡献。所有的新宗教都注意到要依据致力于实现平等的横向关系，来构建真实的人类秩序。出于同样的原因，新宗教也显示出对于由社会不平等所引起的各种区分的敏感。因此，它们宣布决心寻找新的组织形式，以减少对等级制度的依靠。这种大多数人所赞成的组织形式，令人回想起传统的"讲社"，在这样的信众团体里，每个成员都担当着平等伙伴的角色，那些参加"御荫参诣"（即"伊势神宫参诣"）活动的团体和那些商人投资会社就具有这样的特征。[1] 在平等主义组织形式的支持下，新宗教把一种济世救民、相互帮助的形象投射给所有的追随者，乃至通过要求平等分配土地和资源，对现存的社会结构进行改革。在它们的心目中，日常生活的稳定和共同体内部团结的维持具有最重要的价值。虽然它们的组织原则强调人类之间的连通性（"四海之内皆兄弟也"）和辛勤劳作、彼此扶助、同居同乐的必要性，以之作为解决社会分裂的一种途径，作为克服随着农村商品化而形成的既定社会单位弊端的一个方案，但是，它们创造的平等安排却成了宗教共同体得以维持的条件。[2] 新宗教力图对那些在精神和物质上都贫困的人们给予慰藉，这些人生存于德川日本社会等级的最低层次。在

---

[1]　Murakami Shigeyoshi, *Kinsei minshū shukyō no kenkyū* (Tokyo: Hozokan, 1977), pp. 21ff.

[2]　Yasumaru, *Nihon kindaika*, pp. 18ff.

它们对于当今时代的理解中，"穷人"也就是"不幸福的人"，而只有宗教社团与相互合作才能减轻这样的痛苦。

这些新宗教之所以能够用这种方式解释当代现实，并声称关心穷人和不幸福的人，原因在于一种特殊的知识和学问的观念。它们都全身心地相信神祇作为提供慰藉的传统资源的力量。这种信任和信仰似乎具有相当的合理性，因为新宗教努力阻止信众依赖于迷信和传统的魔法活动。[1] 在某种程度上，这种做法借鉴了那些德川幕府曾经要求村民加入的较有组织的佛教宗派，但新宗教也表现出对于新的知识和信仰形式的直接探索，这种探索通常是以许诺健康和幸福的方式进行的，而这恰恰能够迎合人们日常生活的需要。以这种方式，它们也能够发挥一些实际的功用，而这种实用性正是"水户学"和"国学"的特色所在。于是，"金光教"提出了"没有信仰，学问永远不会帮助人们"的说法，与之相同，"天理教"的创立者中山美伎则劝告她的信徒，只有信仰才能使人们理解高贵的举动，才能减轻当前的苦难和艰辛。"黑住教"的创立者黑住宗忠时常告诫他的追随者，"不要担心'道'的问题"，而只需"了解和传颂天照大神对于世世代代人民的恩惠"。

注意到许多新宗教都起源于新的商业设施的所在地，这点相当重要，因为在这一过程中，古老的生产方式和社会关系受到了冲击，那里的经济困难看起来也更为严重。在很大程度上，这种观察描述了农民造反发生的频率和分布的区域，同时也暗示了这些新宗教为什么停止招收那些乐于加入农村造反的人士。由于区域性的自然和经济灾难，许多新宗教利用了地方上本土主义的实践和传统，以便在招收信众时熟悉他们的情况。然而，不可否认的是，确实有许多新宗教深深扎根于当地农村与神道教和萨满教关系密切的宗教活动，而且，这些新宗教的权威也衍生自广泛分布的神道教神社以及与农耕生活相联系的宗教惯例。[2] 但是，古老的地方习俗的借用，经常会背离这些新宗教团体本已受到限制的表达，而且会 泄露出各地的艰难困苦与慰藉意识构建之间的莫逆关系，即使许多新宗教也传递出了更具普遍意义的信息。

一般而言，这些教派都鼓吹一种要求处处实行救济的社会制度，其依据是单

---

[1] Kano Masanao, *Shihonshugi keiseiki no chitsujo ishiki* (Tokyo: Chikuma Shobō, 1969), p. 138.

[2] Miyata Noboru, "Nōson no fukkō undō to minshū shūkyō no tenkai", *Iwanami kōza Nihon rekishi*, vol. 13 (*kinsei* 5) (Tokyo: Iwanami Shoten, 1977), pp. 209-245.

个或所有神祇的庇佑，这些神祇代表着至高无上（或最为重要）的原则，而无论它是"如来教"和"黑住教"的"天照大神"，"金光教"的"天地金乃神"，"天理教"的"天理女神"，"富士讲"的"富士山"，还是"丸山讲"的"元亲神"。这些神祇赋予了新宗教所宣称的提供救助的许诺以权威性，从而与封建秩序承诺提供仁政和救助，但在人们需要时却推卸责任的无耻行为形成了鲜明的对照。同样如此，那些本土文化的守护者们也把类似的角色指派给造物的神明或守护的神社，即使他们也强调人类的自救能力。在许多场合，这些全能之神被视为宇宙的创造者和人类中的先知先觉者。而对救世主（与佛教中的弥勒佛有惊人的相似）或一个简单具有神性的人的信赖，则向贫穷的人和身陷困境的人解释了人类之中实行帮助和救援的必要性，并说明了为什么在这个时代对人们的救助居然如此缺乏。这种解释的有效性通常取决于教派创建者的力量，取决于创教者表现他或她的知识和超凡魅力的功效。与经常因相信语言的神奇力量（"言灵"）而看轻人类能力的本土文化不同，新宗教主要依赖于验证预言的表演。这种对表演行为的依赖，部分起源于对主要以语言和抽象观念为基础的传统知识形式的不信任，还有部分则毋庸置疑是受到了德川晚期思想中强调身体和身体运动重要性的启发，身体的重要性既表现在竞赛活动中，也表现在体力劳动中。看起来显得重要的，是对身体的表现及其同体力劳动关系的强调，而不是对脑力活动的推崇。当然，这种状况突出反映了日常生活被置于首位加以考虑。无论如何，正是这一因素告诉我们，难以把创教者的宗教生涯与他们帮助构建的学说加以分离，也难以把实际的演示和行动与口头表达加以区分。创教者的表演模式经常会变成其追随者阅读的教本，这被视为正确知识的一个来源，就像身体在口头文学中充当教本一样。

创教者的表演依赖于对与神性有关的萨满式行为和具有治疗效果的精神力量的成功借用。许多新宗教都求助于这样一种惯例，即把创教者标示为一个"现世神"（"生神"），而这是一个国学者们常为天皇保留的称号。把创教者描述为一尊真神的行为，在原始欲求与追随者之间起着媒介的作用，并利用创教者（他或她）的身体作为把神意传达给忠实信众的载体，从而增加了每个人都试图清晰表达的自治性教义的真实性。在大多数情况下，这种新的人物形象得以实现的过程，都是以创教者的患病（后来这都被解释为创教者去与始祖神待了段时间）作为开始的，然后神灵介入，迅速痊愈，同时带来了性格的改变，转而在当地居民中施医送药，药到病除，在此同时还伴随有周期性的精神恍惚，以增强这种神授

221

的新能力。创教者的生活被仪式化为一部"生神"的戏剧化表演，这无疑也服务于同样的目的，就像是水户学对以"大尝祭"为代表的永恒存在的颂扬，也像是国学者铭记对守护神的崇拜，视之为卫护与造物众神和"大国主神"永续联系的一种技巧。

为了解释这样一个建立在只有入教者才能理解的知识基础之上的世界（这与"国学"对日常生活内容的限定非常类似），要冒与官方意识形态发生冲突的风险，官方意识形态有它自己对知识的要求，那就是某些人享有统治民众的特权，同时也承担着施行仁政的职责。虽然如此，一些新宗教，比如"天理教"和"丸山讲"，仍然发展出违禁的教义，宣称现在就要"世界更新"，开辟新的天地。这种思想呼求具有极其强大的力量，以至于时当德川末年，以"世界更新"为口号的造反和京都、大阪等城市里的"难道不可以吗"骚乱，纷纷以救助民众为标榜展现着它们的目标。尽管"世界更新"的事业是一种革命的乌托邦理想，但它通常还是吸引了人们对于现实世界真实情况的注意。所有这些教派，包括像"妙好人传"这样复活了的"念佛"者组织，都声称"今世的极乐"，并强调当下就有必要为祈祷者找到要求"神祇"消弭争斗和"治病祛灾"的回应。天理教坚持"超越死亡的新生"，并嘱咐其追随者专注于他们的日常生活，而不是担心和忧虑他们死后的命运。作为这种态度的基础的，是它们确信人类、而非自然是行动或行为的标准，正如它们坚信现在，而非将来或别处的某种遥远而超越的天堂是人们贯彻日常生活责任的地方一样。这里，新宗教便以其作为社会和习俗创造者的人类主体性的觉醒，再一次表现出与德川晚期口头文学和木版图画的极为相似之处。在新宗教的视野里，人类的首要性，无论其地位如何，是与成神的过程紧密联系在一起的。例如，像金光教和天理教的教义，都通过采用诸如"神的孩子"、"神的家庭"这样的家族性质的隐喻，把人类与神祇连接起来。但是，对神的这种提及，仅仅加强了那种据信是全人类所共享的基本亲情，而不管地位、阶级、性别，甚至种族有什么不同。人之所以为人，对于所有的民族来说，都意味着对那些赤贫无告的生命提供救济和帮助，这成为新宗教吸引成员的点金石。金光教经常强调那些"帮助别人的人"的价值所在，以之作为"人之所以为人"的主要标准，与之相似，中山美伎也劝告她的追随者"永不忘记他人"——不仅是富人、豪农、商人和官吏，还包括那些无名的勤奋努力的普通人，虽然官方的话语以前很少提到他们，但他们如今已经布满了"山谷的底部"（"谷族"）。社会分割本身

222

211

是被用来挑动一部分人反对另一部分人的，它造成了富人和穷人之间的冲突与争斗。那些许诺给予穷人救济的规划，目的在于大大推进所有个体和性别之间的平等，并重新分配财富和土地。持久地推进这种要求的力量，是人类爱护他人的天性，还有对人性善良的小心翼翼的乐观信念。

在德川晚期的宗教里，最具代表性，同时也是拥有信众最多的教派，是黑住教、天理教和金光教。黑住教是其中最早的一个，由黑住宗忠（1780—1850）在冈山地区创建。黑住宗忠出生于备前国的一个村庄里，是今村神社一个神道教神官的儿子，这里供奉的是冈山城堡的守护神。他的母亲也是一个神道教神官的女儿。黑住宗忠30岁时，在失去了双亲之后（显然是死于传染性疾病），自己也罹患了肺结核，因此被隔离了一年半时间。他的疾病和对他的隔离坚定了他的决心，要奉献自己，努力为所有患病的人、不健全的人和受压迫被蹂躏的人寻求天照大神的救助。据说他渴望成为"现世之神"，当死亡的威胁逼近之时，他还曾出现过幻觉，决定死后变成一个治病救人的神灵。但是，当冬至时节礼拜初升的朝阳之时，他体验了与天照大神的合体，此后疾病痊愈，他活了过来。身体复原

223 之后，他创建了一个治疗疾病的机构，给予第一批追随者的教训就是他从太阳和天照大神的慈悲和善行中所得到的启示。成功导致了门徒的增加和一个正规组织的建立。

黑住教的教义建立在太阳女神（天照大神）信仰的基础之上。黑住宗忠奉劝人们了解如何集中精力献身于天照大神令人敬畏的美德和善行；认识到天照大神的光辉永世不变；要努力贯彻"天照大神的威严意图"，实现民众团结和睦的愿望。[1] 像其他的创教者一样，黑住宗忠也对成神了道的可能性深信不疑。这种献身精神无疑来源于他自己的宗教背景，但他强调天照大神的奇异和优越也提供了一条途径，以消除在农村信徒中流传的对于其他神祇的宣扬。从此以后，慰藉和帮助都将被归之于单一神祇的救世能力。这种救助及时地从简单治病向生活的其他部分延伸，发财致富，求子祈女，平安分娩，生意成功，庄稼丰收，以及更多的渔获量，凡此种种，所有那些将使生活较为顺遂的事务都被囊括在内。[2] 如果天照大神被理想化为天上的太阳和生命的源泉，那么，生命本身便只有在她的

---

[1] Kano, *Shihonshugi*, p. 138. 亦见 Helen Hardacre, *Kurozumikyō and the New Religions of Japan* (Princeton, N.J.: Princeton University Press, 1986)。

[2] Kano, *Shihonshugi*, p. 139.

威力的范围之内才能发现意义。因此，黑住宗忠提出了一种以信仰为边界、以忠诚来占领的圆圈观念（这在其他宗教教义中也时有发现）。他在一封信中公开声称：“在这个圆圈（○）之外，没有其他专用的道路可以达到（信徒与天照大神之间的）这种基本的一致。”[1] 这种圆圈的比喻遍布于他的著作之中，被说成是一种可以免于欲望和灾难的具有魔力的圆圈。19 世纪 40 年代初期，黑住宗忠写道：

> “道”易于侍奉，即使我们看到有些人侍奉它并不轻松。为了侍奉“道”，就要生活在其中。就像我反复说过的那样，“道”就是天照大神。换言之，它是一个圆形的神。就像我之前所说的那样，事物应该被委托给这个圆形的神。把事物委托给“道”是很容易的，而非常奇怪的是，中国人和日本人一直未能认识到这一点。他们受到了“道”这个名称的迷惑。那些一直与“真道”分离的人全是不明究竟。要想不与“真道”分离，就要皈依我所一直谈论的“道”。[2]

只要心怀感恩地做所有的事，就会符合“天照大神的本意”。[3]

为了说明“圆圈”所提供的恩惠，就要联系到与它的要求相吻合的秩序观念的发展。其核心原则在于神灵具有满足人类各种祈求的能力。当人们把自己委托给天照大神的律令时，他们就立刻被解除了罪恶。进入“圆圈”意味着离开苦难和不幸的世界；而随着当今纪元的临近结束，越来越多的追随者将此理解为德川时代的社会制度即将寿终正寝。黑住宗忠的预言以神灵满足民众需要的能力作为前提。通过把所有的祈祷都定位于天照大神，他得以把首要关注点集中在信众对神的信仰之上，并使他们乐于作出努力以使境况得到改善。黑住宗忠坚持认为，信众意志与天照大神意志的统一，意味着人们必须通过信仰和善行来表明他们自己是值得得到神助的。如果未能得到神的恩惠和庇佑，结果只是表明一个人的毫无价值，表明他缺乏真正的信仰。居于其后的观念是所有的人都是兄弟姐妹。这种思想也是起因于一种统一意向的概念。他在一首诗歌里写道：“帮助之时，便

224

---

[1] Kano, *Shihonshugi*, p. 140; 亦见 Murakami Shigeyoshi and Yasumaru Yoshio, eds., *Nikon shisō taikei*, vol. 67: *Minshu shukyo to shiso* (Tokyo: Iwanami Shoten, 1971), p. 130. 下引本书，略作 *Minshū shukyō to shisō*。

[2] *Minshū shukyō to shisō*, p. 115.

[3] Kano, *Shihonshugi*, p. 114.

有生命。"[1] 生命对于所有人来说都是容易接近的。黑住宗忠相信，所有人最终都是天照大神的孩子。"没有人不由衷地心怀感激；真理就是四海之人皆兄弟也。"[2] 随着这一思想受到普遍信赖，它的直接目的就是阻止当前社会的相互冲突和相互怀疑。这一思想催生出强有力的平等意识和共享意识。黑住宗忠写道，财产固然重要，但它们并不构成区分受人尊敬和为人不齿的标准。能够把一个人从其他人中区分开来的，既不是生死，也不是高矮。在这一点上，黑住宗忠力图把太阳的精神（光明和快乐）与黑暗的本质放在一起讨论。根据鹿野政直的说法，黑暗，或"阴"，本质上是农民境况的象征；这恰恰表现在与身份秩序的联系上，正是这种身份秩序使农民在等级制度中成为低等之人。"对太阳女神（突出表现为光明——'阳'）的神圣信仰，日益消解着黑暗的幽灵。"如果过分关注黑暗，漠然无视光明的法则，那么最终将会减少并毁灭光明的精神。黑住宗忠相信，阴阳两者之间的平衡将会实现一个完美社会的期望，也许，他曾经画过的圆圈将会使其特地为信众设计的神圣空间更加令人瞩目。黑住宗忠关于社会秩序的概念，表现

225 在他对圆圈的沉思冥想之中。因为圆圈、太阳、光明、天照大神代表着成熟、丰富、存在和尽善尽美，当把这些事物与被人们一般所承认的权威安排相提并论之时，当然是一种有吸引力的替代性选择。黑住宗忠把这种神的新纪元的到来视为一个名副其实的理想国，在不断进展的社会黑暗中烨烨生辉。"神的时代就是现今的时代；它们都在世界末日之时以慈悲给予所有的人。"

　　不仅仅是黑住教，天理教也与被压迫者的末日审判理论很有关联，也在传达着现在是一个危机时代的意识。天理教的创立者是奈良附近的一个农妇中山美伎（1798—1887），她受到家庭和丈夫的折磨，经历了艰难困苦、烦恼疼痛和种种身体的煎熬。中山美伎的传记作者把她的热心助人归之为她的个人经历。但是，中山美伎对于政治现实也有敏锐的观察；她是天保饥馑的一个敏感的记录者，也是"御荫参诣"朝圣之旅的一个聪明的目击者，因为她的村庄位于那些朝圣者前往伊势神宫的必经之路上。朝圣之旅和天保饥馑预示着她将因此而蒙受苦难，从而显示出寻找救助道路的必要。与黑住宗忠一样，中山美伎的生活也展现为一系列关心和照顾贫穷困苦者的案例。自我牺牲、苦行热诚，以及对于社会不公的感

[1]　Kano, *Shihonshugi*, p. 102.
[2]　Kano, *Shihonshugi*, p. 116.

受，驱使她创立了自己的宗教。根据卡尔曼·布莱克的研究，中山美伎的宗教被打上了许多重大的"苦难"标记，由此她得以展示自己疗治苦痛的能力。[1] 最后，她被认为具有一种乡土巫师（"山伏"）的力量。一次，当中山美伎开始念诵咒语时，她的面孔开始扭曲，而且变得神情恍惚。当神灵附体之时，她便回答问题，称自己是"天之大将"，是"从天上下凡来拯救黎民的正宗真神"。[2] 在她的丈夫和其他人在场的情况下，已经占据她的身体的神灵要求她放弃家庭，去为神圣的救助事业充当媒介和使者。她的丈夫表示拒绝遵从，神灵便威胁要使其家庭遭受上天的谴责。中山美伎的神情恍惚持续了三年时间，最后她的丈夫同意了神的要求，中山美伎也就恢复了正常。其后，她体验了一系列的神启天兆，由此过渡到了一种新的状态。突然的灵魂出窍和古怪举动作为一种特有的标签，使她的团体遭受了排斥和非难，但她在治病救人方面，特别是在无痛接生方面的成功，则给她带来了追随者，一个宗教组织开始成形。

中山美伎开始变成一个神灵向世人提供救助的媒介物，当神意命令她放弃自己个人的财产时，她决定分配自己家庭的土地。这一行为意在表明，对土地的私人占有以及私有制观念本身正是一切不平等的源头。因为在私有制的条件下平均分配是不可能实现的，所以真正的平等只有通过不择手段的丧失土地才能达成。中山美伎的行为强调了她的教义，那就是"一个人必须归于贫困"。贫困和减轻痛苦成为她的愿景的中轴。这一愿景在一种宇宙论迷思的构造内得到了进一步强化，这一宇宙论的迷思来源于本地的神话、传说和历史。根据这种说法，世界诞生于一个泥泞的海洋（"国学"称之为含盐的卤水），这里居住着各种各样的鱼类和巨蛇。由于父母神灵想要创造人类，所以他们在日本中山家所在的地方生下了芸芸众生。这些人长大以后就都死去。此后，神灵又创造了百鸟百兽和各种各样的昆虫；这些动物也都死去。存活下来的只有猴子。从猴子开始，男人和女人诞生了；然后又有天、地、山、川的分化。人类起初永世生活于水中，最后移上了陆地。把这种粗糙的进化观与平田笃胤早先关于所有人类都起源于虫豸世界的主张加以对比，是一件饶有趣味的事情。虽然这些观念的产生不可缺少乡下人的经验，因为它事实上充满了从生物的生长循环中直接得来的观感，但它仍然显示出

226

---

[1] Carmen Blacker, "Millenarian Aspects of New Religions," in Donald Shively, ed., *Tradition and Modernization in Japanese Culture* (Princeton, N.J.: Princeton University Press, 1971), pp. 574-6.

[2] 同上，p.575。

早先时候对于博物学的关心已经成为流行意识的部分内容。[1] 此外，这样一种进化过程也证明了众生平等的共同起源，确认了中山美伎在她的赞美诗《人间甘露台建设之歌》（1869）中所清晰表达的乌托邦愿景。

这篇以奈良方言书写的长文，集中注意的是农业生产力的提高。"世上的每个人都有要求牧场和田地的意愿"，[2] "如果有了良田好地，每个人就都能净化他们的欲望"，[3] 而这就有可能通过万能的神灵增加日本民族的丰饶。[4] 中山美伎还唱出了她对社会改革的期盼："大声敲鼓吧，新的一年开始了／这是多么美妙啊；如果我们建造一座传教的建筑／那将多么成功！敬畏身体，维护健康／革新世事（世直し）。"[5] 当然，与"世事革新"的思想相关的是人们互相援助的理想，这正是《人间甘露台建设之歌》和中山美伎的训诲（《大本神谕》）的中心主题。赞美诗开门见山就颂扬道：当人们相互帮助的时候，所有的人就会像一个人一样。帮助别人还将得到光明之神的祝福："……如果一个人在宽广的世界里宣示这一信仰，一个人，两个人，乃至所有人就会通过互相帮助而纯净起来。"助人为乐将带来自由，将使其在神的心中有一处永恒的住所。对互相帮助行为的干扰可以通过认识众生平等的基本原理而加以消除。中山美伎写道："当一个人从身体的角度来比较人类的时候，无论高矮他们都是一样的。"值得注意的是，我们又一次遇到了"身体"这一隐喻，遇到了"身体"（通过表演而被人们所感知）被置于知识中心的思想；确定人之为人的，不是身份，而是身体；不是文明的外衣，而是神的庇佑。

对神的律令漠然置之，未能为普遍的救助效力，这些将会招致神灵的愤怒。为了避免神的发怒，预防灾祸的发生，悔改就是必不可少的。在这个问题上，中山美伎把矛头指向了德川晚期统治阶层的低劣素质，并指出了它们在进行社会救助方面的失败。她把德川晚期统治集团的特点比作为高山，对那些居住在山谷里、生活在真实世界中的普通民众既疏远又冷漠。但是，神的力量要远远超过"那些高高在上、并把世界变得像他们一样冷漠的人；他们难道不知道神灵将会

[1] 参见 Kano, *Shihonshugi*, pp. 147-148, 这里有关于天理教神话的记载。
[2] *Minshū shukyō to shisō*, p. 184.
[3] 同上，p. 185。
[4] 同上，p. 181。
[5] 同上，p. 181。

降下灾祸吗”？[1] 确实，她毫不犹豫地唤起人们注意“神明与那些地处高位者之间意向的差别”。高低贵贱之间的错误区分，形成了一种事物存在方式的符号，而由此造成的生活状态则是必须加以克服的。她确信人们将会改变，因为“人是神的孩子”，拥有善良的天性。人们的问题在于过分自大。对于中山美伎来说，自大是人类基本的罪恶，将会产生“八种尘埃”——欲望、后悔、甜蜜、贪婪、傲慢、怨恨、仇视和愤怒——她把这些品质都与强而有力联系在一起。那些无能为力的人接受了劝告，使他们自己信赖于将会带来世界更新的神明，而神明则使他们坚持住了革新道德生活的诺言。神明将会怎样带来这个理想的世界？这在中山美伎实行救助和慰藉的观念里已经有所预示。就像安丸良夫所解释的那样，这是一种小农阶级的世界愿景，把那些勤奋用功和朴实节俭的农民绑定在一个协力合作的共同体里。[2]

金光教是由备中地区一个名叫川手文治郎（1814—1883）的农民创立的，他 228
被教众称为“金光大神”。备中地区也是今天冈山县的一部分。与黑住宗忠和中山美伎不同，川手文治郎被一个农村家庭所收养，对农业上的事务十分精通。这一地区的商品化农业比较发达，随之而来的是小自耕农的衰落。川手文治郎经历了长期饱受苦难和贫穷的生活，这毫无疑问引起了他对附近农业耕作者备尝艰辛而未获救助状况的深切关心。标示出他自己思想边界的，是他渴望在现今情况下能够使民众得到救助，以及他对落实秩序、实现繁荣的热心。在 1830 年的伊势神宫“御荫参诣”期间，他决定与同村的村民一起跋山涉水前往伊势，这体现出他的宗教虔诚。几年以后，川手文治郎又于 1846 年作了另一次前往伊势神宫的朝圣之旅。疾病的发作打断了他个人的虔修生涯，最后疾病导致其神志恍惚，由此他得知自己的真实身份是“金神”的兄弟，这是农村地区所遵守的传统阴—阳历法的神祇之一。在民间信仰中，这个神灵既有能力造成巨大的伤害，也有能力给予丰饶的成功，端视其受到的崇拜是否虔诚。川手文治郎接受了这个进入他身体的神灵的律令，与中山美伎一样，他的身体也成为获取和传递“神的意志”的工具。同样，川手文治郎也得到了神的允许，接受了“文治大明神”的神圣称号。

[1] Yasumaru, *Nikon kindaika*, p. 83.

[2] 同上，p. 83。

一旦川手文治郎，或"金光大神"（就像他如今被信徒所称呼的那样），充当了"金神"的使者，对于这个神祇的流行理解就发生了变形。从以往那种与诅咒和灾难相联系的形象变成了一个拥有爱心的神祇，能够给那些遵从其戒律的人带来好运和丰饶。由于"金神"的指令促进并鼓励了信众的农业生产活动，对他的崇拜迅速传播。[1] 1859年，"金光大神"依据神的指令，进入隐修状态。由于"大明神"的授权，"金光大神"如今开始行使"生神"的职能。像中山美伎一样，川手文治郎也放弃了自己的所有财产，以证明他对"天地金乃神"的信任。他创立的新组织与明治维新之前所发生的关键事件不谋而合。在一个充满了政治争斗和幕府失败的时代背景下，一句民谚广泛流传："社会上有多少穷困无告的'氏子'啊！但是只要神灵救助，人民就能存活。"[2]在明治维新之前九年，川手文治郎自隐修处返回，创立了正式的宗教组织。

229　　与其他创教者不同，"金光大神"强调以预言形式出现的知识的重要性。这并不是说其他的宗教组织对知识的问题不感兴趣。但是，川手文治郎对于他的追随者所应该持有的那类知识则阐释得更为系统。由于他作为神的代理而传播神的知识，所以他自然而然会做出回答特定问题的启示录。虽然他是在一种清醒的状态下，而不是在神智昏迷的情形下得到了神的指令，但他能够独自回忆起神的指令的内容，并把神的指令翻译给其他人。[3]川手文治郎与其他教派的创建者一样，对传统的知识抱有深深地不信任，在宣扬教义的主要文本中，他把"学问"定义为某种"耗费身体"的事情，视之为只不过是"机灵"和计谋的产物。[4]他直率地承认自己没有多少正式的学问，也没有受过多少教育：

> 如今的社会是一个智慧和学识的社会。通过允许人们成为聪明人，我们甘冒丧失身体功效的风险。在今天的时代，最危险的污染物是欲望。让我们放弃算盘的使用吧。据说我们是机灵的，但却没有技能。我们炫耀自己的机灵，并且依赖于阴谋诡计。让我们使自己远离机灵、计谋和学识吧。让我们

[1] Murakami, *Kinsei minshū shūkyō no kenkyū*, p. 177.
[2] 同上，p. 179.
[3] Seto Mikio,"Minshūno shūkyō ishiki to henkaku no enerugi,"in Maruyama Teruo, ed., *Henkakuki no shūkyō* (Tokyo: Gendai jaanarizumu shuppankai, 1972), p. 67.
[4] *Minshū shūkyō to shisō*, p. 364.

　　从社会习俗和社会设施中抽身而出吧。离开了社会，我们就将能够把自己的身体托付给神。[1]

　　因此，"倾听"和"理解"的行为就显得无比重要。在进行倾听和理解之时，身体就会变成意向和信仰的蓄水池，就像"金光大神"使用自己的身体作为神灵媒介的方式一样。正是身体的行动，而不是那些仅从书本和传统教训中汲取的阴谋诡计知识，才能够保证人们减轻社会的苦恼。《金光大神御理解集》记录了金光教的创教者并不赞成宗教苦行，而是劝告众人："吃喝对于身体来说很重要。"[2]因为，如果身体要通过劳作和行动来表达对神的忠诚和信仰的话，那它就必须补充力量。

　　被"金光大神"赋予价值的知识都与人们如何帮助他人有关。像其他的新兴宗教一样，金光教强调以救助他人作为信仰的条件。仅此而已，无须其他种类的知识。这里再一次显示出，这种想法是适应于当时社会和既定制度的需要的，因为社会和定制都未能向困苦的人们提供救助。"金光大神"经常拜访那些远离社会的人们，尽管他们都具有投机耍滑的机心和破碎分裂的习性；他也经常劝说这些人把自己托付给神，神的慈悲会在一个人帮助别人的过程中显现出来。"在帮助他人时，人才成其为人。"[3]互相帮助把人类从其他物种中区分开来，代表了对神感恩的一种特殊形式。就像人类在患病和蒙难之时神会对人类提供帮助一样，人类也应该帮助那些处在危难之中的困苦无告者。

　　这种帮助也建立在人类平等观念的基础之上。在这个问题上，金光教提出了两个相互关联的观念：所有人都是"神的家庭"成员（"神样之氏子"），所有人都有可能变成神。这两种观念共同表明了一种新的共同体概念。他奉劝大家："天下众生都是天地之神的氏子。此外没有其他的人类。"[4]由于所有的人都可能是神的"氏子"，所以"一个人就不能看不起其他人，也不能诽谤别人。"与这种平等意识紧密相连的，是指派给女性的新地位。所有新宗教都把女性抬高到了一个与男性相等的地位，而一些像金光教这样的新宗教，甚至更加具有赞扬女性的

230

---

[1]　*Minshū shūkyō to shisō*, p. 376.

[2]　同上，pp. 400, 404。

[3]　同上，p. 420。

[4]　同上，p. 401。

倾向。"金光大神"宣称"女性是世界的稻田"，而在"神的教诲中，如果稻田未经施肥，不够肥沃，它们就没有价值"。[1]生命本身也将因此而全无可能。因此，金光教使用人们所熟悉的武士政治和权力的隐喻，提出女性是一个家庭的"家老"（藩主最重要的家臣）；如果没有"家老"，也就不可能拥有城堡。于是，恰恰由于妇女和农民缺乏接近既定学问的途径，他们反而成为了真实的人所应有品格的典范。信仰自女性而来；她们更加接近于神。毋庸置疑，这种赋予女性以价值的观念，来源于农耕文化对于生产能力的理想化尊敬。黑住教和天理教也都表现出对于女性生理的真切关心，这种关心尤其集中在分娩时所带来的问题和遭受的痛苦上。

然而，所有的人最后都有能力变得和神一样。川手文治郎宣称，"神和人是同样的"。无论一个人崇拜的神是什么，"如果他不能符合人的内心，也就不会符合神的内心；如果他不能符合神的内心，也就不会符合人的内心"。[2]"金光大神"写道，由于他已经接受了"御荫"令人敬畏的原则，成了一个"生神"，所以你们（"贵方"）也会接受同样的原则。所谓"生神"，只不过是那些以人的身份做着神的事情的人，是一种对所有人来说都可以达致的状态。因此，川手文治郎时常自贬身份为一个媒介，并承认自己的"无知"，因为他仅仅是一个"只会种地而不懂其他任何事情"的人。具有讽刺意味的是，"金光大神"却拥有那种必要的知识，能够使自己及其追随者成为"生神"。随着"所有人都从天地之神那里接受了他们的身体"，于是，信众的共同体便组成了一种神圣的聚会。[3]

在川手文治郎的苦心经营下，一个信徒相互服务的新的共同体形成了，他们从官方的社会里抽身退出。金光教所尤其强调的，是家庭劳动和农业耕作。由于他自己就是一个忠于职守的农民，川手文治郎就像那些农村中的"国学者"一样，更加密切地关注农作物的生长条件和耕作技能。他对气象（用他的话来说是"风雨"）知识特别感兴趣，并把这些情况与信仰的存在或缺乏联系在一起。他批驳了那种流行一时的想法，即只要在合适的时间拜访神社就会带来风调雨顺。他认为，只要信仰允许神灵进入人的身体，合适的条件就能得到保证。这种信仰的证据通过考察一个人的家庭责任便能显示出来。他指出，信徒通过体验所带来的

---

[1] *Minshū shūkyō to shiso*, p. 416.

[2] 同上，p. 416。

[3] 同上，p. 416。

喜悦感，将会使其乐于承担自己的家庭责任。[1]

沿海防御和国家富强

在德川晚期，"兰学"把 18 世纪关于政治经济（"经世济民"）的讨论与创建一门新学科的可能性结合在了一起。"兰学"表现了日本人对新的医药学、解剖学、生理学、博物学、天文学、物理学和地理学的兴趣。"经世济民"的目标在于开发财富的源泉。由于它出现在 19 世纪早期，这门新学问首先强调的是海上防御，且把科学与技术联系起来，随后又转向了对国民财富的探讨。在这门学问的推动下，越来越多的外国人来到日本，他们在这里追求的是游历、贸易和帝国的利益；激励着这门学科发展的，还有国内经济的衰败，这是天保改革力图加以解决的问题。这门新学问的核心是一种近似于彻底批判的对德川幕府政治安排的强烈不满，因为幕府明显缺乏行动能力，难以为"经世济民"寻找适当的富源而采取果断和有效的行动。

18 世纪末 19 世纪初的作者们，已经提醒当时的人们注意外来的威胁，为此需要实行充分的沿海防御和坚定的国家政策。对于海防的讨论，启动了对日本的军事技术是否胜任的质疑，但是任何科学技术的考虑都不可避免地凸显出政治决策的问题。一位早期的"兰学"支持者，工藤平助（1734—1800），把建设新的海岸防御设施视为实行新政策的基本条件。他写道："治理国家的首要目标是加强我们国家的力量。为了加强国家的力量，我们首先必须允许外国的财富进入日本。"贸易具有绝对的必要性，因为它会产生财富，而越来越多的人逐渐意识到这是实行适当防御的关键。接着，工藤平助主张开放像北海道这样的新国土，倡导对金、银、铜矿进行系统的勘探。另一位当时人，著名的地理学杂集《三国通览图说》的作者林子平（1738—1793），提出了同样的观点，而在防御设施的合并与国家财富的寻求上甚至表现得更为迫切。第一个以全球的眼光来把握财富问题，并把财富与防御结合在一起进行清晰连贯表达的人是本多利明（1744—1821）。他说：

232

---

[1] *Minshū shūkyō to shisō*, p. 366.

由于日本是一个海洋国家，横渡大洋、远洋运输和对外贸易是这个国家的基本职业。具备这种统治力量的只有一藩，国家的力量则日益衰弱。这种衰弱也影响到农民，自然会造成他们的生产力逐年下降。[1]

他坚决主张这一政策必须超越一藩的范围，而成为整个国家的政策，并利用整个国家的资源。贸易和市场也是必不可少的。一旦日本被卷入全球市场网络，它就必须为了稀缺资源与其他国家奋力竞争。本多利明看上去像是一个优秀的重商主义者，他相信，对贸易和市场的寻求是由国内的货物、产品和自然资源的不足所引起的。只要日本这个国家想要生存下去，并克服长期的内部困难，促进对外贸易便是国家的根本利益所在。虽然本多利明已经注意到日本与其他西方国家的不同在于它的科学技术低劣，但他相信这道鸿沟是能够填补起来的。[2]

233　　与任何其他的政治经济学家不同，本多利明认识到了作为国家财富源泉的贸易与日本的科学技术落后之间的关系。为了矫正两者之间的关系，他在一部未刊文集《经济秘策》（1798）中提出了四项迫切需要优先考虑的事情：（1）为军事和民用目的有系统地制造炸药；（2）开发矿产，因为金属材料是国家财富的支柱；（3）建立全国性的商业船队，通过把商品销往海外来充实国库，同时有助于避免国内的饥馑；（4）废除锁国政策，在附近地区进行殖民事业。[3]这些建议结合在一起，意在说明日本曾经追求过一条不合自然的道路，而这条道路已经导致经济走进了死胡同。"锁国"是一种时代错误，国土上诸藩林立也破坏了国家的利益，而考虑到日本的海上地位，把农业生产置于首要位置则是一种虚构。日本应该实行直接推动贸易开放的政策，以便迎击，而不是屈服于欧洲人在亚洲的侵略。[4]

任何关于海上防御和国家财富的考虑，都必须使用一种能够发展军事科技和找到新富源的新知识。当有识之士致力于思考这一问题时，虽然采取了一种确认调查研究为基本原则的探究形式，但他们也以一种对变化着的情况做出解释的历

[1] 引自 Maeda Ichirō, ed., *Kōza Nihon bunkashi* (Tokyo: Misuzu Shobō, 1963), vol. 6, p. 58。
[2] Tetsuo Najita, "Structure and Content in Tokugawa Thinking"，未刊手稿，P. 54。
[3] Tetsuo Najita, "Structure and Content in Tokugawa Thinking"，pp. 54-55; 亦见 Donald Keene, *The Japanese Discovery of Europe* (Stanford, Calif.: Stanford University Press, 1969)，该书对《经济秘策》的部分内容进行了翻译。
[4] Najita, "Structure and Content," p. 60.

史主义观念，留心于保持基本原则内在形式体系的平衡。就像同时代的其他学说所做的那样，"洋学"也使用了一种需要回归事物本源的策略，以便说明过去核准的原则如何已在今天发生变化。鉴于水户学、"国学"和新宗教求助于原始神灵与原型事件以规定基本的原则，"洋学"也提到了这些远古时代的英雄范式，认为他们的功绩反映了这样一种观念，即每个时代都要求适合其需要的政策。关于海上防御和国家财富的学问，艰难地推进着为了实现更大政治团结的构想而放弃封建制度的事业，因为它承诺的是保护整个国家，而不只是保护某藩某地。最后，这门学科的文化内容逐渐发展到提议实行早期现代国家的政治形式，以满足国家富强的需要。如果其他学问追求的是给穷人送去救助的方法，那么，对国家富强之道的讨论，则把一个重商主义的国家视为最能够实现这一目标的途径。本多利明很早就意识到了国家是提供这种服务的中介，因为他观察到"一些欧洲国家是向民众提供帮助的王国；用贸易、海外运输和海上通道来使民众免于饥寒，是这些王国的最高责任"。[1] 在这些作者中逐渐形成的欧洲国家的概念，是更加重商主义，更少暴虐或专制，建立在社会劳动生产率、制造业和海外贸易的基础之上。就此而言，也显得要比仅仅注重政治更为道德，因为很多作者都把这种政治与德川幕府的自私自利画上了等号。虽然这一学问的实践者往往回避思考对国家资源进行公正的重新分配，就像水户学的作家们所做的那样，但作为一个坚定的重商主义者，他们通过转向以业绩、才华和能力作为招募人才和提升国力的标准，置换了这种平等主义的冲动。才能（"人才"）的证明取决于是否掌握某种专门知识，而这种知识对于当今时代来说必须是有帮助的。关于国家富强的学问把人的主体性设想为习俗和历史的创造者，并且同意，即使人们在生活中处于不同的位置，但所有的人种都来自于一个单一的源泉。虽然"洋学"否认了人群中存在着性质上的差别，但它仍然笃信通过有用知识的获取和证明而得到相应的地位，他们认为这种有用的知识构成了社会地位和政治晋升的唯一可接受的标准。但是，与水户学的意见一致，"洋学"也认为这种知识并非对所有问题都行之有效，尽管它反对因噎废食，为了预防这种自负而把自己封闭起来。此外，注意到这点也很重要，即"洋学"的追随者通常来自于中小诸藩，经常出身于谱代大名家族，有时也会是大商人家族，这些人无疑都相信，把幕府转变为一个全国性的

234

---

[1] Maeda, *Kōza Nihon bunkashi*, vol. 6, p. 59.

组织机构，既可以贡献于国家的富强，同时也可以挽救幕府自身。

　　1830年，关于国家富强的学问逐渐成熟，标志是"尚齿会"的成立，这发生在著名的"西博尔特事件"（Siebold incident）两年之后。"尚齿会"的两名成员以前曾是西博尔特的学生。幕府当局通过把外国科学家作为一个"间谍"来进行审查，并将他的主要助手高桥景保加以定罪，提高了任何人想要独立追求新知识所冒的风险。作为这一事件的一位牺牲者和西博尔特的一名从前的学生，高野长英（1804—1850）在这场迫害之后评论道，由于幕府的政策，"西方学者所办的学校立刻受到惊吓，有关西方的学问开始衰落"。[1] 因此，两年之后便在江户组成一个独立的研究团体，实在是一种会有预期风险的行为。

　　"尚齿会"的日常工作事项是探讨各种各样的新知识，希望这些新知识能够对当前面临的国内和国际问题提供实际的解决方案；这个团体的全盛期与天保饥馑、农民骚动和城市暴力抗争的增多，以及大盐平八郎在大阪的起义不期而遇。几年后，在写作《蛮社遭厄小记》时，高野长英解释说，这个社团的目的，在于补充传统武士所要修习的学问，因为这些学问强调的只是表达上的优雅和纹饰，而不是内容的实用，只是为那些纯粹追求文字精美的人准备的。在他看来这种传统"已经无益于社会的救助"，他回忆道，当"尚齿会"成立之时，许多人都相信这对于"如何去改善社会弊端"来说是必要的。

　　　　从1833年以来，饥馑在城市和乡村的下层民众中蔓延。一个人仅凭推
　　　　测便能知道农村中正在发生着什么。作为对这场饥馑的回答，有人做出了感
　　　　到抱歉的表示，还有许多人则创作了有关慰藉和毁灭的书籍。由于很多这类
　　　　书籍调查了与政治经济相关的具体情况，所以有几个藩开始采取政策以改变
　　　　这些状况，并倾向于质疑政治事务本身的性质。但是，由于种种问题已经变
　　　　得非常复杂，非常难以解决，所以我们决定成立"尚齿会"。[2]

　　此外，关于外国船只的意图和表现的消息虽然经常是不准确的，但看起来

---

[1]　Kitajima Masamoto, *Bakuhansei no kumon*, vol. 18 of *Nihon no rekishi* (Tokyo: Chūō Kōronsha, 1966), p. 367.

[2]　Satō Shōsuke, Uete Michiari, and Yamaguchi Muneyuki, eds., *Nihon shisō taikei*, vol. 66: *Watanabe Kazan, Takano Chōei, Sakuma Shozan, Yokoi Shonan, Hashimoto Sanai* (Tokyo: Iwanami Shoten, 1971), p. 190. 下引本书，略为 *Watanabe Kazan, Takano Choei, Sakuma Shozan, Yokoi Shonan, Hashimoto Sanai.*

在 19 世纪 30 年代还是出现得更加频繁，并且越来越多地被德川幕府的批评者们用来证明他们要求实行新政策的正当性。[1] 一个在江户广泛流传的谣言，使得高野长英和渡边华山对幕府的排外政策产生了质疑。高野长英的《戊戌梦物语》和渡边华山关于外交政策的报告，导致幕府采取行动，"尚齿会"被迫解散，社团主要成员遭到监禁，渡边华山最终自杀。这一事件被称为"蛮社之狱"而为人所知，意为"对野蛮学者们的清洗"。[2]

　　非常重要的是，这个社团的许多成员都曾经学习过"兰学"，在医学、解剖学、博物学上有一定的造诣，他们把这个社团关注的重点转移到探究那些可能会服务于这个国家的知识上来。导致作出这一决定的原因，在于他们相信除非使知识适合于它的目的，否则适当的政策就不会得到明确的表达。当"尚齿会"证明了与饥馑救济有关的政策如何引起了对政治行为的注意之时，当它公开揭露了官方对于海上航行和防御的问题反应迟钝之时，很显然，这个社团是完全承认知识与权力的结合的。但重要的是还要考虑到，这一社团的领袖人物把政治批评设想为一种新的文化观念的影响。例如，高野长英在他的《遗物》（"忘れ形见"）一文中解释说，如果这些变化将会得到确认，那么想象文化观念上的变化是可能的，而这对于从事批评的事业来说也是必需的。作为证据，他以其同事渡边华山作为例子。渡边华山原是一个只关注自己文学艺术兴趣的高层武士，后来转变成为一个严肃认真并勇于担当的"洋学"学生。高野长英指出，尽管渡边华山在传统学科、艺术、作文和高雅鉴赏力等方面都作出了不凡的成就，但他在观察到那些近年充满灾难和饥馑的地方时，还是发生了显著的改变。

　　激发渡边华山做出这种文化"突变"的，是他对造成当代苦难和脱序原因的探寻。他注意到，富人似乎变得更富，而穷人则进一步坠入贫困的泥沼。无论何处，穷人都在以某种方法进行反抗。高野长英写道："由于骚乱已经出于这种或那种原因在社会上广泛蔓延，渡边华山受到一颗悲伤之心的推动，开始就各个国家的'国体'、政治事务、揭示社会状况的环境，以及人民的思维方式等问题，从荷兰的书籍里寻求答案。"接下来，他转而考察当前事务的正反两面的理由，就当代的种种议题撰写文章，并与其他有识之士就这些问题进行讨论。"虽然他

[1] *Watanabe Kazan, Takano Choei, Sakuma Shozan, Yokoi Shonan, Hashimoto Sanai*, pp. 192, 193.

[2] Ishikawa Jun, *Watanabe Kazan* (Tokyo: Chikuma Shobō, 1964). Marius B. Jansen, "Rangaku and Westernization," *Modern Asian Studies* 18 (1984)，也以对近来二手文献的调研为基础，描述了日本历史上这一早期的西方化冲动。

237 曾学习过古老的学问，但他还是变成了一个怀疑过去、追求真理的人。"[1] 传统的学问此前曾经给他带来不少好处，可如今却无法提供对当前状况的理解，于是他开始追求替代性的科学和技术。渡边华山自己也在1840年写给友人的一封信里坦承了同样的理由，他声称在"道"与现实之间不存在什么分割。[2]

  渡边华山关于西方文化的观点证实了这种新学说的效力。他相信，西方的学问代表了一种新方向，从而也要求获得这门学问需要采取新方法。在《觖舌或问》中，他抱怨说，在"文明"和"野蛮"之间的传统偏见，必定会在将来日本受到西方国家影响时给日本造成严重的麻烦。时代已经改变，现实绝不可能与过去雷同。那些从过去的立场来理解现实的人，实乃胶柱鼓瑟。"唐国"（中国）的学问与日本的现实需要毫不相干，简直就像"梦中之梦"。渡边华山依靠历史相对论的解释力，对古代以来曾经发生的重大变化作了诠释。在这些变化之中，最重要的一个是西方"事理"之学（物理学）的运用。虽然他在《慎机论》中坦率承认实践与学说之间的区别，但他仍然认为二者相辅相成，构成了一种互补关系。当"西方之道"与"日本之道"共置并列之时，也许可以假定它们之间有所不同，但由于两者之形成均有其原因（"道理"），所以它们最终还是相同的。研究显示，西方社会区别于日本的地方，在于它们的探索发现和科学技术，而不在它们的气候适宜（就像本多利明所想的那样）、土地肥沃，乃至人口众多。西方的优势暴露出勤奋努力和好逸恶劳之间的差异。对于渡边华山来说，勤奋努力意味着智慧、知识和成就。西方学校在诸如政治学、医药学、物理学和宗教信仰等学科上十分成功；反之，中国的学问则停滞不前，垂垂老矣。"西夷皆专于物理之学，故而，审度天地四方，不以一国为天下，而以天下为天下，因是，颇有广张规模之风气。"由于对西方人的畏惧，日本人遂"听雷声而塞其耳。最大的罪
238 恶便是由于一个人厌恶倾听，再关闭他的眼睛。我们的职责不仅在于调查制造的原理，还要弄清所有事物和意见的原理"。[3] 技术和科学原理的应用，正如渡边华山所理解的那样，对于这种新尝试显得尤其重要，因为它表现了如何通过建设和发掘的方法来改变事物的性状，来建立学校、医院和贫民救济所；技术指明了文化可能得到改变的道路。

---

[1] *Watanabe Kazan, Takano Choei, Sakuma Shozan, Yokoi Shonan, Hashimoto Sanai*, pp. 179-180.

[2] 同上，p. 123。

[3] 同上，p. 78。

对科学技术在实际应用上的信心，鼓舞渡边华山提出了具体的建议书。外国的问题曾经变得特别令人厌烦，而日本也是唯一一个与西方国家没有建立关系的国度。结果，日本已经逐渐像是一块"途上之遗肉"，"饥虎渴狼"之列强岂会弃之不顾？"对如此严峻之天下大事居然无人知晓，可想而知对日本国家安全所采取的种种应对措施实为"井蛙之见"。[1] 政治活动建立在被认为是值得信赖的基础之上，相反，那种以为天下太平的自以为是的假想则会带来灾难。如今，日本的生存只是出于地理位置上的侥幸，距离偏远和大海环绕提供了保护。但是，现在已经不可能再依赖于这些以往人们所依赖的地理保障了，也不再能够用之前采取的解决方案来安慰自己了。中国曾是一个领土广袤的强大帝国，如今已经处于西方海上入侵的影响之下。因此对于日本来说，最重要的任务就是废除锁国政策，而且着手实行海上贸易和海上防御的计划。

在渡边华山看来，地球已经变成了各国之间竞争求存的舞台，而日本的领导阶层则未能看到日本将身不由己地被卷入这场竞争之中。"唐国"的学问曾在远古时期来到日本。从那时以来，空洞的学问一直连续不断地繁荣昌盛，把人们的心思从手头的实际任务转移开去。新的学问需要致力于为江户湾的防御做好准备。幕府未能意识到做好这种准备的必要性，结果表明其基本上没有能力掌握由西方知识所提供的力量。甚而至于，那些被部署在江户湾地区的幕府最可信赖的盟友也不具备这样的能力。渡边华山把这种情形尖刻地描述为"内部的灾难"（"内患"），而不是"外部的灾难"（"外患"）：这是勇气的丧失，而不是外来的威胁。[2]

外来入侵的威胁也使高野长英感到担忧，因为这将使毫无防备的日本陷入危险之中。与渡边华山不同，高野长英是一个职业的"洋学"研习者和翻译者，是一个对这门实用性新学问的主要支持者。他由"洋学"研习中培养起来的对医学的兴趣，甚至在许多追随者已经把他们关注的焦点转移到海上防御和军事技术上去之后仍然持续了下来，这表现为一种可与新宗教治病救人的努力相媲美的热忱。作为"尚齿会"最重要的一位参与者，高野长英在 19 世纪 30 年代，就开始把自己的研究兴趣集中在解决封建分治的国内政策与全国性防务问题之间的相互

239

[1] *Watanabe Kazan, Takano Choei, Sakuma Shozan, Yokoi Shonan, Hashimoto Sanai*, p. 69.72.

[2] Satō Shōsuke, *Yōgakushi no kenkyū*(Tokyo: Chūō Kōronsha, 1964), p. 168.

237　分裂上，这种分裂乃是明眼人都不难觉察的。19世纪30年代晚期，在获悉有一个对英国船只进行参观访问的计划之后，他随笔写出自己的感想，表达了他对这样一次调查可能会遭到拒绝的警告。高野长英在《梦物语》（1838）中指出，"莫里森"号船只的被驱逐，将会使英国人认为这是一个不明是非的交战国家所采取的行动。这一行动大大损害了日本在对外交往中的嘉行美德，将会给日本带来数不清的灾难。[1] 几年之后，横井小楠把这种对国家在国际事务中道德行为的解读，转换为保护贸易与建立和平外交关系的经典表述，以对付那些恐惧外国人的攘夷志士们嘈杂的主张。

19世纪40年代初，随着其他人加入到海防建设的讨论中来，这个问题逐渐引起了幕府高官的认真关注，这些官员明白，采取何种防御措施的决定，意味着对一种不同知识观念的优先承诺。甚至当渡边华山和高野长英正在尝试奠定国土防御学科的基本框架之时，像江川太郎左卫门和鸟居耀藏这样的幕府官员，在他们对江户湾进行视察之后，也转而致力于为防卫政策起草合适的建议。江川太郎左卫门的观点与渡边华山的观点十分接近，而鸟居耀藏则拒绝了任何与英国之类的国家建立关系的主张。鸟居耀藏（有时他被描写为一个凶狠毒辣的人物原型）不是一个简单的巫师猎人，他写于1840年晚期的奏本表明，他对武器制造有一种敏锐的意识。但是，他也意识到一种新的世界观是国防问题的核心所在。与许多同时代的人不一样，他对这一时期英国的技术优势并不信服，而且认为英国战胜中国并不具有决定性的意义。那些要求采取国防新举措和采用西方技术的建议之所以使他感到紧张，是因为这些建议与一种更大的世界观联系在一起，所以他
240　就像谴责殖民主义一样拒绝接受这些建议。他写道，虽然西方使用的大炮确实威力巨大，对于沿海防御来说也可能特别有效，但是在日本人曾经的战争中很少使用这样的武器，最为有效的仍然是对集中在近距离的士兵进行精确的打击。[2] 这种不同突出了日本人与西方风俗之间的深刻差别。西方的谋划只是为了追求利益，这与一个专心致志的东方礼仪之邦形成了显明的对照；西方从事战争以进行利益争夺，而不是为了保护道德伦理。由于这两种社会秩序之间的不同，因此日本人对于西方科学技术的任何信仰都是不恰当的。鸟居耀藏的言下之意是，任何

[1]　*Watanabe Kazan, Takano Chōei, Sakuma Shozan, Yokoi Shōnan, Hashimoto Sanai*, pp. 168-169.

[2]　Sugiura Minpei, *Nihon no shisō*, vol. 16: *Kirishitan, rangakushū*(Tokyo: Chikuma Shobō, 1970), p. 353.

对西方科技的接受，都必然意味着同时也要接受产生这种科技的文化。像渡边华山和高野长英这样的作家已经证明，他们对西方的兴趣并不仅仅局限在大炮上，同时也包括其文化赖以生根的整个教育和习俗体系。鸟居耀藏警告人们，这一旨在吸收西方文化的政策设计是极其危险的。"国防建设的首要原则，是必须鼓励加强传统的军事和民用技能。与此同时，清除轻佻无聊的军事训练，尊重能力和权限，也是非常重要的。"[1]

作为对鸟居耀藏批评新"洋学"的回应，江川太郎左卫门争辩说，鸟居耀藏故意不如实叙述英国人在中国活动的性质，同时也误解了他们所应用的知识。虽然明智的计划总是会牵涉到军事技能的学习和掌握，但同时也应包括对陌生而有效方法的评估。为了符合"知己知彼"的古训，日本人有必要在制定政策之前尽可能多地了解英国。当中国人面对英国人的时候，他们对自己所面临的敌手毫无了解。怎么可能制定出明智的计划？中国的失误及其随后被英国击败，反映出依赖空洞理论和无用知识的破产。江川太郎左卫门坚信，引进大炮和其他军事设施不会只是一时流行的奇思怪想。众所周知儒学和佛学都是从国外引进的，而同样广泛为人所知的是，许多外国产品由于其便利和价值也受到人们的尊敬。只要这样的产品有益于目标的达成，它们就不会成为昙花一现的时髦之举。喜欢轻浮无用的奇技淫巧可能是一种浪费，但采用有效的科技绝不是异想天开。

在接下来发生的争论中，在采用外国军事科技以加强国防与接受产生这种科技的整个知识系统之间的关系上，清楚地凸显出真正的难题之所在。对此，鸟居耀藏准确地把新知识说成是对德川体制合法性的一种威胁，他表示自己对江川太郎左卫门的浅薄言行深感失望，因为后者竭力想要证明引进分立部件而非整个文化体系的合法性。与他所声称的对德川幕府合法性形成的威胁相比，对官员无能的指控则较少引起鸟居耀藏的怒气，因为他自己对此也是深有同感。鸟居耀藏认识到，军事科技的引进将不可避免地导致允许文化的移植，并最终危害到传统世界秩序的基础。几年以后，在一场坚持到最后的新儒学自然秩序观念的保卫战中，鸟居耀藏的担心被大桥讷庵以经典的方式系统化了。

在德川时代的最后几十年里，关于国防的学说转化为一种关于文化用途的清晰理论，这种理论能够把传统世界观的主张与科学发现的原理结合在一起。这一

241

---

[1] Sugiura Minpei, *Nihon no shisō*, vol. 16: *Kirishitan, rangakushū*(Tokyo: Chikuma Shobō, 1970), p. 354.

任务是由佐久间象山（1811—1864）和横井小楠完成的。虽然他们最初致力于在新儒学（这是他们此时有所了解的学问）与"洋学"之间找到共通之处，但他们后来还是把新知识置于首要位置，以之作为认识世界并采取相应行动的基本条件。他们努力通过哲理习语的帮助以安全进入新的知识天地，证明了他们想要完成的融汇新旧两种知识任务的重要性。他们最终提出的解决方案，虽然仍不过是打下基础以备将来条件成熟时取而代之，但这对于稍后明治政权建立一个有效并有用的知识系统来说，是至关重要的。

造成这种广泛转型的关键，在于佐久间象山决定承认"洋学"是力量的来源，而力量与道德同样伟大。渡边华山和高野长英两人曾经在这个方向有所进展，但是没有一个人能够系统化地提出两种不同知识形式之间的相等价值。在19世纪40年代晚期和50年代，国际事件的性质有了很大改变，毫无疑问，西方船只在日本水域的频繁出现说服佐久间象山得出结论：世界已经变成了一个竞技场，各国都在这个竞技场上把它们的要求付诸行动。如果日本在这种争权夺利中失败，它就会遭到淘汰。在这样的环境下接受西方文化，"用他们自己的方法控制野蛮人"，便能获得必要的优势和力量，可在即将到来的竞争中处于有利的地位。但是，力量实际上是与知识联系在一起的，也与知识所由产生的文化体系密不可分。因此，必须掌握技术所由产生的原理，如今这已经成为保卫日本，抗击西方殖民主义的希望之所在。佐久间象山警告说，没有西方的技术，日本就注定要失败。

佐久间象山致力于研究西方武器，却并未遵循首先评估新儒家形而上学的通常途径，注意到这一点是非常重要的。在19世纪30年代，他两次前往江户作长期访学。第一次，他求学的对象是杰出的儒学导师佐藤一斋（1772—1859），这是德川晚期许多知名人物的良师益友。他对江户的第二次访学期间，正好赶上关于所谓"莫里森来访"的争论，幕府惩罚渡边华山和高野长英，第一次中英鸦片战争消息传来，以及关于江户湾防御问题的持续辩论，这场辩论由于高岛秋帆上书要求制定新的铸造大炮计划而火上浇油。当他在江户居住的时候，佐久间象山还亲眼目击了水野忠邦实行的幕府改革，这场改革的内容，包括任命佐久间象山的藩主真田幸贯就任海军防御之职。真田幸贯挑选佐久间象山担任他的顾问，并命令他开始研究军事科技。领受任务之后，佐久间象山进入了江川太郎左卫门的学校。这一连串续发事件表明，佐久间象山并不是通过新儒学进入"洋学"的，虽然这看起来好像构成了他哲学造诣的合乎逻辑的延伸，而是多亏了他的藩主的首倡精神，使之立刻卷入了直接和实际的沿海防御和大炮铸造等问题。力量的认知作为全球政策中的一种新元素，以及制定使日本能够竞胜争存的实际程序的紧迫性，促使佐久间象山思考新的知识体系与作为他自己现有知识禀赋的新儒学之间的关系。佐久间象山对新儒学的评估和他与新知识的邂逅是同时进行的。

通过与江川太郎左卫门的接触，佐久间象山获悉了"尚齿会"成员已身陷囹圄，他对渡边华山著述中知识的安全性作了担保。他自己关于西方王权的想法，仿佛正是渡边华山对国王及其在国家发展中的重要性所做阐述的一种重复。由于对江川太郎左卫门感到失望，佐久间象山很快就离开了学校，因为他确定这里提供不了什么可与渡边华山明确表达的观点相比的东西。

在被江川太郎左卫门引进"洋学"之门以后，佐久间象山感到，获得探究性研究方法的希望已经受到了过分关注文本学习的窒息，"事理研究"的真正意义已经丧失。自古以来，日本人和中国人的研究成果正是由于这个原因而虚耗精力，从而不得不放弃了增强国家力量的实用知识。他建议，虽然这样的知识由于文化自负和夜郎自大而难以获取，但对于国家生存来说，必不可少的是努力了解自己的敌人。"准备应对外来入侵的紧迫任务必须从了解他们（外国人）开始。了解外人的方法不仅在于穷尽他们的技能，还在于把他们的学问和我们的学问结合在一起。"[1] 如果外国人有大船，那么日本也应该造大船；如果外国人有大炮，那么日本也应该造大炮。佐久间象山警告不要采用那些不能保证胜利的过时方法。使用来自西方的新科技，成为克制外国人的先决条件。西方的扩张以及在中国的战争已经表明，仅有道德礼仪已经不再能够胜任防范本国的殖民地化了。由于承认了力量超越道德的核心价值，佐久间象山把他的学说从"水户学"大大提升了一步，形成了力量或然性与道德或然性之间至关重要的区别。[2] 他对力量的重视驱使他放弃了以往的想法，即外国人只是一些对道德和文明的美好事物全然无知的野蛮人。

然而，佐久间象山对力量的关注，也使他最小化了日本社会与西方社会之间的实质性差别。他认定中国人之所以败给英国人的原因，在于中国人不情愿承认

[1] Shinano kyōikukai, eds., *Shōzan zenshū* (Nagano: Shinano Mainichi Shinbunsha, 1922), vol. 1, p. 128.

[2] Uete Michiari, *Nihon kindai shisō keisei* (Tokyo: Iwanami Shoten, 1974), pp. 39-40.

外国人并不只是与禽兽无异的野蛮人。1849年，他写信给自己的藩主：把列强轻视为野蛮人，"是造成巨大伤害的根源，对于国家来说全然无益。"最后，他认为在"西方的习俗与日本的传统"之间并无什么不一致的地方。"当洋学研究繁荣昌盛之时，我们国家的良风美俗也将逐渐改变"，而"如果存在怀疑和不信任，那么洋学研究就会遭到阻碍".[1] 像任何学问一样，被接受的学问必须在它的有效性得到认可之前证明其普适性。对礼仪的依恋不应该仅仅局限于日本和中国。知识没有国界；没有什么东西不能为我所用，只要它能证明有助于国家的生存和独立。

244　　　　这样，佐久间象山便把新知识视为一种力量的形式。军事科技知识是力量的保证，所以对它的掌握也由于"国家安全的需要"而必须实行。虽然这种观点最初把"洋学"的采用局限在与军事有关的事务上（1843年时，佐久间象山仍然相信，对外贸易将导致无用商品的输入），但他后来改变了自己的意见。西方科技的积极诱导将导致与其他国家接触的扩大。如果以国家"强大"作为衡量的标准，那么任何政策，包括国家开放，都应进行调整，只要它能带来国家力量的实现和完成。这种主张，在佩里使团到来（1854）及随后签订通商条约之后，成为佐久间象山思想的显著标志。受到这些事件的警醒，他开始把开放日本与外部世界之间的贸易看做是他的力量观念的一个必然结果。军队的英勇需要富源的支持，而贸易就是唯一的选择，凭借贸易，小小的日本就能积聚起国家力量以强化它的军事能力。在他所写的最后一份建议书里，佐久间象山富于表现力地把这种情况与扩大和西方的接触联系起来。他写道："外国的技能和技术，尤其在牛顿、哥白尼的科学发明和哥伦布的地理发现之后，已经大大向前推进，并已延伸至物理学、地理学、造船术、铸炮术和防御工事建筑等方面。"通过对蒸汽机的精心研究，欧洲人已经驾驶蒸汽动力的轮船在海上航行，驾驶蒸汽动力的火车在陆上行驶。这样的成就依赖于对本国资源的勘探：为了建铁路需要炼钢铁，开办铸造厂需要采煤炭。"我们怎么才能使自己的国力富足和强大呢？我们必须从上述事实中得出结论。"他继续写道，在日本，幕府也好，诸藩也罢，都未能做出什么了不起的开创之举。"然而，如果日本运用贸易来获取利润，增强自己的国家力量，致力于造船、铸炮和建造战舰，也将能够与任何外国对抗……难道我们不应

---

[1] *Shōzan zenshū*, vol. 2, p. 710.

该与强大的国家联合，并为此制定一项计划吗……"他相信，知识和优越的技能将导致"彼此提升"和"相互促进"。[1]

这种论证的基础，在于确信像日本和中国这样的国家不只是在军事技术方面劣于西方国家。如果日本想要抵抗西方入侵的危险，保卫自己的独立，就必须从建立强有力的知识和学问的基础着手。过去的麻烦来自于未能鉴别有用知识的本质。这一看法是与佐久间象山对"研究法则"的理解联系在一起的。如今，他试图通过发扬早期的哲学一元论传统，通过融合西方自然科学的"究理"理念来重建新儒学。他强调要掌握自然界和物质世界"事物的本质"，而不是通过研究来满足伦理道德的需要。他所提倡的是朱熹的儒家思想与西方自然科学之间的一致性。

> 朱熹思想的意义在于洞察了自然原则与国家需要的一致性，从而使知识得以扩展。当程朱学派的思想与西方研究中的情况相一致时，这两位尊师的学说就符合于世界的道理。如果我们遵循程朱学派的思想，那么就连西方的技能也会变成学问和知识的一部分，而不会显得是在我们的知识框架之外。[2]

佐久间象山所视而不见的，是新儒学所主张的知识与西方技能之间实际存在的冲突。即使冲突出现，那也被认为是理所当然的，因为这是两种独特的文化，一个是"我们"，一个是"他们"，两者之间的障碍则被他关于国家实力和全球竞争的理念所克服。在一封给友人的信中，他阐述道："即使在不同的地方，也不会有两种宇宙法则存在。西方学说和技能的发展，也会对圣人的学问有利……"[3]而在给幕府官员的信中，他写道，由于西方科学的研究法则符合于程朱理学的意图，所以西方科学也应该相应适用于其他地方。在这个重建传统认识论的过程中，佐久间象山把研究的程序扩大到了包括测度、验证、证明和结论等步骤，认为这些构成了所有学问的真实基础。就像他所说的那样，所有学问都是累积而成，不断提升的。由于佐久间象山看不到法则之间的矛盾冲突或二元性，而只看到其间的一致性，所以他能够把东方道德与西方科技结合起来。他在《省詧录》

---

[1] *Watanabe Kazan, Takano Chōei, Sakuma Shōzan, Yokoi Shōnan, Hashimoto Sanai*, pp. 322-323.

[2] *Shōzan zenshū*, vol. 2, pp. 549-551.

[3] Miyamoto Chū, *Sakuma Shōzan* (Tokyo: Iwanami Shoten, 1932), p. 53.

中提出的，糅合东方道德和西方科学的著名口号，并不是承认两者之间的相互割裂，而是对具有普遍性的科学技术给予重视的一种特殊证明。

佐久间象山认为知识就是力量的观点，以及他对科学文化的建构，暗示着一种新的政治观念。他经常劝告日本人，为了求取知识"不惜探索五大洲"，这就把国家放进了一个更加广阔的世界之中。这个世界的更多知识，又促使他接受那些能够用来支撑日本国力的东西。虽然他从来未曾像横井小楠那样，提出过进行彻底政治和社会重组的建议，但他乐于改变自己的政治观点，拥护那些以文化为基础的、合乎科学的要求。即使他愿意承认日本弱于西方国家，但他仍要补充说这种劣势只是物理上的和物质上的，并要求进行系统的矫正。他写道："无论美国的政治制度有多好，都不可能在日本得到实现，因为历史不允许这样的移植。"[1] 对西方知识的接受并不意味着抛弃道德之路。就像科学是普遍通用的一样，五种人际关系（"五伦"）的道德也是如此。西方国家尚未意识到这些真理。由于保留了一种自然秩序的理念及其特殊的政治意识，佐久间象山未能正视一个更大的社会现实。道德标准一直在日本国内占据统治地位，而外部世界的政治和历史则是变化无常的，只有在对现实情况做出适当调查研究之后才能发挥作用。虽然自然秩序优先的理念对于社会本质的实际替代产生了不利的影响，但佐久间象山对西方科学的肯定还是对德川日本的社会形象产生了一些影响，而这是他所始料不及的。

实际面临的事件需要以新的态度来面对。日本正面临着非常时刻。佐久间象山宣称："无论过去的规则曾经如何重要，它们也必须被替换，因为这些规则已经使日本变得举步维艰。"在这里，他所指的是日本的锁国状态；因此自然需要"改革我国一直以来的威严律法"，原因在于"日本和中国的道德义理遵循的是平常时期的普通规则和程序，而紧急时刻需要的是应变措施"。[2] 他建议放弃"过时的标准"（与渡边华山早先的感叹有惊人的相似），预见到了采用新的政治形式的可能性。他想象有一些事情要比"德川家族和朝廷本身的尊严"更为重要，并指明以他所说的"国家利益"作为一种合法性的原则。从这一点出发，他构建起一个单一民族国家的形象（这无疑来源于他对西方国家的观察），并致力于保卫更

---

[1] Uete, *Nihon kindai shisō keisei*, p. 61.

[2] *Shōzan zenshū*, vol. I, pp. 98-99.

广泛意义上的国家，而不仅仅是保护德川家族。像许多同时代人一样，佐久间象山在西方知识中看到了得到及时安慰和帮助的希望。其提出的解决方案是建立一个国民共同体（"天下国家"），从而能够与"遍布五大洲"的类似国家进行竞争。最后，他提议建立某种国际礼仪，国家之间互相尊重对方的法律、制度和习俗，借此每个国家都将在不会妨害和谐关系存续的范围内保持其独特性。"神的土地"将会变成日本人的国家，而日本也将通过运用"正确的文明原理"，在世界民族之林中为自己赢得一块生息之地。这一信念引导他提出了国内改革的计划。这些计划虽然说不上整体系统，但其核心内容深刻反映出，他对适当的、有才能的领导阶层的重视要优先于所有其他的考虑。虽然他保留了皇室机构，但他把其中人员认定为像彼得大帝和拿破仑那样的国王。在这里，佐久间象山非常接近于一些早先的观点，这些观点曾经把国家的强盛与那些能够引领国家走向富强的君主权力联系在一起。

横井小楠（1809—1868）介入到国家富强和国土防御的论争中来，导致了把君主与国家这些概念重新设计为一种理论，内容主要是如何建立一种对重商主义国家有利的政治形式。即使横井小楠与佐久间象山和桥本左内（横井小楠在福井藩的前辈）生活在同一个各种意见纷至沓来的世界里，他在经验和学习的重要领域中还是与这两位积极的思想者有很大的不同。佐久间象山和桥本左内曾经沉湎于外国语言和基础科学的学习，而横井小楠在这些学问上则仅有微不足道的涉猎。横井小楠对传统的儒家玄学有更深的造诣，他对儒学的种种主张所做的反思也来自于儒家哲学命题的内在冲突，而不是来自于对民族危机的清醒意识。与桥本左内一样，横井小楠曾经充任福井藩主松平春岳的高级顾问，这是一个19世纪50年代晚期和60年代早期在国家政治的中心舞台上表现活跃的杰出人物。

横井小楠与佐久间象山在哲学上的不同是富于启发性的，有助于说明这样一个问题，即改变日本社会的性质为何被认为是建立日本现代国家的一项条件。鉴于佐久间象山把调查研究的原理设想为自然科学的一种形式，甚至试图把科学训练重新解释为基于理性和经验主义方法的穷根究底，横井小楠则更接近于那种广为人们承认的形而上学，把调查研究的原理及随之而来的"探究事物的道理"（"格物"）理解为在"诚意"与"正心"之间至关重要的联系。[1] 结果是，佐久

---

[1]　参见 Uete, *Nihon kindai shisō keisei*, p. 83.

348　间象山推进了"对自然世界的研究"，而横井小楠则否定了任何企图"轻率地低估道德考虑和把知识改变为泛泛阅读和记忆"的倾向。对待知识的这种态度只会导致"庸俗的儒家思想"，对国家和个人都"毫无裨益"。在现实情况下，研究的原则和探究事物的道理被说成是掌握"日常应用的道理"。尽管佐久间象山决心把"究理"与经验主义的调研方法结合起来，但他从来未能克服研究基本自然秩序与自然科学技术上的两难处境。毋庸置疑，佐久间象山已经意识到了这两种自然分类实质上的差异，正如他曾设法把它们组合为一种不可能存在的综合体。但是，通过收集"三代"和古时圣贤的典范来公开宣布他对真正传统的忠诚，横井小楠找到了一种对任何时代和地方都适用的超常方法。他的这一发现的中心内容是一种经过重新构建的社会概念，这一概念如今已经脱离了反映自然本质的责任，他相信这一概念符合于尧舜时代圣贤原型的经验。横井小楠指出，这些远古圣贤的伟大功绩，在于他们建构了一种适应于他们那个时代需要的可供遵行的社会和政治秩序，因此他们遗赠给未来世代人们的只是这种特殊经验的普适性，而不是一种永恒的权威安排。以这种方式，古代先例的普适性使横井小楠从维护一种静止的自然秩序（好像这种自然秩序成了所有时代的一种规范）的理学狂想中解放了出来。即使佐久间象山通过假设普遍性原则的设想而接近于达到了这一目标，但他终究未能自始至终完成后续的工作。相比之下，横井小楠以使古代先例普适化的方式探索了它的内在可能性，并继而使一个新的建立在财富生产和力量运用基础上的德川日本的社会形象概念化。

　　横井小楠分享了佐久间象山关于学识和力量之间关系的信念。在他生涯的早期，横井小楠曾对他所说的"无用的庸俗学识"倍加关注，他把这种"无用的庸俗学识"等同于一些当时的惯例，这些惯例成了了解政治事务的阻隔形式。学识的本质要求为了统治训练自我。如果一个人不能理解古人开创他们自己制度的立场，他就必然会成为"食古不化之徒"。在横井小楠的思想中，认清学识与政治的逻辑关系依靠的是致力于了解日常生活的实用性细节及其必要性。日常生活本

249　身就是伟大的古代教训的例证，并且确认了一种特有的历史准则，即允许每个世代的人们做出改变，并为新的需要做好准备。后世的学者特别是自宋代以来的学者，已经迷失了掌握日常应用的重要性，因为他们已经被皓首穷经耗尽了精力：

　　　　今天，当一个人考虑应该如何学习朱熹之学时，你就必须想到朱熹自己

是如何学习的。如果不这样做，当你开始读书时，就会彻底变成朱熹的奴隶。当一个人想要写作诗文，怎样才能相称时，你就必须考虑杜甫曾经学过的那些东西，这意味着回到汉、魏、六朝。

潜藏在这种方法之下的，是一种更加深沉的信念，即那些文本只是在它们产生出来的那个时代才得以构思和表现的。它们的这一特性并不适用于未来的所有时代。从积极的方面来看，不盲目接受已经成为既成事实的先例，不盲目信奉与道德不相干的虔敬言行，对于所有追求掌握原理的学识来说，都必须成为一个必要条件。横井小楠还认识到，放弃陈旧的惯例和摆脱对古人言行的滥用，未必会导致对"日常道理"的了解，除非这样做的同时还带有正当的意图、诚恳的信念和正直的品性，以及某种激励深思好学的人们首先研究他们自己的诚意。在一封写给同僚的信中，横井小楠声称，尽管生活在这样一个"我们的思想、我们的心灵对许多事物尚未进行研究"的宇宙中，但"我们仍然能够认识这些事物，并弄清它们的原理"。如果一个人诚实地实践，并依赖于"日常经验"，那么他就会有头脑的活动或行事"。[1] 诚挚的自我反省总是要求对外部世界的调查和研究，因此，在泛泛而知与真诚理解之间也存在着区别。

通过不断"有头脑地行事"，人们将会做到"真正理解从思想中产生出来的统治原理"。横井小楠抱怨说，理学家们始终沉溺在仅仅追求知识的博学，只是在学识上书写研究的心得，却从来不把它理解为一种用来"改善民众福利"的技能。[2] 在他们自己手里，探究事物的原理（"格物究理"）充当了一种用来推测和思索的工具，而从未被作为一种手段，来把握处在不断变迁中的外部世界，并诱导人们做出适当的回应。在这种知识和理解观念的认可下，关于一种永恒的和固定的自然秩序的理念可能不会留有什么发展的余地。

横井小楠曾与井上毅讨论过这一问题，当时正处在软禁之中的他表示："过去与现在的情况是不同的，虽然今天和昨天都符合于原则，但它们毕竟是不一样的。"在这里，伴随着 18 世纪政治经济的历史性发展，他把原则和条件作了区分。[3]

[1]　参见 Uete, *Nihon kindai shisō keisei*, p. 83。

[2]　Yamazaki Masashige, ed., *Yokoi Shōnan ikō*(Tokyo: Meiji shoin, 1942), p. 922.

[3]　*Watanabe Kazan, Takano Chōei, Sakuma Shōzan, Yokoi Shōnan, Hashimoto Sanai*, p. 506.

无论时代如何变化，"理"始终如一地引导人们，使人们得以把握真实的情况，以便考虑适当的行动方案。通过强迫人们抵制怠惰主观性的诱惑，真实的思想将会激发人们了解自己所处的时代，并"帮助自然的运作"，在今天这意味着政治的实施，或是《大学》经典中所谓的"内圣外王"。在这一讨论中，横井小楠表露了他自己关于政治形式的设想。就像他所坚信的那样，如果一种文化是与伦理道德有关的，那么，受到真实意图的激发，"诚信"将会促使人们正面应对变化着的情况，然后，它的形式也应该与伦理道德有关。面对情况变化的挑战所实际采取的行动，必须一直以实施"仁政"（这在德川晚期的语境下，实际上已经被表述为"民众利益"）作为目标。横井小楠所想象的民族国家主要是一个伦理道德的空间，其中的统治者通过服务于人民的福利来追求民众的利益。就这样，他以一种伦理需要的放大了的观念来重新排列政治事务的行为。在这种地位与目的重构的背后，是那种经典的古训，即"国家属于民众"，"民众是国家的根基"。横井小楠字斟句酌地追问："如果没有人民，国家何以能够建立？而如果有了一个国家，那它就必须为构成了这个国家的人民服务。"在1860年的一篇文章《国是三论》中，横井小楠通过唤起人们对德川幕府失败的注意，详细说明了这一信念。他解释说，德川家族曾经充当过专制君主，甚至当资源已经匮乏之时仍从各地要求财政支持，从而开始进行"私人操纵"，只为"一个家族的利益"服务。单纯的"爱民如子"的政治信条从未得以实施，因而无法使国家获得安宁。"当佩里把这种情况称为'失政'时，他说的没错。"因为真正的政治总是有助于民众的。

251
治理国家就是指的治理人民。武士是用来治理国家的工具。即使达到孝顺、正直、忠诚之道对于武士和人民是根本的，学说也必须以致人富裕为目标……致富肯定是最重要的任务。[1]

好的领导必须总是确保他的行为和政策符合于民众的利益。而利益应该仅仅为了人民而存在。"仁政的有效性……会以利益的形式传递给人们……抛弃私心

[1] *Watanabe Kazan, Takano Chōei, Sakuma Shōzan, Yokoi Shōnan, Hashimoto Sanai*, p. 444. 《国是三论》的译文见 D. Y. Miyauchi, *Monumenta Nipponica* 23 (1968): 156-186。

将会有益于人民。私下里追求利益，就可以称为不道德的行为。当一个人有益于人民时，他就是一个仁慈的人。"[1] 在这种情况下，国家应该鼓励贸易和海上商业交往，以便实现民众利益的需求。

根据《国是三论》，农业仍然是生计之源，不过它已经只是生活的一个方面。人类需要他们的生活日用，没有难以计数的各种产品，生活将不可能维持。这些产品都是通过交换而获得。贸易和货币的流通影响着整个国家。由于这样的制度未曾落于实处，所以如今的日本是一个相对贫困的国家。因此，应该做出各种努力，为各地各种各样的生产发展做好准备。但是，在这一目的达到之前，必须为商品的流通建立起一种市场制度。市场制度和货币运用将通过调节商品的交换和流通，来防止经济的停滞。由此会对经济领域的活动起到约束作用。事实上，可以看出横井小楠著述的重点逐渐从市场转移到国防，越来越关注一旦西方野心家打开国门将如何建立合理的国际关系。横井小楠选择藩（尤其是福井藩）作为单位，主张在这样的单位里应该实施新的经济安排，但是他也相信，"富国强兵"的形式能够扩展至其他各藩，因为"一个藩国的恰当施政能够扩展至整个国家"。就国家的层面来说，横井小楠与佐久间象山一样，支持各大强藩努力以设立新的会议制度的形式，在朝廷和幕府之间实现和解。他的重商主义规划的价值在于其能够被应用于更为广阔的国土之上。此时，高杉晋作已经在长州力图实施一种与此相类似的计划，而大久保利通也正在试图把萨摩转变为一个富强之藩。最后，由于横井小楠决心找到能够说明各种利益共存的方法，所以他以美国作为例证描画出他所心仪的政治样式。

总的来说，横井小楠发展出一种相互耦合的论证方法，证明了要求更广泛地参与关于社会福利和安全讨论的正当性。"公众议论"（"公议舆论"）这一概念表明，要努力就社会事务发言，并使这种发言的权力得到正式确认。这一努力指的是幕府应该召集国内所有的才能之士到江户（因为今日的当务之急就是吐露心声），"以团结全国的有识之士，处理国内的政治事务。"这一政策将会"在国内突出民众的分量，并传达出民众在获益与受损、得到与失去等问题上的意见"。[2] 特别是，横井小楠设想了一种仍然顾及各藩利益表达的统一组织形式，这一形式

[1] *Watanabe Kazan, Takano Chōei, Sakuma Shōzan, Yokoi Shōnan, Hashimoto Sanai*, p. 504.
[2] Uete, *Nihon kindai shisō keisei*, p. 83.

非常类似于他所赞赏的美利坚联邦共和国。他希望通过求助于"公议舆论"的理念，使能力转化为效力或效用，由行家里手和专业人士提供资料，以时代变化的意识以及对民众愿望和情感的关心作为中介，来设置一些避免因幕藩体制的分歧而造成损失的措施，因为这将不可避免地引起"私人操纵"的后果。他相信他已经找到了适当的方法来表达儒学的原则，那就是使领主的私人道德（"自我训练和修养"）适合于以公众的利益治理国家。学识逐渐取代道德成为领导能力的必要标准。这表现在他于1862年写给越前藩松平春岳的推荐信中，信中敦促"抛弃德川幕府自从取得全国政权以来就一直表露无遗的自私自利"。如今已经到了"改革德川家族失政"的时候，也到了基于更多公众的利益来"治理国家"的时候。

多元文化实践与政治集权的胜利

在德川晚期的思想家和实干家之中，没有人比横井小楠更加了解由新的学说所代表的各种主张纷至沓来的"现状"了。被普遍接受的政治共识的消失，以及需要找到解决种种问题的出路，所有这些，都在给19世纪60年代具有爆炸性的社会环境增添火种。横井小楠对当时状况的"阅读"，提出了一种对于安全和救助问题的解决方案，这一方案包括做出一种具有支配力的安排，使之有能力在保留不同意见的同时使政治秩序安定下来。事实上，各种各样主张的同时发生，最终形成一种新的支配性政治实践得以运作的社会基础。

从18世纪末19世纪初以来，各种学说的不断拓展清楚地表明，这些表现为"你方唱罢我又登场"的精彩表演的实践活动，也许可以称之为文化"超定"（overdetermination）现象，或曰"文化上的多元并存"。[1] 在这一过程中，多重原因和多种矛盾有规律地以浓缩的形式一再出现，构成了一种带有断裂和破碎意味的形象。所有新的实践活动都宣称"差异"的重要性，而自18世纪晚期以来，这种差异性就与模糊不清的社会认同联系在一起。游戏的文化反映了一种以社会

---

[1] Overdetermination（超定）一词，身世显赫，可以追溯到西格蒙德·弗洛伊德的《梦的解析》。我使用这一词汇，是为了说明德川晚期存在着形形色色的学说和表述，同样的元素以不同的形式一次又一次地表现出来。简而言之，这些元素（恐惧脱序、关心生产、焦虑安全问题、免于分裂的共同体意识、关于权威性和正统性的新概念，诸如此类）看来得到了最大量和最强有力的支持，从而获得了进入各种学说内容之中的合法权利。

破碎和分裂作为文学、艺术和智力生产出发点的体验。在统治者与被统治者之间分隔政治空间的观点的崩塌，以往有意义的宇宙秩序（人们在其中各安其位）的逐渐解体，以及那种不解自明的服从观念受到怀疑和取代，所有这些结合起来，推动日本社会走上了一条不断探索的道路，以重建它失去的团结和统一。每种学说，包括水户学在内，都以它们的方式承认了统治者与被统治者之间那种简单的分割关系已告终结，都争辩说社会分层的规则只应对其自己负责，只是受到了建立在自然范式基础之上的形而上学的导引。在新儒学的认可之下，社会主体已经被设想为一个固定的整体。只要这样一个想象的整体社会模式仍然盛行，政治活动就仍然只不过是等级制度社会关系的重复而已。一些散乱无章的"解释"，流露出了人们承认需要通过社会关系的识别和表达，来不断找寻社会重构的手段。每种学说都显示出一种"超定"现象，其中隐含着在差异不断增长中矛盾也在逐渐消除，隐含着对"社会"意义的过分滥用，也隐含着在把这些差异固化为一种稳定结构的任何尝试中所遭遇的困难。

254

所有这些学说都从这样一个假设出发，即它们所力图加以理解和对之发言的问题构成了社会的要件，而不仅仅是其他个人的事情。自此之后，涉及秩序、安全、生产力、救济和援助、以日常生活为中心，以及需要复制社会生存条件的实用性知识等问题，便要求采取一种能被用来实现其目标的社会观念。在德川晚期的学说中，作为一种考虑问题的条件，公众舆论的创造对社会整体来说意义重大，有可能把一种新的政治空间概念化。所有这些学说，都把来自宇宙和自然秩序的合法性术语转变成必须通过人为表现和生产能力来加以衡量。以此，它们对业已确定的德川幕府的统治秩序做出了最大的挑战，它们的主张首先集中在超自然的法则上，其次则集中在生产的工具上。受到克服统治者与被统治者之间隔离状态的共同冲动的驱策，几种学说全都通过强调与抽象概念相对立的具体实在的、可以感觉的事物，力图把日常生活放在最值得注意的位置。结果是，所有这些学说都是为了表明知识如何来源于某个特定社会阶层的日常生活，并赋予其认知者做出影响他们生活的决定的能力。这些新的知识体系的影响之一是身体的训练，借此，适当的精神状态被用来与某种共同的意念相契合，以便抵消那些坚持要求把精神与肉体分离开来的正统观念的有害影响，并弥补近来风俗的消极后果，在这种风气中，身体的游戏和表演经常过于放纵了。

要使其他人的事情成为自己的事情，需要找到一种不同的权威形式，来验证以那些迄今为止一直被剥夺公民权的人们的活动为中心的行为。任何在不同群体间进行的关于政治活动和行政机构的讨论，就像官方所确定的那样，长期以来都被认为是不恰当的，因为它们缺乏合适的知识，存有极大的风险；它也挑战了官方为政治学说指定对象物的要求。这一变动需要把中心点从政治置换为文化，并重新思考在宗教、科技和经济领域中社会关系的身份认同，以便找到一个能够提供这些群体表征的舞台。通过同样的表征，这一变动想象了一个允许对不同政治形式进行概念化的新舞台。每一种新学说都产生出了一个与群体的社会认同相一致的政治形式的愿景，这一愿景渴望加以表达，并且据信已经从新的文化内容中浮现出来。水户学强调藩的自治；国学者设想自给自足的村庄；新宗教披上了神圣的外衣或组建了信徒的共同体；而富国强兵的建议者则提出了民族国家的构想。然而，对于大部分人来说，由多重因素所决定，想象的是一种具有"偏差"稳定系统的制度，这种制度可以通过替换其中的部分构件来解决整体存在的问题。

　　总的来看，作为一个发出声音的不同过程，一些学说试图脱离中心前往边缘，或是设想构建一种多中心的局面，创造更大的公共空间，以便讨论那些会对社会产生影响的问题。这既是一个信号，显示出以往那种统治者与被统治者之间身份区隔永久固定的政治活动逐渐消解，也是一种朝向新局面的过渡，这一过渡期的特征是政治空间的逐渐扩大。在这种情况下，相互竞争的各方势力的身份处于不断变化之中，需要一再地重新定义。在德川晚期，论争的领域是由多元的实践活动所支配的，这些实践活动都以社会的不完备和开放特性作为先决条件。这预示着对锁国状态的挑战，同时也在稳定秩序和促进生产的一般需要与保证各种社会认同存留的局部要求之间找到了一种平衡形式。只是由于广大半自治性区域的存在，各种学说才得到了非均质的、不平衡的发展，而各种学说间发生冲突的可能性，也使某种适合这里的生态条件，能令秩序和差异都得到满足的具有支配性的理论和实践大行其道。对于许多信奉新学说的人来讲，含糊其辞的"王政复古"许诺了实现一种中央集权化构造的可能性，而这种构造所要做的是稳定社会、维护利益和固定认同。然而，这些各种各样的利益要求和社会认同规划，本身很快就变成了问题，而没能成为答案。

　　在某种意义上，明治维新的初级阶段，或事实上被称为"王政复古"的阶段，表明此时此刻许多人都相信，有必要找到一种能够包容乃至代表各种利益

诉求的形式，这些不同的利益诉求实际上都在破坏着德川幕府统治的基础。值
得注意的是，每场运动所尝试的都是对现存的中心进行质疑，并以多中心加以
替代的努力，从而试图提供它自己的对于政治维新的设想：水户学早已宣布了
"中兴"（"王政复古"）的目标；国学以"遵守基础"（"返回原初"）的方式提出
了它们的呼吁；新兴宗教以要求"世界更新"（世直し）完成了它们对新秩序想
象的顿悟；而富国强兵的建议者则追求以"大割据论"作为重排 19 世纪 60 年代
各种政治势力座次的方式。并非不重要的是，各种学说都能很容易地支持以天
皇和朝廷为象征的"王政复古"，而王政复古所允诺的至关重要的事情是回到神
武天皇的时代，这是一个"荡涤所有积弊"的时代，是一个向全世界寻求新知
识的时代。在这一点上，在一段短暂的时间里，各派势力之间产生了一种必要
的默契，即联合打倒德川幕府，推翻由其支配的政治结构，并承诺恢复秩序和
安全，在保留地方自治的同时分配中央的救助。至于未来的目标，虽然尚不确
定，但"王政复古"能够表现出一种支配性的意象，即通过预先在各种势力中
间维持某种平衡来重视所有社会群体的利益。1867 年，"王政复古"的呼求是如
此之强大，以致像铃木雅之这样的作者也受到鼓舞，意味深长地以"长歌"（一
种古体长诗）的形式宣布："甚至连受轻视的人，也不会漠然置之／隐身在荫凉
处的天皇（'大君'）像一朵夜间的花，将开放得越来越兴旺／每个人都会因伟
大时代的繁荣而感到欣喜。"[1]这样的情感似乎得到了全社会的广泛共鸣，每个地
方的人们都在迎接明治维新，尽管只是短暂的一瞬，但毕竟表达了他们自己的
希望和志向。

　　但是，很快就有其他的声音开始谴责明治维新是一场骗局，是对他们最珍爱
的理想的一次致命打击。在矢野源道所写的挽歌体短诗中，他哀悼柏原荣光的逝
去，回归黄金时代承诺的破产，到 1880 年时，所剩下来的只有"永远不会实现
的梦"。[2]几乎刚刚达成"王政复古"，对维新政体中央集权构造的探索就隐现在
现代官僚政治国家的建设之中，这个现代国家所要做的恰恰是消除曾经使德川幕
府统治体系归于失败的分裂、争执和多中心状态。1870 年后，以效率和理性作为
标准，对官僚政治行政职能的整体重组进行安排，目的在于去除那些曾经在德川

256

---

[1]　Itō Shirō, *Suzuki Masayuki kenkyū* (Tokyo: Aoki shoten, 1972), pp. 287-288.

[2]　参见 Hirose Tamotsu, ed., *Origuchi Shinobu shu* (Tokyo: Chikuma Shobō, 1975), p. 386.

晚期的散漫发声中浮出水面的强烈敌意，而这对于中央集权秩序的建立是必不可少的。如今，很多人都相信，新的不得不加以解决的政治主题是对秩序、救济、援助、安全的需求，以及随之而来的撤回对中央政府支持的问题。这场一直持续到19世纪90年代的争论，由那些多元实践的支持者与新的领导集团之间相互敌对的言行所构成，前者坚持要求保留自治措施（通常在要求地方自治的运动中表现出来），后者则决心从事激进的权力集中化，并消除所有的反对声音，这些声音要求以一种真正的宪政精神做出权威性的制度安排。[1]

当然，这并不是说明治维新成功地终止了形形色色的学说。作为19世纪60年代一次毁灭性藩内战乱的后果，水户学早已使自己离开了政治领域，即使后来的明治政府把它的部分学说挪为己用。由于得到了诸如岩仓具视这些朝臣的支持，国学在1867年和1868年的短时期内，曾经力图通过提议实行一种基于古代模式的带有王政复辟色彩的新政策，来控制事态的发展，但这已经过时了，因为它想要构建的是一种更具宗教和神话意味而较少政治意义的规则，是一种更加自觉的古代农业社会而非现代工业社会的秩序。作为一门学说，它被打扮成为一种受到国家控制的教派，用以增进对供奉在出云神社的"大国主神"的崇拜。后来，它被转化为人类文化学中的日本学科，再一次被用来明确表达对新的官僚政治国家权力的垄断。那些新兴宗教则继续了它们不断回撤的多变历程，展现出对抗国家、招收大量信众、产生新的更激进宗教团体（诸如"丸山教"和"大本教"）等种种事态。最后是关于沿海防御和国民财富的学说，它试图通过向扩大政治参与和地方自治的理念添注自己的内容，来抑制明治国家的中央集权化趋势，并在19世纪70年代到80年代，转化为推进日本社会"文明""开化"的系统尝试，以此寻求建立一种永恒道德与合理秩序。

然而，在19世纪90年代已告完成的明治国家，事实上也是如上所述幕末时期各种问题的一个解决方案。在德川幕府晚期的几十年里，正是社会失控催化了一场关于中央（乃至整个国家）如何重建问题的争论。由于担忧无法控制农村和城市的持续动乱，同时害怕没有能力应对外来的威胁，加上迫切需要终结开始盛行的表现为脱离幕府和撤回支持的离心倾向，这些都推动了对更加有效的社会重

---

[1] 关于"中心与边缘"之争的记录，参见 Michio Umegaki, "After the Restoration: The Beginnings of Japan's Modern State,"（纽约大学出版社即将出版）；关于地方主义支持者的变化，参见 Irokawa Daikichi, *The Culture of the Meiji Period*, translation edited by Marius B. Jansen(Princeton, N.J.: Princeton University Press, 1985).

组途径的寻找。在这一重组过程中，政府当局与社会群体之间，各种群体处理社会事务的努力与这些事物太过重要因而不能让公众插手的信念之间，相互斗争越来越成为唯一的表现方式。这个现代国家通过把公众利益认同固定在它对秩序和安全的追求之中，同时对他者的利益提出共产主义的主张，努力排斥过剩的社会意义。这种情况难免令人回想起，德川幕府晚期的各种学说（例如水户学）曾经设计过国家所应具有的社会救助者的形象，即便当这一形象只是一种模糊不清的爱护民众、关心民众的混合物，仍然需要把民众当作受抚养的子女来对待。但是，明治政府的领导人认为，必须由政治来决定文化的内容，而不是相反；同时他们觉得，社会认同必须用来服从国家的需要，因为一条相反的路径将会鼓励层出不穷的新的主观要求和分裂敌对的行动。一旦国家把它自己妄称为文化生产的楷模，就可能去除文化的娱乐功能，并利用文化成为一种使人民群众非政治化的意识形态工具。这一行动要求减少德川晚期各种学说的多元发声，使谈论同一事物的多种声音减少为只剩下一种政府授权学说的单一声音。

第四章　外国的威胁与口岸的开放

伦敦大学　W.G.比斯利

18 世纪后半叶，见证了欧洲势力在非欧世界的扩张进入了一个新的阶段，这一扩张受到欧洲各国政府重商主义野心的刺激，而欧洲各国日益加强的技术优势使得这种扩张成为可能。这一扩张的一个重大步骤，是进行一系列努力，发展与东亚国家的有利可图的贸易，而大多数的东亚国家与以中国为中心的政治经济体系松散地联结在一起，长期以来极少表现出与其他地区进行商业贸易的意愿。日本自 17 世纪以来一直实行锁国政策，并没有对西方扩大贸易的提议给予积极的反应。与此同时，西方国家与中国之间茶叶与丝绸的贸易却日渐兴起，到 1800 年，这项贸易的价值量已很可观。在接下来的 50 年左右时间里，这项贸易发生了两个变化：第一，它成为西方在东亚进行经济渗透的主要焦点；第二，它成为一整套制度性关系存在的理由，这套制度性关系以"条约口岸体系"而著称，最终延伸至中国大多数的海上邻国。作为中国的一个海上邻国，日本也成为这个体系的一部分。

19 世纪条约口岸体系的本质，主要是从大不列颠的商业政策衍生而来。反过来，这一体系也反映了从 18 世纪重商主义学说到与工业革命兴起相联系的自由放任政策的转变。在 1840 年，首先是为了寻求给其工业产品扩张市场，英国通过一场与中国在鸦片贸易上及在广州的英国商人处理上的争端，以与自由贸易原则相一致的"平等"的名义，获得了要求中国"开放门户"的机会。实际上，正如 1842 年 3 月结束鸦片战争的停战条约所反映的那样，这意味着英国可以与指定的中国通商口岸之间进行全面贸易；在那些通商口岸进出的商品关税被固定在很低水平；通过治外法权英国商人获得了法律保护，在治外法权下，按照英国法

260　律审理案件，并由在中国领土上的英国领事法庭行使这一权利。把香港割让给英国是对这些安排的一个保障。其他国家很快协商制定了相似的协定。尽管这些条约与英国模式不同，但都包含了这一内容，即通过最惠国待遇的条款机制，各列强利益均沾。

　　这些协定施行起来比最初预想的要难。从 19 世纪 40 年代到 19 世纪 50 年代早期，与中国的贸易并没有像希望的那样快速扩张。商人们把这个结果归咎于两个因素：缺少进入中国内地市场的直接通道，以及在通商口岸的中国官员不愿意支持那些外国人从条约中获得的好处。对此，他们说服英国政府寻求对条约款项进行重新修订，以便打开包括一些长江港口在内的额外口岸，并且要在北京驻扎外交使节。他们相信，通过对中国地方官员的"蓄意留难"行为进行抗议，可以敦促满清采取行动。1856 年，在广州发生了"亚罗号"事件，这是一艘在香港注册的本地商船，他们的这些要求有了实现的机会。再一次，就像 1839 与 1840 年间的情况那样，局部冲突逐渐升级为战争。英国又一次获得了胜利——这次是与法国结盟——带来了双方口头承诺的和平。1858 年夏天，额尔金伯爵在天津订立条约，这个条约不仅包含了之前条约的重要特征，还增加了一些中国强烈反对的条款，比如开放长江和北方的偏远口岸，在北京设立公使馆，等等。这个条约以及这一年迟些时候在上海谈判订立的具有补充性质的商业条款，在外国居住者看来，是他们在中国的特权与愿望的实现。在这个世纪剩下的时间里，"条约特权"的维护，就成为他们期望本国政府保证他们利益的最主要任务。

　　发生在中国的这些事件，对日本的"门户开放"具有重要影响。这些事件使得西方外交家、商人、传教士的脑海中形成了若干假设：在中国运用的有利于其政策推行的手段（炮舰外交），也可以经济有效地加以运用以对付其邻国；这一意图所遭遇的困难将会和在中国所发生的相似；而这些困难可以通过同样的制度性手段（条约口岸体系）加以解决。更重要的是，中国的失败使得日本官员倾向于接受条约口岸体系在日本不可避免的扩张，这也使得外国与日本的谈判更加容易。即使如此，日本也不会成为中国的一个翻版。它的地位，无论是从国内来看还是国际来看，都与中国不同。因此，日本以一种明显不同的方式进入条约口岸体系。

锁国政策面临的挑战

其中的一个不同是，日本不是由于大英帝国的活动而被迫开放的，尽管在19世纪的上半叶，不列颠曾经或公开或秘密地活动以期打开日本的大门。从本质上说，这是因为对英国来说，与日本的贸易所获得的利益远远小于与广州的贸易所得。在历史上，日本与中国的贸易有两条路线，一条是与中国南部的通商口岸进行直接贸易，另一条是通过东南亚与中国进行间接贸易。大概从1640年开始，中国帆船到长崎的航行提供了这种直接联系。间接贸易则大部分掌握在荷兰东印度公司手里，货物由荷兰商船每年从爪哇运来。无论是荷兰还是中国商人都没有能够发展出一条自日本出口、有望在欧美找到市场的输出线路。这两个国家的商人从日本带回来的大宗货物是铜，主要供应亚洲市场。他们也没能够在日本创造出对中国和东南亚商品以外的巨大需求。事实上，通常认为直到1800年，荷兰与日本持续保持商业上的联系，更多是因为它屈服于个人参与者的利益，而不是这一贸易可能给予任何更大的好处。

对这些情况的认识，使得英属东印度公司不再做任何认真的努力以达到与日本进行贸易的目的，这早在1813年至1814年间斯坦福·莱福士爵士试图与日本建立联系的企图被打破时便得到了证明。当英国在拿破仑战争期间从荷兰手中夺得爪哇岛后，莱福士被任命为副总督。富有能力与野心的他，把英国对爪哇的占领看作是把荷兰与长崎贸易向英国与长崎贸易转变的一个机会，正如1812年4月他对印度总督充满期待地解释说："一旦我们成功地站稳脚跟，在扩张由英属印度生产、在欧洲没有足够销路的许多商品的出口时，便不会遇到太大困难。"[1] 1813年，莱福士派遣了一艘船到达长崎。然而，在那里的一个荷兰人首领使他的计划遭到挫败，这个人说服莱福士的代表，在与日本人进行交往的时候说自己是荷兰人要比说自己是英国人更明智一些。他说，这是因为这有引起日本报复的危险，这种报复源自英国军舰"辉腾号"的一些强硬行为。1808年，在一次对荷兰商船进行商业袭击的过程中，"辉腾号"曾强行驶入了长崎港。

莱福士并未灰心，注意到第一次航行带回的一船铜锭已经显示有利可图，他

262

---

[1]　T. S. Raffles, *Report on Japan to the Secret Committee of the English East India Company* [Kobe, 1929] (reprint, London: Curzon Press and New York: Barnes & Noble, 1971), p. 11. 笔者曾经对 *Great Britain and the Opening of Japan 1834—1858* [(London: Luzac, 1951), pp. 5-7] 书中的事件作过简要的论述。

计划第二年再次航行。然而，在印度的殖民官员甚至连这一点都表示怀疑。在孟加拉的总会计师负责风险记录评估，他认为莱福士高估了这些铜的价值，同时低估了它可能与印度公司销售的英国矿石展开的竞争，从而带来商业上的不利。他认为，从公司在 17 世纪企图与日本进行贸易的报告书来看，似乎更可能的是，"与日本的贸易不可能以吸引购买英国的工业制成品为目标"。[1] 总督接受了这种论断所蕴含的意思，禁止莱福士采取任何进一步的行动。1815 年 5 月，伦敦则同意了莱福士的观点，考虑到如果具有一个看起来能够得以实现的合理预期，那么，尽管这一贸易的价值和重要性得到了高估，却可为另一种尝试打开了方便之门：

> 这种交往一直以来被认为是不可能实现同时又是如此令人向往，尽管无论对于国家还是某个公司来说，我们自身期待从中获得的利益不会很大，我们仍倾向于对我们在爪哇的政府所持有的任何合理企图持赞扬的态度，这种企图就是以获得这种利益为最终目标。[2]

不久之后，爪哇归还给了荷兰，这一事件也就没了下文，但是东印度公司的高级职员们对于在日本的商业前景缺乏真正的热情这一状况，则持续了一代人甚至更长时间。1833 年，英属东印度公司丧失了对中国贸易的垄断权，但它却把这种态度传递给了它的继任者——英国外交部。时任外务大臣的巴麦尊勋爵，1834 年 1 月曾致信英国驻广州的商务总监律劳卑勋爵，告诫他要采取任何可能的安全措施以扩大中英贸易，并补充道：

263

> 以同样的谨慎与小心进行观察……你应利用一切机会，来探知是否有可能建立与日本的商业往来……你应经常将观察和查询的结果及时报告本部。[3]

这不仅仅是敦促这位商务总监采取主动行动的一种旁敲侧击的行为，这一点很快得到了证实。1835 年，哈得逊湾公司提议，三个在温哥华岛受伤并从印第

---

[1] Raffles, *Report*, p. 193.

[2] Raffles, *Report*, p. 210.

[3] 引自 Beasley, *Great Britain*, p. 15。

安人那里被救回的日本水手，大概可以成为一个借口，借以组成一个官方使团来寻求与日本进行贸易。但巴麦尊对此并不同意。律劳卑的继任者被简洁地告知，"把这些人用任何一艘驶往日本的中国式平底帆船悄悄地送回家"。[1] 不过，这一事件并不意味着做任何事情都不可能改变巴麦尊对这一问题的看法。

鸦片战争为采取行动开展与日本的贸易创造了一个更好的氛围，至少看上去是如此。关于日本必须像中国一样最终抛弃它的锁国政策的提议，至少成为在中国沿岸航行的外国船只的共识。第一份官方史料来自 1844 年，当时荷兰国王致信日本政府，要求以更自由的方式解决外国贸易问题。来信警告道，由于日本阻碍了欧洲由工业革命和人口增长所创造的商业野心的扩张，这可能使日本遭受中国已然遭受的命运：

> 地球上各个国家间的交往正变得日益密切。一股不可抗拒的力量正把她们凝聚在一起。汽船的发明使得相互之间的距离变得更小。在这一关系迅速发展的时期，倾向于保持孤立的国家将不可避免地与许多其他国家为敌。[2]

这种半威胁、半劝导的方式，成为之后数年西方对日外交的常见组成部分。不过，在这一阶段它的成效甚微。德川幕府只是回应说，锁国令不可能被抛弃："既然祖先的法律已经被制定，子孙后代必须遵守。"

然而，荷兰所提到的这些危险并非虚言恫吓。1845 年 5 月，作为英国商务总监兼任香港总督的约翰·戴维斯爵士，起草了数份针对日本的秘密计划，这些计划都提到将用现有的海军力量展开"一场重要的任务"，并要求为英国在日本获得种种特权，这些特权是英国通过鸦片战争在中国获得的。他说，既然日本已经知道了这场战争，那就有充分的理由相信，幕府会答应他的这些要求："我很难想象，除了立即考虑采取措施签订一份实质上基于南京条约的贸易协定以外，日本政府还能做别的什么……"[3] 外交部同意了这项提议；然而这项提议还是无果而终，这在很大程度上是因为，适宜的海军力量对于这一计划的实现显得至关重

264

---

[1] 引自 Beasley, *Great Britain*, p. 24。

[2] D. C. Greene, "Correspondence Between William II of Holland and the Shogun of Japan A.D.1844," *Transactions of the Asiatic Society of Japan* 34 (1907): 112.

[3] Beasley, *Great Britain*, p. 59.

要，而在戴维斯需要时，他却无法调动这支海军力量。这主要是出于一种恐惧，即如果没有海军力量的保证，英国可能会碰壁，使其在中国与印度的特权遭到损害。

戴维斯与外交部在1845至1846年的函件往来，证实了自莱福士的时代以来，英国的对日政策没有发生根本性的改变。对于英国政府和它的代表来说，尽管与日本的贸易十分诱人，却并不值得为此付出巨大的努力。商人们的意见具有巨大的潜在影响，但是它们主要集中在与中国存在的贸易问题及其展望上，对于创造一个更加积极的对日态度其推动力甚小。因此，当美国1852年宣布它要派遣远征队前往日本时，英国的反应是同意而不是竞争就不奇怪了。马姆斯伯里爵士，一位不好战的外交大臣，很肯定地告诉他的商务总监："女王陛下的政府很乐意看到与日本的贸易打开局面；但他们认为这一次试验最好是留给美国政府来做；并且如果这个试验成功的话，女王陛下的政府可以从中获益。"[1]

这一论调直接或间接地强调了已经开始在东亚施行的自由贸易帝国主义的两个特征。一个特征是，通道比独占的特权更为重要。当进入一个市场的权利被一个列强获得时，根据条约中所包含的中国式的最惠国条款，这一权利也可以被其他列强所享有。至少在这个意义上，商业竞争不会不可避免地导致国际竞争。另一个特征是，源于在西方眼中中国的极端重要性，这使得中国不仅仅是其他国家所寻求的典范，也在一定程度上扮演了避雷针的角色，把这些国家面临的危险都吸引走了。在日本与俄罗斯的关系上，中国就扮演了这样的角色，尽管这些关系在目标与性质上不主要是商业性的。

俄罗斯对日本产生兴趣的历史背景，是其对西伯利亚的黑龙江地区及横跨北太平洋直至美洲大陆的入侵活动。如同其他形式的欧洲扩张，这一扩张在18世纪的最后几年获得了新的动力，尽管有时候它的结果比它的倡导者所期待的更为复杂。譬如，对于黑龙江流域的入侵威胁到了中国的边疆，曾经被认为会破坏中俄之间已经存在的横跨草原的陆路贸易。与之相似，对堪察加半岛南部岛屿的勘察与殖民，在那些并没有清晰地定义为日管区或俄管区的地区，造成了与来自日本北部的猎人与渔民的接触，在很多情况下表现为冲突。这导致了俄国和日本发生政治冲突的危险，并使得俄国打通与日本的贸易变得更加困难，尽管这种贸易

---

[1] Beasley, *Great Britain*, p. 93.

更多是作为一种有效途径，为俄罗斯在亚洲大陆太平洋沿岸的殖民地获取食物和其他供给。

1799 年 7 月，俄罗斯在这整个地区的活动被置于新成立的俄美公司的控制之下，像英国和荷兰的东印度公司一样，俄美公司被赋予管辖该地区与进行垄断性贸易的权力。它迅速意识到如何供应在远东的贸易据点成为一个问题，因为横跨亚洲从陆路进行供给是很困难的。相应的，在 1802 年一个计划被制定出来，用以打开与太平洋沿岸地区的海上交往，着眼于既能解决供应问题，又能发展与中国的海上贸易。该计划包含了一个与日本进行贸易的提议。提议指出，既然日本被认为有能力向欧洲提供茶叶、丝绸、瓷器和生漆等商品，那么，它就既可以成为俄罗斯殖民地的供应来源，也可以成为对中国贸易的一个补充。

1803 年，一支探险考察队自喀琅施塔得出发，它由亚当·克卢森斯滕船长指挥，并带上了对日特使尼古拉·雷扎诺夫，他也是俄美公司的主要股东之一。1804 年 10 月，探险考察船抵达长崎。在雷扎诺夫留在长崎不受日方待见的同时，沙皇亚历山大一世的信中对于进行贸易的请求已被正式地告知江户。最后，在1805 年 4 月，一个日本官员赶来告诉雷扎诺夫，不管是他的提议还是他的出现都不会被接受。雷扎诺夫带着愤怒离开了长崎港，同时安排他的两个下属，发动了对日本在虾夷、萨哈林、千岛群岛居留地的袭击，并向沙皇辩称，这一行动是"迫使日本开放贸易"的唯一途径。[1]

在 1806 和 1807 年间发生的这些袭击，并没有引起日本的政策变化。它们所达到的效果，是增强了日本对其北部边疆的国防意识，一位在千岛群岛勘察的俄罗斯探险船的船长瓦西里·高劳甫宁在 1811 年的被捕证明了这一点。直到 1813年，高劳甫宁才被释放，那时候，俄罗斯官员们拒绝承认他们早期的军事行动。因此，在三十年甚至更长的时期内，俄罗斯对日本的兴趣不大，并且主要是由私人而不是政府激发的。

像英国一样，鸦片战争促使俄罗斯对其远东政策进行重新评价。在 1842 年，鉴于英国在中国的利益所得，沙皇尼古拉一世设立了一个委员会，重新考虑俄罗斯在黑龙江地区与萨哈林岛的角色地位。该委员会提出了多项建议，提供给一个

266

---

[1] 关于这次远征的最有帮助的记述，以及俄国在这一地区的其他活动，参见 George A. Lensen, *The Russian Push Toward Japan: Russo-Japanese Relations 1697-1875* (Princeton, N.J.: Princeton University Press, 1959), pp. 121ff。

由海军上将叶夫菲米·普佳京领导的旨在扩张俄中与俄日贸易的使节团；但是该计划最终被抛弃，因为俄罗斯在该地区的商业兴趣无法支撑如此宏大的事业。存留下来的，仅仅是对黑龙江口的适度探险与考察。尽管这被证明只是一些影响更为深远的事物的开头而已，对于日本而言却有重要的影响。1850年，一位负责考察的官员宣称——在没有任何授权的情况下——俄罗斯对"下至朝鲜边疆的整个黑龙江地区和萨哈林岛"拥有主权。他的上级，西伯利亚总督尼古拉·穆拉维耶夫则更为露骨。在1853年3月写给沙皇的信中，他声称，正如在19世纪早期俄罗斯没有办法阻止美国对北美大陆更大部分地区的主权扩张一样，"对俄罗斯而言，统治整个太平洋的亚洲沿岸地区是非常自然的"。[1]最主要的障碍，穆拉维耶夫指出，是英国可能通过先发制人的行动，控制萨哈林和黑龙江口，以阻止俄罗斯的进一步扩张，因此俄罗斯必须加强其对萨哈林的控制，"在这一地区将不可避免地发展与日本和朝鲜的贸易……"四月，亚历山大认可了这一政策，下令俄美公司占领该岛。这一决定为穆拉维耶夫领导下的对黑龙江地区的入侵开辟了道路；它成为接下来数年俄罗斯在远东地区主要的入侵活动。这一系列行动随着1858年与1860年的条约的签订而达到顶点，通过这些条约，黑龙江成为俄国与中国的边界，同时乌苏里江流域包括海参崴在内，都被纳入俄罗斯的手中。

在所有这些事件中，日本扮演着次要的角色，但并非无关紧要。对于北方的俄罗斯人居留地来说，对日贸易看起来仍然具有重要性。更为急迫的是，要想避免连续不断的摩擦，必须订立一些协议来确定俄日在这些岛屿中的边界。因此，关于美国正在计划远征日本的消息——这对俄罗斯在太平洋的地位又是一次潜在的挑战——促使俄罗斯重新启用在1843年被抛弃的计划。

艾夫非米·普提阿亭再一次被指定完成这些计划。1853年初，他带着一小支舰队离开欧洲，肩负的使命是确保俄罗斯不被排除在美国可能打开的任何一个日本港口之外，并寻求与日本就萨哈林和千叶群岛等领土问题订立有关的协定。8月，在佩里驶进江户湾的数个星期之后，艾夫非米·普提阿亭抵达了长崎港。

对日本而言，俄罗斯在北方的活动所造成的威胁相当于，甚至超过了英国的商业野心所带来的危险，这种危险已在中国有所反映。在19世纪50年代，日本

---

[1] George A. Lensen, *The Russian Push Toward Japan: Russo-Japanese Relations 1697-1875* (Princeton, N.J.: Princeton University Press, 1959), pp. 300-301。

关于外交政策的争论时常回归这两大主题。然而，后来的事实证明，日本实际上在俄罗斯与英国的政策中均不处于中心地位。对两大列强而言，日本在地理上处于重要地区的边缘：就中国来说是这样，就"满洲"北部和东部地区来说也是如此。正是由于这个原因，日本的开放最终是由美国来完成的，这是把日本直接视为美中关系重要一环的唯一列强。

美国对日本的兴趣，如同俄罗斯一样，既有商业因素，也有太平洋的因素。大概在 1820 年以后，捕鲸船开始出现在日本海域，其中绝大多数是美国人行驶的。日本的锁国政策禁止这些船只为了淡水及其他补给品造访日本港口，加上日本时不时地对遭遇海难的水手们恶意对待，这在美国引起了憎恨，美国国内施压要求订立条约以解决这些困难。不过，起着更为重要作用的，还是大约在这一时期首次公开表达的一种日渐加强的共识，即美国获取太平洋海岸线将会带来巨大的经济机遇，尤其是加利福尼亚与中国之间的可能贸易。美国与广州的贸易，从东海岸经由印度洋，已经形成了仅次于英国的巨大规模。给予它额外的范围这一前景因而看上去充满吸引力。

日本被纳入这些考量，不仅是由于它被视为海运事业的一个潜在危险，也是因为它被视为抵达中国的太平洋航线上一个有用的补给站。因此在 1832 年，当安德鲁·杰克逊总统派遣埃德蒙·罗伯茨船长作为他的代表出访中国时，才会指示他在不承担额外风险的情况下与日本进行坦率的谈判。罗伯茨在达成与暹罗的条约后便去世了，并没有机会在别的地方做成什么事情，所以这一次主动出击并没有取得什么成果，除了可能鼓励了一群传教士与商人在 1837 年组织了一场私人的航行（莫里森事件），期望通过送回一些遭受放逐的日本人的方式以获取进入日本港口的权利。像其他先行者们一样，他们遭到了无礼拒绝。

鸦片战争和中国港口更广泛的开放，对一些美国人来说，就像对英国的约翰·戴维斯阁下一样，使他们认识到迫使日本开放是不可避免的，并且也是更加容易实现的。于是，1845 年 6 月，美国政府指令驻华代表，通过对日本进行一次访问，或派遣驻扎当地的高阶海军军官詹姆斯·比德尔海军准将担当此任，来测试促使日本开港通商的前景。美国驻华代表选择了后一种方式。比德尔于 1846年 7 月按期到达江户湾，结果却发现日本人坚决地拒绝了他的提议，并重申他们的锁国政策。由于接到了避免采取任何武力的命令，比德尔被迫沮丧地撤离，尽管一个意外事件——他受到一名日本守卫的推挤——也许会给予他坚持要求得到

268

某种让步的理由。中国沿海地区的舆论把整个这次冒险行动视为得不偿失。

　　然而，接下来几年，美国在俄勒冈和加利福尼亚建立正式统治的事实，使得形势发生了显著的变化。正如财政部长罗伯特·J.沃克在1848年所评论的，这既是政治上也是经济上的获益："通过我们最近在太平洋上的所得，与我们间隔着一个平静大洋的亚洲已然成为我们的邻居，邀请我们的蒸汽船沿着比全欧洲还要巨大的商业航道前行。"[1] 毫无疑问，沃克考虑最多的是中美贸易，但是，日本也在其脑海中占有一席之地。1849年，美国军舰"普雷布尔"号的指挥官詹姆斯·格里恩被派遣至长崎，以确保一群遭受海难的美国船员能被安全释放与遣返回国。在1851年初回到纽约后，格里恩投身于一场由航运集团支持的旨在说服华盛顿远征日本的运动，指出日本不仅在长崎有可供开采的煤矿供应，也"直接地位于从旧金山到上海的必经之路上"。这使得它对于任何一条横跨太平洋的汽船航线都极其重要。国务卿丹尼尔·韦伯斯特认为这些论断是令人信服的，他在1851年6月同意了这个提议。这个任务由海军准将约翰·H.奥利克执行，他接到的指令中强调：为美国人获得在加利福尼亚与中国之间的通道上购买汽船行驶所需的煤的权利；对海上遇难的船员提供适当的保护；为美国商船取得在一个或多个日本寄航港出售货物的许可。奥利克随身携带着总统米勒德·菲尔莫尔写给日本天皇的信件，该信件阐明了上述要点，并要求在两国间进行"友好的商业交往"。[2]

　　事实上，这次远征不是由约翰·H.奥利克，而是由海军准将马修·C.佩里指挥的，1853年7月8日，佩里的小舰队到达了江户湾的入口。横跨大西洋和印度洋的远距离航行，使佩里再一次认识到煤炭补给站的重要性。这次航行也给了他充足的时间，来考虑决定完成任务的方法。按他的官方叙事里的话来说："他决心采取与迄今为止因相似的差事访问过日本的那些人截然不同的行动……"[3] 为了实现这一政策，佩里坚持以完整恰当的正式礼节并且在他的下锚停泊船只的

[1] 引自 T. Wada, *American Foreign Policy Toward Japan During the Nineteenth Century* (Tokyo: Tōyō Bunko, 1928), p. 59。

[2] 出处同上，文本虽然并不完全相同，但与由佩里最终递交的信件内容相似。

[3] F. L. Hawks, *Narrative of an Expedition of an American Squadron to the China Seas and Japan, Performed in the Years 1852, 1853, and 1854* (Washington, D.C.: Beverley Tucker, Senate Printer, 1856), vol. 1, p. 235. 这一官方记述能够得到佩里本人日记的有效补充，Roger Pineau, ed., *The Japan Expedition 1852-1854: The Personal Journal of Commodore Matthew C. Perry* (Washington, D.C.: Smithsonian, 1968)。这一时期美国对日政策的标准记述参见 P. J. Treat, *The Early Diplomatic Relations Between the United States and Japan, 1853-1868* (Baltimore: Johns Hopkins University Press, 1917)。

严密监视下，在久里滨递交总统的信件；尽管日方一再催促，仍拒绝去长崎接受日本政府的回复；佩里在自己的信件中暗示道，虽然"作为他友好意图的一种证据"，他这次只带来了一小支舰队，但他打算"如果有必要，将在明年春季带更多的舰队回到江户".[1]

佩里进行的这个计划，决定了与其给予日本让他继续等待他们答复的机会，倒不如先撤退到中国海岸待一段时间来得明智。因此在 1854 年 2 月 13 日，佩里再次出现在江户湾，准备与日本政府进行谈判。像先前的场合一样，他保持着一种仪式上的超然态度，同时坚定地拒绝在程序性问题上让步。对日方的谈判官员来说，他们接受的命令不是准许贸易，而是避免卷入对抗。结果是在 1854 年 3月 31 日签订了一个协定，这个协定给了佩里他所谋求的东西：下田和函馆作为美国船只的中途港开放，在这两个地方可以获得煤和其他供应；对遭遇海难的船员给予合理对待；在下田任命一个美国领事；虽然措辞模糊，但获得了在开放港口购买货物的权利；以及一个最惠国待遇的条款。这不是一个完整意义上的商业条约。然而，正如佩里在他的报告里所说的，这只是一个开始：

　　　　日本已经向西方国家开放……向日本说明她的利益将随着与他们的交往而扩大则是西方各国的分内之事；并且，随着偏见的逐渐消失，我们可以期待看到未来越来越自由的商业条约的谈判，这不仅仅对于我们自己，对于欧洲所有海洋强国，对于日本的进步，以及对于我们全人类的发展进程都是有利的。[2]

显然，这些是自由贸易的论调。在中国提出这样的论调，它们可能被坚持用来反映政策所基于的强烈愿望。但是当这种论调被运用到日本时，谋求给予一个更多是与设施而不是与贸易相关的条约以吸引人的光彩，就成了一种不切实际的愿望。大体上相同的是，在佩里的谈判之后，英日与俄日谈判的政治性与战略性动机要多于商业性动机。正如佩里为一条去中国的美国汽船航线以及捕鲸船的供给港铺平了道路一样，艾夫非米·普提阿亭解决了与俄国在太平洋扩张有所联系的问题，而英国的谈判代表，海军上将詹姆斯·斯特灵爵士与日本建立起关系，

270

---

[1]　总统和佩里信件的内容见 Hawks, *Narrative,* vol. 1, pp. 256-259; 也可见 W. G. Beasley, ed., *Select Documents on Japanese Foreign Policy 1853- 1868* (London, England: Oxford University Press, 1955), pp. 99-102。

[2]　Hawks, *Narrative*, vol. 1, pp. 388-389.

则是作为克里米亚战争海上战役的一种副产品。

271　　　首先达成的是斯特灵与日本的协定。英俄之间爆发战争的消息于 1854 年 5 月传到香港。作为驻在中国海岸的高级海军官员，斯特灵的任务是保护英国船只免受普提阿亭的袭击，并且，如果可能的话，击败普提阿亭的舰队。为了执行该项任务，他在该年晚些时候造访了长崎，以谋求日本发表拒绝俄国人在其港口避难的中立声明。但是他的翻译人员，一个曾经遭遇海难的日本人，完全没有把这个意图说清楚。结果，尽管没有外交国书，日方还是向斯特灵提供了一份佩里式的协定，斯特灵接受下来，并在 1854 年 10 月 14 日签署了这份协定。尽管遭受到来自在华英国商人的大量批评，英国政府仍然及时批准了该项协定。

　　　如上所述，早在 1853 年，艾夫非米·普提阿亭便被派遣到日本，以便在佩里远征所创造的新局面下保护俄国的利益，并谋求一个与日本北方国界有关的协定。8 月，他在长崎递交了宣布其使命的信件之后，像佩里一样，他决定撤退到中国，以便给江户政府时间来考虑俄国的要求。1854 年 1 月，艾夫非米·普提阿亭返回日本，发现日本已就解决边疆问题做好了准备，但是在贸易问题上仍然顽固。普提阿亭不甘愿接受这个结果，向幕府提出了异议，并在幕府加以考虑时再次离开了日本。这时，克里米亚战争的爆发打乱了他的计划，在北太平洋，他被卷入了一场与英国海军之间的猫捉老鼠的游戏，所以直到 1854 年晚些时候，他才再次来到日本。12 月，俄日谈判重新启动，这次是在下田，并且是在知道了佩里所取得成果的情况下。尽管普提阿亭的旗舰由于地震和海啸被摧毁，但会谈很快迎来了一个成功的结尾，1855 年 2 月 7 日，俄日协定签订，对千岛群岛在两个国家之间进行划分——尽管留下与萨哈林岛有关的边界问题尚未解决——并开放长崎，继下田和函馆之后，作为俄国舰船所需的又一个港口。

1857—1858 年的商业条约

　　　如果说日本市场的吸引力被证明太小，不能促使列强们做出任何决定性的努力以获取进入它的通道，那么同样成为事实的是，德川日本的商业经济发展，并没有在国内导致任何显著的为了贸易而抛弃锁国政策的政治压力。我们所描述的
272　这些事件，毫无疑问对日本产生了重要的影响，但是它们主要并不是与商业相联系。在武士阶级中间，海防意识得以加强，这最初是由林子平和本多利明提出

的；随后的一代，是水户藩的学者会泽正志斋和藤田东湖；在鸦片战争之后，则是像佐久间象山这样的军事专家们。在一些藩里，发生了铁矿石探测和其他工业技能的试验，这最终导致了大炮的生产和西式船只的建造。不过，虽然这在较长时期内对日本的现代化来说是重要的，但改变日本外交政策基础的重大举措，直到日美条约签订以后才得以出现。

上面提到的所有学者，都认识到海防对于国内政治具有极其重要的意义。林子平和本多利明都敦促对日本社会进行深远的改革，目的在于增强国力以对抗外国的威胁，即使以削弱幕府为代价也在所不惜。林子平因发表他的观点而被捕，本多利明则逃过一劫，原因仅仅在于他一直秘密地传播其著作。水户藩的学者们采取几乎一致的论调，鼓吹幕府放松对大名的控制，这在他们看来，是传统社会秩序"恢复"的一部分，其中也包括了对天皇作用的重新评价。佐久间象山预见到需要一种新式的爱国主义，并呼唤一种能够使这种爱国主义运行的非世袭的领导集团的出现。所有这些提议，都以他们各自的方式表达了对德川幕府政权的不满，并借以避开严苛的检查过程，使自己的言论传播得以延续。然而，这些并不一定构成对幕府锁国政策本身的攻击。事实上，对于外交政策，他们得出的结论并不完全相同。林子平、本多利明和佐久间象山认为，如果日本想要发展保卫自己的手段，就有必要采取一种显然是重商主义的行动方案，包括创建一支海军和一支商船队。这意味着至少要废除锁国法律中那部分禁止日本人海外历险的内容。相形之下，水户学派则致力于"攘夷"，即"驱逐蛮夷"的政策，也就是说，继续保持日本港口的关闭，直到完成了可以使其安全开放的政治重塑过程。

由于批评者之间的这些分歧，幕府的政策和权威性在19世纪上半期得以保持完整，虽然不是没有一些模棱两可之处。在1799至1821年间，幕府从松前藩的封建领主手中接过了对虾夷地管理的直接管辖权，以加强该地区对俄国的防御。1825年，作为对前一年与捕鲸船冲突的回应，幕府重新以更严厉的方式公布了锁国令，宣布外国船只接近海岸时必须加以"驱逐"（"打拂"）。这一政策一直持续到鸦片战争，它的一个受害者是1837年的美国船只"莫里森"号。此后，关于日本面对西方时军事实力弱小的意识，受到英国在中国的胜利所激发而日益增长，这带来了一种谨慎行事的态度。1842年的法令放弃了《无二念打拂令》，取而代之的法令是，外国船只在被送走之前，如有必要，可以向其提供食物和燃料，只有在他们拒绝离开的时候才可以开火。与此相联系的是，向官员们下达

273

了要求给予海防更多关注的强制命令，希望以此来缓和日本国内的批评。德川齐昭，作为水户藩的大名及攘夷派的主要代表人物，摒弃了这一法令，认为这一法令最多只是装点门面，而最坏则可能引起一种危险的漠不关心。1844 年，德川齐昭的影响力导致了江户对荷兰通商提议毫不妥协的拒绝。尽管如此，在随后的几年里，幕府还是表现出自己愿意对各种在琉球群岛与外国人进行的秘密贸易视而不见，该群岛当时是处于萨摩大名的管治之下。

日本人对于锁国政策的争论，早些时候是断断续续而且多半是私下的，佩里的到来使这一争论变得急迫而公开化。预料到会有这样的后果，德川幕府的高级官员（老中）阿部正弘，曾经在此前一两年不辞辛劳地与德川齐昭达成了相互谅解，目的在于把德川家族与幕府中有影响力的人物团结起来，以支持这样的提议，即在海防变得有效之前，国家的外交政策必须谨慎小心。1853 年 7 月，佩里到达江户湾之后，阿部正弘决定设法将这一共识扩展到整个封建领主阶层，他把佩里所携信件的译文下发到有关官员和大名，并征询他们如何加以应对的意见。他所期望的是，在 1854 年佩里重返日本之时，与之订立一个妥协的协定将会得到有关方面的坚实支持。然而，他所达到的却是把日本统治阶级内部潜在的观点分歧公开化了。

对幕府公告的答复透露出了三种主要的观点。大多数在原则上支持锁国政策的人并不总是真心实意，他们的真实目的只不过是希望在日本仍然弱小的时候避免任何可能的敌意。这也正是阿部正弘所期望的。此外，还有两个派别，人数虽少却颇有势力，且明显无法调和。一个派别由幕府当局的一些关键人物所领导，其中包括佐仓藩主堀田正睦，他在 1855 年 11 月接替阿部正弘成为幕府机构的领班，还有彦根藩主井伊直弼，他在 1858 年成为摄政者（大老）。他们的主要论点基本上源于林子平、本多利明和佐久间象山：日本的国防只能通过采用新技术，尤其是通过战争来加以保障，而这样的知识则要依赖于与西方国家建立关系。正如井伊直弼所说："在我们如今所面临的危机中，仅仅通过坚持我们以往所采取的锁国令，是不可能确保我们国家的安全与稳定的。"[1] 他说，作为一个权宜之计，

[1] Beasley, *Select Documents*, p. 117. 在有关封建主张和对外关系的问题上，基础性的日文著作是 Inobe Shigeo 发表于 20 世纪 20 年代和 30 年代早期的那些著述；例如他的 Bakumatsu shi no kenkyū (Tokyo:Yūzankaku, 1927)。他的大部分研究后来被纳入为对这一时期的重大政治史的探讨：Ishin Shiryō hensan jimukyoku, eds., *Ishin shi*, 6 vols(Tokyo: Ishim shiryō hensan jimukyoku,1939—41)；关于 1853—1858 年的诸种条约，参见第 1 卷和第 2 卷。

需要给予美国人进入日本港口获得燃料和其他补给的权利。贸易则完全是另一回事。日本应当建立一个商船队进行海上贸易，这比让外国商人到日本来要好得多。通过这种方式，可以打下建立海军的基础，拥有了海军，幕府便可以按照自己的意思与外国人打交道，甚至，在必要的时候，可以再次关闭港口。

另一个派别的代表是德川齐昭，他得到了幕府家族及其旁系成员等的支持。同样，对于德川齐昭而言，西方军事技术是日本国防的一个基础。然而，他认为更加重要的是士气。只有幕府不管可能招致的战争危险有多大，带头拒绝外国的要求，这样士气才能得以保持："如果人们看见幕府追求和平政策的任何信号，士气便永远不会提升……而炮台及其他装备也相应地只能成为装饰品，不能投入到有效运用之中。"[1] 像井伊直弼一样，德川齐昭希望幕府能够奋发振作。但与井伊直弼不同的是，德川齐昭把这种"奋发振作"仅仅等同于要求武器装备的改进，而不是建立现代化的日本武装力量。阿部正弘处于这两个派别之间，由于这两个派别都具有非凡的政治影响力，阿部正弘位于其间，处境有点尴尬。

在 1854 年早些时候，面对固执的美国将军佩里，阿部正弘对签订的条约感到满意，这个条约准许外国船只进港避难，而不是准许贸易。这个条约克服了迫在眉睫的危机，却没能解决外交政策的基本问题，也没能调和试图重塑该政策的两个集团。对于这两个集团来说，与美国签订的条约里没有任何"积极的"东西，尽管阿部正弘具有足够的政治技巧，可以确保他们之间不会出现下一轮的争论，但 1855 年底堀田正睦接替他出任老中，情况便发生了变化。很快，这一条约就由于新的危险因素的出现而告失色，这一危险就是中国和西方之间的冲突所导致的"亚罗"号战争。

重开谈判的第一个步骤是由荷兰驻长崎的代表德克·库提乌斯采取的。1856年 1 月，库提乌斯促成了一个条约，该条约放宽了当时一些对于荷兰居住者的人身束缚，并为荷兰人获得了其他国家在近期与日本的协定中所获取的特权。不过，日荷贸易则继续着先前的状况，那就是，处于长崎严密的官方监督之下。几个月后，库提乌斯在一封给幕府的长信中对此颇有微词，同时指出他预期英国很快就会要求与日本订立全面的通商条约。他声称，与荷兰订立贸易协定将促进日本的利益，从而也会建立一个有可能说服英国接受的模式。他指出，日本毕竟不

275

---

[1] Beasley, *Select Documents*, p. 106.

可能期望持久地阻挡住欧洲的商业压力。

在9月初的时候，堀田正睦发现这个说法具有足够的说服力，可以将它交给幕府官员进行研究。在接下来的会谈中，一群"才能之士"起了关键作用，他们最初是由阿部正弘所任用的，注定不久便会成为日本对外事务方面的主要专家。他们很快得出结论，确认日本在某种形式上的开放是不可避免的。对他们当中的一些人而言，这看上去甚至是可取的。至于该种政策的主要障碍，很清楚是德川齐昭可能反对，但是，1857年2月，在中国发生战争、特别是英国袭击广州的消息传到日本，大大削弱了这种可能的反对。3月19日，堀田正睦评论道："我们坚持传统的任何企图，将会因微不足道的小事而造成困难，并因而最终引起外国人的怒气，这是极其不可取的……因此，我们应当居安思危，必须制定一个长期的计划……"[1] 堀田正睦的言论促使幕府内部开始起草一系列文告，以便确认日本与外国的贸易可能被赋予的形式和种类。在表面上，这一事态在国际关系和经济两方面关乎日本的国家利益。但实际上，大多数官员都把此视同为以现存方式保留既有的政体和社会，因而关于外交政策的争论也就演变为关于国内政治的争论。较为谨慎的人希望日本在条约谈判中缓慢前行，只允准那些外国人坚持索要的条款。他们的理由，正如一份文件所解释的，是因为锁国令是包括政体在内的政治结构所公认的一个部分，改变其中这个部分将会削弱其他的部分：

276

> 举个例子，将国家系统与房子的构造做一个对比，根据当下的品位改变房屋的表面结构不会对房屋造成巨大的损害，但是改变房屋的骨架，或替换梁柱和基石，将会使房屋动摇并引发整体坍塌。[2]

锁国令，正如他们所认为的，就是这样的一根梁柱或者一块基石。他们更直言不讳的同僚，接过堀田正睦的话头回应说，如此消极的应对方法肯定会带来灾祸。他们说，如果日本只是照此办理，那么"所有的一切都将开始坍塌毁灭"。与此形成鲜明对照的是，如果幕府公开致力于从事贸易，"则会成为使整个国家置于控制之下，同时也为国家财富和军事力量打下基础的一种手段"。[3]

---

[1] Beasley, *Select Documents*, 130-131。

[2] 同上，p. 138。

[3] 同上，p. 136。

堀田正睦意识到，冒犯德川齐昭将会产生巨大的政治风险，所以倾向于不在这些相互对立的观点之间做出最后的选择，以便等待与德克·库提乌斯举行会谈。1857 年夏天，这些会谈在长崎进行。这些会谈原本是打算作为预备性的商谈，结果库提乌斯得以说服那些被派来与其会谈的官员，将会谈变成为正式的谈判，取得的成果是就一份商业条约草案达成了一致，这一条约草案被即时送往江户，以待批准。

这是 8 月末的事情。随之而来的是长时间的沉默，反映出幕府态度的持续不确定性。与此同时，有消息传到长崎——后来证实并不准确——一支英国舰队即将从中国起航，带着一位特使前来日本。对于日本的谈判代表而言，这一消息促使他们做出决定，以便在英国人到来之前签署与荷兰的协约，从而使这一协定可以作为一个正式模板，告诉英国人他们可以得到哪些东西。然而，江户一直没有对谈判代表所等待的答复表明态度。接着在 9 月 21 日，艾夫非米·普提阿亭到达长崎。他立即声援库提乌斯，要求获得一个条约，这进一步加重了对长崎官员们的压力。最终，10 月 16 日，在长崎的日本谈判代表做出重大决定，与荷兰和俄罗斯两国签署协定，而不再等待幕府的批准。正如其中一人在写给江户同僚的信中所提及的，这是"一次最为鲁莽的行为"，只是出于"维护幕府尊严"和防止"国家完全灭亡"的高于一切的需要，这一行为才具备了某种正当性。[1]

包含在这些条约里的条款，是大多数较为开明的幕府官员们所能够容许的，因为他们对于世界形势较为消息灵通。即便如此，这些条约本质上仍是对持续了两个多世纪以来的与荷兰贸易条件的一次修正，而不是像列强们强加给中国的那些条约所可能暗示的那样，是与过去的一次完全决裂。在长崎的年贸易额和造访长崎的船只数目不再受到任何的限制。交易不再像迄今为止的那样，完全通过长崎的政府机构来处理，但是，这一机构仍然保留了对某些日本出口商品的垄断，譬如铜，而且，所有买卖物品的货款仍将由其一手经办。对于外国船只和商人在港口内和港口周围的移动，仍然保留一些限制。更为重要的是，关税的一般税率被定为百分之三十五。

汤森·哈里斯于 1856 年 9 月在下田出任美国总领事，他接到的指令是与日本商讨一份中国式的商业条约，毫不奇怪，日本与荷兰所商定的这些条款让汤

277

---

[1] Beasley, *Select Documents*, pp. 146-149.

森·哈里斯感到深恶痛绝。有一次他甚至把荷兰条约的条款说成是"让制定条款的各方蒙羞"[1]。尽管这些话他是在与日本官方讨论自由贸易的好处时说的，但是不应过分从字面上理解他的批评。不管怎样，哈里斯为他自己制定了与库提乌斯所追求的截然不同的目标。日美之间在下田进行了几个月的商讨，期间同意了对佩里协定中关于汇率以及外国定居者生活条件等问题所做的修订。之后，哈里斯开始转向更为重要的问题。他早已表达过想去江户的愿望，以便递呈总统的信件，讨论"影响日本的重大事件"。事实上，他也制定了一份日美条约的文本，内容和准备与暹罗国签订的条约完全相同，这表明，问题的核心在于贸易。所以，在 1857 年于长崎举办夏季会谈的背景下，幕府小心翼翼地分析与库提乌斯商讨的条约是否能够满足哈里斯。而哈里斯在觐见将军之前，不愿意透露其目的。由于害怕哈里斯像英国人一样，一旦达不到目的就增派军舰，江户妥协了，九月底，在普提阿亭抵达长崎、导致危机的两天之后，下田奉行告知哈里斯，他已被批准于年底在江户觐见将军。

1857 年 11 月 30 日，哈里斯到达江户，周游了一位领主的领地。一周后，他得到了将军的接见，当着将军的面向堀田正睦递交了美国总统的信件。由此，从 12 月 12 号开始，在堀田正睦的官邸进行了有关外交和商业的谈判，哈里斯夸夸其谈了两个小时，分析了世界形势的变化及其对日本发展道路的影响。哈里斯表达的内容和 1844 年荷兰人信件中的主题基本一致，这些主张且在最近又被库提乌斯于长崎提了出来。哈里斯说，蒸汽船很快将使世界变成一个"大家庭"。没有哪个国家有权利疏远其他家庭成员，日本也不行。英国希望通过战争把贸易条款强加给日本，正如他们对中国所做的那样。日本如果采取抵抗政策，可能会损害其独立主权。因此，明智之举是不仅放弃闭关锁国的政策，而且还要通过签订条约，以和平的方式、不失体面地加入到由国家组成的大家庭中来。哈里斯说：

> 倘若日本与没有军队作为后盾的美国大使签订条约，尊严可保。与一个不以武力为后盾的人签订的合约，相比与一个将要派 50 艘军舰逼近海岸线

---

[1] M. E. Cosenza, ed., *The Complete Journal of Townsend Harris* (New York: Doubleday, 1930), p. 507. 哈里斯秘书的日记也可利用：Henry Heusken, *Japan Journal 185S-1861* (New Brunswick, N. J.: Rutgers University Press, 1964).

的人签订的合约，是截然不同的。[1]

堀田正睦的下属官员也持有类似的观点，这使得哈里斯的话更加可信。而且，此时大体上幕府已经致力于与他国开展贸易关系。剩下需要解决的问题，是执行这些决定的具体安排。几天后，堀田正睦明确表示他愿意在哈里斯提出的前提基础上开始谈判。在分析日本面对着何种选择之时，堀田正睦指出，如果仅仅用一些暂时的条约来哄骗外国人，接受他们的要求是为了换取时间进行军事准备，那是注定要失败的，因为："年复一年，我们终将失去一切。"而贸然发动战争，以之作为统一日本舆论的手法，也必将导致日本处于被动，国力逐渐枯竭。唯一的生存出路是向其他国家一样寻求发展，实现日本自身的富强：

> 因此我确信，我们的政策应该注重眼前的机会，广结盟友，派船出使他国，开展贸易，学习国外优势，弥补自身不足，以实现富国强兵，方能逐渐使外国人最终受制于我国的影响……我国的领导权将在全世界范围内得到认可。[2]

哈里斯要求日本方面做出两个让步：允许美国人在日本若干港口的自由贸易，以及在日本都城派驻外交代表。1858年1月16日，堀田正睦通知他可以根据这些条款开始谈判，虽然由于民怨沸腾，开放的港口将会比哈里斯预想的要少。正式的具体谈判是由日方代表井上清直和岩濑忠震进行的。一上来，哈里斯就起草了一份可能为双方接受的条约草案。这份草案包括了后来最终条约的实质性内容，不过，经过哈里斯的好一番反复解释之后，这些条款才被日本方面所接受，而这些解释是专门设计用来说服日本人接受西方通行的外交惯例和政治经济理论的。关于外交使节是否需要常驻江户而非神奈川的问题，也经过了很长时间的讨论。讨论的问题还有开放港口的数量，以及商人是否有权住在江户和大阪。就是否开放江户所进行的谈判陷入了僵局，最终哈里斯做出了让步。所有这些，都使得这位美国人产生了不耐烦情绪。在记录这次谈判的日记中，他写道：

---

[1] Beasley, *Select Documents*, pp. 163. 哈里斯日记中的摘要更为简短，参见 Harris, *Complete Journal*, pp.485-486。
[2] Beasley, *Select Documents*, p. 167.

280 　我应该强迫自己关注主要的、具有实际意义的条款，少去注意日本人就同一问题多次重复的冗长议论；我不该关注那些他们开始时断然拒绝，随后又加以同意的条款，他们总是这样；我也不该关注他们提出的那些荒唐提议。要他们接受条约没有什么希望，我几乎对此不抱奢望……[1]

　尽管存在重重困难，2 月 26 日仍然达成了关于协议的一致意见。其中心要点是"美国人可以和日本人进行任何商品的自由买卖。任何日本官员不得对此种交易进行干涉，也不得为此制造和收受报酬……"（条款三）[2] 为达此目标，除了下田和函馆之外，还须开放以下港口：从 1859 年 4 月开放神奈川（横滨）和长崎，从 1860 年 1 月 1 日开放新潟，从 1863 年 1 月 1 日开放兵库（神户）。幕府允诺江户和大阪的贸易分别于 1862 年 1 月 1 日和 1863 年 1 月 1 日开放。允许一位美国大使常驻江户，而且在所有开放港口设立领事。美国人在日本犯法，受美国法律约束，通过领事法庭审判。附加的贸易条款，对日本出口商品征收 5% 税收，对进口商品则征收不同的税率，在这样的税收制度下，船舶，还有生丝，税率为 5%，其他大部分商品的税率则为 20%。除去少量用于医学目的之外，鸦片买卖被禁止。

　除了禁止鸦片贸易的条款之外，这一条约的绝大部分条款都会被参与过与中国谈判的西方外交家所认可。仅有最惠国待遇的条款没有得到实现。因此，哈里斯有理由为自己的工作感到满意。但是，很快事实就表明，在日本，正如在中国一样，签订条约比实施条约要容易得多；甚至连条约的签署也会造成莫大的麻烦。

　哈里斯所做的，就是利用英国对自由贸易的一贯坚持，说服幕府政策制定者中的关键人物，让他们接受一些他们从未接触过的，以及他们认为不很恰当的文件。这些幕府官员本来认为，与荷兰签订的条约已经为合理让步做出了范围限制。而哈里斯这个美国人，则把日本带入了一个未知的危险领域。而且，这也改变了日本国内争论的内容。鉴于 1853 至 1854 年间，阿部正弘已经着手在各地大281 名中建立起一种共识，据此他才可以在与佩里的谈判中做出决断，在这样的情况

[1] Harris, *Complete Journal*, p. 505. Harris is also the subject of Oliver Statler, *Shimoda Story* (New York: Random House, 1969).
[2] 条约文本见 Beasley, *Select Documents*, pp. 183-189; 也见 Harris, *Complete Journal*, pp.578-589.

下，他的继任者发现自己在缔结详细的条约时受到了约束，即无论如何他们必须得到各地大名舆论的赞同。这方面所做的尝试不仅引发了关于日本未来与西方国家关系性质的争论，而且也包括对将军在对外事务上权力范围到底有多大的争论。

在离开下田之前，资深的日本英语翻译森山荣之助曾告诫哈里斯说，在江户，关于开放港口，分歧仍然严重。不祥的是，一些大名反对给予哈里斯觐见将军机会的决定。因此毫不奇怪，当日美会谈的消息在 1858 年 1 月至 2 月间逐渐被公之于众时，引发了强烈的抗议。就像佩里的信件一样，哈里斯在上年 11 月对堀田正睦所做的声明被分发给政府官员和封建领主征求意见。对此的回复，许多是对传统观点例行公事的重复，这反映出一种意识，虽然这种意识通常并未明确说出，即幕府已经做出了决定而且这是其职责所在。有些领主仍然坚持锁国政策，他们宣称，允许对外自由贸易和外国宗教传入日本，会扰乱日本社会，导致政治动荡。应当更加努力地寻找某种权宜之计，以减少让步同时又避免战争。这些观点也并不新奇。大多数人发现，此时此刻日本在这个问题上的选择余地十分有限。甚至连德川齐昭也承认签订贸易条约不可避免，他宣称不应让外国人进入日本，而应该在海外组建贸易代表团，由他领头，其他成员则由一些"无关紧要"之人，比如"浪人"和"幼子"来组成。

另一个颇有实力的德川亲属，越前藩主松平庆永（号春岳）主张，要解决危机，首先要重新审视幕府实施的一系列政策：

> 必须在全国范围内招贤纳士；和平时期的铺张浪费应被制止，军队制度应加以修正改进；损害大名和小领主利益的行为不该继续下去……人民的生计应予以保障；广建学校，教授各种工艺技术。[1]

他还特别提出，要为身体不佳、尚无子嗣的将军德川家定确立一位大家都能接受的继承人，这一建议得到了德川齐昭、一些有能力的幕府官员，以及一些外样大名，比如萨摩藩主岛津齐彬的支持。他们反问，除此之外，还有什么办法能够使得幕府保持威信，在一片反对声中推行这些必要但不受欢迎的决策呢？

就像堀田正睦所意识到的那样，实际上还有一个办法来实现这一目的，就是

---

[1] Beasley, *Select Documents*, p. 180. 德川齐昭的奏书参见同书第 168-169 页。

争取皇室的支持；与此同时，推迟与美国人签订条约。他决定做出尝试，虽然皇室的权力有限，但是皇室颁布的法令毕竟可以使一项国家政策更具权威性，可以使幕府的地位更加权威，让批评者无话可说。同时，也没有什么原因会使得皇室对此表示拒绝。正如日方谈判成员告诉哈里斯的一样，每当请求他再耐心一点时，幕府总是期待能够在京都找到解决问题的方法，而且绝不会受到天皇的拒绝。[1]

后来的事实证明堀田正睦过于乐观了。他先派了一个代表去京都，随后自己又亲自前往京都，极力宣传条约的好处，将其说成是将军权限和能力范围之内的事情，同时也是使日本远离战火的必要步骤。然而，所有这些都是徒劳。1858年5月3日，他被正式告知：江户必须对此重作考虑。因为天皇担心："若是变动德川家康时代传承下来的合理法律，将会扰乱人民的思想，破坏社会的安宁。"[2]为了形成一个更加一致并能得到皇室同意的意见，就必须与各地大名进行进一步的磋商。也就是说，堀田正睦本欲寻求天皇谕旨以使国家团结，如今却被告知，先要使国家团结，然后天皇才会颁布谕旨。7月1日，堀田正睦回到江户，他的政策归于失败。

京都所做出的断然拒绝，更多是因为政治上的谨慎而非皇室的排外情绪。对于一个几个世纪以来在政治上只具有象征性意义的体制来说，对造成幕府和大名分化的事件表示支持，无异于招致灾难。虽然备具争议，但并非只有签订条约才是具有风险的。还有德川幕府的继承权问题，同样十分敏感且易导致政治上的分歧。有两个候选人可能成为德川家定的继任者，一位是后来成为将军的德川家茂，他来自纪伊家，血缘关系最近，但是非常年轻。德川家茂得到了江户那些因循守旧者的支持。另一位是德川庆喜，年纪较长，更有能力，而且是德川齐昭之子，这使得他得到了提倡改革者的支持。因为他们认为，伴随着港口开放必然会发生改革，如果不进行改革，谈判就只不过是延迟外国军事进攻的权宜之计而已。他们的主张把当时的两个主要问题连接在了一起。堀田正睦确信，正是这些因素使他的京都之行无功而返。

堀田正睦无法检验自己的想法是否正确了，因为他没被给予与松平庆永和德川齐昭就关于将军的继承问题达成妥协的机会。对于江户的保守主义者来说，堀

[1] Harris, *Complete Journal*, p. 539.
[2] Beasley, *Select Documents*, p. 181.

田正睦造成的局面已经对幕府自身构成了威胁，逼迫他们必须做出决定而没有留下回旋的空间，于是，堀田正睦出局了。6月4日，井伊直弼掌控了政权，为了完成拯救日本政体的这一艰巨任务，他选择了正统的候选人德川家茂作为德川家定的继承人，同时还制造出大名们已就条约签订达成一致意见的表象，目的是再次申请朝廷的同意。

正当计划秘密实施之时，英国和中国在天津签订条约的消息传来。同时，据报英国舰队正在准备驶向日本。汤森·哈里斯买下了这个情报，立即乘坐美国战船从下田回到江户湾。他提出立即签订条约，声称既是为了保护日本，也是为了履行堀田正睦的诺言。井伊直弼还是想等待天皇的裁决，因为他意识到迄今为止擅自行动带来的政治风险已经十分严重，但是其他执政诸公却认为外来威胁更为急迫。7月29日，大老井伊直弼不情愿地做出了让步。同日，日美条约签订。

哈里斯虽然对英国舰队的规模不够了解，但却猜对了埃尔金前往日本的计划。8月12日，埃尔金带着一艘舰船到达江户湾，把哈里斯的秘书带走作为翻译。普提阿亭和库提乌斯也已先期到达。两周内，三国都与日本签订了以先前的日美条约为模本的条约，而且还加上了最惠国条款：与荷兰签约是8月18日，第二天是俄国，与英国签约则是在8月26日。10月9日，巴伦·格劳斯代表法国，也与日本签订了同样的条约。这就形成了日本最初的5个缔约国。

由于签订这些条约，井伊直弼触怒了那些"攘夷"的拥护者，使他们找到了反对他的口实，即他的所作所为没有得到皇室的批准。在将军继承人的问题上，井伊直弼选择了纪伊家，这使他惹怒了那些主张改革的大名，其中一些人本来是可以在签订条约的问题上支持他的。陷入孤立的井伊直弼决定独断专行，支持一桥派的幕府官员，包括堀田正睦在内，遭到解职，被认为会支持反对派或与皇室密谋反对幕府的那些大名，则被逼退隐或遭受软禁。德川齐昭和松平庆永也包括其中。两位朝廷的资深阁僚遭到撤换，而其他人，被认为较易被说服，则收到了可观的礼品。井伊直弼派遣间部诠胜作为特使，去向天皇解释条约的签订。尽管做了种种准备，但这个过程还是颇费周折。

1858年10月底，间部诠胜到达京都，在试探性地表达了一些初步意见之后，他准备了一系列奏折，目的在于说服朝臣高官相信已签订的条约虽然不受欢迎，但却十分必要。孝明天皇表示，他自己对江户所做出的让步是不同意的，这使间部诠胜特使要想完成任务更加困难。听说这一消息后，间部诠胜辩驳说，幕府只

284

不过是在履行其政府职责，他还威胁道，任何具有政治动机的批评意见，都会遭到坚决镇压。他直白地表示，签订条约的决定是不会改变的："无论朝廷的谕旨是什么，当下撤销条约签订必会立刻导致内忧外患。"[1] 这实际上体现出一种妥协。朝廷不需要支持条约，只需承认幕府除了签署条约别无他法，从而确认将军的权威。根据这些原则，冗长的会谈终于得以解决。1859 年 2 月 2 日，在幕府保证于可行时尽快恢复锁国政策之后，天皇宣布江户的行为是在不可抗压力下的无奈之举，为了国家团结，皇室对"目前情况表示容忍"。[2] 从表面上看，井伊直弼渡过了难关。港口已开放；战争被避免；然而，针对幕府的大范围政治攻击仍在继续。

执行中的问题

285   从 1859 年开始，日本正式开放港口开展贸易，尽管在此之前已有一些外国商人随着各个西方列强在与日本外交关系中角色的变化而捷足先登。在北方，俄国已经实现了其领土占有的目标，由于在日本缺乏重大的商业利益，在之后的十年里逐渐退出。美国也是如此，这在很大程度上是因为忙于国内政治和战争：华盛顿仍然愿意对日本政府继续施压，以保证西方的商业利益，但是不愿继续充当领头羊的角色。这样英、法两国在日本就具有了主动性，正如在中国一样。特别是英国，掌控了远东贸易并拥有着海军优势巩固了它的地位，使其在事实上获得了西方对于日本政策的否决权。没有英国的合作，在日本什么事都做不了。可以想象，法国对这种局面十分不满，尤其当后来日本成了生丝供应国之后。

在这些方面，日本的对外关系丧失了它的某些独特性征，被吸收进以中国作为中心的更为广泛的国际模式之中。的确，日本的对外关系很快就与鸦片战争后中国的对外关系变得颇为相像。正如在中国一样，在日本，达成的条约也很难实行。在两国国内，抵抗都导致了冲突，武力被广泛使用，结果便是外国人的特权得以确认和扩大。

1858 年后，产生争议的原因之一是经济问题。日本人对条约的批评，部分在于这些条约把日本孤立的经济与世界联系了起来，1859 年至 1860 年的争论，体

---

[1] Beasley, *Select Documents*, p. 191.

[2] 同上，p. 194。

现出其利益冲突的本质以及西方坚持以其经济理念来解决问题的方式。[1] 在条约谈判过程中，汤森·哈里斯坚持认为，只有建立起合适的汇率体制，国际贸易才能发展。为此，他认为西方和日本货币的适当兑换，应建立在重量相等的基础之上。由于在中国沿海使用的墨西哥元的面值和内在价值大体相等，他预料这种安排不会有什么困难。然而，日本的官员并不这样认为。日本银币主要是一分银，比墨西哥元的含银量高。而且，在日本，墨西哥元是以与其内在价值无关的面值流通的，其面值通过估测与某一以黄金计量的货币单位相挂钩。在日本，金银价格比是 1 比 5，而在世界市场上是 1 比 15，同样，按照世界标准，一分银以铜价计量也被高估了。因此，为了使一分银和美元在从重计价的基础上形成比率，就像哈里斯所要求的那样，将会提高美元兑换日本金币和铜币的价值。相反，若按照日本官员所期望的那样，以日本的黄金兑一分银的价值为基础来制定国际汇率，那么就会使日本商品的出口价格上升到外国商人无法接受的水平。

286

日本政府并不情愿为使自己与世界上其他国家相一致而调整金银比价，因为这可能会对国内经济带来灾难性的后果，德川政府转而寻求避免执行条约的条款。1859 年 6 月，在为开放港口做准备时，日本发行了新的银币，称为二朱银，其重量为美元的一半，面值为一分银的一半，在条约规定的兑换率之下，这意味着以一分银来估价美元。因为在哈里斯提出建议时，兑换率是 3 个一分银兑换 1美元，这样对于外国买家来说，发行新货币的影响相当于把日本货价提高了 3 倍。

这种贸易所蕴含着的问题根本没有令幕府官员感到担心，因为他们一点也不关心促进日本的出口贸易，但却使得通商口岸的外国代表产生了警惕。汤森·哈里斯和新近抵达的英国驻日公使阿礼国都表示了强烈抗议。8 月，幕府撤销了新的货币。9 月，汇率被定为 3 个一分银兑换 1 美元，但须服从于供应数量的限制。这导致外国商人对钱币供应的激烈争夺，甚至不惜采用不法手段。这也在 1859—1860 年冬天形成了一场"黄金抢购风"，因为外国商人可以 1∶5 的比价用一分银购买日本黄金，再以 1∶15 的国际标准价格在中国沿海出售。获得的高额利润，足以抵消外国人对日本黄金溢价的付出，从而使得幕府禁止在通商口岸买卖金币的所有努力都徒劳无功。

---

[1]　最有帮助的解释参见 Peter Frost, *The Bakumatsu Currency Crisis* (Cambridge, Mass.: Harvard University Press, 1970).

对于日本而言，比起那些用来牵制其外贸出口的各项措施来说，通过这些方式所流失的黄金数量在经济上可能还不是最为严重的。1859 年 11 月，日本政府企图通过切断一分银的供应而终止黄金的外流，这一行为招致了哈里斯和阿礼国的进一步抗议，因为这造成整个日本贸易的停止，而这是违反条约规定的。他们警告说，这样可能会导致战争。这个威胁使得幕府别无选择，1860 年 2 月，幕府对目前的汇率安排做出了全面修改，旧货币保留，同时发行新货币，以使得日本货币制度与国际金银铜的比价趋同，实现面值和贵金属含量大体一致。一旦这项改革完成，黄金出口将会得到遏制。然而，其代价却是通货贬值，物价不稳，随后几年产生了严重的通货膨胀。这些条约还产生了其他的经济后果。国际贸易对日本生丝和茶叶的需求，超出了日本的生产能力，这就推动了价格上升。另一方面，幕府和大名对防御的重视，使得他们在购买西方武器和军事技术方面花费巨大。1863 年之后，与西方国家的武装冲突使得政府支付大量赔偿金，这对于财政收入来说无疑是巨大的负担，从而进一步推动了通货膨胀。这就不难理解，为什么许多日本人都会把经济因素列为原因之一，来证明他们反对不平等条约是正当的。19 世纪 60 年代，日本政坛把价格上涨归咎于外国人的论调层出不穷，关于这方面的争论涉及了一些实质性的内容，但却并不能给予充分的解释。

尽管如此，日本人反对这些条约的主要运动，根源还是更多在于政治而非经济。[1]一方面，这些运动反映出封建统治阶级对于变革将会破坏现有社会秩序的恐惧；另一方面，这些运动也是文化保守主义的临床表现，其症状是惯例性地重复那种代代相传的反基督教偏见。（之所以是惯例性的，是因为由于不存在大型传教士团体作为敌视对象，所以日本的反基督教情绪不必像在同时代的中国那样需要情感的或民众的诉求）。不过，在早期民族主义的形式中，也存在着一种更为现代的成分。日本人，尤其是日本武士，正在越来越多地意识到，面临风险的不仅是一种文化或是社会和政治秩序，而且还有领土和国家。虽然他们提出的防御方针各有不同，但都意识到要通过政治行动才能产生决定性的作用。结果，一旦这些条约的条款为民众所知，尝试影响德川政府的外交政策便成为日本有志之士的主要政治诉求。

---

[1] 我曾较为详尽地论述过这一题目，参见 *The Meiji Restoration* (Stanford, Calif: Stanford University Press, 1972)，特别是第五、六、七章。

　　一个皇室贵族、封建领主，或幕府官员都可以指望通过一些合法手段，即上呈奏折或通过家庭纽带，来或多或少地对政策加以影响。而地位较低的人，如井伊直弼于 1858 年的严厉镇压所表明的那样，却没有这样的机会。如果他们要采取行动，就不得不要么操纵他们的上司，要么营造一种局面，迫使其上司为自己的利益采取行动。这意味着暴力的方式，包括恐怖行动或起义造反。因此，口岸的开放伴随着日本政治中暴力行为的高潮，一些团体和个人致力于扭转已由将军的大臣们所采取的对外政策。

　　他们的方法之一，就是对那些大臣及他们的仆从进行攻击。最著名的例子就是 1860 年 3 月在江户城堡的大门之外刺杀井伊直弼。这一事件对所有那些以"尊皇攘夷"作为口号的积极分子都是一个巨大的鼓舞。毕竟，作为摄政大臣，井伊直弼无视天皇的意愿，签订了承认蛮夷的条约。既然如此，似乎他该得到终极的惩罚。外国人也该如此。发生了很多针对外国人和他们在横滨的雇员的攻击，1861 年 1 月，汤森·哈里斯的秘书亨利·胡斯肯在江户的大街上遭到刺杀。这些攻击行为很多是由沮丧和愤恨引起的，但是在 1861 年 7 月，发生了一次更有组织的行动。一伙武士攻击了英国公使馆，两个英国人受伤，一些日本人被杀，包括守卫者和攻击者。如此行动的意图不仅在于对外国人施以报复，而且成为一场政治行动，目的是使幕府卷入与英国人的争端之中。

　　外国代表对这种状况的回应是坚决要求幕府履行保护他们及其同胞的职责，与此同时，采取各种措施实施自我防卫。[1] 比如在亨利·胡斯肯被刺之后，英、法公使招摇夸张地撤到了横滨，并拒绝在他们的安全得到保障之前返回江户（由于哈里斯拒绝加入其中，使得他们这项行动的效果打了折扣）。东善寺事件之后，阿礼国派出海军陆战队作为使馆的护卫队，后来由从香港派来的陆军特遣队所代替。至于其他方面，外国使节继续坚持条约的条款必须得到彻底执行。他们指责幕府把对外贸易交由少数由政府任命的垄断者掌控，以实现对对外贸易的控制——就像对待国内商业的方式一样——在阿礼国看来，这和 19 世纪初期中国在广州实行的限制措施如出一辙。

---

[1] 关于这些年里外交纠纷的详细情形，参见 Grace Fox, *Britain and Japan 1858-1883* (Oxford, England: Clarendon, 1969); Treat, *Early Diplomatic Relations*; 以及 Meron Medzini, *French Policy in Japan During the Closing Years of the Tokugawa Regime* (Cambridge, Mass.: Harvard University Press, 1971)。关于这一时段外交关系的最重要的日文著作，是 Ishii Takashi, *Zōtei Meiji Ishin no kokusaiteki kankyō*, rev. ed. (Tokyo: Yoshikawa Kōbunkan, 1966)。

289

幕府的回应是企图把乱局转化为对自己有利的条件。物价上涨和政治骚乱使得官方对原来的条约处理方式表示不满，并采取行动促使修改条约。他们还提出了有可能被用来说服外国人放松防卫的观点。1861年5月，将军的幕僚将这一提案转交给驻江户的外国使节。他们争辩说："物价正在日益上升，其原因在于生产的产品大量输出海外。"结果是强化了由于放弃锁国政策而产生的愤恨和不满，"这深深地扎根于民族精神之中"，从而造成了民众的焦虑与不安，在这样的局面下，"即使是政府的权威也很难让所有人都清楚地意识到未来的利益，从而说服他们暂且容忍眼前的痛苦"。[1] 他们提出的解决办法是，推迟进一步开放口岸和城市（江户、大阪、兵库和新潟），给予充分时间，等待民怨消退，以使幕府获得对条约安排的更多支持。为达到这一目的，一个使团被派往欧洲，与签约的各列强国家政府展开商讨。

随后的谈判主要在英国外交大臣拉塞尔勋爵、英国驻日公使阿礼国，以及幕府的资深高官久世广周之间进行。阿礼国和拉塞尔都同意做出让步，以维持贸易发展，作为替代方案，似乎是要么退出日本，要么像对中国一样，使用坚船利炮以维护条约权利（开展贸易的价值并未得到证实）。他们要求对攻击公使馆的行动做出赔偿，并要求做出保证今后仍有可能和日本开展贸易。这些提议大多得到了江户方面的同意。阿礼国随后回到伦敦，和竹内康德率领的日本使团展开会谈，这只是一个形式而已，拉塞尔给阿礼国的指示是，"不仅不能限制或放弃对日贸易，而且还要继续维持，甚至在可能的情况下扩大贸易"。[2] 因此，1862年6月6日在伦敦签订的条约，不只是把进一步开放港口的时间推迟到了1868年1月，而且还在原条约的基础上减少了葡萄酒、烈性酒、玻璃器皿的进口税，并要求建造保税仓库。英国方面还要求幕府终止一切限制行为，"日方出口的产品，不论价格和数量，都不可受到限制。"同时，英方还要求废除能和外国人展开贸易的资格限制，尤其是对各地大名的限制。[3] 如果这些承诺无法兑现，他国便有权废除在此次谈判中推迟港口开放的协定，要求立即开放1858年条约中承诺开放的港口。

在这一事件中，伦敦议定书并没有像拉塞尔和阿礼国预想的那样，成为解决

---

[1] 这段文字刊载于1862年的 British parliamentary papers，其当代译文收于 Beasley, *Select Documents*, pp. 208-211。

[2] Russell to Alcock, November 23, 1861, in *Parliamentary Papers*, 1862, vol. 64 (2929), pp. 72-73.

[3] 这段文字收于 Beasley, *Select Documents*, pp. 216-217。

日本贸易问题的有效手段。这一议定书依据的是在中国使用过的炮舰外交的原则，目的是对一个公认合法的日本政府施加压力，以便说服其在日本实施签订的条约。这体现了对日本政治的无知。的确，在幕府内部，那些握有权力的人们，尤其是那些职责所在使其了解外交事务的掌权者，此时已经接受了这一事实，即日本在和西方的交往中，自由受到了严重的制约。然而，越是远离责任中心，无论是在幕府内部还是外部，这种认知就越少。因此，由萨摩大名之父岛津久光为首的一些实力强大的封建领主，尽管他们从根本上说是同意和西方建立贸易关系的，却总是试图利用将军的身处困境，以同意其政策为筹码，与将军讨价还价。他们要求的回报是更大的权利，至少是更多的自治权。与此相反，那些武士中的积极分子，首先关心的是由条约带来的"国耻"，他们试图把外交权力从幕府转交给皇室，以期可以由此减少对于西方特权的顺从。这些行动都是以恐怖主义或大名的军事力量为后盾的，对幕府的权威构成了威胁。由于这个原因，他们在江户幕府的臣僚中造成了分裂，一些官员认为西方列强才是最大的威胁，言下之意是，国内的反对情绪应当得到遏制，以避免和西方列强开战。另一派，包括德川家族一些有势力的亲戚，比如松平庆永，认为政府首先要做的是顺从国内的反对势力，以保证国家团结，这样才能为制定外交政策提供基础。这就需要一个解决条约问题的暂时性方案。这些分歧在 19 世纪 50 年代就已经存在，如今在日本社会上广泛出现，并且以武力为后盾。在这些问题得到解决之前，日本是不太可能与外部世界建立起稳定关系的。

291

即便在伦敦议定书谈判的过程中，促使幕府改变政策的行动仍在京都进行。第一个具体行动是一位皇家特使被派往江户，特使由岛津久光护送，目的是使幕府与皇室达成一致，任命松平庆永和岛津久光出任高级职务。这个目的在 1862 年的 7 月和 8 月间实现了，但是营造一个讨论对外政策的更好环境的愿望却未能实现，其原因是在岛津久光返回京都的过程中发生了意外。9 月 14 日，一队来自横滨的外国人通过生麦镇时与萨摩藩的卫队发生了冲突，一个名叫理查德森的英国商人被杀，另有两人受伤。消息传至伦敦，拉塞尔认为，在伦敦议定书中的让步，会被日方看成是对此事立场软弱和漠不关心。因为萨摩藩拒绝交出凶手，而幕府没有能力也不愿意抓到肇事者。于是，拉塞尔要求惩戒性的赔偿。1862 年

292　11 月 24 日，他在发给英国代办约翰·尼尔的指示中，[1] 要求幕府做出正式道歉，并赔偿 10 万英镑。另外，还要求不肯轻易就范的萨摩藩主及其他有势力的领主必须为其错误行为受到惩罚。他特别指出，萨摩藩不仅要当着英国海军军官的面处死凶手，还要另外支付 2.5 万英镑的赔偿金。在中国海域的英国海军分遣舰队的高级军官被授权采取适当行动，如果这些要求遭受拒绝，便对幕府和萨摩藩进行"报复或封锁，或二者兼施"。

　　虽然约翰·尼尔回避了进行封锁的威胁，因为这样一来在开放口岸的外国商人会成为受害者，但他在 1863 年 4 月 6 日对幕府表示：在此情形下，"英国不会容忍任何蔑视其权威的行为"。[2] 由于如果发生任何"拒绝、延迟或逃避的行为"，就会直接对萨摩藩采取行动，为它的封建领主考虑，他建议江户派出一位高级官员，劝告萨摩大名不要做出"任何固执和不明智的举动"。这正是炮舰外交的措辞，是英国第一次完全用来对付日本。其后盾就是在横滨集结的强大海军舰队，共有 7 艘军舰，上百门舰炮。

　　萨摩藩无视所有对它的抗议或提议。在京都发生的事情令幕府感到苦恼不已，岛津氏于 1862 年夏派出了使团，之后长州藩又派出了另一使团，而将军也必须带着其最高幕僚于 1863 年春前往京都，以磋商解决包括对外政策的重大政治问题，这一点已经形成共识。1863 年 4 月 21 日，将军刚一到达京都，他和他的幕僚就受到了巨大的压力，这种压力的背后是新的恐怖行动的活跃，以迫使幕府确定将外国人逐出日本的具体时间。由于没有得到萨摩藩的支持，部分原因在于生麦冲突事件造成的影响，以及不愿意使用武力恢复对皇宫实行必要的控制，各方最终决定以 6 月 25 日作为行动日期，但并未发布公开的声明，因为履行这一决策是幕府的职责所在，"驱逐外国人"的行动可能转变成一系列与缔约列强的旷日持久的谈判。

293　　获知了这一消息后，留在江户的官员不得不与约翰·尼尔妥加周旋。他们表示，赔款毫无疑问是必须支付的；不过，要是将军还在京都时就支付赔款，会对其主君正在努力解决的问题产生严重的危害。他们把会谈拖延至 5 月底，直到德川庆喜的一位幕僚小笠原长行从京都返回，来处理最后阶段的事宜。此时约

---

[1] *Parliamentary Papers, 1864*, vol. 66 (3242), pp. 1-2.

[2] 同上，pp. 40-4。收于 Beasley, *Select Documents*, pp. 236-240. 由于当时的海上通讯需要取道印度洋，直到 1863 年 3 月中旬，拉塞尔的指示才到达约翰·尼尔之手。

翰·尼尔已经没了耐心。即便如此，小笠原长行还是设法把他稳住，直到 6 月 24 日，第一笔赔偿金终于支付。同一天，小笠原长行通知所有外国使节，幕府希望与之进行商谈，讨论关闭通商口岸。约翰·尼尔对此十分恼怒。他写道：

> 江户方面必须认识到，他们现在的行为在各国历史上都是前所未有的；这无异于向所有缔约列强宣战，如果不立即加以阻止，必将咎由自取，招致最为严厉的惩罚。[1]

就在幕府思量这一回应的含义时，约翰·尼尔做好了前往萨摩藩的准备，8 月 6 日，他率领英国舰队离开横滨，5 天后到达鹿儿岛，向萨摩发出最后通牒，内容包括拉塞尔所提出的那些要求。最后通牒为萨摩藩所拒绝，约翰·尼尔下令拘押 3 艘停靠在岸的萨摩船只，以此换取赔偿金的支付。在此期间，英国舰队受到了来自岸上炮台的攻击，随之战斗全面爆发，鹿儿岛城很大一部分被毁，英国舰队的船只也受到一些毁坏，迫使英国人退回横滨以做休整。因此，双方都可以宣告获得了一定程度的胜利。有鉴于此，11 月 11 日在横滨进行的谈判终于达成了一致意见，萨摩藩将支付赔偿金（从幕府借款），但是仅承诺待抓到肇事者后再在英国军官面前用刑。因为在与约翰·尼尔谈判期间，肇事者就在鹿儿岛，所以可见他们的诚意有限。

6 月 25 日，"驱逐令"的影响变得更为复杂。当日，长州藩接受天皇的书面命令，向通过下关海峡的美国船只开火。在接下来的几周里，对法国和荷兰的船只也发动了类似的攻击。这招致了法国与荷兰的报复性行动以及缔约国代表的激烈抗议，但很快就可以看出，幕府对此无能为力，长州藩只能被迫独自承担与列强处于敌对状态的风险。由于没有外国使节在没有得到本国政府允许的情况下就冒险开战，所以对于外国船只来说，下关海峡暂时维持着关闭状态。横滨和上海之间的贸易只能通过九州以南的航线进行。

9 月底，由于被认为成功地抵抗了英国人的进攻而声誉倍增的萨摩藩，和幕府一道把长州人及其恐怖活动的同盟者逐出了京都皇宫所在的区域。幕府迅速利用这一有利局势，提出了一种新的外交政策。其形式是幕府主动关闭横滨港，

---

[1] *Parliamentary Papers, 1864*, vol. 46 (3242), p. 75.

这可能也是缔约国可以接受的，因为这避免了所有通商口岸的关闭。此举的另一个好处是，再次确认了将军在对外事务中的权威地位，而这个地位在夏季曾受到过萨摩藩与长州藩的挑战。

1864年初的几个月里，开始实施该计划的有关步骤。首先，一支代表团于2月间被派往法国，以促使欧洲接受横滨港的关闭，至少须为此展开长时间的谈判，以便为幕府赢得喘息的时间。第二，将军再次前往京都讨论重大问题，这一次幕府将处于强势地位。但是，两方面的努力并未能取得理想的效果。在京都，代理将军德川庆喜说服天皇批准以新方案取代往年所提倡的较为"鲁莽的"攘夷行动，但其代价是与岛津氏爆发了一场公开的争执，因为岛津氏认为这些想法完全不切实际。与萨摩藩的决裂，大大减少了幕府政策被大多数大名的舆论所接受的可能性。在巴黎，幕府使节池田长发关闭横滨港的提议遭到了直截了当的拒绝。除了面子问题之外，还由于欧洲蚕病爆发，法国此时十分依赖日本的生丝进口，而且基本上是从横滨运出。因此池田长发别无选择，只能于6月24日签订协议，承诺于3个月内重新开放下关海峡，必要的话将征得法国海军的帮助。紧接着他就启程返回日本，这比江户原先的料想要快得多。

同时，1864年3月2日，英国驻日公使阿礼国在离开了几个月后从英国回到日本，因为英、法、荷、美各国政府都同意将关于下关问题的决定权交给他们驻在江户的代表们，这给了他充分的机会，以说服其他国家的外交使节采取他认为合适的行动。阿礼国很快得出结论，考虑到幕府否认曾有过任何关于驱逐外国人的官方政策，那么各国海军对长州藩采取行动不仅是合法的，而且是有利的，因为这还可以帮助日本的"合法"政府对付其国内的敌对势力。5月30日，按其建议，四国公使向幕府递交同样的备忘录，反对关闭横滨港，要求采取行动取消长州对贸易的限制措施。这无异于要求幕府重申之前在此问题上做出的声明，除此之外，在等待足够的英军力量到达期间，列强并未采取其他措施。1500名海军陆战队士兵的到来，以及随后从香港赶到的步兵特遣队，成为采取行动的有力保障。7月22日，只要指挥官一声令下，作战行动就将开始。为了防止某一方利用此次行动为自己谋利，文件中记录了各位公使达成的一项协议，即"无论是在开放的港口或日本的其他任何地区，不准要求或者接受任何领土特权，或者任何其他特权"。"禁止干涉日本政府对其民众的管辖权",[1] 这么做的原因，是考虑到英国在中国以及法国在安南实施惩罚性行动的前车之鉴。他们希望在日本能够进行更多的合作。

此时此刻，有两个情况推迟了海军的行动。一个是两位长州藩的武士，曾赴英留学的伊藤博文和井上馨回到横滨，他们为阿礼国工作，成为解决长州藩和英国人矛盾的中间人。阿礼国立刻采纳了他们提出的方案，用军舰把他们派往长州，还带上了一封关于他个人对目前危机看法的信件。[2] 信中说，英国不关心日本国内的政治权力分配。如果日本人认为，条约需要"由天皇正式同意，才算合法的，有约束力的"，或者若有大名希望打破幕府对外贸的垄断，这些对于缔约国列强来说都不成问题。列强想要的正是对"某种君主权威"的承认，由此可以指望条约签订后具有相应的约束力。相反，"坚持尝试把外国人驱逐出境，甚或只是驱逐出横滨，就会招致外国军队进入京都，就像不到 5 年前英法联军胜利攻入北京城一样。"

伊藤博文和井上馨影响不了长州，无法实现阿礼国信中所设计的那套解决方案。到了 8 月 12 日，他们做出的努力已经注定失败。一周后，池田长发回到横滨，带回了在巴黎签署的协议，其中规定幕府必须在三个月内开放下关海峡。出征的准备再次被推迟，因为外国公使们正在等待江户对此的反应。反应是迅速而明确的：池田长发被撤职，他达成的协议被废除。将军的幕僚们认为，如果该项协议付诸实施，"内战将会立即爆发"。[3] 这样一来，延迟行动已经没有必要了。由 17 艘军舰组成的联合舰队，包括英国的 9 艘，法国的 3 艘，荷兰的 4 艘，美国的 1 艘，在海军中将库珀的指挥下向下关进发，在 9 月的第一周里对海峡内的长州炮台进行攻击。9 月 14 日，长州藩的代表按照库珀提出的条款达成了停火协议，规定开放海峡，解除炮台防御，外加做出承诺，支付赎回下关的赎金以及赔偿军队的损失。这构成了幕府于 10 月 22 日与缔约列强签订协议的基本内容，确定赔偿金为 300 万墨西哥元，分 6 次付清。然而，在一条主要维护英国商业利益的条款中，外国代表们提出考虑开放下关或其他港口，作为支付赔偿金之外的又一选择。把战争的责任归咎于幕府有其法理的基础，因为在长州找到的文件表

296

297

[1]　*Parliamentary Papers*, 1865, Vol.57(3428), pp.62-66.

[2]　同上，pp.72-73。也见 Fox, *Britain and Japan*, pp. 133-134。

[3]　*Parliamentary Papers, 1865*, vol. 57 (3428), p. 84, bakufu note of August 25,1864.

明，1863 年的驱逐令是在将军知道并允许的情况下由朝廷发出的。实际上，这摧毁了江户最后的策略上的优势，即它可以分别与西方和朝廷进行谈判，并在相互间保守秘密。

最终解决

1864 年的晚些时候，为了回应拉塞尔对他的行动的某些质疑，阿礼国就在日本和中国诉诸炮舰外交政策的情况递交了一篇经典性的报告。[1] 他说，"如果严格克制对武力的使用"，那么，在威逼之下达成的条约，就不可能得到执行。

> 正是软弱，或对软弱的疑虑，不可避免地造成了我们在东方的错误行动和侵略行为。是我们的软弱，或被认为软弱，导致了东亚对我们实施错误的行为和敌对的情绪。因此，在这些地区的所有外交活动，如果不是以武力或军队作为坚实的基础，那么其前提就是错误的。当各种友好交涉都归于失败时，这一事实就会昭然若揭。这必然导致无法实现我们的目标——也许，当目标是实现和平的时候尤其如此。

他也得以宣称他所采取的行动取得了成功："如果不能说所有危险以及战争都被完全避免了，至少可以说一场大灾难已经避免了，战争的风险缓解了。"对于外交大臣拉塞尔来说，考虑到来自议会的批评，尽管这些说法不是完全可信，但他还是接受了。他开始意识到，日本的政治局势与中国有很大不同，适合一方的政策对另一方未必适用，正如阿礼国在电报中所说，根本问题在于决定条约签订和执行的权力操在将军手中。因此，1865 年 3 月，拉塞尔指示刚刚上任的阿礼国的继任者巴夏礼爵士，如果必要的话，应该设法解决天皇对条约加以批准的问题。

显然，由于在鹿儿岛和下关发生的炮战，巴夏礼爵士的任务变得轻松了很多。这些攻击行动一经发生，江户就不再有什么政府高官支持抵抗外国人的要求了。在萨摩藩和长州藩，那些为牟取政治利益而甘冒风险，对外国人实施驱逐行

298

---

[1] *Parliamentary Papers, 1865*, vol. 57 (3428), pp. 148-54, Alcock to Russell, November 19, 1864.

动的急功近利者，在本国和西方实力的巨大差异面前，已经得不到信任。他们的继任者在对外事务方面采取了更加灵活可行的措施。另外，1864年8月在京都发生的由长州志士作为先锋的一场未遂政变，在与从萨摩藩和会津藩赶到的军队进行激战后失败，与皇室有关的激进主义领导人要么被杀要么出逃。于是，关于对外政策的论调整个为之一变。朝廷中的仍然坚持攘夷政策的少数派，包括天皇在内，发现自己已经孤立无援。因此，虽然对排外情绪的利用仍是国内斗争的一种战术武器，但此时真正的相关政策问题已经不再是要不要，而是怎么样针对"不平等"条约达成妥协。这可以从1865年巴夏礼设法使天皇批准条约的过程中体现出来。

巴夏礼来日本之前曾在中国待过，他精通中文，是在"亚罗"号事件中英法联军占领广东时的一个行政长官。他也是中国最具商业价值的开放港口——上海的英国领事，因此他消息灵通，并且是英国为控制中国海岸线而制定的一系列政策的坚定支持者。这决定了他的目标所在。为了实现这些目标，他征求了阿礼国的很多意见，他年轻时曾在阿礼国的手下任职，并接替其担任上海领事的职位，就像现在接替其在江户担任的职位一样。上面我们已经提到了阿礼国采取的政策，而巴夏礼则继承了这些政策。

1865年4月，大约在巴夏礼到任前两个月，幕府通知外国使节，他们不愿意为免去300万赔款而选择开放下关。同时他们提出，筹措赔款十分困难，希望能够推迟第二期及其后的赔款支付。外国使节把幕府的这些要求提交本国政府，英国代办温切斯特把这些报告给了拉塞尔，并试图借此机会提出一个全新的解决办法。在他看来，赔款只会通过关税筹集，这样对英国更加不利。因此他提议，英国减免三分之二赔款，条件是（1）提前开放伦敦协定中规定的兵库和大阪港；（2）条约由天皇签署；（3）减免进口关税，将其订立为5%。拉塞尔对此表示赞成，1865年10月，巴夏礼接到了这一指示。

由于赔偿条款涉及4个缔约国，故而巴夏礼有必要取得美、荷、法三国代表的合作。前两国表示没有异议，但是法国公使罗修斯，正在制定他自己对日本政策的方案，而这与英国的方案并不完全一致。原则上，巴夏礼遵循阿礼国的政策，在日本国内包括幕府在内的所有政治集团之间保持中立，等到争斗得出最终结果，再要求胜利方接受条约。罗修斯则认为，承认幕府为合法政府对法国更为有利。这就意味着，要避免任何对将军的实力造成损害的行动或外交压力。罗修斯认为英国的计划将会对幕府在民众中的威望造成损害。[1]

巴夏礼的坚定决心，以及对该协议对所有缔约国，而非独英国都会带来好处这一事实的认识，最终使得罗修斯做出让步。1865年10月30日，就幕府先前提出的延迟赔款支付的要求，4位公使联名回复，提出在满足英国建议条件的前提下，答应幕府的要求。同时，注意到将军和他的高级幕僚再一次缺席——这次是在大阪组织讨伐长州藩的远征——他们认为，这样的局面将使在江户举行会谈"即使并非不可能，起码也很不牢靠"。[2] 11月4日，他们带着9艘军舰组成的舰队到达兵库。列明他们要求的信件在3天后递呈给幕府设在大阪的高级官员，限7日内答复。

300 接下来两周的商讨，主要针对的是日本政治的发展。幕府执政当局对开放兵库和大阪表示出些微的疑虑，因为这可能会给京都造成麻烦，幕府于11月13日接受条款时，德川庆喜坚持认为，如果幕府仍然在没有朝廷同意的情况下就擅自处理这些敏感问题，将会导致政治灾难。执政的高官们很不情愿地表示同意。德川庆喜设法使得外国代表们将答复的期限又延长了10天，接着启程去京都争取皇室的同意。朝中残余排外势力的敌意是他意料之中的，但对此他并不在意，因为他得到了很多朝廷大员的支持，因为这些高官大多是在将军的帮助下获得职位的。更大的威胁来自持坚决反对态度的萨摩藩。事实上，萨摩藩内部对外国条约的反对并不多，而是在京都的萨摩重要人物大久保利通坚持认为不能允许幕府利用危机建立对朝廷的控制，从而削弱大名领主的实力。结果，在德川庆喜的坚持下，提出了在大名之间展开商讨的要求，尽管这种商讨要花费时间。德川庆喜甚至提议，直接请求外国人，或者通过朝廷请求外国人同意推迟答复的时限。

使僵局得到解决的原因之一，是巴夏礼的不耐烦。12月21日，他写信给将军，威胁如果问题得不到解决将产生灾难性的后果："内部分歧会使贵国陷入混乱，因为我国政府已经下定决心，要求条约各方必须履行条约中的任何条款。"[3] 更为重要的是，幕府内部变得更加团结，11月18日，德川家茂将军提出辞职，

[1] 长期以来，巴夏礼和罗修斯在日本的竞争对抗和政治谋略一直是一个争论的课题，但与本章的题目并无直接关联，最近和最详细的讨论可见 Fox, *Britain and Japan, chap.* 7. Medzini, *French Policy*, chaps. 8-14. *lshii, ZoteiMeijilshin*, chaps. 5 and 6. 也详细地讨论了这一问题。

[2] 这一备忘录的法文文本收于 Beasley, *Select Documents*, pp. 293-296。

[3] 同上，pp. 299-300。

以示对德川庆喜的支持。在采取这一行动时，德川家茂提出了一份备忘录，不仅建议接受外国公使提出的要求，而且主张引进外国科技，增强日本实力。他表示，日本必须"学习他国，利用贸易获得的收益来建造更多的舰炮，采取以夷制夷的策略"。[1] 这个思想并不新颖，早在佩里来航时期就有很多日本人提出了类似的想法，但是以前从来没有将军在与朝廷发生分歧时对此表明态度。为了表示支持，在京都的幕府高级官员，包括德川庆喜在内，以联合请愿的形式正式警告朝廷，如果在这一事件上造成矛盾激化，日本绝无胜算。[2]   301

面对如此一致的意见，朝廷做出了让步。天皇同意批准条约，但批示对"不当条款"应做出修订。[3] 但是对于兵库港和大阪港的开放，天皇拒绝做出任何授权，尽管幕府和外国代表交流后认为他们可以按照伦敦协议开放港口。到1867年，在这个问题上还将出现分歧。关税问题没有谈及，日本人内部对此也没有时间进行商讨。种种事实反映出，这一阶段在中国和日本普遍存在的通商口岸体制的特点：西方国家是从商业利益角度看待港口开放的，而中日两国看重的则是政治上的不利影响，为此可以毫不犹豫地在经济上做出让步。

幕府随后的行为证明了这一点。由于没能满足缔约国的全部要求，幕府决定支付下关事件的赔款，此外，还同意商讨关税修订问题。关于这些问题的商谈于1866年开始，巴夏礼是各列强使团的代表。商议的内容很快扩大到了仍未解决的货币问题，航海援助设施比如灯塔的建立，以及在伦敦协议中所提到的消除贸易限制等问题。巴夏礼拒绝再次延迟支付赔款的期限，除非能够就上述问题达到满意的结果。直到1866年6月25日，才最终与英、法、荷、美签订协议，7月1日开始在横滨生效，一个月后在函馆和长崎实行。

这个协议事实上是对1858年条约的补充，反映了自由贸易原则也适用于日本的状况。日本的进出口货物一般需要缴纳大约5%的关税，或是从量计算或是从价计算。一些货物，诸如书籍、黄金、白银、煤炭、谷物，免征进口税，只有   302
鸦片被禁止进口。大米、小麦、大麦、硝石，被禁止出口，未经铸造的金、银、铜，只有日本政府才能销售。在起初的两年之后，丝、茶的出口税率将再做复查，但任何时候都将以从价5%为基础。其余的关税将于1872年7月以后接受修

---

[1] Beasley, *Select Documents*, pp. 297-9.

[2] 同上，p. 301, memorial of November 22,1865。

[3] 同上，p. 304, court decision of November 22,1865。

订。其他一些条款涉及亟待解决的贸易辅助设施的问题，包括保税仓库、日本货币准备金、航海辅助设施，以及有关开放口岸事务的种种细节。更为影响深远的条款是第八条、第九条和第十条。条款八允许日本民众购买"任何类型的帆船或汽轮"，而战舰则只准售予日本政府。根据条款九的规定，幕府宣布"日本各阶层商人都能与外国商人自由进行直接贸易……不仅可以在开放港口进行交易，也可以在各个国家进行交易"。作为补充，条款十规定日本人只要拥有护照，"可以去任何国家从事学习和贸易"。[1]

鉴于天皇已经确认条约，江户已经被迫采取和外国势力的要求相一致的路线，可以说，1866 年的关税条款彻底完成了日本的对外开放。外国外交官感觉到他们的意见变得更加受重视，他们的问题也更容易被解决。1866 年秋，德川家茂病死，德川庆喜继任将军，他小心翼翼地接见了巴夏礼和罗修斯。他们提醒德川庆喜，根据伦敦条约，大阪和兵库开放的时间快要到了，将军对此并未表示异议。实际上，德川庆喜很快就向朝廷提出了这件事情。[2] 他又一次遭到了萨摩藩的反对，反对的理由是解决与长州藩的争端比开放兵库更加重要。像 1865 年 11 月一样，德川庆喜再一次成功地迫使朝廷做出了支持幕府的决定。1867 年 6 月 26 日，天皇批准将军履行条约义务。

这些事件在德川庆喜与西南雄藩决裂的过程中十分重要，导致了他后来"大政奉还"。但是从对外关系的角度看，这些事件提出了一些问题（这也是巴夏礼和罗修斯争论的焦点），即由幕府敌对势力掌控的地方政权是否会支持国家与西方的条约。有一段时间这很让人怀疑。在 1868 年初危机爆发的几周里，幕府被推翻，日本陷入内战。在兵库，随后在堺市，都发生了对外国人的攻击事件，这表明"攘夷"的行动仍然十分活跃。如果从效忠天皇的普通民众的观点来看，事实确实如此。但是，那些开始以天皇的名义控制政府的人不会如此天真或莽撞，他们不可能无视幕府所曾经面对的压力。1868 年 2 月的最后一天，在京都各种事件中扮演最为引人注目角色的 6 个雄藩藩主联合向朝廷上奏，呼吁制定新的对

---

[1] 这一协定与新列表关税的文本收于 *Parliamentary Papers*, 1867, vol. 74 (3758), pp. 1-6. 关于这一系列谈判的概要情况，见 Fox, *Britain and Japan*, pp. 182-185.

[2] 关于这一事件的讨论，见 Beasley, *Select Documents*, sec. 8.

外政策。[1] 他们说，日本必须避免"重蹈中国覆辙。中国人盲目自大，视外国人与野兽无异，结果却败于他们手中"。这足以表明驱逐外国人是行不通的。因此，着手与外国人建立"友好关系"才更为明智，应以"各国现行规则"召集外国代表觐见天皇，并将这一事实昭告整个日本。

在当时，只有这些大名能够给皇室提供有战斗力的军队，除了一些对自己的无助还未充分认识的皇室贵族之外，朝中没有其他势力集团敢于反对他们的建议。于是，天皇认清了事实，并于 3 月 10 日做出回复："条约中的规定……若发现有不利之处，可以修改，但在总体上应避免各国遵守的条款反复无常……天皇的政府认为有必要在幕府缔结的条约的基础上建立友好关系。"[2] 由此可见，现实主义的态度是可以传递的。巴夏礼在前往觐见天皇的路上遭到行刺，这使得天皇做出的回应的效果打了折扣，但凶手很快被绳之以法，而且"友好关系"没有受到影响。可以指望，只要新政权存在，这些条约就会与之共存。

通商口岸体制下的贸易关系

由于全神贯注于对现代化的研究，近来很多关于 19 世纪日本的著作总是易 304
于忽视这一事实，即在签订条约后的头 25 年里，日本与外部世界的政治和经济
关系与中国十分相像。确实如此，这两个国家是紧密相连的。1858 年谈判签订的
条约是"中国式"的，不仅因为这一条约对日本实施了列强认为在中国沿海十分
有效的政策和制度，而且还因为把日本纳入到了一个通商口岸体制之中。比如，
在日本建立的领事法庭是以在中国开放口岸建立的领事法庭为样本的。作为唯
一一个试图给予这一体制以一些专门知识的国家，英国在 1865 年建立了一所高
等法院，接受上诉和行使监督。它在中日两国都拥有审判权，但通常只在上海行
使。管理当地法庭的领事，几乎没有人在早期生涯中接受过法律训练，通常只是
在中国才开始其职业生涯。他们与之打交道的商人也是如此。其结果之一就是，
在日本的开放口岸，试图小规模地复制在中国的上海、天津、广州等地的外国人
社区。在这些口岸开放后的一到两年内，横滨有了俱乐部、赛马场，以及商业会

---

[1]　这段文字的译文见 J. R. Black, *Young Japan: Yokohama and Yedo* [1881] (London: Trubner, reprint edition, 2 vols., 1968), vol. 2, pp. 178-81.

[2]　J. R. Black, *Young Japan: Yokohama and Yedo* [1881] (London: Trubner, reprint edition, 2 vols., 1968), vol. 2, pp. 181-183。

所。1862 年，外国人居住区的居民组成了市政委员会，负责处理污水、街道照明，以及当地治安等问题。由于各种各样的原因，这项安排不是很成功。1867 年，这些职能大部分又回到了当地日本官方手中，直到 1877 年为止，这些职能的展开都曾通过外国市政委员会的指导，此后则由日本的官员自主行使了。和大阪同样于 1868 年 1 月 1 日开放的神户（兵库），是除横滨外仅有的颇具规模的外国人社区。有了横滨的前车之鉴，该社区的组织性更强，在 1899 年条约修订前成了一个独立的实体，但始终没有达到中国的租界那样的规模、复杂程度和影响力。[1]

305 　在日本的所有外国居民由 1868 年的大约一千人（很大一部分在横滨，剩下的大多数在长崎）增长至 1894 年的将近一万人，其中大约一半在横滨，大约五分之一在神户。这些外国人中，超过一半是中国人，这在一定程度上反映出传统中日贸易的继续发展，但也可归之为许多美国人和欧洲人与中国的关系。来自中国沿海地区的外国商人在日本设立分支机构或新的公司，不仅带来了家仆，训练他们迎合西式生活的需要，还带来了买办和其他的贸易助手。横滨很快出现了唐人街，与整个德川时期在长崎形成的类似。日本对外贸易的性质和组织必然受到这些中国人的影响。中国的丝绸和茶叶贸易专家帮助已经是生产商的日本成了主要的出口商（在这一过程中甚至占据了部分中国同类产品的市场），也有可能由于中国人在这些方面具有高超的专门技能，所以日本人没有机会和外国商人建立起如今被称之为买办的共生关系。在丝茶贸易中，日本商人最初只是本国生产商和西方出口商在开放口岸的中间联系人。很快他们就建立起了出口西方市场的独立渠道。这个局面是由 1876 年建立的三井物产贸易公司开启的，尽管从 1890 年开始，日本的对外贸易才由被西方人掌控逐渐转移到日本人自己手中。据估计，1887 年，90% 的对外贸易仍然掌握在洋行手中。[2]

---

[1] 关于这些问题的有用信息可参见 Black, *Young Japan*；Fox, *Britain and Japan*. 唯一的专门研究见 J. E. Hoare, "The Japanese Treaty Ports, 1868- 1899: A Study of the Foreign Settlements," Ph.D. diss., University of London, 1971。由于内战的原因，江户直到 1869 年 1 月 1 日才对外国人开放；它的外国人居住区微不足道，因为从早期开始，外国人就被允许居住在这一区域之外。

[2] 对这一时期外国贸易机构的最为详尽的研究见 G. C. Allen and Audrey Donnithorne, *Western Enterprise in Far Eastern Economic Development: China and Japan* (London: Allen & Unwin, 1954)。也可参见 Fox, *Britain and Japan*, chap. 12。日本人是怎样绕过通商口岸的外国商人的，具体例子可见 Haru Matsukata Reischauer, *Samurai and Silk* (Cambridge, Mass.: Harvard University Press, 1986)。关于 Rioichiro Arai（新井领一郎）的若干章节。

回到贸易规模和构成的问题，我们会发现在 1868 年之前没有可靠的数据。[1]　306
石井孝估计，日本外贸由 1860 年的大约 400 万美元，增长至 1863 至 1867 年间
的年均 1400 万美元。进口则由 1860 年不足 200 万美元上升至 1863 至 1867 年间
的年均 1500 万美元。变化主要是 1865 年之后发生的。出口在 1873 年至 1877 年
之间年均为 2170 万美元，1883 年至 1887 年年均为 3450 万美元；进口 1873 年至
1877 年年均为 2610 万美元，1883 年至 1887 年年均为 2720 万美元。

在这 20 年里，贸易的性质发生了变化。最早的出口产品是生丝和茶叶。大
多数茶叶销往美国，与中国茶叶展开竞争。由于 19 世纪 60 年代在法国和意大利
爆发了严重的蚕病，日本的生丝和蚕茧在欧洲找到了现成的需求。[2]这些市场或
是法、意洋行直接供应，或是通过英国的洋行间接供应。随后，美国生丝市场变
得日益重要，以至于到 19 世纪末，美国市场主导了日本的外贸出口，与之相比，
与中国的贸易则显得相形见绌。日本对中国的出口起初是诸如海产品之类的天然
产品，这个局面直到 19 世纪 80 年代日本棉纺织业兴起之后才得到改变。

就进口来说，最为重要的进口商品是西方的工业制成品。在日本有对棉、毛
纺织品的稳定需求。19 世纪 60 年代后期又短暂地需要船只和军火，反映出这段
岁月政治的骚动。后来随着政府实施工业化计划，日本开始大量进口机械及其他
生产资料，来源主要是英国。在这一时期的大部分时间里，日本的进口值经常超
过出口值；英国占据着日本最大的进口贸易份额，而美国则是日本最大的出口目
的地。

总之，直到 19 世纪 80 年代，日本和中国一样主要是西方的附庸国，这从
"不平等条约"的性质及其签订方式就能看出来。由于领事法庭的效率低下，西
方公民在日本享有的特权，经常比条约中规定的还要多，他们住在专门的居住区
内，有权自设警察机关和公共服务部门。他们的生活方式是西方化的，甚至在开
放口岸还有自己的报纸。他们的外交官住在有自己军队保护的使馆内，通常可以
随时调动军舰。英国在横滨驻有一个大型步兵团，长达 10 年。在商业上，外国

---

[1] 日本人对 1859-1868 年间的贸易进行了详细的研究，见 Ishii Takashi, *Bakumatsu bōekishi no kenkyū* (Tokyo, 1944) 和 Yamaguchi Kazuo, *Bakumatsu bōekishi* (Tokyo, 1943)。从 1868 年起，在一些著作中已有可供使用的统计数据，其中最为详细的是东方经济学家所做的，见 *The Foreign Trade of Japan: A Statistical Survey* (Tokyo, 1935)。在这方面，也可找到一些有用的摘要（包括统计图表），见 G. C. Allen, *A Short Economic History of Modern Japan 1867-1937*, 3rd rev. ed. (London: Allen & Unwin, 1972)。

[2] 关于日法贸易，见 Medzini, *French Policy*, chaps. 6, 10。

307　商人根据有利于他们的条款，在日本政府不能任意改变的关税制度下开展贸易。他们卖给日本人工业产品，换走生丝、茶叶等自然产品。大多数贸易都由外国商行掌控，由外国船只负责航运。

　　这便是当代日本学者所说的"半殖民"体系。但是，在屈服的外表下，存在着导致变化的因素。这些因素使得日本区别于中国，并且使得两国历史走向不同的方向。1868年，德川幕府被推翻，一些具有进行激进改革的政治意愿、并能取得支持的人开始掌权。他们以天皇的名义行事，极大地增加了中央政府的权力。并且以西方为榜样，学习军事科技和制度，鼓励商业发展，修订关税结构。因此，虽然日本仍在履行条约，但是他们正在逐步发展国力，以对这种不平等提出挑战。其中有些行动是不成熟的，没有产生任何效果。1871年，日本领导人与中国谈判，试图签订合约以取得一些西方国家在中国享有的特权。该行动并没有成功。1871至1872年，他们第一次提出对不平等条约进行修订，结果遭到欧美的拒绝。然而，他们从错误中汲取教训，耐心等待机会。1875年，日本通过交换领土和俄国达成协议，解决了千岛群岛和萨哈林岛的边界问题。1876年，日本迫使朝鲜接受了类似于1854年佩里与幕府签订的条约。同年，三井物产商社建立。1878至1879年，日本与欧美诸国举行了一系列谈判，期间尽管没有取得任何结果，但西方列强首次开始认真考虑条约修订的提议。尽管消息来源很广，但很少有外国观察家真正注意到这些苗头。同样地，到1880年，日本正在从德川时代晚期所遭受的挫败中恢复过来。与中国不同，日本在条约口岸体制之下遭受身心伤害的时间相对短暂。

第五章　明治维新

马里乌斯·B.詹森

明治维新被认为是日本历史的转折点之一。虽然发生于 1868 年的真实事件
只不过是造成了权力在旧统治阶级中的转移，但被称为"明治维新"的这个运动
的更大作用，在于结束了武士阶级的支配地位，并以一种在传统王权庇护下的中
央集权的国家形式取代了早期封建制度的分散化结构，而传统王权如今也已转变
成了现代君主。明治维新的领导人采取了一系列有力措施，在资本主义体系下增
强其国力，并推动他们的国家迅速向地区和世界强国迈进。于是，明治维新便构
成了日本、东亚和世界历史上的一个重大事件。这一事件如何发生？也就不可避
免地成为日本历史编纂学上的一个中心问题，因为对它的内容和性质的裁决，完
全取决于对它所导向的现代国家的估价。历史学家的工作已经得到了大量第一手
资料的支持，这些资料由一个本身与之关系密切的、具有历史意识的政府所提
供，由此所产生出来的学识，则表明了日本最近这个世纪智力发展的历史。

内忧外患

日本在 19 世纪 60 年代的政治危机，由严重的内部困境和外来威胁所引起，
这令人想起中国历史学家们惯常使用的把内部衰退和边境侵扰连带起来的简洁表
述："内忧外患"。大量的历史调查已被指向这样的问题：要是没有"外患"的
话，"内忧"到底会有多严重？港口一经开放，内外难题之间无疑会产生共振，
但是如果没有外力的推波助澜，内部的巨变是否足以导致封建秩序的崩塌？这种
可能性尚未得到确认。不过，事情很清楚，日本在被西方世界强迫"开国"之前

309 那种几乎完全孤立的状态，起到了在公众想象中扩大外部冲击影响的作用。

在1830年到1844年的天保年间，这个政权的内部困难逐渐病入膏肓，对此本卷第二章已经作了详细论述。在这段时间，日本被农业歉收所压倒，中部和北部地区发生了毁灭性的饥荒。这些天灾与政府的低效无能结合起来，便鼓动或激起了民众的反抗。在此期间最为壮观的起义发生在大阪，由儒者楷模、武士官员大盐平八郎所领导，他激动人心地呼唤民众起义，使他成为后来历史学家们心目中的英雄，这些历史学家时不时地从大盐平八郎的宣言中追溯那些忠诚于这一秩序的人的反叛。虽然大盐平八郎的起义只在大阪的部分地区引起了小规模的反应，但幕府官员在镇压这次起义中所表现出的惊人无能，却与大盐平八郎的勇敢表现（尽管同样显得笨拙）形成了鲜明的对照，这表明这个政权确实出了毛病。大盐平八郎的起义，虽然是由武士领导，并以这个国家第二重要的城市为中心，造成了一种全国性的冲击，[1]但它只不过是这一时期许多类似起义中的一个。农民造反和城市"暴动"具有规模不断扩大的趋势，这与日本各地越来越紧密的经济联系有很大关系，民众造反常常沿着交通线迅速移动。这一时期的另一种现象，是千年至福说信奉者人数的增加和千禧年运动的兴起。这种世界更新（"世直し"）的起义经常由一个自我牺牲的个人所领导，他为了其信徒的最终福祉而欣然折磨自己。在流行的看法中，大盐平八郎也被认为具有这样的外观。[2]

尽管如此，这一时期的历次起义却几乎没有提出什么能够促使社会和经济制度新生的替代方案。各种宣言和请愿通常集中于近期的状况，或是对过去那些似
310 乎可以接受的政府需索构成威胁，尽管这些需索在当时也是难以承受的。通信线路是这种抗议活动的天然导体，就像人们期望那些可通行道路沿线的村庄提供移送行旅和运输货物的"助乡"搬运服务一样。在德川时代晚期，对于这种服务的需求日益增长。

[1] 参见 Tetsuo Najita, "Ōshio Heihachirō (1793-1837)," in Albert M. Craig and Donald Shively, eds., *Personality in Japanese History* (Berkeley and Los Angeles: University of California Press, 1970), pp. 155-179; 亦见 Ivan Morris, *The Nobility of Failure: Tragic Heroes in the History of Japan* (New York: Holt, Rinehart and Winston, 1975), pp. 180-216，后者提供了英语著作中对大盐平八郎及其起义的最为详尽的讨论。

[2] 有两篇论文提及这些起义的规模问题，参见 Irwin Scheiner, "Benevolent Lords and Honorable Peasants: Rebellion and Peasant Consciousness in Tokugawa Japan," in Tetsuo Najita and Irwin Scheiner, eds., *Japanese Thought in the Tokugawa Period: Methods and Metaphors* (Chicago: University of Chicago Press, 1978), pp. 39-62; 亦见 Sasaki Junnosuke, "Bakumatsu no shakai jōsei to yonaoshi," in *Iwanami kōza Nihon rekishi*, vol. 13 (*kinsei* 5) (Tokyo: Iwanami Shoten, 1977), pp. 247-308。

乡村的秩序也通过一种有志于乡村改革的非正式利益团体而得以强化，这些乡村改革者们教导农民克制、节俭、相互合作，并向农民传授农业改良的技术，目的在于使农民过上较好的生活。农业技术专家大藏永常（1768—1856），乡村改革家二宫尊德（1787—1856）及其为相互合作所定的计划，还有大原幽学（1798—1858），全都致力于恢复农村地区的健康发展。在相当大的程度上，这三个人全都强调重新利用抛荒的土地，而不管这些土地的抛荒是由于政府的苛政，饥馑的影响还是移民的后果。他们的说教通常注重道德并主张虔诚，强调土地的保养和流转，认为这是孝顺之道和祖传义务的基本内容。这些努力，虽然无疑会对政府有所帮助，但同时也证明了政府没有能力履行其父母官的角色，而这正是自古以来政府为自己所定的职责。同样重要的是，这类真实乡村领袖们的出现，证明了遍及日本农村的平民精英中学识水准和领导能力的提升。[1]

幕府对这些动乱不安的反应，以1841年由"老中"水野忠邦发起的天保改革的形式表现出来。正如本卷第二章中所指出的，这些改革，包括颁布法令禁止民众从农村移居城市，对幕府家臣的债务给予减轻，废除商人行会，以及企图使幕府在江户和大阪的一定半径内集中占有土地的行为合法化，等等，都打击了市民和诸侯的既得利益，而以失败告终。与此同时，在一些较大的藩里，尤其是萨摩和长州，所进行的改革，虽然显得更为成功一些，但也都未能达到它们的目标。幕府的失败显得特别重要，因为它在增加自身收入方面的无能，预示着它也无力应付即将来临的更大危机。不过，尽管遭遇了挫折，野心勃勃地计划大力加强官吏对社会的控制，还是为某些历史学家提供了解释天保时代的基础，他们认为天保改革开创了19世纪封建制度晚期的"专制主义"。虽然对这些问题的判断分歧很大，但毋庸置疑的是，未来的明治领袖，都曾是在他们的早年生涯经历过这段动乱岁月的"天保人"，他们以这些经验教训为基础，进而创造出自己的得失成败。

从很多方面来看，那个必须应付这些难题的幕府是一个大不如前的政府，既缺少灵活性，也缺乏足够的手段。虽然18世纪的统治者曾经感到能以过去的模式进行尝试，但那些19世纪领导人的话语则越来越强调"对往昔的义务"，以表明其对传统的严格遵守。中央集权，正如包利瑟关于谱代大名的研究所指出的，

311

---

[1] 参见 Thomas C. Smith, "Ōkura Nagatsune and the Technologists," in Craig and Shively, eds., *Personality in Japanese History*, pp. 127-154; 亦见 Miyata Noboru, "Nōson no fukkō undō to minshū shūkyō no tenkai," in *Iwanami kōza Nihon rekishi*, vol. 13 (kinsei 5), pp. 209-245。

尚未发育成熟；[1] 如果有什么区别的话，那就是幕府将军一步步由强到弱，这导致了官僚体制难以撼动。水野忠邦在天保改革期间收回某些诸侯所占财产的努力，虽然搞得怨声载道，但他的失败尝试所采取的那些措施，却在其后危机深化的 19 世纪 60 年代被当时的改革者发现了其中的必要性。实用主义的幕府曾经一度对之进行微调，但它发现没有一些特定利益集团的合作，这些调整难以进行。从制度上看，幕府依然是前近代性的。高级行政主管（"老中"）以每月一次的周期轮流任职，只是在 1867 年德川幕府倒台的前夜，才废止了这种轮流制度，开始采用任期职责制。国内的不满和官僚体制的僵化，可能尚未达到以同时代的中国为特征的程度，但这两个政权都依赖同一套体制运转，在这一体制中，习俗和先例构成了对中央政府的限制。更重要的是，这两个政权还受到政府对国家财富的不恰当占有的限制。祖先订立的规矩和既成事实的障碍，深深地造成了行政管理模式的惯例化，使之难以进行根本的改变。虽然国防是幕府的职责所在，但它只有权力使用自己领地的收入。19 世纪 60 年代，将军率队前往京都的巡行耗费了它当年大部分的正常现金收入，恢复传统防范措施和购买现代武器装备的代价很快就变得令其望而却步。[2]

威廉·比斯利已在本书第四章中探讨过了跟随天保危机到来的外交方面的忧患。正如他所指出的，这是一种几十年来一直在不断深化的危机。一种不断增长的外患意识，在 19 世纪消息灵通的知识分子的舆论中，已经成为令人不安的基本因素之一。中国在 1838 年到 1842 年鸦片战争中的败北，使这一外患意识由深宅大院变得广为人知。日本人已经通过到达长崎的荷兰和中国商人知道了这一信息，而中国人关于这个问题的著述，尤其是魏源所著的《海国图志》，也在日本印行了好多版，立即在曾经接受过正规教育的知识分子中争相传阅。在这样一个闭塞的岛国，它的都市里集中着各类受过教育的精英，这些人士必然会产生担忧，即这些帝国主义的小型舰队下次将会来到日本。[3]

这种意识也受到了世界观变化的影响，对此，哈利·哈洛特宁在本卷第三章

[1] Harold Bolitho, *Treasures Among Men: The Fudai Daimyo in Tokugawa Japan* (New Haven, Conn.: Yale University Press, 1974).

[2] Conrad Totman, *The Collapse of the Tokugawa Bakufu, 1862-1868* (Honolulu: University of Hawaii Press, 1980). 该书 pp.190ff 中对 19 世纪 60 年代的幕府财政状况作了出色的简要讨论。

[3] 关于德川幕府订阅魏源著作的情况，参见 Ōba Osamu, *Edo jidai ni okeru Chūgoku bunka juyō no kenkyū* (Tokyo: Dōhōsha, 1984), pp. 388 ff。

中已有论述。本土的"国学"思想在 19 世纪走入了越来越极端的方向。在平田笃胤及其弟子的学说中，把一种越来越具有同化力的、融会贯通了非日本思想的学说与强调天照大神是民族之神的宗教热情结合了起来。一种新的强制性的种族划分正在构想中。虽然一旦日本的神圣国土和淳朴风俗可能遭遇外来的污染，这种思想就会很方便地成为警醒时局和唤起民众义愤的有效手段，但这种思想仍然只是前近代的，也许还是原民族主义的。

关于西方世界的知识，及其对于这种知识能力的认识，也通过西学（"兰学"）的兴起而为人们所利用。翻译西学书籍的实践发端于 1771 年，这一年有几个医生发现，与中国的解剖图表相比，人体解剖学与兰学更加符合，由此，西学书籍的翻译迅速扩展，以至于到 1817 年杉田玄白（一个参与其事的医生）去世时，已经将这一事业与一千年前对中文书籍的翻译相提并论。幕府竭尽所能来引导这种学问，还适当利用了这种学问中看来有用的部分，但那些对此感到不满足的人很快就超越了幕府所能允许的范围。在 1837 年的莫里森事件中，一些"兰学家"做出推论说，粗暴拒绝英国的使节，将会使日本受制于更大的危险。那艘成为问题的外国船只实际上已经被成功驱逐，但这种政治上的批评为在政治上对那些兰学家进行镇压提供了理由，从而导致 1839 年的清洗行动。

第三点，也是最后一点，最为重要的是，19 世纪世界观的发展与天皇制有一种越来越密切的关系，而这正是传统"国学"的产物。这种"国学"传统在所有社会群体中都有很大影响，但可以发现，它最强劲和最有力的表述还是在于种族言论与儒家忠君学说的融合，并且要求在这样的规则下调整对政治过程的参与。在"尊皇攘夷"的口号中，忠君思想与排外主义相结合，成为这个世纪中叶日本功效最为强大的情感。

以往的史学知识每每限制了它对天皇中心思想的思考，只是把它看作一种政治策略，而没有充分考虑到它的实质，也没有对它在缔造现代国家制度中的作用给予注意。[1] 然而，事实上可以看到，忠君思想的发展在德川时代的思想文化史上具有长期延续性，同样，在中国的思想史上也是源远流长。德川时期儒家思想的主流吸收了中国宋代的新儒学思想，而这种新儒学，是在以北方蛮夷的形

313

---

[1] Nagahara Keiji, "Zenkindai no tennō," *Rekishigaku kenkyū* 467 (April 1979): 37-47; and Bitō Masahide, "Sonnō-jōi shisō," *Iwanami kōza Nihon rekishi*, vol. 13 (*kinsei* 5), pp. 41-86. 亦见 Hershel Webb, *The Japanese Imperial Institution in the Tokugawa Period* (New York: Columbia University Press, 1968).

式表现出来的外部危险一直在学者心中萦绕的时代发展起来的。在清朝统治的中国，朱熹新儒学的力主排外逐渐变得迟钝和麻痹，但在日本，不具机能的王权却成为理想的化身，从而成为种族民族主义的焦点所在。在武士心中，对"国家"和"美德"的认同，使之易于将责任和行为绝对化。"忠君"（"忠义"）成为一种"大义"，是对个人道德最重要的检验。正如丸山真男曾经指出的那样，由于这种居于首位的政治价值观的含义不仅指封臣必须"服从"于他的上司，同时还包括封臣要对其上司进行"告诫"和"规劝"，因而这种价值观变得更为强劲有力。[1]在19世纪，德川时代的儒家学识强调一种义务的分层体制，在这种体制下，天皇最终凌驾于将军之上。中国的文化逐渐显得似乎与她起源的国度有所不同，特别是在17世纪明清交替以后。实际上，确有许多19世纪的作者把日本称为"中心的国家"。

在德川幕府的政策中也可以发现促进这种忠君倾向的趋势。18世纪时，幕府越来越多地对儒家学者的道德学说给予回应，并通过保护和维修皇陵，通过增加前任将军提供给宫廷和朝臣的微薄薪金来表达它们对于皇室的尊敬。尽管德川家康及其继任者曾经致力于切断直到那个时代一直存在的宫廷与武士阶级的纽带，[2]但天皇给予德川家族的爵秩和头衔的奖赏，如今却变得令人期盼了。事情渐渐向其他领头的大名扩展，这种头衔成为一个事关威望和自尊心的问题，有助于导致宫廷和大名联合起来对抗幕府，而这正是以往的将军所极力防范的。一步一步而且几乎是察觉不到的，幕府的"德行"逐渐被视为等同于它从外部接触中保护与隔离朝廷和国家的能力。开始于17世纪中期的"锁国"政策，曾经被作为一种防止国内不同意见的措施，最终却变成了评判幕府将军是否忠诚、有无能力的一种标准。

这一揽子模式和思想，在水户藩主德川齐昭所延揽的一批学者的著作中表现得最为令人信服。会泽正志斋的《新论》（1825）提出了关于西方强国的特别引人注目的警告，他坚决主张日本的神圣性及其天皇国体，提醒人们日本的这一优势是建立在天皇家族福祉的基础之上的。水户的思想（"水户学"），尤其是会泽正志斋的书，在19世纪40年代和50年代为人们所争相传阅，同时水户藩主开

[1] Maruyama Masao, "Chūsei to hangyaku," in *Kindai Nihon shisōshi kōza* (Tokyo: Chikuma Shobō, i960), vol. 6.
[2] 参见 Asao Naohiro with Marius B. Jansen, "Shogun and Tennō," in John W. Hall et al., eds., *Japan Before Tokugawa* (Princeton, N.J.: Princeton University Press, 1980), pp. 248-270。

始采取有力措施，敦促政府在精神和物质上重整军备，并把他的政治联系伸展到了京都朝廷。

哈里斯条约及其后果

威廉·比斯利教授在本卷第四章中指出，日本向国际往来打开国门，造成了由这些紧张关系所引起的更大难题。经济困难和军备不修使得有件事情对日本来说非常重要，就是在没有做好准备之前要尽力避免与外国的军事冲突。这就要求情报（由"蕃书调所"负责收集，这是一个成立于1855年的新的西学机构）、金钱（通过新的税收、强迫借贷和官营经济体来积累），以及政治共识，以争取一段安定的时光，用来做好应对的准备。追求政治共识的努力，带来了向大名和京都朝廷咨询和受教的努力。这种咨询产生了首先激发宫廷和大名，然后影响到他们的封臣和部属的效果。这一做法在那些对于国外事务往往信息匮乏的人们中间产生了一个不断扩大的重要圈子，但那些急于利用这些议题制造国内事端的人们则使政府的努力接近瘫痪。

315

对于传来的鸦片战争消息，幕府的第一个反应是放松其立即击退外国船只的现行命令，并且命令地方官员，当外国船只提出要求时，可对之提供给养物资。发布于1842年的这一命令，带来了一个暗示，引起四年之后孝明天皇过问沿海防御的事务。1844年来自荷兰国王的一封警告信，以及1846年比德尔使团（Biddle mission）的到访，都被成功地躲避过去，但没有人怀疑诸如此类的事情将接踵而至。1849年，幕府连下数道要求大名警惕海岸防御的命令，但是由于这一时期普遍的财政困窘，直到1853年佩里舰队抵达时实际上没有取得什么进展。

自1845年以来任职"老中"的阿部正弘，是一个能干的调解人，他把佩里的信件送往京都宫廷以供参阅，并向德川的封臣征求建议。阿部正弘意识到需要有所改变，他曾把一些低等级的官员提拔到关键的岗位。他也曾清醒地认识到日本在军事上的羸弱，为此建立起一个由他自己主持的海岸防御机构，并把自己的随从安排在里面办公。阿部正弘企图运用策略击败鼓吹排外行为的领袖人物——水户藩的德川齐昭，任命他担任一个关键的防务职位。幕府从各地大名及其次级封臣收到的意见表明，对于美国要求日本开港的国书虽然观点各异，五花八门，但大部分都同意应当避免冲突。幕府没有充分参考收集到的意见便做出了自己的决定；这发生在它把《日俄和亲通好条约》（这是由幕府的谈判代表与佩里一起制定的）的文本发送各地大名和京都宫廷整整一年之前。同时，它向大名下达的命令强烈提醒海防的重要性，而警察官员们（"目付"）也被加以严重警告，要他们采取迅速而无情的行动，以阻止外国人与普通日本人之间的接触。阿部正弘似乎已经做到了第一步，但即便是他的政治敏捷性也无法隐匿随之而来的变化。1854 年，朝廷发出一道指令，要求融化寺庙铜钟用来铸造枪炮，在整个江户时代这是第一次由京都宫廷根据自己的意愿发布一道全国性指令。福井藩的亲藩大名松平春岳（庆永）是阿部正弘的岳父，从那时起也是全国政治活动的一名领袖人物，他写信提醒自己的女婿，大名对幕府的尊重视幕府对宫廷的尊重而定。在接下来的日子里，幕府渴望在做出困难的决策时得到大名的支持，这使其更加频繁地向他们进行政策咨询，而宫廷自身也采取了一种策略，暗示应该不断地向大名，至少是向"御三家"这样的主要德川氏封臣请教。[1]

由汤森·哈里斯谈判缔结的 1858 年《通商条约》，标志着日本实际开放了贸易和居住。哈里斯描述说，第二次鸦片战争（"亚罗号"战争）以及 1858 年《天津条约》的签订给中国带来的灾难，成为他最为有效的论据。说来也奇怪，幕府害怕步中国的后尘为外国所征服，但它却接受了一系列的条约，这些条约几乎与那些给中国造成了莫大痛苦的条约一模一样。[2]

接下来，关于哈里斯条约的争论与将军继位的问题纠结缠绕，难以分开。1858 年夏天，德川家定去世，没有继承人，所以必须开始启动收养手续。主要候选人是一桥庆喜，这个能干的年轻人实际上是水户藩主德川齐昭的许多儿子中的一个，还有一个是纪伊（和歌山）德川家尚未成年的子嗣德川庆福，即后来的德川家茂。从传统上讲，选择德川庆福更合常规，而在实际进行的争夺中，挑选一个"能干"的继承人成为一种很有说服力的考虑，从而使一桥庆喜（即后来的德川庆喜）也是极具竞争力的人选。

---

[1] 关于阿部正弘的谋略和才干，大多数历史学家都评价不高，但也有人做出了较有眼力的评价，参见 Conrad Totman, "Political Reconciliation in the Tokugawa Bakufu: Abe Masahiro and Tokugawa Nariaki, 1844-1852," in Craig and Shively, eds., *Personality in Japanese History*, pp. 180-208; and Bito Masahide, "*Bushi* and the Meiji Restoration," *Acta Asiatica*, 49 (Tokyo, Tōhō Gakkai, 1985): 78-96。

[2] 关于这一点，参见 Ono Masao's in "*Kaikoku*," *Iwanami kōza Nihon rekishi*, vol. 13 (*kinsei* 5), pp. 1-39。不过，中村哲在《开国后的贸易与世界市场》中指出，日本安政年间的一系列条约要优越于中国的《天津条约》，因为它们没有使鸦片贸易合法化，也没有允许传教士进行传教活动，而且还做出了较好的关税安排。参见 Nakeamura Tetsu, "*Kaikokugo no bōeki to sekai shijō*", pp.108-109。

继阿部正弘之后成为幕府首席官员的堀田正睦通知汤森·哈里斯说，在签订新条约之前，幕府需要天皇例行公事地加以批准，而他将在 1858 年春抵达京都弄妥这个手续。令他感到惊讶的是，半个月后他收到的朝廷指令竟指示幕府：由于这一条约对于国家事关重大，应该再一次提交给"御三家"和大名们讨论。这在德川时代是第一次，标志着宫廷可能公开与幕府的政策唱反调。后来所发生的事情是，一些主要的大名，他们当中的领头人是德川齐昭，意识到通商条约是一个可以加以利用的事件，他们可以利用宫廷恐惧外国人的本能，来影响幕府在将军继位方面的政策。自此之后，他们就建议朝廷，条约的勉强批准，要以选择一个"能干的"成年继承人继任将军为条件。

317

当堀田正睦第二次写信要求朝廷批准条约时，他的做法差一点激起 88 位宫廷贵族群起抗议。结果，再一次宣布了向诸侯们咨询意见的指令。随后，双方都在谋划，准备最后一决胜负。家族继承涉及德川幕府政策的核心，而且是德川家族的内部事务。正如彦根的谱代大名井伊直弼在一封信中所说，根据能力进行选择或许是"中国的方式"，但它不是日本的行事方式。幕府在最后关头的游说，堵塞了宫廷要求一位有才能的人继任将军的计划。[1]

宫廷的又一次断然拒绝，导致幕府对京都宫廷的仇外和阻碍越来越感到恼怒，这种情况造成了强硬派在江户幕府当政。在堀田正睦从京都返回江户不久，来自彦根的井伊直弼便成为摄政者（大老），接管了江户幕府的领导权。如今，他开始了一个个人统治的时期，这在江户幕府僚属的历史上从未有过先例。对他来说，重新确立幕府对不同政见者的控制似乎成为至关紧要之事，而其他问题都是第二位的。

6 月 25 日，汤森·哈里斯得到幕府的承诺，条约将于 9 月 4 日签订。征求意见的信函再一次送达各地大名，这在表面上与天皇的指令相一致。但是，当汤森·哈里斯带来了《天津条约》签订的消息，并推测接下来英法战舰可能将前来日本时，条约便于 7 月 29 日匆忙签订，而向大名征询意见尚在进行之中，且并未得到天皇的批准。十天以后，幕府宣布将军的继承人已经确定是纪伊的德川庆

[1] George Wilson, "The Bakumatsu Intellectual in Action: Hashimoto Sanai and the Political Crisis of 1858," in Craig and Shively, eds., *Personality in Japanese Hisuny*, pp. 234-263. 该书第 260 页引自井伊直弼的家臣长野主膳的呈文："基于他的才能而提名领主，这是属下选择他们的长官，完全是中国的做法……而我国的风俗是必须遵循直系血统。"但是，长野主膳在这里过于武断；日本的领养制度允许具有很大的灵活性以保证继承人的能力。

福。这样，井伊直弼在十天之内就决定了两大亟待解决的问题，这完全是依赖于他自己的权威。

如今，井伊直弼开始采取行动对付反对派。那些在阿部正弘当政时任职的幕府温和派、外交事务专家，以及那些赞成与各地大名合作、对大名实行怀柔政策的官员，纷纷遭到解职、降级，或调往其他不甚重要的岗位。那些曾经通过他们的代理人在京都游说，希望以一桥庆喜作为将军继承人的大藩领主被迫引退，并像通常一样被软禁在家。福井的松平春岳（庆永），水户的德川齐昭，尾张的德川庆胜，以及土佐的山内容堂仅是那些遭受惩戒的大名中最为有名的。

孝明天皇对于这种公然侮辱他的行为十分恼怒，甚至考虑提出辞职以抗议这次的受挫。他命令"御三家"之一的首领，或"大老"本人前来京都，不料却收到了这样的回答："御三家"的首领正在接受惩罚，而"大老"也忙于国事，不能离开江户。一个地位较低的"老中"间部诠胜被指定作为特使，乃至在又拖延了将近两个月后才起身前往京都。朝廷起而反击；它史无前例地完全不顾有关途径和保密的规定，把向幕府下达的指令传送给水户藩驻京都的代表，再通过该代表送达江户。如此行事令幕府大为吃惊，立即禁止水户藩向其他人等泄露天皇旨令的内容。那些曾经赞成一桥庆喜继任将军的大名们派驻京都的低级代理人，怂恿那些没有经验的朝臣，竭力想使朝廷坚持立场，以推翻幕府的政策，解除井伊直弼的职务，撤销哈里斯条约。井伊直弼在京都也有他自己的代理人，其中一个叫长野主膳，他把所有这些活动都向江户做了报告，从而引起了井伊直弼接下来的严厉报复。

到10月，幕府开始逮捕那些大名在京都的代理人。水户藩的代理人梅田云滨及其他一些人在京都被捕。桥本左内，松平春岳（庆永）的主要使者，也在京都被捕。在京都被捕的人被关在囚笼里转押至江户，一路上戒备森严。一到江户，这些犯人就遭到了一个五人法庭的严厉审问，组成这个法庭的官员以往只参与最为严重的罪行审判。宣布的判决出乎意料的严厉，从而使之成为幕府历史上最大的镇压之一。100多人被判有罪，8人被判死刑，其中6人像普通罪犯一样被斩首。

当这一切正在进行之时，"老中"间部诠胜却正在苦苦地做着恼怒而顽固的朝廷的工作，以使其批准已经签订了的条约。随着宫廷自身也开始受到了幕府的惩罚，朝臣职位发生了一轮改变，一些曾参与其事者被迫辞职，间部诠胜的手段也强硬起来。最后，天皇勉强表示同意，因为条约已经签订，想要加以阻止已经太晚了。

井伊直弼已经遭到了历史学家的严厉对待，特别是那些 1945 年前从事著述的历史学家，对井伊直弼多持否定态度。的确，井伊直弼个性的刻板和严厉，在德川幕府的掌权人物中并非典型，与日本行政史上偏爱集体做出决定的习惯也不合拍。此外，在他的受害者中有一些理想型的人物，这些人在其后的明治时代中广受崇敬。福井藩士桥本左内作为松平春岳（庆永）所信任的助手，显然是在执行他的领主的指示。在个人品格和学术造诣上，桥本左内都曾赢得普遍的尊敬和钦佩。尽管如此，他还是遭到了这样的宣判：他"本应告诫其领主小心行事……但他的行为却并未尊重幕府的意愿"。[1]

在流行的观点中，长州学者兼教师吉田松阴的遭遇甚至更为严重和悲惨。吉田松阴起初是一个等级低微但才气横溢的兵法学生。在前往长崎和其他地方旅行之后，他得出结论：这些地方无法满足对日本的保护。他逐渐受到主张现代化的佐久间象山的影响，于 1854 年试图说服马修·佩里带他前往美国进行一段时间的考察。在马修·佩里恪守他对幕府将军的承诺拒绝了这一非法要求后，吉田松阴被告发，逮捕，遭送回长州。在长州，他的自由受到限制，开办一所乡村私塾教书，学生里有好几个成为未来明治时代的领导人。吉田松阴对幕府无礼地对待朝廷感到愤怒，对幕府在签订哈里斯条约中所表现出来的对外国人的奴态反应激烈，甚至与梅田云滨计划在间部诠胜来京都的路上刺杀他。在被逮捕和引渡到江户后，吉田松阴继狱友桥本左内之后遭到幕府杀害。他于死后成为一个为天皇和国家献身的高尚殉道者。

不过，第二次世界大战后的历史学家们，已经对井伊直弼有了一些不同的看法。人们已经从以往支持那些"安政大狱"受害者的历史编纂学的强制中解放出来，能够看到在那场将要打碎 19 世纪中叶日本政治结构的斗争中双方的勇气和智慧，后来的写作者们已经缓和了他们对井伊直弼的谴责。不过，无论如何，井伊直弼都未能比他所获得的胜利活得更久。1860 年 3 月的一个雪天，他和随从走到靠近江户城樱田门的地方，一群武士（其中 17 人来自水户，1 人来自萨摩）突然出现。当时，井伊直弼卫士的武士刀正用柄袋包紧，以防雪水沾湿，行刺者

---

[1] Wilson, "Bakumatsu Intellectual: Hashimoto Sanai." 指控桥本左内的日文文本涉及其对 Kogi 的无礼行为。

冲破了卫队的防护，取下了"大老"的首级。关于这次暗杀的告白，集中攻击了"大老"个人，而没有涉及以他为首的政府，但告白中明确表示，井伊直弼所犯
320 下的罪行在于他无视天皇的意愿，告白还敦促所有德川氏的家臣带着羞耻前去伊势向天照大神悔罪。"尊攘"时代到来了。

"尊攘"派

井伊直弼实行的清洗行动导致他自己被杀；遭受迫害的"尊攘"派通过暗杀幕府大臣来实施报复。这些事件宣告了一个暴力和恐怖时期的到来，这些暴力和恐怖改变了德川晚期政治活动的环境。"尊攘"派，对于同龄人来说，对于历史来说，他们都被称为"志士"，即具有崇高理想和节操的人。这些志士成为地方和国家事务中的一种爆炸性因素，最后作为一种理想道德楷模服务于现代天皇国家的意识形态，同时也在随后的动荡岁月成为年轻激进分子的榜样。

志士大都具有适度的等级、地位和收入。地位的欠缺意味着他们几乎无须承担官方的责任和职位，这些都是为那些高等级武士保留的。他们生活在这样一个世界里，与他们的上司相比，这里较少受到礼制的束缚，对他们来说，与来自他藩的人交流也比他们的上司容易。由于志士处于统治阶级的外缘，机会受到限制的挫败感和礼制上受到压抑的羞辱感，经常使他们怀疑和批评他们谨慎小心的上司。由于很少得到有关国家所面临的外交和政治问题的通报，他们倾向于采取直接行动这种过分简单化的解决方案。伴随着日本的开放，要求人们为此做好准备，这产生了一种真实的战争期待，导致了一种谣言丛生的局面，使得人们重新强调军事艺术的重要性。剑术学校从未像现在这样人满为患，加上时常举行的各种比赛，这些剑术学校成为政治上虚张声势和自我壮胆的一种摆设。志士就是这种剑士。

下层武士的受挫感经常与乡村武士和村庄领袖的不满紧密配合。在乡村，那些假冒武士的虚荣做作通过佩刀、姓氏和起码的学识表现出来。这些能够与行政职务的经历结合起来，激励出对以城市为根基而自命不凡的武士的批评态度，有时还会得出结论，以为他们自己就是真正要紧的农村领袖。例如，在土佐，19世
321 纪40年代的一个"庄屋"团体就曾对他们所遭受的多种压制大为不满，对重新强调过去的秩序满腹牢骚。因为按照这样的秩序，村庄的领袖必须执行朝廷的指

令，不得与城下町的武士发生冲突。土佐的志士里，既有农村领袖的孩子，也有下层武士的后代。[1]

志士的学识十分广泛，但这种学识中首先会包括对于真诚的要求，而真诚要通过行动来加以证明。萨摩的英雄西乡隆盛精通于王阳明儒学的观点，而王学强调的正是学识与行动的同一性。其他人则利用通俗化了的朱熹和孟子的学说，强调真诚的意义，强调良序政治形态的重要性，从而很快就得出结论：由于幕府明显对朝廷的愿望无动于衷，所以它必须把权力让位于天皇信任的人。虽然只是都经过训练，熟知忠诚美德和主从关系（"名分"）是高于一切的责任（"大义"），但志士们还是接受了家臣们的义务，在确信自己的领主犯错的时候纠正他们的行为。幕府本身也接受了这种观念，在它给桥本左内所作的死亡判决中写道：桥本左内"理应规劝他的领主"，而不是在京都盲目地执行领主的指令。依照相同的逻辑，志士们也为声讨幕府官员做好了准备，因为他们执行幕府将军的命令，却无视天皇的愿望。在日本，有一部从儒家忠义思想的角度写成的广受欢迎的史书——赖山阳的《日本外史》，此书不胫而走，印数一增再增。首先以中文原作，然后用日文翻译，传扬对于往昔岁月里朝廷忠臣的赞颂。1859 年，这位历史学家的小儿子赖三树三郎被处死，成为井伊直弼"安政大狱"的牺牲者之一。

作为忠贞的家臣，志士们深信其领主的愿望与朝廷的心愿是一致的。井伊直弼惩罚那些拥护一桥氏继位的大名，还打击那些竭尽所能阻止哈里斯条约签订的大名，这使志士们以忠于领主的名义转而反对幕府的大臣。例如，在西南部的土佐藩，一群年轻的剑士歃血为盟，于 1861 年秋宣誓结党效忠自己的领主，他们在声明中把日本遭到蛮夷羞辱的愤慨与"自己从前的领主"遭受惩罚的仇恨结合起来，发誓"谁若违背诺言，将受指责和惩罚"。这份声明以这样的文字结束："吾等向神发誓，一旦天皇举旗召唤，吾等便赴汤蹈火，以慰圣心，完成之前领主的愿望，清除大奸巨恶，保护天下百姓。"[2]　　322

起初，种族的民族主义、家臣式的忠诚，以及对帝王的崇敬可以结合为一种

---

[1]　Marius B. Jansen, "Tosa During the Last Century of Tokugawa Rule," in John W. Hall and Marius B. Jansen, eds., *Studies in the Institutional History of Early Modern Japan* (Princeton, N.J.: Princeton University Press, 1968), pp. 340-341.

[2]　Marius B. Jansen, *Sakamoto Ryōma and the Meiji Restoration* (Princeton, N.J.: Princeton University Press, 1961), pp. 108-109.

对事业的献身，相对来说能够摆脱所面临的道德上的左右为难。但是，一旦对封建领主的忠诚显得与对帝王的崇敬相互抵触——当大名选择谨慎行事，从"尊王攘夷"事业抽身而退时——志士就会面临困难的个人选择。大多数人通过逃避各藩的司法审判来坚持建立新的与其上司的从属关系，他们或者寻求那些看起来对于尊攘事业更加坚定的藩（长州藩就长期充当着来自全国各地人们的保护者）的庇护和雇用，或者为京都的贵族们所用，这些贵族需要他们充当保镖、间谍和信使，以使政治的坩埚不断加热。以这种方式参与政治活动风险很大，对于那些放弃了家族、家乡和安全保证的人来说通常结局悲惨，但是它也证明，对于许多人来说，新生活的兴奋刺激与他们在家乡所熟知的那种城市化从属关系的沉闷单调形成了鲜明的对比，这种新生活使他们受到激励，变得高贵。土佐藩的活跃分子坂本龙马在写给妹妹的信中，比较了他现在的活动与以往在家乡时生活的价值，他说，在家乡时"你不得不像个傻瓜一样浪费你的时间"；在另一个场合，他宣称："我国的那些愚蠢的官僚告诉我们，把亲属放在第二位，把藩主放在第二位，离开自己的父母妻儿，这样的想法都违背了你们本身的责任……但是，你们必须明白，一个人应该秉持这样的信念：朝廷重于国家，天皇高于父母。"[1]

尊攘派并没有一个精心营造的观点，也没有一个他们正在从事工作的大纲。他们有口号（其中最重要的就是"尊王攘夷"）而没有规划。他们反对当局，但并不反对权威；他们满怀种族民族主义，但对实现真正民族国家的可能性只有朦胧的意识，他们很少意识到在这样的国家里，佩戴双刀的阶级将不再作为美德和特权的特殊载体而昂首阔步。

关于这一点，需要进一步的解释。E. H. 诺曼（E. H. Norman）对明治维新的开创性研究[2]察觉到在政治运动的中心存在一种"下层武士"与"商人"的结合，这具有预示未来社会变革的意义，但是，最近的研究者们则对这种分析框架的效用产生了明显的意见分歧。"商人"对明治维新的参与甚至已被证明更加难以检验，更谈不上有什么开创之功了。W. G. 比斯利对于明治维新政治活动的精妙概括，检验了一些最为重要的藩的证据，他总结道：

323

---

[1] Marius B. Jansen, *Sakamoto,* pp. 174-175.

[2] E. Herbert Norman, *Japan's Emergence As a Modern State: Political and Economic Problems of the Meiji Period* (New York: Institute of Pacific Relations, 1940 and later printings).

　　因此，低等级武士——指等级在"平侍"之下的武士，而"平侍"才有
资格担任藩里的官职——与反叛活动、恐怖主义或暴力威胁之间存在着一种
有根据的联系。那些身为传单张贴者、示威者、共谋者和行刺者的"浪人"，
则典型是比"政治家"身份更低的人。

　　同理类推，比斯利写道，那些"要求淡化甚至废除武士身份"的人包括：
"村民首领、富裕农民，还有商人，尽管也许他们曾经购买过使用家族姓氏和佩
戴刀剑的权力。"[1]德川时代的身份分类并没有关于个人政治参与的规定，更何况
参与政治完全是把权威置于一旁，是那些至少具备某种身份要求的志同道合者的
结盟。于是，土佐藩的尊攘派包括了大量乡村武士（"乡士"，坂本龙马也是其中
之一）和村民首领或他们的儿子，而他们政治意识的正常范围过去一直如官府所
期望的那样，局限于他们的土地所处在的山谷之内。

　　艾伯特·克雷格（Albert Craig）把他的研究集中于长州藩，他发现"下层
武士"这一习语含糊不清，不具分析价值。他写道，"几乎任何大规模的武士运
动都必然是一个下层武士的运动"，而"上层武士"的传统定义只适用于70户
或80户长州武士家族（长州藩的武士家族在5000开外，若计算下面的封臣则
有10000）。此外，在长州，既有上层武士的"尊攘派"，也有下层武士的守旧党。
艾伯特·克雷格总结说，考虑到阶级内部的各种差异，"武士阶级不能被认为是
一个阶级，不能被认为是一个绅士阶级，他们也不具备共同的阶级利益。"[2]托马
斯·胡贝尔（Thomas Huber）也研究长州，但把注意力限制在吉田松阴的学生
身上，他对"下层武士"所做的定义是年收入200石以下，从而得出结论说，长
州的运动，包括那些村庄里的平民管理者在内，代表了"服务型知识分子"的利
益——或者说至少是反映了他们的不满。如此这般，诺曼的论证和方法正在得到　324
精炼和完善。[3]

　　即使人们认可德川时代下层武士军事精英所遭受的挫折和偶尔爆发的狂怒，

[1]　W. G. Beasley, *The Meiji Restoration* (Stanford, Calif.: Stanford University Press, 1972), p. 171.

[2]　Albert M. Craig, *Chōshū in the Meiji Restoration* (Cambridge, Mass.: Harvard University Press, 1961), pp. 112-113; and "The Restoration Movement in Chōshū," in Hall and Jansen, eds., *Studies in the Institutional History of Early Modern Japan*, pp. 363-373.

[3]　Thomas M. Huber, *The Revolutionary Origins of Modern Japan* (Stanford, Calif.: Stanford University Press, 1981).

承认他们的狂热和暴力行为自有其价值，对于迄今为止迟钝麻痹、昏昏欲睡的政治情势是一种有效的清醒和激励，人们还是能够想到在尊攘岁月之后所展开的故事，是由各藩所采取的行动和决策之一。1864年以后，像这样的尊攘志士已经被控制起来，需要得到那些掌握权力的人与之合作。各藩的政策是由那些有机会与把持该藩最高职位的少数精英相互往还的人设定的。这些精英很少采取行动，直到他们确信无所作为所冒的风险比积极参与的风险还要大，情况才会发生改变。最后，未能加入一个共同阵线的危险，成了被排除出新的政治秩序和政治结构的危险。地区的和家庭的自我利益，无疑会被那些将要继承地位、权力和财富的人们尽可能精细地加以计算。志士们有助于创造一种可能促进运动发展的气氛。他们中的许多人，或许是大多数人，都在这一事业中死去了。那些继承了他们的牺牲成果的人，则多半是中上层武士，他们在接下来的那些年里，把他们各自的藩推上了高位。

在德川幕府垮台之前，各藩的政策，以及事件的逻辑，似乎把大多数武士聚拢到一些高举"尊王攘夷"旗帜的藩里，尤其是长州。但是，在1867年，长州既蒙受了最大的失败，也获得了最大的收益。在其他领域，计算的标准也各不相同。但是，就像许多藩——实际上，是大多数藩——一样，它们同样有武士在别的藩里，它们在另外的环境中反应也大不一样，仍然漠然置之，或是追随其他的旗帜。幕府通过招募和组织志士或浪人来回应京都和江户的骚乱状态和恐怖行动，这些志士或浪人把长州—萨摩的武力视为地方性的和"自私的"，事实证明他们是以暴制暴的有力工具。亲幕府的会津藩的下层武士，受命于在德川时期最后的岁月里维护京都的治安，他们也受到与其长州对手一样的阶级利益和挫折感的支配，也许在他们中间也包括许多拥护"尊王攘夷"的人。但是，他们照样与处在不同地区、具有不同历史的萨—长联盟为敌，而他们的藩也成为对抗萨摩和长州军事力量的一个最起作用的对手，直到1868年若松遭到不顾一切的围攻，会津城堡被付之一炬，才结束了会津藩在全国舞台上的表演。

朝廷与幕府、大名的类型

萨摩、长州、土佐、肥前四藩，提供了明治维新早期的领导成员。而水户藩则是一个值得注意的例外，它在一场内战中实力被毁，从而与其他藩相比，在明治维新运动中几乎未能做出令人印象深刻的表演。在这些藩里，佐贺是一个迟到者，只是在 1867 年后才登上舞台。佐贺得以加入这个不轻易吸收外人参加的小圈子，也许主要是由于地近需要它加以防守的长崎港，并曾帮助把一些能干又老练的领袖人物送往上述各藩。考虑到明治维新领导阶层的来源，从而立刻会引起对这极少数几个藩的特性的探寻。如果说，武士的受限与窘况在日本的所有地区都差不多，那么，是什么额外因素在德川末期造成了这些西南诸藩及其他少数几个藩与众不同呢？

人们立刻会想到的是实力与区位的因素。对封建诸藩进行的生产力评估中，萨摩排第二，长州排第九，佐贺排第十，水户第十一，土佐第十九。距离和传统也有助于造就自豪感与自治力。大量的资源对于增强重要的军事力量也必不可少，这是 19 世纪 60 年代通过购买西方的舰船和枪炮实现的。萨摩、长州和土佐还拥有不成比例的大量武士。在 17 世纪早期德川家族得以执掌全国政权的那场战争中，萨摩和长州曾经站在失败者一方；为此它们遭受了领土的损失，被迫把一支人数众多的军队压缩在一块面积缩小的地区。此外，萨、长、土三藩还被整合为具有可防御边界的区域单位，这些边界沿着陆地交通线展开，可以对与之毗连的地区实行戒备。地处日本南端的萨摩，以其特有的排外制度著称。上述三藩，都是"外样"大名，虽然土佐藩由于德川幕府的创建人在驱逐了该藩前任藩主之后曾经安插了一个他自己挑选的人，而显得情形有些特别。正是由于这个原因，土佐藩主才会采取某种感恩和警告相结合的方法，提出让将军辞职的建议。在其他地方，这种忠诚的愧疚则十分虚弱。萨摩、长州的整个武士阶级，以及土佐那些曾是前藩主家臣的下层武士，都怀有对德川幕府统治的深仇大恨。

距离的偏远和边界的安全有助于更高程度的自治和自觉意识。用艾伯特·克雷格的话来说，"藩的民族主义"保证了强烈的竞争冲动，驱使人们不断向前；同时也加剧了人们的恐惧，他们害怕落于人后，也害怕最终可能采取的新政治秩序会把自己剔除在外。位置偏远也有助于在江户扮演一个较小的角色，成为一种不引人注目的存在，因为德川幕府实行"参觐交代"的中央控制机制，这会带来更高的成本和更大的不便；同时也因为对大阪市场的依赖要超过对将军首都的依赖。距离和实力使得以上诸藩有可能相对独立地对幕府和朝廷的要求做出回应，比如萨摩拒绝对发生在行军途中的杀害英国商人的事件（"理查德森事件"，或"生麦事件"）做出赔偿，长州为求"攘夷"未经幕府授权便向沿岸外国船只开炮。这些事件使萨摩、长州要面对西方军事科技的优势，这种优势在 1863 年英国舰队炮击萨摩鹿儿岛中得到了证明，在次年外国舰队攻击长州下关炮台中表现得更为淋漓尽致。

距离偏远也带来了其他的影响。在货币经济、经济变化和社会分解沿着大阪和江户平原的主要交通要道（这里大多由德川家族所掌控）不断发展的同时，与这里较少封建联系、较少社会和经济往来的日本西南诸藩则仍然较为落后、较为传统。西南诸藩较高的武士对平民的比例，也能被用来抑制平民的政治诉求和参与；这在萨摩表现得尤其明显。传统的权威结构对于支持该藩经济的努力提供了一个有效的基础，政府可以更孤注一掷地利用该藩的剩余，从而加速其军事改革。天保改革在幕府的领地内归于失败，但是，天保年间萨摩和长州的财政与经济改革，却使两藩在即将到来的竞争中处于更加强大的地位。在佐贺，19 世纪中叶的数十年里也可以看到一场成功的运动，即根据平安时期传统 kinden 制度的原则，再一次公平地分配土地，这一场"土地改革"的计划，充分表明了该藩的封建统治者控制其最重要资源的能力。[1]

327　　　19 世纪中叶，西南雄藩还诞生了坚强而有才干的领导集团。幕府末期，整个日本能干的大名不多，远低于正常水准，就连江户，在德川家定和德川家茂统治时期，幕府将军的权力也完全操控在代理官僚的手中。不过，在萨摩和土佐，作为收养制度的结果，贤能之士执掌权力幸运地在核心领导层得到了强有力的指导。佐贺也有一个能干的大名，而长州的领主则爱剑走偏锋。在各自的藩里，能有多少下属具有异乎寻常的才能和机敏，决定于人们是否能够毫不犹豫地说出他们的观点。

这种历史、地理和经济环境的综合因素，有助于说明为什么是这几个藩扮演了领导者的角色。但是，这不能解释为什么是这几个藩，而不是其他比较起来或多或少得天独厚的藩，在全国性的政治活动中具有如此充沛的活力。在水户，19 世纪 50 年代，那里有儒家"尊王攘夷"的教义，也有德川齐昭的个人威望，完全适合担任领导的角色。但是，一场内部的权力斗争摧毁了该藩的团结，加上德川庆喜成了幕府的将军，与德川家族的友好关系使得该藩的影响力急剧下降；

---

[1] 关于长州藩的情况，参见 A. M. Craig, *Chōshū in the Meiji Restoration*；关于土佐藩的情况，参见 M. B. Jansen, *Sakamoto Ryōma*；关于萨摩及其他藩的情况，参见 Ikeda Yoshimasa, "Bakufu shohan no dōyō to kaikaku," in *Iwanami kōza Nihon rekishi*, vol. 13 (*kinsei* 5), 174-207。

在福井，也与德川家族关系密切（"亲藩"），松平春岳的早期领导角色也让位于后来的等待、观望，以及期盼政治安抚的时刻能够再次到来。但是，大多数大名——实际上是大多数上层武士——都看到了伴随着错误抉择而来的风险，因而宁愿保存他们的实力，听从谋士的劝告，待到局势明了之后再采取行动。当时不存在"反天皇"的派别，但却存在着许多其来有自的疑惑，人们怀疑那些声称"尊王"的人主要是出于对他们自己利益的考虑。另一方面，对于德川幕府的追随者而言，幕府政策的迂回曲折也使遵循一条始终如一和积极主动的路线成为艰难和危险之举。[1]

井伊直弼被刺之后，幕府进行了一系列的努力和尝试，意在使朝廷和幕府在一个新的更为合作的框架下团结起来。结果并未成功。对幕府来说，就像比斯利指出的那样，这意味着"利用天皇的威望来支撑幕府的权威"，而那些大藩领主参与其中，则"意味着以天皇的名义干预政事的新的可能性，以便在其他事情上扩大他们的广泛特权"。[2] 然而，这些努力仍然是有价值的，因为它们导致了1862年的"文久改革"，这一改革深刻地改变了政治权力的平衡，以至于最近的一项研究开始认为，德川幕府的倒台正是由此引发。同时，对于其他人来说，他们的希望最终还是回到土佐藩所提出的建议，在这样的安排下，末代将军于1867年同意交出幕府的权力。

这一建议书通常被认为具有"公武合体"的性质，即朝廷（"公"）与幕府（"武"）的和解。"公武合体"的建议最初是由长州藩提出的，该藩官员长井雅乐说服藩主，主张达成一项新的协议，以使幕府的统治"与朝廷的旨意相一致"，也就是说，由朝廷制定政策而幕府加以执行。在与朝廷就此达成一致意见后，长井雅乐前往江户与幕府谈判。但在那里，他很快就被萨摩藩提出的似乎能够给予朝廷更多东西的提案所超越。萨摩的建议书要求赦免所有那些在"安政大狱"中遭受井伊直弼惩罚的人，解除自那时以来执政的主要幕府官员的职务。更重要的是，建议书中还提出，朝廷将指派某些大名作为它的代表驻在江户；关于将军继嗣论争的两个主要代表，越前大名松平春岳（他的家臣桥本左内因推进德川庆喜的候选人资格而被执行死刑）和德川庆喜自己都将被任命为新设置的官职。曾经

328

---

[1] Totman , "Fudai Daimyo and the Collapse of the Tokugawa Bakufu," *Journal of Asian Studies* 34 (May 1975) : 581-591.

[2] Beasley, *Meiji Restoration*, p. 177.

被拒绝继承将军一职的德川庆喜，将要充任年轻的德川家茂的监护人（"将军后见"），而松平春岳则被任命为最高政事顾问（"政事总裁"）。这份建议书的要求由宫廷贵族大原重德带往江户，护送卫队则由萨摩摄政岛津久光所率领的大队萨摩藩兵充当。

这些计划开始酝酿于汤森·哈里斯到来后那些年里急切军事改革的背景之下。那些曾经四处游说想让德川庆喜继任将军的大藩领主，想要合力替换掉德川体制下代价高昂的控制措施。当时，土佐大名山内容堂曾经提议暂停七年"参觐交代"，同时，许多大藩也都采取步骤进行财政改革，以使军事上的花销成为可能。佐贺藩曾经努力执行它的土地分配计划，土佐和萨摩也制定了规划，中心内容是大力推销当地特产——萨摩有其南部岛屿的蔗糖，土佐有樟脑和靛蓝——以增加藩的收入。参觐交代制度的改变将是最合理的节约措施。

不幸的是，由井伊直弼的清洗所造成的关系紧张，以及通过惩罚措施而迫使那些最为重要的大名缺席安政改革，已经把这种拟议中的合作模式变成为一种竞争的主张和竞争的对手。大原重德—萨摩使团之后很快又来了一队人马，这次的卫护者换成了土佐的军队。

329

尽管山内容堂退休之后在政治上仍很活跃，但他的主要谋臣却遭到了尊攘派的暗杀，尊攘派迅速进入决策机构的核心，环绕在年轻的继任大名周围。武市瑞山，土佐藩尊攘派的创立者和领导者，如今以年轻藩主的名义提议，朝廷公卿三条实美和姊小路公知前往江户，宣布朝廷命令幕府立即做好准备开始攘夷。接下来，这些计划转而提议在大阪—京都平原（"畿内"）设立朝廷的私人领地，在政治上给予朝廷明确的首要地位，取消参觐交代制以使大名可将其钱财用于防务，在京都设立七到八个西南诸藩的代表处作为对朝廷的支持，从全国各地征募有胆量的"浪人"建立一支私人护卫部队作为宫廷的防卫，等等。凡此种种所需费用，将通过命令大阪地区的富裕商人提供金钱来加以满足。这份建议书是尊攘派所提出的最为彻底的建议书之一，由此可见尊攘派所思考的行动方式变得激进化了。但是，尊攘派的步子并未能走多远，令武市瑞山大吃一惊的是，前藩主山内容堂在解除了软禁之后，巧妙地逐步撵走了土佐的尊攘派。经过了漫长的审讯，1865年，武市瑞山以不服从上级的罪名被判自裁。[1]

---

[1] Jansen, *Sakamoto Ryōma*, pp. 131-137；又见 Ikeda, "Bakufu shohan," pp. 184-186。

但是，在三条实美—土佐的队列到达江户之前，长州和萨摩的行动方案产生了结果，随之发生的变化以文久年间的改革而著称。这些改革基本上改变了政治环境，以至于最近一项关于德川幕府倒台的研究认为，"德川幕府的麻烦开始于1862年初……这时，一系列的政治变革……使得幕府在国家政治生活中下降为二等角色"。[1] 在政治上，最重要的变化是大原重德使团建议书的履行：福井的松平春岳被任命为"政事总裁"，一桥（德川）庆喜被任命为"将军后见职"，后一项任命特别声明是"应天皇的要求"而做出。日本的问题与天皇的权力，宫廷不满的程度，幕府顶层官员的心神不定（他们中有些人成为刺杀者的靶子），以及护送大原重德的萨摩藩强大军事力量在江户的出现等纠缠交错，迫使幕府官员们聪明地放弃了井伊直弼所坚持的幕府统御官僚政治和全国事务的传统。松平春岳和一桥庆喜好歹还是出自于德川家族，所以这些任命乍一看来似乎并未使外人过度参与幕府权利和国家事务。

对有这样想法的人来说，不幸的是，松平春岳看到了对他的任命是那些雄藩领主分享权力的第一步，这些领主在几年以前的将军继嗣之争中曾是他的盟友。松平春岳首先坚决要求实行大赦，赦免那些遭到井伊直弼惩办的人；接着，他要求惩办那些对"安政大狱"负有直接责任的幕府官员。随之开始了一连串的降级撤职。井伊直弼家族失去了作为京都守护的授权，井伊直弼的家臣和谋士长野主膳被命令自杀。很快，由三条实美—土佐使团所带来的新压力又使幕府官员们明白，需要通过以下做法来表明他们对朝廷的善意，那就是把惩罚的范围扩大到几乎所有在井伊直弼被刺后继任政府中供职的官员，还包括那些与外国人进行条约谈判的人。考虑到几年之后大多数德川幕府的谱代大名眼看幕府的垮台而表现得出奇平静，这极好地说明了这种转向肯定对诸侯的忠诚和决心带来了令人泄气的影响。

1862年的改革继续采取一系列措施，对幕府的首要地位造成了叠加性的灾难后果。这些措施的第一项，是压缩并实际上取消了"参觐交代"制度，以便使各藩能将节省的费用增进军事建设。大名住在江户的时间缩减为每三年100天。许多藩主摆脱了在江户的责任，如今开始把注意力转向京都，自此以后，京都开始与江户争夺作为全国政治中心的地位。在一年之内，幕府官员就试图消除这些副

[1] Totman, *Collapse of the Tokugawa Bakufu*, p. 3.

作用；两年之后，幕府便要求所有大名像以前一样把他们的家庭送往江户。某些较小的藩主照办了，但较为重要的大名则表现出没有兴趣恢复早些时候的种种限制。到 1865 年和 1866 年，雄藩领主几乎已经对幕府的传唤不予理睬，而幕府对江户宅邸的调查也表明，事实上有些小藩主甚至把他们的住所出租给了平民使用。[1]

331　　　另一项所采取的措施，是修复与京都的关系，表现为年轻的将军德川家茂前往京都拜访朝廷。自从第三代将军德川家光 1634 年以威武的队列随同南巡宣示权威以来，不曾有过将军到访京都。德川家茂的京都之行与其先祖的京都之行形成了生动的对比。德川家光到京都去是为了显示他的威力；他曾经行使职能割断大名与朝廷的关系，并将大名的住所和临朝从京都移往江户。[2]而德川家茂此番前往京都，则是企图在大名们把注意力从江户移回京都的当口，通过与朝廷的和解来增加自己的力量。这两次访问只在一点上是可以比较的。德川家光曾经娶一位公主为妻，如今德川家茂也提出了同样的要求。为了进一步巩固与朝廷的关系，幕府提出以公主（和宫）作为年轻将军的配偶。在明显违反和宫本人与孝明天皇意愿的情况下，作出了和宫下嫁的安排，这一事件成为将军不敬朝廷的证明，进一步激起了尊攘派人士的怒火。

　　由于经济和政治方面的原因，德川家茂的京都之行被设计为一次简短的旅程；幕府的乐观派希望将军的到场将会重建幕府在京都的首要地位。但此事产生的结果却大不一样；在年轻的将军得以摆脱帝都的重重密谋之前，四个月的时间已经过去了。在前往皇宫的队列中，他不得不表现出谦卑的礼仪，而他在仪式上对天皇的顺从也无疑使人们认定了他的从属地位。与此相反，1634 年，却是天皇到将军的二条城拜访将军。说到底，将军的地位总是依赖于实力；因此，幕府的大臣们如今想要弄到一个朝廷对将军权威的特殊授权，此事本身便很值得玩味。不幸的是，朝廷的授权命令中还包括了"攘夷"的指令。进一步的指示提醒德川家茂，要他就主要的问题与大名协商，并要其尊重"主从"关系。陶德曼（Totman）观察到，"自从室町时代以来，从没有一个将军被给予这样一种明显空洞的职权头衔"。[3]

　　在政治中心不断向京都转移的过程中，将军的访问是一个重要的步骤。他返

---

[1] Totman, *Collapse of the Tokugawa Bakufu*，p. 141.

[2] Asao Naohiro, "Shogun seiji no kenryoku kōzō," *in Iwanami kōza Nihon rekishi*, vol. 10 (*kinsei* 2)，pp. 13ff.

[3] Totman, *Collapse* p. 58.

回江户刚刚几个月，就又接到了进行第二次访问的建议；他将在 1866 年第三次
访问的途中死在大阪，而这时他还很年轻。越来越多的大名在国家的古都建立起　332
他们的指挥部。京都变成了西南诸藩进行政治和军事谋划的主要目标。至少到
1864 年为止，京都显然是尊攘派的保护区，那些"志士"们使得京都的街道成为
疑似敌人的危险场所。在一次具有象征意义的反叛行动的著名例子中，志士们砍
下了足利三代将军雕像的脑袋。为了保持对首都的控制，1862 年，幕府任命会津
藩的年轻藩主松平容保担任这座城市的保护人（"守护"），结果，在接下来的十
年里，他成为一个重要的政治活动参与者。对于江户来说，京都已经变得如此之
重要，以至于第十五任，也就是最后一任将军德川庆喜把他在位的全部时间都花
在了京都地区，从没有一次能够心安理得地从容回到江户。所有这些都加剧了幕
府经济问题的紧迫性。德川家茂的京都之行对于幕府的财政来说是毁灭性的，在
距离德川幕府心脏地带 300 英里的地方保持一支前所未有的强大军队的必要性，
进一步恶化了已经十分艰难的财政处境。

文久改革的第四个结果，是与雄藩大名的合作。从一开始，这就是所谓"公
武合体"计划的核心内容，它搭建了一个平台，在此之上，形成了末任将军 1867
年大政奉还的基础。列名其中的雄藩领主，除了松平春岳和德川庆喜之外，还包
括一些主要的大名：土佐的山内容堂，萨摩的岛津久光，宇和岛的伊达宗城，长
州的毛利敬亲，以及会津的松平容保。他们断断续续地举行会议，讨论朝廷与幕
府的关系以及外交上的问题。在理论上，这应该能够防止"自私"的幕府进行单
方面的操控。但是，开始于 1862 年的这些会议，其后只是偶尔延续，未能取得
实际的结果。由于没有一致同意的程序安排，而藩主们自己至少也像幕府一样
"自私自利"，只要事情进展不利，他们通常就会不负责任地退回自己的藩。与此
同时，德川家族的成员则在江户继承了官僚政治"老手"之间的相互猜忌。第一
次攻击结束得特别糟糕，当曾经构想过整体规划的"政事总裁"松平春岳辞去职
务回到福井之后，幕府很快就发布命令将他软禁在家。1863 年夏，松平春岳得到
赦免，仍然是一个重要人物，但在当时及其以后，他计划通过"参与会议"实行
合作的设想便在地区利益与官僚政治中失去了真实的基础。就江户的幕府高官而
言，松平春岳和其他人都是利益有别的外来者，他们对德川家族基业的忠诚与他
们自己是很不一样的。此外，傲慢的大名在控制满腹积怨和克服不同意见上也有　333
着极大的困难。对他们来说，对抗并不是一种解决问题的友善方式。一种没有规

定退让和调解的体制使得他们只能通过缺席或抵制会议来讨价还价。然而，最为重要的事实是，西方的压力没有为分歧的解决留下时间。朝廷坚持仇外攘夷，坚持取消条约，这与此前同西方列强商定的最后期限产生了直接的冲突。

文久年间的规划最为严重的失败发生在外交政策的问题上。在幕府和朝廷之间调整权力的大多数谈判，贯穿始终的是日本所面临的外交问题和军事威胁，这需要更为有效的中央政府在权力变得更为分散的非常时刻做出决策。对于幕府已与西方列强签订的条约，京都朝廷中的重要人物从来不曾动摇过他们的厌恶，而朝廷在 1862 年和 1863 年间以激昂高调所表现出来的愿望也日益引起人们的关注，这带来了无法避免的结果，就是不切实际地（尽管是以含糊不清的文辞）对朝廷做出承诺，要摆脱外国的灾祸。

安政年间签订的条约规定：开放神奈川（横滨）、长崎、函馆三港对外贸易；在 4 年内（到 1863 年 1 月），大阪、兵库（神户）、新潟和江户也要开放。函馆证明没有多少价值，外国人也很快就对新潟失去了兴趣，但大阪却是一个全国性的中心城市，而且连同兵库一起，地近京都的天皇宫廷。1862 年春，幕府派遣一支使团前往欧洲，请求延期开放附加的港口，使团刚刚起航之后，老中安藤信正遇刺负伤，这突出表明了国内所面临的艰难处境，恰好成为幕府向缔约国提出请求的理由。由于对日贸易尚未达到设想中那么大的比重，乃至英国驻日总领事阿礼国（后来的英国外交大臣）都认为日本的要求是合理的。结果，日本与有关国家签订协议，附加的港口延迟到 1868 年开放。[1]

不幸的是，这一协议未能迅速公开。其间，日本人对朝廷路线的喜好正大行其道，求胜心切的民众产生出更为极端的攘夷要求，而攘夷的现场则表现为武士和"浪人"攻击外国人（以及 1863 年对英国使馆本身的攻击）的恐怖主义手段，就天皇的权力而言，这些行为产生了一种消极的回应。京都的排外要求使得幕府感到局促不安，当时，幕府同意攘夷的行动令评论家们迷惑不解，因为甚至连许多大藩藩主都因攘夷战争前景的不能成功而逐渐退缩。

萨摩藩的摄政岛津久光作为一种温和的力量出现了。1862 年，在他前往京都的路上，他的士兵挫败了"浪人"的密谋，他的家臣在其中扮演了主导角色，而

---

[1] Beasley, *Select Documents on Japanese Foreign Policy 1853-1868* (London: Oxford University Press, 1955), pp. 1-93, 提供了最深刻的解释。

在他由江户（岛津久光曾护送朝廷公卿大原重德去此处）返回后，他便警告人们攘夷是不可能的事。不幸的是，他的武士也在刺激英国采取强硬政策中起到了重要作用，因为他们在由江户回京都的路上杀害了理查德森。从那以后，岛津久光就全神贯注于即将发生的英国报复行为（采取的是炮击和焚烧萨摩鹿儿岛城下町的形式）的威胁，其后，他的行为又有助于消除那些让大藩领主们离开京都前往萨默尔使"参与会议"获得成功的希望。

在同样的时期内，长州藩的政治倾向正从保守主义向激进主义转变。长州的最初计划可从长井雅乐的建议书中反映出来，但在萨摩藩的更为彻底的相反计划面前归于失败；长井雅乐随之失宠，辞职，最后被迫自杀。到 1862 年夏，长州藩已经成为激进的"志士"和"浪人"们在京都活动的首要保护者和教唆者。1862 年下半年，在尊攘派控制了土佐藩之后，长州的力量有了进一步增强。

这样，就如前面所描述过的那样，正在此时三条实美—土佐使团前往江户，随身携带着迄今为止朝廷最为清晰的指令，要求幕府无条件地立即展开攘夷行动。幕府派驻京都的主要代表，松平容保（"京都守护"）和德川庆喜（"将军后见"），都倾向于幕府必须宣布接受这一要求，以显示攘夷的诚意，与此同时，再寻求某些办法以延缓攘夷行动的实施，但是，身在江户的那些按部就班的幕府官员们，却被哪怕只是口头上的排外承诺所可能带来的危险吓坏了。幕府的高官们正在江户湾里外国战舰的炮口下苦于应付，唯恐英国人炮击他们的城市，于是慌忙同意为 1863 年春理查德森被杀事件（读者应该记得是被萨摩人杀死的）向英国人支付赔款，而就在此时，德川庆喜从京都返回，他刚刚同意了朝廷的要求，做出了攘夷的承诺。显然，德川庆喜和其他一些官员很可能希望能够规避为采取行动定下明确的截止期限，而且，甚至当他们勉强接受了朝廷强加的日期（1863 年 6 月 25 日）时，也只是把它视之为一个开始着手谈判（即使注定会失败）的日期。不管怎样，幕府把实行攘夷的命令下达给大名，但同时命令避免采取敌对行动。然而，在长州，极端分子所控制的行政机构逮住这一完全顺从朝廷旨意的机会，向一艘停泊在下关海峡的美国商船开火，随后又向法国和荷兰舰船开火。于是，"公武合体"的计划便在一片混乱当中草草收场：萨摩藩主在鹿儿岛徒劳无益地试图应付英国人对他的城市的攻击；"公武合体"计划的构想者松平春岳则退回到他自己在福井的领地；幕府只是口头上承诺攘夷，同时却在为它未曾授权的行动向英国人支付赔偿；只有目中无人的长州决心以它自己的行动实行攘夷。

335

条约口岸与外国影响

西方列强已经造成了幕府的政治问题，而且它们还通过其在已经开放的口岸的存在来使这些问题不断复杂化。从1859年横滨、长崎和函馆开港贸易的时候开始，幕府便发现自己面临着不能解决的两难处境，那就是它承受着结束外国威胁的压力，同时却不得不向外国的压力屈服。不过，外国势力的存在，对于幕府来说也包含着一些希望：关税提供了一种中央政府收入的新来源，同时，外国武器的购买以及外国对陆海军训练的援助，对于幕府来说比对其他各藩都要易于利用。但是，对于利用这些机会的安排一直处在缓慢的计划和草拟当中，因而，在这些便利机会可能得以帮助恢复德川幕府在政治和军事上的首要地位之前很久，外国势力存在的负面影响便已对幕府权力的某些制度性安排给予了致命的打击。

然而，在某种程度上，德川幕府的政治体系令人吃惊地证明了它的弹性和适应力，这一体系有能力适应19世纪中叶所带来的问题，因为锁国的传统使得日本人几乎没有什么对于国际层级和国内中心的期望，而这些正是折磨着同时代中国人的问题，使其努力迎合国际社会来调适他们的体制。[1]

从一开始，阿部正弘委托与美国进行谈判的人就是根据其能力挑选出来的。到1858年夏，又设立了一个新的地方行政长官职位"外国奉行"，以专门处理涉外事务，有5名具有某种专门才能的人得到任命。从这时起到1867年为止，当一个更合理、更可靠的机构被建立起来时，有总数达74名的官员在其中服务。这也表明了一种困境：虽然体制具有一定的灵活性，但政治上的不稳定性和不确定性却使得在这样的岗位上工作风险丛生。政策的转移需要新的团队，而地方行政长官的职位也像走马灯一样不断变换着责任人。实际上，德川晚期所有高官的个人经历和事业类型都显示出政治的危险。随着井伊直弼取代堀田正睦，"老中"的人选百分之百都被替换。1860年派往美国以批准哈里斯条约的大使，返回日本后很快就消失在了身份低微的人群之中（或许这已是比较好的下场了）。另一方面，那些较低级别的翻译员和"书记官"，比如福泽谕吉和福地源一郎，则幸存

336

---

[1] 关于中国，参见 Immanuel C. Y. Hsu, *China's Entrance into the Family of Nations: The Diplomatic Phase, 1858-1880* (Cambridge, Mass.: Harvard University Press, 1968)；又见 Masataka Banno, *China and the West: 1858-1861, The Origins of the Tsungli Yamen* (Cambridge, Mass.: Harvard University Press, 1964).

下来再次奉派出国，成为未来的评论家和博学者。[1]

19 世纪 60 年代，幕府派出一系列使团前往西方。这一行为越来越频繁，越来越专业，也越来越郑重。第一次遣使在 1860 年，使团成员包括 77 人。他们发现，不用大量的草鞋，无须德川社会礼制中随处可见的华丽服饰，就可以在西方生活下去，从而使后来选派更多的使团成为可能。1862 年，一支 38 人组成的使团前往欧洲，其中的翻译员是第二次充任；这个使团滞留的时间更长，工作得更为辛苦，学到的东西也更多。一个使团接着一个使团，1867 年将军倒台时，还有第六个使团正在国外。到那时为止，一些雄藩，包括萨摩和长州，曾经私自派遣学生出国留学。人们将会记住，长州的烈士吉田松阴曾经想要随马修·佩里的舰队前往美国了解西方。幕府也曾派遣学生前往荷兰莱顿留学。在学成归国后，西周承担了为幕府政体拟定现代宪章的任务。1867 年，日本在巴黎博览会上举办了一个展览，萨摩藩也照此办理，它送出了自己的展示品，企图表明它作为琉球群岛统治者的独立地位。早在 1853 年，幕府就解除了它对建造远洋航行舰船的禁令；它允许日本的参展商前往巴黎，并且于 1866 年 6 月通过协定关税制度埋葬了最后的锁国规定：撤销了在日本开放口岸进行对外贸易、在日本购买外国舰船和雇用外籍人士以及在日本人出国游历上的全部限制。换句话说，在法律和制度方面，幕府得以迅速拆除它过去在日本和外部世界之间所设立的重重壁垒。

337

在政治上，却是另一码事。幕府做好了准备，要以那些在开国的早期阶段进行谈判并加以认可的官员的职业生涯为代价，来建立与京都朝廷之间的纽带，这意味着那些外交事务专家们的职业生涯将会发生令人昏乱的、翻滚过山车般的变化。那些佩戴双刀的武士诅咒外部事物的存在，他们的蒙昧主义和仇外情绪意味着，一个人若被认为是具备与西方相联系的新专业知识的行家里手，那就会有生命之忧。福泽谕吉从欧洲和美国归国后，便发现自己生活在恐惧之中，因为他以出使期间的所见所闻写成了他最为畅销的著作《西洋事情》。像佐久间象山和横井小楠这样的对决策者有所影响的杰出学者和顾问，也都因有亲西方的嫌疑，甚至像横井小楠那样，仅仅因为有亲基督教的嫌疑，便遭到了暗杀。当风向变换之时，即使是最受信任的家臣也会发现，自己将被迫为了他的领主而自杀。

[1] 关于官员人数，参见 *Dokushi sōran* (Tokyo: Jimbutsu ōraisha, 1966), pp. 648-651. Eiichi Kiyooka, trans., *The Autobiography of Fukuzawa Yukichi* (Tokyo: Hokuseidō Press, 1948)；关于福地源一郎，参见 James L. Huffman, *Fukuchi Gen'ichirō* (Honolulu: University of Hawaii Press, 1979)。

　　然而，对于那些有机会前往国外旅行（最终这些旅行见闻也会像福泽谕吉的书一样广为人知）的人来说，日本的海外敌手的国力提供了令人信服的证据，那就是日本需要开国，以便强化它的体制和军备。并非所有的证据都是不吉利的。福泽谕吉在西方发现了许多值得赞赏的东西：乔治·华盛顿在德川晚期的日本几乎成了文化英雄；彼得大帝（Peter the Great）也大致如此。西方既造成了反感，也带来了吸引。倒是在上海岸边，反感表现得更为强烈。那些前往上海为他们的藩主购买舰船和武器的日本人，把上海的情况看成是蒙羞和耻辱的刺眼例证，他们决心避免这种情况在自己的祖国发生。还有人则从中看到了西方力量的强盛：井上馨，一位长州藩的尊攘派人士和未来的明治领导人，就曾把上海港内西方舰船的"桅杆如林"视为攘夷绝不可能成功的确切证据，而井上馨在尊王攘夷运动中的上级高杉晋作，则对他在上海碰到的西方人所表现出来的傲慢态度和优越感而大为震惊。

　　但是，几乎没有什么人出国旅行，在对外国事物的本能恐惧上，也没有什么人像朝廷贵族及其尊攘派盟友那样始终如一。岩仓具视，曾经为朝廷与幕府和解的成功而效力，并帮助安排了将军迎娶和宫，如今只能离开职位，被迫隐藏起来，以逃避愤怒志士的追杀。

338　　西方列强的代表很快就认为日本政治的这种不稳定过程是一种欺诈和诓骗。阿礼国（Rutherford Alcock）最初曾赞成接受幕府的要求，延迟开放附加的港口，后来却转而主张采取某种惩戒措施。日本没有能力保护外国人被看作是幕府不想保护外国人，而外国人的安全只有在外国军队在场的情况下才有保障——英国派出了1500人，法国军队也增加了数百人。这不可避免地带来了新的问题，造成了新的愤恨。1864年，英国公使巴夏礼（Harry Parkes）抵达日本，如今日本人面对的是一个精力最为旺盛、性格最为暴躁，曾在中国海岸实行炮舰外交的行家。很快，巴夏礼就对幕府不能控制大名和国内的暴力活动表现得十分轻蔑。不久，他又对幕府在法律上的权威表示怀疑，因为有清楚的证据表明幕府缺乏实际上的权威。另一方面，比巴夏礼早履任数月的法国驻日公使罗修斯（Leon Roches），则从来没有显示出对幕府合法性的哪怕一丁点儿的怀疑，反而发现了一个机会，可用来体现法国在向幕府高官提供军事装备、经济援助和制度建议方面的领导能力。然而，甚至连罗修斯也很快就与西方的同行们一起，要求幕府做出让步，他并警告幕府官员，若是他们企图反对外国人的意愿，纯属愚蠢之举。

于是，外国势力的存在激起了排外事件，而排外事件反过来又导致了额外的让步要求，其结果是帝国主义的存在成为日本开放的一个单向棘轮。在这一过程中，对幕府的伤害要远远大于对各藩的伤害，因为它使幕府只能声称，却无法行使全部权威。与此同时，外国势力影响的证据，以及对于未来外力刺激的更大忧虑，在日本的精英阶层中培养出一种危险和危机意识。这仅仅是一种天然的反应。此外，关于中国命运的背景知识近在眼前，种种故事也已为日本的精英人士所熟知。1861 年的几个月时间里，曾经发生过俄国人"占领"对马岛的事件，而未来的危险则可能发生在英国和法国之间对于领导权的争夺，他们中间一个支持雄藩的领主，另一个则站在幕府一边。

对于 19 世纪中叶日本的社会不安和政治动荡来说，口岸开放所带来的经济冲击的影响需要给予特别的关注。日本是在它经济增长最好的节点进入世界贸易体系的，然而在这个时候，英国的工业革命已经成为贸易扩张的主要推动力。在 19 世纪，世界贸易比率发生了一种指数式的增长：以 19 世纪 20 年代作为开端，在接下来的数个十年里，增长率大致为 33%、50%、50%、80%（19 世纪 50 年代），19 世纪 60 年代的增长率为 44%，这是因为美国内战使世界贸易增长减速。出口商品占据了英国产品的大半部分，在 19 世纪 50 年代超过了 60%。与非西方国家所签订的不平等条约成为促进这种发展的重要工具。波斯（于 1836 年和 1857 年）、土耳其（于 1838 年和 1861 年）、暹罗（于 1855 年）、中国（于 1842 年和 1858 年）和日本（于 1858 年），都快速地相继进入了这一世界贸易体系。那些曾经是为其他地区制定的商业安排，很容易并且很快地就被运用于日本。半岛和东方轮船公司（The Peninsula and Oriental Steamship Company，成立于 1840 年）的蒸汽轮船把横滨增加为它们的停泊之地。在横滨以及在第二位的长崎，那些曾经在中国沿海地区设立的贸易商行、代理机构和银行，纷纷向日本新近开放的港口扩展它们的网络，委派它们的人员。

从一开始，日本的对外贸易就超出了人们曾经对其所持有的适度期望。1860 年，进口总值达到 166 万墨西哥银圆，而出口总值达到 470 万墨西哥银圆；5 年以后，出口总值增长了 4 倍，而进口总值则达到了 9 倍。这一时期，由于美国内战和中国太平天国运动的影响，世界贸易增长速度下降，而日本贸易出乎预料的增长，却使得英国领事和贸易代表感到十分惊喜，也使幕府乐天派所可能怀有的任何希望都注定要破灭，因为英国不会心甘情愿地接受缩减或放弃开放其余附加

339

港口的计划。[1]

日本贸易的迅速增长，原因在于国内市场的整合与效率。商品自然而然地、相当容易地流向新港口的新市场。虽然幕府想要控制贸易过程，并想把利润导向政治上令人满意的人手中，但这样的商品流动弱化并最终挫败了幕府的企图。实际上，开放口岸的对外贸易有助于加速这样一种意义重大的转变，那就是从官方授权的行会所运作的都市商业向区域性的生产中心转变。这一转变在过程上十分漫长，而它本身也已长时间地成为一个论争的主题。[2] 对于幕府来说不幸的是，大都市的行会对于它实行经济控制是十分重要的，对于保证那些批发商行的利润也是十分重要的，因为这些商人将被迫向政府贷款（"御用金"），以满足政府随时会提出的、不断增长的现金需求。1860 年，幕府发布《五品江户回令》，对经由江户的贸易进行规范，规定"五种物品"（纱线、棉布、蜡、毛发和灯油、谷物）必须经过江户船运。但是，随着贸易增长，日本最大宗的商品成了生丝和茶叶。1863 年，就在幕府表面上决心关闭横滨港的时候，丝线业行会却在寻求对其未经江户的产品减轻税收，而在一段时间里，丝线业行会通过抵制发货实际上设法阻断了横滨的贸易。一年以后，幕府再次企图通过禁止在它的领地上进行额外的桑树栽培来重申它的权威。幕府的这些努力迅速引起了西方列强代表的抗议，这种抗议十分严重，以至于有些历史学家认为，1864 年外国舰队向长州的示威带有一个第二位的目标，就是恐吓幕府放宽对贸易的限制。外国人的商业要求与它们的军事远征相叠加，终于迫使幕府废弃了商品必须经由江户进行贸易的规定。接下来，列强又成功获得了税捐和关税协议，这些协议禁止对驶往港口的商品强行征收国内过境税。就这样，对外贸易的影响削弱了幕府控制国内贸易的能力，在向各个港口开放日本贸易的同时，也向外国人开放了这些港口。[3]

1865 年到 1866 年，日本的丝绸业市场进一步扩大，原因在于欧洲的蚕瘟病造成了日本的蚕种纸的大规模输出。结果造成了京都西阵织绸业蚕种和丝线价格引人瞩目的上涨，这些原料的价格几乎一夜之间就成倍增长。由此造成的失业织

---

[1] Nakamura Tetsu, "Kaikokugo no bōeki to sekai shijo," in *Iwanami kōza Nikon rekishi*, vol. 13 (*kinsei* 5), pp. 95-96,111.

[2] 在 1823 年的一次争论中，有 1007 个村庄反抗大阪行会的管辖权。参见 William B. Hauser, *Economic Institutional Change in Tokugawa Japan: Osaka and the Kinai Cotton Trade* (New York: Cambridge University Press, 1974), pp. 97ff。

[3] Ishii Takashi, *Bakumatsu bōeki shi no kenkyū* (Tokyo: Nihon hyōronsha, 1943).

工，成为几起城市暴动的组成人员。城市手工业劳动者和收入相对固定的社会人群成为产品价格动荡的主要牺牲品，而这种产品价格曾在过去的长时间里一直比较稳定。

然而，对外贸易只不过是造成严重通货膨胀的一个因素，这一通货膨胀在19世纪60年代早期造成了所有生活必需品价格的螺旋式上升。造成这种物价动荡的主要因素是幕府对于重铸货币的需求。一个封闭的国度能够长期维持1:5的金银比率，因为金银都不许输出。但是，口岸的开放从附近的上海带来了一股墨西哥银圆的洪流，而在上海，盛行的国际金银比率为1:15。在一位作者所说的"淘金大潮"中，内外金银比价极不均衡的状况造成了极大的损害，幕府希望通过重铸货币的计划来消除这一损害，但这一计划不时被外国人和日本官员之间的控诉和反诉所打断。金币、银币和铜币全都大幅贬值。与此同时，处于困境中的幕府也变得更为自由放任，允许各地大名铸造他们自己的货币，甚至是印制他们自己的纸币。这种类型的货币本来不应该在各藩境外流通，但日本商品经济的整合保证了这些货币的扩散。例如，萨摩铸造了成千上万的铜币，从中获取了巨大的利润。伪造的货币使得这一问题更加严重。在明治维新期间，除了各种各样流通中的硬币之外，还发行了1600种纸币。[1]一个曾经一直以大量发行货币著称的经济体——17世纪晚期，幕府第一次贬低它的硬币价值，自此之后，货币贬值简直就是周期性地发生——如今在十年的短短跨度里，它的货币的数量、种类和质量都有了极大的增长。对西方列强进行大规模支付——用于购买装备、军事需要和支付赔款——成为经常性的需求，由于这种支付只能挑选可利用的金银贵金属来充当，从而使这一问题更加恶化；这种支付，幕府是最为在意的，也是最为严格地执行的。

所有这一切所导致的结果是恶性通货膨胀，这使得生活必需品，特别是稻米的价格抬高，对于那些以"石"来计算他们收入的大名和上层武士来说，这种情况或许并不令其感到不安，但是对于武士阶级的绝大多数人来说，很久以来他们的收入就已经变换为货币了。以减少薪俸的形式所实施的紧急课税又进一步加剧了对他们的伤害。城市居民同样痛苦不堪。早在1862年，江户城的地方官员就

---

[1] 这种令人震惊的货币种类反映出一个事实，即从无一种货币被完全取消或退出流通，所以那些有钱在手的人们不得不计算经常变化的兑换比率。参见 John McMaster, "The Japanese Gold Rush of 1859," *Journal of Asian Studies* 19 (May 1960): 273-287; 亦见 Peter Frost, *The Bakumatsu Currency Crisis*, Harvard East Asian Monographs, no. 36 (Cambridge, Mass.: Harvard University Press, 1970)。

报告说，通货膨胀已经使平民的生活成本上升了50%。招贴和布告谴责商人和外国人，认为是他们造成了社会的紧张和暴力的升级。在1863年的一个月之内，"大约有20个人在江户被谋杀，还有不计其数的人遭到攻击和威胁……形势令人不安的一个方面是，连秩序的维护者都变成了秩序的破坏者"。[1]除了浪人团体的混乱放纵之外，幕府也成了治安问题恶化的牺牲者，"新的幕府步兵单位正在遭受道德败坏之苦，他们中有些人也变得经常对市民们进行殴打和辱骂"。口岸的开放也带来了传染病的流行。一次主要的霍乱蔓延就是与港口的开放过程相一致的。在全国范围内，1861年的出生人数比一年前要少12%，在某些中心区域，则减少了大约20%。[2]如果再加上1854年和1855年江户的地震，以及1866年和1869年谷物的严重歉收，那么就可以很清楚地看到，对于大多数日本人来说，德川幕府统治的最后几年都是非常艰难的。

342　　　　最后，必须提到幕府不得不支付给西方列强的赔款问题。作为萨摩武士施暴的代价，幕府为理查德森事件支付的赔款达10万英镑。下关炮击事件的赔款被确定为令人惊骇的300万墨西哥银圆。康拉德·陶德曼（Conrad Totman）指出，"在1865年7月初的那些日子里，江户的官员每天都要偷偷地运往横滨大约3万两到4万两白银，交付给外国人作为另一笔500000美元的赔款。"[3]即使如此，这也不过只是运往那些港口的大量款项中的一部分而已，这些款项是用来支付接下来的数年里建造新船厂，购置枪炮，建筑海岸炮台和遣使出国的花销。作为国内的政治需要，将军前往京都的访问，援助贫困潦倒的大名，重建京都的宫廷（1854年被大火烧毁）和江户的城堡（1863年被大火烧毁），以及将军队移驻京都地区——所有这些费用，或大多数类似开支，都可以被描述成是口岸开放的直接或间接后果。随着通货膨胀的不断恶化，使得城市居民和那些收入固定的人越发贫困，也使得幕府的政治姿态越发虚弱。1862年到1867年之间开始的一连串向商人强行借款的行为令人印象深刻，但却无法提升人们的信心；有些人根据预期的借款数目和总额拿钱，而另一些人则按照设定的级别出资，总数达到了250万两黄金，换句话说，用货币计算这是幕府正常年度收入的3倍。

[1] Totman, *Collapse*, p. 94.
[2] Akira Hayami, "Population Movements," in M. B. Jansen and G. Rozman, eds., *Japan in Transition: From Tokugawa to Meiji* (Princeton, N.J.: Princeton University Press, 1986).
[3] Totman, *Collapse*, p. 193.

幕府的垂死挣扎

1863 年，京都和各藩的尊攘派表演得太过火了。萨摩藩对英国人的抗击导致鹿儿岛遭受炮击，而长州藩没有等待幕府的指示便贯彻攘夷行动，造成了四国舰队炮击下关，从而注定了幕府要采取一系列措施，争取延缓开放附加的港口，并将横滨港关闭。土佐藩的尊攘派以前任藩主的名义夺取主动权的种种努力，在山内容堂将注意力自由地再次转向藩内事务之后，也使他们以不顺从的罪名而受到了惩处和淘汰。

这一系列的误算，使得幕府高官在京都声称要更加有效地执行朝廷的攘夷指令，同时也要把尊攘派逐出京都。他们在江户的同僚从这些进展中获得勇气，企图更露骨地重申德川幕府的统治。在 1863 年的下半年和 1864 年的大多数时间，都可以看到幕府高官主张与朝廷的和解，但这次是对他们自己有利，而不是对大藩领主们有利。

尊攘派遭受的军事和政治挫折接二连三地到来。1863 年 9 月，会津藩的军队在萨摩藩的帮助下发动了一场成功的政变，把长州藩的尊攘派志士逐出了京都，从而使长州的尊攘派领袖无法与朝廷联络，也不可能声称得到朝廷的授权。在京都地区，有两支正在崛起的尊攘派队伍，一支由土佐藩的人士率领，另一支则由福冈的志士指挥，当他们试图把农村地区的领袖人物聚拢到尊王攘夷的事业中来，从而建立区域性政治基础的时候，遭到了幕府军队的无情镇压。在靠近京都的地方，曾经发生过一场由某些水户藩武士领导的尊攘运动，开始时只是意在给幕府的统治增加一些麻烦，其后却被一些头脑迟钝的领导者搞得事态日益严重，以致演变成为一场货真价实的内战。5 个月之后，这场运动最终遭到镇压，水户藩实际上也就不复成为一支有影响的政治力量。在战斗中有一千多人死亡，数百名沦为俘虏的抵抗者在下一年也被处死。1864 年夏天，长州藩尊攘派企图为他们此前遭受的挫折复仇，策划了对京都的武装进犯，虽然厮杀和战火给这座古都带来了巨大的生命财产损失，但长州藩尊攘派的军事行动还是以失败告终。朝廷领头的尊攘派贵族随着败退的尊攘志士逃到长州，从而使朝廷摆脱了一些最麻烦的分子。[1] 虽然通过镇压的方式挫败尊攘派的行动凸显了幕府在军事上的拙劣，但幕府还是从尊攘派轻率行事和拒不服从的新证据中有所获益，如今，幕府打算证明自己对于朝廷旨意的忠诚了。在将军德川家茂第一次拜访京都期间，幕府曾经接受了天皇攘夷的命令，而德川庆喜则被冠以国家防卫最高统帅的名义。如今，德川庆喜在京都发挥着越来越大的作用，尽管并非没有招致京都官僚们的怀疑，认为他表面上接受攘夷的朝议，实际上以为攘夷是固执己见和不切实际。

344　　在将军于 1863 年夏天返回江户之后的几个月里，幕府沉湎于挫败它的主要挑战者长州藩的喜悦之中。然而，不幸的是，京都对它的认可依然视其履行攘夷承诺的情况而定，而攘夷的行动显然难以为继。在那段时间里，将军接到朝廷命令要其返回京都，报告正在策划中的关闭横滨港行动的进展。江户的官僚以外交措施和国内政治方面的压力为理由，尽其所能地拖延对朝廷指令的执行。他们的论据具有充分的实质性内容，因为导致了水户藩叛乱的动荡局面早被明眼人看在眼里，而且一场灾难性的大火确实把将军城堡的大部分综合设施化为了灰烬。但是，到 1864 年初将军重返京都时，他已获得了高得多的支持，他免除了一些支持孝明天皇的官员，并且通过任命会津藩的松平容保担任京都守护一职，以及把长州藩排除在外，得以运用有机会接近朝廷的独占权威。

不幸的是，这些"获益"仍然是以攘夷的承诺作为前提条件的。当幕府通知大名它已决定采取措施关闭横滨港时，也就鼓励了某些人催逼其采取更强硬的行动；与此同时，也使外国密使们相信了它在撒谎。而且，当幕府官僚企图重申并扩展他们对京都的控制，采取步骤让各地大名重新住回江户之时，所得到的答复则难以令其满意，大名们告诉幕府，他们在政治上旧有的首要地位不可能得到恢复。

在长州藩尊攘派冲动地攻击京都，造成了都城的毁坏，并导致愤恨不已的朝廷清洗了最为激进的公卿之后，新幕府所热衷的"公武合体"——用它自己的话来说——的最佳状态，于 1864 年到来了。具有讽刺意味的是，幕府征讨长州的决定，虽是去年夏天由朝廷所提出的，但如今却由于西方列强提出了更为要紧的通牒而变得更加引人注目了。西方列强想要报复长州藩对外国船只的炮击。起

---

[1] 对水户藩的叛乱做了最充分论述的英语著作，参见 Totman, *Collapse*, pp. 108-121. 关于长州藩尊攘派的失败，参见 Craig, *Chōshū in the Meiji Restoration*, pp. 208-246; 土佐藩的情况，见 Jansen, *Sakamoto*, pp. 145-152; 关于尊攘派起伏的更一般的情况，参见 Beasley, *Meiji Restoration*, pp. 197-240.

初，幕府企图把对长州藩的惩罚与横滨港的关闭绑在一起，不料竟会使帝国主义列强做出回应，表示它们将自己采取行动，而由幕府出钱。夏末时节，在幕府远征长州出发之前，列强开始采取行动，向幕府递交了要求 300 万墨西哥银圆赔偿的清单，它们提出可以放弃这笔赔款；作为回报，幕府则要立即开放一个附加的港口。幕府官员们曾经向朝廷承诺要减少而不是开放更多的口岸，如今看来没有其他选择，只能同意支付赔款，尽管这样做也会使他们与朝廷达成的谅解变得紧张起来。

此时，朝廷坚持幕府继续进行它自己对长州藩的征讨，由此而进一步增加的费用给幕府带来了沉重的财政负担。一支由尾张藩大名德川庆胜担任总督，而由萨摩藩的西乡隆盛担任总督参谋的臃肿联军开始向长州进发，在这一刻似乎又回到了几个世纪之前由德川氏率领联军时的景象。然而，情况已经大不一样了；耗费自己的兵力去达成幕府的目的并不符合这些结盟大名的利益，通过镇压长州的不同政见者来为今后树立一种可援引的先例也是大名们所不乐意的。因此，一种令朝廷的强硬派和江户的传统主义者颇感失望的妥协方案被制定出来。远征宣布取得了成功，而在江户幕府给予完全批准之前，联军就遭到了解散。按照妥协方案的条款，长州将做出正式道歉，废止曾经攻击京都的非法民兵组织，把逃到长州的朝廷尊攘派公卿移交给福冈监管，并且命令藩的三名"家老"自杀，以承担对京都进行错误攻击的责任。朝廷公卿被按时转交，正式道歉业已发出，此外还呈上了三位"家老"的脑袋。

对于身在京都的幕府领导人来说，问题这样解决是可以接受的，但在江户的那些渴望完整重申德川幕府首要地位的人们，则并不认为这些惩罚已经足够。他们想要提出一些更为强硬的条件，其中包括把长州大名及其嗣子带来江户，以之作为一种投降的象征，同时也作为其他重要大名重返江户居住的一个前奏。简而言之，在京都和江户地区对尊攘派异议人士的消除，以及压服长州低头的令人鼓舞的证据，都带来了有关职位的换班，强硬派再一次接管了幕府的政策定位。有些人是外交事务方面的资深专家，他们渴望结束这种看手势猜字谜游戏般的攘夷行动，认为对政策规划和执行进行更紧密协调的时间已经到来。在江户的谱代大名中的因循守旧者也完全支持这种想法，希望以此来削弱正在京都作为德川事业代表的"外来者"的影响力。这些目的相互混杂，产生出一种共识，导致了一连串的后果：准备第二次征讨长州，年轻的德川家茂在大阪（他来到这里指挥他的

345

军队）去世，以及 1866 年灾难性的二次征讨长州之役。到那时为止，大名们都已意识到，幕府的种种意图已经造成了一种非常异样的政治气氛，这种气氛使得所有这些计划的成败都将由一场令人信服的军事胜利来决定。

各地的改革

随着中央政府权力的衰减，日本的未来将由区域权力的相互竞争来决定，主要的竞争者是日本西南部的那些雄藩以及幕府本身。为斗争所做的准备首先是在军事上，其次是在行政上。在这些方面，重要的是如何在一个身份差别逐渐被废弃的社会环境中有效地整顿资源和利用资源的能力。

随着海军准将马修·佩里的到来，军事改革已经在某些几近疯狂的战争准备中拉开了序幕。例如，在 19 世纪 50 年代的土佐，不顾一切的努力逐渐升级为采购和制造更好的武器。一些官员被派往萨摩，去学习该藩为武器生产建造反射炉的做法。土佐藩最重要的创新可能是决定组建一支民众的军事组织（"民兵队"），这支部队由平民组成，由乡村武士（"乡士"）指挥。但是，这些努力在经过几年实践之后都被放弃了；与西方的战争并没有如期发生；而吉田东洋，作为一名曾经发起这些组织的行政官员，也被尊攘派人士所暗杀。取代吉田东洋控制了该藩命运的尊攘派人士，是那些佩刀而非使枪的人。

不过，在长州，尊攘派的极端主义却适应了西方的武器和训练方式。该藩的军事改革开始于 19 世纪 60 年代，随着过激行为导致该藩陷入对幕府及其同盟者的孤立境地，危机意识驱使其加速进行军事改革。长州藩在军事上最为著名的创新，是民兵组织（"诸队"）的征募，这些民兵组织既吸收武士也吸收非武士作为兵员的补充，其中最为著名的是"奇兵队"。这些民兵组织有一些通过政府行为组建，还有一些则以远离城下町的激进武士为中心。所有民兵组织都由武士和平民所组成。平民的来源范围广泛（包括猎户、山僧、镇民和渔夫，等等），但其中人数最多的似乎还是乡村首领的子弟。因此，这些民兵组织的领袖都是那种实际掌握，而非形式上拥有农村权威的人。这些民兵组织也包含一些来自其他地区的"浪人"。在随后发生于 1866 年和 1868 年的战斗中，"诸队"作战不屈不挠，乃至凶猛残忍。他们肯定知道，假如他们失败，无论是幕府的胜利者还是高层的长州保守派都不会对他们表现出多少怜悯。比其他藩更进一步的是，长州正在形成一种小规模的"全民皆兵",而这正是明治时期的现代化追求者所渴望的。

长州藩政府向幕府组织的第一次远征投降,使得长州各类尊攘派人士大为不满,但是没有人比"诸队"更加义愤难平,因为作为协定的条件之一,它们将要遭到遣散。这些"诸队"中的一支,由高杉晋作率领的奇兵队,投降协定墨迹未干就奋起反抗,占领了在下关港市的政府机构,以至于幕府的谈判代表主动提议,提供一批兵力,帮助长州藩的正规军实施镇压。长州藩政府相信以其自身能力可以收复这些民兵组织,拒绝了幕府的提议,但是它的自信被证明是错估了形势。在短时间内,其他"诸队"也都成功地在城下町取得了进展,并且对导致内战发生的本藩政府产生了强烈的反抗情绪。1865 年早春,这种情势通过新的藩行政机构的成立而得以解决,实现了激进派武士与稳健派武士的联合。这一群体领导该藩积极参与倒幕事业,并导致长州进入了明治早期的中央政府。

长州的暴力冲突具有一些阶级矛盾或至少是地位矛盾的因素,然而它并不是一场简单意义上的上层与下层之间的争斗。新的长州藩政府恪守对尊攘派人士的承诺,但它在价值与目标上仍然坚定地以长州为中心。在它的目标中,名义上是仇外的或攘夷的,然而在一些了解西方的个人那里,已经可以发现开始了一些明显的改变。伊藤博文,未来明治国家的领导人之一,在其生涯的历次转变中,集中反映了一代领导阶层的这一心路历程。伊藤博文曾是吉田松阴的弟子,随后前往英国留学,在外国舰队炮击下关的最后阶段他是一名翻译,下一步他又成了民兵组织的指挥官,最后他成了木户孝允(也许是长州政府中最为重要的人物)的门徒和可以信赖的副手。伊藤博文具有谦卑的等级和出身。责任和机遇使其做出清醒的判断,而关于外部世界的知识则逐渐缓和了这名年轻武士的极端主义。然而,似乎正是前辈们鲁莽的"激进行为"才给他们带来了长州藩内的权力,而对他们所追求的事业,幕府也不可能会给予更多的抚慰。

与长州不同,萨摩并未经历内部的暴力斗争和政治混乱。萨摩的武士数量很大,无须平民的补充;在它的武士阶层中,等级和收入的差别极大,以至于荷枪实弹的部队可能会对阻碍幕府征税产生小小的良心不安。但是,更为重要的是,萨摩的摄政者岛津久光能够维持政治控制,并延揽到诸如西乡隆盛和大久保利通这样的人才,这些人都曾从 1858 年的危险和惩戒中吸取了教训。他们在 1862 年开始"公武合体"运动的时候,帮助镇压了萨摩藩的激进分子,到 1865 年和 1866 年,他们已经意识到需要更多地了解西方,并据此而展开行动。14 名学生

347

348

被选拔出来，送往伦敦在该藩官员的督导下留学。一到欧洲，这些学生就被定于学习各种科技工艺和军事专业。不久之后，又有第二批留学生加入到他们的行列。在欧洲的萨摩官员力图保证他们藩以一个独立国家的地位参加1867年的巴黎博览会，引证该藩对冲绳的控制作为理由。他们谈判达成了一些工业制造和矿业开发方面的协议，虽然这些协议的大部分都几乎没能实现，但5000支莱福枪的购买还是大大增强了萨摩军队的实力。这样，萨摩便与长州走上了相反的发展道路：长州在外部巨大的军事压力下，经历了一场使权力落于"激进分子"之手的政治动乱，这些激进分子本该听取具有西方经历的伊藤博文和井上馨的忠告却未能做到；萨摩则没有长州那种为藩政变革提供条件的军事危机的刺激，多亏英军舰队炮击鹿儿岛，萨摩对于需要西方装备的现实并没有多少戒心。人们可以得出结论，在鹿儿岛和长州炮击外国舰船的事件之后，"攘夷"如今已经徒具虚文（虽然它仍然是一个有用的口号）。在1862年的改革之前，"倒幕"尚不是一个现实的议题，到1865年，却已经成为许多人的目标。

19世纪60年代早期的种种变革，使得幕府本身也已经变成了一个区域性的政权。与幕府领导人在其畿内和关东领地所发起的改革相比，没有哪里的变革更令人印象深刻，更涉及范围广阔。大阪和江户平原完全处于外国人和日本人的观察之下，因此也就受制于国内和国际政治所能造成的各种干扰。这些领地也被分成两种类型，一种由幕府直接管理，另一种则由较小的大名和旗本独立加以管理。在德川体制下，尽管任何大名都在竭力累积他们占有的财产，但德川幕府的"天领"仍然通过城市和全国的商业、交通而最具影响力，仍然在经济发展方面最具"现代性"，同时也是居住在此的武士最容易投资的地区。在德川幕府的领地上，武士的数量要相对少于各藩武士占人口的百分比，而城市化程度则要高于各藩。于是，幕府在它的军事现代化过程中便面临着特殊的问题。

349　　如上所述，1862年幕府的文久改革包括行政和军事方面的内容，也包括放松对大名的控制。总的来说，行政变革要比政治改革更为成功。由于能吏干员的迅速推进，新的规矩得以发展。那些尸位素餐的冗员遭到淘汰；实际上，失业人数如此之多，以致出现了对这些新近出现的倒霉蛋实行特别救助项目的需要。

军事改革促使幕府（及其对手）相互竞争，以便获取最为致命的武器，在西方世界已经对火器实行了迅速改进的时代尤其如此。第二个问题是把家臣（旗本和御家人）的团队转变为使用莱福枪的部队。这后一个问题说起来容易做起来难，因为城市化的武士经常抵制训练，他们本质上是一支占领军，已经在和平与安宁中度过了好几辈子。[1]

大量的计划被制定出来，指望以此能在由家臣们提供军事力量的框架内实现陆军和海军的现代化。人们做出种种努力，以使收入与现代武装力量的等级结构相匹配，而计划的制定者设立的目标是对那些幕府家臣部队的一半实行改造。于是，从一开始就已经设想到，必须用平民的力量来弥补武士的不足。

海军的训练开始于19世纪50年代一支荷兰的训练小分队来到长崎之时；在19世纪60年代早期，胜海舟被委派负责于兵库筹建一所海军训练学校。胜海舟倾向于从全国各地招募学员，这令幕府保守派感到很不放心，他们认为这个机构将会变成尊攘派的一个巢穴，于是胜海舟于1864年被撤换。这一点颇为值得注意：幕府的改革者们倾向于利用全国各地的人才，但那些西南部雄藩却可能是排外的，或许还具有更强的团队精神。持续不断的努力被用于使陆上武装实行新的军事装置。到1864年，通过横滨进口了大约1万件武器，从那时起直到幕府垮台，由横滨港和长崎港（因应西南诸藩的需要）进行的军火走私，构成了这些港口贸易中最为有利可图的一个方面。1865年，随着第二次征讨长州的战事临近，幕府领导人开始意识到，他们对其家臣（特别是拥有土地的旗本）的依赖将不得不加以改变。首先，作为他们所承担的封建兵役义务的一部分，幕府希望家臣们能够提供应征的士兵，但是事情很快就很清楚了，所需要的是一个招募平民的更好的兵役制度。随着军队的逐渐成形，最重要的装备莱福枪的部队的构成逐渐变成以平民为基础。渐渐地，旗本的兵役义务变得可以以货币税来进行交换，通常是支付征召和训练农民的费用。所有这些，不仅影响了部分幕府诸侯的军队，同时也表明了未来的发展趋势。[2]

幕府的军事改革需要广泛的国外合作，而且由于具有中央政府的名义，幕府拥有最好的接受外国援助的机会。它的第一个动作是通过与荷兰的传统纽带实施的，在1864年秋，3名海军官员被派往尼德兰，学习造船，并了解其他西方军事的进展。幕府开始与荷兰进行谈判，希望由荷兰援建一座造船厂，并想购买

350

---

[1] 关于萨摩的情况，参见 Beasley, *Meiji Restoration*, p. 246；关于幕府的军事改革，参见 Totman, *Collapse*, pp. 25-27: (for Bunkyū), p. 182 (for 1864), and p. 199 (for 1865)。托特曼讨论了技术的转变，涉及前膛枪、后膛莱福枪，以及连发手枪等，特别有用。

[2] Totman, Collapse, p. 182. 为了简洁起见，这一讨论浓缩了以不同的速度发生于不同时间和地区的各种变化。

一艘战舰；还与美国进行了会谈，希望在美国建造一艘兵船（即后来的"石墙"[Stonewall]号）。

然而，最重要的外援渠道还是法国。1864年4月抵达日本的法国驻日公使罗修斯，不断做工作以加强他的国家在日本军事改革中扮演最为重要的角色——当然，他也希望在政治上扮演同样的角色。这些计划逐步发育成熟；但只代表了罗修斯本人的热情，而并非他的政府的意愿。外国援助的规模从来没有达到过幕府在国内的对手所担忧的程度，因为无论是德川幕府还是法国领导人都没有做好承担风险的准备。计划虽然范围广泛，但同时也给幕府敲响了警钟，提醒它帝国主义的竞争可能会对发展中的日本带来剧烈的冲击。[1]

罗修斯的计划以特定的目标开始：由于蚕瘟病的爆发，法国丝绸业迫切需要日本的帮助，这使他成为幕府最为急切的顾客。但是，他也免费提供另外的建议。不久之后，他就担保栗本锄云被任命为他与老中之间的专用联络官，到1864年底，幕府官员已经要求罗修斯帮助制定在横须贺建造海军船厂和军火工厂的计划。幕府对罗修斯的信任，也使他的目标逐步扩展。1865年，幕府派遣一支使团前往欧洲，为横须贺的设施寻求军事援助和机器设备。建造一家造币厂和提供军事训练团的安排业已成形，幕府官员开始表现出希望能有专门的来源，以获取他们所了解和需要的技术和训练。

351　这些尝试的发展势头，随着设立官方贸易公司的建议书的提出而集中起来，因为贸易公司将会生成幕府海外采购所需的资金。银行家福罗莱—赫拉德成为幕府驻巴黎的代表，负责为铸造厂和造币厂采购设备。法国人的建议（虽然不一定对，但应该值得注意）和法国人的金钱，开始川流不息地涌入德川幕府及其圈子，目的在于重建幕府的经济和行政，以便加速现代化进程，增强幕府的权力。然而，在这些目的尚远未达成之前，幕府的军队就聚集在大阪，开始了第二次征讨长州之役。当战事于1866年夏爆发之时，幕府诸侯的军队在很大程度上仍然是一个传统的堆积体，企图以之来与士气更高的长州军队一决胜负，后果可知。

事实证明，第二次征讨长州之役是一场灾难。虽然幕府的军队中已经有了一些新的建制，但只能连同来自其他藩的旧式军队一起投入战场。幕府军是一支诸

---

[1] Mark David Ericson, "The Tokugawa Bakufu and Leon Roches," Ph.D. diss., University of Hawaii, 1978, p. 243；对早期的著作有所完善，见 Meron Medzini, *French Policy in Japan During the Closing Years of the Tokugawa Regime* (Cambridge, Mass.: Harvard University Press, 1971).

侯军队临时凑合的联盟，就像此前曾经发生过的那样，这使得长州的战士能够选择他们的目标，攻击幕府军队最为薄弱的一环。幕府努力从长州的四境对其展开攻击，但己方部队却缺乏协同，部队的指挥也十分拙劣。正当所有这一切变得越来越严重时，年轻的将军德川家茂在大阪死去了。

随着军事灾难的严重程度越来越为人们所了解，德川庆喜，如今已是幕府一方的头等人物，终于不得不勉强决定中断战事，而抓住将军之死作为一个保全面子的停火理由。但是，停火使长州的军队得以停留在它所占领的幕府及谱代大名的领地上，这给予了幕府将军的威信以沉重一击，从此就再也没有完全恢复过来。

幕府的军队被长州击败，这使幕府再次感受到了现代化的急迫性。在德川幕府的最后一年，将军已经看到了预示集权化、合理化和科层化的广泛变革。从德川庆喜被完全授予作为将军的所有荣誉和职权时起，幕府的重建就开始认真地展开。外交关系得以正规化。与关系国在双方的首都都建立了长期的外交机构。德川庆喜的幼弟被派往法国，充任幕府出席 1867 年巴黎博览会的代表，并要求他用几年时间在那里学习，以培养其未来的领导能力。官员任命方式的变化，使最近五年来最能干的现代化官员得以担当大任。全体外国的外交使节团都被邀请到大阪接受新将军的会见，将军用新近雇用的法国大厨准备的晚宴款待了他们。在这一场合，西式服装取代了将军朝中的日式服饰。

幕府屡次写信给罗修斯，向他寻求建议，罗修斯在与高官们的长时间会谈中做了回答，也在与将军德川庆喜本人的私人会见中有所表示。问题的清单覆盖了行政改革、税收、军事发展、矿业资源开发、经济增长、关于瑞士和普鲁士的查询，以及欧洲国家废除封建制度的问题。[1]行政改革随之进行；这些改革建立起某种与内阁制度有几分类似的政府，以专门的岗位职责替代了以往每月轮换的全能通才模式。新的人事部门的实务目的在于促进有能力官员的选拔，并对政府部门实行正规化的薪酬制度。制定具体行政职责和规程的方案花去了大量的时间，致力于诸侯土地和薪俸代偿的步骤也开始取得进展。通过收回附近的小块封地以便对之进行合理地处理，并使行政程序集中化，将军在江户地区的权力得到了加强。军事改革得到了特别迅疾的推进。1867 年 1 月，一支法国军事使团抵达江

352

[1]　Ericson, "The Tokugawa *Bakufu* and Leon Roches," pp. 238ff.

户。西式制服得以采用；老式军队遭到解散；同时，采取了若干步骤对诸侯家臣征收货币税，以之作为实行农民征兵制度的基础。新近从荷兰留学归国的西周，受命草拟一份更为现代的政府体制方案，他拿出了一份议会制度的草稿，拟想在法院、行政部门和两院制的议会中实行分权，议会由一个上议院和一个下议院构成，上议院由大名组成，被授予解散下议院的权力。

因此可以断言，幕府的领导人正在发起一项现代化的计划——这也许可以说是一种德川幕府的"复辟"——这些措施在许多方面可与后继的明治政府所采取的规划相媲美。由此看来，可以说1868年的内战并不是为了德川封建制度应否生存的问题而战，而是封建制度的灭亡是由幕府自己负责还是由倒幕领袖们来实现的问题。挽救幕府体制已经不再是一个问题了，因为它已在崩溃之中，如今的问题是如何才能取代它。正如陶德曼所说，在夏季战争之前的那段时间，"日本已经不再有能够调动封建领主的权威象征了。没有了全国性的政权；幕藩体制也已不复存在。"[1] 不过，具有讽刺意味的是，与反对他们的西南诸藩的领主们相比，幕府的领导人可能更清楚地看到了时代发展的这些需要。

"王政复古"

在江户发生的变化难以评估，因为这些变革并未成熟到可以及时地给予幕府帮助；描述改革的梗概，也总是要比实施改革来得容易。尽管如此，对于改革将会造成一个力量大大增强的幕府的担心，还是成为一个重要的动因，推动萨摩和长州的领导人期待通过他们自己的努力来尝试推翻幕府。萨摩和长州所尤其担心的是，德川庆喜的执政将会利用法国的军事和行政援助，建立一个始终以将军作为主要行政首脑的中央政府，这个政府拥有摧毁各地大名的能力。

1867年，孝明天皇因患天花去世，同样带来了朝廷的变化。虽然始终如一地排外，但孝明天皇已与德川庆喜建立起相当信任的关系，从而对以德川庆喜为代表的幕府通常还是怀有善意的。随着年幼的睦仁、即未来的明治天皇的继位，朝廷贵族们有了新的施展政治谋略的舞台。这些朝臣中最能干也是最重要的一个，如今是岩仓具视，一个能对各种事件和可能性做出精明判断的人。到1866年秋

---

[1] Totman, *Collapse*, p. 291.

天，岩仓具视正在考虑朝廷是选择站在幕府一边反对长州和萨摩，还是运用谋略使它自己成为新的政体的中心。由于幕府的威望和权力正在衰落当中，岩仓具视建议"陛下应当发布命令给幕府，要它从今以后必须把自己的自私行径弃置一旁，依照公众的道义行事；陛下的统治必须重新建立；其后德川家族必须与各地大藩合作，为服侍君主效力"。为了恢复国家的威望，处理与外国人的关系，国家必须得到统一，而且"为使方针政策和行政机构出自一元，朝廷必须成为国家政府的中心"。在另外的奏表中，岩仓具视也越来越像他与之通信的萨摩藩领导人那样发出声音，就像当时他所写的，"天无二日。地无二君。除非政府法令源出一处，否则没有国家能够生存……今后我愿我们大力行动，推翻幕府"，并把德川家族减低到普通大藩的行列。[1]这种论调有一些在后来的建议书中为人们所仿效，就像萨摩—土佐在1867年夏天拟就的文件中所说：

354

> 一块国土不能有两个统治者，一个家庭也不能有两个家长，将行政和司法归还给一个统治者最为合理公道……显然我们必须改革我们的法令法规，将政治权力归还朝廷，组成一个领主会议，按照人民的意愿处理政事……只有到那时我们才能毫无羞愧地面对所有国家，才能确立我们国家的国体。[2]

诸如此类对于国家危机、国际威望，以及对于一个效率更高的、单一中心的政府的需要的说明，在德川时代末期的许多声明公告中反复沿用。事实上，如今日本并非只有两个政府，甚至连幕府也有两个，一个是身在大阪和京都地区的德川庆喜本人，另一个是江户的以德川氏为中心的更加官僚化的政权。

虽然这样的政权分类对于岩仓具视和许多其他人来说似乎有点难以接受，但这种情况还是很令那些外国使节感到苦恼，因为他们想要使他们的特权得到稳固的保证，想要对权力的通道有清晰的了解。罗修斯接受幕府作为一个合法的全国性政府，并且致力于帮助幕府成为一个更有效的政府。他的对手，英国驻日公使巴夏礼则对此并不确定，甚至怀疑在江户—京都的关系发生根本变化之前，日本不会有一个真正的政府。虽然在履任时间上比罗修斯资历要浅，但巴夏礼被证

---

[1] Beasley, *Meiji Restoration*, pp. 261, 266-267.

[2] Jansen, *Sakamoto Ryōma*, p. 300.

明是一个无情的对手，有一次他强行进入罗修斯与德川庆喜的私人会面，坚持要求作为女王的代表应当得到平等的对待。由于在准备第二次征讨长州之役产生了大量的费用，幕府请求延缓因下关事件导致的巨额赔款的第二次分期支付，巴夏礼居然要求幕府对征长之役的费用做出解释。当幕府以朝廷的反对作为理由要求延期开放兵库之时，巴夏礼又提出要求——并且很有把握——通过 1865 年 11 月在大阪出台一个行动方针，来表明朝廷对于已签条约的批准。当他看到幕府难以应付顽强反抗的大名时，巴夏礼得出结论，英国应站在中立的立场上，注意培养那些大名作为将来可能的掌权者，他还访问了包括鹿儿岛在内的西南诸藩的一些城镇，令幕府官员惊恐不安。巴夏礼的翻译欧内斯特·萨道（即萨道义，Ernest Satow），也许是在德川晚期的日本最为见多识广的外国人了，他一直与西南诸藩的领导人保持密切的友好关系，并且写下了一本小册子（很快就被翻译成日语），争辩说英国的政策应当致力于创立一个位于天皇之下的大藩领主（幕府首领也是其中之一）的理事会，以便更好地保护外国人的特权和权利。他的私人意见被广泛认为代表了英国的政策，而且在实施的过程中似乎确实如此，巴夏礼的行为就是证明。这样，外国人的意见与朝廷和大名的意见一样，也在对国内政治动荡的加剧起到推波助澜的作用。

随着那些雄藩摆脱了对幕府领导的从属关系，他们开始私自在相互间商谈协定。这些协定不再是早年那样的大名之间的私人讨论，而是由执掌藩政的官僚首领所做出的政策决定。这些协定中最为重要的是萨摩藩和长州藩之间的协定，该协定于 1866 年初达成，减轻了长州在不断逼近的幕府征讨之役中可能的风险。萨—长盟约可能是通过土佐藩的坂本龙马和中冈慎太郎的努力斡旋方告达成的。1866 年 2 月，木户孝允代表长州，西乡隆盛代表萨摩，双方订立盟约：萨摩将提供帮助，在朝廷为长州居中调停；萨摩将竭尽所能，阻止幕府剿灭长州；如果必要，萨摩将保卫京都；一旦长州获得赦免，萨摩即与长州合作，以"重振皇国荣光"。

在幕府的军队败于长州手下之后，前面提到的萨摩—土佐协定又增添了另一项盟约。两藩对一项政治计划取得了一致意见：朝廷应当具有充分权威，将在京都设立两院制的议会，其中一个由大名组成，另一个则由"家臣乃至平民"组成。将军一职将被废除。将"在理性和公正的基础上"与外国列强修订新的条约；将对体制进行改进，引进最新的制度；相对于更大的国家利益，私利在任何地方都是第二位的。

　　这种对于没有私欲的未来的乐观主义观点，显然是"公武合体"信念的一笔遗产，表明了土佐计划以一种和平的方法来解决日本的政治危机。由于在夏季战争中获胜而备感兴奋的长州，严格说来仍然处于朝廷和幕府双方的制裁之下，决心以进一步的暴力行动来拓展自己的军事优势。在此同时，曾与日本缔约的各国列强正在要求采取行动开放兵库口岸，按照日程表，兵库应在1867年夏开放。大藩领主们再一次集议讨论这一危机。松平春岳、岛津久光、山内容堂和伊达宗城向德川庆喜提出了一个解决方案，即幕府可以通过建议朝廷赦免长州，来换取朝廷对于兵库开港的批准。无论德川庆喜如何倾向于坚持要长州谢罪，即使不可能做到也不愿妥协，但由于兵库开港的问题迫在眉睫，德川庆喜只能优先选择获取朝廷对开港的认可，理由是国家正面临着危机。

　　这一立场更加剧了萨摩对于幕府（即使这个幕府已经历了改革）的失望心情，从而于1867年夏天催生了旨在以军事政变推翻德川幕府的新的萨摩—长州盟约。秉持中间立场的土佐领导人，则仍然试图以和平解决的方案来阻止这一行动。土佐的规格使其惧怕在最后的军事决战中失败。它与德川幕府的关系，由于以前幕府曾经善意地对待山内家族，也是那些尽职和忠诚的大名之一。所有这些都强化了对于协商解决问题所抱的希望，希望由此将军能够同意辞职，成为在天皇支持下新的会议结构中的大藩领主之一。自1862年以来，类似的希望一直位于"公武合体"运动的中心。松平春岳再一次重登舞台。坂本龙马，一度曾是土佐的尊攘志士，后来成为幕府官员胜海舟的助手，尔后又受到萨摩的庇护，并居中斡旋了1866年的萨摩—长州盟约，如今提出了包含土佐希望谈判解决问题设想的"船中八策"。萨摩领导人欣然认同这一方案，于1867年夏签署了萨摩—土佐盟约，他很乐意帮助促进幕府的自愿解体，并做好准备，如果和平解决无法奏效便使用武力。

　　这些潮流于1867年11月汇聚一处。此时，江户的现代化向往者正在推进改革，以产生一个更有效率的幕府，而长州和萨摩的领导人正在完成他们的准备，以与幕府在军事上最后一决胜负，土佐在京都的代表则向德川庆喜提交了山内容堂的建议书，要求将军辞去他的职位和头衔。这份建议书包括八个部分：朝廷将实行统治，但要建立一个两院制的、由大名和朝臣组成的议会；与外国的条约将

356

357　重新拟定；建立一支天皇的海陆军；[1] 以往在程序和体制上的"错误"将彻底消除；朝廷中的不良习俗应予纠正；同时再次提出，私利将被弃置一旁。

德川庆喜接受了这份建议。他在京都几乎未作磋商，其后也未咨询江户政府的高官，就做出了这样的决定。显然，他将此视为摆脱无权履责窘境的一条出路，视为保留他在江户的改革所建立的权力基础的一种方法。一旦朝廷接受了他作为将军的辞呈，267 年的德川政权就将正式告终。

但是，仍然没有什么东西能够代替德川幕府。大名的议会并未实现，因为种种不确定因素广泛存在，以至于只有 16 位大名抵达京都，以响应朝廷要他们到会的请求。在 1867 年，"公武合体"显得要比 1862 年时更为可行。不久，武士的大部队开始启程前往京都；一部分是尚未得到赦免的长州藩的军队，他们正在靠近这座城市。萨摩—长州制定的军事政变计划仍然有效，而压力正在稳步增强。1868 年 1 月 2 日到 3 日，朝廷召集了一次为岩仓具视和萨摩人所左右的会议。德川庆喜及其最亲近的支持者对会议的图谋有所怀疑，拒绝出席。会议决定将宫廷护卫从幕府手中转到非德川氏的大名手中，废除旧有官职，并且要求德川氏的领地向"朝廷"投降。德川庆喜对他的下一步行动举棋不定，撤回到大阪。

在超过 3 个星期的时间里，事情一直处于停顿状态。朝廷的代表命令德川庆喜作出正式的悔悟和投降，却不料竟会使他提议所有大名都按一定比例把部分收入和土地献给朝廷。罗修斯主动提出由法国给予德川庆喜援助（这一建议未被采纳），作为他所能够调集的力量，但无论是法国人还是德川庆喜都没能劝阻那些想要战斗的幕府领导人。德川庆喜向朝廷发出一份强硬的文告，呼吁人们警惕萨摩人的口是心非，并标榜自己对待年轻天皇的行为堪作典范。前将军的优柔寡断开始造成了支持者的流失，甚至连德川家族对他的支持也在下降。最后，在 1868 年 1 月末，德川庆喜决定率军返回京都向天皇进谏。他的指挥官并不期待以他们的过时战法去进行战斗；幕府军的队形和构成都表现出一种近代军队和前近代军

358　队的混合状态，而这是不太可能获取胜利的。灾难降临了，幕府军遭到了现代化的萨摩和长州军队的对抗和伏击，他们的攻势被制止，被迫向后撤退。内战已经开始；军队将决定结果。

伏见—鸟羽的战斗持续了 4 天，造成了 500 人死亡，1000 到 1500 人受伤的

---

[1]　该《建议书》写道："我国必须拥有一支举世无双的军队。"

人员伤亡。对双方来说，部队都奋勇作战，但在指挥能力和军队决心上，委身于京都的一方都比幕府一方要占优势。幕府的指挥官似乎有一种对于普遍混乱的恐惧，这使他们未能在前线使用所有西式训练和装备的部队，反之，他们的对手则把最好的部队用在了正确的地点。幕府的部队试图沿着淀川两岸的狭窄道路推进，这使任务执行起来更加困难。在一些部队中，士气是一个问题，但其他的部队，尤其是会津藩的部队，战斗则十分勇猛和果敢。

当这场新灾难的规模呈现出来时，德川庆喜及其军队首脑北逃江户。在两个星期之内，前将军便已决定对他的敌人不做进一步的抵抗，尽管罗修斯鼓励和建议他再做尝试。幕府军被解散了，参战的大名们带着自己的部队返回各藩，他们有些加入了自南方推进而来的"皇军"的阵营，有些则向"皇军"谢罪和归顺。在 1868 年春，江户本身也由幕府官员胜海舟向西乡隆盛率领的一支"皇军"投降了。

但是，战事并未结束，被称为"戊辰战争"的战事一直持续到 1869 年 5 月，此前驶往北海道的幕府海军舰队，直到此时才在榎本武扬的指挥下宣布投降。东北地区的战事也在由一个以仙台藩为首的诸藩同盟（"奥羽越列藩同盟"）继续进行。这些大名之所以继续进行战争，原因并不是为了命运显然已经注定的德川幕府，恰恰相反，是为了自己的区域性利益而反抗来自萨摩和长州的难以信任的南方人。实际上，这一东北地区的"奥羽越列藩同盟"声称自己要比"自私自利"的南方人更加忠于天皇。更为激烈的战役发生在会津藩的若松城，在这里，被萨摩—长州视为眼中钉、肉中刺的前任"京都守护"松平容保的部下，拼尽全力进行战斗。若松城堡被付之一炬，会津藩在战争中损失了大约 3000 名武士，比对手的人员损失加在一起还要多。战败之后，会津藩遭到肢解，统治家族被移到一个狭小、荒凉的地点，从而没有能力供养前家臣的残余力量。松平容保本人则被安排为一名神道教的僧侣，成为德川家族墓葬神社的守护人。此外，没有其他藩受到过如此严厉的对待，虽然一些拒不服从的大名被迫退休，还有一些遭到软禁。德川庆喜本人被命令作为一家之主退休，退回到静冈的沼津，在那里他尽可能地对其家臣给予供养。到 19 世纪 90 年代，德川庆喜得到了天皇的接见，并被恢复了贵族头衔。他的继承人德川家达，后来成为贵族院的首任议长。

取代了德川幕府的这个政权，正如本卷第十章所说明的那样，在成为明治政

359

府之前，经历了许多变化。[1] 这个政权的第一次制度探索，发生在曾经招致德川庆喜反对的一月会议期间。在这次会议上宣布废除幕府，建立一种包括"总裁"、"议定"和"参与"的新的三层结构，并指定亲王有栖川宫为"总裁"，以便尽可能最大地利用天皇的正统性。不过，由于西南诸藩的领主支配了最初的组织机构表的制定，地位和官职逐渐沉淀到这些藩里的武士领袖之手，而随着这一过程的水到渠成，明治政府诞生了。

在基本的意义上，新政府的计划早在 1868 年春天即已公布，此时这个政权仍在寻求消除疑虑，谋求摇摆势力的支持。4 月，在胜海舟与西乡隆盛于江户谈判投降事宜之后的一天，年轻的明治天皇发布了著名的《五条誓文》，架设了从 1867 年土佐藩的建议书向现代日本国家宪政秩序过渡的桥梁。《五条誓文》允诺"广兴会议"和"万事决于公论"，"上下一心，盛行经纶"，"官武一体，以至庶民，各遂其志"，以及"破除旧来之陋习"。《五条誓文》还提出，要让万事万物"本天地之公道"。最后，随之而来的是"求知识于世界"，以便"大振皇基"。这份文献所明确表达的一般原则，符合当时的社会结构特征，但也显示出改变这种社会基础的可能性，如今它仍然可以得到引用，作为发生在第二次世界大战之后的民主制度变革的一种认证。

历史上和历史编纂学中的明治维新

360   如果把明治维新的定义限制在 1867 年和 1868 年的那些事件上，那么，它所构成的就仅仅是一场政变，是统治权力从统治阶级中的一些人向另一些人手中的转换。但是，如果从一个更长的过程来考虑，那么就应该把明治维新看作开始于 19 世纪中叶以前，以 19 世纪末现代国家的诞生为顶点的一场运动，可以说它给日本社会带来了革命性的变化。对发生于 19 世纪中的与明治维新相关事件的研究，不可避免地会与从事研究时的舆论气候纠结缠绕。19 世纪历史进程的性质，以及涉及其中的各种动力，已经提供了有待整理和分析的各种基本问题。

1945 年前日本历史学的正统观点，而这种观点如今并没有完全死亡，是建

---

[1] 参见 Albert Craig, "The Central Government," Marius B. Jansen,"The Ruling Class,"and Michio Umegaki, "From Domain to Prefecture," chaps. 2, 3, and 4 in Jansen and Rozman, eds., *Japan in Transition*。

立在这样的解释基础之上的，那就是强调此乃德川时期忠于天皇潮流的水到渠
成。教科书解释说，由于佩里的到来和外国的威胁，无私忘我的爱国者——"志
士"——起而为扭转各藩的政策而战，并通过唤醒长期昏睡的忠君爱国意识而战
胜了幕府。西乡隆盛、大久保利通、岩仓具视、伊藤博文，以及所有吉田松阴的
继承人都被描绘为仿佛是早先时代所预示过的充满殉道精神的忠臣义士。各种各
样赞美性的人物传记诉说着他们的故事，好像他们希望自己就照这样被人们所记
忆。官方的史料编纂机构为西南诸藩提供了比例代表制，以确定这种赞美能够得
到公平的分配。这些观点通过强调爱国主义和忠君思想的现代教育体系而广泛传
播，并得到了流行出版物和学术性文集的强化。所以，要做出一个摘要就有失真
的风险。关于维新人物的忘我献身有充足的材料加以说明，他们的所作所为非
常浪漫，多姿多彩，他们的丰功伟绩更是国家的骄傲，足以在任何编年史上为
这些忠君爱国的领导人留下光辉的一页。但是，对于他们的成功连带道德品质、
爱国精神的认同，在那些撰写于浓厚国家主义环境中的著作里也产生了一些强
烈的偏见。

　　然而，战前历史学对国家主义的强调还是在当时的时代背景下发展起来，尽
管也曾出现过一些批判性的作品。到19世纪80年代，历史学家们已经开始把日
本的经历描写为适应自由主义和资本主义社会的国际典范，而一些人则逐渐意识
到了"广兴会议"的承诺与他们所贴近观察的帝国议会的现实之间的不一致，为
此感到困惑不已。日本似乎正在重现其他现代化国家的时间表，但"自上而下"
赐予的改革却与"自下而上"争取的改革有着某种不同。到明治时代晚期，掌权
的保守主义和实用主义的领导人也似乎与罗曼蒂克记忆中热情冲动、佩刀带剑的
理想主义者形象难以吻合。对有些人来说，他们正在成为日本的新问题，结果对
幕府的评价也开始软化了。到20世纪初期，新一代作家已经开始根据明治领导
人的实际表现对之进行区分，以使矛盾之处减到最小，并通过展现德川统治时期
日本社会中所发生的实际进步，来解释有关明治维新和现代化的程式。德富苏峰
争辩说，并不是那些明治领导人，而是不可阻挡的时代潮流造就了新的日本。他
和其他一些作家强调，封建社会的脆弱性，以及勇敢的农村领导人不断增长的独
立性，才是推翻德川封建制度的决定性因素。反过来，这样的解释通常也与政治
上的主张，与希望找到自由主义的合法性，以及与在日本推进社会改革的愿望

361

337

有着密切的关系。[1] 然而，到了 19 世纪 90 年代，战胜中国的兴奋激动，以及其后随之而来的对俄战争的胜利，催熟了帝国的意识形态，加上国立学校网络的完成，所有这一切结合在一起，强化了把现代日本国家神圣化的官方说教。德川庆喜本人，在他的回忆录（1915 年）和授权传记（1918）中，也变成了一个尊王攘夷者。

第一次世界大战之后，马克思主义的分析方法对明治维新所应该或能够产生的东西，提供了一种新的、有力的目的论预期。在世界萧条中达到顶点的经济动荡，随着日本共产党成立而以 1925 年《治安维持法》的形式表现出来的对政治活动和知识分子监控的加强，以及日本外交走上咄咄逼人的对外侵略道路，所有这一切结合起来，鼓励了对日本的近期历史进行新的评估。马克思主义的历史学家分成了两派，一派是"劳农"派，他们主张把明治维新描述为基本上是一场终结了日本封建制度的资产阶级运动；另一派是"讲座"派，他们坚持封建关系通过对佃农实行非经济的和非契约的限制而在农村延续，这是围绕着"天皇制度"（这一术语被使用在 1932 年日本共产党的文章中）所建立的新"专制主义"的基础。像他们的明治时期的前辈一样，这些历史学家也在把他们的观点指向他们在政治上所主张的问题，或者把他们的观点与政治上所主张的问题联系在一起。[2]

日本在 1945 年的败降，使得"天皇制度"正统说教的氛围渐渐变得自由（尽管在一段时间里取而代之的是同样强制性的贬损性评价），并且有大量重要的著作问世，这些著作保留了某些马克思主义的分类方法，却没有重复此前这类著作中那些过于简单化的公式。虽然如此，历史评价的现代主义取向仍在继续，许多

362

[1] 关于明治时期的历史编纂学在所继承的中国传统框架内发展演变的过程，参见 Jiro Numata, "Shigeno Yasutsugu and the Modern Tokyo Tradition of Historical Writing," in W. G. Beasley and E. G. Pulleybank, eds., *Historians of China and Japan* (London: Oxford University Press, 1961), pp. 264-287；亦见 Peter Duus, "Whig History, Japanese Style: The Min'yūsha Historians and the Meiji Restoration," *Journal of Asian Studies* 33 (May 1974): 415-436。

[2] 第二次世界大战前夕即已看到对这里所提及的不同学派的立场所做权威性总结的出版物，参见 Tokutomi Iichirō, *Kinsei Nihon kokuminshi* for Duus's "Whig History"; the monument of government historiography, *Ishin shi*, 6 vols. (Tokyo: Meiji shoin, 1941); 亦有明确给予"讲座"学派冠名的著作，见 *Nihon shihonshugi hattatsu shi kōza*, 7 vols. (Tokyo: Iwanami Shoten, 1932-1933)。近来对马克思主义阶级斗争学说所做的令人信服的分析，见 Yasukichi Yasuba, "Anatomy of the Debate on Japanese Capitalism," *Journal of Japanese Studies* 2 (Autumn 1975): 63-82。亦见 Germain A. Hoston, *Marxism and the Crisis of Development in Prewar Japan* (Princeton, N. J.: Princeton University Press, 1986)，该书对战前日本的马克思主义著作的分析很有价值。

作者主要关注的还是在于对民主进步、消除封建残余的认同。[1]

　　当研究的焦点逐渐集中到幕府倾覆的那个十年的时候，问题仍然比答案要多。领导人中的主要人物一直得到清晰的描述，但支持他们的源泉则仍然是一个备受争议的问题。芝原拓自（Shibahara Takuji）在总结了明治维新时期的大众不满和骚乱运动之后，毫不犹豫地把那些平均地权论者称为明治维新的"动力"，并把大众的反封建情绪视为在这十年里所发生事件的关键历史素材。另一方面，康拉德·陶德曼对幕府倒台的研究，虽然承认平民的反封建态度，却得出了这样的结论：

> 但是，这种反封建的心态并未变成反幕府的心态，其原因似乎是，19 世
> 纪 60 年代的政治争斗只是使统治阶级或封建精英中的一部分人反对另一部
> 分人……因此，人们可以在所有的阵营里，或在争斗的任何一方都找到平民
> 的身影……[2]

363

　　对于 1865 年到 1871 年之间民众反抗事件（总数为 545 起）的一次统计学考察发现，这些民众反抗事件在后来"明治维新影响"的地区最不普遍，而最为普遍的是在德川幕府统治或与之有关系的地区，这是因为德川幕府统治的地区相对繁荣，劳动生产率相对较高，而反对幕府的诸藩则处于相对萧条和受到抑制的状态。实际上，反对德川幕府的政治行动，无法与这种民众不满联系起来，相反，大概是幕府维持控制和反击非武士抵抗的努力，才遭到了德川统治地区相对较不稳固的社会基础的阻碍和限制。[3]

---

[1] 关于丸山真男、大冢久雄和川岛武宜在战后那种氛围中所做贡献的简要评论，参见 Nagahara Keiji, *Rekishigaku josetsu* (Tokyo: Tokyo Daigaku Shuppankai, 1978), pp. 51ff.；战后对明治维新的学术课题所做的最有影响的总结，见 Tōyama Shigeki, *Meiji ishin* (Tokyo: Iwanami Shoten, 1951)；它讨论了"专制主义"的问题。最近的有影响的命题是"民众史"，它强调了日本历史的本土的和内生的发展，（某种程度上就像德富苏峰曾经做过的那样）聚焦于那一世纪中叶的农村精英人士。见 Carol Gluck, "The People in History: Recent Trends in Japanese Historiography," *Journal of Asian Studies* 38 (November 1978): 25-50；这一学派的一部重要著作是 Irokawa Daikichi's *Meiji no bunka* (Tokyo: Iwanami Shoten, 1970)；这部著作已被译成英文，见 *The Culture of the Meiji Period*, ed. Marius B. Jansen (Princeton, N.J.: Princeton University Press, 1985).

[2] Totman, *Collapse*, p. 458; Shibahara Takuji, "Hanbaku shoseiryoku no seikaku," in *Iwanami kōza Nihon rekishi*, vol. 14（*kindai* 1）(Tokyo: Iwanami Shoten, 1962), pp. 169-212.

[3] Yoshio Sugimoto, "Structural Sources of Popular Revolts and the Tōbaku Movement at the Time of the Meiji Restoration," *Journal of Asian Studies* 34 (August 1975): 875-889.

没有人怀疑有关平民不安和平民运动的各种证据。最近有人对德川幕府统治的最后几个月里席卷中部日本主要交通干线的形形色色的运动作了一些研究，提供了令人颇感兴趣的证据，说明当时存在着一种相当普遍而喜庆的狂欢和恶作剧的精神，这些运动使得德川幕府的力量和秩序相当头疼，以至于有人认为这些运动要对暗示和激励尊攘派志士的行为承担一定的责任。然而，群众表现出来的心情肯定是乐观的，更接近于节日的狂欢而不是愤怒的表达，同时也更具有一种社会的意义而不是政治的意义。为此付账的是那些有能力提供食物和娱乐的有钱人，因为他们曾经接受过神灵赐予的好运护身符的保佑。[1] 尽管如此，显然幕府的领导人还是把这些运动解释为对他们所控制的社会的威胁。像这样自发的、大规模的、热病一般的运动，也与 19 世纪民众前往伊势神宫朝圣之旅的流行趋势有关。偶尔，它们也会（至少是短暂地）反映人们对尊攘派志士的感伤敬意，这些志士是在维新运动的暴力斗争中遭到杀害的。[2] 在特殊的墙报作品和神社招贴中，有许多政治讽刺文字，但这些现象似乎并不足以准确地承认它们起到了重要的作用。对于独立商人的利益和角色的寻找，也没有起到什么作用。一些商人确实帮助过"志士"。白石昭一郎，一个下关港船运行会的商人，被认为是一个有文化的人，因为在他的日记中包含了400名"志士"的姓名，他很大方地用食品、酒水和住处款待这些"志士"。但是，更多的商人，无论出于什么选择，却支持幕府，这从幕府的大量紧急融资都建立在巨额贷款的基础之上可以看出。合乎逻辑的结论似乎是，在一种对政治状况和社会秩序普遍不满的环境里，许多平民赞成那些许诺进行变革的人。但这样的情况也是存在的，那就是区域性的忠诚——以及不信任——不但影响到武士，也影响到平民。

另一个系列的争论，集中在对外来威胁的认识上。在德川幕府的收盘时期，法国驻日公使罗修斯与幕府领导人之间日渐增长的亲密关系，以及英国驻日公使巴夏礼的恫吓咆哮，已经使许多人强调帝国主义为了影响日本所进行的危险竞争。幕府曾经在某些时候以北海道的资源作为条件向法国商借过贷款，而在 1868 年 1 月的伏见—鸟羽灾难之后，罗修斯也显然主动向德川庆喜提议给予小规模军

364

---

[1] Takagi Shunsuke, *Eejanaika* (Tokyo: Kyōikusha Rekishi Shinsho, 1979), pp. 209-34.

[2] Onodera Toshiya, "Zannen san kō: Bakumatsu Kinai no ichi minshū undō o megutte," *Chiikishi kenkyū* 2 (June 1972): 46-67. 本文讨论了明治维新前后前往吉村寅太郎（Yoshimura Toratarō）和山本纯之助（Yamamoto Junosuke）墓前朝拜的情况。

事任务的帮助。但是，外国干涉的危险或许被夸大了。萨道义撰写的对英国政策产生了影响的小册子，正如他在日记中所清楚表明的，并没有超出他的主人巴夏礼的知识范围，而罗修斯则似乎一直在扩展他的私人外交，萨道义称罗修斯此举显然超越了法国政府对他的授权，因为在当时，法国政府的所有帝国主义目标都可以在墨西哥和东南亚得到，无须在日本多此一举。即使幕府领导人决定把他们自己交托给法国人的援助，他们也将会发现能够做到的事情微乎其微：商借贷款一事远非那么容易，幕府必须为此预先付出所有的东西，而且还是以现金支付。不过，这种看法也是有道理的，即所有这些并不能减轻 19 世纪 60 年代日本人所持有的外国威胁的印象。这一印象本身是驱使人们行动的事实，而对纠缠于外国贷款和影响力的恐惧，则一直持续到明治时代国家建设的数十年里。

　　天皇体制和宫廷角色的重要性，对历史分析提出了进一步的难题。明治政府的政策是保持皇室宫廷神圣不可侵犯，并接受其作为国民性格和国家历史中的基本元素，这一政策在第二次世界大战后被人们认为是可以理解的。作者们极力低估天皇体制的本质，强调对天皇制的利用只是明治设计师的一种策略和技巧。但是，事情显然不仅仅只是"策略和技巧"这么简单。虽然明治维新的领导人时常慨叹公众对于宫廷存在的冷漠，但他们自己显然是维护其作为国家认同的核心价值的至高无上地位的，而对这一点的强调，其后随着集中管理、民众动员和教育体系而在人民群众中得到普及。对幕府允许以某种方法干扰天皇——这加重了宫廷的不满，宫廷贵族们都知道天皇对此确实非常愤慨——的指控，激发了尊攘派"志士"对皇室的情感，从而成为一种强有力的日常自律和自控的解决办法。然而，在 19 世纪 60 年代初期尊攘派的狂乱之后，与这一过程的开始时相比，宫廷的形象已经不可同日而语了。正如托特曼所指出的："正是'志士'给予了'尊王攘夷'这一华丽辞藻以有效的表达和实际的内容，所以天皇角色的凸起，主要应归功于'志士'成功地使他们的观点为世人所知。"[1]

　　最后，历史学家们转向了明治维新的领导人，这些人出身谦卑的等级却有十足的自信，他们抓住千载难逢的历史机遇，为他们自己、他们的朋友和他们的父母之邦树立了一种光辉的形象，而这种形象在以往封建原则和封建地位的限制下是不可想象的。他们还把自己的事业视为纯粹和无私的，因为这一事业显示出他

[1]　Totman, *Collapse*, p. 462.

们希望为天皇和祖国赢得在世界各国中当之无愧的地位。这些希望是伟大的，也几乎是对当时情景的逆转。为了祖国免受西方列强的欺凌，他们渴望成为世界的主角；为了自己的君主不再受限于虚弱的隐退状态，他们要求给予天皇统治这个国家的所有权威，就像他的祖先曾经一度做过的那样；为了生于斯、长于斯的父母之邦，他们渴望对国家政治的完全分享，而不是成为次等的侍从，对于他们来说，想要成为的是天皇的仆人，而不是奴仆的奴仆。[1]

然而归根到底，大多数这些问题关注的只是明治领导阶层成员的生涯轨迹，而不是他们的目标所在。大多数效忠于德川幕府的党羽，他们所想要的在很大程度上是同样的东西。在德川统治的最后十年中，幕府和维新领导人之间所拟计划的重合性往往会令研究者感到震惊。确实，被赋予职权的幕府领导人，已在尝试他们的对手后来计划采行的措施。对将军辞职并代之以一个大藩领主议会的讨论，开始于江户的藩邸（探索其来龙去脉，可以发现其与土佐藩的密切关系），而实现于《五条誓文》中"广兴会议"的承诺；其后又统一到明治政治体制的设计之中。由幕府创办的军事改革，像西南诸藩的军事改革一样，暴露了武士阶级的妄自尊大，以及由武士组成的军队纪律的松弛和训练的缺乏。随后，一步步的，以兵员招募和货币税收作为基础，代之以一种将会完全取代武士制度的征兵制。制定出这一规划的幕府设计师们，就像他们在西南诸藩的那些对手一样，在社会地位的分层上也处于中间等级，都是些旗本或小藩大名，而正是他们着手军事改革，砸了同僚侪辈的饭碗。行政精简与合理化的需要，产生出整合最靠近中心都市的诸侯领地的问题，导致谣言流传，说是幕府正在准备实行取消分封、有效集中的制度。在1868年到1869年的内战之后，明治领导人并没有把德川氏的领地分给大名，而是置于自己的掌握之下，使之成为中央集权管理的核心，通过1869年的"版籍奉还"和1871年的"废藩置县"，终使中央集权化管理得以实现。简而言之，由开放和重建所形成的压力显示，朋友和敌人的界线是不可能以同样的方式长期延续的，就像幕藩体制的制度结构需要以中央集权制的国家结构来取而代之一样。

---

[1] 在19世纪60年代，随着政治冲突的加剧和幕府无能的揭露，这些希望和预期当然也会发生引人注目的变化。参见 Yoshio Sakata and John W. Hall, "The Motivation of Political Leadership in the Meiji Restoration," *Journal of Asian Studies* 16 (November 1956): 31-50; and Sakata Yoshio, *Meiji ishinshi* (Tokyo: Miraisha, 1960)。

第六章　明治初期的反对派运动，1868—1885

爱荷华大学　史蒂芬·佛拉斯特

像所有世界近代史上的伟大革命一样，明治维新也遭到了来自被革命性变革所取代的以及因之而受损的阶级和集团的强烈反对。然而，使明治维新与众不同的，是那些对革命政权的反抗显然比较容易被击败或被收编。农民抗议新征兵法的暴动，村民对"地租改正"的反对，愤愤不平的武士发动的叛乱，为代议制政府所进行的早期助选活动，以及无依无靠的农民的揭竿而起，全部都遭到了遏制或镇压。原来的领导集团执掌了政权，并没有改变它的基本政策。从积极的方面来看，日本因具有异乎寻常的连续性和稳定性的政府而获益；从消极的方面看，则是保守和官僚主义的政治盛行。

在解释反对派运动为何没能推翻寡头统治，为何没能迫使其改变议事日程时，日本与西方的历史学家有着十分明显的意见分歧。受到现代化理论影响的美国和英国学者，一般把日本视为从封建制度向现代国家和平过渡的一个典型，是形成对核心价值观的共识，并把对忠于天皇的异议维持在可控范围内的一次转型。[1]另一方面，大多数日本的以及某些西方的历史学家，则把反对派运动的失败归之于明治国家的独裁主义特性，强调的是压迫性的半封建结构与明治政体的结合，以及寡头政治对新国家的高效国家安全机器的控制。[2]

---

[1] John W. Hall, "Changing Conceptions of the Modernization of Japan," in Marius B. Jansen, ed., *Changing Japanese Attitudes Toward Modernization* (Princeton, N.J.: Princeton University Press, 1965), pp. 7-41.

[2] E. Herbert Norman, *Japan's Emergence As a Modern State* (New York: Institute of Pacific Affairs, 1940); 亦见 Roger W. Bowen, *Rebellion and Democracy in Meiji Japan* (Berkeley and Los Angeles: University of California Press, 1980)。

虽然在两种解释中都有某些真理的成分，但是，两种解释都不像这里所作的
368 总结这么简单，也都未能充分揭示现代化改革与阶级利益之间复杂的相互作用，
同时也未能重视各种反对派运动所代表的社会力量的不同性质。以下的分析将集
中在与政治动员相关的社会因素上，正是这些社会因素形成了限制民众集体行动
的结构和条件。

早期的农村抗议活动

如果农村发生抗议和纷扰的数目是社会动荡程度的一个意味深长的指标的
话，那么，日本的农村在明治维新余波未平之时就根本不是和平安宁的。根据青
木虹二（Aoki Koji）的数据，在 1868 年到 1872 年间有 343 起事件。[1] 农民抗议
活动在德川统治结束时曾经稳步增长，在 1869 年达到了 110 起的历史高峰。但
是，从 1870 年开始，农民抗议事件的数目迅速下降，到 1872 年，据记载只有
30 起。

如此众多的农村纷扰事件究竟意味着什么？我们对这些数据进行透视，发现
将近一半的抗议事件都是某种地方性的冲突，引起这些冲突的原因包括：村庄首
领的渎职行为；地主与佃农之间的矛盾；稻米的囤积居奇；借贷款项的止赎；以
及其他影响群众福利的问题，而与中央政府并无直接的关系。余下的其他事件，
最经常的原因是土地税。人们可能会争辩，在这些抗议活动中，农民们表达了他
们的挫折感，认为推翻德川幕府并没给他们带来封建税收负担的减轻。在 1868
年 1 月的宫廷军事政变之后，新政府很快就在西乡隆盛的催促下，发布了承诺在
属于将军的领地内减税 50% 的法令。随后颁布的法令，许诺天皇"将减轻人民的
痛苦"，平民也被邀请参加要求权限适当的请愿，以便改正德川幕府的"弊政"。[2]
这些早期的仁慈表达，关系到农民的福利，很好地体现了儒家的仁政学说，在某
种程度上反映了对贫苦农民境况的真实关心。然而，这些减税的承诺只是一种深
思熟虑的策略，以之煽动在将军家族的领地上造反，借此削弱幕府进行战争的能
369 力。1868 年春，在德川家族和大多数诸侯大名没有放手一搏便宣布投降之后，就

[1] Aoki Kōji, *Meiji nōmin sōjō nenjiteki kenkyū* (Tokyo: Shinseisha, 1967), p. 36.
[2] 同上，pp. 15-16。

不再提起这个话题了，为了保证胜利，新政府最迫切的需要是为它的账单付款。明治政府暂时在一些地区降低了税率，因为这些地方的特殊情况使那里的税收不得不降低。例如，在会津，战争破坏了农业生产，毁坏了农作物，因而农民们被允许在那个税收年度减税 50%。[1] 此外，在那些因气候原因造成农作物歉收的地区，官员们也接受了税收减免的请愿。这样，明治政府最初所采取的注重土地税的政策，将使封建的财务结构继续保有重要的地位，并暂时允许援例引用传统的惯行。

如果明治初期的税务官员的实际行为与他们在封建时代的前辈非常相似，那么对土地税的抗议是否就表示了农民对于事情并未变得更好的不满？在有些请愿行动中，村民们尊敬而直率地责备政府未能履行承诺。1869 年 1 月，一次由秩父郡的村民举行的请愿行动，首先列举了两年来毁灭性的水灾，然后提出了减税的要求，并且批评了政府在实行一般减税方面的失败："在明治维新时期曾颁布过仁慈的法令，将在去年的基础上降低税率，但是它并没有得到执行；最后，再也听不到关于减税的声音了。"[2] 不过，这些请愿书的语言、内容、形式和情感都与德川时代农民请愿书的表达没什么两样，那个时候，每当不可控的力量造成大幅农作物减产之时，农民们也会提出减税的要求。由于在"石高"制度下一般的税率很高，农民从事的农业生产规模狭小，他们能获得多少生活资料依赖于大名是否仁慈地缓解自然灾害的影响，因为如果没有减税和贷款，许多农民就会被迫抵押土地，或者完全放弃农业生产。由于意识到了大名的利益在于留住人口从而保护税收基础，农民经常会组织非法的"直接上诉"（"越诉"），同时也会在领主城堡前举行闹哄哄的大规模游行请愿（"强诉"），以期用民众处境的困窘以及政府对更大动乱的担心来推动当局做出让步。[3] 实际上，明治初期与土地税有关的大量抗议事件，可用经济上的情况来加以解释。1867 年初，日本经历了连续三年的农作物歉收；到农村扰攘事件形成高峰的 1869 年，许多农村地区已经在经济上筋疲力尽，而饥荒却还是没完没了。我们发现抗议活动最为集中的是日本西部的

370

---

[1]　Shōji Kichinosuke, *Yonaoshi ikki no kenkyū* (Tokyo: Azekura Shobō, 1970), pp. 319-322.

[2]　Aoki, *Meiji nōmin sōjō*, p. 17.

[3]　特别是在德川时代初期，当新的土地开始耕种时，为了大名的利益，往往会对农民提供足够的帮助和减免税收，以使农民留在土地上。参见 Stephen Vlastos, *Peasant Protests and Uprisings in Tokugawa Japan* (Berkeley and Los Angeles: University of California Press, 1986).

那些曾经遭受过最严重谷物失收的地区，而一般说来，明治初期农村抗议事件的发生率是与农作物歉收的时间和严重程度具有明确对应关系的。[1] 在大多数方面，这些抗议事件与德川时代的农民运动难以区分，也就是说，这些抗议事件并不表示对明治维新的反对。

从 1870 年开始，农业复苏，抗议活动和农村骚乱的数量也出现了引人注目的下降。但是，在明治时代开初的那些年里，农民们几乎没有从政府的变革中得到过什么东西。在某些由新政权直接管理的地区，税收实际上还有所增加。当政府于 1871 年废藩置县，并任命县令取代以往的大名时，农民们有时会起而抗拒。例如，1871 年 8 月，广岛县的村民曾经试图阻止大名的随从离开该地。9 月，在高松和福山发生了游行示威；11 月，3000 多人聚集在冈山，一方面要求让前大名官复原职，一方面要求减少税收。不过，在这些及其他一些事件中，村民们把他们的要求大名返回的诉求与税收问题联系在一起，与德川时期的农民行为颇有几分相似，当时若是农民们预感到新大名的任命将带来更高的课税，就会起而抗议。[2] 由此可见，就其行为本身而论，农民的抗议并不意味着他们更加偏爱封建性的管理。

1873 年 1 月 10 日颁布的《征兵令》，引起了这一时期更为剧烈的农村骚乱。这一法令规定必须在常备军中服兵役 3 年，或者服预备役 4 年，从而结束了世代相传（同时也享有特权）的武士阶级的悠久传统。许多武士自然会因为古老的与生俱来权利的丧失而感到愤愤不平。但是，为什么农民们会起而抗议？

16 起反对征兵的抗议事件大多数都发生在 1873 年春天和夏天，即《征兵令》颁布之后不久。[3] 虽然每次抗议事件的情况都不尽相同，但三阪地区的起义却显示出它们的某些共同特征。一开始，村民们误解了法令中一段内容的意思，那就是"西方人将此称为'血税'。那是因为人们真正用他的鲜血来保卫祖国"。当然，《征兵令》中这段文字的意思指的是参军的公民应当做好准备在战斗中为国献身。但是，由于三阪事件的领导人之一作证，许多人相信军队抽取应征士兵的血液卖与外国。甚至早在《征兵令》发布之前，三阪的村民们就已经被近期的法

371

---

[1] Aoki, *Meiji nōmin sōjō*, pp. 39-40.

[2] 参见 Shōji Kichinosuke, *Tōhoku shohan hyakushō ikki no kenkyū: shiryō shūsei* (Tokyo: Ochanomizu shobō, 1969), pp. 186-188.

[3] Aoki, *Meiji nōmin sōjō*, p. 38.

令公告搞得极其焦躁不安，这些公告要么是强加额外的经济负担，要么是冒犯地方上的风俗习惯。他们反对义务教育的代价，反对宰牛，反对解放贱民群体，也反对新的发型。当他们第一次听说《征兵令》时，村民们讨论了通过传统的冤屈申诉程序来表达他们的担心的可能性，但结论是向东京的官员请愿肯定得不到答复。突然之间，谣言充斥，说是有人穿着白色衣服，正在前来围捕应征士兵。忧心忡忡的村民聚集在一起，决定组织一次示威游行。几天以后，在"血税人"即将到来的新谣言中，村民们在当地神社召集了一个群众集会，在会上，村民们也你一言我一语地控诉了前贱民阶层的凶残狂妄行为，要求恢复过去旧有的风俗。根据预定的计划，有些人报告说看见一个穿着白衣的人在附近的山里游走，携带着一个巨大的玻璃瓶。大骚动随之发生，那些集合在一起的人群很容易就被说服，前往地方官署游行示威。在途中，他们攻击了富有农民、高利贷者和商人的家宅和商店；进入了津山镇后，他们包围了地方行政长官的官署。当官员出面试图让人群安静下来时，农民们手持猎枪和竹制长矛发动攻击，打死了一名官员，打伤了另一个。一旦警察开火还击，人群就四散奔逃，但骚乱随后蔓延到该县的每一个地区，人群四处攻击学校、屠宰场、村庄首领、贱民群体，以及政府建筑。[1]

愚昧和偏见促成了三阪地区的"血税"暴乱，而冒犯当地习俗和信仰的法令则引爆了"反现代化"的暴力抗议。如果我们仅仅着眼于这一事件的直接原因，我们可以认为这一事件并不是对现代化的非理性反应。不过，更进一步地观察，这一事件则表现出了动机与目标的复杂性。在靠近今日神户市的生野村和播磨村，农民们先是抗议与贱民相关的那些法令，但接着就要求减免税收；接着，他们又起草了包括八点不满内容的清单，并通过捣毁附近国家矿山的机器来向政府发泄他们的愤怒。最后，他们毁坏了有钱人，特别是那些高利贷者、商人和村官的财产。于是，人们可以从这些事件中发现一种政治抱怨和社会不满的混合物，因为在某种程度上，普通农民会心怀疑虑，担心新法令只会使富人受益，尽管这些疑虑可能完全没有根据。尽管法令草案包含了一条针对困苦情况的条款，但贫苦农民还是意识到，征兵制度的负担将会把大部分重负落在他们的肩上。一个富有的农民可以通过支付 270 日元为其子弟购买免服兵役，而对一个普通农民来说，

372

---

[1] Tanaka Akira, *Meiji ishin*, vol. 24 of *Nihon no rekishi* (Tokyo: Shogakkan, 1976), pp. 275-279.

这是一笔不可能负担得起的奢侈开支。但是，如果一个贫苦农民家庭在 3 年时间里失去一个儿子的劳动能力，它的勉强生存就会受到威胁。

如上所述，由于这些法令是由中央政府颁布的，而不是由公众讨论和磋商形成的，所以这些抗议事件所显示出来的民众疑虑是可以理解的。为了理解三阪地区的民众为什么要求恢复以往的行事方式，我们应该想到明治政府并未带来公众对政治过程的参与。如果有什么区别的话，那就是权威的集中化使得村民们更加难以影响那些将会严重影响到他们的政策制定。至于土地税，作为引发冲突的最为频繁的原因，由于它对明治国家的关系极为重大，政府准备抵制任何质疑而坚定推行的决心要远超幕府或大名。德川时代的农民抗议活动，曾经多次成功地从领主那里取得挤干水分的让步，即使非法抗议活动的领导人会因此遭受严厉的惩罚。然而，高效的国家官僚机构以及现代警察和军队的创设，却戏剧性地从底部切断了传统抗议形式的效力。在三阪暴乱这个案例中，村民们曾经考虑过向东京政府请愿，但认定他们的上诉将会徒劳无功，所以才自己动手解决这个问题。因此，很明显，导致非理性的"血税"事件以及造成相关混乱的原因，正是在于农民们事出有因的恐惧，即政治上的中央集权实际上已经使他们对新政府的武断决策变得更加无能为力和脆弱无助。

明治地税与村民抗议

1871 年，在废藩置县以后，明治领导集团抓住如何改革封建土地税收制度的问题，来满足国家发展的需要。支付给大名和武士的庞大财政费用使他们的任务变得更为艰巨。政府如何才能说服大名和平地放弃他们自古以来的权利和权力？我们将在下一节中加以讨论。这里，我们所关心的是，政府向统治阶级支付退休金的财政政策受到了什么样的经济约束，因为在 19 世纪 70 年代早期，仅仅武士的定期津贴和各藩债务就消耗了政府收入的绝大部分。[1]

政府几乎没有什么能够轻易获得的额外税收来源。海外借贷的设想也遭到了否决，因为其后万一违约，对于国家安全来说风险太大。而且，政府已经决定尽

373

---

[1] Niwa Kunio, "Chiso kaisei to chitsuroku shobun," in *Iwanami kōza: Nihon rekishi*, vol. 15 (*kindai* 2) (Tokyo: Iwanami Shoten, 1962), pp. 145-146.

可能轻地向商业和工业课税，以便加速资本的积累。与此同时，由西方世界强迫
日本接受的通商条约已经将关税固定在统一的低税率上，从而限制了从对外贸易
中获得税收。[1]

　　虽然政府领导人认为维持农业的高税率是无可选择之事，但他们却承受不起
使农民疏远对国家忠诚的代价。没有多少理由担心农村会爆发革命。但是，甚至
连以预扣税款形式表现出来的消极抵抗，也将使国库吃紧，更不用说小规模的非
暴力抗议活动总是具有逐步升级的潜在可能。发生在19世纪60年代中期的那些
"世直し"（改革社会流弊）和"打壊し"（城市打砸毁坏）运动，如今回忆起来
仍然历历在目。如果农民们暴力抗拒新的税收，地方行政官员将被迫调集前武士
的团队来恢复秩序。处于失业状态的家臣们将非常愿意拔刀出鞘，但是中央政府
判断解除对他们的约束将会冒难以接受的风险。无论在税收和财产权利方面发生
了什么样的变化，政府仍然需要农民的顺从。

　　明治政府所面临的两难处境，是如何确保农民对新税收制度的合作，同时又
基本上不减少地税收入。部分解决方案涉及消除对土地所有权的封建限制，并使
农业生产的资本主义关系合法化，这些变革深受大多数农民欢迎，特别是对大土
地所有者有利。1871年，政府彻底取消了在土地利用上的种种习惯限制。1872
年初，政府又使私人土地的买卖合法化，并禁止大名及其家臣在他们的前领地里
剥夺农田。接下来，新的土地调查秩序井然地进行，土地证书也得到颁发。最
后，1873年7月，政府发布了在维持旧有税率水平的同时，从根本上调整土地税
制度的法令。这一法令应当受到进一步的详细观察。

　　明治地税确立了统一的税收评估程序，这是以土地作为固定投资的市场价值
为基础的。德川时期的地税，建立在以稻米产量来衡量的土地生产力估算的基础
上，名义税率和实际税率在各个领地都大不相同。但是，新的地税标准被统一设
定为每个地块货币价值的3%，而土地货币价值的计算则通过一套复杂的公式，
其中包括估算土地肥瘠、商品价格、固定生产成本，以及合理的收益率。地税由
每个土地所有者直接以现金交付给国家；这是一种固定税，从一开始就没有制定
万一发生自然灾害如何进行减免的条款。作为回报，纳税人被给予土地所有权的
契约，拥有物主身份的所有权利。法令并未做出调节租佃关系的努力：地主负责

374

---

[1]　美国和其他西方主要的帝国主义列强都曾迫使幕府签订通商条约，规定进出口税率统一为"值百抽五"。

支付每年的税收，此后他便可以任意索取市场支持的任何租金。

由于1873年的"地租改正"改变了以往税收制度的所有特征，因此而产生冲突可以说是顺理成章之事。根据有元正雄（Arimoto Masao）的数据，在1874年到1881年的改革进行时期，发生了99起农村抗议事件。农民们为何要抗议？他们如何进行动员？

起初，最经常的抱怨并不是税率本身，而是决定土地价值的地方税收机构，以及临时税的课征。村民们经常习惯性地激烈争辩土地的价格，或是以农作物的货币价值计算，或是使之换算成以往征收的实物税；因为价格越低，估价就越低。同时，由于稻米价格年年波动，一地与另一地情况也不同，一些村民很可能会觉得受到了不公平的对待，特别是如果当地的土壤、气候和市场条件降低了他们的农作物价格的时候。

规模最大的抗议事件之一于1876年发生在和歌山县的那珂郡。[1]这一年的2月，中山村长的长子儿玉庄卫门向地方长官请愿，抱怨在换算此前以实物征收的税金时，税吏通过伪造不切实际的高米价来对村民过度征收。受到儿玉庄卫门上诉的教唆，附近12个村的村长进行共同请愿，表达了同样的抱怨。当地方长官以拒绝请愿的方式加以回应时，儿玉庄卫门进行了另外一次上诉，他坚持虽然官方的价格准确反映了和歌山县其他地区的情况，但在他们这个地区价格实际上是相当低的。预见到会遭受程序一致的拒绝，儿玉庄卫门向地方官员宣讲起了法律的正当功能："法律是用来为人民服务的，而不是人民来为法律服务。"

最初，村民们仅仅就临时税的评估而激烈争论，但他们很快就把要求扩展到包括土地价值在内。像之前一样，他们坚持官方的稻米价格太高，并引用了由其他税收机构所提供的处理起来较为有利的例子。在请愿书中，他们也利用了官员对普遍动乱的担忧。他们提醒地方官员，村长的立场站在"官员和人民之间"，他们警告官员正视"地租改正"所引起的困苦，表示人民的困苦非常严重，以至于"甚至会使人民丧失理智"。[2]

只是在29个村长和辅助官员递交了他们的辞呈之后，地方长官才试图寻求妥协。他拒绝接受辞呈，并批准将官方定价降低5%，这大约是村长们所要求的

[1] Arimoto Masao, *Chiso kaisei to nōmin tōsō*(Tokyo: Shinseisha, 1968), pp. 600-610; and Gotō Yasushi, "Chiso kaisei hantai ikki," *Ritsumeikan keizaigaku* 9 (April 1960): 109-152.

[2] Arimoto, *Chiso kaisei*, p. 605.

一半。然而，他的行动非但没有结束抗议活动，相反激起了人们获得更大让步的希望，从而使得抗议者的队伍越发膨胀。4月，177个村庄的官员联名向地方长官请愿，要求必须根据每个地区的情况，在具体分析的基础上确定价格。

通过争辩统一程序的作用，抗议者们威胁要采取没完没了的拖延战略。由于妥协方案未能达成一致意见，地方长官如今转而采取强硬政策。村长们被召集开会，进行训诫；当他们仍然拒不服从时，地方长官把他们统统解职，并逮捕了5名罪魁祸首。尽管受欢迎的村官的被捕激起了大规模的示威游行，但是在几天之内，地方当局就恢复了秩序，而没有诉诸武力。一个步兵团曾被派往和歌山县，但并没有在农村地区加以配置的必要。其后的大规模逮捕被用来以儆效尤：超过1000人被捕，688人被定为鼓励公众骚乱罪。

由于大多数由税法改正引起的争端并未通过处以罚金或大规模逮捕的方式解决，和歌山县的抗议事件显得与众不同。那么，税收官员是怎么使顽强抗拒的村民们同意新估价（因为法律需要土地所有者同意）的呢？发生在鸟取县的那些抗议事件的命运，可能暗示了其中的某些答案。[1]

在鸟取县，八桥郡和久米郡的20多个村庄拒绝了政府所做的新税额估定，还有相同数量的村庄推迟作出决定。征税机构希望在反抗蔓延之前加以平息，命令这些村庄的代表前往该县首府，代表们在那里受到了强大的压力，要他们表态同意。大多数恃强凌弱的行为都是口头上的，但一个代表报告说连续8天每天10个小时被关在监牢的后面。并不令人意外，一些代表屈服了，同意了政府的税额估定；很快，只剩下了17个人还在继续抵抗。但接下来，几个先前表示同意的村庄翻转了他们的决定，加入到抗议活动之中。12月，36个村庄申请在地方法院投诉，挑战政府的估定税额，并提出了重新进行评估的要求。到1876年2月，112个村庄表明了同样的态度。再一次，地方官员竭尽所能，说服了8名颇有势力的地主脱离了抗议者的队伍，并签下了个人对命令的同意。由于他们占有的土地分布在许多村庄，对抗议运动产生了破坏性的影响，特别是通过他们的佃户。[2]结果，春天到来时，坚持抗议的村庄数目已经减少了一半。

7月，当地课税机构抛出了一份新近采用的土地法修正案，规定当官方与民

376

---

[1]　Arimoto, *Chiso kaisei*, p. 618-629.

[2]　在八桥郡和久米郡，将近一半土地由佃农耕种，为数不多的地主占有着大量的土地。这些地主对政府估定税额的接受，暗地里破坏了所有村庄的反抗运动。

众之间的分歧实在难以达成一致时，作为最后的手段，可以进行现场评估。在这种情况下，反对派阵营急剧萎缩。[1] 征税机关任命了一个由地方名人组成的委员会，去调查一直处在抗议活动最前线的那 8 个村庄的情况。没有人会感到吃惊，他们报告说这些村庄的情况没有给予特别关心的正当理由，从而得出结论，对他们所期望的现场评估给予严重警告。很快，大多数村庄就放弃了抗议活动。对仍然坚持抵抗的 7 个村庄给予估定税额的降低，结束了所有的抗议活动。到 12 月，征税机关向东京的主管部门报告，它的工作已经顺利完成。

377 　　大量的抗议事件发生在 1875 年下半年和 1876 年。虽然"地租改正"已于 1874 年春开始，但最初几乎没有什么抗议者出现，因为在诸如广岛、筑摩和山口这样的地区，地方知名人士加入了税收机构，而新评定的税额一般也要低于旧的税额。然而，1875 年 5 月，在东京成立了专门的主办机构，以监督地方税收机构的工作，加快政策履行的速度。从那时以后，国家的利益便逐渐处于支配地位。[2] 税额评定很少再对农民宽宏大量了，因为征税机关被下达了目标定额，虽然这一定额并不是绝对的，但还是影响到了征税机关的决定。而为了阻止农民的抗议活动，1876 年 5 月，开始采用允许进行现场检查的修正方案。

　　更为僵硬的政策造成了抗议事件的急剧增加。不过，在此同时，日本西南部爆发了武士叛乱，于是政府很快就对农民摆出了更为怀柔的姿态。[3] 1877 年 1 月，地税从市场价值的 3% 降为 2.5%，全年税金减少了 17%。同年晚些时候，进一步修订法律，允许当自然灾害导致农作物歉收时，税率可降低超过 50%。最后，远离中心市场的村民得到允许，可以农产品来支付他们的部分税金。

　　这些措施的采取带来了抗议事件显而易见的下降，但并没有消除所有的反抗。绝大多数倔强地对修订评税提出质疑的事件，发生在 1878 年夏天的石川县。[4] 起初，7 个郡的 232 个村庄拒绝接受新公布的税额评定标准，但是随着该县征税机关的不断施加压力，农民的抵抗变小了。在继续坚持抗议的 28 个村庄里，领导抗议运动的是一群非常富裕的地方名流，当征税机关公然威胁进行现场检查

---

[1] 该法案于 1876 年 4 月修订，允许当估定税额未被同意时可由当地征税机关进行调查。由于新的税额估定一般比老的要低，在大多数情况下都有必要援引这一条款。

[2] Niwa Kunio, "Chiso kaisei," in *Nihon rekishi gakkai*, ed., *Nihonshi no mondai ten* (Tokyo: Yoshikawa kōbunkan, 1965), pp. 297-298.

[3] Fukushima Masao, *Chiso kaisei* (Tokyo: Kyōbunkan, 1968), pp. 188-192.

[4] Arimoto, *Chiso kaisei*, p. 631.

时，虽然这是一种曾在鸟取县有效对付贫困村民的策略，但这些富裕的名人仍然拒不让步。恰恰相反，他们借助天赋人权的华丽辞藻，来证明他们拒绝接受新的税额评估是正当的。他们对地方当局表示："如果自由是我们的权利，我们就绝不会接受非正义的东西。"为了强化他们的力量，他们积极寻求外部支持，并与"立志社"（这是一个由板垣退助创立的自由主义政治社团，当时正在为国民议会的选举进行助选活动）进行接触，"立志社"随后派出杉田定一前来帮助石川农民的抗议活动。杉田定一在法律事项上富有经验，他代表村民申请了各种各样的诉讼案件，而这两种运动很可能相互连接的前景，使得政府方面感到相当惊恐。

　　或许由于政府担心"立志社"涉入与地税相关的抗议活动，身在东京、时任大藏卿的大隈重信平息了这场争端，他命令所有征税程序重新进行，从开始新的调查入手。一年以后，当所有程序完成时，结果对于土地所有者来说只是一场有限的胜利，因为虽然新的税额评定有了相当大的减少，但由村民们承担的行政费用实际上超过了每年地税节省部分的 20 多倍。[1]

　　我们对"地租改正"条例所引起的抗议活动所做的简要调查，究竟说明了什么？明治地税是一种从根本上促进了明治国家发展的制度创新，那么对于农村中的抗议活动，我们能够得出什么结论？

　　首先，"地租改正"肯定可以被认为是一个政治上的成功，同时也是经济上的成功。考虑到涉及的变革和利益的量级，发生冲突是不可避免的。以农民的利益来说自然会寻求降低税额估定，而政府也不会承受税收的大幅度减少。鉴于这些实际情况，抗议事件的总数是不大的：1874 年到 1881 年间共有 99 起，其中 37 起是地主与佃农的矛盾，并不直接与国家相关。对于税额评定的大多数争端最后都通过谈判和妥协得以解决，而不是通过逮捕或求助于武装部队。只是在少数情况下，地方官员过分惊慌，招来了国家的军队，并动员了武士团体。但是与"血税一揆"相比，这些仍然属于柔顺驯服的、遵守秩序的事件。

　　明治地税的主要效果是根据市场价值对征税估值进行了均衡化与合理化，从而清除了德川时期税收征课的随意性因素。在各地大名的统治下，实际的征税率

378

---

[1] 山村耕造以经济学的术语讨论了土地税的问题，参见 Kozo Yamamura, "The Meiji Land Tax Reform and Its Effects," in Marius B. Jansen and Gilbert Rozman, eds., *Japan in Transition: From Tokugawa to Meiji* (Princeton, N.J.: Princeton University Press, 1986), pp. 382-399; 亦见 James Nakamura, *Agricultural Production and the Economic Development of Japan 1873-1922* (Princeton, N.J.: Princeton University Press, 1966), pp. 177-196.

因各领地行政机构的宽严与否而大不相同；稻田（水田）比非灌溉的农田（畑）要承担更重的税收，因为水田与住宅和商业用地相比更适于耕种。通过使地税更加平等地下降，明治时代的征税估值对于大多数土地所有者提供了某种救济。[1]

然而，并不是各种土地所有者阶级都能平等地受益。对于穷人来说，明治地税造成了特别的问题。[2]地税必须以现金支付，这一条款迫使那些勉强维持温饱的生产者更加依赖于市场，从而增加了破产的风险。这些勉强维持温饱的生产者也失去了以前由大名的仁慈善行——同意减税以缓解农作物歉收所造成的影响——所提供的保护。站在市场经济边缘的农民具有对短期援助的最大需求，因为他们没有资源抵挡严峻的物资匮乏。然而，明治地税最初根本不允许蠲免税额，在修订了之后，也只有当农作物失收超过正常收获量一半的情况下才被允许减税。

同时，改正后的地税制度是使豪农，特别是地主处于优势。首先因为是以实物支付，德川时期地税的那些共同特性遭到了排除，而明治时代的变革给予资本主义的农民更多进入市场的机会。其次，明治地税的那些给贫苦农民造成最大痛苦的特点——即税额事实上保持不变——同时也使另一部分农民非常有利可图，这些农民通过投资和技术创新，提高了产量和收入，而税金并不与利润相关联。当然，创新活动和为市场生产并不限于这些有钱人。然而，地主和拥有财产较多的农民自然会获得最大的利益，因为地税会随着固定生产成本的降低而降低。第三，如前所述，纳税人被授予业主身份的所有权利，甚至包括抵押的田地和那些佃农们（或他们的祖先）曾经耕种过的水田，而保有的条件将不再把习惯权利给予永久租约。最后，地主在法律上可以自由地出卖土地和谈判租金。虽然在意社会尊重的地主不大可能把他的所有财产转让给出价最高的人，但是如果他要这样做的话，法庭和警察——这两者都要比封建时代有效得多——就会支持他。

因此，在"地租改正"的后一阶段，特别是在1877年发布了一般减税的命令之后，佃农和地主之间争端数目的增加就不会令人感到惊奇了。在1877年到1881年间，有记录的49起事件中有29起是地主和佃农的冲突。争议的主要问题是租金和耕者的习惯性权利。租金问题与修订评税有关系，因为当税收降低

---

[1] Arimoto, *Chiso kaisei*, p. 637.

[2] Norman, *Japan's Emergence As a Modern State*, pp. 138-144.

时，佃户也会希望减少租金，而如果税收增加，佃户则会倾向于抵制租金增加。习惯性权利是一个更为不稳定的问题。最为著名，而且最为血腥的关于所有权的争端，与神奈川县真土村的佃农有关，他们曾经"永久"抵押土地——这是一种德川时期的惯例，抵押者可以凭此保留耕种权。[1] 当税收机关把有关权利判定给抵押持有人——一位有势力的地主和村长时，佃农们通过法庭对这一裁决提出质疑，他们在两年多时间里耐心地坚持一次又一次上诉。最后，在一次直接向大藏省的申诉徒劳无益之后，他们在沮丧中攻击了地主的住宅，杀死了地主和他的7名亲戚、仆人。尽管这是一场凶杀，但赢得当地舆论同情的仍然是失去了产业的耕种者。当他们遭受审讯时，有1500名村民签字请愿，要求对他们宽大处理。 380

　　总的来说，反对"地租改正"的村民抗议显示出地方上值得注意的农民阶层（"豪农"）在表达农村社会利益上的关键作用。除了地主与佃农之间的争端以外，对于"地租改正"的抗议也是由村长和当地豪农带头发起的。他们之所以扮演这种角色并不令人惊讶，因为在德川时期自始至终都由村社首领在各个方面代表村庄与领地当局进行交涉。在德川时期的税收制度下，税金是以村庄来进行评估，而不是以户主个人进行评估，而设法保证税金的缴纳，则是村社首领的职责所在。由于村社首领为全体村民与国家之间的所有财政关系承担着法律上的责任，村社共同体便认为他们也应该（他们自己也是这样认为）为保护共同体的福祉承担道义上的责任。如果土地拥有者遭受农作物歉收或领主增加税金，向当局请愿就是村社首领的责任；如果获得准许的申诉未能达到冤情的矫正，村社首领就有道义上的责任继续请愿过程，即使这要承担违法的后果。由此，我们发现了一种传统的"使命"意识，其极端案例就是一些村社首领即使冒着（甚或失去）生命的危险，也要抗议苛重的税收和官员的舞弊。[2]

　　为了理解村民们抗议"地租改正"的政治动态，我们应当记住，村社首领和知名人士传统上曾经为涉及村庄财税义务的所有事项承担过责任，也曾经就其他的财务问题出面与国家进行过交涉。于是，当村长和豪农参与"地租改正"的实 381

---

[1] Irokawa Daikichi, "Konmintō to Jiyūtō," *Rekishigaku kenkyū*, no. 247 (November 1960): pp. 5-6.

[2] Irwin Scheiner, "Benevolent Lords and Honorable Peasants," in Tetsuo Najita and Irwin Scheiner, eds. *Japanese Thought in the Tokugawa Period* (Chicago: University of Chicago Press, 1979), pp. 39-62; Anne Walthall, "Narratives of Peasant Uprisings in Japan," *Journal of Japanese Studies* 42 (May 1983): pp. 571-587. 亦见 Yokoyama Toshio, *Hyakushō ikki to gimin denshō*(Tokyo: Kyōikusha Rekishi Shinsho, 1977)。

施过程时，只不过是在扮演一个熟悉的角色，他们监督着社区里成千上万地块的纷繁浩大的计算制作和旷日持久的调查、定级和登记工作。虽然大藏省决定政策目标，但地方征税机关却必须依赖村社首领和杰出公民的协助，才能提供用来计算新税额评定的资料。这在给予村社首领和知名人士相应权力的同时，也赋予了他们责任，以确保达到令人满意的结果。因此，大多数村民与地方征税机关之间的争端涉及了各种各样的问题，影响到所有农村家庭的利益，而无论他们占有的财产是多是少。村民们在降低地税评估和临时税方面的共同利益，提供了以德川时期村民抗议的传统进行政治动员的条件。正如我们在和歌山、鸟取和石川县的那些冲突中所看到的一样，当原则性强的村长和地方名人感到征税机关的做法对他们不公正时，这些在其他方面遵纪守法的公民也会进行顽强的反抗。

现在，我们能够分析村民对"地税改正"进行抗议的政治动力了。首先，启动抗议过程的责任在于村社首领和地方名人，而只有当所有土地拥有者的利益都受到征税机关规则的影响时，他们才会采取行动。因此，相对而言，只有少数的抗议事件可以通过修订评税的事实来加以解释，因为评定的税率虽比村民们期望的要高，但与德川时期的税率相比通常还是要低一些的。其次，由于社会地位较高的村民承担着代表社区共同体的利益进行申诉的责任，并且依赖于请愿和合法的过程，所以抗议事件大多都是有秩序的和自我克制的。一般来说，他们并不动员村庄的贫困阶层——这是最不稳定，同时也可能是最有战斗力的社会阶层。除了少数例外，村民抗议"地租改正"的活动都是通过谈判和妥协来解决的。尽管双方的意愿对立并相互较量，冲突还是发生在经济改革的大环境内，而这种改革受到了大多数农村生产者的欢迎。人们不会看到村民们抗议明治地税的那些主要条款，而只是反对地方征税机关的特殊裁定。这就限制了那些冲突的范围和强度。

真正由明治地税引起的农民困苦并不能轻易地导向集体行动。受到最为不利影响的社会阶层——被迫面临破产的勉强维生的农民，以及被剥夺了耕种权利的耕种者——相对来说是无能为力的。由于资本主义农民受益于无限所有权制度和货币化固定税率，所以作为一个整体来说，村民在反对明治地税的这些条款方面并不分享共同的利益。此外，村社首领和地方名人的政治义务也不会——或仅仅以减弱的形式来做——延伸至由契约关系或商业关系引起的贫穷困苦；比如地主和高利贷者，他们自己可能也会成为这种争端的当事人。于是，那些无依无靠的人遭到抛弃，只能自己照顾自己。虽然"打壊し"（城市打砸毁坏）和"世直し"（改革社会流弊）的暴动提供了穷人既针对富人也针对国家的集体行为模式，但直到 19 世纪 80 年代中期，有利于少数农民进行群众动员的条件才开始形成，此时，"地租改正"早已宣告完成。

"士族"叛乱

在明治时代的第一个十年里，与农村平民一般来说和平且有节制的反对运动形成对比，武士反对派从一开始就采取了以推翻政府为目标的武装叛乱的形式。士族叛乱的根本原因在于前武士阶级中深刻的不满和严重的经济危难，而这些，正是由明治初期进行的那些废除封建制度并几乎摧毁武士精英地位的改革所引起的。这些叛乱表明，前武士阶级的沮丧和愤恨已经达到了这样的程度，即它们代表了明治时代初期抵抗现代化的最清晰、最有说服力的例证。我们所观察到的一个遭受剥夺的社会阶级有组织的政治反应，即1874年到1877年间发生的6起"士族"叛乱，可以用来解释一个被现代革命所取代的传统精英阶级预料之中的暴力反抗。毫无疑问，在实质上和心理上，武士阶级都承受了加速现代化的主要负担；而且，由于他们系统地遭到早期明治改革的伤害，所以他们对于加入反革命运动具有一种明显的兴趣。

虽然如此，士族叛乱的重要方面却也并不那么容易就适合于反革命运动的模子。士族叛乱的领导人并不是旧秩序的守护者，他们也不曾因为明治维新而失去权力和地位。无一例外，这些叛乱的领导人都是来自日本西南部的年轻武士，他们都曾早早地加入反对幕府的运动，并继续强烈地认同天皇的事业。作为曾经在 1868 年夺取政权的那些革命中被视为精英的杰出成员，他们也曾因为功劳而得到了丰厚的报答。事实上，最大的那些士族叛乱的领导人——江藤新平、前原一诚和西乡隆盛——在与政府绝交之前，全都曾经在国家最高决策机关任职。在 1873 年因抗议取消征韩计划而辞职之前，江藤新平和西乡隆盛曾经支持（即使多少有几分勉强）进行差不多终结了封建制度的彻底改革，以为其后的现代化建设奠定基础。

就像我们将要看到的那样，士族叛乱是一种包含了各种各样政治冲动的复杂事件。叛乱由愤愤不平的领导人率领，这些叛乱反映了统治精英内部个性的冲突和官僚之间的竞争；反映了地方上对东京政府日益增长的权力和专断行为提出抗

383

议，这些抗议部分地表达了对政治中央集权化的反对。虽然如此，但至少在普通士兵中，举行武装反抗的潜在动力还是因为他们反对失去传统的武士地位和阶级特权。无论领导者个人的动机如何，19世纪70年代中期的反政府士族动乱的社会基础，还是抵抗明治早期的改革，这些改革通过瓦解封建体制，建立现代军队和集中国家官僚机构，取消了武士阶级的特权。

1868年夺取了政权的年轻武士，在封建社会中曾经历过作为次要等级的挫折，因而他们迅速终结了以世袭地位为基础的社会差别。[1] 由于逐渐意识到传统的身份制度是对国家统一的一种障碍，他们一步一步地取消了这一制度。1869年初，政府命令将武士阶级内部纷繁的世袭等级减为"士族"（骑士）和"卒"（步兵）两类，并把对平民的古老划分归结为不同的身份群体——农民、商人和工匠——以职业作为划分的基础。两年之后，政府废除了曾经强制执行严格隔离措施的法律规定，解放了贱民群体。所有平民都被要求采用姓氏，并得到通知，顺从武士（比如跪倒致敬）的公法也不再是必须的和令人满意的。另一方面，武士则被告知，他们在公共场合不必佩戴刀剑，并不公开地要求他们放弃往昔趾高气扬的行事方式。史上第一次，武士们被允许从事农业、工业和商业，并且，如果他们放弃世代相传的薪俸的话，还可以为他们开办新企业提供资金。武士们还被建议剪掉他们的发髻，而采取西式发型，很快，穿着西式服装也得到鼓励——作为一种消除传统身份明显标记的最后步骤，甚至成为对政府官员的必须要求。

1871年，封建领地的废除（"废藩"）加速了武士阶级的衰落。一夜之间，武士们就失去了传统上他们作为家臣的薪俸和作为战士、官员和管理者的闲职。明治早期最为戏剧性和影响最为深远的改革，即政治体制从封建制度向中央集权民族国家的转型，与其说是发源于对封建制度的社会批判，不如说是起因于对国家富强的关心。明治领导人认识到，以国家主权分割作为基础的德川时期的政治秩序，在19世纪的帝国主义世界里，是与保持日本独立所必需的政治和军事动员所根本不相容的。木户孝允在明治维新领导人中最为意识到日本危险的国际地位，意识到日本需要"在世界上坚持做她自己"，因而早早就主张国家权力更加集中化，又很快就说服了萨摩的大久保利通和土佐的板垣退助。虽然中央政府仍

384

[1] "尊王攘夷"运动的一些领导人不满于德川时代的阶级制度，他们在思想上决心从事一种精英化的管理。参见 Thomas M. Huber, *The Revolutionary Origins of Modern Japan* (Stanford, Calif.: Stanford University Press, 1981)。

然十分弱小，以至于无法迫使大名放弃权力，但是木户孝允、大久保利通和板垣退助分别说服了他们各自的藩主——他们既为传统的竞争所动心，也为爱国的责任所感动——自动向天皇交出他们各藩的版籍（这是大名权威的象征）。随着其他大名遵从他们的榜样行事，他们都被任命为"知事"，并给予领地收入的十分之一作为他们的个人所得，而东京政府则支付所有的管理费用。如果有什么区别的话，那就是大名们可能在财政上渐入佳境，而在表面上他们的权力并未大幅度减少。[1]

　　然而，并非所有大名都同意放弃他们世袭的权利和特权，而政府在采取强制措施之前曾等待了两年时间。在此期间，长州、萨摩和土佐三藩的联合军队创建了初期的国家军队，一万名强劲的近卫军服从于东京政府的唯一权威。有了一支归他们指挥的军队，明治领导人感到足以确保彻底取消封建领地。1871年8月，天皇发布敕令，宣布终结大名的统治。为达此目的，给予各地大名各种各样的诱惑：任命其为原藩的知事，发放优厚大方的退休金，宣布取消各藩的债务，并及时以新的爵秩授予贵族头衔。1871年下半年，政府消除了大名体制的最后痕迹。大名被命令从此长期居住于东京；各藩军队遭到遣散；许多当地官员遭到解职。由内务省任命的各地知事，实际上成为当地事务的局外人，并处于内务省的保护之下，如今则过起了灌园浇蔬的田园生活。

　　即使只是简略地回顾德川时代封建制度被彻底废除的过程，我们也能从中看到明治时期反革命运动发展缓慢的某些原因。首先，大名阶级几乎不具备集体行动的能力，他们依照传统被垂直地分割开来，只能部分套用西南雄藩的台词，支配着中央政府的西南诸藩先是相互对抗，然后再来对付数量更多，但力量也更小的东部和东北部的大名。其次，更为重要的是，依据精英等级的特惠待遇把武士阶级划分为不同的层次，从而损害了"家臣团"——分等级组成的家臣部队——作为一种反政府工具的动员能力。大名和各藩"家老"收到了优厚的退休金，除了等级和头衔之外，还有强烈的物质刺激，换取其心甘情愿地接受传统地位的丧失。另一方面，大多数武士的退休金比其生存所需要少，乃至1876年这些退休金被变成为有息债券。这样，非精英的武士虽有充分理由起而抵抗，但由于没有各藩领导人的支持，他们也无法使用现存的（封建的）集体行动的架构。在武士们

385

---

[1]　W. G. Beasley, *The Meiji Restoration* (Stanford, Calif.: Stanford University Press, 1972), pp. 335-349.

能够作为战士保卫他们的传统权利之前，他们必须要找到新的集体行动的基础。

如果士族特权将要受到保护，那一支新的国家军队就是合乎逻辑的地方。领导集团内部的一些少数派坚持封建统治阶级的狂妄自负，以千年以来充任军役的后继者自居，认为只有武士才被赋予了必不可少的尚武品格——勇气、忠诚和荣誉感。前原一诚想要军队完全由士族组成。桐野利秋和筱原国干，作为西乡隆盛的主要副手和近卫军的指挥官，激烈反对吸纳平民，并极力抵制所有把应征士兵整合进他们部队的企图。其他一些人则把挑选失业士族当兵视为解决眼前社会问题的一个办法。鸟尾小弥太，一个来自长州的高级军官，提议留出 20% 的国家收入以创建一支常备军，并建议国家的准备金要大到足以使所有年龄在 20 岁到 45 岁之间的士族入伍。土佐的谷干城，主张首先征召士族子弟，只有在所有健全的士族子弟都征召入伍之后，才开放对平民新兵的征募。[1] 不过，寡头政府中的大多数意见则支持普遍征兵制——部分原因在于这是一种已在西方国家采用的制度，但主要原因还是在于这种制度的内在优点。继承前原一诚担任军队统帅的山县有朋，预见到武士的品格对于一支现代军队来说是好坏参半之事。士族有可能是凶猛勇敢的战士，但他们也可能会脾气暴躁，散漫放纵，更忠于他们的同族之人而不是中央政府。对身份地位的决定性作用以及排他主义忠诚的高度重视，可以说正是"武士道"所标榜的部分内容，即一种坚定不移的勇气。山县有朋正确地预料到国家军队的首要任务将是镇压国内的叛乱，而有理由相信这也可能发生在士族中间，因为他们对于领地和同族人群的强烈情感认同将会损害国家的统一。[2] 正如近卫军的士兵一样，士族也可能会以陈旧的忠诚形式来思考和行动。

1873 年 1 月 10 日颁布的《征兵令》，使所有年满 20 岁的男性都有服兵役 7 年——3 年常备军，4 年预备役——的责任，并要求年龄在 17 岁到 45 岁之间的男性进行登记，以备可能的征召。此举的直接目的是缔造一支真正忠于中央政府的国家军队，并适应于新近从西方采用的高度管制的军事制度。但是，普遍征兵制的采用扩大了保守派与改革派之间的分歧，保守派坚决主张由士族把持军队和政治精英的构成，而改革派则认为，拘泥于人们的身份是与现代国家的发展互不相容的。

---

[1] Masumi Junnosuke, *Nihon seitō shi ron* (Tokyo: Tokyo Daigaku Shuppankai, 1965), vol. 1, p. 113.

[2] Roger Hackett, *Yamagata Aritomo in the Rise of Modern Japan, 1838-1922* (Cambridge, Mass.: Harvard University Press, 1971), p. 61.

在明治政府中，西乡隆盛是保守派的领头人。1871 年，他递交了两份条陈，概括出了经济和政治发展的模式，很不同于寡头政府中多数人所偏爱的"铁与煤"模式。第一份条陈不仅提出以神道教作为国家宗教，而且主张禁止佛教和基督教；主张国家对农业征税建立在封建时期定额的基础之上，税收一半给予大名，一半给予民众；主张对制造业征税，以完全支付所有 100 石以下武士的薪俸。第二份条陈提议采取特别措施复兴农村经济：雇用外国专家；任命特别勤勉的农民作为村庄首领，以指导村民孝敬、节俭、服从和诚实的美德；设立农业研究站；选择日本传统农业实践和西方农学的最好技术；投资公共基金以改善灌溉和防洪；以及对农民个人提供信贷。[1]

387

无论目的在于改进农业生产的具体建议有什么样的优点，西乡隆盛的政治经济概念都完全是传统的。除了最富有的农民外，他建议的50% 土地税将会造成其他所有人的贫困，并且将会抑制投资和增长。他不是要促进工业化，而是要对制造业部门征收重税，以支持社会上不事生产的士族。在第二份条陈中，西乡隆盛逐渐赞成甚至主张减少对士族的支持力度，但在他的思想与现代化的"铁与煤"学派之间仍然没有多少共同之处。

从表面上看，导致最初的领导集团分裂的问题是外交关系，而不是国内政策。当朝鲜拒绝开放与日本的外交和贸易关系时，西乡隆盛提出了一个炮舰外交的冒险方案，他暗自希望这将引起战争，从而立即动员失业的武士。[2] 他得到了土佐的板垣退助、后藤象二郎和肥前的江藤新平、副岛种臣的支持，他们赞成日本应该侵略朝鲜，强行建立外交和贸易关系，就像 15 年前西方列强对日本所做过的那样。然而，刚从用时长久的美国和欧洲之旅返回日本的岩仓具视、大久保利通和木户孝允，则提出了强有力的理由来反对西乡隆盛的计划。他们并不反对这些基本的原则：他们同意统治亚洲的落后国家是日本的天命所在，哪怕只是为了保护它们免受掠夺成性的西方国家的侵略。但是，他们意识到，与岩仓使团在 1871 年到 1873 年间访问过的那些国家相比，日本尽管废除了封建的政治制度，但仍很虚弱，并且容易遭受攻击。如果日本侵略朝鲜，中国和俄国进行干预的可能性就会大大增加行动的风险，因为进行一场长期战争的成本将会危及日本国内

[1] Gotō Yasushi, *Shizoku hanran no kenkyū* (Tokyo: Aoki shoten, 1967), p. 28.
[2] 西乡隆盛自愿率领一支未被邀请的外交使团前往朝鲜，他十分期盼遭到攻击，那将非常有可能被杀，从而导致战争。

各项制度的发育，而这才是日本将来发展成为一个主要强国所必不可少的。虽然最初被以多数票击败，但"主张和平"派在岩仓具视被任命为国务会议主席之后，于10月的会议上扭转了投票的形势。由于自己这一派如今成了多数，岩仓具视便再次提出讨论西乡隆盛的计划，结果当然是遭到了否决；尽管遭到了主张战争派的激烈抗议，岩仓具视仍将结果立即呈送天皇。岩仓具视的策略违反了集体领导的精神，使得西乡隆盛、板垣退助、后藤象二郎、江藤新平、副岛种臣深感屈辱和愤怒，他们愤而辞职，并离开了东京。他们在官僚机构和军队中的许多追随者也纷纷辞职离京。

388

优先于征韩政策的争论，是士族阶级所面临的严重社会危机。虽然支付给士族的退休金比最低的生活需要还少，但这已经耗干了国家的收入，而这些收入本来应该为国家的发展提供经费。[1] 很显然，政府不可能无限期地维持这种安排；1873年，在关于朝鲜的争论之前，大藏省就已经引进了一个计划，准备在自愿的基础上，以有息债券的形式一次性付清士族的退休金。在理想上，士族将会以这些债券投资农业、商业和制造业，从而促进经济增长，同时又把赋税收入释放为公共投资。但是，比较而言，只有很少的士族接受这一方案，而即使他们这样做了，也很快就失去了他们的所有钱财。随着他们的经济处境不断恶化，他们变得越来越疏离和难以驾驭。西乡隆盛早前曾经写信给当时正和岩仓具视在英国伦敦的大久保利通，说他觉得自己仿佛"睡在炸药桶上"，因为近卫军中的萨摩人感到十分不满。也许他有点夸大其词；但是，立即雇佣士族的前景，以及战争的冒险和刺激，似乎提供了一个暂时的解决方案。军队只是刚刚开始征召平民，士族们仍然构成了人口中经过军事训练的唯一部分。除了立即提供雇佣和薪水之外，战争动员也有希望振兴传统的军事价值观，并恢复士族的荣誉和受人尊敬的地位。战争也可能会加强西乡隆盛、板垣退助这些"老战士"手中的权力，以对抗那些职业化的官僚。

1873年秋辞职的6名国务参议，除了副岛种臣外，最终全都领导了反政府的运动。1874年1月，板垣退助和后藤象二郎向天皇递交条陈（江藤新平和副岛种臣也签了名），要求天皇建立一个经选举产生的国民议会。在遭到断然拒绝后，他们回到土佐，发起了要求宪政政府的国民运动。西乡隆盛辞职后立刻回到了鹿

[1] Masumi, *Nihon seitō*, p. 124.

儿岛。他宣布放弃所有政治活动，在萨摩乡间过起退休生活。虽然三年后他就领导了最大的一次士族叛乱，即"西南战争"，但他起初的打算则是完全退出政治活动。

在从国务会议辞职之后，江藤新平回到了佐贺，在那里，他领导了反对明治国家的第一次大规模叛乱。作为一个出生在肥前藩的下层武士，江藤新平曾经拒绝过他的大名的命令，虽然仍很年轻，却离开佐贺加入到尊攘派的行列，积极从事反对德川幕府的事业。他在革命者的圈子中节节高升，虽然他是一个肥前藩的本地居民，却有点像是个局外人。1873 年，江藤新平被任命为国务参议，也曾在文部省和司法省担任过关键职位。在他作为司法省卿的任期中，江藤新平监督法典的起草工作，奠定了明治司法体系的基础。他亲自负责了几项人道主义的改革：宣布拐卖妇女卖淫为非法，以合约形式限定契约劳工的权利。[1] 然而，他主张采取侵略性的外交政策，相信只有通过军事实力的强有力展示，才能终止治外法权。江藤新平深信，日本惩罚朝鲜行动的流产会被看作软弱的迹象，所以他站在了主战派一边。

导致江藤新平从反对派到发动叛乱的决定性因素是他与"征韩党"（征韩派）的牵连，"征韩党"是肥前公开对东京政府进行批评的两个士族团体之一。较大的团体叫作"忧国党"，岛义勇为其领袖。岛义勇也是一个经验丰富的维新运动活跃分子，是一个革命者，在推翻幕府以后，他一上来在明治政府中先后担任过几个中级官职。但是，与江藤新平不同，岛义勇缺乏成为一个成功官僚的技能和气质。他也激烈地反对那些带有西方化味道的改革。"忧国党"的政治纲领是对外仇视外国人，对内反对改革。除了恢复封建领地和武士特权之外，"忧国党"还主张剥夺基督教徒的人权，以防止本国神灵的污染；主张振兴传统武术，作为自强精神的组成部分；并主张大力扩充军队。另一方面，"征韩党"则把他们的批评完全集中在政府的对外政策上。该党主要由年轻的士族所组成，他们希望通过应征入伍投身对朝鲜的战争来逃避贫困和沉闷的生活；他们不顾一切地决定要以自己的方式进行一场侵略战争，即使没有政府的认可也在所不惜。1873 年 12 月，"征韩党"第一次集会，登记入会者超过了 1000 人。不久之后，"征韩党"派出了一个代表团前往东京与江藤新平交换意见，江藤新平同意担任该党的领袖。

389

---

[1] Sonoda Hiyoshi, *Etō Shimpei to Saga no ran* (Tokyo: Shin Jimbutsu Oraisha, 1978), pp. 89-92.

390　　　这绝不是说江藤新平返回肥前是蓄谋领导造反。相反，政府已经得到了佐贺即将有反叛发生的报告，强迫江藤新平支持派遣一支讨伐部队前往这一地区。在此之前，"忧国党"蔑视任何与"征韩党"合作的言行，但其成员感到过于窘迫，以致无法抵御政府军的进入。具有讽刺意味的是，岛义勇曾经返回到佐贺传达岩仓具视的要求，防止他的同乡采取草率的行动，但是当他还在途中的时候，政府就已经派遣一支军队前来占领该县首府。2 月 12 日，岛义勇与江藤新平在长崎会面，双方同意组织武装抵抗，虽然他们已经意识到他们将面临必然的失败。江藤新平早已接到了西乡隆盛拒绝给予协作的消息，而没有西乡，是不可能指望板垣退助和土佐派支持的。虽然一场仅仅限于佐贺的造反可能不会取得成功，但江藤新平还是决定采取行动。他大声疾呼，由于政府已经命令军队进入佐贺，"我们已经到了没有余地进行讨论的地步。既然我方不愿束手受擒，那么把握主动是不是更好？"[1]

　　　两天以后，"征韩党"在佐贺以北 5 英里的一座寺庙里成立了指挥部。他们几乎未与"忧国党"进行磋商，因为对方已在进行自己的备战工作。2 月 16 日拂晓，"忧国党"一方的士兵偶然与几小时前已经进入这座城市的政府军先头部队设置的哨兵发生交火，叛乱就此开始。接着，进行了一次对军队驻地的成功袭击，但这是反叛者唯一的一次胜利。3 天以后，由大久保利通亲自率领的政府远征军主力，与业已完成了一次有条不紊撤退的先头部队会师。"皇军"发动了反攻，很快就占据了上风。除了来自常备军的 5000 多名士兵以外，政府还从临近县份征募了同等数量的士族志愿者，而这些人似乎更加愿意帮助镇压这场叛乱。地方的感情和阶级的忠诚并没有帮助佐贺的这场造反。事实上，至少有前山一郎率领的数百名士族转而反对他们的同乡同仁，并加入到政府的军队。[2]

　　　叛乱只持续了不到两个星期。面临着必然的失败，在第一次激战之后，造反的战士们或是举手投降，或是遭到遗弃。江藤新平和他的随从人员逃往鹿儿岛，391 在那里，他们对西乡隆盛作了最后的吁请。他们接着转去土佐，在那里他们遭到追捕，只得返回佐贺，接受审判，并被立即处死。相对来说，对叛乱部队普通士兵的惩罚还算手下留情。数千名拿起武器的士兵，大约有 100 人被处以 3 年到 10

---

[1]　Sonoda Hiyoshi, *Etō Shimpei to Saga no ran* (Tokyo: Shin Jimbutsu Oraisha, 1978), p.154.

[2]　同上，p.157。

年的徒刑。

　　从佐贺叛乱到下一次重要的士族造反——"神风连之乱"，中间过去了两年半的时间。佐贺叛乱并不是士族企图推翻明治政府的最后努力，对此我们不应感到惊讶。在两次叛乱之间的这些年里，士族的地位在财务上和心理上都变得越来越没安全感了，因为政府推行的政策正在消除武士特权的最后残余。此外，西方的文化和风俗正在通商口岸以外的地区扩散，已从大城市蔓延到地方小镇甚至偏僻乡村。与西方国家外交关系的扩展，对于那些本土主义者来说带来了极大的不快，在他们心目中，1868 年前的"尊王攘夷"口号是不可分割的。与此同时，如今被长州和萨摩藩阀所支配的中央官僚机构，宣称自己在地方事务中具有更加显而易见、更加举足轻重的决定权。这样，在 19 世纪 70 年代中期，有各种各样的因素滋养着士族们的不满。

　　"神风连之乱"的领导人是熊本藩的下级武士，他们曾经参加倒幕运动，但依然满怀激情地委身于神道教的本土主义。他们的良师益友林樱园，是一名神道教的神职人员和国学者，他主张抵制所有来自西方的开展贸易和建立外交关系的要求，无论短期内会产生什么样的后果。像许多幕末时期的尊攘派分子一样，他承认日本军队的低劣，并预见到起初会遭到失败，但他坚持认为这些失败将会证明是有益的：各种等级的武士将在固有的传统中团结起来，猛烈的抵抗将使占领日本过于困难、代价过于昂贵，以至于遥远的侵略者难以为继。一旦驱逐了西方人，日本就能自由地决定自己将以什么方式与外部世界发生联系。[1]

　　明治维新之后不久，林樱园去世，但他的门徒在熊本建立了一个本土主义的政治社团，并依然忠实于他的教导。这些门徒许多都是神道教的神职人员，他们激烈地反对西方化，谴责与西方的外交关系是危险的、讨厌的、怯懦的。他们特别感到不能容忍的，是年轻的美国人勒罗伊·L.简斯来到熊本，成为新建立的外国学校的第一位教师。简斯是一个充满活力的受欢迎的老师，令他的许多学生对基督教的美德产生了深刻的印象。1876 年 1 月，简斯的 35 名学生公开宣示，"通过宣讲福音，来照亮日本的黑暗"，这不仅使坚定的保守派人士大受冲击，如果需要，他们还愿意牺牲生命来阻止此事的发生。[2]

392

[1] Araki Seishi, *Shimpūren jikki* (Tokyo: Daiichi Shuppan Kyōkai, 1971), p. 123.

[2] F. G. Notehelfer, *American Samurai: Captain L. L. Janes and Japan* (Princeton, N.J.: Princeton University Press, 1985).

1876 年中，明治政府废除了武士精英地位的最后特权和痕迹。首先，强制执行以债券（"金禄公债"）来交换士族的退休金；3 月，在公共场合佩戴刀剑遭到禁止；6 月，学童们被要求剪去他们的发髻，把头发剪成西方的样式。

对于"神风连"来说，宣布佩刀为非法的法令提供了起来造反的最后动因。他们声称，刀是武士的灵魂，佩戴双刀是神圣的民族习俗，不能佩刀，生活也就失去了意义。近来的政府政策威胁并摧毁了日本的独特国体，但是只要他们本着正义的精神登高一呼，勇敢和忠诚的武士就会从四面八方汇集而来。即使起义失败，人们全都死去，这也是他们的宿命。在请教了神谕并得到了肯定的答复以后，他们开始了积极的准备，包括起初曾经努力将自己的起事与周边各县的暴动协调起来。神风连的领导人与秋月藩的宫崎车之助会面，并与佐贺、福冈、鹤崎、岛原等地心怀不满的士族团体的头领联络。在长州，他们与前原一诚接触，前原曾是长州志士运动的领袖，于 19 世纪 70 年代初期离开了政府。这些努力取得了一些成功，因为宫崎车之助和前原一诚允诺提供支持。

不过，"神风连"的领导层对神的智慧比对一致行动的好处更为信任。在又一次咨询神谕之后，他们把起事的日期提前到 10 月 24 日，这使得他们在秋月和长州的同盟者没有足够的时间完成准备工作。他们也拒绝在袭击熊本镇台的卫戍部队时使用莱福枪，因为火器是从外国输入的。他们也没能赢得"学校党"的支持，这是熊本的一个与之并存的保守士族团体，同样致力于推翻东京政府。结果，起事被证明仅仅是一场自杀性的暴动。通过突然袭击，他们成功地杀死了熊本镇台的一些指挥官，并使该县地方长官受了致命伤。但是由于人数和武器大大不如驻军，他们很快就被击败，大多数成员都选择切腹自杀以免被捕。秋月和荻的起事也很快就遭到了镇压。

最后的武士叛乱，即 1877 年的萨摩叛乱（"西南战争"），是规模最大的一次。与此前那些规模较小的暴乱不同，萨摩叛乱适可称为一场内战。[1] 在西乡隆盛的指挥下，萨摩的军队无情地战斗了 7 个月之久。虽然战事只限于九州的南半部，但规模和强度则要远超明治维新的那些战斗。这次失败被证明是具有决定性的，因为在可预见的未来，萨摩军队的湮灭消除了反革命运动的威胁。

身为在对朝鲜关系争论中"主战派"的领袖，在他武装干涉朝鲜的提议遭到

---

[1] 日本历史学家使用的词汇正是"西南战争"，而非"萨摩叛乱"。

挫败之后，西乡隆盛已经从国务会议辞职，并且立即放弃了他作为武装部队最高指挥官的委任。被岩仓具视和大久保利通所使用的招数所激怒，西乡隆盛意识到在不久的将来他就没有多少权力来影响政策的制定。如果他仍然留在政府内，他所扮演的主要角色就会是一个得不偿失的、在道德上令人不快的任务，无非是协调军队和官僚机构中的那些从前的同志共同推进一些政策，而这些政策将从根本上动摇士族阶级的地位。[1]西乡隆盛对他的许多同僚的自命不凡、唯利是图和虚荣浮华感到厌恶。他曾公开辱骂井上馨、木户孝允的亲信，由于"山城屋事件"的影响，他与工商业界的关系变得很不愉快，而他与山县有朋（尽管这是一个他所尊敬的人）的关系最近也变得紧张起来。[2]

辞职以后，西乡隆盛坚持自己不想再做什么与政治有关的事，并拒绝支持江藤新平的叛乱，也不理会板垣退助为设立民选国民议会而进行的活动。但无论他最初的动机是什么，他作为一个乡绅过着隐居生活的可能性，却受到了他的追随者活动的极大削弱。当西乡隆盛与政府绝交的消息为人所知，近卫军的大批官兵就拿起他们的武器，跟随西乡隆盛回到鹿儿岛。很快，又有来自新成立的国家警察机构的300多名成员加入进来，他们和近卫军官兵一样，根本不理会来自天皇的"不得开小差"的呼吁。他们一起组成了潜在的造反大军的核心；唯一的问题在于西乡隆盛将会如何行事。[3]

394

西乡隆盛并不鼓励他的追随者发动叛乱，甚而至于，如某些研究所证明的，他与其说是对他们的行动感到欣喜，不如说是更感到吃惊。虽然如此，在回到萨摩之后的6个月里，他建立起一个"私立学校"（"私学校"）系统，这是一种非常类似于军事学校的机构。"私学校"的成功，很大程度上在于西乡隆盛的资助：他从政府仍然发给自己的很高薪水中，拿出钱来作为学校的经费；他在萨摩士族中的名望，由于他与明治政府的决裂而更加提高；他作为明治国家"开国元勋"的身份也有助于"私学校"的声誉。地方长官大山纲良作为西乡隆盛的密友，也使用县里的经费支付"私学校"职员的薪水，并向学生提供给养，他还购买了枪炮弹药，分发给各所"私学校"。"私学校"的主管们作为大山纲良的属员

[1] Masumi, *Nihon seitō*, p. 116.

[2] Hackett, *Yamagata*, p. 71. "山城屋"，是一家军队供应商，为山县有朋所信任和喜爱，涉嫌挪用公款。

[3] Tamamuro Taijō, *Seinan sensō* (Tokyo: Shibundo, 1958), p. 11. 亦见 Charles L. Yates, "Restoration and Rebellion in Satsuma: The Life of Saigō Takamori (1827-1877)," Ph.D. diss., Princeton University, 1987。

在该县行政机构任职，许多"私学校"的毕业生也被委派到地方官僚机构担任较低级别的职位。不久之后，萨摩的整个行政机器都由"私学校"的人们，或像县令大山纲良这样的资深官员来担任，而他们都是完全同情反革命运动的。[1]

随着区分公私体系的界线变得越来越模糊，中央政府在鹿儿岛的权威差不多已经消失无踪。萨摩官员公开批评，甚至公开违反中央政府的政策和指令。县令大山纲良拒不理会大藏省以现金而非稻米支付士族薪俸的指示，他还拒绝对士族收入强征附加税。他反对进行普遍的初等教育，反对明治地税的积极特性，拒绝落实任何一项法令。但最令人吃惊的，是利用"私学校"来招募、装备和训练一支对中央政府怀有敌意的军队。第一批建立在鹿儿岛的军事学校以"步兵学校"和"炮兵学校"著称；教师和大多数学生都是前近卫军里的军官和士兵。教授的课程包括诸如汉学典籍研究这样的人文学科，但日常的管理体制则强调体育健身、军事战术、军事训练，以及在该县赠予的土地上进行军事演习。到1876年，"私学校"的分校已经遍布该县各郡，征召"乡士"即"乡下的武士"入学。对于适合参军年龄的男性来说，入校训练已经成为特定义务。[2]

萨摩人口的将近四分之一是士族，他们为反政府运动提供了非常之大的潜在兵源。在萨摩，声称自己具有武士身份的人在人口中所占比例高得离谱，原因在于该藩的政策把"乡士"包含在武士阶级之内。[3] 在大多数封建领地，"乡士"在德川时代之初就已失去了武士的身份，被并入富裕农民（"豪农"）的行列。然而，在萨摩，"乡士"则被给予精英地位，他们自己也像武士一样思考和行动。他们作为农村的管理者为藩主服务，或是作为地方法官，或是作为地方治安官，而最一般的是作为村社首领。一个"乡士"身份的村社首领，一般治理着大约有20多个家庭的小村庄，并且像中世纪时代的财产管理者那样对农民作威作福。在德川时代日本的其他地方，村庄享有相当大的自治权，而农民也取得了对他们所耕种土地的实际拥有权。但是，在萨摩，"乡士"首领严密地掌控着村社经济，对待农民像对待佃农一样。他们有权指派土地给个体耕种者，有权年年调整税

---

[1] Tamamuro，pp. 29-39.

[2] Masumi, *Nihon seitō*, p. 156.

[3] 在其他地区，武士数量一般占人口的5%，至多占10%。

率，以拿走农民除了最低生活所需的所有剩余。[1]

明治的改革极为深刻地冲击了"乡士"的特权。像城下町里的武士一样，"乡士"也习惯于认为自己是社会精英，即使不一定富有，但在身份和地位上仍然要比平民优越。而且，作为武士阶级中等级最低的群体，他们可能会更加敏锐地感觉到精英地位标志——比如说佩戴刀剑的权利——的丧失。更具体地说，1873 年的《地租改正条例》威胁到了他们在村庄里的社会经济权力。通过给予农民所有权并对个体所有者课税，明治土地税取消了萨摩"乡士"作为小型霸主的封建角色。并不令人感到意外，一旦"私学校"的分部在城外设立，"乡士"们就会成群聚集于此，并在其后大量加入反叛军队。

直到 1876 年下半年，政府才试图回击"私学校"运动，在某种程度上，这是因为此前政府一直不很了解事情的真实状态。该县的官员本应把这里的反政府活动上报东京，但他们却完全赞同这一运动；他们保持沉默，而且如果有人提出质疑，他们也会否认有任何值得报警的理由。此外，大久保利通以及在寡头政府中任职的其他萨摩人，也不愿意相信西乡隆盛和他在鹿儿岛的追随者会发动叛乱。直到 1876 年 11 月，大久保利通仍在争辩，认为西乡隆盛拒绝支持神风连、秋月、荻的叛乱，充分证明了他的忠诚和信用，大久保利通坚持认为只要是西乡隆盛在领导，萨摩就永远不会造反。事情的发展很快就证明了大久保利通的错误，但他对西乡隆盛品格的尊敬完全没错，因为西乡隆盛只是在政府谍报人员的逼迫下才认可举行叛乱的。

1876 年下半年，政府派出谍报人员前往鹿儿岛，对"私学校"实行渗透。这意味着他们的使命是搜集情报，挑拨离间，以及其他方式来破坏这一运动。在到达萨摩之后的几个星期里，这些间谍的身份被揭露，遭到逮捕。在严刑拷打下，一个间谍坦白他是被派来刺杀西乡隆盛的。虽然他的供词是唯一的证据，但当地官员和"私学校"的许多学生极其想要一个开战的借口，而西乡隆盛则似乎相信事实与报告给他的一样。

由于萨摩的局势越来越紧张，接下来政府企图转移储藏在鹿儿岛军械库中的军火弹药。虽然政府雇用了一艘商船和平民船员来掩饰这一行动，但"私学校"

396

---

[1] Tamamuro, *Seinan*, pp. 18-20; 亦见 Robert K. Sakai, "Feudal Society and Modern Leadership in Satsuma-han," *Journal of Asian Studies* 16 (May 1957): 365-376。

的学生们还是很快就发现了这是怎么回事。在西乡隆盛不知道的情况下，他们非法闯入军械库，开始搬运枪炮弹药。当地警察并未设法阻止他们；这使学生们胆量大增，进而采取进一步的行动，强行阻止船员装运军火。船长立即起锚开航，在快要到达神户时，用电报将鹿儿岛的情况报告东京。

虽然对学生们突袭军械库的鲁莽举动感到十分恼怒，西乡隆盛还是集合了他的助理人员，并批准为战争作好准备。他的意图是推翻以大久保利通为首的寡头政府的统治。他相信反对寡头政治的事业十分伟大，同时又意识到自己达到这一目标的力量非常弱小，因此试图以含混不清的公共告示来维持合法的外衣。2月9日，西乡隆盛、筱原国干和桐野利秋正式通知县令大山纲良，他们将会"带着一些从前的部队"，"短暂地离开本县"。大山纲良发布通告，命令西乡隆盛前往东京调查那桩针对他性命的密谋，为此将有一支人数众多的前政府军部队与之同行，而天皇早已对这一情况充分了解。虽然谋反的迹象已经越来越明显，但西乡隆盛和他的军官还是穿着他们的老军服，而西乡隆盛则作为统帅发布命令。起初，他甚至拒绝从邻近各县征募志愿者，以便避免对他结盟谋叛的指控。[1]

通过利用"私学校"系统，动员工作很快得以完成。到了2月的第一个周末，甚至在西乡隆盛把他的意图告知大山纲良之前，来自各地分校的全副武装的士兵就已经开始在鹿儿岛聚集。在一周之内，先锋部队和4000多名一流军人就完成了动员并从该县首府开拔；很快，第二支步兵部队、后卫部队、炮兵部队，最后还有西乡隆盛的卫队，都开始向北进军。到2月20日，萨摩军队已经深入肥后县。在击败了一支来自熊本镇台的先遣分队后，他们长驱直入这座城市，开始围攻前大名的城堡、如今的熊本镇台（驻军司令部）所在地。当地的两支士族团体——"学校党"和"共同体"——几乎从一开始就站到了西乡隆盛一边。这是一个幸运的开端。

在最终试图劝阻西乡隆盛而无效之后，政府进行了战争动员。3000名东京镇台的官兵火速乘坐军舰运往神户，大阪镇台和广岛镇台的军队也立即开始向九州北部的福冈挺进。有栖川宫亲王就任匆忙集合起来的军队的统帅，立刻派出两支部队前去阻止叛军的进一步前进。从那时以后，"皇军"就稳步地夺回了主动。

---

[1] August H. Mounsey, *The Satsuma Rebellion* (London: Murray, 1879), p. 119，1979年，由美国华盛顿大学出版社重印。

尽管萨摩军在数量上远占优势，但与西乡隆盛的期望相反，熊本镇台并未放弃抵抗，而是一次次地击退了萨摩军的反复攻击。在此期间，政府不仅动员了常备军，召集了预备役，还征募了数千名士族作为"警察"辅助人员。有生力量日日到达，装备精良的"皇军"开始反攻。在连续几天的激烈战斗之后，3 月 20 日，政府军占领了位于田原坂的关键通道。双方都遭受了沉重的损失。萨摩军开始有秩序地撤退，建立起一条新的防线。在接下来的两周时间里，"皇军"攻击了这条防线，而新到的军队也从南方进击熊本。面临着被包围威胁的西乡隆盛，放弃了围城，再次撤退。虽然尚未被打败，但叛乱显然已经失败了。政府控制了九州的所有北部和中部地区，这大大减少了萨摩军征召新的兵员。大多数身强力壮的萨摩士族都已参军，迫于无奈的西乡隆盛只得招募农民，而农民几乎没有什么动力去为士族的利益战斗，而征召那些已被判刑的罪犯，那些人也不可能成为有献身精神的战士。虽然如此，西乡隆盛和他的残余部队仍继续战斗了整个夏天。到了 9 月，仍在作战的只剩下西乡隆盛和数百名士兵。1877 年 9 月 23 日，面对着鹿儿岛北部山丘地带强大得多的政府军，西乡隆盛拒绝了山县有朋个人要其投降的请求。次日，政府军发起进攻；叛军被消灭；西乡隆盛在战场上自杀身亡，没让自己成为政府军的俘虏。[1]

与此前规模较小、组织蹩脚的士族造反不同，萨摩叛乱对于政府进行战争的能力是一次严峻的考验。为了击败人数众多、训练精良的反叛部队，政府不仅动员了全部常备军和预备役军人，还征募了另外 7000 名士族作为"警察"部队。65000 名士兵被派往前线，6000 人阵亡，10000 人受伤。从事战争的财务费用令人惊愕。直接支出就高达 4200 万日元，相当于年度预算的 80%。

但是，对于政府来说，无论战争在人员和金钱上的代价多么高昂，寡头政府仍然有理由以满意的心态看待这一结果。萨摩军队的湮灭——18000 名叛军战死或受伤，西乡隆盛及其参谋团队阵亡或自杀——消除了唯一能对中央政府形成威胁的士族军队。而且，皇军的战绩证明了政府采取普遍征兵制度的正确性。熊本镇台大约三分之二的卫戍部队都是被征召的士兵；虽然数量上超额而供应短缺，他们仍然抵挡了一场长达 50 天的围攻，从而阻止了西乡隆盛的军队挺进九州北部。但是，就这场胜利而言，说其证明了应征入伍的平民要胜过武士，还是有点

[1]　关于萨摩叛乱军事战役的最详细的论述，见 Mounsey, *The Satsuma Rebellion*, pp. 154-217。

过于简单化，因为政府军官兵的大多数仍然是士族。近卫军和"警察"部队全由士族组成，他们往往在激烈的战斗中首当其冲。虽然如此，政府经营这场战争的总效率，还是充分证明了军事现代化，特别是集中化的指挥和普遍征兵制的优越性。

萨摩叛乱标志着愤愤不平的士族推翻明治政府的最后尝试。这场最大的叛乱归于失败，暴露出士族叛乱的哪些限制因素？

在开头的3个星期之后，西乡隆盛的军队就被政府军在数量上超过和火力上压制。萨摩军的核心由6个步兵团构成，每团2000人，此外还有炮兵队和后方部队。在进入熊本之后，他们立即吸收了两帮当地的士族团体，即政治上保守的"学校党"和"共同体"（这是一个名义上与民权运动有关联的进步士族的社团），还有来自附近地区的另外5000名志愿者。[1]这样，即使在叛乱军队的巅峰期，军队数量也没有超过22000人。

与之对比，政府一上来就把一支33000人的军队派往战场，接着在战争结束之前又补充了另外的30000名兵员。几乎在整个战争期间，叛军都缺乏枪炮弹药和军需给养。趁乱打劫鹿儿岛的军火库获得了最初的枪炮弹药的供应，但是当军队于2月间攻出鹿儿岛时，每个士兵只能携带100发子弹，只够两到三天的战斗之用。他们曾经做出努力从国外购买武器，但是即使谈判能够取得成功，政府军海军对海上的控制可能也会阻止这些武器的交付。4月，政府军占领了鹿儿岛，又切断了当地已经制造好的经由陆路的军需供应。

萨摩军在战术上的失误，特别是围攻熊本镇台的决定，毋庸置疑加速了失败的到来。由于政府军享有战略上的优势，萨摩军指望在一场旷日持久的战争中获胜是不切实际的。最好的希望是，在政府方面有时间实行动员之前，就迅速进军与支持者连接起来，并给人造成胜利在望的印象。如果西乡隆盛直接进军福冈，从而使叛乱蔓延到九州北部，其他的团体可能就会表态拥护叛乱者。就像上年秋天的神风连、秋月、荻的起事所已经表明的那样，士族的不满十分强烈，而当萨摩叛乱显示出成功的可能时，连"自由主义"熊本"共同体"也决定站在西乡隆盛一边，这再次表明时机确实是一个关键因素。如果西乡隆盛的军队越过了内海，板垣退助和"立志社"还能矜持多久？一个并不一定是愤世嫉俗者的人承

[1] Tamamuro, *Seinan*, p. 139.

认，机会主义是明治时代早期政治结盟中一个强有力的决定因素。但是，由于未能一直维持进攻态势，西乡隆盛丧失了他唯一的获胜机会——一场反对东京政府的普遍起义。[1]

无论如何，军事失败不可避免地大大削弱了叛乱的政治基础。虽然萨摩曾经被建成为一个反革命的堡垒，但那里在1874年到1877年间所达到的高度动员水准还是依赖于各种综合性的因素，而这些因素对于这个地区来说是独一无二的：武士人口的规模及其构成，事实上脱离中央政府的自治，该县官员的认可和支持，以及西乡隆盛作为明治维新"建国之父"的个人威望。由于这些条件不可能在其他地方得到复制，所以萨摩是独一无二的，从而也是孤立的。事实上，它的强项也正是它的弱项，因为领导阶层的地方性政治忠诚阻碍了横向的结盟。从1873年秋西乡隆盛返回鹿儿岛，直到1877年2月进攻熊本镇台为止，动员工作一直完全是在本县境内进行；并未做出什么努力去鼓励、支持或连接萨摩境外那些志趣相投的士族群体。正如已经看到的那样，西乡隆盛始终做出清高超然的样子，甚至在附近熊本、秋月和获的心怀不满的士族于1876年秋起来造反时也是如此。当西乡隆盛最终动心反对政府，并派出使者寻找盟友时，造成普遍起义的最佳时机已经过去了。潜在的盟友已经委身于当地的造反行动，而这些行动只不过造成了一些自杀性的暴乱。在有些情况下，由于缺乏西乡隆盛起事的预先通知，一些支持者也无法足够迅速地采取行动。[2]

简而言之，西乡隆盛未能利用他的最大优势。阿诺·迈尔（Arno Mayer）注意到，反革命与革命一样，"两者都以经济的混乱、社会的不满和阶级的分裂作为能源。"[3] 但是，在全国范围内，士族中虽然充斥着不满、沮丧和失望，萨摩的反政府运动还是顽固地保持着地方的狭隘性。这使它注定会遭到失败。由于动员工作仅限于萨摩，未能与全国性的士族不满和拍共鸣，西乡隆盛的造反产生了一个虽然令人敬畏，但在地理上受限的军事威胁。正如后藤靖所指出的，尽管地理接近，诉求类似，且拥有共同的敌人，但士族叛乱却未能一致行动，而是分散、孤立地各行其是，最终每一个都被击败。[4]

401

---

[1] Tamamuro, *Seinan*, p. 134-135.

[2] Gotō, *Shizoku hanran*, pp. 174-184.

[3] Arno J. Mayer, *Dynamics of Counterrevolution in Europe, 1870-1956* (New York: Harper & Row, 1971), p. 59.

[4] Gotō, *Shizoku hanran*, p. 64.

萨摩领导人也未能在政治上动员那些心怀不满的平民。阶级本身并不必然决定反革命动员的范围。在历史上，反革命运动能否增加帮手，取决于"不同阶级的各个部分的不同经历，或者取决于它们对降低社会地位，丧失机能，或发生异化的忧虑程度"。将要被取代的并不只是构成反革命运动基础结构的过往精英和统治阶级，而是所有阶级和阶层"都会被危机情况加重他们的担忧和不安"。[1]然而，萨摩的领导人对于宣传和煽动农村的贫民显得没有兴趣，而这些农村贫民不亚于贫困化了的士族，构成了一种"具有临界性的社会阶层"，他们的不满和担忧都可能被转而用来反对政府。就像我们已经看到的那样，小土地所有者和佃农几乎没有从明治土地政策得到什么好处；实际上，在某些地区，他们都曾激烈地反对政府的社会、经济和宗教政策。萨摩叛乱的结果对于煽动农村起义具有多大潜能，对于广泛的社会失序造成什么影响，可能无法了解。但是，当萨摩军队第一次进入肥后并围攻熊本时，阿苏郡的贫苦农民也曾对当地地主和高利贷者的住宅和财产进行过广泛的攻击。虽然叛乱军队并未以任何方式加以鼓励，但他们显然认为萨摩军代表了贫苦无告和社会地位低下的人群，而把政府军与有钱人联系在一起。在一种不满于新的土地税并控诉村社首领不法行为的社会背景下，关于西乡隆盛已经废除了土地税并取消了未偿还债务的流言不胫而走。但是，除了粮食、劳力和役畜的供应之外，萨摩军显得对农民没有兴趣。事实上，他们对于当地人民极为粗暴，以至于不久之后摇摆着的舆论就转而反对他们了。[2]

反革命运动遭到失败，原因还在于除了潜在的征兵制度这一点之外，这些叛乱没有一个提出过更多的反政府的理由。由于叛乱领导人并未开发出适合于动员群众的集体行动模式，所以他们未能叫准在全国丧失地位的武士中所蓄积的巨大不满。一般而言，各地叛乱复制了以"倒幕"（推翻幕府）运动为特点的动员模式：一方面，是志趣相投者的自愿组合；另一方面，则以各藩作为集体行动的地域和情感单位。但是，与19世纪60年代中期的危机环境下德川幕府被有限的"志士"动员和长州藩的军事行动所推翻的情况相反，此后十年里，中央集权的明治国家设法镇压了任何一个起而反抗它的单一群体。

402

---

[1] Mayer, *Dynamics*, p. 41 .

[2] Tamamuro, *Seinan*, p. 157.

民权运动

对于明治寡头政治的自由主义反对派可以追溯到 1873 年 10 月最初的领导集团的分裂。与西乡隆盛和江藤新平不同，土佐派系的领导人板垣退助和后藤象二郎拒绝发动叛乱；相反，他们组织了一场公共运动，要求建立一个经选举产生的国民议会。1874 年 1 月，他们成立了所谓的"爱国公党"，赢得了一小部分明治维新领导人的支持——江藤新平和副岛种臣也在其中，并且起草了《民选议院设立建白书》，以敦促设立"民选议会"。[1] 虽然这一要求被政府所拒绝，但《建白书》的提出，第一次向现任领导阶层提出了自由主义的挑战，并且标志着一场长达十年之久的运动的开端，这场运动结合了多种多样的社会和政治诉求，以"自由民权运动"而著称。对于自由、平等以及选举政府官员的权利的信奉，使得自由民权运动在不同时期集合了包括前维新领导人和知识分子，城市居民和农村居民，士族和富有平民，乃至激进分子和贫苦农民在内的各色人等——他们全都有反对寡头统治的共同意愿。

就像"爱国公党"发起请愿之前的环境所表明的那样，日本的第一批"自由主义者"，来自最初领导集团中那些在 1873 年政治斗争中败北的成员。实际上，确实有理由质疑他们是否真的把自由主义作为一种政治信条来加以信奉，因为他们对代议制政府的兴趣是与他们对权力的失去同时发生的。而且，他们具有极端爱国主义的倾向，很少放弃坚决要求政府处理日本对外关系的机会，他们坚持尽早修订"不平等"条约，对日本在亚洲的国家利益有一种咄咄逼人的追求，并且要求与俄国的领土争端做有利于日本的解决。他们也反复抗拒高税率，特别是土地税。那么，在具体的抱怨和不满与选举产生国民议会的主张之间有什么关系呢？

在"爱国公党"的《建白书》中，最突出的特征是它对政府的寡头统治和小集团特性的批评。请愿者控诉现任领导阶层就像可恶的德川幕府一样垄断着权力，借此把天皇和人民排斥在外。"臣等伏察，方今政权之所归，上不在帝室，下不在人民，而独归有司。"[2] 官僚的行为以天皇作为幌子，"政刑成于私情，赏

403

---

[1]　文见 Walter W. McLaren, "*Japanese Government Documents, 1867-1889,*" *Transactions of the Asiatic Society of Japan* 42 (1914): pr. 1, p. 428. 以下引用略为 JGD.

[2]　同上，pp. 427-428。

罚出自爱憎"，这是对天皇体制的严重伤害，"帝室渐失其尊荣"，而国民也无法正当地表达他们的不满，"言路壅塞，困苦无告"。《建白书》宣称，如此这般的结果，是内部的冲突和不满使国家陷于危险之境；补救措施则在于"张天下之公议"。《建白书》敦促道：代议制政府将会使国家强大，因为国家的力量依赖于"阖国之人，皆同心焉"。[1] 如果被委以政治权利，日本人民将欣然承担公民的各种责任，"起勇往敢为之气，并知分任天下之义务，而得参与天下之事"，"则政府人民之间，真情融通相共，合为一体"，从而"使人民学且智，而速进于开明之域之道"。

在"爱国公党"的《建白书》中，人们可以发现其中所包含的许多主题，以及明治时代自由主义思想中的种种矛盾。作为对代议制政府的支持，请愿者们强调的是其对于国家强盛可能具备的好处，而不是个人权利的价值所在。不是直接挑战绝对君主政体，而是谴责那些横亘在天皇与人民之间的"专制官僚"。通过宣称皇权和民权将会和谐共处，他们认为民意的表达将会消除统治者与被统治者之间的意见分歧。正是在这样的意义上，他们呼唤儒家学说的概念来为自由主义的改革辩护。不过，与此同时，他们也祭起天赋人权理论的权威，大胆引述这些"放之四海而皆准"的原则，使其与表现国民的协商缴税的权利相一致。

虽然如现代的学者所恰当批评的那样，"爱国公党"的建白书确实有点目光短浅和机会主义，但他们所采用的以天皇权威来为代议制机构寻找合法诉求的策略，还是反映了当时政治景观的真实状态。[2] 虽然在理论上说公共生活的每一个领域都是专制性的，但天皇的权威尚未被保守派政治家和思想家利用来反对进步力量；把皇权与特定权威结构结合在一起的过程只不过刚刚开始。另一方面，明治天皇则成了战胜封建制度和德川式独裁统治的最新胜利的象征。因此，自由主义者能够做出强有力的姿态，以1868年革命的合法继承人自居。毕竟，明治《五条誓文》——即便对明治维新目的的表达故意含糊不清，但仍最具权威性——的第一条就允诺："广兴会议，决万机于公议。"这些失意政客并不是自由主义改革的唯一支持者。一般说来，那些未与占支配地位的萨摩和长州藩阀结盟的官员，也都倾向于扩大政治参与。事实上，"左院"——国务会议的下院——就正式接

---

[1]　文见 Walter W. McLaren, "*Japanese Government Documents, 1867-1889,*" *Transactions of the Asiatic Society of Japan* 42 (1914): pr. 1, p. 428. 以下引用略为 JGD, p. 430。

[2]　Gotō Yasushi, *Jiyū minken: Meiji no kakumei to hankakumei* (Tokyo: Chūō Kōronsha) , p . 43 .

受了"爱国公党"的观点，宣称"建立一个民选议院的目标至为妥当"，并敦促国务会议和内务省为此采取适当的措施。[1]

但是，寡头政治的执政者尚未做好准备与民选官员分享权力。他们不理会"左院"的博得赞许的建议，回答说很大一部分人民"愚昧无知，胸无点墨"。虽然前武士阶级的某些人士在智力上有所超前，但是"农民阶级和商人阶级仍然满足于他们的愚蠢和无知，而且目前还不具备唤醒他们起而行动的可能"。[2]为了避免灾难的发生，公众舆论必须得到引导，而人民代表在能被委以立法权力之前，也必须经过调教。虽然他们承认在原则上政府是为了人民而存在，而不是人民为了政府而存在，但是，他们已经准备好做出的最大让步是试办县会，这种县会由士族和富有商人选举产生，将被允许讨论地方事务，但不得制定法律。

尽管如此，寡头统治集团的成员还是足够精明地意识到代议制政府的问题可能成为反对派的一个聚焦点，因而企图以收编关键领导人的手法来阻止这一拥有广泛基础的运动的发展。他们最为关心的是板垣退助的活动，因为板垣退助排在西乡隆盛之后，在明治维新军事英雄排行榜上列第二位。板垣退助及其部属于1874 年 2 月回到了高知，创立了一个地方性的党派。在高知，他们创立了"立志社"，这个社团的职能包括两个方面，既是作为从前武士的自助团体，也是作为 405 推销自由主义政治思想的传播媒介。"立志社"的章程宣称，所有日本人都被平等地赋予生存权、自主权、财产权、营生权和追求幸福的权利——这些权利"没有任何人能够剥夺"。为了教育其成员接受这一新的政治哲学，"立志社"发起了公共讲演和讨论，介绍洛克（Locke）、穆勒（Mill）、卢梭（Rousseau）和边沁（Bentham）等人的思想。虽然这个社团在经营经济事业（包括林业生产、茶叶种植和信用合作社等）方面通常并不成功，但还是在土佐士族中吸引了大量热情的追随者。[3]因此，当"立志社"试图与其他心怀不满的士族团体连接起来的时候，政府方面不免感到忧心忡忡。1875 年，"立志社"改组为"爱国公党"，这是一个全国性的"爱国者协会"。为了减弱"爱国公党"成立带来的挑战，并恢复领导阶层内部团结的假象，寡头政体中的支配性人物大久保利通同意于大会召开

[1] McLaren, JGD, pp. 432-423.

[2] 同上，pp. 436。

[3] Nobutake Ike, *The Beginnings of Political Democracy in Japan* (Baltimore: Johns Hopkins University Press, 1950), pp. 61-65.

前夕发布天皇诏令，许诺朝着民选议会"逐步前进"。作为回报，板垣退助、后藤象二郎，以及长州的木户孝允重新加入了政府。[1]

大久保利通与板垣退助之间的协议很值得注意，主要不是因为它所带来的直接后果，而是由于它所表现出来的寡头政治对于自由主义反对派的态度。最高领导层的大多数成员并不反对制定一部宪法，乃至在原则上并不反对限制代议制。但是，他们决定要支配自由化改革的主旨和速度，并且要维持他们手中的行政管理和官僚政治权力；作为实用主义者，他们对前不久的同僚做出象征性的让步并不是什么困难的事情。

大久保利通与板垣退助之间协定的公布，以及政府允诺向民选议会逐步前进，这使"爱国公党"的第一次会议显得相形见绌。然而，由于大久保利通及其同僚对构成"进步"的概念认识非常有限，不可避免地会发生新的冲突。10月，板垣退助此时已经确信这样下去自己在政府中不会具有真正的影响力，他再次递交辞呈，并返回了土佐。自由主义风潮重新活跃的舞台已经搭建起来。

在自由民权运动的第一个时期，即从 1874 年到 1878 年，土佐的领导人并未积极寻求平民的支持，因为他们过于相信那些前武士作为社会管理者所受的教育和曾有的经验，完全配得上成为人民群众的政治代表。然而，在这个十年快结束时，随着富有农民和地方名士开始加入自由主义的事业，这一运动的政治和社会特性发生了戏剧性的变化。转折点于 1879 年夏天到来，这时，一个来自千叶的普通中产农民樱井静发表了一份呼吁书，谴责寡头政治家未能创立代议制政府，号召县会的代表和全国各地的有心公民团结协力展开新的运动。樱井静在东京的一份日报《朝屋新闻》上发表了自己的呼吁书，并邮寄出成千上万的小传单。反响立即到来，并且不可阻挡。在冈山，县会全票赞成樱井静的计划，并且批准开展一场群众请愿运动。从东北部的岩手县到西部的广岛县，议员们都大声疾呼以示支持，类似的请愿活动也开始流行起来。[2]

请愿运动令人耳目一新的成功之处，主要在于它得到了传统农村精英的广泛支持，那些村社首领、富有地主，以及小型企业家，都把他们的威望和影响投入

---

[1] 木户孝允是长州派系的资深成员，1874 年，他因未能劝阻大久保通派兵对台湾实行惩罚性远征而宣布辞职。让木户孝允重回政府，对于防止寡头政体的进一步缩小是必不可少的。

[2] Ei Hideo, *Jiyū minken*, vol. 25 of *Nihon no rekishi* (Tokyo: Shogakkan, 1976), pp. 80-85.

到运动之中，从而保证了运动的成功。[1] 1880 年 3 月，当"爱国公党"召开它半年一次的大会时，有来自 24 个县的 96 名代表到场，带来的请愿书共计有 101161人签名。"爱国公党"改组为"国会期成同盟"，授权片冈健吉与河野广中等人向政府递交请愿书。代表们极为自信，保证要使运动达到成功的结局。他们意识到获得草根阶层支持的重要性，发誓要组建起 50 个新社团，每个社团的成员要超过 100 人。[2]

随着 1879 年全国请愿运动的展开，自由民权运动内部的主动权传递到了数以百计的地方政治社团手中，这些社团很多位于农村和小镇。在这些社团中，最早的是 1875 年建立于福岛县南部一个偏僻山区小镇石川村的"石阳社"。"石阳社"的创立者河野广中，出生于美晴藩一个曾经家道富裕的"乡士"家庭，作为石川村的政府专员开始了他的政治生涯。如果我们相信河野广中的自传，那么他说他在前往赴任的途中，阅读了约翰·斯图尔特·穆勒（John Stuart Mill）的经典著作《论自由》的译文。也许是受到了穆勒的直接影响，或者是跟随板垣退助的榜样，河野广中在同一年里组织了这个政治社团，旨在促进公众权利和建立代议制政府。"石阳社"的章程大胆宣称："我们汇集一处，因为政府属于人民……天赋的生命权和个人自由权比山高，比海深，将在地球上永世长存。"[3] 与"立志社"将成员资格限制为土佐士族不同，"石阳社"欢迎所有支持社团宗旨的人们加入，而"不论阶级、财富和地位"。除了讨论当前的政治问题之外，其成员还学习政治学、经济学、历史学，乃至自然科学，大部分都依赖于英国和美国教材的译本。在每周一次的向公众开放的集会上，他们讨论西方政治思想的经典著作，诸如《论自由》、《法的精神》、《英国文明史》，还有《社会契约论》。

在创建"石阳社"四年之后，河野广中在美晴郡接任一个新的职位。在那里，他建立了第二个政治社团"三师社"，还有一个学园"正道馆"。不久以后，从"正道馆"毕业的被灌输了自由、平等和民主思想的年轻人，便在附近的村庄里建立起自由民权组织，其中还包括一个仅有 40 户人家的小山村。

从 19 世纪 70 年代晚期开始，农村地区生机勃勃的政治活动成为明治时代最为引人注目的发展之一。根据最近的数据，在东京周围的 6 个县里，涌现出 303

[1]　Irokawa Daikichi, *Jiyū minken* (Tokyo: Iwanami Shoten, 1981), p. 26.

[2]　Gotō, *Jiyū minken*, pp. 100-101.

[3]　Takahashi Tetsuo, *Fukushima jiyū minkenka retsuden* (Fukushima: Fukushima Mimpōsha, 1967), p. 140.

个社团，在东北地区至少有 120 个，在西部和西南部大约有 200 个。[1] 可以肯定的是，这些社团的政治属性相当杂乱无章。并不是所有的社团都积极支持自由民权运动，甚至并不把政治活动视为它们的主要目标；有些社团把成员资格限定为具有同样社会和经济地位的人；还有一些社团的建立，则始终以强化领导人的威望为明确目的。虽然如此，但这些社团的大多数都在某种程度上受到过自由民权运动的影响，并且也都支持这一宪政运动。

我们已经注意到士族民权运动的领导人板垣退助和后藤象二郎把代议制政府视为他们重获在国家政府中影响力的一个载体。虽然这不是他们的唯一动机，但他们恪守对代议制政府观念的承诺，与他们重获之前作为明治政府领导人地位的希望还是结下了不解之缘。但是，这并不能正确反映成千上万地方名流为自由民权运动的宪制属性提供领导和财政支持的真实目的。那么，我们应该如何解释他们为何投身于这一运动呢？

在某种程度上，这些人是在对政治的中央集权化做出反应，因为政治集中化的过程就是地方上的地位和权力遭到削弱的过程，特别是在政府于 1878 年颁布所谓的"地方政府三法"之后。"三法"中的第一部法律确立了内务省任命府知事和县令的权力，而经过授权的县令也有任命各郡官员的权力，这样，就使中央政府得以控制除了村庄和集镇议会之外的各级政权。第二部法律在国家土地税上又增加了一种地方税，税率达到 20%，却未能就这些税收将会怎样使用给予纳税人一个说法。第三部法律告诉人们较为宽宏大量的寡头统治集团成员所希望的究竟是什么，第一步就是通过建立由选举产生的府会、县会，使民众参与统治过程的限制制度化，因为这种府会、县会只有权讨论，而无权提案，无权立法，也无权检讨年度财政预算。

在德川幕府时代，村庄首领曾经履行过的很多职能，如今逐渐由国家官僚机构来执行。村庄首领权威的被侵蚀开始于 1871 年私人领地的废除，到了 19 世纪 70 年代的后半期，国家官僚机构权力的扩展正在变得越来越明显。于是，村庄首领们被天赋人权学说所吸引就并不令人感到惊讶，因为这一学说符合有产阶级的利益，它不仅保护私有财产，而且保证政治参与。此外，天赋人权学说还证明了

---

[1] Irokawa, *Jiyū minken*, p. 17.

人民的分享权和反抗权的合法性。[1]

　　然而，传统权威的丧失和增进经济利益的欲望，两者都不能完全说明地方名流中的草根阶层对于宪政运动的支持。我们不应忽视农村中政治发酵的文化维度，正是这些显示出这一阶段自由民权运动的特点。正如色川大吉所说，村庄一级的政治激进主义表达了日本的新公民超越封建文化狭隘世界的愿望。[2]在知性上和社会上，自由民权运动都打开了长期以来对平民关闭的康庄大道，在色川大吉对五日市（一个位于东京西北部西多摩郡山区的小集镇）群落的研究中，这一现象得到了充分的阐明。

409

　　19世纪80年代初，五日市的市长和当地显赫家庭的家长们——一个是前市长，一个是村庄学堂校长，还有一个是附近小村庄的地主——建立了"学艺讲谈会"（Learning and Debating Society）。根据该社章程的第一条，其成员承诺"共同协作，不屈不挠，发展自由，改良社会"，还说相互之间"要像同胞兄弟，犹如一个大家庭般相互敬爱"。[3]与"石阳社"和"三师社"极为相似，该社的政治活动也开始于自我教育。他们使用西方经典著作和二手作品的译本，热忱地吸收"新的知识"。1881年，当起草国家宪法的运动达到高潮时，这些表面上"愚昧无知和胸无点墨"，而寡头政治的执政者们也公然声称"他们自甘愚笨"的山区村民，却在热心地争论日本未来宪法的形式和内容。一份该社团所讨论的主题的清单，包含了15个题目与起草国家宪法有关，9个题目与法律制度有关，7个题目与公民权利有关。[4]该社团的几名年轻成员成为学识渊博的政治演说家，作为民众权利的代表积极参与自由民权运动。其中一名成员，千叶卓三郎，完整地起草了一部国家宪法，该宪法草案在保护公民权利方面，在当时的另外30余部宪法草案中位居前列。[5]

　　知识分子，他们大多数都是前武士，在宣传天赋人权理论和点燃政治改革热情中扮演了起帮助作用的角色。中村正直和福泽谕吉是明治时代"文明开化"的

---

[1]　Bowen, *Rebellion*, pp. 303-313.

[2]　Irokawa, *Jiyū minken*, p. 49.

[3]　Irokawa Daikichi, *Kindai kokka no shuppatsu*, vol. 25 of *Nihon no rekishi* (Tokyo: Chūō Kōronsha, 1966), p. 91.

[4]　Irokawa Daikichi, *Meiji no bunka* (Tokyo: Iwanami Shoten, 1970), p. 105. 英译本由普林斯顿大学出版社1985年出版发行，见 *The Culture of the Meiji Period*, ed. Marius B. Jansen. 关于在东京附近的村庄中形成的团体的图表，见 p. 49.

[5]　Irokawa, *Meiji no bunka*, pp. 107-108.

先行者，他们的译文和文集最先介绍了西方的文化和政治制度；像植木枝盛、中江兆民和大井宪太郎这样的更年轻也更激进的思想家们，则既是理论家，也是政治活动家。[1] 但是，我们也应该注意到许多年轻知识分子的贡献，他们为这场宪政运动奉献了自己。以19世纪70年代末为开端，许多东京的新闻记者和业余演说家将这场宪政运动直接诉诸人民。他们引人注目地穿戴着黑色披肩和宽边帽子四处演讲，使得这场新型的政治活动普及化和通俗化。

410

明治时代初期，由于相对较高的识字率和都市化，新闻工作为那些在政治上雄心勃勃的年轻人提供了一种新的职业，他们虽被排斥在政府职位之外，却可借此大展拳脚。沼间守一及其在"嘤鸣社"（一个成立于1873年的讨论西方法律制度的知识分子圈子）的同事，就是这种新型城市知识分子的例证。在倒幕战争中，沼间守一曾经站在幕府一边战斗。1879年，他买下了《东京—横滨每日新闻》，立刻就使这份报纸成了宪政运动的一个论坛，在1879年11月到1880年1月之间，这份报纸发表了27篇社论，提倡早日召开国会。同时，"嘤鸣社"建立起地方分支机构的网络，推进对政治问题的研讨和争辩。一些高度热心的成员前往农村和集镇巡回讲演；他们乘坐人力车，骑着马，甚至徒步旅行，在寺庙、学校、仓库，以及路边神社进行演讲，无论在哪里都会有人群聚集听讲。一个年轻的新闻记者在两个月的旅行中作了20次演讲，旅程远至日本海佐渡岛的北部。[2]

在数以百计地方政治社团，以及遍布全国乡村集镇数不清的具有献身精神个人的支持下，自由民权组织发起了声势浩大的请愿运动。正如我们在上面所说的，到1880年春天，与"国会期成同盟"交往的各地组织已经收集到超过100000个人的签名，虽然政府反复拒绝接受请愿书，请愿运动的热情仍没有降低的迹象。甚至在"国会期成同盟"的代表片冈健吉与河野广中请愿未果的情况广为人知以后，4月，来自各县的请愿运动领导人还是汇聚东京，如果有什么区别的话，那就是更多的人决心不达目的决不罢休。来自相模的天野氏（Amano Seiryu）于6月到达东京，他发誓除非政府接受其乡人的请愿书，否则绝不回返。山梨的古屋专藏起初想要岩仓具视听取他的请愿，在遭到断然拒绝后，他威胁说

411 要在下一次天皇出巡时直接向天皇提出他的要求，以此来仿效那些迫使约翰王签

[1] Irokawa, *Kindai kokka*, pp. 86-90.
[2] Irokawa, *The Culture of the Meiji Period*, pp. 237-238.

下《大宪章》的英国贵族。有一个插曲既象征着这一阶段自由民权运动所取得的成就，也表明了其力量的有限：来自信浓的松泽求策向政府提交了带有25000多同乡签名的请愿书，他一直坚持了50多天，最终还是无功而返。[1]

由此可见，自由民权运动的成功首先表现在动员民众支持的预期上：在樱井静对他的同胞发出看来似乎有点天真的呼吁之后，仅仅一年半的时间，到1880年末，已经提出了60份请愿书，有250000人签名。可想而知，这种群众动员自然会引起保守派的惊恐。在一封写于1879年7月4日的广被引用的信中，陆军参谋本部首脑山县有朋对伊藤博文说，他注意到了自由民权运动的发展，并预测"我们耽搁一天，邪恶的污染就会扩散到更多地方，渗入年轻人的心灵，必然产生无法估量的罪恶。"[2] 在同一封信里，山县有朋表达了对民权运动的领导人希望在时机到来时推翻政府的担忧。当然，他并不担心会发生武装起义。直到19世纪80年代中期，自由民权运动一直避免采取暴力行动，因而没有理由视之为可信的军事威胁，这是自由民权运动与士族的反革命运动形成鲜明对照的地方。相反，山县有朋及其他保守派人士所担心的是控制力的削弱：宪政运动已经产生了新的团体组织，新的思想意识和新的阶级同盟；它释放出民众行动的不祥之兆，不仅保护地方的利益，还要求在决定国家的未来时拥有发言权。因此，保守主义和实用主义的领导人赞成做出让步，以抢先占有这场群众运动的目标，而保留寡头政体统治的主要结构。

直到19世纪70年代中期，明治政府仅仅面对过地方反对运动的竞争，而从未面对过心怀敌意的公众；没有什么问题或党派能够超越从德川封建制度继承而来的各种各样社区、阶级和地位的障碍，这些障碍阻挠了民众的动员。但是，一旦对手提出了可供选择的制度要求，而新闻媒体也加入到这场运动，寡头统治集团的成员便开始限制舆论的自由表达和公民的结社权利。第一个目标就是新闻界。在1875年和1877年，政府发布了《新闻纸条例》和《谗谤律》，用来压制持不同政见的新闻工作者。随着自由民权运动的发展加快，被捕的新闻记者人数也在增加，从1875年和1876年的大约60人上升到1880年的超过300人。集会自由也受到了限制。1880年4月5日，虽然新近成立的"国会期成同盟"第一次

412

---

[1] Irokawa, *Kindai kokka*, pp. 103-104.

[2] 译自 Ike, *Beginnings*, p. 93。

会议正在召开，政府还是发布了《公众集会条例》，给予警察相当大的权力去调查和管制政治团体的活动。所有的协会组织都被要求提交成员名单和组织章程，并被要求在召集公共集会之前获得官府批准。身着制服的警察会参加所有的集会和演讲，如果演讲者偏离了经过核准的题目或"演讲内容不利于公共安全"，警察就会进行干预。该项法令也否决了士兵、警察、教师，乃至学生出席政治集会的权利。[1] 每当时机需要，《新闻纸条例》和《公众集会条例》就会得到有选择但强有力地执行，为政治镇压提供了一种法律体制。根据警方的记载，1881 年，有 131 个政治集会遭到解散；1882 年，遭到解散的政治集会的数目增加到 282 次。由于警察简单地拒绝予以批准，还有更多的政治集会根本无法举行。此外，编辑和记者对政府的批评，也会遭到罚款或监禁，有时连表面上看来羞羞答答的建议书也会遭受处罚。例如，东京的一份报纸《吾妻》的编辑，就曾被发送监狱关押两年，并罚款 200 日元，原因仅仅在于他发表意见，认为天皇与其他政府官员一样，都是民众的公仆。[2]

然而，尽管没有诉诸系统性的镇压行动，自由民权运动最终还是失败了。并不需要采取高压政治，因为寡头政治的执政者熟练地通过在许多引起公众极大热情的问题上的让步，拆除了会导致群众运动爆炸的雷管。在主要阁僚中进行广泛磋商（这些磋商显示出他们之中的基本分歧）之后，大隈重信这个唯一主张建立英国式的国会和内阁制度的国务大臣，于 1881 年 10 月 12 日被逐出政府。此时此刻，出席"国会期成同盟"半年一次会议的代表们正在争论建议召集民选议会，而政府则宣布天皇将仁慈地同意制定一部宪法，并以 10 年为期召集国民议会。[3]

虽然并不仅仅是出于遏止民众激情的策略行动，但天皇的诏令还是对自由民权运动最易受攻击的地方给予了沉重一击。从一开始，寡头政治的自由主义反对派就曾坚定不渝地强调天皇与民众意愿之间的和谐关系，并把他们的要求押注在合法的提案之上，告诉人们代议制政府通过消除横亘在天皇和人民之间的"暴虐大臣"，即统治者与被统治者之间的障碍，就会实现帝国的目标。既然宪政运动

413

---

[1] McLaren, *JGD,* pp. 495-499.

[2] Ike, *Beginnings,* p. 90.

[3] 在寡头统治集团成员中对宪法的争论已经得到详细的研究，参见 George Akita, *Foundations of Constitutional Government in Japan, 1868-1900* (Cambridge, Mass.: Harvard University Press, 1967), pp. 31-67。

在修辞学上致力于证明以天皇君主的名义进行自由主义改革的合法性，那么，当寡头政治的执政者通过明治天皇之口把宪政改革的问题改头换面为加强皇权时，对于民众权利的提倡就会陷入困境。自由民权运动的领导人不能继续挑战无可置疑的天皇特权，即使自由民权在帝国宪法中写得一清二楚，但寡头政治的执政者还是能够支配这种新政体的形式与内容。为了批驳政府的行为，就需要对自由主义的意识形态、宗旨目标，以及明治国家的基本评估进行彻底的重新定义。但是，没有一个领导人，一个理论家，或任何一个派别，后来证明过他们具有重新构建一场自由主义群众运动的能力，他们也未能把民众对于代议制政府的热情转换到独立政治权力的体系上来，自由主义者"赢得了"一部宪法，而输掉了反对寡头政体统治的战争。

1881年10月之后，自由民权运动发生分裂。至少出现了4个明显的发展：全国性政治党派的形成，要求扩大地方和县级政府权力的风潮，主张起义、暴动的派别崛起，以及激进民粹运动的出现。[1]人们尚未享受到这暂时的成功；各种发展趋势就都遭受到压制，要不然就是选择在第一次民选国民议会召集之前散伙。

1881年10月，随着天皇下诏宣布预备立宪，一个全国性政党的创建取代了"国会期成同盟"。几年之前已经有人提出过建立这样一个组织的建议，但是，有人主张建立地方附属机构，有人强调建立强有力的都市政党，双方意见不一，使此事拖延下来。在1881年10月的"国会期成同盟"全体代表会议上，这一问题首先提交讨论，但是直到与会代表听说了寡头政治的执政者宣布了公布帝国宪法的具体日期之后，这一问题的讨论才真正得以展开。在一片急迫混乱的气氛中，土佐派取得了控制权。板垣退助被选为总理，他的盟友及其土佐籍的追随者占据着党务管理职位，事实上排除了各地农村的和平民的分支机构。

虽然关于"自由党"的记录混杂含糊，但从总体上大概可以说，它在有效反对寡头政治统治的问题上，起到的促进作用没有阻碍作用大。从积极的方面看，它有149个地方附属机构，从而在日本第一次创建了一个政党，它具有选举产生的领袖、政治纲领、常设的办事机构和全国性的成员。此外，它出版了一份报纸，建立了一个法规处，并对地方上的民权运动至少提供了一些经费和建议。另

414

---

[1]　许多历史学家认为，发生于1882年到1885年间的各种冲突构成了自由民权运动的不同阶段，并给它们统一贴上"极端主义事件"（"激化事件"）的标签。参见 Bowen, *Rebellion*, "Introduction"。

一方面，由于"自由党"的最高领导职位由土佐派所独占，导致了激烈的派系纷争和分裂。考虑到未来的选举，为了得到公众的支持，自由党的领导人把相当大的精力用来攻击"立宪改进党"，这是一个以佐贺领导人大隈重信为首的自由主义党派，与自由党形成竞争关系。而且，尽管板垣退助无疑是一个具有超凡魅力的人物，但他最多是一个反复无常的领袖，经常表现得更有兴趣提升自己的利益，而不是推进党的事业。1882年，他被后藤象二郎说服，允许自己第二次被政府指派，从事对西方诸国的长期访问，而显然是由政府提供费用。[1]这时，板垣退助就任自由党总理刚刚一年，对党的事业造成了不可挽回的损失。更为糟糕的是，他离开日本之时，正是福岛自由党遭到暴力镇压和农业衰退日益深化，党的普通成员强烈要求采取直接行动的时候。群龙无首，使得自由党对以它的名义采取行动的激进团体既没有给予援助，也未能施加控制。

如果说全国性的自由党未能规定新的目标，那么，在有些地方，党的领导人则通过与地方政府国家官僚机构的抗争给群众运动注入了活力。给人留下最深印象的地方自由党领导人是河野广中，1882年春夏，他巧妙地团结了参加福岛县会的自由主义代表。河野广中的活动激起了强烈的反应，最后演化为由忠心耿耿的内务省官员三岛通庸县令进行无情的镇压。福岛县所发生的事情值得引起我们注意，因为它一方面说明了由地方精英支持的抗议运动的强度，同时也表明了政府准备加以容忍的不同意见的界限。[2]

415　　　1881年，河野广中被选为福岛县会的会长，他的第一个行动就是提出议案，呼吁实行男性普选权，进行郡一级地方行政官的选举，以及反对最近县政开支的增加，特别是主管机关和治安费用的上升。但是，河野广中选择用来引起人们注意的问题主要是象征性的：县令拒绝承认普选议会所扮演的作为表达政治意愿论坛的角色的合法性。福岛县令三岛通庸是一个萨摩武士，也是大久保利通从前的弟子，他对县会不予理会，对县会两次要求他出席讨论预算的县会会议也拒不作答。河野广中就此发表演说，呼吁举行对县令的不信任投票，生动地表达了这次对抗的要旨所在：

---

[1]　Gotō, *Jiyū minken*, p. 95. 实际上，这笔钱是三菱公司应政府的要求拿出来的。

[2]　关于福岛冲突事件也有不同的解读，参见 Bowen, *Rebellion*, pp. 8-28。

　　　　设立这种县会，乃用来反映公众舆论，因此公共政策的执行应与县会的
意见相一致。毋庸置疑，今日之世界已不同于往日之世界，今日之民众也与
往日之民众不同……然而，（三岛通庸县令）从未出席过一次县会会议；他
不仅未能考虑民众的意愿，而且显示出对这一宝贵的公众集会的蔑视。[1]

　　河野广中演说之后，县会投票表决暂停辩论，直到县令亲自出现在县会会
所。据说三岛通庸在就任县令时就曾经对"盗匪、纵火犯和自由党"提出过警
告，此刻依然拒绝做出让步。至此，双方已经剑拔弩张。

　　由于县会缺乏驳回预算或扣留拨款的法律权威，投票推迟辩论便相当于表明
对政府的强烈谴责，标志着由福岛县自由党领导的一场咄咄逼人运动的开端，赢
得了可与早前民选议院请愿运动相媲美的声势浩大的公众支持，这是寡头政治的
执政者们万万不会掉以轻心的。在这个方面，福岛自由党的演说家们获得了成
功，很快就吸引了大量满怀热情的群众。县令三岛通庸以向警方求助的方式进行
反击，频繁地禁止举行政治集会，而且一有批评政府的声音就立即予以干涉。8
月，在石川郡自由党集会上发生的事情具有相当的典型性。在以"谁该为此负
责？"的演说中，当地一名活动积极分子提出了"政府的镇压孕育了革命"的命
题。他争辩说，正是英国的暴政引起了美国的独立运动，残暴的俄国沙皇和贵族
导致了无政府主义，然后他把注意力转向日本，质问道："为什么警察抓住片词
只语便把演讲者投入监狱？为什么警察以莫须有的借口便解散公众集会？"此
时，一名坐在演讲台上的警察便走向前来，宣布此次集会已经对公共秩序构成了
威胁。演讲者被命令下台，听众也遭到了驱散。[2]

　　与河野广中领导的运动同时并发但相互独立，福岛西面的会津自由党也组织
了针对当地一条主要道路建设工程的抗议运动，而三岛通庸则把这一道路工程视
为当务之急。会津的居民渴望道路建设；事实上，他们也已为此甘愿背负额外的
税收和劳役，在他们与三岛通庸的建筑代理商谈判达成的筹资协议中已经做出了
这样的安排。但是，当人们发现中央政府对这一工程的投入比之前承诺的投入少
得多，而且当地居民对道路的计划没有发言权时，当地自由党便发起了请愿活

416

[1] Gotō Yashushi, *Jiyū minken undō*(Osaka: Sōgensha, 1958), p. 88.
[2] Takahashi, *Fukushima retsuden*, p. 47.

动，并呼吁抵制税收。由于会津自由党由当地知名人士所组成，许多党员都是村庄的首领，所以能够发起广泛且有效的抗议，至少在农村地区是这样。[1]

依仗着内务省的撑腰，三岛通庸县令命令其下属打破对税收的抵制。230名警察被派往会津；居民的房屋遭到袭击；财产遭到剥夺；抵制运动的领导人也遭到骚扰和逮捕。使用暴力的策略恐吓住了一些自由党党员，但它们也唤起了大众的激情。尽管当地自由党领导阶层企图避免暴力对抗，但是在11月末具有决定意义的一天，大群村民受到新近抵达会津的年轻自由党积极分子的怂恿，向设在喜多方的郡监狱行进，那里监禁着两名抗税运动的领导人。在示威游行过程中，人群中有人（很有可能是一个密探）向警察局投掷石块，砸碎了一些窗格玻璃。警察们立刻刀剑出鞘，指控和攻击手无寸铁的人群，打死了一名示威者，打伤了其他几人。事件发生之时，三岛通庸正在东京，他立刻抓住这一事件作为借口，对福岛自由党采取法律行动。他立刻发送一份秘密指示给他的秘书，开门见山就说："恶棍们在喜多方的暴乱，提供了一个极好机会，把他们全都逮捕，一个不
417 留。"[2] 在不到一个星期之内，100名自由党员及同情者在福岛被捕；许多人遭到拷打虐待；还有些人在警察关押期间死去。他们中的大多数人在抗议事件期间根本未曾踏足会津。

在这些同以"福岛事件"而闻名的事件中，由自由党领导的反抗三岛通庸县令的行动通常被认为是第一次所谓的"激化事件"，即标志着自由民权运动最后阶段的暴力事件。然而，从许多方面来看，在自由民权运动的第二阶段（宪政运动阶段），福岛自由党人的活动要比随之而来的暴乱阶段建树更多。在要求建立宪制政府的运动中，福岛自由党的大多数领导人都是当地的著名人士，是可敬且可靠的公民，他们自然地倾向于法律框架内的温和政治活动。但是，尽管目标这样有限，手段温和平稳，政府还是用暴力来加以回应，最终只能使用司法体系的全部能量来对付反对派。[3]

尽管如此，福岛事件仍然确实是自由民权运动的一个转折点，因为寡头政府的独裁嘴脸已经展露无遗，这造成了那些更为谨小慎微的党员对自由党支持的下

---

[1] Shimoyama Saburō, "Fukushima jiken shōron," *Rekishigaku kenkyū*, no. 186 (August 1955): 5.

[2] Takahashi Tetsuo, *Fukushima jiken* (Tokyo: San'ichi shobō, 1970), p. 187.

[3] 福岛自由党的57名党员被以叛逆罪起诉。虽然包括河野广中在内的6名党员曾经签下"血誓"，要推翻寡头政府，但仅此而已，没有其他证据表明他们任何人实际策划了这场暴乱。

降，对于他们来说，对代议制政府的信奉不值得冒持续动荡的风险。在这个意义上，"福岛事件"既是一个结束，也是一个开端。三岛通庸削弱了当地根深蒂固的反对派运动的力量，就像他所说的那样，上任时就接受了这样的指示；对于年轻的激进分子们来说，他们继续进行着反抗寡头政府统治的斗争，如今暴力斗争在政治上和道德上都仿佛已经具有了正当的理由。

　　在自由民权运动的最后几年里，反对明治寡头政府的行动演变为暴力斗争。但是，必须在严重经济困顿所造成的民众起义（比如 1884 年的"秩父事件"）与几个造反者的密谋（"加波山事件"也许是最好的例子）之间加以区分。秩父地方的领导人只是最近刚刚加入自由党，他们围绕着经济问题组织起数以千计的贫困农民；与之相反，16 名加波山造反者的行动则没有得到民众的支持，企图以计划不周的暗杀行动引起革命的发生。秩父起义的主要目标是免除债务；与之相反，驱使着加波山自由党年轻激进分子的是复仇心理以及对常规政治活动的失望。因此，秩父与加波山之间的反差具有极其重要的意义，因为每个运动都具有一些革命动员的要素，同时又缺乏其他一些必要的成分。 418

　　对于大多数加波山谋反者来说，最初的动机是暗杀三岛通庸，以便为遭其残酷镇压的福岛自由党人复仇。加波山小组的 12 名成员都是土生土长的福岛人，他们或是曾在 1882 年时被捕，或是曾经亲眼看见那场镇压。但是，复仇并不是他们的唯一动机，他们认为暗杀政府阁僚将会造成比一次恐怖行动更大的影响。加波山事件便是依照这一设想行事，即同时暗杀高级官员将会导致政府垮台，并且为夺取政府权力的革命行动做好准备。并不只是唯有他们，才认为直接行动是有效反抗独裁主义国家机器的唯一途径。1882 年后，自由党中以大井宪太郎为首的相当多成员都曾开始主张暴力行动，这一战略虽然其后被证明结果非常糟糕，但它却反映了许多最忠诚党员的绝望情绪。[1] 宪政运动及其所孵化出来的群众运动已经死亡；自由党的办事机构被尸位素餐和妥协让步的板垣退助所控制；而国家权力针对福岛自由党的赤裸裸运用，则证明了常规政治活动的徒劳无益，同时也展示出法律失控的风险。于是，加波山的自由党人便做出了异乎寻常的策略选择——计划以自制炸弹刺杀出席公共仪式的官员——而不是采取以往政治活动中

[1] Gotō Yasushi, "Meiji jūshichinen no gekka shojiken ni tsuite," in Horie Eichi and Tōyama Shigeki eds., *Jiyū minken ki no kenkyū: minken undō no gekka to kaitai* (Tokyo: Yūhikaku, 1959), vol. 1, p. 208.

屡遭挫折的常规手段。

　　加波山密谋的冒险细节和不幸遭遇无须细表，因为它们在别处已有详尽描述，这里，我们只想说说等待着这一伙业余政治刺客的种种失误。[1] 加波山密谋团体的较大失误，是它（大多数自由党激进分子也是同样）对争取人民的支持给予的注意力不够。在某种程度上，它在吸引当地人口以发动革命上的失败，反映了一种特有的局限性——首先需要保持行动的秘密性——它的选择是实施强加于人的策略。而且，大多数密谋者都是士族或富有农民的子弟，他们不是加波山当地的居民，却把他们的指挥部建在了这里。最重要的是，这伙人抱有天真的期望，相信只要简单地呼吁农村的贫苦人群，招募矿工的帮派，释放被判有罪的囚犯，就能够组建起一支足够强大的军队向东京进军，而完全没有预先在政治上做工作，向群众解释暴动的目的。他们的设想完全与现实脱节，因而绝不可能对国家权力形成严重的威胁。[2]

　　鉴于当时许多小农令人绝望的经济处境和种种社会动荡方兴未艾的迹象，密谋者在组织民众方面缺乏兴趣就使人益发感到惊讶。从 1882 年开始，一场持续了 4 年多时间的严重经济萧条折磨着农村地区。1881 年秋，大藏卿松方正义为抑制通货膨胀，促进资本积累和工业化，建议采取反通货膨胀政策，其后果不断积淀，造成了农村经济的崩溃。在接下来的 4 年里，政府回收了 36% 流通的纸币，消费税则增加了 5 倍以上。县税和地方税也随之上升，因为公共工程和服务成本被转嫁给县政府和地方政府。在此同时，政府削减开支，在某种程度上是通过向私人出售大多数工业企业来实现的，而这些企业曾经作为国家工业化的项目得以建立并运行。

　　纯粹以经济的观点来看，松方正义的政策肯定应该说是成功的。1881 年，经济已经接近崩溃，到 1886 年，政府已经把流通中货币的准备率从 8% 提高到 37%；国家的贸易平衡也从入超转变为出超；利率也在下降，所有这些，都鼓励资本长期投向不断增加供给需求的制造业部门。而另一方面，工业如何受益，农业便如何受损，尤其是那些小农和处在贫困边缘的小生产者，他们生产经济作物，曾经经历过早先物价上涨带来的好处。通货紧缩的即刻效应是商品价格的下

---

[1] Bowen, *Rebellion*, pp. 31-49.
[2] 这一时期的大多数暴乱都在密谋者能够采取行动之前就被警察破获。

降，从而也就降低了农家的收入。稻米价格从明治维新后 1881 年每"石"14.40 日元的高位，下降到 1884 年 1 月的每"石"4.61 日元；生丝和蚕茧作为日本东部许多地区的主要经济作物，价格也在 1882 年到 1884 年间跌去了一半。与此同时，农民的收入也在下降，而税收则在上升。有些新税对日用消费品征收，而实际的地税负担却又由于商品价格的下降而有所增加。地税须以现金缴纳，它消耗了家庭总收入的很大一部分，占国家总产量的平均百分比，从 1873 年的 16% 上升到 1884 年的 33%。[1]

420

全体农民都由于松方正义的通货紧缩政策而蒙受了某种程度的灾难。然而，种植经济作物的小规模生产者，特别是那些通常依赖于短期借贷的农民，遭受的打击更为沉重。他们在政府和地方上的高利贷者之间无处藏身，承受着收入的大幅度降低和固定成本的高企，这样的农民为了延缓破产而敢于奋勇抗争。甚至连那些较为富裕的农民也陷入同样的窘境，经常不得不把他们的土地抵押出去。作为经济萧条所造成的严重后果，农户破产飙升，从全国的情况来看，从 1883 年的 33845 户上升到 1885 年的 108050 户。[2]

因此，当时农村局势的动荡不安自然也呈上升趋势。1883 年初，日本东部经济拮据的农民开始为免除债务而骚动不安，典型的是团结起来要求债务延期，或者暂停利息支付。这些地方性的有组织活动自称"负债党"（"借金党"）或"穷人党"（"困民党"），在养蚕业区域出现得最为频繁，因为对一些小生产者来说，他们的债务管理简直就像养蚕收茧这个生产周期的一个组成部分。根据一份调查资料，在 1884 年农业萧条的低谷期，债务人发动了 62 次集体行动事件，事件最集中的地方是在神奈川县和静冈县。这些努力并非完全徒劳无益，因为在一些案例中，债权人重新安排了贷款的计划，并且降低了利率。[3]

在很大程度上，自由党在农村地区的成员大部分由当地知名人士和富裕农民组成，他们在"借金党"运动中置身事外；有些自由党员身为高利贷者和生丝贸

---

[1] Irokawa Daikichi, *Kindai kokka*, pp. 345-346.

[2] 同上，pp. 353. 不过，关于这一领域，目前仍有争议，鲍文（Bowen）的估算表明，1880 年代中期农户破产的数字大约在 300 万左右（Rebelling, p.104），而最近的一项研究则声称，佃户的增加主要是由于新垦土地，"从 1879—1881 年 [通胀年] 到 1882—1884 年，每个农民的实际收入仅仅下降了 9.2%。"参见 Richard J. Smethurst. *Agricultural Development and Tenancy Disputes in Japan 1870-1940* (Princeton, N.J.: Princeton University Press, 1986), p. 60.

[3] Irokawa Daikichi, "Kommintō to Jiyūtō," *Rekishigaku kenkyū*, no. 247 (November 1960): 1-30.

易中的批发商，本身就是这种运动的靶子。但是，在东京西边的一个市镇八王子，当地一位名叫石坂昌孝的自由党领袖自身也陷入债务之中，他组织了一场团体行动，在债务人与当地和自由党有关系的债权人之间进行斡旋。虽然石坂昌孝421 仅仅取得了部分成功，但在八王子这里发生的事件还是很可能激发起了更为有声有色的运动，一直发展到秩父的北部，在那里，一场运动几个月以后演变为一场像模像样的起义。

在东京西北方向多山蚕丝产区的秩父，与债务问题相关的抗议活动发展为当地农民的武装反抗，这里的 3000 多名"困民党军"洗劫了市政机关，攻击了高利贷者和贷款公司。[1] 如果不计参与者数目的话，这里的反抗在组织机构、战斗精神和思想的清晰度等方面，要远远超过明治时期此前的民众起义。秩父事件提出了许多问题。它的动员为什么如此成功？它的目标和思想意识如何激进？它与全国性的和地方性的自由党有什么关系？最后，关于自由民权运动结束时期反对寡头政府统治的情况，秩父事件能够告诉我们些什么？

对秩父人民来说，债务减免是最为迫切的需要，当地人民围绕着这个问题而组织起来。在 19 世纪 80 年代，秩父全部家庭的 70% 都从事养蚕，而 1881 年后，当地的经济也遭到了蚕丝价格暴跌的破坏。[2] 但是，与最为贫困的农民和缺乏经验的领导阶层所组织的"借金党"运动形成对照的是，秩父事件是由最近刚刚沦为艰难度日的中小农民领导的。在秩父发起债务减免运动的 3 个人——落合寅市、坂本宗作和高岸善吉——代表着村里社会的中等阶层：识文断字但并没接受过多少正规教育，经济上能够自给但肯定谈不上富裕，得到了他们乡民的尊敬但缺乏当地知名人士的威望和影响。无论他们参与自由民权运动的优先考虑是什么，我们了解的是他们的第一次政治活动是 1883 年向该郡的地方官员递交请愿书，敦促官府采取措施管制高利贷。次年春天，他们由于政府未能就债务问题采取行动而心灰意懒，在近期的一次旅行中，聆听了大井宪太郎所做的抨击政府经济政策的演讲，留下了深刻的印象，于是加入了自由党。虽然如此，当他们围绕债务问题于 8 月间组织起群众运动时，却并没有转向秩父自由党寻求帮助。相反，他们422 接近那些和他们自己一样经济拮据的小农，并以村庄为单位来召集成员和动员群

---

[1] Bowen, *Rebellion*, pp. 49-67.

[2] Inoue Kōji, *Chichibu jiken* (Tokyo: Chūō Kōronsha, 1968), p. 12.

众。到 9 月，他们已经动员起 100 多名忠心耿耿的支持者，形成了运动的核心。"秩父困民党"就此诞生了。[1]

只是在警察和法庭拒绝就债务危机做任何事，以及当地债权人拒绝调解之后，"秩父困民党"才决定进行武装反抗。"秩父困民党"的领导人曾经试图尽可能地推迟起义，首先，他们希望持续不断的骚动能够产生切实可行的结果；其次，也可就此赢得充分的准备时间。"困民党"的领袖田代荣助和他的一些助手想要至少一个月的时间来筹备起义之事，他们争辩说起义能否成功取决于邻近地区的同时并起。但是，他们被迫提前采取行动，因为当地农民面临着即将到来的取消抵押品赎回权问题；到了 10 月，当地的高利贷者就开始收回他们的放款。[2]举行起义的最后决定于 10 月 25 日做出，一个星期以后，"困民党军"集结，接受田代荣助宣读作战命令。

起义军短暂的成功及其随之而来的失败，已由罗杰·鲍文（Roger Bowen）做过描述和分析。[3]在这里，我们所关心的不是起义军的瓦解，而是这次起义的政治特性。先让我们来看看它的军事组织。义军的正式指挥结构包含一个从田代荣助依次而下的清晰、缜密的层级，从总指挥田代荣助开始，到各营的指挥官，都建立起清晰的权限，以制定战略并具体执行。此外，起义的目标轮廓清楚，得到了普通成员的支持，他们中的许多人坚持要求行为的公正性，甚至在被捕以后也不改初衷。至少有一些部队遵循命令奋勇作战，即便人数寡不敌众，装备亦不精良。这些情况包括其他一些事实提醒我们，这次运动的政治觉悟水平远比德川时期的农民起义要高，也优于明治时代早期的农村抗议活动。

在另一方面，很明显的是，"困民党军"刚一上阵，军事组织的复杂架构就使正式指挥系统发生了故障。起义第三天，义军得知前来镇压的政府军正在逼近，各营的指挥官拒不服从命令，造成了极大的混乱，以至于进一步的协调行动归于失败。接下来，田代荣助逃匿，已经发展到 5000 多人的部队大部分也土崩瓦解。这次起义就像传统的农民起义一样，是否参与既不是个人决定的，也不是完全自愿的；在很大程度上，它代表了由每个村庄所做出的集体决定。如果有证据表明，某些普通成员确实以明确的政治术语来理解他们的行为，那么，也就有

423

---

[1] 同上，p. 41-43。

[2] Inoue Kōji, *Chichibu jiken* (Tokyo: Chūō Kōronsha, 1968), p. 72.

[3] Bowen, *Rebellion*, pp. 59-67.

证据表明，许多人所使用的还是传统的"改革社会流弊"（"世直し"）的语言，比如"均富"、"扶贫"，等等，并新创了"和平与安宁王国"一词来描述这次起义的目标所在。他们也打出了标语，把板垣退助称为"改革社会流弊之主"，把自由党称为"贫民之金"。秩父事件的整个运动是传统的和相信太平盛世的，对此并无争议，而毫无疑问的是，在这次运动领导阶层的范围之外，前明治时代反抗权威的种种概念仍然在为政治意识提供着素材。[1] 根据田代荣助的审讯记录副本，起义的目的是迫使政府保护受到丧失抵押品赎回权威胁的农民，控制高利贷，以及降低土地税。武装反抗只是一种手段，其战略是利用武力强迫政府接受他们的要求。更为直接的目标包括：惩罚性地攻击那些寡廉鲜耻的高利贷者，通过恐吓富人来为地方救济筹集资金，攻击官厅法院以消灭债务凭单、抵押契据和纳税记录。对于大多数当地领导人来说，目标是经济性的，范围也是有限的。然而，对于菊池贯平和井上传藏来说，情况就不是这样。他们是附近长野县自由党的积极分子，于10月末来到秩父。一方面，他们提出了降低土地税和立即召开国民议会的要求，给这一事件插入了更为宽广的政治愿景；另一方面，又给这次事件添加了一些与民众运动没有多少关系的革命辞藻。激进派（他们大多数来自秩父以外的地方）与大部分当地"困民党"领导集团之间的分歧，在田代荣助和菊池贯平第一次会面时就表现得很清楚。田代荣助坚持运动的首要目标是债务减免，而菊池贯平则对此十分失望，以至于他想劝说井上传藏和他一起返回老家。[2]

　　最终，自由党所扮演的角色依然是边缘性的。"秩父困民党"的一些领导人新近曾经加入了自由党，或是像田代荣助一样，虽然未作正式登记，但也与自由党发生了联系。但是，"困民党"内的自由党员根本不是自由党的代表，他们与当地的和全国的自由党都没有关系。1884年他们加入了自由党，是出于对当地高利贷者所造成的农民贫困境况的关心。在交涉债务减免措施的过程中，他们逐渐发现了国家作为私有财产和契约合同监护人的角色。换句话说，他们在国家权力和经济体制之间画上了关键性的联系，这给他们的起义定下了一个政治尺度。但是，秩父自由党员中的大多数都出身于小康之家的当地名流阶层，对于债务减免运动不抱什么兴趣。同样的情况，也出现在秩父西边邻接的长野县佐久地区。菊

[1] Moriyama Gunjirō, *Minshū hōki to matsuri* (Tokyo: Chikuma Shobō, 1981), p. 113. 亦见 Irokawa, *Culture of the Meiji Period*, pp. 159ff。

[2] Inoue, *Chichibu jiken*, p. 73.

池贯平曾率领一支人数不多的起义部队到达这里，希望吸收新的成员，确定无疑的是，这里的自由党没有给予他们任何帮助。东京的自由党激进派领袖大井宪太郎也没有给予秩父"困民党"任何帮助。事前大井宪太郎就已听说了起义的消息，他派出一位信使，带去的是取消起义的指令。全国各地的自由党领导人纷纷指责加波山和秩父的起事，以求撇清他们与暴力活动的关系，他们认为这是对党的名声的败坏。事实上，就在秩父起义前夕的大阪会议上，自由党的领导层已经表决解散该党，部分原因正是在于他们意识到无法控制激进团体以党的名义采取行动。[1]

由于自由党的自行解散和秩父起义的惨遭镇压，自由民权运动宣告结束。虽然自由党的激进分子又密谋策划了一些暴动，但每一个都遭到破获，那些筹谋暴动的人也在实际发动之前便遭到围捕。[2] 那么，自由主义运动达到了什么目的？

微乎其微。这个激动骚乱的 10 年，开始于 1874 年"爱国公党"设立民选议院的建白书，却没有达到建立民主政体的宪政改革目标就黯然收场。确实，政府像其所承诺的那样，于 1889 年交出了一部宪法，为国家层级的有限代议制提供了框架。但是，由寡头政治的执政者拟定的宪法对民选下议院的权力做了重重限制，以至于又耗去了另一个 20 年的时光，各派政党才获得了分享内阁的部分权力，而直到 1918 年，才有一位国会议员成为内阁总理大臣。因此，在日本现代化的第一个 50 年里，这是一个制度的基本模型和意识形态的清晰度具体成形的时期，政治生活是官僚主义和专制主义的。由寡头政府缔造的明治社会的大多数方面正在"现代化"，即资本主义化、精英政治化和科学系统化，但与此同时也有政治上和社会上的种种压制，有越来越严重的沙文主义和军国主义。我们不可能预知，按照日本所面临的艰难任务，作为一个亚洲国家，要想在饱受帝国主义掠夺的世界里实现工业化，若是由更为自由主义的政治领袖来领导，日本的现代化过程可能会有怎样的不同。[3] 我们所知道的仅仅是，这一时期日本具有实行进步变革的大好机会，可自由主义者却被排除在政权之外。

在种种因素之中，制约着自由民权运动有效性的是参加运动的派别之争，以

[1] Irokawa, *Kindai kokka*, p. 241.

[2] 最后的一次事件包括这样的计划：派遣一支武装部队去朝鲜，帮助那个国家的进步力量夺取政权，以之作为日本革命的基础。参见 Marius B. Jansen, "Oi Kentarō: Radicalism and Chauvinism," *Far Eastern Quarterly* 11 (May 1952): 305-316。

[3] 大正年间出现的各个政党，几乎与社会上形形色色的团体具有同样强烈的沙文主义，总的说来它们比官僚政治的外交政策还要强硬。

及软弱无力和妥协退让的领导阶层，他们面对的是一个一般说来还算团结的寡头政府，这个政府毫不犹豫地使用警察和法庭来扰乱和恐吓反对它的人。但是，明治自由主义的基本弱点也许在于，它接受了以天皇体制作为所有合法政治权威的源泉。在自由民权运动期间，不仅在自由主义者抨击寡头政治执政者的论辩中，就连每个团体的章程都公开把天皇体制置于新政体的中心，都规定由天皇和民众来共同治理国家。

民权运动的领导人依赖于明治天皇来保证制度建设的合法化，表明这是一种意识形态的承诺，而不仅仅是为了支配公众舆论而采取的政治策略。虽然它也具有机会主义的意图，但在更基本的意义上，自由民权运动把天皇与民众的结合说得天花乱坠，这展现出日本部分第一代自由主义者在观念上真实的混乱，这种混乱表现在对皇权与民主制度之间的关系模糊不清，同时也说明了他们所面临的备受限制的历史条件。天皇是一种政治力量，这种力量由千百年的封建时代继承下来，超然于所有等级、阶级、地区和家庭的特殊社会分类之上。人们在感情上需要一个引人注目的进步政治关系的象征，民权运动的思想家和积极分子们全心全意地接受了明治天皇。但是，尽管他们可以任意宣称秉承天皇的意愿，可毕竟未能执掌政府，虽然他们的明星对此趋之若鹜。至于明治天皇，他同样是现代纪元的一个有效象征，也成为被寡头政治的执政者们所操控的政治玩偶。就这一点而论，他可以被用来对任何不加鉴别地求助于其权威的团体施加毁灭性的影响。

结　语

426　　明治维新的领导人在其执政之时根本不会放弃权力，尽管遭受到来自进步势力和反动势力的双重攻击，他们还是坚持迅速进行自上而下的政治、社会和经济制度转型的议程。为了理解这些领袖们为何能够占到上风，我们需要考虑反对势力的社会特性，他们的利益所在，以及寡头政治的执政者们所做出的应对。简单来说，他们作出了战术性的让步，以减少新兴的中产阶级与国家之间的摩擦，但却碾碎了由社会边缘阶级所发起的各种运动。

面对反对土地税的抗议活动和要求建立宪制政府的运动，这些运动动员了日本人口中有财产和有教养的那部分人，寡头政治的执政者们做出了致力于这些人群长期阶级利益的让步。1877年，政府降低了土地税，随后又把税收负担从财产向消费转移，并且拟定了一部宪法，给予民选众议院以实质上的财政权和立法权，这样，寡头政治的执政者们既没有放弃权力，也没有长期疏远未来的中产阶级，便压下了更为激进的改革要求。尽管财产税相当沉重，又不得染指政府权力，但那些富农、地主、企业家、商人和接受过教育的阶级，还是从明治时期的进步改革中大大获利，尤其是因为这些改革带来了公民平等、英才教育、私有财产保护，促进了资本主义经济的发展。

在本章开头，我们曾经考察过，西方的历史学家倾向于把明治时代不良冲突的最小化的原因，归之为诸如舆论一致、忠于天皇等传统价值观念，与之相反，大多数日本历史学家则强调国家所扮演的压制性角色。但是，至少在自由民权运动的案例中，凸现出来的是利益而不是价值观。那些有财产和有教养的人们拥有充分的资源，来维护新兴的社会秩序，以抑制对政府发动真正彻底的攻击。他们的阶级利益驱使他们进行妥协而不是无限制的对抗；他们面临着选择，但选项不多，且受到国家的压制。

但是，那些遭受明治改革所排斥的阶级，那些由于现代化而正在丧失社会权力的团体，却面临着完全不同的处境。传统的武士和维持最低生计的小农在新秩序中没有找到适合他们的位置，而政府相当无情地牺牲了他们的社会需要，以加速国家的整合与资本的积累。这些特殊发展战略的受害者们受到明治政府的穷追猛打，遭受了严重的苦难，其社会经济地位发生了不可逆转的衰落。他们有充分的理由起来造反，但他们的反抗全都归于失败，这是为什么？

从历史上看，一个政府镇压反叛的能力将会受到与世界政治和经济制度交互作用的深刻影响。[1] 19世纪中叶的日本也不例外。在明治维新前的10年里，西方帝国主义的军事和经济压力加速了德川幕府的垮台。马修·佩里海军准将的战舰暗地里破坏了幕府将军的合法性基础，在统治阶级中造成了一种民族危机意识。面临着国家独立的可能丧失，幕府被迫批准进行军事动员，这使它自己的资源益形紧张，却加强了那些敌对的大名的实力。西方列强强加给幕府的通商条约破坏了金融和商品市场。猖獗的通货膨胀，严重的食物短缺，以及囤积居奇和抢粮暴动，进一步削弱了德川幕府的权威。最后，只有极少数德川家族的世袭诸侯情愿为它的利益继续战斗。总的说来，倒幕运动的胜利并不是因为倒幕派自己力

427

[1] Theda Skocpol, *States and Social Revolutions* (Cambridge, England: Cambridge University Press, 1979), pp. 23-24.

量的强大，而是由于西方帝国主义对于德川政权传统根基的破坏性影响。如果没有急切的外部威胁，人数较少、内部分歧、思想也不统一的倒幕派武装力量是不可能在 1868 年夺取政权的，因为它首先并没有达到多高的动员水准。

与之相反，在考虑明治初期的反对派运动的失败时，我们不应忽略这样的事实，即寡头政治的执政者们并未承受来自帝国主义列强的新压力。确实，通商条约对政府的经济政策施加了特殊的约束条件，并减少了政府的财政收入，而治外法权的维持原状也成为民族耻辱的一个原因。但是，在政治和社会改革的第一个关键性十年里，当政府与前武士阶级之间的紧张关系达到顶点时，西方列强并没有提出新的要求，强迫日本做出外交、贸易和领土方面的新的让步。毫无疑问的是，外部压力的缓和使得政府能够推动现代化进程。发生于 19 世纪 70 年代的一场重大战役，曾经使政府的资源捉襟见肘，但却强化了寡头政府内部和外部的反应力度；一场旷日持久的冲突也许可以迫使士族动员起来。一旦传统的武士阶级重新被武装起来，政府就未必能够削除它的薪俸及其阶级特权。而如果没有这些改革——实施英才教育，降低财产税，颁布 1889 年宪法——寡头政府与富有平民和进步士族联盟的基础也就会荡然无存。

第二个有助于政府的承上启下的因素是，反对派势力的兴起是前后相继的，而不是同时并发。寡头政治的执政者们面临着来自反对改革和进步运动两方面的挑战，但他们并没有在同一时间内面对这两种挑战。虽然士族的叛乱与农民抗议土地税的活动重叠交织，但宪政运动却恰好是在士族叛乱已经过去之后才到达最高潮。而且，自由民权运动的发展阶段正与一个普遍繁荣的时期步调一致。从萨摩叛乱失败到松方正义紧缩财政，这一时期风调雨顺，生丝出口需求强劲上升，扩张型的货币政策以及降低了农民实际税负的通货膨胀，在日本农村造成了前所未有的繁荣——这样的情况对激进运动不利，而对改良主义的政治活动比较有利。最后，当 19 世纪 80 年代松方正义的财政紧缩给农村带来严重灾难的时候，宪政运动已经全线溃败了。而且，由于农村贫民的主要要求是债务减免，而自由党对此不予理会，除了秩父事件以外，群龙无首的贫苦农民不可能得到有效的动员。

没有外部和内部震撼性的力量同时发动，士族的叛乱和贫农的抗议不可能长时间地获得成功，因为这些运动依然只是局部性的事件。以阶级划线进行大规模的动员，这是取得成功的一个前提条件，但是最终只有少数士族和贫苦无告的农民拿起武器反抗政府。

尽管在全国范围内社会经济的安乐状态实际上逐渐衰落，但反政府运动的动员规模仍然十分有限，这对于武装反抗明治寡头政府的失败来说是一个突出的因素。与那些围绕着财产税问题和代议制政府问题结盟的团体不同，作为明治现代化的一个结果，丧失了社会地位的士族和生计匮乏的农民几乎没有得到什么好处，反而失去了太多的东西。他们有充足的理由揭竿而起，但付诸行动的人则相当之少。

几乎没有什么证据支持这样一种断言，那就是对天皇的忠诚（被认为是减少了明治时代政治冲突的日本传统价值观之一）给予了前武士阶级的政治行为以决定性的影响，使得这些武士面临着两难抉择，不知是应该默认地位丧失和成为社会冗余，还是应该起而反抗，以保护自己的传统特权。就像我们已经看到的那样，与那些服务于寡头政府的武士们相比，19 世纪 70 年代的士族反叛者曾经身处明治维新运动的前列，因而没有理由认为他们更少爱国之心，或者认为他们对于天皇制度缺乏崇敬之情。恰恰相反，难道他们不是已经证明了比他们的大多数同侪都具有更高水准的个人担当吗？ 429

如果对天皇的忠诚不是约束士族叛乱的决定性因素，那么，决定性因素是什么？

19 世纪 70 年代的士族缺乏围绕阶级利益进行动员的组织资源，因为明治时代的改革已经使得传统的武士集体行动的架构残缺不全。在将近 3 个世纪的时间里，封建制度的"家臣团"曾经使武士阶级的政治世界清晰明确。在这样一种严格的金字塔形地位层级中生活，武士们服从于大名和封地尊长的绝对权威；因为分别归属于某个军事领主，他们与其他藩国的武士相互隔离，在自己的藩国之内通过世袭等级而形成不同的阶层。至少在激进主义的"志士"团伙出现，对幕末时期的外部威胁做出反应之前，"家臣团"一直作为政治行动的唯一合法论坛。因此，当政府于 1871 年下令废除私人领地并解散"家臣团"时，便消除了中下层武士——他们是丧失了传统收入和特权而得到的补偿最不充分的社会阶层——采取集体行动所熟悉和具有权威的组织。如果他们想要对抗，他们首先就要创建新的意识形态和新的组织结构。绝大多数人是不可能做到这一点的。

从这个角度来看，为什么是由那些愤懑不平的倒幕运动老兵和那些不忠于德川幕府的人领导了明治时代早期的士族叛乱，就并不令人感到奇怪了。与他们更为保守的同侪不同，他们曾经参加过唯意志论的政治组织，这些组织在某种程度上超越了个人归属的社会地位。他们曾经反抗过已经确定的政治权威，如今也能够比较容易依据更高的原则来对自己的行动加以认可，即使这样的行动必须打破天皇的规章。然而，他们并未预见到逾越倒幕运动组织形式的需要，他们也从来
430 没有为政治行动发展出以阶级为基础的组织架构。就像我们已经看到的，他们继续依靠地方性的志趣相投的"男子汉"组织，而这样的组织不足以用来反对新的中央集权制国家。

明治时代的改革也从底部动摇了传统村社动员的社会基础。如同上述，在村民反对明治土地税的抗议活动中，持久的反抗依赖于村社首领和地方名流的领导能力。虽然并不一定完全取决于经济利益的共享，但村官领导村民抗议重税的传统还是与封建税收制度的整体特征有着天然的密切联系。但是，在明治时代的土地税制度下，村庄不再作为一个财务单位存在；土地占有完全私有化了，而税收的缴纳也成了个人的责任。在这样的情况下，小农家庭因无力承担土地税而即将破产成了一个阶级的问题，而不再是村庄集体所关心的事务。此外，法律制度和治安设施的现代化强化了地主和高利贷者的地位。与幕府和大名不同，明治国家在村庄一级设置了警力，加上法律保护私有财产，而法庭强迫这些法律得以施行——所有这些，都减少了对于个人所得物的乡土约束。

在1882年到1886年的农业不景气时期，尖锐而持久的租地冲突的增加清晰地显示出明治时代早期农村关系中最具决定性的变化。失去了过去曾由村庄团结一致加以保护的微薄利益，走投无路的农民遭受了大量丧失土地的痛苦，而这正是寡头政府所执行的促进资本积累和工业投资的货币和财政政策的一个直接后果。但是，拿起武器奋起反抗的只有秩父的农民。

造成秩父事件的潜在条件，使人联想起其他地方所存在障碍的原因何在。与大多数地区的情况形成对照的是，首先，虽然并非全部，但秩父地方自由党的有些成员利用了债务问题和取消抵押品赎回权的因由，从而为起义提供了领导阶层。其次，这里的社会结构有利于穷人的集体行动，因为大多数农民都受到了破产的威胁。秩父将近70%的农户都是小土地所有者，他们从事着植桑养蚕的商品经济。与棉花和稻米输出地区那些生计匮乏的农民已经失去了土地，变成了佃农的情况不同，大多数秩父农民仍然奋力维持着从事经济作物的底端农民的地位。
431 第三，早在1866年，在同样的经济困难和小规模生产者中债务问题突出的情况

下，秩父的农民曾经打着"祛除世间流弊"的旗号，对当地的高利贷者、稻米蚕丝经销商和村庄官员进行过大规模攻击。[1]

在秩父，需要继续采取集体行动的所有因素仍然存在：当地的领导阶层，深厚的群众基础，以及有利于农民动员的熟悉构造。但是，鉴于"世直し"（"祛除世间流弊"）型的群众动员使穷人得以报复地方上的有产阶级，它就不可能长期维持下去，也没有推翻中央政府的可能性。起义戏剧化地凸显出那些穷困无告的农民的处境，但是对于改变他们生活的实际状况却起不到什么作用。

在西方关于明治维新的历史编纂学知识中，有一种观点认为，在日本，传统有助于而不是阻碍着现代化。虽然像许多理论一样，这样的解读具有某些真理的成分，但它在启发我们理解历史过程的同时，也使这一过程变得晦涩难解。对明治时期反对派运动失败的分析告诉我们，明治时代的改革摧毁了集体行动的传统构造，如果这种构造仍然完好无损的话，那么就将会形成反对明治政府规划的广泛得多的社会动员。

---

[1]　参见 Vlastos, *Peasant Protests*。

第七章　日本转向西方

东京大学　平川佑弘　著

若林正　译

尽管日本从来不是一个像"锁国"的字面意义所形容的"封闭的国度"，但 432
它确实在 19 世纪后半期从 200 多年实质上的"锁国"状态中惊醒，将其全部精
力都投入到实现一个目标——建立现代民族国家。这种努力本身比其他东西都更
有说服力地证明日本转向了西方，就像现代民族国家这一观念在任何一个非西方
国家所已经显现出的那样。从经济方面来说，现代民族国家是一个已经经历过工
业革命的国家；从社会方面来说，它是一个具有中央集权政治体制的国家，在这
种政治体制下，公众对政治的参与通过一种法政秩序的议会制度而结构化。不论
以哪种标准，一个国家的这些特性在起源和本质上都是完全西方样式的。

在德川幕府时代并没有发现这些显著的特征。19 世纪的日本社会是一个前工
业化社会，它的经济建立在依靠人畜动力进行生产的基础之上，而不是以机械作
为其动力来源。确实存在着一个实力雄厚的资产阶级，他们从事商业和金融业的
经营，却被排除在参与政治决策之外。德川幕府的政治结构由一套官僚机构所组
成，这个官僚机构代表着封建特权阶级，在理论上通过调节互不相容的封建制度
和将军专制政体之间的矛盾来维持运行。但由于日本文化的高度同构性——或许
正是因为如此——个人作为"国民"积极参与"国家"事务的观念是陌生的。

面对一个以西欧为代表的明显更加优越的"文明"，日本在国家对外开放
（"开国"）后所面临的任务是实现现代化——把自己整合成一个"民族"、一个
"国家"。为此，他们组织了一个中央政府，培养官员管理运行这个国家，创建了
一个基于全民征兵制度的海军和陆军，组建了法制系统，培育资本主义，废除封 433
建特权，贯彻实施"四民"平等，巩固加强教育系统，改良自己的风俗习惯。

大久保利通（1830—1878）也许是对制定这些目标负有最大责任的人。在明治初期的几个年头，他是执行维新政策的核心，控制着真正的政治权力，是明治时期最初十年真正意义上的领导人。与他的长州同事木户孝允（1833—1877）相比，大久保利通显得较为保守，不愿意为追求现代化而牺牲传统。一天，在大阪附近的海边，大久保利通凝望着土地上仅剩下的树桩而备感沮丧——一片曾因风光绮丽而闻名遐迩的小松树林，由于他极力支持的"殖产兴业"政策，已经被夷为平地。感觉到需要告诫地方统治者为这种反应迟钝的行为负责，他写下了诗句，大意为：

> 在 Takashi 海边的松树，
> 尽管负有盛名，
> 也终究免不了受到跌宕起伏的历史潮流的蹂躏。[1]

然而，即使是大久保利通，也认为日本所奉行的"文明开化"政策与西化是同义词。显然，他坚信西方列强是文明的化身，他在书中写道："目前世界上所有的国家都致力于传播'文明开化'的学说，而他们一无所缺。从今而后，我们在这些方面必须效仿他们。"[2]

有一件对这一过程富有启迪作用的轶事，可以明确表达明治宪法所要达到的目标，即通过引申日本社会内部的先决条件这个更大问题，来影响、协助和引导效仿西方榜样的过程。

1883 年，作为这部未来宪法的主要设计师，伊藤博文率领一个代表团去欧洲学习西方多个国家的宪法。由于明治政府或多或少已经决定了模仿普鲁士的宪法，伊藤博文和他的代表们首先去柏林拜访法学家鲁道夫·冯·戈内斯特（1816—1995），听取他的建议。戈内斯特的建议令他们感到心灰意冷。他告诉他们，之前几年，在俄土战争之后，保加利亚这个巴尔干半岛上发展起来的独立和半独立国家之一，也曾就设计宪法的问题向他寻求帮助。尽管戈内斯特所有的同事都因缺乏对于那里国情的了解而受到限制，仍有一个法律学者自愿前往那里，并预想

434

---

[1] Nihon shiseki kyōkai, ed., *Ōkubo Toshimichi monjo*, vol. 9 (*Nihon shiseki kyōkai sōshō*, vol. 36) (Tokyo: Tokyo Daigaku Shuppankai, 1969), p. 347.

[2] Ōkubo Toshimichi, "Seifu no teisai ni kansuru kengensho," in *Ōkubo Toshimichi monjo*, vol. 3, p. 11.

在 6 个月时间内完成一部宪法的设计，这个设想引来了轻蔑的嘲笑。然而正如他所言，此人实现了他的豪言。但在他返回柏林之后，却激起了他的同行更大的嘲讽。"毕竟，就像在一个青铜器皿表面涂上金色的油漆一样，它能持续多久？"

接着，戈内斯特向他的日本客人做出了如下建议：

> 我非常感谢你们始终选择来德国作为你们的使命。但不幸的是，我对于日本一无所知，并且从来没有研究过它。让我首先来问问关于日本的情况，日本统治者与被统治者之间的关系，日本的礼仪与风俗，日本人民的情操，以及日本的历史，等等。需要澄清的是所有这些东西对于我来说都是第一次接触，接下来我会对这些做出思考，并且向你们提供一个可能会对你们有所帮助的答案。[1]

简而言之，戈内斯特一开始就坦率地劝告伊藤博文，只有那些拥有一定程度潜能的国家，也就是说拥有一定程度的文化提升，才有能力创造出一部真正意义的宪法。在没有获得这必不可少的能力之前，从事这项任务的结果只不过是得到一张经过煞费苦心润色的纸张而已。然后，戈内斯特暗示：以日本的情况而言，起草一部宪法可能是毫无意义的。

伊藤博文，这个弱小的、落后的东亚国家的来使，面对此刻实力和荣誉均达到顶峰，并且确信它所拥有的优势在有记载的历史上无人能及的欧洲文明，听到这种直率的回答感到沮丧无比。著名柏林法学家的言辞为何未能让东亚人和欧洲人听起来都真实可靠呢？

然而，倘若正如戈内斯特所言，宪法作为一个现代民族国家的骨架，那么它就不仅仅只是一个法律的文件。如果宪法确实是民族精神的体现和国家功能的尺度，那么，现代民族国家确实在 19 世纪的日本出现这一事实，则表明"日本统治者与被统治者之间的关系，日本的礼仪与风俗，日本人民的情操，以及日本的历史等"这些东西确实起到了某些作用，促进了基于明治宪法的一个全新形式国家的诞生。尽管表现出种种差异，而且确实相当激进，但日本的西化过程表明， 435

---

[1] Yoshida Masaharu, "Kempō happu made," in Oka Yoshitake, ed., *Kindai Nihon seiji-shi* (Tokyo: Sōbunsha, 1962), vol. 1, pp. 286-287.

这个时代的日本与西方之间并无不可逾越的鸿沟。

日本的"西化之路"主要在两个不同的层面施行：（1）在技术、社交的层面，引进和吸收现代思想和制度，比如戈内斯特所说的宪政性的"法律文件"；以及（2）适应本土的传统文化和制度，以发挥其潜能，这些传统文化和制度，用戈内斯特的术语说，就是"民族精神和能力"。

书的媒介：现代西方文明的初次认识

兰 学

从文化的意义上来讲，德川时代的社会是具有创造性的，创造出了大部分现在被我们认为是"日本传统"的文化，但是无论如何，在日本的"锁国"时期，它在智力上绝不是自给自足的。江户时代的文化活动可以被概括地分为三类：（1）儒学，具有分明的传承谱系，并在日本享有极大威望；（2）日本本土国学，国学作为反对中国中心论的产物，出现在德川幕府中期，并在学者圈子里盛行；（3）兰学，1774年，杉田玄白和他的同事们完成了《塔菲尔解剖学》（日文译本名为《解体新書》）的翻译工作，它译自德国医生克鲁穆斯一部关于解剖学著作的荷兰文译本。《塔菲尔解剖学》的翻译成功，标志着兰学在日本的出现。兰学由作为医学的附属物而兴起，随后逐渐扩散到诸如语言学、天文学、地理学、物理学、化学和军事科学等其他领域。尽管兰学出现在学术舞台相对较晚，但它在德川时代晚期广泛流行，一些兰学专家意识到有必要重新认识锁国体制，这种意识在沟通19世纪中期西方和日本之间的智力差距方面，发挥了重要的作用。

十分重要的是，德川时期学问的这3个主要领域中有两个起源于中国和西方，而这二者在起源上也互不相同。尽管在接触的程度上确实存在着很大不同，但贯穿整个江户时代，日本一直保持着与儒学和兰学的文化发源地中国和荷兰的接触。然而，对于"锁国"时代的通行概括，并不足以充分了解这一时期外部世界信息的数量和质量，而这些外部世界的信息，对于德川时代的思想者们来说是容易接近的。日本每年都会从清朝时代的中国进口大量的中国书籍，这里面也包括中国人自己翻译的西方著作。荷兰的东印度公司在长崎维持着一个商站，幕府要求该商站的主管，一旦荷兰船只抵达这个港口，就需要通过长崎的地方官员，把

436

国外的事务向幕府提交一份报告。同样，幕府还要求商站主管每隔一定时间就要到江户旅行，接受将军的正式接见，起初是经常性的，后来每隔一年，最后每四年去一次。通过这些旅行，商站主管和他的同伴们可以向那些渴望西方知识的医生和天文学家传播西方的信息。尽管受到一定的限制，但这是直接与西方文明的代表进行接触。正如德川时代的儒学学者从清朝的语言学和历史学学识中获得补益一样，兰学的日本学生也从同时期欧洲和美国的现代科技进步中获益良多。因此，尽管受到锁国体制的限制，但德川时期的日本对待东西方知识的环境，还是具有相当大的开放度和接受力的。

即使如此，我们也不得不震惊于兰学不同寻常的传播速度。这样的速度反映了那些痴迷于这种新的外来学科的日本人的强烈好奇心，以及他们追求它的热情。此外，这些兰学家看似缺乏系统的活动，其实掩饰了某种潜在的规律性。传播的速度、好奇心、热情，和选择的路径，所有这些因素，都预示着日本企图通过吸收和同化现代西方文明，来完成明治维新的更大雄心。

1815 年，82 岁的杉田玄白（1733—1817）出版了《兰学事始》（即"兰学的开端"）一书。书中他回忆了 43 年前的情形，1771 年，他和前野良泽及其他同事们开始了一个艰难的工作，翻译一部解剖学文献《塔菲尔解剖学》。可以这么说，通过他们的努力，开始了现代日本独立地、并且是选择性地通过书籍这一媒介来吸收先进西方文明的进程。对于随后兰学的传播速度和早期兰学支持者们所表现出来的力量，杉田玄白说道：

> 如今，兰学正风靡日本。尽管大众用极其夸张的措辞表扬和钦佩这些研究显得有些盲目无知，但是那些决定追求兰学的人仍然对此充满热望。
>
> 回忆起开始研究兰学的时候，我意识到在那些日子里，几乎是由于瞬间的刺激，两三位友人和我才决定从事该项事业。如今已经将近五十年时光逝去，事情变得多么令人惊奇啊！当我们开始这项事业的时候，即使是在我最疯狂的梦里，我也没有想到兰学会像今天这样的受到欢迎。
>
> 在日本这个地方，中国学的逐渐发展与繁荣是理所当然的。毕竟，古代的日本政府曾经派遣博学的使节团前往中国；后来，有学问的僧侣同样也被送去那片大陆，在那里跟随中国的高僧宿儒学习。无论是哪种情况，在他们返回日本后，这些人被安排来从事教育，无论地位高低、贵族贫民，都有教

437

无类。但是，这样的情况并没有在兰学上发生……[1]

杉田玄白，或许和其他有着类似历史观的日本知识分子一样，认为他自己在吸收西方文化中所做的努力，与日本在吸收中国文化时所形成的并传承了超过一千年时间的研究方法，完全不能相提并论。他认为吸收和同化一种外国文明，主要通过3个途径：（1）经验、观察和留学国外；（2）外国或者日本老师的教导；（3）书籍。公元607到894年，为了直接地观察和学习隋唐文化，日本朝廷先后赞助了超过12个博学的使节团前往中国。在杉田玄白的心里，对比这些受到官方资助的团体和他自己卑微的努力，凸显出其间的差异，而他和同事所能得到的作为文化学习唯一媒介的书籍，又是以一种他们读不通的语言写成的。

尽管直到杉田玄白的晚年，一直存在着缺乏官方支持以及语言不通的障碍，但杉田玄白仍然评论说，兰学的发展就像"一滴油，滴到一个大池塘里，就会迅速扩散到整个池塘的表面"，而这个过程"除了快乐，并没有带给我个人别的什么"。正如杉田玄白记录的那样，兰学的发展达到了这样的程度，"每年都有新的翻译著作出现"。基于历史后见之明的我们，可以添加这样的评论，在19世纪早期日本翻译荷兰著作的潮流影响下，日本在这一时期翻译的书籍，在数量上粗略地相当于之后一个世纪里将日文翻译成西方语言的书籍数量。

438 杉田玄白感到快乐是有理由的，那些日子与日本引进中国文明的时候不同，学习西方是根本不可能的，除了在荷兰东印度公司代表们逗留江户的时候，可以从陪伴他们的翻译官那里得到零零碎碎的信息，兰学的爱好者们甚至无法得到日本同伴的帮助，更不用说从外籍教师那里得到指导，甚至连最基础的语言训练都十分缺乏，杉田玄白和他的同事们只能通过将那些在解剖图解上出现的身体部位的外国名字替代为相应的日文，翻译《塔菲尔解剖学》的工作就是这样开始的。

举个例子来说，在一个长长的春日里，我们对"'眉毛'是长在我们眼睛上面的毛发"这句简单的话感到困惑莫解。有时我们从早到晚茫然对视，依然无法把文本中一到两英寸段落里的一行简单描述解读出来。

---

[1] Odaka Toshio and Matsumura Akira, eds., *Nihon koten bungaku taikei*, vol. 95: *Taionki, Oritakushiba no ki, Rantō kotohajime* (Tokyo: Iwanami Shoten, 1964), p. 473.

然而，通过实际应用和满腔热忱，他们逐渐克服了这些困难：

> 我们都坚信"谋事在人，成事在天"，因而坚持不懈。我们每个月会见六七次面，将我们的身体和灵魂都奉献给这项事业。没有人请求免去预订的会面日；我们在这里集合，没有人诱使我们这样做，而是我们要一起阅读和讨论问题。我们告诉自己，"坚持就是胜利"，进而消除心中的疑虑，勉励自己继续前进。

> 经过一年左右的时间，我们掌握的词汇量逐渐增加，而且自然而然地发现了大量关于荷兰的情况。接下来，如果文章不是太难的话，我们开始可以每天阅读十行或者更多的文本了。[1]

杉田玄白乐于回想这些经历过的事情，是基于这样的事实，即对于后代日本人来说，多亏了这个拓荒小组所表现出的决心和热情，才有兰学文化遗产的存在。

19 世纪 60 年代，兰学和荷兰语由于英语的流行而渐受冷落，英语很快成为日本知识分子使用的主要西方语言。福泽谕吉在他的自传中，描述了兰学向西学的转变，讲述了 1859 年横滨开放后他在这个港口与外国人打交道的经历。福泽谕吉试着用荷兰语与外国人交谈，结果令他很沮丧，因为交谈根本不可能实现。他并没有因此而灰心，决定"献身于英语"。福泽谕吉在学习英文上是一个先驱者，并且成了一个启蒙思想家，他用西方的术语来解释日本历史的发展。他强调明治时期日本需要做出根本性变革的重要性，而倾向于低估德川时期日本的成就。但是，对于像杉田玄白那样在兰学著作的翻译中作出贡献的人，福泽谕吉还是表达了感激之情。在获得了一本杉田玄白《兰学事始》之后，福泽谕吉和箕作秋坪相对而坐，读了一遍又一遍。当他们读到把这些先驱者们开始翻译《塔菲尔解剖学》比作为海员们"乘坐一艘没有舵和桨的船，无助而迷茫地在一片宽广的海洋上漂泊"这部分时，他这样写道，他们"无言地呜咽，直到他们到达目的地。"福泽谕吉写道："每次我们读这本书，都会意识到他们是如此的艰辛；我们惊讶于他们的勇气；他们的目的是如此的真诚与单纯；我们无法抑制自己的泪

439

---

[1]　同上，pp. 515,493,495。

水。"[1]1868 年，福泽谕吉自费重新出版了杉田玄白的这本书，在"前言"部分，他讲述了自己第一次读这本书时的感受："就好像与一位老友邂逅，一位我本以为死去，却又重生并生机勃勃的老友。"他这样写道，将明治日本推动到现代化的动力根源，可以追溯到像杉田玄白这样的领跑者。福泽谕吉指出，在东亚这个小岛上，在他之前，学者们学习西方文明知识已经持续了一个世纪，因而"今天的进程……绝不是盲目的偶然的产物。"[2]

杉田玄白和他的同事们对《塔菲尔解剖学》的翻译表现了日本对于西方文明的积极反应。关于这种充满热情的反应，有两种解释。第一种解释是，这揭示了日本知识分子对外部世界强烈的非同寻常的好奇心，也显示了他们所坚守的价值体系不再排斥新思想，不再强调知识的自给自足，而认为外国的学说和学问，在很大程度上是可以吸收和适应的。第二种解释是，支撑这些先驱者前行的个人动机，是他们的求知欲和实用主义。前野良泽"希望视兰学为其一生之事业，为了尽可能多地了解这门语言，进而尽可能多地了解西方的情况，他阅读了大量的书籍"[3]，反之，中川淳庵则"长期对事物的构成有极大的兴趣，并且希望通过这种方式来了解西方的商品"。[4]一方面，我们发现了纯粹求知欲这个动机，另一方面，是实用主义的动机，这两方面的动机都促使人们追求兰学。就杉田玄白自己而言，他翻译《塔菲尔解剖学》的动机，在于他作为一名医师的职业意识。如他所说：

> 首要的是，我想要证明这样一个事实，即在人类身体上的真实解剖证实了荷兰解剖学图解的准确性，并可以此来反驳中国和日本的相关理论。其次，为了鼓励新技术的发展，我欲将荷兰的理论应用于临床治疗，并且使其对于其他内科医生一样有效。

1771 年，杉田玄白在江户的千寿骨之原亲眼看见了一场尸检之后，第一次萌

[1] 引自 "Rangaku kotohajime saihan no jo," in *Fukuzawa Yukichi zenshū* (Tokyo: Iwanami Shoten, 1962), vol. 19, p. 770.
[2] 同上。
[3] *Nikon koten bungaku taikei*, vol. 95, p. 499.
[4] 同上，p. 491-492。

生了这样的使命感。在回家的路上，他与前野良泽和中川淳庵进行了一场讨论，并记录了下来：

> 今天的尸体解剖是多么出乎意料啊！我们发现了自己的无知，为此感到无比窘迫。作为一名医生，我们当中的每个人都负有为领主服务的责任，然而我们却发现，自己对于医学科学最基础的人类身体的基本解剖构成一无所知。我们所谓的职责一直在这种无知的状态下继续，这是一种耻辱。

一些作家倾向于将兰学与对封建权威的批评观点联系起来，然而在这里，我们却发现，兰学家中最忠诚的一个支持者正被无法恰当地"为领主服务"这种意义上的"耻辱"所困扰。这样一种精神气质，强调的正是杉田玄白所谓医生世袭地位所负有的责任，很容易转变成为一种职业道德。在日本与西方接触的早期，这种精神的强度——也与武士道精神有关——以及这种精神可以轻松转化为一种职业道德，被认为是使日本"西化"成为可能的两个至关重要的因素，从而使得日本的经验与其他非西方国家有显著的不同。

德川时期词典编纂的意义

在西方与非西方民族接触的早期阶段，大部分的词典编纂都是西方蓬勃发展、急速扩张的产物。这是显而易见的，例如，在 1603 年，由耶稣会士弗朗西斯科·罗德里格斯神父编纂的《日葡辞书》中，包含了 3 万多条词目。然而接下来，那些预感到欧洲进步的非西方民族，开始在词典自发编纂方面奋力直追西方文明。日本就是一个很好的例子。1796 年，稻村三伯出版了一部荷日字典《法尔末和解》，确切地说，日本兰学是在此之后开始成长发展的。这部字典是 F. 哈尔玛编纂的 8 万字荷法词典的改译本，稻村三伯将其中的法语单词替换为相应的日语词汇进行翻译。其后，在刚刚遇到说英语的民族之时，荷—英会话的书籍、英荷词典，以及英语词典随之被广泛应用。经由佩里的舰队，韦伯斯特字典首次抵达了日本；接着，1860 年，福泽谕吉和中滨万次郎分别从旧金山带回了一份韦伯斯特字典。1814 年，第一部英日字典《諳厄利亞語林大成》收有 6000 个单词，是在幕府的指令下由长崎的兰学翻译者本木庄左卫门编纂而成；1862 年，堀达之

441

助的《英和对译袖珍辞书》出版[1]，包含 3 万多个词目，得到了更广泛的使用。堀达之助用 H. 皮卡尔的《新英荷与荷英袖珍字典》的英语和荷兰语部分中的词目及简单的短语、句子，取消荷兰语的翻译定义，而选用《长崎法尔末和解》（即《法尔末和解》的长崎版本）中的相应日语，使得词语的解释更加通俗易懂。因此，学英语的人是由学荷兰语发展而来的，他们的知识获得了迅速的积累。在这些词典中，由美国人编纂的是《和英语林集成》，包含有 2 万多个单词，编纂者是一位 1859 年来到日本的长老会医学传教士詹姆斯·赫伯恩（1815—1911），1867 年，该词典出版。但是自那以后，无论是英日、日英、德日、日德、法日、日法还是俄日词典，几乎所有最优秀的字典都是由日本人编纂的。[2]

佐久间象山（1811—1864），一位身兼儒学和西学的 19 世纪的学者，预感到了德川时代词典编纂的重要性。佐久间象山计划出版《法尔末和解》的修订和增订版，为了支付出版费用，他用自己每年 100 石稻米的固定俸禄作为抵押，向藩主借贷了 1200 两。尽管由于幕府拒绝批准，这个计划归于失败，但佐久间象山的呈请书中表达的看法，却说明了他所支持的这项事业的重要性和意义：

442

> 只要你把这项工程视为一条基本途径，就可以由此接近和精通艺术和科学，只要你把这项工程作为获取各大洲国家优点的必经一步，就可以由此创建一个能够在世界上永久自立的日本，那么，无论将会招致什么样的批评，都像蚊虫轻轻拍打翅膀一样无关紧要。[3]

佐久间象山有一句著名口号"东方道德，西方科学"，其中的"科学"通常被理解为仅指"科技"，但事实上，他的本意内涵宽广，包括了艺术人文学科和那些构成科技基础的自然科学。这可以从他向一名通信者所作的评论中看出：

---

[1] 堀達之助把皮卡尔"口袋词典"的"口袋"两字改为"袖珍"，指可放入和服袖中。

[2] N. I. 康拉德教授的《日俄词典》可能是一个例外。这部词典仍然未被日本人的努力所超越，这一事实表明了日本人在外语学习方面的优先顺序。在西方语言词典方面所发生的情况同样适用于汉语。诸桥辙次的古典汉语参考词典《大汉和词典》于 1960 年由一家出版社推出，这已是这家出版社的厂房在 1945 年毁于战火后的第二次开始这项工作。这部词典在所有使用中国文字作为书面介质的国家中被公认为是优秀的。像西方语言的词典一样，《大汉和词典》也代表着一种尝试，即一个欠发达的文明对一种优越的外国文化的吸收，尽管如此，但它仍然超越了中国本身在类似词典编纂上的所有成就。

[3] "Haruma wo hangyō nite kaihan sen koto wo chinzu," in *Shōzan zenshū* (Tokyo: Shōbunkan, 1913), vol. 1, p. 128.

当今中国和日本的学问都是不充分的，需要补充和完善包含整个世界的知识。哥伦布通过"调查的方法"发现了新大陆，哥白尼计算得出地心说的理论，牛顿认识到万有引力规律的真理。自从有了这三个伟大发现，所有的艺术和科学都建基于其上——每一个都是真理，没有一个是谬误。[1]

佐久间象山认为儒学是与西方军事技术相协调的，因此中国学说和西方学说本质上是同一的。对于他来说，词典的编纂是获取这种同一基础的知识所必不可缺的手段。在上文引用过的呈请书里，他还曾表示：

对于战争行为来说，没有什么比孙子兵法中"知彼"的箴言更重要的了，当今紧迫的沿海防御也同样如此。因此，我希望国内的所有民众能够完全熟悉敌人的情况，其中有些是可以通过允许他们用自己的语言阅读蛮夷书籍来获得的。出版这部词典就是能使人们这样做的最好方法。

因此，这部词典的编纂与出版是一个象征，表明佐久间象山希望以一种基本的和全面的方式去了解外国文化。同样，他也渴望在他的国民中传播这种了解。经过这样一个启蒙的过程，明治政府才能在几年后开始在全国范围内推行引进和吸收西方文化的政策，但是对于佐久间象山来说，他似乎还是认为他辛辛苦苦编纂而成的词典手稿，仍然需要幕府的准许才能出版。这就是明治维新前夕德川时代知识分子所能达到的觉悟程度。

兰学的文化和知识背景

要考察"兰学"之所以能够在德川时期发展起来，既要注意到大众的传统文化，又要明了 18 世纪知识分子生活的特定趋势。

德川时期的知识分子开始意识到他们的祖先在吸收和适应中国文化上所表现出的能力；一千年前的日本人，同样认为日本这片土地存在于世界文化范围的外部边缘。在某种意义上，19 世纪的日本知识分子只需要将这个中心由中国转移到西方。这样看的话，日本人的意识和问题所受的打击与中国大不一样，结果是，

---

[1] "Letter to Yanagawa Seigan," dated 3/6/Ansei 5 (1858), in ibid., vol. 2, pp. 845-846.

与处境相同的中国思想家相比，日本的思想家更能在心理上吸收和接受西方的文明。就像他们之前学习中国文明时说的是"日本灵魂，中国技术"一样，如今他们讲的是"日本灵魂，西方技术"。

18世纪兰学的先驱者们充分地意识到了这种对比。杉田玄白在回忆兰学的成长时总结道："难道是因为我们的思想已经经过了学习中国文化的训练，才导致了兰学发展如此迅速？"[1] 此外，在他的思想里，"训练"不仅包括语言学，也包括态度和观念。与其他处于中国文化圈边缘的东亚民族不同，日本人发展出了一种方法，使得古代汉语的教材能够适应他们自己语言的句法规则，而不是把古代汉语当作一门外语来阅读。结果，就像众所周知的"汉文"阅读法一样，尽管程序复杂而又烦琐，但是它涉及在翻译上的严格智力训练，产生了把一门外国语言民族化的结果。

部分是由于上面的原因，另外是由于日本的相对孤立，日本从来没有被中国学问或者西方学问所压倒，反而通过尽可能地吸收中国和西方的文化，而使日本保持持续的文化自立。仅仅是为了使国民足以了解外部世界，刺激国民寻求知识的好奇心，才逐渐向他们灌输钦佩西方的观念，而不是将他们完全地吸引到这种"更高级"的文化上来。考虑到德川时期兰学家们工作上的实际隔离状态，他们不可能完全认同外来文化，对于西方文化的钦佩注定也仅限于单纯地追求智力层面。这种地理上的限制，有助于他们强调在追求"西方技术"的同时，保留和强化"日本灵魂"。桥本左内（1831—1859）写道，日本应该"引进西方机械和技术，但是应该保留日本原有的仁善，公正，忠诚以及孝悌"。[2] 横井小楠（1809—1869）同意这一看法，并敦促其同胞"以尧、舜、孔、孟之道，从西方完全获得机械科技知识"[3]。佐久间象山也谈论过"东方的道德和西方的技术"。其后的明治政府接受了这样的目标，口号是"用西方文化的长处，来弥补日本的不足"。

考察18世纪知识分子的动态，对于认识导致兰学产生的环境也是有益的。

---

[1] "Rantō kotohajime," in *Nihon koten bungaku taikei*, vol. 95, p. 505.

[2] "Letter to Murata Ujihisa," dated 10/21/Ansei 4, in Nihon shiseki kyōkai, ed., *Hashimoto Keigaku zenshū*, vol. 2 (*Nihon shiseki kyōkai sōsho*, vol. 47) (Tokyo: Tokyo Daigaku Shuppankai, 1977), pp. 471-472.

[3] "Letter to Nephews Studying in the West," in *Nihon shiseki kyōkai*, ed., *Yokoi Shōnan kankei shiryō*, vol. 2 (*Zoku Nihon shiseki kyōkai sōsho*, vol. 40) (Tokyo: Tokyo Daigaku Shuppankai, 1977), p. 726.

在很大程度上，这个时代所显现出的特点是在程朱理学内部发展起来的经验主义，而程朱理学为江户时代正统知识的主要流派提供了宏大的思辨哲学系统。儒学内部的这些动态在本书其他章节已经进行了论述，这里的讨论仅限于经验主义流派的发展与德川时代医学的关系，这正是兰学得以诞生的温床。

日本首次遭遇西方文明是在 17 世纪末期，德川幕府实行"锁国"政策之前的时代。在战争年代，适者生存是铁律，政治领导人会强烈地意识到，需要采取任何适当的新东西以增加取得胜利的机会。至于火器、外科手术这些文化添加物是外国的还是本国原来就有的，对于他们来说完全是无关紧要的。在那时，日本人不是通过书面的记录，而是通过直接观摩伊比利亚的手术实践，通过考察一所明显比较先进的"南蛮"外科学校，来学习早期西方式的外科医学。这所学校培养出来的一名医生曾在 1701 年治疗过幕府官员吉良义央久治不愈的伤情，这一伤情是由著名的 47 名浪人仇杀事件所造成的。这所外科学校一直处于领先地位，直到被兰学的学生们通过技术的发展所超越，但它对于兰学的产生却几乎没有什么贡献。兰学背后的动力在于其他方面，在于德川时期的儒学。

445

到了 17 世纪末，一些私人学者开始挑战当时在德川时期学术界占支配地位的程朱理学教育。最先提出质疑的是京都的伊藤仁斋（1627—1705），他提出了所谓的"古义学"（从而也被称为"古义学派"），反对旧有的评注，寻求直接返回《论语》、《孟子》和其他儒学经典的方法。因此，伊藤仁斋的学派可以被认为是古文物研究者信仰复兴运动的一种形式。紧接着，荻生徂徕（1666—1728），也提倡古义学，在当时的知识分子阶层中产生了更大的冲击。这些学说的影响已经超越了儒学知识的领域。例如，日本的学问（"国学"）认为，原始的"真正日本心灵"，只有通过抵制"中国精神"才能得以发现，长时间的接触中国，已经使得日本原始的内心变得模糊不清，因此最好的方法是学习《古事记》、《万叶集》，以及其他古老的日本典籍。

直到江户时代中期，德川时代的医学思想一直被中医的李—朱学派所支配，这个学派是从金元时期的名医李东垣和朱丹溪的基础上发展起来的。该学派以思辨哲学的形式，依据"阴阳"、"五行"、"五行循环"和"六气"等措辞来讨论人体病理学。但是，在德川中期古义学的影响下，在非官方的学者和医师之间展开了一场运动，抵制将这些揣测性的观点当作近来的发明，主张返回古老中国的医学之"道"，就像《伤寒论》这样的著作所描述的那样。[1] 这场运动与古义学派对实证主义的强调有关。作为伊藤仁斋的仰慕者，后藤艮山（1683—1755）把他自己的一个弟子香川（1683—1755）送到伊藤仁斋的私塾"古义堂"学习。在那里，香川逐渐形成了一种儒学和医学相结合的思想，认为儒学的"圣人之道"与"医学之道"基本相通。按香川所说，圣人和古代的价值体现在其对经验事实的崇信不疑，而现今的思辨哲学则模糊了这个重点。随着古义学派逐渐为大家所知，它批判了当今的种种旁枝末节，支持直接向古代中国的医学文献学习。

　　这一古义复兴运动的关键基础是实证主义，即坚持认为假说应该得到证实。这一重点所在使得它的支持者们不仅质疑古老事物的真实性，也怀疑旧时医学文献的有效性。例如，学者永富独啸庵（1734—1766）讲了一个唐代宫廷画师韩幹的故事，皇帝命令他画一匹马，并向他提供了一幅以前宫廷画师的画以做参考。他回答道："我不希望看到这样一幅画，陛下马厩里的马将能提供更好的参考。"永富独啸庵总结说，医师也一样，应该以这样的方式工作。仅仅阅读文献是不够的；医师需要从事先形成的观念中解放出来，面对一个实际的病人，进行亲密而直接的病情询问，运用自己的独创性去设计医疗方案。这个过程被称为个人查问和"亲试实验"。吉益东洞（1702—1773）强调了这种治疗方法，一生都致力于这种如今所谓的疾病"症状疗法"。他在《医学诊断》这本书中写道，"原则"（"理"），或一个先验的推测性理论，是主观的，因人而异的，缺乏认定它们是确证还是反证的确切标准。另一方面，疾病则具有特定的症状。总而言之，一个医生如果没有对疾病进行细心而准确的诊断，就不应该使用这些主观的理论。长期以来，山脇东洋（1705—1762）对德川时期中医专家所使用的传统解剖图解持怀疑态度。在他的老师后藤艮山的鼓励下，山脇东洋解剖了一个水獭。接下来，在获得官方许可后，他在1754年对一名已执行死刑的犯人进行了尸体解剖，并在一部名为《尸解记录》的书中记录下了这次观察。这次尸体解剖震惊了整个德川幕府时代的医学界。山脇东洋多次受到谴责和暗杀袭击，但他始终不变地坚持自己的见解。在他的记录中，他写道："理论（"理"）可能被颠倒，但是真实的事物怎么可能被欺骗呢？如果理论被尊崇过头，超过了现实，即使是一个拥有非凡

---

[1]　这是一本后汉时代张仲景所写的医学典籍。现存的最古老版本由西晋的王叔和所编。在数个世纪之后的宋代，林亿出版了一部新编的版本。

智慧的人也不能保证不犯错。当实质性的事物已被调查清楚，而理论建立在这样的基础之上，那么，即使是一个普通人一样可以做得很好。"

山脇东洋和他的同事们，在尸体解剖中使用了一本帕多瓦大学教授写的解剖学教科书的荷兰译本。他们惊讶地发现这本书的图解与尸体器官是如此严密地吻合。山脇东洋最初有些不太相信这份图解，因为它与当时盛行的中国医学理论很不相符，但是当他们将这些西方图解与真实的人体解剖相互比对，并证实了西方图解准确无误。正如他所说："尽管相隔万里，他却能踏着事实的轨迹前行，到达同样的终点。我怎么能不对此表达由衷的钦敬？"这一事件揭示了这样的观点，国家和种族的差异与追求客观事实、领悟真理之道没有什么关系，这样的观念自中世纪以来就受到遮蔽，却事与愿违地存在于通常被认为是野蛮人的西方人中间。

于是，在古义学派对文本的严格遵循与兰学对经验主义的强调之间，便因此而有了清晰的联系。这种联系既可追溯到个人，又可追溯到知识分子的谱系上。山脇东洋的学生小杉玄适是小滨市的一名藩医，他亲眼看见了山脇东洋解剖尸体的过程，从而也成了杉田玄白的同事。山脇东洋的另外一个弟子栗山孝庵，在长州的城下町单独进行了两次尸体解剖。而1771年，杉田玄白设法在江户安排并参加了一次尸体解剖，他将此说成是他献身于通过实验探究真理的出发点。克鲁穆斯的解剖学图表的准确性，对杉田玄白产生了极为深刻的影响，他和他的同事因此决定要完整地翻译这部著作。

杉田玄白的回忆录无疑具有一定的风险，夸大了这一事件在传统转型中所扮演的角色，但是无论如何，即使这一事件不具有关键性的作用，也应被认为具有标志性的意义。此外，有这样一种说法，认为杉田玄白和他的同时代人跟随着古义学派向前迈进了一步，超越了早期山脇东洋所开创的起点。虽然山脇东洋和他的同时代人所说的实用性和观察法中不乏华丽的辞藻，但他们确实倾向于在实践中限制他们对于古人智慧的迷信，并避免以逻辑引申来推进他们的观点。[1] 然而，杉田玄白在他的《对影夜话》中，描述了他阅读荻生徂徕的军事学论著《钤录外书》的感受，这部著作激发了他基于实证方法，尝试对医学进行系统的研究： 448

---

[1] 关于"兰学"兴起前夜医学和思想的发展，参见 Fujikawa Hideo, "Kohōka to rangaku," in Fujikawa Hideo, *Seitō shitoa* (Tokyo: Tamagawa Daigaku Shuppanbu, 1974), pp. 9-20. 关于"兰学"和西学的一般待遇，参见 Satō Shōsuke, *Yōgaku-shi kenkyū josetsu* (Tokyo: Iwanami shoten, 1964).

荻生徂徕告诉我们，真实的战争与那些所谓《孙子兵法》大师所告诉我们的有很大不同。战地地形可能是陡峭的，也可能是平坦的，敌人可能很强大，也可能较弱小。没有人可以事先准备一套恰好可以应对所有时间和所有地形的战术；无人可以永远胜利，也无人会永远失败，战争开始之前的形势也不会一成不变……胜利或失败，取决于不断研究战略原则，做到具体问题具体分析，以及主将的能力。[1]

按照这种方法，由古义学派支持者的领军人物所论述的军事战略，被转用到医学领域，并结合进行系统的考察（"亲试实验"），随之，18世纪末日本兰学的先驱者们又把这种方法用于借鉴和吸收荷兰的医学和科学知识。在半个世纪后的外交危机中，他们又将关注的重点重新转移回军事领域；最终，它导致了明治政府选择西化的政策。因此，这些发展对于日本的思想和日本对于西方文化的吸收具有极其重要的意义。

从理论到实践：德川晚期和明治早期的出国旅行者

日本渴望了解外部世界

19世纪中期日本令人吃惊的现象之一，是受过教育的日本人观察外部世界的强烈愿望。在他们身后，日本已经有了80年修习兰学的历史，许多人已经逐渐不再满足于仅仅依赖从书本上学习西方。日本在缺席世界历史舞台的两个世纪中，已经被远远地抛在了后面，佩里的"黑船"来航，证明了日本的落后，许多年轻人决心迎接这次挑战，主张在本源上查究西方文明的技术优势。山路爱山将德川晚期的时代思潮描述为"渴望奔向外国海岸，并肩负起观察这片遥远土地的伟大任务。"[2] 三宅雪岭在他的《我们时代的历史》中写道："在听说吉田松阴计划访问美国时，只有那些无知和懒惰的武士才会感到惊讶，大部分志趣相投的人士有着相似的准备。最后，他的计划终于得以实行，一艘幕府军舰于1860年被

[1] Sugita Genpaku, "Keiei yawa," in Fujikawa Yū et al., eds., *Kyōrin sōsho* (Kyoto: Shibunkaku reprint edition, 1971), vol. 1, p. 106. This passage is also quoted in Satō, *Yōgakū-shi kenkyū josetsu*, p. 60.

[2] Yamaji Aizan, "Niijima Jōron," in Yamaji Aizan, *Kirisutokyō hyōron, Nihon jinminshi* (Tokyo: Iwanami Shoten, 1966), p. 44.

派往旧金山。"[1] 正是如此，蒸汽引擎的佩里"黑船"，被认为是西方先进技术的象征，使日本确信了自己国家的卑微；他们这样表述他们的"危机意识"："在当前抵抗蛮夷的诸般事务中，没有什么比'了解敌人'更为迫切的了。"这种实事求是而又依赖经验的观点，确定了"调查敌人情况"这一主要任务，福泽谕吉的畅销书《西洋事情》的书名，就体现了这一目标。

这种决定是不同类型的日本人所共有的，对比吉田松阴和新岛襄的例子就可以看出。乍一看来他们貌似不太可能具有相同之处。吉田松阴（1830—1859）是以作为一名热烈的民族主义者和无条件忠于天皇的典型代表而为历史所熟知。由于对幕府同意签订耻辱的不平等条约感到愤怒，导致他极端地将事业转向了教育和暗杀，并死于井伊直弼所发动的"安政大狱"。他坚定不移地拥护天皇作为最高统治者，这使他成为其后国家主义思潮和民族主义者心目中的聚焦点和殉道者。早在1867年，长州志士高杉晋作，近在1970年，小说家三岛由纪夫，在举行自杀仪式时，都以国家的名义高喊着吉田松阴的口号。另一方面，新岛襄（1843—1890）则作为一名热情的基督徒和西化者而为他的同胞所熟知。他是封建司法机构的逃犯，逃往美国后发现了仁慈的基督教，曾在美国艾摩斯特学院和安多弗神学院接受教育；回到日本后，他在日本古老的都城和佛教的中心京都建立了第一所基督教大学（"同志社"）。然而，吉田松阴和新岛襄共同享有对西方的基本感受力和好奇心，并且共同拥有一个伟大的愿望，就是向西方学习，希望能够由此使他们自己和他们的国家做好接受西方挑战的准备。

吉田松阴的案例

在日本被佩里海军准将的"黑船"分舰队强行打开门户的那个黎明，吉田松阴与西方不期而遇。1853年，佩里抵达日本，离开时留下了美国总统米勒·德菲墨尔要求建立正式外交关系的信件，起航时还留下了他会在1854年春天重返江户聆听回复的警告。在这当口，佐久间象山建议他的年轻弟子吉田松阴有件事值得一试，就是设法跟随佩里的舰队离开日本，以便在舰队返回日本时用直接的西方知识武装自己。

1854年4月，佩里的舰船正在下田港检修。一天下午，"密西西比"号的舰

450

---

[1] Miyake Setsurei, *Dōjidaishi* (Tokyo: Iwanami Shoten, 1949), vol. 1, pp. 2-3.

长助理 J. W. 斯普尔丁在岸上散步，两个武士打扮的年轻人向他走来，表面上是要看看他的表链。走近之后，其中的一个年轻人把一封信塞进斯普尔丁穿着的背心里，让他受惊不浅。信是用完美无瑕的古典汉语写的，美国翻译官 S. W. 威廉姆斯能够读懂，信中写道："我们从书上读到和从传闻中听说一些关于欧美的风俗和教育情况，多年以来我们一直渴望潜出海外，以周游五大洲。"这份充满夸大其词比喻的"汉文"信件，表明了吉田松阴了解日本以外世界的强烈愿望：

> 一个跛脚的人看到其他人走路，他也会渴望走路；但是当一个步行的人看到一个骑马的人时，他又该如何满足自己的愿望呢？……现在，我们看到你以闪电的速度劈风斩浪，不远万里奔行在五大洲之间，难道不能将此比作跛脚汉找到了走路的方法，步行者寻求到骑马的方式吗？[1]

在没有得到这封信件的回复之前，两个年轻人已在夜深人静之时潜到"密西西比"号舰上，众所周知，这次努力失败了。佩里感到帮助他们打破日本政府禁止到国外旅行的法令（"锁国令"）是很为难的，因为刚刚签订过条约，要想帮助他们他就不得不再去谈判。在通过翻译官与这两个年轻人进行了交谈之后，佩里很为难地拒绝了他们的请求。然而，毋庸置疑，这种不顾一切的强烈愿望，以及他们天真质朴的行为给我们留下了深刻印象。这种不顾个人安危和矢志如一的行为，博得了翻译官 S. W. 威廉姆斯的亲切理解，这可以从吉田松阴的《春夜记实》，斯普尔丁的《日本远征》以及 F. L. 霍克斯的《叙事》中推断出来。

451　斯普尔丁的记录描述了这两个人的结局：

> 几天后，我们的几个官员在他们闲逛时得知，有两个日本人正被关在小镇后面一个军营的囚笼里，他们去到那里，发现正是那天深夜拜访他们船只的那两个人，我不幸的朋友也被证明是信件的主人。在如此情况下，他们仍未表露出放弃，他们中的一个人用他们本国的文字在一片木板上写下了一些

[1] Yamaguchi ken kyōikukai, ed., *Yoshida Shōin zenshū* (Tokyo: Iwanami Shoten, 1936), vol. 10, p. 876. 亦请参见 Francis L. Hawks, *Narrative of the Expedition of an American Squadron to the China Seas and Japan: Performed in the Years 1852,1853, and 1854, under the Command of Commodore M. C. Perry, United States Navy, the Official Account* (Washington, D.C.: Beverley Tucker, Senate Printer, 1856), p. 420。

东西，并把木板穿过牢笼递给我们一位在场的外科医生……[1]

美国舰队的官员们讨论了介入营救这两个人性命的可能性，但是当他们再次回到岸上时，这两个人已经消失了。传言说他们已经被转移到江户的一座监狱里了，当他们向一位幕府官员询问时，这名官员用手势在自己的咽喉处比画了一下，这使美国人意识到，这两个人已经或者很快就要被处决了。斯普尔丁回想起那封塞进他背心的信件，字迹工整，轮廓分明，证明作者显然是一位有品位的智者。斯普尔丁的回忆与霍克斯在《叙事》中关于最初相遇的描述是一致的，"可以看出，这两个日本人应该是有身份有地位的人，因为他们每个人都佩戴了两柄用于标明身份的刀，并且身穿用昂贵丝绸裁制的宽大短裤，他们的礼节显露出了通常上层阶级才有的那种既有尊严又有礼貌的文雅。"[2]事情很清楚，吉田松阴的胆量给美国人留下了深刻的印象，美国人相信他的才能而又不得不同情他的命运。毫无疑问，这个事件使美国人更加强烈地确信打开日本国门这个使命的正义性。

吉田松阴那些写在一小片木头上的文字，递到碰巧走到囚笼旁边的美国海军医生手中，霍克斯把这些文字描述为"一个顺从环境的哲学样本，不禁令人想起加图的斯多葛学派"。其中的部分内容说的是：

> 胜者称为英雄，败者被说成是恶棍或盗贼……然而，我们并无什么可以指责自己的，需要被认清的是这个英雄是否能够证明他是一个真正的英雄。得到允许可于日本的60藩国往来无阻，依然无法满足我们的欲望，多年以来我们一直渴望潜行出海，周游五大洲列国。我们的计划毁于一旦……哭吧，看起来我们像是傻瓜；笑吧，看起来又像是流氓。哎！对于我们来说，能做的只有保持沉默。[3]

吉田松阴又活了5年，在他自由受到限制的那段时间里，长州藩官方允许他 452
开办学塾，由此他启迪了一代长州门徒。正如他向他的学生品川弥二郎所说的那样：

---

[1] Hawks, *Narrative*, pp. 884-885.

[2] Hawks, *Narrative*, pp. 884-885.

[3] *Yoshida Shōdin zenshū*, pp. 874-875; 又见 Hawks, *Narrative*, pp. 422-423。

如果一个人不想在十七八岁时死去，那么，他同样也不想在 30 岁时死去，毫无疑问他会发现 80 年或者 90 年的人生都太短暂了。田野中的昆虫，小溪中的生物只能生存半年，却不被认为是短暂的。松树和橡树活了上百年，也没觉得漫长。相比天地的永恒，松树橡树都不过像是朝生暮死的昆虫。人类的寿命是 50 年，活到 70 岁就很罕见。除非一个人在死去之前做过一些能够带来满足感的事情，否则他的灵魂将永远得不到安息。[1]

吉田松阴能够得到安息；进一步的密谋将吉田松阴引渡到了江户，并在 1859 年执行了死刑。吉田松阴称自己为"一个从事的每项事业都遭到失败的人，一个将每次获得权力和财富的机会都搞砸的笨蛋"。不仅是他潜往美国的机会，他的所有计划好像都出了岔子。但是，他了解西方的决心和强烈的忠诚却留在了他的学生的心中，并早在 1882 年就引起了一位富于同情心的作家的注意。吉田松阴长州学塾的一名学生枉木泰三后来曾去爱丁堡留学，罗伯特·路易斯·史蒂文森通过他听说了吉田松阴的故事。枉木泰三所讲述的关于他老师的故事，成了史蒂文森《人与书的亲近研究》这本书中的一章。史蒂文森引用梭罗的话"如果你有勇气面对悲剧性的失败，那么这无疑和成功没有什么不同"，并得出这样的结论："这是一个英雄人物的故事，也是一个英雄男人的故事。"在史蒂文森的这本书中，其他英雄人物都拥有与吉田松阴相似的品质：勇敢坚强，自力更生，不屈不挠，高尚的荣誉感，以及炽热远大的抱负。这些品质是德川末期决心前往西方的日本人所必须具备的，而这些日本人令人惊讶地具有这样的共同点。

新岛襄的情况

吉田松阴和新岛襄是德川末期相同现象的不同部分，他们都渴望直接了解西方。吉田松阴计划的失败，部分原因是它实施得太早了，1854 年还不具备这样的条件；还有部分原因是他选择了佩里舰队这一最初的外交使团这样的官方渠道。相反，新岛襄的计划晚了 10 年，是在 1864 年，并且是通过一艘美国贸易商船的私人帮助。此外，在这 10 年中间，已经有了许多交流和旅行。1860 年，德川幕府的战船"咸临丸"号已经航行到加利福尼亚海岸，护送幕府将军的使节团前往

453

---

[1] "Letter to Shinagawa Yajirō," dated circa 4/Ansei 6, in *Shōin zenshū*, vol. 6, p. 318.

华盛顿，这是由于不断加强的条约关系而越来越大、越来越多的前往西方使团中的第一个。1862 年，将军又派遣西周、榎本武扬、津田真道前往荷兰学习。1863年，长州藩违反将军的法令，送吉田松阴的学生伊藤博文和井上馨前往英国学习；南部的萨摩藩也在 1865 年筹组了一个更大的使节团，有 14 名学生前往英国学习。这些游历的知识，通常至少会在这些参与的家族里流传。当长州的武士青木周藏（后来的外交官）访问九州中津的城下町时，此时的福泽谕吉却正在国外担任这样一个官方使团的翻译，福泽谕吉的妈妈将福泽谕吉寄自远方的信件和照片拿给青木周藏观看，令他感到十分新鲜。

不过，私人旅行是有很大不同的，并且十分危险。新岛襄后来描述说，他去英国游历愿望的实现并不尽如人意："有些日子我去江户的海边，希望看到大海的景色。我看到很大的荷兰军舰停泊在那里，对我来说它就像是一座城堡或一组大炮，我想它与敌作战时一定十分强大。"[1] 这个德川晚期的年轻人所感到的兴奋是显而易见的。新岛襄清醒地看到日本需要创建一支海军，并且看到了通过海上贸易可能带来的重要利益。

新岛襄被他出生的安中藩挑选出来学习兰学，他学习阅读自然科学方面的书籍（"我在家里一手拿着荷日字典，一边阅读自然书籍"）。他还曾在幕府的海军教习所学习过一段时间，但是却发现这里的学习很不充分，无法令人满意，最终，他决定必须独自去海外学习。新岛襄恰恰是受吉田松阴当初纯朴而又直接的方法的启发，同吉田松阴一样，美国人发现他们受到新岛襄强烈激情的感染，"柏林"号的船长冒着违反指令的危险将他从函馆偷运出来，"流浪"号的船长将他转运到上海，并接受了送他前往波士顿的责任，尽管其间要历经一年之久的航程。在波士顿，新岛襄用可怜巴巴的英语拼凑出一封信件，解释他来美国的原因，"流浪"号的主人阿尔斐俄斯·哈迪在阅读完解释信后，慷慨地支付了他的学费，并且支持他完成了爱莫斯特斯大学的本科教育和安多弗神学院的神学训练。

454

当新岛襄得知那位把他带上船的"柏林"号船长因为帮助他离开函馆而被免职时，他写下了如下日记：

啊，令如此好心的一个人遭遇如此不幸，我感觉我将被这种内疚撕裂开

---

[1]　A. S. Hardy, *Life and Letters of Joseph Hardy Neesima* (Boston: Houghton Mifflin, 1892), p. 6.

来。但是事实已定，做过就是做过了，不能当作没做。将来，当我完成学业后，我定将尽我所能去回报他对我的恩情。也许，其后我所能做的只不过弥补我对他造成伤害之万一。[1]

一个怀有如此感恩之心和负罪之感的人，不会再把西方人视为"蛮夷"。

当然，个别的西方人依然能够惹来强烈的反感。作为船长的贴身男仆，新岛襄要"清理他的船舱，服侍他，洗他的杯盘碗盏，还要照料他的狗"，他肯如此屈尊，仅仅是因为这里不会有其他日本人监视他。由于在安中藩时受到过礼仪训练，新岛襄能够很好地照顾船长的需求，并且我们可以揣测他很可能做得得心应手；但是他的武士自尊心经常会受到沉重打击。有一次，他因没有服从一名乘客用英语发出的指示而受到指责，这名乘客要求他提供一个语言教师应有的服务。作为一名剑道高手，新岛襄回到他的船舱，拿出他的刀，准备去砍倒这名乘客，这时他想起了他的使命，总算没有这么去做。毫无疑问，在旅途中，新岛襄肯定不止一次地要求自己忍耐和克制。

到了上海后，新岛襄被转移到"流浪"号船上，他要求船长带他去美国。作为感谢，他将长久以来随身携带的两柄武士刀送给了船长。船长将其中的一柄短刀卖了8美元，并用这8美元买了一本《新约全书》的中文译本送给了新岛襄。由于这位令新岛襄非常钦佩的船长不会说日语，所以他称新岛为"乔"。1876年，新岛襄正式采用"乔"作为自己的名字。后来，他还给自己起了个英文名字"约瑟夫·哈迪·新岛"，用"哈迪"表示他对波士顿船主夫妇的感谢，他曾受到这对夫妇很好的照顾，对他们怀有一份超越对自己父母的感恩之情。新岛襄作为家中的长子，以服务"天父"的形式来证明他不能侍奉双亲和非法离开日本的正当性。他成了一名基督徒，遇到他的再生父母哈迪夫妇，从而得以完全平静的内心继续在美国追求他的学业。

新岛襄违反本国法令、选择逃离祖国的目的是向西方学习。终于，日本官方政策转向于对这种目的给予支持。到1871年3月，岩仓使节团前往西方，此时的新岛仍在美国学习，他被邀请做他祖国最高长官的翻译，1874年，新岛襄一回到日本就赢得了木户孝允（岩仓使节团的一员）等高官的信任和帮助，获得了在

---

[1] Diary entry, 9/13/Meiji 1, in *Niijima Jō sensei shokan shū zokuhen* (Kyoto: Dōshisha Kōyūkai, 1960), p. 239.

京都创建神学院的许可。接下来的日本"文明开化"政策与新岛襄向同胞传播基督教的个人使命几乎是分不开的。当时，新岛襄明显具有一种线性进步观，他将西方化、文明和基督教视为唯一的追求目标。1884 年，他在恳求政府支持他的学院的书信中表达了这种信念："造就欧洲文明的是自由精神、科学发展以及基督教的道德……除非教育基于同样的基础，否则我们无法相信日本会达到这种文明。建立在这样基础之上的国家，将如同建立在磐石上一样牢不可破……"[1]

从吉田松阴和新岛襄这两个人戏剧性的不同人生，我们可以看到两点。第一，吉田松阴与新岛襄一样，开始以热情、信赖、乐观主义的观点看待西方，希望学习西方的长处，来拯救他落后而心爱的祖国。第二，新岛襄也和吉田松阴一样，尽管投身于西方完全是出于个人关系和精神信仰的原因，但他如此作为，是因为确信这样有助于"国家的根基"[2]。

前往西方学习的使节团

在日本，并不是只有吉田松阴和新岛襄渴望直接去西方学习；在幕府时代，那些被禁止踏上外国土地的高级官员们，也都渴望能够亲眼看看西方，渴望建立一支能够胜过西方的海军。早在 1858 年 6 月，谈判《日美友好通商条约》的日本代表们就有这样的提议，美国领事汤森·哈里斯报告说：

> （日方代表）提议，如果我愿意，他们可以派遣大使乘坐他们的轮船，经加利福尼亚前往华盛顿签订条约。我告诉他们，没有什么能比这更能让我高兴的了。因为，美国作为第一个与日本签订条约的国家，我当然很乐意日本将他们的第一位大使派往美国。[3]

日本的文档对这一事件的记录如下："贵国为了签订这个条约，前后一共派遣了 3 个使节团（包括这次在内）。既然事情已有眉目，我们是否可能派遣我们的

---

[1] "Meiji Senmon Gakko setsuritsu shishu," in *Niijima sensei shokanshū* (Kyoto: Dōshisha Kōyūkai, 1942), pp. 1158-1159.

[2] 我已对吉田松阴、新岛襄及其他 19 世纪中期的旅行者做过论述，参见平川祐弘主编 *Seiyō no shōgeki to Nihon* (Tokyo: Kōdansha, 1974), pp. 139-199。

[3] M. E. Cosenza, ed., *The Complete Journal of Townsend Harris* (Rutland, Vt.:Tuttle, 1959), p. 531.

使节前往华盛顿交换文书？"[1]

说这句话的是岩濑忠震，他可能确实希望自己能够前往华盛顿，但是在这个心愿得以实现之前的两年时间里，日本经历了包括"安政大狱"在内的政治巨变，使他的希望付之东流。最终在1860年，新见正兴被选为首席大使（如他所说，"这归之于他父亲的功劳"）；村垣范正为副大使；小栗忠顺为监察官。村垣范正性情温和，留下了详细的《航海日记》，在这本日记里描述了他被召唤到江户并接到任命通知时的心情：

尽管在古代我们曾派遣"遣唐使"前往唐代中国，但是邻国的大陆仅仅一水之隔；而美国却离我们神圣的国土有万里之遥，并且与我们的国家昼夜颠倒。

我带有几分幽默地向女儿们夸耀："承担这项史无前例的重大责任并因此而扬名于五大洲，一个男人将不会再获得比这更大的荣誉了。"但是，经过仔细考虑后我意识到，"参与第一个前往国外的使节团，像我如此愚蠢的人能胜任吗？如果我未能完成将军的谕令，我们神圣的土地将会遭受无法言说的耻辱。"此时此刻，天上月光皎洁，我对着一轮明月庄严地敬了一杯酒，感谢将军的信任：

457

自此之后，
外国人也将会仰首凝望
我们日本的月亮。[2]

这首俳句中所透露出的不安，与下面这首形成了强烈的对比。村垣范正在他刚到旧金山的时候写道：

外国的土地，
也在同一片天空下。

---

[1] Dated 12/23/Ansei 4, in *Dainihon komonjo: Bakumatsu gaikoku kankei monjo* (Tokyo: Tokyo Teikoku Daigaku, 1925), vol. 18.

[2] Muragaki Awaji no Kami Norimasa, 这部著作被 Helen Uno 翻译为 *Kōkai Nikki* (Tokyo: Jiji Shinsho, 1959). 这里已对其译文有所修改。

仰首翘望，只见迷蒙春月。

显然，促使村垣范正履行职责的自尊心觉醒了。最终，下面这首俳句描述了他在巴拿马的波瓦坦与船长和全体船员分别时的心情：

尽管一眼就可看出他们是外国人，
但他们表现出的真实情感
与我们所拥有的并无不同。[1]

村垣范正就这样表达了他对这些美国船员们的欣赏。在经历过与他们的共同旅程后，他发现了人类本质的共同性。

在"高官使节"与美国总统詹姆斯·布坎南的国务卿路易斯·卡斯在华盛顿签订了《日美友好通商条约》之后，他们启程前往纽约。1860年4月28日，村垣范正在他的日记里详细地记下了他们所受到的欢迎。瓦尔特·惠特曼在《百老汇盛会》这首诗中，也对这场庆典进行了描述。惠特曼的这首诗不仅描绘了百老汇的一个"完全抛弃了前嫌的日子"，还为看到了东西方联合和世界大同的前景而欣喜。

使节团在美国所受到的欢迎，在他们返回祖国后很快传遍了日本，原来认为西方人是"野蛮人"的成见有所改观，虽然只有一小部分知识分子这样认为。在偏远的熊本藩乡下学校里，横井小楠对有关《论语》的讲义进行了修订。他在第一个条目上注释道：

【论语】："有朋自远方来，不亦乐乎？"　　　　　　　　　　　　　458
【横井小楠的注释】："有朋"这个短语的意思是，当我们欣赏学问并渴望学习时，如果我们主动靠近，同一个有道德的人交谈，不论他住在近旁还是来自远方，都将其当作知己好友，那么理所当然，这个人也将会信任我们，并将我们视为他的知己。这就是"感受和回应"原理的意思。
"朋友"并不限于学术上的友人，当我们学习采纳任何人的长处时，世

---

[1] Uno, *Kokai Nikki*, pp. 38, 51.

界上所有的人都是我们的朋友。[1]

接下来，横井小楠这个学者兼政治活动家，引用近代历史发展的经验，并且主张在基于"四海之内皆兄弟"信念的基础上，修正日本的国际关系：

> 以一种更加宽广的视野来看，这种"感受和回应"原理，可以通过美国人对最近派往他们国家的幕府大使的热情接待而得到证明。他们的热诚是发自内心的。通过将朋友的意义扩展到世界上的所有人，而不仅仅局限于我们日本人自己，那么全世界的人都会是我们的朋友。

在那个时代的熊本藩，"攘夷"的情绪非常高涨，通过迎合这种时代的风气，一个伪装的正义拥护者也可以表现出正义凛然的样子。但是在横井小楠的讲义里，我们却看到了另一种形象，对于惠特曼和其他美国人所伸出的友谊之手，这位日本思想家以同样的方式回应他们。直到日俄战争之后，美国对待日本的态度开始发生变化为止，日本人对美国人一直感觉到一种亲切和友好，这种感觉与日本人对其他西方列强的感觉是不一样的。

作为幕府派往美国的首个使团的监察官（"目付"），小栗忠顺在美国期间改善了他的知识结构。回到日本后，他先是主管外交事务（"外国奉行"），其后又主管海军事务（"海军奉行"），并且在理财方面表现出非凡的能力，通过寻求法国的援助，建立了横滨铸造厂以及横须贺造船厂。在1868年鸟羽—伏见之战中幕府败北之后，小栗忠顺由于反对将军退位被捕，随后被处决。

然而，使团中最出名的人物却乘坐在辅助船只"咸临丸"号上，"咸临丸"号是第一艘穿越太平洋的日本船只。一名年轻的兰学者，福泽谕吉，要求并接受了陪同木村喜毅前往旧金山的使命。在他的自传中，有一章的题目为"我加入了第一个访美使节团"，里面包含了很多趣闻轶事，但其中最令人惊羡的事可能是，他在大阪绪方洪庵的私塾中所阅读的荷兰书籍以及科学训练，为他在美国学习自然科学打下了坚实的基础，并对他理解美国的最新发明给予了很大帮助。通过对比，他认为"社会、政治以及经济被证明是最令人费解的"。比如，当他问及

---

[1] Yokoi Tokio, ed., *Shōnan ikō*(Tokyo: Min'yūsha, 1889), pp. 447-448.

"乔治·华盛顿的后裔到哪儿去了"，一个美国人回答道："我记得华盛顿有一个女儿，但是我不知道她现在在哪里？"这个回答是如此之随意，令这个日本人感到十分震惊，他或多或少地认为，德川家康和乔治·华盛顿的社会地位差不多应该是相同的，这两人分别建立了日本和美国的政治体制，并延续了下来。[1]

"咸临丸"号的舰长胜海舟（1823—1899），最初只是德川幕府中的一个低级官员，但是他逐渐爬升到幕府当局的高层，最后，他放弃了江户城堡，向王政复古势力投降。在访美使团回到日本之后不久，胜海舟就断言美国处于领导岗位的所有人员都具备领导才能，而日本的情况恰恰相反，由此引起了同僚们的敌意和愤恨。在德川幕府晚期，西方的知识逐渐显示出在批判日本现存体制上的有效性，因为现存的体制无法令人满意地应对面临的种种危机。

在第一次护送使节团出海之后，直到 1868 年为止，胜海舟每年或者每隔一年就会护送或大或小的使节团出访海外。第二批使节团，1862 年由竹内保德率领，前往欧洲各国，寻求各国批准推迟四个额外港口的开放。第三个使节团是由池田长发带队前往法国，目的是请求关闭横滨港口，结果无功而返。1865 年柴田刚中率领第四个使节团前往法国和英国，商谈建立横须贺铸造厂和造船厂。1866 年，小出秀实带领第五个使节团前往欧洲及俄罗斯，谈判确定日俄在库页岛上的边界。1867 年，将军德川庆喜派遣他的私人代表德川昭武出席巴黎世界博览会。这个最后的使节团是带着寻求法国援助德川幕府这个秘密任务前往法国的，直到 1868 年幕府倒台时，这个使节团仍在欧洲滞留未归。[2]

尽管这些"高官使节"各有其特殊的外交使命，或是为了处理国内问题，或是为了当时的外交关系，但无论是故意为之还是无心之作，他们对于日本学习和吸收西方文明还是做出了重要的贡献。此外，当考虑到幕府以及长州、萨摩或肥前等藩（非法地）派遣留学生前往欧洲时，我们就会意识到，这场由吉田松阴在 1854 年发起的去"蛮夷之国"学习的运动已经扩展到并发展为幕府或国家的层面。如果我们统计一下，包括护送幕府首次派往海外使团的"咸临丸"号船员在

[1] "Seiyō jijō," in *Fukuzawa Yukichi zenshū* (Tokyo: Iwanami Shoten, 1959), vol. 7, p. 95；也见 Eiichi Kiyooka, trans., *The Autobiography of Fukuzawa Yukichi* (Tokyo: Hokuseidō Press, 1948), p. 125。

[2] 有人讨论了这些使节的情况，见 Haga Tōru, *Taikun no shisetsu* (Tokyo: Chūō kōronsha, 1968); 关于这些使节所参与的外交活动，是有些学者的研究课题，见 Ishii Takashi, *Meiji ishin no kokusai kankyō*, rev. ed. (Tokyo: Yoshikawa kōbunkan, 1966).

内，在明治时期以前，已有超过 300 个日本人登上过外国的海岸。

　　每个使节团都对他们所前往国家的体制和文明进行了调查，尤其是竹内保德率领的第二个使节团所做的调查最为系统透彻，幕府指示他"要特别留意政治活动、学校管理以及军事体制"。福泽谕吉、松木弘庵（寺岛宗则）、箕作秋坪以及其他去西方学习的学生的活动，都被记载在诸如标题为"英国调查研究"、"法国调查研究"以及"俄国调查研究"之类的小册子里。在加入竹内保德使节团之前，福泽谕吉已经在两年之前去过美国了，所以与一个观光客眼花缭乱于欧洲的事物不同，他所能做到的更多；他已经意识到不可避免的社会政治转型将会很快在日本发生，从而开始把自己看作一个热情的"文化工程师"。因此，福泽谕吉在明治时期启蒙活动的开端，可以追溯到他在德川时期的海外旅行。

　　福泽谕吉的《我的西方之旅记事》（*Account of My Voyage to the West*）以及《我的西方之旅备注》（*Notes on My Voyage to the West*），是两本用潦草的日文、荷兰文、英语以及法语混杂而成的备忘录。看一下福泽谕吉所做的这些工作，他就好像一部虚拟移动天线，疯狂地吸收着这些外国土地上的每一条信息。相比其他的日本人专注于局部的西方文化，福泽谕吉试图整合这些因素，并观察确实能使这些文化发挥作用的整体机制。例如，他的同事对火车的尺寸钦佩不已，记录下火车可以跑多快，或者测量铁路的宽度和高度。但是福泽谕吉却过滤掉这些方面，他的兴趣在于调查铁路公司的构成、银行业的活动，或者英国、法国对埃及铁路的联合监管。简而言之，他试图抓住的不仅仅是西方文化的技术方面，还有社会方面。他在自传中写道：

　　　　在这次旅途中，我并不在意去学习科学或者技术学科，因为在我回国后通过书本一样可以学得很好。我觉得我应该直接从这些人们的日常生活中学习一些更普遍的东西，因为欧洲人在书中关于这些日常普遍的东西的描写并不很明显。然而对于我们来说，这些普通的东西才是最难理解的。

　　所以，福泽谕吉说，在欧洲，"每当我遇到一个我想问问题的人时，我都会问他并将他说的每一句话记在一个记事本上……"[1] 回到住处后，他将这些问答

---

[1] *Fukuzawa Yukichi zenshū*, vol. 7, p. 107; *The Autobiography*, pp. 142-143.

式的谈话记录组织起来，并将这些内容与他在国外购买的书中的信息进行核对，随后，在 1866 年到 1869 年间，以《西洋事情》为书名将它们陆续出版。

福泽谕吉在他的自传中就其中的一次调查写下了下面一段话：

> 代议制政府是一个复杂的制度。当我向一位绅士问及什么是"选举法"以及议会到底是一种什么类型的部门时，他冲我微微一笑，我想他的意思是傻瓜才会问这样的问题。但是这些事物却是我很难理解的。在这一点上，我了解到这里有一帮被称为政党的人——自由党和保守党——他们总是在政府中相互对抗。
>
> 有时候，我无法理解他们到底在争斗什么，以及在和平时期"争斗"意味着什么。他们就会告诉我，"屋里这个人和那个人是敌人"。但是却经常能看到这些"敌人"在同一张桌子上吃饭喝酒。我感觉自己做不到这些。在经过长时间的苦闷思考之后，我才对这些相互矛盾的难解事实形成了一个大体的观念。在某些更为复杂的事务上，在他们向我解释以后，我可能需要 5 天或者 10 天才能多少有些理解。但是总的来说，经过这回首次欧洲之行，我学到了很多东西。[1]

这次欧洲之行的成果体现在《西洋事情》一书中，这是由日本人所写的第一 `462` 部系统记录西方文明结构的书籍，并且是以通俗易懂的日语写成的。一方面，此书意在提升日本对西方的了解和鉴赏；另一方面，通过福泽谕吉的改革设想，也为未来的明治国家提供了一个范本。因此，幕府使节团的出访海外，使得许多日本人了解西方，产生出诸如福泽谕吉的《西洋事情》和中村正直翻译自塞缪尔·斯迈尔斯《自助论》的《西国立志篇》这样的畅销书，这对于明治时期日本的建设起着重大的促进作用。明治维新完全改变了日本的政治领导阶层，强化了自 1868 年就已经确定的向西方学习的决心。这些官方使节团中的优秀人物全都追随明治维新。1871 年 12 月 23 日，明治新政府派遣岩仓具视为全权大使，率领一个 48 人的代表团前往美国和欧洲，随团一同前往的还有 59 名前武士阶层的留学生，其中有 5 名是女性。

---

[1] *Fukuzawa Yukichi zenshū*, vol. 7, pp. 107-8; *The Autobiography*, p. 144.

现在，我们应该谈谈随之而来的排外情绪的发展过程。1860年，胜海舟在返回日本的途中，开玩笑地在"咸临丸"号的甲板上展示了他在海外购买的西方雨伞。他问道："如果我在日本使用这把雨伞会出现什么后果？"其他的使节团成员警告他不要因此而招来暗杀。1862年，福泽谕吉在结束了他的第二次出国之旅返回日本时，国内的"攘夷"情绪变得更为强烈。作为一个西方学问的学生，福泽谕吉生活在被极端仇外分子杀死的无尽恐惧之中，有10年时间他一直拒绝在黄昏以后外出，而选择在家中潜心翻译或写他自己的东西。但是，到了1871年，这种排外情绪的威力终于消耗殆尽。其标志是岩仓使节团成员、7岁的津田梅子从国外带回了一个洋娃娃，这象征着和平的复归。在明治维新之前，一个女孩留学国外是难以想象的，而在她长期旅居美国之后，津田梅子回到日本，建立了后来称为津田塾大学的女子学校，这座大学与福泽谕吉的庆应大学和新岛襄的同志社大学一起，对现代日本的私立高等教育做出了重要的贡献。

在建政之初就派遣岩仓使节团到美国和欧洲进行这么长时间的旅行考察，即使考虑到内战已经结束、和平已经到来的事实，我们仍然对明治新政府的坚定决心感到惊奇。在明治政府成立了仅仅4年之后，明治政府就废除了德川日本陈旧的幕藩体制，强行建立了现代化的地方行政体系。完成废藩置县的4个月后，明治政府的领导者岩仓具视、木户孝允、大久保利通以及伊藤博文就出国考察，并且延长了原本计划在国外考察一年的时间，直到1873年9月13日才回到日本，这次出国考察持续了整整631天。岩仓使节团表面的目的是修订1860年第一个幕府使节团在华盛顿签订的不平等条约，但是其成员的真实目的是去发现西方的情况，并将这些应用到日本，创造一个全新的明治国家。明治的领导者们意识到，要想修订不平等条约，他们需要将日本改造成同西方国家一样的国家，需要改革国内的法律和制度，使日本同西方列强站在同一阵线。尽管岩仓使节团比此前那些幕府使节团的队伍更为庞大，但是他们的目的和任务却是相同的：向西方学习。这种持续性目的的一个有力证据，就是大使的资格身份。尽管这些使节团的领导者都是朝廷的贵族和各藩杰出的实权人物，他们在王政复辟战争中都是胜利的一方，但是支撑着这些领袖人物的文秘人员中，包括很多经验老到的外交家，比如田边太一，他曾经为幕府效力，了解西方的情况，事实上他也曾去过西方。

岩仓使节团在欧美参观了商会、聋哑学校、博物馆、造船厂、饼干工厂、女子学校、监狱、电报局，以及军事演习，所有这些都是以旋风般的速度进行的。久米邦武，一名汉学家，作为一名抄写员也随团前行，并出版了《使节团欧美观察实录》，他在这本书中描述了使节团全体成员日复一日的繁忙日程安排：

> 一旦我们乘坐的火车到站，我们立刻将行李丢在旅馆，然后就开始考察。白天我们四处奔波，观察裸露的机器和咆哮的机车。我们站在钢铁机器中间，四周烟雾翻腾，煤灰落满全身。傍晚时刻回到旅馆，宴会马上就要开始，我们几乎没有时间脱去肮脏的外套。在宴会上，我们必须保持高贵的礼仪；如果受邀去剧场，为了跟紧舞台的节奏，我们不得不张大眼睛竖起耳朵，所有这些，把我们折腾得筋疲力尽。黑夜刚过，早晨迎接我们的又是前往一家工厂，并在厂里四处考察。在这种情况下，新奇的声音和景象充斥着我们的耳朵和眼睛；我们被这样那样的邀请弄的心力交瘁。尽管我们可能想要喝一杯水或是头靠肘弯打一个盹，但是我们不能这样做，因为在日本与其他国家的谈判中，任何我方个人的马虎都会导致失礼的后果。[1]

464

大久保利通将他的调查集中于欧美的工业和经济体系，他的日常安排毫无疑问类似于此。他向工厂领班提问题，征求法律学者的意见，与市长交换意见，还与各国的外交部部长讨论问题。在伦敦，他经历了一场由电力行业工人要求增加工资的罢工所导致的停电事故，由此他发现了劳资纠纷可能引发严重的影响。在傍晚之后，他游览了伦敦的东区，看到了隐藏在现代西方"文明"表象之下的潜在痛苦与不幸。大久保利通作了这样的结论："英国城市的繁荣发生在蒸汽机的发明之后。"久米邦武也注意到，"当今欧洲国家的财富和人口现象是在 1800 年以后才开始显现的，最近的四十年表现得最为显著"。一方面，使节团的成员们对欧洲文明的累积性质感到惊讶，说"这么多年的知识积累才点亮了文明之光"，另一方面，他们也激励自己，振奋自己萎靡不振的精神，他们意识到日本与西方

---

[1] Kume Kunitake ed., *Bei-Ōkairan jikki* (Tokyo: Iwanami Shoten, 1977), vol. 1, p. 12. 关于岩仓使节团的详细情况，参见 Tanaka Akira, *Iwakura shisetsu dan* (Tokyo: Kōdansha, 1977); and Haga Tōru, *Meiji ishin to Nihonjin* (Tokyo: Kōdansha gakujutsu bunko ed., 1980), pp. 219-243. 我在这段叙述中，大量地引用了 Haga Tōru 的著作。至于有关岩仓使节团的英文著作，参见 Marlene Mayo, "The Western Education of Kume Kunitake 1871-1876," *Monumenta Nipponica* 28 (1973). 有关木户孝允的逐日经历和观察，可见 Sidney D. Brown and Akiro Hirota, trans., *The Diary of Kido Takayoshi*, vol. 2:*1871-1874* (Tokyo: University of Tokyo Press, 1985).

之间确实存在着巨大的差距，但这只是因为西方刚刚经历过工业革命，因而这种差距是可以逾越的。于是，他们下定决心追赶和超越西方。

与福泽谕吉的《西洋事情》一样，久米邦武的《使节团欧美观察实录》也是根据各个国家分类编写的。日本思想家根据西方各国的相对"优势"和"劣势"，来对西方国家进行排名分类。兰学的学者们早已发现荷兰医学的教材大部分都是从德国翻译过来的，因此德国人的学问在这一领域便处于优势。以类似的方式，日本人通过对书本的学习，通过海外留学，以及通过获得外国学者的建议，选择和吸收每个西方国家最好的东西。福泽谕吉挑动他的同胞们远离那些汉学家，讥讽这些汉学家们对世界的发展漠不关心，简直可以说是"酒囊饭袋"，他鼓励同胞们采用西方文化，因为这是一种基于实用的文化。出于同样的原因，在意识到盎格鲁—撒克逊国家的物质文明更为优越之后，福泽谕吉自己也于1859年抛弃了荷兰语，转而学习英语。日本人使他们自己在工业发展和海军建设方面效仿英国；普鲁士于1871年击败了法国，从而提供了一个军事组织的样板；法国则提供了中央集权制警察系统、教育制度以及法律模式的样板；而美国的经验则在最北部的北海道促进那里农业的发展。岩仓使节团发现普鲁士这种后发现代化国家的发展模式似乎特别适合日本去模仿。关于普鲁士，当时它出口农产品，以获取发展矿业和工业所需的资本，久米邦武写道："在国家政策的确立方面，普鲁士与日本有很多类似的情况。我们发觉普鲁士的政策和风俗比英格兰或者法国更值得我们去学习。"[1] 很自然的，为了制定使自己的国家快速现代化的计划，明治日本不再效仿亚洲国家，而是选择美国和欧洲作为它的样板，同时知道选择每个西方国家的长处以加速现代化的进程。这种基于效率考虑的选择，似乎完全不同于以中国作为世界秩序中心的传统儒学观点。

相比明治时期，日本关于西方的知识以及经验在大正和昭和时期有了进一步的发展。但是经过更加深入的考察，我们会发现至少在日本领导人的层面，他们关于国外的知识在数量和质量上并没有相应增加。就像后来人们所称的那样，这些"明治维新的政界元老"一方面与德川时期的传统价值观保持一致，另一方面却又对西方世界了解甚多。这些明治维新的积极分子很机敏地与外国人进行接触。作为明治政府的领导者，岩仓使节团与西方国家进行了直接的接触。虽然伊

---

[1] Kume, *Bei-ō kairan jikki*, vol. 3, p. 298.

藤博文曾经作为一名年轻的长州藩学子留学英国，但是他们中的大多数人都是第一次旅行国外。重要的是，岩仓具视、大久保利通、木户孝允、伊藤博文共同的出国经历，使他们在日本未来所走的道路上达成了共识。这些领袖都认识到了首先需要进行国内改革，在他们出国期间，"临时代理"政府曾计划攻打朝鲜，1873 年他们归国后，就立刻取消了这一计划。这是第一个关于明治政府在国家政策方面产生分歧的案例，这种分歧产生的原因，在于临时政府缺乏对外部世界的经验以及对外国事务的愚昧无知。

文科和理科的教师：明治时期雇用的外国人

日本在德川晚期和明治早期利用外国雇员，显示了日本对于更进一步"转向西方"的兴趣和远见；同时，这也在某种程度上预示了第二次世界大战后外国顾问在日本制度重建中所扮演的角色。与美国顾问在其他发展中国家努力引导改革的问题相比，占领日本的盟军总部则相对成功地完成了它的任务。但是，当思考与日本 19 世纪利用外国顾问有关的问题时，就会看到这种成功大部分其实是日本自己。明治政府和社会，像 20 世纪的那些发展中国家一样，都具有强烈的民族主义情绪，但是各国利用及其后取代外国雇员的技巧却经常被人们所遗忘。

明治维新之后逐步引进外国的制度和风俗所产生的冲击，有时会给西方人（和相当多的守旧日本人）造成这样的印象，即为了完全适应现代西方国家的物质和精神特性，日本抛弃了自己全部的传统文明。当然，这一计划的大部分都是策略性的。英国击败了中国，紧跟而来的又是随着马修·佩里和汤森·哈里斯的到访而使不平等条约延伸到了日本，这使日本的领导人充满了恐惧。日本人觉得他们暴露于军事威胁之下，从而得出结论，如果他们要加入被称为国际大家庭的这个竞技场，就必须用西方列强所拥有的武器来武装自己。不过他们也意识到，西方列强的基础并不限于武器先进；就这种强大的国力来说，是建立在经历了工业革命所造成的经济和社会转型之后的公民社会基础之上的，日本要想强大，也必须以西方模式为基础建立自己的政治和社会体制。

尽管德川幕府是在"尊皇攘夷"口号的引导下被推翻，但明治政权紧接着就实施了"开放国家，对外友好"的政策。鉴于当时的国际形势，明治政府在放弃了"攘夷"之后，同样的民族主义诉求的口号转换成为追求"文明开化"。与此相同的是"尊皇"：幕府的被推翻并没有导致如同古代即已存在的直接王权的复辟，而是产生出一种新的君主立宪政体。

为了实现追赶甚至超越西方的目标，明治政府在它努力尝试的各个方面都提出了口号——"富国强兵"，"文明开化"，"修订不平等条约（条约改正）"。为了达到这些目标，政府获得了外国教师和技术人员的帮助。在吸收西方文化的过程中，日本人曾经历过从书本学问到直接体验的进展，如今则把大量邀请外国教师作为一项国家政策。

来源国及专家数目

在国家刚刚开放之时，日本人向之学习的外国人主要是荷兰，尽管第一个系统地在西方艺术和科学方面指导日本的是一个德国人 P. F. 冯·西博德（1796—1866），1823 年，他作为荷兰贸易商站的一名医生来到长崎。他在这里研究日本的语言、历史、地理、动物和植物，并创办了一所私人学校鸣泷塾，亲自向日本学生教授医学。在德川时期，日本人对西方的好奇开始于西方的医学和天文学，但是到了德川晚期，他们的注意力转向了西方的武器和军事方法，反映出国际局势的严重性。1855 年，幕府在长崎建立了一所海军训练学校，聘请了一队荷兰教练来指导航海方面的训练。因此，日本的第一批"外国雇员"是 1855 年到达日本的佩尔斯·里基肯和他 22 人的教练团队，以及稍后到达的胡伊森·冯·卡滕迪克和他的 37 名成员的团队。

1858 年，日本与美国、荷兰、英国、法国以及俄国签订了相互类似的条约。一旦荷兰不再是学习西方的唯一通道，荷兰的声望就发生了出人意料的跌落，随着日本人发现英国、法国、德国以及美国才是为首的西方列强，他们便丢弃了荷兰语，开始学习英语、法语和德语。从那以后，一批批留学生开始被派往英国、美国、法国，明治时期又派往德国学习。

最初，被雇佣的外国人人数不多，并且大部分来自法国和英国。在幕府与萨摩藩和长州藩的最后战役中，幕府寻求与法国建立亲密的关系，而萨摩和长州则向英国靠拢。1862 年，幕府在法国的帮助下建造了横须贺造船厂和横滨铸造厂，同时也在横滨建立了一所法语学校。幕府最后一次改革的主要领导者小栗忠顺向他的一位同僚说道："德川家族可能不得不把这座老房子（幕府）转交给其他什么人，但是在屋内有一间新的仓储室，看起来也会好很多。"[1]事实上，明治政府确实在德川幕府倒台的几年后抛弃了破旧的幕府组织机构，但却接受了"仓储室"横须贺兵工厂这一额外的奖赏。此外，重要的不仅仅是注意到工厂本身，还要看到被新政权所接收的运营这座工厂的外国雇员。明治政府不但获得了新式设备，还获得了德川晚期派往海外的宝贵人才资源，而在它所继承的资产中，外国雇员绝不是价值最低的。

在明治时期，服务于政府和私人企业的外国雇员的数量迅速增长。政府的外国雇员数量在 1875 年达到高峰，大约为 520 人，但是到了 1894 年及以后，每年的总数都不到 100 人。与之相反，私人部门的外国雇员起初很少，但是在 1897年达到高点，约为 760 人。政府雇佣的外国人大多是工业部门的工程师或者教育部门的教师，而在私人部门，教育工作者的数量却与日俱增。按国籍划分的话，在政府雇员中，担任教师和工程师的大多是英国人，其次是德国人；私人部门中，美国的教育工作者则占主导地位。谈及不同国籍的相对影响，令人感兴趣的是各种各样政府部门中外国雇员的数量变化。1872 年，日本政府雇佣外国雇员的总数为 213 人，其中来自英国的 119 名雇员中有 104 位在政府工业部门担当工程师，49 名来自法国，这 49 名法国人有 24 位是造船技师。然而到 1881 年，统计数据显示有 96 名英国人、32 名德国人、12 名美国人和 10 名法国人。不同的国家对日本产生不同的影响，英国影响了日本的工业部门，海军以及交通设施；美国人对日本的影响主要在于北海道的发展。[2]

预算数字显示：在某一时刻，外国雇员的薪酬占到政府工业部门正式预算的三分之一，还有三分之一的预算拨款给了东京帝国大学，这是日本建立的第一所现代化大学。很明显，外国雇员的工资支出在政府各部局的预算中占有很大比例，更不必说留学海外的费用了。然而，也许这正是恰当的，因为在雇佣外国教师这一高昂的成本下，日本人学习得非常刻苦用心。当这些外国人是认真尽责并品德高尚之时，这些成本固然很沉重，但是当他们对日本雇主采取一种自命不凡的态度时，成本肯定会显得更加沉重——这无疑是日本人勤奋学习的更加正当的

469

[1] Fukuchi Gen'ichirō, *Bakumatsu seijika* (Tokyo: Min'yūsha, 1900), p. 266.
[2] Umetani Noboru, *Oyatoi gaikokujin: Meiji Nikon no wakiyakutachi* (Tokyo: Nihon Keizai Shinbunsha, 1965), pp. 209-223. 英语文献参见 Hazel Jones, *Live Machines: Hired Foreigners in Meiji Japan* (Vancouver: University of British Columbia Press, 1980)。

理由，以便由此奋力掌握新的知识。

日本需要的是什么

1873 年 11 月，工部大臣伊藤博文下达了标志着政府新"工学寮"开办的指令，后来，工学寮发展成为东京帝国大学的工程学系科。伊藤博文指出，日本正在发展的新兴企业，应被视为未来伟大事业的基础。为了创造一个"伟大的文明"，意味着需要实行"平等"教育，而且必须迅速着手推进，这样才能使日本以其财富和国力在世界各国中间占据恰当的位置。由于只有少数日本人掌握了达到这一目标所需要的技能，所以"除了在开始时雇佣大量的外国人来帮助我们之外，日本别无选择"。但是，仅仅依赖于他人的技能是不够的；这样做也许可以带来暂时的利益，但财富和国力却无法持续久远。因此，伊藤博文总结道：

> 我们必须抓住这个使我们自己获得充分训练和教育的机会。在这个庄严的时刻，我希望所有有抱负的年轻人都加入到这所学校，努力学习，提升自己的才能，献身于服务各种各样的岗位。如果我们这样做了，那么理所当然，我们将有能力不再需要外国人。我们的人才将会遍布铁路以及其他技术领域，这样的奇观将为未来千秋万世的持续发展打下坚实的基础。我们帝国的荣光将向外照射到外国的海岸，同时在国内无论贵族和平民也都将共享这个伟大文明的福祉。因此，让全国各地的有志青年精力旺盛地开始他们的学习吧。[1]

很明显，明治领导人打算让外国雇员在日本的发展过程中只是充当辅助性的和临时性的角色，希望尽快将日本国民培养起来以取代他们。日本人意识到为使"未来千秋万世的持续发展打下坚实的基础"，他们不得不"培训和教育"他们自己，除了发展和增强自身的能力，别无选择。即使是在西方世界，日本也算得上是够幸运的，因为这时科学技术的发展刚刚只有数十年的历史。因此尽管在开始时，日本的发展完全依赖于外国的教师和技术人员，但它在 15 到 20 年的相对较短的时间内，就成功地移植了西方的工业技术，在培养足够的人才方面，也出人意料地实现了自给自足。从 1879 年到 1885 年，东京帝国大学工程部一共培养了

---

[1] Umetani Noboru, *Oyatoi gaikokujin* (Tokyo: Kajima Kenkyūsho Shuppan, 1968), p. 210.

411 名毕业生。这些本国培养的技术领袖的数量，并不比明治时期开始以来工业部门中外国雇员的人数少多少。

日本人早在德川时期就对西方科学有了一个清晰的了解，从福泽谕吉 1860 年访问美国所著的观察报告中可以发现这一事实。福泽谕吉丝毫不对电报、金属制造、砂糖提纯等近代现象感到惊奇。然而，就像那些落后国家普遍所采取的那样，日本通过引进有益于己的西方先进科学技术，开始了它自己的发展之路。

西方生活方式的引进

大量外国人被明治政府所雇佣，促进了日本"转向西方"，这些外国人不仅只是作为教师服务于日本，在更宽泛的意义上也引入了一种新的生活方式。例如，18 世纪 70 年代前半期有一段时间，多达 20 人的外国雇员（大部分是英国人）被明治政府的铸币厂所雇用。据报道，在那个地方，早在 1870—1871 年，西方服饰、太阳历法，以及星期天休假日就已经被采用了。1872 年 11 月，一项法令确定西方服饰作为官方礼服，西服于是成为政府官员的规定服饰。1876 年又颁布法令，规定双排扣长礼服为正式场合的标准盛装。[1]

历法的改革发生于 1872 年 11 月，明治政府规定阴历十二月三日为下一年一月的开端。[2] 太阳历就是这样被引入日本的。[3] 支持历法改革的原理解释产生了轻微的偏差。太阳历在德川时期尚是默默无闻，多亏了兰学，日本人才对之有了最初的了解。早在 1795 年，大槻玄泽和他的兰学朋友们就在阴历十一月十一日这一天庆祝过荷兰的新年。阳历的实际运用是在 1872 年被采用之后，然而并未特别普遍，也未迅速流行。传统的阴历"天保历"，与农业节气杂乱地联系在一起，更适合日本人的生活模式。有一段时间，新的明治历法曾被称为"天皇历法"，作为人们所习惯的"德川历法"的对立面。直到 1911 年，阴历日期表才在日历中被取消，直至今日，仍有许多日本人对以往的阴历历法保有某种怀旧之情。

新政权如此之早就推进历法改革，其中的一个原因是出于预算的考虑。因为阴历每隔 3 年就要增添一个闰月，改用阳历意味着闰月开支的节省。当新政府在 1872 年转用阳历后，少掉了两天，这两天的工资便被扣留了，因为不仅是日

---

[1] Tsuji Zennosuke, *Nihon bunkashi* (Tokyo: Shunjūsha, 1950), vol. 7, p. 18.
[2] Satō Masatsugu, *Nihon rekigakushi* (Tokyo: Surugadai Shuppan, 1968), p. 479.
[3] 恺撒历设置闰日闰月的方法于此时应用，而格里高利历的方法则到 1900 年才开始采用。

本人，连外国雇员的工资也是以月而不是以年为标准结算的。政府铸币厂带头采用了西方服饰和太阳历法，同样也是西方会计核算制度、工伤储备基金、医疗诊所，以及其他日本未知事务的倡导者和先驱者。此外，煤气灯和电报线路很快也被引入日本，并成为日本"文明开化"的标志，尽管这些发明没有一件直接与铸币技术有所关联。

472　　　　通过他们个人榜样的力量，个体的外籍教师时常具有惊人的影响力，同时，对于那些只是部分根植于传统价值观而渴望了解"文明"的内在力量的年轻学生来说，也表现出几乎像谜一样的重要性。1873 年，明治政府废除了对基督教的禁令，此后有许多传教士来到日本，与之相比，熊本的火炮队长 L. L. 简斯和北海道的农学家威廉·克拉克被证明是更加成功的宗教导师，而规模虽小却有影响力的新教教派的主要组群，正是来源于"熊本帮"和"北海道团"。[1]

　　　　此外，随"文明开化"而来的很多风俗或资本主义的企业都是由明治政府雇佣的外国雇员引进的。例如，圣诞节与那些外国居民一起来到日本，成了这个非基督教国度的一个假日，就像当时其他许多方面的生活所发生的变化一样。西方生活的许多方面并不是通过正规的讲授而习得的，而是由外国人通过他们的日常生活产生的影响。这些潜移默化的影响，连同他们所进行的正规培训，这些外国人就这样提供着各种各样的机会，使日本人通过观察国外的生活方式和日常活动，来逐渐熟悉西方的方方面面。结果，就像明治中期木版印制的图片所反映的那样，强烈的苯胺染料取代了德川时代的淡雅色调，过去独一无二的日本风情如今就像画中的女装和建筑物一样，变成了种种混合形态。

西方思想和制度的日本化

　　　　当西方价值体系与日本价值观念发生碰撞之时，将会产生三种可能的结果：（1）两者可能互相冲突；（2）西方价值体系可能会被完全接受；（3）西方价值体系在被接受的过程中发生改变。基督教在日本的传播为日本改变和转换西方的价值体系提供了一个实例。另一个例子可以在日本的民事法典中找到，这部民法

---

[1] John F. Howes, "Japanese Christians and American Missionaries," in Marius B. Jansen, ed., *Changing Japanese Attitudes Toward Modernization* (Princeton, N.J.: Princeton University Press, 1965), pp. 337-368. 关于简斯，参见 F. G. Notehelfer, *American Samurai: Captain L. L. Janes and Japan* (Princeton, N.J.: Princeton University Press, 1985).

典是在法国法学家 G. E. 瓦索纳德指导下起草的。通过对这部法典的考察，我们同样可以发现日本对那些试图引进西方道德观念的外国"文科和理科教师"的反应。

德川时期的日本，社会秩序得到了很好维持，但这并不是由于这个时代的日本人受到了成文法的约束。就这一点而言，幕府于 1858 年签订的不平等条约引发了一种新的问题和要求。日本人觉得这是不平等的，丧权辱国的；日本被迫放弃了关税自主权，被迫承认西方国家的治外法权。为了获得与西方平等的地位，早期的明治政府首先必须要证明日本是一个"文明"国家，以使西方国家觉得值得给予其平等的地位，在这一过程中，某种程度上需要制定类似于欧洲国家所拥有的法律规范。因此，西式法律制度的采用并不单纯只是一种国内事务；同时它对于解决外部问题所需要的迫切方案也是必不可少的。

早在德川晚期，法国的法律制度便首次引起了日本人的注意，他们对之进行了热情洋溢的赞美。德川幕府的官员栗本锄云曾在 1867 年去过法国，他在回忆录中写道：

> "只用片言只语便决定一件诉讼"，是某种需要出众智慧的事情，这已经超越了普通人的技能和智力。对于一个人来说，根本不可能不具备人类的情感。即使对于儒家圣人来说，想要完全消除法庭上的争辩也是不可能的。无论如何，在我获悉这部《拿破仑法典》之前我一直是这样认为的……这部法典使我佩服得五体投地。[1]

栗本锄云赞扬这部法典的原因在于，两个出席他的聚会的日本商人受到控告，并被带上法庭。在那里，他看到法国法官"基于他的判断，依照《拿破仑法典》的某某条款做出裁决"。

1869 年，明治政府指派箕作麟祥翻译所有 5 部法兰西法典。当时，江藤新平建议说，"只需逐字逐句翻译法国民法典，然后命名为《日本民法》即可，并立

---

[1] 开头的短语引自 The Analects of Confucius. Kurimoto Joun, "Gyōsō tsuroku," in Nihon shiseki kyōkai, ed., Hōan ikō (Zoku Nihon shiseki sōsho, vol. 4) (Tokyo: Tokyo Daigaku Shuppankai, 1975), p. 24。

即公布之"。[1] 他的目的是修订不平等条约，因此这部法律不需要十分完美，只要它是新司法制度的一部分，那就足够了。这样就可以使西方相信日本已经是一个"文明"国家了。

在栗本锄云译本的基础上，江藤新平指导一些人开始编制民法。1872 年，政府聘请了法国律师乔治·布斯凯帮助他们。第二年，古斯塔夫·埃米尔·瓦索纳德·德·冯塔拉比（1825—1910）也加入进来；[2] 直到 1895 年，这项工作方告完成。除了编订民法之外，这些外国人还担任司法部门西方法律概念的讲解师。在这之前，在实施西方制度的工作上赢得了很大声望的井上毅（1854—1895），被法务部派往法国跟着巴黎大学的瓦索纳德教授学习。在日本，瓦索纳德与井上毅有过很多项目的合作。在公共法方面，他为确立合法性原则、证据原则和废除刑讯努力奋斗。他还草拟了日本的刑事法典，这是日本的第一部现代法典。在私法方面，他从事民法典的编订，草拟了有关财产、担保和证据的章节。此外，在决定哪些内容将被纳入个人与家庭关系，以及财产获取的章节，他也发挥了很大的作用。瓦索纳德的草案通过了枢密院的最终审查，预定于 1890 年开始实施。在这个草案中有一个显著值得注意的方面，那就是个体之间在遗产继承上具有平等的权利。但是，由于这一预备实施的草案威胁到了家族家长的利益，而受到了家族首领们的尖锐批评，结果这部法典在正式实施成为法律之前被搁置了下来。瓦索纳德草拟的条款遭到否定，取而代之的是要求一家之长继承所有的财产。总而言之，明治政府更加看重的是维持"家族"作为一个社会结构单元，而不是强调尊重个体继承财产的权利。[3] 关于这个"民法典问题"的争论，持续了数年时间。

关于新法典的争论表现在许多方面，但是一般而言，这种争论被认为是法国自然法法学家所信奉的普遍性的、理论上的法律思想与历史主义法律思想所支持的特殊神宠主义、经验主义观点之间的冲突，这可以追溯到英国与德国的独特传统。后者争论说，"家族"的概念及其所产生的情感是特殊神宠主义和传统日本

---

[1] Etō Shimpei,"Furansu minpō wo motte Nihonminpo to nasan to su,"in Hozumi Nobushige, ed.,*Hōsō yawa* (Tokyo: Iwanami Shoten, 1980), pp. 210-213.

[2] 参见 Ōkubo Yasuo, *Nihon kindaihō no chichi: Bowasonado* (Tokyo: Iwanami Shoten, 1977) 对这位顾问的讨论。

[3] 关于民事法典和"民法问题"的编纂，参见 Ōkubo, *Nihon kindaihō no chichi*；除此之外，还可参见 Ishii Ryōsuke, ed., *Meiji bunkashi: Hōsei-hen* (Tokyo: Genyōūsha,1954) P. 515。这部著作是百年文化委员会丛书《明治文化史》的第二卷，后被人译为英语，见 William Chambliss as *Japanese Legislation in the Meiji Era* (Tokyo: Pan-Pacific Press, 1958)。

社会价值观念的固有部分。穗积八束是后一团体的代言人，他因名言"忠诚和孝顺将随着民法典的颁布而毁灭"而为人们所知。他写道：

> 随着基督教在欧洲的传播，自以为是的"天父"逐渐垄断了所有人的爱戴和尊重。可能是由于这个原因，西方人忽略了祖先崇拜和孝顺之道。随着平等和仁慈学说的传播，他们不再重视种族的风俗和血缘的纽带。可能这就是为什么在他们中间不再有"家族"制度存在的原因；相反，他们创造了一个个体平等的社会，并且试图依靠以个体为中心的法律来支撑这个社会。
>
> 日本永远不会由于外国宗教的到来而忘记祖先崇拜的教义。然而以这种精神来加以衡量，这部民法典的草拟将会导致否认和遗弃民族信仰，并将摧毁我们的"家族"制度。"家族"和"家长"这些词汇虽曾短暂出现，但是这部法典草案模糊了真正的法律原则，正因为如此，它比那些形同虚设的规定还要糟糕。
>
> 唉，这些人正在企图制定一部以极端个人主义为中心的民法典，却完全无视三千年来的本国信仰！[1]

穗积八束解释了为什么这部拟议中的民法典将会导致"日本个性特征的丧失"：（1）财产章节，通过把个人合同无限自由的理想化，可能会提高社会的生产能力，但是将会付出扩大贫富差距的代价，从而导致业主与雇工之间的冲突，这是"资本主义的固有矛盾"；（2）个人与家庭关系章节，由于它建立在模仿西方个人主义的基础之上，因此草案条款的理念是夫妻之间、兄弟之间均为相互分离的个人。结果是很危险的，这部法律将会打碎日本社会，这个社会一直以来以祖先崇拜的教义作为支撑，祖先对于家族的维系是极其重要的。[2]与之相反，穗积八束主张，民法的制定应该强调一种"适合于民族国家的精神"，并对"家族制度的家庭关系"给予重视。

作为民法法典争论的一个结果，日本国会投票决定将这部民法的颁布日期推迟到1896年，其实施则从1897年开始。瓦索纳德在日本居住了20年，对这部

[1] Hozumi Yatsuka, "Minpō idete, chukō horobu," in *Hogaku shinpō*, vol. 5 (August 1891).
[2] Richard Minear, *Japanese Tradition and Western Law: Emperor, State, and Law in the Thought of Hozumi Yatsuka* (Cambridge, Mass.: Harvard University Press, 1970).

民法倾注了大量的心血，但是直到 1895 年他返回法国时，这部民法仍没能得到
实行。井上毅在病床上用古典汉语为瓦索纳德写了一首诗，不久之后就去世了。
新的势力开始起作用了。

实际上，这部法典经过了一个新的以伊藤博文和西园寺公望为首的委员会的
重新编订，新法典于 1898 年最终颁布生效。新法典的两个指导原则共同确定了
明治民法典的性质，这引起了我们的极大兴趣：（1）日本本土的制度和行为规范
应该得到充分的体现；（2）所有西方国家法制理论的长处都应被采用，而不应该
像此前的例子那样，仅仅采用法国和意大利的法制理论。

关于财产的章节，实际上未加改变就保留了下来。它所包含的原则有：两性
之间法律平等，以前的社会阶层群体和个人选择自由，个人财产所有权，以及由
疏忽导致的责任，等等，所有这些都是建立在个人主义精神的基础之上。它同样
包含了基于权利和义务平等思想之上的物权和债权体系。然而，有关社会关系的
章节却做了很大的修改，通过家长、父母以及父亲的特别条款，确立了家族首领
的权力。结果，个人被置于家庭关系的层级结构之中，受到了强制性的约束。根
据西方的历史观念，日本的民法典是建立在一种双重结构的基础之上，而这双重
结构在逻辑上是前后矛盾的：一方面，是个人在人际关系上回归礼俗社会型的
"家族"单位。另一方面，却又承认个人的地位是资本主义社会中的独立个体。
现代社会大概是由个人构成，但是日本人被迫不断调整自己，以适应每个人赖以
生根所必须承受的"家族制度"。

日本民法典的颁布经历过这样的沧桑变迁，产生出这样一种相互矛盾的折中
方案并不令人感到多么惊讶。恰恰相反：这部民法典成为日本"转向西方"的基
本模式的一个缩影。前面提到的江藤新平，一度建议日本颁布一部逐字逐句译自
法国民法典的民事法典，据说在法务部派遣井上毅前往法国时，曾经对他下达过
下列指令：

> 所有你们这些被派往欧洲的人，最为重要的任务是考察各个欧洲国家的
> 制度，采择它们的长处，丢弃它们的短处。派你们前去，不是为了了解每个
> 国家各方面的情况，也不是为了把西方的所有东西都批发进日本。因此，你
> 们不应该再想着向西方人学习，而是相反，要用批判的、探究的精神来观察
> 它们。由于日本继续沿着文明之路前行，采用西方的制度和方法来完善我们

476

477

的治理过程就显得至关紧要。然而，我们也不能因为过于迷恋西方而忽视发现它的缺陷。如果我们忽视了它的缺陷，那么我们经历如此之多的艰难困苦而采择的西方的制度和方法，就会不适合我们的使用。[1]

井上毅在他的回忆录中，强调了他曾参与实施明治宪法和其他领域的改革，这些改革显示了日本所特有的精神特征。与此相反，西园寺公望（1849—1940）在年轻时曾在法国生活了 10 年时间，他信仰文明的普世性，对于这种特殊国情论做了如下的批评："通常来说，一个国家或者民族被称为'特色'的东西，是指一种缺点或特质……当今日本教育工作者喋喋不休的所谓日本人与众不同的大部分特质，将会使我们的学问更加贫困……"[2]

穗积八束的主张，过分强调了"家族制度"和"祖先崇拜"的重要性，在当时遭到了同时代知识分子的嘲笑。这里值得注意的是，在 1947 年美国占领期间，日本民法中家庭关系和财产继承的章节曾被彻底修订过，"家族"的概念遭到了完全的否定。然而，许多日本人仍然反对这些由外国强加的"道德品行"，担心西方式的个人主义会削弱日本的家庭关系，并担心在老年人的照顾上会产生新的问题，这个问题在 20 世纪 80 年代引起了极大的关注。因此，对西方"道德"某些方面的反对意见，所反映的不仅仅是某种保守观念或情绪反应，还表明了一种强烈的渴望，即在使日本达到"现代性"的同时，能够避免资本主义社会所固有的人们关系的异化和疏离。

资本主义精神：第一批西洋文学的译书

《鲁滨孙漂流记》

在明治时期及其以后，日本人翻译了大量的西洋文学书籍，为日本的"转向西方"提供了另一种引人注目的象征。不过，在明治早期的 10 年里，译者更多关注的是西方强大的原因，而不是它的文学。从德川统治的末期到明治早期的 10 年里，大量的译作确实具有挑动神经的实用性，通常被冠以"政治小说"之名，

478

---

[1] Matono Hansuke, *Edō Nanpaku* (Tokyo: Hara Shobo reprint, 1968), vol. 2, p. 107.

[2] Miyazawa Toshiyoshi, "Meiji kenpo no seiritsu to sono kokusai seijiteki haikei," in Miyazawa Toshiyoshi, *Nihon kenseishi no kenkyu* (Tokyo: Iwanami Shoten, 1968), pp. 134-135.

成为时代状况的反映。通常来说，这些作品被翻译出来，是为了适应人们支持某项事业或表明某种政治姿态的需要。不过，无论这些译作的文学价值是否因此或缺，对于其中显示出来的日本在那个时代对西方交往做出的反应，以及由此打破国家封闭的轨迹，还是令人感到兴趣盎然。

在日本的江户时代即将接近尾声的时候，日本知识分子开始阅读一些海难漂流者的记录。那些返回日本的海难漂流者，常常会受到幕府官员的审问，而这些幕府官员会将他们关于海外情况的记录转录下来。在这种背景下，在明治维新之前，出现了两部《鲁滨孙漂流记》的译作。第一部是荷兰文版本的部分译文，取名为《一个漂流者的记录》，由兰学家黑田湖山在佩里舰队到来之前翻译完成。下面这段话出自荷兰文版本的序言部分，也出现在了黑田的译本当中：

> 鲁滨孙是一个渴望遍历四方的英格兰人。他出海冒险，船只却在一场热带风暴中失事。他设法活了下来，在一只救生筏上随波逐流，被海盗所抓获，卖给了一个渔夫。后来，他从渔船上逃出，并躲过了追捕，出人意料地得到了一艘葡萄牙商船的营救。他种植番薯，变得十分富有，然而在海上曾经的不幸并没有打消他重返大海的热情，为此他建造了一艘大船，并开始了他的再次出海历程。他遭遇到多场风暴，船只被毁，随后在一个荒凉的小岛上陷入孤立无援的境地。他用尽一切智慧在这个小岛上生存了28年，后来一艘英国船只恰巧经过，带他回到了故乡。
>
> 任何读过这些经历的读者都会情不自禁地钦佩不已。这本书在英国出版时，抢购的人群蜂拥而至，迫不及待地先睹为快；很快，这本书就卖出了4万本。它的荷兰文译本比英文原版更加受到人们的追捧。另外，这本书还补充了我们地理知识的缺陷。尽管存在着大量其他的海上航行记录，但那些书仅仅描述了波涛汹涌的海面或者所看到的陆地轮廓；没有任何一种记载像鲁滨孙所经历的那样令人不可思议。看到他所经历的无数次艰难困苦以及在克服这些困难中所表现的足智多谋，读者不可能不使自己的智力受到启迪。
>
> 我个人认为，虽然人生充满了沧桑变迁，但是没有一个人像鲁滨孙那样经历丰富。他在荒岛上的每一次经历，都与我们对社会事务的理解有很大的关联。你将永远不会忘记鲁滨孙所遭受的苦难，也永远不会变得狂妄自负和任性放纵。

479

此外，鲁滨孙还是个单独航海的行家里手，没有借助任何其他的科技手段。人类的精神是多么了不起啊！从他踏上荒岛开始，他就自己缝制衣服，自己采集食物，自己构筑房屋，自己建造船只，自己烧制陶器，自己种植蔬菜——成功地满足了自我的所有需求……[1]

这位译者显然没有意识到《鲁滨孙漂流记》只是丹尼尔·笛福笔下的虚构作品，反而相信这是一个真实的记录。此外，在那个时期的日本，《鲁滨孙漂流记》并不被认为是一部儿童读物，而被认为是一部真实的海难漂流日记，理所当然地供成年人阅读。

就像他们渴望获得外国事务的信息一样，这类翻译作品建议日本应该把它最初的定位朝向大海。以新岛襄为例，他的兰学老师曾经借给他一部《鲁滨孙漂流记》的译本，阅读过后，更加激发起了他探寻海外知识的渴望。随后，他偷偷地离开了日本。在海上漂泊了一年多的时间，1865 年他才发现自己已经身在美国，整日忙于体力劳动，对于未来一无所知："每日的劳作让我筋疲力尽，头一粘枕就呼呼大睡。每早醒来，全身酸疼得厉害，几乎无法移动。"[2] 这种状况持续了好几个星期。当时，他买了一部英文原版的《鲁滨孙漂流记》。这本书和一部荷兰文的关于耶稣基督的书，以及一部用古典汉语翻译的《圣经》，诱使他成为了一名基督徒。新岛襄也深信鲁滨孙是一个真实的人，似乎还曾拿自己的亲身经历与这位孤独漂流者的经历进行过比较。当他在波士顿陷于困境之时，他曾遭到粗鲁水手们的羞辱，并对美国内战后通货膨胀引发的严酷生存环境有了切身体会。在那段黑暗的日子里，据说他通过不断重复鲁滨孙的祈祷，才使自己有力量坚持下去。

这是个关于一个日本人改宗基督新教情况的极为有趣的记录。如今，我们习惯于阅读为儿童们改写的《鲁滨孙漂流记》的版本，而淡忘了笛福原著中对"天佑之福"的强调。研究者告诉我们，作者的目的在于启发读者，使他们把道德行为的重要性铭刻于心。《鲁滨孙漂流记》是一部上帝在人类事务中扮演角色的寓言，与之相应，新岛襄对于原著的解释可能要比当今的大部分读者更加准确。

新教教义详细叙述了一个虔诚信徒基于利己主义而勤奋工作的思想，因此新

480

---

[1] Kokusho kankokai, ed., *Bunmei genryū sōsho* (Tokyo: Kokusho Kankōkai, 1913), vol. 1, p. 136.

[2] "Hakodate yori no ryakki," in *Niijim sensei shokanshū*, p. 113.

教常被认为与资本主义的开花结果关系密切。笛福在《鲁滨孙漂流记》中所描绘的是一个与全能上帝发生联系的个人，而这种关系有助于个人独立性的产生。新岛襄感觉到鲁滨孙是一个十分虔诚的教徒，同时他也看到了后来演化为资本主义的这类人物的原型。

新岛襄返回日本后，于1875年在东京创办了同志社英语学校。他的目标是培养"才华横溢且有道德心的人才"，这是一个暗示着马克斯·韦伯"现世禁欲主义精神"的措辞。这句话也许还会使人想起，在明治时代，随着封建社会的废除，新岛襄和他的同事们打算经由基督新教的媒介，重建和转换日本的武士伦理，教导武士们"尽人事以待天命"。

在19世纪80年代，转而信仰基督教的人数迅速增加——这种现象与改定条约的紧急状态并非毫无关联——年轻的明治教会所登记的皈依者可能接近3万人。他们是一个受过教育、懂得进退、富有才能的群体，通常是前武士阶层的年轻人。由于在熊本受到歧视，L.L.简斯将他的"熊本帮"带到了新岛襄的同志社，由喜欢冒险和富有才能的年轻人组成了基督新教协会，充满了西方式的活力，使基督新教的影响力更加扩大到了它的那些谦逊的信徒之外。当然，一种出类拔萃的信仰的重要性也可能会被夸大，正如这种新信仰的信徒大多来自对现世价值观念的恪守，同样，他们对于他世的价值标准也会秉承同样的态度。

《自助论》

在明治时代早期的"文明开化"期间，第一批进入日本的西方观念通常与米尔、边沁、斯宾塞、托克维尔、基佐和布克尔这些英美思想家所鼓吹的实用主义、公民自由、自然权利和理性实证主义有很大的关系。稍后，与卢梭思想相联系的法国共和主义也到达日本并传播开来。这些思想相互激荡，摧毁了德川时代的身份等级制度，引领了一种"获取成功，飞黄腾达"（"立身出世"）的社会思潮。这种社会思潮在1872年福泽谕吉的《劝学篇》一书中得到了有力的阐述："人不是生来就高尚或卑劣，富有或贫穷。事情很简单，那些努力学习、知识丰富的人会变得高尚和富有，而那些无知愚昧的人会变得低劣和贫穷。"[1]后来，这

481

---

[1] "Gakumon no susume (shohen)," in *Fukuzawa Yukichi zenshu,* vol. 3, p. 30 . 此书已由 David Dilworth and Umeyo Hirano 译成英文：*An Encouragement to Learning* (Tokyo: Sophia University Press, 1969).

成了明治政府的意识形态。

在明治早期的年轻人中，日本传统的职业伦理以一种对现代教育需求的形式而重新复活。结果，一种对"个人养成"的热情传播开来。在诸如"努力工作、刻苦实践"或"节约、勤奋、努力"之类的口号下，明治早期的年轻人为做好准备肩负起他们未来的责任，通过各种渠道获取西方的知识——或是作为学生在新建的学校系统中学习知识，或是作为学徒在传统的手工作坊里学习技能，或是作为门生住在知名学者的家中，或是前往海外的大学留学。

1883 年，井上勤翻译的新版《鲁滨孙漂流记》以《一次离奇的冒险：鲁滨孙漂流记》的书名问世。在这部书的序言中，他把鲁滨孙看作为一个虚构的，而不是真实的人物。但是他也认为，这部小说不仅仅只是一部冒险故事，而是为教育年轻人克服困难服务的。井上勤说道："这部书不应被认为是微不足道，因为只要人们仔细阅读，就会从中看到它所展示的一个荒岛如何能够被顽强的决心所开发。"[1]

但是，对于"自立"一词感受的最好展示，还是由明治日本的职业伦理所保持的占据支配地位的操守，而这种职业伦理在服务社会上得到了应用。继福泽谕吉之后，中村正直是明治时代早期"文明开化"中最具影响力的人物。中村正直一半的影响力，来自于他所翻译的约翰·斯图亚特·穆勒的《论自由》；另一半来自于翻译塞缪尔·斯迈尔斯的《自助论》。1832 年，中村正直出生于一个下层武士的家庭，但由于他博学多才，被允许进入幕府昌平黉教学。他执教的是儒学基础，但也经常醉心于西学，并于 1874 年皈依了基督教。就在明治维新前夕，他作为一批年轻幕府学生的监督被派往英国。在旅居英国一年半后，他返回了日本，带回了《自助论》（一个朋友送的礼物）和《论自由》的复制本。那时，幕府正濒临崩溃，中村正直加入了一个忠于幕府的御用知识分子团体，与德川家族一起隐退到静冈。

此刻，中村正直成了一位教育家和翻译家。1871 年，他翻译完成了斯迈尔斯的《自助论》，并以《西国立志编》为名出版了这部译作。1872 年，他又翻译完成了穆勒的《论自由》，出版时的书名为《自由之理》。由于当时的日本人非常

482

---

[1] 井上勤的译本于 1883 年由东京白文社出版。参见 George B. Sansom, *The Western World and Japan* (New York: Knopf, 1950), p. 419.

渴望西方的知识，这两本书一出版就立刻获得了很大成功。《论自由》成为明治启蒙时期自由主义的一个源头，《自助论》则在年轻人中广泛传播。在英美两国，《自助论》也是畅销书，到 19 世纪结束之时一共销售了 25 万本。但是，在明治时代的日本，它是以记录真实社会环境中的真实西方人的经历的形式出现的，据说一共销售了 100 万册。这本书确实十分畅销，进入 20 世纪 20 年代，又再次重版。

在最近几年里，《自助论》被视为是"功利学派"的一个部分，但中村正直的目标却是道德上的和唯物论的，他强调（通过语言文字和长期呼吁）的是道德责任和国家利益。他的译文用古典的语言表达，适合武士阶层读者的口味，但所体现出来的大声疾呼的风格仍然能够引起广大民众的共鸣，这尤其表现在他的译作的开头部分：

> 谚云："自助者，天助之。"此乃众所周知，屡验不鲜。其中蕴含着人生万事之成败。"自助"意味着独立自主之能力，意味着无须仰赖他人。自助精神乃人们智慧生成之根基。广义言之，一国之国民大多"自助"，该国必将充满活力，精神强健。[1]

作为一个曾经留学英国的典型儒家学者，当中村正直指出日本应该遵循的道路时，明治时代的年轻人含蓄地听从了他的劝告。他的清教徒式的个人主义和功利主义的道德观，几乎没有经过太多反对，就被移植到了日本的土壤上，这是由于它们几乎自然而然地就实现了与日本传统观念的嫁接。[2] 下列作品可以作为一些证据。

483 　　幸田露伴（1867—1947）写过一本向年轻人灌输关于成功伦理的书，据说书中的男主角所读的第一本书是二宫尊德的《报德记》。但是当斯迈尔斯的《自助论》译作开始流行时，幸田露伴就把他的男主角的启蒙之作的书名改成了中村正直所译的《自助论》，这位男主角发出的感叹"你的劳动果实将来自天堂的无限丰裕"，"这本书使我成为我自己"，则同样适合于两部启蒙之作的任何一部。

---

[1] 参见 Ishikawa Ken, ed., *Nihon kyokasho taikei: Kindai hen I* (Tokyo: Kddansha, 1961), p. 25.

[2] Marius B. Jansen, ed., *Changing Japanese Attitudes Toward Modernization* (Princeton, N.J.: Princeton University Press, 1965), p. 67.

　　国木田独步在《非凡人》中富有同情心地描绘了一个充满自助精神的年轻人。他崇拜瓦特、爱迪生、斯蒂芬逊，攒钱前往东京，通过上学来实现他的理想。尽管贫穷，但他对生活必需品却表现得毫不在意，这在东亚传统观念中通常被说成是主人公的一种美德。这个年轻人聚精会神于他所从事的工作，终于成为一名电力工程师，承担起赡养弟弟的责任。若是设备发生故障，他就会检查发现故障的原因，并修好它。这样一个决心把事情做好的非凡普通人，符合斯迈尔斯对"专心于自己职业的人"的描述，这样的人"有能力忍受长期的苦难，拥有真正的耐力"。日本可以如此之快地学习西方的榜样，并如此之快就享受到连偏远农村都安装了电灯的好处，其中的原因正是由于大部分日本人与这个年轻人一样：在明治时期，有大量非凡的普通人在勤奋地工作。

　　或许是由于这是一部 19 世纪的英语著作，斯迈尔斯《自助论》中的男主角有很多是发明家。他用了数页篇幅来描写关于理查·阿克莱特发明棉纺机的奇闻轶事。一个钦佩这段轶事的读者是丰田佐吉，1897 年，他独自成功地发明了自动织布机。他的后裔后来转入到汽车制造领域。斯迈尔斯传授的这些经验教训很快被移植到日本，并成为明治时期年轻人"克服逆境"和"认真践行"的基础。

　　这些口号中所蕴含的哲理——有才能的个人具有无限的可能性，凡事都取决于身体力行——正适应了明治早期社会现实的需要。这一哲理同样也用一般的俗语来加以表达。然而，若要解释为什么这种移植发生得如此顺利，其他一些较少魅力的原因也应当牢记在心。一个原因是，至少在表面上，《自助论》中所蕴含的经验教训得到了反复而确实地阐述。无论是原著还是译文，这些原则都声称具有绝对权威。这种武断虽然带有教化的风格，也许它与这本著作的目的不很一致，但却可能与那些出生和成长在一个封建的、权威主义的道德价值体系的人们意气相投。正如乔治·B.桑塞姆所说，"很不幸的是，最终当日本人有时间去考虑西方观念的高尚努力时，无论是赫伯特·斯宾塞沉闷的推理，或者像本杰明·富兰克林和塞缪尔·斯迈尔斯的说教，似乎最好还是坚持他们在理智上的痛苦。"[1] 一个经受德川时代儒学传统熏陶长大的日本人可以接受富兰克林和斯迈尔斯的这种训诫，这恰恰是由于他已经习惯了他们这种方式的说教。

484

---

[1] George B. Sansom, *Japan, a Short Cultural History* (London: Cresset, 1932), p. 504. 也见 Earl H. Kinmonth, *The Self-Made Man in Meiji Japanese Thought: From Samurai to Salary Man* (Berkeley and Los Angeles: University of California Press, 1981).

1878 年，明治皇后将本杰明·富兰克林的"十二美德"翻译成了传统的日本诗歌。关于工业，富兰克林在自传中写道："工业：不失时机；从事有用之物；截止所有多余动作。"年轻的皇后曾经从她的御用儒学教师元田永孚那里学到了富兰克林的"美德"，将其用传统的诗歌形式转录了下来，并将其赐予东京女子师范学校，在这所学校的开学典礼上，学生们曾经伴随着皇后列队前进。这首诗歌被改成一首音乐作品，很快就流行开来，传遍了这个国家的大街小巷：

> 未经历磨炼，即使是钻石，
> 也会失去它宝石般的光芒。
> 不接受教育，人民也一样，
> 将无从发挥真正美德的力量。
> 如果你珍惜时光，整日劳作，
> 就像手握钟表，永不止息，
> 那么所有问题都不能把你阻挡。[1]

这种现代化的趋向，可以在所有后发现代化国家看到，但是在明治时代，"殖产兴业"的需求表现得尤为强烈，连皇家的女诗人都从富兰克林的"美德"中看到了一种公民社会的新道德，并主动将其日本化，通过传统诗歌的媒介介绍给人民。

当然，勤奋和践行这两种优点对于明治时期的日本人民来说并不新奇。这首皇后创作的校园歌曲，在某种意义上诚然有富兰克林的教谕，但是在其他方面，它是完全日本化的。在德川时代有一句谚语："困难的磨炼终使人成为一颗宝石。"十三世纪的禅师写道："宝石之所以成为宝石是因为经历了磨炼。人经历磨炼才能变得仁慈。没有一颗宝石天然就能发光。没有一个初学者从一开始就具有敏锐的洞察力。宝石和人都需要磨炼。"[2] 如果往前再推，在《礼记》这本书中我们几乎可以发现相同的语句："玉不琢不成器，人不学不知义。"[3] 恰恰是由于这种品行塑造的观念在东亚的佛教和儒学传统中早已根深蒂固，日本人才能在明

485

---

[1] 见 Inoue Takeshi, *ed.,Nihon shokashu* (Tokyo: Iwanami Shoten, 1958), pp. 48-49。

[2] *Nihon koten bungaku taikei*, vol. 81: *Shobogenzo, Shobogenzo zuimonki* (Tokyo: Iwanami Shoten, 1965), p. 397.

[3] 见 *Kokuyaku kanbun taisei*, vol. 24: *Raiki* (Tokyo: Kokumin Bunko Kankokai, 1921), p. 351.

治"文明开化"时期如此勤奋和持久地教育他们自己。确实，二宫尊德的自制禁欲和道德教化是一种民族气质，直到第二次世界大战结束一直在日本农村占据统治地位，即使在今天，他的"报德仕法"的影响力也不容忽视。

每个时代都有它特有的风尚。比如"获取成功和出人头地"，今天听起来似乎老旧过时、自负做作，但只要把它改述成"自我实现"，相同的抱负就会变得现代和时髦。与此相似，在明治早期，传统日本或者亚洲的所有事物似乎也都已过时，当时的年轻人在听到禅书或者《礼记》中的箴言警句时也并不觉得如何受到鼓舞。

正冈子规，明治日本诗歌的伟大改良者，在患肺结核病时读了富兰克林的《自传》，深受感动。后来享有巨大声誉的自然主义作家岛崎藤村，在他还是一所乡村学校的年轻教师时，也曾用富兰克林的《自传》来做教科书。这些资料表明，在国家地位上升期的明治时代，当时的日本人在关注着什么。

最后，我们必须考虑到，正如西方社会许多新教徒后来支持民族主义的公民活动一样，明治时代年轻人的"勤奋与践行"同样也与日本的民族主义有关。自我道德修养并没有停留在明治青少年的个人层面，而是与在西方侵蚀的外表下保留着的日本的独立性相联系。道德及其践行一起来为更大的共同体服务。正如福泽谕吉又一次在《劝学篇》中所说的那样："比较东方儒学和西方文明，我们会发现后者所拥有而为前者所缺乏的是（1）有形领域中的数学运算，（2）无形领域中的自立精神。"[1] 福泽谕吉主张培养个人的自立精神。根据穆勒的观点，"一个民族的独立，产生于它的人民精神的独立"，福泽谕吉倡导每个日本人都要"确立自己的独立性，那样日本也终将会独立"。福泽谕吉的意见与前面引用的斯迈尔斯的观点相一致："若是一个国家的大多数人都在'自助'，那么这个国家必定充满活力并拥有强大的精神。"值得注意的是，在这个过程中，福泽谕吉所批判的儒学精神却并未产生障碍，因为儒家思想认为"个人道德的修养和家庭事务的管理"是"统治国家和给人民带来福祉"所必不可少的。每个公民以"自助"形式体现的"自我修养"，会直接导致"国家富强"（或者它的同义词："民族独立"）意义上的"统治秩序"。因此，对于日本来说值得庆幸的是，"通过勤奋克服了困难"，同时私人生活也"获得成功和出人头地"，这是与日本国家的命运完

486

---

[1]　"Kyōiku no hōshin wa sūri to dokuritsu," in *Fukuzawa Yukichi zenshū*, vol. 3, p. 198. 也见 Kiyooka, tr., *The Autobiography*。

全协调的。在这种意义上，自助绝不意味着抵触传统的日本价值观；恰恰相反，是对日本传统价值观的加强。[1]

　　但是，只有当日本在"转向西方"的道路上行进得更远，即日本人把西方文学当成文学来接受，并开始书写他们自己的现代小说之后，"努力工作"和"出人头地"之间的这种简单统一，才真正可以说是与时俱进。在二叶亭四迷（1864—1909）创作的小说《浮云》中，年轻主人公就生活在明治时代的自助氛围中，但是作者并不相信"人类所有的成功与失败"都与"自助者，天助之"这句谚语有关。二叶亭四迷所关注的，是在新的社会等级开始形成的这一时期，饱受相互冲突价值观折磨的普通年轻人的真实社会生活，而不是一般的警句箴言。

回归日本：明治年轻人中的自我意识

对盲目西化的反动

　　在明治时代早期的 20 年里，看上去好像整个国家都决心要完全西化，但是到了 19 世纪 80 年代晚期，反对声浪开始显现。然而，这种"重新做回日本人"并不是德川晚期盲目仇外的死灰复燃。

　　1887 年，外务大臣井上馨在鹿鸣馆举办了一场西方式的露天花园酒会，目的是为了有助于取得同西方列强修订条约的机会。[2]井上馨提出了恢复日本司法权的要求，但在实际上，他是乐于接受这样的条约条款的，即西方法官继续主持有关外国人的所有案例。当井上毅为首的反对派获悉了政府的想法之后，他们故意泄露了某些秘密的文件，就此煽动起了激烈的反政府风潮。在这些秘密文件中，有一篇是瓦索纳德对于日本政府轻佻的西化政策的批评。瓦索纳德指出，当时在外国人担当雇员或者顾问的所有领域——军备服务、行政管理、财政事务、教育事业——日本人都不被允许获得政府岗位和行使真正的政府权力。他强调说，在司法权威被委托给外国人这种情况下，将会有损日本国民的积极性，为外国人

---

[1] 关于富兰克林和斯迈尔斯对明治时期的日本所发生的影响，参见 Hirakawa Sukehiro, "Furankurin to Meiji Kōgō," in Hirakawa Sukehiro, *Higashi no tachibana, nishi no orenji* (Tokyo: Bungei shunjūsha, 1981), pp. 53-88。

[2] Donald H. Shively, "The Japanization of Middle Meiji," in Donald H. Shively, ed., *Tradition and Modernization in Japanese Culture* (Princeton, N.J.: Princeton University Press, I971.pp.77.119.

介入日本国内事务大开方便之门。[1]

　　值得注意的是，像瓦索纳德这样的外国雇员对日本狂热追逐西化是持批评态度的。然而"重新做回日本人"的口号，并不仅仅是受到这些好心的外国人的建议而触发。更为重要的是，一些日本人开始根据从西方学来的"文明"普遍原则，对西方人进行批评。"诺曼顿号"事件就是一个例子。

488

　　1886 年，英国船只"诺曼顿"号在和歌山县海岸沉没。英国船长和外国船员为了保命争抢上了一艘救生艇，留下的所有日本乘客都被淹死了。神户的领事法庭不管广泛的公众愤慨，豁免了对船长和外国船员过失犯罪的指控。当时的反应是可以想象的："这个消息迅速在国内传播开来，无论是政府职员，还是普通民众，所有国民都愤慨和伤心至极。报纸上义愤和悲痛的文章与评论连篇累牍。"[2]这种愤怒的公众舆论，对于终结井上馨的鹿鸣馆西式酒会起了一定的作用。

　　英国船长以及领事法庭在沉船事件、法庭判决以及种族歧视这些方面并没有做到西方人所宣扬的标准这一事实，激起了日本人的愤怒。最初，日本被《自助论》中许多即使付出死亡代价也要实施仁行善举的事迹所鼓舞。例如，其中一个故事宣称，当一艘英国船只在非洲海岸失事沉没时，救生船上的英国军人掉转头来营救妇女儿童。中村正直的译文是："这些英雄沉没在狂暴的大海深处，面无泪珠，毫无遗憾。"明治时代的读者的心灵被这些"英勇而宁静的英国男子气概"深深地震撼了。"船长誓与船只共存亡"这条不成文的规则，直到第二次世界大战结束被遵循了一遍又一遍，不仅仅是帝国海军的军舰，就连日本的商船也都同样遵守。似乎是由于《自助论》所包含的教导和事例符合他们特有的伦理理念，日本的年轻人致力于创造一个基于西方模式的现代化日本。当他们极度理想化的想象被活生生的英国人用现实行为所背叛，暴露出其中虚假的时候，日本人的愤怒反应便爆发出来了。

　　诚然，这一事件本身不应被理解为日本"转向西方"的终结。由知识分子们所证明的"重做日本人"并不是大规模地抵制西方而完全回归传统基础，只是想

489

[1] "Bowasonaado gaikō iken," in *Meiji bunka zenshū*, vol. 6: *Gaikō-hen* (Tokyo: Nihon Hyōronsha, 1928), pp. 451-452.

[2] 关于"诺曼顿号"事件的新闻报道，参见 *Shinbun shūsei Meiji hennenshi*, vol. 6 (Tokyo: Rinsensha, 1936), pp. 350, 356-357, 361, 365. 另见 Richard T. Chang, *The Justice of the Western Consular Courts in Nineteenth Century Japan* (Westport, Conn.: Greenwood Press, 1984)。

将西方真正好的东西挪用到日本的传统中。

明治本土主义的素描自画像："保守派"小泉八云

乔治·B.桑塞姆在《西方世界与日本》一书中，对明治时期那些希望回归本土文化的日本人（这里的例子是马场辰猪），写下了下面这段话：

> 这个现代日本历史上的有趣时期，可以从追踪那些受到英美自由主义教育的聪明年轻人的事业来撰写。这些年轻人怀着民主的热情，兴奋地回到日本，随着时间的流逝，最终变成了一个个民族主义者，强烈厌恶那个曾经哺养过他们年轻激情的西方。不久前，我注意到当时的一个富有能力和经验的年轻人，他和大部分接受西方教育的同龄人一样，由于感觉到西方的自由是一个幌子，转而反对西方的民主政治。[1]

西方化的知识分子将注意力重新转回本国传统的现象绝不仅仅限于日本，同样，在俄国以及其他亚洲国家的思想家和领导人中也发生了类似的现象。"重回日本"的趋势在19世纪90年代就已经很明显了，当时，小泉八云写下了短篇小说《一个保守派》，收于文集《心》中。这篇小说很值得注意，因为它随后强烈地吸引了日本的年轻人。这篇小说的情节涉及一个年轻人在历史环境改变时的智力开发。

小泉八云故事的主角出生于上层武士阶层，生长在一个拥有30万人口的城下町中。在接受过武术训练，接受过儒学和其他传统价值观的教育之后，他遵循的是景仰先人和蔑视死亡的传统教导。这个勇士目睹了佩里黑船的到来；"蛮夷"随之被雇佣担当城堡的教师。明治维新之后，主角离开了家乡，前往横滨一所外国传教士的学校学习英语。起初，他相信对祖国的热爱需要他以一种超然、冷静的方式了解敌人的情况，以合乎"知己知彼"的格言。但是不久之后，他被西方文明压倒性的优势所深深震惊，由于西方实力的基础在于基督教，作为一名爱国者，他认为他有责任接受这种高级的信仰，并鼓励他的同胞转而信仰基督教。这一信念是如此强烈，以致他不顾父母的反对而成为一名基督教徒。抛弃祖先的信

490

[1] Sansom, *The Western World and Japan*, p. 418.

念导致的不只是一时的苦难：他被家族除名，被朋友看不起，贵族地位及其应得的所有权利遭受剥夺，沦为一贫如洗的穷人。尽管如此，武士阶级对他的惩罚反而坚定了他不顾遭受的困难而坚持下去的勇气。作为一名真正的爱国者和真理追寻者，他确定什么才是他的信念，并毫无畏惧与遗憾地奋力追寻。

然而，小泉八云小说里的主人公很快就困惑地发现，那些西方传教士用于论证日本先人的信念是如何荒谬的现代科学知识，同样也可以用来论证其基督教信仰的荒诞无稽。西方传教士们经常惊讶和震惊地发现他们的日本学生非常聪明，很快，这些学生就不再愿意继续待在教堂里。就这样，主人公变成了一个宗教不可知论者和政治自由主义者。

被迫离开日本后，主人公先后去了朝鲜和中国。在他去欧洲之前，他曾在中国当过一段时间的教师。随后他在欧洲生活了很多年，观察和获得了渊博的西方文明知识，很少有日本人能比得过。他在很多的欧洲城市生活过，从事过很多类型的工作。对于他来说，西方就好像一个巨人的国度，远超他之前的想象。无论物质层面还是智力层面，西方文明都远远优于日本文明。然而，西方智力成果的力量，却经常被用于欺负弱小。基于这种认识，他总结了两条信念：（1）日本学习西方科学是出于被迫，而不是通过选择，有必要从敌人那里吸收许多物质文化；（2）尽管如此，无论从过去承继的责任、荣誉和观念是对还是错，都没有令人信服的理由完全加以抛弃。西方生活中固有的挥霍和浪费，教会了他在自己国家值得尊敬的贫困中发现价值和长处。他将要尽其所能，坚持和维护日本传统中好的东西。

日本文明中哪些是有价值的和美好的——那些事物只有在与外国文化进行比较之后才能得到理解和欣赏——如今对他来说似乎已经成竹在胸。因此，他渴望成为一个被允许重返家乡的人，在他出发返回横滨的那天，他已经不是一个幕末时代盲目排外的人，而是一个"重回日本"的"保守派"。[1]

小泉八云的人物描写也许可以被认为是早期明治时期与西方文明产生纠结的武士知识分子的复合体。早期同志社的很多基督教学生，都是来自熊本藩的"熊本帮"成员，而小泉八云就曾在那里教学。甚至连早期北海道基督教组织的领导

491

---

[1] "A Conservative," in *Kokoro*, vol. 7 of *The Writings of Lafcadio Hearn* (New York: Houghton Mifflin, 1922), pp. 393-422. 对此的详细分析，见 Hirakawa/ Sukehiro, "Nihon kaiki no kiseki - uzumoreta shisōka, Amenomori Nobushige," *Shinchō*(April 1986):6-106。

人内村鉴三，在美国的时候也曾写下过觉得祖国显得"无上美丽"的时刻。另一个例子是内科医生兼作家森鸥外，他和保守派小泉八云一样，在一座城下町里接受过武士教育。在他还是个小孩子的时候，他的父母就经常警告他："你身为武士之子，必须有足够的勇气切腹自杀。"其他如中村正直和内村鉴三，曾跟随传教士学习，由于爱国的责任感而接受了基督教义。然而，许多皈依者后来又否定了基督教。事实上，尽管在现代日本思想史上这是一个很少研究的领域，但在某种意义上，大部分日本思想家似乎都已经"回归"日本。像宫崎滔天这样的"中国活动家"和诸如德富苏峰之类的新闻记者，都曾经一度成为基督教徒。[1] 避难国外的自由主义者马场辰猪，以及志贺重昂和期刊《日本与日本人》，都使人想起，那些重回日本的知识分子曾经下定决心要发现日本真正的"民族本质"。

小泉八云的这篇杰作，预示着起源于观察西方文明阴暗面的忧世主义的高潮，与夏目漱石后来对现代西方文明的批判有异曲同工之处，小泉八云的短篇小说所包含的思想和行为的很多方面，正是后来日本知识分子思想和行为的真实写照。反过来说，后来日本知识分子所有的辉煌外观和他们光怪陆离哲学谱系的多样性，在深层次上与小泉八云的主人公有着很多共同之处。在这些方面，《一个保守派》是很多现代日本知识分子的复合素描和先驱。

教育的日本化

在明治早期，后来成为外国研究日本问题专家的巴泽尔·贺尔·张伯伦来到日本，在当时毫无经验的日本帝国海军里担任教习，讲授"纳尔逊生平"及其他类似科目。对于那些他所教过的年轻日本海军军官，德川时代武士的继承人，他这样描述道："（他们）英语相当流利，穿着统一的耐用外衣，除了一双斜眼和没有胡须，几乎就是一个欧洲人。"[2] 明治时期海军军官说起英语来的流利程度引起了他的注意。这种英语水平甚至超过了后来日本海军学院的学生，因为出生于1860年左右的这一代人产生出一批时代精英，比他们的后继者更有能力用外语进行交流。这些人里如冈仓天心（生于1862年）、内村鉴三（生于1861年）、新渡

---

[1] 关于宫崎滔天，见 Etō Shinkichi , Marius B. Jansen, *My Thirty-three Years' Dream: The Autobiography of Miyazaki Tōten* (Princeton, N.J.: Princeton University Press, 1982). 关于德富苏峰，见 John D. Pierson, *Tokutomi Sohō, 1863-1957: A Journalist for Modern Japan* (Princeton, N.J.: Princeton University Press, 1980).

[2] Basil Hall Chamberlin, *Things Japanese* (Rutland, Vt.: Tuttle, 1971), p. 1.

户稻造（生于 1862 年）都曾用英文著书；还有森鸥外（生于 1862 年），在将西方文学引入日本方面可谓无人能及。

夏目漱石（1867—1916）出生于略晚的几年后，1893 年毕业于东京帝国大学，1903 年以首位讲授英国文学的日本讲师的身份接任小泉八云，接下来在明治晚期离开了教书生涯，专心从事写作。他对日本学生掌握英语能力的评论，为明治时期高等教育的"日本化"提供了富有启迪作用的深刻理解。他注意到，日本学生对英语的掌握在下降，而这是由于日本的教育已经取得了一定的和可以预料到的进步：

> 在我这一代，正规学校的所有教育过程都是用英语进行的。所有课程——地理、历史、数学、植物学和生物学——用的都是外文原版教科书。在我们这代之前的学生，甚至用英文来答卷；而在我这一代，已经有一些日本教员在教授英语了。[1]

他继续说道，在那个时代，英语只是过度从属于外国文化的一个表现方面："人们会炫耀金制的怀表，穿西式服装，蓄胡须，在讲日语时突然冒出一句英文。"不仅仅是因为英语时尚，更重要的是，现代知识是用外文书写的，而用日语尚难以达成： 493

> 由于我们在正式的英语课之外有非常多的英语训练，所以我们的英语听、说、读、写能力自然而然就提高了。但是我们在内心里都是日本人，考虑到我们作为一个国家的独立性，这样一种教育体制，在某种意义上，是一种耻辱。这使我们感觉到，我们和印度没有什么不同，我们也是大英帝国的属民。我们全都意识到日本民族性的重要；而这仅用英语知识是无法得到的。因此，随着我们国家的生存基础的不断巩固，采用英语教学的制度自然应该废止；而在事实上，这恰恰就是正在发生的事情。
>
> 我们翻译的外国著作还不充分，使用大量的外文教科书也必不可少。但是，学识是普遍通用的，一旦具备了充足的材料而日本教师又足以胜任，就逐渐采用自己国家的语言来教授日本的学生了。

---

[1] "Gogaku yōseihō," in *Sōseki zenshū* (Tokyo: Iwanami Shoten, Shinsho ed., 1957), vol. 34, pp. 233-234.

从在社会中广泛传播学识的立场来看，最好的教学语言是日语，应该使用学生被养育的语言，用学生自然使用的语言来传授知识……英文使用的下滑是自然的，也是可以预期的。

但是，政府的政策也开始发挥作用，甚至可能比这些文化方面的因素更为重要。正如夏目漱石所看到的：

我相信，在日本英语能力下降的最大原因是人为的，是井上毅担任文部大臣（1892—1896）期间实行的政策所导致的。这项政策决定尽可能地使用日语讲授除英语之外的所有学科。在强调日语教学重要性的同时，井上毅也力图恢复日本文学和中文典籍的学习……这种人为的决定抑制了外语在教学中的使用，这是当今语言能力下降背后的一个压倒性的重要因素。

在明治早期，制度和方法的"现代化"被分析为"西方化"。然而，由一种外部危机所引起的对于现代化的渴望，引起了日本人民和国家追求民族独立这一直截了当的要求。日本学生留学海外，在返回祖国后，挤占政府内外由外国雇员暂时占据的职位，这是不可避免的。

此外，井上毅主张的是少一点西方化的现代化。和其他明治领导人一样，他
493 的目标不是"西方产品的进口"，而是在日本制造"西方式的产品"。在"1881年政治危机"之后，他向政府提交了一份政治计划，概述了他认为国家应该采取的教育政策。其中的两条是：

复兴中国学问：
自从明治维新以来，英语和法语学习已在我国享有很高的优先权，这第一次在我国引起了革命思想的萌芽。然而，对于忠君、爱国和忠诚——这些如今处于消失危险之中的价值观——的教育，没有什么能与中国的学问相提并论。我们必须复兴这些价值观，从而维持一种平衡。[1]

---

[1] "Kangaku wo susumu," in Inoue Kowashi denki-hensan iinkai, ed., *Inoue Kowashi-den, shiryō*(Tokyo: Kokugakuin Daigaku Toshokan, 1966), vol. 1, p. 250.

鼓励学习德国：

在我国目前的教育体制下，只有医学学生学习德文。学习法律以及相关专业的学生都在学习英语和法语。自然而然的，那些学习英语的学生赞美英国的方式，学习法语的学生则羡慕法国的政府。但是，在目前欧洲所有国家中，只有普鲁士国家统一的情况与我们相似……如果我们想要全国国民的思想更加保守，就应该鼓励他们学习德语，从而促使其在几年之后取代如今英语和法语所享有的统治地位。[1]

井上毅与元田永孚共同起草了《教育敕语》，并在 1890 年予以公布。从前面的引文我们可以看出，早在 1881 年，井上毅就想要返回东亚的传统，主张依靠忠君、爱国、效忠上司这样的贞操美德来支撑民族的统一。

然而，我们一定不能忽略的是，直接在日本接受外国教师的教育成长起来的这一代人，对于国际事务有着清晰的理解，而后来的几代人却被证明是缺乏这种理解的。海军军官就是一个恰当的例子。与第二次世界大战期间日本所用的战舰或飞机是日本制造的不同，在日俄战争中，军官们乘坐英国制造的军舰进行了大部分战斗，他们前往英国或者其他国家，亲自督造船只并将成品驶回日本。比如，有时他们会看到英国劳工举行罢工，这样宽广丰富的经验使得海军军官具有了国际视野。随着这一代海军军官在 20 世纪 20 年代的退役，海军军官们和他们指挥的舰船一样，都成了"日本制造"。这种情况也同样发生在政府所有其他领域的领导人身上。在 20 世纪 30 年代，整个国家显现出一种狭隘的民族主义。这种狭隘民族主义的产生，虽然部分归之于日本外部的情况，但它之所以能够取得进展，在某种程度上正是由于明治时期日本教育的偏狭。

从《五条誓文》到《教育敕语》

1868 年颁布的《五条誓文》和 1890 年发布的《教育敕语》，可以被认为是这样的两个正式文告，前者标志着一个时代的开端，后者则标志着这个时代的终结。对于西方，《五条誓文》这样写道：

---

[1] "Doitsugaku wo okosu," *in Inoue Kowashi-den*, shiryō, pp. 250-251.

破旧有之陋习，本天地之公道。

求知识于世界，大振皇基。

这两条誓文是由取得胜利的效忠于天皇的人们（"尊皇派"）公开宣布的，是这个统一的新日本所实行的文化和政治政策。值得注意的是，排外的尊皇派一旦推翻了幕府掌握了政权，就立刻颁布了和平政策，在贸易和外交上实行对外开放。这个事实暴露了"尊王攘夷"这一口号的真实内涵——这是一个缺乏有意义的内容的口号，只是利用它来团结和调动持不同政见的武士阶层的能量。

然而，明治新政府所宣告的"求知识于世界"，不应该被理解为只是构建和平与开放国家的政策的简单副产品。违反幕府法律的吉田松阴，也曾"求知识于世界"，并且他的目的也是"大振皇国之基业"。承诺"破除旧有之陋习"，这清晰地表明 1868 年的日本意识到自己还不具备条件成为一个现代民族国家，显示了日本学习西方的异常渴望。

与在拥有文化优势的国家寻找其治国模式的《五条誓文》截然相反，22 年之后，1890 年发布的《教育敕语》，寻求的则是那些在日本的历史特性中出类拔萃的典范。《教育敕语》说：

496

孝于父母、友于兄弟、夫妇相和、朋友相信、恭俭持己、博爱及众、修学习业以启发智能、成就德器。进广公益、开世务、常重国宪、遵国法。一旦缓急，则义勇奉公，以扶翼天壤无穷之皇运……[1]

这些佳行美德与传统上民众所信守的那些情感深深相关。此外，《教育敕语》宣称"万世一统"的日本人民世世代代拥有这些美德，由此将推进国家统一和民族美德的源头推溯到日本人的历史起源之处。反过来，这种历史决定论也假定国家的统一和道德在日本历史的所有时期都一直存在，从而产生出一种历史上超常的"国家本质"（"国体"）的概念。

---

[1] 译自 R. Tsunoda and W. T. de Bary, eds., *Sources of Japanese* Tradition (New York: Columbia University Press, 1958), pp. 646-647. 关于这部诏书的缘起，参见 D. H. Shivery, "Motoda Eifu: Confucian Lecturer to the Meiji Emperor," in D. S. Nivison and A. F. Wright, eds., *Confucianism in Action* (Stanford, Calif.: Stanford University Press, 1959), pp. 302-323.

　　《教育敕语》并非与西方思想截然相对。"修学习业以启发智能、成就德器。进广公益、开世务……"的谕示，与斯迈尔斯在《自助论》中所表达的观点几乎完全一样。因此，尽管《教育敕语》经常被认为具有儒家学说的复古特征，但在这份文献中，还是可以发现满足新时代要求的基本原理。这份敕令并未断言日本的传统为普世通用的原则；恰恰相反，它宣称的是，那些被认为是通用的价值观在本质上恰好符合日本的传统。

　　然而，也有证据表明，外国从《教育敕语》的视野中消失了。后幕府时代历史的一个突出的特征是，外国，主要是西方国家不可避免地会对日本产生影响，这与锁国时代大不相同。在《五条誓文》中，我们可以发现这样一种宣言，即对于日本这个国际社会的迟到者来说，为了保持民族独立，日本国民必须向外国学习，沿着文明开化的道路前进。相反，《教育敕语》中涉及日本与外国关系的唯一一点是，假设在战争期间，"一旦缓急则义勇奉公，以扶翼天壤无穷之皇运……"

　　《教育敕语》完全忽略外国的存在，转而赞扬日本"国体之精华"的各种美德，这决不表明日本重新获得了国家自信。《教育敕语》对外国的疏忽，实际上暗示着日本充满着疑惑与焦虑，它没有能力完全无视外国的影响，因而只能更加依赖本国的价值观。这种怀疑与焦虑，在《教育敕语》与《五条誓文》相违背的事实中显露无遗，因为《教育敕语》以一种轻描淡写的方式把外国的形象描绘为消极负面的，甚至是充满威胁和险恶之心的。《教育敕语》的目的是维持一种共同的民族道德，以这种来源于日本过去共有历史根源的道德意识来维护国内的团结。这一目的开门见山便显现出来："朕惟我皇祖皇宗，肇国宏远，树德深厚，我臣民克忠克孝，亿兆一心，世济其美。此我国体之精华，而教育之渊源，亦实存乎此。"直到最后仍然强调："斯道也，实我皇祖皇宗之遗训，而子孙臣民之所当遵守，通诸古今而不谬，施诸中外而不悖。朕与尔臣民。俱拳拳服膺。庶几咸一其德。"

　　由此可见，《教育敕语》的颁布，标志着以《五条誓文》为开端的轰轰烈烈的"转向西方"的终结。鉴于《五条誓文》所设想的"天地之公道"，迄今在日本还很缺乏，为了达到这一目标，《教育敕语》宣称应以日本以往封建时代即已存在的"国体之精华"来作为日本未来行动的基础。

　　《五条誓文》可以比作是一个小孩，一个刚开始理解他周围发生了什么，试图从外界吸收学习的小孩；简而言之，它显示出日本认识世界的渴望。与之相反，在接近 19 世纪 80 年代末，日本在发现它的"转向西方"过于突然和极端之后，便开始寻找自己的特性，这种竭尽全力加以证明的特性的某些方面，可在1890 年颁布的《教育敕语》中看到。

在过去的 22 年里，日本这个非西方国家从西方采用了大量的东西，这对现代化来说是基础的和必不可少的。没有这些理念和制度，民族认同的建立将是不可能的，一个独立的，不再受西方统治和左右的日本的存在也是不可能维持下去的。但是与此同时，由于大规模地借鉴西方，需要日本人自己获得和支持的"自我"的建立过程，却充满了焦虑与不确定。简而言之，日本对西方文化的吸收和同化，是出于国家的原因，然而这些努力充满了担心日本自己的特性文化可能会因此而遭受侵害的不安。由于自尊心受损这种心理上的问题长久地处于日本现代化进程的底端，日本人对于后来涉及西方的每一次国外危机都显示出一种奇怪的狂热。"坚持国体之精华"的口号具有深入日本人内心的强大影响的事实，毋庸置疑也与这种心理问题有着密切的联系。

498

第八章　社会变迁

普林斯顿大学　吉尔伯特·罗兹曼

关于 19 世纪日本社会变迁的历史虽然通常看来清晰可辨，但实际上存在着相互交叉、三重叠加的视角。每个视角都构成一种对历史的探索，与之相应地分别是：（1）急速现代化的起因；（2）前现代社会秩序的阐明；（3）全方位改革的影响。这些探索工作尚无一项已经完成，但是把三方面探索所取得的成果综合起来，却为社会结构的意义深远的变迁提供了可信的证据。当得到了诸如当地历史记录的丰富资料（这些资料在细节上十分详尽，却缺乏一般化的归纳）所提供的信息的进一步支持时，与上述三重视角相联系的学术成果，为试图总结 19 世纪时尚不多见的现代化国家社会变迁的主线，提供了非常牢固的历史学基础。

对于日本快速现代化起因的探索，源自一系列当代日本的问题。在探究日本经济奇迹的基本原则和鲜明特色的过程中，一些社会科学家就已经将注意力转向了现代化之前的组织特征、工作态度和一般的社会结构。从历史上看，以中根千枝的"纵向社会"（"垂直型社会"）[1] 和速水融的"勤勉革命"[2] 这样的概念为基础的名言警句，都使我们联想起这种回溯性研究的成果，这些研究向我们输送着这样一种印象：甚至早在现代改革之前，一个民族就已经做好了准备，开始了方向明确、团结协作、勤奋努力的行动。同样，其他人则急于发现日本非同寻常的现代发展的根源所在，进而找出证据说明这些不同寻常的民族特质在 19 世纪时

499

---

[1] Chie Nakane, *Japanese Society* (Berkeley and Los Angeles: University of California Press, 1970).

[2] Hayami Akira, "Keizai shakai no seiritsu to sono tokushitsu," in Shakai keizaishi gakkai, ed., *Atarashii Edo jidai shi zō o motomete* (Tōyō Keizai Shinpōsha, 1977), p. 13.

已经广泛散布于日本民众之中。[1]

500   在近来的学术研究中，第二种视角显然正越来越成为人们的兴趣所在，纷纷把 19 世纪的社会变迁视为早期潮流和"矛盾"的一个结果。研究德川时期的历史学家们，越是承认日本的所谓中央集权封建制度（"主权的封建制"）的动态特征，就越是能够逐渐看清 18 世纪尤其是 19 世纪日本精心构建的社会体系。他们经常引用那些最初来自于马克思主义历史观却与日本社会不很相关的概念，收集了大量证据以证明业已发生了一些影响深远的社会变革，并把这些变革冠之以诸如"封建制度的危机"或"资本主义的起源"之类的标签。[2]只要在实证研究上接受过充分的训练，这个视角就将有助于透过"幕藩体制"的表象，看到其内部社会结构的演变。这些研究成果提供了各种各样社会变迁的大量信息，这些社会变迁在以前的日本从没见过，在 19 世纪的世界其他地方，这些社会变迁也极为罕见，最近才变得明显起来。

      在一般的通史著作中，第三种视角使得其他各种把握 19 世纪日本社会变迁的途径显得相形见绌。这一点很少有争议，因为它特别关注明治维新时期及紧随其后那些年月的有凭有据的全方位政策变化，而不是仅仅关注那些通常与官方的决策无关，或是潜藏于官方决策表层之下的长时段的缓慢变迁。以另一种长时段的视角，即从德川时代到明治时期的转变如何建立在先前就已存在的现代化基础和德川社会秩序内部所发生的缓慢变迁之上，来重新解释 19 世纪 60 年代到 19世纪 70 年代期间的政策变化，这仍然充满了挑战。[3]

---

[1] 关于日本与众不同的前现代社会状况的说明，参见 Cyril E. Black, Marius B. Jansen, Herbert S. Levine, Marion J. Levy, Jr., Henry Rosovsky, Gilbert Rozman, Henry D. Smith II, and S. Frederick Starr, *The Modernization of Japan and Russia: A Comparative Study* (New York: Free Press, 1975)。这些作者挑选出以下因素，比如社会精英们广泛的、流动的、服务导向的经历，能够平衡家庭忠诚的社会控制的存在，资源积聚和都市化的高水准，以及世俗教育的展开，等等，作为对现代化起重大作用的特质。

[2] 关于对滥用马克思主义标签并未充分注意到历史实情的批评，参见 Hayami Akira, *Nihon keizaishi e no shikaku* (Tōyō Keizai Shinpōsha, 1968), chap. 1; 以及 Susan B. Hanley and Kozo Yamamura, *Economic and Demographic Change in Preindustrial Japan, 1600-1868* (Princeton, N.J.: Princeton University Press, 1977), pp. 12-28. 尽管这些批评有其正确的地方，但我们仍应承认运用马克思主义的命题来尝试解决土地所有权、劳资关系、村落团结和社会阶级等问题时所获取信息的重要性。

[3] 对这一问题的最初探讨，见 Marius B. Jansen and Gilbert Rozman, eds., *Japan in Transition: From Tokugawa to Meiji* (Princeton, N. J.: Princeton University Press, 1986)。

各种假想的再思考

对与明治维新相关的政策急剧转变的解释，需要对社会变迁的原因做出一系　501
列相关的解释。当时的日本面临着来自国际社会的威胁，这促使日本的对外关系
发生急剧转变。在关于如何才能更好地应对来自国外的威胁以及如何调整自身政
策以适应变化了的国际环境的问题上，日本的领导层产生了分歧，这导致了社会
动乱和冲突的扩大化。从这种环境中出现了一个新的领导团体，这为触动社会各
层面各领域的广泛政策变革做好了准备。尽管从阶级动机的角度对明治维新的意
义仍然存在着争议，尽管对日本的社会改革为何如此迅速和深入仍然有各种不同
的意见，但变革的情境则已得到了相当清晰的了解，有关因果关系的争论则集中
在诸如外来的需求与领导层的改变之类的一般问题。政治史显得要比社会史更为
突出，至少在解释改变是如何产生的问题上是如此。

其他两个有关 19 世纪日本的视角，对曾经流行一时的关于社会变革起因的
假定构成了更大的挑战，这直接将历史学家们拖入了社会学的难题之中。与其他
后发现代化国家所普遍接受的有关现代化社会变革的观点不同，日本现代化发展
的根源主要存在于以往的社会变革和社会组织的强力推进，而来自第一批现代化
国家的长期影响，19 世纪晚期对外关系的特殊环境，以及新的领导层向与西欧国
家的历史有着普遍联系的社会变革潮流看齐的意愿，起的作用则相对要小。应把
注意力集中在日本现代化之前社会结构的组织和发展上。

企图变革的力量通常被认为是其他前现代化社会发生变革的源泉，但这种力
量在日本则显然微乎其微。在 16 世纪的日本港口和商业中心，所谓的自由城市
或与中世纪欧洲的活力相联系的商人自治机构也许已经有了明确的对应物，但是
在接下来的 17 世纪，这些城市已被完全纳入了幕府将军管辖的领地或其他大名
的领地。在德川时期的日本，崛起中的商人阶层并没有遵循既定的路径，摆脱位
于都市的政府的全方位控制，或者对国家的表征和权力提出直接的挑战。

关于国际关系角色或"世界经济"角色的盛行假说，并没有证明比自由城市　502
的假说更加合理。众所周知，日本自愿实施的"锁国"政策使日本从方兴未艾的
国际贸易和国际劳动分工中孤立出来，而国内的竞争则被许多人视为日本国内各
地社会变迁的主要原因。尽管在 1853 年日本被迫对世界开放前，日本人就已经
意识到帝国主义海上力量的扩张，但是我们依然可以排除，早期关于军事威胁和

外部野心的观念曾经激起德川社会发生过重大的社会重组，就像在俄国社会所曾发生过的那样。

　　断言幕府将军（当然不会是被架空的天皇）所推进的专制统治能够解释德川时期的社会变迁，这在历史记录中并无根据。在将近一个半到两个世纪里，日本显然因为政治上的纷争、集权主义的野心，以及军事上的动荡和重组而失去了发展的机会。如果这些主要变革是由政治领导层所推进的，那么导致其发生的刺激因素就会出于不同的原因，并在统治阶级的不同层面出现，而不是像通常所假设的那样出现在别的地方。我们也很容易否定下面这种观点，即民众造反、农民起义，或多方参与的革命造成了重要的社会变迁。尽管大家越来越倾向于把农村的抗议和暴力活动（"一揆"）与城市的动乱或暴力事件（"打坏し"）这些分散性的骚乱行为集中起来考虑，但即便如此，直到德川时期结束，这些活动也未能造成如此之大的影响。

　　另外一种解释则将大量的行为和有组织的变革归之为与"新教伦理"相提并论的新的宗教信仰的发展，以及对原有限制世俗追求的清规戒律的背弃。[1] 我们无法否认，在许多问题上公众意识都发生了变化，但是，如果没有宗教运动的兴起，乃至某种宗教信仰的改变或唤醒，我们就会很难发现那些刺激企业家行为或其他有意义的社会变迁的因素，而这些因素据说在欧洲的宗教改革运动中曾经出现过。

503　　如果这些证据并不支持基于"自由城市"、"世界经济"、军事压力、专制主义、民众反叛，以及"新教伦理"等价物之类的假设的话，那么，是什么导致了1868年前的社会变革，并进而形成明治维新的社会背景和19世纪末的早期现代化呢？对这个问题，日本的学术界并未达成任何简单明了的答案。本文的研究方法与当下基于史实的社会科学著述的潮流相一致，对来自诸如人口统计和城市历史方面的相对详细和准确的证据形式进行了检验。[2] 本章将首先介绍从社会科学的定量分析中所得到的发现，然后通过必要的假设方式推进分析，我们会发现，

[1] 关于日本社会中相当于"新教伦理"的因素，参见 Robert N. Bellah, *Tokugawa Religion: The Values of Pre-Industrial Japan* (Glencoe, Itt.: Free Press, 1957)。后来，他对这一问题有所修改，参见Robert N. Bellah, "Baigan and Sorai: Continuities and Discontinuities in Eighteenth Century Japanese Thought," in Tetsuo Najita and Irwin Scheiner, eds., *Japanese Thought in the Tokugawa Period* (Chicago: University of Chicago Press, 1978)。

[2] 也许大多数对前近代社会状况的详细的、地方性的研究如今并不适用于日本德川时代的农村、城市和区域，因为大部分研究都是描述性的，对于现代社会科学方法来说作用不大。但是，自20世纪60年代以来，对于历史上的人口统计、工资、价格的研究，已经把定量的方法引入了地方史研究，关于这一趋势的报告可见 Umemura Mataji, et al., *Nihon keizai no hatten: Kinsei kara kindai* (Nihon Keizai Shinbunsha, 1976), vol. 1.

它们之间的联系将有助于解释社会变迁的一般模式。由于许多基于欧洲的假设显然不适用于日本，因此读者会发现，通过其他地方的历史来找寻针对日本前现代社会变迁的主题是徒劳无功的。

拒绝与欧洲历史相联系的因果关系假设，并不是否认历史学作为一门社会科学的一般主题。通过研究其他地方的前现代社会，我们可以预料到日本社会变迁的许多方向。从武士统治的城市向商人统治的城市的渐进式转变，显示了资产阶级的崛起，尽管不像想象的那样是所谓"自由城市"。从基于领主制经济的商业向基于小农经济（"农民经济"）的商业的转移，也类似于其他地方的农民脱离自给自足的经济。国家和区域市场的进一步专业化，改变了城市的功能，并增强了城乡之间的相互依存，这些在西欧国家也曾出现过。各个家庭通过收入和长期贷款选择权的多样化以适应这些变化，在这一过程中自然就达成了这样的观点：孩子是一种资源，其数量应该得到控制，能力需要通过教育来培养，孩子从 10 岁开始劳动，哪里给的工资高就应该在哪里干。这些变化以不同的方式使人联想到在欧洲部分地区所观察到的变化，在结尾部分有这方面的简要对比。

关于时代划分的各种假设，用于日本社会显然也只是作为一种标记。在日本，"封建"这一概念运用于镰仓幕府时期、室町幕府时期、战国时期和德川幕府时期，几乎没有异议，而在这些封建时期中，德川时代构成了"早期现代"（"近世"）的主体，紧随于"中世纪"（"中世"）之后。此外，西方学者定义"封建"的概念，要比马克思主义者狭窄得多，马克思主义者把这个概念应用到了上述大部分或全部这些时期，尽管以某些条件来衡量，正如约翰·豪尔（John Hall）在参考文献中所说，"许多政治和社会实践的封建制度的内容正在衰退"。[1]

"封建"这一标签，意味着日本社会在 1868 年以前存在着相当大的连续性，而这种连续性在接下来的时期突然中断。虽然有 19 世纪前三分之二的时间内社会变迁的显著事例，以及直到 19 世纪末甚至以后这种突出的连续性仍在苟延残喘，我们依然有充分的理由接受这些概念所指代的意义。直到 19 世纪 60 年代，基本的社会等级制度依然保存完好。享有特权的武士阶层依然牢固地处于社会阶梯的上层，社会并没有赋予"町人"（市民）通往上层的入口或平等的机会。小

504

---

[1] John W. Hall, "Feudalism in Japan - A Reassessment," in John W. Hall and Marius B. Jansen, eds., *Studies in the Institutional History of Early Modern Japan* (Princeton, N. J.: Princeton University Press, 1968), p. 48.

农经济的改变并没有导致高额税负的大量缩减，这些税收主要是为武士阶层提供薪俸和花销。即使当人口的流动转向具有较小政治影响力的较小城市时，各藩的城下町依然是主要的政治和经济中心。对于不同行业的人来说，正式的社会结构和法律体系仍然保留着德川早期的特征，由于过度强调社会的连续性，毫无疑问使变革的趋势遭到了长期低估或忽视。

由于缺乏进一步细分封建社会和早期现代的一致同意的概念，历史学家们往往会应用一个社会兴起或衰落这样的概念。与之相应，对于 19 世纪的前三分之二时间来说，日本的"封建"社会也被认为处于衰落之中，然后被看作是被一个正在崛起的新型"资本主义"（现代化）社会所取代。根据某种过于简单化的陈述：（1）尽管 18 世纪 80 年代晚期和 90 年代早期的宽政改革未能成功，使社会结构倒退回前一个世纪去的企图遭受挫折，但从 19 世纪 10 年代到 20 年代的文化和文政（经常被缩略为"化政"）年间，仍被描写为一个旧的社会体系的时期，这一体系如果不能说是充满活力，至少还能正常运行；（2）19 世纪 30 年代的天保危机和 40 年代落空了的改革，证明了现有体制以及应对持续社会变革的"无为政策"的无能为力；（3）幕府末期似乎是这样一个时期：外部和内部力量联合起来，一起摧毁旧有的秩序；（4）明治早期以大量的改革和社会规划作为特征；（5）19 世纪的最后十年，即明治中期，见证了现代经济增长的开端。尽管本章并不是按时间先后顺序编写的，但有必要依照先后次序回头了解这五个时期，因为每个时期都和 19 世纪社会变迁的特定阶段相联系。

"封建"的概念，有广义和狭义两层含义，"早期现代化"的概念，则传达了有关社会结构的一些信息，并且被重新解释为对日本日益增强的社会变迁意识的适应。然而，这些观点起初是基于欧洲历史进程得出的假设，并不能很好地解决比对日本的目的。于是，这些概念的使用，主要关注的是特定社会秩序的衰落，而不是新秩序的奠基，长期社会变迁过程或许不能被轻易地囊括在这些挑选出来的标签之下。

社会分层

在任何一个前近代社会里，全体居民都大致可以分为三类：统治阶级、资产阶级和农民阶级。有关社会变迁的解释主要集中于三个社会阶层之间在收入、权力和威望上的竞争，以及每个阶层内部不同集团之间的关系，如农民内部的地主和佃户之间的关系。把德川社会划分为武士、农民和町人三个阶层也不例外。尽管那个时代理想化的等级制度（借用中国社会的观点）将町人进一步分为工匠和商人，但大多数历史研究还是关注于町人的笼统分类，并且寻找其他的细分方法，比如上流阶层和底层之间的财富分化，这种划分比区别工匠和商人更有利于对社会变迁的解释。

从 16 世纪末期到 1868 年，日本人接受了一种固定的、正式的等级秩序，被称为身份制。这要以两个原则作为前提，即在武士和农民之间及商人和农民之间，对社会阶层进行完整和固定的划分。当武士阶层脱离了土地，不再兼营农业生产后，先前的阶层界限变得更加轮廓鲜明。反过来，农民也被堵塞了所有接近武士生活方式的途径，不得僭用武士的符号，也不得从事武士的训练。农民和商人（事实上即通常意义的市民）之间的界限也越发明确了。三个社会阶层被分开 506 居住，从事完全不同的职业，有着不同的生活方式，并且排他性地只能从自己的阶层吸纳新成员。[1] 允许通过收养的方式实现社会阶层的流动，是为了进一步确认普遍原则的一种妥协。德川社会遗留下来的等级秩序的设计，是为了固化每个社会阶层的特征和相对地位，以及保护各阶层免受来自商业活动的玷污。

相互隔离和地位不平等并不必然意味着在各行各业中的附属关系。约翰·豪尔认为"身份统治"的说法可以解释德川时期的权力行使。作为建立在各地私权力基础之上的家长式关系的替代，非人格化的权力得以在各阶层民众中行使，而民众则被划分为各种自我调适的单位，受到各地大名的直接控制：

> 随着社会依照身份地位和行政单位分离开来，社会被分割成一个个箱子或容器，这不仅限制了个人的自由，也约束了政府对其任意妄为。行政制度的非人格化已经达到了一定程度，个人已经从政府的运作中获得了一定程度的公平待遇。身份地位的规则保证了在适用于每个个体身份的法律之下的待遇平等。[2]

在德川时期，政府控制的人格化和任意性有所弱化。僵硬的阶层壁垒设置了

---

[1]　Honjō Eijirō, *Honjō Eijirō chosaku shū 3: Nihon shakai keizaishi tsūron* (Oeaka: Seibundo Shuppan Kabushiki Kaisha, 1972), pp. 232-305.

[2]　John W. Hall, "Rule by Status in Tokugawa Japan," *Journal of Japanese Studies* 1 (Autumn 1974): 45.

明确的限制，规定了什么可行，什么不可行，却没有排除在相对公平的法规之下流动和竞争的机会。在德川社会的秩序下，大量的町人和农民抓住了机会，进而提升了自己的社会地位。在这一过程中，他们形成了一股产生社会变迁的力量，从而逐渐使人们对身份制度所基于的前提产生了怀疑。

507

日本当局也意识到，町人是对政府企图维持阶层关系和地位现状目标的最大威胁。通过商业交易和财富积累，町人可能通过这样或那样的方式逐渐削弱武士阶层的特权和军事纪律。另一方面，他们诱惑农业人口脱离纯粹的农业活动，或者使农民们不满足于节俭的生活方式。对町人实行隔离，一定程度上可以通过影响三个阶层的政策来加以实现，这意味着要控制诸如货币的使用、各种产品的生产和分配、移民、不同阶层之间的通婚以及危险思想的传播。[1] 然而，就像德川晚期的发展所显示的那样，町人阶层的影响并没有得到抑制。所以，为了探究日本社会变迁的原因，我们首先得对这一阶层的情况有所了解。

町　人

在德川时期，"町人"这一概念的狭义定义，限定为居住在官方指定的城市区域的持有财产的居民。但实际上，这是一个更加多样化和分散化的综合体，泛指一切从事具有城镇居民特点的活动的人。克劳科（E. S. Crawcour）曾以大量的历史记载为依据，确切地阐述了日本商业的起源：不断演替的商人类型和团体在德川期间走到了历史的前台。[2] 起初，是"御用商人"（特许商人和军需官员）作为新兴大名的紧密伙伴从事商业经营。他们服务于战时的需要和领地的巩固，享受着劳役和税收的豁免权，同时被授予领地内各种商业活动的垄断权，并且监管在大名的城下町附近成长起来的町人社群。其后，随着区域间贸易的迅速扩大，以及将当地的稻米兑换为现金以供应江户藩邸花销的迫切需要，大名们越来越依赖于主要集中在大阪和京都的大商人和金融家。19世纪早期，随着贸易在全日本各地城下町及三大中心城市间的繁荣和多样化，被称为"问屋"的专业化批发商和承运商获得了整个商业活动和广泛市场网络的控制权。最后，从18世

508

---

[1]　关于对"町人"实施控制的探讨，参见 Takeo Yazaki, *Social Change and the City in Japan* (Tokyo: Japan Publications, 1968), pp. 156-161, 199-223.

[2]　E. S. Crawcour, "Changes in Japanese Commerce in the Tokugawa Period," in Hall and Jansen. eds., *Studies in the Institutional History of Early Modern Japan*, pp. 189-202.

纪末期开始，来自农村和小城市的商人开始提出了一种新的挑战。在关于大阪地　　508
区的研究中，威廉·豪瑟（William Hauser）提出从 1804 年到 1830 年的化政时代
是一个"以城市为中心的市场网络不断衰落"的时期。[1] 在江户，"问屋"制度的
衰落也被认为是从这个时期开始的。[2] 农业的商品化，对扩张性商业生产的低税率
（或者是零税率），区域内资金可获得性的提高，都促进了地方商人的崛起。

　　商人团体的演替，尤其是 19 世纪早期来自没有得到当局授权的地方商人的
激烈竞争，见证了商业关系的活力。一个集团得到地方大名或将军的承认和部分
特权之后不久，另一个集团就会加紧争取更广的授权和更多的特权。持续不断的
竞争和町人越来越欣欣向荣，是德川时期的重要标志。由于每个相互竞争的团体
都对自己的范围和业务不肯放手，商人之间的社会分化变得更加复杂。

　　对町人所产生影响的研究，揭示了政府的防御态势以及面对经济现实急剧变
化的各种应对措施。为了努力改善负债累累的财政状况，使武士阶层摆脱相对于
町人的日益增长的贫困化感觉，稳定物价和商品供给，幕府和地方各藩不断改变
与商人集团的合作关系。领主和商人之间以及不同商人团体之间的关系，通过某
种方式进行调整，有望解决一些面临的紧迫问题。从长期来看，整个国家的改革
进程（包括 1841 年到 1843 年的天保改革），以及取消债务和胡乱摊派的孤注一
掷的举动，都没能恢复政府的权威，也没能逆转解除管制和不断繁荣的趋势。

　　大多数武士阶级的分析人士倾向于认为商人获得了利益，而政府以及武士阶
层却遭受了损失，但这种认识显然歪曲了事实。时人和历史学家们都察觉到，阶
级冲突的主题和重商主义合作的主题在对立中得到了平衡。[3] 根据后一种观点，　　509
对不断演替的商人团体的容忍和承认，被看作是促进这一团体繁荣的途径。为了
抓住机会改善财政状况，以及幕府政策和各藩之间的竞争所带来的经济紧迫感的
压力，各级政府都在努力拓展商业并且变得更加依赖于商人。

　　由于被排斥在政治事务之外，商人们必须努力促进商业的成功来带动社会的

---

[1]　William B. Hauser, *Economic Institutional Change in Tokugawa Japan: Osaka and the Kinai Cotton Trade* (Cambridge,
　　England: Cambridge University Press, 1974), p. 51.

[2]　Hayashi Reiko, "Edo dana no seikatsu," in Nishiyama Matsunosuke, ed., *Edo chōnin no kenkyū* (Tokyo: Yoshikawa
　　Kōbunkan, 1973), vol. 2, p. 106.

[3]　关于提起阶级冲突的简要文本，参见 Charles David Sheldon, *The Rise of the Merchant Class in Tokugawa Japan:
　　1600-1868* (Locust Valley, N.Y.: Association for Asian Studies, 1958)；对于德川时代日本经济布局是一场零和博
　　弈的宽泛概念表达的批评，参见 Hartley and Yamamura, *Economic and Demographic Change*, pp. 12-27.

变迁。他们把自己的精力从这一群顾客转到另一群顾客，从这一系列的产品转到另一系列的产品，从这一社群的资金转到另一社群的资金。相对于其他社会团体，商人才是德川时期日本社会变迁的先头部队，在19世纪上半叶放松控制的环境下更是如此。

"职人"（工匠）转变的出现要比商人慢得多。工匠和商人这两个群体都集中居住在各藩的城下町里（通过激励或强制的手段）。这一现象是市场力量正在越来越多地起作用的结果，而不是强势集团维持自身秩序的结果。备受重视的军械工匠起初居住于他们领主的附近，经常是在城堡的庭院内。后来，随着城堡规划要求更严格的居住隔离和专业化的土地利用，这些工匠被迁移到分离开来的区域，即"町"。比商人居住区更普遍的是，这些为工匠设置的区域往往以主要的职业命名，并且被组织成一个社区，很多家庭都从事相同的工作。渐渐的，城市化和非人格化的市场力量甚至在工匠群体上也表现出来。领主们对小规模的生产和大批量的服务无法加以辨明或支付报酬。许多工匠失去了原有的特权。许多工匠又重新迁回到中心城市，因为那里的大名需要大规模的生产。随着家庭在市场力量的驱动下不断地搬往新的居所，单一职业的社区开始解体。然而，相对于商人来说，"职人"社区的解体要缓慢得多，与各藩政权相互关联的职业工匠，其分散化更比供应各藩消费的职业要慢。[1]通过在经济上和象征意义上树立自己的独立地位，以及商人人口比例的不断增加，城下町里的商人们轻易地将工匠们远远地抛在了后面。[2]随着军费开支的减少，商人阶层的优势变得越发明显。

19世纪时，无论是大型的中心城市，还是分散的各藩城下町，工匠们都必须努力应对来自地方上的生产者的竞争。在有些地区，比如北海道，由于当地纺织业的发展如此集中并出现在如此广泛的区域内，以至于被认为是制造业兴起的证据。[3]许多工业生产的种类，尤其是农产品加工业，比如米酒和豆酱，则以较小的规模开始向农村扩张。在日本的大部分地区，地方手工艺品市场的出现成为托马斯·史密斯（Thomas Smith）所说的德川时代后半期附属就业的一

[1] Nishikawa Koji, *Nihon toshishi kenkyū* (Tokyo: Nihon Hōsō Shuppan Kyōkai, 1972), pp. 225-226,255-256.

[2] Nakamura Kichiji, ed., *Nihon keizaishi* (Tokyo: Yamakawa shuppansha, 1967), p. 156.

[3] 农村制造业的兴起受到日本研究者的高度重视，参见，比如，Kawaura Yasuji, *Bakukan taisei kaitaiki no keizai kōzō*(Tokyo: Ochanomizu shobō, 1965).

部分。[1]

投资为什么开始集中于日本的农村地区并由此对城市的"町人"构成了挑战？山村耕造提出了两个原因。

> 作为一个整体，经济（约为 1760 年到 1830 年之间）出现了一个商业和前近代制造业快速增长的时期。作为投资于大型中心城市的替代性选择，有两个原因造成投资更多地流向农村企业家。一个原因是城市行会，尽管它们的力量已被逐渐削弱，但仍有能力抵制外来者的入侵。另一个原因是缺乏使资金从农村转向城市的制度安排。[2]

尽管商人和工匠并不能轻易地将他们的居所和店铺（通常都是两者为一）从城市转移到乡村或地方市镇，但接受雇佣的劳工的流动性则要强得多。"町人"的第三类（即"奉公人"，这一概念包括除了另两类人之外的佣人和按日计酬的散工）是为武士干家务和服军役的世袭仆人的延续，也是被资本家以工资劳工的形式雇佣的从事制造业和运输业的现代无产阶级的先驱。

起初，武士的"奉公人"跟随他们的主人到处迁移，并且形成了长期的依附关系。由于幕府一再颁布关于奴隶制、奴隶贩卖以及长期服役的禁令，在 17 世纪早期，这些"奉公人"的法定自由得到了更多的保障。与此同时，新兴城市里严重的劳工短缺改善了穷人们的劳动市场。很快，年工资，季工资，越来越多更短期的工资形式，甚至连日工资也盛行开来。

面对"町人"为劳工提供的工资越来越高，只有固定收入的武士发现他们经常没有能力支付劳工的工资。[3]山村耕造明确指出，德川时代后半期，劳工的工资水平一再上涨。[4]城市商人和工匠即使提供更高的工资，也没有办法吸引像以前一样多的劳工。这些状况同时改变了劳役的时长和人身依附的程度。即使雇主是武士，雇员是穷困的仆人，雇主和雇员之间的关系在很大程度上也是劳动市场的结果。

---

[1] Thomas C. Smith, "Farm Family By-Employments in Preindustrial Japan," *Journal of Economic History* 29 (December 1969): 687-715.

[2] Kozo Yamamura, "Pre-Industrial Landholding Patterns in Japan and England," in Albert M. Craig, ed., *Japan: A Comparative View* (Princeton, N.J.: Princeton University Press, 1979), PP. 295-296.

[3] Nakabe Yoshiko, *Kinsei toshi shakai keizaishi kenkyū* (Tokyo: Kōyō Shobō, 1974), pp. 96-110.

[4] Yamamura, "Pre-Industrial Landholding Patterns," pp. 293, 295-296, 300.

　　在德川统治时期的最后一个世纪，城市里的较低阶层，包括商人和工匠，都归类为"町人"。"町人"的大部分与曾经控制他们生活的领主及上司的人身关系显得比较自由。如果说元禄年间（1688—1704）标志着富裕町人社会的全盛时期，那么，依照西山松之助的说法，占了其后一个世纪四分之三的田沼时代则见证了在江户城市里下层社会的建立。[1] 下层社会的出现被从城市生活的各个方面越来越多地感觉出来。穷人在后街陋巷里居住。正如1828年实行的一次详细的研究所清楚显示得那样，调查者对后街陋巷里的住房承租户进行编号，结果显示在东京的许多街区，"町人"居民多达60%到80%。[2]

512　　时不时地，大量的雇佣劳工，某些临时失业的人也对城市的秩序构成了威胁，如1787年的江户暴乱，就对这座城市产生了很大影响。但是，一方面，为了解决商业问题，幕府经常改组拥有特权的商人社团，为了努力维护现有的秩序，幕府也一再设法帮助城市的底层人民解决问题。幕府通过一系列的政策来应对无家可归的游民和失业问题，这些政策包括将移民遣送回自己的家乡，实行社会福利制度，加强城市控制（包括对新近移民实行连坐的保证人制度），等等。[3] 幕府和各藩一再对发生在町人阶层的社会变动做出反应，但它们的政策并没有扭转不断分化的城市人口相对自发的增长，包括界限明显的底层社会令人担忧的发展。

　　若要做出德川时期町人的社区联系和个人忠诚已经变得无足轻重的结论，这显然是错误的。许多历史研究的课题都反驳了以上的看法，例如对每个城市街区自我管理（尽管有限）和社区合作的强调；确认这种类似于总店与分店的关系及师傅与学徒（"弟子"）的关系，具有通过年资和可能的收养来逐步提升自己地位的希望；从总部拓展开来的强势商业机构的出现；以及在劳动力市场上扮演中介角色的劳工首领（"亲方"）的存在，等等。这些特征，以及劳工短缺时长期工人的供给和家长式管理模式的存在，都作为某种历史惯例，在20世纪的雇佣关系中仍然可以看到。

　　如果不提及被广泛接受的"町人文化"（商人文化），那么，对町人生存状态

---

[1] Nishiyama Matsunosuke, "Edo chōnin no sōron," in Nishiyama, ed., *Edo chōnin no kenkyū*, vol. 1 (1972), pp. 28-33.

[2] Matsumoto Shirō, "Bakumatsu, ishinki ni okeru toshi no kōzō," *Mitsui bunko ronsō* 4 (1970): 105-164.

[3] Tokoro Rikio, "Edo no dekaseginin," in Nishiyama ed., *Edo chōnin no kenkyū*, vol. 3 (1974), pp. 263-308; 以及 Minami Kazuo, *Edo no shakai kōzō*(Tokyo: Hanawa Shobō, 1969), chap2。

的任何讨论都将是不完整的。"町人文化"这一概念虽与元禄时期联系在一起，但在进入 19 世纪后却有一个累积发展的过程，并在化政时代达到了另一个高峰，即都市大众文化的出现。这种都市大众文化包括以下几方面的内容：第一，对文学艺术的兴趣，以及为都市男性的繁荣夜生活提供服务的休闲导向的趣味。[1] 第二，它与经由大量城市人口所推动的教育、识字和知识的实质性进步密不可分，而且确实是以此为基础的。也许，比识字教育的质量提升更加引人注目的是识字教育分布情况的改善，最终使许多城市的穷人和农村人口都能够接受教育。[2] 第三，这一专门用语所表达的弦外之音，是一种与大商业家族及别处领域的准则所表述的截然不同的生活方式。在承担着许多与武士相同的行为规范之外，这一生活方式更加强调更好地经营业务以履行对家族的责任，强调通过全心全意的服务来表达对上级的忠诚，以及通过节俭和牺牲来提升个人的资历。[3] 努力工作，对学识的尊重，大量识字的读者和娱乐消遣活动，都是新的城市观念的迹象。久而久之，武士文化和町人文化的差异不断减少，尤其是当大量的町人文化成为武士阶层世界观的一部分，以及町人吸取了许多在文学作品中和剧院里所描述的武士精神之后。

从数量上看，町人的人口变化依然是巨大的。经过德川前半期的发展，町人的数量增加了 3 倍，甚至 4 倍，结果包括商人、工匠、雇佣劳工及他们的家庭成员在内的城市人口已经超过了 300 万。[4] 在德川时代的后半期，大阪和京都的人口有所减少，但许多城下町的人口增长可能足以弥补大阪和京都的减少，这是通过小城市、中心市场，甚至村庄的普遍人口增长实现的。一个急剧的增长期过后，紧跟着的是一个分散化的时期，而后者对于商业活动在日本人生活中的影响显然更为重要。

在江户，大约居住着 600,000 町人，[5] 在德川后半期这一数字也没有减少。然

[1] Nishiyama, "Edo chōnin no sōron," pp. 9-13.

[2] Ronald Dore, *Education in Tokugawa Japan* (Berkeley and Los Angeles: University of California Press, 1965).

[3] Johannes Hirschmeier and Tsunehiko Yui, *The Development of Japanese Business 1600-1973* (Cambridge, Mass.: Harvard University Press, 1975), pp. 43-66.

[4] 城市人口数据见 Gilbert Rozman, *Urban Networks in Ch'ing China and Tokugawa Japan* (Princeton, N.J.: Princeton University Press, 1973), p. 102. 该书第 81-88 页为各种社会群体人口数据的分类统计，其中关于雇佣劳工的数据出于估算。

[5] Gilbert Rozman, "Edo's Importance in the Changing Tokugawa Society," *Journal of Japanese Studies* (Autumn 1974): 101-102.

514 　　而，在其他方面，和其他大城市一样，江户的人口结构发生了变化。性别比例，从大约 1.4：1 降为略高于 1：1 的男女比例，家庭的规模在继续缩小。[1] 尽管在 19 世纪 40 年代，三分之一的城市人口仍然从城市外移入，但这一数字在随后的 20 年里降到了四分之一。[2] 到幕末时期，一个更加稳定的、以家庭为核心的町人群体，主要居住在占优势的小家庭里。在町人人口的构成方面，人口结构及职业结构都开始以较快的速率发生变化。

　　认识到町人阶层的各种变化，将促使我们质疑两个长期以来颇为流行的假设：（1）由于其自身弱势的经济地位以及对政府权力的过分依赖，町人阶层并没有向武士阶层的权威提出挑战。（2）明治时期的企业家大部分是武士出身，因为町人习惯于跟随武士，并且不愿意改革创新。对于那些被引用来证明武士在明治时期企业家中占支配地位的证据的充分性，山村耕造就曾表示过怀疑。[3] 现在所仍然需要做的，是将德川时期町人阶层的活力与 1868 年后他们新近被意识到的作为企业家的活力之间建立更加明确的联系。有证据表明，在德川及明治时期，町人的企业家精神的影响大体上是一个持续并不断成长的力量。

　　对于商人和工匠而言，明治时期的改革是把双刃剑：这些改革在将町人从严厉的管制中解放出来的同时，也打开了竞争之门，从而对他们产生了威胁。在仅仅几年的时间里，新上台的明治政府就明确给予所有人以择业的自由，旅游和居住的自由，商业交易的自由，以及其他一些之前在原则上不存在的权利。由于废除了各藩政府的垄断保护，取消了地方市场和行会的限制，以及压缩了武士消费群体的集中需求，导致大量的町人发生亏损。町人们面临着新的竞争，这些竞争来自于那些转向商业活动的武士，他们更加偏好有息债券而不是之前的薪俸。与此同时，町人们也面临着来自地方商人的竞争，这些商人经常是兼职的，在德川晚期已经占据了支配地位。环境一直在变化：新的出口市场打开了；进口商品取代了某些手工艺品；现金支付取代了实物纳税；政府所有的企业在创办后又被出售。

515 　　在这样的环境下，德川时期经历的变革大大增强了许多町人的适应能力。约

[1] Nomura Kanetarō, *Edo* (Tokyo: Shibundo, 1966), p. 107.

[2] Takeuchi Makoto, "Kansei-Kaseiki Edo ni okeru shokaisō no dōkō," in Nishiyama, ed., *Edo no chōnin kenkyū*, vol. 1 (1972), pp. 387-390.

[3] Kozo Yamamura, *A Study of Samurai Income and Entrepreneurship: Quantitative Analyses of Economic and Social Aspects of the Samurai in Tokugawa and Meiji Japan* (Cambridge, Mass.: Harvard University Press, 1974), pp. 137-162.

翰内斯·赫斯科米尔（Johannes Hirschmeier）和由井常彦就曾提到"三井家族对于明治时期经济环境的惊人适应速度"，记述了他们"在很大程度上让我们想起现代零售业的广告技巧和顾客服务方式。"[1] 习惯于竞争环境并且在商业信条上更加灵活变通，三井家族反映了德川晚期商业环境的演变。还有一些町人则表现出适应新环境的组织才能，要么建立起以西方为榜样的新型商业机构，在机构里具有精心设计的规则和对忠诚的严格要求，要么创办出各种小规模的家族企业，这样的企业在数量上占据着优势。现代的组织技巧及其所带来的结果在日本广泛散播。在一个以家庭为中心的环境中，接受收养制度及其他雇佣机制以改善裙带关系的问题，这可以追溯到德川时期为扩展商业经营而开设分店的实践活动。

到了明治中期，在日本的蓝领工人中，女性已经占到很高比例（超过了总人数的一半）。这些女性作为轻工业部门不很熟练的、尚未婚配的短期工人，是德川晚期女性越来越多地走出家庭参加就业的延续，在这一过程中，城市的性别比急剧降低。继大河内一男之后，间宏（Hazama Hiroshi）也认为，这些妇女是"出稼型"（为工作而暂时离开家庭）工人，因为他们只是临时投入到工作当中，同时与他们的农业家庭维持紧密的关系。[2] 工作环境非常严酷；宿舍生活受到严密监管；契约由户主签订，在签订契约的同时户主会收到一笔钱作为预付的工资。但是在 19 世纪 80 年代晚期，农村家庭的获益程度、以及具有自我意识的都市无产阶级的成长放缓了，尽管都市的贫民区挤满了被雇佣的劳工、沿门兜售的小贩、搬运行李的工人，以及其他形成无产阶级核心的人群。

早期的明治改革所给予商人和工人的法定权利，与那些存在较少底层压力的更为现代化国家的情况相当。这些权利是优先考虑经济增长的领导人所给予的。结果导致了激烈的竞争。三个集团——正在发展中的现代工商业界、新兴的产业工人力量和从事着仍然很重要的传统部门的商人——每一个都是不同社会背景的混合物。各种企业家的才能更容易得到利用，要归功于德川时期社会变迁的遗产。总而言之，明治早期的改革大潮，认可了早在 19 世纪初的化政时代即已随处可见的改革潮流，并且扭转了天保年间的反动而使这一改革得以实现，到明治中期，施加于这些社会变迁的新动力促成了快速现代化的启动。

516

---

[1] Hirschmeier and Yui, *The Development of Japanese Business*, p. 66.

[2] Hazama Hiroshi, "Formation of an Industrial Work Force," in Hugh Patrick, ed., *Japanese Industrialization and Its Social Consequences* (Berkeley and Los Angeles: University of California Press, 1976), p. 29.

农 民

农村生活也充满了变化，在明治维新及其后解决土地问题之前很久，社会环境就一直在转变。尽管幕府对农村地区抱有维持稳定的目标，但社会状况仍在不断改变。

德川幕府的领导人对农村生活的目标具体表现为四种基本的概念：武士与农民分离，"石高"制度，"本百姓"制度的采行，压制"农民经济"（农民从事的商业活动）。武士与农民的分离是德川社会的基本准则之一。这指的是把军人从农民中分离出来，既是依据身体条件上的差别，也是按照对土地和劳工使用权力的不同。农民被禁止进入武士阶层，在原则上还被禁止迁往城市，转向从事非农业的工作，出售土地，或以他们认为合适的方式使用土地。随着多层或私人的土地所有权已被取消，武士和土地根基的联系被越来越多地加以切断。对武士干预农村事务的限制，证实要比对农民经济多元化的限制更加有效和持久。控制的简化和非人格化实际上为"农民"打开了快速社会变迁的通道，正如它对"町人"所产生的影响一样。

16世纪80年代，在全国性土地测量和新的土地所有制度确立的基础上，家庭、乡村、税收管辖区域、各藩领地，甚至武士的薪俸，全都以"石高"（稻米估算产量）的水准来加以表达和设置。这一制度的建立，基于对土地的仔细度量，由此可能为一个统计导向型的社会奠定了基础。作为"石高"制度的一个结果，产生了对家庭相对地位的高度自觉（在农民中间是如此，在大名和武士中间也是如此），反过来，也产生了家庭为改善其地位而努力的强烈意识。在"一片土地，一个主人"的原则下，这一制度要求清晰地界定土地的权利。尽管起初的税负很重，并且可能从农民身上取走了所有的剩余，但这一制度也确实有透明度。随着农艺和产出的改善以及不再对土地进行重新测量和制定新的税收标准，于是就有了增加产出的激励。"石高"制度和社会阶层的隔离制度一道，扫除了许多阻碍农民实行自我改善和积极行动的结构性障碍。统治阶层没有预料到的是，农民勤奋劳作的结果是逐渐脱离了这一评估程序，并且逐渐向军事精英阶层接近。在整个19世纪60年代，这一制度继续为家庭和社区的规划提供着一个比较稳当而大致公平的基础，一个一般说来可靠的和总体公平的基础，同时农村的治理和土地所有制的模式则持续在发生变化。

　　税收是以村庄为单位进行评估的，再由从自耕农（"本百姓"）中产生的村庄领袖将税收分派给各家农户。通过把许多边缘的农业劳动者纳入纳税人的行列，"本百姓"制度从以城市为根基的武士领主手中给予了村庄一套内容充实的自治措施。这一制度导致了土地的细分，在最初的大土地所有者以及从前就依附于他们的劳动者之间产生出较为契约化和非人格化的关系，从而激励着总产量的增加。尽管依然存在徭役和集体义务，但在很大程度上，农民在他们认为适当的情况下可以自由支配他们的时间，甚至只要有机会，他们在一定程度上还可以从事副业。托马斯·史密斯（Thomas Smith）追溯过"合作与义务耕作的普遍弱化"[1]，把 17 世纪村庄的依附型农业与逐渐进化的新型市场关系做了对比。其中包括了建立在自治经济单位基础上的租佃制。史密斯指出，这些变化"在日本的历史上非常重要，也许可以与欧洲的农业革命相提并论……总的来说，这些变化主要发生在德川时期，而它们的核心特征就是合作农业向个体农业的转变"[2]。随着新的耕作方法和农民指南的不断普及，对农业资源的小规模经营获得了引人注目的发展。

　　虽然土地所有权的规模在某种程度上有所增长，但土地的经营则固定在家庭的水平上。山村耕造赞同这样的观点：在德川统治时期的最后 150 年里，城市的土地所有权越来越集中，而农村的土地所有权则越来越分散。为了解释这一现象，他提出了几种影响因素，包括劳动力需求的增加，与土地相比劳动力价值的增长，以及 1830 年后"失控的通货膨胀及其行会衰落和农村企业家兴起所导致的商业和制造业竞争的加剧"。[3] 山村耕造得出结论说，在日本和英国，"土地所有形式的契约安排一直在发生变化，从而使农业越来越有效率"。[4] 在 19 世纪最后三分之一的时间里，随着土地所有者在新的社会制度下地位的提升，他们所控制的可耕地的比重也大大增加，[5] 而曾经为扩大日本农村的平等性和同质性提供过框架的"本百姓"制度，则渐渐消失了。

　　约翰·豪尔（John Hall）已经注意到，德川当局所设想的理想经济世界"把

518

---

[1]　Thomas C. Smith, *The Agrarian Origins of Modern Japan* (Stanford, Calif.: Stanford University Press, 1959), p. 140.

[2]　同上，p. 9。

[3]　Yamamura, "Pre-Industrial Landholding Patterns," p. 300.

[4]　同上 p. 323。

[5]　Ann Waswo, *Japanese Landlords: The Decline of a Rural Elite* (Berkeley and Los Angeles: University of California Press, 1977), pp. 16-21.

一个基础性的、带有最低限度贸易发展的农业经济视为理所当然，在这样的社会里，由武士加以统治，农民进行生产，商人从事配送。"[1] 农民把他们生产的稻米直接交到地方官员手中，以便尽可能少受商业交易行为的影响。起初，官员们抑制以农民的直接商业活动为基础的"农民经济"，因为惧怕这会带来导致不希望看到的社会变革的种子。农村商业的显著成长，各藩财政和武士相对地位的趋于衰落，证实了他们的担心事出有因。日本学者经常描述农民经济在 18 世纪早期对领主经济形成了冲击，并在其后继续稳步发展。[2] 关于德川晚期，约翰·豪尔总结道，"从乡村层面来看，地主所有制和商业化活动的扩展随处可见，这导致了传统农村经济的解体，造成了许多令当局头疼的社会混乱"。[3] 威廉·豪瑟（William Hauser）曾经指出，1830 年后农村商品向大阪输出急剧减少的背后原因之一，在于"农业耕作者和农村手工业者、农村商人双方在市场化进程中不断增加的参与"。[4] 不断商业化的农业生产逐渐削弱的不仅是抑制贸易活动的机制，而且还有以劳动力在不同社会阶层间固定分配及不同类型的人分离居住为前提的整个体系。

于是，德川时期见证了一种地主所有制类型的没落和另一种地主所有制类型的兴起。前一种存在于一种相对非货币化的经济中，在这种经济中，有力量的农民成为那些由负有沉重劳役的家庭组成的小团体的核心，反过来，在需要的时候也将会得到各种可能的帮助。在多山的农村和距离日本经济干线较远的区域，这种关系一直延续到 19 世纪，通常包括那些经由血缘纽带连接起来的家庭，诸如"本家—分家"（通过不公平的继承关系建立起来的主干家庭和分支家庭）或"同族"（共同家系）关系的残存。在大多数地区，弥散的和私人拥有的（即所谓垂直的）劳动关系较早即已让位于更加平等的、家庭间的"横向"联系，这种联系建基于土地的细分化，风险向自耕农的转移，以及对劳役和收益的共同义务的弱化。

新型的地主在一种越来越商业化的经济环境中经营。他们被称为"豪农"（富有的农民），经常把自己的投资多元化。尤其是在 18 世纪晚期和 19 世纪的前

---

[1] John W. Hall, *Japan: From Prehistory to Modern Times* (New York: Dell, 1970), p. 204.

[2] 参见，例如，Nakamura, *Nihon keizaishi*, pp. 98-104.

[3] Hall, *Japan*, p. 203.

[4] Hauser, *Economic Institutional Change*, p. 51.

半部分，这些地主兼企业家在农村地区获得了支配地位。[1] 他们通过投资土地开垦，或避开禁止转让土地的法律，比如，通过抵押借款，来获得合法的权益。豪农，包括过去那些名副其实的地主和主要通过商业经营获取财富的家庭，形成了新的农村领导阶层。

就像在其他社会里所经常观察到的那样，新型的地主没有世袭的特权，他们的影响改变了德川时期最后一个世纪的农村社会。第一，他们在农村中的投资扩大了对劳动力的需求，推高了对工人有吸引力的必需工资，并且改变了农民家庭有关劳动配置、土地所有权和迁移的决定。第二，他们对租佃农业或工资劳工的依赖，奠定了农村社会关系的基础，降低了以前曾在农村社会占统治地位的人身依附关系的重要性。第三，他们的资本在多样化而富有成效的用途上的灵活性，对地方所有部门的经济增长都做出了贡献。在灌溉系统和肥料上的大量投资，有助于使商业化的农业更加有利可图，资金向商业中心的转移，则促进了地方商业和工业的发展。第四，他们作为投资者和管理者的角色，培育了农村地区企业家的才能。第五，豪农与早期的农村精英合作，形成了一个有能力仿效城市生活的集团。约翰·豪尔将这一文化扩散过程做了如下描述：

> 他们（新的和老的富裕农民）一起形成了一个农村的上层社会，他们通常接受过良好的教育并且与武士官员保持着紧密的联系，能够分享城下町或大都市的文化生活。农村社会终于得到了某些属于它自己的较高的文化生活，并且能够为地方治理和经济发展培养大量的领袖人物。[2]

尽管环境有所改善，但日本的土地所有者依然只能在各种限制之下从事经营活动，这种情况直到明治维新之后被罗纳德·多尔（Ronald Dore）称为"第一次土地改革阶段"时才根本扭转。[3] 明治新政府的政策没收了大名和其他世袭特权享有者的土地所有权（尽管他们已被剥夺了这些权利，但仍然可以领取一份收入，只是这份收入更像是税收而不是租金）。在 19 世纪晚期，这些地主精英达到了高

[1] Yamamura, "Pre-Industrial Landholding Patterns," p. 296.

[2] Hall, *Japan*, p. 204.

[3] Ronald Dore, "Land Reform and Japan's Economic Development," *Developing Economies* 3 (December 1965): 487-489.

峰。私人财产权的完全确立允许这一集团快速增殖所拥有的财产；同时，严格的阶层壁垒的终结，也消除了职业和投资的壁垒，废除了禁止奢侈性消费的法律。

安·瓦斯沃（Ann Waswo）曾把这些地主精英分子列为革新者和进步的推动者。她的分析支持这样的结论：这些农村精英的活动，对于明治时期日本农业的持续发展是重要的；同时，这些精英的投资、管理技术以及他们孩子向上流社会的流动，对其他部门的增长也作出了重要贡献。并不是直到明治晚期及明治以后，才有越来越多的与产权所在地相分离的地主将资金从地方投资中转移出去。安·瓦斯沃对战后日本学界将地主刻画成寄生虫和进步障碍的观点表示异议：

521

> 大多数地主过得很舒适，还有少部分人过得很优雅。但是他们财富的相当大部分是用于生产性活动的，而不是浪费在炫富消费上。他们积极关心改进农业生产和农村生活。与老套的成见不同，几乎没有证据显示他们厌弃贸易和工业。[1]

将地主的转变与前面提到的町人阶层的社会变迁相联系是有许多理由的。在德川晚期大量兴起的地方（"在方"）商人不是别的而正是"豪农"。新型地主对商业化农业所带来的机会做出了反应，他们在控制土地和开办商业企业之间来回转移资金，仿效城市的习俗，并且在城市部门对劳动力的需求快速增长之后在劳动力市场上展开竞争。简言之，持续的调查研究以商业活动出现的变化，来解释农村社会转型过程的各个阶段，这一过程由世袭地主的支配向一种以分散化、相对比较平等为特点的地主支配转变，最终转变为带有企业家性质的新型地主的支配，在1868年之后，这些企业家地主仍然自由地致力于占有更多的财产。

地主阶层的每一次变化，都在佃户和农业劳动者阶层里产生了相应的变化。整个19世纪土地所有权的两极分化（这经常被认为是农民阶层的"瓦解"），大大增加了没有土地和在贫瘠土地上耕作的农民的数量。在德川统治的最后一个世纪，农村"半无产阶级"的出现，通常被认为主要证实了富人对穷人的侵占，贸易及信贷的贪婪操纵，以及促使穷困农民转让土地的天明和天保年间的饥馑所带

---

[1] Waswo, *Japanese Landlords*, p. 5. 亦见 Richard J. Smethurst, *Agricultural Development and Tenancy Disputes in Japan, 1870-1940* (Princeton, N.J.: Princeton University Press, 1986)。

来的灾难性影响。[1] 然而，有关价格、工资、地租、税收，以及生活水平的统计数据，却为许多小块土地处置的不同解释提供了证据。鼓励小自耕农重新配置他们的家庭劳动力和减少他们的土地拥有的积极因素，很可能已经超过了促使他们离开土地的消极因素。

　　事情很清楚，整个德川时期农村底层社会的环境发生了显著的变化。他们在法律上从对武士和地主的依附关系中解脱出来之后，在其他方面也逐步获得了独立。他们建立起单独的家庭和居所。当劳役被免除后，农业劳工和自耕农能够更加高效地运用他们的时间。在地方市场的直接参与也改善了他们的地位，并且激励他们增加生产和出产新产品以赚取更多的收入。更多的移居城市以及在城市获得更高工资的机会，也无可避免地影响到农村中潜在移民者的意愿，并且给其他需要面对竞争标准的人带来了压力。的确，到 19 世纪，"奉公人"一词似乎指的是农村里的仆人或雇佣劳工，就像在城市里的这些人一样。[2] 工资劳工在城市和农村部门的集中，以及目的地由城市到农村的逐渐转移，构成了如今已知的土地所有制变迁的背景。

　　为了解释农村底层社会的境况，苏珊·韩莉（Susan B.Hanley）和山村耕造把大量有关日本劳动力市场的可得到的证据集合在了一起，但他们实际上是各自独立完成的。他们的研究表明，在德川时期的最后一个世纪，可用于农业的劳动力减少得如此之多，以至于劳动力短缺的现象进一步发展，与 17 世纪人口的大量增长不相吻合。由于向城市的大规模移民以及留在农村的农民从事副业生产的不断扩大，导致可以用于农业的劳动力很不充分。总而言之，导致劳工短缺的原因可能是：（1）向城市移民的放宽以及 17 世纪后城市对劳动力的大量需求；（2）"从 18 世纪（如果不是更早的话）开始，农业部门和非农业部门劳动力市场相互竞争"的状况的存在；[3]（3）"全职或兼职从事商业和制造业的农民"数量的增多……（同时），农村制造业和商业确立，不断成长壮大并且变得更有效率，从而能够提供有足够吸引力的工资以保证它们对劳动力的需求；[4] 和（4）人口增长

522

---

[1]　Sasaki Junnosuke, *Bakumatsu shakai ron* (Tokyo: Hanawa Shobō, 1973), p. 15.

[2]　Hayami Akira and Uchida Nobuko, "Kinsei nōmin no kōdō tsuiseki chōsa," in Umemura et al., eds., *Nihon keizai no hatten*, pp. 67-98.

[3]　Hanley and Yamamura, *Economic and Demographic Change*, p. 86.

[4]　同上，p. 98。

的放缓。

　　劳动力短缺的结果通过大致差不多的方式影响着农村和城市。许多享有较高地位的人发现他们再也无法负担得起劳动力的雇用了——事实上，家庭成员的额外帮助成为仍然可以利用的唯一方式。其他有着更高地位的人则调整稀缺资源的用度，以留住较少数量的劳工，而这些劳工可能具有更好的技能，并且可能得到更好的报酬。劳动力也处于一个可以改善他们职业前景和生活水平的有利位置。苏珊·韩莉和山村耕造注意到，劳动力的短缺直接或间接地刺激了：（1）农业生产方式的改进和其他更有效率的资源利用；（2）雇佣劳动力工资水平的提高和福利的增多，比如假期的数量；（3）给予佃农的合同条款的改善；（4）在一些商业化程度比较低的地区，无地农民的数量进一步减少，这些无地农民依然耕作着小块土地，并且提供劳务以换取这些小块土地的耕作权；（5）农民对不同消费品需求的增长；（6）平均雇佣期限的减短，因为劳工们发现跳槽对他们来说是有利的；（7）土地所有权的继续再分配，尤其是小农和只拥有少量土地的农民抛弃土地，以改善自身的生活水准。苏珊·韩莉和山村耕造把他们的发现总结为如下观点：

　　　　劳动力向非农业活动的转移，导致了农业生产上劳动力的短缺，进而提高了农业劳工和仆人的工资，并且改善了佃农的合同条款。在这样的环境之下，一些适合耕作的土地遭到荒废，统治阶层企图稳定工资的努力与劳动力市场的客观要求相违背，通常被证明是不成功的。对劳动者报酬的增加，对佃农或雇佣劳动者支付工资的讨价还价，使人们必须对劳动力实行更有效率的利用。在制造业部门，这一现象经常表现为生产规模的扩大。在农业上，其结果是许多农户改变其生产单位的规模，以接近那个可能的最佳规模，给定通行的工资水准，那时作物的类型的增加，气候和地形条件，以及市场条件（作物的相对价格和需求量）都是具有相对优势的。

　　　　为了使土地的拥有量接近最佳规模，一些自耕农增加了他们的土地拥有量；同时，一些较大的土地所有者开始将他们的部分土地租给佃农，尽管这意味着他们必须为佃农提供一个合同条款，以保证佃农们通过在农村从事兼职或全职的商业活动，或者成为农业部门的雇佣劳工，能够得到与他们移居城镇所相当的劳动收入。[1]

于是，以往曾被描述为过度贫困或负担过重的农村劳动力，如今却由于劳动力的稀缺而具有了享受激烈的竞争性出价的特征。激励有所增加，而资源也得到了更为有效的配置。在这样的环境下，也就不难理解农民为什么更加勤劳，农业生产率为什么有所提高，农村副业和城市的产品相比为什么变得更有竞争力。正如农村的地主和日子过得不错的劳工曾经从早先 16 世纪晚期和 17 世纪发端的重大制度变迁中获益一样，这两个阶层也受益于其后 18 世纪和 19 世纪的大部分时间所出现的也许是同样重要的社会变迁。

524

速水融曾经采用"经济社会"和"勤勉革命"这两个概念，来论及农村民众生活的这些变化。[2] 农民对市场依赖性的增加，小农家庭作为市场参与者的独立性，以及全国性商品销售网络的形成，都是"经济社会"各个不同的侧面。速水融把那种为了经济目的而发生的大量移民以及大众教育、大众娱乐、大众传媒和其他形式的大众文化，也都列为这一概念的组成部分。农村劳动力市场和城市劳动力市场的统一，包括弹性选择工作地点的高移民率，促使许多城市流行文化所特有的东西向农村大众传播。速水融所谓的"经济社会"，也是一个流动的、消息灵通的社会；他把这一点看作是资本主义的必要条件而不是充分条件。[3]

速水融注意到了农业生产率在德川时期增加了 7 倍，他将每个劳动力的劳动投入的增加作为导致这一结果的一个原因。小家庭生产单位对激励的反应，是增加他们的劳动投入以提高他们的生活水平，这些家庭的成员越来越多地享有更长的预期寿命以及更好的生活条件。速水融宣称，这一时期见证了"勤勉革命"的诞生，而这种勤劳的精神至今仍然存在于日本农民身上。[4] 生产率的增加通过高度劳动密集的方式获得，由于几乎停滞的人口增长，以及尽管有所增加但却变动不大的资本投入，这要求农户把他们劳动投入的有效性最大化。

1868 年后，无论地主和佃农之间的平衡在地主方面发生了多大的变化（尤其

---

[1] 同上，p. 323。亦可参见山村耕造就这一问题的详细论述，"Pre-Industrial Landholding Patterns," pp. 292-302。

[2] Hayami Akira, "Keizai shakai no seiritsu to sono tokushitsu," p. 318.

[3] 同上 p. 9。

[4] 同上 p. 13。

525   是长期通过地方习俗的支持而否认佃农的权利）[1]，佃农地位改善的长期影响仍是不能轻易消除的。佃农在一定程度上的独立性深深植根于德川时期的社会变迁之中。

    1868 年 4 月，在明治新政府发表的《五条誓文》中，有一条宣称："自官武以迄庶民，各遂其志，勿倦人心。"为达此目的，在接下来的五年里发布了一系列法令，提高了大多数人的社会地位，并且确定了"平民"的大致范围。其中最为重要的，是 1873 年的两个法令，《地租改正条例》和《征兵令》，在赋予平民新机会的同时也赋予了新的义务。前者将土地产权和用现金支付的正规税收清晰化，从而导致了更高的市场化取向，使土地和劳动力都成了商品。迁徙的自由、种植的自由以及出售的自由，使农业的自由市场正式形成。《地租改正条例》旨在排除土地贵族，将土地授予之前的无地农民，但实际上明治时期的地租改正并没有带来多少重新分配。它的若干首要效果，是在一个长期分裂的国家将法令集中于中央政府，通过发布统一的法律，支持那些违反先前官方法令的实践活动，并且认可非人格化的市场力量的首要地位。完全的行动自由使得家庭去追求自己的成功。小规模的土地所有继续盛行，然而在 19 世纪末，租借给佃农的土地数量迅速增加，并且开始出现了一批有势力的地主。

    明治时期的《地租改正条例》增加了地主在租赁关系和农村生活中的权势。它赋予地主对土地的明确权利，使佃农处于更加不利的地位。在许多案例中，佃农会抗议公地的丧失，会抱怨通常得到承认的永佃权的失去，会谴责高额的租金，但是他们继续接受地主作为农村的领导，并且以亲属关系来形容地主与佃农之间的关系。[2] 在 19 世纪的最后几十年里，在引进新的农业技术，把他们的孩子送去新成立的现代学校，以及加入农村社团方面，农民都以地主为榜样。农业生产率，农村识字率和地方组织的增长，为一个国家开始现代经济的发展留下了宝贵的遗产。由此可以得出结论，德川时期农村环境的变迁，赋予了农村人口与现代发展相适应的条件。

526   《征兵令》是废除武士和平民在法律上的差别的最重要一步。任何一个年满21 岁的男性，都被赋予服兵役的法律义务。尽管存在着通过豁免以及付款来减少

---

[1] Waswo, *Japanese Landlords*, pp. 17-23.

[2] 同上，p. 23-24。

服兵役年限的可能性，还是有相当数量的农村男性应征入伍。与为实现义务教育而设计的教育改革一道，《征兵令》在拓宽农村居民的视野，授予新技术和组织经验，以及灌输充满武士传统和欧洲模式指导下的现代军事力量的态度方面扮演了重要角色。在明治中期，军事上的威力和成功证明了军旅生涯的重要性，同时也证明，来自日本农村的入伍者的品质（识字，纪律，乐于学习等等）在其他地方是很难找到的。

当然，旧的和新的不平等都限制了日本社会的同质化。1871年得到承认的与武士阶层的通婚权，瓦解了并非以财富为基础的人为障碍，但是并没有导致上层社会和底层社会的广泛融合。如果大多数农民不可能从日复一日的农业劳作方式中解脱出来，那么，旧社会的贱民——"秽多"和"非人"——则面临着更加难以逾越的障碍。1871年后，他们在职业和居住上的若干限制在法律上得以解除，同时也失去了对原有职业的垄断权及免税的社会地位。但是，尽管法律上平等了，调整和适应却并不容易，直到一个多世纪后，耻辱的标记依然留在他们后代的身上（这时被称作"部落民"）。同样难以改变的是，德川晚期法律上的不平等并没有阻止收入差距的缩小，而明治时期先在法律上提供公平的改革，也未能阻止收入不公平的扩大。

如果不提及社区关系，任何有关日本农村社会关系的讨论都是不完整的。这一时期的日本乡村具有许多凝聚力和团结一致的元素，即"共同体"、社区，或集体主义。这一概念主要出现在以下情况里：（1）资源的公用，尤其是在稻米种植经济需要共享水权的情况下，也就是说，生产条件要求进行大量的合作；（2）这种团结合作起因于政府对乡村征收的是定额税，而且乡村集体关心的是家庭的数目没有太大的增加，以及用于再分配的土地很不均匀，难以应付财政债务；（3）对纪律和秩序的集体责任感体现在村庄的自我调节上，体现在实行排斥或放逐（"村八分"）的准则上，也体现在其他"通过舆论治理"加以支持的强力控制上；[1]（4）村庄议事会及其他领导机构的存在促进了集体行动，这些机构通常代表着一个统一的村庄一致对外；（5）宗教和仪式的统一体（"宫座"）以村庄的神社为中心。晴海别府曾经引用过一些这样的要素，把德川时期的村庄描述为一个公司：

---

[1]　Dan Fenno Henderson, *Village "Contracts" in Tokugawa Japan* (Seattle: University of Washington Press, 1975).

村庄就是一个法人团体，一个拥有并买卖财产，贷款和借钱，请托和被请托，以及参与同其他村庄达成协议的法人实体。村庄具有这些法人特性的事实十分重要。这表明了村社的成员作为一个整体对村庄所做承诺的程度，以及他们所表达的团结的程度。正是这种团结一致能够使村民们执行他们自定的法律，并对任何违反这些法律的成员实施惩罚。[1]

不同时期日本的农村社会在其"共同体"的程度方面有所差异。到德川晚期，这种"共同体"看来已经有所削弱；在某些情况下，它是由根深蒂固和世代相传的精英们控制的人造工具，或许能够以此操纵环境以有利于他们自己的利益。对于许多村庄来说，政府指导下的意在让村民们相互监督和连坐的"五人组"（五个家庭的组织，尽管它们在数量上会参差不齐）显然只是徒有虚名。发生冲突的证据并不难找到。19世纪劳动力和土地的再分配增加了冲突的潜在可能性，尤其是在19世纪中期控制松动以后。但是，从村庄层面来看，依然存在着高度的凝聚力、连续性和社区意识，这建立在通过世代延续的家系认同来维系的牢固根基之上，与此同时，每个家庭资源的实际使用也发生了巨大的变化。

在德川晚期，农民可能比町人从社会变迁中经受了更大的影响，这是因为移民和商业活动不断扩大，所在地已经转移到地方上的中心城市和广大乡村。与几个世纪前的普遍状况相比，普通的农民现在在经济上变得更加独立，他们以市场为导向，勤奋劳作，同时受到各种激励措施的指引，接受过教育，见多识广。许多这样的社会变迁齐头并进，并与町人中的类似变化相伴而来。

进入明治时代——更早地开始于成长中的通商口岸城市——町人再次在社会变迁中引领风潮，这次被称为"文明开化"。城市部门在引进西化的标志物方面带路示范——取代了剃头和梳顶髻的新式理发，西式服装和诸如此类的更多东西——组织和科技也同样如此。无论如何，与其他现代化的后来者相比，日本的农村部门并没有显示出严重落后于城市部门，例如读写能力的普及。德川晚期的农民早先对肇始于城市的变迁的反应，表明相似的机制在德川和明治两个时期都发挥着作用。

---

[1] Harumi Befu, "Village Autonomy and Articulation with the State," in Hall and Jansen, eds., *Studies in the Institutional History of Early Modern Japan*, p. 308.

武　士

17世纪中期，当其他两个社会阶层正在经历巨大的社会变迁之时，作为幕藩体制后盾的武士阶层也没有变得更为坚固，从1550年到1650年，武士的生活方式已在发生转变，并且日益官僚化。武士集中居住于城市，丧失了先前与特定村庄和基址的联系，又不得干预地方上的税收和行政，而只能以作为政府官僚成员的形式接受雇佣，已经在很大程度上变成了文职行政人员。管理经验的累积和教育培训的扩大，无疑使武士的各种能力和表现持续提高，但是整体上他们可能失去了追求卓越成就的激励。在这一格式化的时期之后，已经几乎没有什么社会流动，无论是在代际之间还是代际之内。一般来说，只有特定等级的武士才被认为适合担任某种官僚职位。而包括军事、行政和礼仪方面的责任和义务，仍然一如既往的多。尽管较低武士等级中的进入和退出持续不断，但特别值得注意的是，在较高的等级中，世袭地位几乎不可能发生什么改变，对于他们来说，荣誉和奖赏都无关紧要。各种各样的规程条例详细地支配着工作的绩效，也同样在很大程度上决定着工作的表现。年轻一代得到新任命的可能性已经难得一见。薪俸，在实际数额和实际购买力上，几乎保持不变。尽管有理由认为德川早期把精英人士重组为有组织的行政力量，这种重组以献身于服务和高标准表现的理念为基础，使得日本在现代官僚政治的最终形成上处于明显的优势，但官僚政治的实践并不强调工作绩效，也不重视对正在变化的社会环境做出反应。从属于每个领主的"家臣团"都太过受到传统和人身依附关系的约束——他们陷入以主仆关系来定位的制约与平衡的复杂圈套之中而难以自拔——以至于无力应对渐进的社会变迁。武士阶级严格结构化的生活方式——他们在保证收入和花费薪俸上都缺乏灵活性——导致其应对新兴经济力量的机会受到很大局限。

529

然而，武士意识到他们的地位正在发生变化。这一认识的起源，在很大程度上可以追溯到两种情况：武士阶级许多活动的程式化和无关痛痒，他们意识到其他社会阶级的状况有所改善。山村耕造已经讨论过这两种情况，描述了职业分配或无所事事所必然造成的对工作缺乏热情和丧失成就感。在这里所浮现出的图像，与前面提到过的速水融所描绘的农民勤奋劳作的图像截然不同：

德川时期持续的和平，逐渐把将军的家臣从战场上的武士改变为官僚士

大夫、学非所用的士兵和无所事事的懒汉……生活不再是不可预测和危险的
了，但对于从前的武士来说却充满了单调乏味的例行公事，如今要花费很多
时间草拟德川幕府各机构间的备忘录，查验火灾损失，监督河岸修复……在
18世纪里，许多官员的工作日有所减少。大多数人三天打鱼两天晒网，以便
为他们手下的旗本提供工作机会。有很多从事监管工作的旗本乃至一些担任
其他职务的武士，都以一个月为周期轮流工作。[1]

山村耕造的研究认为，大概有200万的武士，包括5000到6000名的"旗本"，
连同他们的家庭成员，这个数量过于庞大，以至于无法得到有效的就业和满意的
报酬。尤其是外样大名发现，他们"所拥有的附庸比他们需要的或有能力负担的
还要多"。[2]由于资金拮据，大名们只得一再地向他们的家臣借钱，削减他们的薪
俸，而此时其他的社会阶层却正在创造着经济收益。也许，真正令人泄气的是缺
乏有意义的工作，或缺少把工作干好的机会。

一般来说，大名是不能解雇武士的，同时，在和平的环境下，大约一半的武
士几乎没有什么工作可做。武士们能够保证忠诚，部分是通过终身雇佣的制度来
实现的——这成为现代日本不愿裁员的一个先兆。

士气和财政上的问题导致了试图复兴官僚政治的努力。赫尔曼·奥马斯
（Herman Ooms）曾经提出"道德重整"的概念，来描述18世纪企图使官僚机
构恢复活力的改革过程的两个主要部分——德川吉宗对于例行公事的反应和松平
定信对于贪污腐败的惩治。[3]在这些场合，自律、节俭、相互的忠诚和责任、回
归尚武精神、社会责任意识以及武士伦理的其他方面，得到了召唤和提倡，并且
在19世纪40年代的"天保改革"期间，为了缓和不断增加的危机感和重申社会
精英的职责，也对上述武士伦理大加褒扬。但是，时代潮流并没有逆转。事实证
明存在着以下这些难以调和之处：（1）武士是值得称赞，或至少是正直的社会领
袖的儒家观点，与武士的许多职责正越来越变得无足轻重的社会现实；（2）"武

[1] Yamamura, *A Study of Samurai Income and Entrepreneurship*, p. 70. 该著作基于山村耕造对幕府旗本所作的研究。
[2] Harold Bolitho, *Treasures Among Men: The Fudai Daimyo in Tokugawa Japan* (New Haven, Conn.: Yale University Press, 1974), p. 71.
[3] Herman Ooms, *Charismatic Bureaucrat: A Political Biography of Matsudaira Sadanobu, 1758 - 1829* (Chicago: University of Chicago Press, 1975).

士作为一个积极行动的战争机器的老传统，与武士作为一个有教养的统治者的新观念"；（3）武士"接受封地的附庸地位"，与"领取薪水的政府官员"的身份。[1]"武士道"，即武士的伦理，似乎越来越无足轻重，因为它表达的只是一种形式体系，在变化的时代里几乎不能提供实际的指导。

在德川时期的人口构成中，商人和地主与武士大致相当，可能都占总人口的5%—6%。然而，这些阶层的队列是经由社会流动和长时间的竞争调整的。武士阶层则是固化的，由于适应技能的相似性，由于"优胜劣汰"法则的作用，还有武士们固定的居所、参与商业活动的官方限制（还有对商业活动的蔑视），以及职业选择的缺乏，都加剧了这种状况。但是，町人力量的影响也渗入了这一群体；武士们在对领主保持忠诚的同时也在寻求改善他们自己的处境。

在18世纪和19世纪前三分之二的时间里，对日本武士产生影响的主要是财政上的变化：（1）他们变得越来越依赖借钱，这些债务有时会被取消，最后导致信用丧失殆尽；（2）他们的薪俸在困难时期遭到手头拮据的大名的削减；（3）在德川统治最后几十年里严重通货膨胀的推动下，商品的价格要比稻米价格上涨更快，而武士的收入却取决于米价；（4）同时也是最重要的，他们的收入历经几个世纪依然相对不变，但他们的欲望却在增长。山村耕造已经提出，在18世纪，"旗本阶层的武士不断严重的贫困化的是由越来越多的欲望所引起的"。[2]旗本困扰于为维持他们的地位所必须支付的沉重固定花销，也不得不逐日混迹于都市的街头巷尾，由此更增强了他们对财富的需求。到德川晚期，武士实际收入事实上的降低，很可能强化了对于贫困化的感知。

山村耕造得出结论，大量的武士已经变得与"町人"几乎没什么区别，在一些案例中，他们的生活方式甚至实际职业与农民也已没有什么不同。从事所谓的副业，变得"对所有武士都很普遍，只有数量有限的高层和富裕的武士除外"。[3]许多武士都很穷困，干着零活，变成了内容宽泛的都市文化中几乎不受注意的部分。山村耕造认为这种情况的发生有其"经济上的必然性……乃是德川社会强有力的平衡器"，并且指出阶级界限在事实上已经变得不复存在。[4]

[1]　Hall, *Japan*, p. 197-8.

[2]　Yamamura, *A Study of Samurai Income and Entrepreneurship*, p. 48.

[3]　同上，p. 131。

[4]　同上，p. 132,133。

531

虽然有关武士的研究长期来一直为人们所热衷，但许多关于武士的重要问题依然尚在讨论当中。不断增加的相对受剥削的感觉，如何影响着武士对自己的领主乃至幕府体制的态度？这样一个数量众多且根深蒂固的精英阶层，为什么会容忍收入的分配发生有利于其他阶层的变动？明治维新后废黜武士的社会政策，为什么相对缺乏抵抗？在19世纪的最后几十年里，武士承担着怎样的领导角色？这些问题的答案将会在其他几章出现。在此，我们只对最后两个问题进行一些讨论。

对于这个根深蒂固的精英阶层来说，其"社会地位的丧失"过程发生得非常平稳。[1] 1869年，各藩大名接受了作为地方长官的任命，放弃了他们对地方权力的把持。1871年，以往武士的复杂分类被简化为两个等级，"士族"和"卒"，而后者很快又被放弃。在那以后不久，武士被给予从事任何职业的权利，而不会失去其等级；武士的薪俸得到逐步调整，然后在1876年，被政府债券所取代。当时也曾出现过敌对的事件——甚至武装抵抗——但是，从世袭的、拥有特权的家臣到没有主人的、需要养活自己的个体，这一转变以惊人的速度推进。为什么武士乐于接受失去特殊的社会地位，带来相应的职业、居所和生活方式的改变？答案的一部分是政策手段的执行，每一步都很谨慎，而且武士们得到了补偿。答案的另一部分是武士的性质，他们是专一的、遵守纪律的服务型精英，其教育程度也在不断提高。尽管有些武士无疑想要坚持他们的特权，以之作为在明治新社会中保证安全的唯一希望，但其他武士则对他们自己的知识和经验充满信心，并且可能欢迎事实上固化了的世袭制家臣团的地位能够得到瓦解的机会。答案的第三部分则是，国家的危险处境和为国服务的机会，对于希望明治政府的领袖信守任人唯贤承诺的武士来说肯定是莫大的激励。

武士们从等级森严的地位区分中解脱出来后，原先的底层武士开始担任许多高层领导职务，尽管来得很晚，这仍被证明是积极的，社会流动的效果还是把有能力的人推向前头。新型领导人的继任如今较好地分布于三个阶层。每次继任都产生了从基于恩赐向基于成绩，从领导人授予的特权到主要通过首创精神和个人能力挣得地位的转变。每次继任还涉及从城市到乡村、从大城市到小城镇的转移；就武士来说，有许多人在地方上从事起教师、警察和地方行政人员的职业，

---

[1]　参见 Marius B. Jansen, "The Ruling Class," in Jansen and Rozman, eds., *Japan in Transition*, pp. 68-90.

应用着他们世世代代为领主服务所习得的技能。同样可能的是，新的社会群体的每一次继承，还带来了企业家技能的增加，提升了开发商业机会所必需的能力。尽管武士们直接经营商业企业来得比较缓慢，但他们毕竟拥有其他技能，这帮助许多人做出了快速调整。对所有的阶层来说，继任的过程并没有导致先前顶层集团的完全替代，而只是产生了一个不断扩大的上层圈子，形成了一个过渡时期，使得一些人可以做出调整以适应新的经营方式。

在所有情况下，初始的鲜明阶级区分还是有助于决定继承的过程。例如，城市的町人，在许多方面切断了与农村社会的联系，不容易控制新兴的农村商业力量。地主阶级长期与武士精英分离开来，无法依赖外部支持以保护他们对劳动力和土地的需要。武士面临着转换利用他们资源的最大障碍，但同时也享有着使他们的地位不受损伤的最为强有力的保护。在 1868 年后，这股久受压抑的势力具有了改弦易辙的能量，成为社会变迁的主要源泉之一。托马斯·史密斯（Thomas Smith）认为，武士的这种反应是地位差别制度被废除后个人能量的爆发。[1] 在这个特定的时代，僵硬的身份壁垒正在成为一种单纯的记忆，武士的遗产变成了整个社会的强有力的榜样。在明治时代新的法律体系和组织机构中，政府有意识地利用了武士的精神和理念。

首先，武士的传统（这是一种军事侍从与儒家等级社会关系的混合物，体现在以一部"武士道"著称的法典中）反映在强调对上级的忠诚和奉献。对天皇的崇拜成为权威的源头，使得这些价值观念仍然充满活力。随着中央集权制的继续深化，以及反对盲目西方化运动的到来，19 世纪 80 年代后期的教育体制包含了对道德伦理的特别强调。像在他们之前的武士一样，全体日本人都被要求为了更大的目标而克制自己的个人主义。现代民族主义和军国主义在武士的传统中找到了可以成长的肥沃土壤。明治家庭法——它对家长权威的明确承认，对长子的偏爱，以及女性对男性明显的从属地位——与其他社会群体的习惯相比，更是完全来源于武士的传统。使武士伦理保持生机并传播开来的能力，显然是在日本现代化的最初阶段以来所观察到的各种特性非正常组合的一个方面：高度的社会流动性与强烈的社会地位意识的结合；对成就的强调同时伴随着对个人主义的抑制；以及企业家精神与集体导向的结合。在形式上，武士道大行其道，但在实践中，

[533]

---

[1]　Thomas C. Smith, "Japan's Aristocratic Revolution," *Yale Review* 50 (March 1961): 3.

町人主导的转型在无情地继续着它的进程。

城市转型

534   从 18 世纪早期开始直到 19 世纪 80 年代，日本的城市化水平大致保持稳定，但也存在许多发生了重大变迁的标志。关于城市的三个视角揭示了城市和城乡关系的重大变化：（1）以居民点按照规模和功能分布为中心的城市网络视角；（2）主要关注城市内部规划以及各种外部特征和人口群如何分布的生态学视角；（3）考量特定的城市环境、政府，或工作安排是如何影响居民生活的组织学视角。就日本来说，上述第一个视角经常导致挑选出至少三种水准的城市：三大中心城市位于日本城市层级的顶端，两百多个"城下町"即城堡市镇处在中间层级，还有林林总总的"在乡町"即乡土中心处于最底层。

在德川时期的城市政策中，集中全力把社会凝固为一种新创造的范式，与将城市分层化治理的政策，两者相比证据不相上下。依据高度有组织的规划所形成的新建设浪潮——城市本身及其周边地区的土地利用——出现于 17 世纪早期。整个德川时代最初城市规划的逐渐瓦解，与上文已经讨论过的社会阶层的转变相伴并行。

德川日本的领导人设想了一种社会，在这个社会里每个居住区都具有不同的功能。村庄将要作为专门的农业中心，放弃由武士执行的军事和行政管理活动，并且将处于萌芽状态的商业和手工业企业转移到其他类型的居住区。非农业功能将主要集中在城下町，这里是占有国土五分之四的各个藩国的中心。照字面意义来看，"城堡之下的城市"，即"城下町"，表达了大名的权威：他在领土范围内对军事和管理职能的垄断；他通过税收和市场调动这一区域的资源；以及他计划将寺庙、神社、商人、工匠和武士陆续迁到紧挨他的城堡总部。[1] 与战国时代一个领主拥有多重分支城堡的模式不同，德川时代在各藩领地内只允许保有一个城下町。所有的城市功能，都尽可能地被集中在这个行政综合体里。

535   在全国范围内，当然不可能保持村庄和城下町这种简单僵硬的二分法。考虑到这一点，德川幕府计划承认一些额外的城市类型，这些城市全是起源于日本历

---

[1] Nakabe Yoshiko, *Jōkamachi* (Kyoto: Yanagihara shoten, 1978).

史的早期阶段的。有一些中心城市，尤其是在畿内地区，这些城市的地方精英曾经长期依靠专业化的生产和服务。还有"宿场町"，即有驿站的市镇，被要求作为连接城下町和中心城市道路沿线的交通枢纽。在有些地区必不可少的还有"市场町"，即集镇，因为在"天领"（由幕府直接统治的领地）和一些较大藩国的境内，城下町并不能吸纳所有聚居地的市场活动。相对便宜的海运也需要一个港口网络，并非所有港口都能充分位于中心位置，在历史上也未必能够满足实现局部整合以便同时承担城下町功能的期望。此外，还保留了一些"门前町"，顾名思义，这是（寺庙和神社）门前的市镇；还有"寺内町"，即以宗教设施为依托的市镇。在从强有力的宗教组织提供必要的安全保证和为城市发展集中资源的时代，向通常以城市履行其他职能的能力为依靠的转型过程中，上述一些区域中心努力生存了下来，如"市场町"和"宿场町"。除了中心城市之外，其他种类的城市只能被期望作为次要的和残存的角色，成为对集中于城下町的主要城市功能的补充。它们的功能已尽可能地被城下町所吸收；实际上，城下町在上述各种分类的城镇中确是非常突出的。

这些居民点中所隐含的明确劳动分工，是与区域间的劳动分工相对应的。中心城市地带——畿内和关东地区——垄断了全国性的专业化活动。其实，在相当大的程度上，三大都市确定无疑地在它们之间瓜分了这些专业化的活动。一方面，京都，历史上就是工艺制造的领导者；而大阪，则是发展中的商业领头羊，吸引着畿内地区商业化程度较高的农业和为数众多的中小城市，支配着日本区域间的专业化生产。[1]另一方面，江户则被定位于商业化程度远远不足的关东地区的行政和消费都市；而实际上，这个城市主要依赖于从分散的藩国延伸而至的供应网络，其中最重要的是来自大阪。其他区域，从最北部的东北地区到最南部的九州地区，在很大程度上能对自己的需求自给自足，不过它们在主产稻米后也出现了一些副业生产。特产品和奢侈品从中心城市到城下町的涓涓细流，只能稍稍抵消谷物和其他初级产品涌向中心城市的洪流。

到了 19 世纪早期，这一小心安排的差异化城市和区域结构显然处于不断变化之中。变革的主要动力源泉不是来自于行政、军事，或宗教功能，而是来自商

536

---

[1]　关于区域间市场的文献十分丰富，都是以详细的地方资料为基础的。关于大阪市场的重要性，参见 Ōishi Shinzaburō, *Nihon kinsei shakai no shijōkōzō*(Tokyo: Iwanami Shoten, 1975), chap. 3。

业，工艺，和交通功能。开始于中心城市的城市人口分布的变化，为这些发展提供了明显的证据。每种类型的日本城市都在发生显著的变化。

中心城市

有两种不可抗拒的主要力量，塑造了 17 世纪日本全国的城市系统，并在整个德川时期继续发挥着作用：一是畿内地区密集的商业化，这经常被看做是"全国市场"的成长；二是江户的政治集中化，这在很大程度上是轮流居住的参觐交代制度的结果。这两种力量协同运作，导致了前所未有的城市化进程，同时，也抑制了其他地方区域中心城市的发展。

畿内地区曾经非常超群出众。大阪、京都，还有诸如堺市这样的其他主要城市，它们全都处于幕府的直接管治之下，基于我所收集的城市统计资料，我估计在德川早期的数十年间，这一区域的城市人口已经接近日本全部城市人口的一半。此外，畿内地区虽被划分为不同的行政单位（支离破碎的小藩和处于幕府管治之下的大量"天领"领地），却并没有建立起阻碍专业化生产和区域一体化的森严壁垒。幕府的政策承认这一地区商业优势的基本事实，并且通过把大阪建成为日本的"厨房"来充分利用这一优势，同时，还鼓励把相对便宜的海运事业的发展集中于这一城市。

畿内地区高水平的城市化，对日本城市体系的转变来说可能是必不可少的，但是这一转变的主导权却主要来自并且越来越多地来自江户。[1] 江户城市空前的人口增长——从 1590 年一个不引人注目的小城堡到世界上最大的城市，粗略估计 1720 年后大约有 110 万居民——主导着日本全国范围内的城市化。而且，江户城市居民的增加刺激了全日本越来越多的原料和人口不断流入城市。江户的重要性，首先来自于参觐交代制度对于各藩资源大量转换的需求，因为要用来满足居住于江户城市的花销。每个大名都要在这个城市的规定区域维持大约够一千人使用的居住设施。鸟取一藩就有 10 处住宅，彦根藩则有 4 处住宅，居住者超过 3000 人。[2] 在这些宅邸中居住的大约 250000 到 300000 人中，约有一半到三分之二是由那些长期居留在江户的人组成，而这些都与参觐交代制度有关；其余的

[1] Rozman, "Edo's Importance."

[2] Nishikawa, *Nihon toshishi kenkyū*, p. 278.

人则陪伴着大名定期在城下町和江户之间来回跋涉。[1] 比涉及的人数更为重要的，是这一制度所控制的资源以及对于花销所感觉的压力，充分证明了这一定期移民制度的重要意义。如果加上不定期的强制征用或工程估价，比如建造城堡，或者重建这座屡遭惨重火灾毁坏的城市，那么，用来支持江户发展的强加于大名的直接或间接索求，确实已经达到了令人吃惊的比例——可能是他们所有开支的三分之一。由于大阪市场将稻米转化为现金的重要性，江户花销的增大也促进了畿内的繁荣。庞大的江户市场在许多物品的供给上都要依赖于畿内的城市。

其他居住在江户的武士是幕府的直接附庸。把这些旗本、御家人以及他们的家庭成员和仆人加在一起，总数超过了200000人，为了得到自己的薪俸，他们对幕府控制的领地（"天领"）上的产出拥有实质上的索取权。[2] 他们的存在增加了江户作为消费中心的色彩。

在中心城市里，江户首先从不断缩小的价格差异中获益，而这曾长期使畿内市场受惠，江户还从不断改善的延伸到这个国家偏远地区的交通网络中获益，长距离的路径使直接的水运成为可能，此外，交换规模随着大众化市场的扩展而增加，也对江户城市的发展提供了助益。在畿内地区，早期条件尚不很发达，豪商巨贾曾经由于他们的无可替代而大获其利；随后，差异性更大的商业组织更广泛地散布开来，反映出江户作为第二大全国性中心市场的要求在不断增长。在顶峰时期，三大中心城市的人口接近两百万，其中超过一半生活在江户。人口比例的增长越来越有利于江户，到19世纪中期，仅江户町人的数量就超过了大阪和京都加在一起的人口总和，而这一人口总和所占的比例还在不断下降。对这些中心城市发展的差异有各种各样的解释，诸如：来自新的繁荣商业中心以及西南部"在乡町"对畿内大型城市的挑战；商业发展的趋势是绕过大阪直接前往江户；关东地区生产的扩大满足了江户的局部需要，而这通常会以先前的畿内产品为代价；由于持续要求武士居住，包括由于参觐交待制度而居住在江户的各地武士，从而使江户的市场具有更大的稳定性。到了德川幕府统治的最后一个世纪，江户对日本的影响变得更加直接和明显。

尤其值得注意的是，日本中心城市的影响依赖于在那里累积的大量资源，大

538

---

[1] Fujioka Kenjirō, ed., *Nihon rekishi chiri sōsetsu: kinsei hen* (Tokyo: Yoshikawa kōbunkan, 1977), PP. 248-249,260-261.

[2] 同上。

量人士（包括来自全日本的精英）移居那里，新的消费结构和生活方式在很大程度上也由这里向其他城市渗透，最终到达农村。各方人士的聚集包含着从日本全国调动资源的手段和动机，从而创造了社会变迁的无法抑制的力量以及强有力的示范效应，这一效应尤其反映在那些能与中心城市直接联系的城下町里。在其他前近代社会里，很少能有多达总人口6%的人集中于大城市；只有在比日本大得多的中国，才有超过日本的3个城市的人口都多于300000人的记录，直到19世纪早期为止，很可能只有日本一国维持着多达110万的城市人口。这需要几十年的重组和整顿：由于安政地震的影响，江户的人口下降；随着1862年参觐交代制度的结束，大批人员离开；在武士身份被废除后，大部分城市都恢复了它们早期的人口水平，并且在19世纪末期开始迅速扩张。直到那时，大城市人口的百分比几乎没有什么扩大，说明日本已经拥有了一个发动现代经济增长的适度城市基础。1897年，居住在人口为100000以上城市中的日本人口的百分比，并没有比18世纪时曾经达到的（6%）更高，而这一水平线的城市数量也仅仅从5个上升到6个。

539　　　在19世纪末，六个城市居于强势地位，它们是东京[1]、大阪、京都、名古屋、神户和横滨。东京长期延续的主导地位（1897年居民达到130万人），反映了它作为中央集权的全国政治中心的地位，以及它在现代金融和教育上的重要性。大阪在19世纪末发展迅速（1897年居民达到750000人），已经重新确立了它作为大规模制造中心的地位。神户和横滨，在19世纪50年代以前都并不重要，由于它们对外贸易的角色而成为城市发展的引领者（每个城市将近20万人）。名古屋和金泽一起，长期被视为两个最大的城堡城市之一，而名古屋被证明是这类城市中实现功能转换最成功的（当金泽的人口降到10万以下时，名古屋的人口却翻倍达到了25万）。在上述6个最大的城市中，京都的发展最慢，但它仍然努力使自己较快地适应了现代新型工业和商业的需求（1897年，京都人口达到33万）。从明治早期的衰退中缓慢恢复过来的一个城市是长崎，长崎已经失去了相对于其他港口的对外贸易垄断权；只有当19世纪末大陆贸易的扩大时才重新显示出它的重要性。

　　　在开放日本对外贸易的1858年条约之前，长期的激烈国内竞争有助于在大城

---

[1] 1868年，日本明治维新后，改江户为东京。

市中为不确定条件下的有组织变革预备好人口基础。随着 19 世纪 60 年代末取消了贸易垄断和特定职业的严格群体限制，竞争加剧。在某种程度上，这种竞争表现为对政府选择办事机构和建立现代企业地点的决策施加影响。竞争的成功主要依赖于地方领导阶层的活力和对繁荣的追求，关键在于在中央集权的行政体制下赋予工商业界较高的自治程度。迈向城市自治的重要一步是 1888 年的行政改革，这次改革确认 2.5 万人以上的居住区即为城市（"市"）。新机构（例如警察、银行和工厂）的数量在全国城市里激增，显示出现代的构造被城市居民所接受是多么迅速。

城　下　町

在德川时期经过设计的城市层级中，总人口数达到 200 万人的将近 200 个城市构成了第二个层次。这些城下町的人口从少于 1000 人到超过 10 万人不等。约翰·豪尔曾经提出，一般说来，城下町的人口数大约相当于各藩"石高"（稻米产量预估数）的十分之一。[1]（"石高"通常与该藩的人口数接近。）在日本最大的藩国，"石高"多达数十万，城市居民也数以万计，而为数众多的"石高"数为 1 万到 3 万的小藩，则一般只能形成人口在 3000 以下的小城下町。藤本利治相当详细地分析了城市人口与"石高"之间的关系，认为在东北和日本海沿岸的城下町通常比预想的要大，而在西南和沿太平洋与内海沿岸，则大多是相反的类型。[2] 他解释说，后者的地区除了城下町之外，其他城市有着密集的人口集中度，所以这些地区容易存在以较高商业化作为支撑的雄藩。位于畿内地区和关东地区的各藩，通常产生相对较小的城市，因为它们的领地并不紧凑，并且时常被直接由幕府控制的"天领"所打断。那些由远方大名所占有的小块地产更加剧了这种现象，尽管这些地产有助于那些远方大名应付他们在江户和大阪的开支。

与其他前近代的设施相比，城下町令人惊讶地支撑着很大比重的诸藩人口，原因有以下这些：（1）武士和一些町人的强制集中；（2）在领地内的其他地区普遍禁行商业；（3）以免税、专营及诸如此类的形式激励町人的诱致作用；（4）集

540

---

[1] John W. Hall, "The Castle Town and Japan's Modern Urbanization," in Hall and Jansen, eds., *Studies in the Institutional History of Early Modern Japan*, pp. 182-183.

[2] Fujimoto Toshiharu, *Kinsei toshi no chiiki kōzō: sono rekishi chirigakuteki kenkyū* (Tokyo: Kokin shoin, 1976), pp. 39-42.

中于城下町的交通系统的建设，以及对领地内的其他可能城市地点的歧视。[1] 在领地之内，城下町不仅专注于现存的非农业活动，还促进它们的进一步发展并产生出新的行业。成为中心城市的不断上升的需求以及大名们增加收入以用于在江户的花销的不断增长的压力，在超过一个世纪的时间里刺激着城下町的发展，并继续着其功能的转变。城下町在全国市场体系中扮演着不可或缺的中介角色，反过来，它的大部分活力取决于藩国的其他部分与中心城市之间的这些中介联系。经过这一扩张时期，城下町将它的核心职能从军事转换到行政，再转换到经济。城市在功能上变得更加复杂，而大名们对城市的控制也在衰退。

541 各地大名在经济上专制的持续侵蚀，使得城下町在地方和全国市场的关系在调整中变得易受伤害。全国性商人团体的整顿，就是一种这样的调整，它有利于这些团体的更为规范，更有经济效率。第二项调整是大量的农村生产者直接进入销售环节。在流通环节的两端，情况都变得更加具有竞争性。城下町的快速发展阶段进入了一个人口增长停滞的时期，对许多城市来说，最终衰落了。托马斯·史密斯和中部良子分别收集的数据显示，在一个多世纪里，城下町的町人人口平均减少了15%到20%。[2] 例外的情况主要发生在落后地区和内陆地区。形成鲜明对比的是，衰退的城市不成比例地位于近畿和西南部的内海地区；这些城市中许多是港口，它们多半违背了地方上人口增长的趋势。

  德川晚期城下町人口的逐渐流失（有些流失可能是由于未加记录的城郊化），在很大程度上归因于它们重要性的降低。这表现在4个方面：交通、商业、工业和消费。在交通方面，这些城市和许多"宿场町"一样，越来越被寻找最便宜的可能线路的车辆所绕过。官方对于原有线路的规则章程抬高了价格，使得它们失去了竞争力。同时，对长途贸易和新的专业生产藩营垄断来说，港口型的城下町也未必依然是最便利的。在商业上，城下町在藩内逐渐丧失了一些市场功能。城下町的垄断商人保持价格处于高位，面对农村经济的扩张，各藩对定期市场的限制无法继续维持。中岛义一断定，小型城下町（尤其在那些低于2万石的藩国里）经常缺乏临界点的人口数量，因而不足以支持它们自己的定期市场，或者不能吸

---

[1] Fujioka, ed., *Nihon rekishi chiri sōsetsu: kinsei hen*, p. 185.

[2] Thomas C. Smith, "Pre-Modern Economic Growth: Japan and the West," *Past and Present* 43 (1973): 127-160; 亦见 Nakabe, *Jōkamachi*, pp. 306-309.

引足够的商业以与外藩繁荣的"在乡町"相竞争。[1]市场的普遍程度存在着明显的地区差别。东北地区和中部地区的大部分存在着许多每五天一次（也许每十天一次）的市场，而畿内地区和西南部的某些地区，则主要在更加具备条件的城市中心区从事日常商业活动。[2]无论竞争是来自定期市场还是日常市场，具有商业免税和垄断经营的过时传统的城下町都时常应对失措。

542

在工业上，边远的居民点也可能更加富有创造力，在战略上更加靠近原材料、水力、廉价劳动力和地方市场。在畿内和关东地区的引领下，工业活动广泛地向农村散布。

最后，关于消费，各藩财政状况的恶化加上武士薪俸的减少，降低了在城下町的花销。从某种程度上讲，参觐交代制度和在江户的生活变得更加昂贵了，大名的固定收入迫使其削减在自己领地的用度。大名的生活重心以这样或那样的方式向江户转移。

总的来说，城下町过于依赖藩国的权力以至于自身变得没有竞争力，从而很不便于把握新的、地方上的发展机会。[3]当面对紧迫的财政问题时，大名使自己的主要城市不知不觉地陷入了衰退。实际上，是那些旨在保住千疮百孔的收入来源的政策，以及那些在城下町之外产生新收入的举措，促成了地方城市的转型。

城下町的内部转型与它们外部角色的变化同步行进。17世纪早期，城下町反映了卓越的军事和行政功能，包括对种种活动的明晰区分和规则。到19世纪中期，正如矢守一彦曾仔细分析过的，城市土地的利用已在一些方面发生了变化。[4]仅在军事功能领域，就可以发现若干的变化。城堡持续地丧失其在军事上的重要性，虽然依旧是武士行政机构的中心。城市外围的寺庙、神社和驿站，越来越被认为等同于娱乐场所，而不是防护或控制社会运转的地点。城市内一些被设计来阻挠外部势力入侵的弯曲道路被拉直和扩宽，以便于防备更加会随时发生的危险，即火灾。底层的武士——许多被称为"足轻"——居住于城市的边缘地带，他们转向了家庭作坊的副业生产，从而减弱了军事爱好和效能。在外样大名

543

[1] Nakajima Giichi, *Shijō shūraku* (Tokyo: Kokin Shoin, 1964); 亦见 Nakajima Giichi, "Ichiman goku daimyō no jōka," *Shin Chiri* 10 (September 1962): 1-15。

[2] Fujioka, ed., *Nihon rekishi chiri sōsetsu: kinsei hen*, pp. 232,276-278,295.

[3] Nakabe, *Jōkamachi*, pp. 310-323.

[4] Yamori Kazuhiko, *Toshi puran no kenkyū* (Tokyo: Ōmeido, 1970).

的城市里，军事要素保留得更为突出一些，例如在中部地区，但它们也经历了普遍的非军事化。[1] 考虑过大范围的城市活动之后，西川幸治得出结论说，从元禄时期到德川晚期，通过行业的分散和町人消费的重新定位，城下町发生了重大的变化。[2]

武士在城市人口中的比例先降后升（比例的上升发生于町人数量减少之时），他们所占有的地域范围仍然很大。中部良子计算出武士在城下町的平均数为町人数量的 70% 到 80%；她还注意到在落后地区，武士的数量可能更多，甚至会三比一地多于町人。[3] 藤冈谦二郎澄清了武士团（"家臣团"）的规模，他指出，相对来说，偏远的东北和西南诸藩具有强大的地方军事色彩，因而这些藩国"家臣团"的规模也是最大的。[4] 矢守一彦提出了武士的地产占城市土地百分比的数据，表明在一些城市达到了整个城市土地的四分之三，在大的藩国，一般会超过 50%。[5] 町人居住区的人口密度要远远高于武士居住区的人口密度；流动率也更高；社区也更不固定。不过，远离城堡的底层武士居住的地方，与町人居住区的差异则要小一些。随着城市的扩张，町人人口常会沿着直通城市的道路分散开来。城市郊区的发展方向，可以归因于取决于农村的需要。在落后地区，城市定期市场更经常地为农村的需求提供满足。其他地方，城市内的日常商业和手工业也显示出对农村市场的更大依赖，而藩内其他地方的专业生产有助于面向郊区的重新定位。在彦根城内某些行业的衰退和其他行业的兴起中，西川幸治发现了这一转变的证据。[6] 町人区域的总体趋势是从集中到分散，从服务于聚居于城市中心的武士向满足城内较为分散的町人的需求，再到为不断增长的零散农村人口的市场展开竞争。最初的商业中心靠近城堡，被称为"本町"，随着多功能的次级商业中心的形成而逐渐衰落。

1868 年后，军事、行政和教育活动通过新的途径为城市发展做出了贡献。以前的城下町继续拥有在全国中心城市之外的日本城市人口的绝大部分。藤本利治

544

---

[1] Fujioka, ed., *Nihon rekishi chiri sōsetsu: kinsei hen*, p. 250.

[2] Nishikawa, *Nihon toshishi kenkyū*, p. 326.

[3] Nakabe, *Jōkamachi*, pp. 304-305.

[4] Fujioka, ed., *Nihon rekishi chiri sōsetsu: kinsei hen*, p. 199.

[5] Yamori, *Toshi puran no kenkyū*, pp. 292-306.

[6] Nishikawa, *Nihon toshishi kenkyū*, pp. 257-259.

考察过 1920 年以前这些城市的命运。[1] 他发现，在那些拥有 10 万到 30 万 "石高" 的较大藩国内，原来的城市甚至在被选择作为新辖区（"县"）的行政中心之后仍然相对停滞。这些城市集中于东北、北陆和山阴地区，大多位于日本海沿岸，是稻米单一种植区农业剩余的中心。随着 "藩" 这一封闭的行政单位的取消，它们失去了中心地带的功能。在这些现代工业的落后地区，在明治维新宣告诸藩的贸易保护主义政策终结之后，那些城市的手工业基础也就无法维持。对于这些城市来说，行政因素是其得以生存的至关重要的原因。

与此相反，在商业更为发达、地方城市更多、人口密度更高和农业更为多样化的地区，那些以前的城下町从 19 世纪后期开始得到了快速发展。其他未曾作为城下町的城市也迅速发展成为新的军事和纺织业中心，其中许多坐落在诸如东京这样的中心城市附近的腹地。对城下町在 1868 年后命运的预判，不是基于它们在德川后半时期的增长率，而是基于它们能否成功转型为与前不同的多功能城市，能否在商业环境下具有竞争力，并且能否与较小的城市和中心城市形成新的联系。这种情况解释了这一悖论，即那些德川晚期衰退的城下町却出现在明治时期发展的最有利位置。

明治领导人所打造的中央集权的、全国范围的城市体系，主要建立在 200 多个城下町的基础之上，这些城市曾经作为地方诸藩的独立中心发挥过作用。他们通过 1871 年 "废藩置县" 的行政改革实现了这一点。通过任免（官员）、财政和立法的控制，保证了中央政府的权力。从 "城下町" 到 "县" 或 "郡" 的中心的迅速转变，起因于德川时期以集中为导向的经过有效整合的城市体系的演变。尽管分治的地方市场和行政在许多方面仍在继续，但早在明治中央集权化之前，潜在的一体化力量就已经得到了长足发展。545

对于那些先前受到诸藩的褊狭和国家的封闭所保护的城市来说，19 世纪的最后三分之一时期是一个调整期。发展的重新定位是十分必要的，对那些能够适应大城市和国外需要的专门行业来说尤其如此。它促使城市坐落于新建的铁路沿线，并且使城市拥有町人社区充满活力的资本和人力资源。一些具有优良港湾设施的地方发展成为海军基地。北海道的开放也有助于城市的发展。不过，其他一些城市则未能适应新的形势。一度奢靡的武士聚居区如今变得寂寞荒凉，农民们

---

[1]　Fujimoto, *Kinsei toshi no chiiki kōzō*, pp. 345-381.

耕作的很多地方以前曾经商店林立。

在乡町

最初，对"在乡町"的抑制被视为推进城下町发展的一种手段，也就是说，要简化居民点的层级，就像身份层级已经被削减为少数明确界定的阶级一样。许多定期市场和小手工业中心（如果它们未被官方纳入"宿场町"，或者不具备其他一些严格限定的官方资格）被给予了农村的合法地位，即使它们的非农业功能实际上完全得以保留。如果它们存活了下来，地方上的法规允许这些市镇通过交易农具、日常消费品、清酒，以及其他一些主要用于补充城下町功能的商品，来满足农民的供给需求。从 17 世纪到 18 世纪的商业扩张，使得这些聚居点对于城下町的繁荣来说变得必不可少。虽然情况和时间各地有所不同，但这一普遍样式使得大藩通过这些局部市场的资源汇聚而获益，支持着藩内城下町中心市场的各项活动。

经过德川时代的最后一个世纪，许多这样的小型市场对城下町的利益形成了一种威胁，就像城下町也对中心城市的垄断地位提出挑战一样。比如，1787 年，松山的町人请愿停止乡土贸易，把乡土商人迁移至城下町。1823 年，1007 个村庄的协调努力，引起幕府重新考虑它所给予大阪商人的棉花交易的垄断权。[1] 半个世纪后的宽政改革和天保改革，都没能够成功地维护城下町的利益。小而分散的在乡町对于藩国新的商业目标来说也很重要，不可能对之简单地加以取消而不会发生可怕的财政后果。这些在乡町通过与全国市场和外部商人越来越多的直接联系，利用它们积聚藩内特产商品（"特产物"）以及接近农村资本和劳动力的有利位置，形成了与城下町的竞争。尤其是在商业化的内海地区，这些在乡町甚至设法赢得了一定的独立性。通过贸易路线的重组，在乡町发现了在它们自己藩国之外的市场，从而与藩营垄断和规制产生了争执。

德川时代最后一个世纪的主要发展之一，是由"在乡町"的发展所引导产生的城乡关系的调整。通过利用农村贫民作为劳动力，把当地商品转化为资本，在乡町在城市和农村之间架起了一座桥梁。变化的迹象有许多：这些非行政中心的

---

[1] Matsumoto Shirō, "Kinsei kōki no toshi to minshu," in *Iwanami kōza Nihon rekishi*, vol. 12 (*kinsei* 4) (Tokyo: Iwanami Shoten, 1976), pp. 99-100; 亦见 Hauser, *Economic Institutional Change*, p. 181.

人口增长；移民目的地从城市向在乡町的变动，这经常造成在农业劳动力需求高峰时可以回归土地；[1] 这些分散小镇的生产规模的扩大；以及在乡町之间的激烈竞争，造成一些定期市场未能发展出新的专业化生产从而丧失了它们的农村交换功能。从长时段来看，半城市化特征的乡土增长中心的重要性得到了经济发展专家的承认，无疑应与日本前近代的高度城市化水平一起，被看作是明治时期开始进行的现代转型的重要资产。

半城市化的在乡町和其他非城下町城市的人口在不断上升，包括全职的和兼业的商人，工匠和雇佣劳工。这一人口增长如果加上（1）长崎、堺和其他重要城市（既非城下町也非三大中心城市）的人口；（2）在诸如内海地区数量渐增的中间港口的居民；和（3）重要的地方商业和手工业中心的非农业居民的估计数，那么显示出来的是总数将超过 100 万人。这在超过 500 万人的全国城市总人口中，占据着一个重要且不断增长的部分。[2]

城下町各种限制的取消，对其竞争中心地位的影响既有积极方面也有消极方面。城下町和在乡町的居民都摆脱了影响居住和商业活动的管制。结果则随着地区的不同而有很大差异。有些市镇维持着它们在德川晚期的活力，并且赶上了附近的城下町而成为地方的中心；而其他一些城镇则失去了竞争优势，因为城下町设法从早期的人口衰退和明治前期的大量武士迁移中恢复了过来。

在 1872 年和 1900 年间，日本有收入的就业人口从 2140 万上升到 2440 万，而农业方面的就业人数则随之从 1730 万缓慢地降到了 1640 万。[3] 于是，农业范畴之外的比例从五分之一上升为三分之一。大部分增长出现在 1885 年后的城市人口快速增长期。在现代经济增长的最初刺激之下，日本城市的社会构成发生了相当大的变化。与 20 年前武士重新定居的重大变动不同，随着商业和工业的繁荣，城市也变得拥挤了。

日本城市系统的活力与它的社会阶层等级制度具有许多相似的地方。从表面上看，许多事物在德川时代的后半期仍然保持不变。城下町所遭受的直接打击，并不比居住在其中心区域的武士阶级更多。尽管有所衰退，但在 1868 年后，两

547

---

[1]　Hayami and Uchida, "Kinsei nōmin no kōdō tsuiteki chōsa," p. 84.

[2]　Rozman, *Urban Networks in Ch'ing China and Tokugawa Japan*, p. 102.

[3]　Robert E. Cole and Tominaga Ken'ichi, "Japan's Changing Occupational Structure and Its Significance," in Patrick, ed., *Japanese Industrialization and Its Social Consequences*, p. 58.

者都占据了利用新机会——包括行政的、军事的、教育的，和产业的——有力位置。经由19世纪的改组，变革逐渐生成；全国性中心都市的商人促成了商业的发展，这使城下町和武士处于脆弱的地位；而在乡町的商人和地主则抓住了新的机会，进一步削减了城下町生活的特权和保障。

有人发现，无论是在城市制度还是在阶级制度上，为了坚持那些重要的方面，起初都有一种高度严格的、有计划的安排，而在其他不太明显，但也许并非不重要的方面，则让位于一种高度竞争性的、不固定的安排。竞争的力量日益扩展，甚至把农村也席卷在内。

就城市制度而言，有相当丰富的数据可资说明日本的非凡成就。自1800年起，以及在此之前的一个世纪左右，日本大约17%的城市化率（约有3000多个城镇，再加上1500个规模较小但实质上仍是商业和行政中心的地点）接近了欧洲的最高水平，并超过了具有长期城市建设历史的俄国和中国2到3个百分点。[1]德川晚期城市转变的基础是高水平的城市化。在1800年，江户保持着它长达一个世纪之久的可能是世界上最大城市的地位，并与畿内城市紧密串联在一起，组合成为一个名副其实的城市市场。城市转变的第二个基础，是由这两大城市集合体所产生的力量——最终主要是江户的力量。托马斯·史密斯将德川时期的后半段描述为以农村为中心的发展。[2]尽管城市基础仍然基本保持未被触动，但最为明显的变化还是遍布各地农村。城市转变的第三个基础，可从日本将城市社会潮流传播到农村的强大传导机制中看出。1868年以后，所有这些基础在新的环境下继续发挥着作用。

正如明治初期社会阶层限制的终止打开了广阔的竞争之门，居住限制的取消，先是导致了一股人员流动的洪流，过了几十年，又造成了城市发展和繁荣的激烈竞争。在市场、交通改善、行政功能及其他许多所希望拥有的东西上的竞争，产生了一个缓慢的经济增长和城市化时期。在武士重新定位、领地取消和卷入国际竞争的情势下，原本分隔的家庭和社区组织面临着严峻的重新调整。值得注意的是，社会控制和经济活动在这样的环境下几乎没有遭到什么破坏。大规模的城市重组揭开了明治中期即已开始的快速城市化的序幕。

[1] Rozman, *Urban Networks in Russia*, p. 245.
[2] Smith, "Pre-Modern Economic Growth," pp. 127-160.

家庭决策

在许多主要的前近代农业社会中，生存需要努力劳作，即使在闲暇时间也是这样，对此在家庭决策时根本没有变通的余地。婚姻在较小的年龄就会做出安排，出生率抵消了死亡率，尤其在婴儿中是这样；住处和职业代代相传，终生不得改变；教育和闲暇很少受到关注。虽然城市环境在这些问题上展现出许多独特的地方，但它们对农村的影响依然微弱。相反，那些试图进入城市的农村居民所带来的农村生活的习俗，造就了相当多的城市民众，这些人与农村居民相比并没有多少不同的地方。过去 20 年间一个接一个的研究已经证明，德川时期的日本抛弃了这种凝固的社会秩序。在 18 世纪和 19 世纪，越来越多的家庭面临更多的选择机会，并且做出了在德川早期的数十年里预料不到的抉择。这些变化的累积效应已经作为若干社会指标记录在册，这虽然是以挑选出来的村庄作为考察对象，但在某些情况下，可以把这个国家作为一个整体来评估。

这些变迁的原因并不一定是明显的或容易证明的。历史学家们长期以来一直假定，诸如区域发展停滞或人口衰退的情况来源于经济困难和饥荒，而农民们则被迫离开土地成为雇佣劳工或移民。但是，最近的实证研究显示应该排除这样的假设。其他解释集中于日本与众不同的家庭制度，集中于它的社区结构以及刚才讨论过的商业化和城市化的力量。在这一研究的初期阶段所使用的数据，仍然难以构建起可信的因果关系。然而，根据各种研究发现所呈现的事实，下列部分将涉及一些已有人提过的解释，并将这些解释与前面提到的社会分层和城市转型加以联系。在继续讨论之前，我们需要先行考察日本家庭制度的基本结构，以便建立起家庭决策赖以做出的具体语境。

"家"

日语把家庭称作 ie（"家"），指的是一个预期可以代代相传的法人团体。"家"的连续性依赖于外部和内部的条件。从社区来看，"家"被视为一个由对家庭成员拥有绝对权威的家长所带领的法定单位，同时也被视为一个需要完粮纳税和承担其他通常义务的生产单位。官方政策和地方习俗偏爱这一单位的连续性和生存力，以便维护社会秩序和社区团结，同时确保有充足的土地或收入来满足所有的财政负担。家庭本身不仅对社区负有责任，而且对祖先负有责任，会定期通过

549

550　牌位和仪式对祖先表示尊崇。家庭成员被期望努力工作，相互协作，以保证为家庭的连绵延续和地位改善而奋斗。家庭的合理化组织增强了维持和改善地位的机会。只有一个孩子，通常是家长的长子，继承所有的财产和权威。收养制度被欣然接受，因为这成了一种手段，为家庭提供了连续性，或为重要职位带来了有价值的继承人。相对于家族的永存，血统的延续显然是第二位的优先项目。"家"对于宗族和直系亲属之外的亲戚，只承担轻微的责任。罗伯特·史密斯（Robert Smith）在研究中已经注意到：

> （那些小家庭的成员）通过特定的术语来界定非常有限的近亲范围，"堂兄妹的称呼"在 18 世纪的日本似乎一直是一个模糊不清的概念，正如同时代的英国和美国。正像一些作家所宣称的那样，日本很早所拥有的是一种近亲的用词，这与现代城市化工业社会，与高度发达的商业，与亲属纽带的淡薄，与高速率的流动性，以及与越来越多的普遍性人际关系有着密切的联系。[1]

家庭制度的一些重要特性，适合于新式家庭的形成和旧式家庭的延续。其中有继承、收养，以及家庭对亲属关系或社区组织的依赖。这些特性共同发生作用，使得家庭的数目和构成保持稳定，这与来自个别村庄和社会团体的有效数据高度吻合。当然，这一点也不奇怪，因为自 17 世纪初的形成期之后，武士家庭就一直持续下来，并在数量上保持大致恒定。[2] 家臣团的规模基本是固定的；小一点的儿子们事实上是没有机会被任命为旗本的。主仆关系的维持，主要通过长子继承权和收养制度（如果没有男性继承人的话），数目的稳定也可以期待。更加令人惊讶的是在村庄研究中所观察到的模式。在苏珊·韩莉（Susan Hanley）关于 4 个村庄的清单中，我们发现户籍数的波动极为有限，在 1794 年到 1826 年藤户村有记录的 16 年里，一直在 109 到 112 之间；西片村在超过 14 年的连续记录中，户籍数的波动一直在 69 到 73 之间；而在池沼村，从 1822 年到德川时代

---

[1] Robert J. Smith, "Small Families, Small Households, and Residential Instability: Town and City in 'Pre-Modern' Japan," in Peter Laslett, ed., *Household and Family in Past Time* (Cambridge, England: Cambridge University Press, 1972), p. 442.

[2] Yamamura, *A Study of Samurai Income and Entrepreneurship*, p. 10.

结束，期间超过 19 年的登记日期显示，户籍数的波动在 68 到 70 之间。[1] 速水融
提供的关于更多村庄的清单显示，户籍数的变动较大，尤其是在 18 世纪中期以
前人口增长仍然相当可观的时候。[2] 但是，苏珊·韩莉的基本观点相对而言也是有
根据的：日本的社区登记记录过相对稳定的户籍数。禁止在诸子中分割土地的法
令，加上对每一代人婚姻次数的限制，维持了一个相当稳定的户籍数目。随着某
些禁令的废除，一些分支家庭（"分家"）得到了允许。矛盾的是，对这方面社会
变迁的拒绝，却鼓励了其他方面的变革。[3]

在德川时期，家庭的平均规模明显下降。速水融和内田信子解释了那段变化
的时光：

> 今天所做的最普通的解释，是 16 世纪和 18 世纪之间，由一对已婚夫妇
> 和几个孩子组成的小家庭在全国变得十分普遍，并且取代了早期大多数拥有
> 一对以上已婚夫妇的大家庭。平均家庭规模的持续地、不断地缩小，在整个
> 德川时期一直继续着，所以到了 18 世纪中期，通常的家庭规模与今天已经
> 大致相当，大约为 4 个或 5 个家庭成员。[4]

他们掌握的关于 22274 个家庭的数据显示，总的来说 MHS（mean household
size，中位数家庭规模）在持续下降：1671 年到 1700 年是 7.04，1701 年到 1750
年是 6.34，1751 年到 1800 年是 4.90，1801 年到 1850 年是 4.42，1851 年到 1870
年是 4.25。在这两个世纪里，诹访县的社区也逐渐像它们的中位数家庭规模一
样，变得越来越小。此外，对于 4 个地区中的 3 个所做的研究（第四个地区是一
个偏远山区），发现家庭规模的数值在 18 世纪晚期就已经呈现平稳状态。

苏珊·韩莉提出了另外的证据，用以证明 18 世纪后期以后平均家庭规模的稳
定性。她认为尽管村庄经济发生了各种改变，但由于维持家庭相对地位的社会压

[1] Susan B. Hanley and Kozo Yamamura, "Population Trends and Economic Growth in Pre-Industrial Japan," in D. V. Glass and Roger Revelle, eds., *Population and Social Change* (London: Arnold, 1972).

[2] Hayami Akira, *Kinsei nōson no rekishi jinkōgakuteki kenkyū* (Tokyo: Tōyō Keizai Shinpōsha, 1973), pp.68-72.

[3] 需要对家庭数目加以控制的一致意见，有助于造成诸如对家庭的规模和构成进行新控制之类的变革。关于这种论证的最充分表述，可见苏珊·韩莉（Susan B.Hanley）的著作，包括 *Economic and Demographic Change*, pp.226-266.

[4] Hayami Akira and Uchida Nobuko, "Size of Household in a Japanese County Throughout the Tokugawa Era," in Laslett, ed., *Household and Family in Past Time*, p. 473.

力不变，所以每个家庭的规模也都趋于保持不变。然而，村民们也会及时考虑当前的经济条件，看看情况是否允许增大家庭的规模，尤其是婚姻。[1]苏珊·韩莉解释说，一个自觉加以控制的家庭，每当家庭成员数目高于或低于平均水准之时，就会倾向于恢复到通常的家庭成员数。

552

家庭规模如何调整的问题，可以被认为是重大生活决策的一个方面。在此之前，重要的是应该考虑一下为什么家庭规模会缩小，而后为什么又显然保持稳定？是什么社会环境促成日本家庭发生了这一深远的转变？速水融论述了家庭规模缩小的问题，他在解释中提出：（1）在大家庭里与东家生活在一起的依附性劳工的减少，这一过程主要发生在17世纪乡村关系转变期间；（2）小家庭与高效农业生产匹配的相对适应性；（3）与城下町的接近：一个社区越是接近城下町，越是能够利用平原上的便利交通，它的家庭规模就越早稳定在新的水平，这表明了城市市场对农村行为的影响。[2]苏珊·韩莉开始了对家庭稳定性问题的研究，将其归之为：（1）对于家庭永存和地位的高于一切的关心，这一关心产生了长子继承制和易于接受收养制度的习惯，从而保证家庭资源不至于因为那些对于家庭传承并非必不可少的额外孩子而流失；（2）符合社区期望的巨大压力，这种压力以下述看法为前提，即家庭应当控制其成员数，以便维持其地位和生活水平；（3）家庭经济基础的一般倾向（以及家庭对务农劳力的需要）是保持不变或是逐渐改变，大致取决于与村庄里其他家庭的比较，这就要求保持同样数量的家庭成员以维持其在村里的地位。[3]这些解释实质上是一种独特的家庭制度的印象，这一家庭制度同时要求对社会地位的关心和对接受收养制度的变通，而家庭规模的限制也被作为达到这些目的的手段。此外，所需要的是非同寻常的社区团结，这能够规划出全村的共同目标，并且使各个家庭遵从于这样的目标。最后，人们能够看出，诸如劳动力流动的市场和可预测的市场机会等经济环境也使家庭增添了信心，激励其为了后代子孙而规划自己的规模。

553

社区和家庭的稳定性不应该与财产和财富的静态层级制度相混淆。恰恰相

[1] Susan B. Hanley, "Changing Life-Styles and Demographic Patterns in Tokugawa Japan," in *The Cambridge History of Japan*, vol. 4: *Early Modern Japan*, ed. John W. Hall (Cambridge, England: Cambridge University Press, forthcoming).

[2] Hayami, *Kinsei nōson no rekishi*, pp. 100-102.

[3] Hanley, "Changing Life-Styles."

反，小块土地经常易手。托马斯·史密斯曾经发现，在他研究过的村庄里，50%的财产在增加或减少，超过 20% 的财产在不同的纳税登记者之间转移，平均间隔时间是 12 年。他由此指出："大的土地持有者要想保持他们在村里的地位特别困难，而小的土地持有者则愈加困难。"[1] 竞争着的农民家庭经历了家庭情况的频繁变化。

婚　姻

家庭规模缩小的主要原因之一，是发生在 18 世纪和 19 世纪时婚姻样式的变化。在德川时代初年，有理由相信有数量相当可观的农业劳动力依附于世袭的地主，并且可能和这些地主居住在一起而不结婚。然而，并未经过多长时间，独立的家庭就广泛建立，从而增加了婚姻率。但是，婚姻率并没有长期保持高位，因为有另一种家庭样式取得了支配地位。各种各样的乡村研究已经证明，伴随着家庭规模的缩小，结婚妇女的百分比也在逐渐和长期地减少。通过分析一组村庄的数据，速水融和内田信子发现，与家庭规模相关度最高的变量是每个家庭已婚夫妇的数目。[2] 小型家庭，通常以只有一对已婚夫妇为特征，在国内各地的数量不断扩大，到 19 世纪早期为止已经覆盖了所有研究的地区。

苏珊·韩莉和托马斯·史密斯分别发现了其他村庄数据中的证据，婚姻主要限制在家长或他的继承者，即每个家庭只能有一对生育的夫妇。[3] 那些没有成为家长的人通常不得结婚，而继承人通常在快到 30 岁时才结婚，以便最大化家庭农作效率的高峰期。继承人将仍然足够年轻，以便其能够抚养他的孩子。推迟的婚姻还延长了家庭劳动能力的峰值，并且延迟了没有继承权子女的释出。

对女性首次婚龄的估计也揭示了晚婚的趋势，尽管不像同一历史时期的西欧部分地区那么晚。通过控制结婚的年龄来控制家庭的规模和构成，意味着一种促进家庭福利的强大手段。当然，短期的经济条件也是计算的一个因素；经济条件的改善将导致婚龄的收缩，而在饥荒的时候，结婚则会被推迟。收入差异对妇女也会有影响。来自较贫穷家庭的妇女，许多人要离家工作相当长时间，结婚就会

554

[1]　Thomas C. Smith, *Nakahara: Family Farming and Population in a Japanese Village, 1717- 1830* (Stanford, Calif.: Stanford University Press, 1977), pp. 117-121.

[2]　Hayami and Uchida, "Size of Household," pp. 493-497.

[3]　Hanley and Yamamura, *Economic and Demographic Change*, pp. 246-32; 亦见 Smith, *Nakahara*, p. 133.

比较迟。通过控制移民，收入差异则似乎对婚龄没有影响。[1]

　　婚姻样式对出生率有着直接的和相当大的影响。在 18 世纪时，随着越来越多的个人没有结婚，随着妇女晚婚并缩短生育的时间跨度，造成了生育率和结婚率一同下降。通过这些途径，新的婚姻样式帮助降低了生产者家属的比率，并且因此而改善了生活水准。

生 育

　　除了对谁可以结婚以及什么年龄结婚的控制，还有对生育的控制以及（或者）婚内杀婴，也使维持一个相对不变的家庭规模成为可能。对于户口登记数据的分析，尽管只是少量的村庄，仍然有力地说明了日本家庭有意限制他们拥有的孩子数量，并且控制那些生存下来的孩子的时间间隔和性别分布。他们为什么要这样做？饥荒虽然会引起一定的人口限制，但饥荒绝不是造成持续的人口低增长率甚至负增长率的原因。即使在相对繁荣的时期，即使在拥有相当多土地的家庭里，额外的孩子代表一种负担，有可能就应该避免的观点似乎也很盛行。财富决不能被分散；地位必须得到维护。苏珊·韩莉和山村耕造甚至推测，在 18 世纪，村民们"为了换取商品和劳务，或者为了改善或维持他们的生活水平以及他们在乡村社会的地位所需要的财富积累，开始选择'交易'额外的孩子"。[2]对托马斯·史密斯来说，他强调溺婴在家庭控制中所扮演的重要角色，在他所研究的那些村庄里，村民的目标是"家庭规模和农田规模之间的某种均衡；孩子性别的有利分布；尽可能使生育间隔方便于母亲；以及下一个孩子对某一性别的避免"。[3]现有各种研究的结果也许还不能充分支持这些推测或在家庭控制上所采取的确切手段，但是它们确实指出了在生活的这一方面，就像在其他方面一样，也有着无处不在的计划意识。

　　存在着婚姻内家庭控制的证据，来自于对生育时机和性别分布的分析。与那些没有生育控制的社会相比，18 世纪和 19 世纪的日本显示出妇女生育的时间跨度相对较短，妇女生最后一胎的平均年龄相对较小，以及妇女在生育两胎之间的平均间隔相对较长。苏珊·韩莉和山村耕造报告说，"普通妇女生孩子的时间大概

555

[1] Smith, *Nakahara*, p. 95.
[2] Hanley and Yamamura, *Economic and Demographic Change*, p. 318.
[3] Smith, *Nakahara*, p. 83.

只有12年"。[1]一个妇女生完她的最后一个孩子的岁数约在35岁左右。托马斯·史密斯发现了出生婴儿性别比率的变化。在第二胎后,"那些家庭都会倾向于淘汰之前性别占主导地位的婴儿,而且淘汰女孩多少比淘汰男孩要更为经常"。[2]溺婴作为家庭控制的一种形式,使得父母在选择孩子性别的同时也能够控制家庭的规模。

对于一个前近代社会来说,德川晚期村庄的人口统计非常值得注意。从17世纪的水平降下来后,毛出生率和死亡率约在20%到30%的范围内,而不像欠发达国家近期历史上经常观察到的,在死亡率直线下降之前约在40%到50%的范围内。在出生之后的新一年(日本的年龄为两岁),预期寿命已达到40岁。在这些发现的基础上,苏珊·韩莉和山村耕造总结道,"所有的证据都显示,德川日本与欧洲前工业化时期和早期工业化阶段的人口趋势非常相似,而与今天的其他亚洲国家之间毫无相似之处"。[3]

尽管溺婴(通常是以小孩出生不久即溺死的形式)显然仍在继续实行,但性别比率的变化还是透露出其应用方式的转变。这种转变并不是官方反对这一备受谴责行为的结果,而是对男孩和女孩的相对希求的一种变化。[4]在18世纪早期,较高的性别比率表明了对男孩的强烈偏好,但是到了19世纪中期,性别比率接近常态,由此看来,虽然在一定程度上溺婴现象依然存在,但这似乎已经不是对可怕环境的反应,而成为达到理想家庭规模和构成的手段。女性劳工价值的提高,正如在大量的女性移民和她们结婚年龄的提高中所看到的那样,可能会有助于说明给予女婴的更加公平的待遇。

托马斯·史密斯曾经研究过性别比率与贸易、工业以及城市的表现。他考查了1843年长州藩的一组数据,发现"单位资本收入越高,以及一个经济体商业化的程度越高,则性别比率越低"。[5]他利用1875年的全国范围的城市数据以及1846年的区域性性别比率,发现了在城市化水平和性别比率之间存在着几乎同样的相关系数(—0.38)。他得出结论说,"非农业就业的发展似乎与性别比率的下

556

---

[1] Hanley and Yamamura, *Economic and Demographic Change*, p. 318.

[2] Smith, *Nakahara*, p. 66.

[3] Hanley and Yamamura, *Economic and Demographic Change*, p. 318.

[4] Hayami Akira, "Tokugawa kōki jinkō hendō no chiikiteki tokusei," *Mita gakkai zasshi* 64 (August 1971): 77.

[5] Smith, *Nakahara*, p. 154.

降相联系"。[1] 这一证据再次表明了城市部门以及从城市开始散播的商业化对于德川晚期村民家庭决策的影响。

移 民

为了说明土地占有模式、城市分布、结婚年龄，以及社会结构其他方面的变化，有必要考虑移民的问题。本质上处于封闭状态的社群，会受到人们所接受的风俗习惯、集体责任和群体关系的约束。而高移民率不仅使这一理想不可能在城市边缘实现；居所的不稳定也成为町人居住区内部的特征，而这些居住区许多原本是为以某一给定职业的形式提供集体服务而设立的。在德川时代的后半期，高移民率在农村也越来越明显，许多人不是移居城下町，而是直接前往另一个村庄或地方市镇。乡村人口的移动并没有放弃其在家族内部的牢固根基，也没有脱离其在故乡村庄的根基。在一定程度上，离开家乡的时机和目的得到了小心的控制以满足家庭的目标。劳动力的重新配置证明了对就业机会的变化通常是反应灵敏的。

参觐交代制带来了一种有特色的移民形式，这一移民形式直到19世纪60年代早期还一直相当稳定。这种移民形式牵涉到大名和随同他们的武士，促进了财富向江户和其他中心城市的重新分配，相应地也给城下町带来了调动资源的压力。这种正式的在两个居住地之间的精英迁徙虽然产生出其他形式的移民和市场，但是其本身并不代表一种社会变迁的舞台。

第二种人口向城市的大规模流动也在德川早期得到了发展。有如下述：

> 在所有重要的方面，这一流动应该也包括为武士提供服务的"奉公人"，与第一种有所不同，这种移民原本主要来自农村，平均年龄较小，男性占大多数（尽管未加说明，但武士的迁徙涉及的男性也远远超过女性），以及多是穷人，很少例外。与那些武士移民不同，尽管放弃与家乡的联系并不一定会使从农民到市民的转变更加容易，但这些想要成为町人的农民还是来到了江户，即使没有可靠的收入，没有工作，也没有居住的地方。[2]

---

[1] 同上，p. 156。
[2] Rozman, "Edo's Importance," p. 101.

随着时间的推移，女性大致上在这一城乡流动中变得和男性一样为数众多，尽管涉及的人数有所减少。由于地方上的工资已经上涨，加上工作机会变得更加普遍，那些选择前往城市的人很有可能不再那么穷困潦倒。这种移民为那些租住在日本大城市里的移民队伍不断补充着人员。

罗伯特·史密斯提供了城市居所高度流动性的证据。他利用 1757 年到 1858 年间 36 年的户籍登记，发现了"一个不断变换构成成分的社会环境。尽管房主的连续性要比租户来得显著，但即使他们也在非常频繁地搬家"[1]。大量的流动人口，家庭的小型化，以及城市里暂时从事雇佣劳动的单身者的出现，都预示着现代环境的出现。相当规模的城乡人口流动（先是农村到城市，后来是城市到农村）持续产生了各种影响，其中有些影响相当难以衡量。许多推测能够表现为对农村思维方式和行为方式的影响，比如关于消费和休闲的品位，但是，仍然没有坚实的证据能够证实城市的习俗究竟是如何扩散的。不过，在某一方面，城市的影响已经通过相互关系的分析而得到权衡。速水融把日本分为 14 个区域，由此来考察城市化和人口增长之间的关系。他认识到一种值得注意的逆相关：农村和总体人口的增长主要发生在城市化水平相对较低的地区。[2]

城市对人口的抑制功能起因于以下几种情况：（1）在某些情况下，多达 50% 的移民留在了城市而不再返回乡村；（2）城市的死亡率超过了出生率，而城市的出生率也低于农村的出生率；（3）回到农村的移民其结婚的平均年龄比其他村民要大。简言之，城市吞没了移居者，并且压低了周边地区的人口增长。

在城市里，人口的自然增长率是负的；这使得城市需要来自农村的移民以维持其人口总数。但是在农村，人口的自然增长率通常是正的。速水融描述了一个这样的农村，它的毛出生率超过了毛死亡率 8.4%，但是移民使其人口保持相当恒定。[3] 后来在 19 世纪 40 年代，前往中心城市和地方目的地的移民（作为"奉公人"）都减少了。与这一减少相伴随的是，乡村人口大约每年增长了 1%。移民的抑制效应被消除了。

558

---

[1]　Smith, "Small Families," p. 440.

[2]　Hayami Akira, "Kinsei kōki chiiki betsu jinkō hendō to toshi jinkō hiritsu no kanren," *Kenkyū kiyō* (Tokugawa rinseishi kenkyūjo, 1974), pp. 230-244.

[3]　Hayami Akira, "Kinsei kōki chiiki betsu jinkō hendō to toshi jinkō hiritsu no kanren," *Kenkyū kiyō* (Tokugawa rinseishi kenkyūjo, 1974), pp. 232.

移民从村庄中流出也稳定了乡村的阶级结构。存在着一种持续的下向流动。尤其是通过移民，许多低等阶层的家庭消失了。同时，较高阶层家庭里那些没有继承权的儿子，通过建立分支家庭（"分家"）和被人收养从社会阶梯上下降。家庭数量的比较稳定并不意味着就没有了替代过程。移民流动的实际程度对于这种家庭环流来说是极其重要的，而家庭环流则为社会的流动性打开了出口。

从整个日本来看，区域间的移民率各不相同。高度城市化的江户和大阪—京都的内陆地区，以及关东南部和近畿地区经历了大量的人口流失，这显然是由于到城市去的移民效应造成的。同时，在日本的西南地区，城市化率较低，在德川时代的后半期人口增长则相对迅速。速水融也区分过一种不同类型的移民，这类移民时间更短，而且主要是由于乡村的情况把人们推出去，而不是因为城市的条件把人们拉进来。[1]在饥荒的时候，这种移民在受到严重冲击的日本东北地区极为盛行。与之相反，移民们通常不是由于情形的绝望而选择迁徙，而是出于对劳动机会、工资差异、家庭需要以及在当地的财产差别作出的反应，以便家族的长期成功达到最大值。

559

速水融还将各地的人口变化与性别比的下降相联系。[2]在那些人口衰减的地区，性别比在18世纪早期曾经趋向于升高。这一比率迅速下降的事实，证明了男性人口的减少甚至比女性更大。尤其是在日本的偏远地区，德川晚期的显著特点是男性人口的迅速下降，同时小型的、独立的家庭变得越来越普遍。

苏珊·韩莉和山村耕造认为，职业上和地理上的流动是提高日本农民生活水平的因素。自18世纪以来，随着年轻男女离家工作变得越来越普遍，收入也在上升，这些年轻男女通常会在结婚前工作好多年。他们将这一问题的研究概括如下：

> 移民们认可劳动力的高效配置、较高的工资、乡村人口长期或暂时的调整，以及通过婚姻、收养和来回迁徙寻求就业以控制单个家庭的成员数目。毫无疑问，这对下一代的繁衍产生了影响，通过使某些成员推迟结婚，阻止其他成员（如次子）结婚，以及通过丈夫常年在外工作来降低家庭内夫妇间的生育力。[3]

---

[1] 同上，pp. 236。

[2] Hayami Akira, "Kinsei Seinō nōmin no idō ni tsuite," *Kenkyū kiyō*(Tokugawa rinseishi kenkyūjo, 1977), pp. 295-296.

[3] Hanley and Yamamura, *Economic and Demographic Change*, p. 255.

如果考虑到参观交代制度所带来的从城市到城市的不寻常移民，显然就会留下显著的印象，如此高水平的从农村到城市的移民必然会产生和维持德川时期空前的城市化，而大量的农村到农村，农村到小镇的移民，则出现在德川时代的后半期。研究者认为，这些大规模的移民对社会分化，以及城市制度和家庭决策的转变起到了重要作用。

虽然直到 1920 年日本才开始进行现代意义的人口普查，但以往在寺庙强制登记的旧有制度（尽管这只涵盖了部分人口），以及从 1721 年开始的每隔 6 年进行一次的全国性人口计数，则于 1871 年被登记法所取代。明治时期的人口计数显然有许多缺陷，但它们毕竟提供了一个人口趋势的大体轮廓。

在幕末时期以及紧接着的明治维新时期，人口增长加速。在 19 世纪上半叶，人口增长还很缓慢，到下半叶，总人口则从大约 3000 万增加到 3100 万直到 4400 万。19 世纪 70 年代早期，人口增长加速的第一阶段导致了大约 0.5% 的年增长率。在 1900 年，人口加速增长的第二阶段更产生出大约 1.0% 的增长率。出生率在 19 世纪末也多少有点上升，而死亡率则也许保持稳定或稍有下降。无论对这种人口增长加速作何解释，出生率和自然增长率在日本仍然保持相对较低——这种情况通常被认为有利于经济增长。

教育和知识

随着生活水平的提高以及对工作和消费的选择，日本人对改善他们家庭的前景给予了更多的关注。更少的孩子和更长的预期寿命，允许对每个孩子的教育投入更多的时间和资源。这些机会被迅速抓住。罗纳德·多尔（Ronald Dore）曾经追溯过一份变化轨迹的年表，认为到 1868 年日本已经转变为一个识文断字的社会。[1] 到 1700 年，在大城市里已有很高的识字率；有许多出版商在满足大众市场的需要；而程序化的行政管理也产生出大量文件，事实上对所有武士甚至乡村首领都提出了识字的要求。到了 1800 年，对平民的教育曾经被作为诸藩进行道德培育以恢复传统美德，以及传播新的行政管理和生产技术的目标。当局并不恐惧教育的普及，大众的态度对此也并不抵制。对学校教育的普遍接受取决于其与社会流动性意愿的相关性。大众教育是非宗教的和实用性的，适应着自我完善和

[1]　Dore, *Education in Tokugawa Japan*.

561 获得提高技能的机会的普遍愿望。受教育的人数一直在稳定增长，而教育的内容
和目标也在逐渐发展。不仅实用性的知识得到传授，教育过程中所包含的理性主
义、无私忘我、国家观念、经受训练，以及其他态度也都在人口中不断普及。罗
纳德·多尔估计，19 世纪 60 年代时，已有多达 40% 到 45% 的男孩以及 15% 的女
孩接受了家庭之外的正规学校教育。[1] 1803 年时，日本只有 550 个寺庙学校（"寺
子屋"）。到了明治维新时期已经有了超过 1.1 万所学校，用以满足大部分人口的
教育需求。[2]

随着教育的普及，大多数乡村得到了更多来自于家庭之外的尊重、威信和指
示。由此可以理解，为什么 19 世纪政府的各项指令，以及不带个人色彩的成就
评价方法能够被这样容易的接受。一个好的基础的存在，使 19 世纪最后几十年
学校教育的普及得以快速实现。

明治维新带来了一个更具流动性的社会。对于新社会来说，早期教育普及的
遗产在许多方面都是至关重要的：（1）在接受自我改善的可能性的同时，也会接
受对国家的改进；（2）那些"在孩童时代即已接受过某些训练和自觉学习的人"，
将会愿意"接受进一步的训练，或是应征入伍，或是进入工厂做工，或是被他的
村庄农艺学会安排作为讲师"，由此确保了"19 世纪 70 年代已经成年的那一代
人不必被当成失败者而淘汰"[3]；（3）奠定了一个竞争型社会的基础，在这一社
会中有才能的人会得到鼓励，并有用武之地；（4）接受教育虽然不是威胁武士权
力的因素，但也被作为达至更加公正的社会秩序和更有熟练技能的人口的途径。
前武士阶级既不惧怕大众教育，普通的家庭也没有觉得教育与个人需要无关而加
以抵制。在很大程度上正是通过教育的普及，在 1872 年颁布学制前后，曾经一
度固化为分离社会阶层的各种群体逐渐变得同质化了。

明治《五条誓文》之一宣告："求知识于世界，大振皇基。"1872 年，一份国
562 民教育计划要求建立一个全国性的三级公共学校网络。在接下来的数十年里，由
于明治政府的领导人意识到他们最初的计划过于雄心勃勃，原先的计划不断得到

---

[1] Ronald Dore, "The Legacy of Tokugawa Education," in Jansen, ed., *Changing Japanese Attitudes Toward Modernization*, p. 100.

[2] Richard Rubinger, *Private Academies of Tokugawa Japan* (Princeton, N.J.: Princeton University Press, 1982), and "Education: From One Room to One System," in Jansen and Rozman, eds., *Japan in Transition*, pp. 195-230.

[3] Dore, *The Legacy of Tokugawa Education*, pp. 101,104.

修改，到了 19 世纪 80 年代，教育体制变得更加集中。标准化的教材，道德伦理课程以及统一的制服很是盛行。随着 1890 年天皇颁布《教育敕令》，其后半个世纪教育的道德基调得以确定。

无论选择什么样的项目，其中的图景可能都差不多：日本家庭的行为在 18 世纪和 19 世纪发生了显著的变化，表现出越来越强的独立性、长期打算和决策视野。诸如平均家庭规模、出生率、死亡率、预期寿命、性别比、移民和识字率这样的社会指标，越来越与现代社会的这样的指标相类似。对于这些变化的解释，一方面集中于城市化、商业化、生活水平的提高，以及主要城市附近的劳力短缺；但在另一方面，也集中于家庭组织的性质和持久性，以及由乡村组织所引起的团结一致和社会压力。至于一个世纪以后的情况，观察家们仍在注意由城市化或与现代部门相联系的其他条件所加速的某些类型变化的奇异组合，也在注意由日本社会与众不同的组织特性所引发的其他类型的变化。

结论和比较

我们所描述的德川时期最后一个世纪发生的社会变迁，能够与德川的前半期的社会变迁进行有益的比较。这两个时期都见证了相当的活力，但在产生变化的主要力量、主要场所、主要集团等问题上却可以发现系统的差异。对于社会分层来说，在这两个时期之间无论是连续性还是对比性都显而易见。在前一个时期，以城市为基础的专业化商人从越来越有规律的大规模区际贸易中兴旺发达；而后一个时期，地方上的或许是兼业的商人发掘出了新的或未充分利用的农村资源，包括从农业中转移出来的雇佣劳动力。在前一个时期，雇佣劳动力已经在显著地向契约劳动者转变；而在后一个时期，工资水平的提高（直到德川晚期的通货膨胀为止）和地方就业机会的增加，都有助于雇佣劳动力的广泛参与，成为这些人生命周期的一个必经阶段。部分封建化、部分官僚化的武士道德伦理在前一时期占据首要地位，在后一时期则让位于都市大众文化的兴盛，这种大众文化主要由 563 町人产生出来同时也向其他社会阶级蔓延。一个町人的数量戏剧性增长的时期，让位于一个町人的队伍扩散开来，他们的口味和习惯弥漫开来的时期。町人，尤其是商人，继续成为社会变迁的先驱者。尽管在某些方面仍有严格的限制，但资产阶级的兴起所赋予日本社会发展的特点，与其他各种国家的发展并无二致。

　　至于农民从合作农业向个体农业的转变，以及一度在世袭地主控制之下的大土地占有的分割，紧跟其后的是在以商业为导向的新型地主主导之下土地占有不断集中的时期。在这两个时期都有证据表明，农民在扩大了的激励措施和密集起来的社会（社区和家庭）压力的双重动力下变得更加勤奋。与前一时期相比，地主兼企业家在更大规模上积累着资源，投资于各种生产活动，并且仿效城市的消费习惯。尽管有些地区的农村环境刺激了一些人口的外迁，但对稀缺劳动力的激烈竞争性出价，则为普通的农民创造了机会，由此促进了他们的经济独立、市场导向和技能发展。关于寄生的地主和贫困的农民的陈词滥调越来越难以适用于日本。通过诸如市场、移民和正规教育等机制，农村居民拓展了他们的视野，在一定程度上也许几乎没有其他前近代社会能够与之匹敌。

　　对于武士阶级来说，前一个时期带来了任务和报酬的惯例化，带来了从军事职责到行政职责的重新定位，也带来了生活环境的城市化。就实际情况来看，德川晚期并没有产生这样的突然变化，但观念的影响却绝非无足轻重。武士们越来越拿不准他们与其他社会阶层的关联，并且质疑他们相对于其他阶层的实际地位。至于职业和生活方式的类型，武士（武士阶级的上层除外）和町人也正在合流，正如农民和町人一样。有人发现，在所有这三个社会阶层中——但直到19世纪70年代以前武士阶层中并不十分公开——都发生了一种关于成就标准，关于非人格化的劳动力市场，关于身份差异和团体义务的持久意识的转变。与其他前近代的精英人士相比较，武士凭借他们的技能和知识，为积极应对他们的精英地位的丧失做好了充分的准备。

564　　在德川统治的最后一个世纪里，日本的城市转型显然没有发生此前曾经出现过的纷乱变化；尽管如此，已经发生的变化还是具有重要的意义。在三大中心城市不再有爆炸式的人口增长；相反，大阪和京都的人口开始向外配置，而江户则更为直接地获得了全国城市体系的首要地位。此外，曾经一度迅速发展的城下町人口开始逐渐流失。主要分布在近畿地区和内海地区的这些衰退的城市，无力应付那些非行政性的地点，例如附近的港口、小型手工业和商业中心的竞争。最大的城市以及小城市的大量繁荣说明，在城市层级中正在形成一种更加直接的联系，城市的重新分布有益于商业化的农业和地方专业化生产，有益于集中的运输业和服务业。尽管在短时间内出现过衰退，但许多城下町的调整实际上有益于在明治时代的再一次发展。行业的扩散和对于町人消费的重新定位从前一个时期延续下来，而商业也变得越发依赖农村市场，城市则变得更为多样化，并且在与外部建立新的联系时具备了更多的功能。与前一个时期的明显反差是特别明显的人口加速增长和小城镇的繁荣。在 19 世纪，在向农村传播城市生活方式以及积聚分散的农村资源方面，这些小城镇所扮演的角色变得越来越突出。

在 19 世纪，家庭决策也发生了急剧的变化，其变化的方式在 17 世纪时通常是无法预料的。在乡村中控制家庭数目的努力，以及在新的经济环境下维持甚或提升家庭的地位，都成为新决策流行的因素，它反映的是对家庭资源的利用。家庭规模急剧下降，随后稳定下来。结婚率由于妇女婚龄的推迟而降低，还有些妇女根本不结婚，虽然这种情况并不多见，但数量却一直在增加。家庭的限度得以实现，这部分原因在于性别选择性的溺婴，这种性别选择既可能针对女性，也可能针对男性。有大量的人口流动，越来越多是去其他村庄做工资劳工。尤其是，高比率的向城市移民，压低了乡村的人口增长。生活水平的改善，预期寿命的提高，选择工作和居所的机会的增加，促使家庭把更多资源集中于对每个孩子的培养。与之相应，识字率比 18 世纪有了很大提高。为了适应城市化、商业化、劳动力需求和社会压力（这种压力代表着家庭和农村组织的长期需求）的特殊环境，普通的家庭在德川统治的后半期引人注目地改变了他们的行为模式。在这些事情上，几乎没有证据显示前一个时期曾经出现过相似的农村家庭变化，也没有证据表明在其他前近代社会里曾经发生过类似强度的变迁。

考虑到这段前近代的历史，也就难怪明治时期的日本在许多相同的方面如此充满活力。新的推动力来自于法律的改变，职业和居所的限制得以取消，所有的社会群体都被允许追求他们的利益。在外国顾问和出过国的使节团的协助下，武士的传统被转化为迅速成长的现代官僚政治。通过来自各种背景的企业家的才能以及如今在追求利润上的充分自由，町人的遗产重新焕发了生机。随着土地的转让，农民的传统发展成为一种更加市场化导向的经济。到了 19 世纪末，日常行政管理已经掌握在新的精英阶层手中，这些精英是依据其受教育情况而挑选出来的。财政和工业的增长受到了新兴财阀的激励，这些财阀成了产业重组活动的领头羊。土地越来越集中在地主的手里，这些地主把大部分农业产出都推向了市场。新的群体是老群体的继承者，不仅生物学的意义上是如此，在那些被传输下来的技能和态度上也是如此。

明治时代的城市和家庭决策也受到那些已在进行中的加速改革趋势的浸润。

565

由于资源继续高效率地流向地方和国家的中心城市，尤其是随着武士们从城下町里专门的居住区大批离去，城市的层级和功能已经改变。人口加速增长，但限制生育的因素仍在继续发挥作用。开始时城市化的高水准，与紧密的城乡联系和基于早期家庭限制形式的低水平人口增长一道，对于避免明治时期的城市问题（缺乏足够的工作机会，难以充分影响农村，以及过度的人口增长等）有着十分重要的意义。也许比任何其他领域都更加明显的是，德川时期和明治时期教育的连续性，显示出日本在19世纪末以后现代化道路上的行进，曾经受到过前近代社会多大的影响。

至少在四个方面，向现代化的转变受到了前近代社会基础的帮助：（1）强烈的团体团结提供了一种控制和协调的措施，这对于防止越轨行为的发生，对于在追求新目标的过程中整合力量都是很重要的；（2）大量的家庭从事非农业活动（包括那些通过必要的城市生活而得以扬名的精英人士和多次轮流在江户居住的诸藩武士，还有那些有能力向他们在大城市的对手提出挑战的地方商人，以及那些成功从事企业活动的地主们），为劳动力市场上的新机会做好了准备；（3）高水平的城市化，位于变迁最前沿的巨大中心城市的出现，以及地方上小型市镇的增加和扩散，形成了一个相互沟通和相互作用的链条，可以调动资源并创造遍布整个社会的各种机遇；（4）人口统计比率和教育比率表明了一种家庭决策的模式，这一模式有望使控制消费和教养一代新人从事新工作的任务易于完成。

在过去的30年里，19世纪的日本作为一个前近代社会的比较对象，已经经受了一系列的重新评估。在这一过程中，关于人口增长发展迟缓，社会阶级关系凝固过时，城市和农村组织沉重压抑，家庭行为令人绝望等陈旧观念已经在很大程度上受到了质疑。阶级关系的比较，包括土地占有模式、城市识字率和人口统计率，所有这一切都表明日本是一个内在生成的、迅速变化的、与众不同的前近代社会。

事实上，在每个实例的研究中都有一种量化的指标被引进应用，结果是，对于一个前近代社会来说，日本的比率是非同寻常的。一再被挑选出来视为与日本最为相似的国家是英国，而这个国家在比较文献中通常被认为是社会发展最前端的一个特例。

好几种组织形式对于社会变迁的发生起着推动作用。首先是行政机构，无论是地方性的还是全国性的，被挑选出来承担社会规划的沉重责任，尤其是在16

566

世纪晚期和 17 世纪，但在整个德川时期仍然继续发挥作用，并由于明治维新而焕发出巨大的活力。强有力的政府指导形成一种关键要素。第二，各种社区组织在领导力和协调性上扮演着至关重要的角色，例如，对于家庭数目的控制。村落社会及其他组织具有高度的团结一致和难得的动员社会压力的能力。第三，各种家庭组织从事于它们资源需求和配置的长期计划。在 1868 年前后更具竞争性的环境里，日本家庭与众不同的特性变得越来越显著。所有这些标准都以相当程度的自觉计划、高度的群体团结，以及社会控制的实际能力为特征。在一个机会普遍而竞争激烈的环境里，这些组织把传统和领导能力结合了起来。

　　德川时期的基本趋势是越来越多的首创精神来自于下层社会。严格的行政控制，垄断性的商业活动，世袭的地主，集体性的社区义务，集中的城下町特权，以及其他种种控制手段都让位于各种更加分散化的或分布式的实践活动。林林总总的限制性甲胄从来没有完全被废止，但是许多这些限制受到了成功的挑战，或是仅仅得以名义上保留。到了 19 世纪中期，家庭已经获得相当大的自主权。与之前的时期不同，在德川时代的后半期，重大的社会变迁主要来自于受到现存社会制度强加限制的下层社会。早期的学术研究强调的是那些限制，但是，近来学术界提供了一种有说服力的矫正，如今所强调的是那些完成了的社会变迁。早期明治改革的高速度和彻底性，以及随后的迅速转型，都应被置于德川时期动力作用的背景下加以观察。

　　以上所述对于 19 世纪连续性的强调，不应减损对于幕末—明治转变时期的一二十年间接连不断的广泛变革的认可。这些变迁首先是构成了对于德川社会和政治秩序的挑战，接着是抛弃了这一秩序，并且最后建立起服务于现代发展的法律基础。如果没有这些，那么无论变革的范围如何非同寻常，也难以预料德川晚期社会的活力将会为现代化发展开辟道路。

　　从德川时代向明治时代的过渡所带来的变化，对于日本的长期转型来说具有多方面的重要意义。某些史无前例的事件，诸如地方商人拒绝通过江户和行会的管道船运他们的输出商品，显示出真实的社会等级只不过是官方所支持的社会秩序的苍白反映。诸如此类的反抗，根植于此前的社会变迁，为改革提供着动力，并最终在 19 世纪 60 年代取得了成功。德川晚期的社会变迁也有助于加速改革的进程。武士阶级的分裂及其新观念的形成，在激发改革的力量方面，甚至比商人阶级的分裂及其新观念的产生更为重要。维新政治使得早已千疮百孔的武士忠诚

567

568

更加恶化，使得许多武士不再忠于旧的对象，而是选择新的忠诚目标。同时，旧秩序的遗产在军事反应的性质上也留下了深深的烙印，而来自国外的危险导致了对武士的传统，尤其是它的军事和服务功能的再度强调。随着幕府和它的敌人共同转向求助于武士—农民的混合武装以形成一种有效的战斗力量，而这支军队将以新式队列进行重组，并以外国武器加以装备，这些19世纪60年代期间所采取的新措施，预示了后面将会有什么事情发生。由此，混乱时期的权宜之计成了改革程序的一块垫脚石。

第九章 19世纪的经济变化

澳大利亚国立大学 西德尼·E.克劳科尔

在19世纪初，日本处于前工业化的农业经济时代，科技和生活水平与其他 569
工业化前的亚洲地区并无多大不同。如果一个1600年的法国人能够来到1800年
的日本，他可能会对服饰、礼仪以及建筑风格的明显差别留下深刻的印象，而对
经济生活的绝大多数状况则不会感到那么陌生。要是这个法国人一个世纪后再次
访问日本，他就会显得相当困惑。到19世纪末，这个国家的产品和服务总量增
长了4倍，其中工业所占的比重至少增加了2倍，而农业在总产量中所占的比例
则下降到不足一半。许多对于工业经济的发展来说必不可少的基础设施，诸如交
通、通讯、港口和金融机构等，都已经建立起来，适度但关键的现代工业的核心
正在发展成为一个增长部分。这是一个经济变化的世纪，而这一变化以越来越高
的速率发生着。

对于这种变化的解释，既有种种意识形态的说法，也有基于事实的种种观
点。大多数日本史学家把这种变化看作为马克思主义经济发展阶段论框架内的从
封建社会向资本主义社会的过渡。即使假定一个诸如日本这样的后来者能够获得
利用某些快捷方式的优势，也很难理解这样一种在欧洲曾经耗时数个世纪，而日
本却在数十年里就发生了的变化。日本历史学家在如何解释这个问题上一直存在
分歧。得名于同名杂志的"劳农"（劳工和农民）学派，曾经对这一过程的起始
做出过调整，他们坚持前近代日本基本是一个封建社会的观点，强调资本主义因
素在通常被视为日本近代史开端的明治维新之前的那个世纪里即已出现。因此，
根据劳农学派的观点，1868年的日本与20世纪初期日本之间的断裂并不像封建 570
时代的欧洲与资本主义时代的欧洲那样巨大。得名于其主要出版物《日本资本主

义发达史讲座》[1] 的"讲座"学派，则对其后的终点作了调整，他们以地主与佃农、雇主与雇工之间关系中非经济因素的残存为例，强调贯穿明治时代及其以后日本经济的前近代方面，以及明治国家的专制主义性质。这两个学派对于把日本经济的变化过程视为本质上类似于欧洲早先经验的假设，都没能提出严肃的质疑。

在太平洋战争爆发之前，西方观察家们强调日本的国家权力与强大的企业集团结盟，通过剥削工人和贫苦农民以尽快实现强国诉求的重要性。他们的观点可以说具有担心日本利用低工资优势支撑其国际贸易的"不公平"竞争的色彩。战后，西方学者们更多地用被视为经济变化的先决条件来解释日本的经济发展。大体上，这是一种尝试，看看基于新教伦理和农业革命这些因素的欧洲经济变化的解释，能否通过辨析日本经验中的类似情况，用来说明日本的经济变化。这样做的结果由于两个原因而不能令人满意。第一，那种默认的假设，即如果缺乏那些对欧洲的发展来说极其重要的因素，经济发展就不会发生，已被证明是没有说服力的。而且，尽管发现日本存在着与欧洲同样的因素，诸如某种类似于新教伦理的商人伦理，但是在其他国家，例如中国，也发现了类似的情况，那里却并未发生近代的经济增长。第二，由于日本的经济变化发生在西欧和北美工业化之后的一个世纪或更长时间的这一事实，这些研究总体说来是很不充分的。在此期间，不仅世界发生了变化，日本也能够借鉴其他先进工业国的经验。

571　　　此后，对于日本经济发展便主要依据诸如资本形成、劳动力、工艺技术、生产与消费结构、价格及其他指针物，以及其他影响国民收入增长率的方式等种种经济变量的数量关系来加以解释。与战前的研究相比较，这些定量分析明显缺乏对作为经济活动手段的政府角色和权力运作的关心。到目前为止，学者们的注意力还是更多地集中在经济整体自身的表现上，而较少关注那些改进自由市场机制运行的难以定量的力量。

运用这些计量方法研究 19 世纪的日本经济有特别的困难，因为大多数全国性的数据均告缺乏。因此其后的各章只能主要是描述性的。由于日本各个部分的状况各不相同，关于一个村庄或地区的经济生活的描述，在很多情况下并不能代表整个国家。尽管如此，本章仍将尝试描述整个经济体制以及这一体制运行方式的变化。

---

[1] 7 卷本。（东京：岩波书店，1932—1933 年）。

19 世纪初的经济

　　1800 年的日本在很多方面都是前工业化亚洲国家的典型。人口大约在 3000 万人到 3300 万人，不到现今人口数的四分之一，且增长缓慢。这些人口的大约 80%—85% 居住在乡下的村落里。其余的接近 200 万人口，生活在 3 个很大的都市里——江户（今天的东京）、大阪和京都——还有 150 万人生活在城下町，这里是诸藩的行政中心，规模大小不一，居民从不足 1000 人到接近 100000 人不等。至少有 50 万人生活在港口和交通中心地区。出于管理的目的，大部分人口被划分为士、农、工、商 4 个主要的阶级。

　　除了诸如佛教僧侣或神道教士、医生和专业教师等处于 4 个主要阶级之外的人士，那些居住在农村的人都被官方划分为农民阶级。他们生产了这个国家包括海产品在内的所有食物，还生产了诸如棉花、油籽、亚麻、烟草、靛蓝、植物蜡，以及造纸原料和蚕桑原料等各种手工业所需的材料，他们还提供了几乎所有的税收。同时，他们也生产了大量的，并且不断增长的手工业产品，还从事地方贸易、商业活动、交通运输和建筑业。在有些地区，例如环大阪湾和沿内陆海地区，被官方划分为农夫的村民们平均把他们的一半时间用在非农利润的追逐上。在较为边远的地区，受雇于工业的机会较少，大约三分之一到二分之一的村民已不太关注农耕季节或年度周期，而是离乡外出打工，其中至少有一半是非农工作。因此，尽管人口总数中 80%—85% 被划分为农民，但手工业和商业活动的价值要远比所显示的重要得多。

　　在江户和各地的城下町，大约一半的人口由武士和他们的家属所组成。武士除了构成一支其功能主要是用于维持境内治安的常备军事力量，还担任行政管理的官员和政府服务的办事员。武士及其家属约占日本人口的 6%—7%，但在任何时期他们中的至少一半人只能得到徒有其名的职位。这些行政中心里的平民人口由手工工匠、批发商和零售商，以及建筑业者所构成，他们的作用起初只是供应武士阶级之所需，但是到了 19 世纪早期，大部分对于他们服务的需求都来自于平民阶级自身，来自于这些城下町作为周围地区的商业交易中心所扮演得越来越重要的角色。在大阪，武士机构小得多，这里是日本的超级商业中心。税米以及基本的农产品和手工业产品被输送到大阪，有时经过进一步的加工之后，再被分流到江户和国家的其他地区。大阪高度发达的商业体系成为政府经济控制体制的

572

关键。京都，作为皇室宫廷的所在地，是传统的工艺中心，同时也是一个重要的金融市场。在 19 世纪，随着诸如丝织工艺和制陶工艺从京都向日本其他地区扩散，京都的工匠们开始专业生产高质量的产品和专供宫廷及高级武士的工艺美术品。江户的市民中，很少有人居住在城市里超过一代，与此不同，在京都居住的大多数平民 1800 年以前已经在京都生活了两到三个世纪，他们以其传统营生而自豪。

573 　　由于日本多山的地理环境和漫长的海岸线，绝大多数跨境运输都是通过海运，沿着一系列紧紧围绕着主要岛屿的港口来完成的。像博德、新潟、阪田、敦贺、小滨、下关、清水和铫子这样的港口，人口多达 1 万到 2 万，提供着适合当时日本船只所需要的各种服务。长崎是唯一的官方指定的国际贸易港，这个城市的人口多达 5 万到 6 万，还不包括在这里定居的荷兰人和中国人。堺的规模与长崎差不多，这里是国内区间贸易，特别是与北海道贸易的一个主要港口。

　　都市人口数显得有点变来变去，而且，关于都市人口的各种信息远比关于乡村人口的信息可信赖程度要低。大致上，总人口的至少 10% 生活和工作在人口数在 1 万人以上的城市里，另有 5% 的人生活在居民数在 5 千到 1 万的城镇。[1]

　　这种程度的城市化，尽管以现代的标准来看很低，但仍意味着商业活动的巨大规模。虽然关于德川时代日本的政治经济状况的理论认定存在着农业的所有盈余都被以捐税形式所收取的事实，但是城市消费中心必须得到食品、衣物、燃料及其他必需品的供应，于是系统本身就会要求商业的发展和为市场进行的生产，同时也就会发生实物税的交付。德川幕府经济政策的目的在于维持这些供应，而又不将现款交到农村生产者的手中，却不知这些生产者也许正是以此来表达他们与幕府相抵触的为市场而生产的愿望。对于那些收入是实物税却要以现金在市场上消费的统治者而言，任何平民要求的增长都代表着不受欢迎的竞争，这种状况成为经济政策的一个基本问题，同时也成为经济变化的根源所在。

---

[1] 关山直太郎：《日本人口》（东京：至文堂，1966 年），第 114—115 页。由于该书中没有包括武士及其他一些阶层，所以我曾提供过一些数据。

经济政策及其实施

在幕藩体制下，经济政策的制定及其实施由德川幕府（幕）和大约270个藩主（藩）来共同承当。幕府领有接近四分之一的国土，通过估定征税价值，这些土地也就相当于它自己的领地。此外，它还领有所有在经济上十分重要的都市，包括接近一半的城市人口。它还控制着全部黄金和白银生产，拥有发行货币的垄断权。幕府可以对藩主（大名）们给予指导甚至发布命令，而这些大名则会根据他们自己的利益以及他们与幕府的关系，或多或少满怀热情地表示遵从；而由于这些大名对领地实行良好的治理最终是对幕府负责，所以他们倾向于服从幕府的领导。一般来说，幕府与诸藩两者的经济目标都是尽可能多地对他们人民的产品 574进行征税，并且，如果可能的话，不断提高他们领地的生产能力。在幕藩体制的早期，幕府与诸藩的这些目标并未引起相互之间的严重冲突，但是到了19世纪，商品生产已经发展到一个临界点，对商品市场利润的追逐，导致了诸藩政策与幕府政策之间的长期冲突，也在或与前者结盟或与后者结盟，以及从两者中寻求独立的商人集团之间引起了尖锐的矛盾。

在一般情况下，幕府经济政策的目的是维持稳定和保留作为其主要收入来源的农业经济。幕府和诸藩都相信农业生产的功能是产出赋税收入，这一信念使得他们只是加强努力以维持农村的生存能力和增加稻米及其他农作物的产量，却对农民福利不感任何兴趣。这样，在幕府领地里，一个村庄会因未能从土地上获得最高额的产量而受到惩处，在土地上种植经济作物也会按照应予缴税的稻田估值，从事其他职业而疏于耕作，也会遭受处罚。尽管做出这些努力，来自农业的税收还是在19世纪前就达到了顶点，增加税收的企图遭到了越来越强烈的抵抗。

幕府和诸藩双方的财政政策目的在于量入为出，但是这一目标很少能够达到。由于他们的定期收入受到严格的限定，政府便企图寻找新的收入来源，并尽可能地抑制消费。在这些方面，幕府的情况与诸藩不太一样，而对于诸藩来说，能够加以利用的可能性也互不相同。

幕府已将稻米和现金分别预算，这些预算的记录虽然断断续续甚至前后矛盾，但全都表明幕府财政状况的不断恶化。在进入19世纪后，幕府定期的稻米税收实际上不断下降。实际上在1782—1791年的10年灾荒期间，它的稻米税收平均每年为61.3万石，扣除征收成本和地方行政开支，平均每年留下的盈余

只有 3.8 万石。在接下来的两个十年里，收入增长缓慢，而支出依旧。不过，在
1812—1821 年的 10 年里，稻米税收陡降至每年 56.6 万石，幕府被迫拿出它的库
存。这些资料似乎并未包括旗本、即幕府的家臣的收入。经常的现金收入，包括
各种许可证费用，也落到了同样的境地，然而现金消费却在增长。[1]为应付各种
开支，幕府时不时地要求在其领地上的几乎免税的江户、大阪及其他城市商人团
体的贷款。幕府在 1800 到 1813 年间的 5 次要求，得到了总数超过 50 万两的贷款，
大约只有其要求额度的一半。由于幕府并未发行纸币，不能利用印刷机来填补现
金的不足，只能通过降低铸币的成色来筹集资金，这也就容易受到更为实际的限
制。尽管如此，结果仍然相似，而且，由于总现金开支的大约四分之一以这种方
式筹集，也就难以避免通货膨胀的结局。[2]直到 19 世纪 30 年代和 19 世纪 40 年代
物价没有剧烈上升，部分原因在于随着民众逐渐越来越多地购买物品而不是自己
生产它们，也不再相互之间以产品物物交换，现金需求的增长为现金交易水平的
提升提供了资金，但是，物价并未大幅上涨仍然极大地依赖于对物价的控制。

　　减少开支的努力导致了两个结果。首先，像诸藩一样，幕府也设法减少自己
及其家臣购买的商品和服务的数量。幕府对于节俭的劝勉正式包含在它颁行的
"武家诸法度"中，并且在财政危机期间特别热情地一再重复，但是这些劝勉和
训诫看起来完全不起作用。[3]武士们的经济条件决定于米价与商品和服务价格之
间的相对变动，因为他们收入的多少由米价来计算，而他们的收入则要花费在购
买商品和服务上。正如山村耕造所说，在幕府统治的最后一个世纪，幕府家臣的
实际收入似乎表现出一种长期的下降趋势，但是在 19 世纪，随着米价的下跌而
急剧下降；与之相反，一般的价格水平则表现得相当稳定。[4]运用 5 年平均数来
拉平年际同比的波动，在 1791—1795 年和 1796—1800 年间，旗本收入的实际价
值下跌了 15%；在 1796—1800 年和 1801—1805 年间，又进一步下跌了 13%，经
历了很长一段时间，才又重新恢复到 18 世纪最后 10 年的收入水平。因此，幕府
的利益就在于维持和稳定稻米价格，并尽一切努力防止其他商品成本的上涨。这

575

576

---

[1] 《日本财政经济史料》（东京：日本财政经济学会，1922-1925 年），第 10 卷，第 436—457 页。

[2] 佐藤治左卫门：《货币密录》，日本经济丛书（东京：日本经济丛书刊行会，1914 年），第 32 卷，第 327—328 页。

[3] 石井良助编：《德川幕府禁令考》（东京：创文社，1959 年），第 5 卷，第 192 页；高柳真三、石井良助编：《御触书天明集成》（东京：岩波书店，1958 年），第 481—492 页。

[4] Kozo Yamamura（山村耕造），*A Study of Samurai Income and Entrepreneurship* (Cambridge, Mass.: Harvard University Press, 1974), p. 41.

些努力由以下两方面的措施构成，即调整对农村产品的相互矛盾的需求和试图控制城市里的价格水平。

这种调控确实成为德川时代日本各级行政机构、特别是幕府经济管理部门的经济基础。经济政策被用来针对人民，而不是根据货币供应、收入水平和雇用状况加以调整。例如，如同众所周知的那样：

> 物价的上升起因于过多的货币。说到底，每年的商品产量是固定的，而货币供应量的增加则没有什么自然的限制。增加越多，后果越糟。这就好比通过把肉切成小块来消除饥荒一样。[1]

不过，面对赤字，幕府宁可认为赤字财政是不可避免的，并将之归咎于人们争相花掉手中的钱从而导致物价上涨。

民众，特别是农民，被认为活着的目的就是通过自己的劳作来支持政府。大体上，农民能够支配其生产的所有产品，但是由于政府承担着维持农民生计的责任，它只容许农民保留仅能维持生活的所需。同样，由于基本上乡村经济生活的每个方面都受到控制，农民被要求尽其全力生产食物及其他有用的农作物。任何与此相抵触的活动都遭到严格禁止。虽然村庄之外也有各种工作，但未经许可不得从事，还须当局确信外出打工不会减少土地的产出。甚至连一个晚上不在村内，都得请求官方的外宿许可。如果不能从早到晚卖力干活，就会被说成是"怠惰"而成为被处罚的罪过。一个农民，如果不去勉力耕作以获取与当时的技术和天气状况相适应的尽可能高的收成，那么，即使他通过其他营生获得更高的收入，也不仅会招致社会的处罚，而且会因疏忽职守而被认有罪，会因此遭受惩罚。

即使这些法规并不总是得到严格的强制执行，但事实很清楚，幕府并不依靠市场力量运营经济，甚至认为市场力量有损于它的利益。经由颁发许可、固定工资、以规定价格强制购买所有基本产品，以及通过那些在很多方面扮演政府代理商的组织机构所实施的消费限制，是抑制农村需求，保证必需品对行政中心的稳定供给，以及把价格维持在较低水平的历史悠久的做法。尽管如此，如果江

577

---

[1]　佐藤治左卫门：《货币密录》，第 320 页。

户出现了物价上涨，幕府还是会简单地命令批发商和零售商降低价格。如果由于丰收而市场米价下跌，幕府也会命令稻米经销商增加他们的库存，有时还会为此贷给米商资金。在这种严密的管制体制下，可以说市场的自由运作一直处于边缘状态，只有当市场运作规模狭小，或是对当局有利的时候，市场运作才会得到支持。在这方面，情况与诸如中国这样的国家并无不同。在促进经济增长方面，管制经济是失败的，不过这一政策的主要目标本就意不在此。下面我们将要看到，当时的这种经济政策甚至没能达到幕府所渴望得到的稳定目标。

幕府垄断铸币权，控制国家的贸易和农业及自己领地上的消费活动，还控制对外贸易、大部分矿业生产和森林资源。对外贸易被小规模地限制在与荷兰和中国商人之间，经由长崎进行，这是日本唯一得到批准的国际港口。但是，由萨摩藩与琉球群岛进行的大宗贸易则得到容忍，贸易商品看来包括冲绳砂糖、某些产自中国、东南亚，甚至欧洲的商品。

尽管拥有这一系列权力，幕府的财政状况及其控制经济的能力在世纪交替之际还是不断衰落。造成这种衰落的原因，如同下面将要看到的，包括对外关系和防御的财政需求不断增长，强制征税的权力不断削弱，由农业所提供的社会产品比率缓慢而持续地下降，若干年的歉收。同时，诸藩力图加强其自身财源的行为也造成了幕府商业和财政控制的挫折，这带来的后果同样值得重视。

由于诸藩没有发行铸币的权力，他们的财政赤字表现为债务的增长，而且由于成本的上升，特别是由于执行来往江户的参观及在江户居住的制度，尽管采取了一系列增加税收的措施，但几乎所有大名都累积了大量的债务。这些增加税收的措施包括提高农业税率，强征新的税种，促进土地开垦，"借用"或扣缴家臣的部分薪俸，向藩内的主要商人索取贡献，发行纸币，奖励生产和改进生产过程，以及分享市场垄断机构所带来的利润，这些市场垄断机构或由藩主自己操纵，或由其代理人运营。大部分这样的措施增加收入的余地都是有限的。尽管鼓励垦荒，但是支撑传统税收基础的稻米及其他主要农作物的产量仍然增长缓慢；而且税率越高，农民们把他们的精力投入别种生产活动就越有利可图。因此，不断有禁止从事其他职业而忽视农耕主业的法令颁布，也正因如此，这些禁令一般都并无效果。发展和改进生产远比增加对稻米的课税来得有利可图。如果税收太重，农民就会背井离乡，造成土地抛荒，这将削减藩主的收入，并抵消通过昂贵的垦荒工程增加耕地面积的计划。例如，萨摩藩对它的农业人口保持着比其他大多数藩更严格的控制，这里可供选择的职业机会也更为受限，到 1820 年，累积的债务已达 500 万两之多，相当于该藩 10 年的常规收入。

在一个期望传统做法得到维持的社会，强征新的税种会引起不满，有时甚至会激发现实的反抗。对商人课税和向家臣借款易于疏远这些特定的群体，而大名的权威正依赖这些群体的支持。没有发行铸币的权力，诸藩便转而发行纸币。幕府曾经在 1759 年对这种纸币发行施加严格的控制，但是随着 19 世纪初年地方工商业的发展，产生了对地方支付手段的需求，于是各藩发行了由通货、稻米或商品支撑的票据。这些票据（藩札）法定投标于本藩内部的某个项目，但在其边界之外也能得到某种有限的承兑。到 19 世纪 60 年代，这种票据发行达到了很高的比例，以巨大的贴现率作为现金流通，成为造成德川幕府最后 10 年通货膨胀压力的重大原因。不过，这种票据导向的通货膨胀后果，在很大程度上限制在发行他们的那些藩里，它们对全国物价水平的影响，要小于因藩主数十年来的借款而导致的银行贷款的巨量增加。进入 19 世纪，这种票据发行与幕府的货币政策产生了某种冲突，藩札的有害影响变得难以容忍。

579

然而，对于不是促进经济发展而是追求其他目标的传统政治理念，所有这些措施都或多或少地具有某种程度的否定作用，诸藩从农业主业之外的产业获取部分利润的尝试产生了深远的影响。依据儒家只有人民安居乐业国家才能繁荣昌盛的箴言，德川幕府的政治经济理论是有道理的，这被理解为在生存性农业的情况下，国家的主要功能在于维持法律和秩序，而不是促进经济增长。促进生产以满足市场需求，与奖励生产以满足领主用度截然相反，显然与传统的理论背道而驰。对于一个藩的政府来说，促进这种增加自己财政收入的生产和贸易，不仅是意识形态上的离经叛道，在事实上也会造成该藩与幕府的冲突。设立商品营销机构的理由，无论它是藩主直接设立，还是通过代理商设立，对于该藩来说最为有利可图的都是以固定价格生产其商品，并在本地和全国市场上销售它们，这样势必会与由幕府赞助和控制的市场体系相竞争。尽管如此，有些藩还是很早就采用了这些措施。例如，仙台藩的米盐专卖和山口藩的纸张专卖，就是自 17 世纪以来一直实施着的。

到 19 世纪初，许多大名已经抛弃了江户时代早期的正统说教，开始积极鼓励新的作物和新的产业，通常是与来自自己城堡的和来自更为先进的近畿地区的商人展开合作。从 18 世纪晚期开始，东北部地区的会津藩、新庄藩和米泽藩就已经积极鼓励诸如编织、漆器制造等工艺美术产业，就像关东地区北部的水户藩所做的那样。在从金泽到名古屋的中部地区，几乎拥有日本四分之一的可耕地、人口和稻米生产，到 1800 年时，蚕桑、丝织和棉织、造纸、漆器、木器和竹器产品都是这里重要的地方产业。早在 1730 年，丝绸绉纱的制造技术就被一批逃避西阵火灾的难民带到了岐阜。到 1819 年，岐阜绉绸通过使其产品经由强有力的尾张藩的官方管道进入市场交易，冲破了京都丝绸产业的市场垄断，这对丝绸生产者、当地商人和藩主本身都是有利的。美浓藩引进条纹布的制造，得益于18 世纪 80 年代京都的另一场大火，这里的经费供给和市场运作都是由来自近江的商人完成的。德岛藩对靛蓝染料的垄断，松江藩的人参种植，宇和岛藩和山口藩的造纸业专营，及其他几个藩的食盐专卖，全都给它们的库藏带来了可观的收益。这些垄断性的市场运作都与当地纸币的发行有关，因为地方上进货以藩札支付，而在全国市场上的售卖则希望得到现金或可以兑换成现金的信用凭证。

对于发生在 19 世纪第一个 10 年里的经济变迁来说，诸藩振兴和推销其农产品和手工产品是极为重要的。无论如何，这些变化是对政府控制做出反应的结果，也是大多数民众自发行动的结果。工商业生产在各藩的传播，由于幕府城市中的代理商在农村地区寻求更便宜的供应来源，引起各藩当局试图利用这些得益于与城市商人竞争而来的收入，并且设法进一步促进和控制收入的增长以提升它们的财力。对于主流农业的重税和相比其他行业相对较强的税收，诱发了一种从稻米种植向经济作物种植，以及类似纺织业这样的加工业的转移。这一转移受到了来自需求端的支持，因为相对来说工业产品的需求较有弹性，而稻米需求的弹性较小。

除了被视为失业救济形式的沿街叫卖的商贩之外，政府的控制激起了各个阶层的反抗。城市商人竭力维持他们通过幕府得来的特权，以阻止各藩商品直接销往都市消费中心。城下町的商人，通常得到各自藩内官方的支持，也在竭力维持他们凌驾于农村地区商人的特权。生产者奋力争取在任何能够得到最好价钱的地方出卖其产品的自由，但是通常并不能取得多大成功，因为逃脱了某一种形式的控制，一般来说又会被代之以另一种形式的控制。不过，在这一过程中，生产在增长，收入也在相应增加，尽管收入的增加并未均衡地分布。许多收益给予了城市人口，有助于城市文明之花的盛开，这构成了 19 世纪开头几年的特点；同时农村的商人和生产者也得到了相当部分的好处，他们逐步形成了"豪农"的特征。

村庄经济

乡村，作为行政和课税的基本单位，曾经一度几乎是完全自给自足的，在 581
1800 年前后发生了急剧的变化，虽然变革的步伐各地有所不同。地区间的差别乃
至相邻村庄间的差别是如此之大，以至于不可能说什么村庄是典型的或具有代表
性的。一个村庄可能由 6 到 7 户人家组成，也可能由 200 户人家或更多人家组成。
在有些村庄里，拥有的土地得到了相当公平的分配；在另一些村庄里，大多数人
完全没有土地。而且，税收负担在各藩，甚至在相邻的村庄里也不一样。到 1800
年，区域专门化已经产生出各地不同的村庄经济活动模式。[1]

在关东地区北部、东北地区和九州地区，遍及农村的相互隔离的村庄就已经
发生了细小的变化。一般说来，"发展迟缓"的村庄由大约 40 到 50 户人家组成，
虽然土地分布不很平均，但大多数家庭都拥有一些土地。不过，一般而言，耕种
规模被限制在由家庭劳力提供的水平，通常在半公顷左右。为数不多的较大土地
拥有者，通常仍然能够要求从属家庭的劳力服务，大多是将自己无法耕种的土地
出租给那些自己没有土地或只有很少土地的人们。稻米长成须缴纳实物地租，在
一般的年成，缴完地租后只能留下少量的稻米。这些剩余的稻米，加上长成的小
麦、大麦、黄豆及其他粗粮供家庭消费，剩余部分会在当地小型市场或乡邻间交
换。在这样的地区，商品性农业的机遇是受限的，工业性雇用也几乎没有。只有
很小的诱因去使用商品肥料或引进新技术，因此农业生产力如果有所提高的话，
也是十分缓慢的，发展迟缓的地区正在变得相对来说更为落后。

相对于产量来说，税收变得越来越沉重，因为诸藩力图维持其种种设施，并
维持其向较为发达地区同仁看齐的生活方式。遭遇坏的年景，一些农民就会既无
法交纳租米，也不能维持家庭的生计。只能离开他们的土地，去别处寻找生机。
由于留在村庄里的农民仍需承担耕种土地和缴纳已被抛荒的土地的租米，这就导 582
致了累进的农业衰退，造成了诸藩官方和农民双方的严重问题。禁止农民离开土
地的法令得到了进一步加强，诸藩都禁止农民为从事他们所能掌握的更为有利可
图的职业而忽视农业生产。但是，农民们宁可受到处罚，也要离开土地，幕府则
以农具和口粮的形式给予补贴，以诱导他们重返土地；一些大名甚至不惜支付育

---

[1] 堀江英一编：《幕末维新的农业构造》（东京：岩波书店，1963 年）。

儿费用，力图维护农业人口。奖劝农业，因为它是政府收入的来源。于是，抑制手工业和农村商业就有了借口，因为理论上认为农业是经济的支柱，而其他行业则是非生产性的。

在陆奥藩和出羽藩的水稻种植区，改良技术和某些商品肥料的使用产生了缴纳税收之后用于出售的稻米剩余。那些拥有较多土地的家庭，自家劳动力不敷耕作的需要，便雇用年工或日工。不过，为了成功运作商品性农业，需要一定的资本，而无论是种田的农民还是到别处找工作的流民，握有的资本都少之又少。到1800年，随着对人身的支配日渐让步于对其他资源的支配，随着有钱人日渐与用于交换的商品性农业相结合，贫富之间的鸿沟进一步扩大且表现为多种形式。仙台藩豪农们的生活方式引起了一位官方观察者的厌恶，这些豪农从来不干农活，过着奢华的生活，享受音乐、戏剧、诗歌和箭术。[1] 这种生活方式显然只属于一个少数群体中的一小部分人。在1810年时的熊本藩（九州岛南部），一对只拥有半公顷水田和三分之一公顷旱地的农民夫妇，他们收获的水稻、大麦和小米，一半要用来缴税，剩下来的一半还要拿出二分之一作为雇工的工资和食物。他们拥有一匹马，要购买加工过的食品、农具、农业器材、种子和肥料。作为一个牢靠的耕作业主，农民们唯一的奢侈享受就是淡季时带着新草帽去趟神社。如果能够收支平衡，他们在马匹患病需要请兽医的时候就不会犯难。[2] 商业性稻米种植的成败，依赖于土地的质量、劳力的成本，以及税额的多少。水户藩里一个拥有一公顷肥沃水田和若干旱地的豪农，一年能够积攒下六七两黄金。另一些拥有数量相等但产量较差土地的农民，每年能积攒不到2两。[3] 对于那些能够积攒下一定量资本的人来说，该地稻米、谷物及鱼干的出口及制成品的进口，提供了有利可图的贸易机会。

在本州岛北部和九州岛北部，到18世纪中期，未经充分发展的生存性农业与作为税收基础的稻米单一种植仍然显而易见，而且由于18世纪80年代的农业歉收而更加凸显。许多大名都鼓励农业生产，并经常对农业耕作和造纸、植桑、制蜡、制漆及育蚕等经济作物的生产投入资金。各藩垄断了商品产销，并占有收益的最大份额。虽然实际上农民是在为藩营企业干活，这一创新还是增强了乡村

---

[1] 玉虫十藏：《仁政篇》，载本庄荣次郎编：《近世社会经济丛书》（东京：改造社，1926年），第7卷。

[2] 儿玉幸多：《近世农民生活史》（东京：吉川弘文馆，1958年），第276-284页。

[3] 同上，第276-284页。

经济的成长能力。

在本州中部，乡村的生活更为商业化；经济作物分布更为广泛；村庄工业成为农村收入的一个重要来源。这一地区与北部的稻作地区之间难以划出一条清晰的界限。虽然庄内藩除了稻米几乎没有什么输出品，出羽藩的其他地区则栽培、加工和出口红花（一种红色染料），18世纪90年代，米泽藩也开始鼓励经济作物、特别是蚕桑业的生产，试图弥补农业收入的下降。出羽藩正南方的越后藩，既输出稻米，也输出大量的丝绸绉纱。再往南走，超大的加贺藩生产和出口丝绸、亚麻、棉布、海产品、雨伞、家畜、漆器、食盐和纸张，但稻米出口仍占该藩所有输出品的40%。手工业品的输出本身就是该藩发展政策的一个产物，这种发展政策可以追溯到18世纪中期，而且产品的生产和销售主要由藩营企业经营。

在从尾张到播磨的中日本的南部诸藩，特别是在环绕大阪湾的和泉、河内和摄津等藩，村庄的生活更大程度上卷入了市场。这里的农民干活是为了赢利而非领主；这一地区强有力的大名确实很少，他们对生产的控制也很少，且不起作用。许多村庄专门从事棉花和油菜籽的种植，以至于要从其他地区输入稻米。这些经济作物要求使用大量商业肥料，比如油渣饼、鱼粉和人的粪便，农民们仔细地使肥料的开支与他们预期的额外收益相称。这一地区的一个普通村庄大约由50户拥有土地的家庭和也许差不多的无地或只有少量土地的家庭构成。这里具有强烈的劳动力需求，那些没有自己土地的劳动力可以在棉纺织业找到工作，或是当一个农业工人。与北部地区一样，这里的劳动力是稀缺的，不是因为经济萧条迫使农民离乡背井，而是因为产业正在迅速发展。因此，工资也就相对较高，那些拥有较多土地而又无力耕种的地主发现，把多余土地出租给佃农耕种比雇工经营更为有利可图。尾张藩西部的情况与此相同，这里的棉纺织业是主要的生产活动。

在所有这些地区，村民们把更多的时间花在纺织和交易上，而不是用在田间劳作。一个村民拥有的土地如果只够作为住宅和菜园，那他在北部较少商业化的地区就是一个穷人，而在这里他完全可能作为一个织工，甚至是一个兴旺的商人来谋生。这里的税收相对较轻，但对市场的控制压低了支付给生产者的价格。

关东地区，江户城市的腹地，作为江户市场的直接供应者在19世纪得到了迅速的发展；丝绸织造在桐生、足利、八王子和秩父等地发展起来；棉纺织业

584

539

分布也很广泛；野田酱品替代了来自大阪的船货；江户得到了它周边村庄新鲜蔬菜的供应。农村人口的大约四分之一从事手工业和商业。根据时人记载，[1] 大约一半人口从事手工业和商业，或者完全失业，剩下的一半从事各种艰难的农业生产。许多非农业的劳动者都是从更远的北方迁居来的，在那里，他们无法以小块土地供养自己。

在整个日本，村庄贸易都受到禁止或劝阻，理由是这将造成农民们离开为领主生产收益的固定工作，而且会导致奢侈和怠惰之风。在一些藩里，只要村民完成了自己的本职工作，或是村民没有其他的谋生手段，就被允许进行一些零星的商业活动。在由于领主的鼓励或允许而促成商业活动发展的地方，越来越多的村民——通常是村庄的公务人员——就会得到许可，他们收集村庄的产品，然后转运给特许商人或藩主的代理商。不过，零售店原则上还受到限制，必须设在得到官方许可的城镇（町方）。这实行起来并不容易，在日本的许多地方，村庄里都有店铺，销售农业设施和各种日用消费品，根据官方的报告，甚至还有对于农民来说不相称的奢侈品。农村商业的发展影响到城镇里既有商人们的贸易活动，这些城镇商人频繁地呼吁官府禁止村庄贸易以保护他们的利益。

城市经济

日本的城市是行政、消费和商业的中心。虽然各藩的城下町或重要城市结合了以上3种功能，但幕府的行政总部是在东京，而幕府领地以及整个国家的商业中心则在大阪。大阪是一个贸易中心，日本中部和西部的产品被运往这里，再由这里转口运往巨大的消费中心江户及日本其他地方。这一贸易由构造复杂的批发商（问屋）行会组织（株仲间）所操控，这些批发商得到政府的特许，被给予垄断特权，作为回报，也要扮演幕府控制国内商业的代理人角色。从大阪发往江户的货物由24组得到幕府许可的批发商所垄断，他们被要求将货物移交给同样得到官方认可的10组江户批发商。这套系统运转的每个关节点都被置于官方监督之下，以维持城市零售价格的稳定，同时也限制农村收入的提升。在1825年前的那个世纪，这套系统行之有效，经由这一系统输送的货品价值上升了4倍或5

---

[1] 武阳隐士：《世事见闻录》(1816年)，载《日本庶民生活史料集成》(东京：三一书房，1969年) 第1卷，第55-56页。

倍（某些商品更要多得多），而物价则依然保持相对稳定。这一时期，流通中的现金数量大约增加了1倍，给幕府带来了相应的铸币利润。货币供应量的这种增长并未造成通货膨胀，虽然很大原因在于交易量的增加造成了货币需求量的增长，但同时也反映出种种控制措施的有效性。

大阪也是一个主要的金融中心。处于大阪及这个国家大多数城市金融系统顶端的是一小群银行家，他们全体被叫作"十大兑换商"（"十人两替"），执行着某种中央银行的职能，扮演着对代理银行最终贷款者的角色，借款给各藩政府，控制银行的信贷水平，并支配着以各种名目金币计量的现金与以白银计量的银行票据之间的汇兑市场。最后这项职能与幕府关系尤大。因为批发商交易以银提供信贷，而零售销售则以金结算，兑换率的改变就将影响零售物价水平。金银兑换市场也反映了银行信贷对现金供应的比率。银行贷款通过主动提供给批发商而投向贸易和产业，接着批发商再向那些具有偿还能力的生产者提供资金。银行也在大阪和江户（及其他一些中心城市）之间通过汇票提供汇款服务，江户商人购买大阪的货物时可以此支付，而无须正式资金从大阪向江户传输。大阪银行系统还对各藩大量贷款，既用来弥补当前的赤字，也对工业和农业开发项目提供资金。

手工业一度集中在城市里，但随着18世纪对手工业需求的增长，诸如纺织、陶瓷和漆器等手工业生产传播到了日本的许多地区。到了19世纪，虽然京都仍是高质量丝织物和装饰性艺术品的生产中心，大阪仍是主要的加工中心，但城市手工业却在不断衰落。建筑物的交易在所有重要城市里都十分兴旺，为之提供服务的需求也由于火灾频发而得以维持。建筑业技工被正式置于由幕府或大名指定的主人工匠的控制之下，这种体制起始于当年修建城堡或其他公共建筑物的职能；酿酒业、制蜡业、榨油业以及某些纺织业的师傅，也都服从于他们行会的规章制度。在较大的城市、特别是江户，容留大量来自农村地区的非法移民，他们作为散工、日工和小贩勉强度日。虽然他们的生活充满了不确定性，但他们仍然抗拒把他们遣返回农村，情况很像当今一些第三世界城市郊区棚户区的居民。

在各藩，城下町都担当着商业和行政的中心，在藩一级层面上行使的功能类似于大阪和江户在国家级层面上发挥的作用。得到许可或"享有特权"的商人对来自藩内的商品实行收集、分配、进口和输出，经常投资和管理藩营的企业，并支持和管理该藩发行的纸币（藩札）。

对 19 世纪初日本经济的这种描述，表明受到严密的经济和政治控制。主要的农业生产受到地方政府的监督，以求维护其税收利益。经济作物的种植、加工和销售，也被各藩行政机构所控制，通常是与藩内外的代理商相结合，藩主和商人分享利润，生产者只能得到剩下的很少利益。全国的商业受到幕府的控制，它们通过授权关键城市中的商人组织，维系对江户和其他大城市充足的必需品供应和物价稳定，同时限制农村地区收入和购买力的增长。

显然，对于生产者、地方商人以及各藩来说，规避这些控制是符合他们利益的，因为他们通常能够在自由市场上卖出更高的价格。这些控制的效果如何？到19 世纪下半叶，各种强制措施变得越来越困难，无论什么地方对自由市场的需求都在增长。而且，面对其农业税收基础的相对衰落，越来越多的藩通过鼓励和利用那些作为收入来源的产业和贸易，已经适应了工商业相对于农业的较快发展，而那些不这样做的大名则很快发现，强迫实施旨在保护在国内发达地区已经不合潮流的经济体系的种种控制已经越来越困难了。德川幕府为挽救其经济控制体系并使之适应于变化了的经济环境进行了一系列的尝试，天保年代的改革代表了其中的最后一次。然而，努力控制对国家有利的经济活动并未随着明治维新的到来而结束，它们的变种已经成为从那时以来日本经济发展的一个中心因素。

天保改革

日本村庄由一个为封建领主的利益耕种土地的共同体转化成一个都是为了自己经济改善的若干家庭的集合体，到 19 世纪初期已在一些地区取得了很大进展。这一进程在这个世纪里不断加速，越来越多的地区可以看到类似的情况。

到 19 世纪 20 年代，各藩和城市商人引进的许多新的经济作物及其加工产业已经扎下了根，产量迅速增加，而大多数经由大阪或江户官方信道的产品市场仍然处于幕府的控制之下。不过，大约在此期间，各藩、城市商人和生产者已经能够找到机会利用不受幕府控制的销售管道，通过他们自己在大阪或江户的代理商，或是直接把产品运销到国内其他地区，为他们的产品卖出好价钱。几乎所有大名都陷入沉重的债务——19 世纪 30 年代，萨摩藩负债超过其年度收入的 33倍，而 1840 年长州藩的负债也高达其年度收入的 23 倍。许多这种债务中有一种情况，即大名把他的产品交付给大阪的债权人，而这样做意味着在扣除利息和还

588

款之后，剩下来的已经微乎其微。因此各藩试图避开大阪，通过其他港口寻找市场，或者直接运货去江户。导致的结果是，在 19 世纪 20 年代到 1840 年之间，装船运往大阪的货物下降了 30%。在这一过程中，各藩在大阪的信用级别下跌，为了得到收益，他们被迫就近寻求与家乡商人的合作，越来越多地依赖于分享迅速增长的地方产业和贸易带来的利润。各藩对于农村产业和商业的限制因此而逐渐松弛，作为回报，则是特许费、检验费和其他课税的收入，或者是对利润的分享。

农村商人生意的扩大损害了那些城下町商人的利益。在 18 世纪或早在农村商业网络尚未发展之时，城下町商人就曾提供了商业和金融服务，作为回报，他们已经获得了一些特权。18 世纪晚期和 19 世纪早期，这些城下町商人已经成为各藩垄断部门的商务代办和财政靠山，但是到了 19 世纪 30 年代，尽管贸易总量在迅猛增长，但他们的生意却随着村民贸易的扩大而下滑。在越后、信浓、纪伊、鸟取及其他地方，城下町商人都在抱怨来自农村商人的竞争使他们濒于破产，而这种竞争本应是遭到禁止的。许多大名对此的反应是重建他们的商业管理机构，把农村商人包括进来作为基层的商务代理。[1]

到 19 世纪 30 年代，包括棉布、丝绸、靛蓝、蜡剂、纸张、砂糖、茶叶、清酒、陶瓷、席子、五金器具和漆器等的全国市场已经发展起来，并与幕府的采办体制展开了竞争，随着新的市场机会的开放，工商业与农业相比变得越来越有利可图。1842 年，位于本州西南端的长州藩的调查显示，非农收入总额平均起来大约与农业净收入相当。[2]造成这种状况的主要原因在于，农业收入以净产量 39% 的比率征税，而非农收入的税率则不到 10%。在扣除税收和生产成本之后，农业收入甚至无法满足合理的生活费用，而非农经营活动则会产生良好的收益。濒临瀬户内海的地区，非农产业净收入的比例甚至更高。在本州北部，务农收入的大约一半来自蚕桑业。在 19 世纪 30 年代，河内藩每年产出 200 万件衣料长度的布，几乎四分之三的务农收入来自于棉产业。在尾张、和泉西部的棉纺织地区，到 1840 年只有 20% 的产值来自于农业。无论什么地区，产业发展都提供了现金收

589

---

[1] 参见安藤精一：《近世在方商业の研究》（东京：吉川弘文馆，1958 年）。

[2] 参见秋本洋哉：《幕末期防长两国の生产と消费》，载梅村又次等编：《日本经济の发展：近世から近代へ》（东京：日本经济新闻社，1976 年），第 137-158 页。关于这份文献的讨论，参见 Shunsaku Nishikawa（西川俊作），"Grain Consumption: The Case of Choshu," in Marius B. Jansen and Gilbert Rozman, eds., *Japan in Transition: From Tokugawa to Meiji* (Princeton, N.J.: Princeton University Press, 1986), pp. 421-446。

入，这转而成为地方商业的基础。在诸如东北部这样未能建立相对优势产业的地区，只能通过到别处打工获取现金收入，尽管官府屡加限制，许多劳动力仍然定期迁往城市或那些产业发达的地区。在福岛的一个村庄里，到1841年，大约一半已注册的拥有土地的农家迁往外地，村庄大约20%的土地被遗弃抛荒。这并不是一个孤立事例——东北部和关东外缘的许多村庄的情况都与此相似。这种移民活动通常利用私人关系进行，但是在某些地区似乎已经有了定期招募劳动力的代办机构。

不应想象这些流动工人已经丧失了对于机遇的期盼。虽然别的地方存在着使迁徙成为可能的工作机会，但驱使人们离开经济萧条村庄的还是贫困和艰难，他们愿意去工作以获取维持最低生活水平的工资，这就易于保持工资水平处于低位。对工资劳动者短缺和用工成本上升的抱怨，主要来自那些大城市郊区的农民，因为他们力图维持自己在这些非农活动迅速扩展地区的相对经济地位。不过，总的说来，劳动力从非农活动产能较低的地区向产能较高地区的转移，有利于提高整个国家的平均生产力和收入水平。

生产者、地方商人和藩主中间的合作可以做到富有成效。在19世纪早期，加贺藩的亚麻线生产者取得了近江商人的预付款，从而被迫将自己的产品以低价卖给这些商人。借助于藩主之力以建立将带来更好回报的金融与市场体系的努力未起作用，又不甘心以如此低的回报出卖亚麻纱线，在藩主的帮助下，生产者们尝试将亚麻线织造成亚麻布。到19世纪20年代，这一产业已经建立起来，加贺藩官方也做出了金融和市场设施的安排，1828年在江户设立了营销处。这次成功是有风险的，因为对亚麻布的需求是季节性的，村民们在19世纪30年代开始从事作为亚麻布补充的棉纺织生产。生产者要求藩主买卖新产品，但由于质量太不稳定而遭到拒绝。这时，当地一位曾参与过亚麻布贸易的商人表示，如果藩主借给资金，他就负责新产品的经费并推向市场。藩主同意了，到1861年，这个地区一年单独生产出100万件服装长度的棉布，而藩主则做出对市场质量管理负有直接责任的姿态。[1]尽管在这样的事例中，藩主的主要目标是保证税收来源，但对于生产者和中间商来说，则是价格获得了提升。生产者不再准备以极低报酬或完全无偿地去为领主干活，如果迫使他们这样做，通常就会激起强有力的反抗。

[1] 安藤精一：《近世在方商业的研究》，第165-170页。

在商业性生产发展较早的近畿和四国地区，18世纪90年代这种反抗已经相当普遍，到了19世纪30年代，每当生产者们能够从藩主垄断体制之外得到明显更好回报之时，这些抗议活动就会发生。

在原则上，生产者和地方商人除非特别许可是没有贸易自由的，而得到这种许可往往会有一些附加条件。19世纪30年代，冈山的地方商人获得了直接从该藩输出商品的自由，但作为回报，他们被迫答应接受藩札（藩的票据）作为硬通货，而藩札虽可用来在本藩购物，但兑换成现金却要大打折扣。虽然表面上地方商人的收益有所增加，但这一体制的运转有助于满足藩主在江户和大阪的消费，而不是加强其纸币在藩内的价值，因此这实际上是在对地方商业征税。 591

然而，未经许可的贸易活动广泛存在，难以抑制。当局对没有其他生活来源的村民沿街叫卖持容忍态度，但大规模的商业活动，特别是在本藩以外的或对农业产生不利影响的商业活动，就是另一个问题了。尽管如此，哪里存在商业机会，哪里就存在非法贸易（"抜け荷"），规避限制总比监督实施来得容易。1825年，出于财政窘境的压力，鸟取藩为获取许可费而允许一些村民经商，到1846年就发生了严重的农业劳动力短缺的问题。领主企图通过强迫不务正业的农民开垦土地来纠正这种状况，结果却造成了与时代潮流不合的荒唐错误。随着劳动者价格的上升，脱离农业从事手工业和商业变得越来越有利可图；同样，农业收入由此而增加，农村对各种手工业品的需求也在增长，如此这般促进了整个过程的循环往复。到1840年，较为发达的近畿、中国、四国地区的大多数村庄都有了出售各种消费品的商店，村民们用现金购买除了常用谷物之外的大多数生活必需品。

诸藩大名与农村生产者收益的增加，意味着幕府将军地位的相对下降。传统的农业课税基础正在下降为税收总额的一个部分，这对诸藩和幕府来说是一样的，但是，随着诸藩从工商业的成长中逐利的可能性不断增加，使得幕府曾经得以控制国内商业以维持其优势地位的机制越来越丧失功效。运往大阪货物的数量大跌和价格上涨证明了这一状况，其原因则在1841—1842年大阪城市行政长官（大阪城代）阿部指导下提交的报告中有所推断。[1]基于对21种商品的调查，这

---

[1]　这份关于物价控制问题的综合报告完整收录在大阪市参事会编《大阪市史》（大阪市役所，1926年）上，第5卷，第639-686页。

份报告指出，虽然不合规矩的商业行为容易导致物价上涨，但更重要的是，农村市场的发展造成货物经常从大阪及其控制体系转移出去。由于 19 世纪 20 年代遭遇的广泛反抗，他们推行的一系列强化和扩展对大阪腹地控制的措施归于失败。报告列举了 8 个案例，指明诸藩垄断部门的掌控是造成这一现象的主要因素。诸藩在别处销售他们的产品，禁止私人发货到大阪来。如果他们发现在大阪更便于找到市场，就会运用他们的垄断权力，并威胁要将货物运往别处以获取更高的价格。报告建议废除各藩的垄断部门，努力恢复那些强制性条例，命令生产者把货物运来大阪，对所有物价全面削减 20%（除了稻米之外），并且整顿得到许可的大阪商业团体。这份报告似乎从未被递交到江户，但天保改革的进展却全面超越了它。

改 革

1825 年，天保改革的主要发起者水野忠邦成为大阪城的主管（大阪城代）。此前不久，发生过数千近畿村民举行的或多或少有所成效的抗议活动，他们愤慨于被迫以采办价格供应大阪市场，他们说这是为了补偿其他地方对这一制度越来越多的规避。虽然水野忠邦在大阪的两年任期相对平静，但在他作为幕府高级主管的第一年，还是遭遇到了农业歉收、物价上涨、财政危机，以及反对政府体制，特别是反对其经济管理制度的大面积反抗。

在灾难性的农业歉收之后，1836 年的米价上涨到了此前 10 年均价的大约一倍，次年又上涨了 50%。在接下来的三四年里，尽管米价涨势减弱，但其他商品价格仍然保持高位，1840—1841 年，幕府及其家臣对其所购物品支付的价格与作为其主要收入来源的稻米价格相比，达到了 18 世纪 70 年代以来的最高比率。从根本上讲，这种通货膨胀是面对"自由"市场竞争贸易和物价控制体系崩溃的反应，情况更由于持续的预算赤字和大量的通货发行而越发严重。如果我们对此时已不做一般用途的银锭（丁银、豆板银）忽略不计，那么在 1838 年前的 20 年间，流通中的货币数量已经增长了大约 75%，而且还在继续增长。从 1839 年到 1841 年，新的货币发行，主要是四分之一两银币（一分银），总数接近 200 万两，而金币的成色也严重不足，只值庆长、享保、文正年间较好品质金币的一半币值。同时，随着越来越多的民众通过从事手工业得到现金收入，并以现金购买更多的生活必需品，导致了用于这些交易的铜钱的短缺。于是，1835—1841 年间，幕府发行了价值大约 580000 两的新铜钱。看来幕府对这些货币的需求量估计过高，因为到 1842 年，这些货币的价值就比它们的想象合理币值跌落得太多。

由于 1816 到 1841 年间货币供应增长了大约 80%，可以预期将会发生严重的通货膨胀。虽然在饥荒岁月物价涨势凶猛，但在 1816—1841 年间江户的物价仅上涨了 50% 到 60%，相当于每年温和上涨 2%。事情看来很清楚，在这一时期不但有增长的现金交易需求，商品数量也有相当大的增加。江户的通货膨胀是一个比较适度的暗示，显示增加的货币流向了那些最需要货币的发展中地区，同时也表明，与通过大阪流往江户商品量的减少不同，从关东腹地和其他出产地直接运往江户的商品量正在大量增加。尽管如此，直到大约 1820 年，赤字财政才使得物价的下降趋势转变为上升。

虽然全国的产出量在增长，但幕府的经常性税收却在下降。事实上，从 18 世纪中期以来，幕府的经常性税收就处于下滑的趋势。在发生灾荒的 1836 年，税捐收入是 125 年来最低的，但甚至在收成状况改善了的时候，增加赋税收入的企图仍然遭遇到坚决的抵抗。

就像藩主们遇到同样问题时一样，幕府的第一个反应是削减它自己的开支，抑制对于商品需求的竞赛，并且设法获得更多的资源以恢复作为其主要税收来源的农业基础。早在 1837 年，大藩加贺就在从事这一传统的事业，并且预先采取了后来被幕府用在天保改革第一阶段的大多数措施。面对财政危机，加贺藩通过扣缴部分薪俸从下属的武士处借钱，公然宣布暂停向武士贷款，引进物价管制，强征出口税，遣送农民回他们的村庄，规劝村民节俭并极力阻止农民放弃农业转营工商。在一份 1844 年的命令中，加贺藩注意到纺织业的较高工资造成了农业劳动力的短缺。村庄公务人员不得轻易地允许村民从事工商行业，农民薪资不准高于官方规定的工资率，这一官定工资率分为不同的等级，从一等男性农业工人每年 7500 文铜钱（约合 1.15 两）到三等女性雇工每年 2000 文铜钱，额外的季节性薪资也不许超过通常的水平。[1] 即使得到食宿供应，这样的报酬标准也是极其低下的。农业劳作非常辛苦却报酬极少，毫无意外，如有其他工资报酬哪怕略有提高的工作可资利用，就几乎没有劳动者打算从事农业生产。

水野忠邦在自己的滨松藩内曾试图采取同样的措施，并取得了十分有限的成

594

---

[1] 小田吉之丈编：《加贺藩农政史考》，东京，刀江书院，1929 年版，第 578-579 页。

功。尽管如此，对于任何重要的改革来说，这种让时光倒流的尝试看来都具有某种礼节上的需要。

在 1841 年将军生日当天，幕府宣布了它的改革措施。一次对幕府领地村庄非农活动程度的调查证实，有大量脱离农业的行为发生，于是一道命令迅速颁布，禁止村民从事非农职业，或在村外寻求这样的工作。次年，同样的禁令再次颁布——后年和 1845 年又再次颁行——但所有把农民固着在耕地上的努力似乎都没起到什么作用。

幕府和诸藩双方都把农业的问题归结于农民道德的衰落，这导致农民为了那些报酬较高的行业而忽视其本职的，但却无利可图的田间工作。一道幕府的命令抱怨说：农民已与过去大不一样。不是穿着粗糙的衣服，用稻草缩起头发，而是穿着棉布服装，用头油结出花哨的发髻。每逢雨天，农民已经不穿稻草蓑衣，而是穿着雨衣，打着雨伞！为了逃避农业劳动，农民愿意做任何事情，甚至到了不惜自我剥夺继承权或是勾销村庄注册登记的地步，以便能够自由离开村庄，去别处从事有利可图的职业。[1] 实际上，农民们不会轻易采取这样的行动，这表明了某些农村人口的绝望处境。

政府开支，江户商人群体的生命之源，遭到了大幅削减；奢侈品和娱乐活动遭遇禁令；官员们被派往城市各处监察禁令的执行情况。在一个月之内，越后屋（现今的三越百货集团前身）就报告说其营业额比前一月下跌了 5830 两，大丸商铺下跌了 2800 两，白木屋（现今的东急百货集团前身）也下跌了大约 3670 两。虽然这 3 家商铺都存活了下来，而且一直存活至今，但这仍是一次严重的经济衰退。

595　　即使如此，对于幕府来说物价的下跌仍远远不够，在一次基于批发商行会（问屋仲间）的报告所做的调查显示，这些组织不再是将货物输送至江户的有效渠道。其他的渠道一直在发展，从江户城市位于关东地区的生产迅速发展的腹地收购货物。幕府乐见这一地区的经济增长，由此可以最好的演练它的直接控制。到 1821 年，从大阪发货的酱油已被野田和其他关东地区的产品所取代，这里的酱油价格更便宜，味道也更浓烈，更适合江户的口味。那些业务与大阪贸易关系紧密的批发商行会祈求他们的垄断特权，极力阻碍关东产品在江户的销售。但是

---

[1] 石井良助编：《德川幕府禁令考》，东京：创文社，1959 年版，第 5 卷，第 192 页。

到了19世纪40年代，关东的生产者已经占领了40%的江户市场，来自足利、桐生和关东其他地方的棉籽油、丝织品通过江户商人大量销售，这些商人建立起自己的生意，与那些特许商人相抗衡。关东地区的棉布、茶叶和其他产品也在以越来越多的数量进入江户市场。[1]

随着经由大阪通道的物资减少，给予大阪货物在江户市场上的优先权意味着限制那些来自关东和其他地方的不断增长的物资供应。而且，关东地区紧挨江户，没有海路阻断的危险，同时由于关东地区主要处于幕府直接控制或通过其家臣和分支机构间接控制，这里可能成为幕府物资采购垄断体系的基础，就如同沿线的那些大名们已经成功做到的一样。基于这样的考虑，幕府在1842年初采取行动，收回其对大阪进货通道的支持，取消特许商人行会（株仲间）的垄断特权，开始与那些最接近的地区进行贸易。尽管难以预计，但考虑到这一激进行动可能招致混乱，幕府在江户地方治安官之下设了一个机构，职员由平民充任，专司考察和报告新制度的运行情况，并防止新制度被滥用。

1842年秋，解散这种商人行会的命令扩展至各藩。并不是所有的大名都遵照执行，那些照着做的大名显然有他们自己的理由。例如，尾张（位于今名古屋）藩，由德川家族一支地位较高的分支执掌，就是在表面上服从了，实际上仍保持着既往对若干贸易活动的控制。那些操控该藩主要输出品之一的棉布经销商的垄断特权遭到废除，被一个市场经销机构所取代，这一机构名义上由藩主自己运营，实际上仍是由从前那些特许经销商（问屋）参与其中的。在有些藩里，例如会津和萨摩，幕府的命令被漠然无视，诹访藩实际上特许了一个新的商人行会来控制它的纺织品市场。[2]

通过藩营专卖机构，诸藩从手工业和商业的增长中获利匪浅，却使幕府烦恼了很长时间，因为诸藩由这种机制可以增强它们相对于幕府的财政实力，而幕府则无法以同样的方式获益。因此，1842年底幕府拒绝了诸藩将藩营专卖机构作为公务机关的请求，坚持各藩的产品须自由销售。各藩的反应很是令人沮丧。随着农业税收的下降和开支的上升，来自市场专卖机构的利润对于维持各藩的适度偿还能力已经必不可少。就在此时，信浓的松代藩由于内部原因强行放弃了它对丝

596

---

[1] 林玲子：《幕末维新期における关东の商品流通》，《地方史研究》第20期，1971年4月，第28-41页。

[2] 参见津田秀夫：《封建社会解体过程研究序说》，东京，塙书房，1970年版，第222-223页。

织品市场的控制，导致其在 8 年内背负了沉重的债务。[1] 出于某些理由，各藩怀疑幕府正在考虑建立它自己的专卖体系，甚至推行某种形式的全国范围的商业控制，像长州和萨摩这样的藩便选择强化而不是放弃它们自己的商业体系。

到 1843 年初，改革的推力显然正在把经济力量的平衡转向有利于幕府的一方。这年一开始，幕府就抛出了一份针对藩札的调查，差点就要禁止藩札的发行。4 个月之后，幕府又企图禁止各藩在其领域之外的港口拍卖物资，以限制各藩的经营活动。

同时，幕府也在尝试发布命令，将大阪和江户的物价以及工资和租金砍掉大约 20%，来减少自己的开支和各藩的利润。幕府期望由此造成的开支缩减向后传导给供应商，特别是那些藩营专卖机构，使它们转而强制降低支付给地方上供应商的价格，从而最终削减支付给生产者的价格。这将有利于减少工商业超过农业的相对吸引力，尽管实现的可能性很小。如果货物除了主要的幕府城市就没有别的出路，也就不会造成不切实际的期待。然而，这个国家的其他很多地方已经产生了大量的需求，只要货物能够在这些地方卖出，各藩大名及农村商人就不打算削减他们的利润。不过，支付给纺纱者、织布工及其他生产者的工资从来就不曾高过，而且，他们的实际收入还因通货膨胀而下降。进一步减少生产者收入的企图当然激起了抵抗，并迫使赤贫的村民们移至城市找寻生计。于是，商品的供给价格并未如预期那般跌落，大阪的批发价格一直在 19 世纪 30 年代平均水平之上的 30% 附近波动。

江户町在奉行鸟居耀藏的指导下，物价控制得以严格执行。鸟居耀藏为水野忠邦的得力助手，能力卓著，工作卖力，但也正是由于这些原因而招致人们的普遍憎恨。结果是大量货物由江户转移到其他市场，这几乎肯定造成了生产的某种衰落。幕府官员把江户的物资匮乏归咎为奸商的阴谋诡计，而不是考虑日本此时已经成为一个商业化社会，江户的物资匮乏只是其价格控制政策的自然结果。

与其他统治者一样，幕府似乎一直在制造衰退上比促进发展要做得好。在价格控制令颁行的 6 个月里，农村状况的恶化迫使更多的人离开村庄，而江户贫困

---

[1] 吉永昭：《藩专卖制度の基盘と构造：松代藩产物会所仕法おめぐって》，载古岛敏雄编：《日本经济史大系》第四卷，东京大学出版会，1965 年版，第 225-262 页。

小贩的问题也越发恶化。1842 年底，许多小贩遭到围捕，其中一部分被遣返回村庄，一部分则被投入劳改营。其后又颁布命令，把江户所有未经许可的商贩都遣送回村，从事原来的农业生产。此时，二宫尊德和大原幽学积极参与关东村庄的重建，树立起一种在某些方面类同于现代农业合作社的样式，其观念基础是如果农民已不再情愿为地主劳动，他们仍然可被说服为了村落社会的利益而工作。这种当时被认为新奇的思想，只取得了某种程度的成功，但它成为现代日本社会组织中一种重要元素的雏形。

通过压制其领地上的利率，幕府帮助减轻了其家臣背负的债务负担。但是，其作用也造成了财政来源的枯竭，使得家臣依赖于幕府的救助，并使得家臣们的财政状况比以往更加困难。因此，1843 年春，幕府采取措施改善家臣的处境，以保持家臣们及其债权人在经济上应付自如。 598

幕府本身也曾通过其设在马喰町的金融机构向其领有的家臣提供了大量贷款。意识到没有多少偿还的可能，幕府便勾销了未清余额的一半，大约价值200000 两到 250000 两，并公开宣布剩余部分可以免除利息，从容地分期偿还。那些以稻米方式收取俸禄的家臣养成了向札差（即财务代理商）借款的习惯。其中有些身陷世代累积的巨额债务。为了对他们有所帮助，幕府设计出一种安排，通过猿屋町的财务机构以非常有利的条款把钱贷给其家臣，使其能够用这笔资金偿还他们对札差的债务。从札差方面来讲，也要遵从幕府的榜样，通过免除或降低利息、安排以少量的分期付款偿还本金等方式来减轻那些较小债务人的财政负担。幕府指出，与先前断绝与家臣的关系相比，如今的做法要宽宏大量得多。不过，在这一安排付诸实施之前，水野忠邦已经下台，虽然详情不很清楚，其继任者似乎主张所有欠札差的钱款都要偿还，但可免除 20 年的利息。在札差被命令捐献 100000 两用于重建部分江户城堡后仅仅 5 年就做出这样的安排，对于札差是一次沉重的打击，许多被迫暂时关门歇业。[1]

水野忠邦的施政似乎相信，能够采取一些手段筹集资金实行这些救护行动，从而将自己的财政状况置于更加合理的基础之上。作为一种短期的权衡，一种强制贷款（御用金）被强加于大阪、堺、兵库和西宫的商人团体。这些贷款随着时间推移而增加，经常用作维持米价的补贴。那些领头的商人，主要是银钱业者

---

[1]　Koda Shigetomo, *Nihon keizaishi kenkyū* (Tokyo: Ōokayama shoten, 1928) pp. 76-83.

们，被要求按其在业界定位的大致比例借钱给政府，周期为 20 年，利率也极低，与今天日本银行系统必须购买政府债券的情况十分相像。1843 年的行动，以比其前任大得多的规模展开。原定目标是以 20 年 2.5% 的利率筹资大约 225 万两。考虑到较低的风险因素，这一利率与借钱给诸藩的回报相比可谓优惠多多。实际的筹资量约为 115 万两，即使如此也相当于以往筹资量的 2 倍。在据说只求不超过 25 万两的马喰町融资计划之外，没有给出明显的理由筹集如此之大的一笔资金，但水野忠邦似乎已经考虑到需要大量资金展开某种另外的行动。[1]

599

水野忠邦了解学者佐藤信渊的著作，据说曾委托制作过佐藤信渊最著名的著作之一《复古法概言》。[2] 在这部著作及其他作品中，佐藤信渊建议采取全国范围的国家垄断贸易制度，果断地把生产和市场利润的管制从各藩转归幕府。

在幕府自己的领域内实现一些这样的计划当然是可能的，而且关东地区已经发展成为能够提供良好基础的地点。甚至在大阪的贷款额完成之前，幕府就宣布计划加强它的领地，将江户周围大约 25 英里半径和大阪周围 12.5 英里半径内的所有土地重新划归其直辖。那些领地遭到重新划分的领主将用别处可资比较的土地予以补偿。这一计划的理由之一是国防的需要，而另一个理由则是幕府需要一个强有力的经济基地，由此可与诸藩竞争，最终也许可将它对经济的控制扩展至全国。

各藩大名普遍反对这一计划，而且各藩的反抗与可能受这一计划影响最大的幕府旗本的反抗汇聚一处，这足以导致水野忠邦的倒台。在全国范围内实行直接经济管制的计划遭到抛弃，关东地区的垦荒工程，如果成功将会大大增加幕府的税收，也被叫停。水野忠邦的继任者土井利位，声称自己不能确定巨额大阪贷款的用途，表示在此情况下也许会将钱退回！即使当次年水野忠邦重返政府的几个月里，将诸藩专卖国有化的原定方案也没能重获执行。

600

尽管如此，天保改革还是产生了一些不可逆转的变化。它使人们认识到，如果没有彻底的改变，经济权力从幕府转移的过程就难以为继。一个现实的国防计划要求全国规模的资源调配，而各藩大名显然不准备将其经济权利交给幕府。同时，在废除经由大阪的陈腐贸易体系上，幕府也为进一步的改变开辟了道路。幕

[1] Koda Shigetomo, *Nihon keizaishi kenkyū* (Tokyo: Ōokayama Shoten, 1928), pp. 437-438.

[2] Satō Nobuhiro (Shin'en), *Fukkohō gaigen*, in Takimoto Seiichi, ed., *Nikon keizai taiten* (Tokyo: Shishi Shuppansha and Keimeisha, 1928), vol. 19.

府的力量无法达到这些改变，但这些计划却被后来者所承袭，并在大约 25 年后由明治维新政府基本上实现了。

对外贸易的开放

在天保改革的过程中，幕府放弃了通过大阪—江户市场体系控制全国经济的尝试。在幕府的位置上，它希望建立一个新的制度使其能够控制全国的生产和贸易，但是在面对诸藩的反抗时，它缺乏实行其计划的政治和财政手段。不过，这些计划并未被完全抛弃。1851 年批发商行会的重建，并不代表天保改革前状况的回归，而是一个走向基于更广泛控制的步骤。新的批发商行会并不打算阻止外来者进入，而是把他们吸收进来。这样他们就并未被授予垄断特权；成员资格也对所有真诚的商人开放。对农村商人不再限制，幕府转而鼓励他们加入新的行业组织。1852 年，具有会员资格已经成为强制性的了。这些行会的管辖权并未伸展到诸藩领地，但新的体系十分广泛，足以包容所有贸易商，各藩正是通过他们在重要城市销售其产品，于是，至少在名义上将他们置于了幕府的监督之下。

正是在这颇有几分不安的局面下，1853 年，海军准将马修·佩里携带着要求日本开放对外贸易的指令来到了日本。对外贸易的前景及 1859 年的实际开放，直到明治维新及其以后很久一直支配着日本的经济和政治生活。如果日本在 19 世纪 40 年代就已经达成了经济变革，那么，开放对外贸易就会保证这一变革的迅速发展，影响深远。对外贸易的开放造成了严重的通货膨胀，改变了生产和相对价格，并且激化了幕府与诸藩之间在控制对外贸易问题上的争斗。

天保年代通货紧缩措施的影响相当短暂。到 1850 年，在幕府和诸藩债台高 ₆₀₁ 筑和农村需求持续增加的影响下，物价再次上涨。不过，正是对外贸易的开放使得相对温和的物价上涨变为严重而加速的通货膨胀。而汇率问题是一个主要因素。

在贸易开放之前的谈判中，汤森·哈里斯，美利坚合众国的代表，坚持外币——实际上是墨西哥银圆——与日本货币的兑换应以重量为标准。这是一种用于与中国及其他东方国家贸易的制度，这些地方的货币主要都是银币，按重量来计价。日本也有按重量计价的银币（丁银、豆板银）存在，按银 60 匁*兑金 1 两的法定汇率兑换黄金，这非常接近于 15.5：1 的国际比率，但是直到 19 世纪 50 年代，银币在日本货币的构成中只占不到 3%，而且不再通用。

19 世纪 50 年代的日本货币构成包括各种 1 两金币和更小面值的金币，以及表示 1 两金部分价值的各种银币。这些银币后来大多都是四分之一两的银币（一分银），自 1837 年以来，大约有 2 亿枚这样的铸币。尽管日本的谈判代表向汤森·哈里斯指出这些辅币的重量和成色并不重要，就像它们作为 1 两金的四分之一的符号而流通一样，其内在价值要小得多，但日本代表的意见不为人们所重视。如果外国人被允许用墨西哥银圆兑换等重的日本银代币的话，那么 1 个银圆将兑换 3 个一分银，在日本这代表 1 两金的四分之三。这样，外国人用 1.33 银圆就可换到价值远超 3 倍的 1 个日本金币，而实际上 1 个日本金币大约相当于 4.59 银圆。汤森·哈里斯已认识到这是极为不公平的兑换，仍执意坚持，这不仅使得谈判复杂化，也迫使日本政府改革它的货币体系，从而不可避免地造成了严重的通货膨胀。

日本的第一个反应是通过重新铸造银辅币来消除货币不对等现象。就在贸易开放的日期到来之前，日本开始大量铸造八分之一两银币，2 枚这样的银币仍比 1 枚墨西哥银圆重出不少。以这样的比率，1 两金将相当于 4.48 墨西哥银圆，非常接近它在国际市场上的价值。如果幕府继续推行它所宣布的以这种方式重铸银辅币的意图，就会将流通中的货币面值减少大约 1400 万两，约为 26%，通货紧缩将随之而来。不过，新的铸币在条约口岸一出现，外国代表就抗议说这不是一般通用的真实日本货币，而只是阻止外国商人根据条约精神谋取利益的策略。在被迫撤销了新的铸币之后，幕府竭尽所能力图避免以条约规定的不恰当比率兑换外币，但是处在持续不断的压力之下，最终没能阻止在接下来的 6 个多月里有多达 500000 两黄金被输出国外。1860 年 1 月，幕府宣布这一状况将通过重铸金币加以纠正，同时，日本国内一分银兑换一两金的比率将变为 13.5：1。4 月，比旧币尺寸三分之一稍大的新铸金币发行，法定比率 3 个新币兑换 1 个旧币。结果，流通中的货币总量增加了几乎 2.5 倍。其后英国政府曾经就这一令人遗憾的事件进行道歉，但是损害已经造成了。

由条约强加的不正常的货币兑换，无论是通过改革（重整）银辅币还是通过

---

* 日本旧制重量单位，1 匁约等于 3.75 克。——编者注

改革（减小）金铸币来加以消除，对两者之间关系的影响都是同样的。但是，对于其他价格关系的影响则有很大不同。前者将会把墨西哥银圆在日本的购买力削减三分之一，并且降低日本的价格水平，或者至少阻止其上升。后者原封不动地保留了墨西哥银圆的交换价值，却导致了严重的通货膨胀，以及随之而来的日本在财富和收入分配上的变化。在一年里，日本的一般价格水平就上涨了超过30%，到1866年，物价上涨已经超过了开放贸易之前的4倍。[1]

一旦汇率状况得以改善，贸易就迅速发展起来。1860年，这是第一个完整的贸易年度，出口总额（以墨西哥银圆计算）为470万日元，进口总额为170万日元。出口总额1864年增长为1060万日元，1867年又增长为1210万日元；而进口总额，包括舰船在内，则分别增长为810万日元和2170万日元。从开放贸易直到明治维新，对外贸易总的来说导致了仅仅400多万的盈余。生丝是当时最大的出口商品，占到每年出口总值的50%—80%。主要的进口商品是毛织品和棉织品，临近王政复辟之时，武装舰船也成了重要的进口商品（约占进口总额的20%）。与那些未受对外贸易影响的商品相比，出口商品的价格上涨快得多。生丝价格在第一个贸易年度增长了3倍，在接下来的5年里，又增长了2倍多。出口需求最终刺激了产量的大幅增长，但是它对日本丝织业的最初影响却是灾难性的。在丝织业中心的桐生，外贸开放导致头等生丝价格猛涨，从每担94两上升为267两；在诹访，生丝价格也从每担80两上升为200两。由于30%—50%的产品用于出口，造成京都丝织工业的原料短缺十分严重，以至于京都所司代预料将会产生骚乱，因此命令一些富商建立施粥摊以救济失业的织工。[2]

货币改革及通货膨胀影响到财富和收入的重新分配。金币的改革给那些持有金币的人带来了200%的意外之财，这些人主要是巨商、银钱业者和地主。通货膨胀使商人受益，特别是那些从事出口贸易的商人，却给劳动者和下级武士这样的收入比较固定的人带来了苦难。到1865年，大阪木匠的实际工资只有19世纪40年代的一半。[3]物价的上涨和实际收入的下降在农村和城市都引发了抗议和骚

603

[1] Shinbo Hiroshi, *Kinsei no bukka to keizai hatten: zenkōgyōka shakai e no sūrylōeki sekkin* (Tokyo: Tōyō Keizai Shinpōsha, 1978), p. 282.

[2] Ishii Takashi, *Bakumatsu bōekishi no kenkyū* (Tokyo: Nihon Hyōronsha, 1944), 312, 52-54, 176-185,318.

[3] Shinbo, *Kinsei no bukka to keizaihatten*, p. 276. 虽然这些特殊的工资数据可能不具代表性，但工资上的一般性滞后则是值得考虑的。

乱的浪潮。银行信贷的大幅增长成为加重通货膨胀的刺激因素。在1850—1867年间，银行系统向各藩的贷款总计约为2100万两，数额是如此之大，以至于在同一时期内，尽管金币的量增加了3倍，但以金币计算的银行信用票据的价值却跌去了一半多。

开放贸易对于生产的影响也很深远。1858—1863年间，生丝生产翻了一番，新的缫丝技术迅速传布。诸如若尾缫丝机、座缫缫丝机之类的新设备，有些已是水力推动，使每个工人产量倍增，生产出来的生丝品质更优良，质量更均匀。茶叶的生产和加工也有显著进步。这些和其他经济作物越来越取代了稻米及其他主要粮食作物的生产，尽管官方限制将稻田转为他用。对外贸易的开放以及由此产生的预期，提供了一种遍及全国，尤其是在经济较为发达的近畿和关东之外地区的变革动力，大大加速了自19世纪初以来就开始运行的生产和贸易模式的改变。

对外贸易的开放促成了幕府与诸藩关系的危机。由于政治软弱，财政空虚，以及诸藩的反对，幕府在天保改革后加强对全国经济控制的图谋遭到挫败。但是，如果幕府能够控制对外贸易的话，也就能够大大增加它的收入，并构建一个处于其控制之下的全国性贸易体系，这样就会使权力的天平发生有利于它的决定性偏转。由于所有对外贸易港口都在幕府的领地上，这绝不是一个异想天开的方案。

随着对外贸易开始进行，幕府于1860年初采取了第一个行动，宣布作为一个避免国内短缺的临时措施——就像丝织业受到的影响那样——谷物、植物油、植物蜡、纺织品和生丝都要出售给江户的由幕府控制的机构，由这些机构决定输出的配额。有明显证据表明幕府正在筹划一个更为广泛的控制系统，这一系统将会取代各藩的贸易组织，实际上将导致幕府对国内贸易和海外贸易的垄断。[1] 从京都生丝经销商愿意每年拿出500000两来取得控制该项贸易的权力的提议中，可以看出由此获得巨大潜在收益的迹象。如果幕府成功实施这一计划，那它的收入就会增加大约50%。但是，即使这一临时措施也立刻遭到了生丝外贸各个环节的商人和各藩大名的坚决反对，而且，当汤森·哈里斯警告对出口商品的任何控制或限制都将构成对条约的违背时，幕府被迫再次后退，允许直接对外输出，尽

---

[1] Ishii, *Bakumatsu bōekishi*, pp.448-467.

管还要受到通知告示和出口许可的管制。1863 年前，出口许可似乎一直是自由发放的，此后，幕府便企图通过出口配额再次实施外贸控制。结果造成了生丝交货量的剧烈下跌，在横滨，事态已接近失控，这里出口配额受限的日本丝商，为包括自己运送的藩产生丝在内的每驮马货物支付藩吏 18 两。来自各方面的反对，使得强迫实施出口配额制度显得更为困难。一些商人求助于雇用武士浪人恐吓出口管理部门来取得出口许可。大约有 4 个月之久没有受理出口许可事务，到 1864 年 2 月，贸易几乎陷入停滞。幕府再次被来自商人和外国社团的抱怨，特别是来自那些实行直接贸易的诸藩的反对所压倒，行动的方向终于被确定了。外国领事们警告说，条约中没有任何条文阻止各藩开放它们自己希望开放的港口，面对这一警告，幕府重新开始受理出口许可事务，但仍在继续寻找实施外贸垄断的方法，直到当年 10 月，一支刚刚炮轰过下关的外国小型混合舰队耀武扬威地驶入江户湾，迫使幕府再一次退让。

虽然如此，但直到其倒台，幕府仍在继续打着垄断全国市场权力的主意，而贸易控制问题确是构成幕府和有些藩对待外交关系态度的关键因素，这些关系的变化导致了明治维新的到来。

明治维新：连续性与变化

在日本历史的世纪脉络中，随着明治维新而来的种种变化似乎一蹴而就，旧秩序的约束机制好像一下子就被拆除了。但在实际上，这些变化经历了至少 10 个动乱不定的年头。明治维新发出了意义深远的变革信号，但除了加剧当时的不确定性和纷扰破坏，对经济的直接影响其实是很小的。它也没能解决在幕府的最后岁月一直困扰着它的任何经济问题。虽然新政府意识到改革的必要，但形势并不允许，大约花了 10 年时间，起初只是试探性地行动，才由把握那些承袭旧制度框架内的经济问题，一步步走向全新的解决方案。

新政府遇到的第一个问题是如何解决中央政府和诸藩之间对经济控制权的争斗。这一问题由于需要为明治维新筹措大量资金而变得更为迫切。为此，明治政府上接幕府流产了的建立全国经济控制体系的计划，在 6 个月内设立了一家机构（商法司），并在东京、大阪、兵库设立分支机构（商法会所）。这些机构在很大程度上承袭了以往的藩专卖体制，商业和财政运作都委托给处于政府监督下的重

606 要商人团体。就如诸藩曾经通过发行纸币向其贸易机构投资，明治政府也通过这些机构发行了自己的不可兑换票据（太政官札）。由于那些使之前幕府遭受挫败的原因仍在发挥作用，明治政府的这一制度也未能成功。来自地方势力的反对阻止了对海外贸易的控制。新纸币未能让民众很好接受。诸藩的贸易机构继续同中央政府的贸易机构竞争。

在仅仅运转了 10 个月后，商法司就被废除，由建立在 8 个主要城市中的通商司取而代之，它们通过贸易商社（通商会社）和信贷商社（为替会社）来运营。这些商社由诸如三井家族、小野组等政府控制下的商人和银行家组成，它们的宗旨和功能与其前辈相似。虽然它们有助于给日本的经济生活恢复了某种程度的秩序，但到 1872 年，变化了的情势还是宣告它们已经不合时宜。1871 年，在准备废两改元的币制改革过程中，为替会社被命令百分之百地现金返还它们的票据，这个要求导致了部分成员的破产，当一种新的银行制度于 1872 年引进时，为替会社或是归于解散，或是被重组为国家银行。1871 年，诸藩作为半自治性区域遭到废止，开启了实行全新财政和经济政策的道路，这取代了传统的贸易垄断思想，也改变了通商会社的地位。[1] 在几乎看不到前途的开端之后，接下来的第一个十年里就发生了重要的制度变迁。回顾往事，虽然这些变化对于现代经济增长来说是必不可少的，但在当时它们代表的只是对财政需求的回应，而不是恪守对经济和社会进步的承诺。

明治政府主要的当务之急是创立一个足以应付其所需的健全财政基础。幕府没能达到这个目标，大多数藩也没能达到这个目标，新政府不仅继承了它们留下的财政赤字，还有堆积如山的债务，以及自己在明治维新战争期间发生的新债务。正如我们已经看到的，重蹈有些藩的覆辙，明治政府通过垄断机构增加其收入的尝试归于失败。最紧迫的问题是获得稳定的税收来源，农业在经济中的优势地位，以及不愿因征收革命性的新税而招致进一步的反抗，这两方面的考虑使得明治政府的行动仍是采取农业税的形式。明治维新前后两阶段的经历清楚表明，无论是重新分配，还是保持稳定，如果不想把反抗激发到危险的程度，农业税就不能在目前的水准上大幅提升。

607

---

[1] 参见 Shinbo Hiroshi, *Kōbe keizaigaku sōsho, vol. 7: Nihon kinkai shin'yō seido seiritsushi ron* (Tokyo: Yūhikaku, 1968).

照那样的情形，除非新政府能够大幅减少它的开支项目，否则就只能接受至少与其前辈一样多的财政赤字。由于大约 30% 的国家收入用于支付武士的俸禄，这是一个可供考虑的明显领域。其他方面的节省行动也在采取。诸藩收入的大约 20%，传统上被用在"参觐交代"制度下大名维持其在江户设施的成本上，而这不再是必需的了。这样，如果农业税的收入能够不论产量和米价如何波动而得到保证，加上世袭武士的俸禄得以减少或废除，那么政府的开支看来有希望得到满足，甚至还可以做出新的许诺。

1869 年底，开始尝试减轻支付武士俸禄的财政负担，当年从总量 1300 万石（1 石约合 180 公升）减少到 900 万石，到 1871 年，进一步减少到 490 万石。随着地税改革的推行，武士阶级保留权力从土地获得收入的任何希望都归于破灭，1873 年的《征兵令》又消除了武士阶级军事存在的理由，那些拒绝早先的诱惑，不愿放弃权利的武士，被要求放弃其权利以换取一次性的补偿，这种补偿主要是以政府债券的形式，这些债券可在发行之后的第六年开始兑现，按批号在超过 30 年里兑现完毕。这与武士们的期望值相去甚远，1877 年的萨摩叛乱强有力地表达了他们的不满。在接下去的几年里，通货膨胀进一步降低了武士补偿金的实际价值，到 1880 年底，7% 补偿债券的市场价值只有其面值的 60.7%。用这种办法，明治政府大大减少了它的经常性开支，这是一笔 17300 万元债券和 73 万元现金的巨款。赎回这样大的一笔发行债券，本身并非易事，但是，如果没有对武士俸禄的补偿，政府的财政状况也就毫无希望。那些得到较大数量补偿的武士，被鼓励去投资新的国家银行，规章制度上的改变允许补偿债券作为资本使用。还有些武士投资于铁路或其他联合股份公司，但大多数都沦落为自食其力的劳动者，或是陷入贫困的境地。

农业税制度的改革开始于 1873 年，用了将近 6 年时间方告完成。新税根据对土地的估值以现金完纳，纳税人则被给予对土地的权利。对土地价值的评定，即将土地的平均收成估定为价格，以便将实物纳税转变为现金缴纳，这根据各地的市场情况而有不同的处理。这样计算出来的收成总值，扣除掉种子、肥料、地税国税等费用后得到产品净值，则以 4%—6% 的不同比率作为投入被估定的土地价值的资本。国家土地税被定为地价的 3%，而地方税为国税的三分之一。

关于这一变革的结果是加重还是减轻了农民的负担？一直存有争议。政府的意图是尽可能不改变税收总量。不过，在改革之前，作为"税租"或主税的补充，许多藩已经或多或少地强征了一些辅税。各村也有责任资助地方工程，比如道路和桥梁的修建和养护，等等，同时也要承担自己的行政管理费用。由于这些费用的需求量难以确定，且在任何情况下各村之间都有差别，不可能进行直接的比较，所以与旧税相比，作为农家产量一部分的新税看来可能不会更高，相反在大多数情况下只会降低。当然，由于新税的征收大体上较为公平，也可能会产生个别人原来税负较轻，而今却不得不缴付更多的情况。尽管如此，在针对新税制的大量抗议活动之后，1877 年，国税比率下降为 2.5%，地方税率则下降为国税的五分之一。这进一步降低了税负，接下来的四年里，农产品价格几乎翻番而地税却维持不变。没有迹象表明农业产量下降——相反还有所上升——但是，作为农家产量一部分的地税负担，此时仍然不到明治维新之前的一半。

虽然地税改革的目标是保证稳定的收入来源，但它的影响却要深远得多。土地变成了资本资产，能够自由合法地出卖，而由于以货币形式固定了税率，土地所有者——而不是封建领主——从农业改良、专业化生产、降低运输成本，以及农产品价格上升中获益。这些激励可以预期将带来明治时代上半期的一些增长，但对此难以测量。由于这些收益将归于土地所有者，而不是耕种土地的租佃者，在这种情况下谁拥有的土地越多，它的收益也就越多。结果是贯穿这一时期的显而易见的土地占有的集中和租佃现象的增加。

尽管采取了这些激烈措施，明治政府仍然陷于沉重的赤字，1877 年末到1880 年末，政府票据发行从 10580 万元增加到 12490 万元，大部分是用来支付镇压萨摩叛乱的费用。在同时期内，国家银行规则的放松，本欲促进补偿债券的发行，结果导致银行票据从 1340 万元增加到 3440 万元。于是，流通中的纸币在3 年里增加了三分之一，到 1881 年初，流通的纸币币值对铸币已经打了 70% 的折扣。

身陷这些财政难题之中的明治政府，不知怎么就找到了开始建设交通基础设施的办法，而这对国家的进一步发展是至关重要的。明治政府将此视为当务之急，部分是出于国内治安的需要，部分是由于要抢在已经表露出直接投资强烈兴趣的外国投资者之前占领这一领域。随着利用外国贷款投资的东京—横滨铁路的开建，到 1877 年，政府已经建成了 67 英里的铁路，同时还铺设了 2827 英里的电报线路。1870 年，建立了一家半官半商的航运会社，但运营大约一年后就告倒闭。随后，利用接收自幕府和各藩的船舶，开办了邮船服务，但也没成功。

1875 年，政府免费将 30 艘船只移交给岩崎弥太郎的三菱公司，同时每年支付其
200000 元的运营补助金。这一举措是出于国内治安的考虑，同时也是渴望驱逐那
些外国航运公司，因为美国太平洋邮轮公司和英国半岛和东方轮船公司已经占领
了条约港口之间的沿海贸易。短短一年时间之内，外国轮运公司即已确信它们所
扮演的角色已经没戏，萨摩叛乱期间进一步给予三菱公司的补助，将它推上了成
为日本最大企业之一的轨道，成为日本现代工商业建设中的关键参与者。

在陆地交通上，1871 年废除了政府控制的以驿站为基础的传马制，该项事业
向私人开放。在最初几年里，旧的官方递信系统仅仅改了个名就保留了下来，但
东京到大阪之间现代样式的邮政服务也于 1871 年拉开了帷幕。1872 年虽然只有
21 个邮政所，但到 1874 年，数字就猛增为 3224 个，1877 年，日本加入了万国邮
政联盟。

除了提供这些物质设施之外，政府还为银行系统的重组创造了制度性的框
架，这一重组以 1882 年中央银行、即日本银行的建立为其顶点。旧有的金融体
系，曾经长期适应着日本的需要，如今由于明治维新而陷入混乱。政府还提供了
保险公司和股份公司的法律基础，鼓励这些公司的建立，并采取主动创立商会和
行业协会。到 1885 年为止，政府在基础设施建设方面的行为对经济发展的促进
作用，至少与政府直接投资和振兴现代产业一样大。

经济发展，1868—1885 年

19 世纪 90 年代前的全国经济统计无法使用，虽然国民收入总量和生产水平
的估计早在 1878 年即已得到制备，但误差幅度很大，[1] 且估算程序包含着一些几
乎没有证据存在的经济关系的假设。因此，对这一时期进行定量经济分析的尝
试，会给人留下准确性虚假的印象。

备有文献记录最多和产业发展最显著的领域是基于进口技术的新兴产业的建
立。从当时新兴产业在日本工业产值中所占比例的方面来看，可以说它们的贡献
微不足道。但是，作为引进新的工艺技术和生产方式的载体，他们具有长期的重

[1] 参见 Nakamura Takafusa, *Nihon keizai: Sono seichō to kōzō*, 2nd ed. (Tokyo: Tokyo Daigaku Shuppankai, 1980), pp. 12-13。

大意义。

明治政府从幕府和一些藩继承了一些西式的钢铁厂、军火厂和造船厂，这些
西式工厂的发展是出于国土防御的目的。[1] 1850 年，佐贺藩曾经成功建造了日本
第一座反射式炼铁炉，并从 1853 年起生产了相当数量的铸铁枪。萨摩藩、水户
藩和幕府自己跟着效仿。1857 年，幕府的长崎造船厂就制造了一艘蒸汽船，在幕
末年代，横须贺正在建造一家综合铸造厂、几个车间和一家造船厂。萨摩藩、佐
贺藩和水户藩都建造了轮船，还有其他几个藩也都建造了西式的航海船舶。就在
明治维新前夕，萨摩藩建起了一家现代化棉纺织厂，佐贺藩则借助于英国的技术
援助，对其高岛煤矿进行了现代化改造。

于是，新政府确立了自己对全国所有军工厂和造船厂的拥有。此外，它还获
得了国家大约一半的森林和所有主要矿山，包括佐渡金矿、生野银矿，以及釜
石、中小阪、小阪铁矿。

1868—1881 年间，政府继续推进这些设施的发展，并建立起新的企业。这
主要出于双重的动机。第一，它优先考虑发展国防工业，以应对迫在眉睫的外来
威胁。它敏锐地意识到军事力量在与开放和外贸相联系的谈判中所扮演的重要角
色，并决定今后的谈判应该在平等的基础上进行。正是因为这些理由，军工生产
就被置于优先的地位，尽管对往事的回顾证明它们对一般工程发展的促进才是意
义重大的。第二，明治维新前一段时期内的外贸盈余很快就让位于不断增长的入
超。从 1868 年到 1880 年，这些入超合计已达 7700 万元，而展望未来仍看不到
平衡贸易的曙光。在 19 世纪 70 年代占到全部进口总值一半的外国棉纱和纺织品，
比日本的同类产品价格更便宜，质量也更好，随着需求的增长，产生了发展日本
进口替代产业的迫切需要。在没有基础设施和服务以及缺乏技术基盘充分支持的
情况下，以较大规模筹集投资资金的办法就是必不可少的，而日本的私人投资者
则难以指望能承担这一任务。难以指望外国直接参与进口替代产业的发展，虽然
这有可能在诸如玻璃、砖瓦和水泥等笨重建筑材料的生产中即将到来。但日本人
确信外国企业的优势将会压倒国内企业，并且难以控制。

正是由于这些原因，1878 年，政府从继承自萨摩藩的酒井棉纺织厂开始，购

---

[1] 参见 Thomas C. Smith, *Political Change and Industrial Development in Japan: Government Enterprise, 1868-1880*
(Stanford, Calif.: Stanford University Press, 1955)。

买了 2 家超过 2000 纺锭的棉纺厂，分别设置在爱知县和广岛县。次年，它又购买了十多家这样的工厂，并以非常优惠的条件出售给私人投资者，主要是那些在传统棉纺织产业已经声名卓著的人物，对于购买 3 家工厂以上者还给予财政资助。由于规模较小，这些工厂的获利效能一般，所以其后的棉纺织厂规模更大。1879 年，出于同样的进口替代目的，建成了千住毛纺织厂。

第三，政府希望它的新型非军事产业能够起到一种示范效果，使日本人熟悉工厂化生产，训练管理和技术人员，并积累一些能被普遍运用的经验。不很清楚这些产业是否被指望用来盈利，但实际上大多数都在严重亏损的状态下运营。政府也努力振兴出口产业和农业生产，对之进行技术改进。建于 1872 年的富冈缫丝厂改进了日本出口领先产业的技术，一些试验场和农场也在研究最现代化的海外技术。

1868—1881 年间，据估计投资于政府企业的资金超过 3640 万元，[1] 在当时的财政困境中，这是一笔重大的投资。就像我们将要看到的那样，这些非军事企业于 19 世纪 80 年代被廉价抛售，转入私人之手，成为构成"明治资本主义"的一个重要因素。

不过，在明治早期，新兴产业对于生产的影响微乎其微，农业和传统产业仍然继续沿着明治维新之前的轨道运行。估算这一时期的农业生产是一个严肃的问题，对于我们理解其后数十年的日本经济增长具有重大意义。大川一司估算，以现行价格计算，1878—1882 年间日本农业的平均年产值为 43200 万元。[2] 中村基于其对农作物产量和土地面积记录再做调查后的数据，把这一估算提高了差不多 80%。[3] 后来，大川修正了他的估算，按实值计算比他的前一个估算提高了大约 50%。[4] 这种向上的修正确实方向正确，但几乎还是不能说问题已经得到了解决。 613

1874 年，幕府指派进行了一次实际生产情况的调查，调查沿着明治维新前由幕府和诸藩执掌的类似地区展开。[5] 调查显示农业产品占到实际生产的 60%，工

[1] 参见 Thomas C. Smith, *Political Change and Industrial Development in Japan: Government Enterprise, 1868-1880* (Stanford, Calif.: Stanford University Press, 1955)，p.69。

[2] Kazushi Ohkawa, *The Growth Rate of the Japanese Economy Since 1878* (Tokyo: Kinokuniya,1957)

[3] James I. Nakamura, *Agricultural Production and the Economic Development of Japan 1873-1922* (Princeton, N.].: Princeton University Press, 1966).

[4] Ōkawa Kazushi, ed., *Chōki keizai tōkei*, vol. 1: *Kokumin shotoku* (Tokyo: Tōyō Keizai Shinpōsha, 1974).

[5] 本段及下一段落基于 Yamaguchi Kazuo, *Meiji zenki keizai no bunseki* (Tokyo: Tokyo Daigaku Shuppankai, 1956), pp. 1-73。

业产品占 30%，天然资源产业（林业、渔业和矿业）占 9%。调查中有很多重复计算，例如就像丝绸织物一样，包含着用于其中的生丝价值，同样，生丝价值中也包含有用来缫丝的蚕茧价值。

在农作物总值中，稻米占 63%，其他粮食作物占 23%，供工业用的作物占 12%。大多数作物在国内大部分地区都有一定程度的种植，但就大多数作物来说，生产表现出某种地域性的专门化，63 个县的大约九分之一出产全国产量的三分之一到一半。工业生产主要包括酿酒和食品加工（占 42%），以及纺织业（占 28%）。酿酒业产值大得惊人，比所有丝、棉纺织业的产值都要大很多，相当于生丝产值的 3 倍。在经济上比较发达的近畿、四国和关东地区，各县的商业性生产大约 3 倍于较为落后的东北、九州和日本海沿岸地区各县。

同年的一次关于家庭职业分布情况的调查，列出 77% 的家庭"务农"，只有 3.7% 的家庭（主要是木匠）"务工"，6.7% 的家庭"经商"，还有 9% 的家庭"从事混杂职业、仆役和雇员"。显而易见，很大比例的手工业生产和商贸活动是由被列为"务农"的家庭从事的。

1884 年进行的非政府"工厂"调查显示，1881 家"工厂"中有 1237 家位于农村，超过三分之一的"工厂"雇工不到 5 人，只有 176 家"工厂"雇工超过 50 人。只有 72 家"工厂"使用蒸汽动力；47% 的"工厂"使用水力；其余的完全使用人工。就工业而言，纺织业占 61%，制陶业占 12%，食品加工业占 9%，金属加工业占 8%。[1]

从这些调查中展现出来的轮廓，与我们对 19 世纪 50 年代到 19 世纪 60 年代日本经济生活的印象颇为相像。响应出口需求的生丝和茶叶生产的进步，本土技术的某种扩散，专业化生产的进一步扩大，以及从明治维新前后的纷扰中复原，很可能把农产品的实际价值提升到 19 世纪 60 年代早期的水平之上，棉纺织品的消费比进口商品增长得更快，这表明了国内工业的发展，同时也反映了生活水平的某种提高。虽然证据还不很充分，但可以说，在日本的经济活动中并未出现剧烈变革和急速增长的标志。

---

[1] 本段及下一段落基于 Yamaguchi Kazuo, *Meiji zenki keizai no bunseki* (Tokyo: Tokyo Daigaku Shuppankai, 1956), Table 17 facing p. 104.

转型及其本质

到了 1880 年，事情已经很清楚，通货膨胀不仅是一个严重的财政问题，而且成为经济发展的障碍。收支逆差已经造成 6000—7000 万元硬币的损失，而由于海外白银的贬值远比日本国内要快，大部分损失都表现为黄金的形式。日本的硬币储量急剧下跌，以至于只能为其纸币发行提供 4.5% 的支持。

当 1881 年松方正义就任大藏卿之时，他采取了由其前任大隈重信开始的政策，减少纸币流通数量，重建纸币与硬币的同等价值。后来，松方正义回忆起当时的情形：

> 在那时（1880 年），我们堕入这样一种境地，国内各阶层民众都满怀焦虑。政府的实际收入几乎减少了一半。民众当中，那些依靠政府债券利息、养老金及其他固定收入为生的人突然沦于困境。债券价格急剧下跌，而商品价格，尤其是稻米价格涨到新高。地税实际上也在急剧减少，而土地价值却在大大增加。作为从这种状况中获利的唯一阶级，农民采取奢华的生活方式，引起了奢侈品消费的大幅增长……因此，从国外的进口激增，国家的硬币供给进一步耗尽。商人们被极度波动的价格弄得眼花缭乱，全部目的都在于获得巨大的投机利润，而不去关注生产性的事业。结果，利率非常之高，没有人能够谋划建立一家需要相当资本的工业企业。[1]

通过激烈的整顿，新的税收，以及巧妙的财务管理，加上似乎进入了一个经营环境意外低迷的周期，[2] 松方正义的措施把发行的纸币从 1881 年的 15940 万元减少到了 1885 年的 11850 万元，略低于 1877 年的水平。硬币的担保上升到了 35.7%，纸币价值回归到非常接近与硬币等值。这一过程造成了严重的衰退，翻转了很多通货膨胀繁荣带来的效果，把各种资源转移到政府、银行系统，及其他更强有力、更有竞争性的企业手中，尤其是那些与政府关系密切的企业，它们是政府迫于财政窘困而出售官办企业的最终受益者。由于通货紧缩有助于使资源转

---

[1] 引自 Smith, *Political Change,* pp. 96-97.

[2] Teranishi Shigeo, "Matsukata defure no makuro keizaigakuteki bunseki," *Gendai keizai* 47 (Spring 1982): 78-92.

向最终得以最有效利用的部门，传统经济的发展受到压抑。无论是否有意为之，松方正义的紧缩政策确立了优先发展现代部门的战略，这一战略最终以其特有的方式证明了它的成功，尽管这必不可免会使当时和其后数十年的普通日本人付出相应的代价。

但是，财务管理虽然巧妙，本身却不能提高实际资源用于发展的有效性。生产的增长无疑提供了某些证明，但是，我们所有的证据却表明，这种增长并不像人们一度认为的那样迅猛。明治时期的经济转型需要某种现存资源的重新调配，而发生于明治维新到松方紧缩结束之间的种种变化，实际上正是导致了收入和财富两方面的重新分配。

对武士俸禄的补偿实质上造成了收入的重新分配。明治维新之前，以稻米形式计算的武士俸禄总计大约 900 万石。在考虑到提供他们所曾履行义务的成本以及为其基本消费需求提供成本之后，给予武士的补偿把收入转化为每年大约价值 300 万石稻米价值的资本，足以抵得上明治初期全部投资额的一半。地税改革以及随后依次而来的通货膨胀和通货紧缩，产生了把收入集中在土地所有者和乐于投资土地的生意人手里的趋势。

616　　明治维新后的金融变革，特别是银信用单位的废除，导致大量资产从那些以这种方式握有财富的人手中转移出来，主要是与旧经济秩序联系紧密的保守银行家和批发商。在明治维新后清理幕府及诸藩的债务时，它们的债权人被迫勾销了估计高达 4700 万元的债务，这样就把资产从传统银行系统转移到政府手中。在赎回各藩纸币（藩札）的过程中，补偿额只有这些纸币面值的三分之一，使握有这些纸币的农村民众遭受了沉重损失。大多数这些变革都造成了收入和财富从消费者向潜在投资者的转移。[1]

由 19 世纪日本经济研究所引起的最有趣的问题之一，是关于明治维新前的经济与转向现代经济发展之间的关系。一些研究寻求可能被认为是现代发展"先决条件"的维新前经济的特征和趋势。实际上这些并不十分明显。对于一个工业化前的经济来说，人均收入水平偏高，但仍远低于那些在 19 世纪实现了现代经济增长国家的起始水平。此外，中村关于此时日本经济增长率并不特别高的观

---

[1]　E. S. Crawcour, "Nihon keizai ikō no arikata: Kinsei kara kindai e," in Shinbo Hiroshi and Yasuba Yasukichi, eds., *Kindai ikōki no Nihon keizai* (*Sūryō keizaishi ronshū*, Vol. 2; Tokyo: Nihon Keizai Shinbunsha, 1979), pp. 15-28.

点，意味着日本的成功意味深长地，且可能带有批判性地依赖于明治政府及其支持者限制消费工业化和军事投资所带来利益的能力。确实，在直到 1945 年的整个这一时期，消费都十分低下，与国民收入只有很弱的对应关系，以至于难以与一个自由经济体中的通常经验相吻合。

关于日本资本主义的性质及日本经济体系的作用，在日本学者中已经进行了几乎过度的探讨和论辩，但是，也许正是由于这个原因，这一争论并未在西方学者中引起广泛的反响。但是，我们会在何种程度上调整对日本早期经济增长的分析，就好像它曾经发生在一个自由市场经济的情况下一样？如上所述，至少到 19 世纪 70 年代为止，仍然与此相差甚远。拜伦·马歇尔争辩说，古典自由企业功利主义的伦理基础——对"看不见的手"和自由主义哲学的信仰——并未被第二次世界大战前的日本所接受，经济活动是以服务于团体和国家的名义来寻找根据。[1]

虽然传统经济活动以及承继于它的小企业部门越来越多地成为自由且富有竞争性的，但在那些被认为是最为重要的领域，日本政府通常还是对政府操纵而不是对自由竞争和市场机制抱有更多的信心。本章已经表明，对于日本经济发展所做的贡献来说，操纵经济的传统也许与私人企业的传统一样多。作为一个比较后起的发展者，日本能够获利的不仅是先进的产业科技，还有先进的操纵技巧。无论后者是否应被认为是"后发优势"之一，这都是一个有意思的问题，是一个将会操练所有日本现代发展研究者大脑的问题。

617

---

[1] Byron K. Marshall, *Capitalism and Nationalism in Pre-war Japan: The Ideology of the Business Elite, 1868-1941* (Stanford, Calif.: Stanford University Press, 1967).

第十章　明治政治制度

W.G. 比斯利

1867—1868 年德川幕府的瓦解，既是日本政治制度的重大变革，也是权力位 618
次的重大变化。当 1867 年 11 月德川庆喜辞去将军一职时，这似乎已经是无论如
何也不可避免之事。在同时代的人看来，他这样做可能已经很成功了，因为在一
些贵族会议中，他仍将占有突出的地位，幕府将军的权利虽然移交给了一群雄藩
领主，但他也将成为其中的一员。发生于 1868 年 1 月 3 日的由萨摩藩和长州藩
导演的宫廷政变，宣告了上述前景的终结。这一政变至少在某种程度上保证把德
川家族排除在任何后继政权之外，在那些所属藩国里也是如此。接下来进行了几
个月的内战，证实并且扩大了日本政治的两极分化，使得所有领主和他们的大多
数家臣都不得不为这一方或另一方效力。从这以后，就再也没走过回头路。由于
德川幕府被击败，已经出现了不止一个获胜的封建领主觊觎将军大位——萨摩藩
主最为靠近——于是，这个国家的新统治者不得不制定出一种替代性的架构，通
过这种架构政权能够得以行使。日本的传统和近期的历史使得这种政权架构必须
集中于天皇身上，但是，设计出适合日本国情的制度耗费了整整一代人的努力，
也就是说，一直到 1889 年，颁布了宪法并制定出有关中央和地方政府的法令法
规，方告一段落。

这些事件能够在两种语境中得到检验。首先，是现代化和提升国力的语境。
在 1868 年夺取政权的那些人，在他们进行政治活动之时，深深受到一种意识的
影响，那就是面对西方的威胁，日本虚弱不堪。他们着手改革的一个重要动机，
是希望以渐变的方式来迎击西方的威胁，防止整个日本民族从属于帝国主义的危
险。在政治上，这转化为对强有力的政府和牢固的国家统一的探寻。这种强力政

619　府和国家统一均与西方有关，尽管并不一定采取完全相同的方式。鉴于国家的统一在某种程度上依赖于日本人的国民性，即依赖于维护某种传统观念和使之具体化的制度体系，因此政府的强势也就需要一些西方科技的因素，比如现代的武器和交通设施。在某种程度上来看，同样采取西方的制度样式可能更容易确保政府的强大。军事组织是一个恰当的例子。法律体系和官僚结构则是又一个例子。此外，西方的模式还有一种宣传价值和外交价值的考量，随着西方模式的逐渐效仿，可能会使外国人相信日本所谓的"文明开化"的权利，并由此得到外国人的尊重。这里存在着一个具有直接政治意义的问题，因为在传统和现代性之间的紧张——或曰选择——激发出强烈的情感。当研究明治时期政治制度的历史学家们思考问题时，肯定会考虑外国对日本人生活影响的性质和程度，于是他们也就必然会面对上述这个问题。

　　对政治类型的问题加以讨论也是很有必要的。如果人们认为明治维新开始了一个过程，在这个进程里，国家制度得到调整，以适应财富分配和社会地位的根本性变化，那么也许可以用两种不同的方式来描绘随之而来的史实所具有的特征。首先，是要鉴定作为基准的西方经验：弄明白资本主义的发展必然伴随着政治权利向更多国民的扩散，而这通常是经由议会选举的方式实现的；其次，要衡量日本明治维新后所取得的成就，即在接近西方民主社会的这些基准时多么彻底，多么迅速。许多明治时期的政治家都倾向于采取这条路线，他们的所作所为，有时候遭到批评，有时候又备受赞美。其后日本和西方的一些历史学家也是如此。由一些完全不同的设想开始，就像日本的马克思主义者所做的那样，人们可以有异议地和不一致地看待明治时期的制度体系。简而言之，争论的焦点是日本资本主义的发展——尽管对这一现象的时间判定存在着一些不一致的看法——不可避免地带来了一场导致资产阶级革命的运动，就像在同样情况下的欧洲已经证实的那样。但是，明治维新提供了一种手段，由此导致资产阶级革命的运动得以制止，而封建制度的强大基础则依然存在。这使日本停留在所谓的明治"专制主义"（"绝对主义"）的阶段，这一阶段被界定为这样一种情况，即那些与天皇和军队有联系的政治团体，通过促使封建地主和资产阶级相互争斗而在它们之间

620　达致某种平衡，借此确保自己的绝对权力。这一简要陈述，对于马克思主义者批判现代日本社会，斥责日本帝国主义性质的扩张，以及揭露第二次世界大战的起源，都是极为重要的。

这两种语境，为方便起见可以描述为"现代化的语境"和"民主化的语境"，时不时地通过日本与西方的关系问题而连接起来。人们可以根据德国对明治政治体制的影响，尤其是对 1889 年宪法的影响，来说明这一点。德国对明治政治体制的影响可以用两种不同的方式加以解释。一种方法可以归因于德日两国社会结构和政治发展的基本相似性，这使明治政府的领导者意识到，是德国的问题及其解决方案——而不是英国或美国的问题及其解决方案——更与日本相似。另外，人们可以争辩说，这种相似性表现在处境上而不是社会上：日本像德国一样，作为一个"后发国家"，在实现现代化的追赶阶段，找到了独裁主义政府这一比民主体制更具效率的政治架构。由此看来，这一问题仅仅讨论政治制度显然是不够的，这样的界定过于狭窄。要对这一问题做出回答，也不可能完全限制在明治时期。

初步决策

日本的政治传统并不只有封建制。在公元七八世纪时，就已形成了一种以中国为蓝本的政府形式，这个政府宣称通过任命各级官员来统治整个日本。天皇的权力确实总是小于皇室的虚荣做作；但是，当天皇最终沦为只是一个礼仪角色的时候，先是藤原氏重新主张贵族的特权，接下来又有接续交替的幕府将军家族上升成为实际上的封建统治者，天皇只是残留着政治结构首脑的名义，这在很大程度上是因为天皇制更加便于利用，而无须另行寻找其他的合法性来源。于是，日本的政治体制名义上保留着君主专制，就像欧洲中世纪的那些国家一样；而实际上，是由幕府将军牢牢控制着朝政，只不过是以天皇的名义来行动而已。在德川时代，这一传统经由两个方面的发展而得到了进一步加强。首先是在封建阶级内部儒教伦理知识的传播，有助于提升日本封建制度内部官僚政治的因素，同时也更加广泛地意识到中国与日本君主制度之间的差异。其次是神道思想的复活，随之而来的是对天皇神圣血统的强调。

因此，那些寻求取代封建政府（幕府）的人们也就没有必要为达此目的而从日本外部寻找适当的工具。在伴随口岸开放而来的所有那些争论之中，人们转向

621

天皇来寻求他们行为的有效性，从而赋予朝廷以新的当代价值。[1] 显然，任何承继德川幕府的政权都不得不以天皇的名义来采取行动，正如幕府将军一直做的那样。此外，随着对德川政府的批评逐渐变为对这种制度的批评——理由是幕府体制造成了国家的分裂，剥夺了日本对抗西方的有效领导能力——所提出的各种替代选择，全都在某种程度上求助于天皇的权威。一些活跃于19世纪60年代早期的武士，提出了在连续性的封建体制内增加朝廷的实际财富和影响力的设想，以便为那些低等封建层级的人们提供升迁的机会，而这样的行为在当时情况下是非法的，应予拒绝的。而其他一些人则坚持要求回到幕府体制前的理想状态，那个时候，天皇陛下的政府曾经就是日本国家的政府。

最终让这些人回到现实主义立场上来的，是在封建领主盟友中出现了可能产生僵局的明显迹象。在1867年的最后几个月里，似乎并不确定德川家族的各种对手能够团结一致推翻幕府的统治。实际上，岩仓具视和大久保利通，一个是宫廷贵族，另一个是萨摩武士，他们导演了王政复古运动的最后阶段，他们发现为了达到目的，有必要与封建领主们结成联盟，尽管这些封建领主们的政治目标在许多方面是不同的。正是岩仓具视为日本设计了一个新的政治结构的蓝图，这第一份蓝图的产生，可以归因于那些在早期明治政府形成的过程中起到中心作用的人物。[2] 它开始了这样一种终极追求，即"为了使这个国家60个零散的藩国形成一个单一的帝国，所以要确保人民的团结"。不过，岩仓具视也意识到，中央权威的任意使用将需要一支独立的军队，而这是朝廷所无力提供和指挥的。因此他通过在封建体制的框架内提出一些变通建议来加以折中。各藩大名可以保留他们的领地，但要通过地方官员的督导体系从属于朝廷，"由天皇子嗣、宫廷贵族和封建领主中任命才能之士"。

由于其作者身份，这份文件可以被认为是部分关键政治人物意向的权威陈述，尽管从来没有反幕府联盟的成员出面提出异议或表示同意。然而，在检视明治早期制度的背景时，必须考虑到它的影响并不是唯一的。好多年来，日本人已经达成了一种关于西方政治理念的共识，这包括那些在日本居住的西方侨民，还

[1] 我曾经在《明治维新》 The Meiji Restoration (Stanford, Calif.: Stanford University Press, 1972) 一书的第十二章和第十三章中详细讨论过这一问题。

[2] 日文文本，日期为1867年3月，收于 Iwakura Tomomi kankei monjo, 8 vols. (Tokyo: Nihon Shiseki Kyōkai, 1927-35), vol. 1, pp. 288-300。

有被派往欧美留学的日本学生。以他们为基础所形成的大部分建议被输送给幕府，幕府对之加以利用，主要是设计出一些有助于调和封建主张的权宜之计，以某种方式延续幕府将军的权力。例如，在1867年底，曾经在荷兰莱顿大学留学两年半的西周，按照江户的要求提交了一份日本宪法纲要，根据这个纲要，天皇的大部分礼仪性功能将得到确定，幕府将保留行政职权。立法将被委托给一个由大名和武士组成的两院制议会，议会的建议将受制于天皇的批准，而议案的上达必须通过幕府将军。[1]

出于各种不同的原因，同一种设计对一些幕府的反对者来说也具有吸引力。到了1867年秋，事情已经很清楚，萨摩和长州将力图控制反幕府诸藩的联盟，并采取了一些比许多人所乐意采取的更极端的措施。如果他们的努力取得成功，那将使他们控制新的政府。因此，他们那些较为弱小的盟友便寻求预防这种可能性的手段，偶尔会为此目的采用一些西洋式的宪政主义的论据。于是，1867年9月，土佐藩督促德川庆喜辞职，提出了一个政治构造的计划，其中将统治日本的权利收归天皇朝廷，通过领主、武士和平民组成的两院制议会得以实施。[2] 从土佐藩的立场来看，这个计划的好处在于它将排除幕府，同时也会防止取而代之的与萨摩和长州同样不受欢迎的霸权。换言之，宪政主义，幕府视之为延续德川统治的一个幌子，土佐则看作为对危险敌手的一种约束。

623

尽管土佐藩努力阻止，但1867年和1868年冬的各种事态发展，还是越来越有利于萨摩和长州。不过，萨摩和长州并未贸然采取措施剥夺那些独立于其他大名，并曾在最终的武力夺取政权行动中予以合作的诸藩的独立地位，作为其早期决策的结果，明治政府显示出一种调和尽可能广泛的政治见解的意图。这一点，在明治天皇发布于1868年4月6日的《五条誓约》的措辞中表现得很明显。这一文献数易其稿方告完成。首先，由越前藩的由利公正于2月间草拟，随后朝廷就政府所需的财务和政治支持进行讨论，强调了平民及武士所扮演的角色。接下来，土佐藩的福冈孝弟依据早先土佐建议书的精神对其进行了修改，对保证终结

[1] Thomas Havens, *Nishi Amane and Modern Japanese Thought* (Princeton, N.J.: Princeton University Press, 1970), pp. 62-63. 关于1871年前西方政治思想影响的最为详尽的研究，见 Asai Kiyoshi, *Meiji ishin to gunken shisō* (Tokyo: Ganshōdō, 1939)。

[2] Marius B. Jarisen, *Sakamoto Ryōma and the Meiji Restoration* (Princeton, N.J.: Princeton University Press, 1961), pp. 300-301, 316-317, 给出了这一提案文本，连同作为该提案基础的更早时候与萨摩藩所订协议条款的译文。

京都统治集团内部等级序列的条款给予了更多的关注。最终，几周之后，文告的措辞得到了政府核心集团中萨摩藩和长州藩成员的润色，这使其变得甚至更为晦涩了。《五条誓约》的文本如下：

(1) 广兴会议，万机决于公论；

(2) 上下一心，大展经纶；

(3) 公卿与武家同心，以至于庶民，须使各遂其志，人心不倦；

(4) 破旧来之陋习，立基于天地之公道；

(5) 求知识于世界，大振皇基。[1]

就此而言，有两点需要注意。第一，《誓约》是一种对团结的呼吁，而不是一个直接的政策陈述，尽管十分谨慎地提到了与西方建立一种新的关系。其中隐含着对幕府骄横陋习的抛弃，并承诺在将来避免类似情况的发生，虽然没有具体说明将如何做到这一点。第二，这是一份"天皇"的诏书，不仅仅因为其提到了"皇基"，更多地还是因为它采取了一种天皇亲自承诺的形式，而不是由"关白"或"将军"借用天皇的名义。这标志着日本宪政实践中的一次变革，与过去的几个世纪相比，由此天皇与国家的行为有了更为密切的联系。通过公开露面，比如检阅陆海军；通过接见外国使节；通过签署涵盖各种政策层面的律例法令；通过给国民，尤其是官员中的有功人士颁奖——以所有这些方式，天皇表明了根据天皇的意愿应该做些什么，使得反对他的意愿的行为成为某种形式的冒犯君主罪。由于日本社会是一个封建忠诚依然强劲，而社会地位仍然由出身所决定的国度，所以在明治政府统治期间，特别是随着权力越来越落入相对出身低贱的武士之手，一些这样的支持有其实际的必要性。然而无论是否出于故意，实践还是带来了重要的制度性含义，对此1889年的宪法最终给予了阐明。[2]

1868年初，与固有习俗的决裂也在涉及官员任命的制度安排中表现出来。在德川幕府时期，幕府曾经通过一系列的官职设置，实施着它对朝廷的控制，这些

[1] 这是英文版本，见 Ryōsuke Ishii, *Japanese Legislation in the Meiji Era* (Tokyo: Tōyō Bunko, 1969), p. 145。关于《五条誓约》起草过程的最为充分的讨论，见 Inada Masatsugu, *Meiji kenpō seiritsu-shi*, 2 vols. (Tokyo: Yuhikaku, 1960-2), vol. 2, pp. 1-22。

[2] 关于天皇，见 John W. Hall, "A Monarch for Modern Japan," in Robert Ward, ed., *Political Development in Modern Japan* (Princeton, N.J.: Princeton University Press, 1968), pp. 11-64; 亦见 Herschel Webb, "The Development of an Orthodox Attitude Toward the Imperial Institution in the Nineteenth Century," in Marius B. Jansen, ed., *Changing Japanese Attitudes Toward Modernization* (Princeton, N.J.: Princeton University Press, 1965), pp. 167-191。

官职以藤原氏发明的"关白"为首。这些官职，像藤原家族成员这样的人世代继承，因此被认为是亲幕府的设置的一个部分。这使得维新政府避免使用这些设施成为令人满意之举。幸运的是，维新政府具有这样做的意愿，从而没有陷于对新概念和新术语的旷日持久的探求。在"王政复古"的口号下，天皇久已被剥夺的权力很快就被证明是合法的，这不仅由于对天皇所扮演的新角色的规划，还在于恢复到一种自藤原时代之前就已开始的朝廷治理的体制，也就是说，恢复到公元7世纪和8世纪时引进的中国式的政治结构。

　　第一个步骤是清除旧秩序的负面影响。1868年1月3日，通往宫廷的途径刚 625一得到确保，便匆忙召开了御前会议——排除了幕府的支持者——宣布废除所有现存的高级官员，代之以行政官员和国策顾问的三层结构。在这一结构的顶端，是一个行政首长（"总裁"），由一名亲王担任。"总裁"之下，是一批资深的顾问（"议定"），包括几名高级宫廷贵族，加上反德川联盟的主要封建领主。"议定"的下面又有下级参赞（"参与"），包括较低级别的宫廷贵族，加上来自那些领主被任命为"议定"的藩国的武士。这些人所担负的职能起初并没有加以明确，因为这一任命的主要目的是保持胜利者的联盟在面对幕府抵抗时的团结。从数量庞大的任命情况来看，很明显这些任命是在最初的5个月里做出的。到了6月11日，随着江户幕府向天皇的军队投降，进行了一次大规模的改组，有30人担任"议定"职务，其中5人为皇族，12人为宫廷贵族，还有13个大名（或者他们的至亲）。"参与"更是人数众多，共有102人，其中43人为宫廷贵族，6人为不具贵族身份的宫廷官员，还有53名武士，绝大部分来自武士阶级的中上层。[1]

　　直到1868年2月中旬，随着国家各部门的建立，这些官员才被赋予某些管理职能。这些国家部门具有8世纪时的名称和听起来现代的功能——内务、外务、军务、大藏和司法——与神道教有关的神祇部门除外，该部门的特殊职能在于强调源自神圣血统的天皇权力的重要性。在稍后的一个月里，又增加了一个综合管理部门（"总裁局"）。各部门首长和他们的主要下属均为高级顾问或低级参赞。

---

[1] 我曾分析过这些及其他一些任命，见 "Councillors of Samurai Origin in the Early Meiji Government, 1868-1869," *Bulletin of the School of Oriental and African Studies* 20 (1957): 89-103. 有人给出了一份官员名单，见 Robert A. Wilson, *Genesis of the Meiji Government in Japan 1868-1871* (Berkeley and Los Angeles: University of California Press, 1957). 关于明治官员的来源问题也曾有人做过详细的讨论，见 Bernard S. Silberman, *Ministers of Modernization: Elite Mobility in the Meiji Restoration 1868-1873* (Tucson: University of Arizona Press, 1964).

在理论上，这给予了顾问班子成员一种行政角色；但在实践中，尽管"投向"天皇的藩国名单不断增长，事实上整个日本仍然由封建领主统治，所以天皇官员的主要任务是说服大名们合作进行一场内战。5月，德川庆喜正式投降，交出德川的全部或大部分领地置于朝廷的支配之下，所有这一切都发生了改变。由此，政府结构在6月份进行调整。部门数量减少到5个——神祇、军务、外国、刑法、会计——这些部门被置于行政会议（"行政官"）的控制之下，以三条实美和岩仓具视这两位宫廷贵族为首，他们长期以来分别与长州藩和萨摩藩维系着密切的政治关系。高级行政管理职务继续由高级顾问和低级参赞担任，但这些人的数量则大幅减少。直到下一次改组为止的14个月里，只有21名"议定"和22名"参与"（其中19人是雄藩的代表，大多具有行政管理的经验）。

为了弥补其他人员在体制精简过程中身份地位所受到的隐性损失，建立了立法机构（"议政官"），包括"上局"和"下局"，"上局"的成员由"议定"和"参与"组成，"下局"的成员则由来自诸藩和以前的德川领地现由朝廷管理地区的"贡士"组成。这个机构于1869年初改名为"公议所"，成为诸藩意见的一块回音板，明治政府的领导人希望通过它了解人们的所思所想，从而寻求政治和军事的支持。不过，在很大程度上这些人只是以顾问的身份来到京都。日本毕竟有了一个中央政府，它由宫廷贵族、封建领主和作为"议定"、"参与"担任公职的武士所组成。此时此刻，不难看出谁是政府中最具影响力的成员。

没有其他任何宫廷贵族像三条实美和岩仓具视那么重要，在好多年时间里，他们持续担任着高级阁僚。在大名中，越前的松平春岳，宇和岛的伊达宗城，肥前的锅岛直正，所有这些"贤士"，直到1871年为止一直担任着重要的职务。其余一些人，几乎包括所有各藩的那些有名无实的领袖，很快就让位于那些等级较低但富有才干的人士（主要是武士）。低层武士中的关键性人物，是在明治维新前夕的倒幕运动中聚集在一起的那些人，包括萨摩的大久保利通和西乡隆盛，长州的木户孝允，土佐的后藤象二郎。来自这些地方的其他人士也加入了进来，其中一些人具有特殊的技能，比如具有西方的知识；还有一些人年纪很轻就已经脱颖而出。最著名的是来自萨摩的寺岛宗则、松方正义和大山岩；来自长州的井上馨、伊藤博文和山县有朋；以及来自土佐的福冈孝弟和板垣退助。在先前的斗争中，肥前藩曾经保持"中立"，但它与长崎的联系使其在引进西方军事技术方面具备了某种重要地位。对这一点的认可，使得几名肥前武士和他们的领主一起进

入到初期的明治政府，其中尤为有名的是大隈重信和副岛种臣。或许还有其他 12
到 15 名武士，他们大多来自相同的藩，也担任着某些职位。

　　接下来几年里内阁的变化，继续着这种于 1868 年和 1869 年间形成的趋势，
不断地免除那些原本是特意加以任命的官员，因为对他们的任命，或是作为对那
些具有"公共形象"需要扮演的人士做出的一种姿态，就像那些宫廷贵族一样，
或是作为这个政权需要大名给予支持的一种承认，即使大名本身并不总是欢迎被
征召为官。这标志着一种转变，其重点从维持倒幕同盟——值得注意的是，接下
来的政府改组于 1869 年 4 月到来，这正是幕府的支持者最后的武装抵抗在北海
道宣告结束之后，正如 1868 年 6 月的政府改组发生在江户投降之后一样——向
形成一个政府转移，甚至如一些历史学家所说的那样，是创立一种寡头政治。这
一过程萌发了一些新的问题。最关键的问题是新领导人的地位，以及他们所归属
的这个政权能否巩固。他们的不同社会出身和区域来源，以传统的眼光来看必然
使其难以作为天皇的顾问公开在一起工作，在某种程度上，他们还要克服其作为
倒幕运动"非法"组织成员的早先政治经历的影响。共事者别无他法，只能相互
打交道，无论这意味着人际关系多么令人不舒服。由此引起的更大困难是，如今
他们不得不与同一政治集团中的其他资深成员建立起一种关系，其中包括政府中
的武士与他们自己的领主之间的关系。

　　对于这种问题，有一个传统的解决方法。一个专制君主，无论是皇帝还是大
名，总是能够根据他的侍从对于他的重要性来给予其相称的爵秩和收入。一些
武士之前曾经享受过这种待遇。但是，若在更大的范围利用这一策略，就会造
成严重的损害。更何况在现实情况下，这可能意味着武士的忠诚将从领主转向
天皇——"忠诚的"武士总能找到各种各样的理由，而其他人也会找到反驳的借
口——这种对下级武士的拔擢当然会冒犯许多保守分子脆弱的感情，而他们的合
作对于完成操作政治结构的任务来说，依然是不可或缺的。萨摩的武士表现出 628
他们尤其意识到了这一点。结果，以天皇的名义组建一个政府的进程，迫使其
成员面对另一个问题，使他们自己身陷其中。由于不存在能使自己成为"将军"
或"关白"并要求人们顺从的支配性人物，那么什么将会成为政府权威的基础？
一个依赖于说服力和影响力的政府，它的权威会是有名无实的吗？或许这个政府
真能不管阁僚的出身如何，都给予他们发号施令的权力？实际上，这意味着提出
了一个争论点，而这个争论对于有关日本政治制度性质的任何决定都是极为重要

的。可以说，日本传统的政治体制是封建性的分离主义，或曰诸藩独立。

"废藩"

1868年和1869年间，支持"废藩"的各种主张呈现在明治政府的面前。像英国公使巴夏礼爵士这样的外交人士，基于两个原因提出了这一建议。一个原因是，他们把整个幕藩结构与武士阶级的存在联系在一起，认为那些显示出攻击外国人欲望的武士借此得到了豁免权；另一个原因就是封建制度属于欧洲的过去，是某种早已被商业和工业社会所取代的东西。因此，如果日本想要现代化，就需要证明它将对外贸易与富国强兵同等看待的决心，那么，用巴夏礼的话来说，就需要摆脱那些不合时宜的政权形式。

这第二种主张强烈地吸引着日本的一些新领袖，尤其是那些到访过欧美的领导人。例如伊藤博文，就曾呼吁和敦促领主们把土地交还给天皇。他在1869年初写道：通过一种要约，使这些领主成为重新组成的贵族社会成员，向他们提供实质性的薪俸，并打开通往仕途的道路；他们的随从也可以通过并入国家军队和官僚机构，或者使之能够重返农耕来加以安抚。这一思路与最终采取的解决方案大致相同。[1]

传统主义的感情以及对往事的广泛不满，进一步强化了这样的主张。很多武

629 士曾经严厉责备将军和大名这些封建领主的行为，他们相当牵强地认为可以指望从天皇那里得到较好的事物，因为天皇体现着日本传统中最好的东西。他们愿意看到天皇成为一个真正的、而不是名义上的统治者，即使以社会秩序的大范围巨变为代价也在所不惜。从不同的视角来看，至少在一些农村地区，商人和富农已经对他们在封建社会中的低下地位表示强烈的不满，他们已经不愿意再这样持续下去。实际上，在港口开放之后的动荡岁月里，他们曾经经常给予那些效忠天皇的武士以物质上的支持。即使抛开人们应该如何看待这些因素的难题，事情仍很清楚，采取行动限制或摧毁各藩的独立性至少具有某种政治基础，更不用说天皇的那些更为"开明"幕僚们的偏好了。

---

[1] 本节内容主要参见 Beasley, *Meiji Restoration*, chap. 13; Wilson, *Genesis, chap. 5; Asai, Meiji ishin*, pp. 105-300。亦见 Masakazu Iwata, *Ōkubo Toshimichi: The Bismarck of Japan* (Berkeley and Los Angeles: University of California Press, 1964), chap. 5。

　　然而，有两件事情成为政府的障碍。其中之一是很多领主和上层武士，包括某些支持朝廷而朝廷也要继续依靠的人们，对于这种变动极为反感，并公开予以反对。另一个就是不确定怎样来运作这件事情，因为以往那些屡用不鲜的技巧对此不再适用。说到底，天皇顾问班子中的那些武士，曾经通过操纵他们的领主而在一定程度上获取了权力，尽管他们很少自己占据舞台的中央。他们对于废除这一自己曾经借以在政治上攀升的体制感到某种良心不安，这并不令人奇怪。

　　在这种情况下，开始尝试一项具有可行性的措施，这在一定程度上得到了大久保利通和岩仓具视的重视和支持，因为他们是统治集团中最为卓越的政治家。接下来在长州内部的讨论中，木户孝允采纳了伊藤博文提出的促使领主把土地交还天皇的想法，并于 1868 年 11 月初把这件事情提交给大久保利通。[1]大久保利通对此深表赞同，他们同意以此作为最先的步骤，来平静地试探其他关键诸藩的意见。很快，他们就打听到，这一计划如果正式提出，可能会迎来形形色色的反应。作为一项临时措施，1868 年 12 月 11 日的法令（"藩治职制"），宣布将对各藩进行统一的监督，要求所有大名对"公""私"事务进行清晰的划分，并保证对官员的选拔要唯才是举，而不仅仅是根据官员的出身。这种变革实际上增强了政府影响日本全国管理政策的能力，一方面是因为确保政府的观点能够迅速传达到各地；另一方面则是因为要求各藩派出一名官员作为驻京代表。但是，要超越这些并进一步挑战领主们对其领地的所有权，在某些人看来，正如松平春岳的一个追随者所说，并不具备现实的有利条件，且有可能"使国家陷入混乱无序的状态"。

630

　　出于这种原因，诸如此类的评论势必会起到警示的作用。于是，在 1868 年初，中央政府里来自萨摩、长州、土佐和肥前诸藩的代表，决定以他们领主的名义联名上表，以便他们能够更为广泛地测试反对上述这些提案的范围和强度。3 月 5 日，奏文递交朝廷。文中简要地提及了这样一个事实：以往时代将军职位的设置，曾经导致那些大军阀对本来应是"王土"的攘夺；奏文指出，随着德川幕府的倾覆，"方今大政新复，亲理政务，实千载一时之机，不可有其名而无其实"。接下来，它提出将四藩版籍奉还给天皇：

---

[1] 可由木户孝允的日记对之进行研究，参见 Sidney Devere Brown and Akiko Hirota, trans., *The Diary of Kido Takayoshi*, vol. 1: *1868-1871*, vol. 2:*1871-1874*, and vol. 3:*1874-1877* (Tokyo: Tokyo University Press, 1983,1985, and 1986)。

今谨收集版籍奉上，愿朝廷处置。其应予者予之，其应夺者夺之。凡列藩之封土，更宜下诏改定。而后，自制度典刑军旅之政，乃至戎服器械之制，皆应出自朝廷，天下之事不分大小，皆应使其归于一途，然后名实相得，始可与海外各国并立。此为朝廷今日之急务，又为臣下之责也。[1]

这份奏文的措辞提供了多种选择。朝廷——正是由那些起草这份文件的人们所左右——可以以国家团结的名义接受它的字面意义，并强迫所有各藩采取同样的行动。作为一种选择，如果反对派看起来要采取政治上不明智的举动，那么，这份奏文就会仅仅被看作为一种忠君情感的表达，而无须由政府采取实际的行动。忠君的情感超越了既有的领地意识，而这种领地意识在现实中是有利于新的封建领主的。

事实上，各种反应相当混乱。大多数藩追随萨摩、长州、土佐和肥前的行为，并提交了相似的奏文。但是私下里，许多领主和上层武士却对此表示疑虑。六七月间，在"公议所"聚会讨论这一问题的各藩代表发生了尖锐的分歧。值得注意的是只有少数人选择了伊藤博文曾经提出的建议，而大多数人则倾向于以这种或那种方式保留某种形式的封建制度，但要服从于对天皇统治的确认。实际上，这意味着政府不得不做出决定并付诸实施，装作把这种封建性观点的理由看成是明智的考虑。大久保利通得出结论说，这个问题需要采取"渐进性的行动"。木户孝允虽然有所保留，也不得不表示同意。岩仓具视据此起草了一份妥协方案，计划在名义上保证使大名交出他们的世袭权利，但在实际上则让他们保留足够的权威，以使那些更为保守的派别感到满意，或至少对之进行安抚。7月初，高级官员们接受了这一妥协方案。1869年7月25日，这份计划公布，这意味着与那些帝国的封疆大吏们（"知事"）——多亏了木户孝允，不再以世袭的基础作为依据——约定，允许他们保留以往所占据领地收入的十分之一作为家用开支，但要求他们按照中央政府的指定方式使用其余的收入。一个必然的结果乃是一个新的贵族阶级（"华族"）的诞生，这是宫廷贵族与封建领主的融合。另一个结果是对武士薪俸的重新检定，并对武士等级进行简化，这意味着尽管武士依然作

[1] 文见 *Iwakura Kō jikki*, 3 vols. (Tokyo: Iwakura Kō kyūseki hozonkai, 1927), vol. 2, pp. 670-672. 另一个译文（与我的有轻微差别）见 W. W. McLaren, ed., *Japanese Government Documents*, in *Transactions of the Asiatic Society of Japan* 42 (1914): p.1。

为一个特权阶层存在，但他们的地位和津贴如今要受制于中央。翌年 10 月，这些决策又得到了进一步的补充，新规定要求新知事每 3 年至少要有 3 个月的时间出席在首都的会议，并对地方官员在诸如财政金融、法定管辖以及武装力量的培育等方面的权力做出了各种各样的限制。

　　尽管这些变革代表了中央权威的大幅度加强，但仍然发生了一些异常的现象。从德川家族手中接收的土地面积广阔，这些地域已被改称为"县"，这里的所有官员都由中央任命。政府的政策在这里毫无异议地得以贯彻。而在其他地方，整合的范围则在很大程度上取决于当地的情形。即使在"忠于天皇的"萨摩、长州、土佐和肥前地区，也存在许多不同的情况。土佐和肥前两地掌握在主张改革的武士手中，他们决心继续采取由其主要代言人木户孝允和大隈重信所提出的"现代化"举措，但是在萨摩和长州这两个地区，则仍然存在着强大的保守团体，他们经常不按中央的决策行事。分歧同样存在于国内的其他地区，因此，不久之后事情就变得很清楚了，1869 年夏天各藩的"版籍奉还"并没有解决国家统一的问题。 632

　　其中的一个原因是，政府尽力所做的一些事情造成了社会的分裂。对武士薪俸的处理就是一个显著的事例。财政是当时的一个主要困难，部分原因在于需要利用并不充足的资源进行内战，所以从一开始就使政府陷于债台高筑的境地，从而进一步推高了自德川时期继承而来的通货膨胀。考虑到武士薪俸一直是各藩经常性的沉重财政负担，因此对之进行改革就成为节约开支的明确目标。然而，另一项政府政策，即"唯才是举"的效应，却使得这些节约开支行为的影响非常参差不齐，因为选拔人才的方法是要削减大多数武士世代相传的薪俸，有时这种削减薪俸的行为非常残忍，为的是保持和增加给予那些担任公职者的报酬。结果，能员干吏们过得很好，而其他的武士则很糟糕，不得不经常从事农耕或经商，来寻求额外的收入。这有助于确定官员对政府的忠诚，特别是当这一措施与放松或废止任命官员的身份要求相伴并生之时；但是，对于大多数没有从中获得福利的武士来说，反而会引起他们对政府善意的严重疑虑。在 1870 年到 1871 年间，各地发生了许多武士动乱，包括长州的那次重大事件，都直接或间接是这个原因所致。

　　在一些藩里，特别是那些小藩，或那些经济问题特别严重的藩，地位较高的官员们发现他们已经无力解决这些财政困难和武士的不满。渐渐的，他们开始认识到把他们的领地转变为县的好处所在，可以借此减轻他们自己令人担忧的责任。为达此目的，有几个藩向东京请愿，并自愿纳入到"县"这一制度中来。一些政府官员从他们的角度在事态发展中发现了另外的理由，再次开始解决废藩置县的问题。正如他们所看到的，这可不只是有些藩里已经发生动荡。更广泛的是，民众的困扰程度正在上升，这是德川末期农民起义的一种延续，虽在王政复古刚结束后遭到短暂的压制，然而一旦人们发现政权的变革对于平息农村的不满毫无作为，民众造反就会再次发生。如果日本想要变得强大，这些必须受到压制。各藩过去曾经一直负有维持秩序的任务，如果现在不再有能力完成这一任务，那么看来就必须找到其他的方式。一支效忠于天皇而不是效忠于各式各样封建领主的国家军队，是一个显而易见的迫切需要之物。然而，这支军队的创建尚需进一步冲击武士的特权，而为之筹措资金如今也要求将所需款项摊派到各藩承担。在这个问题上，有另一种强化中央集权的考虑，而在1871年初，政府阁僚们对此就似乎已经成竹在胸了。

他们也意识到，根本不能指望一个分裂的顾问班子会在国内强制推行一种可能引起强烈怨恨的政策，就像"废藩置县"所可能引发的反应一样。因此，对他们来说，完成1869年的决策是合乎逻辑的结论，而对于大久保利通和岩仓具视来说，这似乎也一直只是一个时间问题而不是原则问题，因为这一问题的解决依赖于统治集团的团结一致。1870年夏，他们采取措施限制大隈重信、伊藤博文及他们的改革派朋友（多就职于大藏省和民部省）的影响力，以求与那些反对有关武士地位和薪俸政策的人们（这些人在萨摩和长州尤多）恢复可能的友好关系。于是，当年秋天，大久保利通向西乡隆盛提议，劝说他再次回到政府里来。木户孝允与长州人士进行了同样的磋商。最终，在1871年2月，岩仓具视作为天皇的使者来到萨摩和长州，以替代大久保利通和木户孝允为条件来完成对他们的安排。结果，岛津久光和毛利齐元代表这两个大名家族，同意前往东京，给了政府好大的面子。

在此期间，废藩的决定仍在向前推进；1871年3月底，当所有相关人士回到东京之时，一致同意从萨摩、长州和土佐调入可靠的军队，以便对付可能出现的抵抗行动。这支军队由西乡隆盛指挥。行动有所延迟，因为毛利齐元去世，而岛津久光经过重新考虑改变了主意。8月，在对最后的公告进行准备的过程中政府进行了改组：西乡隆盛、木户孝允、大隈重信和板垣退助成为"参议"，这体现了4个雄藩的团结；大久保利通担任大藏卿，并提供了对改革派实行抑制的附加保证。在做了以上各种准备之后，1871 年 8 月 29 日，天皇颁布诏书，宣布废藩。各地大名被传唤进宫，并被直接告知府县制将在整个日本推行。没有任何讨价还价的余地。向大名们宣读的诏书简明扼要：

> 朕惟值此更新之际，如欲内以保安亿兆，外以与各国对峙，宜使名实相副，政令归一。朕前听纳诸藩奉还版籍之议，新命各知藩事，使之各奉其职。然数百年因袭之久，或有其名而不举其实，将何以得保安亿兆而与各国对峙哉？朕深为之慨叹！故今更废藩为县，务除冗就简，去有名无实之弊，无政令多歧之忧。[1]

634

这一步骤具有毋庸置疑的重要性。这一行动本身对未来日本的政治制度有着至关重要的影响，更何况它是以专制主义的方式得以实现的。对于绝大多数日本民众来说，他们已经在"藩"这种正式的架构中生活了数个世纪之久。废藩之后，明治领导人必须设计出一种机制来管理迄今一直由封建领主掌管的广大地区，并且招募官员来使这些地区得以运转；必须组建军事力量和警察机构，来担负起曾由武士所承担的、作为其部分封建义务的那些责任；必须引进法院和法典，以取代那些由封建习俗所构成的司法体系；必须建立税务系统以保证中央的财政收入，避免封建体制下的税费流失。总之，这要求现今的日本政府必须建立种种新的规则。西方模式的有效性在极大程度上决定了他们将会依此行事。实际上，这几乎是别无选择的，因为中国的制度，虽然日本过去总是向其学习，近期的历史却已令其备受质疑。中国的军事组织已经表明无力镇压大规模的叛乱，也无力保卫国家免遭相对较小的英国、法国及俄国武装力量的侵扰。在中国的税务制度下，总收入中只有很小比例得以流向中央政府，无法为军事改革和建立有效的政府提供所需的资金保障。中国的制度还引起与列强的纠纷，导致海关行政管理的发展几乎完全置于外国的控制之下。同样，中国法庭的工作长期来也是造成与外国人产生摩擦的一个根源。在日本，由于西方外交官能够施加影响，把中国的制度仍然当作一种可供替代的选择，实际上已经是不现实的了。

---

[1] Ishii, *Japanese Legislation,* p. 717；亦见 McLaren, *Documents*, pp. 32-33。也见 Michio Umegaki, "From Domain to Prefecture," in Marius B. Jansen and Gilbert Rozman, eds., *Japan in Transition: From Tokugawa to Meiji* (Princeton, N.J.: Princeton University Press, 1986), pp. 91-110。

甚至在德川幕府垮台之前，日本就已经进行了大量的军事改革的尝试，涉及了幕府和诸藩。江户曾经邀请了一个法国军事代表团来到日本，其中一些军官在内战期间还曾隶属于幕府的军队。英国也同样派遣了一支海军代表团，于1867年10月到达日本。萨摩、和歌山及其他一些藩，在他们的武士军队中也曾采用过各种各样的西方组织形式。长州还组建了一支非正规的军队，平民在其中扮演着重要的角色。因此，对新政府来说，当它面临创建服务于自己的军队这一任务时，可以说是不乏先例可循。新政府早期的主要军事专家是长州的大村益次郎，他担任兵部省大辅，于1869年7月提出了实行征兵制的建议，主张军队成员从各藩招募，但是服务的条件之一是要求他们割断与自己藩的联系。武士们对这一计划的敌意是大村益次郎在当年年底被暗杀的原因之一。不过，他未竟的事业不久之后就由他的年轻弟子，当时正在欧洲研究英、法、德军事组织的山县有朋所继承。

1870年9月，山县有朋回到日本，被任命到军事部门担任高级职务。他几乎立刻就做出决定，按照法国的标准规范日本的军事训练；这一命令在10月份传达到各藩。1871年4月，颁布了与大村益次郎想法相一致的普遍征兵制条例，但实际上在废藩之前什么事情都没有做，是废藩改变了实行军事变革的环境。此后，山县有朋成为兵部省大辅。同年晚些时候，他会同两个萨摩下属，其中一人是西乡隆盛的弟弟西乡从道，共同提出了组建常备军的新鲜计划，最终这成为日本政策的基础。这些计划建议，应征士兵应该"按照西方的战术来进行培养和训练"，并"实行武士和平民的混编"。服役期过后，他们可以返回自己的居住地，组建成预备队，用以维护社会秩序。维护国内的稳定和防御外国的袭击，正如山县有朋所说的那样，"仅仅是同一个问题的不同方面罢了"。[1]

这些建议遭到了严重的反对。反对意见来自那样一些人，他们憎恶采取不能确保武士阶级根深蒂固地位的任何军事组织。由于这是一个敏感的问题，做出决定的进展依然缓慢。事实上直到1872年底，政府才准备继续执行这个由山县有朋及其同事（包括曾在莱顿大学留过学的前幕府官员西周）所起草的规章。12月28日，一道宣布"在全国范围内实行征兵法"的天皇诏书颁布，旨在打下国家安

---

[1] Roger F. Hackett, *Yamagata Aritomo in the Rise of Modern Japan: 1838-1922* (Cambridge, Mass.: Harvard University Press, 1971), pp. 61-62. 关于征兵制度的一般情况，同上，chap. 2；亦见 Ishii, *Japanese Legislation*, pp. 186-197。

全的根基。在随之而来的政府声明中，以直言不讳的语言责备武士阶级"世代过着懒散的生活"；断言如今所创立的兵役制度将为"士兵和农民的团结"扫清道路；并争辩说，在回报国家的服役中，武士与平民之间从此以后不会再受到区别对待。[1]

这个征兵令的文本于 1873 年 1 月 10 日颁布。规定应征入伍者须满 20 岁，服役 3 年，随后再充当 4 年的预备役。虽然实际上一开始仅仅于 1873 年在东京设立了一个镇台，但最终将在日本全国设立 6 个镇台，综合兵力总计大约 3.1 万人，要让整个军事力量形成规模则需要花费数年时间。《征兵令》存在着相当多的漏洞，人们可以借此逃避服役：出于健康或家庭状况的原因，担任国家或地方政府的官员，在指定的学校上学的学生，或者花钱雇人来代替他们服役，等等。当时，这些漏洞似乎已经得到了广泛的利用。此外，武士和平民对这种体制依然存有异议，有时这种异议还表现得十分强烈。虽然如此，通过这一步骤，日本还是在军队建设上取得了长足的进步，不久就显示出它有能力在国内强行维持秩序。在接下来的 10 年左右时间里，农民的暴动逐渐得到平息。甚至连 1877 年萨摩武士的叛乱，也被成功地镇压下去。

关于地税改革的建议所引起的争论，至少与征兵制引起的争论一样激烈。[2] 此事首次被提出，是因为涉及 1868 年天皇政府从德川幕府手中接收的土地——大约占到日本土地总量的三分之一——这些土地极为分散且多种多样，对于那些来自紧密结合在一起的诸藩武士官员们来说，成了很不习惯的问题。在这些官员中，出现了两种论调，以图证明对之进行某种形式的改革是正当合理的。一种强调法律和秩序问题，指出各地的土地税差异很大，已经产生了许多不安因素，而政府迄今为止缺乏加以控制的手段。这种言论引起了各府县知事的重视，他们得到首都民政部门的支持，强烈要求规范和减少税收。相比之下，财政官员，尤其是东京的财政官员，更多关注的是国家开支的迅速增长和通货膨胀对收入价值的侵蚀。他们指出，这意味着对国家的财政需要，甚至对天皇政权的生存来说，上

637

---

[1] Ishii, *Japanese Legislation*, pp. 723-724. 对这一制度所蕴含的社会意义的评论，见 E. H. Norman, *Soldier and Peasant in Japan: The Origins of Conscription* (New York: Institute of Pacific Relations, 1943)。

[2] 关于地税讨论的概要，见 Beasley, *Meiji Restoration*, pp. 390-400。关于这个问题有许多日文的研究著作，其中的两种著作特别有用：Fukushima Masao, *Chiso kaisei no kenkyū* (Tokyo: Yūhikaku, 1962) 和 Seki Junya, *Meiji ishin to chiso kaisei* (Kyoto: Minerva, 1967)。

调税率是至关重要的。其中有一个人，名叫神田孝平，是受聘于前幕府财政部门的专家，在 1869 年和 1870 年，他根据土地所有权的价值提出了实物税应该被替换为现金税的主张。他声称这将比封建性的实物税更易于管理，每年的收入也会更加稳定，而且又不会损害到农民的利益。

在 1871 年夏天之前，观点上的这些分歧，使得政府实际上无法推动政策的制定。又是废藩置县催促政府采取某种紧急行动。当时，虽然每个地区都有着自己的当地习俗和税捐，但在理论上，更多的地区都必须被纳入统一的管理，这大大增加了这些地区产生不满的可能性。此外，财政部门曾经做出过平衡其额外税收的承诺，作为废藩的条件，政府允许大名保留他们此前收入的十分之一作为私人用度，同时还接管了支付各藩债务和武士薪俸的责任。在这些情况下，东京的倡议得到了财政官员的认可一点也不令人奇怪。1871 年夏，身为税务部门副主管的松方正义，提交了一份呈文，主张设置新的土地税作为综合土地改革的一部分，旨在通过取消各种各样的限制以刺激生产。他的上司采纳了这个建议，时任大藏卿的大久保利通和大藏大辅的井上馨，把这份用现金支付土地税，税率按照土地规定价值的一定百分比征收的建议提交给了议院。他们指出，要做到对土地的估值，需要创造一个土地市场，这就需要撤销禁止土地买卖的封建法令。

在原则上对上述各点达成协议之后，就交由大藏省起草各种法令法规以使其638 付诸实施。经过了多次起草和多次讨论，持续了将近两年的时间，1872 年 3 月颁布文告，废除了土地买卖的禁令，并规定了发放地契的问题。8 月，选择以现金支付税捐，已经在前天皇辖区成为标准，并且扩展到整个日本。在最后一个阶段，官员们随后转向了土地估价和税率的问题。关于这个问题的第一份法规草案，显然是 1872 年秋天开始的，设计出一个复杂的估值体系，涉及土地所有者、村民集会和地方官员，官员们的意向是以农作物产量每年净值的 30% 作为税率。虽然这被认为是德川时代的全国平均值，但是以新近估值作为根据，对政府来说无疑已经增加了当期收益率。无论如何，这一法令还是遭到了来自许多有影响力集团的非议。那些富有的地主们，在某种程度上，往往只是因为在比他们的乡亲缴纳更低的实际税率方面比较成功，但他们仍然寻求某种保证，要求设定一个过渡时期，在此期间税收负担的增加将限制在 40% 之内。相比之下，武士团体则设法确保自己名义上的土地权利——在遥远的过去，武士薪俸曾经在名义上作为封地所有权的一种替代物，是必须支付的——期望土地耕种者将会买下他们在土地上继续存在的封建权利，由此积累的资金将用来负担武士的薪俸和其他的公共开支。

地主和武士在政治上的重要性使得这种反对意见不可能受到忽视。1873 年春天，包括武士薪俸在内的一系列问题在东京被提交到当地官员所召开的一次会议，这次会议先后由井上馨和大隈重信主持。关于武士薪俸的问题，至少在这个层面上是不可能达成一致的，因为关于可能发生的武士动乱和十分窘迫的政府财政的相互冲突的主张不完全是通过谈判所能解决的。关于税率的问题，虽然大藏省的代表与其他代表之间发生了一些激烈的交锋，但他们的分歧最终得到了解决。一项决定是对地方税追补价款，从而将年征税总额由土地资本价值的 3% 增加到 4%，这额外征收的一个百分点归当地使用。另一项重大争议的起因是估值的方法，包括设想在耕作者、领主及税吏之间划分土地的产品。在这里，地主和税吏的利益得到了更为有力的保护，以至于最终达成的原则是，规定土地产量的 34% 将被用来缴税，而就佃农的土地来说，还须将产量的 34% 上交地主，只有 32% 归佃农自己。鉴于地主比佃农处于更加有利的地位，在随后进行的各村各县贯彻这一规则的讨论中能够更好地保护自己——对耕地的估值和土地丈量直到 1876 年方告完成，对森林和荒地的估值和匡算到 1891 年才结束——税制改革的一个结果是使地主所有制更为有利可图。

税制改革的另一个结果，是给予了政府一个稳定和可预期的收入，由于税费以现金支付，这样一来就把农作物投入市场的商业风险转嫁给了普通民众。宣布这一章程的天皇诏书于 1873 年 7 月 28 日颁发，声明他们的目的在于确保"税费得到公平征收，以便税费负担能够在民众中公平承受。"[1] 这在很大程度上反映了县级官员们的担心，他们渴望防止进一步的混乱。但总的来说，大藏省相当与众不同的目标似乎已经较为顺利地达到了。

关于武士秩禄的补偿问题，可以说是大致相同。[2] 在这个问题上，一个至关重要的事实是，正如大藏省的官员们所看到的那样，1871 年大藏省不得不接管了年俸发放的责任，花费差不多占到地税收入的三分之一，这压倒性地成为政府支出的最大部分。由于近来几年各藩曾经几度审议这部分费用，所有较大的藩都做

[1] Ishii, *Japanese Legislation*, p. 722.

[2] 见 Beasley, *Meiji Restoration*, pp. 382-390。关于武士薪俸问题的最为详尽的日文研究成果，见 Fukaya Hakuji, *Kashizoku chitsuroku shobun no kenkyū* (Tokyo: Takayama Shoin, 1941)。

了大幅削减，再做压缩几乎已无可能。因此，如果无法削减费用，那么政府就必须寻找新的收入来源，或者接受因拒绝这一负担随之而来的潜在政治风险。商业税是一个可以选择的方案，但却对许多实现现代化的计划不利。相比之下，结束武士享有的薪俸将成为废除武士特权的进一步措施，反正他们如今对国家也几乎没有什么军事和行政上的贡献了。这样，在逻辑上就会赞成把武士的薪俸转换为一次性总付；而在政治上，执行这一决策需要谨慎小心。

640   第一次尝试解决这个问题的建议，是 1872 年初由大藏省做出的，主张日本增加向外国举债，其中一部分可用于按薪俸年值的 4 倍来使其资本化，这实际上相当于支付给薪俸持有人 6 年期的可销售债券。一些政务会成员，包括木户孝允和岩仓具视在内，都认为这有些太过苛刻，会在政治上产生危险。因此，这种想法被搁置了下来。直到 1873 年 11 月，尽管遭到木户孝允和伊藤博文的反对，大久保利通和大隈重信还是通过大藏省的另一个计划，再次提出了这一主张，这次是按比例增减向武士薪俸征税——实际上，是要减少薪俸的支付——虽然提供给武士的薪俸有所减少，但他们可以选择以 4 年期的生活津贴和 6 年期的世袭薪俸来交换。这一决定于 12 月公布。但是，这样仍然不能解决财政困难，事情很快就很清楚了，为了解决这个令人头疼的问题，还必须做其他一些事情来削减开支。1874 年 11 月，薪俸补偿的选项扩展到了所有的武士，而不再仅仅是那些较为贫困的人。最终，在 1876 年 3 月，大隈重信建议把这项武士薪俸的补偿方案强制化。这项建议获得通过，并于 8 月公布。最小的世袭薪俸将以其年值的 14 倍换取政府的债券，并按 7% 的利率提供利息；而最大的世袭薪俸是按照年值的 5 倍计算，并按 5% 的利率提供利息；其余的将处于这两个极端之间。生活津贴将按照这些比率的一半换算。[1]

对政府而言，武士薪俸的代偿使政府的预算费用减少了大约 30%；最终，由于通货膨胀而减少了更多。对于较为富裕的武士和他们的封建领主来说，这种代偿以国库债券的形式提供了有用的资本金，可用来投资于土地或其他形式的现代企业。对于那些最穷困的武士来说，这种代偿完成了已经持续数代人的贫困化过程，迫使他们回归土地，或从事其他种类的生产工作。对武士薪俸的代偿，以所有这些形式对经济现代化做出了有益的贡献，这是以一些人作为代价达到的。不

---

[1] 有关诏书（1873 年 12 月 27 日以及 1876 年 8 月 5 日）的译文，参见 McLaren, *Documents*, pp. 557-566。

可避免的，这一政策也引发了不满和动乱，从而成为 1877 年萨摩叛乱的一个重要原因。从长远来看，更为重要的是它标志着政权的政治基础转变的第一阶段的结束。如今，大名和一些上层武士加入到宫廷贵族之中，过着舒适而体面的生活方式，以社会声望和政治模糊作为他们的特征。在他们的家臣中，有少数人在官僚机构和武装部队中找到了飞黄腾达的职业，成为日本政治精英的核心。其余的人则消沉落寞，籍籍无名，受人尊重但不再享有特权，要么像地主和商人一样成为新兴资产阶级的一部分，要么下降到农民和工人的行列之中。在接下来的 20 年里，明治政治制度将要反映的正是这种新的阶级结构。

中央政府与地方政府

1869 年 8 月 15 日，在各藩已经开始版籍奉还之后，接下来进行了中央政府的一次重大改组，其主要特征是进一步强化行政首长，如今更名为"太政官"的权力。[1] 权力仅限于非常少数的一些人。像"右大臣"这样的高位，便由宫廷贵族三条实美所把持。紧挨在他下面的是三大顾问，其中之一是岩仓具视，另一个是肥前藩的前大名，锅岛直正。再接下来是"参议"，两年内其人数由 2 个变为 7 个，都是来自萨摩、长州、土佐及肥前的武士。总的来说，这些人负责就国家大事向天皇提出一些建议。他们做出的决策委托给 6 个部门执行：大藏省（财政事务）、民部省（民政事务）、外务省（外交事务）、兵部省（军事事务）、刑部省（司法事务）和宫内省（皇室事务）。这些部门通常由高级宫廷贵族或封建领主领衔，但实际上却由担任副手的武士执掌。这意味着权力掌握在一个紧密结合的集团手中，他们具有丰富的政治经验。1868 年到 1869 年间的那些有名无实的领袖，大部分都已被丢弃。

由于这项安排对中央政府的活动能够给予有效的指导，在 1871 年废藩之后，似乎没有必要再作彻底的修改。以前的这些变化，更进一步地增强了行政上中央集权管理的程度，而如今的行政机构被划分为三院制。中枢机构（"正院"）——经常在整体上等同于"太政官"，因为它极其重要——由总理大臣（"太政大

[1]　关于这一时期中央政府的详细情况，参见 Ishii, *Japanese Legislation*, pp. 115-135; Wilson, Genesis, pp. 66-8; Albert M. Craig, "The Central Government," in Jansen and Rozman, eds., *Japan in Transition*, pp. 36-67; 以及 Suzuki Yasuzō, *Dajokansei to naikakusei* (Tokyo: Shōwa Hankōkei, 1944).

臣"）、左右阁僚（"左大臣"、"右大臣"）及几个"参议"构成。他们是面见天皇并向天皇提出建议的主体。"正院"受到"右院"和"左院"的辅佐。"右院"由行政部门的阁僚及其副手组成，"左院"则名义上是一个指定的立法机关，而实际上却从未达到过多么重要的地位。

中央的官员集团依然与从前大致相同，尽管其成员数量减少了很多，但在他们中间，武士更加公然成为大权在握的人物。1871年8月，三条实美被任命为太政大臣，一直待到这个职位于1883年被废除。"左院"议长一职保持着空置状态。从一开始，就有4名武士被任命为"参议"。他们是萨摩的西乡隆盛、长州的木户孝允、土佐的板垣退助和肥前的大隈重信，在这一职位存在的14年时间里，只有过19名"参议"。除了前幕府官员胜海舟一个人之外，在1871年被任命的所有"参议"，都同样来自上述四藩。大久保利通被安排做大藏卿，而不是参议，他是得到了这种认可的第一个武士，但不久之后这种情况就变得相当普遍了。此外，还有一些武士，比如兵部省的山县有朋，担任各部门的副职（"大辅"），而这些部门是没有正职的，实际上这使得他们的影响力更大。

在部门的名称和功能上有一些重大的调整，这在某种程度上与中央政府在全国权力的延伸及现代化的谋划密切相关。刑部省于1871年8月更名为司法省，被赋予组织国家跟地方法院系统的职责。它继承了一部以中国和日本传统判例为基础的刑法典，已在1871年2月获得批准；但是1872年完成了对这部法典的修订，于1873年7月加以颁布，其中已经开始显示出法国的影响。[1] 1882年，旧法典被完全取代，新法典完全以法国模板作为基础。为了加强司法制度，1875年设立了最高法院（"大审院"），充当一个上诉法院的作用。文部省于1871年9月设立，接管了对各种各样培训官员和专家机构的监督和管理，而在此之前这是由幕府来管理的，但是，文部省把绝大部分注意力放在建立国家的基础教育体系上，并于1872年9月加以公布。1873年1月，文部省吸收了与传播神道教有关的一些职能，之前这种职能是由"神祇官"履行的。神祇官这一部门的地位，在1871年下降为"神祇省"，此后更被取消。

这一时期的两项重大创新，直接起源于废藩置县和实行征兵制度的决定。在

[1] Paul Heng-chao Ch'en, *The Formation of the Early Meiji Legal Order: The Japanese Code of 1871 and Its Chinese Foundation* (New York: Oxford University Press, 1981).

军队中引进西式的组织和训练方法，对于相关的官僚机构也具有重大意义，使得它们也逐渐倚重西方的经验。1872 年 4 月，兵部省分化为陆军省和海军省，就是这种情况的一个反映。1878 年，随着镇压萨摩叛乱期间指挥上和谋划上弱点的暴露，日本仿照德国模式建立了军队总参谋部，它独立于政府军事部门，可直接向作为三军统帅的天皇报告。这对日本的政治生活产生了长远的重大影响。

同样重要的是 1871 年夏天做出的版籍奉还的决策，总计涉及整个日本大约四分之三的土地。早先主要担负与天皇辖区有关事务的民部省，于 1871 年被撤废，它的一些职能被移交到大藏省，其他的职能则移交给 1870 年 12 月新设立的工部省。这被证明不是一个令人满意的安排，因为当时没有一个专门的机构来协调中央对地方的政策，而国家被分割成为各个局部的区域。于是，1873 年 11 月，当大久保利通和岩仓具视成为政府的主导人物时，便设立了内务省，由大久保利通主管。1874 年 2 月，规定了内务省的权力和职责，范围极其广泛。它将要选拔地方和县的官员；开展与土地税估值相关的调查；执行人口普查；组织道路建设和沿海航运；监督邮政和地方卫生设施；如此，等等。简而言之，它将代表中央政府，重新开始并扩大过去几个世纪里由封建领主所执行的一系列职能。此外，它还清楚地建议通过约束自身紧密控制的官员来做到这些，因此于 1875 年 11 月继续颁布法令法规，通过这些法令法规，同样的职责——增加了关于警察机关对保护学校、神社和寺庙负有责任的条款——被强加于各县知事和他们的下属，这些官员的任命、晋升及免职都受制于内务省的决定，其依据就是定期的检查和报告。[1] 644

这些规章的应用也改变了地方行政管理的实体。[2] 废藩置县以后，各藩的领地变成了县，数目达到 302 个，除了东京、京都和大阪这 3 个城市区域（府）之外，其他各县在规模方面的差别很大。1872 年 1 月，经过合并的过程，县的数目减少到 72 个（后来又减少到 43 个）。为了达到准备房屋登记以作为实施征兵制度的前提条件，"县"这一单位被细分为更小的"区"，每区指派一名官员，这些官员于 1872 年成为中央政府的代表，取代了传统的首领。这一发展过程的最后一个阶段是 1878 年 7 月一道法令的颁布，其中规定，"区"（下面再分为"町"）

---

[1] 关于设立内务省的命令文本，见 McLaren, *Documents*, pp. 37-40; 关于 1875 年的法令法规，见 McLaren, *Documents*, pp. 259-264。

[2] 关于明治早期地方政府的情况，见 Ishii, *Japanese Legislation*, pp. 198-231; 以及 Kurt Steiner, *Local Government in Japan* (Stanford, Calif.: Stanford University Press, I965). PP. 19-29.

仅被作为"府"的市区的一部分加以保留，而"县"的辖区则被细分为"郡"和"村"。"区"和"郡"的头领均由政府任命，具有官员位秩；"町"和"村"的头领则由居民选举出来，在政治上的地位不太重要。通过这种方式，东京对府、县行政施加的监督延伸至区域更大的地方社区。

关于这一不断扩展体系的人员配给，由于不可能再要求武士像履行封建义务一样来为之服务，所以需要官僚机构的创设。[1] 许多明治领导人所任命的下属官员都表现得十分忠诚，他们之所以值得信赖，或是由于他们以往的政治关联，或是由于他们是掌握着有用技能，比如西式知识和技术的"专家"。伯纳德·西尔伯曼（Bernard Silberman）曾经分析过 1875 年至 1900 年间担任政府部门主要职务的 62 名官员，结果表明约有一半的人符合这两项检测指标，近四分之三的人至少符合其中的一项。实际上，在这一层面上，具有压倒性的多数是来自萨摩、长州、土佐及肥前的武士，而四藩之间的联盟，想必也具有某种明显的可靠性。对于较低层次官员的任命，情况显得与此不太一致。西德尼·布朗（Sidney Brown）曾对内务省作过研究，发现在 1873 年到 1878 年间服务于大久保利通的 51 名官员中，只有 2 人来自萨摩、3 人来自长州，在同类职位中远远低于大藏省和陆军、海军省。与此形成对照的是，这一时期的 73 个县知事中，有 34 个来自四大雄藩。我们可以用伯纳德·西尔伯曼的数据与之比较。对 1873 年至 1900 年间的县知事进行随机抽样，西尔伯曼发现有 86% 来自于武士阶级；只有不到四分之一的人曾经受过某种西式教育；而 7 个人中只有 1 个具备曾经在底层机构任职的经历。这似乎意味着两种类型的资历并不一定适用于同一种工作。当要求某些专业知识时，封建的背景有可能被忽略——有些专家甚至为幕府服务过——但是，在那些具有政治敏感，需要政治忠诚的职位上，考量一个人的封建"关系"就具有十分突出的重要性。当然，在选择府、县高级官员的时候——萨摩除外，由于这里曾经发生武士叛乱，所以是一个特例——政府总是细心地避免任用那些先前曾经属于当地某藩的人士。

645

---

[1] 关于这一问题，请特别参见 Silberman, *Ministers*, passim; Bernard S. Silberman, "Bureaucratic Development and the Structure of Decision-Making in Japan, 1868-1925," *Journal of Asian Studies* 29 (1970): 347-362; 以及 Sidney D. Brown, "Okubo Toshimichi and the First Home Ministry Bureaucracy 1873-1878," in Bernard S. Silberman and H. D. Harootunian, eds., *Modern Japanese Leadership* (Tucson: University of Arizona Press, 1966), pp. 195-232。在日文著作中，最为有用的仍然是 Tanaka Sōgorō, *Kindai Nihon kanryō shi* (Tōkyō: Tōyō Keizai Shinpo, 1941)。

现在，我们可以总结明治时代的第一个十年里日本政府所发生的那些变革的性质了。其主要特点是显而易见的：中央权力集中在宫廷贵族和前武士的手中，首都的官僚对地方政府机构实施威权统治，行政权力的边界远远超出了传统的收税和维持秩序的范围。在政治上，这是一种针对"普遍危机"（由外来入侵的威胁及国内明显的社会解体所引起）的合乎逻辑的反应。在制度上，它通过选择表面上的"中国"模式来运作，因为这些制度衍生自早期日本受到中国支配的政治文化。几乎所有官职和部门的名称都取自八世纪的原称，就像天皇诏书中的许多正式措辞一样。然而，到 19 世纪 70 年代中期，这些制度为之服务的现实与日本古代的关联已经越来越少了。"富国强兵"，虽然是一个古典的口号，却被各地以这样或那样的方式诠释着，这些方式都是更多地向欧洲学习，而不是向中国求助；人们关注更多的是工业和西方军事科学，而不再是农业生产和封建的军事训练。正如我们所看到的那样，这其中的一些后果已经在政府组织中体现出来。在接下来的十年里，我们将会看到这一趋势的加速，从而在整个政治制度的架构上，日本都果断地采取了西方的模式。

在军队职业化和政治可靠性方面的发展取得了迅速进步。1881 年，军事警察（"宪兵队"）建立，主要是为了确保军人对政权的忠诚。1882 年 1 月，天皇颁布《军人敕谕》，告诫将士："不得为时论引入歧途，亦不得干预政治，只需一心一意履行尔等忠诚之天职。"[1] 1884 年，在一名德国顾问的监督下，陆军参谋学院开始培训官员，在接下来的几年里，更多军事学校相继设立，包括军医学校、工程学校和炮兵学校。海军也于 1888 年和 1893 年设立了军官培训学院和单独的炮术学校。1891 年，海军设立了自己的军令部，尽管它直到 1893 年才从海军省独立出来。与此同时，民事警察组织也有所发展，1872 年，在司法省和各县知事下设立警察机构。1883 年到 1890 年间，山县有朋作为内务卿，使警察机构牢固地处于内务省的掌控之下，建立了德国模式的培训学校，并实质上给予了它们更大的权力，进行新闻审查和政治迫害。

凡此种种，目的在于通过使政府更加西方化来建立一个更有效率的"强势"政府。这些决断引起了国内对明治领导阶层武断行为的越来越强烈的批评，而在

---

[1] R. Tsunoda et al., eds., *Sources of Japanese Tradition* (New York: Columbia University Press, 1958), pp. 705-707. 亦见 James B. Crowley, "From Closed Door to Empire: The Formation of the Meiji Military Establishment," in Silberman and Harootunian, eds., *Modern Japanese Leadership*, pp. 261-287。

朝鲜问题上与中国的一系列冲突，使得日中两国在1884年和1885年差点发生战争。西洋式贵族阶级的创建，显然同样事关政治上的稳定和强固。1884年7月的天皇诏书宣布，天皇希望向两个群体的人给予奖赏：一个是那些"杰出祖先的出身显赫的后代"，一个是那些"在王政复辟中"立下卓越功勋的人们。[1] 为此，他设立了新的等级和头衔：亲王（或公爵）、侯爵、伯爵、子爵和男爵。最初，有647 500个人被授予爵位。这些人中的大多数都是旧时宫廷和封建贵族的成员，他们将被给予适当的威信以确保其继续合作，尽管他们的许多传统特权已经遭受损失。他们将被用作新的宪政结构下可靠的保守贵族院的基础，这个新的宪政结构当时正在讨论中。不过，这些人中有30个是政府大臣和陆海军上将，多半都是前武士，他们终于被给予了与他们的政治价值相称的社会地位。值得注意的是，德川家族的首领变成了亲王，而如今处于反对派阵营中的大隈重信、板垣退助和后藤象二郎，则被完全忽略了。由此可见，选择授爵的原则是现在的效能，而不是过去的业绩。

非常有必要去调和政府内部的世袭地位与当下权力，在更大的享有特权者的圈子中也是如此。"太政官"体制并未解决把不同出身的人士融合为统治精英的所有问题。虽然封建领主已经在政治舞台上消失，但在武士"新贵"和残存的宫廷贵族之间仍然存在着一种紧张关系，特别是因为后者在天皇的随从中具有潜在的强大权势。1883年岩仓具视的去世，失去了这两类人之间的最好斡旋者。同时，它也削弱了贵族的影响，创造了一个制度调整的机会，渴望掌握全部政府领导权的伊藤博文，急于要采取行动。关于政府政策的整合，也存在着内部的意见分歧，在1884年到1885年外交危机的氛围中，这种意见分歧被赋予了更多的严重性。在占据主导地位的"正院"太政官与"右院"高级部门主管的顾问团队之间，已经通过各种各样的措施取得了一定的协调：通过连锁式的任命，确保一些"参议"同时担任某部大臣；通过设置非正式的"内阁"提供了一个场所，借此那些主要官员可以讨论重大议题；同时，还利用了倒幕运动中前成员之间的个人关系。这些措施中有部分遭到了一些人的反对，因为他们发现自己变成了"局外人"，比如大隈重信和板垣退助。随着时间的流逝，另一些人的权力也在逐渐削弱。到了1883年，几乎所有来自萨摩和长州的第一代维新领导人相继死去：

---

[1] McLaren, *Documents*, pp. 88-90.

1869 年，大村益次郎去世； 1877 年，木户孝允和西乡隆盛去世； 1878 年，大久保利通去世。没有了他们，系统就很难运转，这泄露了设计这种政府架构的初衷，这一政府形式的设计本是为了维持 1868 年的胜利联盟继承人之间的团结的。　648
在 19 世纪 80 年代那种情形下，如何把政府置于一个具有更好界定和更强凝聚力的基础之上，人们表达了各种不同的意见。

　　因此，伊藤博文于 1884 年带头提议以西方式的内阁制取代太政官制。[1] 由于与中国之间的危机，伊藤博文必须前往天津处理，致使讨论推迟了好几个月，但是到 1885 年初他返回时，便压倒了来自三条实美的反对意见（三条实美主要担心的是，伊藤博文的建议可能会打翻萨摩和长州派系之间的微妙平衡），并把起草相关规章的任务委托给了井上毅，他是伊藤博文在宪政事务上的主要助手。在某些方面，井上毅出色地完成了任务，因为他设计使武士们具备了担任内阁大臣头衔的资格（这是迄今为止一直为宫廷贵族们所保留的），从而提高了武士阶级在政府中的地位——这一举措可与一年前使武士成为贵族成员的措施相提并论——不仅如此，井上毅还建议通过规定天皇对内阁会议中的个人参与（在这方面，内阁像是"正院"的延续），来强化政府的公共权威。接下来，伊藤博文在与三条实美讨论后，下令对这一条款进行修改。于是，当新的政府组织于 1885年 12 月加以公布时，加上了天皇诏书作为前言，表明政府的目的在于废除"间接方法"，节约开支，"提升公共服务的效能"，而主要的协调角色则被委托给总理或首相（"总理大臣"）。政府发布的所有法律和条例，都要经由首相及相关部门的大臣共同签署。首相还将接受各个部门的工作报告，并对一般政策的主要事项承担责任。这样，尽管在理论上各部大臣继续可就相关事务直接对天皇负责，但实际上他们显然从属于首相，这是一种与 1810 年的普鲁士法规相类似的形式，而日本的法规主要是建立在普鲁士法规的基础之上的。[2] 对伊藤博文来说，这是一次个人的胜利，毋庸置疑他将成为第一任内阁总理大臣，而三条实美，一直作为宰相担任名义上的政府首脑，则屈尊就任宫内省内大臣的较低职位。内阁成员的资格将不再受到强调的事实，使得这一决策具有了这样的现实性，即切割天皇　649

---

[1]　有关文献和讨论，见 McLaren, *Documents*, pp. 90-97; Ishii, *Japanese Legislation*, PP. 370-374, 389-393; 亦见 Inada, *Meiji kenpō*, vol. l, pp. 732-58。

[2]　1889 年，法规修订，首相丧失了某些监督和连署的权力，但是从长远来看，随着其他制度安排的发展，首相的权力并没有遭到多大削弱。

对于政治事务的积极参与。

1885 年内阁制度的强化，具体表现在有关官僚机构的法令法规上。[1]1880 年，政府曾经发布公务行为准则，其中详细陈述了各部大臣及其下属的职责和权力。1885 年 12 月，在关于内阁制度的文告颁发几天之后，一份修订本就被作为伊藤博文的指令发送给其他阁僚，要求限制官员的数目，明确职能的界定，谨慎执行纪律。这一指令散发出十分浓厚的道德语气，强调有必要注意官员的品格，避免裙带关系和过度赠送礼物，或者任何"有损政府尊严及信誉"的事情。这些指令于 1886 年 2 月被编入一本《帝国法令集》，其中还增加了许多有关信件处理、草案发行、档案与账簿保管和还款方法等方面的规则。最后，1887 年 7 月颁布的另一条例，则将有关个人行为方面的要求编入法典：禁止行贿受贿及接受奢华的娱乐，反对挥霍浪费及不知节约，还有一条正式的秘密规定：不得将政府的信息资料传送给私人，甚至也不得提交给法院。

在这些多方面法令法规的框架下，日本公务人员被分成三类不同的等级：顶层的是由天皇亲自任命的"敕任"官，包括中央各部门的副手和各县知事；接下来是"奏任"官，这些中级官员由中央各部大臣推荐，天皇批准；最下面的是"判任"官，这些职位较低的官员由经过授权的各部大臣直接任命。由此可见，各个层级官员的选拔迄今为止一直基本上是私人性的——在某种程度上，这使得人们相信对权力过于集中在萨摩和长州之手的批评——事情很清楚，某些法规有利于设计官员任命和晋升的规则，而这将缓和对萨摩—长州藩阀的批评，有助于 1885 年后成形的官僚机构更加流畅地运转。早期为达此目的而建议采用的中国式考试制度终于未获实现，因为领导阶层首先关注的是加强中央政府的团结和权势。

然而，1884 年，伊藤博文再次提出此事。在他的鼓动下，拟就了一份草案，设想举行法律、经济及政治学方面的考试，考生将由此获准进入某个适当层次的职位。实施这一方案的第一个步骤是进行关于司法职位的考试，因为外国对日本司法制度的批评阻碍着条约修订的进展；但是在 1885 年 12 月，伊藤博文在发送给阁僚们的指令中，补充陈述了通过考试招聘官员的意图。1886 年，在他的要求

---

[1] 关于 1880 年到 1887 年间发布的法令法规的内容，见 McLaren, *Documents*, pp. 55-75, 99-127。关于考试制度的发展，见 Robert Spaulding, *Imperial japan's Higher Civil Service Examinations* (Princeton, N.J.: Princeton University Press, 1967), chaps. 2,5-7。

下，金子坚太郎制定了一项计划，使得考试成为招聘"奏任"和"判任"这两个级别官员的主要方式，并把进入这些职位的任职资格与国家教育体系的成就配合起来。尽管遭到了一些人（他们认为这种要求太过严格）的反对，伊藤博文还是在 1887 年 7 月把这项计划付诸实施。但仍有一些例外。那些已经任职的官员被免除进行新的测试。"敕任官"的职位也是如此，仍由政府的判断力来决定。新的东京帝国大学的毕业生，通过一段时间的培训后，无须经历考试就可以进入到"奏任官"这一层次（这一特权于 1893 年丧失）。其他所有进入政府职位的新人，则必须通过相应的考试。

这样，就抛弃了以世袭身份作为政府职位首要条件的传统体制。尽管通过保证受教育的机会和有价值的赞助，武士血统和家族关系在寻求进入仕途方面依然保持着相当大的优势，但自此之后，日本将依赖于通过教育和考试来选拔"贤才"，招募政治精英。正如在这一制度被采用之前的许多论述中都强调过的那样，"举贤任能"是一个儒家的观念。但仅此而已，其他任何方面都与中国没有关系。考试问题的设置，旨在检验考生的技能，这些技能无论在起源还是在方法上都完全是西方的。从长远看，这些考试将会成为一个社会流动的工具。很快，考试制度就引起了很多人的反对，这些反对声浪既来自那些保守派人士，也来自那些拥有世袭地位的人，前者是因为他们在这些变化中看到了对日本价值观念的厌弃，后者则是因为世袭地位是他们唯一的生活保障。与此同时，那些最终受益的群体——地主和商人，因为他们的子孙接受教育将成为获取政治势力的途径——在 19 世纪 80 年代，则仍然更多地意识到明治政府的专制主义性质，而不是看到政府所提供的就业机会。因此，为了使这两种反对者顺从于新的权力结构，仍有一些事情需要去做。制定一部把天皇主权的传统原理与西方政治思想兼容并蓄的成文宪法，被选作达到这一目的的手段。

651

明治宪法

像欧洲一样，日本最早开始走向限制中央政府的权威，起源于封建分离主义的思想。在德川统治的最后几年里，已经提出了一些有关寡头政务会议的提案，其中涉及一些大领主，甚至包括他们的家臣代表。由此逐渐发展出两种走势。一是幕府企图使将军成为这一会议的首领，而避免彻底覆亡的灾难。这在王政复古后的几个月里，融合在由土佐藩和越前藩提出的计划里，其目的尤其是为了牵制萨摩和长州在明治政府里的野心。另一个是由明治领导阶层所使用的类似设计，以之作为安抚那些将在政治结构中扮演消极角色人士的一种手段：许多宫廷贵族、封建领主和武士无疑都被说服，接受了由他们方面的少数人做出的这项决定。在这两种情况下，都有可能诉诸西方的模式和先例。随着时间的推移，人们认识到，这样做具有充分的理由，即希望给予日本一个"文明开化"的国际形象，以便强化其修改 1858 年不平等条约的种种努力。这些动机——少数政治精英抑制政府阁僚专权的愿望，政府调度"公众舆论"支持的价值，以及使条约强权给人留下深刻印象的需要——全都在继续影响着日本具有代表性制度的讨论，虽然重要程度不尽相同，但这些讨论贯穿始终，终于导致成文宪法于 1889 年公之于世。[1]

朝这个方向迈出的第一步，是 1869 年"公议所"的建立。这是一个立法机构，由各藩指定的人所组成，主要职责是讨论行政主管人员所提交的事项。它的存在混乱吵闹，很快就被撤销了，但它还是在若干藩里催生了类似机构的出现。1871 年，当"太政官"体制整顿时，"公议所"这个立法机构的职能就委托给了"左院"。与它的前辈相比，"左院"似乎也不太可能削弱这个政权本质上的专制特性。

使这种情形发生改变的是寡头政治中裂隙的扩大。在 1872 年到 1873 年间，在岩仓具视的率领下，日本政府组成了一个使节团到欧美进行考察，萨摩和长州的领导人大久保利通和木户孝允，在有关日本应该采取何种措施以确保国际平等地位的问题上发生了意见分歧。英国的工业和俾斯麦的权威给大久保利通留下了深刻的印象，因此他力求按照英国和德国的模式来发展日本。木户孝允则转而考虑举国一致的重要性，主张制定一部成文宪法为国民团结提供必要的框架。在木户孝允的要求下，青木周藏，当时在德国的一个留学生，为日本草拟了一部宪法草案，1873 年 11 月份，在他们从欧洲返回日本后不久，木户孝允将草案提交给了他的同事们。这部宪法草案规定天皇享有广泛的权力，而"太政官"将以天皇的名义行使这些权力：监督行政、任免官员；执行外交政策；指挥武装部队；发

[1] 关于幕府末年明治初年宪政运动的背景，见 Nobutake Ike, *The Beginnings of Political Democracy in Japan* (Baltimore: Johns Hopkins University Press, 1950), pp. 24-43; 亦见 Osatake Takeki, *Ishin zengo ni okeru rikken shisō*, rev. ed., 2 vols. (Tokyo: Hōkōdō, 1929)。

布具有法律效力的紧急条例。一个两院制的议会将与之分享立法权。它将由一个上院（"元老院"）和一个下院（"议院"）所组成，其中上院议员从"敕任"官员中任命，而下院议员最终将由选举产生，尽管在短期内将从贵族和县知事中挑选。天皇具有否决法律和解散议会的权力，但是宪法修正案则需要上下两院的一致同意，预算也必须由下院（"议院"）通过。政府部长向天皇负责，而不是向立法机关负责。[1]

大久保利通对这份文件的反应十分冷漠。他同意日本需要一部宪法来"确立统治者和民众之间的和谐"；也承认这意味着实行某种"国家事务根据宪法来治理"的君主政体，从而避免"没有确定法律的君主专制"；但是，他坚持认为，所做的事情必须与我们的情况、我们的习俗和我们的发展趋势相一致。他将此理解为需要保留"天皇至高无上的权力"。[2] 事实上，大久保利通对于"太政官"体制是十分满意的，也就是说，一个强有力的行政首脑、一个由贵族和其他"特选"成员组成的立法机关（"左院"），以及一种清晰的分权体制，即不承认立法机构的任何行政职能。到这个时候，由于大久保利通已经成为明治政府中强有力的领导人物，掌管着新成立的内务省，看起来他的观点很有可能会占据上风。

然而，还有一个更为严重的分歧，不得不马上加以解决。1873 年夏末秋初，政府成员中发生了激烈的争执，起初的焦点是对朝政策，后来扩大到对整个国家目标的评估。结果，几个现任领导人，包括萨摩的西乡隆盛，土佐的后藤象二郎、板垣退助和肥前的副岛种臣都辞了职。1874 年 1 月，后藤象二郎、板垣退助和副岛种臣，连同其他 6 位有影响的武士，拿起了木户孝允几周前所提出的建议，却给予其不同的侧重点。木户孝允曾经呼吁制定宪法，以把统治者和人民团结在一起，共同抵御外国的侵略，为此他强烈要求必须结束封建割据，实现国家统一，尽管以他的立场看来，大久保利通的所作所为并没有什么不同。木户孝允曾经写道，"如果一个国家被划分为众多的小统治者，每个统治者都在自己的地区拥有充分的权力……那么国力就将被分散"。板垣退助和他的朋友们所关注的，则更多是社会的整合，他们呼喊"没有代表，便没有税收"，要求结束专制统治，

---

[1] 木户孝允 1873 年 11 月的奏文支持这些提议，见 McLaren, *Documents*, pp. 567-577. 这份宪法草案的译文，见 George M. Beckmann, *The Making of the Meiji Constitution: The Oligarchs and the Constitutional Development of Japan*, 1868-1891 (Lawrence: University of Kansas Press, 1957), pp. 100-110.

[2] 太久保利通给木户孝允的回复，译文见上一注释文献的第 111—119 页。

主张成立一个由"人民选择"的、具有实际权力的议会。[1] 他们的呈文对执政者来说不啻一种蓄意挑战。接下来，他们组织公众，宣传在日本推行代议政治，寻求人们，尤其是那些心怀不满的武士的支持。由于征兵制推行和武士薪俸处理这样的措施，动乱已经普遍存在，政府必须对他们的行为加以严肃对待。

654 　　在这个问题上，感到不满的不仅是武士。值得注意的是，木户孝允和板垣退助两人都来自这样的地区，在这些地区，非武士阶层的人们——在那些富裕的乡村和小镇上，人们往往处于武士阶级的边缘——曾经在推翻幕府统治这一事件上发挥了积极的作用。1874 年初，在另一份呈文中，板垣退助评论说，如果建立议会，最初的各项权利应只限于"武士和富裕的农民与商人，因为他们是 1868 年革命的领导人"。[2] 在这一点上，他反映了部分人士的政治愿望，这些人士于幕府统治末期在经济上获取了相当的财富，并对当地具有一定的影响，但迄今为止却一直被排斥在国家事务之外。他们是一些值得对之进行安抚的人群。在日本的许多地方，大多数村民仍然受到税吏的压迫，受到地主的剥削，被农业的商品化弄得手足无措，处于动荡不安的状态，时不时地有人揭竿而起。如果没有乡村精英人士的合作，军队和警察是否仍然能够维持秩序是很令人怀疑的；而如果军警们不能维持秩序，那么日本就很可能会再次面对曾经推倒德川幕府的种种内忧外患。

　　由于这些情况，19 世纪 70 年代，由板垣退助和后藤象二郎通过诸如"爱国公党"和"立志社"这样的政党组织所引领的"自由民权运动"，[3] 促成了政府政策的转变，从专注于封建制的主张转变为在日本的统治阶级中吸收进新的社会群体。这不是一个突然的改变。也不是被它的政治对手所无情强迫而做出的改变。相反，它反映出一些影响的交汇合流：政府镇压武士与农民动乱的功能持续强化；日本若要实现西方意义上的强大，必须获得全体国民广泛支持的意识日益增长；以及对领袖们可以组建替代政权以取代那些不合格政府的认可。制定出适合于这种情状的制度模式需要时间。它还要求剩下的政治寡头们相互达成和解，这一过程在很大程度上是暗中进行的。

---

[1] 1874 年 1 月 17 日的奏折，见 McLaren, *Documents*, pp. 426-432，转引自 Kido, p.570。

[2] 1874 年 2 月 20 日的奏折，见 McLaren, *Documents*, pp. 440-448。

[3] 关于自由民权运动及其意义，参见 Ike, *Beginnings*, pp. 60-86; 亦见 George Akita, *Foundations of Constitutional Government in Modern Japan: 1868—1900* (Cambridge, Mass.: Harvard University Press, 1967), pp. 6-30.

所能采取的第一个争议相对较少的措施，是开放对地方政府的更广泛的参 655
与。根据大久保利通和木户孝允在 1875 年初的协议，成立了府县知事的集会
（"地方官会议"），作为一种对全国性立法机构的部分替代品。在当年 6 月的一份
建议书中，迫使政府考虑扩大和调整已由先前诸藩在一些地区建立的地方会议的
可能性，以保证每府每县都有一个。由于 1876 年至 1877 年萨摩叛乱的爆发及其
他武士动乱的显现，该项行动被耽搁下来，但 1878 年该项计划被再次提出，并
得到了"地方官会议"的批准，于当年 7 月付诸实施。随后发布的条例规定：选
民只限于 25 岁以上的男性，每年支付土地税至少 5 日元；议员任期 4 年，每两
年改选其中一半；任何一项决议将由简单多数票通过。议会的主要事务在于筹
集和使用归地方使用的部分土地税。他们有权讨论地方长官提交给他们的其他问
题，但须保证采取适当的可靠方法；他们所建议的任何行为都将受制于地方长官
的否决，还须得到内务省卿的批准。[1]

1880 年 4 月，这些安排得到了"町""村"一级所设的同样咨询性会议的补
充，不同的是"町""村"一级会议的首领是选举出来的，没有正式的官方权力，
而较大地区的类似职务则仍然由政府任命。随后，19 世纪 80 年代，在山县有朋
担任内务卿期间，整个体系在德国顾问的影响下编制成型。当时做出的主要改
变，是引进"郡"和"市"这样的区域作为各府县内部的中间单位，每个"郡"
"市"都有一个选举产生的议会及一个被任命的首领。修订后的法规——1888 年
公布的市制、町制和村制；1890 年公布的县制、府制和郡制——的另一个影响，
是府县议会的成员自此之后便由市、郡议会的成员非直接选举产生。与这些动态
相伴并行但遭遇更多困难的，是寡头政治内部做出的一系列有关国会性质的决
定。[2] 第一阶段是在 1875 年 2 月。当时，大久保利通、木户孝允和板垣退助在作 656
为调解人的伊藤博文的帮助下，同意改组"太政官"制，以便由一个两院制的立
法机构来取代"左院"和"右院"，这个两院制的立法机构由一个"元老院"和
上文提及的府县知事会议（"地方官会议"）所组成。4 月的天皇诏书中宣布了这
一决定，承诺将"逐步地、分阶段地"建立起宪制政府。这一变化并未以任何方

[1] 1878 年 7 月 22 日的《条例》，见 McLaren, *Documents*, pp. 272-276。关于地方政府的会议及其一般权力，参见
Hackett, *Yamagata*, pp. 107-115; 又见 Steiner, *Local Government*, pp. 25-54。
[2] 有关寡头政治内部的导致这些决定的详细情况的讨论，参见 Akita, *Foundations*, pp. 31-57; 又见 Beckmann,
Making, pp. 26-61。在日文著作中，见 Inada, *Meiji kempō*, vol. 1, chaps. 6-11。

式削弱行政部门经由"正院"所行使的职权，但它确实为宪法的制定建立了一种机制。1876年9月，"元老院"奉命准备宪制议案，这一任务被委托给了一个小型委员会并于1878年6月完成。该委员会提出的计划，与木户孝允在将近5年前提出的构想有几分相似，与1889年最终推出的宪法也有某些相似之处。尽管如此，这份计划还是在许多方面背离了岩仓具视和伊藤博文所有意描绘的那种非日本化思维。因此，虽然它称天皇统绪"从未中断"，称天皇"神圣不可侵犯"，"拥有行政权力"，但它也把立法权描述为"在天皇和议会之间一分为二"。内阁大臣将由天皇任免，但也要宣誓效忠于宪法，并且可以由上议院（元老院）对之进行弹劾。下议院将依据类似于府县议会实施的规则进行选举，将拥有批准预算的独占权。[1]

　　这份草案的许多内容是不能被"正院"的高官们所接受的。伊藤博文和岩仓具视立即通知元老院修改草案，以使之更加符合"国体"，即加强天皇的权力，但1880年12月最后拿出的版本仍然没能令他们满意。例如，新的版本并未赋予天皇发布具有法律效力的法令法规的权力，也没有使政府在财务预算上摆脱对国会的依赖，而在伊藤博文和岩仓具视看来，这两项措施是必不可少的。因此，这些议案没有被接受，连起草委员会也在1881年初遭到解散。与此同时，他们的观点也在向内阁大臣们兜售。除了一人之外，所有人都同意需要某种形式的宪法，这一宪法必须保护天皇的统治权，而且宪法的制定必须在谨慎准备之后逐步推进。山县有朋设想成立一种立法机关，其成员在过渡时期由政府任命，或由府县议会间接选举产生，但无论如何这个立法机构不能挑战行政部门的权威。作为首要步骤，伊藤博文建议扩大元老院，以便给予贵族阶级和府县议会的更多成员一些处理国家事务的经验，因为这些正是日本必须寻找的具有清醒政治判断能力的人。伊藤博文声称，一般说来，日本的领导阶层必须设法缓和对它的批评，但不能以放弃实际的权力为代价。我们必须"放松对政府的控制，但不会放弃它"。[2]

　　肥前的大隈重信的声音，打破了这一和谐齐唱。1871年以来，大隈重信曾经担任过"参议"，并在1873年至1880年担任大藏省卿。长期来他一直是政府中

[1] 这份草案的英译，见 Beckmann, *Making*, pp. 120-125。
[2] 关于山县有朋和伊藤博文呈文的英译，参见 Beckmann, *Making*, pp. 126-135。

杰出的现代化推进者。如今，大久保利通死了，岩仓具视老了，全部领导阶层内的对抗似乎都展现在伊藤博文和大隈重信之间了，这就使后者的意见显得特别重要。直到 1881 年 3 月，他才提交了他的意见。在当时，他的意见被证明远比他的同僚们所期待的更为激进，尤其是他建议几乎是立即成立国会，以使选举能于 1882 年举行，并于 1883 年召开第一届国会。这一行为不仅比其他任何阁僚所期待的都要快得多，而且也具有某种不恰当性：大隈重信按照英国的模式设想了一部宪法，在这部宪法中，权力将取决于各政党之间的竞争，最高的职位将由议会多数派的领袖担任。"宪制政府就是政党政府"，他写道，"而政党之间的斗争是有原则的斗争"。[1] 在大隈重信的言行中，隐含着对萨摩和长州藩阀支配明治政府的挑战。伊藤博文立刻接受了挑战，威胁说如果任何像大隈重信这样的建议被采纳，他就辞职。这一招有效地孤立了大隈重信，并在当年晚些时候使大隈重信卸任了参议职位。

在此期间，伊藤博文就有关宪制的问题私下里与岩仓具视会商，整理出一套方案，于 7 月 5 日以岩仓具视的名义提交给太政官，作为一种"基本原则"的说明。在随后的呈文中，他们驳斥了要日本"突然"转向英国体制的建议，因为英国的体制使"政府的行政工作向议会中的多数人负责"；并表达了对于普鲁士体制的偏好，因为在普鲁士，议会只有立法权，而"行政机构主要官员的组织"则仍然保有"统治者的特权"。用岩仓具视的话来说就是，日本的情况使其更适合于"在普鲁士模式上逐步推进，从而为将来的改进留下空间。"[2] 具体来说，他指 658 出了以下三点作为这一选择的至关紧要之处：天皇保有任免内阁大臣和高级官员的权利；内阁不会受到议会的干涉，内阁大臣们就各部事务直接对天皇负责；政府免受议会对财务的控制，规定无论什么时候议会驳回目前的预算提案，上年度财政预算将继续有效。1881 年 10 月 11 日，太政官接受了岩仓具视的呈文，并把它作为政府未来行动的基础。第二天，天皇的诏令承诺，为了确保"向我们帝国的子子孙孙提供指导原则"，宪法将逐步制定并于 1890 年实施。[3]

除了大隈重信的提议之外，有两个主题贯穿于所有这些文件。一个主题是，议会制政府在日本将是软弱无力甚至会起破坏作用的政府，它将毁坏中央政府

---

[1] Beckmann, *Making* , pp. 136-142.

[2] 译文见 Beckmann, *Making* , pp. 143-148。

[3] 译文见 Ishii, *Japanese Legislation*, pp. 720-721。

的坚定指导，而整个国家的未来都有赖于此。另一个主题是，普鲁士模式而非英国模式，对日本能起重大作用，因为普鲁士的问题和经验对于一个尚未取得议会统治所需要的经济和社会基础的国家来说更为贴切。这些考虑将继续支配其后的讨论，这些讨论在接下来的 8 年里导致了一部宪法的实际起草。这些考虑通过以下事件显现出来：首先，通过实施对新闻媒体和公众集会的严格控制来压制反对的声音，这在 1887 年公布《保安条例》时达到顶点，凭借《保安条例》，警察有权从首都驱逐任何"图谋或煽动骚乱的人，或被判正在策划对公共安全不利的人"；[1] 其次，可以从宪法起草工作的安排上体现出来，通过这一安排，宪法起草被置于伊藤博文的指导之下，这一工作在隔离状态下由德国人和受到德国影响的顾问们帮助完成。

　　就关于宪法的争论而言，这实际上是权力斗争的一个组成部分，在这一过程中，执政者的地位得以稳步增强，掌权者的势力不断增强。在 1881 年 10 月天皇发布文告之后，那些希望推动政府制定一部将会给予国会真正权威的宪法的人们，开始把他们自己组建成为政党，并展开了精力充沛的各种活动。[2] 1882 年 3 月，大隈重信的"立宪改进党"成立，得到了一些城市知识分子和富裕商人的支持，该党的努力方向是建立英国类型的议会，但它对明治现代化运动主要元素的广泛吸收，使其不可能采取任何或许会造成真正分裂的行动。对于这种渐进主义的运动，政府没有什么可担心的，尤其是因为这一运动并不具备任何坚实的商业和工业基础。板垣退助的"自由党"则没有类似的自我克制。最初，该党由持不同政见的前武士所控制，这些武士中有很多人曾经受到法国政治思潮的影响，到 19 世纪 80 年代初，该党又得到了乡村中地主和农民的广泛支持。在通货紧缩的货币政策压力下，降低了农产品的价格，造成了相当严重的农村贫困，一些乡村地主和农民转向武力示威，而在传统上农民反抗要比党派政治厉害得多。这种情况造成了两个结果：第一，它为政府动用军队和警察提供了充分的借口，理由是政党正在非法行事；第二，它使那些较为温和的领导人胆战心惊，促使他们与激进分子断绝关系。1884 年，自由党被勒令解散，与它有关的各地零散暴乱事件也

---

[1] 关于 1887 年 12 月 25 日颁布的《保安条例》文本，英译见 McLaren, *Documents*, pp. 502-504；关于 1875 年和 1887 年的新闻法，参见 McLaren, *Documents*, pp. 539-550。

[2] 英语著作中关于这一问题的最充分的解释，见 Ike, *Beginnings*, pp. 101-168。

在第二年被镇压下去。[1] 自此之后，在宪法编纂的过程中，就几乎没有什么富有成效的反对派值得寡头政府去认真对付了。

编纂宪法的目的之一正是为了巩固这一成果，也就是说，要确保民众的主体足够多地看到这个政权的优点，从而使他们愿意与之合作，其余的一切则交由警察来处理。在这个意义上，我们不能把正式的成文宪法与 19 世纪 80 年代所采取的各项决定分离开来，这些决定包括完善官僚机构，确定地方议会性质，等等，尽管这些都不会是 1889 年宪法中具体条款的主题。不过，1889 年宪法还具有另一种功能：说服更多的日本民众文明开化。对此，也有其他一些相关的决定。比如，贵族地位和内阁体制上的诸般变化，不仅是因为这样做有助于精英阶级的团结，还在于其以一种使人亲近和令人满意的形式把日本的制度呈现给西方人。然而，在说服人民走西方道路的问题上，日本的领导阶层面临着严峻的困境。维护自己的权力是天皇专制主义的基本原理，其根源来自于天皇的神圣血统。对于神圣血统的信仰，是传统主义者情感复合体的组成部分，在整个日本社会中广泛传播。西化是对那些抱有这种情感的人的无端冒犯。因此，有必要找到一种宪法构造，使其能够调和西方的规范与日本的帝制传统，若能如此，那么便可以得到最大的好处。

1882 年初，政府把编纂宪法的任务委托给伊藤博文，为此，他要访问欧洲，研究西方的诸种模式。3 月，伊藤博文离开横滨，径直向柏林行进，考虑到去年 7 月岩仓具视对普鲁士宪法的参考，以及 1873 年木户孝允最先提出采用德国模式的建议书，可以说这是一个合乎逻辑的目的地。在柏林，伊藤博文向宪法专家，例如鲁道夫·格奈斯特（Rudolph Gneist）和他的学生阿尔伯特·莫斯（Albert Mosse）请教。接下来，他前往奥地利，听取洛伦茨·冯·斯坦因（Lorenz von Stein）的讲座。在 8 月写给岩仓具视的信中，伊藤博文写道：多亏了这些人，"我已经开始了解国家的结构及其运作的基本特性。在巩固我们天皇体制的基础和保留属于他的特权这个至关紧要的问题上，我已经找到了足够的证据……"[2]

———————————

[1] 由于农村不满事件与民权运动的关系密切，关于这一问题的讨论，参见 Roger Bowen, *Rebellion and Democracy in Meiji Japan* (Berkeley and Los Angeles: University of California Press, 1980); 亦见 Irokawa Daikichi, *The Culture of the Meiji Period*, ed. and trans. Marius B. Jansen (Princeton, N.J.: Princeton University Press, 1985)。

[2] 引自 Akita, *Foundations*, p. 61。关于伊藤博文在宪法起草及其随后的讨论中所起的作用，参见 Akita, *Foundations*, pp. 58-75。亦见 Beckmann, *Making*, pp. 69-95；以及 Ishii, *Japanese Legislation*, pp. 366-408。而 Vol. 2 of Inada, *Meiji kempō*, 则几乎完全是对这一问题的专论。

1883 年夏，在对巴黎和伦敦进行了简短的访问之后，伊藤博文返回日本，他已经能够对岩仓具视所提出的"基本原则"的框架进行充实。由于种种原因，实际的宪法起草工作直到 1885 年才开始。当时，通过宪法起草工作的实施，使政府得以免受来自内部和外部的各种压力，宪法的起草，首先是在东京伊藤博文的住所，随后转移至他在东京湾一个小岛上的夏季别墅进行。除了伊藤博文之外，主要还有 5 个人关注这项工作。其中有两名是德国人：阿尔伯特·莫斯，专门为这项工作从德国邀请而来；赫尔曼·罗斯勒，自 1878 年以来一直担任东京外务省的顾问。其余 3 个是日本人：井上毅是他们当中最具影响力的一个，在关于宪法的讨论中，他一直与大久保利通和岩仓具视保持着联系；伊东巳代治，之前是个英语翻译，曾任太政官的秘书；金子坚太郎，毕业于哈佛大学，在元老院担任秘书一职。

661　　对他们的讨论最具影响力的政治观念是"社会自由度"和"社会君主制"，这些观念首先在德国流行。[1] 前者隐含着自由须在法律的范围之内的意思，这里所说的法律也包括以法律体系为根据的各种社会团体的规则，目的在于使所有的人都能够享受安全与稳定的福祉。证据显示，在现代国家，对这种自由的主要威胁来自于劳资之间的斗争，对此如果不加控制，就可能导致无政府状态。宪法的功能就在于强加一个法律的框架，以之缓和劳资之间的斗争，协调相互矛盾的利益。这一角色不可能由一个选举产生的议会来履行，因为那些当选的议员本身就是相互冲突的团体利益的代表。相反，一个君主则可以担当这一角色，因为他超然于这种斗争，并且使自己体现为公众的利益。为了有效地履行这一角色，他不可以被置于议会的控制之下。他的大臣部长们也不能听命于议会，必须根据他的指示自由行动，而这往往会与那些可能在任何给定时间里占据议会大多数的人的意愿相反。然而，这并不是纯粹的个人专制，可以不受任何限制。它必须在法律的框架内运作，而这种法律框架确实存在，表现为统治者的行政行为需要部门大臣的连署签名才能生效，正如他的立法行为需要得到议会的同意一样。

1887 年 6 月 4 日的一份备忘录中，拟就了对井上毅所提问题的回答，赫尔

---

[1] 特别参见 Joseph Pittau, *Political Thought in Early Meiji Japan: 1868-1889* (Cambridge, Mass.: Harvard University Press, 1967), pp. 131-195; 亦见 Johannes Siemes, *Hermann Roesler and the Making of the Meiji Stale* (Tokyo: Sophia University Press, 1966), pp. 3-35。

曼·罗斯勒陈述了这一答复，因为它适用于日本。[1] 他坚持认为，日本已经进入了工商业时代。接下来，资产阶级将会最终形成一个最强有力的阶级，而它对政治发言权的要求也必须得到满足。然而，满足了资产阶级的要求，就会损害农村居民，包括地主和自耕农的利益。他们会成为国家有义务加以保护的社会群体，而作为弱者的传统守护者，天皇应当保护他们。

　　这一论证所导致的宪法结论——内阁对天皇负责，一个强有力的贵族院，对下议院完全预算权的否定，选民的财产资格限制，以及一个独立于议会控制的官僚机构——显然是明治政府的领导者们所乐意见到的。事实上，赫尔曼·罗斯勒在起草岩仓具视的"基本原则"时就曾发挥过重要的作用，由此开始了关于宪法问题的讨论。尽管如此，在一个关键性的问题上，罗斯勒与他的日本同事们是不合拍的。由元老院提出的宪法草案于 1879 年遭到拒绝的一个原因是，正如当时岩仓具视致函三条实美所说的那样，"因为存在着某些与国体不相符合的内容"。[2] 由此，岩仓具视表明，宪法草案对天皇体制的处理与日本的习俗和传统并不符合。赫尔曼·罗斯勒在 19 世纪 80 年代所提出的草案，恰恰也遭到了伊藤博文和井上毅的同样反对，即使罗斯勒的草案在其他方面与他们的目标和利益均相一致。说到底，罗斯勒对天皇特权的辩护是理论上的，是这个欧洲人由理论推导而来的，而没有归之于日本不同于一般国家的特殊境况，即天皇制在历史上的存在证明它适合于日本的国情。在罗斯勒的草案中，没有关于日本"国体"神秘性的痕迹。大多数日本人对"国体"的理解，就意味着独一无二的日本天皇的存在，天皇凭借其神圣血统享有统治权，并与他的子民有着天生的联系，而这是其他社会不可能出现的。除非这种信念的精髓在宪法中表现出来，否则许多日本人并不认为这个宪法会比什么内阁体制、法兰西刑法，或实行征兵制并穿着洋式制服的军队更像是"日本的"。

　　因此，虽然"法律之内的自由"这一欧洲概念得以进入宪法的最终草案，但"社会君主制"这一概念则没能如愿。在 20 年后发表的一篇文章中，伊藤博文叙述了宪法的缘起，有助于说明他对这个问题的思考。[3] 他争辩道，在明治政府时

662

---

[1]　关于这一问题的概述，参见 Siemes, *Hermann Roesler*, p. 32。完整的日文文本，见 Inada, *Meiji kempō*, vol. 2, pp. 142-148。

[2]　引自 Akita, *Foundations*, p.11 。

[3]　参见 S. Ōkuma, ed., *Fifty Years of New Japan*, 2 vols. (London: Smith, Elders, 1909), vol. 1, pp. 122-132。

期，日本面临着"在世界最强大家族和文明国家间平等地位之上巩固其公认的成员资格"的必要性。由于日本国土狭窄，所以在这方面的成功就取决于凝聚力和高效率。然而，封建制度的遗产意味着不仅存在着需要克服的"离心力"，而且意味着民众也"只不过是统治单位的数字堆积"。因此，日本要想变得强大，"首要问题之一是这些单位……应该合并在一起，作为一个牢固和紧凑的团体，为了成就公众的福利而通力合作"，为达此目的，政府必须培训大部分民众，使之具有现代公共生活和政治生活的理念。政府正是这样做的，首先，它建立了府、县和郡、区议会，然后又引进了一个帝国议会。伊藤博文写道：

> 实际上，在我们国家，宪法所要解决的问题和所要达到的目标，不仅仅是对国内不同利益群体之间相互冲突的趋向进行安抚，使之保持和谐，就像在大多数君主立宪制国家通常所做的那样，还要把新的活力分别注入公共生活和国民之中——对于国家本身的公共职能来说，这是一种新的不断增长的创造精神。

换句话说，"社会君主制"是做不到这些的。

天皇体制在这个方面的特殊意义，在 1888 年 6 月伊藤博文给正在讨论宪法最终草案的枢密院的一份文件中有所强调。[1] 他说，在欧洲，历史和宗教曾经一起为立宪制度提供了基础，对此有"一个基本共识"。而日本则没有与之相等的基础，因此"政治活动将落入无法驾驭的民众之手"。宗教不能提供这一基础：神道教过于虚弱，佛教则在衰退。只有皇室能够成为"我们国家的柱石"。因此，"我们宪法的首要原则就是尊重天皇至高无上的权利"。最终文本的有关章节体现了这一原则，这是伊藤博文自己和井上毅的作品，而不是他们的德国同事的功劳；也就是说，完成这一宪法的是政治家，而不是法学家。

宪法草案，连同相关文件——《皇室典范》、《议院法》、《选举法》等——于1888 年 4 月准备就绪。4 月末，政府建立了枢密院，最初是为了详细审议宪法草案，随后充当了关于宪法解释和修正事务的最高权威机构。伊藤博文辞去了内阁总理大臣的职务，以便担任枢密院的议长，不过他通过天皇的特别指令继续出席

---

[1]　引自 Pittau, *Political Thought*, pp. 177-178。

内阁会议。随后进行的讨论持续了差不多 9 个月，并导致了几个重要修正案的出台——例如，给予立法机构（国会）始创法律的权利，也给予其讨论法律，就法律实行表决的权利——但这些并没有改变宪法草案的基本性质。1889 年 2 月 11 日，钦定《大日本帝国宪法》发布。这一天正是所谓的"建国纪念之日"，即想象中的第一位天皇神武天皇登基的周年纪念日。

　　宪法第一章就与天皇有关。[1] 宪法宣称天皇"神圣不可侵犯"，"为国家元首，总揽统治权"。"天皇依帝国议会之协赞，行使立法权"，并可"召集帝国议会，其开会、闭会、停会及众议院之解散，皆以天皇之命行之。"天皇有权"批准法律，命其公布及执行"；有权"发布或使令政府发布必要之命令"，此等命令"应于下次会期提交帝国议会，若议会不承诺时，政府应公布其将失去效力"；天皇还是陆海军统帅；享有"宣战、媾和及缔结各项条约"的权力。总而言之，正如伊藤博文所说：

> 　　一国之权力，以君主大权为其枢轴，凡百权力皆由来于此……我日本帝国依一系之皇统而始终，古今永恒，有一无二，以示有常而无变，永昭君民关系于万世。[2]

　　更为重要的是，所有这一切并不依赖于任何种类的社会契约，也与特定职责的表现和效果没有关系。天皇得以遂行统治，只是因为其"承祖宗之遗烈，践万世一系之帝位。"

　　宪法的第二章涉及臣民的权利和义务。所说的权力包括："日本臣民依法律命令规定之资格，均得就任文武官员及其他职务"；"日本臣民非依法律，不受逮捕、监禁、审讯及处罚"；"日本臣民之所有权不得侵犯"；日本臣民"有信教之自由"；"日本臣民在法律规定范围内，有言论、著作、印行、集会及结社之自

---

[1] 在一些英语著作中有可供利用的日本明治宪法的文本，例如：Beckmann, *Making*, pp. 151-156; 以及 Ishii, *Japanese Legislation*, pp. 725-733. 对这一宪法的官方解释，有以伊藤博文的名义出版的 *Commentaries on the Constitution of the Empire of Japan* (Tokyo: Igirisu Hōritsu Gakkō, 1889); 还有赫尔曼·罗斯勒的注释（除了天皇一章之外）。还有一部也以伊藤博文名义出版的较短的注释，"*The Constitution of the Empire of Japan,*" in A. Stead, ed., *Japan by the Japanese* (London: Heinemann, 1904), pp. 32-63; 就像该宪法的英文文本一样，这也被安排在同样的标题之下。

[2] Itō, "The Constitution," p. 34.

由"。所说的义务包括："日本臣民依法律规定有服兵役之义务"；"日本臣民依法律规定有纳税之义务"。宪法规定，人民享有的各项权利，"于战时或国家发生事变时，不妨碍天皇大权之施行"。伊藤博文煞费苦心地强调："必须牢记国家之最终目标是维持它的生存……（因此）在危急时刻，国家必须毫不犹豫地牺牲部分法律和臣民权利，以达其最终目标。"[1]

宪法第三章确定了一个两院制的帝国议会，它由一个贵族院和一个选举产生的众议院所组成，对其构成由单独的法律做出了详细规定。两院中的任何一个都未被赋予超越另一个的优势。所有立法都需要得到国会的同意，"两议院得议决政府提出之法律案并可各自提出法律案"。"帝国议会每年召集之，以3个月为会期"，"两议院之议事以过半数决定"，"两议院之会议公开举行，但依政府之要求或该院之决议，得举行秘密会议"，"国务大臣及政府委员，无论何时均得出席各议院会议及发表意见"。在第四章中，国务大臣则被要求"辅拥天皇而负其责任"，还须副署相关的法律、条例和敕令。伊藤博文概括说，议会"参与立法，但不得分享最高权力"；反之，国务大臣则充当"传达天皇旨令的媒介……"[2] 国务大臣绝不向国会负责。他们也不承担作为内阁成员的集体责任。

宪法第六章清楚地说明了国会预算权力的局限性。年度预算需要它的同意，但存在着许多重大的例外情况。比如，"皇室经费依现在之定额每年由国库支出，除将来需要增额时外，无须帝国议会之协赞"，"基于宪法大权既定之岁出及根据法律规定或法律上属于政府义务之岁出，无政府之同意，帝国议会不得废除或削减之"。最后，"在帝国议会未议定预算或未能通过预算时，政府应施行前一年度之预算"。在接下来的数十年里，这些条款将会成为内阁与众议院之间矛盾斗争的主要焦点。

1890 年以后的政治社会

关于天皇制的宪法条款成为日本政治生活中种种弊端的主要根源。正如我们所看到的那样，他们还以神秘专制主义的措辞，明确表示不是以天皇在政府中的

---

[1] Itō, "The Constitution," pp. 43-44.

[2] 同上，pp. 34, 50。

职责为基础，而是以他的合法角色为根基，而这种角色是从"万世一系"的血统中派生来的。与之相应，这样的天皇也就越来越被神化：他很少公开露面，只出席礼仪性的活动，他发布的敕令令人振奋，音调也很高雅。[1] 自古以来，天皇就认可这样的政策，即由他的国务大臣们来决定国家的事务。诚然，作为一个特殊的个体，他能够非正式地对这些决策产生影响，就像皇室成员能以他的名义行事一样，但并不存在使他可以正式这样做的宪法程序。赫尔曼·罗斯勒曾经建议天皇应当定期主持内阁会议，但遭到伊藤博文的拒绝。结果，天皇变成了一个专制君主，他的权力在理论上讲是绝对的，但在实践中却受到严格的限制。司法权必须由法院依据法律来行使；立法权的使用需要得到国会的同意；行政措施则是国务大臣们考虑的事情，必须由他们来副署所有的律例和类似的文件。因此，有一种广被接受的对宪法的解释，说的是国务大臣们享有某种专横傲慢的权威，"自从内阁制的实施被视为一种法定观念以来，天皇特权的合法行使就建立在他的国务大臣们提出忠告的基础之上。"[2]

　　关于这一点，在日本历史上不是什么全新的东西。好几个世纪以来，在藤原氏、足利氏和德川氏几个家族的统治之下，天皇所扮演的角色曾经与此大致相同。然而，在所有这些情况下，除了天皇之外，还曾存在一个连续不断的权力中心，无论这个权力中心是贵族还是领主，日本在实际上是被他们所统治的。在明治时期，这种情况不再存在。随着天皇统治的复辟（"王政复古"），日本在表面上恢复到了先前的官僚型政治结构。然后，伊藤博文及其同僚把这种体制塑造成一种多元化的宪法，在这部宪法里，官员的任免依赖于他的功绩而不是出身，而天皇的特权也被制度化地分割在这样那样的机构里：内阁、枢密院、国会及参谋本部。通过这样做，他们并没有中断旧体制与新制度的联系。如今，没有一个机构可以挑战另一个机构的合法性，只要它在其"适当"的范围内行事；天皇本人也从日常政务中疏离开来；皇室成员缺乏政治能量，难以扮演名义上由他们担当的协调角色；而且，再也不存在一个可以独立运作而不受中央指导的封建体系了。

　　从逻辑上讲，把这一结构组合在一起的纽带是由设计它的人，即"寡头统治集团的成员"所提供的，尽管在这一过程中存在着相当多的困难。"太政官"是他

[1]　参见 Marius B. Jansen, "Monarchy and Modernization in Japan," *Journal of Asian Studies* 36 (1977): 611-622; 亦见 David A. Titus, *Palace and Politics in Prewar Japan* (New York: Columbia University Press, 1974), pp. 1-57。

[2]　Ishii, *Japanese Legislation*, p. 387. 亦见 Sakata Yoshio, *Tennō shinsei* (Kyoto: Shibunkaku, 1984)。

667 们在构建决策机构方面的第一个尝试，但由于过于笨拙和不够"现代"已经被放弃。取而代之的是内阁，但内阁的凝聚力却由于希望避免集体责任的原则而岌岌可危，因为这种集体责任原则可能带有英国议会规则的某些内涵。伊藤博文曾经试图通过给予内阁总理大臣最重要的权力来填补这一空白；正如他在 1904 年的评论中所说，首相要"根据自己的意愿来指导国家政策的一般进程"，要行使"对国家行政机构一切部门的支配"。[1] 三条实美和山县有朋显然相信，这将使个人的权威达到危险的程度。因此，他们在 1889 年 12 月制定法规，在这个法规中，内阁总理大臣丧失了许多监管的职能。作为这一安排的替代，虽然总的来说规定内阁只能讨论那些具有一般重要性的事项，但不同内阁成员的情况差别很大，在一段时期内，那些核心领导成员会对一些内外事务事先形成决定，尽管这被证明效率不高。

最后的解决方案是采取宪法以外的方式，就像处理日本政治生活中出现的其他问题一样。这一方式包括，这个政权中那些被认为是具有突出影响力的人士，在比如选择内阁总理大臣等关键问题上，会有一个定期磋商的过程，事情就在这种磋商中逐渐取得进展。[2] 这些人，即所谓"元老"，或曰资深政治家，包括伊藤博文、山县有朋、松方正义、井上馨、黑田清隆和其他一两个人，使得萨摩和长州的权力人格化了。由于他们的身份和地位，他们能够以其作为天皇私人顾问的资格，来协调政策的制定和施行。由于他们在成文宪法之外行事，所以能够灵活、机密地达成目的。除非生命终结，否则他们将会一直作为政府机器中那个缺失的部分发挥作用。在此之后，问题再次发生，因为他们没有可以与之相比的接班人。在 20 世纪，由于缺乏在政府不同派别间起到沟通作用的可接受的方法，因而常常阻碍就国家优先考虑的问题达成协议，结果这成为通向第二次世界大战的一个重要原因。

相比之下，官僚机构本身的发展——在政策执行与否的层面——则相当顺668 利。[3] 1893 年，对考选制度作了一些修改，主要是减少东京帝国大学毕业生所享有的直接任命特权，并把外交部门的候选人区分开来。但就大部分情况来看，从

---

[1] ltō, "The Constitution," p. 51. 关于首相权力的问题，参见 Ishii, *Japanese Legislation,* pp. 384-394。

[2] 参见 Roger F. Hackett, "Political Modernization and the Meiji Genrō," in Robert W. Ward, ed., *Political Development in Modern Japan* (Princeton, N.J.: Princeton University Press, 1968), pp. 65-97。

[3] 参见 Hackett, *Yamagata,* pp. 198-203; Spaulding, *Higher Civil Service,* pp. 88-120; 以及 Silberman, "Bureaucratic Development"。

通常通过人事关系在武士中招募公务员向一种通过国民教育体系的招聘制度转换则在继续前行，引起的摩擦也出奇的小。争论不已的一个重要方面，在于最高职级（"敕任"）官员的任命方式，这一层级的官员包括中央部门的副长和地方行政长官。因为这些官员完全由政府提名——在技术上，则由天皇亲自任命——所以不受考选制度的约束。然而，随着政党力量的增长，尤其是山县有朋，开始担心地方和中央政府的一些高级职位可能成为考选制度"战利品"的一部分。在他1889年至1900年出任内阁总理大臣时，采取了几项措施来防止这种情况的发生。首先，他改变了有关"敕任"制度的一些规定，以便给予那些以往的"奏任官"，即曾经通过考选就任官职的人一些有利条件，这些有利条件也适用于那些具有其他各种各样行政经历，却不太可能得到党派提名的人。其次，他扩大了枢密院的权力，其中包括对教育和官僚制度方面法规的审查权，从而使任何未来的政党政府都很难改变这些规则。最后，他正式承认了现行的惯例，据此，陆军省和海军省大臣的职位只限于现役的陆海军将领。所有这一切，都有助于保护民事和军队官僚制度免受政党政治的干预。

　　由于寡头统治集团成员和官僚机构的特权已经根深蒂固，从一开始，在那些已经行使权力的人和那些力图通过众议院的选举以获得权力的政党之间，就存在着可以预料的冲突。寡头政治对内阁与国会关系的看法是，内阁必须超越国会。1889年2月，伊藤博文在对县议会议长的讲话中作了如下陈述："天皇凌驾于人民之上，并且远离任何政党。因此，政府不能允许一个政党超越另一政党。政府必须公平公正。而辅佐天皇的内阁总理大臣，决不允许政府受到政党的操纵。"[1]

　　第二年，山县有朋在对地方行政长官的演讲中也表达了相同的观点："由于行政权是天皇的君主特权，那些被赋予行政职责的人们应该独立于各政党之外。"[2] 不过，正如我们所看到的，关于官僚制度在宪法条文中缺乏某种透明度，而这也在那些关于政府和众议院各自权力的规定中得到了证实。结果便留下了各派政党得以利用的缺口。特别是，考虑到议会的第一个十年正是日本经历第一次

669

---

[1] 引自 Akita, *Foundations*, p. 70。关于1890年到1900年间议会活动的记述，参见 Akita, *Foundations*, chaps. 6-10; W. W. McLaren, *A Political History of Japan During the Meiji Era: 1867-1912* (London: Allen & Unwin, 1916), pp. 208-226, 242-273; 以及 Robert Scalapino, *Democracy and the Party Movement in Prewar Japan* (Berkeley and Los Angeles: University of California Press, 1953), chap. 5。

[2] 引自 Scalapino, *Democracy*, p. 153, n. 8。

现代战争的时期，成为其海外扩张的开端，那么，国会有权阻止任何预算案"增加"财政额度，这被证明是比伊藤博文所预期的更为有效的武器。

1890年7月的第一次选举，在众议院里产生了由后藤象二郎、板垣退助和大隈重信所领导的三个政党，它们成为下议院里的多数派（在全部300席中占据160多席）。后藤象二郎、板垣退助和大隈重信都是前太政官体制下的成员，他们如今与仍然在位的那些人公开意见不合。通过几次纷乱扰攘的会期——及其介于中间的选举——他们集中攻击政府的预算，迫使各省国务大臣们采取各种各样的非法和令人怀疑的手段，以使自己的提案获得通过。例如，松方正义广泛使用贿赂手段，动用警察特别权力，企图操纵1892年的选举。结果虽有25人被杀，但仍仅有93名众议员支持政府向国会重提预算案。在接下来的会议上，伊藤博文求助于来自天皇的私人口信，作为使较为有利的预算案获得通过的手段。尽管在1894年和1895年间，由于中日甲午战争的原因政府与国会政治争斗一度休战，但这种政治僵局很快再现，事情变得有点令人担心，好像如果政党不能统治日本的话，他们也会在实际上使任何其他人都无法做到。

无论是伊藤博文还是山县有朋，都不希望宪法遭到毁坏，因为这将严重损害日本的国际声誉。但是，与山县有朋相比，伊藤博文更加愿意努力使宪法自由运转，甚至愿意为此与各政党共享政权。1893年，他已经开始与板垣退助的自由党的有限合作，最终却发现来自其他"元老"，尤其是山县有朋的反对使他无法兑现付给板垣退助的代价，即给予板垣一个内阁职位。1896年，伊藤博文乐于付出这一代价，而在1898年，他又支持大隈重信和板垣退助联合政府的组成，尽管这个政府在几周之内就由于自身的内部分歧而告垮台。因此，作为最后的手段，伊藤博文转向组建一个自己的政党，其成员将支持"政府的"政策，以之作为自己获取内阁职位的交换，也就是说，这个政党注重的是影响力而不是权力。在接管了"自由党"尚存的成员和组织后，1900年9月，伊藤博文创立了"立宪政友会"。这标志着伊藤博文与山县有朋的分歧正式形成，此后前者主要是操纵国会和"元老"，后者则主要得到军队和内务省的支持。这种情况也为"外来者"逐渐渗透到权力中心打开了方便之门，例如原敬，他通过建立政党与资深官僚之间的纽带来反对山县有朋的行为。从乐观的方面看，伊藤博文把这些正在发生的变化视之为识别双方"宽容精神与和解行动的证据，同时不言而喻，这表明双方都同意国家的利益高于政党政治和政党激情，这对于任何宪政政府来说，都是进行富有活力和协调融洽工作的必要条件"。[1]后来的评论家就没有这么宽宏大量了。即便如此，在 19 世纪 90 年代发生的种种事件仍然实在地表明，民选众议员被排斥在权威位置之外，不必被看成是绝对的或永久性的，就像宪法初审时所提议的那样。

　　在同一时期内，还出现了选民人数扩展的情况，这同样是将要发生某些事情的预兆。[2]在 1890 年的选举中，投票权仅限于年满 25 岁以上的男性，须在选区居住满一年，并且每年至少支付 15 日元的国税。这意味着全部选民总数不会超过 50 万人，约占日本总人口的 1.5%。选区很小并以人口普查数据为基础，而不是以合格选民的分布为依据，因此，不同区域在选举中投票的数量各不相同，低的不到 100，高的超过 4000。由于选民主要通过缴纳土地税——因其他的税率较低——来获取资格，因而农村利益的代表名额所占比例过高，这些人主要是地主，而城市利益的代表则名额不足。这不完全符合寡头政治领袖对于国家发展理想进程的预想，尤其是在日本战胜了中国之后。因此，从 1895 年开始，伊藤博文和山县有朋都试图对选举制度加以改革。为达此目的的早期提案未能通过下议院的表决，但山县有朋终于在 1900 年成功地使这一提案得到认可。这一改革创建了更大的、构成成员多样化的选区，采取单一的、可转移选举制；把选民的纳税资格减少到 10 日元，并使其较少依赖于土地税，从而将选民数量增加到大约 170 万人；居民超过 3 万人的所有城镇都建立单独的选区。这样一来，便保证了 20 世纪的国会将能够更多地代表日本日益增长的工商业阶级的利益。

　　在本章结束之时，让我们回到本章开始时所提出的问题，即如何从整体上来把握明治政治体制的特点。对此，可以立刻得出一个否定的判断。西欧和北美在 19 世纪中发展起来的——并急切向外输出的——自由和民主，在日本那些批评当时政权的人士中找到了自己的知音，而那些创建了这一政权的人们则对之没有多少热情。这种现象并不是孤立的。在 1900 年以前，无论从政治、经济，还是社会环境方面来看，日本都还不是一个完全的工业国，甚至也不是一个完全的资本主义国家。它的政府并未实行自由的经济政策，在政治民主方面也没有更多的

671

---

[1] Itō, "Some Reminiscences," p. 131.

[2] 关于 1890 年到 1900 年间选举制度的最好概括，见 George E. Uyehara, *The Political Development of Japan: 1867-1909* (London: Constable, 1910), pp. 168-179. 对这一制度运转详情的研究，见 R. H. P. Mason, *Japan's First General Election, 1890* (Cambridge, England: Cambridge University Press, 1969), esp. pp. 27-58。

追求，与前武士阶级和地主阶级相比，资产阶级的影响力仍然小得多。人们很容易被日本人翻译塞缪尔·斯迈尔斯（Samuel Smiles）或赫伯特·斯宾塞（Herbert Spencer）的热情所误导，以为这个国家的自由趋向比实际上的要大得多。

当时明治政府的反对派主要是自由主义者，他们把明治政府视为一个封建专制的政权：一些来自少数雄藩（萨摩、长州、土佐和肥前）的人们组成了一个派系联盟（"藩阀"），他们曾在1867—1868年团结起来推翻了幕府的统治，如今又使他们对权力的掌控制度化。人们对其权力来源的描述，对20年来将其捏合在一起的纽带的评论，所强调的都是其具有的封建性，这已得到人们的广泛赞同。此外，这也是一个必须加以改变的封建社会。武士的出身及其社会关系，尤其是那些从前属于四大强藩的武士，其在政治上的重要性一直延续到20世纪。在社会和经济体系上也是如此，封建的态度和价值观往往被证明是非常持久的。尽管如此，作为识别政治发展阶段的一种方法，仅有"藩阀"的标签是不够的。它不足以区分作为一个武士的重要性与属于一个特定藩国的重要性之间的差别。更为严重的是，它对明治政府成员所奉行的一般政策的性质没有给予足够的重视。现有的现代化和集权化的解释框架，也使得这种从领导阶层的地理和出身方面所做的解释显得过于狭隘，并且可能把人引入歧途。

后来，出现了两种广泛流行的解释。一种解释是"社会君主制"，所强调的是明治政治体制中的德国因素，并指出这两个国家在社会结构（容克和武士）与发展阶段（后发国家）方面的相同点。这种观点意义重大，实质上涉及了现代化的理论。它强调了日本在接近西方的过程中所做选择的重要性。德国的宪法由于明显的相关性，才被岩仓具视和伊藤博文拿来进行参照；而并不仅仅因为这是宪法就加以"复制"。由此还可以正确识别出在明治政府内最有影响力的西方思想，他们明确承认，像英国这样的西方"先进"国家的榜样，日本尚未做好追随的准备，尽管英国作为一个可能达到的现代化榜样仍然具有吸引力。最后，它把一种具有持久价值的要素引入了日本的政治思想，尤其是大学教育和训练所给予的胸怀抱负的公务人员的作用。人们甚至可以认为，"社会君主制"这一概念，作为一种对官僚制度保守改革所做的调整，在20世纪的日本比19世纪的日本更加具有影响力。

然而，这种标签，意味着以一个西方的参照坐标来分析日本的政治发展，这可能是一个误区的来源。由于它声称特别适用于对君主制的分析，所以尤其值得注意。正如我们所看到的那样，恰恰是在这一点上，伊藤博文和井上毅没有采纳他们德国顾问的建议。在他们眼中，即使在一部西式宪法中，天皇仍然必须是日本传统的一个象征，仍然具有合法的权威。这一点，对于日本的民族主义和国家统一的进展来说几乎具有充足的理由，但实行的结果却是异常体制的创立，成为日本政治困境持续不断的源头。直到 1946 年，战后的日本放弃了天皇所长期扮演的宪制角色，这些问题才得以解决。

另一种"专制主义"的理论在社会学上和历史学上是一样的。从狭义上讲，这种理论可以说是这样的，即明治领导人作为有才能的武士，通过利用天皇制，使其超然于他们的封建出身，并且不依赖任何单一社会阶层的支持而夺取政权，这实际上是"藩阀"体制的延伸。此外有人认为，在封建制度衰落、农民难以控制和资产阶级日益兴起之间存在着一种大致的力量平衡，因而断言这种专制主义在 19 世纪后期的几十年里有其适当性，这种观点在诸多政治事件和社会经济发展（虽然大多数这种类似表达无法得到证明）之间提供了一个令人满意的关系公式。对于明治专制主义的起源有着两种可能的解释。一种是 E. H. 诺曼的论点，他认为"仅仅通过一种专制主义的状态，实现现代化的艰巨任务便可能得以完成"[1]，这一理论倾向于强调德川时代的遗产和来自外部的威胁。另一种论点是，日本的农民动乱是一个在相同趋势中起作用的独立因素，也就是说，农民动乱刺激了统治阶级对民粹主义革命的恐惧，从而使专制主义成了一种可以接受的选择。[2] 同样，存在着把这种理论延伸到 20 世纪的不同方式：声称明治专制主义成功地遏制了初期的资产阶级革命，从而"扭曲"了日本历史的发展，或者把明治专制主义视为向一种独特类型的资产阶级社会过渡的一个阶段，其特点是专制官僚和企业家之间的共生关系。这些解释在蕴含的意义上都过于宽泛了，以致在本章的范围内无法对之进行检验。本节的意图仅仅是提醒读者存在着这样一些论点，而且这些论点是有争议的。这些争议的存在，使人们对明治政治制度的性质尚不可能取得任何一致的意见，学术讨论将会长期持续下去。

673

---

[1]　E. H. Norman, *Japan's Emergence As a Modern State* (New York: Institute of Pacific Relations, 1940), p. 102.

[2]　关于这个问题的讨论，参见，例如，Tanaka Akira, "Ishin seiken-ron," in *Kōza Nihonshi*, vol. 5: *Meiji ishin* (Tokyo: Rekishigaku Kenkyūkai, 1970), pp. 147-175。

第十一章　明治时期的保守主义

华盛顿大学　肯尼思·B.派尔

明治时期遗留给现代日本一种强有力的保守主义传统，这种传统支配了 20 世纪的日本政府以及社会。明治保守主义形成于 19 世纪末期，其目的是抵制在明治时期前 20 年发生的剧烈变革以及来自西方的占据主导地位的影响。这些变革从西方的思想和制度中获得启迪，使得在德川幕府晚期与日俱增的对改革的要求得到了实现。在欧洲，随着商业资本主义的发展和对传统统治形式不满的中产阶级的壮大，导致了启蒙运动的发生以及自由主义哲学的形成，随之产生的西方思想及制度正是启蒙运动以及自由主义哲学的产物。明治初期，统治集团采取了许多启蒙运动带来的思想和制度，但随后又实施了强有力的保守措施，其目的是为了维护其统治能力与社会秩序。

本文所说的保守主义，并不仅仅指偏好于保持现状。它更指的是一种现代化过程中极其明显的社会现象。这种现象首次出现于 18 世纪末至 19 世纪初的西方世界，是对当时如火如荼的启蒙运动和法国大革命带来影响的一种反应，尽管由于发展历史和社会结构的差异性，保守主义在不同的欧洲国家各有特点，但一些共同点还是显而易见的。在欧洲保守主义这一背景下考察我们讨论的话题是大有裨益的，一方面是因为日本的保守主义借鉴了欧洲的前辈，另一方面则是因为通过对比，可以更好地理解明治时期保守主义的诸般特点。

保守主义通常被认为源于对法国大革命的反应，埃德蒙·伯克（Edmund Burke）一般被认为是保守主义的奠基者。不过，有些持这种看法的学者，比如卡尔·曼海姆（Karl Mannheim）和克劳斯·爱普斯坦因（Klaus Epstein），将其起源更准确地追溯到了对启蒙思潮的反应。他们认为，保守主义教条在 1789 年

674

675

之前就已经形成。诚然，自由主义者、激进主义者与保守主义者的分化，在法国大革命之后变得十分明显，但正是因为欧洲启蒙运动的影响，保守主义的思想体系方才得以产生。

在欧洲，启蒙运动的思潮占据了主导地位，其中包括了人类能够按照自己的设想塑造周围环境这一乐观主义的信念。这种信念源于自然科学所取得的成就，人们相信，通过运用理性，可以创造出与自然相协调的社会结构。与科学理性在对自然界的研究上取得巨大进展一样，人与人之间的事务，也可以通过科学理性得到改进，因为人与人之间的事务也被认为是受到一定自然法则的支配，一旦这种法则为人们所掌握，它就可以被用来改进人类社会。于是，传统的、有组织性的宗教价值观和信念，逐渐被对人类自身及其在世界中所处地位的全新认识所取代。通过新科学知识的传播，以及人性从过去的蒙昧主义和宗教本位主义中解放出来，一个新的时代到来了。政府需要变得更加开明，承认"人的权利"，并通过一系列广泛的改革，来扫除腐朽的阶级观念，以建立全新的平等社会。消除人为的限制，尤其是清除那些阻碍经济自然运转的国家法律成为必要。因为所有的人类社会都受到宇宙法则的支配，所有的民族看起来都在向着同样一种文明进化。由此，启蒙运动形成了一种观点，否定不同社会文化传统特殊性的存在。

那些反对这种新世界观的人，就是所谓的保守派，他们反对能够通过运用唯理意志重塑社会这一信念。他们强调社会发展的历史性这一观念，以及由现存习俗和传统构成的"集体意识"。他们认为，经由历史发展逐渐形成的制度，比人为重新创造的制度更加有效。保守派并不反对变革，但是他们认为变革应当循序渐进。社会就像是一个组织；它是以一种整体的形式发展的，这一系统的各个部分彼此相关，互相适应。这种把社会看成是一个整体的观念，要求制度变革应当通过渐进的方式进行。因为国家是系统发展的产物，制度不能任意从一个国家移

676 植到另一个国家。保守主义者和民族主义者有一种天然的亲和关系，他们都盛赞那些为某个民族所特有的传统和制度。启蒙运动中提出的那些普世学说，及其所主张的人类具有潜在的共性并且会向同一种文明进化的观点，受到了每个国家各有其独特的历史发展模式这一主张的反驳。

对日本启蒙运动的挑战

现代日本的保守主义，源于对明治时代前 20 年"文明与开化"时期占主导地位的西方文化影响的反应。在很短的时间内，欧洲的启蒙运动和 19 世纪的自由思想就在日本传播开来。实证主义、唯物主义、功利主义——各种思潮发展如此之快，以至于几乎没有机会去进行选择，也没有机会去追溯这些思潮发展的内在逻辑性。这些思潮以一种特别无序的状态被介绍进日本。例如，中村正直在 1871 年出版了约翰·斯图尔特·穆勒（John Stuart Mill）的《论自由》的译文，但这却比中江兆民翻译让-雅克·卢梭（Jean-Jacques Rousseau）的《社会契约论》早了 11 年。

"文明开化"以批发的方式带来了整个的西方自由传统。启蒙思想的作家们，比如"明六社"的福泽谕吉、西村茂树、津田真道、森有礼、中村正直、加藤弘之等人，都与现实社会有着密切的联系。他们都属于那些最先具有自我意识的人，也是发生于明治时代早期的文化革命的提倡者，而这一文化革命曾经横扫日本。此后，那些人权运动的理论家们，比如植木枝盛、中江兆民，进一步详尽阐释了西方自由主义传统的政治意义；19 世纪 80 年代，新一代思想家，其中以德富苏峰最具代表性，他们的最终结论是，只有将日本社会全盘西化，才能实现"文明开化"的理想。西方的自由主义文明对日本的传统信仰、传统社会结构、传统政治制度形成了挑战，这种挑战持续不断，以至于使社会生活的几乎每一个领域都陷入了混乱状态。有关"文明开化"的详情在本书中另有描述，这里我们只是尝试概括出后来引起保守主义者反弹的一些主要问题。

首先，"文明开化"思想对日本的传统制度及作为其基础的传统学问持否定态度。福泽谕吉总结了这种对文化遗产的彻底摒弃：

　　如果我们把日本的知识和西方知识相比较，无论文字、技术、商业，还是工业，从最小的方面到最大的方面，没有一样东西是我们胜过他人的。除了愚蠢至极之人，世界上有谁会认为我们的文化和商业与西方处于同一水平呢？谁会认为我们的手推车和他们的火车，我们的刀剑和他们的手枪有可比性？我们谈论着阴阳五行，他们却已经发现了 60 种元素……我们以为我们居住的是一块静止的平地，他们却知道地球是圆的，且在不断旋转。我们以

677

为我们的国家是最为神圣的天赐之地，他们却环游世界，开疆拓土，建立国家……以日本现在的状况，与西方相比，我们没有任何可以感到自豪之处。日本唯一值得称道的……恐怕只有自然风光了。[1]

尽管对日本文明持完全否定的态度，但支持"文明开化"的作家们却对未来怀着无限的憧憬。在启蒙运动时期的欧洲，存在一种乐观的信念，即认为人类可以改变社会政治环境，就如同自然科学可以改变自然界一样。日本启蒙运动所强调的第二个主要思想，是西方文化的示范作用。因为大自然的普遍法则支配着人类的行为，如果遵循这些法则，那么日本也能如西方国家一样发展起来。换句话说，发展是以线性演化的方式进行的；它是由历史发展的普遍作用力，而不是由某个国家历史发展的某种特定趋势决定的。西方文明正是按照这样一种普遍道路发展的，因此可以被视为一个好的典范。自由主义经济学家田口卯吉认为，"文明开化"的目标不是简单地把日本社会西方化，而是使日本沿着西方走过的道路发展：

> 我们学习物理学、心理学、经济学，以及其他学科，不是因为西方国家发现了它们，而是因为它们是普遍适用的真理。我们在自己国家建立议会制政府，不是因为那是西方国家的政府形式，而是因为这种形式适合人类的本性。我们使用铁路、汽轮，和所有其他的便捷工具，不是因为它们在西方被使用，而是因为它们对所有人都是有用的。[2]

678　　田口卯吉对"文明开化"主题的追求大胆而执着。文明的进步不仅意味着人们使用同样的机器；他们还将以同样的方式思考和行动，吃同样的食物，穿同样的衣服，住同样建筑风格的房屋，欣赏同样的艺术。概言之，他在《日本开化小史》（一本关于日本文明的简史）中所提倡的，就是文明人将会变得越来越意识到人类本性的共通之处，而没有哪个民族能够置身世外。

---

[1] Albert M. Craig, "Fukuzawa Yukichi: The Philosophical Foundations of Meiji Nationalism," in Robert E. Ward, ed., *Political Development in Modern Japan* (Princeton, N.J.: Princeton University Press, 1968), pp. 120-121.

[2] Kenneth B. Pyle, *The New Generation in Meiji Japan: Problems of Cultural Identity, 1885-1895* (Stanford, Calif.: Stanford University Press, 1969), p. 90.

　　"文明开化"的第三个主导思想，是人们应该全心致力于科学、技术、实用知识的学习和研究。学校里的古典课程应该让位于更加实用的知识。众所周知，福泽谕吉将德川幕府的学者们斥责为"吃大米的字典"，并且认为"处理家务是学问，商业是学问，看清时代发展趋势也是学问"，[1] 儒家伦理学说不应再被认为是支配自然界的法则了。福泽谕吉在他的《文明论概略》中写道，"先有事物，而后才有伦理准则"，"而非伦理准则出现在先，事物出现在后"。[2]

　　"文明开化"的第四个主要思想，是"文明开化"的作家们所宣扬的个人对社会和国家的带有革命性意义的新观点。福泽谕吉在《劝学篇》中开门见山就是这样一段振聋发聩的言论："'天在人之上不造人，在人之下也不造人。'这句话的意思是说，神在造人的时候，授予每人同等的权利。"寥寥几句话，就对日本社会牢不可变的世袭地位做出了否定。为了更好地描述一个全新的、开放的、有活力的社会，他进一步说到年轻人的社会地位应该由他们掌握的技术知识来决定。在《文明论概略》一书中，他说道，日本文化的最大缺陷在于其根本体制——日本的家族制度。"文明开化"的作家们指责家族制度摧毁了现代科学文明发展的根基——个人的主动性和独立性。他们认为，家族制度一方面强调绝对权威，另一方面要求绝对服从，这就为独裁政府的出现提供了基础。日本社会真正需要的是一系列新的价值观，并根据这样的价值观建立起一个民主的、立宪的、开明的政府。从 20 世纪提倡的普选权和经济平等的角度上看，"文明开化"并非是民主主义的，但是它的确反对由少数精英组成的政府和传统的社会结构。他们主张建立一个开放的、流动性强的社会，在这样的社会中，人们可以获得与他们具有的才智和勤奋程度相一致的经济回报。这代表了一种能够把个人从某个集团的控制下解放出来的全新的社会道德标准。这种道德标准能够使人们自强自立，勇于自我表现，承担自己的责任。"文明开化"的提倡者们多次提出，要用由父母子女构成，女性具有更高地位的核心家庭来代替不断扩大的等级制家族。这些作家们呼吁建立依据开明法律制度进行合理施政的、议会制的政府。这个政府应该有责任内阁，应该公正守法。他们支持曼彻斯特自由贸易理想，信奉国

679

---

[1]　Carmen Blacker, *The Japanese Enlightenment: A Study of the Writings of Fukuzawa Yukichi* (Cambridge, England: Cambridge University Press, 1964), p. 52.

[2]　Craig, "Fukuzawa," in Ward, ed., *Political Development*, p. 122. 关于《文明论概略》的全文，参见 *An Outline of a Theory of Civilization,* trans. David A. Dilworth and G. Cameron Hurst (Tokyo: Sophia University Press, 1973)。

际主义。福泽谕吉在《劝学篇》"国家皆平等"一节中，提出了狭隘的民族主义没有未来的观点。"国家是人的集合，日本国是日本人的集合，英国是英国人的集合。日本人也好，英国人也好，既然都是生于天地间的人，就不应互相侵犯对方的权利。"[1] 田口卯吉对国际主义的提倡更为积极大胆，在1887年出版的《国民之友》第一期的一篇文章中，他提出，民族主义是过时的、愚蠢的概念，且会导致不必要的争端。民族主义应该被摒弃，英国人和鹿儿岛人一样，只要住在东京就是"东京人"。《国民之友》是德富苏峰主办的期刊，得到了来自受过良好教育的年轻人的积极响应，这说明"文明开化"的思想已经传承给了新一代的日本人。正如德富苏峰所说的那样，平民主义的思想宣告了"新日本"的诞生，是对日本往昔的彻底改变，日本已经变成了一个完全西化的、自由民主的工业化社会。在这里，对日本传统文化的认同已经所剩无几了。

早期明治保守主义：道德需要

680　　作为个人主义和"文明开化"思想蔓延的对立面，保守主义哲学开始形成。当然，在明治初期，已经有人反对那些引进的改革。那些脱离新政权的反对派人士频频发动的抵抗运动，使这种反对力量逐渐达到顶峰，比如西乡隆盛离开政府去了萨摩，领导了一场暴动，这场暴动本卷已有描述，其目的是在许多方面抵制明治政府进行的改革。还有熊本"神风连"的抵制活动，也准备使用暴力反抗西化改革的代理人。

与这些抵制活动和期望回到过去的愿望相比，保守主义哲学的产生是基于对"文明开化"前提的合理反对。尤其是，启蒙运动对日本的传统社会制度和价值观提出了挑战，这促使了明治保守主义的产生。除了皇权制度，日本人民情结最深的就是"文明开化"的提倡者们所攻击的日本传统社会的家族制度。

甚至改革的提倡者们都发现，在他们自己的家族内实行他们的倡议都非常困难。比如提倡现代教育和女性权利的福泽谕吉，是严格按照正统思想教养自己的女儿的。森有礼曾在《明六杂志》发表改良主义的《论妻子》一文，但发现坚持己见困难重重。他坚持他的第一次婚姻应该是一种契约的形式，以显示夫妻关系

[1]　同上，p. 118。

的平等——这点福泽谕吉可以作证。但后来他却离了婚，他说这种关系使得他的妻子变得"乖戾轻浮"，他还说，"与一个没有受过教育的日本女人尝试这样的婚姻是我的错误"。[1]

明治早期的教育制度是保守主义者的主要攻击目标，因为它摒弃了传统的儒家道德说教，取而代之的是一种实用主义精神，这种精神强调学习是一种投资，以便在世俗世界取得成功。1872 年的《教育敕令》的序文中说，教育的目的是使学生能够"立足于世，取财有道，事业成功，实现人生之目标"。在明治维新的背景下，新式学校制度引进的一些价值观念，可能在日本人的生活经历中具有一定的基础。那些强调胸怀志向、努力工作、读书明理和实用技能的价值观念，其益处无疑已为过往的历史所证实。然而，其他一些价值观念，诸如自由、民主、人权、女权，等等，则在日本社会中没有多少基础，因而得到的社会支持也就相对较少。

事实上，传统的价值观，如忠心不二、团结一致、尊敬上级等，皆根生于家族伦理和封建制度，但是在明治时期乃至 20 世纪都仍然得到了广泛的社会支持。这部分是因为明治维新具有不彻底性，完全支持全新价值观的阶层没有执掌政权。尤其是在最为根本的农民阶层没有发生革命。日本农业的生产方式一直到第二次世界大战期间都没有改变，这使得传统价值观念得以保留。因此也就不难理解，为何"文明开化"运动在教育领域对传统价值观念的变革很快就遭到了抵制。保守派在坚持传统价值观方面得到了广泛的社会支持。

保守派捍卫传统日本价值观的开端，可以从一些儒家作者的思想中看出，他们支持明治时期的部分改革，但也清晰地意识到，道德准则的缺失是新时代的失败之处。他们抨击的重点在于教育领域，提倡回到传统的儒家价值观。他们的思想和德川时代晚期一些知识分子提出的"东洋道德，西洋技术"相结合的思想有异曲同工之处。

持此观点的最具代表性的两个人是元田永孚和西村茂树，二者的基本观点都是儒家思想。从 1871 年开始，元田永孚担任明治天皇的老师长达 20 年的时间。

681

[1] Michio Nagai, "Mori Arinori," *Japan Quarterly* 11 (1964): pp. 98-105. 关于森有礼的文章，见 *Meiroku Zasshi: Journal of the Japanese Enlightenment*, trans. William R. Braisted (Cambridge, Mass.: Harvard University Press, 1976). 关于福泽谕吉对女儿的教养，见 Blacker, *Japanese Enlightenment*, pp. 157-158, note。

他比西村茂树更为保守，因为他仍坚持儒家价值观是普遍适用的。[1]他虽然接受
682 了采用西方技术这一不可扭转的趋势，但仍旧主张儒家思想应为教育的核心。他
说，德行和知识不可分割：

> 当启蒙运动的倡导者们主张才智的运用无边无际，而德行涉及的领域十
> 分狭窄之时，他们完全弄错了德行的基本意义，从根本上说，德行是包含无
> 数卓越长才的共鸣，而才智只是德行的一个部分。[2]

1872年，文部省决定把道德修养（"修心"）课程中的儒家学说换为美国、法
国有关道德文章的译文。之后不久，元田永孚就发起了一场恢复传统儒家伦理学
说的运动，作为皇家的老师，他有可能通过为天皇撰写公布天下的谕示，把自己
的想法告诉政府。

1879年，他撰写的一份诏书中，描述了天皇对在东北地区巡视时的所见所闻
表现出不安："如果我们以儒家学说为理论基石，按照皇家的传统理念，做到仁
义、尽职、忠诚、孝顺，那么便可以克服西方道德带来的毒害。"[3]《教学大旨》
（关于教育的重大原则）作为天皇谕旨发布，以天皇的威仪来支持恢复日本的传
统，并使之成为日本儿童的必学内容。1879年，这道谕旨说道：近年来，人们在
学习西方文明中走向了极端，西方文明中的德行仅仅是研究适用之技术，因此违
反了良好品行的原则，对我们的传统不利。[4]为了扭转每况愈下的道德风气，必
须恢复"先贤教义"，尤其是把儒家学说当成最主要的教育原则。[5]

683 这道谕旨结束了教育领域的"文明开化"运动。新的文部大臣颁布了实行更

---

[1] 唐纳德·H.夏伍利所写的三篇文章对于理解这种儒家导向的抗议活动的早期阶段是有帮助的，见 Donald H. Shively，"Motoda Eifu: Confucian Lecturer to the Meiji emperor," in David S. Nivison and Arthur F. Wright, eds., *Confucianism in Action* (Stanford, Calif.: Stanford University Press, 1959), pp. 302-333; "Nishimura Shigeki: A Confucian View of Modernization" in Marius B. Jansen, ed., *Changing Japanese attitudes Toward Modernization* (Princeton, N.J.: Princeton University Press, 1965), pp. 193-241; and "The Japanization of the Middle Meiji," in Donald H. Shively, ed., *Tradition and Modernization in Japanese Culture* (Princeton, N.J.: Princeton University Press, 1971), pp. 77-119. 与此处的讨论关系更为密切的，见 Matsumoto Sannosuke, "Meiji zenpanki hoshushugi shiso no ichi danmen," Sakata Yoshio, ed., *Meiji zenpanki no nashonarizumu* (Tokyo: Miraisha, 1958), pp. 129-164。

[2] Shively, "Motoda," in Nivison and Wright, eds., *Confucianism in Action*, p. 315.

[3] 同上，p. 327。

[4] Herbert Passin, *Society and Education in Japan* (New York: Columbia University Press, 1965), p. 227.

[5] Ivan Parker Hall, *Mori Arinori* (Cambridge, Mass.: Harvard University Press, 1973), p. 347.

为集权化教育的法案，并规定在忠孝方面的道德教养为教育的主要目的所在。[1]
另外，在伊藤博文的敦促下，政府于 1880 年颁布了《公众集会条例》，否定学校
师生拥有"加入具有政治目的之团体，或参加政治性讲座或辩论的权利"[2]。伊
藤博文的主要目的是消除自由民权运动在学校里的影响。但是，该条例也起到了
增强教育保守性的作用。

　　然而，尽管在 19 世纪 70 年代，引领教育界的自由思想受到了元田永孚及其
他保守派发起并得到明治天皇个人支持的一系列运动的极大打压，但是反对保守
派的势力也不容小觑。伊藤博文、井上毅、森有礼，及其他一些政府官员，都反
对儒家伦理在教育界的卷土重来，反对建立所谓"国教"。[3]他们赞成的是现实主
义的、中央集权的理论，这与元田永孚对改革的反对、对儒家正统学说的维护形
成了对比。伊藤博文已经构思出了一个现代的君主立宪制度，虽然尚不很完善，
与之相反，元田永孚却在寻求实现天皇的统治，寻求朝廷与政府的合一。

　　尽管存在不同的意见，保守派仍然拥有很大力量，一些有影响力的官员，尤
其是那些在天皇周围的近臣们，开始编制新的道德教科书。西村茂树就是其中的
一位，他本是"明六社"的创始人之一，是西方制度的早期提倡者。但在 1876
年被任命为皇家教师后，他支持"文明开化"的热情减退了。在朝廷之外，西村
茂树的观点比元田永孚更具影响力，因为他对儒家思想并非全盘接受，他发现将
儒家学说作为普遍适用的教条尚存在不足，因为它缺少进取精神。但是他认为，
儒家思想形成了一种对近代日本有益的道德价值观。他一方面指出了儒家学说的
不足，一方面建议有选择地从儒家学说和西方哲学中汲取营养，从而形成现代日
本的新价值观。实际上，其结果就是一种掺水的儒学：

　　　　自古以来，儒家学说就形成了日本人的道德观念，难以摒弃。尤其是"四　　684
　　书"——《论语》、《孟子》、《大学》、《中庸》——在我看来，可以被认为是目
　　前为止世上最好的教材。因此，目前以儒家教材作为德育的基础最为理想……
　　我们使用儒家思想，其精神值得学习。但我希望，儒学这个名称就不要使用

---

[1]　Passin, *Society and Education*, p. 84.

[2]　Hall, *Mori Arinori*, p. 346.

[3]　见 Helen Hardacre, "Creating State Shintō: The Great Promulgation Campaign and the New Religions," *Journal of Japanese Studies* 12 (Winter 1986): 29-63。

了。这个名称有时不受人喜爱，有人会因为这个名称而怀疑其实质内容。[1]

1886年，西村茂树出版了一部著作《日本道德论》，在这部著作里，他论述了自己的观点。他写道，儒学的缺陷，是缺少进取精神，对过去时代的理想化，和森严的社会等级观念。然而西方哲学，由于其缺乏对个人行为的关注，以及不确定是否能为建立起强有力的道德体系提供基础，故而也有不足。日本应该有选择地建立自己的制度，重新拾起基本的儒家精神，并与西方哲学的合理之处结合起来，使之与时俱进。

在19世纪80年代，西村茂树和元田永孚还不断呼吁颁布"敕语"，为教育制定基本的正统道德思想。但是，伊藤博文1885年成为首相，森有礼被任命为文部大臣，他们反对建立一种严格的国教的想法。直到1889年森有礼被刺，西村茂树和元田永孚才得以成功。1890年，首相山县有朋和文部大臣芳川显正表达了对天皇颁布敕语想法的支持，因为他们认为这可以促成新宪政时代的稳定。1890年10月30日，在帝国议会召开之前仓促发布的《教育敕语》，由政府内部多人共同起草，其中包括元田永孚。直到1945年，它都是对支配着日本师生乃至全国人民行为的伦理准则的基本阐述。

这道敕语内容如下：

685

> 朕惟我皇祖皇宗，肇国宏远，树德深厚，我臣民克忠克孝，亿兆一心，世济其美。此我国体之精华，而教育之渊源，亦实存乎此。尔臣民孝于父母，友于兄弟，夫妇相和，朋友相信，恭俭持己，博爱及众，修学习业，以启发智能，成就德器，进广公益，开世务，常重国宪、遵国法，一旦缓急，则义勇奉公，以扶翼天壤无穷之皇运。

保守派面临着一个两难境地，对此西村茂树拐弯抹角地提到，儒家思想不应被用于《教育敕语》之中，因为"有很多人会因为这个名称而对敕语的实质内容产生怀疑"。在新的时代里，儒家的价值理念已经不再像原先儒家世界观被全盘接受时那样支配着人们的思想。这种两难困境在井上哲次郎的作品中得到了充分

---

[1] Shively, "Nishimura," in Jansen, ed., *Changing Japanese Attitudes*, p. 238.

表现。井上哲次郎是一位东京帝国大学的持保守观念的哲学教授，他接受教育部长的要求，为《教育敕语》写了一篇注释。在他的《敕语衍义》中，井上哲次郎向在科学实用主义思想熏陶中成长的年轻一代，证明了传统价值观的价值所在。他的目的是从根本上阐述忠孝的合理性。他写到，如果传统价值观想要支配人们的信仰，其价值就必须通过归纳法得到证明。因此，他给出了敕语中的价值观的实用性解释。比如孝顺，就是通过孝顺也会对自己有利来证明其价值。因为"人人都会衰老……因此，如果你希望你的孩子以后对你孝顺，你就必须给他们树立榜样，不然的话，不要指望有人会照顾你"。[1]

在保守思想的形成期，这种为拯救传统价值观做出的不甚高明的尝试很具有代表性。井上哲次郎使用如此露骨的实用主义说辞，体现出持传统思想的保守分子为证明传统思想的价值而想尽办法从理性角度做出的最后尝试，他们自认为这种尝试比较成功。

其他一些年轻的保守派，却发现这种对传统价值观的维护行为是让人反感的。19世纪80年代最为活跃，而且最具学识和影响的保守主义者是报纸《日本》的年轻编辑陆羯南。他仔细研究了欧洲的保守主义思想，意识到了一种可行的保守主义哲学必须具有的前提假设。"文明开化"的基本要求是日本必须追随西方的发展轨迹，而这种思想应该受到批驳。"文明开化"的鼓吹者主张这个过程是不变的、普遍适用的模式，任何发展中的国家都要遵循。因此，他们认为"文明开化"的价值观具有普遍的适用性。在理论基础和实用价值两方面，陆羯南批驳了这些想法。他的社评拥有很多有影响力的读者，他在社评中提出，日本是单一民族的国家，其改革如果要有效和持久，就必须建立起一个框架，使改革在这个框架中进行，而那些自由主义者们却没搞明白什么是单一民族国家，也不知道什么叫历史。陆羯南喜欢说："文明开化的理论家们没有抓住国家和个人之间那种历史的，也就是有机的关系。"[2]一个日本人不是一个被普世价值观支配的没有血肉的个体；而是作为他所属种族中的一员，具有生命的活力，受到日本特有的民

686

---

[1] Pyle, *The New Generation*, pp. 127-8. 亦见 Minamoto Ryōen, "Kyōiku Chokugo no kokkashugiteki kaishaku," in Sakata Yoshio, ed., *Meiji zenpanki no nashonarizumu* (Tokyo: Miraisha, 1958), pp. 165-212. 关于这一法令内容的标准解释，见 Kaigo Tokiomi, *Kyōiku Chokugo seiritsushi no kenkyū* (Tokyo: Tokyo Daigaku Shuppankai, 1965)。而关于这一文献的非正式解释，则见 Carol Gluck, *Japan's Modern Myths: Ideology in the Late Meiji Period* (Princeton, N. J.: Princeton University Press, 1985)。

[2] Pyle, *The New Generation*, p. 97.

族精神的启迪。

陆羯南并不完全信奉传统价值观，这与元田永孚和西村茂树认为传统价值观普遍适用有所不同。他也不像井上哲次郎那样从新的理性角度分析，试图使传统价值观得到人们的认可。他是从民族主义角度证明了传统价值观的正当性。对于《教育敕语》中的条文，他说："孝敬长辈，兄弟相亲，夫妻和睦，忠心不二，是日本独特的民族道德规范。它们是日本人民自古以来的习惯做法，也是支撑社会的基本元素。"他最后指出，这些价值观"不能通过理论推导得出，而只能从日本人的情感中体现"。[1]

另外，从现实的角度出发，陆羯南认为保留传统道德和习俗在国民心理上也是必要的。因为这些传统为日本社会形成一个有约束力和凝聚力的整体提供了基础。陆羯南唯恐"文明开化"的价值观将会导致日本社会的瓦解，担心这种价值观在西方帝国主义鼎盛时期会给国家带来危害：

> 一个国家若想保持独立并立于强国之林，它就必须一直努力于培养民族主义（国民主义）……如果一国文化轻易地受到他国影响以至于失去其个性，该国也必将失去独立之地位。[2]

687　　　这种主张成为保守派最有力的武器：国家不应单单屈服于武力，文化上的默认和屈从结果可能会适得其反。

《教育敕语》的颁布伴随着极为隆重的仪式和典礼，天皇肖像和敕语副本被发往所有的学校，并在日常仪式上被作为神圣的标志。基督徒内村鉴三从美国结束学习回国后，执教于第一高等学校，他在学校宣读敕语时拒绝向天皇肖像行礼，这件事引发了一场关于基督教是否与日本民族主义兼容的争论。井上哲次郎撰文谴责了内村鉴三的行为，在这篇名为"宗教与教育之冲突"的文章中，井上哲次郎认为基督徒信奉个人主义和博爱思想，反对天赋皇权，这与《教育敕语》中的精神格格不入。

比井上哲次郎更为精明的陆羯南，从另一个方面看待这场争论。如果日本基

---

[1]　Pyle, *The New Generation*, p.127.

[2]　同上，p.75.

督教如佛教一样被剥去外国的习俗，切断与外国的联系，并与日本社会相融合，那么，基督教就不一定会与日本的道德教育相冲突。在不同国家之间的激烈竞争中，道德教育关系到一国的存亡，对于日本人民形成"一致观点"并有效处理国内和国际事务来说，道德教育是非常重要的。事实上，后来内村鉴三试图构建一种不具有外国习俗，并与域外切断联系的日本式基督教。他的目标不是把日本人变成"一般概念上的基督徒"，他认为"这样做的结果等于是去除了日本人的国籍"。[1] 他发起了"无教会"运动，刻意与外部的影响相隔离。但是在日本，在19世纪90年代敕语颁布和保守主义运动兴起后，基督教一直处于守势。日本传统价值观开始与爱国主义和忠君思想交织在起一起，密不可分。在帝国主义的鼎盛时期，一个人若信奉由来自西方帝国主义国家的传教士们带来的信念，人们便会怀疑他不忠，认为他崇洋媚外。

保守派与外国关系的问题

第一个问题是关于道德教育性质的争论，围绕这个问题，保守思想开始变得具体化。另一个在早期吸引保守派人士注意的，是与缔约列强的关系问题。直到1894年，对于不平等条约的修订都是影响国内外事务的主要政治问题，在当时，这个问题比其他任何问题都更加促使保守派人士对他们的国家观念做出详尽的阐述。

"文明开化"把那些与日本签订条约的列强看成是友善的，其提倡者们倾向于忽视，至少是暂时忽视外国列强的治外法权体系对于日本主权造成的侵犯。"文明开化"的提倡者们相信，这种侵犯的原因在于日本的落后性；而且随着文明的价值观念和制度的采用，这些侵犯就会消失。随着各国的进步，国家之间将会变得更为相像；而随着文明的提升，国家之间的冲突将会消退。事实上，民族国家也就会变得不那么重要了。

在19世纪80年代，作为一个年轻作家，德富苏峰的观点可以被看作是"文明开化"思想的极致体现，他认为文明的战争阶段已被工业化阶段所替代。在斯

---

[1] Marius B. Jansen, *Japan and China: From War to Peace, 1894-1972* (Chicago: Rand McNally, 1975), p. 99. 关于内村鉴三的研究，参见 John F. Howes, "Uchimura Kanzō: Japanese Prophet" in Dankwart A. Rustow, ed., *Philosophers and Kings: Studies in Leadership* (New York: Braziller, 1970), pp. 180-207。

宾塞（Herbert Spencer）的影响下，德富苏峰预见到了战争的衰落和国际主义的兴起。他写到，伴随着自由贸易政策和经济的相互依赖，工业文明会逾越国家界限。经济力量，而非武力，将会决定一个国家的存亡。因此，日本的当务之急是采用现代技术、文明制度和自由价值观，这些都是先进工业社会所共有的。如何看待这种乐观的世界观成为当时的一个主要问题，激起了保守主义者们对于"文明开化"的回应。

689 　　幕府所签订的条约体现了日本主权所受到的侵犯。这些条约允许外国人在日本特定的租界和港口定居与贸易，在治外法权制度下，国外居民只接受本国领事法庭的裁判。日本的关税受到国际势力的支配。在明治维新开始后的 25 年里，日本对外政策的首要目标就是修订条约，以及以和西方列强平等的地位加入到国际体系当中。为实现该目标，明治政府的领袖们采取了一种务实的途径，建立起为控制 19 世纪末帝国主义国际体系的文明国家所接受的、必不可少的法律制度。1887 年，外务大臣井上馨在与同事交谈时，曾简明扼要地做出表述："我认为要做的是转变我们的国家和人民，使得我们国家像欧洲国家，人民像欧洲人民。换句话说，我们必须在亚洲的边缘建立起一个全新的欧式帝国。"[1]

　　明治政府的领导人不遗余力地适应国际体系的规则和习惯。他们呼吁采用西方法典，以使列强意识到日本的文明进程并加速条约的修订。明治时期的许多其他改革，包括建立国会，都是把修订条约作为其目的之一。日本的寡头执政者们为了迎合他们的西方来宾，甚至于 1883 年在东京开设了鹿鸣馆——一个俗丽的维多利亚风格的大厅，外国居民在里面可以享受西方音乐、玩纸牌、打桌球、举办化装舞会及其他社交集会。还从海外聘用了一位外国舞蹈教练，来指导执政者和他们的妻子修习"文明的"社交礼仪。

　　保守主义者对此极为愤慨，认为鹿鸣馆是向西方文化屈服的象征。然而，正是井上馨为修订条约所做的努力，使保守派关于文化自治重要性的观点表述得更为清晰。1886 年，井上馨在东京召集缔约列强代表，做出了一系列让步以换取领事裁判权的废除，他提出建立"混合居住区"，这将允许外国人在内地游历和经商，并承诺"按照西方的原则"制定所有的日本法典。

---

[1] Marius B. Jansen,"Modernization and Foreign Policy in Meiji Japan," in Ward, ed., *Political Development in Modern Japan*, p. 175.

农商大臣谷干城领导的保守派，对这些提议表示强烈的反对。谷干城以前是位军队领袖，他与其他的军队人士一道，反对 19 世纪 70 年代的某些自由主义趋向，并曾组建了一个政党以敦促制定一部保守主义的宪法。执政者给予谷干城内阁职位，并派他前往欧洲游历，在那里，各国对民族精神的保护给他留下了深刻的印象。井上馨提出其方案时，谷干城正好回国。他激烈地反对这些提议，认为按照西方模式改变日本法典是对日本民族精神的贬低和破坏，他向内阁提交了措辞激烈的辞呈，并在政府内部和民间都高声反对井上馨的提议，迫使井上馨辞职并终结了他修订条约的努力。

然而，政府仍在继续为修订条约做着各种努力。这次做出尝试的是 1888 年上任的外相大隈重信。他在与列强的谈判中争取到了比井上馨更多的让步，但却没能无条件废除治外法权。此外，承诺采取西方法律的准则再次成为协议的一个部分。当协议细节公布于众时，争议又起；大隈重信被赶下台，谈判被中止。

对条约修订的争议，激起了保守派对"文明开化"政策的指摘，争论的焦点在于西方传入的文化与形成民族自尊心和自豪感的关系。这个问题是新一代保守知识分子的主要关切所在。一批年轻的保守派记者和政治评论家涌现出来，但他们的保守主义倾向没有元田永孚和西村茂树那么强烈。他们在明治维新后的新式学校中受过教育，并从中学到了西方的价值观念。他们并不守旧，支持改革；但认为改革必须符合日本的民族性格。他们认为，在这个西方帝国主义的鼎盛时期，这个问题是日本在与他国激烈竞争中维持生存的关键。我们已经谈到了陆羯南，他把这一观点表述得最为明确而且条理清晰。他和其他持有相同观点的人一样，都反对"文明开化"政策中提出的所有国家都向着同一种文明发展的观念，也反对西方文化的差异性会随着日本的发展而消退这一说法。他坚信"文明"这一概念是相对的，社会发展不受什么普世法则的支配。不仅发展与文化差异性相一致，而且事实上，"世界文明是在不同文明的竞争中发展的"。他主张谨慎地、有选择地借鉴外来文化，这使他的观点与那些更为因循守旧者的反应区分了开来：

> 我们承认西方文化的优势。我们欣赏西方关于权利、自由和平等的理论；我们也尊重西方的哲学和道德观。我们对一些西方的习俗很是喜爱。尤其是，我们尊重西方的科学，经济学，工业。但是我们采用这些东西，不仅仅因为它们是从西方传来的；只是因为它们可以促进日本的繁荣，我们才采

690

691

用。因此，我们的目的不是鼓吹狭隘的仇外情绪，而是在四海之内皆兄弟这样的大环境中发扬我们的民族精神。[1]

当他呼吁向西方进行有选择的借鉴时，一些批评家认为他的方法会导致一个"拼凑"起来的社会，因为促使西方社会制度形成的基础，是某种精神和价值体系。不过，陆羯南反对把西方社会看成一个庞杂的整体，他指出欧洲各国存在着巨大的文化差异，而且各国都在努力保持其特有的民族性。此时，艺术家、作家冈仓天心和美国人厄内斯特·费诺罗莎一起，在一场呼吁保持日本特有的审美传统的运动中，表达了相类似的观点：

> 西方欧美国家的本质是什么？所有这些国家都具有不同的制度；对一个国家是正确的东西，对其他国家可能就是错的；宗教，习俗，道德观——在这些领域没有什么一致的观点。欧洲只是一个笼统的称谓，听上去颇有气势；但问题是，所谓的"欧洲"到底在现实中存在吗？[2]

陆羯南接受了这种历史主义和整体论的论据，以反对文明开化的普世主义和个人主义思想，这也是任何国家中保守主义理论家的特征。在他的思想中显然没有对既往的怀旧之情，当然也不存在对古老的，比如比西方甚至中国更早影响日本的乌托邦理想的向往。相反，陆羯南主张的是人类社会与时俱进的历史主义观点。简言之，这是一种寻求逐步变革的温和保守主义——比如，主张有选择地借鉴——来推进社会的发展。日本的发展必须是有机的、整体的、渐进的，以便各个部分相互联系，协调作用。

一批年轻的知识分子和作家与陆羯南关系密切，他们被称为"政教社"，领头的是三宅雪岭，他们于1888年创办了《日本人》杂志，其主旨是"保持民族

692

[1] Pyle, *The New Generation*, pp. 94-97. 关于谷干城和他的团体中其余保守派人士的研究，参见 Barbara Joan Teters, "The Conservative Opposition in Japanese Politics, 1877-1894," Ph.D. diss., University of Washington, 1955。亦可参见 Barbara Joan Teters, "The Genro-In and the National Essence Movement," *Pacific Historical Review* 31 (1962): 359-378; Barbara Joan Teters, "A Liberal Nationalist and the Meiji Constitution," in Robert K. *Sakai,ed., Studies on Asia* (Lincoln: University of Nebraska Press, 1965), vol. 6, pp. 105-123。
[2] *Pyle, The New Generation*, p. 74 注。关于费诺罗莎，参见 Lawrence W. Chisholm, *Fenollosa: The Far East and American Culture* (New Haven, Conn.: Yale University Press, 1963)。

精华"（"国粹保存"），这个词在当时的作家中十分流行，关于应该保持的"国粹"是什么也有过很多争论。他们在这方面遇到的困难体现了保守主义的矛盾。这些年轻作家受过西式教育，那些激进的改革反对者提出的全面维护传统文明的论调让他们颇为不安。他们主张在传统主义和文明开化带来的西化主义之间寻找一条中间道路。简言之，他们试图建立一个既现代化又有日本特色的国家。

这些年轻的保守主义作家所思考的基本问题至今仍然没有完全解决，即：社会进步的本质是什么？当然，他们已经完全接受了进步的概念，但这种进步与各种不同的社会结构都能兼容吗？还是说工业社会的功能要得到发挥，就必须克服社会和文化形式的多样性？今天，在20世纪末，有大量证据表明，工业社会保留了它们传统的社会结构，但在19世纪晚期，对于第一个开展工业革命的非西方国家的日本来说，这个问题就尤其让人困惑。年轻的自由主义者，比如在19世纪八九十年代有众多追随者的德富苏峰就认为，工业化发展必须经过普遍的进化阶段。随着工业的进步，日本将不可避免地变得与较为先进的西方国家更为相像；事实上，日本的进步可以通过习得多少与西方社会的相似之处来加以衡量。

这种观点使日本的民族自尊变得易受伤害。例如，当国会第一次会议未能顺利举行，许多自由主义者都感到沮丧，因为这次经历重新唤起人们对日本成功建立议会制度的能力的怀疑，而建立议会制度是作为"文明开化"的核心思想的。

三宅雪岭对保守主义理论最大的贡献是他的一篇文章，题为《日本人：真，善，美》，在对1891年国会第一次会议的结果感到失望的心情下，他完成了这篇文章。他在文中提出了世界文明的概念，认为不同的经历与环境使得世界各国拥有不同的禀赋，世界文明的进步是通过不同国家的竞争而实现的。

西方国家的文化可能是迄今为止文明的最高阶段，但如果文明要达到一个更高的境界，其他的文化形式和价值观则是必要的。换句话说，文化民族主义并不仅仅是自我防卫，如陆羯南所说，它也是对人类进步的贡献。在序言中，三宅雪岭写道："一个人在为国效力的同时也是为世界效力，发扬一个民族的独特性有助于人类的进步。保卫祖国和热爱全人类并不矛盾。"[1]这是一个高明的论点，旨在告诉年轻人，维护日本的文化和价值观不是反对进步，而是为世界文明的发展做贡献。

[1] Pyle, *The Mew Generation*, p. 151.

三宅雪岭描述了日本人民追求世界文明的几种可行途径，指出了日本的民族使命就是促成真、善、美理想的实现，他把这个理想定义为世界文明的最终目标。日本人由于熟悉欧洲和亚洲，所以可以通过纠正学术上的西方中心思想来为达到"真"做贡献，比如斯宾塞的社会学，对亚洲问题的研究并不充分，日本人便可在比西方学术更广泛的知识基础上提供新的学术理论。同样，日本有义务为"善"做出贡献，其方法是发展军力，保护亚洲国家不受西方帝国主义的欺凌，进而发扬公正。最后，日本人有义务保护其独特的、讲究精巧玲珑的审美观，而不是简单采用西方艺术和建筑的那种宏大风格。

这些年轻的保守主义者中有许多能干的发言人，他们通过西式教育的明治学校唤起第一代民族主义偏好的广泛影响毋庸置疑。他们先于井上馨和大隈重信为修改条约做出了努力。对于那些反对在已经起草的新法典中引入大量重要西方法律概念的人，他们也表示支持。用了一代人的时间，日本的官员、学者和外国顾问才制定出这些包含家族族规、私人交易以及民事诉讼的新法典。

德川时期的习惯法，未能以法律形式记录下来，且地区之间存在着很大差异性，所以已经无力解决明治时期的社会关系和商业问题。法国、德国和其他西方法律传统的信奉者们主张采用他们偏好的法典。这种复杂的争论毫无疑问是很重要的，因为法典将影响未来的社会秩序。19世纪90年代中保守主义分子不断增长的影响力引起了其他人群的警惕。民事诉讼法在1891年开始实施，但是民法却被推迟和进一步讨论，直到1898年才加以颁布，商法的实施则被推迟到了1899年。

文明开化的普遍主义与文化民族主义和保守主义之间的争论，在许多领域都存在。文化民族主义和保守主义的影响日益扩大，文学和艺术受到了直接的影响。冈仓天心和费诺罗莎领导了一场运动，以反对当时盛行的奉承西方艺术风格的风气。"文明开化"使得西方主义的信徒们控制了政府的艺术培训机构及其人事任免权，传统的艺术和手艺则由于疏忽和歧视而日渐衰落。冈仓天心，一位《日本人》杂志的撰稿人，与费诺罗莎一起，试图在信奉自由、实用、亲西方的一派与传统主义者、排外主义者之间找到中立点。他们试图"为日本艺术创造新基础，这种基础是东西方、主客观、新与旧的混合体。[1] 同样的，文学界在语言形式上也做出了变革。坪内逍遥在其 1885 年出版的《小说的本质》中指明了走向新现实主义文学的道路，这正是二叶亭四迷两年后发表的口语化小说《浮云》所力求达到的。[2]

简单地说，19 世纪 90 年代是公众对明治维新时期提出的文化问题大讨论的一个分水岭。保守主义者在其形成时期逐渐形成了强烈的文化民族主义。年轻一代在表达经过深思熟虑的保守主义方面颇为成功，与元田永孚、西村茂树等 19 世纪 80 年代的保守主义者相比，这种保守主义更为温和。极具洞察力的记者山路爱山把这两种思想作了如下区分：

> 可以说 1881 年和 1882 年出现的保守主义只不过是汉学的复兴，19 世纪 80 年代晚期的保守主义则代表了民族意识的发展。当然，在后一种情况中，很多偏远地区的僧侣和儒教学者也都乐于加入到运动中去……19 世纪 80 年代晚期保守主义的领导者们对西方文化有所了解。他们吸收了欧洲民族主义运动的精神，从而认为使日本变成一个西方式的国家危险至极。他们发现西方列强通过其语言、文学和习俗，努力保持其各自的民族性。最终，他们转变了当时的思潮，民族精神（反对者们则称之为保守思想）终于盛行起来了。[3]

连续不断的关于与列强签订的不平等条约的公开争论，削弱了"文明开化"对于国际关系的乐观看法，这为保守主义者提出文化自治，维护日本国家力量提供了基础。德富苏峰发现西方的影响力在日益壮大的"新保守派"面前日益下降。在一篇雄辩滔滔的文章中，他对他的国人做出了这样的警告：

> 若是你因为厌恶损害民族尊严而不愿步入文明世界……那么对日本的感

[1]　John M. Rosenfield, "Western-style Painting in the Early Meiji Period and Its Critics," in Shively, ed., *Tradition and Modernization in Japanese Culture*, p. 204.

[2]　Marleigh G. Ryan 译, *Japan's First Modern Novel: Ukigumo of Futabatei Shimei* (New York: Columbia University Press, 1967)。

[3]　Pyle, *The New Generation*, p. 108.

情会增长，对世界的感情会减少，从而国家观念会滋长，全人类观念会消退，接着保守主义思想会出现，进步精神就会消亡，于是我们的国家就会失去其根本活力……停止修订条约，但不要阻碍 19 世纪日本前进的步伐！[1]

1894 年的中日战争的爆发及其爱国情绪的释放，比其他任何事情都更加提升了保守主义的影响力，使其盖过了"文明开化"的普世主义和自由思想。直到1945 年，公众舆论才再次开始像明治早期曾发生过的那样接受改革的诉求。

对于这一代人来说，一项卓有成效的外交政策意味着一场成功的改革运动。但是到了 1890 年，时代氛围发生了变化。新的国际秩序大致就位，国际环境正在改变。东亚成了列强激烈争夺的焦点。山县有朋和军队的领导人认为，对亚洲大陆权力真空的争夺将会损害日本列岛的安全。西方列强首先成了竞争对手而非改革的样板。

条约修订的目标达到了，被"文明开化"的任务所长久按捺的民族尊严，也
696　随着 1894—1895 年的军事胜利重新鼓荡了出来。德富苏峰完全放弃了他曾经具有巨大象征意义的自由主义观点，对日本的军事胜利欢欣鼓舞：

> 现在我们日本人在世界面前不会自觉低人一等了……以前，我们不了解自己，世界也不了解我们。但是现在我们检验了自己的力量，我们了解了自己，我们也被世界所了解。而且我们知道我们已被世界所了解！[2]

福泽谕吉，作为刚刚过去的一个时代的标志性领军人物，也难掩他的欣喜：

> 我们无法列举维新以来我们为追求文明做出了多少努力——废除封建制度，消除等级障碍，修订法律法规，促进教育发展，修建铁路，使用电力，发展邮政，改进印刷术等等。但是在所有这些事业中，我们西学者在三四十年前无法预料到的，就是在一场伟大战争中，日本帝国的尊严重新得以树立……每当想到我们令人惊异的命运，我就感觉如同身处梦境，不

---

[1] 同上，p. 106。关于德富苏峰的综合研究，参见 John D. Pierson, *Tokutomi Sohō, 1863-1957: A Journalist for Modern Japan* (Princeton, N.J.: Princeton University Press, 1980)。

[2] Pyle, *The New Generation*, p. 175.

禁喜极而泣。[1]

官僚保守主义的出现

看待文化民族主义和道德标准缺失的问题上，明治政府的领导人与那些作家和知识分子的领袖们有些不同。与文化尊严的问题相比，执政者们更关心社会秩序的稳定和获得对国家实现经济和军事目标的支持等实际问题。

从 19 世纪 80 年代开始，欧洲的保守主义思想越来越多地为明治政府的领导人所接受。他们实施了很多改革措施，包括废除德川幕府时期森严的社会等级制度，建立征兵制，引进大学教育和新课程，开展雄心勃勃的工业计划。其他的改革也正待完善，包括制定宪法，改革地方政府体制，完善国会制度，以及编撰法典，等等。但是在 19 世纪 80 年代实施的改革中，一种保守论调也十分明显地日益增强。在 1881 年的危机之后，明治政府的领导人开始清理自由主义的思想，决定重建政治生活的秩序和统一，他们不再希望继续为年轻一代树立改革的榜样。伊藤博文把 19 世纪 80 年代早期描述为"一个转变的时代"：

> 现在的社会上，流行的理论多种多样且彼此对立。有些上一代的人仍然怀有神权政治思想，认为任何试图限制皇权的行为都无异于叛国；另一方面，年青一代也有很多人是在无政府主义的理论盛行之时接受的教育，结果怀有激进的自由思想。布克尔在一篇名为《文明史》的著作里，把任何形式的政府都斥责为不应存在的罪恶。这本书成了高校学生的最爱，包括帝国大学在内……在那个时候，我们尚没有能力清楚地区分政治上的反对派与现行秩序的叛逆者。[2]

为实现在他们这一代建立起工业社会的使命，明治政府的领导人必须设法激起普通民众强烈的自我牺牲和努力奋斗的精神，同时还要保证社会的稳定，这当然是国家建设的基本问题，因为现代化建设需要越来越多的民众具有国家政治共

697

---

[1]　Kenneth B. Pyle, trans., "The Ashio Copper Mine Pollution Case," *Journal of Japanese Studies* 1 (Spring 1975): 347. 参见 *Fukuzawa Yukichi zenshū*, 21 vols. (Tokyo: Iwanami Shoten, 1958-1964), vol. 15, pp. 333-337.

[2]　George M. Sansom, *The Western World and Japan* (New York: Knopf, 1950), pp. 347-348.

同体的意识，而这也会引起对全体国民的重新分类。因此，明治政府领导人面对的问题是如何使经济增长和政治统一达到平衡。日本领导人最使人佩服的治国才能，就是他们知道他们所领导的日本正处于怎样的历史阶段。这源于他们对西方先进工业社会发展历程的了解。伊藤博文在 1880 年开展的自由民权运动中，呼吁实现"文明开化"所提出的建立民主政府的目标：

> 目前的政治混乱反映了一种横扫整个世界的大趋势，而不仅仅限于某个国家或地区。大约一百年前，法国掀起的革命逐渐蔓延至欧洲他国。改革获得了巨大动力，形成了强大的力量。其他国家……早晚会感受到这种力量将会改变政府的形式。这种弃旧图新的变革必然伴随着剧烈的政治动荡，一直延续至今。一位开明的统治者及其明智的阁僚可以控制和转移这种不安的力量，使之有利于政府的巩固。为了实现这个目标，必须摒弃暴政，乐于与人民分享政府权力。

对于避免在日本出现其他国家历史进程中曾经发生的革命暴乱，伊藤博文表现得很有信心："当我们控制了这种趋势，暴乱就不会出现，甚至放开思想管制，人民也不会误入迷途。改革进程应该有条不紊，我们应当掌控改革的节奏，时间会让改革趋势回归正轨。"[1]伊藤博文相信，群众参与国家治理是无法逆转的世界潮流，但是却可能对之进行掌控。

寡头执政者们需要设法避免社会上出现阻碍他们实现国家目标的严重敌对情绪。他们在以德国政治经济理论为依据的保守主义改革传统中找到了答案。在这种传统的影响下，这些执政者们预见到：要维持控制社会发展所必需的社会共识，必不可少的是把新型群体纳入到政治秩序中来。在一定程度上，社会君主制的概念影响了这些执政者构建制度框架的态度。罗伦兹·冯·斯坦因（Lorenz von Stein）和鲁道夫·冯·戈内斯特（Rudolf von Gneist）的思想，对于形成这些执政者们的保守改良主义尤其具有影响力。斯坦因把工业资本主义的发展看成是"贪得无厌的本能"的形成过程，如果不加控制，将会导致资产阶级的统治，而

---

[1] George M. Beckmann, *The Making of the Meiji Constitution: The Oligarch and the Constitutional Development of Japan, 1868-1891* (Lawrence: University of Kansas Press, 1957), app. 5.

其他社会阶层的利益会受到损害，这就可能引发社会动乱。因此，神志清醒的君主及其政府机构所扮演的必要社会角色，是保持超然于社会各阶层利益的中立，以为整个社会谋取福利。要建立一个强有力的国家，政府应该干预经济以防止阶级冲突，维持和谐的社会平衡，"通过旨在提高下层社会的物质和精神福利的社会立法和积极行政政策"，把下层社会整合到国家共同体中来。[1]

给出这种保守建议的并不只是德国人。很多其他西方国家也有同样的思想，这些思想大多源于进化论。伊凡·豪尔（Ivan Hall）将此称之为"为了不使日本在前进的道路上偏离得过快，西方世界对于保守主义的过度强调，造成了竭力抵消它们自己的自由主义的趋向"。[2]比如，赫伯特·斯宾塞建议森有礼说，不应急于引入立宪制，制度变迁应遵循一种有机的演进形式："我解释了植物学中所说的从外地移植植物结不出和本土一样的花果；宪法和这条植物学法则是一样的。"[3]

明治政府的领导人致力于找寻适应下层社会不断政治化倾向的途径，从而对之加以控制。山县有朋比他的许多同僚都更为保守，他在1879年发表的《关于宪政政府之主张》中写道，虽然反对党和其他形式的反政府活动是错误的，不道德的，但被统治者应该有获得打破社会等级划分的机会，人民远离政府以及经济上的不满局面应该加以改变："如果我们逐渐建立起国民议会，最终实现宪制，我以上列举的三种恶行——人民对政府的敌意，不遵守政府法令，以及对政府的怀疑，在将来都会得以纠正。"[4]人民应该得到管理，但这不是政府的天赋权利，而是实现民族统一的必要条件，这已经成为官僚保守主义的固定观念。因此，日本保守派赞成——事实上，保守派也积极主动地使之发生——民众参与地方管理，召开国民议会，以及后来的普选权。

大隈重信的宪政观是"文明开化"思想的延续，在他于1881年下台后，伊藤博文远赴欧洲为保守主义宪政秩序的建立作准备，尤其是为了更直接地学习普鲁士人的经验。他对一位执政伙伴写道：

[1] Johannes Siemes, *Hermann Roesler and the Making of the Meiji State* (Tokyo: Sophia University Press, 1966), p. 32.
[2] Hall, *Mori Arinori*, p. 321.
[3] 同上，p. 138。
[4] Beckmann, *The Making of the Meiji Constitution*, p. 130.

在两位著名的德国老师戈内斯特和斯坦因的教导下，如今我已对这个国家的构造有了大致的了解。下面，我应该和你讨论我们可以如何实现树立天皇权威的伟大目标。的确，我国现在的趋势是误把英、法、美等国的自由主义和激进主义的著作当成金科玉律，发展下去将会导致国家政权被推翻。我已找到了抵抗这种趋势的原则和办法，我相信我已为国家做出了重要贡献，我从心里感到已可死而无憾。[1]

700　　伊藤博文在德国的宪政思想中发现了需要为新秩序立法的基本原理，这种原理不是以天赋人权思想作为依据的。民众参与政治可以被允许，但前提是这种参与要能够导向民族主义。正如在本书第十章中所指出的，赫尔曼·罗斯勒的思想仍然作为参考，但他的思想已被统治者通过个人意志加以筛选，以使得天皇成为政府无可置疑的、受到绝对保护的核心，从而给予日本人民一种认同感，这种认同感被保守主义知识分子认为是新时代所不可或缺的。伊藤博文写道：

　　　　我们国家的基石是什么？这个问题我们必须解决。如果没有基石，那么政权将会落入不受控制的普通民众之手；政府就会变得虚弱……在日本（与欧洲不同），宗教的作用有限，不能成为宪政政府的基础。虽然佛教一度兴盛并成为联系高低各个阶层的纽带，但如今其影响已经消退。虽然神道教是基于我们祖先的传统，但作为宗教其力量有限，无法成为国家的中心。因此，在我国，可成为宪政基石的是皇室。[2]

皇室的神话成为把新的政治结构结合在一起的意识形态黏合剂。正如我们所见，在《教育敕语》中再次宣布，要为更加成熟的家国一体的意识形态奠定基础。因此，新秩序的核心是给出了一个日本的模型，这与"文明开化"运动所坚持的新日本的理念有明显不同。虽然自由政治原则的某些方面得以形成，但这仍然是基于日本国体独一无二这一设想之上的——日本的国体深深植根于日本的历

---

[1] Nobutaka Ike, *The Beginnings of Political Democracy in Japan* (Baltimore: Johns Hopkins University Press, 1950), pp. 175-176.

[2] Joseph Pittau, *Political Thought in Early Meiji Japan* (Cambridge, Mass.: Harvard University Press, 1967), pp. 177-178.

史和民众的传统文化价值观念。保守派以不同的方式解读这一"国体"。伊藤博文坚持以一种理性的、世俗的观念来看待"国体",认为它是漫长演化过程的产物,因此在未来也是可以改变,可以发展的。

但是,也存在着与元田永孚等保守分子更为相似的另一种解读。这种说法认为,"国体"是一种最为神圣的道德和宗教实体。《教育敕语》把皇室描述成"天壤无穷",几乎就是儒家宇宙秩序的人格化。保守学者如穗积八束,作为东京帝国大学法律系主任和世纪之交最有影响力的一位宪政阐释者,他通过强调家国观念和敬拜先祖设计了具有宗教性的"国体"概念,把儒教、神道教,以及德国经济统制思想糅合在了一起。按照穗积八束的观点,日本社会不是基于社会契约,而是通过祖先崇拜实现了民族统一。所有日本人最初都有一个共同的天皇始祖:

> 我们先辈的始祖是天照大神。天照大神是我们民族的创造者,皇族是我们民族的神圣家族。如果父母值得敬重,那么皇室的先祖就更加值得崇敬;如果皇室的先祖值得崇敬,那么这个国家的创造者就更加值得崇敬![1]

1892 至 1893 年,受到法国影响而出台的法典草案备受争议,穗积八束是一个主要的反对者。这部基于"天赋人权"理论的法典草案,会大大削减家长的权利。但是穗积八束与其他反对者认为,日本的国体是基于家长权威之上的,包括家族和国家。他写道:"我们的家国是属于同一种族的,我们的民族由源于同一祖先的血亲亲属组成。家族是小的国家;国家是大的家族。"[2] 修正后的民法典的家族法部分,体现了穗积八束观点的胜利。家族国家的概念同样也在学校的德育课本中频频出现。穗积八束自己在 1908 年也成为文部省推荐修改版教科书委员会的负责人。

对新秩序的保守解读很快就在教育系统传播开来。如我们所见,在 19 世纪

[1] Richard H. Minear, *Japanese Tradition and Western Law: Emperor, State, and Law in the Thought of Hozumi Yatsuka* (Cambridge, Mass.: Harvard University Press, 1970), p. 73. 日本学者的基础研究成果,参见 Matsumoto Sannosuke, *Tennōsei kokka to seiji shisō* (Tokyo: Miraisha, 1969)。

[2] Minear, *Japanese Tradition*, p. 74. 关于民法典的争论,参见 Toyama Shigeki, "Minpōten ronsō no seijishi kōsatsu," in Meiji shiryō kenkyū renrakukai, ed., *Minkenron kara nashonarizumu e* (Meijishi kenkyū sōsho, IV) (Tokyo: Ochanomizu Shobō, 1957). 英语的研究成果,参见 Dan Fenno Henderson, "Law and Political Modernization in Japan," in Ward, ed., *Political Development*, pp. 387-456.

80年代早期，社会思潮已在向保守主义方向变化，自由主义道德观的教材遭到取缔，而开始了对传统价值观的再次强调。当森有礼在1885年被任命为文部大臣时，这股力量更强了。

702   森有礼曾是19世纪80年代"文明开化"政策的倡导者，却在接下来的10年里推动教育向保守主义的方向转变。1882年，他曾在欧洲与伊藤博文详尽地讨论过教育的作用。他们都同意"教育的根本应该着眼于未来国家的稳定"。[1]在森有礼的领导下，教育制度遭到彻底重铸，从为个人服务转变成为国家服务。同时，还创造了一个知识精英集团来促进"经济增长和日本国的生命力"。[2]1887年，森有礼对地方官员们说：

> 阅读、写作和算术，不是我们教育和指导年轻人的主要问题。教育的问题完全是如何造就品质高尚的人。而谁是这些品质高尚的人呢？——他们是我们的帝国所需要的优秀臣民。谁是这些优秀臣民？——他们是充分履行作为帝国臣民的职责的人。[3]

与元田永孚及其后像穗积八束这样的理论家关于日本国家的神秘主义概念不同，森有礼对于国家的观念是世俗性的。1889年，据说由于森有礼在参观伊势神宫时表现出不敬，因而遭到刺杀。当时，陆羯南提醒《日本》杂志的读者，伊势神宫的仪式不是祭拜神道教神灵的宗教仪式，而是表达对皇室敬意的国家政治仪式，因为建造伊势神宫的目的是祭奠天皇的祖先。这种差别对于陆羯南和大多数保守派来说很重要，因为皇室是日本历史延续和独特文化传统的重要标志。

1890年之后，对于皇室的日益增长的崇敬越发明显。我们已经领略了1891年内村鉴三由于拒绝对天皇肖像鞠躬而激起的强烈反对。同年，东京帝国大学的教授久米国武撰文，将神道教描述为"原始崇拜的残存"。文章以客观、历史的笔调，将宫廷庆典、王权标志，以及伊势神宫的起源追溯到了史前的日本。神道教的信徒将文章驳斥为亵渎神圣，并将久米国武赶下了教席。温和保守派如陆羯南等人并未企图让人们完全相信神道教的神话，但他们厌恶对朝廷的公正客观的

---

[1] Hall, *Mori Arinori*, pp. 362-363。

[2] 同上，p. 458。

[3] 同上，p. 398。

批评，在他们看来，朝廷是国家统一的历史象征，对国家团结至关重要。陆羯南写道：

> 不把和皇室有关的任何事情变为公众话题是我们的道德责任。以免……学术问题变成对国家安全的威胁。久米国武先生意识到了作为学者的身份，但却忘记了作为臣民的责任。[1]

有关"文明开化"的许多思想从来没有深厚的社会基础。保守主义思想却有其社会基础，于是日本的公众情绪发生了巨大转变。正如詹森所指出的，来自政府的要求人民遵从的压力相对较小，而来自社会、同事、邻居、政论家和亲戚的压力更大。正是他们困扰着像久米国武这样的改革家和自由主义者。[2]

新的伦理学课本采用了保守主义思想来解释新的政治秩序。在 19 世纪 80 年代早期，超过 80 种课本在私下发行。它们强调天皇的权威、家族制国家和祖先崇拜。为了维护这种新发展起来的正统思想，1903 年文部省开始编撰正式的伦理学课本。有迹象表明，政府察觉到保守主义倾向有点过头，因为 1903 年的版本被很多人认为代表了些许自由主义的倾向。但是即使这部教材，其中也包含了家族制国家理论的基本教条。随后 1910 年的教材版本也是以这些教条为基础的。[3]新的帝国意识形态利用尽忠和尽职等传统语言及过去的传说，使新的社会秩序具有了神圣性和合法性。这有利于防止出现政治上的敌对和异议。正如一位学者所说：天皇替代了后来大多数非西方社会现代化进程中重要的极具号召力的领导人。这种替代更为持久，更深地植根于文化，更加不易遭受攻击。[4]

通往工业社会的保守派

明治政府领导人在推进工业化的过程中一直提倡一种启蒙思想，即科学、技　704

---

[1]　Pyle, *The New Generation*, pp. 124-125.

[2]　Jansen, *Changing Japanese Attitudes Toward Modernization*, pp. 80-81.

[3]　Wilbur M. Fridell, "Government Ethics Textbooks in Late Meiji Japan," *Journal of Asian Studies* 29 (1970): 823-834. 公认为优秀的权威著作是 Karasawa Tomitarō, *Kyōkasho no rekishi* (Tokyo: Sōbunsha, 1960)。

[4]　Robert A. Scalapino, "Ideology and Modernization: The Japanese Case," in David E. Apter, ed., *Ideology and Discontent* (New York: Free Press, 1964), p. 103.

术和实用知识的进步。在这个意义上说，他们不是保守派。本杰明·史华慈在他关于近代中国保守主义的论文中提到，"工业现代化是保守主义的对立面"，因为工业现代化包含了"在自然和社会两方面对技术理性主义的系统广泛应用，"这是启蒙运动的主要前提，但是却遭到保守派的反对。他继续写道：

> （现代化）因此被视为根据人们的意识来塑造社会秩序的模板。但事实是随着现代化的进行，现代化会变得越来越接近于一种社会历史进程，不以人们的意志为转移。这也被认为是社会达到发展成熟阶段后的一种有机增长。在欧洲无疑有抵制工业化的贵族保守主义，但事实是俾斯麦式的保守主义完全将自己建立在官僚政治和国有工业的基础之上，由此可以明显感知到工业化和国家实力之间的关系。[1]

俾斯麦式的保守主义形成于德国工业化的成熟时期，对社会革命的恐惧，以及德国统一的理念与日本的环境相似，而且这些思想对明治政府的官员产生了实际的影响。德国人的思想帮助日本人预见到工业化的社会和经济效应，并设计出能够用来对工业社会进行保守控制的政治行动方案。

经济学的德国历史学派特别具有影响力。这一学派崛起于19世纪，对亚当·斯密的自由放任主义提出了挑战。历史学派反对那种认为同样的理论主体在任何时间地点都有效的观点。它也驳斥了曼彻斯特学派和社会主义者的唯物主义和普遍主义。他们认为经济问题与其所产生的社会、文化和历史密不可分。而且，经济问题不能像曼彻斯特自由主义者主张的那样被放任不管，经济学应该从伦理道德的角度来加以研究，以推进社会整体福利为目的。因此，德国历史主义经济学支持国家介入以维持社会的福祉。否则，对个人私利的追求将会导致阶级分裂和社会革命。有社会意识的君主和他的政府是社会阶级冲突中唯一的中立力量。为了建立伟大的国家和避免下层社会的疏离，就必须防止他们遭到剥削，并须把他们整合进政治共同体中。在这些经济学家的影响下，俾斯麦政府提出了关于工厂检查的若干法律、制定了社会保险计划，国家鼓励消费者与生产者合作，

---

[1] Benjamin I. Schwartz, "Notes on Conservatism in General and on China in Particular," in Charlotte Furth, ed., *The Limits of Change: Essays on Conservative Alternatives in Republican China* (Cambridge, Mass.: Harvard University Press, 1976), p. 14.

铁路国有制，以及最低工资标准等法律。

自法国革命以来，现代世界的保守主义开始与社会革命联系起来。如一位学者所说，"西方政治保守派的历史使命不是阻止革命，而是在革命之前做出行动，不是打压而是预见革命"。[1] 在日本，官僚保守主义的主要动机是预防社会革命的发生。

德国的历史主义经济学对日本官僚保守主义的形成很有影响力。德国历史主义经济学的思想首先在金井延的著作中引入日本，金井延（1865—1933）是日本第一位重要的学院派经济学家，也是新产业经济学的最主要的引入者以及后来许多日本学者和政府领导人的老师。[2] 他的学派的作品大大扩展了对工业化进程中出现的早期社会问题的理解，罗斯勒在给执政者的建议中也曾提到过这些问题。

1890 年，金井延被任命为东京帝国大学的教授，此前 4 年他在欧洲、特别是在德国求学，学习了历史学派的经济理论，对俾斯麦的保守主义政策进行了观察。他在早期的著作中批评"文明开化"思想的作家，攻击他们的普遍主义理论，主张经济理论必须基于一国的特殊历史和文化传统。这些"文明开化"思想的鼓吹者们遵循的是曼彻斯特学派的观点。比如福泽谕吉，曾在《西洋事情》中写道：经济学就像化学和物理学，是由不变法则所支配的。同样，田口卯吉这位对启蒙运动思想最为坚持并大胆提倡的作家，在 1884 年写道："经济学的真理不会随着时间和国家的改变而改变。一国适用之法则在他国也同样适用……一加二永远等于三。"[3] 金井延反对"文明开化"运动所引入的自由贸易思想以及追求个人利益的信念。他认为，自由主义在欧洲已经失败，因为它使新的工业社会的环境不断恶化，以至于引发革命。金井延在开展对工业化带来的"社会问题"的讨论方面起到了积极作用，并要求政府避免这些问题。他在 1891 年写道：

706

　　如果工人被像畜生一样对待，几十年后，工会和社会主义就会出现。如果我们现在就注意防范，我们就能避免工会的出现和社会主义的蔓延。这就

---

[1] Clinton Rossiter, "Conservatism," in *International Encyclopedia of the Social Sciences* (New York: Macmillan and Free Press, 1968), vol. 3, p. 292.

[2] 参见 Sumiya Etsuji, *Nihon keizaigaku-shi* (Kyoto: Mineruva shobō, 1958)。

[3] Kawai Eijirō, *Meiji shisōshi no ichi danmen: Kanai Noburu o chūshin to shite,* reprinted in *Kawai Eijirō zenshū* (Tokyo: Shakai Shisōsha, 1969), vol. 8, p. 195. 对明治时代经济思想的解释是一种有价值的资源，主要集中在金井延和他女婿的作品中，他的女婿同样也是一位著名的政治经济学家。

是防范政策。对此未能采取行动的例子不在少数，在每个西方国家都有。[1]

金井延所主张的采取防范政策的主题，成了明治保守主义的重要元素。在工业化的进程中，日本有向更先进的西方社会学习经验的机会，可以在社会问题出现之前就采取措施。金井延著作中的第二个主要观点，是强调思想指导方针对防止社会动乱的重要性。他认为社会问题的产生源于底层社会随着客观生活条件的变化导致的阶级意识的觉醒。因此，国家引导底层社会养成积极与和谐的社会态度是至关重要的。金井延的另一个重要思想，是强调在外交事务上保持社会团结的重要性。他写道：

现代社会政策的最终目标，在于把日益疏远的社会阶层重新融合到一起；必须建立起基于互帮互助的亲密关系之上的合作生活方式……也就是说，国内政策中最重要的社会政策不仅要体现高尚的人类伦理，也是取得外交政策成功的有效途径。[2]

政府的社会政策应该进行改革，这不是关于公正或权利的问题，而是因为可以由此增加国家的凝聚力。1895年，马克思·韦伯在弗莱堡就职演讲中说到过德国经济学家的任务："我们关于社会政策的研究目的不是让世界更快乐，而是使得一个因为现代经济发展而分裂的国家团结起来，为了以后的艰难拼搏而做好准备。"他补充道："我们必须传给子孙后代的，并不是和平与人类幸福，而是我们的民族有能力生存和繁衍下去。"而日本还不是一个"由于现代经济发展而发生分裂的国家"。[3]日本的保守派决心防止这种现象的出现。

1896年，金井延的弟子建立了"社会政策学会"，这是一个以1872年由德国历史经济学派建立的"社会政治联盟"（Verein für Sozialpolitik）为样板建立起来的组织，旨在呼吁国家通过福利立法来干预经济领域以缓解阶级矛盾。"社会政策学会"成了日本主要的经济学组织，包括了在所有大学里教授经济学的老师

[1] Kenneth B. Pyle, "Advantages of Followership: German Economics and Japanese Bureaucrats, 1890-1925," *Journal of Japanese Studies* 1 (1974): p. 143.

[2] 同上，p. 144。

[3] Ralf Dahrendorf, *Society and Democracy in Germany* (New York: Doubleday Anchor, 1967), p. 41.

和在政府和商业领域被认为是经济学家的那些人。

在中日甲午战争之后，明治保守派对社会主义者及其他激进自由主义者越来越担心。"社会政策学会"发布的原则声明提出了介于自由主义者和社会主义者之间的中间道路。该项声明断言，在日本已经出现了劳动和资本之间的冲突：

> 我们反对自由放任主义，因为它带来了唯利是图的现象和过于激烈的竞争，加大了贫富差距。我们也反对社会主义，因为它会毁灭现有的经济组织，消灭资本家，从而阻碍国家的进步。我们支持现存的私有企业制度原则。在这个框架下我们设法通过政府的力量和个人的努力来防止阶级摩擦，维持社会和谐。[1]

"社会政策学会"的主要创建人桑田熊藏，1896 年在一篇名为《国家与社会问题》的文章中写道：虽然 19 世纪是政治革命的世纪，但新的世纪应该是经济革命的世纪。虽然西方国家在政治革命的同时伴随着经济革命，但却是以大规模的冲突和杀戮为代价的，日本可以避免这种情况的发生，因为事实证明："日本人民不通过流血就建立起了宪政制度，在现代史上是独一无二的。那么在即将到来的经济改革中为什么就不能和平地解决这个问题呢？"他主张德国的社会政策对日本是合适的，因为儒家教义要求统治者关心人民的疾苦，并对他们进行道德教化。桑田熊藏在东京帝国大学开设了工业政策讲座，为多个委员会服务，他对政府提出了如下政策建议：

1. 制定工厂法，规定工作时间、工作环境以及限制招用女工、童工。
2. 保护佃户的利益。
3. 制定贫困救济法。
4. 进行强制性的工人保险。
5. 建立合作社以保护和帮助小农。
6. 实行累进税政策以减轻低收入群体的负担。

---

[1] Pyle, "Advantages of Followership," pp. 145-146.

中日甲午战争之后，随着以强有力的意识形态为基础的政治秩序的建立和条约修订目标的实现，明治政府的领导人必须把注意力转向工业化革命所带来的问题。这是一个新的时代。"社会问题"成了公众讨论的热点。"文明开化"的一大特点是对于未来的天真和乐观，这种情绪已经消退，取而代之的是对现代经济发展所带来的结果的理性评估。"文明病"这个词汇成为描述困扰西方工业社会问题的普遍说法——这些问题包括：阶级敌视，劳动纠纷，农村被毁，社会颓废，物质至上，激进思想，合作的衰落，以及价值观的缺失。日本在工业化的过程中是不是也必然会受到这些问题的困扰呢？很多日本人觉得也会如此。同时，预兆已经出现。19世纪80年代出现了社会主义者的著作，第一批社会主义者虽然人数不多，但却引起了大量关注。第一个社会主义政党的历史不长——在它于1900年成立后几小时就被内务省取缔了。

足尾铜矿问题被认为是"文明病"的早期征兆。这个铜矿位于渡良濑川的上游，靠近日光市，是日本重要产业的一个代表。随着现代技术的应用，矿区得到了扩大，但是在这个过程中，由于森林被砍伐，河流上游植被遭到破坏。受到污染的洪水涌到下游，淹没了关东平原上的村庄，污染了农田。1896年，有1.3万户农民被淹，随之而来的是全国范围的反对运动。足尾铜矿成了牺牲农业发展工业，牺牲公众利益发展经济的象征。[1]

足尾铜矿只是比较明显的征兆之一，它让日本人领略到了工业进步会带来什么样的结果。在19世纪20世纪之交，采取防范措施的意识不断增长，人们意识到日本作为"后进国"具有特殊的优势，即有西方的经验可供借鉴。年轻的经济学家（后来成了社会主义者）河上肇在1905年写道：

> 我们有英格兰的历史作为前车之鉴，我们不该步其后尘。文化落后的国家就没有机会了吗？发达国家（先进国）失败的历史是后进国家（后进国）最好的教材。我希望我们的政治家和知识分子可以从中汲取教训。[2]

正如一位官员金子坚太郎所说：日本政府官员对历史教训十分敏感。我们应

[1] "Symposium: The Ashio Copper Mine Pollution Incident," *Journal of Japanese Studies* 1 (1975).

[2] Pyle, "Advantages of Followership," pp. 129-130.

该从"令人难过和惋惜"的英国工业化的教训中汲取经验，因为"以先进国家的历史作为参考避免同样的错误，是后进国家的优势所在"。[1] 很快，这种思想方法就被包括最高级别的各级官员所采纳。1910 年，大隈重信写道，日本有维持劳资合作的有利条件："通过研究在过去几十年给欧洲带来如此痛苦经历的失败制度，日本的企业家、政治家和政府官员能够减少失误。"依靠法律的力量和家族制的传统，他们能够"防止可怕的冲突"，调节好劳资关系。同样，桂太郎首相　710
在 1908 年写道：

> 我们正处在一个经济转型的时期。机械工业的发展和竞争加剧，扩大了贫富差距，危害着社会秩序。从西方的历史来看，这是无法避免的模式。现在我国的社会主义力量不大，但如果将其忽视，总有一天它将形成燎原之势，无法阻挡。因此，我们无疑应该依靠教育培养人民的价值观；我们要设计社会政策，促进各个行业的发展，为人民提供工作，帮助老弱病残以防止灾难的发生。[2]

于是，到世纪之交时，一种对于工业社会的保守主义态度已经在官僚机构中扎下根来。俾斯麦的社会政策和德国的经济思想深刻影响了日本政府。影响日本政府的，还有一些保守主义的信条，即日本社会的确是，也应当是独一无二的，通过保持其促进社会和谐的价值观，日本可以避免在很多西方社会中已很明显的工业主义的恶果。最后，也许最重要的一点是，政府的动力来源于时间的急迫。外交事务上的成功依赖于国家的团结一致和经济的快速增长。

保守派的社会规划

官僚保守派最为明确的目标就是促使工厂法的通过，以规范劳动环境的标准。事实上，在有组织的工人运动爆发之前，政府就主动起草该项法案，并努力

---

[1] Ronald P. Dore, "The Modernizer As a Special Case: Japanese Factory Legislation, 1882-1911," *Comparative Studies in Society and History* 11 (1969): 439.

[2] Horio Teruhisa, "Taisei sai-tōgō no kokororai to teikoku ideorogii no keisei," *Nihon seiji gakkai nenpō* (1968): 164. 也见 Pyle, "Followership," pp. 130,159。

寻求法案的通过。多尔指出，实际上，政府的努力太过超前，以至于在 1882 年当农商省开始研究外国工厂法时，全日本使用蒸汽动力的工厂只有不足 50 家![1]

711 　　在 19 世纪 90 年代，农商省向各种各样的商会组织下发了法律草案，要求建立最低卫生安全标准，限制女工和童工的劳动时间。[2]中日甲午战争后，政府加快了《工厂法》的实施。从 1896 年开始，政府召开了一系列会议讨论经济形势。官员们对企业主所提出的日本工作条件太过优越的观点置之不理，认为"有必要通过立法，以在将来维持劳资关系的平衡，维持雇主雇员关系的和谐，进而预防动乱的发生"。[3]同时，政府也采取措施遏制工会力量的成长。1900 年出台的《治安警察法》，事实上使工会丧失了主要的功能。

　　1911 年，《工厂法》终于获得通过，与此同时，在城市里还采取了其他一些措施，以为工业社会的到来做好准备。但总体上说，在第一次世界大战之前，政府主要依靠警察的力量来维持对城市的控制，而且出于一些原因，政府对农村更为关心。首先，农村是 80% 人口的居住地。如果新秩序真的具有防止革命的功效，那么将其实施于小城镇和农村应该是最有效的。第二，日本的工业化具有农村背景，并且依赖于农村劳动力的雇佣。商业精神已经渗入农村，影响了村庄内部的团结。第三，自从"文明开化"对城市产生影响以来，村镇已经成了日本优良传统的象征。最后，传统上也对这种关注农村的观点表示认可。德川时期的政治思想就认为农业是社会的基础。荻生徂徕这样说道："重本抑末，这是先贤的教导。农业为本；工商为末。"[4]

　　"社会政策学会"对西方国家工业化导致农村衰败的问题十分关注。该学会的成员已经觉察到了存在于日本农村的危险。政府不断加大对工业资本和军事企业

712 的投入，加重了市民的税收负担。在日俄战争之前的 10 年里，中央政府的支出增长了 3 倍，公共事业和教育的责任不断被分派给地方政府。地方税收迅猛增长，于是被富裕家庭操控的村镇议会制定了递减税制。不断增长的税收负担，不断集中的土地所有权，以及城市对有抱负的年轻农民的吸引，预示着农村出现了政府

[1] Dore, "The Modernizer As a Special Case," p. 437.

[2] 同上，pp. 437-438。

[3] Byron K. Marshall, *Capitalism and Nationalism in Prewar Japan* (Stanford, Calif.: Stanford University Press, 1967), p. 54. 关于政府对于完善《工厂法》和《劳工法》方面所做的努力，参见 Sheldon Garon, *The State and Labor in Modern Japan* (Berkeley and Los Angeles: University of California Press, 1987)。

[4] Ronald P. Dore, *Land Reform in Japan* (London: Oxford University Press, 1959), p. 57.

难以控制的社会问题。正如谷干城在 1898 年所说，维持一定数量的自耕农对日本是非常重要的，因为这能起到防止激进思想，提供合格兵源，在战时实现食物自给自足的作用。为防止村庄内部的凝聚力与和谐遭到破坏，"社会政策学会"建议以租约法来调节地主与佃农的关系，同时采取信贷措施，建立产业合作。

于是，政府得出了结论，要维持农村内部的凝聚力，就必须有效控制工业化带来的紧张关系。执政的寡头们，尤其是山县有朋，一直把地方政府看成是未来统治稳定的关键。因此，山县有朋对建立新的地方政府体制怀有强烈的兴趣，这直接促成了 1888 年的《町村法案》的公布。

为使得这个体制具有新的国家意识形态，并为向工业经济的艰难转型打下稳定的保守主义社会基础，政府开始对农村进行涉及范围很广的雄心勃勃的保守主义改革。内务省在世纪之交发起的农村改良运动（"地方改良运动"），是政府解决近代日本社会问题的典型表现。它展示了日本保守派为在民族主义的框架中进行有限改革而做出的实际努力。这些改革的作用是保护社会免受工业革命带来的负面作用的影响。运动的目标包括促进经济增长与社会和谐，因此试图加强村镇的财政实力，在地方层面上建立起对于国家的忠诚意识。

官员们改造农村社会的一个最为令人印象深刻的政策思想，就是促进农业合作社的发展。通过政府高官、山县有朋的亲密助手，曾在德国研究社会政策的平田东助的努力，国会于 1899 年通过了《产业组合法》，鼓励建立信用机构，完善消费市场，以及组成生产合作社。正如《工厂法》并不是在心怀不满的工人要求下通过的那样，《产业组合法》也不是农民和农业压力集团索取的结果。相反，是政府主动起草该项法案，以防止曾在西方出现过的农村贫困和动乱。平田东助对于该项举措的评价很有借鉴意义。他认为合作社是"社会教育"的一种形式，会在地方层面上形成集体主义的思想。合作社会成为"为国效力的团体"（"为国奉献的共同体"）。平田东助写道："如果我们的社会也存在着每个西方国家那样的巨大阶级分裂，那将使人深深地担忧与不安。因此，在这个灾难发生之前，我们就要让社会底层人民与大资本家一道享受文明带来的福祉。"合作社将会"保护社会的安全"，将会通过帮助作为"产业核心"的小生产者来促进经济的发

713

展。[1]《产业组合法》制定后，政府在农村展开了大规模的宣传。其依据是德川时期的农民学者二宫尊德的教义，他强调村庄内互助，地主与佃农协调，进行长期规划，注重手工业，勤俭持家，以及承担纳税义务。二宫尊德的追随者们建立了"报德社"，它作为一种粗放的信用机构发挥着作用。到1921年，依法建立起超过13.7万家合作社，全国近半数农户成为合作社的成员。

农村改良运动采用了一系列的措施来巩固新行政体制下的城镇和乡村，随着1888年《町村法案》的颁布，原来的许多小村落组成了新的城镇和乡村。到日俄战争时，德川幕府时期存在的7.6万多个自然村或部落，已经改组为大约1.2万个行政村镇。其目的在于从小村落向新的行政单位转移资源，包括所有的共有土地和财产。

作为这一努力的一个部分，内务省于1906年宣布实施地方神社的大规模合并，以便在每个行政村里，小村落的神社被单一的中心神社所取代。小村落神社的祭拜活动以前只和居民日常关心的事物有关——如祈求风调雨顺、来年丰收、多子多福，等等。在新计划下，将主要为皇室及国家的庆典举行祭拜活动。[2]神职人员也被要求遵守规范世俗政府官员行为的各项法令法规。

桥川文三及其他一些人认为，这个计划的灵感，来源于官员在访问西方国家时所发现的宗教凝聚力和教堂对当地社会的控制力。当然，利用宗教仪式支持国家可以追述至日本历史上获生徂徕的思想，甚至比这还要久远。以这种方式，伊藤博文认为的国家基石——帝国意识形态，后来被称为国家神道——在地方一级建立起来了。这不是民间或传统中自发形成的，相反，在地方上存在着许多对合并神社、取消简单的乡土祈祷的抵制活动。

不过，政府仍然致力于用其他方法在草根阶层建立起对国家的忠诚并灌输国家意识形态——最为有效的就是通过石田雄所说的半官方半民间的组织——因为这种组织根植于地方，政府可以将其作为新国家主义的手段，使之形成更为高级

[1] Kenneth B. Pyle, "The Technology of Japanese Nationalism: The Local Improvement Movement, 1900-1918," *Journal of Asian Studies* 33 (1973): 51-65. 在日语著作中，关于地方改良运动的最好作品是 Miyachi Masato 的 *Nichi-Ro sengo seijishi no kenkyū* (Tokyo: Tokyo Daigaku Shuppankai, 1973)。另一部主要著作是 Kano Masanao 的 *Shihonshugi keisei-ki no chitsujō ishiki* (Tokyo: Chikuma shobō, 1969)。

[2] Wilbur M. Fridell, *Japanese Shrine Mergers, 1906-1912* (Tokyo: Sophia University Press, 1973). 亦见桥川文三关于官僚机构努力向地方层面扩展其权力的精彩论文：*Kindai Nihon seiji shisō no shosō* (Tokyo: Miraisha, 1968), pp. 35-73。

的结构。最主要的组织是青年团体（"青年会"）和军事组织（"在乡军人会"）。[1]

现代青年组织运动兴起于 19 世纪 80 年代，由一位广岛县的教师山本泷之助 715
发起。他于 1896 年出版了一本名为《乡村青年》的小册子。在书里，他把农村
青年比喻为民族的脊梁：他们很好地诠释了勤奋、节俭、孝顺的美德和民族精
神。不像城市的孩子一样被"文明病"所感染。内务省发现了这些草根组织在动
员地方支持上的价值，于是着手建立受其控制的国家性的农村青年组织。到明治
时代结束，青年组织的数目已经达到 29320 个，成员达到 300 万人。

地方军事组织（"在乡军人会"）也有类似的草根背景。这些军事组织是在萨
摩叛乱之后吸纳前军事人员建立的互助组织，他们取得了对青年运动、公共事业
建设及爱国主义庆典等的领导权。政府引导他们成立了全国性的组织，到明治时
代结束时，该组织在每一个地区都有了分支机构。和信用社协会一样，青年会和
在乡军人会也成为了社会底层的大规模组织，在 20 世纪仍在不断发挥作用，动
员人民支持国家为实现军事和工业目标所作出的努力。

通过 1908 年的敕令，即所谓的"戊申诏书"的颁布，可以看到地方改良运
动的主旨之所在。正如隅谷三喜男所说，这道敕令表现出国家正在推行一场全国
范围的运动，号召人们团结一致，勤奋节俭，互帮互助，以使国家得以实现成为
世界军事和工业强国的目标。[2] 其部分内容如下：

> 为跟上世界日进之大势，共享文明之福祉，发展国力乃当务之急……宜
> 上下一心，忠实服业，勤俭治产，惟信惟义，醇厚俗成，去华就实，荒怠相
> 戒，自强不息。恪守我神圣祖宗之遗训，光辉国史之成迹，淬砺输诚，此乃
> 国运发展之根本所在。

政府进行群众动员的轻松和迅速有时会被夸大，而且这种动员本身也会成为 716
争论的话题。到明治时代晚期，显然完成了对"地方要员"——包括乡村首领、

---

[1] Ishida Takeshi, *Meiji seiji shisōshi kenkyū* (Tokyo: Miraisha, 1954) and Ishida Takeshi, *Kindai Nihon seiji kōzō no kenkyū* (Tokyo: Miraisha, 1956). 这是两部公认为优秀的著作。同样优秀的还有 Fujita Shōzō, *Tennōsei kokka no shihai genri* (Tokyo: Miraisha, 1966). 在英语文献中，参见 Richard J. Smethurst, *A Social Basis for Prewar Japanese Militarism* (Berkeley and Los Angeles: University of California Press, 1974)。

[2] Sumiya Mikio, *Nihon no shakai shisō* (Tokyo: Tokyo Daigaku Shuppankai, 1968), pp. 65-66.

学校校长、权势地主和神道僧侣——的民族主义动员。正是这些被山县有朋称为
"有力的中间人"（"中坚人物"）的社会底层的领导人，能够在新国家的行政体
制和传统社会之间起到调和作用。他们被赋予了实现国家目标的使命，通过实施
对青年团体、产业合作社和军人组织的家长式领导，获得了更高的地位。[1]

明治保守主义的遗产

　　到19世纪20世纪之交，社会环境为之一变，强有力的保守主义的正统说教
获得了支配地位。风靡一时的"文明开化"思潮开始消退，自由主义者和改良主
义者也处境狼狈。他们的乐观主义态度已经让位于一种矛盾心态。关于科学和工
业的影响，以往"文明开化"的倡导者们曾经给予过他们信心，如今，他们中的
许多人已经对之持有一种较为平衡的观点。新的科学技术既富创造性又具破坏
力。它带来了新的希望和机会，但代价却是人们内心的不安和痛苦。改革的鼓吹
者田中正造，就对价值观的商业化以及合作精神的衰减表达出极度厌恶，他在
1910年的国会中发言，指出现代文明正在摧毁"历经500年乃至1000年方告形
成的道德构造"。在反思足尾铜矿污染事件时，他在日记中写道："物质的、人工
的文明化进程把社会抛入了黑暗。电力发明出来了，但世界更加黑暗了。"[2]一些
自由主义者，如鼓吹改革的领袖人物德富苏峰，放弃了原来的信念，与保守主义
者站在了一起。撰稿人和改革家木下尚江描述了他对实现斯宾塞未来预言的希望
的破灭："我们不是傻瓜！斯宾塞说世界必将从战争阶段转向工业阶段，战争会
结束，忠君思想和爱国主义会消失，和平自由的黄金时代会到来。当我们第一次
听到这个预言时，我们的心中曾经燃起希望之火，然而，物质文明带来的却是腐
化、破坏和社会规范的荡然无存。"[3]

　　与自由主义者对工业文明的进程感到失望相伴随的，是难以忍受的正统说教
在公共言论中的四处弥漫。大多数日本的年轻人没有前辈们的那种对于社会改
革的乐观。他们对改变社会和政治秩序感到无能为力。诗人石川琢木写道："包

717

---

[1] 最近的一篇评估官僚机构努力在地方层面取得成功的论文，见 Ariizumi Sadao, "Meiji kokka to minshū tōgō," in *Iwanami kōza Nihon rekishi*, vol. 17 (kindai 4) (Tokyo: Iwanami Shoten, 1976), pp. 221-262。

[2] Alan Stone, "The Japanese Muckrakers," *Journal of Japanese Studies* 1 (1975): 402.

[3] 同上，p. 404。

围着年轻人的空气令人窒息。威权的影响力遍及全国。现存的社会组织无孔不入。"正是这种绝望情绪造就了幸德秋水这样激进的社会主义者，并且迫使他们走向极端。[1]

甚至连温和的保守主义者们也对保守主义的发展感到不安。三宅雪岭和陆羯南等人抨击过日本启蒙运动的一些主要思想，包括忽视日本历史，幼稚的国际主义以及对西方社会和政治的吹捧。但在世纪之交，他们感到惊愕，因为他们认为自己的思想遭到了曲解。他们发明的词汇"国粹保存"，成了抵制必要改革的托词。温和保守派曾经主张文化自治，对于现代社会来说这是指维持历史传统，但是如今却变成了把变革视为与民族性格不相一致。他们对这种狭隘观点的出现感到痛惜不已。

自由主义的事业发生这种戏剧性逆转的原因，在于其思想缺少有力的社会支持。当这些思想受到质疑时（尤其当这种质疑来自官方和朝廷时），便很容易被取代，就像自由主义的教育改革那样。对西方文化模式的吹捧，在潮流流行过后，尤其是修订条约的动机消失之后，已很难维持下去。自由贸易主义和国际主义从来没有得到多少利己主义的支持者，而且在帝国主义抬头的 19 世纪 80 年代，它也很难维持下去。最重要的是，很多文明开化时期引入的新的社会价值观，不仅与日本的传统习俗相悖，而且与大多数日本人居住的村社制度相悖。最终，在世纪之交，人们意识到西方工业社会将会带来动乱和冲突，并不能作为学习的最佳榜样。于是在 19 世纪 80 年代，社会风气发生了改变。

统治者推动了这种变化，并利用权力在背后操纵着新保守主义的潮流。关于明治保守主义的史学争论，开始集中在对其动机和遗留影响的评估方面。E.H. 诺曼的经典著作《日本作为一个现代国家的出现》（1940），把明治领导层的动机归之于时间的紧迫：

> 时间紧迫，资源匮乏，这应该是为日本领导人实现了如此巨大成就而感到惊异的原因，而不应成为对他们在民主自由改革的道路上留下如此之多未竟事业进行指责的理由……速度是左右现代日本政府和社会形态的决定性因

---

[1] Pyle, *The New Generation*, p. 200. 关于幸德秋水，参见 F. G. Notehelfer, *Kōtoku Shūsui: Portrait of a Japanese Radical* (Cambridge, England: Cambridge University Press, 1971)。

素，日本要以这个速度同时实现建立现代社会，建立新式国防以避免遭受入
侵的危险……建立现代工业以作为军事力量的基础，形成新的教育制度以适
合工业化现代国家的需要，所有这些重大变革，都要由一个专权的官僚集团
来完成，而不是依靠民众通过代议制的民主机构来实现。这些军事官僚与其
他国民相比意识大大超前，他们必须拖着不断抱怨、半梦半醒，由商人、农
民组成的国家前进。[1]

1943 年，在写于太平洋战争高潮期间的后一部著作中，诺曼的评论更为负面
和严厉。镇压和反动就是明治寡头统治者的强烈动机。在《日本的军人与农民》
一书中，他写道：

生活水平不断上升，人民自由不断扩大（这些都可以把日本引向除了扩
张、侵略和战争之外的其他方向）的任何可能性，都被深谋远虑的"日本梅
特涅"们所坚决遏制了……日本人民在推翻幕府后刚刚能够摆脱压迫，呼吸
自由气息的时候，就要承担重税；他们在社会政治自由方面的进步受到了极
大的阻碍。[2]

第二次世界大战以后，这种论断在日本的历史学家中很有市场。这些历史学
家认真研究了早期的民主—民粹运动，这个运动支持了 19 世纪 90 年代及其后的
民权运动及其对官僚体制控制的反抗。西方最新的历史研究，倾向于强调日本现
代化的成功，其评价更加正面。在这方面，乔治·秋田（George Akita）教授的
观点最为有趣。他认为明治政府的领导人是开明的英雄，他们的目的是通过"强
制灌输'自由思想'，使不愿在政府管理事务中接受权利和义务的国民与他们分
享权利。当结果不尽如人意且威胁到了社会政治结构时，明治政府领导人便继续
采取进一步的措施，以放松他们的控制"。[3]

[1] John W. Dower, ed., *Origins of the Modern Japanese State: Selected Writings of E. H. Norman* (New York: Pantheon, 1975), p. 154.
[2] 同上，p. 23。
[3] George Akita, *Foundations of Constitutional Government in Modern Japan, 1868-1890* (Cambridge, Mass.: Harvard University Press, 1967), p. 174.

我们也应该记住，在官僚机构中也存在着不同的保守主义。有些官僚对帝国的神话坚信不疑，以此为依凭来严密限制制度创新的范围；有些官僚则比较现实，可以容忍变革。事实上，政府中的保守改良主义与民族主义思想的激发，存在着至为密切的关系。这些心怀改革的官僚主要出于对西方工业社会经验的敏感，逐渐得出了结论：为了防止社会动乱，维持强大的民族国家，政府必须采取预防性的社会政策，以干预经济，使下层社会融入政治秩序中来。他们采取的策略包括两个方面：一方面，他们促进社会改革，如工厂立法和农业合作社等；另一方面，他们依靠学校、青年团体、军事组织和神社，来宣扬集体主义的价值观。

这种双重策略的特点，是政府试图解决第一次世界大战后所面临的工业主义的问题。有意改革的官僚们企图通过一种制度变革，来协调佃农——地主和劳动力——管理者之间的关系。同样，他们也要求选举权的扩大。连同他们的社会政策一道，他们还把国家的意识形态提升为动员民众的手段。在 20 世纪二三十年代，在服从于这种双重策略的地方改良运动之后，由政府资助展开了一系列运动，以维持社会凝聚力，鼓励国民为实现工业化和建立强大帝国而更加努力。

这种保守策略，利用早先创立的制度形式和意识形态来应对社会问题，有助 720 于日本避免产生像英国工业革命中出现的那种恐慌，但是也要付出代价。拉尔夫·达伦多夫（Ralf Dahrendorf）在思考德国的改革经验时，写道："早先的社会政策是阻碍而不是促进公民角色作用的发挥，而且，社会政策在监护国民方面总是做得太过头。"[1] 在日本也是如此，政府策略弱化了对议会政治的支持以及当思想和利益出现不一致时进行公开争辩的权利。国家的团结备受重视。改革的步伐未能跟上社会问题的增长。随着经济状况的恶化，日本不稳定的国际地位受到了威胁，于是关于国家力量的华丽辞藻和排外主义不断加强。明治保守主义为解决工业社会中的问题提供了一种模式，在客观情况的制约下，该模式趋向于采取越来越极端的措施。

---

[1]　Dahrendorf, *Society and Democracy in Germany*, pp. 70-71.

第十二章 驱向强国地位的日本

芝加哥大学 入江昭

现代国家的外交政策

在描摹明治时期日本的外交事务方面，没有什么比这一时期出现了几个"现
代国家"的事实更为引人注目的了。在 1914 年第一次世界大战爆发前的半个世
纪，人们目睹了西方在政治、经济、社会和智力等方面的发展，而这些发展又与
保留至今的国家实体的发展融合在了一起。英国、法国、德国、意大利以及其他
欧洲国家与美国一起，逐步形成为中央集权和相互协调的大众社会，因缺乏一个
更好的术语，这种大众社会一直被称作为"现代国家"。尽管这些国家并非完全
相同，但一方面，它们一般都具有国家权威集中化的特点；另一方面，又有广大
民众加入到经济和政治组织中去的事实。当然，上述种种发展是由 18 世纪后期
和 19 世纪早期的民主政治和工业革命所引起的，但在大多数实例中，只是在 19
世纪 60 年代之后，这些早期的且仍在进行中的革命才与其他一些趋势共同发力，
为统一的国家制度的形成创造着条件。

中央集权制的行政管理与民众加入经济和政治组织这种双生现象，可以美国
为例加以说明。对日本人来说，在佩里舰队到达之后的 20 余年时间里，美国一
直具有最大的魅力。佩里时期的美国并不是一个发育成熟的现代国家。当时的美
国，是一个在地区利益与经济利益之间有着巨大分歧的国家。虽然有关美国革命
的一些共享神话产生出一种共同的传统意识，即后来人们所说的"平民宗教"，
虽然民族国家的意识受到了经济机遇（这是 19 世纪 30 年代由阿莱克西·德·托
克维尔 [Alexis de Tocqueville] 所强调的一个主题）的支撑，但是，关于美国的国

722 家性质还是滋生出显然难以解决的争论。安德鲁·杰克逊（Andrew Jackson）及其支持者相信华盛顿政府所表达的国家统一的完整性，他面临着诸如约翰·C·卡尔霍恩（John C. Calhoun）这样的"废弃者"的挑战，卡尔霍恩争辩说国家的本质完全在于各个组成部分的契约，这个契约用来形成一个更大的实体，以便于当这一实体看起来要侵犯到某个部分的利益时，那个部分保有脱离这个实体的自由。1860年，由新见正兴率领的第一个日本使团访问了美国，他们在毫不知情的情况下，目睹了一场发生在美国内战前的戏剧性事件。

1871年，当第二个使团访问美国时，情况就大不一样了。这一次，使团是由刚刚执掌政权的明治政府派出，由岩仓具视率领。持续4年之久的内战已经使美国清楚地认识到国家统一不容侵犯。美国将被作为一个政治单位，由一个联邦政府加以治理，这个联邦政府拥有解放奴隶，给予奴隶选举权，规范国内商业，以及使用军队维护国内秩序的种种权力。南方的各个"反叛州"将再也不会企图创建它们单独的主权国家。相反，它们会在更大的国家框架中增进自己的福利。随着内部改革的进行，国家政府的权力比内战之前更加集中化，所招募的官员也都效忠于新的秩序。同样，美国的武装部队也越来越官僚化。尽管在南北战争刚结束的几年中，陆军与海军在规模上有所缩小，但现代武装力量的核心犹存，它的领导者则致力于组织机构、军事装备以及指挥系统的合理化。

政治权威的集中化反映并确认了经济的一体化。美国发展出一个巨大的全国市场，它的农业部门可以满足甚至超过所有国民的需求。铁路贯穿了每一个地区，新发展的冷藏与罐装技术使农产品与乳制品可以运送到数千英里之外的购买者手中。不可避免的，任意武断的铁路运输税费，有碍健康条件的肉类制品，以及由过量生产所导致的小麦价格下跌，诱发出新的问题，而问题一旦出现，联邦政府就被视为各方利益冲突的协调者与规范者。然而，联邦政府对国民经济的最大贡献在于其关税政策。贸易保护主义可以为工业化的迅速发展提供合适的环境。工业化所需要的投资资金大部分都来自欧洲，特别是英国，而非来自国内的积累。但是在19世纪晚期的美国，也出现了异常富有的资本家阶级。他们通过

723 控制铁路和扩张工厂，对连接国民经济的各个部门施加强有力的影响，以至于到1890年，政府感到有必要颁布第一批反托拉斯措施。但这些措施并未能扭转这一进行中的国民经济秩序形成的趋势。

人民大众参与国家的经济和政治组织成为这一现象的组成部分。自18世纪

晚期以来，在美国，人们的确比其他国家享受着更大的自由和更多的机会。尽管如此，对于美国来说，其内战后的形势仍然显得十分特殊：一方面，联邦政府和政治党派认为只有通过发展工业、交通业和金融业，才能有效地推动国民经济的发展；但在另一方面，急促的经济变革则造成了值得注意的社会脱位，从而严重影响到通常只能求助于有组织政治行动的社会底层民众。这两种现象都易于加深政府对人民的经济和社会事务——也就是莫顿·凯勒（Morton Keller）所说的"国家事务"——的介入，同时也确立了一个普遍的观念，那就是作为劳动者和消费者的普通民众，经常会成为他们所不能控制的那些力量的受害者。在一个大众社会形成的过程中，与先前的社会相比，它在种族上和社会上立刻表现得更为多样化，在政治上则更加相互协调。对于这种社会的出现是否有利于美国的健康发展，美国的领导者们还存在着激烈的争论。他们有的敦促回到那种以同质本地社群为特征的较为简单的时代，有的则寻求在不同利益群体的基础上，缔造一个在国家德政领导之下的新的联合体。甚至还有人主张，阶级斗争是改善大众生活条件的唯一途径。无论看法如何，这些替代选择都表明了现代国家的一个中心问题：怎样在变化中维持秩序？面对技术与经济的快速发展，统治集团必须拿出相应的对策加以应对，以免发生无法控制的动乱。但是对于那些有着政治意识的民众来说，若是他们不能感觉到自己参与了公共事务并分享了机遇，他们是不会满足于这种遭到扭曲的稳定性的。

因此，国家的权威和民众的力量都在变得越来越强大。尽管一方的成长是否要以牺牲对方为代价的问题从未得到令人满意的解决，但是就全体而论也许可以说，设计出来的各种机制都是意在防止任何一方的过度膨胀，以维持国家与社会之间的平衡。这种机制之一是政党政治，另外一个是有组织的利益团体。这些制度一方面调和着政府领导与各级官员，另一方面也调和着民众的利益与愿望。同样重要的还有知识分子、专业人员、社会工作者以及教育家，他们在不同的群体当中以及这些群体与政府之间充当着中介者和调解人的角色。他们是能够理解现代转型的有识之士，所以也被认为是实现现代转型的力量。他们会通过自己的努力，使整个现代化过程更加有益于全社会，并减轻社会变革的代价。他们将为公共管理者提供技术知识，来解决工业时代的一些复杂问题。他们还会在政府力量或大众力量失去控制以致危及社会团结的时候及时踩下刹车。那些被叫作改革家或自由派的人，通常是一些乡村的领袖却未必是国家机关的一分子，他们为大众的利益发言却并不完全等同于大众本身。因此，他们本能地反对政府独裁、大众革命以及阶级斗争。他们宁可成为试图在可控范围内调节变革力量的改良主义者。他们的任务并不容易达成，因为他们必须要在革命与反动、威权独裁与无政府状态之间详细规划出一条中间路线。

　　大致说来，这些就是内战之后构成美国社会的各种力量。尽管奴隶制的存在和废除使得这个国家显得独一无二，但是在其他很多经历上，美国与西方其他国家有着很多相似的地方。其他欧洲国家在形成拥有民间和武装官僚政治、全国性市场和大众政治与文化的中央集权制国家之前，也曾有过它们自己的国内冲突和内战。于是，当日本人觉悟到向西方学习的重要性时，他们所看到的正是这些特性，而这些特性将使他们自己的国家变为现代国家。当然，他们也许没有意识到这只是在西方历史上最近的一个发展阶段。但是，日本人很自然地对现在的情况比对过去的情况更感兴趣，对于他们自己国家的转型来说，似乎不可能找到比现在更适当的时机了。举目四望，到处都是国家转型的样板，而他们无须非同寻常的想象力便能够效仿这些样板而推动自己国家的发展。他们挑选的样板不是一个，而是几个，他们从英国、德国、法国，还有美国各借鉴了一些制度。考虑到西方国家为将自己转变成强大的现代国家也在热心地相互模仿，日本人的这种选择性并不令人感到意外。

725　　现代国家的出现不可避免地在国际事务中激起了巨大的反响。首先，一个真正意义上的现代国家拥有更加强大的军事力量。由于国家官员制度与税收制度的集中管理，其武装力量比从前更加强大。武装力量代表着整个国家，在国内维护着法律与秩序（对付那些持不同政见者、从事颠覆活动的危险分子，有时甚至是罢工的工人等"人民公敌"），对外则展示着国家的实力。其军事组织、军械装备和情报机构都得到了改进，在建造快速战舰、坚固工事和更有效率的通讯系统方面取得了跨越式进展。由于这种变化同时发生在大多数国家，因此不足为奇，反而加重而非减轻了这些国家的不安全感，如今它们所面对的是那些拥有大型战舰和装备精良士兵的潜在对手。基于这种情况，国防的观念得以扩展。对于这个新的理念，最基本的是要拥有全球性的眼光。就像阿尔弗雷德·泰勒·马汉（Alfred Thayer Mahan）在19世纪90年代说过的那样："防御并不仅仅是指保卫我们的领土，而是维护我们国家的利益，无论这些利益是什么，无论它们在何处。"作为对这一观点的呼应，一位美国陆军军官在1892年写道："如今，我们在海外的利益正受到远离我们自己国界的严重威胁。"[1] 国防观念的扩大，是 19 世纪晚期的一个特征，反映了中央集权制国家的出现。它迫使战略发生重组，产生出某些直到第一次世界大战后仍然具有深刻影响的理念。这些理念包括武装力量数量上的扩大和质量上的提高，军事基地和补给港站的获得，以及地理政治学说的发展：或是像马汉倡导的那样要求将"陆地力量"与"海上力量"并用，或是像一些德国的经济学家和军事思想家所提出的，建立一个诸如"中欧"之类的经济上可行的区域性集团。[2]

同样重要的还有军事同盟。当英国最终决定放弃其"光荣孤立"政策的时候，欧洲其他国家也明白了一个道理，在这个军队扩张、科技发展的时代，没有一个国家可以光凭自己的力量就能维护其国家安全。因此，组成同盟，订立协约，以合伙经营几个国家的资源和人力来对抗不可预见的紧急事件便显得尤为必要。在 1879 年，当德国与奥匈帝国结成联盟之时，很少有人会预见到这就是最终导致战争的大致联盟形式。在那个时候，诸如此类的联盟只是作为一种权宜之计，为协约签署者们提供一种安全感。随着情况的转变，他们将会被其他联盟所取代。然而，在 1879 年后的 30 年时间里，在欧洲国家的分化中，出现了两大强国集团：一方是三国同盟的德国、奥匈帝国和意大利；另一方是三国协约的英国、法国和俄国。为了提高其军事实力，他们相互竞争。在各联盟内部，各国又互相交流着战略上和军事动员上的计划。在这两个阵营权力平衡的制约下，他们小心谨慎地保持着和平。然而，和平可能让位于冲突，当不幸发生之时，所有这些国家，甚至更多的国家都会被卷入进来。

然而，战略卷入并不是现代国家出现的唯一副产品。同样重要的是，每个国家都致力于迅速发展经济，尤其是海外贸易和国内工业化。有时，这被称为新重商主义，这个名词与 17 世纪的重商主义有所区别，其强调的是置身于全球经济体系之中的作为生产者和市场的国家经济的增长。在加速国内工业发展的同时，国家鼓励贸易与投资活动的全球化扩张。通过一种能把本国货币兑换成黄金和其他货币的金本位制，西方国家在经济上紧密连接起来。但是，各国仍保留着自己

726

---

[1]　Graham Cosmas, *An Army for Empire: The United States Army in the Spanish-American War*(Columbus: University of Missouri Press, 1971), pp. 35-37.

[2]　David E. Kaiser, *Economic Diplomacy and the Origins of the Second World War* (Princeton, N.J.: Princeton University Press, 1980), p. 5.

的经济独立，政府通过建立交通网络，鼓励劳资合作，保护国内工农业以面对国外竞争的方式，培育了全国性市场的形成。由于每个国家的政府都建立起了职业官僚执掌的行政制度，所有这些活动都能比以前更加有效地实现。这些职业官僚的职责就是确保金本位制的稳定和工业化的成功。由于这些活动维持着现代国家的生存，并用国家税收为进一步的军备开支提供保障，因此它们都与外交事务紧密相连。反过来，日益增强的军备也被看作是保护贸易路线和海外财产的方式之一，它们都与国内的经济发展息息相关。

727

这后一种现象，即将海外资产和势力范围归并到国内经济和战略体系之内，当时及此后一直被称为"帝国主义"。虽然这一术语的含义已被扩大化，乃至包括了几乎任何形式的一个国家对另一个国家的支配——甚至是非资本主义国家或非发达国家对另一个国家的支配——但它还是意味着某些特定的内容，即一种与中央集权制工业化国家的出现相联系的发展。[1] 尽管并非所有这样的国家都采取帝国主义的政策，但那样做的国家则一定是"列强"，无一例外都曾经历过政治集中化和经济现代化的过程。这是因为它们都有足够的经济、军事和行政资源来操控世界上那些较为弱小和较不发达的地区。它们的银行家、工业家和商人通过发现和扩大海外市场，通过在热带地区获取原材料和食品以供国内的劳动人口消费，来寻求利益的最大化。尽管这些活动在 18 世纪工业革命开始之时就已进行，但是一直到了 19 世纪晚期，他们的努力才更容易地得到国家的支持，并经常得到国家的鼓励。国家的官僚机构和军事设施可以被用来寻求海外的市场和基地；它们还提供必要的劳动力以保护所获取的权利和特权；这些经济和军事活动都有效地提高了国家的威望，增强了国家的力量。由此人们逐渐相信，所有成功的现代国家都必须向海外扩张。当然，很多这样的扩张与传统的扩张方式相差无几，就像移民美洲大陆或与其他先进国家进行贸易一样。然而，我们也应注意到地球上欠发达地区并入现代国家体系这一现象。这些"边缘"区域将在地理和政治上构成现代国家的边缘地带；它们也从未被完全整合进现代国家的体系。但是，这些欠发达地区将会充当不可或缺的市场，将会成为大规模军事设施和官僚机构存在的理由，并将作为在国际事务中的地位与权势的标志。

---

[1] 关于帝国主义的各种解释，参见沃尔夫冈·蒙森（Wolfgang Mommsen）所作的恰当概括：*Theories of Imperialism*, Engl. ed. (New York: Random House, 1980)。

　　上述最后一点是非常重要的，特别是对于大都市的民众尤其重要，而他们的
税收贡献和选举投票对任何一个帝国主义的计划来说都必不可少。帝国主义者　　
可以通过绘制一幅帝国扩张的画面来获取都市民众的支持，他们把帝国的扩张
视为振奋人心的高尚事业，不仅是对国家，也是对人类文明做出的贡献。由于
热带地区和人口都已纳入了帝国之中，为这些地区提供秩序与目的便成为那些
更为先进、更为文明的人民的职责所系——甚至按鲁迪亚德·吉普林（Rudyard
Kipling）的名言来说是一种"天职"。如果都市中的投票者与纳税人没有沉浸在
传教士的情怀当中，那么他们就会被告知，新的财产将会给予他们新的机遇来改
善他们自己的状况。若是他们在国内的境遇不好，他们就常常会前往这些地区，
在那里被奉为上等人，并会得到政府承诺的相应保护。他们的民族主义，通过
国际竞争对手信息的天天刺激和国内集中化政策的日日推动，会转化成为控制
更多领土的欲望。一些政党利用这种扩张主义的情绪，把自己标榜为帝国主义
者，就是为了拥有更多的支持者。就像萧伯纳（George Bernard Shaw）说过的
那样，将大众的情绪从可能引发革命的国内问题上转移开来，并使人们转而支
持帝国主义的政策，这些党派以国际和平为代价来保障国内的秩序。[1] 但是，这
种现象——有时又被称作"社会帝国主义"——会远远超出获得民众对于某个政
治组织的满意。对公众舆论的情绪化的唤起，有可能转化为一种不负责任的沙文
主义，甚至连政府也不容易控制。如果这种情况发生，对外政策的问题就将严重
侵害国内秩序。在这个意义上，现代国家是在构筑一种危险的平衡，一方面要
为增强军事实力，进行海外扩张而获得民众的支持；另一方面则要避免民众的
极端主义，这种极端主义将会释放出更为情绪化和非理性的力量，远非政治设
施所能适应。

明治时期的政体与社会

　　以上的简略概述，有助于将明治时期日本的外交事务置于历史的语境中对之
进行透视。同时，它对于日本人重温自己如何转型为一个现代国家的历程也有重

---

[1] 关于"社会帝国主义"，参见 Bernard Semmel, *Imperialism and Social Reform: English Social Imperial Thought, 1895-1914* (London: Allen & Unwin, 1960)。

要的作用。日本的外交关系是这一过程的一个方面，也是这一过程的一个结果。

729　由于本卷其他章节以更大的历史跨度论述了日本国内各方面的发展，所以这里只需提及以下事实即已足够：在1868—1912年，即明治天皇统治的45年间，日本逐渐取得了一个现代国家几乎所有的要素，而获取这些要素的过程，其他国家也曾经历过。首先，国内行政管理的统一性取代了繁杂累赘的德川幕藩体制。新的东京政府很快建立起一套官僚机构，以至于在1868年之后的几年时间里，就有大藏省、内务省、外务省及其他机构纷纷设置，这些机构聘用的都是"文明开化"的精英人士。这些精英人士大多是从前的武士，曾经在明治维新之前活跃于幕府和诸藩的事务之中，他们中的许多人曾经在西方留学。他们都是技术方面的专家，并且效忠于这个以天皇作为名义上首领的新政权。天皇在日本的地位恰恰标志了这个国家在行政上和政治上的集中化，在这种制度中，各级官僚起到了关键作用。新建立的武装力量保护着他们的工作，并且代表中央压制潜在的地方主义。1877年对萨摩藩反叛的镇压，标志着日本的官僚集团和武装力量为了消除旧势力的残余而成功结盟，至于武装力量的士兵，有些甚至来自于农民家庭。

行政管理的集中化伴随着国民经济的发展而进行。当然，在1868年之前，通过整合商业、货币和国内旅游，日本已经形成了一个统一的国内市场。但是，明治政府坚持要为经济发展提供全国性的领导，以便这个国家作为一个整体而实现"殖产兴业"的目标。这在本质上是一种行政管理的任务，涉及税务改革，以便将从农业部门获取的税收投入到工业化的建设中去。政府采取措施认定和保护商人和企业家，建立模范工厂和质量检查机构，向人民灌输"富国"与"强兵"同等重要的思想。

与此同时，融入新政体的民众团体也在迅速成长。它们从全面人口登记体系到普遍兵役制度，形式多样，范围广泛。其理想是创造一种高效的行政管理体系，以便于政府可以接触到所有国民。国家需要他们，并不仅仅因为他们是预备

730　的士兵和忠顺的臣民，最终还是因为他们是现代日本国家的支柱。一个受到过良好教育和思想启蒙的国民，被认为是国家的基本组成部分。因此，不管是在学校还是在各种政治或专业活动中，对于教育的强调很早就已经开始。如果一个人想要成为一个好的国民、好的生产者和好的纳税人，他就必须在政治上神志清醒，在经济上有所发展。当然，在民众团体兴起的过程中势必会引发社会运动，而这些运动并非完全对国家表示支持。尽管国民政治意识的觉醒是现代国家构成中

的关键部分，但它也会发展成为一种力量，或是反对政府的某项决策，或是迟滞基本国策的推行，甚至威胁到明治国家本身。这些力量被概括称为"自由民权"运动，于 19 世纪 70 年代开始出现，证明日本亦已获得了成为现代国家的另一种特征。就这些群众运动来说，它们是一个经历了政治和经济集中化过程的社会的必要组成部分。虽然这些运动能够（而且常常如此）在中央集权化的道路上设置障碍，但是，如果没有政治上觉醒的公民，集中化的现代社会也就无法行使职能。

因此，具有政治意识的国民和集中化的现代国家，两者是相互依存，密不可分的。在 20 世纪，曾经产生出这样的一些极端例证，比如纳粹德国和斯大林时代苏联的极权主义民众社会。它们都是通过集中教化、政党专制和群众集会来把民众与国家联系在一起。很少有什么公共机构可以横亘于国家与人民之间。然而，在 19 世纪晚期，几乎所有努力进行现代化的国家都保留了家庭、教堂、企业、社区以及其他一些介于国家与民众之间的组织。一方面，它们发挥着监督国家权力的职能；另一方面，通过这些组织，民众将会被社会化，将会接受教育，从而发展成为合格的公民。最重要的是，出现了既为国家说话也为人民说话的政党。他们既为政府提供了人力支持，也代表着人民群众的不同利益和诉求。

明治日本适应了这一模式。到 19 世纪 70 年代，为数众多的政党、研究团体和社区组织已经产生，叠加在传统的家庭和宗教组织之上。政府的政策鼓励发展教育、社会流动、开发经济和加强政治意识，保障了那些政党、研究团体和小区组织的成长。无论是那些从这样的发展中获益的，还是那些感觉自己受到冷落的，都觉得成立组织更加容易了。早期政党是不同的利益和观点的混合物，它们有些敦促国家更多地致力于现代化建设，有些却认为这一过程太快太混乱，因而反对现代化。然而即便是后者，也为现代化建设出了一份力，因为它们也曾为政治组织的形成和国家事务中的民众利益做出过自己的贡献。毕竟，除了通过组织起来，依照各种正在建立的申诉程序来表明自己的目标，它们并没有谋求其他补偿。终于，大多数"前现代"的持不同政见者发现他们自己加入了现存的政党，或是被收编进为国家服务的队伍。

当然，上述情况并不意味着，日本作为一个现代化国家没有自己的特点。所有的国家都是独一无二的。但是，这种独特性通常存在于历史的差异性。尽管日本的历史使得这个国家与众不同，但其他国家又何尝不是这样？再者说，明治日

731

本的一些怪异特征或许应该被放在它作为一个现代国家发展的框架中来思考，换句话说，日本的现代化进程不过是一般旋律的一个次要的变奏而已。在这样的变奏中，有两点在明治时代非常突出：天皇体制及其军队"最高指挥权"。首先，尽管在那个时期，大多数现代国家都是君主制度，但是日本却很特殊，它的天皇制度一直被沿用，并创造了一套权力集中的官僚制度。天皇通过确认这些新的规定，来赋予它们神圣性。日本所有的武装力量和各级官员都是"天皇的士兵和官员"，这样使他们在面对党派斗争时，比其他形式的社会更加不容易被击垮。通过与新设立的官僚机构（包括民事的和军事的）相结合，凭借着具有 1500 年悠久历史的体制的威望，明治领导人几乎立刻就成功地把现代化合法化了。第二，明治领导人很早就意识到需要把军队管理和战略事务分离开来，并于 1878 年设立了一个独立于军务部门的总参谋部。总参谋部负责战略规划、战术决断和军事情报。所有这些，包括与"最高指挥权"有关的各种事项，总参谋部可以直接向天皇汇报，从而维持其独立于民事官僚的地位。这种体制是日本从普鲁士学到的，但它发展成为日本国家的一个极其重要的方面，因为这种最高指挥权的独立性是与天皇制度结合在一起的。到 1879 年，诸如西乡从道和大山岩这样的军队领导人已经在争辩，由于民事和宪政政府期盼扩张自己的权力，所以有必要维持军队的独立存在。[1]

正是由于这种特征，许多历史学家把明治政府定义为一个"天皇专制"的政府。也许，这种定义说明了天皇和军队的重要角色。事实上，比起其他现代国家来，日本的天皇和军队受到的限制更少，虽然俄国可能是一个例外。但是，这些特征并不能改变日本在 19 世纪逐渐转变成为一个现代国家的事实。天皇制度和军队最高指挥权代表了集中化的力量，而这也是成为一个现代国家的先决条件。这些制度是否会把日本变成一个"专制主义"的国家？这一问题不能抽象地讨论。就它们的表征与民事官僚机构和大众运动相一致的意义来看，也许可以说这些全都是现代转型的组成部分。在某种程度上，民事官僚和大众运动相对削弱了天皇和军队的力量，日本也因此变得较不"民主"和更加专制。在这里，关键问题在于是否在国家与社会之间建立起一种相互补强的关系，以便使中央政府和人民群众都能从这种新的制度安排中受益。

---

[1] Yamanaka Einosuke, *Nihon kindai kokka no keisei to kanryōsei* (Tokyo: Kōbundō, 1974), pp. 64-68, 70.

　　在这样一种时代背景中，日本的外交关系变得意义重大。日本作为一个现代国家的出现，怎样决定了它的对外关系？它的对外关系怎样反过来影响现代日本国家的性质？日本的社会特性怎样导致独特的外交政策决定？凡此种种，都是正在讨论的最为有趣的问题。不幸的是，尽管日本外务部在出版他们的文献汇编时一直十分审慎，但是这些问题尚未得到系统的探讨。[1] 大多数著作只不过是对外交关系的传统叙述，就像鹿岛守之助所著多卷本《日本外交史》所做的那样。[2] 这些著作有些已经被翻译成了英语，它们大多是过于简单的官方文献概略，几乎没有作过多少分析。即使尝试对之进行解读，也几乎总是难以脱离为日本的行为辩解的框架。现已出版的有关明治时期对外关系通史的不多几部著作，比如英修道的《明治外交史》和信夫清三郎的《日本外交史》，虽然视野宽阔，但同样倾向于按照年代顺序来对其进行叙述。[3] 后面的这部著作包含了由倾向于马克思主义的历史学家们所做的系统尝试，提供了对明治时期外交事务的迄今为止最好的观察。此外还有一些专题论文，以艰辛的细节描写对明治时期的外交事件和谈判进行了叙述。不过，这些论著大多仍是传统的外交史，作者们利用文献证明政府之间的关系，却几乎没有注意到外交关系与国内发展的相互影响。许多这类著作只专注于某些个人，以至于所叙述的外交事务仅仅成为这些人所作所为的备忘录。

　　学术研究总是难以超越狭隘民族主义或古文物研究般的外交史藩篱，人们在这方面所做的努力往往徒劳无效。在学术发展的现今阶段，研究日本最可行的路径似乎是比较研究的方法，通过把日本的外交事务与其他现代国家进行比较来加深对它的理解。这种研究不仅对学习日本历史的学生有用，对现代国际关系史的研究也很有帮助。不幸的是，现代国际关系史几乎已经忽略了日本，或者仅仅只是表述有关日本历史和政治的最为肤浅的知识。例如，在过去30年，所有参与争论现代帝国主义制度的历史学家们，事实上都很少提到日本的帝国主义。沃尔夫冈·蒙森的《帝国主义理论》（英文版，1980）虽然是一本业已提供给研究现代

733

---

[1]　Gaimushō, *Nihon gaikō bunsho*. 该资料集逾 151 册，1986 年出版的已到 1926 年的内容。

[2]　Morinosuke Kajima, *The Diplomacy of Japan, 1894-1922,* 3 vols. (Tokyo: Kajima Institute of International Peace, 1976-1980); 在日语著作中，参见 Kajima heiwa kenkyūjo, *Nihon gaikō shi*, 34 vols. (Tokyo: Kajima Kenkyūjo Shuppankai, 1970-1973 and *Nihon gaikō shi, bekkan*, 4 vols. (1971-4)。

[3]　Hanabusa Nagamichi, *Meiji gaikō shi* (Tokyo: Shibundō, i960), and Shinobu Seizaburō, ed., *Nihon gaikō shi: 1853-1972*, 2 vols. (Tokyo: Mainichi Shinbunsha, 1974).

帝国主义的学生们的解说十分精当的极好读物，但其中一次也没有提及日本。于是，在这两群专家之间存在着令人遗憾的鸿沟。在某种程度上，下文所写就是为了填平这一鸿沟所做的努力。[1]

国内事务与外交事务的交织（1868—1880）

当然，早在德川时期，人们就已经意识到国内外事务的紧密联系。毕竟，江户政权是在剥夺和控制了所有对外联系的基础上建立起行政和法律制度的。从德川家康时代开始，就已在假设这种对外联系会对国内秩序造成伤害。这是因为国际事务向来都被看成是杂乱无章、令人困惑和不断变化的，它表现为国家与国家之间为了获取势力和物资而相互竞争。显然，国家不会允许国际上的混乱影响到国内的秩序。在18世纪末的幕府时代，政府允许一些人接触那些在长崎的西方人，其目的只是为了利用与他们的交流来巩固自己的政权。不过，就像其他领域的政策一样，这样的政策很快就失败了，取而代之的是对西方武装力量的膜拜，对西方人工产品的欣赏，以及对那些能带来国家实力提升和政治制度变化的手段的赞扬。

在这样的背景下，明治政权从一上来就努力寻求对外交事务的控制，并将其作为在国内巩固其政权力量的必要先决条件就不足为奇了。1868年3月，京都的天皇政府（11个月后，政府迁往成为日本新首都的东京）发布了一份文告，要求民众支持其外交政策。文告写道，"国内形势尚未稳定"，而"外务处理尤为重要"。在这种情形下，新政权的稳定似乎只能依赖于各个派别心甘情愿地通过政府与外国人打交道，以及在这一过程中外国人是否愿意与政府合作。文告称，这是"当今之趋势"。[2] 这是一个微妙的步骤，但总的来说，新的领导人还是成功地阻止了国外事务对于国内紧张局势的推波助澜，并且还成功地利用外部问题稳定了国内的秩序。从这一方面来说，日本在19世纪60年代到70年代的经历，可以与同时期的普鲁士相比，在普鲁士，外部事务和内部事务具有同样重要的地

---

[1] Ramon H. Myers and Mark R. Peattie, eds., *The Japanese Colonial Empire, 1895-1945* (Princeton, N.J.: Princeton University Press, 1984).

[2] Shinobu Seizaburō, ed., *Nihon gaikō shi* (Tokyo: Mainichi Shinbunsha, 1974), vol. 1, p. 74; Inau Dentarō, *Nihon gaikō shisō shi ronkō* (Tokyo: Komine Shoten, 1965), vol. 1, pp. 42-43.

位。然而，对于邻近的中国来说，情况就大不一样了。在太平天国起义后，中国经历了一次复辟——一场由西方国家支持的复辟，复辟之后，又紧跟着一段排外、政治权威分散化和民众反叛的时期，这样的情况造成了导致进一步外国侵略的肥沃土壤。

日本在 1868 年后的相对成功，根本上应归功于那些新的领袖们对于国内国外事务紧密联系的共识。因此他们总是尽最大的可能，严肃认真地处理对外关系，唯恐其会影响到国内新秩序的建立。在此，我们可以举一些例子来说明明治政府的所作所为。

首先，明令禁止排外活动，若有排外事件发生，则严肃处理。这个新政权实在太清楚了，对于外国人的不分青红皂白的袭击将会最终伤害到其作为一个国家政府的地位；类似的排外活动曾经给予德川幕府在国际上的地位以致命的伤害。外部的并发症只会使国家陷入混乱，并反过来招致更多的外交纷争。因此，为了对付这些危险，日本政府不得不完善其法律执行体系与立法程序。同时，政府还致力于广泛的宣传运动，告知民众排外活动是反"国际法"的行为。如今国家将在遵循这些规则的前提下获得发展，因此国民不应再按照那些"陈旧而腐朽的习惯"行事了。通过接受并遵循国际法，日本终有可能"在全世界维护它的威望"。[1] 政府规劝民众参与到这项任务中来。这是一种高明的策略，它把禁止排外活动与国家辉煌未来的愿景结合起来，有计划地使这两者都被用来加强政府的权威和声望。显然，在 1868 年以后的几年里，事实上几乎所有的日本民众以及前武士阶层的所有派系都已接受了这一新的取向，以至于排外事件显著减少。

排外活动的问题与这个国家法制改革的问题是紧密相连的，最终导致了治外法权的废除。明治政府对于排外活动的成功遏制，为居住在日本的外国人创造了安全的居住环境。他们用不着为了躲避暴力侵害而只在限制区内活动。他们可以在日本境内自由游历和居住。所有这些都说明，日本人民将会怀着敬意对待来访的外国人。同时，这种情形也会使得那些以领事裁判权的形式给予外国人的专有法律保护制度归于淘汰。领事裁判权已不再有什么理由继续存在，外国人也被要求必须像日本人一样遵守日本的法律。如果治外法权遭到彻底废除，这将是一个信号，说明外国人在日本已经十分安全，这个国家已经拥有了外国人可以接受的

[1] Shinobu, *Nihon gaikō shi*, vol. 1, p. 74; Inau, *Nihon gaikō shisō shi*, vol. 1, pp. 64-65.

法律体系。在这两种情况下，政府都会认为它们已经使日本转型为一个现代法治国家。由此，政府在国内和国外的声望也将大大提高。

736 　　早在 1869 年 4 月，岩仓具视就已经提到过修订条约的必要性，他认为外国军队出现在日本以及外国人的治外法权权利都是对日本独立的危害。[1] 很少有人会对条约的修订提出异议，1871 年，岩仓具视率领一个庞大的使节团访问了美国和欧洲，政府委托这些外交使节与那些到访的国家初步商讨修订条约的相关事宜。由于明治政府觉得国家的内部改革还没有达到可以完全建立现代法制体系的地步，因此他们并不想把这次谈判进行得过于正式。就像政府在给予它的外交使节的命令中所指出的那样，在国家之间的条约关系中，"各国必须拥有平等的权利"，但是由于"日本的传统习俗和东方政治制度的缺陷"，日本已经被剥夺了这种权利。然而，这些缺陷如今已经得以克服，一套新的法律制度也在建立起来。通过彻底修改有关民事、刑事、税务、贸易及其他法律来完成这一任务，还需要更多的时间。在某种程度上，岩仓使节团正是打算对西方的法律体系和政治制度进行广泛的观察，以便"最文明、最强大国家的政治制度"能够被介绍给日本国民。[2] 在久米邦武的《美欧回览实记》（观察美国和欧洲的真实记录）一书中，读者可以看到有关使团成员观察欧美诸国所记录的大量文献，范围从西方诸国的风景、建筑到政治、经济和历史。[3] 在研读这本书时，读者们不难发现，给访问西方的使节们留下最深印象的，是那里的政府和人民总是为着同一个目标，比如国家的强大和福利而奋斗。从这些印象中，使节团成员们懂得了一个现代国家仅仅具有一个中央集权制政府是远远不够的，它还需要有觉悟有动力的民众的支持。由于这恰好是西方新兴国家的发展主题，因此这次访问可以说是恰逢其时。特别值得关注的是德国的例子，日本人的来访正好碰到这个新近统一国家的建立，首相俾斯麦直言相告，如果日本人想要在自己的国家重建中取得成功，现实主义与勤奋工作是十分必要的。

　　在这些使节们回国以后，法制改革开始飞速推行。在 1880 年，政府颁布了
737 新的刑法。但是，条约的修订却并非易事。一方面，外国人寻求维持他们的特权，时刻提醒日本人他们的现代改革尚未完成，他们还需要对民法、税法和商法

[1] Shinobu, *Nihon gaikō shi*, vol. 1, p. 78.

[2] 同上，p. 85。

[3] Marlene Mayo, "The Western Education of Kume Kunitake 1871-76," *Monumenta Nipponica* 28 (1973): 3-67.

做进一步的修改；另一方面，国内正在经受新政权分娩的阵痛，就像西乡隆盛于1873年从政府辞职和他四年后的反叛所表明的那样，局势的混乱也不可能给予外国人对日本政治稳定的信心。尽管1877年的叛乱并没有打断关于条约修订的谈判，但西方国家还是不愿意承认他们的侨民必须遵守日本的司法。为了使西方国家做出让步，日本政府不惜答应当涉及外国居民时，可在日本法庭上委派外国法官，但即便是这样的表态，也未能使列强立即做出回应。[1]

同样重要的是，政府看起来的无所作为以及愿意考虑做出让步，比如指派外国法官，激起了政治活跃人士的怒火，这种怒火随着条约修订的推迟而不断增强。在某种程度上，在19世纪70年代，对于那些谈论"公共舆论"或"公众政治"的人来说，条约问题已经成为影响日本发展的主要话题。从一开始就有少数人公开反对"混合居住"，即反对国土开放，不允许外国人在日本居住、经商和拥有财产。尽管在某些细节问题上大家意见不一，但各种报章及一些新生的政治组织——比如成立于1874年的爱国公党——都擅长于利用条约问题来要求更多的"自由和民权"。他们坚持认为，结束外国人所享受的治外法权的最好方法，就是通过召开国民议会来动员和组织民众的舆论。这种国民议会的设立，在几乎所有西方国家都已成为制度，它在日本的出现不仅表示日本已经成为与西方国家一样的现代国家，还将有效地展现支持修改条约的强大民族呼声。这样，将会说服外国人放弃他们的特权，给予日本平等的主权国家地位。

因此具有讽刺意味的是，由于政府宣称未能使列强承认日本作为一个独立的现代国家，反而促使民众逐渐整合进政治组织之中。根据政府领导人的意见，解决这种困境的唯一方法是努力争取进一步的法律和政治改革，从而使外国人没有借口把日本当成半文明的国家对待；与此同时也使外国人明白，19世纪70年代的民权运动和修改条约运动都具有旨在促进日本政治形态民族化的意义。[2]

在此期间，政府变得对关税自主权很有兴趣。所有现行的条约都规定，对外国进口商品征收关税将由日本政府和其他国家政府协商决定。就像领事裁判权一样，日本政府和民众都把这种"协定关税"制度视为对国家主权的侵犯。对于正

738

[1]　关于条约修订谈判情况的最简明扼要的总结，见 Inoue Kiyoshi, *Jōyaku kaisei* (Tokyo: Iwanami Shoten, 1955)。

[2]　Shinobu, *Nihon gaikō shi*, vol. 1, p. 112; Sakeda Masatoshi, *Kindai Nihon ni okeru taigaikō undō no kenkyū* (Tokyo: Tokyo Daigaku Shuppankai, 1978), p. 7.

在进行经济现代化的日本来说，这无疑剥夺了其很大一部分的收入。公共财政长期处于紧急状态，在这种情况下，政府势必要提高税收。于是，人们很快就在繁重的税务负担和关税自主的缺失之间建立起直接的联系。就像外务大臣寺岛宗则在1876年指出的那样，这样的情绪将会激起排外的癔症。为了"满足公共舆情，维护法律秩序，扩大对外贸易"，政府必须通过恢复关税主权来"收回国家的权利"。[1]在1876到1879年间，寺岛宗则的注意力主要集中在关税自主而非治外法权的问题上，把关税自主作为条约修订谈判的第一要务。他在谈判中取得了一定的成功，美国、俄国、意大利及其他几个国家表明它们愿意恢复日本的关税主权，但英国、法国和德国却态度顽固，使得日本回复关税主权的努力未能立即产生结果。尽管那个时候西方国家与日本的贸易额还很小，不足它们总贸易额的百分之一，但是它们都把出口贸易看成是国民经济增长的重要因素。协定关税提供了有效的途径，使西方列强得以维持它们在海外的"非正式帝国"。有一些列强，尤其是美国，认为即使在日本收回关税主权之后，它的贸易规模仍会扩大；实际上，同意日本关税自主将会有利于建立与这个国家的友好关系，从而把两个国家在经济上更紧密地联系在一起。此外，时在共和党执政下的美国正在实施高度贸易保护的政策，从而引起像伊藤博文这样的日本官员呼吁为了国家的利益而实行自己的贸易保护政策。[2]虽然在那个时代还有其他一些国家实行贸易保护主义，但是它们全都相信工业化与贸易扩大已经携手前行。于是，关税自主问题最终取决于西方国家是否允许正在经济现代化的日本进入它们的国际关系体系。在19世纪70年代，愿意如此的国家并不多。

条约修订运动生动地说明了国内政治发展和外部事务之间的紧密联系。在当时的情况下，与条约修订同样重要的还有领土问题。近代史已经告诉我们，几乎没有什么问题会像领土问题那样引发如此强烈的大众激情，也几乎没有什么问题会像领土问题那样，被作为一个国家的控制力或一个政府诉诸合法性的更为有效的指标。一个现代国家可以被定义为一个拥有领土的实体，在这块土地上，无论是它的中心还是边缘，在国家统一和防卫的概念里都是一致的。毫无意外，在19世纪后半期，诸如美国、意大利、德国和低地国家的地理界线都变得更加清晰，

[1] Shinobu, *Nihon gaikō shi*, vol. 1, p. 108.

[2] Shimomura Fujio, *Meiji shonen jōyaku kaisei shi no kenkyū* (Tokyo: Yoshikawa Kōbunkan, 1962), p. 80.

而那些曾经模糊不清的地方，比如在阿尔萨斯－洛林，尤其是在巴尔干半岛，俄国、奥匈帝国和土耳其都曾有过相互冲突的领土要求，那里也总是具有导致武装敌对行动的极大可能性。无论何时，当政府和报界感到本国的正当领土诉求遭到侵犯时，它们都会通过宣传鼓动，轻而易举地激发起民族主义的情绪。另一方面，政府理应对确保领土的完整和安全负起责任，所以，如果它在领土问题上给人留下屈服于外部压力的印象，它的权威就会受到严重的伤害。

对于这一点，明治时期的日本也不例外。新政府的领袖们当然也曾设想，他们的首要任务之一就是清楚地划定国家边界。与情况复杂的欧洲相比，这对于日本来说是一件相对容易的事情，在欧洲，历史、民族还有宗教并不与地理界线有太大关系。日本则没有这种复杂性，在德川时期，日本的领土范围仅局限于 4 个主要的岛屿上。超过这 4 个岛屿界限的那些土地，是一些还没有被划入其他强国范围的争议地区。基于这个原因，日本非常渴望将这些地区划入自己的范围。这些地区的划定不仅确定了日本国家的范围，将其纳入到一个中央政府的治理之下，也使中央政府可以更加合理地安排国防与发展。与此同时，人们对国家也具有了新的概念，认为他们在新边界内的任何地方都将处于新政府的保护之下。

作为这种理念的体现，明治政府很早就显示出在北海道北部设立边界线的极大兴趣。那里有一个很大的岛屿——萨哈林岛，还有一个较小的岛链——千岛群岛，呈弓形分布在从北海道到堪察加半岛的西北太平洋上。在 19 世纪中期，这两个地方都很少有俄国人和日本人光顾。虽然日本人在这里是少数族群，大部分都是渔民，但如果这些地方确实属于日本的领土，他们就理应得到日本政府的保护。这块国别模糊不清的混合居住区长期存在，两国居民曾经在此共同生活，如今似乎有点不合时宜了。日本原本可以在靠近北海道的地方画一条线，这样，日本政府就可以不用保护居住在萨哈林岛和千岛群岛上的日本人了，要不然也可以要求这些日本人回到日本的领土范围内（这正是 1945 年以来的情况）。但是，这并不是东京政府想要接受的选择。因为这意味着这个新生政权的退却，将对其在国内外的威望造成损害。同时，这也会使俄国更加靠近日本本土。在 1861 年，俄国军舰就曾暂时性地占领了对马岛（位于九州与朝鲜之间），使那个地区的人们惊恐万分。如果俄国得到了萨哈林岛和千岛群岛，这样的事件势必还会重演。在另一方面，日本并没有多少能令人接受的理由来证明那些地区应该属于日本。领土的扩大势必会造成管理与国防的复杂化；同时，由于这将使日本更加靠近俄

740

国在西伯利亚和滨海省的领土，将会进一步导致日本与俄国之间的问题；再者，完全不清楚日本政府和人民是否已经准备好把他们的资源转向萨哈林岛和千岛群岛的经济发展，因为他们刚刚开始了一项安排和发展北海道的工程。

最终，东京做出的反应显示出日本政府对于国内压力的承受能力。1874年，日本决定撤回居住在萨哈林岛的日本人，并宣布一项决定，把整个岛屿都割让给了俄国。同时，日本坚持对千岛群岛的领土要求。这一举措出于政府声望的考虑：它将安抚对萨哈林撤退愤愤不平的国内反对势力，同时也向西方列强表明，日本做出让步是建立在有所回报基础之上的。所有这一切都会增强国家统一的意识，并且使国家行政机构的有限性得以澄清。作为关心国家统一的象征性符号，政府本来应该求助于榎本武扬，他是末代幕府将军最为刚烈的支持者之一，坚决反对新生政权。在他遭到逮捕和监禁之前，曾在北海道建立过一个短命的共和国，1872年，榎本结束了牢狱生活，前往圣彼得堡谈判解决领土问题。1875年，榎本武扬成功地根据他所接受的指令达成了一项条约，实现了萨哈林岛和千岛群岛的"交换"。从那以后，俄国控制了整个萨哈林岛，但是它必须把千岛群岛转让给日本。这个条约一时很受追捧，因为它是日本第一次有效地解决与一个西方强国之间的争端，这回，日本第一次拥有了平等的谈判地位，并且没有被迫做出有辱国格的让步。[1]

在处理琉球王国的问题上，思路则显得较为清晰。琉球由冲绳岛及附近的一些岛屿组成，处于与九州、朝鲜和中国台湾距离几乎相当的位置上。这些岛屿虽然曾由萨摩藩所治理，但它们的统治者也要向清朝宫廷派遣纳贡使团。从人种和文化上说，琉球人虽然与中国和日本有一定联系，但是也有很大不同。明治政府面临的问题是如今是否应该把岛上的居民并入本国，并由中央政府对之进行管辖和保护。从一开始，日本政府就毫不犹豫地对这个问题给予了"肯定"的答复，1871年，中央政府将琉球王国置于鹿儿岛县（即从前的萨摩藩）的管制之下。这个问题得以解决，原因在于德川政权曾经，确切地说是通过萨摩藩来间接地对琉球实行统治，如今东京政府不仅将要照此办理，还要采取进一步的措施，把琉球"纳入"日本的行政管理区划。就在需要把国家政府对于国民的

741

---

[1] 关于萨哈林岛与千岛群岛"互换"的条约，参见 John J. Stephan, *The Kuril Islands: The Russo-Japanese Frontier in the Pacific* (New York: Oxford University Press, 1975)。

庇护延伸到琉球岛上的居民之时，1871年，大约50余名琉球渔民因海难而漂流到台湾，不幸遭到当地土著居民的杀害，这一突发事件演变成为一件严肃的国家大事。

这一事件是对明治政权证明其领导现代国家能力的一次检验。如果政府承认那些来自琉球岛的渔民是日本国民，那么从中国政府那里得到可以让这些渔民满意的答复就是职责所在，因为作为中国的一个省，台湾在中国的统治之下。如果日本政府不把这些琉球渔民看成是日本国民，那么日本关于琉球的"主权"宣示自然也将作废。面对这样的情况，特别是考虑到这一事件所引发的国内舆论，政府领导人不可能做出让步。朝野上下所发出的声音，都要求采取强硬行动为遭受伤害的日本国民复仇，"惩罚"那些胆敢袭击日本国民的"台湾"人。他们使用的字眼与西方国家在报复日本人攻击它们国民时所使用的字眼极为相似（实际上，佩里海军准将就曾严肃对待过冲绳当局，因为他的一名水手在琉球被当地人所杀害）。尽管与美国和欧洲国家比起来日本尚没有那么强大，但面对这样一种攻击而反应迟钝，只会被看成是一种懦弱。

可以设想，日本政府非常想从清政府那里得到"满意"的答复，但是后者不愿意讨论这一由"野蛮人"造成的杀戮事件，这超出了清朝的"政治和宗教"的能力之外。[1] 当然，这样的观点表明清朝政府尚缺乏对一个现代国家所需承担责任的理解。然而这并不奇怪，因为清朝政府对于类似的事件一直都很优柔寡断和麻木不仁，这从同样发生在1871年的法国传教士被杀事件也可以看出，这一事件甚至发生在中国国内的天津（几年以后，清朝官员诉诸日语和西方语言，极力主张美国政府应当承担中国移民在西方国家遭到杀害的责任）。1872年后的两年里，当这一事件已经广为人知时，日本官员与清朝官员就这一事件进行了不得要领的商谈，日本最终决定单方面采取行动，向台湾派遣一支惩罚性的远征队。从根本上讲，这一行动是迫于国内的压力。在那些年里，日本的国家领导人们在政治上发生了一系列严重的冲突和对抗，其中最为引人注目的是1873年关于朝鲜问题的争论，这次争论直接导致了几位重要政府人物的下台。在这种情况下，那些仍然大权在握的领袖人物——大久保利通、大隈重信及其他一些人——认为，他们需要一个事件来缓和持不同政见者的一些不满，迎合国民的舆论，并再次确

[1] Shinobu, *Nihon gaikō shi*, vol. 1, p. 90.

认这个政权的"威信"。一次对台湾的侵占被挑选出来作为一个可行的解决方案。

743　1874年2月6日的内阁会议上，向台湾派兵的提议正式获得批准，一支由3000人组成的远征军在西乡从道的率领下前往台湾。5月22日，远征军在台湾登陆，在伤亡了大约573人后（其中561人都是由于热带疾病而伤亡），他们侵占了那些原住民居住的地区。

日本在杀戮事件两年多以后才采取侵占"台湾"行动这一事实，说明这不是对这一事件本身的积极回应，而更像是国内政治斗争的需要。这就解释了为什么直到将要派遣这支远征军的最后一刻才告诉外国政府，并且直到远征军已经出动后才将此事告知清朝政府。[1] 从日本的角度看，重要的是通过远征来安抚国内的反对势力，并使清朝"承认"这一行动的"正当性"，以维护它对琉球民众的控制。远征过后，与北京举行了一些拖沓的谈判，大久保利通亲自参加了这些谈判，清政府"默认"了日本的远征行动，作为对日本从"台湾"撤军的回报。它的撤军并没有引起国内的愤怒。

关于琉球渔民被杀事件所达成的中日协议是对中国威信的一次打击，特别是考虑到在1871年两国订立的条约中已经写明，两国之间建立正式的外交关系，并互享治外法权。这个条约还含有一项规定，万一签署国一方陷入与第三方的争端，两国须互相援助和调停。但是，日本侵占台湾的行动威胁到了上述规定所暗示的友好关系框架的根基。日本人明白，他们将琉球纳入自己版图的政策——这一政策于1879年在日本"生效"——将会导致中日关系的紧张。尽管如此，他们还是说服自己，作为一个现代国家，日本不能再默认琉球居民尚未完全融入国家这一不合规则情况的发生。与此同时，如果那些琉球人被认为是日本的"国民"并接受日本军队的保护，那么，承担起"保卫"琉球群岛的责任也将变得十分必要。日本可能必须在那里修建一个海军基地来停靠军舰，还必须通过军事手段来应对潜在的内部动乱——因为琉球国王毫不隐瞒对于自己王位遭到废除的不

744　满。日本所采取的所有措施，都把日本的控制范围伸展到了靠近"台湾"与中国内陆的地区。在这种情形下，并不令人意外，清朝官员对国际形势变得越加警惕，而在19世纪70年代后半期，两国的关系也出现了严重的危机。这种情况反过来促使日本需要加强其军事建设，并将此确定为战略上的当务之急。尽管当时

---

[1] Shinobu, *Nihon gaikō shi*, vol. 1, p. 94.

日本在那些领域并没有多少建树，但值得一提的是，日本正在效仿其他现代国家的做法，将领土边界的划定根据安全需要的重新定义而加以变动，结果导致了军备的增强和长期的战争规划。19 世纪 70 年代，中国在日本的视野中从一个地位平等的友好邻邦转变为一个潜在的敌手，这很好地说明了一个现代国家在其外部事务中所强调的是国家力量的考虑。

　　然而，一个现代国家的力量指的并不仅仅是军备和战争规划。它也与国内的经济力量和社会力量的发展结合在一起。由于现代国家具有有效的对外政策，因此，充分调动其国内资源就显得尤为重要。在与日本条约修订相关的事态发展中，我们已经看到了这一点。对于 19 世纪 70 年代来说，同样重要的还有与朝鲜之间危机的演变。明治维新以后，在日朝关系中种种纷繁纠结的事件和决策，最为生动地展示了国内事务与外交事务之间的关联，也最为显著的透露出对于现代化的许诺及其遭受的挫折。明治政府很早就认识到了朝鲜问题与建立日本国内秩序的紧要联系。正如木户孝允在 1869 年所说：对朝鲜确立一个强有力的政策主张，"将会即刻改变日本过时的习俗，确定日本的海外目标，推动日本工业与科技的发展，并消除日本国民之间的猜忌和责难"。[1] 在这一番话语的背后，是两国之间扭曲的关系。日本人乐于谈论"重建"日朝两国间的古老关系，因为他们正在自己国内实施"王政复古"。德川幕府曾经通过对马藩主处理与朝鲜的关系，而朝鲜人却认为与日本的这种关系无疑次于他们与中国的纳贡关系。现存格局难以打破，暗示着日本与朝鲜的关系仍然包括在由中国所确定的传统世界秩序之内。如果日本想要"革新"国内体制以根除封建制度，如果日本想要部分卷入建立外交事务新格局的努力，那么日朝关系随之也必须建立在新的基础之上。然而，这件事情相当复杂，因为从未有人清楚应当如何确立这一基础，也因为在这个问题上的分歧严重威胁着日本国内的稳定，而稳定是明治政府领导人的基本目标。

　　木户孝允在这个问题上的主张代表了大多数人的观点，他们认为采取对朝鲜强硬的政策是整合国内秩序，巩固日本新政权的有效方法。但具有讽刺意味的是，朝鲜问题几乎摧毁了初生的明治政府。在这里，我们没有足够的篇幅，对 19

745

---

[1]　Key-Hiuk Kim, *The Last Phase of the East Asian World Order: Korea, Japan, and the Chinese Empire, 1860-1882* (Berkeley and Los Angeles: University of California Press, 1980), p. 125. 木户孝允在参加岩仓使团西访之后改变了他的立场，并且他也反对远征台湾。

世纪70年代日本国内那场导致"征韩论"（即主张远征朝鲜的运动）失败的内讧进行引人入胜的详尽描述。正如一位日本历史学家指出的那样，就算是那场运动的主要人物西乡隆盛，最初也是反对使用武力的。[1]他希望通过外交手段来解决朝鲜问题上的僵局，比如鉴于朝鲜拒绝接受日本建立新的日朝外交关系的提议，西乡隆盛自告奋勇愿率一个高级使团前往汉城进行谈判。但是，他的政治对手木户孝允、岩仓具视和大久保利通等人，担心这项计划的圆满成功将会提升西乡隆盛的威信，从而削弱他们自己的权力。他们声称考虑到巩固明治国家的需要，他们不得不反对西乡隆盛的计划。面对这样的事实，西乡隆盛显得十分沮丧，于是，为了羞辱木户孝允和岩仓具视派系，他反过来倡导对朝鲜的军事化政策。这场矛盾最终导致了1877年的萨摩叛乱。在所有这些事态演变中，朝鲜只是作为了日本国内政治对手冲突爆发的背景。

显然，在这种情况下，政府必须迅速取得一些外交上的成就。政府在外交上的被动做法不仅成为日益增长的"征韩论"潮流的对比，也成为西乡隆盛外交方案的反衬。在经过一番周折后，木户孝允—岩仓具视领导集团所采取的手段与西乡隆盛曾经倡导的十分接近：他们派出了一支高级使团，前往朝鲜寻求建立两国间的外交关系。与此同时，为了安抚那些强硬政策的拥护者，政府又在1875年派出3艘炮舰前往朝鲜海面。一艘日本炮舰在江华湾开炮，受到了沿岸炮台的还击。这样一来，就为日本派出一支使团提供了借口。1876年1月，东京政府派出了一支由黑田清隆为首的外交使团前往朝鲜。黑田清隆充分意识到自己的使命与佩里远征军的相似性，在3艘军舰的陪伴下，他成功地与朝鲜达成了一项条约，内容与19世纪50年代日本被迫签署的条约大致相似。它规定朝鲜是一个"独立的国家"，从而结束了朝鲜与清朝之间的朝贡关系。同时，朝鲜开放3个口岸进行对日贸易，日本并获得了在朝鲜的领事裁判权。与1871年的中日条约相比，这一条约明显是在双方地位不平等的情况下签署的。

不过，如果就此得出结论说1876年的条约是日本预谋领土扩张的产物，或者说是日本迈向大陆性帝国主义的第一步，这恐怕不很准确。这次事件更像是日本领导人渴望在外交上取得成功，从而巩固其在国内的政权。在这一事件中，他们达到了自己的目标。这项条约预示了如今他们同样可以享受那些西方列强当年

[1] Shinobu, *Nihon gaikō shi*, vol. 1, p. 92.

在日本所享有的特权，也使日本成了第一个让朝鲜向外国敞开大门的国家。尽管这次成功让西乡隆盛这样的持不同政见者发动了 1877 年的萨摩叛乱并最终失败，但却极大地提高了明治政权的权威与领导力量。

于是，1868 年到 1880 年间日本在外交事务上的种种经历，首先应该被看作是对其国内发展的一种辅助。国内中央集权政府的巩固，以及将更大的人群融入新的政体，成为明治政权首要达到的目标，在这样的背景下，才不得不把外部事务提上议事日程。这种情况与其他国家几乎相同，特别是德国和美国，因为它们都是新生的现代国家。当然，与这些强大的西方国家相比，日本的经济水平距离真正的工业化还很远，它的贸易也仍然被那些享受着在日特权的外国商人所控制。没有什么可奇怪的，日本的关键目标还是应该寻求条约的修订。与此同时，明治领导人与他们的西方同行有相同的看法，那就是国家的实力必须根据人民的生产能力、教育水准、训练程度，以及行政管理系统的效率等方面来综合衡量。他们明白，一个现代国家必须清晰划定地理边界，并在生活于此的人民中培养一种民族国家的意识。在近代国际关系史上，19 世纪 70 年代是一个至关重要的时期，尽管受到国内周期性动乱的威胁，但到 19 世纪 70 年代结束的时候，日本国家还是比这个十年刚开始时立足在更为坚固的根基之上。结果是，随着 1880 年后世界变革潮流的加快，日本已经处在一个明了和认同这一变革趋势，并利用这一趋势来增强自身实力的有利位置。

国内政治与海外扩张（1880—1895）

19 世纪 80 年代以后，欧洲各国关系进入了殖民扩张和帝国主义竞争的阶段。尽管殖民主义和强权政治并不是一种新的现象，尽管在过去十年里英国和俄国在阿富汗和土耳其发生的冲突标志着近东问题的产生，但在 19 世纪 80 年代，随着法国、英国、德国以及其他国家将自己的势力范围伸向世界各个地区，那些地区迄今或是与欧洲列强联系松弛，或是一直处于列强的势力范围之外，这表明殖民扩张和帝国主义竞争的速率加快。1881 年，法国把突尼斯变成了一个保护国。1882 年，英国占领了埃及。1883 年，德国开始了在非洲西南部的殖民活动。1884年到 1885 年之间，法国和英国把他们的控制范围伸向了印度支那（越南）和缅甸。1889 年，德国、英国和美国把萨摩亚王国分割成 3 个部分，分别对之进行统治。到 19 世纪 80 年代中期，中东大部分地区、非洲、亚洲，以及太平洋地区都落入了西方列强的控制之中。1880 年，中国、日本和朝鲜尚在少数没有沦为殖民地的国家之列，但到 1895 年，中国和朝鲜已经丧失了它们的部分主权，而这在很大程度上要归之为日本的对外扩张。

从上面简要的列举可以得出结论，日本已经不可避免地加入了帝国主义的行列，并开始在海外进行一系列和其他帝国主义国家一样的活动。即使再多的歉意性文章也无法改变这一事实：在 1880 年到 1895 年间，日本在朝鲜和中国的部分地区建立了自己的殖民飞地和势力范围。然而，令人震惊的是，作者们很少把日本的扩张主义与 19 世纪晚期的帝国主义相提并论，同时，也很少把日本的例子与帝国主义理论结合起来进行讨论。大多数关于帝国主义的欧洲著作，都把注意力放在英国、法国和德国身上。美国的历史学家则从本国的情况出发，写了很多关于美国从 19 世纪 80 年代逐渐成为帝国主义国家的著作，但大多数都倾向于与欧洲和日本的帝国主义区分开来，孤立地讨论这个现象。俄国的学者们相当具有预见性，他们写了很多关于沙俄帝国主义的著作，也写了很多关于日本帝国主义的著作，这是他们与其他欧洲国家的学者大不一样的地方。也许，这反映了俄国与日本的敌对正是东亚帝国主义时代的关键特征。然而，事实上所有苏联时代的俄国学者关于这个主题的著作都被限制在马列主义的框架之内，他们像分析英国、法国和德国帝国主义一样来分析日本的帝国主义，这使之易于受到批评。如果有什么区别的话，那就是在 19 世纪末 20 世纪初，列宁主义的概念在俄国、日本这样的欠发达国家比在英国等发达国家更加难以得到应用。尽管如此，日本关于帝国主义的著作还是倾向于大量使用马克思列宁主义的术语。这就造成了当把日本帝国主义纳入现代帝国主义的一般历史时，通常只是把这些理论机械地搬用于这个国家。当人们相信日本和俄国在 19 世纪晚期和 20 世纪早期发展成为帝国主义时，他们就去寻找资本主义的出现、资产阶级的发展、垄断利益的膨胀，以及诸如此类的东西。然而，从马克思对欧洲帝国主义的解释来看，在经济发展与海外扩张的具体实例之间是难以建立起一种对应关系的。

像安德烈·G. 弗兰克（Andre G. Frank）和哈利·马格多夫（Harry Magdoff）这样的新马克思主义者对帝国主义理论作了灵活归纳，尽管他们中很少有人专门

在日本工作过。[1] 他们的论点是，到 19 世纪晚期，不管西方国家的资本积累率和
工业化水平多么不同，它们都竭力与世界其他部分发生联系，把这些地区转化为
它们的"卫星国"。这些"卫星国"为西方国家提供了原材料、市场，以及基础
设施，从而使它们自己依赖于都市经济。结果是导致了这些非西方国家长久的不
发达，而这恰好与西方国家的发展形成了一种共生关系。这些新马克思主义者把
这整个情况称作帝国主义从属国结构。显然，日本是这种西方支配模式的一个例
外。弗兰克已经对这一例外作了反复解释，他认为事实上日本是通过避免成为西
方的卫星国来逃避其从属地位的。这一解释框架至少是有帮助的，在 19 世纪 80　749
年代，尽管日本相对不发达，但它却没被作为一个先进资本主义国家的卫星国纳
入全球经济体系。恰恰相反，就像本章所强调的那样，日本正在蜕变成为一个中
央集权的公众社会，即一个现代国家。这个国家基本的政治和官僚架构已经成功
地建立了起来；领导阶层刚刚从一场对它的权威的严峻挑战中幸存下来；颁布宪
法和召开国会（即帝国议会）的基础亦已铺设。比上述制度上的建设更为重要的
是，人民群众得到了教育并且具有了政治意识。他们常常表现出成熟的政治性，
甚至超出其领导人的想象。贯穿 19 世纪 70 年代的"自由民权"运动就反映了部
分民众受到过良好教育，精通政治理论，并决心抵制国家机关权力的增长。但
是，当权者认识到了政治上警醒的意见的重要性，并试图引导它走向增强国家的
凝聚力。结果，在 19 世纪 80 年代的开端，正是这种把日本转变为现代国家的政
治上所必需的先决条件得到了充分的实现。

　　这些基础性的成就意味着，在 19 世纪 80 年代，当欧洲列强加快它们的帝国
主义支配的速率时，日本凭借着中央集权的官僚制度和唤醒公众舆论，在理解和
回应这样的世态上比亚洲、中东或非洲的其他国家处于一个好得多的位置。对于
日本自身帝国主义的理解，必须要放在这样的时代背景中。换句话说，日本的对
外交涉，如今得到了一个更为强大、更为集权的政府的支持，同时也受到了国内
的舆论和怀有比以前更大自信的利益集团的影响。在这种情况下，日本可以像其
他发达国家一样，更好地动员国内的各种力量，包括军队、公众舆论和经济资
源。当这种情况发展到一定程度，就使遍布全球的强国与弱国之间的差距为帝国

---

[1]　A. G. Frank, *Latin America: Underdevelopment or Revolution* (New York: Monthly Review Press, 1970); Harry
　　　Magdoff, *The Age of Imperialism: The Economics of U.S. Foreign Policy* (New York: Monthly Review Press, 1969).

主义的压力提供了土壤，正如大卫·兰德斯（David Landes）所说的那样，随之而来的是日本变成了一个强国的代表，就此发展成为一个帝国主义国家。[1]

750　大致上就是以这样一种方式，日本开始了它的海外扩张历程，并在30年内达到顶点，确立了对亚洲广大地区的控制。然而，应该指出的是，日本的对外扩张应该放在日本发展成为现代国家的背景下加以考虑，而且这种扩张是以多种方式展开的，并非单纯采取正式的殖民占领。殖民占领并非海外扩张的终极形态，也非出于自己利益而预先设定的目标，而是在一个由主要列强规定的全球环境中日本发展的一个方面。

形成这种认识的基础是，日本通过19世纪70年代与西方国家和人民的接触，开始发展出一种国际事务的观念，这种观念在随后10年里日本的海外扩张中得到证实。人们将这种观念表述为"没有硝烟的战争"、"经济冲突"或"生存竞争"，所有这些表述在当时的日本几乎家喻户晓。人们已经清楚地认识到，国际舞台是被西方工业化强国所主导的。同时，人们还发现这些大国相互之间也常常为了提升国力而发生争端，即使不一定通过战争，也会通过其他的方式。事实上，在那一时期，西方列强之间几乎没有（如果不是根本没有的话）发生过武装敌对行动。但是，这并不意味着它们没有为这种冲突作准备，也不意味着它们没有随时想要增强自己的力量。更有甚者，不单是海陆军，而是整个国家的全部资源都被用来达到这一目标。日本人发现这些国家的人民都是精力旺盛、积极进取和富有侵略性的，与他们的领导人一样热衷于权势、名望和财富。简而言之，他们都投身于这场"没有硝烟的战争"，或者像19世纪90年代所称的那样，投身于"和平年代的战争"。所有谈论和书写这个问题的日本人事实上都认为，日本理所当然应该效仿这些国家，尽管在其他方面，他们对于应该通过何种方式来达到这一目标仍有意见分歧。他们一致认为，积极有力的外交政策和海外经营是国力稳健强大的标志。反过来，日本人的海外活动也将有助于日本国内的发展。这就是经过广泛定义的"扩张"主题，在19世纪80年代及其后的数十年里，这一主题被一次次几乎千篇一律地重复。这也就是"帝国主义"，但这一术语最好还是用来指称对诸如朝鲜、中国这样的力量弱小、发展落后地区的扩张。在这些地

---

[1] David Landes, "Some Thoughts on the Nature of Economic Imperialism," *Journal of Economic History* 21 (1961): 496-512.

方，日本开始与其他帝国主义国家接触，加入帝国主义阵营的争夺。然而还有其他种类的活动也不应忘记，比如向夏威夷的移民，与西方国家的贸易，等等，这些同样也很重要。

19 世纪 80 年代日本与朝鲜的关系反映出此前不很明显的力度和紧迫感。随 751
着一个合适的领导阶层经历了一场国内对其权威的严峻挑战而生存下来，明治政府在 19 世纪 70 年代后期和 80 年代前期发起了运动，旨在扩张它对朝鲜半岛的政治和经济控制。对朝鲜的出口贸易显著扩大，不仅向那里输出日本本国的产品（火柴、铜，等等），还将西方国家的产品输往朝鲜（1882 年，由日本输往朝鲜的产品中仅有 11.5% 是由日本制造的）。日本进口的朝鲜稻米和大豆，数量也在增长，朝鲜所有出口产品的 90% 都由日本采购。1881 年，日本派出了一个军事顾问团到朝鲜，开始为朝鲜筹建一支现代化的军队。[1]这些举动显然与日本国家所感知到的需求密切相关。对朝鲜的经济控制被认为是值得的也是可行的。来自出口与贸易的税收和从朝鲜半岛进口的谷物对于日本的工业化至关重要，而对朝鲜的军事监控则能够确保这一正在形成中的经济纽带不被打破。尽管日本相当了解俄国在亚洲北部的扩张，以及法国和英国对亚洲南部的侵吞，但是一般而言，在当时的情况下，日本不太可能过多地考虑这些在亚洲的帝国主义竞争。恰恰相反，日本看上去像是希望能够利用朝鲜所提供的机会来增强日本的经济和政治力量。

日本政府的这一目标得到了民众的支持。如果说有所干扰的话，那就是一批政治上的活跃分子——包括反政府的媒体，聚集在大隈重信周围并在 1881 年制造了一场不大危机的持不同政见的领导人，以及各种各样的政治组织——他们对于朝鲜事务的热衷程度甚至超过了政府。政治运动围绕着宪政政府和召开国会等国内议题而展开，但那些持不同政见者和民权运动积极分子每每敦促国家将注意力转向国外，并推动"中国和朝鲜"的改革。他们中有很多人在挑战国内领导阶层的过程中感到颇为挫败，认为最好的策略是唤起民众反对政府所谓的对朝消极态度。他们使一些人相信，日本的改革将会随着朝鲜的改革如期而至。还有些人则走得更远，他们甚至提倡日本和朝鲜的改革者结成同盟，以便"启发"和"教 752
化"这两个国家。樽井藤吉在其 1885 年发表的名著《大东合邦论》中号召日朝两国联合成为一个牢固的亚洲强国（福泽谕吉在其同年发表的更加著名的《脱亚

---

[1]　Hattori *Shisō, Kindai Nihon gaikō shi* (Tokyo: Kawade Shobō, 1954), p. 105.

论》中力图批驳樽井藤吉的观点，他声称联合一个像朝鲜这样"更为落后"的国家是不可能的）。

就这样，政府和民众都把朝鲜问题纳入他们各自对国家权力和国内事务的观点中。扩张主义成为国内政治的延伸。然而，事情很快就变得十分清楚，朝鲜事务本身对于日本的扩张进程就具有同样重要的意义。在某种程度上，与非洲和中东这些"边缘地区"所发生的事件造就和强化了欧洲帝国主义的情况相类似，朝鲜事务在影响日本将要走上的扩张进程中也扮演了一个关键的角色。1864年到1873年间，朝鲜实际上的统治者大院君，因其极端的排外政策而被闵妃的支持者逼迫退位，1882年，他的追随者发动了一场政变，反对闵妃一派以及声称与之结盟的日本人。叛乱分子杀害了负责训练新军的日本教官，并攻击了驻在汉城的公使馆。外务大臣花房义质及其助手登上一艘英国的船只，勉强逃回长崎。大院君重掌政权，但是却被中国派往汉城防止进一步暴乱的军队强行带回中国。[1]

当时当地，日本人可能已经决定从朝鲜半岛脱身。这样将会使他们得以摆脱陷入复杂的朝鲜政治，更重要的是可以不必与中国产生冲突。这样也可能迫使日本人将目光转向别处，比如萨哈林或者台湾。然而，东京领导人认为，如果毫无反应便意味着承认失败，于是一致决定必须采取相应措施。民间舆论也敦促政府尽快作出反应；无疑将会把政府的无所作为视之为领导能力的破产。东京政府采取双重手段来处理这次危机：一方面，避免采取针对朝鲜政府的轻率军事行动，以免加剧日本和中国之间已经一触即发的紧张局势；日本还尝试与朝鲜宫廷达成协议，以防类似的暴乱再次发生；与此同时，另一方面，日本又为可能发生的对朝甚至对华军事行动制定计划。第一重手段导致了1882年8月一项协议的签订。协议规定，朝鲜政府派出使团赴日道歉，赔偿对日造成的损失和人员伤亡，同意日本军队驻扎汉城保护日本公使馆。第二重手段则产生了一项加强军备的计划，为由于朝鲜问题而可能发生的对华战争做准备。当务之急乃是加强海军建设，因为日本认为自己在这方面远远落后于中国。岩仓具视认为，必须建造体积更大、速度更快的舰只。由于明治政权避免大规模的海外借贷，海军建设的资金只能来自国内，也就是说增加税收。民众对此举的反对情绪，会因"国防需要"这样的华丽辞藻以及中国作为潜在敌手的形象而得以缓解。媒体和政治组织普遍采取合

---

[1] Kim, *Last Phase*, pp. 316-325.

作态度，以使民众接受这样的花言巧语。正如许多历史学家所指出的那样，爱国主义和民族自豪感成为那段时间日本民众运动的特点。像福泽谕吉这样的舆论领导者，以及大多数政党，也都支持政府在朝鲜的立场，支持政府通过加强军备来提升国家的威望，并得到日本已经成为其中一员的列强国家的认可。[1]

　　这种爱国情操的高涨值得审视，因为它为日本的外交政策提供了国内环境的背景。当然，以特殊神宠论的民族优越感为核心的"爱国主义"在日本历史上由来已久。这种"爱国主义"由于地理上的隔绝、相对的种族单一性和文化上的自我意识而得到强化。当日本的武士在19世纪50年代袭击并杀害外国人的时候，这种"爱国主义"以极端的形式表现了出来。然而30年后，这种固有的情感在与东西方其他国家的深入交往中越发强化，并且更加具有组织性。媒体、政治运动以及教育机构中都有这种"爱国主义"的表现。因此，它与西方的"爱国主义"和"沙文主义"几乎没有什么不同，而这种"爱国主义"和"沙文主义"也是西方向现代化转变过程中的一种表现。然而，在日本，也许传统的民族优越感未经蜕变就发展成为现代的"爱国主义"，反之，在西方现代化的过程中民族主义始终介入其中。由于民族主义是在18世纪后期发展起来的，所以它不单纯是一种排外的民族优越感。起初，民族主义曾是民主革命的一部分，在民主革命中，民族认同感较少从一个国家的种族和历史特殊性中寻求，而是从诸如自由、人权这些体现某种普世价值的信念中获得。19世纪后半期，这种民族主义的情感从来没有在那些现代国家表现感情的词汇表中完全消失，事实上，它与那些颂扬一个国家文化伟大、土地丰饶的更加浪漫、自豪情感之间的张力，为现代民族的自我认知提供了一个主题。在日本，也存在着强调现代化目标的普适性的思潮。工业化、立宪制度、民众启蒙以及其他一些类似的目标被认为是普遍合理的，而且人们认为，日本越是接近这些目标就越会被认为是一个有自尊心的国家。但是，除了给予一小部分作家和积极分子以幻想外，这些目标并没有轻易提供一个更加理想的国际秩序的美景。在西方，国家主义常常会转化为国际主义，因为一个国家可以想象体现某种普世原则的世界秩序，而它自己正是这种普世原则的例证。在这方面，日本只是在第一次世界大战之后才做出过一些严肃而持续的努力。在19世纪后期，普世目标通常被认为是实现排他主义目的和谋求国家富

754

---

[1]　Shinobu, *Nihon gaikō ski*, vol. 1, pp. 124-126.

强的手段。正是因为如此，他们才会把这个词汇用于在朝鲜或中国的积极干预政策，并美其名曰亚洲的"觉醒"，这其实是一种地理上的特殊神宠论。[1] 于是，民权运动和宪政运动很容易就会变成爱国运动，而这些运动的领导人也会发现他们自己常常自我驱策，成为海外沙文主义冒险活动的领头羊。

这种思考有助于我们理解，为什么日本人在19世纪80年代对发动侵朝或侵华战争的支持会持续上升。并非像历史学家们所时常宣称的，日本自认为优于它的亚洲邻国因而诉诸军事行动；相反，它是以"普世主义"的言辞来掩饰其好战性的。日本人决定为可能发生的对朝或对华战争作准备，原因更多是为了巩固日本现代国家的地位，而不是为了任何一种思想观念。只不过他们发现，为使自己的行为更加名正言顺，强调日本"脱亚入欧"的必要性似乎更容易为民众所接受，正如福泽谕吉在其1885年的著作中所宣称的那样。在这里，"爱国主义"的自信与普世主义（即全盘西化）的语言被结合在了一起。事情很清楚，与后者相比，前者才是更具说服力的力量。正因为如此，"爱国主义"才会成为一把双刃剑，因为它既可以调动起无穷的力量，也可以激发一个国家不可能实现的欲望。接下来的历史表明，政府在执行其外交政策的时候，时常不得不限制民众的爱国热情。由此，我们也可看到一个实例，民众与政治形态的融合成了一个现代国家对外政策的基本特征。

所有这些因素都有助于解释1882年以后日朝和日中关系的发展。在朝鲜，大院君和闵妃的追随者对于权利的争夺，如今又有了介于"独立派"和"保守派"之间的派系加入，独立派寻求日本的支持，而保守派则期望清朝的帮助。1884年底，一场由独立派发起的蓄谋已久的政变爆发，这场政变得到了日本公使竹添进一郎以及他的百人公使卫队的公开支持，随后建立起一个短暂的亲日政权，在国王的领导下致力于使朝鲜脱离清朝这个宗主国的控制。然而，当朝鲜保守派官员寻求驻扎在朝鲜的清朝军队帮助时，这个短命的政权随之瓦解。2000多人的军队包围了皇宫，政变失败。一个愤怒的朝鲜暴民为了报复，甚至杀害了在汉城的10名日本官员和30名普通日本民众。一些独立派的领导人，包括金玉均，逃往日本。事件结果导致了中日关系的进一步恶化。[2]

---

[1] Sakeda, *Kindai Nihon*, pp. 63-5.

[2] 参见 Hilary Conroy, *The Japanese Seizure of Korea: 1868-1910* (Philadelphia: University of Pennsylvania Press, 1960)。这部著作对1884年事件做了极好的研究。

　　这一情况对于日本政府维持国内秩序的能力是一个考验，因为国内对于这则遭受屈辱的消息群情激奋，向政府施加巨大压力，要求针对中国采取惩罚性的措施。主流媒体号召政府武力占领汉城，保护日本人的生命，并且如有必要，降低甚至消除中国在朝鲜的影响力。他们断言这些举动将会增强日本的国力，挽回其名誉，还会使领导者和民众更好地团结在一起。东京的领导人很清楚必须对这些压力进行回应，但是他们认为进一步使用武力的条件还不成熟。日本强化军队和战舰的措施必然会刺激中国采取对抗措施，这样将会不可避免地出现两国之间的公开冲突。由于日本刚刚开始它的军事建设计划，它的军事领导人几乎一致认为应当谨慎行事，至少在当时应如此。在条件不成熟的情况下发动不能保证胜利的战争，不仅会摧毁国内的经济，还会使民众对领导阶层的能力产生怀疑从而导致国内动乱。考虑到外务大臣井上馨正在就条约修改事宜与西方国家进行激烈的协商，日本的文职官员也倾向于不要采取战争的方式，因为对外战争必然会使条约修改复杂化。同时，默许中国在朝鲜驻军又有损国家的荣誉，动摇国内的稳定，因为这被视为日本耻辱的象征。最可行的解决方案就只有与中国达成协议，双方都减少在朝鲜的驻军，从朝鲜撤离一部分军队。以此为首要目标，伊藤博文前往天津与中方代表李鸿章进行协商。就双方目标而言，1885年伊藤博文与李鸿章之间的协议是成功的。双方政府都同意从朝鲜撤军；而且他们承诺，如果一方觉得有必要再次派军队前往朝鲜半岛的话，会提前告知另一方。[1]

　　然而，这项协议并没有平息日本国内早已被增强国力和爱国主义辞令激发出来的民意。人们对政府的消极被动深感失望，倡导对朝鲜和中国采取强硬措施的人士继续煽动民众，经常召开秘密会议、密谋策划在邻国制造混乱。他们通常使用亚洲主义的辞令来提出他们的观点。他们的理念是日本有义务担负起拯救亚洲各国，尤其是朝鲜和中国的任务。日本人应该欣然前往这些国家，努力从事剔除腐朽政权、改革落后制度的活动，敦促他们的人民联合起来阻止贪婪的欧洲国家。[2]亚洲主义在19世纪80年代中期的兴起，标志着近代日本与邻国关系中一个有趣的现象的开端：没有得到官方的支持，个别日本人在朝鲜、中国以及其

756

[1]　参见 Bonnie B. Oh, "Sino-Japanese Rivalry in Korea, 1876-1885," in Akira Iriye, ed., *The Chinese and the Japanese: Essays in Political and Cultural Interactions* (Princeton, N. J.: Princeton University Press, 1980)。

[2]　关于"亚细亚主义"，人们仍然必须参考前人的研究成果。参见 Marius B. Jansen, *The Japanese and Sun Yat-sen* (Cambridge, Mass.: Harvard University Press, 1954)。

757 他国家活动，他们的行为每每会使日本政府陷于尴尬，只是偶尔会使东京的政府感到有用。在实质上，他们与足迹遍于世界各地的西方传教士、探险家和掠夺者并没有什么不同；对于他们的行为，没有什么明确的官方制裁措施，而在必要的时候他们还可以向本国政府寻求保护。然而，日本的例子之所以值得注意，是因为它与包括日本在内的所有这些国家的内部政治活动有着密切的关系。这些日本人——他们中有许多人被称为"志士"——频繁地进行反政府活动，力图通过在朝鲜或中国的侵占行动来影响自己国家的国内政治。这些行为通常都带有阴谋的性质；他们会接触朝鲜或中国的反政府派系和个人，密谋进行破坏活动，如果不能推翻现存政权的话也要将其逐渐削弱。如果取得成功，他们的努力就会得到日本国内政治变化的回报。然而，就如传教士为西方国家提供了一个向外延伸其权利的契机一样，有时他们的活动也会有利于日本在亚洲大陆上的权力侵占。与西方传教士相比，这一时期日本的所谓"志士"是以"亚洲主义"的思想意识为其驱动力的，这使得他们的行事常令东京的官员感到尴尬，尤其是在19世纪80年代的时候，日本政府正在试图通过将其法律和商业体系西方化来达到修改条约的目标。在这个意义上，亚洲主义的功能可以说是日本官方致力于西化目标的对立面。那些对西方的服装、礼节、舞蹈等流行时尚感到厌恶的人们发现，在亚洲主义的思想意识中找到了可供其选择的用来对政府进行攻击的词汇。

由于这些原因，在1885年以后的那些年里，亚洲大陆上的事务变得与日本国内的动态密切相关。国内的政治运动有了挑战政府权威的趋向，威胁要使政府和军队在修改条约和加强军备的同时保持朝鲜半岛平静的努力付之东流。然而，并不能说这一分歧威胁到了现代日本国家的根基。相反，可以说所有这些群众运动都表明了民族情感的唤醒，尽管"亚洲主义"的理想与政府的西化政策相对立，但还是显示出一种强烈的"爱国主义"，这与更加强大的武装力量结合起来，最终就会被运用于对外战争。就这一点而言，在公众活动和私人活动之间并没有

758 根本的矛盾冲突；它们可能在方法上有所不同，反映它们行为的话语框架也可能差别很大，但它们都在日本开始其最初的"帝国主义"冒险尝试时，巩固着这个国家的基础。

此外，值得注意的是，对朝鲜使用武力以及军备扩张只是日本努力加强其国家团结的一部分措施。那些年里，修改条约的谈判工作一直在进行，国内的改革也从未放松，1889年颁布了宪法，又于1890年召开了国会。在重夺贸易主导权，

提高出口产品质量，通过鼓励国内纺织和其他轻工行业的工业化来减少进口等方面的努力，一直在有条不紊地进行。日本认为在这些方面的努力与军事活动一样，对国家的富强至关重要。事实上，一些作家和政府官员认为，要取得国家间竞争的胜利，关键是要在非军事领域获胜。这就回到了此前对于"富国"主题的强调，但是 19 世纪 80 年代的形势更为急迫，因为当时西方列强的经济实力明显提升，正在全球范围内迅速扩张。在当时的情况下，日本仅仅力图在朝鲜半岛上保持力量对比的均衡是远远不够的。与其动员整个国家的资源发展经济和对外扩张的宏伟目标相比，这一目的就显得更加苍白无力了。在中日甲午战争爆发前的一段时间里，发展经济仍然是日本国家目标的重要部分。

自 19 世纪 80 年代往后，对外贸易成为明治政府的一个重大目标。1881 年至 1892 年在位的财政部长松方正义采取财政紧缩政策，削减政府开支，扶持私人企业，减少外货进口，使日本商品在海外市场上更具竞争力。从 1880 年到 1885 年间，日本的出口总额从 2840 万日元增加到 3670 万日元。尽管这在国际市场上只占很小的份额（19 世纪 80 年代的 10 年间，世界贸易总额超过了 30 亿英镑），但是它标志着一种重大的趋势。例如，在 19 世纪 80 年代中期到 90 年代早期，日本对朝鲜的输出增加了 90% 以上，其中日本制造的商品价值从 51.1 万日元上升到 131.3 万日元，增长了 160%。[1] 日本的出口商品由棉纱、布匹、手工业产品和工业化产品所构成。如果不考虑政治问题和军事问题，那毫无疑问，这意味着日本的资本主义获得了初步的发展，正在附近寻找现成的市场。

同样重要的是日本开始了海外移民。这其实还只是个想法，并未付诸实践，但是早在 19 世纪 80 年代，就已经有作家在强调重新安置这个国家的过剩人口的必要性，以便他们能够为国家的富强做出贡献。1887 年，商人武藤山治在有关这一问题的最早论述中写道，日本的下层劳动阶级应该大规模移居海外，特别是夏威夷和美国西部沿海，这样不仅能向他们提供更好的谋生机遇，也能通过他们汇回国内的款项为本国的富强做出贡献。[2] 在那时，虽然只有不到 5000 名日本人在夏威夷，稍多于 1000 名日本人在加利福尼亚和其他美国西部各州，[3] 但这些数字

[1]　Hattori, *Kindai Nikon*, p. 107.

[2]　Akira Iriye, *Pacific Estrangement: Japanese and American Expansion, 1897-1911* (Cambridge, Mass.: Harvard University Press, 1972), p. 23.

[3]　*Nichi-Bei bunka kōshō shi: Ijū hen* (Tokyo: Yōyōsha, 1955), pp. 50,382.

与在朝鲜和中国的日本人的数目基本相等。不过，在朝鲜和中国的日本人从事的基本上是商业、教育以及政治、军事活动，而那些跨越太平洋去往海外的日本人则主要从事的是农业和手工业。武藤山治这批人认为，从长远而言，海外移民对日本来说是有百利而无一害的，夏威夷和美国气候宜人，土壤肥沃，白人劳动力的高昂成本保证了日本移民能够毫不费力地找到工作，从而为母国的经济发展做出贡献。更为重要的是，通过日本移民在海外的定居以及努力工作，美国和其他西方国家就会更加了解日本。反过来，这也应该有助于提升日本的声誉。

尽管与中国冲突不断，并最终在 1894 年爆发了战争，但在 19 世纪 90 年代，日本一直在积极参与世界上从未消失过的"和平战争"。如果说有所改变的话，那就是日本正以比以前更加积极的姿态开展修改条约、扩大贸易和海外移民的活动。正如在 19 世纪 80 年代一样，这反映了日本领导人对国内发展的需要和西方经济军事实力进一步增长的洞察力。在国内方面，1890 年 11 月，召开了新宪法颁布后的第一届国会，为政治行为确立了一个基本的框架。第一次选举——虽然被赋予公民权的人数十分有限，只有 1.1% 的民众有权参与选举——给予了日本选民体验西方政治体制的机会。政党活动的目标也已经调整为获得议会政治的影响力，他们时而支持当权者，时而与他们合作，以期增加其影响力。当然，那些没有获得选举权的人将会寻求组织起来，为获得他们的权利而斗争，但他们也只是在主要由新的议会制度所确定的框架内活动。因此，就像大多数西方国家的情况一样，政党将成为斡旋于政府和人民之间的力量。

如果说日本国内的事态正在逐渐稳定下来，那么，西方国家的实力和影响则在继续塑造着日本人对外部事务的认知。尤其引起日本注意的是，曾经不断扩张其活动范围、将世界上越来越广大的地区纳入其统治之下的西方列强，如今似乎专心致志于在亚洲和太平洋地区采取大规模行动。它们已经确立了对缅甸、印度尼西亚和沿海省份的控制，如今似乎又准备向中国和朝鲜的内地推进，最好的例证就是 1891 年横穿西伯利亚铁路的动工修建，以及西方列强通过给朝鲜提供财政支持和军事顾问，企图在朝鲜政治中获得有影响的地位。此外，在西方，舆论开始强调亚太地区的局势将会决定世界政治的未来。阿尔弗雷德·泰勒·马汉（Alfred Thayer Mahan）、亨利·诺曼（Henry Norman）、查尔斯·皮尔逊（Charles Pearson）等人开始撰写危言耸听的小册子，敦促读者密切关注亚太地区，因为其在地缘政治和经济上地位极其重要。西方列强在完成了将势力渗透到非洲和中东地区的任务之后，将影响扩张到亚洲如今似乎成了它们职责所在。亚洲地区在战略上非常重要，它拥有广袤的领土和广阔的海洋；还容纳了人类总数的大部分，并有着丰富的自然资源。列强之间的竞争很可能会越来越多地由这个地区所决定，并在这个地区最后终结。[1] 西方列强的活动和想法在日本已是众所周知，这增强了日本的紧迫感，认为自己也必须更加积极地行动，不仅从被动的意义上说可以避免使自己成为更具侵略性的西方国家的牺牲品，也意味着它要扩张自己的势力，以便加入列强的行列。曾经与罗伯特·希利（Robert Seeley）一起就读于剑桥大学的稻垣满次郎，于 1891 年发表了一部类似于英国历史学家宣传扩张主义的著作《东方策》，他在其中断言，日本必须了解自己的地缘政治需要，努力增强其经济和军事势力，两者相互为用相互促进，但迫在眉睫的任务还是通过商业和工业化进一步发展经济。这将会是一个巨大而关键的任务，因为世界政治的中心正在往亚太地区转移。在亚太地区的竞争中取得优胜的大国注定会成为下个世纪的世界主导。[2] 几乎没有人会反对稻垣满次郎的观点，类似的思想在 19 世纪 90 年代上半期大行其道。在日本经济实力增强的具体实例中也能看到这种观点并非清谈空言。例如，1893 年，日本国内生产的棉纱自 19 世纪 60 年代以来首次超过了进口。虽然进口的棉产品仍然超过出口，但这一差距正在稳步收窄，这要感谢棉纱对朝鲜和中国输出的显著增长。[3] 同样值得注意的是，通过移民、建立殖民地，甚至赤裸裸地占领一些热带岛屿所进行的海外扩张，在 90 年代早期得到了大力提倡。正是在此前后，"发展"（意即"扩张"）这个日语词汇获得了新的意义，即在全球范围内建立日本人的社区和飞地，以之作为国家实力的来源和象征。正如一位作者所言，只有积极向上、信奉扩张主义的民族，才有在陌生的国度冒险犯难的意愿，这样的民族最终必将变得强大。同西方人一样，日本人也必须走向国外，努力工作，将世界上尽可能多的地区置于日本的影响之下。由于日本还远没有做好军事准备推进这样的扩张，而且由于西方国家似乎也在通过商业和移民等和平方式来扩大它们的领域，因此日本也应该照此办理，尤其应该将目光投向那些相对人烟稀少却拥有富饶自然资源的地区。由此，许多作者指出了南太平洋的重要性。回想起 16 世纪日本人在菲律宾、暹罗等地的活动，

761

---

[1] Iriye, *Pacific Estrangement*, pp. 19-20.

[2] 同上，pp. 35-36。

[3] Sumiya Mikio, *Dai Nihon teikoku no shiren* (Tokyo: Chūō Kōronsha, 1965), pp. 66-67.

762　他们断言，在南部的扩张不但会解决日本的人口过剩问题，还会使其获得强国的地位。然而，也有部分人仍然认为，对日本来说，在夏威夷和美洲大陆的扩张更为有利。1892年已经有4500名日本人在美国，1893年有2.2万名日本人在夏威夷。他们被看作随之而来的更大移民浪潮的先锋队。为了支持上述活动，也为了寻找其他适合"通过和平方式建立殖民地"的地区，1893年，由一些当时的主要国际法学家和政治家组建了一个鼓吹殖民化的社团。[1] 作为这一不断升腾的扩张情绪的总结，德富苏峰在中日甲午战争前夕宣称："毫无疑问，我们未来的历史将会是日本人在世界各地建立一个个新日本的历史。"[2]

　　以1894年中日甲午战争的爆发而达到高潮的朝鲜危机，应该放在这种侵占主义情绪的背景下加以考虑。正如德富苏峰所说，侵占日本在亚洲大陆上的势力和影响只是日本的更大目标的一个组成部分。日本相信，只有通过侵占的方式发展自己，才能使其在世界舞台上占有一席之地，与扩张中的西方列强相抗衡。与此同时，"扩张主义"为日本人民提供了一个新的国家目标，他们不再全神贯注于内部的纷争和国内的事务，而为海外存在着无限机遇的幻觉所驱使。正如那个殖民化社团的宣言所说，"海外殖民是明治维新所采取的国家政策至关重要的方面，它将提升我们的精神，拓宽我们的视野，引进新的知识，并重塑人们的心灵。"此时，刚刚完成了为国会的召开而进行的第一次全国性选举，似乎也在规劝日本人应当投身于海外侵占的"宏图大业"，而非只将自己的眼界限于国内政治事务。通过这种方式，海外扩张起到了将民众注意力转向国外的作用。不管是有意还是无意，日本的文学家和教育家似乎也很乐意强调"爱国主义"的主题，告诫读者和学生要牢记日本的独特历史和传统美德，以及它的现代化成就。然而，强调这些主题并不是为了培育新的孤立主义心态；相反，只是用它们来证明日本开始海外侵占所具有的"优势"和"美德"。这样，在日本人寻求从事海外活动时，会增加他们的信心。确实，也有一些思想家坚决反对将"爱国主义"作763　为侵占的基础。他们对个人自由、人权以及其他一些西方价值观念更感兴趣。这两者之间的矛盾有些时候是不可调和的。然而，在更多的情况下，日本人似乎在努力拥抱"爱国主义"主旋律的同时，也紧紧抓住一些更为"普世性"的言辞不

---

[1]　Iriye, *Pacific Estrangement*, pp. 40-41.

[2]　同上，pp. 44。

放。毕竟，这才是他们所认为的从西方国家所学到的东西。对于这两种情况的共存并列，无论是踌躇满志还是忧心忡忡，日本人都发现他们自己在一个与外部世界联系日益深化的环境中界定着个人和国家的目标。[1]

在这样的背景下，大多数日本人在对待 1894 年到 1895 年间与中国的战争时，就会沉着镇定，时常也会狂热激烈。因为这看起来正是与他们的政策、经济发展计划以及扩张主义心态相一致的。战争的导火索是朝鲜的一场叛乱（由"东学党"所领导），迫使汉城的朝廷在镇压的过程中寻求清政府的帮助。2000 多名清朝士兵在朝鲜西部的牙山港口登陆，而这违反了 1885 年的中日协议。根据协议，中国和日本如果决定重新对朝鲜出兵的话，双方必须协调行动。结果证明，虽然中国军队被困牙山，韩国当局也有能力镇压这次叛乱。但是，日本政府决定抓住这次机会削弱中国在朝鲜半岛的势力，扩大日本对这里的影响。这样的决定意味着战争，而日本的领导人对此十分清楚。事实上，诸如外务大臣陆奥宗光及其他一些内阁成员都很欢迎有这次机会，因为对于日本民众和国会而言，都很清楚战争是他们在朝鲜获得更多权利，以及在亚洲大陆扩大日本影响的必要步骤。他们准确地估计到这次战争会获得民众的支持。曾经因为财政预算问题与内阁发生过矛盾的国会很快就结成了统一战线，新闻界也同样对战争表示支持。军队也已整装待发。自 19 世纪 80 年代开始，日本的军队一直在逐步扩张。此外，日本人原本认为他们更可能首先对朝鲜用兵，这是因为山县有朋在 1890 年国会第一次会议上公开表达了这样的观点：国家的独立取决于对国家"利益线"的保卫。他声称，每个国家都必须通过防护这些利益线来保卫它的疆界。这个观点和西方战略设想的发展如出一辙，显示出日本人渴望通过接受西方的国防构想以得到西方先进国家的认同。从山县有朋的言论以及日本在 19 世纪 90 年代早期所秘密制定的军事计划中可以看出，这些所谓的"利益线"主要指的是朝鲜半岛。如果日本认为朝鲜与其国防密切相关的话，它随之的军事开支和战争计划就不得不做出相应的调整，至少应通过中日之间的势力平衡来保持朝鲜半岛的现状。但是这一目标可能会导致与中国的军事冲突，因此必须尽早为设想中与中国发生的战争做好准备。

这里，日本的行为又一次符合现代西方国家的一般模式，它们通常也会为增

764

---

[1] Irokawa Daikichi, *Kindai kokka no shuppatsu* (Tokyo: Chūō Kōronsha, 1966), pp. 464-478.

强国家实力而制定详细的战争计划和军备程序。对于日本来说，尤其值得注意的是，它是加入"帝国主义"军事强国行列的唯一一个非西方国家。1894年7月16日对日本具有重要意义，这一天，日本终于实现了它的目标，与英国缔结了新的条约，规定于5年内取消治外法权，而以扩大这个国家对"混合居住"的开放作为回报。与此前的条约草案不同，日英条约中没有了在涉及外国人的案件中须临时任命外国法官的条款。经过将近30年的努力，终于成功签订了这一条约，标志着日本作为一个现代国家地位的提升，以及西方国家对这一事实的认可。日本人民的意见如今主要通过政党的渠道，以在国会中进行辛辣尖刻的辩论来加以表达。对于外国人在国内居住的前景，日本民众的看法并不一致，尽管如此，他们还是认为此次条约的签订标志着日本开始成为一个重要的强国，可以在国际舞台上，特别是在日益严重的日中危机中更好地维护自己的"利益"。

　　日英条约签订仅仅60天之后，日本就对中国宣战了。实际上，7月25日就打响了第一枪，当时，日本舰队在朝鲜西部海岸袭击了中国战船。4天后，派往朝鲜的日本军队在牙山对中国军队发起进攻。到那时候，日本在朝鲜的目标早已不是维持中日之间实力的均衡了，而是要彻底消除中国在朝鲜半岛的影响。要达到这一目标，就要消灭中国在朝鲜的地面部队，摧毁中国在黄海的海军舰队。同年9月，日本完成了清除在黄海的中国海军的目标。10月以后，日本扩大了军事行动的范围，先是侵入辽东半岛，随后围攻山东省的威海卫，与中国的北洋舰队展开了一场海战。到1895年3月，日本军队已经占领了旅顺、大连和威海卫，中国的北洋舰队几乎全军覆没。清政府没有选择，只得寻求结束战争。3月18日，清政府约见驻北京的美国公使，请求美国出面调停。

　　这场战争在日本非常"受欢迎"。各政治党派竞相表达它们对战争的支持，纷纷投票为军事装备和兵员提供资金。它们和媒体都认为，考虑到朝鲜"改革"的必要性以及清政府公开拒绝支持朝鲜的"改革"，日本发起此次战争完全是"名正言顺"的。日本作为亚洲最现代化的国家，声称自己有义务支持弱小的邻国并"惩治中国"，因为中国还没有"清醒地认识到同日本进行合作在亚洲传播文明的重要性"。所有这些言论都反映出日本的自我感觉良好，它以一个"现代强国"自居，而要成为现代强国的一个前提条件就是"要跨越国界，为周边地区的和平与稳定承担责任"。德富苏峰在战争爆发前两天时说："我不主张为了战争而战争。我也不提倡抢夺他国的土地。但是我坚持要求对中国作战，为的是把日本从一个迄今向内收

765

缩的国家改造成为向外扩张的国家。"[1] 通过发起战争，日本将在亚洲建立起滩头阵地，将被认为是一个"扩张型"的国家，而这正是它"强国地位"的象征。对于海外侵占的自觉意识成为对中战争"最重要的成果"。此前已有数千人去了国外，前往亚洲、夏威夷和北美，如今将会有成千上万的后继者加入他们的行列，就像西方扩张型国家的商人、移民和探险家曾经一波又一波地前往海外一样。日本人将会把自己献身于这一海外侵占的任务，因为只有这样，他们才能被认为是世界大国之一。简言之，他们将会加入到"帝国主义"国家的行列。

"帝国主义"和"军国主义"（1895—1912）

如我们所见，"帝国主义"是以 19 世纪晚期和 20 世纪早期现代国家的部分外部行为为特点的。它表达了那个特定时期中一个现代国家的能量、取向和利益，但它不一定是现代资本主义发展的特定阶段。很明显，当与中国的战争到来之时，日本的资本主义和工业化刚刚开始进行，因而所以我们无法像看待更加成熟的资本主义国家那样，把这些看作为日本走向"帝国主义"的源泉。相反，工业和金融资本主义应该被看作为现代国家的一种要素，但并不一定是最主要的因素。进行海外扩张的是国家。关键在于，这一现象是与导致创立中央集权政府和形成大众社会的国内力量联系在一起的。"帝国主义"肯定并且进一步强化了这种趋势。日本也不例外。它在朝鲜采取军事行动，并寻求在亚洲大陆确立它的势力，这是因为无论从政治上还是军事上它都准备好了这么做，而国内舆论也坚定地支持这一行为。反过来，战争及其后果又强化了日本政体集权化的趋势，从而造就了一个工业化、军事化的社会。不过，就像在其他现代国家一样，这些走势反过来也在不同民众中制造出新的分歧和不安。尽管海外扩张一直是国家和社会的驱动目标，但这并没有阻止在扩张模式以及扩张利益分配上产生分歧。像欧洲和美国一样，日本在认识到"帝国"荣耀的同时也感受到了负担的沉重。虽然全体国民分享了帝国的荣耀，可负担的承受却是不均衡的，这就导致了至少在部分人的心里，对现代日本帝国不公平待遇的质疑。于是，中日甲午战争以后的那些年份，也许可以看作是"帝国主义"在日本国家的政治、经济和文化中占据了中

766

---

[1]　Iriye, *Pacific Estrangement*, p. 44.

心地位的时期，在这一时期，紧张和收敛成为日本国民舆论的特点。

陆地和海上的胜利使得日本的政治家、宣传家和公民都做起了"帝国"的美梦，就像3年后的一场战争对美国人民所产生的效果一样。"帝国"意味着威望和权势，并且与日本将其利益和影响输往国外广大地区的目标相一致。但是，近期的扩张目标还有特定的问题没有解决。"将中国的势力逐出朝鲜"，也就是所谓的"朝鲜独立"，已经不能满足日本的扩张欲望了。政府和人民都认为，经过这些"胜利"，日本应该获得更多。军队认为，对于如今更广泛意义上的国防而言，在辽东半岛建立据点至关重要；海军的眼光盯向了南边的台湾；各政治党派强调，日本应该努力达成这些目标甚至更多；国内媒体则普遍鼓吹，这场战争不过是日本成为一个"帝国"的新地位的开篇之作。[1] 1895年4月，在日本港口下关，以伊藤博文为首的日方代表团和中方代表李鸿章商讨最终的"和平条约"，日本的这种信心和野心充分展现了出来。在条约中，日本要求中国承认朝鲜是一个独立国家，割让辽东半岛和"台湾"给日本，赔偿日本白银2亿两（约合3亿日元），7年内付清，开放4个港口，给予日本最惠国待遇以及日本船只在长江航行的权利，并且给予日本人在中国设厂制造的权利。

尽管并不情愿，但经过旷日持久的谈判，中国没有选择，只能接受这些条款。这些条款代表了一种观点，就像伊藤博文针对割让领土这一条款对李鸿章所说的那样，"胜利者有资格索取任何他喜欢的地方"，如果中国拒绝，日本就会继续发动战争并索要更多的东西。[2] 从根本上讲，日本在和谈中的措辞表达了这个国家"作为一个主要强国所感知到的需求"。"利益线"的确保，海外领土的获取，在中国与西方列强平起平坐，在亚洲大陆的经济权利，以及使日本得以继续其工业化规划的战争赔款，所有这些，对一个国家来说都被认为是"必不可少的"，如果它要成功地实现其成为一个"强国"的梦想的话。从国内来看也同样如此，对中国领土的割占迎合了民众的扩张狂热，统一了舆论并扼杀了反对派，并且证明额外的军事支出是"正当的"。政治评论家们乐此不疲地宣称，这场战争以及随之而来的和平，确立了日本作为一个"强国"的声望，而日本人将会因此获得欧洲人和美国人的尊重，这是他们长久以来一直梦寐以求的。

---

[1] Iriye, *Pacific Estrangement*, p. 46; Sumiya, *Dai Nihon*, p. 36.

[2] Morinosuke Kajima, *The Diplomacy of Japan, 1894-1922* (Tokyo: Kajima Institute of International Peace, 1976), vol. 1, pp. 235-241.

接下来的发展表明，日本人确实获得了他们想要的"大国荣誉"和尊重，但这并没有最终解决他们的问题。如果说有什么作用的话，那就是它们使得日本的外交变得更为复杂，同时又加剧了国内的分歧。同西方国家的例子一样，帝国主义虽被认为是现代国家的一个先决条件，但它也威胁到了国内秩序的根基：因为它产生了并不总能实现的期望；它增加了政府的开支，从而只能通过征税来筹措资金；它强化了保卫帝国的官僚和军队的力量；而最为基本的是，它制造出国家认同和个人认同的一些新问题。在欧洲，这些问题和压力为现代帝国主义国家处理它们的国内外事务提供了一个险恶的环境，最终导致它们之间爆发了一场毁灭性的战争。在这个过程中，它们曾经通过裁军、签订仲裁条约、倡导和平主义、组建各种各样的国际组织，以及培育经济依存关系等方式，来努力防止战争的爆发。如果国际事务能够起到缓解世界紧张局势和国内矛盾冲突的作用，那么，培育经济依存关系被认为是至关重要。尽管直到第二次世界大战结束以来，各国之间的经济依存才发展成为解决资本主义国际关系的主导思潮，但它在世纪之交时就已开始露头，成为可以取代帝国主义的另一种选择。根据其理论家约翰·A.霍布森（John A. Hobson）、安德鲁·卡内基（Andrew Carnegie）、诺曼·安格尔(Norman Angell)等人所言，帝国主义并非现代资本主义的必要条件也非其必经阶段；相反，它是对现代资本主义的扭曲。他们声称，现代国家可以通过和平参与商业活动，在外部与其他国家保持良好关系的同时保持国内的稳定。部分人士反对这种观点，他们断言，现代资本主义必然形成帝国主义，帝国主义又必然会导致国外的战争和国内的阶级矛盾，这两者又会引起革命剧变，直到消灭资本主义和帝国主义国家，这样才能保证世界和平。

既然已经加入了"帝国主义"的行列，关于现代资本主义和帝国主义本质的种种争论，都得到了日本人的认真对待。他们将登上帝国主义政治的舞台，也将对这场争论有所帮助。像西方人一样，他们不得不考虑在进行海外扩张的同时，怎样维持国内稳定，以及这种扩张是会加剧国际冲突和战争，还是会更有利于国家之间的和谐共处与相互依存。

问题的答案远非那么简单。马关条约签订以后不久，日本膨胀的自信和乐观的情绪就遭到了打击，俄、法、德三国提出了它们的"友好忠告"，要求日本归还刚从中国获得的辽东半岛。俄、法、德三方的干预是列强对日本急剧扩张的一个警告，表明它们自己也想尽可能多地维持对中国的控制。这次干预其实并没有

768

什么不正常，但是却给日本人心中留下了难以磨灭的印象，那就是帝国主义政治是残酷无情的，帝国主义国家之间永远都存在着潜在的冲突。虽然这只不过进一步肯定了早先日本人对西方国家野心的了解，但是也让日本人认识到，他们加入大国的行列并没有改变这一状况。不同的只不过是，现在的日本也具有了参与这场游戏的资格。因此，日本非但没有放弃建立"亚洲帝国"的梦想，反而把这次西方的干预当作前进途中的一次小挫折，决心一旦机会到来，就重新夺回这个立足点。带着这样的想法，日本变得更加帝国主义，因为在这一过程中，战争、军备竞赛和军国主义化是不可避免的。同样，日本在侵占其他的领土，比如台湾的过程中，也不是一帆风顺的。尽管没有列强反对清政府将"台湾"割让给日本，但是中国民众和台湾当地居民组成武装力量，强烈反对在没有征询他们同意的情况下将"台湾"纳入日本帝国的版图。他们怀着能够将"三国干涉还辽"的事态延伸至台湾的希望，组成了60000人的队伍，顽强抵抗日本军队的占领。最终，民众起义被镇压下去，但是也导致4600名日本士兵死于战争和热带疾病。[1] 然而，几乎没有日本人认为应该放弃这个岛屿，认为不值得为之努力。只有"维持"在台湾岛上的"殖民"统治，才能弥补镇压起义所带来的巨大开支。进一步的开支将会随之而来，因为要在这里"建立"法律与秩序的管理体系，还要"发展教育，保证岛民的健康"。

朝鲜宣布独立也没有使朝鲜半岛上的问题一劳永逸。在日本的概念里，独立意味着由日本取代中国在朝鲜半岛上的影响，因此，日本将明治政府19世纪60年代后期所采取的政策措施搬到朝鲜，一步步地对朝鲜的政治和军事管理进行"改革"。这些措施引起了朝鲜人的抵制，许多朝鲜人，包括大院君一派和闵妃一派都投向了西方列强，尤其是俄国，以期抵消日本对朝鲜的控制。而日本因为俄国发起"三国干涉还辽"，早已对其不满。1895年10月，驻汉城的日本当局发起了一场政变，消除了闵妃的支持者以及亲俄势力。这次政变以谋杀闵妃而告终，但是却在朝鲜全国范围内掀起了反日高潮，导致俄国在朝鲜半岛的影响力进一步增强。于是，甚至连朝鲜"独立"这个曾经导致中日战争的日本政策的初期目标，也不再显得那么理所当然了。

然而，尽管挫折重重，日本人依然决心进一步推进他们的"帝国主义"事

---

[1] 关于"台湾"人的抵抗运动，参见 Hsü Shih-k'ai, *Nihon tōchika no Taiwan* (Tokyo: Tōkyō Daigaku Shuppankai, 1972); 亦见 Hung Chao-t'ang, *Taiwan minshukoku no kenkyū* (Tokyo: Tōkyō daigaku shuppankai, 1970)。

业，而没有因为其过于希望渺茫和复杂难解就宣告放弃。国会通过了一项又一项军事扩张的法案，为武装力量的预算拨款从战前的 2400 万日元增加到 1896 年的 7300 万日元，再增加到 1897 年的 11000 万日元。各派政党当然也对军事预算的增加表示支持，因为它们都认为帝国主义是日本国家必需而理想的属性。如果西方人想要将日本人驱逐出中国东北，如果中国人和朝鲜人对他们的扩张计划心怀敌意，他们的反应绝不是退缩，而是更坚定地推行他们所谓的"帝国主义"事业。这个反应又一次与当时"帝国主义"国家的标准反应不谋而合。这一反应的代价是巨大的，然而，当时日本国内的各派政党普遍认为，退缩对日本的打击更是毁灭性的。况且，如果西方先进资本主义国家无视代价，坚持维护它们的帝国主义和殖民领土，日本就更应该仿效它们，如若不然，西方国家将会进一步扩张它们所控制的地区，从而变得更为强大。到那时，日本再开始其扩张事业就会太迟了，代价也会远远大于当前。日本的这一想法似乎得到了证实。自 1897 年开始，欧洲国家纷纷获得它们在中国的"根据地"，建立租界，索取特权，以至于在一年之内整个中国就被分别纳入欧洲国家的势力范围。虽然日本如果仿效欧洲国家的话，会不会获得同样的利益当时尚无法确定，虽然日本能够投资于中国，修建铁路、开发矿产的资金也很薄弱，但是东京政府依然毫不犹豫地加入了这场"瓜分"狂潮，将与台湾隔海相对的福建省置于其势力范围之内，在这里日本人将享有各种优先权。

日本民众普遍同意政府的这些行动，部分原因是因为这些行动是与工业化同时发生的，而工业化又被认为是现代国家能否成功的关键之一。日本的工业生产，不仅主要是棉、丝纺织品的生产，也包括钢铁的生产，在中日甲午战争以后快速增长，从 1895 年到 1900 年间，产量增长超过一倍。这种情况已经造成了即使连战争以及随之而来的殖民地占领都没有造成的变化。但是，工业革命在某些方面毫无疑问是与对外战争和殖民扩张这一外部因素联系在一起的。例如，棉纺织品的出口在 1897 年首次超过进口，很大的原因就是因为中国在战败后被迫开放了更多的港口，以及当时日本工业家中乐观主义的盛行使得他们把资本投入机器生产。就钢铁工业而言，作为工业革命的一个部分，明显是因为这些呼应了军队的需要。根据国会 1895 年的一项法案建立的八幡钢铁厂，就是一个典型的例子。它在 1901 年开始产铁，成为日本重工业成功发展的第一步。同样，造船工业发展也得益于海军建设的需要，政府支持船厂建造商船，以便用于在朝鲜和中

771

国的扩张机会。[1]

于是，帝国主义与快速的工业化同步发展，证实了这一盛行的观点：帝国主义、工业化以及强国地位，成了单一历史发展的一部分。它表明，如今日本已经名副其实地成为现代工业化强国中的一员。《朝日新闻》重复着这一观点，声称帝国主义只是国家基本力量的表现形式，而这种力量是通过国家的体制得以证明的。不过，正如其他国家存在着对这种观点的异议者一样，日本也存在着质疑这个等式所昭示的必然性的思潮。有一种论调，可以和西方的反帝国主义思潮相提并论，那就是作为军国主义和帝国主义的对立面而出现的和平扩张理论。时值19世纪20世纪之交，这一理论最有影响的代表作家是幸德秋水，他在1901年发表了《二十世纪的怪物：帝国主义》，谴责爱国主义、军国主义和帝国主义浪费国家资源，而带给人民的只有灾难。他写道，他不反对通过贸易、生产和文明的传播来进行和平的经济扩张。浮田和民是另一位有影响的作家，他并没有对帝国主义进行如此严厉的抨击，争辩说如果是为了保持国家独立，积极参与世界政治和文明，国家无从选择只能践行帝国主义。然而与此同时，浮田和民也响应了幸德秋水关于和平扩张的观点，主张在亚洲和太平洋地区以及西半球进行"和平、经济和商业的"扩张，声称这对国家健康发展的重要性绝不亚于对朝鲜和"台湾"的直接占领。[2]这两位作家以及众多与他们持有同样观点的作家，都认为少穷兵黩武、多进行和平的海外扩张是可行的。他们并不认为帝国主义是不可避免的，但与此同时，他们也想当然地认为，通过海外和平活动的方式，国家可以继续其工业化，扩大其贸易，提高人民的教育水平和福利水平。他们与西方的这种思潮遥相呼应，最终形成了被称为"自由派国际主义"的观点。

尽管这种思潮通过与西方动向的比较来确认自己的存在，但另一种有所变形的异议则采取了更加排外的亚洲主义立场。如同上述，亚洲主义曾被认为只是那些对政府的外交政策缺乏耐心的人偶尔挂在嘴边的话语。1895年以后，随着日本人正在确立其超越其他亚洲民族的地位，情况发生了变化。不过，帝国主义的政策并没有完全扼杀亚洲主义者的活动。如果有什么区别的话，那就是它促进了泛亚主义思想意识的高涨以及包括多种诉求的有组织运动的展开。首先，日本人

772

---

[1] Sumiya, *Dai Nihon*, pp. 61-75.

[2] Iriye, *Pacific Estrangement*, pp. 78-80.

侵占台湾或在中国内陆建立势力范围，需要一个正当的理由来满足民众的心理需要，表明这不仅是为了效法西方帝国主义或者守护他们的"利益线"而不得已而为之，同时也是为了"唤醒"和"改造"亚洲人民，给他们提供法治，让他们"享受现代文明的福祉"。作为亚洲唯一的"现代"国家，日本对此责无旁贷。尽管日本已经加入了列强的行列，有些人认为日本在将来依然应该继续保持其亚洲大国的地位，因为亚洲是日本的地理和历史皈依。因此，日本在亚洲有着特别的责任需要履行。这种思维模式催生了文化和哲学上的泛亚主义，其中最好的例子就是冈仓天心在 1902 年宣称的"亚洲一统"。就是说，苏伊士运河以东的所有国家和民族似乎都将统一在某种基本原则之下，以与西方的原则相抗衡。这一论调有可能被用来使日本"帝国主义"的目标合理化，把它说成是团结所有亚洲国家共同对抗西方帝国主义。尽管这种论调直到 20 世纪 30 年代才得到了大力倡导，但亚洲独特论早已有了足够的影响力，因为它引起了一系列运动的发生和组织的成立。其中最有影响力的是近卫笃麿在 1898 年成立的"东亚同文书院"，这个组织致力于中国与日本的合作。近卫笃麿称，这两个民族注定要为亚洲的复兴而合作。另外，还有一批规模较小的组织和团体也和东亚同文书院具有同样的目标。它们继承了早期那些"志士"们的活动，但是由于日本在亚洲大陆控制地域的扩展，如今它们发现活动范围已大大拓宽，也得到了更好的保护。像宫崎寅藏这样一批人，他们对支持中国革命兴趣浓厚；反之，也有另外一些人帮助像梁启超那样的立宪派。中国和日本之间还存在着许多地下的人际关系网络，灌输的都是中日两个民族享有某种共同命运这一理念。所有这些活动都被一个信念支撑着，那就是日本不能只满足于其一己的强国地位，还必须有所作为以证明其国家存在的意义。[1]

　　于是，在 20 世纪初，日本的外交事务也许应该根据上述各种不同的走势来加以检验。虽然帝国主义的走向奠定了日本外交事务的基本框架，而这种帝国主义又有自己的发展历史，但与这种帝国主义相互连动的还有其他一些议题，比如和平扩张和泛亚主义，等等。这些也影响到官方的政策和民众的认知。不仅如此，所有这些还必须置于国内政治经济发展的背景下来考虑。到 1900 年，明治政府已经执政超过了 30 年，几乎没有人认为可以挑战其合法性。对其执政唯一

773

---

[1] Marius B. Jansen, *Japan and China: From War to Peace, 1894-1972* (Chicago: Rand McNally, 1975), pp. 137-138, 162-164; 亦见 Miyazaki Tōten, *My Thirty-Three Years' Dream*, trans. Etō Shinkichi and Marius B. Jansen (Princeton, N.J.: Princeton University Press, 1982)。

的一次直接威胁发生在 1910 年，当时曾在美国待过数年的幸德秋水已经成为一个无政府主义者，他策划了对天皇的暗杀活动。[1]但是，此时的政府已经足够强大，一次单独的暴力活动不足以将其摧毁。更重要的是，政府权威将会通过某种方式受到日益成熟的政党和日益自主的国会的限制。此外，随着日本资本主义继续大步发展，一方面产生了金融财团（"财阀"），另一方面则催生出社会主义运动。现代日本政府能否适应这样的经济和社会发展？国内的秩序和稳定可能会出现怎样的新定义？对此仍然有待观察。日本的"帝国主义"影响着这些问题的结果，同时也被这些问题的结果所影响。

20 世纪初期以后，帝国主义的外交，也就是说列强之间的相互关系，在日本以及日本在亚洲所扮演重要角色的行动演变中得到了充分的体现。没有什么比 1902 年《英日同盟条约》的签订更能说明这一点了。这一条约是仔细商议、冗长谈判的产物，对此，历史学家们已经作了详细的描述，[2]正是这一同盟最终承认了日本作为一个主要强国的地位。1900 年到 1901 年，日本参加了对中国的"国际远征"，同义和团作战，并在随后与清政府的会谈中力主恢复中国的国内秩序。不管人们将义和团起义看成是中国民族主义的象征还是传统排外主义的表现，对日本在其中充当了维护西方国家在中国利益的角色这一点却鲜有异议。日本派出了上万人的军队，这个数目几乎等于所有西方国家派遣军队人数的总和。作为回报，日本应邀参加"和平会议"，这是日本首次作为一个全权代表出席国际会议。1901 年后，日本成为"辛丑条约"缔约列强之一，被赋予在北京—天津地区驻扎军队的权利。新近获得的地位使之成为日本在国家之间行使强权政治的一个要素，由于英国乐见日本成为其在亚洲的主要合作伙伴，而俄国则试图通过巩固其在"满洲"的地位来对抗这一趋势。但是，日英同盟的影响绝不仅仅局限于亚洲。尽管随之而来的连锁反应直到 1902 年才依稀显现，还是可以将其与 1914 年的世界大战联系起来。日英同盟迫使法国向英国靠拢，因为在 1894 年以后与俄国结成联盟的法国人，害怕因为日俄在亚洲的对抗而卷入与英国的冲突。1904 年的英法协约，相互承认它们在埃及和摩洛哥的势力范围，这是两强之间进一步加强联系的先兆，最终形成了对抗德国的战略协作。在此期间，俄国也稳步向英国

[1] 参见 F. G. Notehelfer, *Kōtoku Shūsui: Portrait of a Japanese Radical* (Cambridge, England: Cambridge University Press, 1971)。

[2] Ian Nish, *The Anglo-Japanese Alliance: The Diplomacy of Two Island Empires 1894-1907* (London: Athlone, 1966)。

靠近，1907 年，两国就殖民地问题达成协议。由于 1914 年的世界大战形成了协约国（英国、法国和俄国）对抗德国及其盟国（奥匈帝国和意大利）的态势，就强权政治这一点而言，其源头可以追溯到日英同盟的形成；反过来，它也有助于日本崛起为一个帝国主义的强国。

日本很乐意与英国结成同盟，以进一步证明其在世界上的地位，对于这一点几乎没什么异议。但是，日英同盟当时绝非日本的唯一选择。有些日本领导人，如伊藤博文，就更倾向于与俄国结盟以解决在朝鲜的纠纷。因为 1895 年以后，在朝鲜实力不断增强的是俄国，而且俄国在 1898 年还占领了辽东半岛。伊藤博文他们声称，只有与俄国达成谅解，日本才能完成其内阁于 1903 年所确定的"通过维持朝鲜独立来确保日本国防安全"的目标。日本追求的是西方大国承认其在朝鲜的特殊利益，更为长远的目标是获得在中国其他地方的"利益"。俄国对日本利益的承认，和日英同盟的建立一样，对日本而言都是可以接受的，但是最终，东京政府判断与英国结盟能给日本带来更大的利益。令人吃惊的是，日本人认为这种帝国主义之间的合谋和共识是保护他们权益的最好工具。他们坚信列强会慎重考虑与日本的结盟。历史没有让他们失望，1902 年以后，帝国主义的日本作为一个关键因素登上了国际政治舞台。

在那样的情况下，日本还是有可能与俄国达成共识的，以期后者承认日本在朝鲜的特殊地位，作为回报，日本也会默认俄国在"满洲"的利益。"换取"朝鲜，符合当时帝国主义的习惯。尽管两国之间进行了旷日持久的磋商，但东京和圣彼得堡最终未能达成协议，这使日本人相信，只要俄国的影响在"满洲"南部占据优势，日本在朝鲜的地位就将易受攻击。即便如此，日俄之间的谈判仍有可能继续下去，因为也许可以指望俄国、中国和朝鲜的国内条件发生变化，或者国际局势发生相应的变化，将会使俄国放松对"满洲"的控制。当然，日本人对于取得与俄国战争的胜利并没有盲目乐观，他们也不认为自己已经在经济上做好了支撑这场战争的准备。

1904 年 2 月上旬，日本内阁做出对俄作战的决定，这只有在日本国内环境下加以考虑才可以理解。俄国在"满洲"的出现被媒体大肆报道，给日本民众造成了如果不通过武力表明决心，俄国沙皇政权便不会妥协的强烈印象。各派政党、政治评论家和知识分子组织起支持战争的运动向政府施压。他们争辩说，两个大国在朝鲜的争执只有在一国退出的情况下才会结束；由于日本是不可能退出的，所以它只能准备通过武力来削弱俄国的势力。正如 7 位东京帝国大学的教授在一份文件中所说，1903 年 7 月，他们作为代表拜访首相桂太郎，提出如果日本要保证其在朝鲜的地位，就需要对"满洲"问题作一个"根本解决"。他们的主张

776　得到了外务省和内务省中层官员的支持，他们坚信，日本应该赶紧发动攻击，否则就太迟了。无论在事实上还是在理论上，他们的言论都很容易遭到反击，但是似乎唯一有组织的反战运动是由一些社会主义者和几个基督教派别所发起的：比如幸德秋水、堺利彦、内村鉴三等人。与其对手俄国不同，在日本这样工业化刚刚起步的国家，是不可能像在欧洲国家那样鼓吹社会主义的权威和历史的，然而它对现代国家的定义提出了一种替代性选择，使得帝国主义者不再像那些支持对俄作战的人士所认为的那样理所当然。日本的社会主义者要求裁减军备，种族平等，谴责大国沙文主义和战争，认为它们只是满足贵族阶层和军队利益的工具，对人民则有百害而无一利。尽管这些社会主义者认识到大多数民众采取鼓动战争的立场，但还是在他们的机关报《平民新闻》上发表了他们的观点，谴责这场非正义的、浪费资源的战争。在日俄宣战后不久所写的一篇著名社论里，他们呼吁俄国人民和日本人民一道谴责导致战争的两国政府的帝国主义野心。社论声称，"爱国主义和军国主义是我们的共同敌人"，表达了一种关于现代国家以及国家间关系的替代性观点。

　　对战争日益高涨的呼声表明，上述这种观点在当时的日本并非主流。"爱国主义"、"军国主义"和"帝国主义"被认为是国家存在的必要条件。如果成功地进行战争，会进一步提升日本的声望和强国地位。而即使不成功，就如许多领导人所担忧的那样，战争也将表明日本会为"自卫"和"权利"而战，而不是屈服于俄国的压力，使自己沦为二流国家的地位。正是这样一种情绪，而非什么特定的利益需要，驱使着日本政府和人民不惜与强大的俄国作战。[1] 当然，这对日俄战争的帝国主义性质并没有任何减轻。这场战争本质上是一场典型的帝国主义战争，是两大列强为其国土之外的纠纷而发起的，以朝鲜人和中国人的生命为代价的战争，而朝中两国在这次战争中却没有任何发言权。但是，这场战争并不是在任何直接意义上的经济利益的产物。日本的财政如此贫乏，以至于它不得不在

---

[1]　近年来对日俄战争之前的沙文主义的最好研究，见 Sakeda, *Kindai Nihon*, chap. 4。而对于这场战争起源的最权威的记述，见 Ian Nish, *The Origins of the Russo-Japanese War* (London: Longman Group, 1985)。

伦敦和纽约借入了超过 1 亿日元的贷款，超过战争总支出的三分之一，而俄国则 777
主要依靠巴黎的金融市场。可以确信的是，日本与朝鲜的贸易十分广泛，但这
点并不是日俄之间对抗的缘由。尽管日本在"满洲"的"经济利益"并非微不足
道，但是相对于这个国家的整个贸易而言只占了很小一部分。日本当时还没有重
大的海外投资。因此，这场战争不是经济压力的产物，而是由朝野上下的情绪催
生的，人们认为，如果日本想要保持其作为一个现代国家而生存下去，这就是唯
一的选择。[1]

一开始这种判断似乎是正确的。不仅日本军队取得了令人瞩目的"胜利"，
也成功地增加了国外的贷款。日本的声望上升到从未有过的高度，人民又一次在
战争面前显示出团结合作的精神。"爱国主义"、"军国主义"和"帝国主义"再
次得到肯定，反过来它们也有助于日本政权的强化。在新罕布什尔州朴次茅斯的
"和平会议"上，日本不仅获得了俄国在"满洲"南部享有的种种特权，包括大
连港、旅顺港以及长春和大连之间的中东铁路分支，还获得了萨哈林岛的南半部
分。此外，在战争结束前，日本单方面在朝鲜采取行动，将朝鲜变为其保护国。
没有一个外部强国对日本此举以及上述"和平条约"提出过抗议。巩固了对朝鲜
的控制以后，日本又将其势力延伸至南满，夺得了萨哈林岛的南半部分，摧毁了
俄国的舰队。到 1905 年末，日本已经毫无疑义地成为一个主要的强国，甚至可
以说是亚洲的关键强国。对日本人来说，这是一个"光荣"的时刻，是日本人自
半个世纪前那屈辱的日子以来一直梦寐以求的时刻。

然而，这份"荣光"并没有让日本停止其在国外追求强国地位、在国内寻求
社会秩序的步伐，而这两者又必须相互配合。如果有什么区别的话，那就是战争
几乎刚刚结束，日本便又开始了一次新的探究，这次探究从许多方面而言将持续
数十年时间。《朴次茅斯条约》的签订没有让人们欢呼雀跃，感恩戴德，相反却
导致暴民攻击东京的警署和官邸，这正说明了当时的局势很不稳定。民众的期望
值已经被战争的胜利挑高，他们的爱国热情又给岛民的自大添加了燃料，他们认
为胜利的果实太过贫乏，对此愤慨不已。他们觉得自己应该得到的远远不止和谈
条约上的这么多，并将责任归咎于政府和美国，因为后者是交战双方的调停国。 778

[1] 关于这场战争的经济方面的讨论，参见 Shimomura Fujio, "Nichi-Ro sensō no seikaku," *Kokusai seiji* 3 (1957): 137-152。

好像正是在国内秩序应该得到巩固的时候，国内秩序出现了涣散。[1] 小说家德富芦花，曾经与国民一起号召政府对俄宣战以示惩戒，而后在战争结束前转向和平主义，他生动地描述了这种"光荣"时刻的混乱。在不久之后的一篇著名文章里，德富芦花声称，日本"加入列强行列"，对其国家安全和经济利益几乎没有起到什么作用。这些依然需要依靠军队、与其他大国结盟以及掠夺殖民地的产品来达到。而且，日本的胜利已经引起了其他国家的恐慌，它们势必会通过增强自己的军事力量来应对这一新的动向。种族对抗的危险也不容忽视。因为日本是唯一一个非白人的强国，它的胜利可能会鼓励全世界的有色人种采取相同的方式与白色人种对抗。这肯定会导致种族冲突。德富芦花写道，所有这些问题都表明，日本对俄国的胜利是空洞的、充满"忧郁"的胜利。据他所言，唯一的解决办法是结束日本对军事力量的依赖，将其改造成致力于和平与公正的国家。[2]

很少有人接受德富芦花的反战理论和理想主义，但却有很多人认为他的分析不无道理。这正是近代日本外交史上的反讽之一，在它获得认可成为一个强国的时候，它却感到孤立无援，缺乏安全以及失去方向的负面情绪也在增强。就像伊藤博文在 1907 年所说，日本从未像现在这样在世界上孤立无援。[3] 尽管 1905 年重续了日英同盟，1907 年日本又与俄国签订协议保持战后亚洲的现状，但日本还面临着许多其他的问题。与日本同时于 19 世纪 90 年代后期向亚太地区扩张的美国，目前由于海军扩张而对日本发难，反对日本独占"满洲"地区的权益，尤其是对日本移民持敌视的态度。20 世纪初特别在日俄战争以后，大批日本移民涌向美国的加利福尼亚，导致了移民危机。按照日本人的看法，移民是一个扩张型国家在国外的前沿阵地，是国与国之间的桥梁。但美国人拒绝这种扩张政策，并开始以种族的理由谈论对日本的战争。英国，作为日本的盟国，在这件事上却选择支持美国。同时，朝鲜、中国以及其他亚洲国家的人民，对日本"帝国主义"的不满情绪也在日益高涨。当他们看到日本作为一个亚洲国家却效仿西方大国欺凌亚洲同伴的时候，他们更加感到不讲道义。1908 年中国爆发全国范围的抵制日货运动，以及 1909 年朝鲜民族主义者暗杀伊藤博文，充分显示出如今日本人在亚洲所面

779

---

[1] Shumpei Okamoto, *The Japanese Oligarchy and the Russo-Japanese War* (New York: Columbia University Press, 1970).

[2] Akira Iriye, *Nihon no gaikō* (Tokyo: Chūō Kōronsha, 1966), pp. 4-5.

[3] 同上，pp. 9-10。

临的这种麻烦。如果他们不被美国接受，同时又在亚洲遭到反对，他们还将往何处扩张？又将如何扩张？

事实上，所有政治评论家都认为日本理所当然应该继续成为一个扩张型的国家。甚至连德富芦花也支持这种想法，但是在他的观念中，扩张将主要是一项由日本领头的道德运动，目的在于"传布正义于四海"。他的兄弟德富苏峰写道，日本的使命在于促进白色人种和黄色人种的和睦共处，从而"带领人类走向一个人道主义的世界"。观点更为具体的是尾崎行雄、茅原华山这样一些人，他们劝告自己的读者要作为移民"前往世界各地探险"。[1] 还有其他一部分人认为眼下正是大规模扩张贸易的最好时机。"正如英国在打败拿破仑以后大规模扩张其对外贸易"，曾在战争期间向美国举债的金子坚太郎写道，"日本也可利用这一战后新形势增加贸易，提升国力"。[2] 最后，官方的"战后治理"政策是在政治上和经济上扩大日本在朝鲜和"满洲"的影响。为了南满铁路及其支线的运作，日本投入了多达两亿日元的启动资本。有了这条铁路，日本的私人企业进入了这一地区，投资于煤矿、大豆输出和纺织品的进口。与此同时，在朝鲜，日本顾问发起了财政和警察制度的改革；把公田分配给移居的日本农民，努力使他们定居下来；大量来自日本的穷苦商人和劳动者通过参与殖民地的建设而迅速致富。

日本人越是对外扩张，他们谈论进一步扩张的言论也就越多，而横亘在路途上的障碍似乎也就越大。外交上的并发症，海军的竞争，以及种族纠纷都越来越严重。扩张不可避免会有副产品，但是很少有人会质疑扩张对日本发展成现代国家至关重要这一前提。尽管政府解决不断增加的海外危机的尝试徒劳无益，但还是把它的注意力转向了帝国主义的国内基础。为了应对国内秩序混乱的局面，日本强化了戒严法，推进了军队的现代化，并将强制义务教育从4年延伸至6年，而教育的重点则是道德伦理。[3] 但是，无论在政治上还是在社会上，日本人民如今都比战前更为觉醒，越发不乐意接受政府强加给他们的东西。立宪制度和工业化的目标早先曾经给日本的发展注入过活力，现在已经不再具有足够的凝聚力。

---

[1] Iriye, *Pacific Estrangement*, p. 100; 亦见 Akiya Iriye, "Kayahara Kazan and Japanese Cosmopolitanism," in A. M. Craig and D. H. Shively, eds., *Personality in Japanese History* (Berkeley and Los Angeles: University of California Press, 1970), pp. 373-398.

[2] Iriye, *Pacific Estrangement*, p. 128.

[3] 对于战后国家控制的最好研究，见 Ōe Shinobu, *Nichi-Ro sensō no gunjishiteki kenkyū* (Tokyo: Iwanami Shoten, 1976).

公众所关心的已经不是现代化，而是一个现代社会的未来。诗人石川琢木写道，"爱国主义"，曾经确定自己的使命是把日本变成一个强大的国家，如今却已被证明无力提供新的目标了。[1]首相桂太郎对局势也同样存在着危机感，并试图加以应对，1908年，他让天皇发布新的诏书，号召人民相互协力，避免浪费和努力工作。然而，这只是一种老生常谈的说教，不足以提供一个国内秩序的理想愿景。

政论家们的境遇也好不了多少，他们都同意需要为海外扩张而巩固国内基础，劝导人们继续发展工商业。但是，这些在面对社会动荡的时候都变成了无用的想法。一些领袖人物试图通过大谈"重塑日本民族"的重要性来规定国内的目标。成立于1906年的社会教育协会宣称，新的日本民族将是一个以世界和平和人道主义为导向的"伟大的世界性民族"，致力于世界和平和人道主义事业。通过把他们自己塑造成这样的民族，来保持国内稳定和国外和平。这个协会代表了人们在战后的忧虑，强调通过发展教育和保证社会和谐，来避免日本国内和外交事务中的严重危机。国内外的事务是共生互动的，所以国内秩序的稳定也就相当于对国际秩序的稳定做贡献。社会教育协会的创始人，著名经济学家高田早苗表示，"日本人必须跟上国内外发展的潮流，培养参加全球事务的能力"。[2]这种理论看似有理，成为20世纪20年代国际主义的前奏，但它几乎没有提出什么具体内容来积极应对国内的难题。为使日本更为国际化和更为包容而大力发展教育，似乎是高田早苗以及和他持有同样观点的人士所提出的唯一具体的方案了。即使在那个时候，也不能保证受到了更好教育的日本民众不会质疑日本的基本国策，也不能保证这些知识分子不会远离世俗而将目光转向精神世界。同样，世界大同主义也并没有让日本理解西方的种族歧视以及亚洲的反帝运动，更别提加以解决了。这两个挑战还将困扰日本数十年之久。

明治时代在一片不确定性中宣告结束，无论在对外关系还是在国内事务上都是这样。明治天皇在位的最后几年（1910—1912），日本正式吞并朝鲜作为殖民地，又一次重续了日英同盟，与美、英两国签订了通商条约，第一次规定了日本的关税自主。同一时期，中国发生了革命运动，以1912年推翻清王朝而达到顶

781

---

[1] Sumiya, *Dai Nihon*, p. 344.

[2] Iriye, *Pacific Estrangement*, p. 127.

点，而巴尔干半岛地区的民族主义动乱，则威胁到了欧洲帝国主义国家和中东地区的稳定。除了一小部分最有先见之明的人士之外，大多数人都没有意识到帝国主义国家很快就将陷入对抗局面，而这种对抗的最终结果只能是战争。所有这些西方国家，还有日本，在过去半个世纪里所获得的东西，将会在暴烈的战争中灰飞烟灭，而引起这场战争的唯一原因就是对权力的争夺、荣誉的渴望以及爱国主义的狂热。这场世界大战标志着现代国家的失败，因为它们没能明确规定一个切实可行的世界秩序，也证明了这些国家中央政府和人民群众的狂暴和盲目，为了相互毁灭，它们不惜动用一切资源。

在这次毁灭性的战争中日本得以幸免。相反，它甚至利用欧洲国家间冲突的机会，延伸了自己在亚洲大陆的控制领域。这样一来，它便轻率地陷身于中国和朝鲜的反帝浪潮之中。反帝浪潮的高涨，清楚地表明了中朝两国民众的民族主义觉醒，而这也是两国最终发展成为现代国家的基石。与此同时，日本人民开始质 782 疑其国家目标和国内安排，而这曾被认为是日本作为一个现代国家发展的组成部分。他们强调其他的主题，寻找一种替代性的国内秩序。这样一来，便在日本国民中间造成了分裂，一方主张变革，另一方则信守现存秩序。这种争执直到又一次世界大战结束以后方告平息。

综上所述，日本在明治时期努力发展成为世界强国是一种策略，这个国家的领导人力图利用这一策略，在国内和国外关系之间建立起一种联系。国内在政治上和经济上的变革，以及对国外权力和影响的要求，两者之间相互强化，以致在明治维新后的 40 余年里，日本就发展成为一个现代国家和一个帝国主义强国。与其他国家一样，日本也承认以上两者相互依存，犹如一个硬币的两面。只有少数人对此表示怀疑，大多数日本领导人和公众舆论都认为，所有能够存在的现代国家同样也是帝国主义国家。要证明事实未必如此，即一个国家要实现国内现代化并不一定非要采取军国主义和帝国主义的政策，这一任务只能留待后世之人去完成了。

征引书目

Abe Yoshio. *Meakashi Kinjūrō no shōgai.* Tokyo: Chūō Kōronsha, 1981. 阿部
善雄，目明し金十郎の生涯，中央公論社

Abiko, Bonnie F. "Watanabe Kazan: The Man and His Times." Ph.D. diss.,
Princeton University, 1982.

Akimoto Hiroya. "Bakumatsu-ki Bōchō ryōkoku no seisan to shōhi." In
Umemura Mataji et al., eds. *Sūryō keizaishi ronshū: 1 Nihon keizai no hatten.*
Tokyo: Nihon Keizai Shicnbunsha, 1976. 穐本洋哉，幕末期防長両国の生産と
消費，梅村又次等編，数量経済史論集：1 日本経済の発展，日本経済新聞社

Akita, George. *Foundations of Constitutional Government in Modern Japan:
1868-1900.* Cambridge, Mass.: Harvard University Press, 1967.

Allen, G. C. *A Short Economic History of Modern Japan 1867-1937.* 3rd rev.
ed. London: Allen & Unwin, 1972.

Allen, G. C., and Audrey Donnithorne. *Western Enterprise in Far Eastern
Economic Development: China and Japan.* London: Allen & Unwin, 1954.

Amino Yoshihiko. *Muen, kugai, raku.* Tokyo: Heibonsha, 1978. 網野善彦，無縁
・公界・楽，平凡社

Andō Seiichi. *Kinsei zaikata shōgyō no kenkyū.* Tokyo: Yoshikawa Kōbunkan,
1958. 安藤精一，近世在方商業の研究，吉川弘文館

Aoki Kōji. *Hyakushō ikki sōgō nenpyō.* Tokyo: San'ichi Shobō, 1971. 青木虹二，
百姓一揆総合年表，三一書房

Aoki Kōji. *Meiji nōmin sōjō no nenjiteki kenkyū.* Tokyo: Shinseisha, 1967. 青木
虹二，明治農民騒擾の年次的研究，新生社

Aoki Michio. *Tenpō sōdōki.* Tokyo: Sanseidō, 1979. 青木美智男，天保騒動記，
三省堂

Araki Seishi. *Shinpūren jikki.* Tokyo: Daiichi Shuppan Kyōkai, 1971. 荒木精之，
神風連実記，第一出版協会

Ariizumi Sadao. "Meiji kokka to minshū tōgō." *Iwanami kōza Nihon rekishi.*
Vol. 17 (*kindai* 4), 1976. 有泉貞夫，明治国家と民衆統合，岩波講座日本歴史

Arima Seiho. *Takashima Shūhan.* Tokyo: Yoshikawa Kōbunkan, 1958. 有馬成
甫，高島秋帆，吉川弘文館

Arimoto Masao. *Chiso kaisei to nōmin tōsō.* Tokyo: Shinseisha, 1968. 有元正雄，
地租改正と農民闘争，新生社

Asai Kiyoshi. *Meiji ishin to gunken shisō.* Tokyo: Ganshōdō, 1939. 淺井清，明治
維新と郡縣思想，巖松堂

715

Asao Naohiro. "Shōgun seiji no kenryoku kōzō." In *Iwanami kōza Nihon rekishi*. Vol. 10 (*kinsei 2*), 1975. 朝尾直弘，将軍政治の権力構造

Asao, Naohiro, with Marius B. Jansen. "Shogun and Tennō." In John W. Hall et al., eds. *Japan Before Tokugawa*. Princeton, N.J.: Princeton University Press, 1980.

Backus, Robert L. "The Kansei Prohibition of Heterodoxy and Its Effects on Education." *Harvard Journal of Asiatic Studies* 39 (June 1979): 55–106.

Backus, Robert L. "The Motivation of Confucian Orthodoxy in Tokugawa Japan." *Harvard Journal of Asiatic Studies* 39 (December 1979): 275–338.

Ban Tadayasu. *Tekijuku o meguru hitobito: rangaku no nagare*. Osaka: Sōgensha, 1978. 伴忠康，適塾をめぐる人々，蘭学の流れ，創元社

Banno, Masataka. *China and the West: 1858–1861, the Origins of the Tsungli Yamen*. Cambridge, Mass.: Harvard University Press, 1964.

Beasley, W. G. "Councillors of Samurai Origin in the Early Meiji Government, 1868–69." *Bulletin of the School of Oriental and African Studies* 20 (1957): 89–103.

Beasley, W. G. *Great Britain and the Opening of Japan 1834–1858*. London: Luzac, 1951.

Beasley, W. G. *The Meiji Restoration*. Stanford, Calif.: Stanford University Press, 1972.

Beasley, W. G. *Select Documents on Japanese Foreign Policy 1853–1868*. London: Oxford University Press, 1955.

Beasley, W. G., and E. G. Pulleyblank, eds. *Historians of China and Japan*. London: Oxford University Press, 1961.

Beckmann, George M. *The Making of the Meiji Constitution: The Oligarchs and the Constitutional Development of Japan, 1868–1891*. Lawrence: University of Kansas Press, 1957.

Befu, Harumi. "Village Autonomy and Articulation with the State." In Hall and Jansen, eds. *Studies in the Institutional History of Early Modern Japan*.

Bellah, Robert N. "Baigan and Sorai: Continuities and Discontinuities in Eighteenth Century Japanese Thought." In Najita and Scheiner, eds. *Japanese Thought in the Tokugawa Period*.

Bellah, Robert N. *Tokugawa Religion: The Values of Pre-Industrial Japan*. Glencoe, Ill.: Free Press, 1957.

Bitō Masahide. "Mito no tokushitsu." In Imai Usaburō, Seya Yoshihiko, and Bitō Masahide, eds. *Mitogaku*. Vol. 53 of *Nihon shisō taikei*. Tokyo: Iwanami Shoten, 1973. 尾藤正英，水戸の特質，今井宇三郎，瀬谷義彦，尾藤正英編，水戸学，日本思想大系，岩波書店

Bitō Masahide. "Sonnō-jōi shisō." *Iwanami kōza Nihon rekishi*. Vol. 13 (*kinsei 5*), 1977. 尾藤正英，尊王攘夷思想

Bitō Masahide and Shimazaki Takao, eds. *Andō Shōeki/Satō Nobuhiro*. In *Nihon shisō taikei*. Vol. 45. Tokyo: Iwanami Shoten, 1974. 尾藤正英，島崎隆夫，安藤昌益／佐藤信淵，日本思想大系，岩波書店

Black, Cyril E. et al. *The Modernization of Japan and Russia: A Comparative*

Study. New York: Free Press, 1975.

Black, J. R. *Young Japan: Yokohama and Yedo* [1881]. London: Trubner, reprint edition, 2 vols., 1968.

Blacker, Carmen. *The Japanese Enlightenment: A Study of the Writings of Fukuzawa Yukichi.* Cambridge, England: Cambridge University Press, 1964.

Blacker, Carmen. "Millenarian Aspects of the New Religions." In Shively, ed. *Tradition and Modernization in Japanese Culture.*

Blacker, Carmen. "The Religious Traveller in the Edo Period." *Modern Asian Studies* 18 (October 1984): 593–608.

Bolitho, Harold. *Treasures Among Men: The Fudai Daimyo in Tokugawa Japan.* New Haven, Conn.: Yale University Press, 1974.

Bowen, Roger W. *Rebellion and Democracy in Meiji Japan.* Berkeley and Los Angeles: University of California Press, 1980.

Boxer, C. R. *Jan Compagnie in Japan 1600–1850.* The Hague: Martinus Nijhoff, 1950.

Brown, Sidney D. "Ōkubo Toshimichi and the First Home Ministry Bureaucrary, 1873–1878." In Silberman and Harootunian, eds. *Modern Japanese Leadership.*

Brown, Sidney D., and Akiko Hirota, trans. *The Diary of Kido Takayoshi.* 3 vols. Tokyo: University of Tokyo Press, 1983–6.

Buyō Inshi. "Seji kemmonroku." In *Nihon shomin seikatsu shiryō shūsei.* Vol. 8. Tokyo: Misuzu Shobō, 1969. 武陽隠士，世事見聞録，日本庶民生活史料集成，みすず書房

Chamberlin, Basil Hall. *Things Japanese.* Rutland, Vt.: Tuttle, 1971.

Chisholm, Lawrence W. *Fenollosa: The Far East and American Culture.* New Haven, Conn.: Yale University Press, 1963.

Cole, Robert E., and Ken'ichi Tominaga. "Japan's Changing Occupational Structure and Its Significance." In Patrick, ed. *Japanese Industrialization and Its Social Consequences.*

Conroy, Hilary. *The Japanese Seizure of Korea: 1868–1910.* Philadelphia: University of Pennsylvania Press, 1960.

Cosenza, M. E., ed. *The Complete Journal of Townsend Harris.* Rutland, Vt.: Tuttle, 1959.

Craig, Albert M. "The Central Government." In Jansen and Rozman, eds. *Japan in Transition.*

Craig, Albert M. *Chōshū in the Meiji Restoration.* Cambridge, Mass.: Harvard University Press, 1961.

Craig, Albert M. "Fukuzawa Yukichi: The Philosophical Foundations of Meiji Nationalism." In Ward, ed. *Political Development in Modern Japan.*

Craig, Albert M., ed. *Japan: A Comparative View.* Princeton, N.J.: Princeton University Press, 1979.

Craig, Albert M. "The Restoration Movement in Chōshū." In Hall and Jansen, eds. *Studies in the Institutional History of Early Modern Japan.*

Craig, Albert M., and Donald Shively, eds. *Personality in Japanese History.*

Berkeley and Los Angeles: University of California Press, 1970.

Crawcour, E. S. "Changes in Japanese Commerce in the Tokugawa Period." In Hall and Jansen, eds. *Studies in the Institutional History of Early Modern Japan*.

Crawcour, E. S. "Nihon keizai ikō no arikata: kinsei kara kindai e." In Shinbo Hiroshi and Yasuba Yasukichi, eds. *Sūryō keizai ronshū*. Vol. 2, *Kindai ikōki no Nihon keizai*. Tokyo: Nihon Keizai Shinbunsha, 1979. 日本経済移行の有方：近世から近代へ，新保博，安場保吉編，数量経済論集，近代移行期の日本経済，日本経済新聞社

Crowley, James B. "From Closed Door to Empire: The Formation of the Meiji Military Establishment." In Silberman and Harootunian, eds. *Modern Japanese Leadership*.

Dahrendorf, Rolf. *Society and Democracy in Germany*. New York: Doubleday Anchor, 1967.

Dai Nihon komonjo. Bakumatsu gaikoku kankei monjo. Vol. 18. Tokyo: Tokyo Teikoku Daigaku, 1925. 大日本古文書，幕末外國関係文書，東京帝國大学

Dilworth, David, and Umeyo Hirano. *An Encouragement to Learning*. Tokyo: Sophia University Press, 1969.

Dore, Ronald P., ed. *Aspects of Social Change in Modern Japan*. Princeton, N.J.: Princeton University Press, 1967.

Dore, Ronald P. *Education in Tokugawa Japan*. Berkeley and Los Angeles: University of California Press, 1965.

Dore, Ronald P. "Land Reform and Japan's Economic Development." *The Developing Economies* 3 (December 1965): 487-96.

Dore, Ronald P. *Land Reform in Japan*. London: Oxford University Press, 1959.

Dore, Ronald P. "The Legacy of Tokugawa Education." In Jansen, ed. *Changing Japanese Attitudes Toward Modernization*.

Dore, Ronald P. "The Modernizer As a Special Case: Japanese Factory Legislation, 1882-1911." *Comparative Studies in Society and History* 11 (1969).

Dower, John W., ed. *Origins of the Modern Japanese State: Selected Writings of E. H. Norman*. New York: Pantheon, 1975.

Duus, Peter. "Whig History, Japanese Style: The Min'yūsha Historians and the Meiji Restoration." *Journal of Asian Studies* 33 (May 1974): 415-36.

Ericson, Mark David. "The Tokugawa *Bakufu* and Leon Roches." Ph.D. diss., University of Hawaii, 1978.

Etō Shinpei. "Furansu minpō wo motte Nihonmicnpō to nasan to su." In Hozumi Nobushige, ed. *Hōsō yawa*. Tokyo: Iwanami Shoten, 1980. 江藤新平「フランス民法をもって日本民法と為さんとす」，穂積陳重編，法窓夜話，岩波書店

Etō, Shinkichi, and Marius B. Jansen, trans. *My Thirty-Three Years' Dream: The Autobiography of Miyazaki Tōten*. Princeton, N.J.: Princeton University Press, 1982.

Fletcher, Joseph. "Sino-Russian Relations, 1800-1862." In John K. Fairbank, ed. *The Cambridge History of China*. Vol. 10, Cambridge, England: Cambridge University Press, 1978.

Fox, Grace. *Britain and Japan 1858-1883*. Oxford, England: Clarendon, 1969.

French, Calvin L. *Shiba Kōkan: Artist, Innovator, and Pioneer in the Westernization of Japan*. New York: Weatherhill, 1974.

Fridell, Wilbur M. "Government Ethics Textbooks in Late Meiji Japan." *Journal of Asian Studies* 29 (1970): 823-34.

Fridell, Wilbur M. *Japanese Shrine Mergers, 1906-1912*. Tokyo: Sophia University Press, 1973.

Frost, Peter. *The Bakumatsu Currency Crisis*. Harvard East Asian Monographs, no. 36. Cambridge, Mass.: Harvard University Press, 1970.

Fujikawa Hideo. *Seitō shiwa*. Tokyo: Tamagawa Daigaku Shuppanbu, 1974. 富士川英郎，西東詩話，玉川大学出版部

Fujikawa Yū. *Nihon shippei shi*. Tokyo: Heibonsha, 1969. 富士川游，日本疾病史，平凡社

Fujimoto Toshiharu. *Kinsei toshi no chiiki kōzō: sono rekishi chirigakuteki kenkyū*. Tokyo: Kokon Shoin, 1976. 藤本利治，近世都市の地域構造：その歴史地理学的研究，古今書院

Fujioka Kenjirō, ed. *Nihon rekishi chiri sōsetsu: kinsei hen*. Vol. 4. Tokyo: Yoshikawa kōbunkan, 1977. 藤岡謙二郎編，日本歴史地理総説，吉川弘文館

Fujita Shōzō. *Tennōsei kokka no shihai genri*. Tokyo: Miraisha, 1966. 藤田省三，天皇制国家の支配原理，未来社

Fujitani Toshio. *"Okagemairi" to "eejanaika."* Tokyo: Iwanami Shoten Shinsho edition, 1968. 藤谷俊雄，「おかげまいり」と「ええじゃないか」，岩波書店

Fukaya Hakuji. *Kashizoku chitsuroku shobun no kenkyū*. Tokyo: Takayama Shoin, 1941. 深谷博治，華士族秩禄処分の研究，高山書院

Fukko ki. 16 vols. Tokyo: Naigai Shoseki, 1929-31. 復古記，内外書籍

Fukuchi Gen'ichirō. *Bakumatsu seijika*. Tokyo: Min'yūsha, 1900. 福地源一郎，幕末政治家，民友社

Fukushima Masao. *Chiso kaisei no kenkyū*. Tokyo: Yūhikaku, 1962. 福島正夫，地租改正の研究，有斐閣

Fukushima Masao. *Chiso kaisei*. Tokyo: Yoshikawa Kōbunkan, 1968. 福島正夫，地租改正，吉川弘文館

Fukuzawa Yukichi. *An Outline of a Theory of Civilization*. Translated by David A. Dilworth and G. Cameron Hurst. Tokyo: Sophia University Press, 1973.

Furushima Toshio. "Bakufu zaisei shūnyū no dōkō to nōmin shūdatsu no kakki." In Furushima, ed. *Nihon keizaishi taikei*, vol. 6, 1973. 古島敏雄，"幕府財政収入の動向と農民収奪の画期"，日本経済史大系

Furushima Toshio, ed. *Nihon keizaishi taikei*. 6 vols. Tokyo: Tokyo Daigaku Shuppankai, 1973. 古島敏雄編，日本経済史大系，東京大学出版会

Gaimushō, ed. *Nihon gaikō bunsho*. Over 151 vols., reaching the year 1926 in 1986. 外務省編，日本外交文書

Gluck, Carol. *Japan's Modern Myths: Ideology in the Late Meiji Period*. Princeton, N.J.: Princeton University Press, 1985.

Gluck, Carol. "The People in History: Recent Trends in Japanese Historiography." *Journal of Asian Studies* 38 (November 1978): 25-50.

Goodman, Grant. "Dutch Studies in Japan Re-examined." In Josef Kreiner, ed. *Deutschland-Japan: Historische Kontakte*. Bonn: Grundmann, 1984.

Gotō Yasushi. "Chiso kaisei hantai ikki." *Ritsumeikan Keizai Gaku* 9 (April 1960): 109-52. 後藤靖，地租改正反対一揆，立命館経済学

Gotō Yasushi. *Jiyū minken: Meiji no kakumei to hankakumei*. Tokyo: Chūō Kōronsha, 1972. 後藤靖，自由民権：明治の革命と反革命，中央公論社

Gotō Yasushi. "Meiji jūshichinen no gekka shojiken ni tsuite." In Horie Eichi and Tōyama Shigeki, eds. *Jiyū minken ki no kenkyū: minken undō no gekka to kaitai*. Vol. 2. Tokyo: Yūhikaku, 1959. 後藤靖，明治十七年の激化諸事件に付いて，堀江英一，遠山茂樹編，自由民権期の研究：民権運動の激化と解体，有斐閣

Gotō Yasushi. *Shizoku hanran no kenkyū*. Tokyo: Aoki Shoten, 1967. 後藤靖，士族反乱の研究，青木書店

Grappard, Alan. "Japan's Neglected Cultural Revolution: The Separation of Shinto and Buddhist Deities in Meiji (*Shinbutsu bunri*) and a Case Study: Tonomine." *History of Religions* 23 (February 1984): 240-65.

Greene, D. C. "Correspondence Between William II of Holland and the Shogun of Japan A.D. 1844." *Transactions of the Asiatic Society of Japan* 34 (1907): 99-132.

Greene, D. C., trans. "Osano's Life of Takano Nagahide." *Transactions of the Asiatic Society of Japan* 41 (1913): pt. 3.

Hackett, Roger F. "Political Modernization and the Meiji Genrō." In Ward, ed. *Political Development in Modern Japan*.

Hackett, Roger F. *Yamagata Aritomo in the Rise of Modern Japan: 1838-1922*. Cambridge, Mass.: Harvard University Press, 1971.

Haga Noboru, "Bakumatsu henkakuki ni okeru kokugakusha no undō to ronri." In Haga Noboru and Matsumoto Sannosuke, eds. *Nihon shisō taikei*. Vol. 51, *Kokugaku undō no shisō*. Tokyo: Iwanami Shoten, 1971. 芳賀登，"幕末変革期における国学者の運動と論理，芳賀登・松本三之介編，国学運動の思想，日本思想大系，岩波書店

Haga Noboru. "Edo no bunka." In Hayashiya, ed. *Kasei bunka no kenkyū*. 芳賀登，江戸の文化，林屋編，化政文化の研究

Haga Tōru. *Meiji ishin to Nihonjin*. Tokyo: Kōdansha Gakujutsu Bunko edition, 1980. 芳賀徹，明治維新と日本人，講談社

Haga Tōru, ed. *Nihon no meicho: Sugita Genpaku, Hiraga Gennai, Shiba Kōkan*. Tokyo: Chūō Kōronsha, 1971. 芳賀徹編，日本の名著：杉田玄白，平賀源内，司馬江英，中央公論社

Haga Tōru. *Taikun no shisetsu*. Tokyo: Chūō Kōronsha, 1968. 芳賀徹，大君の使節，中央公論社

Haga Tōru et al., eds. *Seiyō no shōgeki to Nihon*. Tokyo: Tokyo Daigaku Shuppankai, 1973. 芳賀徹等編，西洋の衝撃と日本，東京大学出版会

Hall, Ivan Parker. *Mori Arinori*. Cambridge, Mass.: Harvard University Press,

1973.

Hall, John W. "The Castle Town and Japan's Modern Urbanization." In Hall and Jansen, eds. *Studies in the Institutional History of Early Modern Japan.*

Hall, John W. "Changing Conceptions of the Modernization of Japan." In Jansen, ed. *Changing Japanese Attitudes Toward Modernization.*

Hall, John W. "Feudalism in Japan — A Reassessment." In Hall and Jansen, eds. *Studies in the Institutional History of Early Modern Japan.*

Hall, John W. *Japan: From Prehistory to Modern Times.* New York: Dell, 1970.

Hall, John W. "A Monarch for Modern Japan." In Ward, ed. *Political Development in Modern Japan.*

Hall, John W. "Rule by Status in Tokugawa Japan." *Journal of Japanese Studies* 1 (Autumn 1974): 39-49.

Hall, John W. *Tanuma Okitsugu (1719-1788): Forerunner of Modern Japan.* Cambridge, Mass.: Harvard University Press, 1955.

Hall, John W., and Marius B. Jansen, eds. *Studies in the Institutional History of Early Modern Japan.* Princeton, N.J.: Princeton University Press, 1968.

Hanabusa Nagamichi. *Meiji gaikō shi.* Tokyo: Shibundō, 1960. 英修道，明治外交史，至文堂

Hane, Mikiso. *Peasants, Rebels, and Outcastes: The Underside of Modern Japan.* New York: Pantheon, 1982.

Hanley, Susan B., and Kozo Yamamura. *Economic and Demographic Change in Preindustrial Japan, 1600-1868.* Princeton, N.J.: Princeton University Press, 1977.

Hanley, Susan B., and Kozo Yamamura. "Population Trends and Economic Growth in Pre-Industrial Japan." In D. V. Glass and Roger Revelle, eds. *Population and Social Change.* London: Arnold, 1972.

Hardacre, Helen. "Creating State Shintō: The Great Promulgation Campaign and the New Religions." *Journal of Japanese Studies* 12 (Winter 1986): 29-63.

Hardacre, Helen. *Kurozumikyō and the New Religions of Japan.* Princeton, N.J.: Princeton University Press, 1986.

Hardy, A. S. *Life and Letters of Joseph Hardy Neesima.* Boston: Houghton Mifflin, 1892.

Harootunian, H. D. "Ideology As Conflict." In Tetsuo Najita and J. Victor Koschmann, eds. *Conflict in Modern Japanese History.* Princeton, N.J.: Princeton University Press, 1982.

Harootunian, H. D. *Toward Restoration.* Berkeley and Los Angeles: University of California Press, 1970.

Hashikawa Bunsō. *Kindai Nihon seiji shisō no shosō.* Tokyo: Miraisha, 1968. 橋川文三，近代日本政治思想の諸相，未来社

Hashimoto Hiroshi, ed. *Daibukan.* 3 vols. Tokyo: Meicho Kankōkai, 1965. 橋本博編，大武鑑，名著刊行会

Hattori Shisō. *Kindai Nihon gaikō shi.* Tokyo: Kawade Shobō, 1954. 服部之総，近代日本外交史，河出書房

Hauser, William B. *Economic Institutional Change in Tokugawa Japan: Osaka and the Kinai Cotton Trade*. Cambridge, England: Cambridge University Press, 1974.

Havens, Thomas R. H. *Nishi Amane and Modern Japanese Thought*. Princeton, N.J.: Princeton University Press, 1970.

Havens, Thomas R. H. *Farm and Nation in Modern Japan*. Princeton, N.J.: Princeton University Press, 1974.

Hawks, Francis L. *Narrative of the Expedition of an American Squadron to the China Seas and Japan: Performed in the Years 1852, 1853, and 1854, Under the Command of Commodore M. C. Perry, United States Navy, the Official Account*. Washington, D.C.: Beverley Tucker, Senate Printer, 1856.

Hayami Akira. "Keizai shakai no seiritsu to sono tokushitsu." In Shakai keizaishi gakkai, ed. *Atarashii Edo jidai shi zō o motomete*. Tokyo: Tōyō Keizai Shinpōsha, 1977. 速水融，経済社会の成立とその特質，社会経済史学会編，新しい江戸時代史像を求めて，東洋経済新報社

Hayami Akira. "Kinsei kōki chiiki betsu jinkō hendō to toshi jinkō hiritsu no kanren." *Kenkyū kiyō* (Tokugawa Rinseishi Kenkyūjo), 1974, pp. 230-44. 速水融，近世後期地域別人口変動と都市人口比率の関連，研究紀要，徳川林政史研究所

Hayami Akira. *Kinsei nōson no rekishi jinkōgakuteki kenkyū*. Tōyō Keizai Shinpōsha, 1973. 速水融，近世農村の歴史人口学的研究，東洋経済新報社

Hayami Akira. "Kinsei Seinō nōmin no idō ni tsuite." *Kenkyū kiyō* (Tokugawa Rinseishi Kenkyūjo), 1977, pp. 280-307. 速水融，近世西濃農民の移動について，研究紀要，徳川林政史研究所

Hayami Akira. *Nihon keizaishi e no shikaku*. Tokyo: Tōyō Keizai Shinpōsha, 1968. 速水融，日本経済史への視角，東洋経済新報社

Hayami, Akira. "Population Movements." In Jansen and Rozman, eds. *Japan in Transition*.

Hayami Akira. "Tokugawa kōki jinkō hendō no chiikiteki tokusei." *Mita Gakkai Zashi* 64 (August 1971): 67-80. 速水融，徳川後期人口変動の地域的特性，三田学会雑誌

Hayami, Akira and Nobuko Uchida. "Size of Household in a Japanese county Throughout the Tokugawa Era." In Laslett, ed. *Household and Family in Past Time*.

Hayami Akira, and Uchida Nobuko. "Kinsei nōmin no kōdō tsuiseki chōsa." In Umemura Mataji et al. eds. *Nihon keizai no hatten: kinsei kara kindai e*. Tokyo: Nihon Keizai Shinbunsha, 1976. 速水融，内田宣子，近世農民の行動追跡調査，梅村又次等編，日本経済の発展：近世から近代へ，日本経済新聞社

Hayashi Reiko. "Bakumatsu ishin-ki ni okeru Kantō no shōhin ryūtsū." *Chihōshi Kenkyū* 20 (April 1971): 28-41. 林玲子，幕末維新期における関東の商品流通，地方史研究

Hayashi Reiko. "Edo dana no seikatsu." In Nishiyama, ed. *Edo chōnin no kenkyū*. Vol. 2. 林玲子，"江戸店の生活"，西山松之助編，江戸町人の研究

Hayashiya Tatsusaburō, ed. *Bakumatsu bunka no kenkyū*. Tokyo: Iwanami

Shoten, 1978. 林屋辰三郎編，幕末文化の研究，岩波書店

Hayashiya Tatsusaburō. "Bakumatsuki no bunka shihyō." In Hayashiya, ed. *Bakumatsu bunka no kenkyū*. 林屋辰三郎，幕末期の文化史評，林屋辰三郎編，幕末文化の研究

Hayashiya Tatsusaburō, ed. *Kasei bunka no kenkyū*. Tokyo: Iwanami Shoten, 1976. 林屋辰三郎編，化政文化の研究，岩波書店

Hazama, Hiroshi. "Formation of an Industrial Work Force." In Patrick, ed. *Japanese Industrialization and Its Social Consequences*.

Hearn, Lafcadio. *Out of the East and Kokoro*. Vol. 7 of *The Writings of Lafcadio Hearn*. New York: Houghton Mifflin, 1922.

Henderson, Dan Fenno. "Law and Political Modernization in Japan." In Ward. ed. *Political Development in Modern Japan*.

Henderson, Dan Fenno. *Village "Contracts" in Tokugawa Japan*. Seattle: University of Washington Press, 1975.

Heusken, Henry. *Japan Journal 1855–1861*. New Brunswick, N.J.: Rutgers University Press, 1964.

Hiraishi Naoaki. "Kaiho Seiryō no shisōzō." *Shisō* 677 (November 1980): 46–68. 平石直昭，海保青陵の思想像，思想

Hirakawa Sukehiro. "Furankurin to Meiji Kōgō." In Hirakawa Sukehiro. *Higashi no tachibana, nishi no orenji*. Tokyo: Bungei Shunjūsha, 1981. 平川祐弘，フランクリンと明治皇后，東の橘・西のオレンジ，文芸春秋社

Hirakawa Sukehiro. "Nihon kaiki no kiseki – uzumoreta shisōka, Amenomori Nobushige." *Shinchō* (April 1986): 6–106. 平川祐弘，日本回帰の軌跡：埋もれた思想家；雨森信成，新潮

Hirata Atsutane zenshū kankōkai, eds. *Shinshū Hirata Atsutane zenshū*. 15 vols. Tokyo: Meichɔ Shuppan, 1976–80. 平田篤胤全集刊行会編，新修平田篤胤全集，名著出版

Hirosue Tamotsu, ed. *Origuchi Shinobu shū*. Tokyo: Chikuma Shobō, 1975. 広末保編，折口信夫集，筑摩書房

Hirschmeier, Johannes, and Tsunehiko Yui. *The Development of Japanese Business 1600–1973*. Cambridge, Mass.: Harvard University Press, 1975.

Hoare, J. E. "The Japanese Treaty Ports, 1868–1899: A Study of the Foreign Settlements." Ph.D. diss., University of London, 1971.

Honjō Eijirō. *Honjō Eijirō chosaku shū 3: Nihon shakai keizaishi*. Osaka: Seibundō Shuppan Kabushiki Kaisha, 1972. 本庄榮治郎，本庄榮治郎著作集；日本社会経済史，清文堂

Honjō Eijirō. *Kinsei hōken shakai no kenkyū*. Tokyo: Kaizōsha, 1928. 本庄榮治郎，近世封建社会の研究，改造社

Honjō Eijirō. *Nihon keizai shi gaisetsu*. Tokyo: Nihon Hyōronsha, 1933. 本庄榮治郎，日本経済史概説，日本評論社

Horie Eiichi, ed. *Bakumatsu ishin no nōgyō kōzō*. Tokyo: Iwanami Shoten, 1963. 堀江英一編，幕末維新の農業構造，岩波書店

Horio Teruhisa. "Taisei sai-tōgō no kokoromi to teikoku ideorogii no keisei." *Nihon seiji gakkai nenpō* (1968): 139–90. 堀尾輝久，体制再統合の試みと「帝

国」イデオロギーの形成，日本政治学会年報

Hōseishi gakkai, eds. *Tokugawa kinreikō*. 11 vols. Tokyo: Sōbunsha, 1958–61.
法制史学会編，徳川禁令考，創文社

Howes, John F. "Japanese Christians and American Missionaries." In Jansen, ed. *Changing Japanese Attitudes Toward Modernization.*

Howes, John F. "Uchimura Kanzō: Japanese Prophet." In Dankwart A. Rustow, ed. *Philosophers and Kings: Studies in Leadership.* New York: Braziller, 1970.

Hozumi Yatsuka. "Minpō idete, chūkō horobu." *Hōgaku Shinpō* 5 (August 1891). 穂積八束，民法出でて，忠孝滅ぶ，法学新報

Hsü Shih-k'ai. *Nihon tōchika no Taiwan.* Tokyo: Tokyo Daigaku Shuppankai, 1972. 許世楷，日本統治下の台湾，東京大学出版会

Hsu, Immanuel C. Y. *China's Entrance into the Family of Nations: The Diplomatic Phase, 1858–1880.* Cambridge, Mass.: Harvard University Press, 1968.

Huber, Thomas M. *The Revolutionary Origins of Modern Japan.* Stanford, Calif.: Stanford University Press, 1981.

Huffman, James L. *Fukuchi Gen'ichirō.* Honolulu: University of Hawaii Press, 1979.

Hung Chao-t'ang. *Taiwan minshukoku no kenkyū.* Tokyo: Tokyo Daigaku Shuppankai, 1970.

Iinuma Jirō. "Gōriteki nōgaku shisō no keisei: Ōkura Nagatsune no baai." In Hayashiya, ed. *Kasei bunka no kenkyū.* 飯沼二郎，合理的農学思想の形成：大蔵永常の場合

Ike, Nobutaka. *The Beginnings of Political Democracy in Japan.* Baltimore: Johns Hopkins University Press, 1950.

Ikeda Yoshimasa. "Bakufu shohan no dōyō to kaikaku." In *Iwanami kōza Nihon rekishi.* Vol. 13 (*kinsei* 5), 1977. 池田苟正，幕府諸藩の動揺と改革

Imaizumi Takujiro, comp. *Essa sōsho.* 19 vols. Sanjō: Yashima Shuppan, 1932–. 今泉鐸次郎編，越佐叢書，三条：野島出版

Inada Masatsugu. *Meiji kenpō seiritsu-shi.* 2 vols. Tokyo: Yūhikaku, 1960–62. 稲葉正次，明治憲法成立史，有斐閣

Inobe Shigeo. *Bakumatsu shi no kenkyū.* Tokyo: Yūzankaku, 1927. 井野辺茂雄，幕末史の研究，雄山閣

Inoue Kiyoshi. *Jōyaku kaisei.* Tokyo: Iwanami Shoten, 1955. 井上清，条約改正，岩波書店

Inoue Kiyoshi. *Nihon gendaishi.* Tokyo: Tokyo Daigaku Shuppankai, 1967. 井上清，日本現代史，東京大学出版会

Inoue Kōji. *Chichibu jiken.* Tokyo: Chūō Kōronsha, 1968. 井上幸治，秩父事件，中央公論社

Inoue Kowashi denki-hensan iinkai, ed. *Inoue Kowashi-den, shiryō.* 6 vols. Tokyo: Kokugakuin Daigaku Toshokan, 1966–77. 井上毅伝記編纂委員会編，井上毅伝史料，国学院大学図書館

Inoue Takeshi, ed. *Nihon shōkashū.* Tokyo: Iwanami Shoten, 1958. 井上武士編，

日本唱歌集，岩波書店

Inui Hiromi and Inoue Katsuo. "Chōshū han to Mito han." In *Iwanami kōza Nihon rekishi*. Vol. 12 (*kinsei* 4), 1976. 乾宏巳，井上勝生，長州藩と水戸藩

Iriye, Akira, ed. *The Chinese and the Japanese: Essays in Political and Cultural Interactions*. Princeton, N.J.: Princeton University Press, 1980.

Iriye Akira. *Nihon no gaikō*. Tokyo: Chūō Kōronsha, 1966. 入江昭，日本の外交，中央公論社

Iriye, Akira. *Pacific Estrangement: Japanese and American Expansion, 1897–1911*. Cambridge, Mass.: Harvard University Press, 1972.

Irokawa, Daikichi. *The Culture of the Meiji Period*. Princeton, N.J.: Princeton University Press, 1985.

Irokawa Daikichi. *Jiyū minken*. Tokyo: Iwanami Shoten, 1981. 色川大吉，自由民権，岩波書店

Irokawa Daikichi. *Kindai kokka no shuppatsu*. Vol. 25 of *Nihon no rekishi*. Tokyo: Chūō Kōronsha, 1966. 色川大吉，近代国家の出発，中央公論社

Irokawa Daikichi. "Konmintō to Jiyūtō." *Rekishigaku kenkyū* 247 (November 1960): 1–30. 色川大吉，困民党と自由党，歴史学研究

Irokawa Daikichi. *Meiji no bunka*. Tokyo: Iwanami Shoten, 1970. 色川大吉，明治の文化，岩波書店

Irokawa Daikichi. *Meiji seishinshi*. Tokyo: Chikuma Shobō, 164. 色川大吉，明治精神史，筑摩書房

Irokawa Daikichi and Gabe Masao, eds. *Meiji kempakusho shūsei*. Tokyo: Chikuma Shobō, 1986–. 色川大吉，我部政男編，明治建白書集成，筑摩書房

Ishida Takeshi. *Kindai Nihon seiji kōzō no kenkyū*. Tokyo: Miraisha, 1956. 石田雄，近代日本政治構造の研究，未来社

Ishida Takeshi. *Meiji seiji shisōshi kenkyū*. Tokyo: Miraisha, 1954. 石田雄，明治政治思想史研究，未来社

Ishii Ryōsuke. *Japanese Legislation in the Meiji Era*. Translated by William J. Chambliss. Tokyo: Pan-Pacific Press, 1958.

Ishii Takashi. *Bakumatsu bōekishi no kenkyū*. Tokyo: Nihon Hyōronsha, 1944. 石井孝，幕末貿易史の研究，日本評論社

Ishii Takashi. *Gakusetsu hihan: Meiji ishin ron*. Tokyo: Yoshikawa Kōbunkan, 1968. 石井孝，学説批判：明治維新論，吉川弘文館

Ishii Takashi. *Zōtei Meiji ishin no kokusaiteki kankyō*. Rev. ed. Tokyo: Yoshikawa Kōbunkan, 1966. 石井孝，増訂明治維新の国際的環境，吉川弘文館

Ishikawa Jun. *Watanabe Kazan*. Tokyo: Chikuma Shobō, 1964. 石川淳，渡辺崋山，筑摩書房

Ishikawa Ken, ed. *Nihon kyōkasho taikei: kindai hen*. Tokyo: Kōdansha, 1961. 石川謙編，日本教科書大系，近代編，講談社

Ishin shiryō hensan jimukyoku, ed. *Ishin shi*. 6 vols. Tokyo: Meiji Shoin, 1939–43. 維新史料編纂事務局編，維新史，明治書院

Itō, Hirobumi. *Commentaries on the Constitution of the Empire of Japan*. Tokyo: Igirisu Hōritsu Gakkō, 1889.

Itō, Hirobumi. "The Constitution of the Empire of Japan." In A. Stead, ed. *Japan by the Japanese*. London: Heinemann, 1904.

Itō, Hirobumi. "Some Reminiscences on the Grant of the New Constitution." In S. Ōkuma, ed. *Fifty Years of New Japan*. Vol. 1. London: Smith, Elders, 1909.

Itō Shirō. *Suzuki Masayuki no kenkyū*. Tokyo: Aoki Shoten, 1972. 伊藤至郎，鈴木雅之の研究，青木書店

Iwakura Kō jikki. 3 vols. Tokyo: Iwakura Kōkyūseki Hozonkai, 1927. 岩倉公実記，岩倉公舊蹟保存会

Iwakura Tomomi kankei monjo. 8 vols. Tokyo: Nihon Shiseki Kyōkai, 1927–35. 岩倉具視関係文書，日本史籍協会

Iwao Seiichi, ed. *Oranda fūsetsugaki shūsei*. 2 vols. Tokyo: Nichi-Ran Gakkai, 1976, 1979. 岩生成一編，和蘭風説書集成，日蘭学会

Iwasaki, Haruko. "Portrait of a Daimyo: Comical Fiction by Matsudaira Sadanobu." *Monumenta Nipponica* 38 (Spring 1983): 1–48.

Iwata, Masakazu. *Ōkubo Toshimichi: The Bismarck of Japan*. Berkeley and Los Angeles: California University Press, 1964.

Jansen, Marius B., ed. *Changing Japanese Attitudes Toward Modernization*. Princeton, N.J.: Princeton University Press, 1965.

Jansen, Marius B. *Japan and China: From War to Peace, 1894–1972*. Chicago: Rand McNally, 1975.

Jansen, Marius B. *Japan and Its World: Two Centuries of Change*. Princeton, N.J.: Princeton University Press, 1980.

Jansen, Marius B. *The Japanese and Sun Yat-sen*. Cambridge, Mass.: Harvard University Press, 1954.

Jansen, Marius B. "Modernization and Foreign Policy in Meiji Japan." In Ward, ed. *Political Development in Modern Japan*.

Jansen, Marius B. "Monarchy and Modernization in Japan." *Journal of Asian Studies* 36 (August 1977): 611–22.

Jansen, Marius B. "New Materials for the Intellectual History of Nineteenth Century Japan." *Harvard Journal of Asiatic Studies* 20 (December 1957): 567–97.

Jansen, Marius B. "Oi Kentarō: Radicalism and Chauvinism." *Far Eastern Quarterly* 11 (May 1952): 305–16.

Jansen, Marius B. "Rangaku and Westernization." *Modern Asian Studies* 18 (October 1984): 541–53.

Jansen, Marius B. *Sakamoto Ryōma and the Meiji Restoration*. Princeton, N.J.: Princeton University Press, 1961.

Jansen, Marius B. "Tosa During the Last Century of Tokugawa Rule." In Hall and Jansen, eds. *Studies in the Institutional History of Early Modern Japan*.

Jansen, Marius B., and Gilbert Rozman, eds. *Japan in Transition: From Tokugawa to Meiji*. Princeton, N.J.: Princeton University Press, 1986.

Jippensha Ikku. *Tōkaidō dōchū hizakurige*. (Travels on foot on the Tōkaidō). Translated by Thomas Satchell as *Hizakurige or Shanks' Mare: Japan's Great*

Comic Novel of Travel and Ribaldry. (Kobe, 1929, and subsequent reprints). 十返舎一九, 東海道中膝栗毛

Jones, Hazel. *Live Machines: Hired Foreigners in Meiji Japan*. Vancouver: University of British Columbia Press, 1980.

Kaempfer, Engelbert. *History of Japan*. 3 vols. Translated by J. G. Scheuchzer. Glasgow: James MacLehose and Sons, 1896.

Kaigo Tokiomi. *Kyōiku chokugo seiritsushi no kenkyū*. Tokyo: Tokyo Daigaku Shuppankai, 1965. 海後宗臣, 教育勅語成立史の研究, 東京大学出版会

Kaikoku hyakunen kinen bunka jigyōkai, ed. *Nichi-Bei bunka kōshō shi: ijū hen*. Tokyo: Yōyōsha, 1955. 開国百年記念文化事業会編, 日米文化交渉史:移住編, 洋々社

Kajima, Morinosuke. *The Diplomacy of Japan, 1894–1922*. 3 vols. Tokyo: Kajima Institute of International Peace, 1976–80.

Kajima Morinosuke. *Nihon gaikō shi*. 34 vols. Kajima Heiwa Kenkyūjo. Tokyo: Kajima kenkyūjo shuppankai, 1970–3. 鹿島守之助, 日本外交史, 鹿島平和研究所

Kano Masanao. *Shihonshugi keiseiki no chitsujō ishiki*. Tokyo: Chikuma shobō, 1969. 鹿野政直, 資本主義形成期の秩序意識, 筑摩書房

Kano Masanao. "Yonaoshi no shisō to bummei kaika." In Kano Masanao and Takagi Shunsuke, eds. *Ishin henkaku ni okeru zaisonteki shochōryū*. Tokyo: San'ichi Shobō, 1972. 鹿野政直, "世なおしの思想と文明開化", 鹿野政直, 高木俊輔編, 維新変革における在村的諸潮流, 三一書房

Karasawa Tomitarō. *Kyōkasho no rekishi*. Tokyo: Sōbunsha, 1960. 唐澤富太郎, 教科書の歴史, 創文社

Kawai Eijirō. *Meiji shisōshi no ichi dammen: Kanai Noburu o chūshin toshite*. Vol. 8. Reprinted in *Kawai Eijirō zenshū*. Tokyo: Shakai Shisōsha, 1969. 河合榮治郎, 明治思想の一断面:金井延を中心として, 河合榮治郎全集, 社会思想社

Kawaji Toshiakira. *Shimane no susami*. Tokyo: Heibonsha, 1973. 川路聖謨, 島根のすさみ, 平凡社

Kawaura Yasuji. *Bakuhan taisei kaitaiki no keizai kōzō*. Tokyo: Ochanomizu Shobō, 1965. 川浦康治, 幕藩体制解体期の経済構造, 御茶の水書房

Keene, Donald. *The Japanese Discovery of Europe, 1720–1820*. Stanford, Calif.: Stanford University Press, 1969.

Keene, Donald. *World Within Walls: Japanese Literature of the Pre-Modern Era, 1600–1867*. New York: Holt, Rinehart and Winston, 1976.

Keiō Gijuku, ed. *Fukuzawa Yukichi zenshū*. 21 vols. Tokyo: Iwanami Shoten, 1962. 慶應義塾, 福澤諭吉全集, 岩波書店

Kelly, William W. *Deference and Defiance in Nineteenth Century Japan*. Princeton, N.J.: Princeton University Press, 1985.

Kim, Key-Hiuk. *The Last Phase of the East Asian World Order: Korea, Japan, and the Chinese Empire, 1860–1882*. Berkeley and Los Angeles: University of California Press, 1980.

Kitajima Masamoto. *Bakuhansei no kumon*. Vol. 18 of *Nihon no rekishi*. Tokyo:

Chūō Kōronsha, 1967. 北島正元，幕藩制の苦悶，日本の歴史，中央公論社

Kitajima Masamoto. "Kaseiki no seiji to minshū." In *Iwanami kōza Nihon rekishi*. Vol. 12 (*kinsei* 4), 1963. 北島正元，化政期の政治と民衆

Kitajima Masamoto. *Mizuno Tadakuni*. Tokyo: Yoshikawa Kōbunkan, 1969. 北島正元，水野忠邦，吉川弘文館

Kiyooka, Eiichi, trans. *The Autobiography of Fukuzawa Yukichi*. Tokyo: Hokuseidō Press, 1948.

Kobata Atsushi et al. *Dokushi sōran*. Tokyo: Jimbutsu Ōraisha, 1966. 小葉田淳等，讀史總覽，人物往来社

Kodama Kōta. *Kinsei nōmin seikatsu shi*. Tokyo: Yoshikawa Kōbunkan, 1958. 児玉幸多，近世農民生活史，吉川弘文館

Kodama Kōta, ed. *Ninomiya Sontoku*. Vol. 26 of *Nihon no meicho*. Tokyo: Chūō Kōronsha, 1970. 児玉幸多編，二宮尊徳，日本の名著，中央公論社

Koga-shi shi hensan iinkai, ed. *Koga-shi shi: shiryō kinseihen* (*hansei*). Koga, 1979. 古河市史編纂委員会，古河市史，史料近世編(藩政)，古河

Kokumin bunko kankōkai, ed. *Raiki*. In *Kokuyaku kambun taisei*, Vol. 24. Tokyo: Kokumin Bunko Kankōkai, 1921. 国民文庫刊行会，禮記，國譯漢文大成

Kokusho kankōkai, ed. *Bunmei genryū sōsho*. 3 vols. Tokyo: Kokusho Kankōkai, 1913–14. 国書刊行会，文明原流叢書

Konishi Shigenao. *Hirose Tansō*. Tokyo: Bunkyō Shoin, 1943. 小西重直，広瀬淡窓，文教書院

Konta Yōzō. *Edo no hon'yasan: kinsei bunkashi no sokumen*: 近世文化史の側面 Tokyo: NHK Books no. 299, 1977. 今田洋三，江戸の本屋さん，NHK ブックス

Kornicki, Peter F. "The Publishers Go-Between: Kashihonya in the Meiji Period." *Modern Asian Studies* 14 (1980): 331–44.

Koschmann, J. Victor. *The Mito Ideology: Discourse, Reform, and Insurrection in late Tokugawa Japan, 1790–1864*. Berkeley and Los Angeles: University of California Press, 1987.

Kumakura Isao. "Kasei bunka no zentei: Kansei kaikaku o megutte." In Hayashiya, ed. *Kasei bunka no kenkyū*. 熊倉功夫 "化政文化の前提：寛政改革をめぐって"

Kume Kunitake, ed. *Bei-Ō kairan jikki*. 5 vols. Tokyo: Iwanami Shoten, 1977. 久米邦武編，米欧回覧実記，岩波書店

Kure Shūzō. *Shiiboruto sensei, sono shōgai oyobi kōgyō*. Tokyo: Hakuhōdō Shoten, 1926. 呉秀三，シーボルト先生，その生涯及功業，吐鳳堂

Kurimoto Joun. *Hōan ikō*. In Nihon shiseki kyōkai, ed. *Zoku Nihon shiseki sōsho*. Vol. 4. Tokyo: Tokyo Daigaku Shuppankai, 1975. 栗本鋤雲，匏菴遺稿，日本史籍協会，続日本史籍叢書，東京大学出版会

Kuroita Katsumi, ed. *Zoku Tokugawa jikki*. In *Kokushi taikei*. Vol. 49. Tokyo: Yoshikawa Kōbunkan, 1966. 黒板勝美編，続徳川実記，国史大系，吉川弘文館

Laslett, Peter, ed. *Household and Family in Past Time*. Cambridge, England: Cambridge University Press, 1972.

Lensen, George A. *The Russian Push Toward Japan: Russo-Japanese Relations 1697-1875*. Princeton, N.J.: Princeton University Press, 1959.

Leutner, Robert W. *Shikitei Samba and the Comic Tradition in Late Edo Period Popular Fiction*. Cambridge, Mass.: Harvard University Press, 1985.

Lockwood, William W., ed. *The State and Economic Enterprise in Japan*. Princeton, N.J.: Princeton University Press, 1965.

Maeda Ichirō, ed. *Kōza Nihon bunkashi*. Vol. 6. Tokyo: San'ichi Shobō, 1963. 前田一良編，講座日本文化史，三一書房

Marshall, Byron K. *Capitalism and Nationalism in Prewar Japan: The Ideology of the Business Elite, 1868-1941*. Stanford, Calif.: Stanford University Press, 1967.

Maruyama Masao. "Chūsei to hangyaku." In *Kindai Nihon shisōshi kōza*. 8 vols. Tokyo: Chikuma Shobō, 1960. 丸山真男，忠誠と反逆，近代日本思想史講座，筑摩書房

Maruyama Masao. *Nihon seiji shisōshi kenkyū*. Tokyo: Tokyo Daigaku Shuppankai, 1953. 丸山真男，日本政治思想史研究，東京大学出版会

Maruyama, Masao. *Studies in the Intellectual History of Tokugawa Japan*. Translated by Mikiso Hane. Princeton, N.J.: Princeton University Press, 1974.

Mason, R. H. P. *Japan's First General Election, 1890*. Cambridge, England: Cambridge University Press, 1969.

Masumi Junnosuke. *Nihon seitō shi ron*. 7 vols. Tokyo: Tokyo Daigaku Shuppankai, 1965-80. 升味準之輔，日本政党史論，東京大学出版会

Matono Hansuke. *Etō nanpaku*. 2 vols. Tokyo: Hara Shobō reprint, 1968. 的野半介，江藤南白，原書房

Matsumoto Sannosuke. *Kokugaku seiji shisō no kenkyū*. Tokyo: Yūhikaku, 1957. 松本三之介，国学政治思想の研究，有斐閣

Matsumoto Sannosuke. "Meiji zempanki hoshushugi shisō no ichi danme ." In Sakata Yoshio, ed. *Meiji zempanki no nashonarizumu*. Tokyo: Miraisha, 1958. 松本三之介，"明治前半期保守主義思想の一断面"坂田吉雄編，明治前半期のナショナリズム，未来社

Matsumoto Sannosuke. *Tennōsei kokka to seiji shisō*. Tokyo: Miraisha, 1969. 松本三之介，天皇制国家と政治思想，未来社

Matsumoto Shirō. "Bakumatsu, ishinki ni okeru toshi no kōzō." *Mitsui bunko ronsō* 4 (1969): 105-64. 松本四郎，幕末，維新期における都市の構造，三井文庫論叢

Matsumoto Shirō. "Kinsei kōki no toshi to minshu." In *Iwanami kōza Nihon Rekishi*. Vol. 12 (*kinsei* 4), 1975. 松本四郎，近世後期の都市と民衆

Matsuzaki Kōdō. *Kōdō nichireki*. In Tōyō bunko series. 6 vols. Tokyo: Heibonsha, 1970-83. 松崎慊堂，慊堂日暦，東洋文庫，平凡社

May, Ekkehard. *Die Kommerzialisierung der japanischen Literatur in der späten Edo-Zeit (1750-1868)*. Wiesbaden: Harrassowitz, 1983.

Mayo, Marlene. "The Western Education of Kume Kunitake 1871-1876." *Monumenta Nipponica* 28 (1973): 3-68.

McLaren, Walter W., ed. "Japanese Government Documents, 1867–1889." *Transactions of the Asiatic Society of Japan* 42 (1914): pt. 1.

McLaren, Walter W. *A Political History of Japan During the Meiji Era: 1867–1912*. London: Allen & Unwin, 1916.

McMaster, John. "The Japanese Gold Rush of 1859." *Journal of Asian Studies* 19 (May 1960): 273–88.

Medzini, Meron. *French Policy in Japan During the Closing Years of the Tokugawa Regime*. Cambridge, Mass.: Harvard University Press, 1971.

Meiji bunka zenshū. 24 vols. Tokyo: Nihon Hyōronsha, 1927–30. 明治文化全集，日本評論社

Meiji hennenshi hensankai, ed. *Shimbun shūsei: Meiji hennenshi*. 15 vols. Tokyo: Tōkyō Zaisei Keizai Gakkai, 1934–6. 明治編年史編纂会，新聞集成；明治編年史，東京財政経済学会

Meiroku zasshi (Journal of the Japanese Enlightenment). Translated by William R. Braisted. Cambridge, Mass.: Harvard University Press, 1976.

Minami Kazuo. *Edo no shakai kōzō*. Tokyo: Hanawa Shobō, 1969. 南和男，江戸の社会構造，塙書房

Minamoto Ryōen. "Kyōiku chokugo no kokkashugiteki kaishaku." In Sakata Yoshio, ed. *Meiji zenpanki no nashonarizumu*. Tokyo: Miraisha, 1958. 源了圓，"教育勅語の国家主義的解釈，"坂田吉雄編，明治前半期のナショナリズム，未来社

Mineàr, Richard H. *Japanese Tradition and Western Law: Emperor, State, and Law in the Thought of Hozumi Yatsuka*. Cambridge, Mass.: Harvard University Press, 1970.

Mito-han shiryō. 5 vols. Tokyo: Yoshikawa Kōbunkan, 1970. 水戸藩史料，吉川弘文館

Miyachi Masato. *Nichi-Ro sengo seijishi no kenkyū*. Tokyo: Tokyo daigaku shuppankai, 1973. 宮地正人，日露戦後政治史の研究，東京大学出版会

Miyagi-chō shi, shiryōhen. Sendai: Miyagi-ken Miyagi-chō, 1967. 宮城町史，史料編，仙台，宮城県宮城町

Miyake Setsurei. *Dōjidaishi*. 6 vols. Tokyo: Iwanami Shoten, 1949–54. 三宅雪嶺，同時代史，岩波書店

Miyamoto Chū. *Sakuma Shōzan*. Tokyo: Iwanami Shoten, 1932. 宮本仲，佐久間象山，岩波書店

Miyamoto Mataji, ed. *Han shakai no kenkyū*. Kyoto: Mineruva shobō, 1972. 宮本又次編，藩社会の研究，ミネルヴァ書房

Miyao Sadao. "Minka yōjutsu." In *Kinsei jikata keizai shiryō*. Vol. 5. Tokyo: Yoshikawa Kōbunkan, 1954. 宮負定雄，民家要術，近世地方経済史料，吉川弘文館

Miyata Noboru. "Nōson no fukkō undō to minshū shūkyō no tenkai." In *Iwanami kōza Nihon rekishi*. Vol. 13 (kinsei 5), 1977. 宮田登，農村の復興運動と民衆宗教の展開

Miyazawa Toshiyoshi. "Meiji kempō no seiritsu to sono kokusai seijiteki haikei." In Miyazawa Toshiyoshi, ed. *Nihon kenseishi no kenkyū*. Tokyo:

Iwanami Shoten, 1968. 宮澤俊義，明治憲法の成立とその国際政治的背景，宮澤俊義編，日本憲政史の研究，岩波書店

Mizuno Tadashi. *Edo shōsetsu ronsō*. Tokyo: Chūō Kōronsha, 1974. 水野稔，江戸小説論叢，中央公論社

Morinaka Akimitsu, ed. *Niijima Jō sensei shokanshū zokuhen*. Kyoto: Dōshisha Kōyūkai, 1960. 森中章光編，新島襄先生書簡集続編，同志社校友会

Morinaka Akimitsu, ed. *Niijima sensei shokanshū*. Kyoto: Dōshisha Kōyūkai, 1942. 森中章光編，新島先生書簡集，同志社校友会

Moriyama Gunjirō. *Minshū hōki to matsuri*. Tokyo: Chikuma Shobō, 1981. 森山軍治郎，民衆蜂起と祭り，筑摩書房

Morley, James W., ed. *Dilemmas of Growth in Prewar Japan*. Princeton, N.J.: Princeton University Press, 1971.

Morris, Ivan. *The Nobility of Failure: Tragic Heroes in the History of Japan*. New York: Holt, Rinehart and Winston, 1975.

Morse, R. A., trans. *The Legends of Tōno by Kunio Yanagita*. Tokyo: Japan Foundation, 1975.

Mounsey, August H. *The Satsuma Rebellion*. London: Murray, 1879. Reprinted by University Publications of America, Washington, D.C., 1979.

Muragaki (Awaji no kami) Norimasa. *Kōkai nikki*. Tokyo: Jiji Tsūshinsha, 1959. 村垣（淡路守）範正，航海日記，時事通信社

Murakami Shigeyoshi. *Kinsei minshū shūkyō no kenkyū*. Tokyo: Hōzōkan, 1977. 村上重良，近世民衆宗教の研究，法蔵館

Murakami Shigeyoshi and Yasumaru Yoshio, eds. *Nihon shisō taikei*. Vol. 67, *Minshū shūkyō to shisō*. Tokyo: Iwanami Shoten, 1971. 村上重良，安丸良夫編，民衆宗教と思想，日本思想大系，岩波書店

Muromatsu Iwao, ed. *Hirata Atsutane zenshū*. 15 vols. Tokyo: Ichidō, Hirata gakkai, 1911–18. 室松岩雄編，平田篤胤全集，一致堂，平田学会

Mutobe Yoshika. "Ken-yūjun kōron." In Nakajima Hiromitsu, ed. *Shintō sōsho*. Vol. 3. October 1897. 亡人部是香，顕幽順考論，中島博光編，神道叢書

Nagahara Keiji. *Rekishigaku josetsu*. Tokyo: Tokyo Daigaku Shuppankai, 1978. 永原慶二，歴史学叙説，東京大学出版会

Nagahara Keiji. "Zenkindai no tennō." *Rekishigaku kenkyū* 467 (April 1979): 37–45. 永原慶二，"前近代の天皇"歴史学研究

Nagai Hideo. *Jiyū minken*. Vol. 25 of *Nihon no rekishi*. Tokyo: Shogakkan, 1976. 永井秀夫，自由民権，日本の歴史，小学館

Nagai, Michio. "Mori Arinori." *Japan Quarterly* 11 (1964): 98–105.

Naitō Chisō. *Tokugawa jūgodaishi*. 6 vols. Tokyo: Shin Jinbutsu Ōraisha, 1969. 内藤耻叟，徳川十五代史，新人物往来社

Najita, Tetsuo. "The Conceptual Portrayal of Tokugawa Intellectual History." In Najita and Scheiner, eds. *Japanese Thought in the Tokugawa Period*.

Najita, Tetsuo. "Ōshio Heihachirō (1793–1837)." In Craig and Shively, eds. *Personality in Japanese History*.

Najita, Tetsuo, and Irwin Scheiner, eds. *Japanese Thought in the Tokugawa*

Period: Methods and Metaphors. Chicago: University of Chicago Press, 1979.

Nakabe Yoshiko. *Jōkamachi.* Kyoto: Yanagihara Shoten, 1978. 中部よし子，城下町，柳原書店

Nakabe Yoshiko. *Kinsei toshi shakai keizaishi kenkyū.* Tokyo: Kōyō Shobō, 1974. 中部よし子，近世都市社会経済史研究，晃洋書房

Nakajima Giichi. "Ichiman goku daimyō no jōka." *Shin chiri* 10 (September 1962): 1–15. 中島義一，一万石大名の城下，新地理

Nakajima Giichi. *Shijō shūraku.* Tokyo: Kokon Shoin, 1964. 中島義一，市場集落，古今書院

Nakajima Ichisaburō. *Hirose Tansō no kenkyū.* Tokyo: Dai-ichi Shuppan Kyōkai, 1943. 中島市三郎，広瀬淡窓の研究，第一出版協会

Nakamura Kichiji, ed. *Nihon keizaishi.* Tokyo: Yamakawa, 1968. 中村吉治編，日本経済史，山川出版

Nakamura Naokatsu, ed. *Hikone-shi shi.* 3 vols. Hikone: Hikone Shiyakusho, 1960–9. 中村直勝編，彦根市史，彦根市役所

Nakamura, Shin'ichirō. "New Concepts of Life of the Post-Kansei Intellectuals: Scholars of Chinese Classics." *Modern Asian Studies* 18 (October 1984): pt. 4, 619–30.

Nakamura Tetsu. "Kaikokugo no bōeki to sekai shijō." In *Iwanami kōza Nihon rekishi.* Vol. 13 (*kinsei* 5), 1977. 中村哲，開国後の貿易と世界市場

Nakamura Yukihiko. *Gesakuron.* Tokyo: Kadokawa, 1966. 中村幸彦，戯作論，角川書店

Nakamura Yukihiko and Nishiyama Matsunosuke, eds. *Bunka ryōran.* Vol. 8 of *Nihon bungaku no rekishi.* Tokyo: Kadokawa, 1967. 中村幸彦，西山松之助編，文化繚乱，日本文学の歴史，角川書店

Nakamura, James. *Agricultural Production and the Economic Development of Japan 1873–1922.* Princeton, N.J.: Princeton University Press, 1966.

Nakamura Takafusa. *Nihon keizai: sono seichō to kōzō.* 2nd ed. Tokyo: Tokyo Daigaku Shuppankai, 1980. 中村隆英，日本経済：その成長と構造，東京大学出版会

Nakane, Chie. *Japanese Society.* Berkeley and Los Angeles: University of California Press, 1970.

Naramoto Tatsuya. *Nihon kinsei no shisō to bunka.* Tokyo: Iwanami Shoten, 1978. 奈良本辰也，日本近世の思想と文化，岩波書店

Nihon shihonshugi hattatsu shi kōza. 7 vols. Tokyo: Iwanami shoten, 1932–3. 日本資本主義発達史講座，岩波書店

Nihon shiseki kyōkai, ed. *Hashimoto Keigaku zenshū.* 3 vols. (*Nihon shiseki kyōkai sōsho*). Tokyo: Tokyo Daigaku Shuppankai, 1977. 日本史籍協会編，橋本景岳全集，日本史籍協会叢書，東京大学出版会

Nihon shiseki kyōkai, ed. *Ōkubo Toshimichi monjo.* 10 vols. (*Nihon shiseki kyōkai sōsho*). Tokyo: Tokyo Daigaku Shuppankai, 1969. 日本史籍協会編，大久保利通文書，日本史籍協会叢書，東京大学出版会

Nihon shiseki kyōkai, ed. *Yokoi Shōnan kankei shiryō.* 2 vols. In *Zoku Nihon shiseki kyōkai sōsho*. Tokyo: Tokyo Daigaku Shuppankai, 1977. 日本史籍協会編，横井小楠関係史料，続日本史籍協会叢書，東京大学出版会

Nish, Ian. *The Anglo-Japanese Alliance: The Diplomacy of Two Island Empires 1894-1907*. London: Athlone, 1966.

Nish, Ian. *The Origins of the Russo-Japanese War*. London: Longman Group, 1985.

Nishikawa Kōji. *Nihon toshishi kenkyū*. Tokyo: Nihon Hōsō Shuppan kyōkai, 1972. 西川幸治，日本都市史研究，日本放送出版協会

Nishikawa Shunsaku. *Edo jidai no poritikaru ekonomii*. Tokyo: Nihon Hyōron-sha, 1979. 西川俊作，江戸時代のポリティカル・エコノミー，日本評論社

Nishikawa, Shunsaku. "Grain Consumption: The Case of Chōshū." In Jansen and Rozman, eds. *Japan in Transition*.

Nishikawa Shunsaku. *Nihon keizai no seichōshi*. Tokyo: Tōyō Keizai Shinpōsha, 1985. 西川俊作，日本経済の成長史，東洋経済新報社

Nishio Minoru et al., eds. *Shōbōgenzō, Shōbōgenzō zuimonki*. In *Nihon koten bungaku taikei*. Vol. 81. Tokyo: Iwanami Shoten, 1965. 西尾實編，正法眼蔵：正法眼蔵随聞記，日本古典文学大系，岩波書店

Nishiyama Matsunosuke, ed. *Edo chōnin no kenkyū*. 5 vols. Tokyo: Yoshikawa kōbunkan, 1973. 西山松之助編，江戸町人の研究，吉川弘文館

Nishiyama Matsunosuke. "Edo chōnin no sōron." In Nishiyama, ed. *Edo chonin no kenkyū* Vol. 1 (1972). 西山松之助，江戸町人の総論

Nivison, D. S., and A. F. Wright, eds. *Confucianism in Action*. Stanford, Calif.: Stanford University Press, 1959.

Niwa Kunio. "Chiso kaisei." In Nihon rekishi gakkai, ed. *Nihonshi no mondai ten*. Tokyo: Yoshikawa kōbunkan, 1965. 丹羽邦男，地租改正，日本歴史学会編，日本史の問題点

Niwa Kunio. "Chiso kaisei to chitsuroku shobun." In *Iwanami kōza Nihon rekishi*. Vol. 15 (*kindai 2*), 1963. 丹羽邦男，地租改正と秩禄処分

Noguchi Takehiko. *"Aku" to Edo bungaku*. Tokyo: Asahi Shinbunsha, 1980. 野口武彦，「悪」と江戸文学，朝日新聞社

Noguchi Takehiko. *Rai San'yō: rekishi e no kikansha*. Tokyo: Tankōsha, 1974. 野口武彦，頼山陽，歴史への帰還者，淡交社

Nomura Denshirō, ed. *Ōkuni Takamasa zenshū*. 7 vols. Tokyo: Yukōsha, 1937-9. 野村傳四郎編，大國隆正全集，有光社

Nomura Kanetarō. *Edo*. Tokyo: Shibundo, 1966. 野村兼太郎，江戸，至文堂

Norman, E. H. *Japan's Emergence As a Modern State: Political and Economic Problems of the Meiji Period*. New York: Institute of Pacific Relations, 1940 and later printings.

Norman, E. H. *Soldier and Peasant in Japan: The Origins of Conscription*. New York: Institute of Pacific Relations, 1943.

Notehelfer, F. G. *American Samurai: Captain L. L. Janes and Japan*. Princeton, N.J.: Princeton University Press, 1985.

Notehelfer, F. G. *Kōtoku Shūsui: Portrait of a Japanese Radical*. Cambridge, England: Cambridge University Press, 1971.

Numata, Jiro. "Shigeno Yasutsugu and the Modern Tokyo Tradition of Historical Writing." In Beasley and Pulleyblank, eds. *Historians of China and Japan.*

Numata Jirō et al. *Yōgaku (I).* In *Nihon shisō taikei.* Vol. 64. Tokyo: Iwanami Shoten, 1976. 沼田次郎等編，洋学（上），日本思想大系，岩波書店

Ōba Osamu. *Edo jidai ni okeru Chūgoku bunka juyō no kenkyū.* Tokyo: Dōhōsha, 1984. 大庭修，江戸時代における中国文化受容の研究，同朋社

Ōba Osamu. *Edo jidai ni okeru Tōsen mochiwatarisho no kenkyū.* Suita: Kansai University, 1967. 大庭修，江戸時代における唐船持渡書の研究，関西大学

Ōba Osamu. *Edo jidai no Nitchū hiwa.* Tokyo: TōhōShoten, 1980. 大庭修，江戸時代の日中秘話，東方書店

Oda Yoshinojō, ed. *Kaga han nōseishi kō.* Tokyo: TōkōShoin, 1929. 小田吉之丈編，加賀藩農政史考，刀江書院

Odaka Toshirō and Matsumura Akira, eds. *Taionki, Ōritakushiba no ki, Rantō kotohajime.* Vol. 95 of *Nihon koten bungaku taikei.* Tokyo: Iwanami Shoten, 1964. 小高敏郎，松村明編，戴恩記，折たく柴の記，蘭東事始，日本古典文学大系，岩波書店

Ōe Shinobu. *Nichi-Ro sensō no gunjishiteki kenkyū.* Tokyo: Iwanami Shoten, 1976. 大江志乃夫，日露戦争の軍事史的研究，岩波書店

Ōguchi Yūjirō. "Tenpō-ki no seikaku." In *Iwanami kōza Nihon rekishi.* Vol. 12 (*kinsei* 4), 1976. 大口勇次郎，天保期の性格

Oh, Bonnie B. "Sino-Japanese Rivalry in Korea, 1876–1885." In Iriye, ed. *The Chinese and the Japanese: Essays in Political and Cultural Interactions.*

Ohkawa, Kazushi. *The Growth Rate of the Japanese Economy Since 1878.* Tokyo: Kinokuniya, 1957.

Ōishi Shinzaburō. *Nihon kinsei shakai no shijō kōzō.* Tokyo: Iwanami Shoten, 1975. 大石慎三郎，日本近世社会の市場構造，岩波書店

Oka Yoshitake. *Kindai Nihon seiji shi.* Vol. 1. Tokyo: Sōbunsha, 1962. 岡義武，近代日本政治史，創文社

Okamoto Ryōichi. "Tempō kaikaku." In *Iwanami kōza Nihon rekishi.* Vol. 13 (*kinsei* 5), 1963. 岡本良一，天保改革

Okamoto, Shumpei. *The Japanese Oligarchy and the Russo-Japanese War.* New York: Columbia University Press, 1970.

Ōkawa Kazushi, ed. *Kokumin shotoku.* Vol. 1 of *Chōki keizai tōkei.* Tokyo: Tōyō Keizai Shinpōsha, 1974. 大川一司，国民所得（長期経済統計），東洋経済新報社

Okubo Akihiro. "Bakumatsu ni okeru seijiteki hanran to shijuku." In Kano Masanao and Takagi Shunsuke, eds. *Ishin henkaku ni okeru zaisonteki shochōryū.* Tokyo: San'ichi Shobō, 1972. 小久保明浩，幕末における政治的反乱と私塾，鹿野政直，高木俊輔編，維新変革における在村的諸潮流，三一書房

Ōkubo Toshiaki, ed. *Meiji ishin to Kyūshū.* Tokyo: Heibonsha, 1968. 大久保利謙編，明治維新と九州，平凡社

Ōkurashō, ed. *Nihon zaisei keizai shiryō*. Vol. 10. Tokyo: Zaisei Keizai Gakkai, 1922-5. 大蔵省編，日本財政経済史料，財政経済学会

Ono Masao. "Kaikoku." In *Iwanami kōza Nihon rekishi*. Vol. 13 (*kinsei 5*), 1977. 小野正雄，開国

Onodera Toshiya. " 'Zannen san' kō: Bakumatsu Kinai no ichi minshū undō o megutte." *Chiiki shi kenkyū* 2 (June 1972): 47-67. 小野寺逸也，"残念さん" 考：幕末畿内の一民衆運動を巡って，地域史研究

Ooms, Herman. *Charismatic Bureaucrat: A Political Biography of Matsudaira Sadanobu, 1758-1829*. Chicago: University of Chicago Press, 1975.

Ooms, Herman. *Tokugawa Ideology: Early Constructs, 1570-1680*. Princeton, N.J.: Princeton University Press, 1985.

Oriental Economist. *The Foreign Trade of Japan: A Statistical Survey*. Tokyo, 1935.

Osaka-shi sanjikai, ed. *Osaka-shi shi*. 7 vols. Osaka: Osaka Shiyakusho, 1911-15. 大阪市参事会編，大阪市史，大阪市役所

Osatake Takeki. *Ishin zengo ni okeru rikken shisō*. Rev. ed. 2 vols. Tokyo: Hōkōdō, 1929. 尾佐竹猛，維新前後に於ける立憲思想，邦光堂

Osatake Takeki. *Meiji ishin*. 4 vols. Tokyo: Hakuyosha, 1946. 尾佐竹猛，明治維新，白揚社

Passin, Herbert. *Society and Education in Japan*. New York: Columbia University Press, 1965.

Pierson, John D. *Tokutomi Sohō 1863-1957: A Journalist for Modern Japan*. Princeton, N.J.: Princeton University Press, 1980.

Pineau, Roger, ed. *The Japan Expedition 1852-1854: The Personal Journal of Commodore Matthew C. Perry*. Washington, D.C.: Smithsonian, 1968.

Pittau, Joseph. *Political Thought in Early Meiji Japan: 1868-1889*. Cambridge, Mass.: Harvard University Press, 1967.

Pyle, Kenneth B. "Advantages of Followership: German Economics and Japanese Bureaucrats, 1890-1925." *Journal of Japanese Studies* 1 (1974): 127-64.

Pyle, Kenneth B. "The Ashio Copper Mine Pollution Case." *Journal of Japanese Studies* 1 (Spring 1975): 347-50.

Pyle, Kenneth B. *The New Generation in Meiji Japan: Problems of Cultural Identity, 1885-1895*. Stanford, Calif.: Stanford University Press, 1969.

Pyle, Kenneth B. "The Technology of Japanese Nationalism: The Local Improvement Movement, 1900-1918." *Journal of Japanese Studies* 33 (1973): 51-65.

Raffles, T. S. *Report on Japan to the Secret Committee of the English East India Company* [Kobe, 1929]. Reprint. London: Curzon Press and New York: Barnes & Noble, 1971.

Reinfried, Heinrich Martin. *The Tale of Nisuke*. Wiesbaden: Harrassowitz, Studien zur Japanologie Band 13, 1978.

Reischauer, Haru Matsukata. *Samurai and Silk*. Cambridge, Mass.: Harvard University Press, 1986.

Rekishigaku kenkyūkai, eds. *Meiji ishinshi kenkyū kōza*. 7 vols. Tokyo: Heibonsha, 1968. 歴史学研究会編，明治維新史研究講座，平凡社

Robertson, Jennifer. "Sexy Rice: Plant Gender, Farm Manuals, and Grass-Roots Nativism." *Monumenta Nipponica* 39 (Autumn 1984): 233–60.

Rosenfield, John M. "Western-Style Painting in the Early Meiji Period and Its Critics." In Shively, ed. *Tradition and Modernization in Japanese Culture*.

Rozman, Gilbert. "Edo's Importance in Changing Tokugawa Society." *Journal of Japanese Studies* 1 (Autumn 1974): 91–112.

Rozman, Gilbert. *Urban Networks in Ch'ing China and Tokugawa Japan*. Princeton, N.J.: Princeton University Press, 1973.

Rubinger, Richard. "Education: From One Room to One System." In Jansen and Rozman, eds. *Japan in Transition*.

Rubinger, Richard. *Private Academies of Tokugawa Japan*. Princeton, N.J.: Princeton University Press, 1982.

Ryan, Marleigh G. *Japan's First Modern Novel*: Ukigumo *of Futabatei Shimei*. New York: Columbia University Press, 1967.

Sagara Tōru, ed. *Hirata Atsutane*. Vol. 24 of *Nihon no meicho*. Tokyo: Chūō Kōronsha, 1972. 相良亨編，平田篤胤，日本の名著，中央公論社

Saitō Gesshin. *Bukō nempyō*. 2 vols. Tokyo: Heibonsha, 1968. 斉藤月岑，武江年表，平凡社

Saitō Shōichi. *Ōyama-chō shi*. Tsuruoka: Ōyama-chō shi kankō iinkai, 1969. 斎藤正一，大山町史，大山町史刊行会

Sakai, Robert. "Feudal Society and Modern Leadership in Satsuma han." *Journal of Asian Studies* 16 (May 1957): 365–76.

Sakata Yoshio. *Meiji ishin shi*. Tokyo: Miraisha, 1960. 坂田吉雄，明治維新史，未来社

Sakata Yoshio, *Tennō shinsei*. Kyoto: Shibunkaku, 1984. 坂田吉雄，天皇親政，思文閣

Sakata, Yoshio, and John W. Hall. "The Motivation of Political Leadership in the Meiji Restoration." *Journal of Asian Studies* 16 (November 1956): 31–50.

Sakeda Masatoshi. *Kindai Nihon ni okeru taigai kō undō no kenkyū*. Tokyo: Tokyo Daigaku Shuppankai, 1978. 酒田正敏，近代日本における対外硬運動の研究，東京大学出版会

Sansom, G. B. *Japan: A Short Cultural History*. London: Cresset, 1932.

Sansom, G. B. *The Western World and Japan*. New York: Knopf, 1950.

Sasaki Junnosuke. "Bakumatsu no shakai jōsei to yonaoshi." In *Iwanami kōza Nihon rekishi*. Vol. 13 (kinsei 5), 1977. 佐々木潤之介，幕末の社会情勢と世直し

Sasaki Junnosuke. *Bakumatsu shakai ron*. Tokyo: Hanawa Shobō, 1973. 佐々木潤之介，幕末社会論，塙書房

Satō Jizaemon. *Kahei hiroku*. In *Nihon keizai sōsho*. Vol. 32. Tokyo: Nihon Keizai Sōsho Kankōkai, 1914. 佐藤治左衛門，貨幣秘録，日本経済叢書，日本

経済叢書刊行会

Satō Masatsugu. *Nihon rekigakushi.* Tokyo: Surugadai Shuppansha, 1968. 佐藤政次，日本暦学史，駿河台出版社

Satō Nobuhiro. *Fukkohō gaigen.* In Takimoto Seiichi, ed. *Nihon keizai taiten.* Vol. 19. Tokyo: Shishi Shuppansha and Keimeisha, 1928. 佐藤信淵，復古法概言，瀧本誠一編，日本経済大典，史誌出版社

Satō Shōsuke. *Yōgakushi kenkyū josetsu.* Tokyo: Iwanami shoten, 1964. 佐藤昌介，洋学史研究序説，岩波書店

Satō Shōsuke. *Yōgakushi no kenkyū.* Tokyo: Chūō kōronsha, 1980. 佐藤昌介，洋学史の研究，中央公論社

Satō Shōsuke et al. *Watanabe Kazan / Takano Chōei / Sakuma Shōzan / Yokoi Shōnan / Hashimoto Sanai.* In *Nihon shisō taikei.* Vol. 55. Tokyo: Iwanami Shoten, 1977. 佐藤昌介等，渡辺崋山，高野長英，佐久間象山，横井小楠，橋本左内，日本思想大系，岩波書店

Scalapino, Robert A. *Democracy and the Party Movement in Prewar Japan.* Berkeley and Los Angeles: University of California Press, 1953.

Scalapino, Robert A. "Ideology and Modernization: The Japanese Case." In David E. Apter, ed. *Ideology and Discontent.* New York: Free Press, 1964.

Scheiner, Irwin. "Benevolent Lords and Honorable Peasants." In Najita and Scheiner, eds. *Japanese Thought in the Tokugawa Period.*

Schwartz, Benjamin I. "Notes on Conservatism in General and on China in Particular." In Charlotte Furth, ed. *The Limits of Change: Essays on Conservative Alternatives in Republican China.* Cambridge, Mass.: Harvard University Press, 1976.

Seki Junya. *Meiji ishin to chiso kaisei.* Kyoto: Mineruva Shobō, 1967. 関順也，明治維新と地租改正，ミネルヴァ書房

Sekiyama Naotarō. *Nihon no jinkō.* Tokyo: Shibundō, 1966. 関山直太郎，日本の人口，至文堂

Seto Mikio. "Minshū no shūkyō ishiki to henkaku no enerugii." In Maruyama Teruo, ed. *Henkakuki no shūkyō.* Tokyo: Gendai Jaanarizumu Shuppankai, 1972. 瀬戸美喜雄，民衆の宗教意識と変革のエネルギー，丸山照雄編，変革期の宗教，現代ジャーナリズム出版会

Sheldon, Charles David. *The Rise of the Merchant Class in Tokugawa Japan: 1600-1868.* Locust Valley, N.Y.: Association for Asian Studies, 1958.

Shiba Kōkan. *Shumparō hikki.* In *Nihon zuihitsu hikki.* Vol. 1. Tokyo: Yoshikawa kōbunkan, 1936. 司馬江漢，春波樓筆記，日本随筆筆記，吉川弘文館

Shibahara Takuji. "Hanbaku shoseiryoku no seikaku." In *Iwanami kōza Nihon rekishi.* Vol. 14 (*kindai 1*), 1963. 芝原拓自，反幕諸勢力の性格

Shimbo Hiroshi. *Kinsei no bukka to keizai hatten: zenkōgyōka shakai e no sūryōteki sekkin.* Tokyo: Tōyō Keizai Shinpōsha, 1978. 新保博，近世の物価と経済発展：前工業化社会への数量的接近，東洋経済新報社

Shimbo Hiroshi. *Nihon kindai shin'yō seido seiritsushi ron.* Vol. 7 of *Kōbe keizaigaku sōsho.* Tokyo: Yūhikaku, 1968. 新保博，日本近代信用制度成立史

論，神戸経済学双書，有斐閣

Shinbo Hiroshi, Hayami Akira, and Nishikawa Shunsaku. *Sūryō keizaishi nyūmon.* Tokyo: Nihon Hyōronsha, 1975. 新保博，速水融，西川俊作，数量経済史入門，日本評論社

Shimomura Fujio. *Meiji shonen jōyaku kaisei shi no kenkyū.* Tokyo: Yoshikawa Kōbunkan, 1962. 下村富士男，明治初年条約改正史の研究，吉川弘文館

Shimomura Fujio. "Nichi-Ro sensō no seikaku." *Kokusai seiji* 3 (1957): 137–52. 下村富士男，日露戦争の性格，国際政治

Shimoyama Saburō. "Fukushima jiken shōron." *Rekishigaku kenkyū* 186 (August 1955): 1–13. 下山三郎，福島事件小論，歴史学研究

Shinano Kyōikukai, ed. *Shōzan zenshū.* 5 vols. Nagano: Shinano Mainichi Shin-Bunsha, 1934–5. 信濃教育会編，象山全集，信濃毎日新聞社

Shinobu Seizaburō, ed. *Nihon gaikō shi: 1853–1972.* 2 vols. Tokyo: Mainichi Shinbunsha, 1974. 信夫清三郎編，日本外交史，1853–1972，毎日新聞社

Shively, Donald H. "The Japanization of the Middle Meiji." In Shively, ed. *Tradition and Modernization in Japanese Culture.*

Shively, Donald H. "Motoda Eifu: Confucian Lecturer to the Meiji Emperor." In Nivison and Wright, eds. *Confucianism in Action.*

Shively, Donald H. "Nishimura Shigeki: A Confucian View of Modernization." In Jansen, ed. *Changing Japanese Attitudes Toward Modernization.*

Shively, Donald H., ed. *Tradition and Modernization in Japanese Culture.* Princeton, N.J.: Princeton University Press, 1971.

Shively, Donald H. "Urban Culture." Paper presented at colloquium, Edo Culture and Its Modern Legacy. London, 1981.

Shōji Kichinosuke. *Tōhoku shohan hyakushō ikki no kenkyū: shiryō shūsei.* Tokyo: Ochanomizu Shobō, 1969. 庄司吉之助，東北諸藩百姓一揆の研究：史料集成，御茶の水書房

Shōji Kichinosuke. *Yonaoshi ikki no kenkyū.* Tokyo: Azekura Shobō, 1970. 庄司吉之助，世直し一揆の研究，校倉書房

Siemes, Johannes. *Hermann Roesler and the Making of the Meiji State.* Tokyo: Sophia University Press, 1966.

Silberman, Bernard S. "Bureaucratic Development and the Structure of Decision-Making in Japan, 1868–1925." *Journal of Asian Studies* 29 (1970): 347–62.

Silberman, Bernard S. *Ministers of Modernization: Elite Mobility in the Meiji Restoration 1868–1873.* Tucson: University of Arizona Press, 1964.

Silberman, Bernard, and H. D. Harootunian, eds. *Modern Japanese Leadership.* Tucson: University of Arizona Press, 1966.

Smethhurst, Richard J. *Agricultural Development and Tenancy Disputes in Japan, 1870–1940.* Princeton, N.J.: Princeton University Press, 1986.

Smethurst, Richard J. *A Social Basis for Prewar Japanese Militarism.* Berkeley and Los Angeles: University of California Press, 1974.

Smith, Robert J. "Small Families, Small Households, and Residential Instability: Town and City in 'Pre-Modern' Japan." In Laslett, ed. *Household and*

Family in Past Time.

Smith, Thomas C. *The Agrarian Origins of Modern Japan.* Stanford, Calif.: Stanford University Press, 1959.

Smith, Thomas C. "Farm Family By-Employments in Preindustrial Japan." *Journal of Economic History* 29 (December 1969): 687–715.

Smith, Thomas C. "Japan's Aristocratic Revolution." *Yale Review* 50 (March 1961): 370–83.

Smith, Thomas C. *Nakahara: Family Farming and Population in a Japanese Village, 1717-1830.* Stanford, Calif.: Stanford University Press, 1977.

Smith, Thomas C. "Ōkura Nagatsune and the Technologists." In Craig and Shively, eds. *Personality in Japanese History.*

Smith, Thomas C. *Political Change and Industrial Development in Japan: Government Enterprise, 1868-1880.* Stanford, Calif.: Stanford University Press, 1955.

Smith, Thomas C. "Pre-Modern Economic Growth: Japan and the West." *Past and Present* 43 (1973): 127–60.

Sonoda Hiyoshi. *Etō Shinpei to Saga no ran.* Tokyo: Shin Jinbutsu Ōraisha, 1978. 園田日吉，江藤新平と佐賀の乱，新人物往来社

Soranaka, Isao. "The Kansei Reforms – Success or Failure." *Monumenta Nipponica* 33 (Summer 1978): 151–64.

Sōseki zenshū. 34 vols. Tokyo: Iwanami Shoten Shinsho edition, 1956–7. 漱石全集，岩波書店

Spaulding, Robert. *Imperial Japan's Higher Civil Service Examinations.* Princeton, N.J.: Princeton University Press, 1967.

Statler, Oliver. *Shimoda Story.* New York: Random House, 1969.

Steiner, Kurt. *Local Government in Japan.* Stanford, Calif.: Stanford University Press, 1965.

Stephan, John J. *The Kuril Islands: The Russo-Japanese Frontier in the Pacific.* New York: Oxford University Press, 1975.

Stone, Alan. "The Japanese Muckrakers." *Journal of Japanese Studies* 1 (1975): 385–407.

Sugi Hitoshi. "Kaseiki no shakai to bunka." In Aoki Michio and Yamada Tadao, eds. *Tenpōki no seiji to shakai.* Vol. 6 of *Kōza Nihon kinseishi.* Tokyo: Yūhikaku, 1981. 杉仁，"化政期の社会と文化，"青木美智男，山田忠雄編，天保期の政治と社会(講座日本近世史 6)，有斐閣

Sugimoto, Yoshio. "Structural Sources of Popular Revolts and the Tōbaku Movement at the Time of the Meiji Restoration." *Journal of Asian Studies.* 34 (August 1975): 875–89.

Sugita Gempaku. "Keiei yawa." In Fujikawa Yu et al., eds. *Kyōrin sōsho.* Vol. 1. Kyoto: Shibunkaku reprint edition, 1971. 杉田玄白，形影夜話，富士川游編，杏林叢書，至文閣

Sugiura Minpei. *Ishin zenya no bungaku.* Tokyo: Iwanami Shoten, 1967. 杉浦明平，維新前夜の文学，岩波書店

Sugiura Mimpei. *Kirishitan, rangaku shū.* Vol. 16 of *Nihon no shisō.* Tokyo:

Chikuma Shobō, 1970. 杉浦明平，キリシタン／蘭学集，日本の思想，筑摩書房

Sumiya Etsuji. *Nihon keizaigaku shi*. Kyoto: Mineruva shobō, 1958. 住谷悦治，日本経済史，ミネルヴァ書房

Sumiya Mikio. *Dai Nihon teikoku no shiren*. Vol. 22 of *Nihon no rekishi*, Tokyo: Chūō kōronsha, 1965. 隅谷三喜男，大日本帝国の試煉，日本の歴史，中央公論社

Sumiya Mikio. *Nihon no shakai shisō*. Tokyo: Tokyo Daigaku Shuppankai, 1968. 隅谷三喜男，日本の社会思想，東京大学出版会

Suzuki Shigetane. *Engishiki norito kōgi*. Tokyo: Kokusho Kankōkai, 1978. 鈴木重胤，延喜式祝詞講義，国書刊行会

Suzuki Shigetane. *Yotsugigusa tsumiwake*. 3 vols. Edited by Katsura Takashige, Niitsū, Niigata: Katsura Takateru, 1884. 鈴木重胤，世継草摘分，桂誉重編，新津，新潟：桂誉輝

Tahara Tsuguo et al., eds. *Hirata Atsutane, Ban Nobutomo, Ōkuni Takamasa*. Vol. 50 of *Nihon shisō taikei*. Tokyo: Iwanami Shoten, 1973. 田原嗣郎，平田篤胤，伴信友，大國隆正，日本思想大系，岩波書店

Takagi Shunsuke. *Eejanaika*. Tokyo: Kyōikusha rekishi Shinsho, 1979. 高木俊輔，ええじゃないか，教育社歴史新書

Takahashi Tetsuo. *Fukushima jiken*. Tokyo: San'ichi Shobō, 1970. 高橋哲夫，福島事件，三一書房

Takahashi Tetsuo. *Fukushima jiyū minkenka retsuden*. Fukushima: Fukushima Minpōsha, 1967. 高橋哲夫，福島自由民権家列伝，民報社

Takasu Yoshijirō, ed. *Mitogaku taikei*. 10 vols. Tokyo: Mitogaku Taikei Kankōkai, 1941. 高須芳次郎編，水戸学大系，水戸学大系刊行会

Takayanagi Shinzō and Ishii Ryōsuke, eds. *Ofuregaki Temmei shūsei*. Tokyo: Iwanami Shoten, 1958. 高柳真三，石井良助編，御觸書天明集成，岩波書店

Takeuchi Makoto. "Kansei-Kaseiki Edo ni okeru shokaisō no dōkō." In Nishiyama, ed. *Edo chōnin no kenkyū*. Vol. 1. 竹内誠，寛政化政期江戸における諸階層の動向

Tamamuro Taijō. *Seinan sensō*. Tokyo: Shibundo, 1958. 圭室諦成，西南戦争，至文堂

Tamamushi Jūzō. *Jinsei hen*. In Honjō Eijirō, ed. *Kinsei shakai keizai sōsho*. Vol. 5. Tokyo: Kaizōsha, 1926. 玉虫十蔵，仁政篇，本庄榮治郎，近世社会経済叢書，改造社

Tanaka Akira. "Ishin seiken ron." In *Kōza Nihonshi*. Vol. 5, *Meiji ishin*. Tokyo: Rekishigaku Kenkyūkai, 1970. 田中彰，維新政権論，講座日本史，明治維新，歴史学研究会

Tanaka Akira. *Iwakura shisetsu dan*. Tokyo: Kōdansha, 1977. 田中彰，岩倉使節団，講談社

Tanaka Akira. *Meiji ishin*. Vol. 24 of *Nihon no rekishi*. Tokyo: Shogakkan, 1976. 田中彰，明治維新，日本の歴史，小学館

Tanaka, Michiko. "Village Youth Organizations (*Wakamono Nakama*) in Late Tokugawa Politics and Society." Ph.D. diss., Princeton University, 1982.

Tanaka Sōgorō. *Kindai Nihon kanryō shi.* Tokyo: Tōyō Keizai Shinpōsha, 1941. 田中惣五郎，近代日本官僚史，東洋経済新報

Tashiro, Kazui. "Foreign Relations During the Edo Period: *Sakoku* Re-examined." *Journal of Japanese Studies* 8 (Summer 1982): 283–306.

Tashiro Kazui. *Kinsei Ni-Chō tsūkō bōekishi no kenkyū.* Tokyo: Sōbunsha, 1981. 田代和生，近世日朝通交貿易史の研究，創文社

Tazaki Tetsurō. "Yōgakuron saikōsei shiron." *Shisō* (November 1979): 48–72. 田崎哲郎，洋学論再構成試論，思想

Teranishi Shigeo. "Matsukata defure no makuro keizaigakuteki bunseki." *Kikan Gendai Keizai* 47 (Spring 1982): 78–92. 寺西重郎，松方デフレのマクロ経済学的分析，季刊現代経済

Teters, Barbara Joan. "The Conservative Opposition in Japanese Politics, 1877–1894." Ph.D. diss., University of Washington, 1955.

Teters, Barbara Joan. "The Genro-In and the National Essence Movement." *Pacific Historical Review* 31 (1962): 359–78.

Teters, Barbara Joan. "A Liberal Nationalist and the Meiji Constitution." In Robert K. Sakai, ed. *Studies on Asia.* Vol. 6. Lincoln: University of Nebraska Press, 1965.

Titus, David A. *Palace and Politics in Prewar Japan.* New York: Columbia University Press, 1974.

Toby, Ronald P. *State and Diplomacy in Early Modern Japan: Asia in the Development of the Tokugawa Bakufu.* Princeton, N.J.: Princeton University Press, 1984.

Tokoro Rikio. "Edo no dekaseginin." In Nishiyama, ed. *Edo chōnin no kenkyū.* Vol. 3, 1974. 所理喜夫，江戸の出稼人

Tokuda Kōjun, ed. *Shiryō Utsunomiya han shi.* Tokyo: Kashiwa Shobō, 1971. 徳田浩淳，史料宇都宮藩史，柏書房

Tokutomi Iichirō. *Kinsei Nihon kokuminshi.* 100 vols. Tokyo: Jiji Tsūshinsha, 1960–5. 徳富猪一郎，近世日本国民史，時事通信社

Totman, Conrad. *The Collapse of the Tokugawa Bakufu, 1862–1868.* Honolulu: University of Hawaii Press, 1980.

Totman, Conrad. "Fudai Daimyo and the Collapse of the Tokugawa Bakufu." *Journal of Asian Studies* 34 (May 1975): 581–91.

Totman, Conrad. "Political Reconciliation in the Tokugawa Bakufu: Abe Masahiro and Tokugawa Nariaki, 1844–1852." In Craig and Shively, eds. *Personality in Japanese History.*

Tottori-han shi. 7 vols. Tottori: Tottori Kenritsu Toshokan, 1971. 鳥取藩史，県立図書館

Tōyama Shigeki. *Meiji ishin.* Tokyo: Iwanami Shoten, 1951. 遠山茂樹，明治維新，岩波書店

Tōyama Shigeki. *Meiji ishin to gendai.* Tokyo: Iwanami Shoten, 1968. 遠山茂樹，明治維新と現代，岩波書店

Tōyama Shigeki. "Mimpōten ronsō no seijishiteki kōsatsu." In *Minkenron kara nashonarizumu e.* Tokyo: Ochanomizu Shobō, 1957. 遠山茂樹，民法典論争の

政治史的考察，明治史料研究連絡会，民権論からナショナリズムへ，御茶の水書房

Treat, P. J. *The Early Diplomatic Relations Between the United States and Japan, 1853-1868*. Baltimore: Johns Hopkins University Press, 1917.

Tsuda Hideo. *Hōken shakai kaitai katei kenkyū josetsu*. Tokyo: Hanawa Shobō, 1970. 津田秀夫，封建社会解体過程研究序説，塙書房

Tsuda Hideo. *Tempō kaikaku*. Vol. 22 of *Nihon no rekishi*. Tokyo: Shogakkan, 1975. 津田秀夫，天保改革，小学館

Tsuda Hideo. "Tempō kaikaku no keizaishiteki igi." In Furushima, ed. *Nihon keizaishi taikei*. Vol. 4, 1965. 津田秀夫，天保改革の経済史的意義，古島敏雄編，日本経済史大系，東京大学出版会

Tsuji Tatsuya. "Tokugawa Nariaki to Mizuno Tadakuni." *Jimbutsu sōsho furoku*, no. 154. Tokyo:Yoshikawa Kōbunkan. 辻達也，徳川斉昭と水野忠邦，人物叢書付録，吉川弘文館

Tsuji Zennosuke. *Nihon bunkashi*. Vol. 7. Tokyo: Shunjūsha, 1950. 辻善之助，日本文化史，春秋社

Tsunoda, R., and W. T. de Bary, eds. *Sources of Japanese Tradition*. New York: Columbia University Press, 1958.

Uete Michiari. *Nihon kindai shisō no keisei*. Tokyo: Iwanami Shoten, 1974. 植手通有，日本近代思想の形成，岩波書店

Umegaki, Michio. *After the Restoration: The Beginnings of Japan's Modern State*. New York: New York University Press, 1988.

Umegaki, Michio. "From Domain to Prefecture." In Jansen and Rozman, eds. *Japan in Transition*.

Umemura Mataji et al., eds. *Nihon keizai no hatten: kinsei kara kindai e*. Vol. 1. Tokyo:Nihon Keizai Shinbunsha, 1976. 梅村又次等編,日本経済の発展:近世から近代へ，日本経済新聞社

Umetani Noboru. *Oyatoi gaikokujin: Meiji Nihon no wakiyakutachi*. Tokyo: Nihon Keizai Shimbunsha, 1965. 梅渓昇，お雇い外国人:明治日本の脇役たち，日本経済新聞社

Uno, Helen. *Kokai Nikki: The Diary of the First Japanese Embassy to the United States of America*. Tokyo: Foreign Affairs Association of Japan, 1958.

Uyehara, George E. *The Political Development of Japan: 1867-1909*. London: Constable, 1910.

van der Chijs, J. A. *Neerlands Streven tot Openstelling van Japan voor den wereldhandel*. Amsterdam: Muller, 1867.

Varley, H. Paul. *Imperial Restoration in Medieval Japan*. New York: Columbia University Press, 1971.

Vernon, Manfred C. "The Dutch and the Opening of Japan." *Pacific Historical Review* 27 (February 1959): 39-48.

Vlastos, Stephen. *Peasant Protests and Uprisings in Tokugawa Japan*. Berkeley and Los Angeles: University of California Press, 1986.

Volker, T. *The Japanese Porcelain Trade of the Dutch East India Company After 1683*. Leiden: Brill, 1959.

Volker, T. *Porcelain and the Dutch East India Company 1602–1682*. Leiden: Brill, 1954.

Wada, T. *American Foreign Policy Toward Japan During the Nineteenth Century*. Tokyo, Tōyō bunko, 1928.

Wakabayashi, Bob Tadashi. *Anti-Foreign Thought and Western Learning in Early Modern Japan*. Cambridge, Mass.: Harvard University Press, 1985.

Walthall, Anne. "Narratives of Peasant Uprisings in Japan." *Journal of Japanese Studies* 42 (May 1983): 571–87.

Ward, Robert E., ed. *Political Development in Modern Japan*. Princeton, N.J.: Princeton University Press, 1968.

Waswo, Ann. *Japanese Landlords: The Decline of a Rural Elite*. Berkeley and Los Angeles: University of California Press, 1977.

Watanabe Shūjirō. *Abe Masahiro jiseki*. 2 vols. Tokyo, 1910. 渡辺修二郎, 阿部正弘事蹟

Watson, Burton. *Japanese Literature in Chinese*. 2 vols. New York: Columbia University Press, 1976.

Webb, Herschel. "The Development of an Orthodox Attitude Toward the Imperial Institution in the Nineteenth Century." In Jansen, ed. *Changing Japanese Attitudes Toward Modernization*.

Webb, Hershel. *The Japanese Imperial Institution in the Tokugawa Period*. New York: Columbia University Press, 1968.

Williams, S. Wells. "Narrative of the Voyage of the Ship Morrison, Captain D. Ingersoll, to Lewchew and Japan, in the Months of July and August, 1837." Canton: *The Chinese Repository*, vol. 6, nos. 5, 8 (September, December 1837); 1942 Tokyo reprint, pp. 209–29, 353–80.

Wilson, George. "The Bakumatsu Intellectual in Action: Hashimoto Sanai and the Political Crisis of 1858." In Craig and Shively, eds. *Personality in Japanese History*.

Wilson, Robert A. *Genesis of the Meiji Government in Japan 1868–1871*. Berkeley and Los Angeles: University of California Press, 1957.

Yamaguchi Kazuo. *Bakumatsu bōeki shi*. Tokyo: Chūō Kōronsha, 1943. 山口和雄, 幕末貿易史, 中央公論社

Yamaguchi Kazuo. *Meiji zenki keizai no bunseki*. Tokyo: Tokyo Daigaku Shuppankai, 1956. 山口和雄, 明治前期経済の分析, 東京大学出版会

Yamaguchi-ken kyōikukai, ed. *Yoshida Shōin zenshū*. 11 vols. Tokyo: Iwanami Shoten, 1934–6. 山口県教育会, 吉田松陰全集, 岩波書店

Yamaji Aizan. "Niijima Jō ron." In Yamaji Aizan, *Kirisutokyō hyōron, Nihon jimminshi*. Tokyo: Iwanami Shoten, 1966. 山路愛山, "新島襄論"山路愛山, 基督教評論, 日本人民史, 岩波書店

Yamamoto Shirō. "Taishō seihen to goken undō." *Rekishi kōron* 9 (1976): 30–41. 山本四郎, 大正政変と護憲運動, 歴史公論

Yamamura, Kozo. "The Meiji Land Tax Reform and Its Effects." In Jansen and Rozman, eds. *Japan in Transition*.

Yamamura, Kozo. "Pre-Industrial Landholding Patterns in Japan and

England." In Craig, ed. *Japan: A Comparative View*.

Yamamura, Kozo. *A Study of Samurai Income and Entrepreneurship: Quantitative Analyses of Economic and Social Aspects of the Samurai in Tokugawa and Meiji Japan*. Cambridge, Mass.: Harvard University Press, 1974.

Yamanaka Einosuke. *Nihon kindai kokka no keisei to kanryōsei*. Tokyo: Kōbundō, 1974. 山中永之佑, 日本近代国家の形成と官僚制, 弘文堂

Yamanaka Hisao. "Bakumatsu hansei kaikaku no hikaku hanseishiteki kenkyū." *Chihōshi Kenkyū*. 14 (1954): 47-56. 山中壽夫, 幕末藩政改革の比較藩政史的研究, 地方史研究

Yamazaki Masashige, ed. *Yokoi Shōnan ikō*. Tokyo: Meiji Shoin, 1942. 山崎正董編, 横井小楠遺稿, 明治書院

Yamori Kazuhiko. *Toshi puran no kenkyū*. Tokyo: Ōmeido, 1970. 矢守一彦, 都市プランの研究, 大明堂

Yasuba, Yasukichi. "Anatomy of the Debate on Japanese Capitalism." *Journal of Japanese Studies* 2 (Autumn 1975): 63-82.

Yasumaru Yoshio. *Nihon kindaika to minshū shisō*. Tokyo: Aoki Shoten, 1974. 安丸良夫, 日本近代化と民衆思想, 青木書店

Yazaki, Takeo. *Social Change and the City in Japan*. Tokyo: Japan Publications, 1968.

Yokoi Shōnan. *Kokuze sanron*. Translated by D. Y. Miyauchi, *Monumenta Nipponica* 23 (1968): 156-86.

Yokoi Tokio, ed. *Shōnan ikō*. Tokyo: Min'yūsha, 1889. 横井時雄編, 小楠遺稿, 民友社

Yokoyama Kazuo. " 'Han' kokka e no michi." In Hayashiya, ed. *Kasei bunka no kenkyū*. 横山俊夫, 「藩」国家への道

Yokoyama Toshio. *Hyakushō ikki to gimin denshō*. Tokyo: Kyōikusha Rekishi Shinsho, 1977. 横山十四男, 百姓一揆と義民伝承, 教育社歴史新書

Yoshida, Tadashi. "The Rangaku of Shizuki Tadao: The Introduction of Western Science in Tokugawa Japan." Ph.D. diss., Princeton University, 1974.

Yoshinaga Akira. "Han sembai seido no kiban to kōzō: Matsushiro-han sanbutsu kaisho shihō o megutte." In Furushima, ed. *Nihon keizaishi taikei*. Vol. 4, Tokyo: Tokyo Daigaku Shuppankai, 1965. 吉永昭, 藩専売制度の基盤と構造: 松代藩産物会所仕法をめぐって, 古島敏雄編, 日本経済史大系, 東京大学出版会

Zolbrud, Leon M. *Takizawa Bakin*. New York: Twayne, 1967.

词汇索引^①

译后记

在这个世界上，中国大概是最早记述和研究日本的国家。古往今来，有关日本的著作可谓洋洋洒洒，到了 20 世纪 80 年代，又有人提出了"创建中国的日本史学派"，"成为研究日本史的强国"的远大目标，可直到新世纪来临，一般知识界对我国日本史研究现状的评价是怎样的呢？

2007 年 8 月 30 日，《南方周末》发表了一篇题为"中国为什么没有日本史泰斗？"的文章，批评说：

> 我很赞同该多了解日本，但如何了解呢？了解一个国家就要知道它的过去，但除了戴季陶、周作人、鲁思·本尼迪克特等有关日本的著作，鲜有当代国人研撰的雅俗共赏的精品。为什么日本能出现白鸟库吉、内藤湖南、宫崎市定那样的汉学大师，而中国却鲜有驰誉中外的日本学泰斗？难道我们就只能通过读几本故人的旧作，看几部热播的日剧，去了解一个有着深厚底蕴且不断变化的国家？那样的话，我们永远只能知道"邻居"的电器和樱花，而不清楚"邻居"到底是什么人。

两年以后，2009 年 7 月 30 日，《南方周末》又发表了一篇题为"中国的外国史研究有问题，中国的中国史研究也有问题"的文章，作者写道：

> 中国一所颇有名望的大学，出版了一部颇被看好的《日本史》，我请东京大学一位研究中国的教授来发表其个人的评价。由于是熟人，他也没有办

759

法回避，支支吾吾了半天，最后才说，相当于日本中小学教材的水平。如果
真能达到日本中小学教材的水平，我还可以认为不错，因为中小学教材要求
提供最可靠的知识，但这位教授有一句话，让我感到背后发冷，"他们缺乏
研究"。这是他比较了日本对本国的研究和中国对日本的研究而言的。

看来，国内的日本史研究著作的普及性和公信度，真是一个不容回避的问
题。在某种意义上，这也可以看作为公众和知识界对于日本史研究的一种迫切
期待。

症结何在呢？有学者指出：中国的日本史研究和中国的世界史研究中的其他
国别史研究一样，史料依然是制约研究的"瓶颈"。他强调："世界史学者必须首
先是一个造诣高深的翻译家。"这确是点到了问题的要害之所在。不在系统的日
本史史料建设上下功夫，不在日本史研究的高水平著作的译介上用气力，中国的
日本史研究要想深化是难以想象的。

本书的翻译，就是为了达此目标而贡献绵薄之力的一个小心尝试。剑桥日本
史作为检验国际日本史研究水准的一项工程，是建立在当代世界日本史研究成果
的坚实基础之上的。自从其编纂出版以来，一直被视为国际日本史研究领域的标
杆，备受关注和好评。这部多卷本日本史著作的主要目标，虽然是优先考虑英语
读者的需要而提供一部尽可能完备的关于日本历史的记录，但对其他语言、特
别是中文读者来说，同样具有极其重要的参考价值，甚至可以说是具有指导性
的意义。在此基础之上，中国的日本史学工作者或可使自己的研究事业得到有
效的推进。

然而，史料建设和名著翻译，又谈何容易！早在一百多年前，王国维就在
"论新学语之输入"一文中痛斥：

> 今之译者（指译日本书籍者），其有解日文之能力者，十无一二焉；其
> 有国文之素养者，十无三四焉；其能兼通西文，深知一学之真意者，以余见
> 闻之狭，殆未见其人也。彼等之著译，但以罔一时之利耳；传知识之思想，
> 彼等先天中所未有也。故其所作，皆粗漏庞杂佶屈而不可读……

对于眼前本卷的翻译来说，王国维于百余年前所提出的"解日文之能力"、

"有国文之素养"、"能兼通西文，深知一学之真意"这三点要求，更是必不可少的前提条件。虽然自信以上三项条件自己多少还是具备了的，也自诩以我认真而严谨的办事态度，有助于这部中译本达到了自感还过得去的水准，但心中仍有几分惴惴不安，因为困难是明摆着的：本卷涉及 19 世纪日本社会的方方面面，而这又是日本历史上最为复杂多变的一个百年，五花八门的政治制度、文学艺术、宗教信仰、风俗习惯、对外关系、经济发展、社会变迁……有许多我也不很熟悉。可正是这些对我来说的新东西，使我译介此书的兴趣日浓。不了解的地方就查资料，各类参考书，包括百科全书类、专科辞典类、有关的研究专著、论文和通史性质的著述，等等，一批又换一批，始终陪伴在床头案首。完稿之后，深感受益良多，真切地体会到为什么有人说"翻译的过程就是一个学习的过程"。

在翻译此书的过程中，一个颇费踌躇的问题是，如何处理书中引用的日本历史文献，即究竟是将书中引用的日本文献直接按英文的意思翻译过来，还是代之以被引用的文献原文。最后的解决办法是，能够找到日本文献原文的，以原文替代；实在找不到原文的，只能径直从英文译出。读者或许会发现，在有些时候，译文的意思与日本文献原文的意思未必完全吻合，造成这种情况的原因大致有以下两点：一是英文引文有时是从长篇大论的文章（甚至从不同的文章）中摘取相距甚远的句子、中间加以省略号而成的，此处的翻译只能就事论事，勉为其难；二是英文引文本身就不十分准确，以致在迻译成中文时产生了二度失真，比如说其中的几首日本俳句，译作之笨拙，大概会令读者捧腹，尚祈诸君鉴谅。

最后，我想引用剑桥日本史全书总序的一段话作为"译后记"的结语：

我们这个世界需要更加广泛和更加深入地认识日本，这将继续是一件显而易见的事情。日本的历史属于世界，这不仅是因为人们具有认知的权利和必要性，同时也是因为这是一个充满兴味的研究领域。

图书在版编目（CIP）数据

剑桥日本史（第 5 卷）：19 世纪 /（美）詹森主编；王
翔译 . — 杭州：浙江大学出版社，2014.3
　书名原文：The Cambridge History of Japan
　ISBN 978-7-308-12974-9

　I . ①剑… II . ①詹… ②王… III . ①日本 - 历史 -
19 世纪 IV . ① K313

中国版本图书馆 CIP 数据核字（2014）第 043657 号

剑桥日本史（第 5 卷）：19 世纪
[美] 詹森 主编　　王翔 译

责任编辑	叶　敏
营销编辑	李嘉慧
装帧设计	蔡立国
出版发行	浙江大学出版社
	（杭州天目山路148号 邮政编码310007）
	（网址：http://www.zjupress.com）
制　作	北京百川东汇文化传播有限公司
印　刷	北京中科印刷有限公司
开　本	710mm×1000mm　1/16
印　张	48.25
字　数	759千
版 印 次	2014年3月第1版　2020年5月第6次印刷
书　号	ISBN 978-7-308-12974-9
定　价	138.00元